人类文明的圣殿

北京

（上）

王光镐◎著

中国书籍出版社
China Book Press

图书在版编目（CIP）数据

人类文明的圣殿——北京 / 王光镐著. —北京：

中国书籍出版社，2014.9（2015.10 重印）

ISBN 978-7-5068-4281-5

Ⅰ.①人… Ⅱ.①王… Ⅲ.①文化史－研究－北京市

Ⅳ.①K291

中国版本图书馆CIP数据核字（2014）第164785号

人类文明的圣殿——北京

王光镐　著

策划编辑	安玉霞
责任编辑	戎　骞　刘　路
责任印制	孙马飞　马　芝
封面设计	中尚图
出版发行	中国书籍出版社
地　　址	北京市丰台区三路居路 97 号（邮编：100073）
电　　话	（010）52257143（总编室）　（010）52257140（发行部）
电子邮箱	chinabp@vip.sina.com
经　　销	全国新华书店
印　　刷	北京墨阁印刷有限公司
开　　本	710 毫米 × 1000 毫米　1/16
字　　数	712 千字
印　　张	55
版　　次	2014 年 10 月第 1 版　2015 年 10 月第 2 次印刷
书　　号	ISBN 978-7-5068-4281-5
定　　价	86.00 元（全两册）

目　录

第八章 人类奇观—戛戛独造的文明圣殿 / 719

再版前言

　　拙作《人类文明的圣殿——北京》出版一周年了，值此再版之际，谈谈社会各界对它的评价与反映，应该是很有意义的。

　　有几个故事，一直萦绕在心。

　　一个故事是，拙作出版后，我当即给一位很熟悉的人民大学女教师送去了一套。未曾想，她的夫君——第三世界科学院院士、原中国心理学会理事长、国际心理科学联合会副主席张侃先生，在家中看到此书后便手不释卷地读起来，一口气用十余天把全书读完，成了我这本书的第一个读者。读后他在自己的微博中评论说："此书凡识字者必读！"他的微博拥有粉丝百万，这个评价一时间掀起了不小的波澜。事后我见到他，问他为什么这么评价，他说："一是你这本书全面刷新了人们对北京历史文化的看法；二是你论证谨严，足以服人；三是这本书中的确包含了很多新东西，特别是第七章谈到的中华民族信仰，是个众所关注的大问题，应该能引起舆论重视的。"他的评价或许过高，但对我确实不无鼓舞。

　　第二个故事是，我送了一套书给我过去一起插队的老友，同样让人出乎意料的是，感兴趣的居然是他的女婿——一个在中科院工作的八五后计算机博士。他一字一句地读下来，还热情洋溢地给我写了一篇读后感。他说："您的大作为我打开了一扇富丽堂皇之门，逐步将一座人类文明圣殿的全貌展现在我的眼前。……实话说，您的大作重塑了我对北京的认识，'惊诧莫名'之余升起的是对这座城市文明奇观的敬仰，不由得想重温北京每一座'宗庙'之美。另一方面，我觉得您提出的'五点'（按即北京历史文化的五大属性）既是本质的，也是非常清晰的，一定会深入普通北京市民乃至国民之心。"

特别让人感动的是，年逾七旬的原北京市委副书记、国家体育总局党组书记李志坚同志经人介绍后，很快将拙作通读了一遍，然后不仅给我写了封亲笔信，还特意写信感谢向他推荐了这本书的人，说"谢谢你做的这件很有意义的事"。他给我的来信说："粗阅大作，心头'三敬'：对人类文明的圣殿——敬畏！对21世纪大环境下，作为因素之一的《人类文明的圣殿——北京》的出版，以及它可能给北京带来的地位提升、文明繁荣——敬待！对研究者、作者王光镐——敬佩！"以上第一和第三点，在其他读者的评价中已不乏表述，但对于第二点，即此书可能给北京"带来的地位提升和文明繁荣"，唯有志坚书记做了特别的强调，表现出一位长期主管北京宣传文化工作的老领导眼光的独特。

以上三个故事，一个出自北京市委的老领导，一个出自在国内外颇具影响的老专家，一个出自年轻的理工科博士，各有一定的代表性和典型性。这些故事虽然未见于媒体的报道，但都给了我满满的正能量。

至于在媒体方面，目前已有不下十家报纸做了详略不一的报道，主要有《人民日报》、《中国新闻报》、《中国文物报》、《北京日报》、《北京晚报》、《北京晨报》等。报纸上比较一致的评价是："此书首次对北京历史文化的本质属性做了系统、深入、全面的纵向剖析，也首次对北京历史文化的特异性做了大视角的横向比较，从而取得了一些全新的收获。"坦白地说，这个评价是客观公允的，因为不管本书怎样的不尽如人意，拙作确实是第一次对北京历史文化的本质属性做了系统的纵向条理，也第一次对北京历史文化的特异性做了大视角的横向比较。视角不同结论自然不同，无论是对北京历史文化"悠久、持续、递进、多元、一统"五大属性的定性，还是对其"中华第一摇篮"、"天下第一城"、"东方第一都"、"人类文明圣殿"四大特性的定位，都是建立在这种全新的观察视角和研究视角上的。

在媒体报道方面，最值得一提的是《中国教育报》官微上发表的一篇文章。这篇文章的标题是《知名中学的学生，都在看些什么书》，文称："各位爸爸妈妈们，你们是否在苦恼，除了一些世界名著之外，实在不知该给孩子看什么书？而且看过的书籍的类别单一，怎样才能给孩子丰富多元的阅读体验？别担心，小编专门对症下药，今天就为大家推荐人大附中学生们的精品书单。此书单可谓古今中外，各有涉猎，乃良心推荐，各位看官还不快快推荐给孩子？"而文中开列的第一本书，就是《人类文明的圣殿——北京》。此文的由来，正如文中所说，是因为北京市大名鼎鼎的人大附中今年年中在学校公告栏中推介了一批精品图书，包括儒家经典及胡适、梁簌溟、余秋雨、梁文道等人的著作，都是大家、名家的传世之作，而拙作不但忝列其中，并在不经意间被排在了榜首。《中国教育报》这篇文章被不少报刊和网站转载，由此把北京历史文化的独特和卓绝深深烙印在年轻人的脑海中。

此外意外获知，远在贵阳的贵州师范学院向全校师生推荐了99本中外著作，《人类文明的圣殿——北京》居然也在其中，直令我汗颜不已！不过细想想，这至少传递了一个信息，即关心北京历史文化的绝不仅限于北京人。

当今网络风行，报纸上的有关报导很快被各大网站转载，林林总总已不下百余家。其中最令我感动的，是一家叫"重庆华亮餐饮管理有限公司"的网站，它不仅将有关《人类文明的圣殿——北京》的介绍和酸辣粉、麻辣烫、禾堂面等放在一起，而且其内容居然不是从网上东抄西抄得来的，而是自己归纳的。看着它前言不搭后语的罗列，我心里倒是挺温暖的，心想敢情搞餐饮的也在意精神食粮啊！

为了扩大宣传，书籍出版后我自己整理了个内容提要，刊登在网易论坛的"文史天地"上。众所周知，网络的受众主要是年轻人，他们对严肃的学术问题基本不感兴趣。可是想不到，从年初发表至今，这篇文章的点击率已达 16 万 3 千余次，现在仍在与日俱增。还有不少年轻人跟了帖，如：

"我绝对支持您，研究北京文化的强帖"；

"又一巨著面世，力挺！"；

"如今这种研究少见了，楼主要坚持下去"；

"现在的人都势利了，静下心来做学问的少了"；

"这是为民族提供正能量的事，应该关注！"；

"弘扬中华文化，传播正能量"；

"好久没去书店了，响应克强的号召，有时间去书店看看，找下"；

"学习中国文化离不开研究北京"；

"北京是一座包容的城市，不跟傲慢的 ×× 人一样"；

"令人向往又充满敬畏的城市"；

"从古至今北京都是一座大都市，并会将这种繁荣延续下去"；

"北京是多民族聚集的城市，各色人等都可以和谐相处"；

"北京就是中国文明发展的领头羊"；

"北京的国际影响力随着中国的经济增长在不断扩大"；

……如此等等，不下 200 余条。

我之所以不厌其详地摘录这些跟帖，是因为这些话最接地气，是来自年轻人的直接心声。它们说明，年轻人对这个话题也是感兴趣的，他们对揭开古都北京历史文化的谜底同样充满期待。

迄今为止，由资深专家撰写的书评已陆续发表了四篇。其中一篇是由学养深厚、深孚人望的中国社科院考古研究所研究员王仁湘撰写的，发表在今年8月4日的《人民日报》上，其标题是颇具文学意味的《北京何来》。此文从北京的地脉、人脉、城脉、文脉、气脉五个方面，综合归纳了《人类文明的圣殿——北京》的内容，对书中论证的"东方生命带"及北京的枢纽作用、黄帝"源出于燕山以北、崛起于燕山以南，再迁都于中原之土"的"大胆阔论"、北方游牧民族起源后导致的"游牧文化圈和农业文化圈二元对立格局的形成"，以及北京作为东方文明之都所具有的深厚底蕴等，都做出了全面的肯定和阐发。该文最后说："70万字写了8年，这是一部慢工细活成就的大作品，须得慢慢地读，方能品尝到字里行间蕴含的醇厚味道。看完之后，您也许会认可王光镐对于北京的'溢美之词'——它的历史、文化、文明长盛不衰，始终持续、递进地发展着，它奇迹般地将主流民族、主流文明和多元民族、多元文化融会起来，创建了一个多元民族与多元文化乃至多元宗教共生共荣的典范。"

湖北省考古研究所研究员朱俊英的书评发表在今年5月29日的《中国文物报》上，标题是《北京历史文化的又一力作》。此文归纳了《人类文明的圣殿——北京》的几大特点：一是"此书不仅切实采用了考古学与历史学研究相结合的'两重证据法'，成为用考古材料复原历史的一个范例，而且广泛涉及了人类学、民族学、文化学、历史地理学、宗教学、环境学、经济史学等各领域，是多学科综合研究的成果"；二是"该书逻辑严密、考证翔实，仅征引的资料就不下2500余条，使全书的各个结论都建立在牢固的基础之上"；三是"此书虽是学术著作，但行文流畅、深入浅出、一气呵成，甚至令人拿起就放不下，堪称一部大多数读者喜闻乐见的著作"；四是"该书彻底突破了传统史学研究的'中原中心论'和'华夏中心论'桎梏，出发于'大中华'的整体视野，不仅把北京地区偏在东北一隅的特殊势场充分揭示出来，还在中国新石器时代的起源、中华始祖黄帝的起源、中华文明的起源、中国游牧经济的起源以及长城内外两大族团的同祖、同源、同根上，做出了种种卓有新意的考证"。

张世松先生是江陵博物馆老馆长，他虽然把一生都献给了"面朝黄土背朝天"的考古工地，却与生俱来地浸染了江南楚韵的艳逸才藻，风雅不输骚客。他写的书评以《情为景动》为标题，嵌在其中的有景也有情。此文发表在《文化研究》2015年第3期上，读来颇像一首散文诗："对一地历史文化之观览，我们常常浅尝辄止，欣喜于表面之华美，未遑深层探究。今日通览此书，眼前似乎突现一道灵光，既得见北京的脉搏跳动，又尽窥其肌腱筋络。古都北京由此灵动起来，宛如一条雄壮神奇的祥龙，在历史的风云中行走如飞，神采奕奕"；"人们常说，读一本好书，如饮醇酒。醇酒，最易致人沉醉。《人类文明的圣殿——北京》一书，语词典雅，文笔优美，感觉倏忽读毕，我心已酩，不知身之所在焉。"果然，在文章的结尾他激情勃发，赋诗一首："遄飞大笔巡幽州，浑似扶摇兀隼遊。慧眼俯看云过往，挟雷双翼并谁俦！"

记得有一位作家说过："说实在的，作为一个作家，没有比有读者喜爱自己的作品更为欣慰的事了。"毫不遮掩地说，这也是我此时此刻的心情。古人云"十年寒窗苦"，我也好歹过了八年离群索居、独自面壁的日子，当然希望这部心血之作能得到人们的认可。但我也十分清楚，人们喜爱的，并非我这部"北京学"的草创之作，而是痴迷于北京历史文化自身的超凡绝伦。恰如一个明星，颠倒众生的一定是她的天生丽质，而至于是哪个记者采访、报导、宣传了她，实在是无足轻重的。

这一年来，听得最多的话是，对北京历史文化基本属性和独特地位的揭示，一定会大大提高北京的国际知名度、大大提升北京的文化软实力、大大增强中华文化的强大感召力，甚至会带来难以估量的经济效益。我也坚信这一点，但我深知，要把一个学术成果转化为社会的文化资源，显然还有很长的路要走。而这一梦想的实现，有待每一个有缘审读了此书的人的参与。

王光镐

2015 年 10 月

第一章 导 论

早在元世祖忽必烈时期，来到元大都城的意大利人马可·波罗就对这座城市盛赞不已，推崇它的"宏伟壮丽，气势轩昂"[①]前所未闻。又经过数百年的扩建与更新，当俄罗斯公使尼·斯·米列斯库于康熙年间来到北京城时，更惊叹北京"皇城之瑰丽与雄伟，使欧洲所有皇宫都相形见绌"[②]。美国现代城市规划学家埃德蒙·培根不胜感叹地说："在地球表面上，人类最伟大的个体工程大概要算是北京城了。"丹麦著名学者罗斯穆森也由衷地赞叹："北京的整个城市，乃是世界一大奇观。它的布局和谐而明朗，是一个卓越的纪念物，一个伟大文明的顶峰。"[③]中国建筑学泰斗梁思成先生更是无比自豪地指出："北京对我们证明了我们的民族在适应自然，控制自然，改变自然的实践中有着多么光辉的成就。这样一个城市是一个举世无匹的杰作。"[④]——这就是我们的北京，一座无与伦比的城市。这里有人类最绵长的防御工事——万里长城，有世界上跨度最大的运河——京杭大运河，有全球最古老的宏伟宫殿群——紫禁城，有天下最宽阔的城市中心广场——天安门广场，有现存年代最悠久的皇家御

[①] 冯承钧译、沙海昂注：《马可·波罗行记》第 2 卷第 7 章，商务印书馆，1936 年。

[②] 尼·斯·米列斯库：《中国漫记》，中华书局，1989 年，第 70 页。

[③] 转引自侯仁之：《评西方学者论述北京城市规划建设四例》，载《奋蹄集》，北京燕山出版社，1995 年，第 122 — 123 页。

[④] 《梁思成文集》(四)，中国建筑工业出版社，1986 年，第 51 页。

苑——北海，有举世最壮观的祭天建筑群——天坛，有史上埋葬帝后最多且保存最完整的大型皇陵区——十三陵……北京的历史文化不知蕴藏了多少光前裕后的伟大成就，怎不叫人为之惊叹！

这是一座地处欧亚大陆东端的城市，坐落在华北平原的北缘，濒临渤海。它的中心位于北纬 39 度 54 分 20 秒，东经 116 度 25 分 29 秒，东西宽约 160 公里，南北长约 176 公里，总面积达 16410.54 平方公里。在地形上，它背靠群山，面对大海，连接着一望无垠的坦荡大地。它的西部是太行山余脉，"太行八陉"之一的居庸关就雄踞于此。这是北京西北的门户，也是通往蒙古高原的天然孔道。北京的北部是燕山山脉的军都山，八达岭是其主峰，燕山从这里向东直抵渤海，构成了华北与东北的天然屏障。古北口雄踞于燕山中段，扼守着通往承德及东北地区的要冲，是京师的北大门。号称"天下第一关"的山海关雄踞于燕山东端，地近渤海，形势险要，是华北与东北大平原的交通咽喉。京西的东灵山是北京的最高峰，山峰峻峭，谷深坡陡，海拔 2303 米。北京西部和北部的群山在南口关沟处相交，形成了一个向东南方向展开的半圆形大山弯，貌似海湾，人称"北京湾"。在"北京湾"的环绕下，北京小平原一马平川，向南连接着平畴万里的华北大平原。

对于北京地理形势的奇崛，古人早有鞭辟入里的评述。金世宗文臣梁襄云："燕都地处雄要，北倚山险，南压区夏，若坐堂隍，俯视庭宇。本地所生，人马勇劲，亡辽虽小，止以得燕故能控制南北，坐致宋币。燕盖京都之选首也。……居庸、古北、松亭、榆林等关，东西千里，山峻相连，近在都畿，易于据守，皇天本以限中外，开大金万世之基而设也。"①元世祖武将霸突鲁说："幽燕之地，龙蟠虎踞，形势雄伟，南控江淮，北连朔漠。且天子必居中以受四方朝觐。大王果欲经营天下，驻跸之所，非燕

---

① 《金史·梁襄传》。

不可。"①明成祖朱棣诏曰："眷兹北京，实为都会。地势雄伟，山川巩固。四方万国，道里适均。"②明末清初史志学家孙承泽称："幽燕自昔称雄，左环沧海，右拥太行，南襟河济，北枕居庸。苏秦所谓天府百二之国，杜牧所谓王不得不可为王之地。"③凡此都阐明了北京是颇具帝王之都气象的形胜之地。

北京不仅地处要冲、形势险要，而且河道纵横、水源充沛。这里共分布着大小河流 60 余条，重要的有永定河、潮白河、拒马河、温榆河（北运河）和蓟运河，合称北京五大水系。源于桑干河的永定河切穿西山的重峦叠嶂，经北京西部注入渤海；源出内蒙古高原的潮白河切穿燕山的高山深谷，经北京东部注入海河，它们形成的洪冲积平原"对北京湾的形成起到至关重要的作用"④。

北京属于典型的暖温带半湿润大陆性季风气候，夏季高温多雨，冬季寒冷干燥，春、秋两季短促。平原地区年平均气温为 11.8℃，最冷的 1 月份平均气温为零下 4.6℃，最热为 7 月份，月平均气温 26.1℃。全年无霜期通常在 180 至 200 天，适于农作物的栽培。这里是华北地区降雨最多的地区之一，年均降水量为 644 毫米，80% 降水集中在夏季。

北京地区的行政区划在解放后经过了五次调整，到 2010 年形成了今天的 14 区、2 县格局。东城、西城是城市核心区，原崇文区和宣武区已归并于内，此外的新城区有海淀区、朝阳区、丰台区、石景山区，郊区则有门头沟区、大兴、房山区、通州区、昌平区、顺义区、怀柔区、平谷区和延庆县、密云县。

作为历史悠久的东方古都，北京的历史文化早已享誉中外，它的辉煌

---

① 《元史·木华黎传》。

② 《明成祖实录》。

③ 孙承泽：《天府广记》上册，北京古籍出版社，1982 年，第 6 页。

④ 侯仁之主编、唐晓峰副主编：《北京城市历史地理》，北京燕山出版社，2000 年，第 2 页。

成就也早已有目共睹。截至目前，全市已有周口店古人类遗址、故宫、天坛、颐和园、十三陵、八达岭长城、京杭大运河北京段等七处古迹载入了世界文化遗产名录，数量之多不仅高居全国各大历史文化名城之冠，也高居世界历史文化名城榜首。然而于此之外，在它浩瀚历史长河的深处，在它诸多古遗址及古建筑的背后，自古以来究竟烙印着一条怎样的道路，这道路究竟向人们展示了怎样的特点，这特点又标志古都北京在人类文明史上究竟处于怎样的地位？对此却很少有人论及。即使偶有方家对其中的某些特点略陈一二①，也从未展开过专门的论证，亦未进行必要的比较与甄别，因此迄未形成系统的看法，更未引起社会的关注。事实上，长期以来，人们对北京历史文化的兴趣，更多集中在一些历史节点的争论上，停留在各类文物古迹和民俗文化的描述上，沉湎在种种宫廷秘闻的披露上，反倒因此忽略了对它历史文化本质属性的考察。

被誉为"世界史之父"的英国学者奥古斯特·施吕策尔说："人们能够了解一座大城市的各条街道，但如果没有一个总的图景或缺乏宏观的眼光，那么，就不会具有对这座城市的整体感。"②以北京历史文化之令人瞩目，历来的研究成果洋洋大观，各类著述汗牛充栋，这都是毋庸置疑的。然而，正是因为缺少了宏观的考察，古都北京至今"没有一个总的图景"，更无法取得应有的历史整体感。时至今日，当这座千年古都正以现代大都市的风貌大步走向世界的时候，当一系列重大国际活动的举办正不断把全球的目光聚焦到这里的时候，透过表面的年代、数字、现象、遗迹，从整体上考察一下北京历史文化的基本特征，无疑是具有特殊意义的。对于关心这座城市的过去、现在和未来的人们来说，这都是一个极富启迪性的话题。

既然是考察历史时期的本质特征，那就显然不能只着眼于一时一事，

---

① 详见本书后记。

② 转引自［美］斯塔夫里阿诺斯：《全球通史—1500年以前的世界》，上海社会科学院出版社，1999年，第33页。此文出自张广勇为该书所作《导论》。

也不能只停留在某一朝代或某一时段，而应纵观它历史发展的全过程。其道理很简单，因为只有贯穿整个古代发展史的特征，才能代表一地历史文化的本质属性，也才能客观反映该地的发展规律。因此，在方法论上首先应明确的一点，就是必须对北京的历史文化做全方位的审视，不折不扣地从有人类的历史开始，截止到全部古代史的结束。具体而言，本论题考察的范围应始于北京猿人的诞生，终于清王朝的覆灭。

正确识别一地的历史文化特性，单靠纵向的观察是不够的，还要靠横向的比较研究。有比较才有鉴别，这是人文科学研究的基本方法，也是鉴别北京历史文化属性的基本方法。换言之，只有把北京的历史文化置于宏观背景下，通过历史统一性和多样性的比较研究，才能将它的特征甄别出来。反之，如果单纯就北京论北京，孤立地看北京，反倒会"不识庐山真面目，只缘身在此山中"。

那么，在甄别北京历史文化的基本特征上，最关键的横向比较应包括哪几个层面呢？

最贴近也最直接的层面，就是要跳出北京小平原的拘囿，把北京放在整个燕山大地中，通过燕山南北各主流文化的比较研究，揭示它们在不同时代的交往与互动。北京历史文化的特色和地位，就是在这种跨文化的交往互动中展现出来的，而且也正是这种交往互动，反映了北京与外部世界的关联性，体现了它的横向发展。通过这种横向比较，还可以深入考察燕山南北各大文化的源流，甄别北京地区民族多样性和文化多元性的主要来源。

第二个层面的比较，应当是同类城市的比较。在中华五千年文明史上，北京和西安、洛阳、开封、杭州、南京、郑州、安阳一样，同属华夏历史名都，合称"中国八大古都"。这些古都具有同质性，是中华大地上自古至今所有城市中最具可比性的。而通过对这些古都各自发展脉络的比较研究，轻而易举就能把北京历史文化的独特性揭示出来。

此外的更高层次比较，则莫过于站在全世界的高度，将北京历史文化的特性与世界各大文明古都做横向比较了。这种比较亦非可有可无，因为只有着眼于全球，才能最大限度地揭示北京历史文化戛戛独造的特异性，进而判定它在整个人类文明史上所处的独特地位。同时也只有放眼全球，才能把北京历史文化的研究置于现代史观的全球视野之下，赋予它以全新的含义。

以纵向的考察为经，以横向的比较为纬，由此逐步展开的，无疑是一部北京历史文化的百科全书，而贯穿于其中的红线，就是北京历史文化的本质特征。这种纵向、横向的考察看似简单，但实施起来并非易事，至少有两大难关有待逾越：一是要打破时代的拘囿，作跨时代的综合考察；二是要切实贯彻史学研究的"两重证据法"。

众所周知，在历史学、考古学、人类学、民族学乃至其他和历史有关的学科中，学者一旦跨入研究领域，首先要按时代段落确定自己的专业方向，唯此才有可能变身为"专家"。姑不论近代史和现代史，单就古代史而言，约定俗成的分工就有五大段——原始社会、夏商周三代、秦汉、魏晋南北朝隋唐、宋元明清。近几十年来，随着专业研究的不断细化，分工的范围越来越窄，大有按十几个历史单元来划分的趋势。历史何其浩瀚，人生何其渺小，一旦确定研究方向后，学者便如"一嫁定终生"，深陷其中而不复它顾，视野也就永远框定在一个有限的范围内。即使是遇到通史类作品，通常的做法也是分工合作，"铁路警察各管一段"，各写各的段落。这样做的好处是可以群策群力，较快完成一部大容量的历史巨著，缺陷则是把创造性的"写书"变成了技术性的"编书"，既不利于对历史做全方位的观察与思考，也难以在融会贯通中达成一部作品内在的完整性，更无法在一气呵成中凝练出作品的灵魂。

英国著名历史学家杰弗里·巴勒克拉夫说："近年来在用全球观点或包含全球内容重新进行世界史写作的尝试中，最有推动作用的那些著作恰恰是由历史学家个人单独完成的。"①这里说的是世界史研究，它所涵盖的时空范围是最大的。既然世界史的研究都是如此，足见由个人单独完成的一以贯之的观察与思考是多么的重要。总之，在研究范围越来越细化的情况下，如何处理好宏观研究与微观研究的关系，是学术界面对的大问题，也是北京史研究面对的大问题。之所以迄今尚无一部全面、系统、深入探讨北京历史文化基本发展特征的综合性著作，缺乏这种大视野、大跨度的独立观察与思考，无疑是一个重要的原因。

在考察北京历史文化特征时，文化是须臾不可缺失的一大主题，而文化的内涵林林总总，被概括为"人类在社会历史发展过程中所创造的物质财富和精神财富的总和"②。对于如此森罗万象的文化，在论证北京古文化时当然不可能面面俱到，需要重点把握的主要有三个方面：一是足以体现社会基本经济形态、组织结构、民族习俗和文化间交往互动的考古学文化；二是社会的主流意识形态文化；三是宗教文化。这三个方面基本涵盖了物质文化与精神文化两大范畴，包括了从经济基础到上层建筑的不同领域，足以构成文化的最主流形态。这是在论证北京历史文化时最不可忽略的，而为了对这几大方面做全面深入的剖解，就必须切实奉行史学研究的"两重证据法"。

"两重证据法"最早是由史学巨擘王国维先生于1925年在清华讲授《古史新证》时提出的③。王国维（1877~1927年）字静安，号观堂，清末民初人，有《静安文集》和《观堂集林》存世。在研究中国古代史时，王氏上承乾嘉考据学派的国学传统，又借助刚刚传入中国的西方实证主义史学方法，援引殷墟甲骨文及金文资料与文献对勘，取得了许多突破性的成

---

① ［英］杰弗里·巴勒克拉夫著、杨豫译：《当代史学主要趋势》，上海译文出版社，1987年，第245页。

② 《现代汉语词典》第5版，商务印书馆，2005年，第1427页。

③ 王国维：《古史新证》，清华大学出版社，1994年版。

就。对于自己采用的这种研究方法，王国维称之为"两重证明法"，即取地下实物与纸上遗文相互参证、相互补充的方法。其实在他那个年代，现代意义的考古工作尚未起步，其所倚重的"地下"实物仅限于传世的甲骨文、金文材料，这还很难说是真正意义的"两重证明"。而今天，当田野考古工作早已漫卷全国，当考古发现早已触目皆是，各类地下文物与文献史料的相互参证和相互补充不仅是可能的，而且是必要的，已成为古史研究方法的不二之选。

从专业角度出发，落实"两重证据法"的途径无非有二：一是历史工作者立足于传统史学来结合、运用考古材料，二是考古工作者出发于田野考古资料来结合、运用文献史料。历史学和考古学是极具亲缘关系的学科，这种结合看似轻而易举。但问题恰恰在于，这两大学科的理论与方法有相当大的区别，以至不能不把它们同时并列为"国家一级学科"。质言之，如果不深入理解考古地层学、类型学的精髓，历史工作者就很难从枯燥乏味的考古资料中读出活的文章来，充其量只能人云亦云。同理，深陷盆盆罐罐的考古工作者想要熟稔掌握历史文献亦非易事，想要从浩如烟海的文献史料中去伪存真地得出独到见解就更是难乎其难，故而对文献的使用也往往有"贴标签"之嫌。于是，正如人们常常看到的那样，虽然历史学者与考古学者不乏共同话题，经常要坐在一起讨论，但往往是仁者见仁，智者见智。事如学者所云："目前不论在考古界，还是在历史学界，大多数学者都赞成历史应当与考古相结合，并且也是努力这么做的。然而从实际效果看，这种结合做得尚不那么理想。……这并不是考古学者与历史学者互不买账，而是其距历史研究的要求确有一些距离。"[1]李学勤先生对此说法深有感触，认为"这段话确实反映了现实"，并且自我检视说："原因恐怕更多是在我们学历史的一方面。"[2]其实，这跟学历史出身还是学考古出身并

---

[1]　沈长云、张渭莲：《中国古代国家起源与形成研究》，人民出版社，2009 年，第 166 页。

[2]　李学勤：上书《序》。

没有太大的关系，有关系的是，无论立足于考古学还是历史学，都既要尽可能地深入考古学文化的堂奥，又要苦心孤诣地研读文献史料，合两专为一专。这是一切古史研究的方向，也是本论著的努力方向。据粗略统计，本书征引的考古资料、文献史料及相关研究成果累计不下 2500 余条[①]，这就从一个侧面反映了我们为此所做的努力。

对北京地区历史文化基本特征的考察，实际就是对北京历史文化发展过程、模式、趋向的系统性考察，不仅需要创造性的思维，更需要系统性思维。这种系统性思维要求我们把北京历史文化当作一个整体来认识，要从政治、经济、文化、民族、地理、环境乃至历史人物等因素的相互作用和相互联系中，全面理解与把握北京历史的进程。因此，论证中不仅要切实奉行考古学与历史学相结合的"两重证据法"，还要广泛涉及人类学、民族学、文化学、历史地理学、宗教学、环境学、经济史学等各领域。综合借鉴这些学科的理论、方法与成果，将多学科的材料与研究一炉共冶，也是考察北京历史文化所必须遵循的。

除了上述研究的方法、视角、途径外，更重要的是，在全面考察北京历史文化的基本属性时，有些传统史学观念的问题也需要进一步廓清。

在中国大陆上，北京位于东北一隅，东临大海，北接朔漠。这个地理区位恰好决定了它相辅相成的两大属性：一是远离中原的腹心，二是地近蛮夷。司马迁在《史记·燕召公世家》中说"燕迫蛮貉"，《战国策·燕策一》载燕王自谓"寡人蛮夷辟处，虽大男子裁如婴儿"，《史记·刺客列传》载燕人荆轲自称"北蕃蛮夷之鄙人"，凡此都是对燕地这种性状的经典表述。由此带来的问题是，中国正统史观一贯强调"中原中心论"和"华夏中心论"，而若不直面这种观念带来的负面影响，就无法真正理解这个地理区位带给北京的特殊势场，也无法深刻了解北京地区在推动华夏文明进

---

① 本书各章的注释累计 1500 余条，正文直接征引的文献及研究成果也有 1000 余条，总计约 2500 余条。

程中所起的不可替代作用。

纵观华夏历史，这个根深蒂固的"中原中心论"和"华夏中心论"，是从夏商周三代开始奠定的。

文明初兴之时，夏人、商人、周人相继建立了三个王朝，史称"三代"。这三大王朝当时是全中国的文明中心，引领着神州大地的时代大潮，而它们的中心居地都集中在中原腹心地带。《史记·封禅书》云："昔三代之（居）皆在河洛之间。"《史记正义》释曰："世本云：'夏禹都阳城，避商均也。又都平阳，或在安邑，或在晋阳。'帝王世纪云：'殷汤都亳，在梁，又都偃师，至盘庚徙河北，又徙偃师也。周文、武都酆、鄗，至平王徙都河南。'案：三代之居皆在河洛之间也。"以上征引的文献包括了《世本》、《史记》、《帝王世纪》和《史记正义》，它们无不申明，夏商周三朝皆居于中原腹心的"河洛之间"。正是从这个时候起，"中原中心论"和"华夏中心论"在历史上深深扎下根来。

更重要的是，不仅夏、商、周三大王朝位居中原腹心，当时全国的政治版图也都是围绕这三大王朝展开的，是名副其实的"中原中心"架构。

《尚书·禹贡》云："五百里甸服：百里赋纳緫，二百里纳铚，三百里纳秸服，四百里粟，五百里米。五百里侯服：百里采，二百里男邦，三百里诸侯。五百里绥服：三百里揆文教，二百里奋武卫。五百里要服：三百里夷，二百里蔡。五百里荒服：三百里蛮，二百里流。"这里讲的是夏代情况，说当时神州万邦依据和夏的远近亲疏关系分成了甸服、侯服、绥服、要服、荒服五大类，称作"五服"。这里的"服"，乃服从、服事之意，亦即《周礼·夏官·职方氏》郑玄注所说的"服，服事天子也"。他们都是夏王朝的藩属，其中既包括了已经跨入国家文明的方国，也包括了一部分尚处在原始社会后期的部族，既包括了夏王室的宗亲、姻亲藩属，也包括了主动臣服夏朝或因武力胁迫而被动臣服夏朝的异姓邦族。而作为"五服"之国，这些藩属不仅要听命于位居中央的夏王朝，还要对夏王朝承担相应的义务。按当时的规定，这些义务大体是：

夏京畿以外五百里为甸服，这是离夏王室最近的一类。他们是替天子耕种治田的，要分别按地理位置的由近及远向夏王室交纳收割好的整棵庄稼或禾穗、谷粒、粗米、精米等；

甸服以外五百里为侯服，其中靠近甸服的是采邑，往外二百里以内为小封国，再往外三百里以内为诸侯封地。这些邦国的主要职责是服王役、任王事，为王者斥候；

侯服以外五百里为绥服，主要职责是安服王者政教，奋武以卫天子；

绥服以外五百里为要服，此等边民只要服从王室的约束和差遣即可；

要服以外五百里为荒服，夏王朝对这些部族的政策是各因其俗而治，准其随意迁徙。

从总体上看，五服中的前三服是由王室直接控制的，属于华夏程度较高的邦族。后两服则与中原王朝的距离最远，华夏化的程度也最低。其中要服诸邦尚在中原王朝的控制范围内，荒服各族则实际上已超出了中原王朝的有效控制范围，只要承认中原王朝的天朝地位即可。

《国语·周语上》也有相同的记载，但着重强调了对不服从管理和政教的远近诸邦的惩罚。该文云："夫先王之制，邦内甸服，邦外侯服，侯、卫宾服，蛮、夷要服，戎、狄荒服。甸服者祭，侯服者祀，宾服者享，要服者贡，荒服者王。日祭、月祀、时享、岁贡、终王，先王之训也。有不祭则修意，有不祀则修言，有不享则修文，有不贡则修名，有不王则修德，序成而有不至则修刑。于是乎有刑不祭，伐不祀，征不享，让不贡，告不王。于是乎有刑罚之辟，有攻伐之兵，有征讨之备，有威让之令，有文告之辞。"此文追述的"先王之制"即夏代制度，同样说当时的邦族分为甸服、侯服、宾服（绥服）、要服、荒服五大类。较为不同的是，这里强调远近藩邦的主要义务是按时参加中原王朝的祭祀典礼，并须各以其贡物助祭于庙，否则就要受到惩处。惩治的措施则包括了刑罚之辟、攻伐之兵、征讨之备、威让之令、文告之辞等，总体原则是近者从严，远者从宽。

以上便是夏代的政体，表现的是完完全全的"中原中心"架构。

商代上承夏代，不仅维持了"中原中心"架构，而且推行了严格区分中央和地方两大政体的内外服制度。《尚书·酒诰》云："在昔殷先哲王……越在外服，侯、甸、男、卫邦伯，越在内服，百僚庶尹惟亚惟服宗工。"据此可知，商朝外有侯服、甸服、男服、卫服等诸侯之长，内有治事百官众正及次大夫服事尊官等官僚机构，实行的是内外两套制度。这种制度其实与夏的五服制无异，无非是更加强化了商王畿与藩属国之间的区别。《诗经·商颂》云："邦畿千里，维民所止。"这里说商王室直接控制的京畿之地不过千里。商代一尺合今 16.95 厘米，按这个尺度衡量，男子高约一丈，故有"丈夫"之谓。照此推算，商代一里只合今里的一半，可见商王室的"邦畿千里"不过尔尔，其外服的方国和邦族才是商朝的主体。

夏商时期文明初奠，"五服"的划分显然不是那么绝对的，每服的所谓"五百里"之数更不过是泛泛之论。但这并不妨碍一个事实的存在，即当时确乎形成了以中原王朝为宗主国的政治版图。这是一个"同心圆"式的等级秩序图谱，位于中央的夏商王朝有如灿灿红日，四周部族则如众星，簇拥拱卫着这个耀眼的金轮。这就是夏商时期的社会状况，它不仅烘托出了"中原中心论"的形成背景，也反映了中华文明起源阶段的总体特征。

公元前 11 世纪中叶，姬姓周人封邦建国，创建了西周王朝。不同于夏商王朝的是，周人全面推行了诸侯分封制，在全国广建子国。《荀子·儒效》云："（周公）兼制天下，立七十一国，姬姓独居五十三人。"这就是西周王朝的分封制，所封主要为同姓宗亲。正是这种制度的推行，迅速扩大了周人的控制范围，也极大强化了王室与诸侯国之间的直接隶属关系。凡此都和夏商时期的五服制及内外服制不同，但传统的内外服制在西周时期依然存在。

《史记·匈奴列传》云："武王伐纣而营雒邑，复居于酆鄗，放逐戎夷泾、洛之北，以时入贡，命曰'荒服'。"这里说周武王把戎夷驱赶到了泾水、洛水以北，戎夷从此成了周的"荒服"。这就是周的内外服制度，戎夷被排斥成最边远的一等，但仍要定期向周人交纳贡赋。此后，随着"周礼"的制定，周的诸侯与异性藩属间的差别越拉越大，而且这差别已不仅仅表现在地理位置的远近和承担义务的轻重上，更被注入了尊卑等次的内容，甚至直接导致了同堂之上的不对等。

《礼记·明堂位》云："天子负斧依南乡而立，三公中阶之前，北面东上。诸侯之位，阼阶之东，西面北上。诸伯之国，西阶之西，东面北上。诸子之国，门东，北面东上。诸男之国，门西，北面东上。九夷之国，东门之外，西面北上。八蛮之国，南门之外，北面东上。六戎之国，西门之外，东面南上。五狄之国，北门之外，南面东上。九采之国，应门之外，北面东上。四塞，世告至，此周公明堂之位也。明堂也者，明诸侯之尊卑也。"

以上记载的是周成王朝会诸侯时明堂上的次序排列，周天子南向居中而立，三公立于中阶前，周室分封的公、侯、伯、子、男等华夏诸侯则按照尊卑等阶依次排列在明堂的东南西三面。而与此判若云泥的是，臣服周室的九夷、八蛮、六戎、五狄等藩属之国却只能卑微地恭立在明堂之外，彼此的不平等一望可知。

上面说的是西周初年的事，下至西周中期，周人与异族藩属间的不平等更是愈演愈烈，已酿成两大阵营的严重对立。《后汉书·西羌传》对此有一段综合性记述，其云：

"至穆王时，戎、狄不贡，王乃西征犬戎，获其五王，又得四白鹿、四白狼，王遂迁戎于太原。夷王衰弱，荒服不朝，乃命虢公率六师伐太原之戎，至于俞泉，获马千匹。厉王无道，戎狄寇掠，乃入犬丘，杀秦仲之族。王命伐戎，不克。及宣王立四年，使秦仲伐戎，为戎所杀。王乃召秦仲子庄公，与兵七千人伐戎，破之，由是少却。后二十七年，王遣兵伐太原戎，不克。后五年，王伐条戎、奔戎，王师败绩。后二年，晋人败北戎于汾隰，戎人灭姜侯之邑。明年，王征申戎，破之。后十年，幽王命伯士伐六济之戎，军败，伯士死焉。其年，戎围犬丘，虏秦襄公之兄伯父。时幽王昏虐，四夷交侵。"

西周王朝共历十二王，穆王位居第五，属西周中期。以上记载叙述了从西周中期周穆王直到西周末年的史实，历陈了此阶段周王室与戎狄的兵戈相见和水火不容。其结果是，双方在争斗中各有胜负，表明少数民族势力已经成长为一股足以与中原王朝相抗衡的力量。再下至西周末年，周幽王姬宫涅荒淫无道，大肆搜刮民财并滥用酷刑，为博妃子褒姒一笑甚至不惜"烽火戏诸侯"，终于被申侯联合西夷犬戎诛杀于骊山下。这一事件直接导致了西周王朝的覆亡，揭开了东周的历史。史称周平王之所以离开宗周东迁雒邑，直接原因就是为了"辟戎寇"①。

周幽王的被弑杀，一方面把这个昏庸无道的亡国之君永远钉在了历史的耻辱柱上，另一方面也使华夏诸国在心理上筑起了一道"夷夏大防"的堤坝。

《左传·闵公元年》载齐大夫管仲云："戎狄豺狼，不可厌也；诸夏亲暱，不可弃也。"

《左传·僖公二十五年》载周京畿之地的人说："德以柔中国，刑以威四夷。"

《左传·襄公四年》载晋大夫魏绛云："戎，禽兽也。"

《国语·周语中》载周大夫富辰云："狄，豺狼之德也。……狄，封豕豺狼也。"

《国语·周语中》载周定王说："夫戎、狄，冒没轻儳，贪而不让。其血气不治，若禽兽焉。"

---

① 《史记·周本纪》。

《论语·八佾》："子曰：夷狄之有君，不如诸夏之亡也。"

《春秋公羊传·隐公七年》："不与夷狄之执中国也。"

《春秋谷梁传·襄公七年》："不使夷狄之民，加乎中国之君也。"

《春秋谷梁传·襄公十年》："不以中国从夷狄也。"

以上皆为春秋以来尊夏贱夷之论，表明从那时起，中原列国已树立起夷夏大防的民族观。按照《春秋公羊传·成公十五年》的说法，整整一部《春秋经》的主旨就是"内其国而外诸夏，内诸夏而外夷狄"，从头至尾强调的都是"华夷之辨"，足见夷夏大防的观念当时已深化到了何等程度。

上述先是夏代五大类邦族的划分，后是商代"内外服"制度的推行，再后是"周礼"加诸藩属之国的不平等待遇，最后是春秋时期"华夷之辨"、"夷夏大防"民族观的确立，即"中原中心论"和"华夏中心论"从形成到发展的几大阶段。

公元前 221 年，群雄争霸的东周时代结束，中央集权的大一统帝国降生。从此以后，历经嬴政的秦朝、刘邦的西汉、刘秀的东汉、曹丕的魏国、司马炎的西晋、杨坚的隋朝、李渊的唐朝，直至赵匡胤的宋朝，各朝代无一不是由汉族创建的，也无一不以中原为中心。这些王朝皆以天朝大国自居，自认是"天下之中"，自谓为"中国"①，这就使"中原中心论"更加强化为华夏正统史观的核心。

正是由于"中原中心论"和"华夏中心论"的存在，华夏历史上不知有多少事实被掩盖，也不知有多少真像被篡改。而其中最值得一提的，莫过于中华始祖黄帝的源起。

黄帝是华夏远祖之一，也是其中最卓尔不群的唯一。要言之，他身处鼎新革故的历史关头，许多标志社会开化的成果都出自他和他的时代，由此铸就了他华夏人文始祖的不朽地位。此外，他亲手点燃了中华文明的火

_____

① "中国"之称始见西周初年《何尊》铜铭："余其宅兹中国，自兹乂民"。见唐兰：《何尊铭文解释》，《文物》1976 年 1 期。

炬，是绵延五千年之久的中华文明的开山鼻祖，也是泱泱华夏的亘古第一帝。与此同时，他还把北狄、东夷、西羌和中原集团凝结成一个共同体，亲手缔造了华夏族的最初原型，也缔造出一个全民族的始祖神。以上人文始祖、文明始祖、民族始祖三大不世之功，奠定了黄帝的无与伦比地位，使之成为华夏远祖中最超凡绝伦也最不可替代的一个。然而殊为遗憾的是，这样一位民族尊神，到现在都搞不清楚他究竟是从哪里来的。

关于黄帝的发源地，文献中的原始记载十分匮乏，于先秦典籍中仅一见。《国语·晋语四》云："昔少典娶于有蟜氏，生黄帝、炎帝。黄帝以姬水成，炎帝以姜水成，成而异德，故黄帝为姬，炎帝为姜。"以上"黄帝以姬水成"一语，即对黄帝源起之地的最远古记载。然而，正如古史学家徐旭生先生所说："至于姬水，不知道是现在的哪一条水"[1]，古姬水的地望早已失传，至今无从查考。近人虽有认定它在齐鲁某地或陕甘某地的[2]，都不过是虚拟比附之辞，难以指实，终不免成凿空之论。

史上有关黄帝的出生地还有另外较晚出的两说，见皇甫谧的《帝王世纪》："黄帝生于寿丘，长于姬水，因以为姓。居轩辕之丘，因以为名，又以为号。"[3]此文除引述前面谈到的黄帝"长于姬水"外，又提到了黄帝的"生于寿丘"和"居轩辕之丘"。对于后两说，郦道元的《水经注·渭水》辨之甚详，其云："渭水又东南合泛谷水，……又西北轩辕谷水注之，水出南山轩辕溪。南安姚瞻以为黄帝生于天水，在上邽城东七十里轩辕谷。皇甫谧云生寿邱，邱在鲁东门北，未知孰是。"郦氏在这里首先说明黄帝的"生于寿丘"指的是山东曲阜的寿邱，"居轩辕之丘"指的是甘肃天水的轩辕谷，然后笔锋一转，对这两说一言蔽之以"未知孰是"。

一个言之凿凿地说黄帝生于寿丘、长于姬水、居于轩辕之丘，把黄帝

---

[1]　徐旭生：《中国古史的传说时代》（增订本），文物出版社，1985 年，第 42 页。

[2]　黄石林：《中国古史中的黄帝时代》，《炎黄文化研究》第 5 期，1998 年 12 月。

[3]　《史记·五帝本纪》索隐引。

从小到大的身世罗列得清清楚楚，另一个却一本正经地不予认可，两者究竟孰是孰非呢？从年代上说，皇甫谧的《帝王世纪》出自西晋，郦道元的《水经注》出自北魏，以前者的时间为早。但从学术价值上说，《水经注》广征博采，考证翔实，字字珠玑，自古即被誉为"不刊之珍典"①。而《帝王世纪》却采用了不少秦汉间巫师、方士编造的谶纬学说，多有不经之论。郦氏撰《水经注》时显然已经参酌了皇甫谧的说法，但他仍然一口咬定"未知孰是"，足见皇甫谧的"寿丘"和"轩辕之丘"之说纯属渺茫无征之论，也足见黄帝的生地和居地在郦道元那个时代已无从稽考。

总之，由于文献的阙失和语焉不详，对黄帝的源起之地自古便歧见纷披。辗转至今，学术界有谓黄帝出自西部陕甘的，有谓源自东方齐鲁的，有谓来自南方长江流域的，有谓原本就是中原民族的，还有说是出自北方地区的，东、西、南、北、中一应俱全，几乎无处不是黄帝的故乡②。以上不同主张的纷然杂陈，已使黄帝地望成了中国历史上最扑朔迷离的难解之谜。

生地既然无从查考，便不得不从葬地入手，于是便有了见载于《汉书·地理志》的"（上郡）阳周，桥山在南，有黄帝冢"之说。此说出自东汉班固，以黄帝葬于汉代的上郡阳周县，地在今陕西子长县。此说一出，应者云集，黄帝陵寝在陕西桥山之说遂成不刊之论。然而如第二章第三节所考，陕西桥山的黄帝陵实属后人为纪念黄帝建造的一座空冢，并且这早在西汉初年汉武帝时已不是秘密，何以东汉班固仍要固执地咬定这里"有黄帝冢"呢？寻根究底，这就和"中原中心论"和"华夏中心论"的恣肆有关了。

众所周知，正是从汉代开始，中国第一个长期稳定的大一统帝国落户陕西关中。当时大汉帝国的统治者们为了标榜自己的中华共主地位，为了

---

① ［明］黄省曾：《水经序》。

② 考详拙作：《黄帝地望诸说考》，《首都博物馆丛刊》第十七期，北京燕山出版社，2003 年。

让泱泱帝国的四海子民甘心臣服，一个非同寻常的政治需要，就是要仰仗华夏始祖黄帝的神威来光大自己，依靠"中原中心论"的观念来扬厉自己。而为此必须确立的一个前提，就是华夏始祖黄帝的故土位在中原，最好位在关中。同时，秦汉之际北方匈奴边患日甚，汉族统治者更要借助"夷夏之辨"、"夷夏大防"的理念来凝聚民心，而这也需要树立一个源出于中原正土的华夏始祖来做旗帜。正缘于此，当汉武帝得知桥山仅是一座黄帝的衣冠空冢时，不仅不以为怪，反而兴师动众，大肆筑台祈仙。也正缘于此，当王莽以外戚身份篡权称帝时，不仅要为自己披上"皇初祖考黄帝之后"①的神圣外衣，还要大张旗鼓地在阳周桥山修建黄帝陵园。正是在这种背景下，班固的陕西阳周黄帝冢之说应运而兴。

那么，真实的桥山黄帝陵究竟在哪里呢？各种历史线索其实早就指明，这理应在河北涿鹿的桥山，对此将于第二章第三节详加考析。可是，此说虽然在典籍中不乏明证，虽然在考古遗迹中也不乏佐证，却始终不为班固等中原史官所正视，甚至连提都不提。所以然者何？盖因涿鹿已割裂在长城之外，对中原王朝来说，这已属塞外蛮荒之地。

涿鹿县南部山区至今仍保存着一段古长城，位在蟒石口乡马水村一带。这段长城从道沟村北蜿蜒东南，沿崇山峻岭迤逦约 15 华里，一直止于狼烟山脚下。这里过去是保定府与宣化府的分界地，属保定府涞水县，古涿鹿更在其北。据实地勘察，这道长城本为战国时燕国所筑，明朝曾数次增补重修②。它的存在再清楚不过地表明，从先秦燕国起，也就是从最早有长城起，古涿鹿就被划在了长城以外。由此便不难理解，何以中原史官要缄口不提涿鹿桥山了，因为如果承认涿鹿桥山的黄帝陵，无异于承认华夏始祖黄帝源出于塞外，承认黄帝本属"蛮夷化外"之人，而对于"中原中心论"和"华夏中心论"者来说，这显然是不能接受的。

---

① 《汉书·王莽传》。

② 杨云：《位于涿鹿县赵家蓬区的马水长城》，《涿鹿文史资料》第三集。

其实，古涿鹿和黄帝的非同一般关系不仅见于先秦以来的文献记载，也不仅见于当地保留的一大批和黄帝有关的活动遗迹，甚至不仅见于位在涿鹿县矾山镇的古黄帝城①，而且早在距今一千五六百年前，一个自称是黄帝后裔的古老王朝的帝王就屡番前来这里拜祭黄帝②。但即便事实如此确凿，中原王朝的史家们仍然视而不见，佯装不知，"中原中心论"的褊狭与顽固可想而知。

流弊所及，至今仍时时可见"中原中心论"的影响。正如学者所说："以'汉族中心'或'汉族本位'的思想去指导中国历史的概述，长期以来一直是、并且在相当程度上至今仍然是历史研究中存在的一个显著问题。"当然，从理论上讲，"中原中心论"早被摈弃，然而实际上，"在许多具体的论述中，这种思想意识的潜在作用却时时顽强地表现出来"③。任举一例来说，在讨论黄帝、炎帝、蚩尤大战的地望时，有的学者就置先秦两汉的确切记载于不顾，硬要把这些地点置换到中原黄河边来。其理由是："从情理上看，无论'黄帝'、'炎帝'或'蚩尤'，现在大家一般都认为他们都活跃在黄河中下游，那么，他们也毫无理由都带上大军跋涉千里到荒远的'涿鹿'去决战。因为那里不仅给养成问题，而且那时打仗无非是掠夺人畜财物，但苦寒山谷中的'涿鹿'会有什么呢？那里固然也发掘出了仰韶、龙山文化遗物，但分布得极其疏落稀少，比起豫西、关中、晋南的古文化遗址的数量来，就差得多了。所以，所谓'涿鹿'、'阪泉'不应该远在冀北的荒僻山谷中，而应当在巩县一带的黄河岸边。"④细审此文，在考定阪泉大战与涿鹿大战的地望时，有多少历史证据或考古依据似乎都是无足轻重的，重要的是涿鹿一带如此"荒远"、"苦寒"、"疏落"、"稀少"、

① 王北辰：《黄帝史迹涿鹿、阪泉、釜山考》，《北京大学学报》1994 年 1 期。
② 说详第二章第三节。
③ 王和：《多民族统一体与统一多民族国家的发展历程》，《炎黄文化研究》(增刊) 第 6 期。
④ 杨国勇：《黄炎华夏考》，《山西大学学报》1982 年 4 期。

"荒僻"，连"给养也成问题"，因此只配做历史的荒漠。在这里，起决定作用的，是"一般都认为他们（按即黄帝、炎帝、蚩尤）都活跃在黄河中下游"的主观意念，"中原中心论"呼之欲出。倘若单是这种泛泛之论还好办，更让人无法理解的是，在考古工作早已昌明发达的今天，在主动性发掘和保护性发掘也早已遍及各地的今天，像涿鹿这样一个事关全球华人祖先的圣地，像黄帝城这样一座既不乏历史证据又不乏考古迹象的古城，何以会一再任其沉默而不有计划地展开些系统全面的考古工作呢？难道这也是以黄帝必源出于中原的"中原中心论"在作怪吗？

一旦彻底清除了"中原中心论"和"华夏中心论"的影响，客观公允的审视历史，以下事实就会一一展现在我们面前：

即使不说直立人阶段的"北京猿人"，单就现代人的起源而论，整个欧亚大陆东端至今最早的晚期智人就发现于北京。由此表明，偏在一隅的北京不仅是古人类的发源地，还是现代黄种人的发源地，说详第二章第一节。

种种迹象反映出，整个中国北方的粟作农业和新石器时代革命实发端于北京及周边地区，而非肇始于中原地区，说详第二章第二节。

从刚刚跨入新石器时代起，燕山南北两侧的文化就建立了紧密的联系，甚至彼此源出一脉，此后更是密不可分。同时，作为贯通南北的大动脉，北京地区早从新石器时代起就把塞北和中原两地的文化紧紧连在了一起，说详第五章第二节。

东北地区虽然后来成了游猎民族的天堂，但在史前时代，那里却有相当发达的农耕经济，是大中华史前农业圈的重要组成部分，说详第五章第二节。

鉴于大江南北各地的龙山文化都不同程度地辉耀出了文明的曙光，中华文明起源的"多中心"论现已为学者所共奉。殊不知华夏文明的起源还有一个"多重心"的特点，即不同阶段各有不同的重心。这些重心交替出现在不同的时间和空间，各在一定阶段独领风骚，具有很大的影响力。而据第五章第二节所论，在距今 5500 年前后，在整个北中国，向着文明终极目标一路领跑的，恰恰是塞外的红山文化。这一事实充分说明，燕山以北并非一直落后于中原地区，反而是和黄河流域、长江流域并列的中华文明三大源头之一。

中华文明始祖黄帝到底源出于哪里？这既是中国历史上的头等大事，也是中华民族的头等疑案。而于史可稽的是，黄帝正是从一度领先于中原的塞北红山文化中走出来的，因为这获得了第五章第三节所论的十大证据的支持。在有关黄帝起源的东南西北诸说中，能得到如此支持的绝无仅有，故以此说最可凭信。

从红山文化中走出来后，黄帝集团在涿鹿及北京西北一带点燃了神州大地的第一把文明火炬，而那时的莽莽中原，尚处在史前时代的黑暗混沌中，说详第二章第三节。

寻根溯源，从形成雏形的那天起，华夏民族就是由北狄、西羌、东夷、中原集团融汇而成的，具有与生俱来的多元特质，说详第二章第三节。

从新石器时代一直到夏商时期，西辽河流域的文化始终和北京地区乃至中原地区保持着相当的一致，说详第五章第四节。除了文化的交融互动外，塞内外人员的交往更是毋庸置疑，因为任何文化的交流都是以人为媒介的。黄帝集团从红山文化的整体南下，就是燕北族群对燕南的一次大规模交流。此外据第三章第二节所考，北方游牧民族的远祖荤粥族是从燕山南麓北徙的，金朝和清朝的祖先肃慎族也是从北京一带迁往燕山以北的，这又是燕山以南族群对燕北的交流。凡此种种无不说明，"中原华夏"与"北方蛮夷"自古本是一家，属于同祖同源的同一族系，他们被长城分开是很晚以后才有的事。

相当长时间以来，以中国古代游牧经济源起于西方的说法一直不绝于耳，至今仍是主流派说法之一。倘如此，则数千年来北方游牧民族与中原农业民族的"二元对立"，就不再是中国内部的"家事"了，而成了所谓的"国际争端"，由此带来的麻烦也不再是一个学术问题所能涵盖。幸好有诸多事实证明，中国北方的畜牧经济和畜牧族是因环境的演变而在夏代自发生成的，燕山以北的西拉木伦河和老哈河流域就是它的一个重要故乡，说详第五章第四节。

以上所列，都是影响中国历史进程的大事件，而它们桩桩与"中原中心论"的立场相悖，也桩桩与北京的历史作用有关。其中关于中华始祖黄帝源出于燕山以北、崛起于燕山以南的论断，更是对"中原中心论"和"华夏中心论"的极大颠覆。

自从十八世纪中后期开始，西方学术界兴起了一股"欧洲中心论"思潮，强调欧洲具有不同于其他地区的特殊性和优越性，是世界发展的主轴，也是其他地区迈向现代文明的灯塔。大名鼎鼎的德国哲学家黑格尔、法国哲学家孔德、德国历史学家兰克等都是此论的代表人物，孔德甚至直言不讳地说："我们的历史研究几乎只应该以人类的精华或先锋队（包括白色种族的大部分，即欧洲诸民族）为对象，而为了研究得更精确，特别是近代部分，甚至只应该以西欧各国人民为限。"[1]这种狭隘的世界观和历史观贬低了非欧洲国家的历史地位和成就，使欧洲对西方以外的世界闭目塞听，也使整个世界长久以来以西方意识为主体。直到人类进入全球化时代以后，二十世纪五六十年代出现了"全球史观"，这才打破了"欧洲中心论"的思维定式，使全世界的历史观发生了巨大变革[2]。不言而喻，中国史的研究也只有彻底挣脱"中原中心论"和"华夏中心论"的桎梏，才能全面展现出多元一统大中华历史的宏伟全景。

更重要的是，只有彻底摆脱"中原中心论"和"华夏中心论"的桎梏，北京地区偏在东北一隅的特殊势场才会充分显现出来，它的历史文化特性

---

① 参见康恩：《哲学唯心主义与资产阶级历史思想的危机》，三联书店，1961年，第311页。

② 参考第八章第四节。

也才能全面展现出来。到这时，北京历史文化就会掀开自己厚重的面纱，向世人展示它所具有的奇异特征——悠久、持续、递进、多元、一统发展的特性。

一座城市和一个人一样，有它内在的气质和气韵，而这就是由它贯穿始终的历史特性所决定的。北京历史文化悠久、持续、递进、多元、一统的发展，充分证明这是一座极具创新性、恒久性、进取性、开放性和统一性的城市，而这就是北京的气质和气韵。

对任何一座世界级大都市来说，文化的意义往往大过政治与经济的意义，其历史文化的意义更大过浮光掠影的时兴文化的意义。因此可以毫不夸张地说，北京历史文化的这五大属性，就是历史留给北京的最具开发价值的遗产，一旦被认识便会焕发出不可低估的能量。1997 年，笔者在《北京地区博物馆建设的思考》一文中概要阐述了北京历史文化的悠久性、持续性、递进性、多元性性征，并由此强调说："这四大特征，不仅是北京这座历史文化名城的内涵与底蕴，同时是北京历史文化的特殊优势，是北京建设文化中心的宝贵资源。……如何充分认识、把握、利用、开拓北京历史文化的内在优势，应成为每一个北京市民义不容辞的职责。因为只要真正把握了这些优势并充分加以利用，就可以更大地提高北京这座历史文化名城的地位；可以使百姓更加热爱首都、热爱家乡，增强首都对全民族应有的向心力；可以使人们考虑从不同侧面充分展示北京的古都风貌，把北京历史文化名城的建设纳入更加科学、系统的轨道；可以从这些既往的发展规律中发掘出创建现代化国际历史文化名城的根本经验，并为整个文化事业的腾飞提供动力和源泉。这样，北京历史文化的特有优势，就势必转化为北京物质文明和精神文明建设的最丰厚资源。"[1]这段话已从某些方面揭示，北京的历史文化有着巨大的潜能，是北京最不可忽略的软实力。

---

① 王光镐：《北京地区博物馆建设的思考》，刊《让历史的辉煌走向未来——1996 年首都文化发展战略研讨会论文集》，北京出版社，1997 年。

当然上面所述还只是其中的一部分，因为我们相信，如果能够引起社会各方面的关注，北京历史文化的资源优势就一定会得到更多的发掘，从而激发出更大的社会效益和经济效益。

既然是一座城市的软实力而非其他软实力，这五大特性就必然会反映到城市的"硬件"建设上来。北京地区最早的拓荒者是北京猿人、东胡林人和崛起于涿鹿及北京西北一带的黄帝集团，而周口店遗址、东胡林遗址、延庆阪泉遗址等，就是他们给这片热土留下的实体遗存，证明了北京地区历史文化的悠久性。至于北京地区历史文化的持续性，则包含在有 99 处全国重点文物保护单位、326 处市级文物保护单位的全市近万项文物古迹中。北京历史文化的递进性，则是由每个历史阶段的最高规格遗迹及遗物体现出来的，每个时代都不难找到它的典型遗存。

那么，古都北京的多元性和一统性又是如何在城市建设中表现出来的呢？换言之，究竟什么样的"硬件"才最能反映北京城历史文化的多元性和一统性呢？这个问题关系到今日北京作为东方文明古都所蕴藏的特殊内涵，理应重点剖析。于是，在逐章论证了北京历史文化的五大特性后，又于第七章专门对古都北京城市建设的多元一统风貌展开了论述。

质言之，多元性在古代北京的表现是无所不在的，大到城市居民的民族多样性及民族语言、文字、建筑、服饰、文化、习俗的多样性，小到一座墓葬或一个房址内不同谱系器皿的共存，细到同一件器物上兼有的不同文化因素，都是多样性的表现。但这种多样性是一种泛文化现象，在许多地方都不同程度地存在，不足以说明北京地区非同一般的多样性和兼容性。因此，第七章专门撷取了不同宗教建筑在古都北京的并存与发展，以此来说明各大宗教在古都北京的共生共荣。众所周知，在人类历史上，宗教是各类文化中最具排异性的，西方和东方皆如此。但倘若世界上的三大宗教再加上中国土生土长的道教都能在北京地区长期共存，自能说明古都北京所具有的特殊兼容性。至于一统性，其在古都北京的表现不仅可以反映在

第六章所论的主流文化与主流意识形态的一以贯之上，更能反映在第七章所论的标志中华民族传统信仰的典型建筑在古都北京的兴建与传承上。当然，这首先要涉及到中华民族到底有没有信仰和什么才是中华民族传统信仰的大问题，对此也将在第七章一并展开讨论。

在充分论证了北京地区历史文化的基本特性及相关表现后，第八章对其特异性展开了全面的比较研究。如前所述，这种比较应该是多层面的，不仅要和中国的八大古都做比较，还要和世界各大古都乃至某些具有代表性的古城做比较。而比较的结果是，在全国乃至世界各大文明古都中，同时兼有悠久、持续、递进、多元、一统发展特性的，北京是唯一的一个。这个结论无疑给北京带来了莫大的殊荣，其中的几大亮点是：

放眼整个北京地区，既存在标志古人类起源的"北京人"，又存在标志现代黄种人起源的"田园洞人"和"山顶洞人"；既有新石器时代先驱的"东胡林人"，又有点燃了神州第一束文明火把的黄帝集团及其后人，是集人类起源、新石器时代起源、国家文明起源于一体的地区。这在全国各大城市中是绝无仅有的，在世界上也极其罕见，使北京当仁不让地成了"中华第一摇篮"。

仅就城市文明的发展而言，在地理位置固定不变、城市文明持续不断、都市地位始终不降的三大前提下，由殷商蓟城以迄于今，北京城已走过了三千三百多个岁月①。其时间之长不仅在中国首屈一指，在世界上也无出其右，这又使北京当之无愧地荣膺了"天下第一城"的桂冠。

从城市建设来说，体现中华民族乃至整个东方民族传统信仰、伦理道德、文明基干的礼制建筑，以及展示泱泱华夏厚德载物宽阔胸襟的宗教建筑，都在古都北京得到了充分的展现，昭示这里是东方文明的集大成之所，这又使北京理所当然地获得了"东方第一都"的美誉。

---

① 说详第三章第八节。

若将北京历史文化的五大特性全部归纳起来，如此悠久、持续、递进、多元、一统发展的北京，就更是举世无双了。就如希腊人将雅典卫城奉为圣城和神灵一样，北京也是这样一座圣城，是世界历史上无出其右的"人类文明圣殿"。

不妨试想，再过一段时间——肯定不止一百年，但绝对到不了五千年，全球化的时代终将被全球时代所取代。等到了国与国的界限不复存在的那一天，北京就不仅仅是中国的，而且是全世界的了。在这个地球上，在莎士比亚称颂的"宇宙的精华，万物的灵长"中，有这样一个地方，自有史以来就取得了悠久、持续、递进、多元、一统的发展，这将不仅是中国的骄傲，也是全人类的骄傲！

叙论至此，对人文北京的研究本该告一段落了，但令人欲罢不能的是，新的问题接踵而来——为什么独有北京的历史文化能同时具有这些特性，其背景条件到底是什么？而通过对这些背景的条分缕析，又能给人类文明今后的发展带来怎样的启迪？对这些问题的深入探究，将从北京历史文化的"个案"中，提炼出永葆人类文明悠久、持续、递进、多元、一统发展的普遍规律来，甚至可以给每一座城市、每一个国家的发展带来启示，理应赓续成文。这将是本书的续集，希望不久后可以问世，暂名《人文北京启示录》。

以北京历史文化内涵之丰富广博，以其特征之独特和意义非凡，对它的研究足以构成一门博大精深的"北京学"。这将是一门兼具历史性和现实性、典型性和普遍性、世界性和时代性的大课题，相信关注它的绝不仅仅是当代北京人，也绝不仅仅是热爱首都、关心首都的全体中国人，还必然包括了关心人类命运和前途的海外各界人士。这门学科的深入开拓和弘扬，有待于从整体的历史视野出发，广泛开展多学科的综合研究，唯此才有可能取得更大的收获。相对这个学科前景而言，眼下这部著作只能算是拓荒之作，其之浅陋自不待言，错误疏失也在所难免。但在研究过程中，连绵悠长的北京历史文化给了我们足够的自信，使我们相信无论有多少新的资料尚未来得及补充，无论有多少新的研究成果尚未来得及吸纳，甚至无论有多少具体观点和论据还有待商榷，但北京历史文化的五大属性是不可撼动的，它在人类历史长河中的无与伦比地位也是毋庸置疑的。正是有了这两大信心的支持，才促使笔者日复一日地把这部洋洋七十万言的著作逐字逐句完成。

希望这部著作成为一面靶子，因为我们相信，当这面靶子被万矢射穿之时，就定是"北京学"蔚为大观之日！

第二章　悠久性
——远古时期北京地区的三大创世纪发展

　　自开天辟地以来，人类起源、新石器时代革命、国家文明的形成是人类的三大历史性飞跃，都给这个世界带来了翻天覆地的变化。头两次飞跃的意义正如世界史大师、美国历史学家 L.S. 斯塔夫里阿诺斯所说："在史前时代的千万年中，有两大发展为以后的全部历史奠定了坚实的基础。其一是灵长类逐渐转变为人类，即人类的祖先转变为真正的人类；其二是原始人从靠大自然恩施的食物采集者转变为日益摆脱大自然束缚、掌握自己命运的食物生产者。这两件划时代的大事，即人类的形成和农业的产生。"[①]至于第三次飞跃的历史意义，最精辟的论述莫过于恩格斯所说的"国家是文明社会的概括"[②]了。文明的政治表现是国家，正是国家机制的形成，导源了迄今为止的全部文明史。总之，这三大步飞跃标志了动物与人、攫取经济与生产经济、野蛮社会与文明社会的分野，是人类有史以来的最本质转变，堪称人类的三大"创世纪"[③]发展。

　　这三大步发展既构成了人类的全部历史，也构成了人类对自身的全部认识。自从人类有主体意识以来，这每一步飞跃究竟是怎样实现的，又是

---

　　① ［美］斯塔夫里阿诺斯：《全球通史—1500 年以前的世界》，上海社会科学院出版社，1999 年，第 52 页。

　　② 恩格斯：《家庭、私有制和国家的起源》，人民出版社，1972 年，第 174 页。

　　③ 《旧约圣经》第一卷为《创世记》，与此处的"创世纪"不同。

怎样延续并发展起来的，这些问题始终困扰着人们，成为永恒不衰的话题。这些话题除了它们的普遍性和世界性，更具有民族性，因为每一个古老民族对自身历史的追溯和记忆，都不能不从这三个阶段的发生与发展开始。

北京是中国封建社会后半期的文明中心，这早已是尽人皆知。但如果说它还是人类起源、农业起源、文明起源的圣地，是东方古老文化与文明的中心，恐怕让人始料不及。然而这却是千真万确的事，因为索诸史实，在人类文化与文明的一次次历史巨变中，北京地区无不留下了令乾坤扭转、天地动容的辉煌篇章。而一旦当这些事实清晰地展现在人们面前后，需要重写的不仅是北京的历史，甚至还有中国乃至东亚的历史。

一　人类的起源—"北京人"

早在邃古的洪荒时代，当人类祖先刚刚挺直身躯在神州大地上蹒跚学步，就在北京这块土地上留下了深深的足迹。这一不灭的印记，就是举世瞩目的"北京人"遗址。

"北京人"遗址位于北京市房山区周口店镇龙骨山，东北距北京市区约48公里。这里地处平原与山脉过渡的山前丘陵地带，背靠太行山，面向华北大平原，系山前暖区。其周围多石灰岩山峦，龙骨山就是其中之一。多元地貌造就了龙骨山的独特环境，它的西北有群山环抱，东南有沃野千里，周口河蜿蜒南流。遥想当年，这里群峦叠翠，山光水色，是钟灵毓秀的一方宝地。据说从宋辽开始，这里就发现了丰富的古动物化石，因中医素称入药的动物骨骸化石为"龙骨"，故此得名"龙骨山"。

在水流的作用下，龙骨山及周边山峦形成了大小不等的天然洞穴。1918年，来华担任矿政顾问的瑞典地质学家安特生来龙骨山考察，在洞穴中采集到一些啮齿类动物化石。1921～1923年，安特生与奥地利古生物学家师丹斯基、美国古生物学家格兰阶合作，对龙骨山的洞穴进行了发掘。在发掘出的大量哺乳类动物化石中，先后鉴定出两颗古人类牙齿化石，一颗为石化很深的上臼齿，一颗为尚未露出颌骨的前臼齿。1926 年 10 月，这一消息正式对外披露，引起了中外学术界的轰动。这一发现当时以无可辩驳的事实向全世界宣告："具有完整而确实的地质资料的古老的人类化石，已经在亚洲大陆的喜马拉雅山以北首次发现。因此，早期人类曾在亚洲东部存在这一点，现在已经不再是一种猜测了。"[1]

龙骨山洞穴的大规模发掘开始于 1927 年，由当时的中国地质调查所主持。发掘伊始就发现了一颗保存完好的人牙，但此后便进入了长达两年多的沉寂期。1929 年 12 月 2 日下午 4 时许，当夕阳正向山后缓缓滑落时，中国古人类学家裴文中腰系绳索，下到龙骨山北坡的一处洞穴内。借助一丝蔼蔼暮色，他在洞底蓦然发现了一个半露在外的头盖骨！这是一具相当完整的北京猿人头盖骨化石，它的发现，标志了"北京人"的正式问世。1936 年，在贾兰坡先生的主持下，又接连发掘出三具猿人头骨化石，这些惊人发现有如接连不断的冲击波，使周口店这座默默无闻的小镇一夜成名，成为举世瞩目的考古学圣地。

这个出土了数具猿人头盖骨的猿人洞，后被命名为周口店第一地点。这是一个天然大洞穴，东西长约 140 米，南北最大宽度约 40 米。洞穴内的堆积极为丰富，总厚度超过 50 米，可以划分为 13 个层次。经科学鉴定，这些堆积形成于 70 万年 ~ 20 万年前，其中大部分时间都有人类活动的遗迹。人类学上特指的"北京人"化石最早见于第 11 层，最晚出于第 3 层，时代断限为距今 46 万年 ~ 23 万年[2]。

综合古人类学和分子生物学的研究，可知人类的进化经历了类人猿、能人、直立人、早期智人和晚期智人几大发展阶段。类人猿即南方古猿，

---

① 贾兰坡、黄慰文：《周口店发掘记》，天津科学技术出版社，1984 年。

② 吴汝康等：《北京猿人遗址综合研究》，科学出版社，1985 年。

生活在距今 500 万 ~ 140 万年前；能人是由南方古猿中的一支衍生出来的，已能制造简单的石器，生活在距今 250 万 ~ 150 万年间；直立人是由能人进化来的，处于从猿到人进化过程的重要阶段，生活在距今 180 万 ~ 20 万年间；早期智人脱胎于直立人，学会了人工取火，与现代人相当接近，生存在大约 20、30 万 ~ 5 万年前；晚期智人又称"新人"，除还残留着某些原始性征外，基本上已与现代人无异，已会制造精细的石器和骨器，生存在大约 5 万 ~ 1 万年前。严格意义的现代人则应从新石器时代算起，主要指最近一万年来的人类。

在考古学上，直立人尚属旧石器时代初期，处在原始社会的低级阶段。这时人类的生产能力还相当低下，居住在洞穴或旷野里，过着群居的采集、狩猎生活，以植物的果实、根、茎和猎取鸟兽果腹。但此时人类已经能够制造和使用工具，直立行走的姿势已很完善，有了简单的思维和最初的语言，在体质特征和外观上也脱离猿类而进入了早期人类阶段。发掘资料证明，周口店的北京猿人在各个方面都具有"直立人"的特征，故而在陆续被称作"中国猿人"、"中国猿人北京种"、"北京猿人"后，最终被正式命名为"直立北京人亚种"，简称"北京人"。

在漫长的几十万年中，为了维持自己的生存和繁衍，"北京人"用石头、木棒、兽骨制造了大量原始工具和武器。石器皆采用原始方法打制而成，数量极其丰富，迄今已发现各种石片和石器十余万件，种类有砍斫器、尖状器、刮削器、雕刻器、石锥、石锤和石球等。这些石器可分别用于砍伐树木、加工木棒、刮削兽皮、切割兽肉、挖掘植物，也可当作狩猎和防身的武器[①]。

遗址内有明显的用火痕迹，表明"北京人"已经掌握和使用了火。早在发现第一具北京猿人头盖骨时，"北京人"的用火痕迹已被裴文中先生

---

① 裴文中、张森水：《中国猿人石器研究》，科学出版社，1985 年。

辨认出来。当时这一发现把人类用火的历史一下子提早了几十万年，引起了全世界的轰动。通过此后的不断发掘，龙骨山洞穴内发现的灰烬层越来越多，最厚处超过 6 米，内含烧过的石块、土块及形形色色的烧骨，还有碳粒、紫荆树木炭、成形的灰堆等。综观这些用火遗迹，"北京人"对火的控制和使用已达到如下程度：

一，灰烬内的石头有的烧变了形，有的炸裂成纹，有的兽骨被烧得扭曲变形乃至炸裂开来[①]，表明这些火是不间断长期使用的。

二，发掘出的灰烬有几处呈堆状，尤以在巨大石块上发现的成堆灰烬最为明显，这表明"北京人"既有能力保留火种，又有能力控制火种，可使其经久不息又不致蔓延。

三，洞穴外也发现了火烧过的灰层，足见"北京人"对火的使用已经不仅仅限于洞穴内的照明、御寒和加工食物，还扩大到了外部世界，用于烧荒和抵御野兽的侵袭。

火的使用对人类生活有着非凡的意义，正如恩格斯所说：火的使用"第一次使人支配了一种自然力，从而最终把人同动物界分开"[②]。在"北京人"度过的几十万年中，气候有暖有寒，食物有丰有欠，正是火的使用，帮助"北京人"战胜了严寒，并把过去不能吃的植物块茎或兽类变成熟食，大大丰富了食物的来源。

在学会了直立行走后，尤其在学会了制造工具和使用火后，"北京人"越来越明显地从古猿中分离出来，成为人类的始祖。出于强烈的寻祖意识，"我从哪里来？我是谁？"是古人普遍关注的话题，而"神造人"是古代东西方共有的说法，扑朔迷离而色彩各异的此类神话深深植根于世界各民族的远古传说中。直到 19 世纪下半叶，英国著名生物学家查理·达尔文先后发表了《物种起源》（1859 年）和《人类的由来》（1871 年）两部著

---

① 贾兰坡：《中国猿人及其文化》，中华书局，1964 年版。

② 恩格斯：《反杜林论》，《马克思恩格斯全集》第 20 卷，第 126 页。

作，用"生存竞争"和"自然选择"理论破解了生物进化之谜，才对神创论提出了大胆的挑战，明确提出人是由古猿进化来的。此后不久，恩格斯论证了劳动在从猿到人变化过程中所起的决定作用，又对人类起源的内在动因做了科学的论证[①]。

　　然而，由于传统思想的禁锢，也由于缺乏足够的证据，达尔文及恩格斯的学说长时间来被视为虚妄之谈，不为世人所重。早在十九世纪末，荷兰外科军医迪布瓦就在印尼爪哇岛的特里尼尔发现了直立人化石，年代距今约 70 ～ 50 万年。谁曾想，这一重大发现当时不仅得不到学术界的认可，反而遭到了权威人士的百般嘲弄和激烈抨击。不得已之下，迪布瓦只好选择沉默，把"爪哇人"资料封存起来，一封就是二十几年。直到北京猿人遗址问世后，"爪哇人"资料才重新唤起人们的重视，达尔文、恩格斯的学说也才获得了新的生命。也就是说，正是由于"北京人"的发现，正是由于该遗址把空前丰富而确凿的人类始祖生活呈现出来，人类才开始真正认识自己，人类起源的探索才真正纳入科学的轨道。

　　在北京猿人发现后的相当长时期内，"北京人"一直被认为是世界上最早的人类，亚洲因而被视作人类最初的摇篮。可是恰恰由于"北京人"的出现大大激发了中外学者的灵感，也大大推进了探索人类起源的热潮，各地的相关发现接踵而来。仅就国内而言，据不完全统计，周口店之后新发现的旧石器地点已多达千余处，范围遍及北起黑龙江畔、南到云贵及两广、西抵青藏高原、东至黄海之滨的广大地域[②]。在如此众多的新发现中，既有与"北京人"的年代大体相当的，也有晚于"北京人"的，还有不少早于"北京人"的。其中早于北京猿人遗址的主要有：

　　1989 年发现的湖北"郧县人"，距今最早可达 100 万年；

　　1963 年发现的陕西"蓝田人"，距今约 110 至 115 万年；

----

① 恩格斯：《劳动在从猿到人转变过程中的作用》，人民出版社，1971 年。

② 中国社会科学院考古研究所编：《新中国的考古发现和研究》，文物出版社，1984 年，第 1 页。

1965 年发现的云南"元谋人"，距今约 170 万年左右；

1961 年发现的山西芮城县西侯度文化，距今约 180 万年；

1986 年发现的重庆"巫山人"，距今约 200 万年；

以上属于直立人阶段的有云南元谋人、陕西蓝田人和湖北郧县人等，年代都比"北京人"早。这些遗址的问世，为中国人类起源的研究提供了更为绵长的线索，也为全球人类起源的探索开拓了更为广阔的空间。

新的发现虽然层出不穷，年代的谱系虽然依次前移，但时至今日，"北京人"遗址的独特魅力丝毫未减，它依然是古人类学家最为向往的圣地。其故在于，它不仅发现的时间早，宛如一颗向世人展示了古人类神秘文化的"启明星"；也不仅因为它影响大，揭开了人类起源科学探索的序幕；更在于它所包含的人类个体之多、石器数量之大、用火时间之早、动物化石之丰、文化序列之全，在同阶段遗存中是数一数二的。

在旧石器时代考古中，最重要也最珍稀的资料，莫过于人类骨骼化石了。这是探索人类起源与进化的直接证据，也是判定一处旧石器时代遗址学术价值的首要标准。其中尤以人的头骨化石最为难得，因为这是人体中信息含量最为丰富的部位，既能体现人与动物的本质不同，又能反映人种间的细微差异，还能直接提供脑容量的大小变化，意义非同一般。然而，古人类的骨骼极难保存，许多考古学家在田野挖掘一辈子往往一无所获，即使偶有发现也大多是支离破碎的骨片。可是天作其成，周口店遗址的人类骨骼化石却层出不穷，仅完整和比较完整的头盖骨就发现了不下 6 具。此外这里还出土了头骨碎片（含单独的面骨）12 件、下颌骨 15 件、股骨断片 7 段、胫骨 1 段、肱骨 3 段、锁骨 1 根、月骨 1 块、零散的和附连在颌骨上的牙齿 157 枚，数量之丰及部位之全无不令人惊叹。相信随着今后工作的深入，周口店还会有新的人骨化石发现，但仅就目前已取得的资料看，这里已是举世公认的古人类化石宝库，为人类起源与进化的研究树立了一个永恒的标尺。

迄今发现的"北京人"化石分别见于第一地点的第 3 ~ 11 层，代表了 40 多个古人类个体，涵盖了男、女、老、少各不同组群。经科学鉴定，这些"北京人"的体格健壮，骨骼粗大，肌脊发达；身材比现代人矮，平均身高男性 156 厘米、女性 144 厘米；头盖低平，脑量小，但头骨脑膜语言区位隆起，已具有一定的语言能力和思维能力；下肢骨接近现代人的形态，能够直立行走，上肢已发展成能够制造工具的双手[①]。总之，"北京人"的上下肢骨发展较快，头骨则保留了较多原始性，体现了直立人的体质特征。

石器不仅是人类生产劳动的工具，也是人类劳动的直接产物，汇聚了古人类生产、生活的诸多信息。如前所述，北京猿人的石制品种类繁多、数量颇丰，多层面反映了"北京人"的生活面貌。综合以观，周口店猿人遗址所出的石器具有如下特征：

数量上，该遗址出土的石器、石片多达十余万件，远远超出了其他同阶段遗存；

种类上，"北京人"的石器已分化为不同类型，形成了用途上的明确分工；

质材上，它们既有从洞外河滩就近取材的砾石，也有专程从两公里外的花岗岩山坡取回的水晶石，表明"北京人"已能够根据石料的不同来加工制作不同工具。而且其前期石材以质地较差的脉石英为主，后期以优质石英为多，也反映了在选材上的进步；

制法上，它们既采用了直接锤击法，也采用了砸击法和砧击法，既有第一步初加工，也有第二步深加工；

形制上，同一种石器往往会因用途的不同细分为不同形式，例如石器中数量最多的"刮削器"，虽然都由大小不同的石片加工而成，但分为盘

---

① 吴汝康、董兴仁：《北京猿人化石研究的回顾与展望》，《北京猿人遗址综合研究》，科学出版社，1985 年。

状、直刃、凸刃、凹刃、多边刃等多种形状，种类之多、区别之细几可与现代人使用的琳琅满目的刀具相媲美；

工艺上，较晚时已出现了制作精致的"雕刻器"，体型最小的甚至只有一节手指那么大，精细程度在世界同期遗存中几乎无物可比。

总之，周口店遗址堪称原始人类的石器加工场，从各个侧面反映了当时石器制作的最大规模和最高水平。此外，作为"北京人"的典型器，通过对这些石器的类型学分析，还可以将北京猿人文化细分为早、中、晚三期①，这就既揭示了北京猿人文化贯穿始终的基本特点，又归纳了它逐次递嬗的提高过程，把"北京人"在几十万年中连续进化的序列清晰地展现出来。

火的使用是人类进化史上一件惊天地、泣鬼神的大事，以至东、西方都留下了天神赐火的神奇传说。"北京人"遗址中最早的灰烬层距今约46万年，这或许不是世界上最早的用火痕迹，但却是人类早期用火遗迹中证据最为确凿、资料最为翔实的一例。上个世纪末，有的外国学者根据对周口店遗址个别角落采集的少量样品的分析，盲目论断"北京人"使用的不是人工控制的火，以此来否定"北京人"用火的结论。对此中科院广州地球化学研究所的专家做出了积极回应，他们利用地球化学的"元素碳"分析法进行研究，证明凡是经过鉴定的北京猿人火灼土样和动物骨骼的碳含量都比较高，比天然火要高出一到几个数量级，由此再次证实了北京猿人对火的自主使用和控制②。经过这样的反复验证，"北京人"作为人类用火的先驱者之一的事实更加无可置疑，正是他们，和各大洲的古人类一道，给人类带来了光明、温暖和熟食，彻底改变了人类的生活方式。

动物化石是古人类遗址的重要共生物，它们一方面可以反映古人类生

---

① 裴文中、张森水：《中国猿人石器研究》。
② 新华社讯：《科学家进行元素碳研究予以澄清，北京猿人究竟会不会用火》，《天津日报》1999年10月17日第2版。

存的时代，另一方面又可以复原当时的生态环境和气候条件，还可以印证古人类的生活状况，意义不言而喻。经过数十年的考古发掘，周口店北京猿人遗址出土的古动物化石已多达 100 余种，数量更是难以计数。经鉴定，这上百种古动物化石大多属于哺乳类动物，几占全部动物种类的 90%。其中又以大型哺乳类动物为主，多达 54 种[①]。在地老天荒的几十万年中，这些大型哺乳类动物中的一部分无疑和"北京人"一样，曾经是洞穴的主人，但其中显然也有一部分是"北京人"的捕获物。贾兰坡先生就曾十分肯定地指出："北京人有能力猎取大兽是无可怀疑的。"[②]除了大型动物，北京猿人遗址出土的鸟类化石也相当丰富，且大多经过火烧，显然是食物残骸。既然天上的飞鸟和地上的走兽都成了"北京人"的食物，由此展现的就不单单是"北京人"从天到地的广阔生活画面了，更是他们出奇的生存能力。

更重要的是，周口店遗址奉献给人们的，并非一处孤零零的"北京人"洞穴，而是星罗棋布的古人类活动地点。自 1921 年安特生等人发现了周口店第 1 地点以后，迄今为止这里已陆续发现了古人类文化遗址和哺乳类动物化石地点 27 处，仅龙骨山一地就有 8 处。而从年代上说，继"北京人"之后，龙骨山一带又陆续发现了其它不同阶段的重要古人类遗存，主要有：

1930 年，裴文中先生在龙骨山顶发现了一处旧石器时代晚期的洞穴遗址，年代距今约 18000 余年，此即著名的"山顶洞人"遗址。当时发现了三具完整的人头骨化石及其他解剖部位的化石多件，相当 10 个古人类个体或更多。此外这里还发现了近 50 种哺乳类古动物化石，出土了石器、骨针、装饰品等，内涵极为丰富[③]。

---

① 林圣龙：《周口店第一地点的大型哺乳动物化石和北京猿人的狩猎行为》，《北京猿人遗址综合研究》。

② 贾兰坡：《北京人生活中的几个问题》，《史前研究》1983 年 2 期。

③ 贾兰坡：《山顶洞人》，龙门联合书局，1950 年。

　　1973 年，在龙骨山原第 4 地点的附近又探明了一处洞穴遗址，出土了一枚男性个体的左上第一前臼齿，还发现了四十余种哺乳类动物化石及较厚的灰烬层、火烧的石块、石器、骨头等。经鉴定，此洞穴遗址的年代介于"北京人"和"山顶洞人"之间，大约在距今 10 万年前，相当考古学上的旧石器时代中期，已被命名为"新洞人"[①]。

　　2001 年，北京市田园林场的工作人员在周口店遗址西南约 6 公里处发现了许多动物化石，此后专业人员于 2003 年对该处进行了考古发掘，共收获了 39 个属种的哺乳类动物化石及成批人骨化石。鉴定结果表明，其人骨属晚期智人，年代在距今 4.2 ～ 3.85 万年前。这一被命名为"田园洞人"的发现，不仅填补了北京地区该阶段古人类遗存的空白，还弥补了山顶洞人化石在二战期间丢失后再未在周口店一带发现晚期智人化石的缺憾，为北京地区的古人类研究增添了宝贵的资料[②]。

　　以上旧石器时代中期的"新洞人"，以及旧石器时代晚期的"田园洞人"、"山顶洞人"，和旧石器时代早期早、中、晚三大段的"北京人"一道，共同组成了一个相对完整的旧石器时代考古学序列。当然，周口店的古人类地点即便再多，区区一地的遗址也不足以链接起环环相因的旧石器文化谱系，各遗存之间显然还存在一些缺环。然而，无论这中间还有多少缺环，无论这三大阶段的文化是否源出一脉，也无论其人类是否同出一个血族，这个发展序列也对探索同一地点人类起源的累进式发展提供了极为难得的资料。同时，这也使周口店成了一座天然的古人类遗址博物馆，其意义远远超过了单一环节的其它旧石器时代遗存。

　　上述几大收获，决定了"北京人"遗址至今仍是全世界同期遗存中资

---

　　① 顾玉珉：《周口店新洞人及其生活环境》，刊中国科学院古脊椎动物与古人类研究所编《古人类论文集》（纪念恩格斯《劳动在从猿到人转变过程中的作用》写作一百周年报告会论文汇编）。

　　② 同号文、尚虹、张双权、陈福友：《周口店田园洞古人类遗址的发现》，《科学通报》第 49 卷第 9 期，2004 年 5 月。

料最完整也最具科学价值的一个。那么，为什么周口店遗址如此非同一般呢？结论无它，盖因当时生活在这里的是一个相对优秀的人群。

考古学上的旧石器时代，与地球历史上的更新世大致相当，约开始于距今 300 万年前，结束于距今 1 万年前。此期间地球上的气候发生了巨大变化，出现了由冰山的前进和退缩造成的四次大冰期及三次间冰期，导致苦寒和温暖多次交替更换，连带海平面也出现了大幅升降。生存条件的恶劣和气候环境的激烈震荡，使当时所有生物都经历了"适者生存"的严峻考验，而能否适应的关键，显然不在于物种的体力和耐力，因为人类远祖在这方面远逊于其它大中型动物。决定的因素在于智力的增长，在于能否运用智力更好地支配自然和适应环境，而在这一方面，"北京人"无疑是同类中的佼佼者。

北京猿人不仅慧眼识珠，选择了一处地理条件优越、有百余种动物生息繁衍的风水宝地，还在生产工具的制造上达到了当时的最高水平，并把"支配了一种自然力"的火应用到了生活的方方面面，更通过大型动物的狩猎体现了群体组织的高效率，凡此都证明了他们是同类中的优秀人群。正因为如此，他们才可能在同一地点持续生活了数十万年，也正因为如此，他们才有可能在个体数量上达到其它遗存所远远不及的规模。

根据古人类学家的研究，"北京人"遗址中时代较早的第 8、9 层的 4 个头骨的平均脑量为 1075 毫升，而根据采自爪哇、中国以及非洲的直立人的 14 个颅骨，测出的平均脑容量是 941 毫升，其中最小值仅为 750 毫升。由此可见，"北京人"的脑容量在同组别古人类中是明显偏高的。到了"北京人"时代最晚的第 3 层堆积，出土的 V 号头盖骨的脑容量已达到 1140 毫升，智力又有显著提升[①]。据测定，现代智人脑容量的变异范围在 1，000 ~ 2，000 毫升之间，晚期北京直立人脑容量的最高值已进入智人

———————————

①　吴汝康、董兴仁:《北京猿人化石研究的回顾与展望》。

脑量的变异范围。

贾兰坡先生说："公王岭的蓝田人生活在暖期里，许家窑人生活在冷期里。北京人的时代延续达 50 万年，其间曾发生多次冷暖期的交替变化。"[1]这就是说，在地老天荒的岁月长河中，"北京人"曾经经历了数倍于其他早期人类的磨难。然而正是环境的砥砺，才不断刺激了"北京人"智力的增长，而智力的增长又不断提升了他们的生存能力，二者互为因果。明乎此，可知北京猿人遗址五大特征的出现并非偶然，因为这是直立人中较优秀的一支。作为优秀的人群，"北京人"的文化曾远播四方，影响并带动了其它不少地域远古人类的进化与发展。在北京以北和以南的广大范围内，许多古人类遗存中都不难见到"北京人"文化的影子，这就是历史的明证[2]。

鉴于时代的久远，鉴于"北京人"以降的旧石器文化谱系还存在一些缺环，这个来得最早的"北京人"，未必走到了最后。也就是说，旧石器时代早期的"北京人"，未必是旧石器时代中期的"新洞人"和旧石器时代晚期的"田园洞人"、"山顶洞人"的直系祖先，更未必是现代东方人的直系祖先。但无论如何，他们终归是北京历史最早的拓荒者，是人类远祖中一支极富生命力的中坚力量。1987 年 12 月，在"北京人"问世半个多世纪后，联合国教科文组织正式将周口店北京猿人遗址列入了"世界文化遗产"名录。其评价是："周口店遗址不仅是有关远古时期亚洲大陆人类社会的一个罕见的历史证据，而且也阐明了人类进化的进程。"这个结论向世人揭示，"北京人"是人类进化中一个非凡的例证，具有永恒的价值。时至今日，"北京人"仍是每个中国人的骄傲，在人类起源的恒久话题中，它的名字仍将不断唱响。

---

① 贾兰坡：《中国旧石器时代考古》，《中国大百科全书·考古学》，中国大百科全书出版社，1986 年，第 686 页。

② 说详第五章第一节。

虽然"北京人"未必是现代东方人的直系祖先，但周口店奉献的不止一处晚期智人遗存表明，这里仍是现代人类的重要发源地。

周口店"山顶洞人"距今 2 万年左右，已属晚期智人。晚期智人在解剖学上与现代人基本无异，可称为解剖学意义的现代智人。在晚期智人阶段，世界上的四大人种已基本形成，其中之一即今天占全球总人口 37% 左右的蒙古人种。蒙古人种又称"黄色人种"和"亚美人种"，包括现代东亚人、南亚人、东南亚人、西伯利亚的楚克奇人和通古斯人、北极因纽特人（原称爱斯基摩人）、美洲印第安人等。其总体特征是体形肤色中等，头发直而硬，发色黑，体毛和须发较少，脸扁平，颧骨较高，鼻宽度中等，鼻梁较低，唇厚中等，眼睑大多有内眦褶且眼角有角度（俗称蒙古眼），高眼眶，眼色深，多铲形门齿，少体味。经鉴定，山顶洞出土的头骨化石皆属原始蒙古人种[1]，表明他们就是现代黄种人的祖先。学者由此进而指出，"山顶洞人许多共同的基本特征，明显地代表了原始的黄种人，并与中国人、爱斯基摩人、美洲印第安人特别接近"，于是"很可能上述黄种人的三个支系，是由山顶洞人或比它更晚些而在体质上与之很接近的类型，散布于各地后逐渐演变而成的。"[2]

与"山顶洞人"同属旧石器时代晚期的遗存在全国已有多处发现，其中部分古人类化石经过鉴定也属于原始蒙古人种。这说明，在距今 2 万年前后，原始蒙古人种已生活在大江南北的广大地域。那么，原始蒙古人种更早的源头应该在哪里呢？答案已于前不久揭晓，这就是在周口店发现的"田园洞人"。"田园洞人"距今 4 万年左右，也进入了晚期智人阶段，这是截至目前在欧亚大陆东部测定出的最早的晚期智人遗骸，处在现代人进化历程的起点。这一发现向人们昭示，即使在北京猿人和现代人之间尚有缺环，即使因此不能遽言"北京人"是黄种人的远祖，但北京仍是现代黄

---

[1]　吴新智：《周口店山顶洞人化石的研究》，《古脊椎动物与古人类》1961 年 3 期。

[2]　中国社会科学院考古所编：《新中国的考古发现和研究》，第 28 页。

种人的故乡，"田园洞人"就是它的历史源头。

自从 20 世纪 20 年代初"北京人"问世以来，接连不断的发现有力抨击了当时正在海内外广为泛滥的中国文化西来说，也令世人对北京历史文化的厚度刮目相看。尤其在那个备受列强凌辱的年代，这不仅大大提高了北京的国际知名度，而且唤醒了不少西方人重新认识这片热土的良知。但令人意想不到的是，继各项重大发现之后，北京猿人给世界又带来了一次强烈的冲击，这就是猿人化石在二战期间的神秘失踪。

第二次世界大战爆发前，历年出土的"北京人"和"山顶洞人"化石皆收藏在原北京协和医学院解剖系大楼内，分装在新生代研究室的两个保险柜中。协和医学院的创办者是美英两国的基督教新教和伦敦医学会，1915 年由美国洛克菲勒基金会接办，成为星条旗高挂的美国专属机构。"卢沟桥事变"后，日军攻占北平，猿人化石的安全受到了严重威胁，后经中美双方反复磋商，决定将它们暂时运到美国纽约自然历史博物馆收藏。1941 年秋冬之际的某一天，在这个未被准确记录下来的时日，价值连城的"北京人"头盖骨连同其它百余件珍贵化石一道，装成满满两大箱，送至协和医学院总务长博文的办公室等候交运。在这之后，这批化石便不知下落，一切都变得诡异莫名。

一种较正式的说法是，美国人博文在 1941 年 11 月底将化石送出，但太平洋战争突然爆发，运送化石的美国海军陆战队专用列车在秦皇岛被日军俘获，准备将化石送往美国的"哈里逊总统号"海轮也因日舰的追逐在长江口外触礁沉没，"北京人"化石就此失踪。此外的说法更是光怪陆离，莫衷一是。有的说化石是被一个美国职员盗走的，有的说是被日本人掠走的，有的说仍在国内尚未运出，有的说现收藏在美国，还有的说已随 1945 年被美军击沉的日本巨轮"阿波丸号"永远沉睡在海底①。总之，在种种真伪莫辨的说法中，目前唯一可以确认的事实是，在事隔整整七十余年后，北京猿人化石至今杳无踪迹，成了举世公认的世界级疑案。在如今的"北京人"故址内，在驰名中外的"周口店北京猿人遗址博物馆"中，现在能够看到的，竟然只是"北京人"头盖骨的模型和图片，这种无奈怎能用语言来表达！

1948 年 7 月，美国著名人类学家、"北京人"发掘工作的参与者魏敦瑞教授写下了人生最后一封信，敦促美国内政部"出于拯救人类的伟大财富"的道义与责任，帮助中国寻找"北京人"化石。1998 年秋天，"北京人"发现者之一贾兰坡教授会同十余名院士联合发表公开信，呼吁社会各界共同关注北京猿人头盖骨化石的寻找。信中写道："随着多数当事人和知情人的辞世或年逾古稀，我们寻找丢失的北京猿人头盖骨化石的希望也愈来愈急切。在世纪中叶日本发动的侵华战争中遗失，而人类将告别这个世纪的时候，它们仍然不能重见天日。即便是它们已经毁于战火，我们也应该努力找到一个确切的下落。否则，我们又将如何面对后人？"②

人们在一次次的追问："北京人"，你到底在哪里？

二　新石器时代与农业的起源—"东胡林人"

继人类起源后，世界上发生的又一次跨时代飞跃，即新石器时代的到来和原始农业的滥觞。

---

① 贾兰坡：《中国猿人化石的失踪及新生代研究室在抗日期间的损失》，《文物参考资料》1951年第 3 期。另参阅：《寻找北京猿人化石 58 年追踪记》，《北京晚报》1999 年 10 月 14 日；《"北京人"头盖骨悬案何时破解？》，《南方都市报》2004 年 10 月 1 日；《从未停止—"北京人"头盖骨 64 年搜寻内幕》，《新京报》2005 年 10 月 26 日。

② 《寻找北京猿人化石 58 年追踪记》。

地质学上的更新世晚期，全球进入了最后一次冰期，年平均气温大幅度下降。大约在距今 1 万年前后，末次冰期结束，全新世开始，欧亚大陆普遍转暖，度过了严寒的古人类终于迎来了蓬勃发展的春天。据世界史资料，人类的新石器时代就发端于此，最早出现在西亚的底格里斯和幼发拉底河流域。

在两河流域的今伊拉克、叙利亚、巴勒斯坦一带，早期新石器文化肇起于公元前八千年前后，刚好距今万年上下。典型之例见于约旦河口的耶利哥和伊拉克的耶莫等地，都出土了石斧、石镰、石臼等经过磨制的石器，出现了原始农业经济，没有陶器，属前陶新石器文化。从无陶向有陶的过渡，是两河流域各新石器早期文化的共同趋势，但这种过渡已经晚到了公元前 7000 年～前 6000 年左右。地跨欧亚两大洲的土耳其一带也发现了时代较早的新石器遗址，起始于公元前 7500 年左右，但同样没有陶器。欧洲最早的新石器文化发端于希腊，始于公元前 7000 年以后，初期也是一种没有陶器的文化。到公元前 7000 年左右，中南美洲的古印第安人开始栽培豆类植物，原始农业初现端倪，可在此后发展缓慢，到公元前二三千年才出现了制陶业。

受世界古代史研究"单一源头论"、"单向传播论"的影响，过去长期以来流行的一种观点是，全球在末次冰期后最早产生并持续发展起来的新石器文化，只有西亚两河流域的文化，其它早期新石器文化皆由它直接传播或间接影响而来。虽然学术界并不否认人类还有其它独立生成的新石器文化或原始农业，但由于它们比末次冰期的结束晚了许多，反倒因此更加支持了西亚新石器文化的单一源头论。但出乎人们意料的是，尤其会令西方学者惊诧莫名的是，在遥远的东方，在北京这块神奇的土地上，同样在末次冰期结束后，便率先跨入了新石器时代。这个从时代远方不失时机地姗姗走来的，就是以北京门头沟区"东胡林人"为代表的新一代"北京人"。

"东胡林人"在北京的出现应属必然，但它的发现却纯属偶然。1966年4月，北大地质地理系学生在北京门头沟区斋堂镇东胡林村搞"社教"，担土造田时在村西侧的"坟坡"上发现了三具尸骨，还伴出了螺壳项链、骨镯和石器等遗物。根据土层分布等专业知识，该系学生郝守刚断定这是一具古尸骨，随即抱了几捆玉米秸把人骨盖上，等候专业人员前来清理。后经中科院古脊椎与古人类研究所派员调查，确认人骨发现在马兰黄土上，处于全新世黄土的底部，由此断定这是一座新石器时代早期的墓葬①。后经发掘清理，墓内出土了三个人类个体，尸骨均已轻微石化，一具较完整的尸骨属于一位16岁左右的少女，另两具属于成年男性。1995年春，北京大学地质系师生再度赴东胡林村调查，又在遗址断面上发现了一具人骨，还采集到螺壳项链和石制品等遗物。2001年7月，这里正式启动了考古发掘，由此揭开了"东胡林人"深藏不露的神秘面纱②。

东胡林遗址位于燕山南麓的山谷平原地带，地处东胡林村西清水河北岸第三级阶地上，高出河床约25米。综合迄今为止的发掘，遗址中发现的有墓葬、火塘、灰坑等。灰堆的位置相对集中，形状相似，底部均有特意垒放的石块，中心残留着大量黑色灰烬，内含灼烧过的砾石块、石核和动物骨骼等，一望便知是人工设置的火塘。墓葬均为土坑竖穴墓，葬式分仰身直肢和仰身屈肢两种。在2003年的发掘中，曾意外发现一座有明确地层关系的墓葬，墓圹清晰，骨架完整，未经扰动。其墓主的葬式为仰身直肢，还随葬了一件经过磨制的棍状玉石器。

_____

① 周国兴、尤玉柱：《北京东胡林村的新石器时代墓葬》，《考古》1972年第6期。

② 东胡林考古队：《北京东胡林人遗址的新发现》，《北京文博》2004年第1期；北京市文物研究所：《东胡林人及其遗址》，刊《北京文物与考古》第六辑，民族出版社，2004年；赵朝洪：《东胡林人》，《文史知识》2008年第6期。另见重点报道《万年东胡林人将揭"北京人"下山之谜》，《北京青年报》2003年10月27日；《北京发现九千年前屈肢葬"东胡林人"》，《人民日报》(海外版)2005年11月3日；《东胡林遗址首次发掘出新石器早期屈肢葬，人类一万年前就能烧制陶罐》，《京华时报》2005年10月29日；《东胡林考古获重大突破》，《北京日报》2005年10月31日等。

遗址中的出土物有石制品、骨制品、陶器、蚌器以及动物骨骼、植物遗存、螺蚌壳等。石器包括打制石器、磨制石器与细石器，以打制石器居多，其次为细石器，磨制石器最少。打制石器的种类有砍砸器、石锤、刮削器、尖状器、石砧等，制作一般较为简单，仅有个别采用了两面加工法。细石器包括石核、石片、石叶等，多用燧石制成，制作大都比较精细。磨制石器仅见小型斧、锛等，一般只见局部磨光，器身仍留有打击的疤痕，但也有个别小型器通体磨光。发掘中收获了多件琢磨而成的石磨盘和石磨棒，磨盘一般近椭圆形，磨棒分两种，一种剖面呈圆角方形，另一种剖面呈圆形。骨制品有锥、笄、鱼镖、骨梗石刃刀等，皆用动物肢骨制成，磨制光滑。陶片均为加砂陶，基本呈红褐色，多为器腹残片及底片。

北京大学联合美国加州大学对遗址地层中采集的近二十余个标本做了测定，样品包括木炭、人骨、贝壳、蜗牛及陶片等。其结果证明，东胡林遗址木炭标本的校正年代在公元前 8350 ～前 7960 年间，人骨标本的校正年代在公元前 8160 ～前 7540 年间，刚好距今万年上下[①]。

1 万年前的遗址、1 万年前的墓葬、1 万年前的磨制石器、1 万年前的陶器，"东胡林人"由此当之无愧地登上了距今万年上下的人类新石器时代先驱榜。

所谓"新石器"，顾名思义是指人类开始使用新的方法加工制作石器，也就是从打制石器过渡到磨制石器。更科学地说，这是一种以磨制技术为主导，综合运用切、钻、琢、磨、打五大方法对石器进行综合性深加工的新工艺。用此类方法加工成型后，石器的刃部更加锋利，形制更加多样，器身更加轻巧，使用更加便利，效率与旧石器时代的打制石器大不相同。在当时条件下，这种新工艺标志了生产力水平的一次质的飞跃，由此引发了一场被称作"新石器时代革命"的社会变革。这场革命引导人类社会进

---

① 郝守刚等：《北京斋堂东胡林全新世早期遗址的黄土剖面》，《地质学报》第 76 卷第 3 期，2002 年 8 月；赵朝洪：《东胡林人》，《文史知识》2008 年第 6 期。

入了一个全新的时代——新石器时代。总体上说，这是一个以磨制技术及陶器的出现为显明标志的时代，是原始农业肇起的时代。居住环境从洞穴走向平川是这个时代的突出转变，定居聚落文化的兴起是这个时代的典型性征。随着人口的增长，人类的社会组织结构也在这时发生了明显的变化，步入了母系氏族公社的发达期。

在头两次发掘中，东胡林遗址已出土了琢打加磨的石磨盘、石磨棒等，还出土了经过磨制的棍状玉石品，标志了磨制工艺的诞生。在随后的发掘中，又发现了一把磨光小石斧和一把骨刀，磨制水平极高，骨刀上还刻有沟槽，沟槽里镶嵌着石片，制作相当精美。这些石器都是新石器时代早期遗址中难得一见的精良工艺品，体现了"东胡林人"磨制技术的成熟和加工工艺的提高。当然，东胡林遗址的绝大部分石器仍为打制，这和新石器时代早期遗址以打制石器为主的普遍情况完全相符。

陶器是人类自主创造出来的第一种非自然物，是和取火技术、栽培植物、饲养家畜同等重要的划时代发明。学术界一般认为，陶器的产生和定居生活有关，和农业经济有关，加之它与磨制石器发生在大致相同的阶段，因此成了新石器时代到来的又一显著标志。除了它的时代意义和实用意义外，陶器的文化意义也不可小觑。因为在这些器皿的身上，细致入微地传递着远古先民的生活信息、文化信息和时代信息，成了世界各地史前考古学文化分期、分区、分类的首要依据，也成了鉴定新石器文化的核心标本。

如前所述，西亚、中美洲以及受它们影响的早期新石器文化虽有磨制石器，却一概没有陶器，属于"前陶新石器文化"或"无陶新石器文化"。而考古工作揭示，东胡林遗址却是地地道道的有陶新石器文化。

东胡林遗址出土的陶器残片总计已近百件，多为器物腹部、口沿或底部的残片，器类为平底直腹盆及罐或碗等。这些陶片均为加砂陶，内含石英颗粒，质地疏松，火候不匀，多呈红褐色。它们主要是用泥片贴塑法制成的，器表斑杂，内壁粗糙，多为素面，个别饰有附加堆纹。以上特征无不反映了早期陶器的原始性，表明这是刚刚滥觞的陶器文化。

由于质地粗疏，新石器早期的陶器极难保存，发掘中收获的往往只是一些难以成形的残片。然而值得庆幸的是，东胡林遗址竟从诸多残片中复原出一件完整的陶罐来，创造了新石器时代考古的一个奇迹。此罐呈桶状，直壁平底，高约二三十厘米，灰褐色陶，表面没有纹饰，口沿部经过加工。这件"万岁"的陶罐堪称"京华第一罐"，它以无可辩驳的事实证明，中国早期新石器文化从一开始就发明了制陶业。

在旧石器时代，采撷与狩猎是古人类生存的唯一手段，人们的生存全赖大自然的恩赐。而到了新石器时代，人类跨越的一个重要分水岭就是从获取现成的自然物到开始生产食物，从攫取经济过渡到农业经济。恩格斯说："蒙昧时代是以采集现成的天然产物为主的时期，人类的制造品主要是用作这种采集的辅助工具。野蛮时代是学会经营畜牧业和农业的时期，是学会靠人类的活动来增加天然产物生产的方法的时期。"[1]这里说的"蒙昧时代"和"野蛮时代"，是借用摩尔根在《古代社会》中提出的概念[2]，"蒙昧时代"特指旧石器时代，"野蛮时代"大致相当新石器时代。此文强调，经营畜牧业和农业即新石器时代的核心意义。

东胡林遗址出土了不少细石器，而细石器多与狩猎活动有关，这表明狩猎仍是东胡林人的主要生存手段。与此相应，遗址中出土的动物骨骼数量较多，尤以鹿类为主，很可能鹿科动物就是东胡林人的主要狩猎对象。采集也是刚刚走出旧石器时代的东胡林人的生活方式之一，这也从遗址中俯拾即是的果壳及其它植物残骸得以判明。东胡林人离不开采集和狩猎是毋庸置疑的，但重要的是，他们是否开始尝试栽培植物了呢？由于发掘资料有限，由于诸多鉴定结果尚未公布，也由于早期栽培作物既难以保存又不易与野生作物相区别，目前尚难对此做出明确的判断。但综合种种发掘

---

① 恩格斯：《家庭、私有制和国家的起源》，第25页。

② ［美］摩尔根著、杨东莼等译：《古代社会》，三联书店，1957年版。

资料透露出的内容，已不难从中读取令人鼓舞的信息。

首先，从生产工具上看，当人们刚刚开始尝试栽培作物时，使用的工具应以随处可遇的树木枝干为主，这在民族志材料中不乏实证。可是这些木质器具极易腐蚀，使用情况无法再现，难以为据。但幸好在东胡林遗址中发现了磨制石斧，而这就是新石器时代最常用的农业生产工具。东胡林出土的石磨盘和石磨棒是加工谷物的工具，它们也是世界各地原始农业遗存中的常见之物。当然，就东胡林遗址的情况看，加工的谷物既有可能是人工栽培的，也有可能是采集的野生草籽类食物，两者都不能排除。但即便如此，仍如黄崇岳先生所说，石磨盘和石磨棒的出现至少可以"使我们看到由原始采集经济向原始农业经济过渡的先兆"[1]。此外，在与东胡林人遗址相距不远的河北徐水南庄头，发现了一处和东胡林人同属新石器时代早期的遗址，其中出土了专门用来收割谷类作物的石镰[2]，这也可以旁证东胡林人已经有了原始种植业。

其二，东胡林遗址出土了大量与人类生活有关的植物种子，还收集到了可能是小米的标本，谷物的存在与否只待对浮选出来的植物遗存作科学鉴定后便可一目了然。

其三，陶器的进入人类生活，意义之一就是表明农作物已成为人类食物的一部分。其故在于，"农业在世界各地普遍出现后，人们的食物性质随之发生了变化，即食用兽类、鱼类和植物的块根及果实等，逐步改变为食用农作物为主。农作物必然需用陶器来炊煮，才能为食，这就是新石器时代陶器产生的必然性。陶器的产生，首先是作为炊器，而不是作为容器"[3]。这就是说，陶器的使用意味着食物结构的改变，因此印证了农业

---

[1]　黄崇岳：《从出土文物看我国的原始农业》，《中国农业科学》1979 年第 2 期。

[2]　保定地区文管所等：《河北徐水南庄头遗址试掘简报》，《考古》1992 年第 11 期；金家广、徐浩生：《新石器时代早期遗存南庄头的发现与思考》，《文物春秋》1994 年第 1 期。

[3]　张之恒：《新石器时代早期文化几个问题的探讨》，《考古与文物》1984 年 1 期。

的肇兴。当然这不是绝对的，例如日本和西伯利亚的陶器制作可以早到距今 14000 年前，但当时那里仍是地道的渔猎经济，农业起源是很晚以后才有的事。

其四，"东胡林人"墓葬中随葬了猪的肩胛骨和牙齿，表明猪也进入了东胡林人的食物谱。猪是人类最早驯化并畜养的食用动物之一，虽然目前尚无法确知东胡林遗址的猪是野生的还是驯养的，但从河北徐水南庄头新石器早期遗址出土了人工驯养的家畜猪和狗的骨骼看，不难推测"东胡林人"的猪至少已进入了驯化过程。由于猪的食物与人相近，若无充足的饲料便会与人争食，且其移动性很差，只适合定居的农业部落饲养，据此也可以旁证"东胡林人"已实现了经济生活方式的转变。

其五，原始农业一般经历了三个发展阶段：一是初起阶段，那时的种植技术极其简单，只有播种和收获两个环节；二是"刀耕火种"阶段，即在人们偶然发现凡是经过火烧的地方谷物长得特别好后，便有意放火烧荒，而后再事播种，此即"刀耕火种"；三是"耜耕"阶段，即当人们认识到烧荒之后如果再对田地加以翻耕产量会更高，于是发明了挖土翻土的工具——耒耜，从此便有了耜耕农业。河北武安磁山遗址出土了石耜[1]，时代可以早到距今 8000 年前，表明那时中国北方的粟作农业已进入到第三阶段。而由此上溯，原始农业的第一阶段显然也能早到"东胡林人"之时。磁山遗址中发现了 88 个专用窖穴，其中储藏了 10 余万斤多余的粟类粮食，产量的丰盛令人惊叹[2]，这也表明粟作农业到这时已经走过了相当漫长的路程。

其六，在"东胡林人"之后，北京地区的原始农业很快发展起来，各

---

[1] 邯郸市文物保管所等：《河北磁山新石器遗址试掘》，《考古》1977 年 6 期。

[2] 佟伟华：《磁山遗址的原始农业遗存及其相关问题》，《农业考古》1984 年第 1 期。

方面都呈蓬勃之象，平谷上宅遗址便是实证①。上宅遗址的年代在距今8000～6300年间，溯其源头，原始农业的发生也应当能早到"东胡林人"之时。

总之，有种种的理由使我们相信，"东胡林人"已开始实现从食物采集到食物生产的转变，跨进了经济生活的新纪元。

根据世界范围的考古发现，西亚地区在公元前九千年还没有种植谷物，只是收割野生谷物。直到公元前八千年，叙利亚的穆雷必特遗址才出现了栽培小麦，公元前6750年的贾尔摩遗址也才发现大麦和小麦。基于这些农业起源资料，长期以来就连中国学者也不得不承认，"亚洲西部是世界最古的农业起源地区"②。然而，姑不论中国南方稻作农业的起源，单就北方而言，这一结论很可能会被"东胡林人"一举改写。至于过去长期流行的"北京地区原始农业的起源和发展均略迟于今河北、河南位于太行山东麓的山前平原地区"③的观点，更可能被东胡林人彻底推翻。

根据对房山区坟庄村钻孔所得孢子花粉的分析，北京地区在距今11000年～10000年间由暖干转为暖湿，湖泊增加，森林减少，草原扩大。到距今10000年～8000年时，气候比现代略为低湿，北京地区的植被变成草原和森林兼而有之的类型。再下至距今8000年～2000年间，北京地区的气候又转温暖，但也有短时间的气温下降④。气候条件和农业起源是存在密切关系的，这一点广为人们所知。然而很多人并不知晓的是，这是一种辩证的关系，并非气候条件越好越能助推种植业的产生。正如学者所

---

① 北京市文物研究所等：《北京平谷上宅新石器时代遗址发掘简报》，《文物》1989年8期；陈光《北京市考古五十年》一文指出，上宅一期的年代最早可达距今8000年前后，见《新中国考古五十年》，文物出版社，1999年。

② 林耀华主编：《原始社会史》，中华书局，1984年，第229页。

③ 于德源：《北京地区农业起源初探》，《农业考古》1993年1期。

④ 孔昭宸等：《根据孢粉资料讨论周口店地区北京猿人时期及其前后自然环境的演变》，刊《北京猿人遗址综合研究》，科学出版社，1985年。

说："过于优越的生态环境和过于恶劣的生态环境同样都不是产生原始农业的温床。因为在过于优越的自然环境中，古人类很容易通过狩猎、采集活动满足自己的生活需要，缺少迫使他们去尝试种植性质的农业生产的压力；而过于恶劣的自然环境，例如严寒的气候等，又使得古人类的这种尝试很难获得成功"[1]。据此对照，在距今 11000 年 ~ 10000 年时，北京地区的气候对古人类的生存十分有利，那时古人类很容易通过狩猎、采集活动来满足自己的生存需要。但从距今 10000 年开始，气候转寒，而由此导致的野生动植物从种类到数量的减少，显然就是促使"东胡林人"由狩猎、采集向种植业转变的环境因素。

从洞穴迁居到靠山近水的台地，是东胡林人生存环境的一大改变，也是他们迈向原始农业的关键步伐。综观世界上农业起源地的生态环境，大致可分三种类型：一是"沼地农业"，产生于河流两岸的低平地区；二是"大河农业"，产生于河流泛滥平原；三是"山前农业"，产生于山脉向平原过渡的山前地带[2]。而在这三者中，山前地带既无沼泽又无茂密森林，宜于开垦，是由采集向栽培过渡的最佳生态环境。东胡林遗址地处山前河谷台地，恰好就属这种类型。

在群山起伏的燕山南麓，东胡林遗址坐落在依山傍水间，北依海拔约 450 米的山峦，南临海拔约 350 米的清水河畔。清水河是永定河峡区的最大支流，发源于灵山、百花山，全长约 46 公里。在进入东胡林村后，清水河自西南逶迤东流，两岸层峦叠嶂，形成了一条狭长的河谷。河谷两岸分布着河漫滩和三级阶地，第三级阶地由疏松的黄土及底部砾石层构成，东胡林遗址就在这级台地上。从整体环境看，这里环山聚水，背风朝阳，很适合人类的居住和作物的种植，尤其适合新石器时代早期人类的居住和原始种植业的发展。其优势是：

---

[1] 于德源：《北京地区农业起源初探》。

[2] 冉光瑜：《谈谈我国原始农业遗存的重要发现和农业起源问题》，刊《历史教学》1985 年 7 期。

一，植物的栽培需要充足的水源和土地，为此必须离开多石的山区，进入傍水的平川，而这里的环境完全与此相符；

二，在农业经济初兴的新石器早期，农作物尚不足以维持人类的全部生存需要，还要依靠采集、狩猎活动来补充，故以此地的近山为宜；

三，只有位在高地才能躲避洪水的浸漫和野兽的侵袭，所以又必须选择高亢平坦的河床阶地；

四，"东胡林人"虽然离开了洞穴，但人工建造居室的能力很差，甚至只会搭建简陋的窝棚以避风寒，而此地既可以靠群山遮挡凛冽的北风，又能够朝南沐浴温暖的阳光，可以尽收背风朝阳之效。

上述四条理由足以说明，东胡林人选择了一处新石器早期的宜居之地。综观北京地区的新石器时代遗址，早期阶段大多如东胡林一样分布在山区河谷靠近河流的台地上，中期大多集中在山前丘陵地带或山前平原的河岸台地上，晚期则深入到了洪冲积平原的河畔之地[①]。这说明，北京地区的新石器时代人类确实是由山区河谷台地逐步向平陆过渡的，一步接一步烙印下了人类脱离攫取经济走向新生活的轨迹。

东胡林遗址的文化堆积最厚处达二米以上，包括了从更新世晚期至全新世中期的多层堆积。考古发掘时对遗址做了逐层揭露，由此区分出从下到上、由早到晚的7层堆积。在中国北方新石器早期遗址中，这是迄今唯一一处经过正式发掘的自更新世晚期以来的连续地层，其中既包括了因风沙、水流影响形成的自然堆积，又包括了古人类的文化堆积。这个地层的意义是十分突出的，它一方面体现了华北地区由更新世到全新世的地质、气候变迁，一方面又反映了新石器早期人类与自然环境的人地关系，同时还展示了中国新石器时代早期文化及粟作农业的起源过程。除此之外，这个连续地层还有一个不可忽略的考古学意义，即它为探寻"东胡林人"的

---

① 于德源:《北京地区农业起源初探》。

发展脉络提供了一个准确的参照系。依照一次次发掘提供的层位关系，考古工作者不断在遗址的原地层堆积下发现了时代更早的遗存，同时又发现了地层关系略晚于头几次发掘的遗存，这样就把东胡林人的生存年代不断延展开来。随着年代谱系的逐渐完整，一个事实也越来越清晰地浮现出来——东胡林人在这里度过了漫长的岁月，这里是他们长期稳定的家园。

东胡林人遗址不仅时代跨度长达数百年之久，内涵也极其丰富。在文化层的堆积中，既出土了大量兽骨和烧火痕迹，还发现了专门的石器加工场和大批石器，更分布着相对集中的墓葬区和生活区。收获的遗物则有陶器、骨器、玉器、蚌器、工艺品、装饰品、螺壳，还有果壳、植物种子乃至颜料等。该地点此前常出人骨，被当地百姓称为"坟坡"，亦足见其墓葬数量之多。仅就目前披露出的资料看，"东胡林人"遗骸已出土了不下7具，是同阶段遗存中数量最多的。总之，截至目前的发现，在中国北方新石器早期遗址中，乃至在全国同阶段遗存中，东胡林是唯一一处既有磨制石器和陶器，又有石器制造场、墓葬区和多处火塘灶坑的遗址，还伴出了品类齐全的遗物和种类繁多的动植物残骸，内涵的丰富绝无仅有。

东胡林遗址虽然沿用的时间很长，内涵也极为丰富，然而殊为遗憾的是，迄今尚无居址的发现，和新石器时代中晚期遗址不乏人类居住遗址的情况大相径庭。究其原因，一有可能是工作未到，尚未揭露出来；二有可能是经过长期的洪水冲刷或修筑梯田的人为扰动，居址已被破坏。但除了这两种可能外，另一种可能也是不能完全排除的，即或许遗址内根本就没有新石器时代中晚期那种基础明显的成片居址。

就目前国内发现的新石器时代早期遗址看，人类的居住环境仍以洞穴为主，其例有江西万年仙人洞、湖南道县玉蟾岩等。当时人类已经学会搭建简单的居所，湖南临澧竹马村旧石器时代晚期遗址发现了一处窝棚式建筑遗迹，面积约 24 平方米，平面呈椭圆形[①]，这就是人类最早创建的非自然居所。以上是南方之例，至于北方，哈尔滨阎家岗旧石器时代晚期遗址也发现了两处窝棚式遗迹，是用数百块大型动物骨骼垒砌而成的[②]，亦与湖南临澧的窝棚有异曲同工之妙。东胡林遗址既然存在丰富的人类遗存，势必存在相应的居址，这是毋庸置疑的。但参照上述情况，这些居址既可能是择洞而居的天然居所，也可能是人工搭建的简陋窝棚。然而，洞穴也罢，窝棚也罢，至为关键的是，此阶段的原始农业尚不足以供养过于集中的人口，而出于采集、游猎以及休耕农业的需要，人们的居地显然比较分散，而且流动性较大，因此不可能出现新石器时代中晚期那种集中在一起的成片居址。

东胡林人居住的虽然分散，活动却相当集中，于是便有了文化内涵如此丰富且沿用时间如此绵长的遗址。甚至由于以血缘为纽带的原始氏族公社制度的不断加强，生不能同处一室者，死也要同葬一地，于是又有了相对集中的族墓地。这遗址，这墓地，便即人类最初意义的"中心聚落"。所谓"聚落"，是说平时分散居住在各处的氏族成员有了一个固定的活动中心和埋葬中心，有了一个生死两界的永恒家园。这种居住分散但活动、埋葬在一起的"聚落"，恰是人类由狩猎、采集的非定居生活走向集中定居生活的一种过渡形式，反映了原始农业刚萌芽时期的群落特点。

这处聚落的存在，还说明当时已经形成了人口数量较多、分布范围较广的氏族公社。自从进入新石器时代早期，人口的快速增长已是大势所趋。这一来是因为原始农业的肇兴给人们提供了更为丰富也更为可靠的食物来源，二来是因为相对稳定的定居生活也给人口的繁衍提供了理想的条件。而此时，迅速扩大的氏族公社需要一个基地来维系，于是便有了像东胡林遗址这样的"中心聚落"。

---

① 　朱乃诚：《中国早期新石器文化研究的新进展》，《光明日报》2000 年 7 月 28 日。

② 　同上注。

　　随着经济生活方式的转变和人口的增长，此时的古人类也开始步入母系氏族公社的发达期。早在旧石器时代晚期，由于族外婚制的形成，杂交杂居的原始群落已被母系氏族公社所取代。从那时起，氏族内部禁止通婚，不同氏族间相互联姻，一个氏族的男子可以同时成为另一个氏族所有同辈女子的丈夫，子女由母亲抚养，人们只知其母不知其父，氏族的世系只能按母系计算，这就是母系氏族社会。到了新石器时代前段，母系氏族公社得到了充分发展，其特点是：

　　1，族长一律由女子担任；

　　2，土地和财产归氏族公有；

　　3，生产和消费建立在集体的原则上，即氏族成员共同劳动，产品平均分配；

　　4，几个姐妹家族结成一个氏族；

　　5，氏族内部拥有共同墓地；

　　6，有自己的宗教节日。

　　对照东胡林遗址，母系氏族公社的成熟已从不同侧面表现出来。最初发现的三具"东胡林人"骸骨，就出自一座以女性为中心的三人合葬墓。其中的少女为一次葬，另两具成年男性的骨骼相互叠压，排列混乱，属二次迁葬。少女的颈部还悬挂着由 50 余枚细小光亮的螺壳串连成的项链，腕部佩戴着 7 枚牛肋骨穿成的骨手镯①，尽显原始时代的"珠光宝气"。少女的一次葬及这些装饰品的使用，充分显示了女性地位的崇高，直观再现了"东胡林人"母系氏族社会的发达。在此后的几次发掘中，凡推测为女性的骸骨无不伴出装饰品和随葬品，也说明了同样的道理。此外，东胡林人已拥有专门墓地，这更是母系公社制度取得充分发展的一个标志。再有一点是，"中心聚落"的存在也表明东胡林人的母系氏族公社已发展到相

---

　　① 北京市文物研究所编：《北京考古四十年》，北京燕山出版社，1990 年，第 14 页。

当规模，达到了新石器时代初期的最高水平。

墓葬中随葬品和装饰品的使用，还说明"东胡林人"已产生灵魂观念，出现了对灵魂的原始崇拜。在当时的人们看来，死者灵魂不灭，甚至可以死而复生，故对逝去的祖先顶礼膜拜，以求他们的庇佑。在东胡林墓地中，曾在某些遗骸的周围发现了用赤铁矿粉制成的红色颜料。这种赤铁矿粉殷红如血，而古人认为鲜血有驱邪镇妖的作用，可以安抚死者的灵魂，使死者平安地生活在另一个世界，故此特意抛洒之。在旧石器时代晚期的北京周口店山顶洞中，也发现了在人体骸骨四周抛洒赤铁矿粉和赤铁矿石的现象，可见此俗由来已久。

迄今所知中国最早的墓地，即"山顶洞人"墓地。山顶洞遗址由洞口、上室、下室和下窨四部分组成，前三部分都有人类化石和文化遗物，下窨只发现了完整的动物化石。下室即为墓地，出土了老年男性、中年女性和青年女性头骨各一具。老年头骨的左侧随葬了穿孔介壳、穿孔狐狸犬齿，在骨盆和股骨的周围还撒有赤铁矿粉和赤铁矿石。与这处最早的墓地相比，东胡林人墓地已有了明显的变化，主要表现在：

一，东胡林墓地是在平地上专门区划的，与山顶洞人墓地自然形成于洞穴的情况迥然不同；

二，东胡林人有一次葬和二次迁葬的区分，首创了因死者身份不同而采取不同葬制的先例，而此习尚不见于山顶洞人；

三，山顶洞人虽然在老年头骨旁伴出了穿孔介壳和穿孔狐狸犬齿，但东胡林人的墓葬在随葬品的有无及多寡上表现得更为充分，并且已根据死者身份的不同形成了明显差异。

上述三大区别，表明东胡林人墓地虽然不是中国最早的墓葬，却在墓地、葬式、随葬品三大方面奠定了古代丧葬文化的基本模式，堪称绵延万年的中华丧葬文化的最早源头。

东胡林人专门墓地的存在，还表明当时远古先民对祖先灵魂的崇拜已有了固定的场所，红色颜料的抛洒又表明这种崇拜已形成了某种特定的祭奠仪式，而这便是原始宗教的滥觞。

综上所述，磨制石器和陶器的使用、种植业的脱颖而出、居住环境的明显改观、稳定持久的"定居"生活、文化内涵的丰富多彩、"中心聚落"的初现端倪、母系氏族的充分发展、丧葬文化的初具格局、原始宗教的萌芽生成，即东胡林人的整体面貌，此即距今万年前中国北方新石器早期遗址展现给人们的生动画卷。

在我国考古界，新石器时代考古历来是一大重点，迄今发现与发掘的此阶段遗址已近万处。但在过去相当长时期内，可以确认的时代最早的新石器遗存还仅限于距今 7000 年左右的黄河流域仰韶文化，后来又向前追溯到距今 8000 年至 7500 年的陕西渭河流域老官台文化、河北武安磁山文化、河南新郑裴李岗文化以及黄河下游的北辛文化[1]。即便如此，这仍然与万年前的西亚早期新石器文化相距遥远，与欧洲、美洲新石器时代的肇始也有一定距离。事情的关键还不在于年代早晚的差别，而在于中国的新石器文化因此少了一个起点和源头，于是正如人们看到的，早自 20 世纪 20 年代以来，以瑞典考古学家安特生为代表的不少人就认为中国的新石器文化是外来的，这在国际学术界甚至一度成了不二之论。

不妨设想，如果东胡林遗址在 1966 年被偶然发现后立即着手揭露，中华民族成长史上的一个关键环节将及时得以弥补，中国的新石器时代研究也将因此而全面改观。但如所周知，那是一个百业凋敝的年代，是文化荒芜的年代，错失的时机只能引为永久的遗憾。好在最近十余年来，除东胡林遗址外，又有不少新石器时代早期遗址相继问世，不断填补了中国新石器时代早期文化的空白。它们当中较重要的有：河北阳原泥河湾盆地于家沟、河北徐水南庄头、北京怀柔转年、江西万年仙人洞与吊桶环、湖南

---

[1]　苏秉琦主编：《中国通史·第二卷》第二章第一节，上海人民出版社，1994 年。

道县玉蟾岩、广西邕宁顶蛳山、桂林甑皮岩、柳州鲤鱼嘴、广东阳春独石仔、翁源青塘、封开黄岩洞等①。这些遗址分布在南北不同区域，年代皆在距今万年上下。它们的接连发现，迅速改写了我国新石器时代起源及农业起源的历史。

上述各新石器时代早期遗址中，位于长江以北的有四处，仅北京地区就占了两处，一处为东胡林遗址，另一处为怀柔转年遗址。转年遗址发现于1992年，地处怀柔北部宝山寺乡转年村西，位在白河的二级阶地上。此遗址共发掘了500余平方米，收获各类遗物18000余件，分别为打制石器、细石器、磨制石器和陶器。其中打制石器有石核、石片、刮削器、砍砸器、尖状器等；细石器有石叶、雕刻器等；磨制石器有小型石斧、锛形器、石磨棒、石磨盘和石容器残片等；陶器有带附加堆纹的盂及罐形平底器等。从出土文物看，转年遗址与东胡林遗址颇有相似之处，而碳素测定其年代在距今9800年～9300年间，同属新石器时代早期②。此外的长江以北两处新石器早期遗址分别见于河北阳原于家沟和河北徐水南庄头，都离北京不远。前者位在河北省西北，恰在北京市正西，后者地处河北省中部，位在北京市南偏西。

新石器时代早期遗址在北中国的空间分布，反映了此类文化恰恰是以北京为中心的。并非巧合的是，若将徐水南庄头、阳原于家沟、怀柔转年遗址三点相连，东胡林遗址正好位于这个三角形地带的中心，是中国北方新石器时代起源中心的中心。除了地理位置的居中，东胡林遗址文化内涵的丰富在这些遗址中也独占鳌头。据发掘资料，徐水南庄头遗址发现了打制石器、谷物加工工具及收割工具，还发现了早期陶片，但未见火塘、墓

---

① 朱乃诚：《中国早期新石器文化研究的新进展》。

② 郁金城、李超荣等：《北京转年新石器时代早期遗址的发现》，《北京文博》1998年3期；李超荣：《北京地区旧石器时代考古的新发现》，载《中国考古学研究的世纪回顾》（旧石器时代考古卷），科学出版社，2004年，第77～79页。

葬等遗存。阳原于家沟遗址发现了打制石器、细石器、谷物加工工具及早期陶器，但也未见火塘和墓葬①。怀柔转年遗址有打制石器、细石器、谷物加工工具及早期陶器，同样未见火塘、墓葬等遗存。而在东胡林遗址，既有打制石器、细石器、磨制石器、谷物加工工具及陶器，又有火塘、墓葬，还出土了丰富的动、植物遗存。总之，截至目前的各类资料，东胡林遗址虽然未必是中国北方新石器早期遗址群中年代最早的一个，但却是其中发展最成熟的一个，堪称这些遗址的代表。

综观中国北方这几处新石器早期遗址，一是地理位置相对集中，二是生态环境大体相似，三是发展阶段基本相同，四是东胡林遗址位于中心连锁部位。把这几大特征综合起来，不难想见这是相互关联的一个组群。倘若进一步深加探究，还可以看出这几个遗址的文化内涵也有一定的共性，更加证实了它们的内在联系。而由这种内在联系，不仅可以确认这是一个独特的组群，还进而反映出中国北方新石器文化从北京一带起源的必然性。

对于中国南北各地的新石器早期遗存，学者曾把它们划分为三种类型：一种是有陶器而无磨制石器的类型；一种是有陶器和少量磨制石器的类型；一种是有少量磨制石器而无陶器的类型，并由此断言："一个遗址或某一个遗址某一期文化是否进入新石器时期，不能用农业、家畜饲养业、制陶业和磨制石器这四要素一同去衡量，亦即四要素同进具备即新石器时代，否则就为旧石器时代。无陶新石器时代文化或称前陶新石器文化，无磨制石器的新石器时代文化，均属新石器时代早期文化的两种类型。"②这种观点否定了磨制石器、制陶业、农业、家畜饲养业是新石器时代早期文化四要素的说法，认为有无陶器、有无磨制石器皆可视为新石器文化，并由此引发了学术界对中国早期新石器时代文化定义的再讨论。在这场讨论中，

①　李珺、王幼平：《阳原于家沟旧石器时代晚期遗址》，刊《中国考古学年鉴·1996》，文物出版社，1998年，第96页。

②　张之恒：《中国新石器时代早期文化的特征》。

西亚等"前陶新石器早期文化"的模式被套用，世界各地大相径庭的生态环境、地理地貌、土壤土质、人文传统被忽略，中国新石器时代的开端在失去了自身特有的内涵和标志后日渐模糊。

对比上述三种类型，东胡林遗址无疑属第二种类型，即陶器和磨制石器并存的类型。无独有偶，与东胡林遗址同属一组的北方新石器早期遗存也个个都属这个类型。例如在河北阳原于家沟下部文化堆积中，既出土了磨光石器也出土了陶器；又如在河北徐水南庄头、北京怀柔转年遗址中，也一并出土了磨制石器和陶器。毋庸赘言，中国幅员广大，各地的气候环境迥然有别，加之从一开始就出现了"北粟"、"南稻"两大经济区，各地的发展轨迹并不一致。但客观事实是，不但北方新石器早期文化群是磨制石器和陶器兼有的文化，在华南的稻作经济区，无论是位处东南方的江西万年仙人洞和吊桶环遗址，也无论是位处西南方的广西柳州鲤鱼嘴1期遗址，这些新石器早期遗存也都统属磨制石器和陶器并存的类型。因此，就中国南北两大经济作物区的主流情况看，典型意义的新石器早期文化仍是磨制石器和陶器兼有的文化。至于前面列举的有陶器无磨制石器、有磨制石器无陶器这两种类型，更大程度上应该代表的是不同地区由旧石器时代向新石器时代过渡的中间环节，而非其结果。

其实，考古工作揭示，不少旧石器时代晚期遗址已经出土了局部磨光的石器或原始陶器，而且有了栽培植物的迹象，表明早在环境恶劣的末次冰期结束之前，原始人类已经开始学习驯养动植物，开始寻找提高石质生产工具的方法，并开始尝试发明某种容器煮熟难以食用的植物块茎或植物种子。凡此种种皆为新石器时代的到来奠定了基础，但从性质上说，这些新因素仍然只是旧石器时代末期呈现的新时代曙光，而非严格意义的新石器文化。也就是说，如果单纯以某一两种要素作为判定标准的话，旧石器时代与新石器时代的分界一定会变得混沌不清，相关研究也必将陷入迷茫。而"东胡林人"的出现，不啻为中国新石器时代的开端树立了一个标尺，准确而全面地展示了中国特点的新石器时代的到来。即使它表现出来的新生产工具、新生活器具、新居住环境、新经济形态、新社会结构、新文化面貌等，很难让各新石器时代早期文化一一与之对应，它的典型性也是毋庸置疑的，因为它代表了新时代的最亮点。

正因为它的代表性和典型性，"东胡林人"遗存也就集中体现了中国式新石器时代起源的独立发展道路。通过与西亚及欧美早期新石器文化的比较不难看出，中国式新石器早期文化的独特之处恰恰在于，这是世界上最全面、协调发展的新石器早期文化。应该说，正是由于以"东胡林人"为代表的此类遗存的不同凡响的开局，才在此后的神州大地上导源出一个社会、经济、文化全面均衡发展的新石器时代来。

中国新石器文化的全面、快速、持久发展，早已为大江南北发现的近万处遗址一再证实。人们对此或许早已司空见惯，甚至熟视无睹，然而殊不知，正是这一特点反映了中国新石器文化的最本质特征。相比世界上其它某些起源很早但进化缓慢的新石器文化来，相比欧亚两大洲某些时断时续或骤兴骤衰的新石器文化来，中国新石器文化的这种特性可谓独树一帜。而由这种区别，不仅印证了人类发展道路的多样性和中华文化起源的独立性，更体现了中华文化从一开始就具有的非同一般特质。

除了上述各历史内涵和意义，以东胡林遗址为中心的组群还在粟作农业的起源上有着非同寻常的意义。

20世纪以来的考古发现证实，全球的农业起源是多元多中心的，主要存在四大作物区：

大麦、小麦——起源于西亚两河流域以北的新月形地带的山前台地；

稻米——起源于中国华南及长江中下游地区；

粟子——起源于中国华北平原与太行山交界的山前台地；

玉米——起源于中美洲地区。

粟是人类培植的四大作物之一，特指谷物，属于旱作农业。有关农业史的研究表明，粟作农业起源于中国北方，祖本为亚洲地区广为分布的野生狗尾草。北京地处华北平原北部，位于中纬度地带，具有暖温带、半湿润大陆性季风气候，正是培育粟作农业的理想温床。加之东胡林人正好处在与太行山交界的山前台地上，粟作农业起源于"东胡林人"也就是必然的了。

把野生狗尾草培育变异成粮食作物粟，无疑是个相当漫长的过程，甚至有可能开始于旧石器时代晚期。因此，以"东胡林人"为代表的组群未必是最先驯化狗尾草的人群，而只是粟作农业形成期的代表。但即便如此也足以表明，北京地区和中国南方、西亚及中南美洲一样，是世界四大农业发源地之一。美国著名历史学家斯塔夫里阿诺斯曾经十分肯定地说："我们已确凿地知道，中东和中美洲是农业革命的独立中心，新近的研究表明，中国北部也是这样的一个中心。"①现在我们又进而知道，中国北部的这个农业革命中心，就在今天的北京。

到了新石器时代中晚期，粟作农业很快在中国大地传播开来，华夏先民的生活因此而焕然一新。有学者统计，新石器时代中晚期的粟作农业遗存在全国已发现了四十余处，绝大多数集中在中国北方，向南也到达了西藏昌都、云南剑川、台湾台南及台中等极南之地②。尤有甚者，还有学者指出，早在新石器时代，中国的粟作农业就向西传播，经过阿拉伯、小亚细亚、俄国、奥地利等地流传到了整个欧洲。有证据表明，瑞士湖滨居地出土的古粟就是在新石器时代由中国传播过去的③。朝鲜黄海北道凤山郡智塔里的新石器时代遗址出土了炭化粟粒④，日本静冈县登吕的弥生时代

---

① ［美］斯塔夫里阿诺斯：《全球通史—1500 年以前的世界》，上海社会科学院出版社，1999 年5 月新 1 版，第 85 页。

② 卫斯：《试论中国粟的起源、驯化与传播》，《古今农业》1994 年第 2 期。

③ 杨直民、董恺忱：《我国古代在栽培植物起源方面的贡献》，《中国古代农业科技》，农业出版社，1980 年。

④ 《中国大百科全书·考古学》"朝鲜新石器时代考古"条，第 67 页。

文化遗址发现了粟的遗迹^①，这也都是中国北方粟作农业东传的结果。这种大面积传播不足为奇，因为出于人类生存繁衍的需要，栽培作物的传播速度是极快的，远远超过了其它任何一种文化因素的传播。同时这也反映出，早在距今 1 万年前，北京粟作农业的起源就迅速改写了人类的生活，影响所及远逮寰宇。

"东胡林人"的又一重大意义是，它填补了自山顶洞人以来华北地区人类发展的空白，为研究中国新石器时代早期人类提供了重大依据。在中国北方新石器早期组群中，迄今只有东胡林遗址发现了人体尸骨，且多达数具。其中一具保存得相当完整，是我国新石器时代最早的完整人骨架。尤为难得的是，出土这具人骨架的墓葬也保存得相当完整，是迄今经过正式考古发掘的唯一一座保存最好的新石器早期墓葬。完整的墓葬，完整的人骨架，时代又属新石器时代早期，其之珍贵不言而喻。

经过鉴定，东胡林的墓主人属蒙古人种，与旧石器时代晚期的"田园洞人"、"山顶洞人"同出一系。上节已述，世界四大人种是在晚期智人阶段形成的，黄皮肤的蒙古人种即其中之一。晚期智人大致生活在距今 5 万年到 1 万年间，此后的人类即为严格意义的现代人。这就是说，距今万年的东胡林人恰处在晚期智人和现代人之间，既是晚期智人阶段最终发育成熟的蒙古人种，也是现代蒙古人种的最早祖先。这个中间环节是如此的重要，因为正是由于"东胡林人"的居中连锁，田园洞人—山顶洞人—东胡林人和现代中国人才在人种上统一起来。无论将来 DNA 的测定表明他们究竟是直系的递嬗还是旁系的分蘖，都是无关紧要的，因为即便是旁系的分蘖，也改变不了蒙古人种自亘古以来就生活在这片热土上的事实。

鉴于东胡林遗址处在新、旧石器时代的过渡阶段，鉴于它是这个阶段迄今所知资料最丰富、信息最完整的遗存，鉴于它在北中国农业、家畜业

---

① 《中国大百科全书·考古学》"弥生时代"条，第 325 页。

及陶器起源上具有的特殊意义，历史赋予"东胡林人"的意义是多方面的。除了上面论及的中国式新石器时代的起源道路、中华文化最初奠定的历史特质、中国粟作农业的起源与传播、现代人与北京远古人类的谱系关系等等之外，在更新世及全新世之交的环境演变上，在新旧石器时代的转折与衔接上，东胡林人遗址提供的启示也在在皆是。不妨设想，当运用考古学、体质人类学、地质学、环境地理学、遗传学等学科对东胡林遗址做了综合整理和分析后，当运用 DNA 技术和碳 14 测定等现代科技手段对"东胡林人"尸骨的性别、年龄、人种、谱系等进行了逐一甄别后，不知会有多少历史之谜迎刃而解。甚至近些年来愈演愈烈的现代人种起源的多元说及非洲的一元说之争，也会因为有了一个现代蒙古人种的最早参照系而得到一个更加公允的裁决。

我们期待着！

三　国家文明的起源—中华始祖黄帝

正如恩格斯在《家庭、私有制和国家的起源》一书中所说："国家是文明社会的概括。"国家机制的形成，标志着人类社会由漫长的史前时代进入到文明时代，是人类发展史上的又一次划时代飞跃。

中华文明究竟源起于何时？长期以来众说不一。上个世纪初，古史辨派的始作俑者胡适曾有"东周以上无史"的偏颇之论[1]，认为直到公元前 8 世纪以后中国才有了自己的国家文明史。郭沫若在 1930 年出版的《中国古代社会研究》中提出，商代属于原始社会末期，西周时始有奴隶制国家[2]，由此把中华文明的肇始框定在公元前 11 世纪。王玉哲 1959

---

[1] 胡适：《自述古史观书》，刊《古史辨》第一册，第 22 页。

[2] 郭沫若：《中国古代社会研究·导言》，上海联合书店，1930 年。

年在《中国上古史纲》中得出的结论是，夏代和商代前期都处在原始社会末期，直到商代前后期之交的盘庚迁殷才过渡到奴隶社会[①]，时在公元前13世纪初叶。范文澜的《中国通史简编》认为商代已进入奴隶社会，翦伯赞、吕振羽、吴泽等人也"均以殷代为古代奴隶社会，殷前的夏代为史前原始公社制社会"[②]，这样一来，中华文明的发轫就向前追溯到了公元前16世纪初叶的商代之兴。以上都是权威人士的权威看法，在中国史研究领域产生过广泛影响。此外还有其它一些看法，把中华文明的起源界定的更晚。例如就在前不久，还有人以洋洋数十万言的专著论证说，中国直到战国中晚期"才形成我们通常所说的国家"[③]。

　　世界上任何一个国家和民族，都不可能不关心本民族是何时、何地并通过何种途径跨进文明门槛的，对五大文明古国之一的中国来说尤其如此。早在两千多年前，伟大诗人屈原就在他的千古名篇《天问》中，发出了"遂古之初，谁传道之"的询问，孜孜追寻华夏文明的亘古源头。近几十年来，随着新研究成果和新理论体系的层出叠现，中国文明的起源再度成为热门话题，引起了海内外的广泛关注。

　　纵观近一个世纪以来的中国文明起源研究，在其中始终起着主导和推动作用的，不是传统史学研究而是考古田野发现。20世纪20年代开始的安阳殷墟发掘，揭露了一处规模宏大的商代晚期都城，出土了近三万片刻字甲骨，证明当时中国已具有相当成熟的国家文明。这一结论很快被国际社会所接受，以至西方学术界至今仍有不少人执着的认为中国是在殷商时期跨入国家文明的。美国著名史学家斯塔夫里阿诺斯在他的权威著作《全球通史》中说："独特的中国新石器时代的文化连续地发展为独特的中国

---

① 王玉哲：《中国上古史纲》，上海人民出版社，1959年。
② 吴泽：《中国历史大系·古代史·序》，上海棠棣出版社，1949年。
③ 高光晶：《国家起源及形成》，湖南人民出版社，1998年，第619页。

文明，这一文明从商时期一直持续到现在。"①此文就以中华文明最早源起于殷商。幸好中国考古工作者对文明的探索并未浅尝辄止，反而在一睹殷商文明的成熟与绚烂后，满怀信心地去寻找更早的文明。当年主持安阳殷墟发掘工作的李济先生说："殷商以前仰韶以后黄河流域一定尚有一种青铜文化，等于欧洲青铜文化的早中二期，及中国传统历史的夏及商的前期。这个文化埋藏在什么地方，固然尚待考古学家的发现，但对于它的存在，我们根据我们考虑各方面事实的结果，却可以抱十分的信心。"②果不其然，20 世纪 50 年代初，考古工作者先是在河南郑州发现了一座早于安阳殷墟的商代前期都城，接着又于六十年代初在河南偃师二里头发现了一座夏代都城。这些发现一再刷新了有关文明起源的传统成见，而在对这些新发现做了综合分析后，考古学家夏鼐先生把中国文明的起源界定在了夏代。他指出：相当夏代的二里头文化"如果不是中国文明的开始，也是接近于开始点了。比二里头更早的各文化，似乎都是属于中国的史前时期。"③此说一出，中华文明源起于夏代遂成为绝大多数中国学者的共识。

综合历年所做的碳 14 年代测定，河南偃师二里头遗址肇始于公元前2000 年前④，恰和夏朝开始于公元前 21 世纪的说法基本相符。以此为据，中国文明的起源便可以确切无疑地追溯到距今 4000 年前了。然而令人不解的是，无论翻开任何一本历史教科书，都言之凿凿地说中华民族有五千年文明史，这又是怎么一回事呢？揆诸史实，原来这出自中华民族的远古记忆。

古典意义的"文明"一词，最早见于华夏元典《周易》。《周易·乾·文

---

① 斯塔夫里阿诺思著，吴象婴、梁赤民译：《全球通史—1500 年以前的世界》，上海社会科学院出版社，1999 年新 1 版，第 164 页。

② 李济：《殷墟铜器五种及其相关之问题》，刊《庆祝蔡元培先生六十五岁论文集》，历史语言研究所，1935 年。

③ 夏鼐：《中国文明的起源》，文物出版社，1985 年，第 96 页。

④ 郑杰祥：《夏史初探》，中州古籍出版社，1988 年，第 246 页。

言》云："潜龙勿用，阳气潜藏。见龙在田，天下文明。终日乾乾，与时偕行。"这是"文明"成为词语的最早一例，意思是说阳刚之气仍在潜藏，天下已经见到欣欣向荣的文明景象了。对其中的"天下文明"一语，唐人孔颖达释曰："天下有文章而光明也。"[①]

又《周易·大有》云："其德刚健而文明，应乎天而时行，是以元亨。"此文也是以"文明"为词语的较早一例，是说君子德行刚健而又文明，顺应天时而行，万物皆得亨通。孔颖达疏文对"刚健而文明"所做的解释是："刚健不滞者，刚健则物不拥滞也；文明不犯者，文则明灿而不犯于物也。"

华夏经典《尚书》中也有"文明"一词，语出《舜典》："濬哲文明，温恭允塞。"其传文云："濬深哲智也，舜有深智文明温恭之德信，允塞上下。"对其中的"文明"二字，孔颖达的解释是："经纬天地曰文，照临四方曰明。"

到了十七世纪中后期，清人李渔《闲情偶寄》云："辟草昧而致文明。"此文以"文明"与"草昧"相对，明确表达了"文明"所蕴含的进步与开化的语义。

综合上述记载，中国古典意义的"文明"一词，表述的是"天下有文章而光明也"、"文则明灿"、"经纬天地曰文，照临四方曰明"之义，代表了社会的进步与开化。

现代意义的"文明"一词定义甚多，不下数十种，而其中的一个核心概念，就是指人类社会的进步与开化。美国人类学家摩尔根在《古代社会》一书中，把人类社会划分为蒙昧、野蛮、文明三大阶段，"文明"即指社会进化的高级阶段。恩格斯在《家庭、私有制和国家的起源》一书中借鉴了摩尔根的说法，并阐明社会由野蛮到文明的基本途径是从部落到国家，做出了"国家是文明社会的概括"的论断。自此而后，国家机制的形成遂

---

① 《周易·乾·文言》孔颖达疏。

成为文明时代的核心标志。

中国古人虽然不详"文明"的现代语义，但其内涵与"文明"的今义却十分贴近，尤和今"文明"字面上的光明、开化、进步、富有文采等语义如出一辙。直到1877年，摩尔根才把文明作为和野蛮相对的概念提出，晚了李渔整整两个世纪，可见"文明"特指进步、开化的涵义也最早源出于中国。当然，在现代意义的"国家"理论出现之前，古人不可能把社会的进步、开化和国家机制的形成联系起来，然而这并不妨碍他们出于对"文明"的理解，出于对社会开化与进步的认识，特别是出于对帝王体制发生与发展的关注，对"国家文明"的创始做出自己的判断。

早在战国时期，也就是在屈原身处的时代，已通过对不同地域、不同部族古史传说的总结，形成了若干与华夏文明的发祥息息相关的"五帝"说。关于五帝，古文献历来有两种不同解释：一种是以其为按方位排列的"五天帝"，特指东、南、西、北四方和中央的五天神，此即见载于《吕氏春秋·十二纪》、《礼记·月令》、《淮南子·天文训》等典籍中的"东方青帝灵威仰，南方赤帝赤熛怒，中央黄帝含枢纽，西方白帝白招拒，北方黑帝汁光纪"[①]；另一种是以其为按时序排列的"五人帝"，特指上古时期早晚相承的五位先圣王。《礼记·乐记》云："五帝殊时，不相袭乐；三王异世，不相袭礼。"这里讲的就是彼此"殊时"的五帝，亦即早晚相承的五人帝。《左传·襄公二十五年》云："今之王，古之帝也。"此文用周代的王比喻上古的帝，所言亦为五人帝而非五天帝。《荀子·大略》云："诰誓不及五帝，盟诅不及三王，交质子不及五伯。"这里和夏商周三王及春秋五霸并称的，同样是世俗世界的五人帝。

按时代顺序排列的"五人帝"，就是关乎华夏文明发轫的"五帝"说。这"五人帝"究竟所指何人，历来说法不一。形成时间最早且流传最广的

---

① 《周礼·天官·大宰》唐贾公彦疏。

一说见于《世本·纪篇》："黄帝、颛顼、帝喾、唐尧、虞舜，为五帝。"《世本》成文于战国时代，辑录了不少周代史料，是先秦时期的重要典籍。在这之前，春秋时期成文的《国语》在谈到"国之典祀"①崇祀的民族宗神时，于夏朝之前开列的有黄帝、颛顼、帝喾、唐尧、虞舜五人帝，亦与《世本》的五帝说相合。汉代成书的《大戴礼记》辑有先秦流传下来的《五帝德》一文，文中宰予询以"五帝"之事，孔子答以黄帝、颛顼、帝喾、帝尧、帝舜事迹，也与《世本》之说若合符节。这说明，《世本》的五帝说虽然成文于战国，但在这之前早已流布于世，有着绵长的历史基础。降至西汉初期，司马迁"厥协六经异传，整齐百家杂语"②，通过系统总结先秦史迹，在《史记·五帝本纪》中采用了《世本》的五帝说。于此之后，汉代经学大家谯周、宋均、应劭等无不遵信此说，遂使"黄帝、颛顼、帝喾、唐尧、虞舜"的五帝说成为世代相沿的主流派说法。

五帝中居首的是黄帝，这就注定了他在历史上的无出其右地位。黄帝名轩辕，长于姬水，故以"姬"为姓，因有土德之瑞而称黄帝③。《大戴礼记·五帝德》引孔子之言谓："黄帝，少典之子也，曰轩辕。生而神灵，弱而能言，幼而慧齐，长而敦敏，成而聪明。"④察以上古人心目中的黄帝，有名有姓有家世，还有从小到大的成长经历，显然是世俗之人而非神祇。但先人却无法不把他想象成神祇，因为按照历来的说法，标志社会文明开化的种种成果皆出自他和他的时代。

《周易·系辞下》云："神农氏没，黄帝、尧、舜氏作，通其变，使民不倦，神而化之，使民宜之。易穷则变，变则通，通则久。是以自天佑之，吉无不利，黄帝、尧、舜，垂衣裳而天下治，盖取诸乾坤。刳木为舟，剡

---

① 《国语·鲁语上》。

② 《史记·太史公自序》。

③ 《史记·五帝本纪》。

④ 同上注。

木为楫，舟楫之利，以济不通，致远以利天下，盖取诸涣。服牛乘马，引重致远，以利天下，盖取诸随。重门击柝，以待暴客，盖取诸豫。断木为杵，掘地为臼，臼杵之利，万民以济，盖取诸小过。弦木为弧，剡木为矢，弧矢之利，以威天下，盖取诸睽。上古穴居而野处，后世圣人易之以宫室，上栋下宇，以待风雨，盖取诸大壮。古之葬者，厚衣之以薪，葬之中野，不封不树，丧期无数，后世圣人易之以棺椁，盖取诸大过。上古结绳而治，后世圣人易之以书契，百官以治，万民以察，盖取诸夬。"

《周易·系辞》相传是孔子所作，上面这段话的大意是：神农之后黄帝、尧、舜兴起。由于社会日益进步，当时旧的制度已不敷使用，黄帝、尧、舜遂通达其变，不断创建新制，使民众不致因社会的一成不变而厌倦懈怠。紧跟着此文强调，易学的道理就是穷则思变，变则通达，通则恒久。在做了这些铺垫和交代后，《系辞》一一列举了黄帝、尧、舜时期推行的变革，大体是：

设立文物制度，以达到垂拱而治、无为而成的目的；

将木材凿成舟船，削木为船楫，使两岸的人相互往来，还可航行到很远的地方，以利天下众生；

驯服牛、马，用牛拖载重物，用马驰骋远方，以沟通有无，便利世人；

设置重门，击柝巡夜，以防盗贼的侵入；

发明杵臼，以利民食；

将柔韧的小木条做成绳索弓，把木材削成箭，用弓箭威服天下；

过去人们冬天藏身洞穴，夏天在野外居住，后来为了防止洪水猛兽的侵袭，圣人教民人建造宫室，上有栋梁，下有檐宇，以御风寒；

原来人死后是用木材厚厚地堆在尸体上面，埋在荒野中，不设立坟墓标志，也不植树，居丧没有一定的期限。现在圣人制定丧礼，用棺椁以殡葬；

过去无文字，结绳以记事，后来不敷使用，圣人便发明文书契据，使百官利于治理，万民也赖此书契而有所稽察，不致误事。

上面所说的圣人，便即黄帝、尧、舜，而上面列举的事实，就是黄帝、尧、舜时代的发明。察这些发明，大到建制度、开礼仪、定丧礼、创文字、造宫室、兴农桑、通商贸、济万民，小到制作舟楫、车乘、臼杵、弓矢、棺椁等，全面勾画出了一个崭新的时代。相比较此前"结绳而治"的神农氏时代，这时的社会无疑进化了许多，不啻有天壤之别。此外据《世本·作篇》的记载，黄帝时代的发明创造还有：黄帝造火食、作旆、作冕、作宝鼎、作乐、始穿井。黄帝臣子发明的有：羲和占日、常仪占月、臾区占星气、伶伦造律吕、大挠作甲子、隶首作算数，容成综此六术而著调历，后益作占岁，沮诵、仓颉作书，史皇作图，伯余作衣裳、胡曹作衣、胡曹作冕，于则作扉屦，胲作服牛、相土作乘马，共鼓、化狄作舟，随作笙、作竽，挥作弓、夷牟作矢，伶伦造磬、垂作钟。另外还有黄帝之子雍父作臼、作舂、作杵，以及与黄帝同时期的蚩尤作戈、矛、戟、酋矛、夷矛五兵等。

以上依据的都是先秦时期的经典文献，仅见诸这些文献的记载，黄帝时代的发明已多达数十种。倘若再加上宋人《事物纪原》一类较晚出的文献记载，黄帝时代的发明创造就更是森罗万象不可胜数了。其实，所有这些发明未必都是黄帝和黄帝时代的，例如其中的火食、杵臼、弓矢等等，早在黄帝之前已经盛行。而之所以古人要将它们统统归于黄帝，只能说明一个道理——黄帝的确在历史上开创了一个与"野蛮"相对的进步与开化的时代，于是古人便将所有体现社会进步开化的发明都一股脑地安在他身上了。

作为由野蛮向文明进化的开山祖师，黄帝理所当然成了中华民族的人文始祖，成了中华文明的开篇第一人。魏国史官编撰《竹书纪年》就是从黄帝开始的，《世本》与《五帝德》归结的五帝时代也由黄帝开始，司马迁著《史记》同样是由黄帝开始。同此之例尚多，正如《史记·孟子荀卿列传》所云："先序今以上至黄帝，学者所共术。"尤其值得一提的是，当司马迁之时，黄帝早已成遥远的传说，但他为了还原黄帝的历史，不仅遍索皇家秘藏的先秦典籍，仔细搜读"孔子所传《宰予问五帝德》及《帝系姓》"等，还亲身"西至空桐，北过涿鹿，东渐于海，南浮江淮"[1]，逐一考察黄帝活动过的地方。太史公之所以如此栉风沐雨、孜孜以求，无非是为了把五帝时代的第一君写好，把中华民族的开篇写好。

中华五千年文明史就是这样来的，因为从黄帝之年算起，距今刚好五千年上下。

钩沉辑佚，有关黄帝年代的说法有以下若干记载可资参考：

1.《古本竹书纪年》云："黄帝至禹，为世三十。"[2]据《说文·卉部》，古者"三十年为一世。"《路史·前纪四》亦称："男子生三十壮有立，于是始室，父子相及，是故古者三十年而成世。"黄帝到禹为世三十，一世三十年，如此算下来，总计约900年。另据今人的考证，夏禹王朝开始于公元前2070年前后[3]，两者累计，黄帝的年代应在公元前2970年左右，距今约4980余年。

2.《汉书·律历志下》云："丞相属宝、长安单安国、安陵杯育治《终始》，言黄帝以来三千六百二十九岁。"这是截止到西汉昭帝元凤三年的说法，时在公元前78年。由此上溯3629年，即为公元前3707年，再下承至今，黄帝的年代约在5700年前。

3.《水经注·瓠子河》引《述征记》云："尧即位至永嘉三年，二千七百二十有一载。"晋永嘉三年为公元309年，由此上溯2721年，是公元前2412年，此即帝尧即位之年。另据皇甫谧《帝王世纪》记载，帝

---

① 《史记·五帝本纪》。

② 范祥雍：《古本竹书纪年辑校》（订补本），上海人民出版社，1957年。

③ 夏商周断代工程专家组：《夏商周断代工程1996—2000年阶段成果报告（简本）》，世界图书出版公司北京公司，2000年版。

尧上至黄帝共计 341 年，两者相加，黄帝的年代约在公元前 2753 年，距今约 4760 余年。

4. 唐人王瓘《广黄帝本行记》载："自黄帝己酉岁，至今大唐广明二年辛丑岁，计三千四百七十二年矣。"唐广明二年为公元 881 年，由此推算，黄帝距今 4600 余年。

5. 南宋成文的《轩辕黄帝传》记载，黄帝上距秦灭东周 2731 年。秦灭东周是在公元前 256 年，由此可知，黄帝的年代应在公元前 2987 年，距今约 5000 年。

6. 根据班固以武王克商之年为己卯岁的说法，明代黄宗羲《历代甲子考》引《尚书》及《竹书纪年》的有关记载列出了七十三甲子。第一甲子为黄帝元年，第七十三甲子为明天启四年，一甲子 60 年，依此推算，黄帝到明朝天启四年共计 4380 年。明天启四年为公元 1634 年，距今 380 年，两项累加，黄帝距今约 4760 年。

7. 辛亥革命时期，各地纷纷废止满清王朝的年号而采用黄帝纪年。《民报》综合学术界对相关文献的考证，公布公元 1905 年为黄帝纪年第 4603 年，此后"民报所用年代为多数革命党所接受，武昌起义后湖北军政府文告即以此为准，各省响应的文告也多采此说"[1]。依照此说，黄帝纪年始于公元前 2698 年，迄今约 4710 余年。

此外的说法尚多，不一而足。司马迁尝谓："余读牒记，黄帝以来皆有年数。稽其历谱牒终始五德之传，古文咸不同，乖异。"[2]此文表明，黄帝的年代在司马迁之时还是有史可稽的，只是说法不尽相同而已。以上黄帝年代数说，恰好印证了司马迁的说法，印证了黄帝年谱的存在及各说的歧义纷陈。黄帝年代的说法虽然不尽相同，但若从中略去乖异之数而取其常

---

① 方诗铭编著：《中国历史纪年表》（修订本）附二：《辛亥革命期间所用黄帝纪年对照表》，上海人民出版社，2007 年。

② 《史记·三代世表》。

数，不难看出这些说法基本将黄帝的年代框定在了距今5000年前后。"夫子之弗论次其年月，岂虚哉！"①——这也是司马迁说的，他告诉我们，古人提供的黄帝年代并非都是虚妄之辞，还是足资借鉴的，而这就是中华五千年文明史的由来。

上述黄帝的年代范围，恰好处在中国的铜石并用时代。

铜石并用时代是人类的一个物质文化发展阶段，介于新石器时代与青铜时代之间，以红铜的出现为显明标志。这时虽然出现了红铜类金属制品，但红铜质软，不适合制造工具，石制生产工具仍占主导地位，故而称为"铜石并用时代"。

世界上并不是所有地区都经历过铜石并用时代的。就目前所知，这个阶段主要存在于西亚、中亚、北非和欧洲等地，代表性遗存有西亚的哈拉夫文化、乌鲁克文化、欧贝德文化、杰姆代特奈斯尔文化以及中亚的安诺文化等。在这些文化中，有的以神庙为主体出现了初期小城镇，有的直接进入了奴隶制城邦国家，都是当地古文明的直接源头②。

就中国的情况而言，因为过去一直没有发现青铜时代以前的铜制品，学术界曾经遽言"不能确定为有过铜石并用时代"③。可是，考古发现总是在不经意间给传统成见以冲击。1973年，考古工作者在发掘陕西临潼姜寨仰韶文化遗址时，无意中竟在第29号房屋的居住面上抠出了一件嵌入地表的半圆形黄铜残片，直令在场的考古专家瞠目结舌。对于一向持论谨严的考古工作者来说，当时他们宁可相信这是搞错了地层关系也不敢认定这是确凿无误的事实④。然而造化弄人，或许正是为了破解这种疑惑，在

---

① 《史记·三代世表》。

② 林志纯：《铜石并用时代》，《中国大百科全书·考古学》，中国大百科全书出版社，1986年，第533~534页。

③ 《中国大百科全书·考古学》，中国大百科全书出版社，1986年版，第534页。

④ 安志敏：《中国早期铜器的几个问题》，《考古学报》1981年第3期。

这之后，各地仰韶时期和龙山时代的铜制品接连涌现，一下子竟多达数十例！面对这些扑面而来的"铜证"，中国古代没有铜石并用时代的说法不攻自破，相关研究也很快取得了突破性进展。

综合各地的发现，中国的铜石并用时代大约起于公元前 3500 年前后，止于公元前 2000 年前后，上下延续了 1500 年。此期间可以区分为前后两大阶段，分别相当考古学上的仰韶文化后期和龙山时代[1]。

仰韶文化是 1921 年在河南省三门峡市渑池县仰韶村发现的，主要分布在黄河中下游一带，以陕西渭河流域、河南西部和山西西南为中心，时代从公元前 5000 年一直延续到公元前 2700 年。这是当时最大的文化，上下覆盖数千里，前后纵贯两千年。加之它处在史前时代的繁荣期，故而有人从这个文化的广泛性和典型性出发，将其概括为一个时代——"仰韶时代"[2]。

仰韶文化后期起于公元前 3500 年，止于公元前 2700 年，绵延了 800 余年。这是铜石并用时代的早期阶段，出现了少量铜器，主要是刀、锥、凿、钻、指环、手镯等小型器，成分大多属红铜[3]。此时的红铜器虽然简陋，但石器加工技术更臻完善，大多通体磨光，广泛采用了切割、管钻等加工方法，生产效率大为提高。原始农业也取得了显著发展，北方的粟作农业和南方的稻作农业都得到了大面积普及，不少遗址还出土了成批的粮食窖穴，标志了粮食产量的大幅度增长。墓葬间出现了明显差距，大墓随葬的有精美玉器、象牙雕刻、陶器，还有象征财富的猪头或猪下颚骨等，多者甚至富达一二百件，小墓却空无一物或只有一两件质地粗糙的物品。这种现象自然体现了私有制的产生和阶级的分化，而阶级的分化又导致了部落的分化，产生了凌驾在一般中小部落之上的大型部落。

---

[1] 苏秉琦主编：《中国通史·第二卷》第三章。

[2] 张忠培：《仰韶时代——史前社会的繁荣与向文明时代的转变》，《文物世界》1997 年第 1 期。

[3] 苏秉琦主编：《中国通史·第二卷》，第 211~212 页。

大型部落所对应的是大型聚落，而仰韶文化晚期的甘肃秦安大地湾遗址就是这样一个大型聚落。据考古发掘，这里发现了一处原始殿堂，分前堂、后室和东西两个厢房，总面积阔达 290 平方米。前堂中间有直径超过 2.5 米的特大火塘和直径 90 厘米的顶梁大柱，地面满铺类似现代水泥的砂浆，墙壁和房顶还抹有灰浆。殿堂内出土的器物都十分考究，殿堂前还设有很大的广场①。这是迄今所知中国最早的"明堂"式建筑，首开了中国古代宫室制度的先河。它或许是某中心部落的首脑驻地，或许是部落联盟举行大型宗教活动的神庙，目前尚难遽定。但鉴于当时部落首领和宗教祭司是二位一体的，那么无论这座殿堂是宗族事务场所还是公共事务场所，都表明当时已经形成了上下分层的等级制度。除了这座庙堂式建筑外，大地湾遗址还出土了几座结构相似的中型房屋和数百座小型房屋，综合反映了这处中心聚落所达到的人口规模和发达程度。

此类大型聚落在铜石并用时代早期已不乏其见，除甘肃秦安大地湾外，还发现的有山东泰安大汶口、河南郑州大河村、郑州西山、湖北京山屈家岭、湖南澧县城头山、辽宁凌原牛河梁等。其中郑州西山和湖南澧县城头山两处遗址出土了城垣，是中国最早的雏形城邑。郑州西山的城邑平面呈圆形，面积约 3 万平方米，城垣由夯打、版筑和挖槽等多种方法建造，已发现城门 2 座②。这是中原地区迄今所知最早的古城，年代距今约 5300 ~ 4800 年。湖南澧县城头山遗址的最早一期城址属大溪文化早期，上限年代可到距今 6000 年前③，这又是迄今所知中国最早的古城。

在相当铜石并用时代早期的遗存中，已发现了不少陶文，典型之例见于山东大汶口文化晚期。此处出土的陶文既有单体字又有复体字，且不乏

---

① 甘肃省文物工作队：《甘肃秦安大地湾 901 号房址发掘简报》，《文物》1986 年第 2 期。

② 国家文物局考古领队培训班：《郑州西山仰韶时代城址的发掘》，《文物》1999 年 7 期。

③ 湖南省文物考古研究所：《澧县城头山古城址 1997 — 1998 年度发掘简报》，《文物》1999 年第 6 期。

笔画、结构相同的字体①，表明中国的象形文字已经萌生。

如果说仰韶文化后期私有制的产生、阶级的分化、大型部落的形成、中心聚落的出现、古城的诞生以及铜器的使用、象形文字的萌芽等等，还只是在为文明大厦的落成奠基的话，那么到了龙山时代，这座文明大厦就进入了最后构建成型的阶段。

龙山时代得名于龙山文化，龙山文化则得名于山东章丘县龙山镇（原属山东历城县）城子崖。城子崖的考古发掘始于 1930 年，迄今已延续了 80 年之久。根据数十年来的考古工作，可知该遗址代表了仰韶文化之后兴起的一种新文化，年代在距今 4700 ～ 4000 年间，属铜石并用时代后期。该文化的分布范围很广，不仅遍及黄河流域，还南及长江中下游地区，北至辽东半岛和河北唐山，范围之大已远远超出了一支特定的考古学区域文化，故而也被学术界概括为一个时代——"龙山时代"②。属于这个时代的典型遗存迄今已有大量发现，可归为以龙山城子崖遗址为代表的山东龙山文化、以河南洛阳王湾遗址为代表的河南龙山文化、以陕西长安客省庄遗址为代表的陕西龙山文化、以山西陶寺遗址为代表的陶寺文化、以甘肃临洮马家窑遗址为代表的马家窑文化、以甘肃广河齐家坪遗址为代表的齐家文化、以湖北天门石家河遗址为代表的石家河文化、以浙江余杭良渚遗址为代表的良渚文化等。曾几何时，权威教科书的不二之论是，龙山文化刚刚进入父系氏族社会，离文明的大门还很远。可是最近几十年来，大约受了人们苦苦追寻中华文明源头不懈努力的感召，传递文明信息的龙山时代考古发现接踵而至，令人大有目不暇接之感。

从 20 世纪 70 年代起，龙山时代的铜器就不断出现，出土地点竟多达 20 余处。其质地不仅有红铜（自然铜）和铜锌合金的黄铜，还有铜锡合

---

① 李学勤：《论新出大汶口文化陶器符号》，《文物》1987 年第 12 期。

② 严文明：《龙山文化与龙山时代》，《文物》1981 年 6 期。

金的青铜，制造的方法也有锻造和铸造两种。铜器皿的种类也比仰韶晚期大大增多，仅齐家文化发现的铜器就包括了刀、凿、锥、斧、钻头、匕、铜矛、指环、铜镜、铜泡等，既有生产工具，也有武器和生活用具，还有小件装饰品[①]。

原始文字的发现在铜石并用时代后期已广泛见于山东龙山、河南龙山、陶寺、石家河、齐家、良渚等文化，其字体也远远超越了仰韶时代图形化写实的初始阶段，会意、抽象的程度明显提高。这时还出现了多字成行的文句，跨出了从单个符号向记事文字发展的关键一步。最典型之例见于山东邹平丁公出土的一块龙山文化陶片，上面的 11 个原始文字排列成三行，是龙山时代象形文字基本成型的明显例证[②]。

古城址历来被认为是跨入国家文明的一个重要标志，它们不仅在龙山时代确有发现，而且一下子就从地底下冒出来了 50 余座，范围之大遍及大江南北[③]。它们绝非空有城垣或城壕的"土城子"，而是有的出土了宫殿建筑遗迹和夯土台基，有的发现了宗庙遗址和祭坛，有的分布着冶炼遗址等手工业作坊区，每一座都不同程度地再现了早期城址应有的政治、经济、文化内涵。

从 1989 年起，考古工作者再次对龙山镇城子崖进行了发掘，在遗址的下层也揭露出这样一座龙山时代古城。这座古城南北最长处 540 米，东西最宽处 430 米，总面积约 20 万平方米。城址内文化堆积丰富，有房基、水井、窑穴等，遗址周围还发现了一道板筑的夯土围墙遗迹[④]。这种规格的龙山时代古城还远远不是最大的，大者如长江中游湖北天门石家

---

① 白云翔：《中国的早期铜器与青铜器的起源》，《东南文化》2002 年第 5 期。

② 栾丰实：《丁公龙山城址和龙山文字的发现及其意义》，《文史哲》1994 年第三期。

③ 严文明：《东方文明的摇篮》，《汉学研究国际会议论文集》，北京大学出版社，2000 年版。

④ 山东省文物考古研究所：《城子崖遗址又有重大发现，龙山、岳石、周代城址重见天日》，《中国文物报》1990 年 7 月 26 日。

河龙山古城，总面积阔达 120 万平方米，此外在山西襄汾陶寺遗址更发现了一座超大型城址，总面积达到了 280 万平方米[1]。

在铜石并用时代后期，有的地方还出现了以大型城址为中心的"等级城邑群落"。这些群落的中心皆有一座大型城址，一般建有高大的城墙和宽阔的城壕，还有大型高台建筑与祭坛，"已经初具方国的政治中心——都邑的地位"[2]。此外有若干中小城址环绕在大型城址的四周，既体现了大、中、小城邑间的隶属关系，也标志了都、邑、聚分层结构的形成。

恩格斯说："在新的设防城市的周围屹立着高峻的城墙并非无故：它们的壕沟深陷为氏族制度的墓穴，而它们的城楼已经耸入文明时代了。"[3]龙山古城的层出叠见，最直观不过地再现了东方文明在中华大地上的喷薄而出。《左传·隐公元年》云："都城过百雉，国之害也。"此文说的"都城"，特指东周时期君主兄弟居住的城邑，规模仅次于国都。当时一雉合三丈，方圆百雉即三百丈。周代一尺合今 23.1 厘米，一丈合今 231 厘米，三百丈约合 693 米。总体算下来，方圆"百雉"的城邑其实区区不足 700 米。而如《左传》所载，此等城垣周长数竟然是东周时期重要城邑的极数，一旦超过便是"国之害也"。相比之下，龙山时代大部分中心古城的规模已远远超过了这些东周城邑，说它们是方国之都当不为过。

其它文明因素在铜石并用时代后期的龙山时代也不乏其见，突出之例有：

各中心群落常见大型墓葬，见证着私有制的成熟以及统治集团的形成；

部分建筑物开始用人和牲畜奠基，人祭现象也时有所见，这不仅见证了原始宗教的兴起，也表明了奴隶制的滥觞；

以礼器、葬制和礼仪性建筑为载体的礼乐制度是中国古代文明的重要

---

① 解希恭主编：《襄汾陶寺遗址研究》，科学出版社，2007 年。

② 吴春明：《华夏文明的起源——关于中国文明起源的考古考察》，《光明日报》1999 年 8 月 27 日。

③ 恩格斯：《家庭、私有制和国家的起源》，第 162 页。

产物，也是华夏古文明有别于世界其他古文明的核心特质。而根据种种考古资料，可知它们早在龙山时代就已初现端倪[①]；

打磨精细的石兵器广泛见于各龙山时代墓地，其中还不乏石钺等进攻性武器。凡此皆说明部族间的战争已成寻常事，而战争正是国家文明最有效的催化剂；

除了青铜制造业和原始文字外，此时还发明了玉器、漆器、象牙雕刻、乐器、舟车、养蚕缫丝和丝织品等，快轮制作的精美陶器更是层出叠现。在某些龙山时代遗存中还发现了原始青瓷器，建筑业上的石灰、土坯、夯筑技术也时有所见，凡此都体现了文明的进步与开化。

以上事实无不说明，经过仰韶文化后期的酝酿，文明因素在龙山时期已大量涌现。这表明，中国龙山时代也和西亚、中亚的大多数铜石并用时代文化一样，步入了国家文明的萌生期。

山西襄汾陶寺是龙山时代的一处典型遗址，年代在距今 4500～3950 年间。自 1978 年在这里开展考古发掘以来，不仅发现了一座超大型城址，还陆续发现了宫殿区、大型贵族墓、窖穴仓储区、手工业作坊区等，充分显示了龙山时代文化所达到的文明程度。其中最大的宫殿基址有 1 万平方米，还出土了世界上最早的陶制瓦，不难想见它当初的魁伟壮丽。其遗址的东南角分布着一处墓地，墓葬总数估计不下 6000 座，其中还发现了随葬品相当丰富的大型"王"墓。两个珍贵的彩绘龙纹陶盘就出土于"王"墓中，它们的直径约 50 厘米，内饰盘龙，龙口叼一根松枝。这是迄今所见最早的彩绘龙纹，象征着"真龙天子"的诞生。一种神秘文字——扁壶毛笔朱书也在山西襄汾陶寺遗址得以发现，字的写法与后代甲骨文、金文非常相似[②]。所有这些无不见证了龙山时代国家文明的起源，也印证了

---

① 高炜：《龙山时代的礼制》，刊《庆祝苏秉琦考古五十五年论文集》，文物出版社，1989 年。

② 何驽：《陶寺：中国早期城市化的重要里程碑》；侯毅：《从陶寺城址的考古新发现看我国古代文明的形成》。刊解希恭主编：《襄汾陶寺遗址研究》，科学出版社，2007 年。

古代文献关于五帝时代的传说。

前举黄帝年代的七个参数，有六个在距今 5000～4600 年间，刚好处在中国铜石并用时代前后期之交的门槛上。其中又有四组数据集中在中国铜石并用时代后期的初始阶段，和龙山时代的肇起大体同时。综合此类现象，再结合黄帝时代种种推陈出新的文献记载，似有理由推测，黄帝很可能就是仰韶文化的终结者和龙山时代的开创者。而五帝时代中继黄帝而起的颛顼、帝喾、唐尧、虞舜，对应的正好是龙山时代。

在上述种种发现面世之前，有关黄帝的史迹只见于文献记载，人们往往视其为神话传说，想信而不敢信。特别是当"古史辨派"于上个世纪前半叶提出三皇五帝统属后人编造的伪史后，不少人武断地将"夏启以前的历史一笔勾销"，"疑古学派几乎笼罩了全中国的历史界"[①]，学人从此再不敢枉言黄帝。可是，当上述发现一一呈现在人们面前时，当黄帝所处的时代背景也越来越清晰地浮现出来时，一个历史性的思考也随之油然而生：仅就现有的发现看，以往传说中黄帝集团的发明创造几乎都在仰韶晚期至龙山时代孕育成形，证明古人的记述并非向壁虚构的。在此情况下，重新审视和考订黄帝其人其事，不就有了全新的意义了吗？

其实，只要突破传统观念的拘囿，便不难看出，仅现有的考古成果已与黄帝史迹形成了某些相互呼应之效，《史记·五帝本纪》所载的黄帝文明之旅就是其中一例。

《史记·五帝本纪》载："天下有不顺者，黄帝从而征之，平者去之，披山通道，未尝宁居。东至于海，登丸山，及岱宗。西至于空桐，登鸡头。南至于江，登熊、湘。北逐荤粥。"此文记述了在"诸侯咸尊轩辕为天子"后，黄帝集团四处讨伐好兴不义之战的部族的全过程。这个过程，便即黄帝开拓文明大业的过程，而据《史记》集解、索隐、正义汇总历代史家的

---

① 徐旭生：《中国古史的传说时代》（修订本），文物出版社，1985 年，第 26、23 页。

考证，其所至的丸山在今山东临朐，岱宗即今之山东泰山，空桐山、鸡头山位于甘肃，江即长江，熊指长江以北的河南卢氏熊耳山，湘指长江以南的湖南岳阳湘山，荤粥即古之北蛮①。总括起来，黄帝的这个文明之旅十分广阔，东及大海，西至陕甘，南逾长江，北渐塞外。细审这一地理范围将不难发现，它竟与辉耀着文明之光的龙山时代古城的分布地域相当接近。截至目前，各地的龙山时代古城已发现了五十多座，分布在内蒙古、山西、陕西、河南、山东、湖北、湖南、四川、江浙的广大地域内，恰与黄帝文明之旅的范围大致相合。这种现象自非偶然，它给我们带来了如下启示：

其一，这无异于从文献记载及龙山时代的考古发现两个方面证实，当时中国的文明圈就在这个范围内。换言之，这个区域既是黄帝的活动舞台，也是中国最早的文明基地，遍及整个东方世界的文明之花就是从这里绽放的。

其二，每一座龙山古城的所在地都有源远流长的文化，都有自身的文明源头，这是毋庸置疑的。然而，从整个文明圈的状况看，一则时代接近，二则空间集中，三则这些区域的仰韶晚期文化还有明显差异，可一旦跨入龙山时代后却出现了前所未有的趋同性，可见这个文明圈的形成也必有其不可忽略的外部原因。而证之以种种线索，这个外部因素只能来自"天下有不顺者，黄帝从而征之"的黄帝文明之旅。

其三，在开拓文明的过程中，黄帝集团一定从这片广袤的土地上汲取了充分的营养，从而大大丰富了文明的成果。史籍所载黄帝集团的种种发明创造，其实散见于各地的龙山文化，而非集大成于某一地，这就说明了它们实际上是各方精粹的总和。

其四，龙山古城的分布地域相当广大，绝非黄帝一族所独有。何况如第一章所论，当时华夏大地文明初萌，也不可能出现这样的一统天下。但

---

① 《史记·五帝本纪》索隐、集解、正义。

综合各类文献记载又不难看出，此范围内几乎处处留下了有关黄帝的传说。这个现象本来不足为奇，因为既然黄帝在这个范围内处处留下了足迹，于是便处处留下故事，这是顺理成章之事。而问题的关键在于，在以往有关黄帝地望的讨论中，人们往往以其中一地的传说来排斥其它各地的传说，以一己之说否定其它各说，从而造成了黄帝地望东、南、西、北、中各说并峙的局面。然而事实上，每一地的传说都不是唯一的，更不是排他的，只是全局中的一个局部而已。

以上种种启示，不仅可以深化我们对龙山时代大背景的理解，也可以使黄帝的历史真实性一步一步从历史迷雾中显现出来。在此前的研究中，往往认为用考古材料来印证黄帝史迹是行不通的，视此为无法涉足的禁区。然而纵观近一个世纪以来的中国考古学研究，从晚商至早商，从早商至夏，从夏至龙山时代，一个接一个禁区就是这样在由已知向未知的推导中不断突破的，"东周以上无史"的历史虚无主义也是这样一步接一步不断被粉碎的。夏鼐先生在论述中国文明的起源时，首先从晚商的小屯殷墟谈起，而后论及早商的郑州商城，继而证之以二里头都城遗址[①]，恰好归纳了中国上古史在"古史辨派"留下的废墟上逐次复原的过程。因此我们有理由相信，随着今后对中国铜石并用时代考古研究的不断深入，最终也必将还中华民族一个真实而清晰的黄帝。

既然是中华文明的始祖，历代治史者几乎言必称黄帝，由此给史乘留下了大量真伪难辨、依违其辞的记述。在司马迁所说的"百家言黄帝，其文不雅驯，荐绅先生难言之"[②]的人言言殊中，既不乏上古时代的神话传说，也不乏后人的凭空想象，而研究者往往各执一词，从而更加重了黄帝史迹的纷纭莫辨。有鉴于此，黄帝史迹研究的重中之重，莫过于先从最确凿无疑的文献记载出发，梳理出几大最真实可靠的历史事件来，以此为复

---

① 夏鼐：《中国文明的起源》，文物出版社，1985 年。

② 《史记·五帝本纪》。

原黄帝历史奠定一个牢固的基础。

抛开种种不着边际的凭空想象，略去形形色色的神话传说，依据先秦两汉经典史籍的确切记载，我们看到，黄帝史迹中最信而有徵也最至关重要的事件，主要有以下一些：

一是黄帝展开了定鼎乾坤的阪泉之战、涿鹿之战。

在先秦典籍《左传》中，有关黄帝的重要记述仅一见，此即黄帝集团与炎帝集团的阪泉之战。《左传·僖公二十五年》载："遇黄帝战于阪泉之兆。"杜预注："黄帝与神农之后姜氏战于阪泉之野，胜之。"这就是对黄、炎阪泉之战的追述。此外《国语·晋语四》载："黄帝为姬，炎帝为姜，二帝用师以相济也，异德之故也。"韦昭注："济当为挤，挤，灭也。《传》曰：'黄帝战于阪泉。'"这里说的也是黄、炎的阪泉之战。又《大戴礼记·五帝德》载孔子曰："黄帝，少典之子也，曰轩辕。生而神灵，弱而能言，幼而慧齐，长而敦敏，成而聪明。治五气，设五量，抚万民，度四方。教熊罴貔豹虎，以与赤帝战于阪泉之野。三战，然后得行其志。"前文已述，《五帝德》是先秦文献，这同样是对黄、炎阪泉之战的一段最原始记述。

至于涿鹿之战，是黄帝集团与蚩尤部落的战争，最早见载于《逸周书·尝麦》："蚩尤乃逐帝，争于涿鹿之阿，九隅无遗。赤帝大慑，乃说于黄帝，执蚩尤杀之于中冀，以甲兵释怒。"《尝麦》是保存至今的华夏最古老文献之一，大约成文于西周穆王时期，此即对涿鹿之战的最原始记述。《尚书·周书·吕刑》也是西周穆王前后的文献，其中也有关于"蚩尤惟始作乱，延及于平民"的记载。此外《山海经·大荒北经》云："蚩尤作兵伐黄帝，黄帝乃令应龙攻之冀州之野。"《战国策·魏策》载："黄帝战于涿鹿之野。"《战国策·秦策》云："黄帝伐涿鹿，而擒蚩尤。"《庄子·天下》云："世之所高，莫若黄帝，黄帝尚不能全德，而战涿鹿之野，流血百里。"《尸子》曰："黄帝斩蚩尤于中冀。"凡此都是有关涿鹿之战的古老记述。

　　黄帝集团的阪泉之战、涿鹿之战除见于上述先秦典籍《逸周书》、《尚书》、《左传》、《国语》、《战国策》、《山海经》及《庄子》、《尸子》外，还广泛见于两汉时期成书的戴德《大戴礼记》、贾谊《新书》、司马迁《史记》、班固《汉书》，以及晋皇甫谧的《帝王世纪》和北魏郦道元的《水经注》等，堪称黄帝历史上最确凿无疑也最值得大书特书的重要事件。在综合了先秦典籍的有关记述后，司马迁在《史记·五帝本纪》中对这两场名震千古的部落大战的缘起、经过、结局做了全面总结，其云：

　　"轩辕之时，神农氏世衰。诸侯相侵伐，暴虐百姓，而神农氏弗能征。于是轩辕乃习用干戈，以征不享，诸侯咸来宾从。而蚩尤最为暴，莫能伐。炎帝欲侵陵诸侯，诸侯咸归轩辕。轩辕乃修德振兵，治五气，艺五种，抚万民，度四方，教熊、罴、貔、貅、䝙、虎，以与炎帝战于阪泉之野。三战，然后得其志。蚩尤作乱，不用帝命。于是黄帝乃征师诸侯，与蚩尤战于涿鹿之野，遂禽杀蚩尤。"

　　以上记述强调，当时天下很不太平，不同利益集团间的冲突已十分激烈，以至"诸侯相侵伐，暴虐百姓"。其中尤以"蚩尤最为暴"，炎帝集团亦"欲侵陵诸侯"。前文已述，铜石并用时代诸考古遗存中已日益突显财富的分化和阶级的分化，兵器的普及、城防设施的兴起和人祭、人殉等现象更是屡见不鲜，恰给上述文献记载做了形象的诠释。

　　从古代社会的发展历程看，阶级冲突、部族战争所带来的社会震荡，就是原始社会崩溃的前兆。《吕氏春秋·荡兵》云："兵所自来者久矣……未有蚩尤之时，民固剥林木以战矣，胜者为长。长则犹不足治之，故立君。君又不足以治之，故立天子。天子之立也出于君，君之立也出于长，长之立也出于争。争斗之所自来者久矣，不可禁，不可止，故古之贤王有义兵而无有偃兵。"此文以战争为主线，阐述了从"胜者为长"的阶级分化，直到天子代君主而立的社会演进过程。在这个充斥着兵戈交加的战争的过程中，黄帝恰处在"君又不足以治之，故立天子"的关键环节，更需要通过你死我活的"争斗"来完成。阪泉之战、涿鹿之战就是在这种背景下展开的，其结果则是黄帝三战而胜炎帝，后来又擒杀了蚩尤，成为这场殊死决战中唯一的胜者。

二是黄帝集团在取得了决定性的胜利后，于釜山举行了会盟大典。

在阪泉、涿鹿两场大战前，黄帝已在麾下集结起不少部族，取得了"诸侯咸来宾从"的威势。而当取得了辉煌战果后，"诸侯咸尊轩辕为天子，代神农氏，是为黄帝"，黄帝更被公推为天子。在此情况下发生的一件大事，就是天下诸侯齐聚釜山，举行了一场盛大的集会，此即《史记·五帝本纪》所说的"合符釜山"。唐司马贞《史记索引》解释这一历史事件时说："合诸侯符契圭瑞，而朝之于釜山，犹禹会诸侯于涂山然也。"由是可知，这次诸侯盟会的核心内容即"合符"。

《荀子·君道》云："合符节别契券者，所以为信也。"合符是古代的一种信物制度，多用于结盟，后来也广泛用于政治、军事活动。开始时此类信物多由竹木、兽皮、玉骨制成，合称"符契圭瑞"，后来多以铜为之，统称符节或符信。信物制成后一分为二，持有者各凭手中的一半相互印证，此即"合符"。

综观史实，上古时期最高级别的合符活动即诸侯的结盟及盟主的就职仪式。班固《白虎通·瑞赞》云："舜始即位，见四方诸侯合符信。"刘向《说苑·贵德》云："陛下初即至尊，与天合符。"以上说的就是盟主初即至尊的"与天合符"。从形式上看，这只是诸侯间相互统一符契，但其核心内容却是诸侯对天盟誓，发誓效忠新的主人。正因此，经过釜山会盟后，黄帝不仅在事实上成了各部族的共同领袖，还取得了正式名分，成了名副其实的"天子"——虽然这只是文明初兴时期的"天子"，其实际身份只相当邦联的首领。

釜山会盟的最大意义还不在于黄帝成了各部族的首领，而在于各部族有了共同的首领——哪一个人成为首领不过是时运问题，而一群人有了首领则是体制问题。正因为各部族有了共同的首领，有了"置左右大监，监于万国"的管理机构，历史才从釜山会盟起发生了质的转变，由军事联盟阶段进入到古国阶段。

唐司马贞说黄帝的合符釜山"犹禹会诸侯于涂山然也"，即以此事的性质等同于夏禹的涂山之盟。禹是夏朝的开国君主，年代较黄帝为晚，有关涂山之盟的记载也较釜山之盟为详。《左传·哀公七年》云："禹合诸侯于涂山，执玉帛者万国。"《国语·鲁语》云："昔禹致群神于会稽之山，防风氏后至，禹杀而戮之。"以上即为夏禹涂山之盟的记述。通过此类记述可知，夏禹会盟时不仅赴会的诸侯要供奉玉帛财物，迟到的酋长还要被无情杀戮，君权的崇高已一目了然。釜山会盟时黄帝未必已有如此威权，但正如《韩非子·主道》所说："符契之所合，赏罚之所生也"，诸侯盟誓的内容之一就是授予盟主赏罚大权。因此毫无疑问地，釜山会盟后黄帝也得到了处置各部族的权力，能以"天子"的身份征讨不顺从的部族。

总之，通过釜山会盟，黄帝"初即至尊"的法统地位得以确立，"所以为信"的统治范围得以建立，"赏罚之所生"的威权也得以树立，而这就是最初的王权。《管子·法法》云："黄帝、唐、虞，帝之隆也，资有天下，制在一人。"唐房玄龄注曰："率土之滨，莫非王臣，故曰制在一人。"以上记述便以中国古代"制在一人"的王权制度发轫于黄帝。而自天下定于一尊后，不仅出现了《五帝本纪》所说的"万国和"局面，综合《国语·鲁语上》、《帝系》、《五帝德》、《史记·五帝本纪》及《礼记·祭法》等的记载还可知，从黄帝之后的颛顼、帝喾直到唐尧、虞舜、夏禹乃至姬姓周人，皆是黄帝子孙的世选或禅让，即从此天下共主皆出自黄帝一脉。于是，循着黄帝的家族史，先秦时期的文明史、朝代史、王权史就这样续写下来，这也说明了中国的王权制度始于黄帝。

三是黄帝创建了最早的都城。

在天下诸侯"合符釜山"后，《史记·五帝本纪》载："（黄帝）邑于涿鹿之阿。"即黄帝筑城于涿鹿平川上。关于黄帝的筑造城邑，在文献中不乏记载。《淮南子·原道训》云："黄帝始立城邑以居。"《事物纪原》引《黄帝内传》云："帝既杀蚩尤，因之筑城阙。"以上都说黄帝确曾筑造城邑。头一条文献的特别之处是强调黄帝"始立城邑"，即以黄帝是历史上最早筑城造邑者，后一条文献则强调黄帝之城筑造在战胜蚩尤之后，而这应该就是《五帝本纪》所说的"涿鹿之阿"。

西周之前，都城称邑不称都。《白虎通·京师》载：古代都城"夏曰邑，殷曰商邑，周曰京师。"这里明言夏商及更早的都城统称邑。《诗经·商颂·殷武》云："商邑翼翼，四方之极。"此处的"邑"便指商人之都。由此可知，黄帝的"邑于涿鹿之阿"，说的不是一般的城邑，而是特指都邑。是故在后来的文献中，凡言及黄帝的涿鹿之邑都说这是他的都城。如《晋书·地理志》云："黄帝生于寿丘，而都于涿鹿。"《太平御览》卷一五五引《帝王世纪》云："黄帝都涿鹿。"《魏书·神元平文诸帝子孙传》云："黄帝都涿鹿。"《史记正义》引《括地志》云："涿鹿故城……本黄帝所都也。"凡此都以涿鹿之邑为黄帝之都。

《史记·五帝本纪》正义引《舆地志》云："涿鹿……黄帝初都，迁有熊也。"可见黄帝在建都涿鹿之后亦曾迁都有熊，涿鹿并非他唯一的都城。据史乘所载，黄帝前后筑造的城邑有五处之多。《史记·封禅书》云："黄帝时，为五城十二楼。"《汉书·郊祀志》云："黄帝为五城十二楼。"《事物纪原》引《轩辕本纪》云："黄帝筑城造五邑。"以上都明言黄帝筑造了五座城邑。但应当强调的是，无论黄帝曾经迁都何处，也无论黄帝筑造的城邑多达几处，涿鹿之阿无疑是其中最特殊的一处。其故在于，这座城邑筑造于黄帝统一炎帝族和蚩尤族之后，筑造于"诸侯咸尊轩辕为天子"的釜山会盟之后，也就是筑造于中国刚刚跨入古国阶段之时，因此它是中国历史上第一座真正意义的"都城"。以它的这个性质，原始社会末期的古堡显然不能与之相比，黄帝的其它城邑亦不能与之相比。

四是黄帝不断开拓文明大业，全面奠定了社会的新秩序。

黄帝开创文明大业的首要之举，即《五帝本纪》所说的"天下有不顺者，黄帝从而征之"的武装讨伐。

山东临沂银雀山汉墓出土的竹简本《孙子兵法》称，黄帝曾南伐赤帝、东伐□帝、北伐黑帝、西伐白帝，"已胜四帝，大有天下"[①]。与此相应，史书中也有关于黄帝"五十二战，而天下大服"[②]的记载。凡此皆足以说明，在釜山大典授予黄帝征伐不驯服部族的大权后，他接二连三地展开了一系列军事行动，前后多达五十余战。其结果是，这些战争打破了地区间的隔绝，促进了部族间的交融，为中华文明的创建清除了障碍，从而开辟出"东至于海"、"西至于空桐"、"南至于江"、"北逐荤粥"的文明疆域。前述龙山古城分布区域与这个范围的大体重合，以及各地龙山文化面貌呈现出的前所未有的一致性，都为黄帝这场史无前例的大征伐提供了佐证。

举措之二即黄帝以"师兵为营卫"[③]，正式创建了军队。

接连不断的战争，势必要以拥有一支职业化军队为前提，这就促成了国家正规军的诞生。开始时黄帝的武装力量主要是靠"征师诸侯"募集来的，也是靠部落联盟内以"熊、罴、貔、貅、豹、虎"为图腾的部族汇聚来的，基本上属于恩格斯所说的"居民的自动的武装组织"[④]。但在这之后，为了征讨好兴不义之战的部族，为了创建和维护全新体制，黄帝组建了一支常规军。《五帝本纪》特别强调黄帝"以师兵为营卫"，就是说此时黄帝不仅有了师兵，而且有了一支专门以"营卫"为主职的亲军。恩格斯说："有一种制度促进了王权的产生，这就是扈从队制度。"[⑤]黄帝的亲军就

---

① 《银雀山汉墓竹简·孙子兵法》，文物出版社，1976年，第101页。

② 《帝王世纪》，《太平御览》引。

③ 《史记·五帝本纪》。

④ 恩格斯：《家庭、私有制和国家的起源》第168页。

⑤ 同上注，第142页。

是扈从队，他们的存在不仅标志了常规武装的建立，而且出于扈从对首领特有的效忠意识，这个军事组织还成了新兴王权的牢固基础。

举措之三即黄帝在被公推为天子后，创建了一整套国家统治机器。

美国历史学家哈斯说："当一个有限地区里所有的社区逐步从属于单一的政体时，……政治单位比以前的小部落酋长制更为强大，组织机构更为庞大，组织形式更为高级，这样的政治单位就是国家。"[①]这告诉我们，当社会组织突破了部落的界线，当不同部落汇聚成更大的共同体，社会制度就一定会被新的管理机制所取代，这就是国家。而在征服了炎帝族和蚩尤族之后，特别是在通过釜山大典组成了更大范围的人们共同体后，黄帝集团面对的一个新的使命，就是要建立起这样一个更为高级也更为强大的管理机制，建立起国家政权机器。事实上，文献对此不乏载述，主要有：

《逸周书·尝麦》云："（黄帝）执蚩尤杀之于中冀，以甲兵释怒。……乃命少昊清司马鸟师，以正五帝之官，故名曰质。天用大成，至于今不乱。"

《左传·昭公十七年》云："昔者黄帝氏以云纪，故为云师而云名。"

《尸子》引孔子云："黄帝取合己者四人，使治四方，不谋而亲，不约而成，大有成功，此之谓四面也。"

《管子·五行》云："黄帝得六相而天地治。""昔者黄帝……作立五行以正天时，五官以正人位。"

《吕氏春秋》云："黄帝建五官以人立。"[②]

《文子》引老子云："黄帝之治天下，……百官正而无私。"

《史记·五帝本纪》云："（黄帝）官名皆以云命，为云师。置左右大监，监于万国。……举风后、力牧、常先、大鸿以治民。"

《史记·历书》云：黄帝"有天地神祇物类之官，是谓五官。各司其

---

① （美）哈斯：《史前国家的演进》，求实出版社，1988年，第118页。

② 《吕氏春秋》佚文，《玉海》卷122引。

序，不相乱也。"

《史记正义》引应劭云："黄帝受命有云瑞，故以云纪官。春官为青云，夏官为缙云，秋官为白云，冬官为黑云，中官为黄云。"

以上皆为先秦两汉时期的记载，都记述了黄帝建官分职以构建新政权的史实。综合以观，在黄帝创建的政权中，既有蚩尤被杀后接管蚩尤部落的"使治四方"的地方统领，又有在中心机构专门"监于万国"的"左右大监"；既有总领各项事务的六相，又有专以治民的风后、力牧、常先、大鸿；既有分职"天地神祇物类"的五官，又有各司其职的百官，是一个内外兼治、上下有序、分层管理的机构。这个机构无疑比原始时代的社会组织更为高级也更为强大，应该就是哈斯所说的初级国家。《文子》引老子之言说，黄帝之时"百官正而无私"，称黄帝时已有"百官"。拿后世的"百官"来附会黄帝的管理机构虽然有些言过其实，但仅见于《世本》一书，黄帝的臣子就有羲和、常仪、臾区、伶伦、大挠、隶首、容成、后益、沮诵、仓颉、史皇、伯余、胡曹、于则、胲、相土、共鼓、化狄、随、挥、夷牟、垂等，有名有姓的不下数十人，足见黄帝的僚属也不在少数。

事有凑巧，专事治民的黄帝重臣风后、力牧、常先、大鸿等，见诸史乘却多以兵法见长。据《汉书·艺文志》的记载，风后著有"兵法十三篇，图二卷"，力牧著有"兵法十五篇"，大鸿著有"兵法三篇"，都是名传千古的军事家。恩格斯曾经指出：部落首领"在多数场合，都是由最高军事首长发展来的。"[1]上述史实恰与此相合，证明风后、力牧、大鸿等人也是由军事首长而兼任部落首领的，是军政合一的头领。这一事实透漏出，黄帝政权带有明显的军事性，同时也带有一定的强制性。《史记·五帝本纪》称这个政权的重要职责之一是主"死生之说，存亡之难"，即主宰部民的生死存亡，这对黄帝政权的强制性更做了直言不讳的表述。

---

① 恩格斯：《家庭、私有制和国家的起源》，第91页。

举措之四即黄帝创建了刑罚。

前引《韩非子》的"符契之所合，赏罚之所生"一语，已表明釜山会盟后黄帝拥有了赏罚惩治大权。《战国策·赵策二》载赵武灵王谓："宓戏、神农教而不诛，黄帝、尧、舜诛而不怒。"其"诛而不怒"的一个诛字，进而说明黄帝确乎拥有了生杀大权。先秦典籍《商君书·画策》云："神农之世，男耕而食，妇织而衣，刑政不用而治，甲兵不起而亡。神农既殁，以强胜弱，以众暴寡，故黄帝作为君臣上下之义，父子兄弟之礼，夫妇妃匹之合，内行刀锯，外用甲兵。"此文通过对神农、黄帝两个时代的对比，揭示黄帝已经远离了"刑政不用而治，甲兵不起而亡"的时代，因此不仅要频频"外用甲兵"，还要为了维护"君臣上下之义"的社会新秩序而对内采取刀斧并用的严酷刑罚。

《逸周书·尝麦解》云：黄帝"用大正，顺天思序，纪于大帝。"此文所言的"用大正"，便即立大法，透露黄帝时已有了如同古巴比伦王国《汉谟拉比法典》一样的原始法典。《大戴礼记·虞戴德》引孔子之言谓：黄帝"明法于天明，开施教于民。"这里也说黄帝效法天道制定了法典。文献中的同此记载尚多，如《管子·任法》云："黄帝之治也，置法而不变，使民安其法也。所谓仁义礼乐者，皆出于法，此先圣之所以一民者也。"《文子》引老子曰：黄帝"别男女，明上下，使强不掩弱，众不暴寡，民保命而不夭，岁时熟而不凶，百官正而无私，上下调而无尤，法令明而不暗，辅佐公而不阿。"《史记·太史公自序》云："维昔黄帝，法天则地，四圣遵序，各成法度。"凡此记述无不强调，为了"顺天思序"、"法天则地"、"施教于民"、"使民安其法也"，黄帝制定并颁布了法典。正是由于黄帝打下了基础，他之后的颛顼、帝喾、唐尧、虞舜才可能"四圣遵序，各成法度"，到帝尧时则更"象以典刑，流宥五刑，鞭作官刑，扑作教刑，金作赎刑。眚灾过，赦；怙终贼，刑"①，建立起一套完整的刑罚制度。

恩格斯在《家庭、私有制和国家的起源》中指出："国家的本质特征，是和人民大众分离的公共权力"，"构成这种权力的，不仅有武装的人，而且还有物质的附属物，如监狱和各种强制机关，这种东西都是以前的氏族社会所没有的"②。通过上面对黄帝史实的条分缕析，可知代表专制统治的王权、军队、国家管理机器及刑罚等此时已相继产生，而这"都是以前的氏族社会所没有的"。诚然，这些社会机制当时刚刚萌生，还带有相当程度的原始性，新的社会秩序也还只是尚不完备的雏形，这都是不言而喻的。然而它们的出现，已从本质上构成了和原始社会的区别，标志了国家文明的形成。

恩格斯在论及国家文明的起源时，还特别强调了"国家和旧的氏族组织不同的地方，第一点就是它按地区来划分国民"③。所谓按地区来划分国民，就是说按居住的行政区域而非血族关系来组织国民，但这显然和中国古代社会长期存在的宗法制度不符。这种东西方的差异，给中国文明起源的讨论带来了不少麻烦，一些学者甚至据此认为："在战国时，各国统治者开始'按地域来划分他的国民'，从而在中国历史上产生了不同于氏族社会的国家特点之一。"④这种观点以郡县制的出现为"按地域来划分他的国民"的标志，而如所周知，郡县制是在秦始皇时期才形成制度的，最早也无非源起于战国。于是，按此逻辑，中国国家文明的起源最早也就只能早到战国时期了，这无异于把五千年中华文明史拦腰砍掉了一半。

对于以上说法的谬误，侯外庐先生审之甚详。他在《中国古代社会史论》一书中指出：在从氏族社会走向文明社会的过程中，存在"古典的古

---

① 《史记·五帝本纪》。
② 恩格斯：《家庭、私有制和国家的起源》，第116、168页。
③ 恩格斯：《家庭、私有制和国家的起源》，第168页。
④ 高光晶：《中国国家起源及形成》，第542页。

代"和"亚细亚的古代"两种不同类型。前者以古希腊为代表，走的是由国家取代家族的革命路径；而中国则属于"亚细亚"类型，走的是国家混合在家族之中的"维新"路径①。侯氏之说秉承了具体问题具体分析的原则，从根本上揭示了中国在进入文明时代后仍然保持着严密的宗法制度的事实。但需要特别强调的是，即使在中国，当进入文明时代以后，由于部族的合并，同一地域内业已包含了不同的血亲集团，新的国家政治单位同样是由不同的血亲集团组成的。

五是黄帝时代孕育了华夏民族的雏形。

原始社会末期，较开化地区已经集结出阵容强大的部落联盟集团，黄帝、炎帝、蚩尤便是其中最突出的三大支。蒙文通先生曾将传说时代的先民划分为河洛、江汉和海岱三大集团，其核心就分别是黄帝族、炎帝族和蚩尤族②。寻根溯源，后来的中华各民族，包括许多绵延至今的少数民族，就是由这三大集团衍生出来的。中国人一向自谓为黄炎裔胄，就是以黄帝、炎帝为先祖的突出一例。南中国的苗、瑶等族至今仍奉蚩尤为祖，这又是以蚩尤为先祖的一例。

关于黄帝族的发源地，有种种抵牾不足信的说法一直流传至今，成了中华民族最深奥难测的谜团。而综合目前考古学、历史学提供的各种线索，有明显的迹象表明，黄帝集团最早应发源于北方红山文化，来自塞北之地，说详第五章第三节。至于炎帝的地望，载籍所见也有若干不同说法，蒙文通先生认为属于南方集团，是江汉地区的苗蛮民族，徐旭生先生则认为属于中原集团，"发祥地在今陕西境内渭水上游一带"③。辗转至今，对炎帝地望的看法基本上不出蒙、徐两大说的框架，且以徐氏的渭水说为著。至于蚩尤族的发源地，自徐旭生先生在《中国古史的传说时代》中提出东夷

---

① 侯外庐：《中国古代社会史论·自序》，河北教育出版社，2000年版。

② 蒙文通：《古史甄微》，《史学杂志》，1930年3月，第1卷第4期。

③ 徐旭生：《中国古史的传说时代》（修订本），文物出版社，1985年，第42页。

说后①，学术界几无异词，皆以其位在山东海岱。

以上黄帝族的发源地在北，古称北狄；炎帝族在西，属于西羌；蚩尤则为东夷。由是可知，黄帝、炎帝、蚩尤的阪泉之战、涿鹿之战，恰是原始社会末期北狄、西羌、东夷三大势力的较量，牵扯的民族广布四方。一般情况下，正如恩格斯所说："战争可能以部落的消灭而告终，但绝不能以它的被奴役而告终"②，即战争的结果往往导致战败方的灭亡。但恰恰相反，阪泉之战、涿鹿之战后，胜利一方的黄帝族在用武力征服炎帝族和东夷族的同时，又通过文治收服了这两大集团，形成了新的共同体。关于这个历史性的大融合，由《逸周书·尝麦解》的记述可略见一斑：

"蚩尤乃逐帝，争于涿鹿之阿，九隅无遗。赤帝大慑，乃说于黄帝，执蚩尤杀之于中冀，以甲兵释怒。用大正，顺天思序，纪于大帝。用名之曰绝辔之野。乃命少昊清司马鸟师，以正五帝之官，故名曰质。天用大成，至于今不乱。"

以上即《逸周书·尝麦解》关于黄帝与蚩尤族大战的一段记述。前文已述，《尝麦》是保留至今的最古老文献之一，成文于西周前期，这段记述就是历来关于黄帝、蚩尤之战的最原始记录。详加剖析，这段记录透露出的信息是：

1. 所谓"蚩尤乃逐帝……赤帝大慑，乃说于黄帝，执蚩尤杀之于中冀"云云，是说蚩尤作乱，赤帝大为震慑，乃求助于黄帝，共同向蚩尤开战。根据司马迁在《史记·五帝本纪》中综合先秦文献整理出来的史实，当时是先有黄、炎的阪泉之战，后有黄帝和蚩尤的涿鹿之战的。由是可知，阪泉之战后黄帝先是收服了炎帝族，形成了黄、炎联盟，这样才可能在大战蚩尤时双方站在了同一条战线上。此外黄、炎形成联盟的又一个重要佐证是，从西周到东周，姬、姜两姓世代联姻，组成了一个强大的血亲集团，

---

① 徐旭生：《中国古史的传说时代》（修订本），第48~56页。

② 恩格斯：《家庭、私有制和国家的起源》，第156页。

而于史可稽的是，姬姓黄帝族、姜姓炎帝族的联姻至少可以上溯到黄帝曾孙帝喾之时，而这也应是黄帝族与炎帝族联盟的结果。

《史记·周本纪》云："周后稷，名弃。其母有邰氏女，曰姜原。姜原为帝喾元妃。"以上说的是周人始祖后稷，其父为帝喾，其母为邰氏女姜原。《史记·五帝本纪》载："帝喾高辛者，黄帝之曾孙也。"可知帝喾为黄帝的嫡亲曾孙。不仅如此，帝喾还与黄帝同姓。《国语·晋语四》载："黄帝之子二十五人，其同姓者二人而已。……其同生而异姓者，四母之子别为十二姓。凡黄帝之子，二十五宗，其得姓者十四人，为十二姓，姬、酉、祁、己、滕、箴、任、荀、僖、姞、儇、依是也。"以上记载说明，黄帝之子繁衍成了不同的支族，由此区分为十二姓。黄帝姬姓，随其姓氏的子嗣仅二人，而"帝喾高辛，姬姓也"[1]，恰与黄帝同姓。至于帝喾的元妃姜原，"姜，姓。原，字"[2]，系姜氏之女。许慎《说文》释曰："邰，炎帝之后，姜姓，封邰。"据此可知，身为邰氏女的姜原是姜姓炎帝的直系后人。于是，帝喾与姜原的结合，便是姬姓黄帝族与姜姓炎帝族联姻的典型一例。黄帝与帝喾相隔三世，按一世三十年的说法，二者相距不过百年。溯至黄帝，即便当时黄、炎两族尚未联姻，但也理应建立起了联盟，这样才会在帝喾时缔结出两大族的联姻来，并由此传诸后世。

2. 涿鹿之战后，《尝麦》记载黄帝"乃命少昊清司马鸟师，以正五帝之官，故名曰质"。这里说黄帝在打败蚩尤族后，灭其国却不绝其祀，不仅保留了蚩尤集团，还在其内部挑选出一位英雄人物做统领，此人即名曰质的少昊清。黄帝之所以这样做，显然是为了安抚东夷集团，事如徐旭生先生所说："黄帝这样的办法是同后来周武王杀了商纣又立武庚或微子同类的。不惟古人不绝他族的祭祀，并且当两个部落还没有同化的时候，不

---

① 《史记正义》引《帝王世纪》。

② 《史记集解》引韩诗章句。

同战败部落的贤能携手，是没有继续相处的办法的。"①徐氏在这里强调，黄帝起用蚩尤旧部贤能的做法是相当明智的，因为非如此黄帝族很难与蚩尤部相处。殊不知黄帝族如何与蚩尤部相处是次要的，重要的是黄帝愿不愿意与蚩尤部相处。在大败蚩尤族后，黄帝一未像野蛮时代的绝大多数部族那样将对方赶尽杀绝，二未将他们全部贬为奴隶，而是成建制的保留，并且继续使用其集团内部的贤者，这才是事情的本质。而黄帝之所以这样做，无非是要将东夷集团整体收服，不仅收服他们的部众，而且收服他们的人心。

3.《尝麦》上文的"用大正，顺天思序，纪于大帝"云云，按清人朱右曾的解释，是说黄帝代天讨伐，使民畏其法而思伦序，由此天帝纪其功②。然而这里更深一层的含义似乎是说，当狄、羌、夷三大民族融合后，当"诸侯咸尊轩辕为天子"后，黄帝颁布了新的大典，使万民"顺天思序"。

4. 所谓"天用大成，至于今不乱"，是说在阪泉之战、涿鹿之战后，天下绥靖，河清海晏，中国历史上出现了一个相当长的和平时期，这就为新的多元一体民族的化成创造了条件。

综上所论，在阪泉之战和涿鹿之战后，黄帝相继收服了炎帝族和蚩尤族，实现了金瓯一统、天下一家。除《尝麦》外，还有不少文献也谈到了黄帝与炎帝族、蚩尤族的融合。今人徐旭生先生对此类史迹考究最深，成就也最斐然，他的一部《中国古史的传说时代》至今为学界所盛称。在综合分析了先秦两汉的相关史料后，徐氏对黄帝、炎帝、蚩尤三大部族的关系做了全面总结，其云："此三集团对于古代的文化全有像样的贡献。他们中间的交通相当频繁，始而相争，继而相亲，以后相争相亲，参互错综，

---

① 徐旭生:《中国古史的传说时代》（修订本），第51页。

② 《逸周书·尝麦》[清]朱右曾注。

而归结于完全同化。"①由相争、相亲而致相融，便是徐先生对黄、炎、蚩三大集团关系史的高度概括。此外《管子·任法》云："黄帝之治天下也，其民不引而来，不推而往，不使而成，不禁而止。"《庄子·在宥》说："昔者黄帝始以仁义撄人之心。"《史记·五帝本纪》载：黄帝"抚万民，度四方。"凡此也都说明了黄帝对其他部族的怀柔与收服。总之，综合有关文献记载可知，黄、炎、蚩三大部族的战争不仅催生了华夏文明，而且通过黄帝族在战后的兼容并蓄，通过"合符釜山"的整合重组，还实现了各部族的大融合。

摩尔根说："在氏族社会中，合并过程的产生晚于联盟，但这是一个必需的、极关紧要的进步阶段，通过这个阶段才能最后形成民族、国家和政治社会。"②细审此言，其中涵盖了两大要义：

一是"民族、国家和政治社会"的形成是同步的，即民族和国家是同一历史进程的共同结果。恩格斯说"从部落发展成了民族和国家"③，也把民族和国家的形成归为同一结果。

二是民族、国家和政治社会形成的最关键环节，就是部族的合并。首先从国家形成的层面上说，"当一个有限地区里所有的社区从属于单一的政体时，国家就出现了"④，而这个"单一政体"的出现，就来自部族的合并与改组。再从民族生成的层面上说，理论界通常认为氏族、胞族、部落、民族是社会组织依次发展的四个阶段，而民族与前三大阶段的最大不同之处就是，民族是以地域关系为基础的，前三者则皆以血缘关系为基础。而这种根本的转变，也只有通过部族的合并才能实现。

---

① 徐旭生：《中国古史的传说时代》（修订本），第39页。

② 摩尔根：《古代社会》，商务印书馆，1977年，上册第123页。

③ 恩格斯：《劳动在从猿到人转变过程中的作用》，《马克思恩格斯选集》，人民出版社，1972年，第三卷，第515页。

④ ［美］哈斯：《史前国家的演进》，第118页。

综合上述两点，可知正是在距今五千年前的黄帝时代，实现了民族、国家和政治社会的同步发展，实现了由部落社会向民族社会的转化。而当完成了狄、羌、夷三大集团的合并后，黄帝又不失时机地南下中原，定都河南新郑。这样一来，由北狄、西羌、东夷凝聚成的新黄帝集团迅速融入了中原地区，中原部族也迅速融入了黄帝集团，由此铸成了华夏民族的雏形。这虽然只是一个雏形，甚至只是一个内核，但这个由北、西、东、南四大方阵融合成的核心此后再未解体，历经五千年的沧桑而历久弥昌，终于衍生出世界第一大民族。

从中华民族的生成与发展看，大致可分三大阶段：

一是雏形阶段，贯穿于黄帝时代和整个五帝时代，表现为各大部族的合并与重组；

二是发育阶段，贯穿于夏、商、周三代和东周时期，表现为通过迁徙、通婚、杂居及文化濡染等不同形式，中原部族与戎、狄、蛮、夷反复搅拌，融合成了先秦时期的华夏族；

三是成熟阶段，贯穿于秦以后的整个历史时期，表现为江山一统结束了各民族的分裂局面，由此把整个中国的众多民族统一起来，在华夏族的基础上形成了整体意义的汉族。

黄帝史迹中还有一件妇孺皆知的大事，那就是黄帝是华夏子孙世代尊奉的不祧之祖。

《国语·周语下》载："夫亡者岂繄无宠？皆黄、炎之后也。"这是周灵王二十二年（公元前 550 年）周太子晋说的一番话，大意是："那些衰亡的部族难道是因为不受宠吗？他们都是黄帝、炎帝的后代啊！"这是古文献中明确以中原部族为黄炎后代的较早一例，时在春秋时期。自此以后，"黄帝子孙"、"黄帝世胄"、"黄帝后裔"、"黄帝苗裔"、"黄炎子孙"、"炎黄裔胄"、"炎黄子孙"的说法不绝如缕，黄帝的华夏始祖地位亦由此得以确立。

就中华民族生成的三大阶段来说，最具决定性的当然是胚胎的育成，因为这赋予了这个实体以生命。而作为胚胎的育成者，黄帝理所当然成了黄炎子孙的先祖。但除此之外，尊黄帝为民族宗神，对华夏先民而言还有更深层的原因。

黄帝开辟了一个《世本·纪篇》所说的"黄帝、颛顼、帝喾、唐尧、虞舜"五帝时代，而据司马迁"厥协六经异传，整齐百家杂语"[1]的考证，黄帝之后的四圣个个是黄帝的直系后裔，事见《史记·五帝本纪》：

"帝颛顼高阳者，黄帝之孙而昌意之子也"；

"帝喾高辛者，黄帝之曾孙也"；

"帝喾娶陈锋氏女，生放勋。……放勋立，是为帝尧"；

"虞舜者，名曰重华。重华父曰瞽叟，瞽叟父曰桥牛，桥牛父曰句望，句望父曰敬康，敬康父曰穷蝉，穷蝉父曰帝颛顼"。

由上可知，帝颛顼是黄帝之孙，帝喾是黄帝曾孙，唐尧是黄帝五世孙，虞舜是黄帝九世孙，分别出自黄帝长子玄嚣及次子昌意，皆为黄帝最嫡亲的直系后裔。

五帝间的这种血脉关系不仅见载于《史记·五帝本纪》，还见载于《史记·三代世表》，更见载于"孔子所传《宰予问五帝德》及《帝系姓》"[2]，以及《国语·鲁语》、《礼记·祭法》等诸多上古文献，当可凭信。更有甚者，早在先秦时期这就得到了铜器铭文的直接证明。

战国中期的《陈侯因齐敦》是齐威王（在位于公元前 356 年～前 320 年）年间铸造的青铜礼器，器上有铭文，明言黄帝是齐威王的高祖[3]。而据《史记·田敬仲世家》和《史记·陈杞世家》的记载，齐威王是帝舜之后，由此便可推知帝舜为黄帝之后，因为非如此则无从建立齐威王与黄帝

---

① 《史记·太史公自序》。

② 《史记·五帝本纪》。

③ 丁山：《由陈侯因齐敦铭黄帝论五帝》，《历史语言研究所集刊》第 3 本第 4 分册，1934 年。

的血脉联系。

正是由于五帝的这种亲缘关系，夏、商、周三代王室也无一不是黄帝的后裔。

《史记·夏本纪》云："（夏）禹之父曰鲧，鲧之父曰帝颛顼。颛顼之父曰昌意，昌意之父曰黄帝。禹者，黄帝之玄孙而帝颛顼之孙也。"

《史记·殷本纪》云："殷契，母曰简狄，有娀氏之女，为帝喾次妃。三人行浴，见玄鸟堕其卵，简狄取吞之，因孕生契。"

《史记·周本纪》云："周后稷，名弃。其母有邰氏女，曰姜原。姜原为帝喾元妃。姜原出野，见巨人迹，心忻然说，欲践之，践之而身动如孕者。"

综合上述，可知夏之先君夏禹为黄帝玄孙，商之先祖商契为帝喾之子、黄帝玄孙，周之先祖后稷也是帝喾之子、黄帝玄孙，皆出自黄帝一脉。是故《史记·三代世表》说："舜、禹、契、后稷，皆黄帝子孙也。"又《国语·鲁语上》载："夏后氏禘黄帝而祖颛顼，郊鲧而宗禹；商人禘舜而祖契，郊冥而宗汤；周人禘喾而郊稷，祖文王而宗武王。"这里也说夏、商、周三代王室的高祖或者是黄帝，或者是黄帝的后裔颛顼、帝喾、帝舜，皆与黄帝有不可断分的亲缘关系。

不仅四圣及三代王室皆出于黄帝，先秦列国的其他不少诸侯也是黄帝的苗裔。

史载黄帝姬姓，共计二十五子，此后别为十二姓，滋生出许多邦国。据南宋人罗泌《路史·国名纪》的统计，黄帝子孙各自立国的累计达七十多个。又据清人顾栋高《春秋大事年表》的统计，即使晚到了春秋时期，黄帝子孙的邦国也还有数十个。春秋列国有姓氏可考者共计67国，其中32国为姬姓，加上黄帝二十五子的其他各姓，黄帝后裔占了67国的绝大部分。于是无怪乎钱穆先生说：黄帝"这个子孙繁衍、族姓众多的部族，构成了中华民族的主干。"①

　　既然如此众多的帝王和诸侯皆出自黄帝，那么《国语·周语下》将他们统称为"黄、炎之后"就是十分自然的了。这里随之而来的又一个问题是，既然都是黄帝的后裔，为何要统称为"黄、炎之后"呢？个中原因一是炎帝也是中华民族远祖中相当重要的一个，二是如前所述，不迟于帝喾之时，黄、炎两族已建立起牢固的联姻关系。黄帝姬姓，炎帝姜姓，这姬、姜两性的联姻发展到周代更成为定制，以至合两姓为一家，缔结出一个强大的血亲集团。明乎此，可知黄帝子嗣的诸侯其实大多是姬、姜两姓联姻的结果，是他们共同的后代，于是就被合称为"黄、炎之后"了。

　　时人常谓"炎黄子孙"，以炎帝为首，黄帝居后，久而久之相沿成习。其实在先秦典籍中，《国语·晋语四》说"生黄帝、炎帝"，《国语·周语下》说"皆黄、炎之后也"，《左传·昭公十七年》说"昔者黄帝氏以云纪，故为云师而云名。炎帝氏以火纪，故为火师而火名"，《吕氏春秋·荡兵》说"兵所自来者久矣，黄、炎故用水火矣"，一概是黄帝居首、炎帝在后。至于"炎、黄"之谓，最早见于《汉书·魏豹、田儋、韩信传》的班固赞辞："周室既坏，至春秋末，诸侯耗尽，而炎、黄、唐、虞之苗裔尚犹颇有存者。"班固著《汉书》是在东汉，与先秦暌隔已久，故而若尊古义，中华民族本应称作"黄炎子孙"，因为只有这样才足以表明黄帝一脉在华夏民族史上所占的无出其右地位。

　　从传说中的盘古、女娲、燧人、伏羲、祝融，到有史可稽的炎帝、少昊、蚩尤、颛顼、帝喾、唐尧、虞舜、夏禹等，历史上的华夏远祖不知凡几，为何独有黄帝的后人能世代为君呢？今人对此做出的解释往往不免带有政治色彩，认为这是司马迁为了替黄帝以来的帝王谱系和王权政治服务故意编造出来的。但索诸史实，古人的解释却明显不同。

---

① 钱穆:《黄帝》，生活·读书·新知·三联书店，2004 年，第 37 页。

《国语·郑语》云："夫成天地之大功者，其子孙未尝不章，虞、夏、商、周是也。"这里说虞舜和夏禹、商汤、周文创建了大功勋，故而荫及子孙，使他们个个得以彰显。将此义借用过来，恰好说明黄帝后人之所以个个得为帝王，也正是因为黄帝成就了"天地之大功"的缘故。

《史记·三代世表》做出了另一种解释，其云："黄帝策天命而治天下，德泽深后世，故其子孙皆复立为天子，是天之报有德也。人不知，以为泛从布衣匹夫起耳。夫布衣匹夫安能无故而起王天下乎？其有天命然。"此说认为，黄帝是"策天命而治天下"的，是天命使然，故而其子孙世代为君也是命中注定。

以上两说，前说出自春秋，后说出自西汉初年，相距近四百年。两相比照，前者唯物，强调的是帝王的实际贡献，后者唯心，突出的是"君权神授"的天命观，反映了中国古代哲学从唯物向唯心的转变。其背景是，恰在司马迁著《史记》之前，西汉儒学的代表人物董仲舒为了适应大一统封建帝国的需要，创建了天人感应说和"君权神授"观，强调"唯天子受命于天，天下受命于天子"[1]。司马迁的"黄帝策天命而治天下"之说就是在此背景下出现的，顺应了天命观的要求。

其实，除了古人的唯物、唯心两说，从今天的眼光看，黄帝后人之所以世代为君，还有一个更深层的原因，这就是时代的原因。

据考古资料，在距今 6300 年前后，大汶口文化刘林期已初现父系氏族社会的端倪[2]。此后不久，中原的后期仰韶文化、长江中游的后期大溪文化和屈家岭文化，以及长江下游的良渚文化等，都相继进入了父系氏族社会。再下至距今 5000 年左右的黄帝时代，父权制全面成熟，男子在各方面都取代了妇女的地位，成为氏族公社的主导力量。观诸历史，父权制的一大特点就是世系、地位与财产继承从父系计，实行亲子继承

---

① 董仲舒：《春秋繁露·为人者天》。

② 白寿彝总主编、苏秉琦主编：《中国通史·第二卷》，上海人民出版社，1994 年，第 180~193 页。

制。察乎此，可知黄帝子孙之所以得以世袭君位，就是这一时代背景的产物。换言之，黄帝子孙的世代为君既非拜天所赐，也非单纯出于黄帝的盖世功勋，而主要是时代使他们有幸成了承嗣制度的最早获益者。

正因为整个先秦时期华夏民族的族谱几乎等同于黄帝的家谱，于是黄帝便成了炎黄子孙的百世不祧之祖，更成了华夏历史上第一位具有强大凝聚力的圣人。观诸中华五千年文明史，每逢民族危难，总会有人登高一呼，发出"欲保汉族之生存，必以尊黄帝为急"①的呐喊。抗日战争时期，"黄帝子孙"的称谓就曾在战争烽火中被定型为中华民族的代指符号，成为号召海内外华人共同抗战的一面旗帜。国民政府在《告抗战全体将士书》中就特别强调——"我们大家都是许身革命的黄帝子孙"！

以上所述，即黄帝史迹中最确切可靠又最举足轻重的几件大事。其中第一件事记述了原始社会末期的部族大战，而这恰恰是华夏文明大业的壮丽序曲。通观人类文明史，一切远古文明的诞生几乎都经历了战争的洗礼，华夏文明自不例外。按照部族的合并是育成民族、国家和政治社会的最关键环节的理论，阪泉之战、涿鹿之战后达成的部族大融合，既催生了中华文明，也孕育了中华民族。而在这之后，黄帝先是通过南征北战扩大了文明的成果，又通过釜山之盟奠定了新的政体，继而创建了中国历史上第一座真正意义的都城，紧接着又陆续建立起一套以王权、军队、官吏、刑罚为要素的国家统治机器。就这样，在黄帝集团的一力主导下，华夏文明有如初升的旭日，在东方地平线上喷薄而出。若论中国文明的起源与发展，黄帝集团功莫大焉！

任何顺应时代潮流的社会变革，都必将派生出丰硕的物质成果，古今中外莫不如此。因此如前所述，黄帝时代集大成地创造了一大批物质和文化产品。虽然古人一股脑地将这些成果的发明权统归黄帝的说法未免

---

① 《辛亥革命前十年间时论选集》，生活·读书·新知三联书店，1960年，第1卷下册，第722页。

言过其实，但总体上看，这恰是社会变革的历史产物，是国家文明兴起的必然结果，确实与黄帝时代息息相关。在文明的起源上，生产力与生产关系的相互作用可以区分为两种情况：一种是新的发明提高了生产力，新的生产力又促进了社会的变革，从而推动了国家文明的肇兴；另一种是跨入文明时代以后，新的生产关系释放出新的创造力，使各种新产品如井喷般源源不断地涌现出来。总之，无论时代稍前或稍后，这些发明创造都和文明新纪元的到来有关，都可以说是黄帝时代的产物。因此换一个角度来说，这些发明创造也是判定文明新纪元到来的标志，是文明时代兴起的考古学物证。

在与黄帝时代整整间隔了两千年后，降至商末周初，又发生了一件与黄帝有关的事，此即周武王的"命封黄帝之后"。这件事广泛见载于《吕氏春秋·慎大》、《礼记·乐记》、《史记·周本纪》、《史记·乐书》、《新论·谴非》、《韩诗外传》、《说文》、《水经注》等典籍，当可凭信。虽然此事与黄帝本人没有直接的关联，但却对判定三千多年前黄帝在古人心目中的地位有着突出的意义，更对甄别黄帝的历史真实性具有特别的意义，堪称黄帝史迹研究中一件不可忽略的大事。

此事的代表性说法见于《礼记·乐记》："武王克殷反商，未及下车，而封黄帝之后于蓟，封帝尧之后于祝，封帝舜之后于陈。下车而封夏后氏之后于杞，投殷之后于宋，封王子比干之墓，释箕子之囚……"《乐记》在这里整段记述的，是周武王取得天下后采取的种种政治举措，文中除了讲到褒封先圣王后裔外，还列举了辑三军、弃武备、兴礼乐、重耕藉等一系列大政方针的施行。从这些记载可以看出，追封先圣王后裔是武王夺取政权后的首要之举，而文中特别强调，根据分封的先后次序，褒封的先圣王后裔又可区分为两大类：一类是周武王战胜殷纣王后未及走下战车就立即加封的，包括黄帝、尧、舜之后；再一类是周武王走下战车后再从容加封的，分别是夏、商两朝的后人。通过对此事的条分缕析，可以给我们带来诸多启示，主要是：

其一，武王之所以把追封先圣王后裔当作首要大事，无非意在表明，姬周是历史上正统王朝的承嗣者，周的立国是上承天祚。以此推之，周武王褒封的先圣王，便是商周之际人们心目中王道霸业的最突出代表。也就是说，迄至周朝，在国家文明缔造史上最具突出地位的，莫过于黄帝、尧、舜、禹、汤。

其二，按武王下车前后区分的两类受封者，缓急之中体现的自然是高下之分。"未及下车"就立即褒封的黄帝、尧、舜后裔无疑位高一等，而在这一等中又以黄帝为首，更加突出了黄帝的至隆至尊地位。这说明，早在商末周初之际，黄帝已是人们公认的帝王之祖。

其三，对这两大类加以区分的更深层涵义还在于，它揭示了中国早期文明的两大发展阶段。第一是初始阶段，也就是源起阶段，包括了从黄帝以迄尧、舜的整个五帝时代。当此之时，中国古代的国家文明刚刚初具雏形，各方面还带有相当浓郁的原始社会孑遗，国家机器的运作在一定程度上还要靠儒家所说的原始社会的"大道"来维持[1]。第二个阶段是夏商周三代，此时中国式的早期文明已经取得了长足的发展，进入了早期国家文明的成熟期。

对上面两大阶段的划分，古人业早有明断。《史记·赵世家》云："宓戏、神农教而不诛，黄帝、尧、舜诛而不怒。及至三王，随时制法，因事制乱。"以上列举了三大社会阶段，"教而不诛"的显然是没有专政机器的原始社会，"诛而不怒"的则是出现了诛杀等制裁手段但仍靠"不怒"的原始法理来维持社会的国家文明初始阶段。至于到了"随时制法，因事制乱"的夏商周三王时代，专制制度已颇具威权，仅从其"随时制法"的字面意义上理解，已经很有了几分"王即国家，王即法"的意味。而从周武

---

[1] 《礼记·礼运》："大道之行也，天下为公，选贤与能，讲信修睦。故人不独亲其亲，不独子其子，使老有所终，壮有所用，幼有所长，矜寡孤独废疾者，皆有所养……是谓大同。"

王分封的前后次序不难看出，早在商末周初，古人已将中国早期国家的两大阶段准确地划分出来。

其四，武王封黄帝后人的事实还告诉我们，黄帝的史迹、黄帝的地位和作用，在西周以前便广为天下所知，而且声名赫赫，这才使武王褒封黄帝后人有了如此刻不容缓的意义。在过去近一个世纪中，"古史辩派"及不少史家认为，黄帝史迹是战国以后乃至汉以后人凭空杜撰出来的，完全不足为训。可是，姑不论黄帝自身的种种史迹，单就商末周初武王褒封黄帝后人一事而言，这种说法不是已经不攻自破了吗？

在讨论了迄今所知黄帝最确凿无疑也最至关重要的几大史迹后，随之而来的问题是，单就其中有具体时空关系的事件而言，它们都发生于何地呢？武王褒封的黄帝后人又被册封于何地呢？答案是明确的——这些凡有具体位置的事件，无不发生在今河北涿鹿至北京西北一带，黄帝后人的褒封之地更直接在今北京市区。

一如黄帝与炎帝展开决战的"阪泉之野"，就在今北京延庆一带。

《史记·五帝本纪》集解引东汉服虔曰："阪泉，地名。"又引晋皇甫谧曰："（阪泉）在上谷。"《汉书·刑法志》注引东汉文颖曰："《律历志》云：'与炎帝后战于阪泉'……在上谷，今见有阪泉地、黄帝祠。"《晋太康地理志》云："阪泉亦地名也，泉水东北流，与蚩尤泉会……阪泉乱流东北入涿水。"《水经注·湿水》云："其水（涿水）又东北与阪泉合，其水导源（涿鹿）县之东泉。"[1]综合此类记载，可知黄帝与炎帝展开决战的古阪泉就在秦汉魏晋的上谷郡。

上谷地名是由先秦沿袭下来的，战国时赵公子嘉自立为代王，就曾驻军于上谷。秦灭代，置上谷郡，治于沮阳。《水经注·湿水》云："清夷（妫）水东南流迳沮阳城，秦始皇上谷郡治所也。"这里说的便是秦上谷郡，

---

① 所引版本为王国维校、袁英光等整理标点：《水经注校》，上海人民出版社，1984年版。其第十三章水名为"湿水"，此即今之永定河。下同。

郡治沮阳在今河北怀来县东南。此郡治至汉代相沿不改，三国曹魏时移治居庸，西晋时复归沮阳。汉代上谷郡领县十五，范围大致包括了今河北省张家口市的怀来县、宣化县、涿鹿县、赤城县、沽源县，今北京延庆县也在其中。

　　而于史可稽的是，古阪泉不仅在上谷郡，并且就在今延庆的范围内。《大明一统志》隆庆州载："阪山，在州境内，轩辕与炎帝战于阪泉之野，即此。"《嘉庆隆庆志》载："阪山，城北十五里，轩辕与炎帝战于阪泉之野即此，其下有阪泉。"以上文献明确指出，阪泉之战的阪山在明隆庆州州治北面不远处。又据清乾隆《延庆州志》载："阪山，在州北十五里，相传轩辕与炎帝战于阪泉之野，即此。"清代史地大家顾祖禹在他的《读史方舆纪要》延庆州下也说："阪泉山在州西，相传轩辕与炎帝战于阪泉之野，即此山也，亦曰阪山。"这里又以黄炎大战的阪泉在清延庆州内。案明的隆庆州即清的延庆州，盖因公元1567年明穆宗即位后改年号为隆庆，为避此讳遂改隆庆州为延庆州。明隆庆州和清延庆州的州治皆在今北京市延庆县城，上述文献载明阪泉的所在距其不远。今北京延庆县西部有山名阪山，山下有上阪泉和下阪泉两村，有水池遗址名阪泉，恰与文献的记载相符。

　　二如黄帝与蚩尤大战的涿鹿之野，就位在秦汉魏晋上谷郡涿鹿县。

　　《汉书·地理志》"上谷郡涿鹿"条下注引东汉应劭曰："黄帝与蚩尤战于涿鹿之野。"此文明言汉的上谷郡涿鹿就是涿鹿之战的发生地。同此记载于史多见，如《汉书·刑法志》"黄帝有涿鹿之战以定火灾"文下注引东汉文颖曰："涿鹿在上谷。"又《史记·五帝本纪》集解引三国张晏曰："涿鹿在上谷。"《水经注·湿水》云："涿水出涿鹿山，世谓之张公泉，东北流迳涿鹿县故城南，王莽所谓褫陆也。黄帝与蚩尤战于涿鹿之野，留其民于涿鹿之河，即于是处也。"凡此记载都说明，黄帝与蚩尤大战的涿鹿之野就在秦汉魏晋的上谷郡涿鹿县。根据《嘉庆一统志·宣化府一》等文献的记载，秦汉魏晋的上谷郡涿鹿县在历史上曾先后改名为下洛、矾山、保安，1914 年复名涿鹿，故知古涿鹿就是今涿鹿。

三如黄帝会盟天下诸侯的釜山，就在唐妫州的怀戎。

釜山的所在众说纷纭，历来有甘肃天水、陕西华山、河南灵宝、山西高平、河北徐水、河北涿鹿诸说。其实，其中绝大多数说法都是今人的臆测，而于史可考的记载仅有一例，这就是唐张守杰在《史记正义》中征引的《括地志》之文，其云："釜山在妫州怀戎县北三里，山上有舜庙。"按照这一孤证，黄帝会盟的釜山不可能在别处，只可能在唐妫州的怀戎县。案唐妫州怀戎始置于北齐，唐朝因之，故城在今涿鹿县西南。《水经注·湿水》引《魏土地记》云："下洛城西南四十里有潘城，城西北三里有历山，山上有虞舜庙。"据清人杨桂森及今人王北辰的考证，此文所言的下洛城即今之涿鹿城，其"西南四十里"的潘城即唐之妫州怀戎城，怀戎城西北三里的历山即黄帝会盟的釜山[①]。有此佐证，可见《括地志》的孤证不孤，釜山在今河北涿鹿之说还得到了《水经注》和《魏土地记》的证明。

四如黄帝建都的涿鹿之阿，也在上谷涿鹿。

《魏土地记》云："州（按即燕州）东南四十里有轩辕城，相传黄帝所筑，今名古城。州西南九十里有涿鹿山，一名独鹿山，涿水出焉。"《帝王世纪》曰："黄帝都涿鹿……在汉为上谷。"以上记载说明，涿鹿故城与黄、蚩大战的涿鹿之野同在上谷涿鹿。详加辨析，这两地也有一定的区别。《史记正义》载："广平曰阿。涿鹿，山名，已见上。涿鹿故城在山下，即黄帝所都之邑于山下平地。"从这个解释看，涿鹿之阿的地貌重在一个"阿"字，特指涿鹿山下的广平之地，而涿鹿之野的特征则重在一个"野"字，泛指山峦起伏的荒山野岭。

---

① 王北辰：《黄帝史迹涿鹿、阪泉、釜山考》，《北京大学学报》（哲学社会科学版）1994 年第 1 期。

　　涿鹿之阿既为黄帝所都，自然是华夏文明最初的策源地，黄帝创建的种种文明举措应大多源出于此。在历经几千年的沧桑变幻后，如今的涿鹿大地早已阡陌一片。但曾几何时，这里是泱泱中华的第一个政治中心，辉耀千古的东方文明就是从这里冉冉升起的。

　　五如黄帝后人受封的蓟，就在今北京市区。

　　《史记·周本纪》南朝宋人裴骃《集解》注云："蓟，地理志（按即《汉书·地理志》）燕国有蓟县。"这是明言武王所封蓟邑在汉代广阳国蓟县的最早一例。稍后不久，北魏郦道元《水经注·湿水》云："水又东北迳蓟县故城南，……昔周武王封尧后于蓟，今城内西北隅有蓟丘，因丘以名邑也，犹鲁之曲阜、齐之营丘矣。"这里又将武王所封的蓟与汉魏蓟城的某个地标（蓟丘）对应起来，定位更加准确。侯仁之先生据此考证，古蓟城的具体方位应在"今北京外城之西北部，现在白云观所在，差不多正处于蓟城的西北隅附近"[①]。白云观不仅位处古蓟城的西北隅，也位处原北京市宣武区的西北隅，而以此为原点，古蓟邑显然就在今北京市区的西南部。

　　上引《水经注·湿水》的湿水，即今之永定河，古称治水、灅水（漯水）、桑干河、卢沟河、无定河，清朝改称永定河。现已探明，从晚更新世以来，古永定河水道由今石景山以南出西山，向东流至八宝山后北折，又东迳紫竹院、西直门北、德胜门，东南折向什刹海、北海、中南海，再东南流至龙潭湖，从这里流出城外，经马驹桥由天津入海[②]。到东汉末年及曹魏年间，永定河改道，由今衙门口东南流向小井，经马家堡南下出城[③]。对于永定河水道与蓟城的关系，成书于东汉的《水经》称其"过广

---

　　① 侯仁之：《关于古代北京的几个问题》，《文物》1959 年第 9 期。

　　② 孙秀萍等：《北京城区全新世埋藏河湖沟坑的分布及演变》，《北京史苑》第 2 辑，北京出版社，1985 年。

　　③ 苏天钧：《试论北京古代都邑的形成和发展》，《中国古都研究》第 3 辑，1987 年。

阳蓟县北"，北魏郦道元的《水经注》称其"迳蓟县故城南"，一南一北恰成反证。对此郦道元解释道："《魏土地记》曰：'蓟城南七里有清泉河'，而不迳其北，盖《经》误证矣。"即以《水经》之说为误。实际上，两种记载的差异，正好说明永定河在东汉末至曹魏的几十年间曾经改道，因此便由东汉《水经》所说的流经蓟城北，改为北魏《水经注》所说的流经蓟城南了。此期间变化了的是永定河河道，不变的则是位在今北京市区西南部的蓟城城址。

裴骃、郦道元之前，虽然未见文献对先秦蓟城地望有明文载述，但也留下了一些足资借鉴的线索。《战国策·燕策一》载：赵国军队"渡乎沱，涉易水，不至四五日，距（燕）国都矣。"这里讲的是战国时期的事，说赵国军队只要渡过易水，四、五日内便可抵达燕国都城。按先秦时期的情况，军旅日行速度一般在五六十里，四、五日的行程合计二三百里，而这恰是易水到北京城西南部的距离。这说明，北京城西南部就是当时燕国都城的所在，便即蓟城的所在。

1965 年，在北京西郊八宝山以西 1 里处发现了西晋永嘉元年（307 年）幽州刺史王浚之妻华芳墓，其中出土了《华芳墓志铭》，明言该墓"假葬于燕国蓟城西廿里"[①]。这是北京地区历代墓志铭中关于蓟城方位的最早资料，提供了该墓葬和先秦蓟城的相对位置。按照墓中所出晋尺，每尺约合24.2 厘米，晋的二十里约当今 17.4 里。而由墓地向东 17 里许，正好直抵白云观以西，与侯仁之教授对蓟城位置的推断若合符节。

对古蓟邑的位置历来鲜有异词，但对武王褒封的对象，从古至今却存在两种不同说法：一说认为受封的是黄帝之后，一说认为受封的是帝尧之后。

《史记·周本纪》云："武王追思先圣王，乃褒封……帝尧之后于蓟。"

---

① 郭仁：《北京西郊西晋王浚妻华芳墓清理简报》，《文物》1965 年第 12 期。

此文便以封于蓟的是帝尧之后。郦道元的《水经注》亦以封于蓟的是帝尧之后，引文已见前。两相比照，以武王封帝尧之后于蓟的说法影响较大，时下通行的权威工具书如《辞海》、《辞源》、《中国古今地名大辞典》等莫不以此为说，今之学人每言及此也都不假思索地认定武王"封帝尧的后裔于蓟"[①]。前文已述，五帝时代的颛顼、帝喾、唐尧、虞舜皆为黄帝后裔，于是从宽泛的血缘关系上说，帝尧之后亦可称为黄帝之后。但中国古代的宗法制度十分严格，所称的某某之后必指一脉嫡传的直系后人，因此黄帝之后和帝尧之后仍是两个不同的概念。

那么，封在蓟邑的到底是帝尧之后还是黄帝之后呢？综合各方面的情况看，其结论必为后者，理由如次：

一，虽然《史记·周本纪》称武王褒封"帝尧之后于蓟"，但在同一书中，《乐书》引孔子之言谓："武王克殷反商，未及下车，而封黄帝之后于蓟"，又以武王封于蓟的是黄帝之后。以上《史记》两说，后说语出孔子，材料的来源更早，出处也更为可靠，自当以后说为是。

二，在先秦两汉文献中，明言封黄帝之后于蓟的不乏其见，《礼记·乐记》、《韩诗外传》、《史记·乐书》、许慎《说文》等皆如是。如《韩诗外传·三》云："《诗》曰：'（武王）既反商，未及下车，封黄帝之后于蓟，封帝尧之后于祝，封帝舜之后于陈。'"但与上述情况截然不同的是，汉代典籍中明言封帝尧之后于蓟的仅有《史记·周本纪》一例。此外《吕氏春秋·慎大》云："武王胜殷，入殷，未下舆，……命封帝尧之后于黎。"清人毕沅注云："黎与蓟声亦相近，此皆互易。"倘若以此也算作封帝尧之后于蓟的一例，那么在上古文献中仍无疑以封黄帝之后于蓟的为多。

三，从历史逻辑上讲，既然黄帝集团的大多数重要活动皆发生在蓟地附近，封黄帝后人于蓟才更为合情合理。

---

① 鲁琪、葛英会：《北京市出土文物展览巡礼》，《文物》1987 年第 4 期。

四，北魏郦道元《水经注·湿水》云："黄帝与蚩尤战于涿鹿之野，留其民于涿鹿之河，即于是处也。"这就是说，当黄帝集团大部分南迁后，涿鹿及北京一带仍留有部分黄帝族裔。史称武王封黄帝之后是"褒封"，《公羊传·隐公元年》何休注云："有土嘉之曰褒，无土建国曰封。"此言说明，褒封的先圣王后裔与"无土建国"的齐、鲁、燕等封国截然不同，区别就在于接受褒封的先圣王后裔是传承已久的邦国，大多拥有自己的土地和部民。蓟国既属褒封，说明蓟地一带也早有黄帝的后人，而这恰与《水经注》记载的黄帝"留其民于涿鹿之河"相符。

总之，溯其源而循其流，周武王封黄帝后人于蓟实属不易之论，世所盛称的武王封帝尧之后于蓟的说法可以休矣。

前文曾论，黄帝子孙建立的方国甚多，到春秋时仍不下数十个。那么，在诸多黄帝子孙邦国中，周武王为何独选蓟地的蓟人予以褒封呢？这当然不是抓阄得来的结果，而必有其内在的道理。关键的道理就是，蓟人始终坚守在黄帝的大本营一带，而且是黄帝南下中原时特意留守在这里的嫡系支脉，和黄帝的故事、故地、故人有着最直接的联系，于是受封者也就必非蓟人而莫属了。

稍加综合便不难看出，上述各地点除蓟地外，皆由唐代的地理著作《括地志》确立了一个地理参照系，此即唐之妫州。按该书的记载，阪泉之野"在妫州怀戎县东五十六里"，"本黄帝所都"的涿鹿故城"在妫州东南五十里"，黄帝会盟天下诸侯的釜山"在妫州怀戎县北三里"，每一处都和妫州有关。阪泉、涿鹿、釜山是黄帝政治、军事史上最重要的三大地点，而《括地志》皆以唐妫州或妫州怀戎县为坐标标明了它们的所在。

案唐妫州系贞观八年（634年）由北燕州改置，盖"取妫水为名"[1]。史上有南北两条妫水，此为北妫水，源出今北京北部，穿延庆县境流入河

---

[1] 《旧唐书·地理志》。

北怀来县后汇入桑干河。唐妫州的辖境包括了今河北省的张家口市、宣化、怀来、怀安、涿鹿及北京市延庆县等地，与秦汉上谷郡的范围大致相仿而略小。《旧唐书·地理志》载："妫州，隋涿郡之怀戎县。……贞观八年，改名妫州，取妫水为名。长安二年，移治旧'清夷军城'。"由此可知，唐妫州的州治初在怀戎，后于唐长安二年（702年）移治清夷军城。《括地志》成书于唐贞观十五年（641年），恰好处在妫州治怀戎之后和移治清夷军城之前，故而上述记载无论是以妫州为说还是以妫州怀戎为说的，实则同指一地。

关于妫州州治怀戎的所在，《旧唐书·地理志》云："怀戎，后汉潘县，属上谷郡。北齐改为怀戎，妫水经其中，（妫）州所治也。"其地在后汉的潘县故址。据前述《水经注》转引的《魏土地记》文，后汉潘县在下洛城西南四十里，而下洛城即今之涿鹿县城，故可知潘城故址在涿鹿城西南，大致位置在今涿鹿保岱镇一带。而以此地为坐标，阪泉之野在其"东五十六里"，黄帝所都的涿鹿故城在其"东南五十里"，釜山在其"北三里"，黄帝的政治、军事要地基本集中在保岱镇的东或东南方向。在保岱镇东南方，是今涿鹿矾山镇的所在，而这就是黄帝文明大本营的中心。

《括地志》的成书年代距黄帝已十分遥远，显然不能仅凭它的一家之言，就对三大地点的确切位置妄下结论，这是毋庸置疑的。然而就其框定的大致范围来说，无不与前面各地点的文献记载相合，这就不是偶然的了。而由其框定的范围，可知黄帝时代的各项历史大事件，诸如阪泉之战、涿鹿之战、釜山会盟、筑城建都等，都发生在今河北涿鹿东南及北京西北一带，至于黄帝后人的褒封之地，更直接就在今北京市区。

在历来的黄帝史迹研究中，黄帝的发祥、崛起之地一直是人们探寻的重点，若从汉代有了较专门的论述算起，这一讨论已经持续了不下两千余载。然而终归古史茫昧，再加上后人对传说时代的追述颇多虚拟比附之辞，近现代学者在此基础上又每每不乏推演发挥，遂使此问题愈加歧见纷披。

正如第一章所论，历来有关黄帝地望的说法扑朔迷离，几乎遍及东、西、南、北、中各方。而要破解这个谜团，一是要摒弃前人模棱两可的记述或望风扑影的臆测，二是要杜绝今人将结论当前提的循环论证，坚持从最信而有征的黄帝重大史迹出发，有理有据的推导出合乎逻辑的结论来。而当这样做了之后，我们清楚地看到，在纷纭驳杂的黄帝地望谜团中，目前最可确定的一点是，今河北涿鹿东南及北京西北一带才是真正的黄帝集团发祥、崛起之地。当然，这未必是黄帝的诞生地，更未必是黄帝的终结地，前面就曾谈到黄帝后来还由涿鹿迁都于有熊，后面还将谈到黄帝的诞生地理应在燕山以北的老哈河和大凌河流域。但毋庸讳言，涿鹿东南及北京西北一带，显然是黄帝历史上最重要的地域，因为黄帝时代各项惊天地泣鬼神的历史大事件都发生在这里，光耀千古的华夏文明也诞生在这里。

这是一片易守难攻之地，隐匿在燕山山脉和太行山脉的重峦叠嶂之中。它北有燕山屏蔽于塞外，东有军都山俯视北京小平原，南有居庸关锁钥之险，西有小五台与代郡相连，是浑然天成的军事要塞。由于地形的固若金汤，早在先秦时期这里就成了燕国的战略要地。《史记·匈奴列传》云："燕亦筑长城，自造阳至襄平。置上谷、渔阳、右北平、辽西、辽东郡以拒胡。"据此可知，上谷是燕国北疆西部的第一郡，燕长城的西段就是从这里起筑的。实际上，该地之所以古称上谷，就是因为它位在层层叠叠的山谷之上的缘故，其地名已经赋予了它地势的特征。但是，这样一个天造地设的军事要塞，却又宛若世外桃源，放眼望去一片平畴沃野。在群山怀抱中，桑干盆地、怀来盆地东西毗连，联结出广阔平川；桑干河、洋河、永定河、妫河蜿蜒其间，冲积出万顷良田。在整个桑干盆地和怀来盆地，自然条件最优越的尤属涿鹿，素有"千里桑干，唯富涿鹿"之说。直到今天，涿鹿仍是国家级商品粮基地和全国水果产量百强县，自然条件的优越不言而喻。这里南通华北大平原，北联塞北辽西，东扼燕山以南的河北平原，交通也十分便利。

由涿鹿矾山到延庆军都山西麓，充其量不过百余华里。前文已述，黄帝对文明的开拓是以广披神州四域的皇皇大业为结果的，这似乎与他崛起于弹丸之地的事实不符。然而，证诸古今中外一切霸业，莫不是从站稳一个不大的根据地起步的，姬姓周人就是典型之例。《淮南子·泛论训》云："文王处歧周之间也，地方不过百里。"周尺小，每尺约合今 20 厘米，故而上面所说的所谓"百里"，只相当今六十里。以区区六十里之地而至决胜千里，就是西周历史带给人们的启示。对黄帝集团而言，涿鹿至延庆这块地域虽然不大，但它退可以据隘固守，进可以直下华北，是进退自如的宝地。加之它的富饶丰盈和地形优越，黄帝才把这里当作了开拓文明的大本营。就在这片土地上，黄帝修德振兵，抚万民、度四方、治五气、艺五种，战胜了炎帝、蚩尤集团，取得了"诸侯咸来宾从"的赫赫威势。

早自汉代以来，人们就世代不辍的记录下了在今河北涿鹿东南至北京延庆一带，遗留有黄帝城、轩辕台、蚩尤城、黄帝陵、轩辕庙等重要遗址。东汉文颖在《汉书·刑法志》涿鹿之战文下注引《律历志》云："涿鹿在上谷，今见有阪泉地、黄帝祠。"西晋皇甫谧《帝王世纪》云："涿鹿，黄帝所都，有蚩尤城、阪泉地、黄帝祠。"北魏郦道元《水经注·湿水》引《魏土地记》云："下洛城东南六十里，有涿鹿城，城东一里有阪泉，泉上有黄帝祠。……涿鹿城东南六里有蚩尤城。"又引《晋太康地理志》云："阪泉，亦地名也。泉水东北流，与蚩尤泉会，水出蚩尤城。"这些遗址有的至今犹在，其中最著名的便是黄帝城。

黄帝城位于涿鹿县矾山镇西 2 公里，呈不规则方形，北宽南窄，占地面积约 360 多亩。此城的东城墙南段已浸没于轩辕湖中，其它三面尚有残存的城垣，残高约 3～5 米。北墙长 540 米，南墙长 510 米，东墙长 500 米，西墙长 450 米，底宽约 10 米，皆用夯土筑成。过去城址地面上散落着不少陶片，有陶鼎足、鬲足和口沿残片等，还曾采集到完整的石杵、石斧、石纺轮、石簇、石刀等①。其中有相当部分遗物的年代在距今五千年左右，与黄帝的年代相符。

除了上述遗址和遗物，涿鹿东南及北京西北一带还遗留有大量以黄帝活动遗迹命名的地点，如釜山、桥山、阪泉山（阪山）、涿鹿山、阪泉、黄帝泉、蚩尤泉等。大凡一件喧腾众口并相沿不替的传说，凭空捏造是不大可能的，它们都实实在在地见证着黄帝在这里的历史。

而且，正是由于黄帝在这里留下的历史，一个自谓为黄帝后人的王朝才会屡番前来这里拜祭高祖黄帝。

《魏书·序记》云："黄帝以土德王，北俗谓土为托，谓后为跋，故以为氏。（黄帝）其裔始均，……积六十七世至成皇帝讳毛立。"这里记述的是北魏王朝，其皇族自称是黄帝后裔始均的子孙。始均乃黄帝之孙，事见《山海经·大荒西经》："有北狄之国，黄帝之孙曰始均，始均生北狄。"又《路史》卷十四载：黄帝次妃嫫母"生苍林、禹阳……苍林姬姓，生始均，是居北狄。"北魏皇室既然以始均为第六十七世祖，黄帝便是他们的第六十九世祖。另据《魏书·礼志四》记载，北魏天兴元年（398年）太祖道武帝拓跋珪即皇帝位，定都平城，立坛告祭天地，事毕诏有司定行次、正服色，"群臣奏以国家继黄帝之后，宜为土德"，这也表明了北魏拓跋氏自视为黄帝之后。于是，北魏时便有了如下记载：

《魏书·太宗纪》："壬申，幸涿鹿，登桥山，观温泉，使使者以太牢祠黄帝庙。至广宁，登历山，祭舜庙。"这是发生在魏太宗明元皇帝神瑞二年（公元415年）的事，太宗亲往涿鹿，遣使到黄帝庙前致祭。

《魏书·太宗纪》："辛酉，幸桥山，遣使者祠黄帝、唐尧庙。"这是发生在魏太宗泰常六年（公元421年）的事，太宗再次前往涿鹿桥山，派使臣祭奠黄帝。

---

① 王北辰：《黄帝史迹涿鹿、阪泉、釜山考》。

《魏书·世祖纪上》："八月，东幸广宁，临观温泉。以太牢祭黄帝、尧、舜庙。"这是发生在魏世祖太武皇帝年间的事，时在公元428年，北魏广宁郡广宁县即古涿鹿，世祖到这里以太牢之礼亲祭黄帝。

《魏书·礼志十》："和平元年正月，帝东巡。历桥山，祀黄帝。"这是发生在北魏文成皇帝年间的事，时在公元460年，文成帝到涿鹿桥山亲祀黄帝。

以上文献记载了北魏皇帝屡番前往涿鹿拜祭黄帝的史实，这自能说明涿鹿与黄帝的非同一般联系。北魏距今已有一千五六百年历史，该时期的文献已成稽考先秦历史的重要凭证，何况这些皇帝本人的亲力亲为呢？因此毫无疑问地，这些活动再清楚不过地说明了涿鹿就是黄帝的龙兴之地。

魏帝拜祭黄帝时屡屡提到涿鹿的一座山峦，此即桥山。《史记·五帝本纪》载："黄帝崩，葬桥山。"原来这座如同圣山一般的山麓，就是中华始祖黄帝的葬地。然而遗憾的是，当年太史公司马迁虽然指出了黄帝葬于桥山，却没有说明此桥山的所在，而见诸史乘，最早给这个桥山定位的，是东汉的史官班固。班固在《汉书·地理志》中说："（上郡）阳周，桥山在南，有黄帝冢，葬曰上陵畤。"这里把"有黄帝冢"的桥山定在了汉代的上郡阳周县，即今陕西省北部的子长县，而这与涿鹿的桥山显然南辕北辙。

班固《汉书》中还有两处提到了桥山，其一见《汉书·武帝纪》："元封元年冬十月……（武帝）行自云阳，北历上郡、西河、五原，出长城，北登单于台，至朔方，临北河。……还，祠黄帝于桥山，乃归甘泉。"唐颜师古注引东汉应劭曰："桥山，在上郡，阳周县有黄帝冢。"其二见《汉书·王莽传》："（王莽）遣骑都尉嚣等，分治黄帝园于上都桥畤。"颜师古注："桥山之上，故曰桥畤也。"以上汉武帝祠黄帝以及王莽治黄帝园两件大事，确实发生在阳周县桥山，也就是《汉书·地理志》所说的"有黄帝冢"的桥山。于是自此而后，人们凡言黄帝陵必以陕西桥山称之，此外无复它论。例如三国缪袭的《皇览》云："黄帝冢在上郡桥山。"西晋皇甫谧的《帝王世纪》云："（黄帝）葬于上郡阳周之桥山。"唐李泰的《括地志》云："黄帝陵在宁州罗川县东八十里子午山。"唐李吉甫的《元和郡县志》云："真宁县本汉阳周县也，属上郡。……子午山亦曰桥山，在县东八十里，黄帝陵在山上。"以上文献无不以黄帝陵在陕西的桥山。在它们的辗转传播下，此说遂成不刊之论。

黄帝葬陕西桥山之说既然如此言之凿凿，还有什么可怀疑的呢？然而细审史乘的有关记载，却让人不能不疑。

疑点之一是，在最早记述"黄帝崩，葬桥山"的《史记》里，司马迁给后人留下了一个千古之谜，事见《史记·封禅书》："（汉武帝）北巡朔方，勒兵十余万，还祭黄帝冢桥山，释兵须如。上曰：'吾闻黄帝不死，今有冢，何也？'或对曰：'黄帝已迁上天，群臣葬其衣冠。'"此文说汉武帝发兵十余万北伐匈奴，旗开得胜后专门到陕西桥山拜祭黄帝冢。祭奠之时，汉武帝突然发问说："吾闻黄帝不死，今有冢，何也？"皇帝如此祭祀大典，竟然搞不清楚所祭陵墓的真假虚实，此等欺君之罪怎生了得！无奈之下臣子只好据实禀告，说这只是黄帝群臣"葬其衣冠"的一座衣冠冢。明乎此，可见陕西黄帝陵并非真实的黄帝坟茔。

对于上述事实今人或有不以为然者，特为之辩解说："谓葬衣冠于此者，乃臣子不忍直言葬黄帝，故曰葬衣冠，犹称君薨曰晏驾也。"[①]即仍然一口咬定这是真实的黄帝陵，而强说臣子们之所以托言葬衣冠，盖因讳言葬黄帝之故。然而，事实就是事实，这在历代文献中早有定评。《史记·五帝本纪》正义引《列仙传》云："轩辕自择亡日与群臣辞。还葬桥山，山崩，棺空，唯有剑舄在棺焉。"《元和郡县志》云："子午山亦曰桥山，……黄帝陵在山上，即群臣葬衣冠处。"《大明一统志》称："真宁县子午山在

---

① 邵元冲：《桥山黄帝陵考》，《建国月刊》第 9 卷第 4 期，1933 年 10 月。

合水县东五十里，一名桥山，……黄帝葬衣冠处。"《陕西省通志》载："桥山在中部县东北二里，……即黄帝葬衣冠之处。"以上记载都清清楚楚地说明，陕西桥山的黄帝陵就是一座空冢。

疑点之二是，《汉书·地理志》明言黄帝陵在上郡阳周县，地在今陕西子长县，汉武帝祭黄帝和王莽治黄帝园均发生于此，然而如今的黄帝陵却远在其南的原中部县（今黄陵县），两者相距多达数百里，岂非咄咄怪事！不仅如此，在一头一尾两个黄帝陵中，这个"黄帝陵"还一度翻山越岭搬到了海拔近 2000 米的子午岭以西，落脚到今甘肃省正宁县附近。前引《括地志》说"黄帝陵在宁州罗川县东八十里子午山"，指的就是甘肃省正宁县的黄帝陵。总之，正如学者所说，陕西的这个黄帝陵搬来搬去，"从汉阳周一迁至子午岭西侧，属罗川县，再迁至东侧，属中部县，后者即今黄陵县之地"[①]。如此这般的搬来搬去，究竟是由怎样的以讹传讹造成的呢？个中原因已经不重要了，重要的是，这说明了它原本就不是一座真实的墓葬，于是也就可以凭想象随意搬动了。

疑点之三是，北魏年间，不仅涿鹿桥山在北魏的版图内，陕西桥山也在其版图内。同在一国之内而魏帝只到涿鹿桥山祭拜黄帝，对陕西的桥山却不闻不问，这不也是一件很蹊跷的事吗？假如确像班固所说，真正的黄帝冢在陕西桥山，自称黄帝后人的魏帝起码也会派几个使臣前去祭拜的。可事实上，当魏帝一趟接一趟地往涿鹿桥山跑的时候，却连装模作样地派个使臣到陕西桥山祭奠一下也没有。两相比较，足见两座桥山的真伪在魏帝那里是泾渭分明的。

那么，按群臣"黄帝已迁上天"的说法，陕西桥山会不会是传说中的黄帝仙逝之地呢？事实也并非如此。《史记·孝武本纪》载："黄帝采首山铜，铸鼎荆山下。鼎既成，有龙垂胡䰂，下迎黄帝。黄帝上骑……故後

---

① 罗琨：《"炎黄"、"黄炎"与黄帝陵》，《炎黄文化研究》增刊 1，1994 年。

世因名其处曰鼎湖。"这是有关黄帝升天传说的较详细记载，明言其地在鼎湖。关于这个鼎湖的所在，《水经注·河水四》云："湖水又北迳湖县东，而北流入于河。《魏土地记》曰：弘农湖县有轩辕黄帝登仙处。"又《史记正义》引《括地志》云："湖水原出虢州湖城县南三十五里夸父山，北流入河，即鼎湖也。"以上两文所言一地，皆以黄帝仙逝的鼎湖在今河南灵宝。据此可知，阳周也罢，罗川、中部也罢，这些地点都与黄帝升天之处了不相涉。

尽管班固的桥山之说两千年来流为丹青，但对陕西黄帝陵抱持怀疑态度的仍不乏其人，史学家吕思勉即其中之一。他在《先秦史》一书中说："《史记》又云：'黄帝崩，葬桥山。'陕西亦非黄帝所能至。……《汉书·地理志》：'上郡阳周，桥山在南，有黄帝冢。'王莽自谓黄帝后，使治园于桥山，谓之桥畤。悠悠此说，遂成故史矣，史事之不实，可胜慨乎？"他还直斥陕西黄帝陵的说法"明明极不经之语，偏能引地理以实之，真俗所谓信口开河者也。"他甚至进而怀疑，黄帝陵在陕西桥山的"《史记》之文不知果为《史记》原文与否。"[1]

相信"黄帝崩，葬桥山"仍是《史记》的原文，而关键在于司马迁所说的桥山显然另有所指。《尔雅》释云："山锐而高曰桥也。"究其义，"桥山"无非是指有水穿山而过的若桥形的山，而这在神州大地并不鲜见。就各地的桥山而言，除陕西的桥山外，较著名的还有河北涿鹿的桥山、山西襄汾的桥山、云南玉溪的桥山等，不一而足。而鉴于本节所论，黄帝的各项历史大事既然都发生在涿鹿，有信史可考的黄帝城、轩辕台、蚩尤城、黄帝陵、轩辕庙等也都存在于涿鹿，以黄帝活动遗迹命名的诸多地点更是集中在涿鹿，再加上魏帝曾屡番前来此处祭拜黄帝，而且祭拜的重点就是涿鹿的桥山，难道"黄帝崩，葬桥山"的桥山就不会在涿鹿吗？恐怕舍

---

[1]　吕思勉：《先秦史》，上海古籍出版社，1982年，第61页。

此别无它解。郦道元《水经注·湿水》引《魏土地记》云："下洛城东南四十里有桥山。山下有温泉，泉上有祭堂。雕檐华宇，被于浦上，石池吐泉，汤汤其下。"郦道元是北魏后期人，他说涿鹿的桥山下有"雕檐华宇"的祭堂，可见当时这里确实存在非同一般的祭祀场所，而这无疑就是魏帝祭拜黄帝陵之处。

此外还有一个问题，既然黄帝卒于河南灵宝，为什么会葬于涿鹿桥山呢？首先要说明的是，黄帝在开创了文明大业后便从涿鹿移鼎河南新郑，其晚年已以中原为活动中心，于是卒于灵宝顺理成章。至于其陵寝之所以在涿鹿，盖因上古时期有一个习俗，即人死后要迁葬部族的发祥地，而涿鹿不仅是黄帝集团的发祥地，更是黄帝本人的龙兴之地，归葬于此可谓天经地义。《史记·五帝本纪》正义引《列仙传》云："轩辕自择亡日与群臣辞，还葬桥山。"其中的一个"还"字，已然表明黄帝是卒后归葬桥山的。不仅如此，黄帝卒后归葬于其发祥地的史实还从北京古称"幽都"、"幽陵"得以透露。

"幽都"是华夏历史上最早称都之处，过去一般习惯以后义释前义，将这个"都"字简单的释为"都邑"。但《左传·庄公二十八年》云："凡邑，有宗庙先君之主曰都，无曰邑。"许慎《说文解字》亦云："都，有先君之旧宗庙曰都。"即"都"的本义是指祖先宗庙的所在。华夏先民对祖先的崇拜无以复加，在他们看来，祖先宗庙的所在即本族宗神的所在，而本族宗神的所在即部族的中心，由此才使"都"字在后来衍生出一国之都的含义。《楚辞·招魂》云："魂兮归来，君无下此幽都些。"这里就以"幽都"作为人死后魂魄的归依之所。

北京不仅古称幽都，也称幽陵。在记述共工流放之地时，《庄子·在宥》称"幽都"，《史记·五帝本纪》称"幽陵"，就是幽陵即为幽都的互证。又《辽史·地理志四·南京道》云："南京析津府，本古冀州之地。高阳氏谓之幽陵，陶唐曰幽都。"辽南京即今之北京，此文说幽都、幽陵都是这里的古称，这也说明了幽都即幽陵。"幽"者，"阴聚之地"也①，"陵"者，高大坟墓也，这个"幽陵"之谓更准确无误的表明，此地确与某祖先的宗庙陵寝有关。那么，是哪个大人物的陵庙在北京这一带才得以称"幽陵"、"幽都"的呢？答案是不言而喻的，唯有五帝之祖的黄帝才能当之。

黄帝集团在涿鹿至北京西北一带的发祥史，无疑是以古涿鹿为重心的，但耐人寻味的是，被称作幽都、幽陵的却是北京，这无异于把今北京当作了黄帝宗庙的所在地。《史记·五帝本纪》云：帝颛顼高阳"北至于幽陵"；帝尧"申命和叔，居北方，曰幽都"；"舜归而言于帝，请流共工于幽陵"。综合上述记载，尚可知似乎早在五帝时代，北京就被称做了幽都和幽陵，说明古人很早就把黄帝的历史与北京连在了一起。把北京和黄帝历史联系起来的又一突出实例，即周武王的封黄帝后人于蓟。前文已述，武王封黄帝后人于蓟显然和黄帝的故事、故地、故人紧密相关，而这个"蓟"就在今北京市区。此外，清乾隆皇帝敕撰的《日下旧闻考》径言"燕蓟为轩黄建都之地"，更把黄帝的都城定位在了燕蓟。总之，上自远古下迄清，人们都把黄帝历史当作了北京地区的历史，这又是何故呢？

一个显而易见的原因是，黄帝集团与炎帝集团生死攸关的决胜之役就发生在今北京延庆一带，即北京西北部原本就是黄帝的发祥崛起之地。

二是从自然地貌看，北京延庆状如簸箕，北、东、南三面环山，唯有西临怀来盆地的一面是开阔地，由此和古涿鹿连成了一个整体。这就是说，尽管延庆和涿鹿今天已分属两个不同省市，但自古却属于同一地理单元，各方面都密不可分。

三是从历史的范畴看，涿鹿自古就在今北京的统辖范围内，是以北京为中心的行政区划的一部分。

---

① 《史记正义》。

先秦时期的涿鹿属上谷，而上谷属姬周燕国。《汉书·地理志》云："武王定殷，封召公于燕……西有上谷、代郡、雁门。"《史记·匈奴列传》云："燕……置上谷、渔阳、右北平、辽西、辽东郡以拒胡。"凡此记载都说明，自西周以迄战国，上谷一直是姬周燕国的领地。而周燕的都城初在今北京房山琉璃河，后在今北京市古蓟邑，皆未出北京，涿鹿便一直在它的统辖范围内。到了西汉前期，"武帝置十三州，幽州依旧名不改"[1]，上谷成为幽州的一部分。而汉晋隋唐的幽州州治除了短时间在涿州外，基本上都在今北京，涿鹿仍是其属地。到了辽金以降，北京先是辽之陪都，后是金、元、明、清的京师，涿鹿作为这些王朝的畿辅之地和西北屏障，更成为大京都不可分割的一部分。

四是东汉光武帝建武十三年（37 年），蓟邑并入了上谷郡，直到和帝永元八年（96 年）才复置广阳郡。这就是说，在长达半个多世纪中，蓟邑所在的今北京和涿鹿同属一郡。另外如前文所述，黄帝的政治、军事三大要地皆集中在唐怀戎县治的东或东南方向，而唐玄宗天宝年间曾一度析怀戎县置妫川县，县治就在今延庆，黄帝大本营的中心部分更成了今延庆的辖地。

五是在地理位置上，涿鹿与北京紧相毗邻，涿鹿黄帝城距北京市只有不到 20 公里。

除了上述几大原因外，自古以来就把黄帝历史与北京联在一起的还有一个原因，这就是大概早在黄帝时代，北京平原已成为黄帝大本营的一部分。

从地形地貌上看，涿鹿至延庆这片土地介于群山之间，四周皆为深山大谷。当初若为站稳一方基地，这里无疑是黄帝集团的上佳之选。但在站稳脚跟后，特别是在几次大的战役中取得了决定性的胜利后，深居此处的黄帝集团若要进一步取得发展，最佳出路则莫过于通过八达岭、居庸关、

---

[1]《晋书·地理志》。

南口或关沟（军都陉）等天然孔道，穿越崇山峻岭进入一马平川的北京小平原。史称黄帝"披山通道，未尝宁居。东至于海，登丸山，及岱宗。西至于空桐，登鸡头。南至于江，登熊、湘。北逐荤粥"，开拓的文明疆域十分辽阔。由此可见，黄帝集团进入北京小平原不仅是可能的，而且是必要的，因为非如此则不足以冲出上谷的重峦叠嶂，更不足以挺进中原和走向神州。

于史可稽，黄帝在开创了文明大业和"诸侯咸尊轩辕为天子"后，为了扩大文明战果，很快就由涿鹿挺近到中原并定鼎中原。关于黄帝的迁都，以《魏书》的记载最详，事见《神元平文诸帝子孙传》："及高祖（案即北魏孝文帝元宏）欲迁都，临太极殿，引见留守之官大议。乃诏丕等，如有所怀，各陈其志。燕州刺史穆罴进曰：'移都事大，如臣愚见，谓为未可。'……罴曰：'臣闻黄帝都涿鹿。以此言之，古昔圣王不必悉居中原。'高祖曰：'黄帝以天下未定，居于涿鹿，既定之后，亦迁于河南。'"此文明确指出黄帝曾由涿鹿迁都河南，但没有说明这个新都在河南的何处。《水经注·洧水》载："洧水又东迳新郑故城中，……皇甫士安《帝王世纪》云：'或言县故有熊氏之墟，黄帝之所都也。'"《续汉书·郡国志》云："河南尹新郑县，古有熊国，黄帝之所都。"《史记·周本纪》正义引《括地志》云："郑州新郑县，本有熊氏之墟也。"以上记载揭示，黄帝所迁的新都名有熊，地在今河南新郑。

在确定了黄帝集团由涿鹿迁都新郑后，另一个事实也随之确定——从涿鹿迁都新郑，当年的最佳路线无非是沿太行山东侧山麓南行，而这首先要以进入北京小平原为前提。侯仁之先生对此审之甚详，他说："卜辞中有晏国的记载，说明殷商和晏已有交涉。根据古代自然地理的情况来推测，只有沿着今太行山东麓一带，这种交涉才有可能。因为山麓地带以西，尽是深山大谷，南北来往和文化交流，在那时来说几乎是不可能的。"[1]他还特别强调：沿太行山东麓大道向南"在那时候也是华北大平原上南北之间唯一可以通行无阻的大道。"[2]而当黄帝集团穿越太行山北部支脉由涿鹿进入太行山东麓时，已经双脚踏在北京小平原上。

总之，无论是出于扩大文明基地的需要，还是出于向中原挺进的目的，黄帝集团都要先行进入北京小平原。这样一来，不仅今北京延庆一带很早就成了黄帝的基地，北京地区的其它不少地方当时也势必纳入了黄帝集团的范围，成为黄帝文明大本营的一部分。大约正缘于此，古人才会不加区别地将黄帝史迹与今北京联在一起，大约也正缘于此，才能解释为什么在北京的大地上，会留下如此之多有关黄帝的史迹和传说。

唐代诗人陈子昂《蓟丘览古》诗云："北登蓟丘望，求古轩辕台。应龙已不见，牧马空黄埃。尚想广成子，遗迹白云隈。"这是诗人站在蓟丘台上对黄帝史迹的怀想。诗中所说的轩辕台是黄帝遗留的高台，应龙是传说中黄帝讨伐蚩尤的主帅，广成子是黄帝询道之人，总之事事皆与黄帝有关。而诗人登临的"蓟丘"，就在今北京市区，大体是"现在白云观以西的高丘"[3]。至于诗中提到的轩辕台，元人熊梦祥《析津志》载："轩辕台在京西，世传黄帝筑此台。"可知此台就在京西。唐李白《北风行》中有"燕山雪花大如席，片片吹落轩辕台"的诗句，也为京西的黄帝轩辕台留下了斑斑史迹。此外《长安客话》载："世传黄帝陵在渔子山，今平谷县东北十五里，岗阜隆然，形如大冢，即渔子山也。其下旧有轩辕庙云。"《长安客话》乃明代蒋一葵所撰，书中汇集了许多有关北京历史文化的重要典故，向为史家所重。该书竟一反黄帝陵在陕西桥山的说法，直言黄帝陵在北京平谷，还说那里有一座轩辕庙，想必有其特别的

---

① 侯仁之：《关于古代北京的几个问题》，《文物》1959 年 9 期。

② 侯仁之：《论北京建城之始》，《北京社会科学》1990 年 3 期。

③ 侯仁之：《关于古代北京的几个问题》。

依据。以上各项记述，皆透露出黄帝集团在北京一带的活动，并为今后寻找黄帝集团在北京的遗迹提供了宝贵的线索。

北京地区相当黄帝时代的考古学文化，是雪山一期文化。此文化以昌平城西4公里的雪山遗址一期为代表，同类遗存还有平谷上宅第三期、房山镇江营第三期、昌平林场、昌平马坊和海淀燕园等[①]。雪山一期文化的陶器大多为平底，少数带圈足，不见三足器，种类主要有素面侈口罐、素面高领罐、高领壶、筒形罐、弧腹盆、敛口钵和豆等。陶器中加砂陶明显多于泥质陶，以褐色为主，灰、黑陶较少。陶器以素面为多，有一定数量的彩陶，图案有垂带纹等，少见绳纹等拍印纹饰。从石斧、石锛、石凿、石磨盘、石磨棒等生产工具及细石器镞的发现来看，其经济形态以农业为主，但兼有一定的北方狩猎经济。

综观雪山一期文化，与黄帝集团的关联比比皆是。

首先从时代看，前文已述黄帝的年代在距今5000年前后，而根据对雪山一期遗存和海淀燕园遗址木炭标本的测定，其年代数据一组为公元前3640年~前3374年，一组为公元前2858±100年[②]，均在距今5600~4900年间，恰与黄帝的年代相符。

其二从所在的地域看，雪山一期文化的典型遗存发现于昌平西北部，恰与黄帝文明大本营的涿鹿、延庆紧相毗邻。尤其绝非巧合的是，雪山遗址位于南口的下首，而南口正是从涿鹿穿越军都山进入太行山东麓的要冲，也就是此遗址刚好位于北京小平原的大门口，恰好印证了黄帝集团的东进。

其三从文化的关联看，在距离涿鹿不远的河北蔚县四十里铺和三关等地，发现了一种同于雪山一期文化的遗存[③]，这就从考古学文化上把黄帝文明大本营的涿鹿和北京雪山一期文化紧紧连在了一起。

---

① 韩建业：《论雪山一期文化》，《华夏考古》2003年第4期。

② 同上注。

③ 北京市文物研究所：《北京市考古五十年》，《新中国考古五十年》，文物出版社，1999年。

其四从文化的构成上看，有学者指出："雪山一期文化在发展的过程中吸收了山东大汶口文化、晋中义井类型、内蒙古中南部海生不浪类型的因素，极大地丰富了其文化内容，表现出多元文化的特点。"①以上各种外来因素，恰与阪泉之战、涿鹿之战时东部蚩尤族、中西部炎帝族及相关族群聚集到涿鹿及北京一带的史实相符，更和这两场大战结束后黄帝集团、炎帝集团、东夷集团融合成新的族体相符，反映的恰是黄帝集团文化的属性。

其五从分布的范围看，雪山一期文化的重心虽然在昌平，但已深入到北京小平原的今海淀和北京最南端的房山区，向东甚至到达了天津蓟县张家园②，覆盖面相当之广。这一特性显示出，此文化来势凶猛，很快就取得了强劲发展，而这也和席卷北京小平原的黄帝文明风暴相契。

总之，通过种种迹象观察，似有足够的理由推测，雪山一期文化就是黄帝集团的文化。这个事实一则印证了今北京平原很早就成了黄帝文明大本营的一部分，同时也揭示出，正是从黄帝时代开始，北京地区跨入了国家文明的新纪元。换言之，黄帝不仅是华夏文明的开拓者，也是北京地区文明时代的开拓者，雪山一期文化便是北京地区国家文明的最初源头。

一个饶有趣味的考古现象是："大约公元前 2900 年以后，北京地区农业文化基本中断。实际上，此时从内蒙古中南部的岱海地区到整个西辽河流域，都出现文化中衰现象。"③对于这一特异现象，学者做出的解释是："应当有以狩猎采集为生计的人群长时期占据这片广大地区"，即认为这是狩猎部族强力入侵的结果。但证之以黄帝集团就是在此时由涿鹿南迁新郑的，更证之以迄今尚无任何迹象表明当时北京地区已为狩猎采集部族所占，那么，为什么不能说公元前 2900 年以后北京地区文化的中衰，恰恰是由黄帝集团的整体南下造成的呢？遥想当年，孤军深入中原的黄帝集团

① 韩建业：《试论北京地区的新石器时代文化》，《文物春秋》2007 年第 5 期。

② 天津市历史博物馆考古部：《天津张家园遗址第三次发掘》，《考古》1993 年第 4 期。

③ 韩建业：《试论北京地区的新石器时代文化》。

势必携众而去，不仅其部族和部属要统统拔寨而起，就连所属的内蒙古中南部、西辽河流域及北京小平原的部族也要倾巢而出，大约这才是造成北京地区、岱海地区和西辽河流域"文化中衰现象"的缘故。而恰恰是北京地区这场间歇式的停顿，进而证实了此前的雪山一期文化理应就是黄帝集团的文化。当然，中衰只是一时之事，因为没过多久，北京地区就出现了相当铜石并用时代后期的雪山二期文化。

回首以往，我们把黄帝当作梦吃般神话的时间实在是太久了，以至大大禁锢了我们对中华始祖黄帝的认知，也大大束缚了我们对中国文明起源的探索。而现在，当多如繁星的铜石并用时代考古发现已经破除了关于那个时代的神话，当这些发现已经越来越清晰地勾勒出了黄帝的时代背景，我们难道不应该尽快从沉沉的长梦中苏醒，把目光聚焦到涿鹿至北京这块留有诸多历史线索的神奇土地上吗？对中国历史而言，无论是标志原始社会结束的阪泉之战、涿鹿之战，抑或标志文明时代开始的釜山大典、建都涿鹿，都发生在这个不大的范围内。而作为华夏民族的诞生地和中华文明的发祥崛起之地，这个地点无异于黄炎子孙的祖地，无异于华夏儿女数千年来梦魂牵绕的故乡。我们相信，当考古工作者有朝一日用镢头叩响燕山这条神奇的龙脉时，一定会在涿鹿及北京这片遍布黄帝城、轩辕台、蚩尤城、黄帝陵、轩辕庙等遗迹的土地上，为中华民族的黄帝始祖矗立起一座历史的丰碑来。到那时，我们不仅可以向世人展示中华民族源远流长的五千年文明史，还可以使正在大步走向世界的北京焕发出更加绚丽的东方文明之光。

四　结语

综上所论，50 万年前以"北京人"为代表的人类起源——1 万年前以"东胡林人"为代表的新石器时代起源——5 千年前以黄帝为代表的国家文明起源，即北京地区在远古时代矗立起的三座历史丰碑。这三大丰碑同时也是东方文明起源与形成的"三部曲"，而北京地区在这三大方面环环相扣的勇夺先声，对东方人类、东方文化、东方文明的起源与发展都立下了不世之功。

时至今日，周口店遗址旧石器时代上下成序的古人类遗存，仍是全世界研究人类起源的一个重要标尺，更是复原亚洲地区人类起源的重要参照系。即便某一天有足够的理由说亚洲的晚期智人另有来源，北京作为人类发源地的地位也是不可动摇的，因为"田园洞人"和"山顶洞人"的发现已经证明，这里还是现代黄种人的故乡，是当代亚洲人的摇篮。

以"东胡林人"为代表的遗存，不单是中国最具典型性和代表性的新石器早期文化，还是整个东方世界最早最完整的新石器文化，堪与西亚两河流域的早期新石器文化相媲美。同时，它还是世界四大原生态农业的源头之一，对全人类尤其是亚洲地区的影响不言而喻。

由黄帝开创的文明大业，在使神州大地一举跨入国家文明新纪元的同时，还培育了华夏民族的雏形，并在国家形态、社会结构、民族关系和文化意识等方面奠定了中华民族的文明基因。从形成之日起，这基因就在历史的深度上穿越千古，在地域的广度上覆盖四方，一举铸就了绵延至今的东方文明。

放眼中国乃至世界，像北京这样，集三大创世纪发展于一身的地区确乎微乎其微，而像这样的城市就更是寥若晨星了。创造了这一奇迹的，无疑是北京的远古先民，因为正是有了"北京人"、"东胡林人"乃至黄帝集团的茹毛饮血、刀耕火种、奋力开拓，这片土地才写就了如此辉煌的开篇。现在，当北京地区这辉煌的开篇得以昭示，当它在人类起源、农业起源、文明起源上所做的卓越贡献得以彰显，足以为之自豪的，又岂止是当代北京人呢？

第三章　持续性

——永恒的文明之光

　　北京历史文化的又一特异之处是，它不仅在人类的三大创世纪跨越中彰显了无可比拟的悠久性，更在后来的发展上展示了与众不同的连续性。纵观古今中外，一个地域或城市的成长，往往经历了跌宕起伏、时断时续的过程，甚至在繁盛一时之后便悠然而逝。但在北京这片土地上，从人类起源、农业起源、国家文明起源开始，它的历史、文化和文明就持续不断的发展下来，成为世所罕见的从未间断的文明。

　　秦以后北京地区的历史早已为大量文献史料和地下、地上文物展现得清清楚楚，而最为渺茫难稽的，显然是北京地区先秦时期的历史。迄今为止，秦以前的北京历史仍存在不少悬案，某些关键性环节甚至连只鳞片爪的线索也没有，只留下了一片空白。由此所决定，本章的重点就是综合历史学、考古学的双重证据，在钩沉辑佚的条分缕析中着重解析北京地区的早期历史，唯其如此才能完整勾勒出北京历史文化的持续发展过程。事实上，从上章对黄帝史迹的探索已不难看出，中华文明的始祖早在五千年前就给古燕大地书写了一个辉煌的开篇，这之后怎么可能是一片空白呢？

　　下面就让我们看看，在兴亡续绝、千折百回的历史大潮中，北京地区是怎样一步一步永不间歇地走过来的。

一　原始时代

在旧石器时代，人类的生存能力十分脆弱，稍遇环境的恶化便会从原地消失，故此世界上的绝大多数旧石器时代遗址皆零星单薄，内涵贫乏。然而与众不同的是，在北京的古人类遗存中，不仅旧石器时代早期的"北京人"持续生活了数十万年，遗留下了厚达 40 余米的堆积，此后还相继出现了旧石器时代中期的"新洞人"和旧石器时代晚期的"田园洞人"及"山顶洞人"。上个世纪末，中国科学院古脊椎动物与古人类研究所会同北京市文物研究所在北京做了全面调查，结果在周口店之外又发现了 30 余处旧石器时代遗址，分属旧石器时代早、中、晚三期，范围遍及平谷、密云、怀柔、延庆、门头沟、东城、西城各地[①]。由此可见，北京地区的古人类不仅保持了长期稳定的发展，而且活动的范围也十分广泛。1996 年底，在地处闹市中心的王府井东方广场工地上，又发现了一处旧石器时代晚期遗址，年代距今约 2 万余年[②]。这是一处平原旷野遗址，它的发现一举改写了以往北京古人类遗址多见于山陵地带的历史，表明北京的古人类已经定居到平原地区。

旧石器时代遗址及古人类化石的相继面世，不断填补了北京地区从直立人直到东亚黄种人之间的人类进化链，使它们的衔接日趋紧密。仅就周口店一地而言，"北京人"生活在距今 70 万～ 20 万年前，"新洞人"生活在距今 10 万年前，"田园洞人"生活在距今 4 万年前后，"山顶洞人"生活在距今 2 万年前后，各大环节已都有代表性遗存。这几大阶段间虽然还有一定的空挡，但一地之中的旧石器文化如此完整，在各地的旧石器文化遗存中已属罕见。倘若再下承距今万年上下的东胡林人，直立人—早期

---

① 李超荣等：《北京地区旧石器考古新进展》，《人类学学报》1998 年第 2 期。

② 郁金城等：《北京王府井发现旧石器晚期遗址》，《北京文博》1997 年 1 期。

智人—晚期智人—现代人的人类进化谱系在北京地区已经完整地建立起来。

关于现代人类起源的时间、地点及进化模式等，至今学术界尚无一致的见解，针锋相对的观点主要有二：一是单一非洲起源论，二是多地区进化论。前说认为现代人的祖先统统出自 15 万年前的一个非洲女性，是她的子孙在距今 10 万年前后走出了东非大峡谷，向世界各地迁移，这才有了各大洲的现代人。这个非洲女性因此被称为"夏娃"，单一非洲起源论也由此被称作"夏娃说"。按照这种说法，"夏娃"后裔中的一支在亚洲取代了原来生活在这里的古人，由此成了包括中国人在内的现代黄种人的祖先。"夏娃"后裔的另一支则侵入欧洲，消灭当地的土著尼安德特人演变成了现代欧洲人。至于其它各洲的原始人，此说认为他们或者被酷寒无比的冰川所吞噬，或者完全被"夏娃"的后裔所征服，总之无一幸免。第二种说法则持完全相反的观点，认为各大洲的直立人虽然有可能是在 100 万年前由非洲迁徙来的，但现代人类却是由非洲直立人、欧洲海德堡人及尼安德特人、东亚直立人各自独立进化来的，而后又在各大洲迥然有别的地理、气候、食物条件下发展成了不同体貌特征的非洲人、亚洲人、大洋洲人和欧洲人[1]。

就中国而言，目前发现的古人类化石从 200 万年前到 1 万年前绵延不绝，而且环环相扣，充分表明中国人是独立起源的[2]。这些事实是如此的确凿，以至中国及东亚学者基本都持后一种观点，鲜有赞同前说者。而现在，仅从北京一地的旧石器文化遗存看，不但已经连缀出由直立人到现代人的进化谱系，还通过这一谱系的前后衔接，呈现出以石器制作技术为主导的一脉相承性，以及由上门齿的铲形结构、颧骨位置、阔鼻、下颌圆枕等人体特征的连续进化过程，有力证明了中国古人类的独立进化说。吴汝康先生对此辨之甚详，他指出，自从发现北京猿人的铲形门齿特征后，可

---

① 吴新智：《古人类学研究进展》，《世界科技与发展》2000 年第 5 期。

② 吴新智：《中国古人类进化连续性新辨》，《人类学学报》2006 年第 1 期。

以看出中国境内的人类化石无论时代早晚几乎都是铲形门齿。为此他强调："上述这些在现代蒙古人种中出现率特高的性状，在中国发现的直立人直到晚期智人中都经常出现。显示它们与黄种人和现代中国人之间存在着连续性，有着亲缘上的继承关系。"①此外的相关联系也比比皆是，例如现代亚洲人的重要体征之一是扁鼻梁，而北京的古人类恰好也都是扁鼻梁。在不排除外来基因相互交流的前提下，上述事实充分证明，亚洲和中国的古人类是独立起源的，证实了人类起源的多元进化论。

到了新石器时代早期，继东胡林遗址及怀柔转年遗址之后，房山西南部的北拒马河西岸又发现了时代紧承其后的镇江营一期文化，年代或可早到距今 9000 年前②。其陶器的种类和数量都较东胡林和转年遗址明显增多，不仅出现了圜形底的釜、盆、钵、盂、小口壶等，还出现了少量支脚形器和鼎，并且发现了原始彩陶。镇江营一期还揭露出人工搭建的房屋，屋地踩踏面的形状很不规则，似为简陋的窝棚式建筑。其生产工具仍以打制石器为主，也有石磨盘和石磨棒，骨器大多通体磨光。镇江营一期文化不仅在年代上把距今万年前后的东胡林、转年遗址与新石器时代中晚期的北京遗存衔接起来，而且种种迹象表明，它也传承了东胡林人的定居生活方式，是新兴的农业部落。

到了新石器时代中晚期，北京地区的相关遗存明显增多，截至目前已发现了五六十处，范围则遍及燕山南麓直抵拒马河畔的广大地域。其中经过正式发掘的重要遗址有：北京东部的平谷县上宅、北垫头，北部的密云县燕落寨，西北部的昌平区雪山，西南部的房山区镇江营等。此外经过考古调查或部分试掘的有：海淀清河镇、白家疃、田村，门头沟松树峪，怀柔水库、大榛峪、宝山寺、喇叭沟门、北干沟、汤河口，密云南石城、董

---

① 吴汝康：《古人类学》，文物出版社，1989 年，第 206 页。

② 北京市文物研究所：《镇江营与塔照——拒马河流域先秦考古文化的类型与谱系》，中国大百科出版社，1999 年。

各庄、龟脖子、山安口、坑子地、老爷庙，平谷前吉山，顺义大北坞、魏家店等，不一而足①。

就时代而言，北京地区的新石器时代中晚期遗址上可达 8000 年前，下可至 5000 年前，前后纵贯三千余年。就环境而言，此时的北京先民已沿河流走出了山涧或山前谷地，来到了水草肥美的平原高岗。就经济形态而言，原始农业在此时取得了显著的发展，农业生产工具大量涌现，打磨精细的石斧、石铲、锄形器及石磨盘、石磨棒等层出不穷。就陶器文化而言，这时的制陶业在生产规模及陶器的质地、火候、种类、纹饰和加工技术上都登上了一个新台阶，远非此前的陶器文化可比。就文化的丰富多彩而言，不少遗址出土了陶塑及石质工艺品，仅上宅遗址就发现了陶质的猪头、羊头、熊头、海马、蛇等动物塑像及耳珰形器，还发现了石雕的小石猴、小石龟、小石鱼等②。其中的石雕小龟造型逼真，工艺精湛，可供佩戴，堪称史前艺术的瑰宝。

总之，自"东胡林人"以降，北京地区的新石器文化前后相继，构成了上下有序的完整谱系。此期间北京地区的部族有来有往，不限一族一群，但始终传承着"东胡林人"全面、均衡发展的古老传统，在原始农业、部族结构、文化面貌等方面都取得了明显进展，为跨入文明时代奠定了坚实的基础。

二　五帝时代

黄帝史迹是北京地区有文献可考的最早历史，而如上章所述，在那个文明初萌的时代，黄帝、炎帝、蚩尤等核心集团都曾聚集到涿鹿及北

---

① 北京市文物研究所编：《北京考古四十年》第二章，燕山出版社，1990 年。

② 北京市文物研究所等：《北京平谷上宅新石器时代遗址发掘简报》，《文物》1989 年 8 期。

京一带，给中华民族留下了惊天动地的华彩乐章。这三大部族展开的阪泉之战和涿鹿之战，不仅催生了华夏文明，而且通过他们战后的融合，还开创了中华一统的最初局面，缔造了中华民族的最早雏形。因此，若论国家文明的肇兴，论多元一体中华民族的形成，都不能不从北京西北及涿鹿一带谈起。

五帝时代肇始于黄帝，止于夏朝的诞生，上下历经约千年。正是这千年的历程，伴随刚刚诞生的中华文明和中华民族走上了发育成长之路，为后来夏商周王朝的崛起夯实了基础。但由于文献资料的阙失，如此承前启后的重要阶段，北京地区的历史却幽晦不明，几近一张白纸。这无疑给北京编年史留下了一大缺憾，但拨开眩乱迷茫的历史云雾，从中仍可以窥见或明或暗的斑斑史迹。

由第二章第三节所论，可知五帝时代的颛顼、帝喾、唐尧、虞舜个个出自黄帝，而作为黄帝集团的发祥地，涿鹿至北京一带同时也是颛顼、帝喾、唐尧、虞舜共同的祖地。因此，黄帝之后的四帝虽然不断扩大了活动舞台，虽然他们的中心居地也会随时代的变迁而不断转移，但凭借他们与祖地的血脉联系，势必会在涿鹿及北京一带留下自己的足迹。

《史记·五帝本纪》载："帝颛顼高阳……北至于幽陵，南至于交址。"《尚书·尧典》云："（帝尧）申命和叔，宅朔方，曰幽都。"《史记·五帝本纪》亦云："帝尧……申命和叔，居北方，曰幽都。"以上是文献中有关帝颛顼、帝尧和幽陵、幽都联系的记载，而如上章第三节所述，幽陵、幽都即古之北京。

古人多以幽陵、幽都等同于上古幽州，如《史记·五帝本纪》正义曰："幽陵，幽州也"，《楚辞·大招》王逸注："幽陵犹幽州也"，《庄子·在宥篇》疏文云："幽都在北方，即幽州之地"，凡此皆以幽陵、幽都为古幽州。案"幽州"之谓所出甚晚，是"九州"说问世后才有的地理称谓。《左传·襄公四年》引《虞人之箴》曰："芒芒禹迹，画为九州。"《史记·五帝本纪》云："唯禹之功为大，披九山，通九泽，决九河，定九州，各以其职来贡，不失厥宜。"以上"禹迹"，是指大禹治水走过的地方，而将这一范围划为"九州"，见于典籍最早早不过春秋，见于史实最早早不过夏禹。其实，这反映的是东周人的地理观，与此前的五帝时代根本不搭界，无非是东周人假大禹治水之名托古言世罢了。

文献中记载的九州州名也不完全一致，其中只有一部分把幽州列做了九州之一，主要有《周礼·夏官·职方氏》、《吕氏春秋·有始览》、《尔雅·释地》等。至于其方位，《周礼·夏官·职方氏》载："东北曰幽州。"《吕氏春秋·有始览》曰："北方曰幽州，燕也。"《尔雅·释地》云："燕曰幽州。"晋郭璞注："自易水至北狄。"《释名·释州国》称："幽州，在北幽昧之地也。"《史记集解》引马融说："禹平水土，置九州……分燕置幽州。"综合以上记载，可知幽州即古燕地，其范围北掩燕山南北的"北狄"，南抵河北易水流域。

既然"幽州"是一个后起称谓，而且范围很大，以此笼统的对应五帝时代的幽陵、幽都便未免失之泛泛了。那么，在泛指的"幽州"之前，是否有一个特指的幽陵或幽都呢？答案是肯定的。

《山海经·海内经》云："北海之内有山，名曰幽都之山，黑水出焉。"此文以"幽都"为某一座特定的山，就是幽都的特指之义。《读史方舆纪要》卷一〇云："幽州有幽都山，州盖因以为名。"这里也说历史上是先有幽都之山，后有幽州之谓，把幽都和幽州的因果关系说得一清二楚。特别值得注意的是，在上引《尚书》、《史记》的相关记载中，凡述及夏以前的事必言之以幽陵或幽都，概不言幽州，也足见幽陵、幽都是和幽州早晚有别的两个不同概念。

那么，古幽陵、幽都究竟何在呢？前引《山海经·海内经》说幽都之山在北海之内，这就为其框定了一个大致的范围。北海即今渤海，《孟子·万章》记孤竹君"居北海之滨"可证。《括地志》云："孤竹故城，在平州卢龙县南十二里，殷时诸侯孤竹国也。"孤竹故城在今河北卢龙县境，恰好濒临渤海。渤海是内海，三面环陆，自古就是北京的海上门户。说幽都在"北海之内"，当然不是说此山兀立在茫茫大海中，而是说它位在渤海以里，也就是渤海以西，而这恰恰就是今京津大地。此范围仍较泛泛，因此古幽陵、幽都地望的进一步锁定，还应求诸《山海经》所说的"幽都之山，黑水出焉"的"黑水"。

京津一带最著名的黑水就是古卢沟河。宋人周辉《北辕录》说："卢沟河亦谓黑水河，河色最浊。"明人孙国敉《燕都游览志》也说："桑干下流为卢沟……以其黑故呼卢沟。燕人以黑为卢。"古卢沟河即今之永定河，发源于桑干河，自官厅以下蜿蜒东南流，傍西山西麓进入门头沟区三家店一带，由此流向北京小平原。1985 年，北京海淀区太平路石槽村出土了一方《唐纪公夫人张氏墓志》，志文云："大中元祀（847 年）……卜葬于蓟城西幽都县幽都乡石槽村之原。"[1]唐幽都县为唐德宗建中二年（781 年）所置，辽代改名宛平，故址就在今丰台区宛平城西南。此地既以幽都名县，当与古幽都有一定的联系，而其位置正好就在永定河畔，恰是"黑水出焉"之处。以此证之，古"幽都之山"一则和永定河有关，二则距宛平不远，很可能就是北京西山中的某一座山。了乎此，史乘所说今北京"陶唐曰幽都"[2]也就言之成理了，因为幽都山未出今北京的范围。

除了幽都、幽陵之外，史乘中还有一个与五帝更加紧密相关的地方，这就是冀方或冀州。

《左传·哀公六年》引《夏书》云："唯彼陶唐，率彼天常，有此冀方。"陶唐是帝尧的名号，此文说冀方是帝尧的重要领地。冀方即古冀州，《史记·夏本纪》集解引孔安国曰："冀州，尧所都也。"此文又明谓冀州是尧之都邑。又《史记·五帝本纪》云："舜，冀州之人也。"这里更以帝舜出

---

[1] 《海淀区出土一座唐代墓葬》，《北京日报》1985 年 5 月 26 日第二版。

[2] 《辽史·地理志四》。

自冀州。

关于古冀方、冀州的地望，《史记·五帝本纪》正义列举了两种不同说法。一说为："蒲州河东县本属冀州。宋永初山川记云：'蒲阪城中有舜庙，城外有舜宅及二妃坛。'"其地在今山西省最西南端的永济市。又一说为："括地志云：'妫州有妫水，源出城中。耆旧传云即舜厘降二女于妫汭之所。外城中有舜井，城北有历山，山上有舜庙，未详。'案：妫州亦冀州城是也。"此说以冀州城在唐之妫州。唐妫州地望已见上章所论，它是由秦汉魏晋的上谷郡演变来的，位置就在今北京延庆至河北怀来、涿鹿一带。

对于上述两说，学界向以前说为是，几无异词。然而证诸古老文献及史实，似以后说更为贴切。《逸周书·尝麦解》云："蚩尤乃逐帝，争于涿鹿之阿，九隅无遗，赤帝大慑，乃说于黄帝，执蚩尤杀之于中冀。"《山海经·大荒北经》云："蚩尤作兵伐黄帝，黄帝乃令应龙攻之冀州之野。"以上记载皆出自先秦典籍，其中《逸周书·尝麦解》的年代甚至可以早到西周中期，是保留至今的最古老文献之一。而见于它们的记载，皆以冀州、中冀为黄帝、蚩尤大战之地，也就是第二章第三节所论的涿鹿至北京西北之地，显然这才是古冀州的所在。到后来，当《尚书·禹贡》构建出夏禹的九州说后，冀州也和幽州一样位列九州，范围广及"今山西全省，河北的西、北境及河南的北部，辽宁的西部"[①]。但在"九州"说出现之前，尧所都及舜所出的冀州理应出自其原始初义，也就是《括地志》所说的唐妫州。

关于帝尧和帝舜的古冀州应在涿鹿一带，于文献中还有更详尽的证明。晋皇甫谧《帝王世纪》云："舜所都也，或言……潘者也。"这里说舜的都城在汉晋的潘县，而潘县故城就在今涿鹿一带。又《水经注·湿水》云：

---

① 顾颉刚：《禹贡注释》，《中国古代地理名著选读》第一辑，科学出版社，1959 年，第 7 页。

"（湿水）又北径潘县故城，左会潘泉故渎。渎旧上承潘泉于潘城中，或云舜所都也。《魏土地记》曰：下洛城西南四十里有潘城，城西北三里有历山，山上有虞舜庙。……涿水出涿鹿山，世谓之张公泉。东北流径涿鹿县故城南，王莽所谓褫陆也。黄帝与蚩尤战于涿鹿之野，留其民于涿鹿之河，即于是也。"在这里，"舜所都也"、虞舜庙等都被定位在黄帝大本营的涿鹿。《括地志》亦云："妫州历山舜井，皆云舜所耕处。"这里也说古涿鹿所在的唐妫州是帝舜生活居住的地方。综合此类记载，不仅可证"冀州，尧所都也"的冀州理应在古涿鹿，还说明涿鹿有舜庙、舜井，是"舜所耕处"。虽然帝舜的都城向以蒲阪（今山西省永济市）为说，但以"舜，冀州之人也"及涿鹿为"舜所耕处"的记载推之，或许涿鹿本是帝舜迁居蒲阪之前的住所。

值得注意的是，按照"九州"说划定的范围，古幽州的地域是"自易水至北狄"，古冀州则广及今山西全省、北京全部、河北大部，还略带豫北和辽西。两相比照，不难发现古幽州其实已包含在古冀州中。其中的缘故是，幽州、冀州分别出自不同的"九州说"系统，于是二者便有了重叠的部分。而见于史迹，五帝的活动既然同时与幽陵、幽都或冀方、中冀有关，以理度之，这些地点就理应出自幽州与冀州相重叠的部分，而这部分就是"自易水至北狄"的古燕地。此前因往往单纯以冀州论冀州或以幽州论幽州，忽略了二者的内在联系，才动不动跳出了它们重叠的范围，衍生出种种南辕北辙之说。

《魏书·太宗纪》云："壬申，幸涿鹿，登桥山，观温泉，使使者以太牢祠黄帝庙。至广宁，登历山，祭舜庙。……辛酉，幸桥山，遣使者祠黄帝、唐尧庙。"又《魏书·世祖纪上》云："八月，东幸广宁，临观温泉。以太牢祭黄帝、尧、舜庙。"由上可知，北魏皇廷不仅在涿鹿祭祀黄帝，还在这里祭祀帝尧、帝舜，足见涿鹿也是帝尧、帝舜的龙兴之地。是故帝尧的"有此冀方"也罢，冀州的"尧所都"也罢，帝舜的"冀州之人"也罢，唐妫州的"舜所耕处"也罢，潘城的"舜所都"也罢，显然都指的是古涿鹿。

帝喾的事迹于史不详，难以为说，而如上所考，颛顼、唐尧、虞舜诸帝都与今涿鹿一带有着密不可分的联系。更重要的是，涿鹿一带不仅是颛顼、帝喾、唐尧、虞舜的祖地，还可能是他们黄帝高祖的葬地，说已详第二章第三节。既然黄帝的陵寝宗庙在此，身为黄帝后人的其它四帝也就不可能不常来这里祷祝祭拜了。《史记·五帝本纪》云：帝舜"北巡狩，皆如初。归，至于祖祢庙，用特牛礼。"帝舜是黄帝的第九世孙，被他尊为高祖并专程前往拜祭的，必非黄帝莫属。而其必须经过"北巡狩"方能"至于祖祢庙"的祖庙，则很可能就是涿鹿桥山的黄帝庙。这段记述虽然隐晦，却也透露出帝舜与其它诸帝常来涿鹿拜谒黄帝陵的事实。

毋庸讳言，五帝的地望是古史研究中一大纷纭莫辨之事，至今难以遽定。前引各种记载也都出自后人的追记，未必都能尽信。但综合文献的种种记述，至少可以断言，颛顼、帝喾、唐尧、虞舜显然和先祖黄帝的历史大本营有着种种不可断分的联系，或于此降生，或在此居住，或来此祭拜，或以此为都。总之，这是他们基业的所在，是他们心灵的圣地，不会毫无来往，不会不加经营。郦道元《水经注·湿水》云："黄帝与蚩尤战于涿鹿之野，留其民于涿鹿之河，即于是处也。"这也证明黄帝部族曾在这里长期驻守，留下了部属及其后人。

正如上章第三节所述，由于北京西北一带自古就是涿鹿的一部分，由于古涿鹿和古代北京统属一个行政区划，也由于早在黄帝时代北京平原已纳入了黄帝的大本营，是故颛顼、唐尧、虞舜等五帝集团在古涿鹿的活动线索，也可以视为古代北京的历史线索。这并非简单的逻辑推论，更非单纯的凭空想象，而已然得到了考古学的证明。

五帝时代北京地区的考古遗存主要是雪山二期文化，最早发现于昌平雪山遗址中层，此后又陆续发现于房山区镇江营第四期、平谷刘家河、昌平燕丹[1]、唐山大城山等地[2]。此文化的时代大约在距今 4800 年至 3900 年间，与中原的龙山时代相合。这些遗存的石器制作相当精良，通体磨光，以石斧为多，此外有凿、锛、刀等，还有一定数量的细石器；陶器制作采用了轮制法，器表大多有纹饰，出现了极具龙山时代特征的鼎、甗、盉等器；已发现的房屋大多为半地穴式，有门道、柱洞、烧灶等。虽然考古工作者迄今尚未对雪山二期遗存做较深入的解剖和揭露，很难复原当时北京地区的历史原貌，但它们的存在已足以证明，五帝时代的北京地区绝非不毛之地。

最令人瞩目的是，此前北京地区的考古学文化，无论是上宅文化或雪山一期文化，都具有显著的北方土著元素，而到了雪山二期文化，北京地区的文化却一改其传统风格，表现出了与中原龙山文化的极大一致性。仅就雪山遗址而言，据考古工作者的比较研究，其夹砂绳纹侈口深腹罐、泥质灰陶篮纹双耳罐、大口平底盆、束腰式鬲足、盆形甗等，皆与河南龙山文化后岗类型的同类器相似；其鸟首形鼎足、泥质薄胎黑陶及白陶等，则蕴含着山东龙山文化的影响；其红胎或灰胎黑陶双耳罐、小口高领罐、曲腹碗、器盖等，又与唐山大城山等河北龙山文化遗址如出一范；其带鋬耳的褐陶鬲以及数量较多的细石器等，更与河北蔚县壶流河流域的龙山文化遗存基本相同[3]。这种共性是如此明显，以至邹衡先生在论定雪山二期文化时，直接把它归在了河北龙山文化中，称其为河北龙山文化雪山型[4]。如所周知，中原龙山文化就是五帝时代的文化，而雪山二期文化与它的共同性，恰好揭示了五帝时代的北京地区与中原的非同一般联系，证明该时期的北京已成五帝的重要活动区域，和文献提供的线索桴鼓相应。

---

① 北京市文物研究所编：《北京考古四十年》，第 22 ~ 25 页。

② 河北省文物管理委员会：《河北唐山市大城山遗址发掘报告》，《考古学报》1959 年 3 期。

③ 北京市文物研究所：《北京考古四十年》，第 24 页。

④ 邹衡：《夏商周考古学论文集》，文物出版社，1980 年，第 262 ~ 263 页。

　　除了有关五帝集团的活动脉络，北京地区还留下了其它一些五帝时代的历史线索，无非因岁月的掩盖而更加隐晦不明。

　　共工是五帝时代的又一重要成员，也与北京的历史息息相关。见于史乘，共工氏的史迹前后纵贯颛顼、帝喾、帝尧、帝舜、夏禹五帝，可知其并非一人之名，而是一族之名，并且始终活跃在整个五帝时代。而综合有关记载，可知这个部族相当桀骜不驯，其头领曾与颛顼、帝喾强争帝，后被尧、舜流放。《淮南子·天文训》云："昔者共工与颛顼争帝，怒而触不周之山，天柱折，地维绝。故天倾西北，日月星辰移焉；地不满东南，故水潦尘埃归焉。"这里说共工与颛顼争位，战败后怒触不周山，导致天倾西北，地陷东南。被颛顼打败后，共工氏仍不甘心，继续与帝喾争帝，事见《淮南子·兵略训》："（共工）与高辛（帝喾）争为帝。"经过长时间的反复较量，共工族彻底败北，终于在帝尧、帝舜时被逐出中原，而其流放之地，便是幽陵、幽都。

　　《史记·五帝本纪》云："于是舜归而言于帝，请流共工于幽陵，以变北狄。"《尚书·舜典》载："流共工于幽州。"《孟子·万章》称："舜流共工于幽州。"《庄子·在宥》称："流共工于幽都。"以上即尧、舜流放共工于幽陵、幽都的记载，而如前所述，幽陵、幽都实为一地，此即今之北京。

　　共工氏的流放之地至今仍有史可稽。《史记·五帝本纪》正义引《括地志》云："故龚城在檀州燕乐县界。故老传云舜流共工幽州，居此城。"顾祖禹《读史方舆纪要》卷十一昌平、密云县云："燕乐废县，……共城，《括地志》云'在檀州燕乐县界'，即舜流共工之地，一作龚城，志云：'在今县东北五十里'。"案古檀州为隋开皇十八年（598年）所置，故城在今北京密云县密云水库北侧燕落村，大业三年（607年）改为安乐郡，唐武德元年（618年）复称檀州，移治所至今密云县城。上章已述，《括地志》成书于唐贞观十五年（641年），此时檀州州治已移置密云。另据顾炎武《昌平山水记》所述，清朝初年时此龚城尚在，称"共城"，在密云县东北五十里，此即传说中的共工氏流放之地。夏商之后，共工族隐入了历史的黑暗，茫茫然无所踪，恰好说明这支强悍的部族已经融入古燕地，成为北京地区原住民中的一支。

《史记·匈奴列传》载："唐、虞以上有山戎、猃狁、荤粥，居于北蛮。"《大戴礼记·五帝德》载：帝舜时北方有"山戎，发，息慎。"此两文说五帝时代的北方民族有山戎、猃狁、荤粥、发、息慎等，而其中的荤粥、息慎、山戎也与北京地区有关。

《史记·五帝本纪》称黄帝在"合符釜山"前曾"北逐荤粥"，这是有案可查的荤粥族的最早史迹。索隐云："荤粥，匈奴别名也。唐虞已上曰山戎，亦曰熏粥，夏曰淳维，殷曰鬼方，周曰猃狁，汉曰匈奴。"此外《史记·匈奴列传》索隐引东汉经学家服虔曰："尧时曰荤粥，周曰猃狁，秦曰匈奴。"又引汉末人应劭《风俗通》云："殷时曰獯粥，改曰匈奴。"综合此类记载可知，荤粥（獯粥）是北方游牧族的祖先，故此历代史家莫不以其为久居塞外的游牧族。然而，认真考稽史迹，事实似乎并非如此。

一是见于史乘，黄帝的"北逐荤粥"发生在阪泉、涿鹿之战以后，也就是发生在黄帝集团进入燕山南麓之时。这就是说，黄帝"北逐"荤粥的出发地应在燕山以南；

二是察"逐"字之本义，当训为放逐或驱赶，是向北驱赶之义。这说明，当时荤粥族离涿鹿的黄帝集团不远，甚至很可能是黄帝集团南下前涿鹿及北京一带的原住民；

三是"北逐荤粥"时黄帝集团大战甫定，正忙于挺进中原并定鼎中原[1]，不可能为了一个荤粥而远征塞外极北之地。

因此，合乎情理的解释是，在被黄帝驱逐前，荤粥位居燕南，尚未成为游牧族，只是在被驱赶到燕山以北后，才因环境的改变而逐步转化为

---

[1]　说详第二章第三节。

游牧族。又因为是最早被"北逐"者，荤粥于是成了后世北方民族的先祖。事实上也正如服虔、应劭等人所述，荤粥族在黄帝之后一直延续下来，不仅延续到了帝尧时期，甚至延续到了夏商时期，直至分化为不同的草原部落。

《大戴礼记·五帝德》所说的息慎，即金朝和满清的远祖肃慎。《史记·五帝本纪》集解引郑玄云："息慎，或谓之肃慎。"此即以息慎为肃慎的明证。《大戴礼记·少闲篇》云："昔虞舜以天德嗣尧，……海外肃慎、北发、渠搜、氏羌来服。"《淮南子·原道训》云：虞舜"纳肃慎。"综此可知，早在帝舜之时，肃慎就是中原部落集团的成员，与中原交往密切。商末周初之时，肃慎的所在更被称为周之北土，事见《左传·昭公九年》："及武王克商，……肃慎、燕亳，吾北土也。"周成王时，肃慎甚至成了周室正式册封的诸侯，事见《竹书纪年》：周成王年间"肃慎氏来朝，王使荣伯锡肃慎氏命。"这里的"命"字，特指帝王颁赐给臣下信物爵位的诏书，此文说肃慎到周王廷朝贺，周成王令荣伯"锡肃慎氏命"，肃慎由此接受了周天子的册命，实至名归的成了周朝藩属。

既是帝舜的部属，又是商周之际中原的"北土"，还在成王时正式册封为周之属国，那么当时的肃慎怎么可能会远在《后汉书·东夷列传》所说的"不知其北所及"之地呢？如果按照历来的说法，肃慎族从一开始就生活在靠近鞑靼海峡的东北边陲，与帝舜的中心及周王朝的中心天地悬隔，要说那时的肃慎会成为帝舜的部落联盟成员，成为周朝的北土并接受成王的册命，简直是天方夜谭。更何况，这中间间隔的还不只是千山万水，更有山戎、猃狁、荤粥、鬼方、孤竹以及许许多多叫不上名的北蛮之族。即便当时肃慎有"远交近攻"的战略眼光，恐怕也没有能力跨越这些蛮族去结交中原王室，更不要说频繁往来于中原腹心之地了。

那么，先秦肃慎到底位在何处呢？解开这个谜底的关键，就在周武王时"肃慎、燕亳，吾北土也"的"北土"上。案此文之核心，在于"吾北土"的一个"吾"字，这显然指的是周人自己势力的北部，而非泛泛的极北之地。杜预《春秋释例》云："北土，燕代之属。"这里说的就是周人的北土，特指燕代一带。燕的中心在今北京，代国在今河北中部蔚县，商末周初的古肃慎族就应在这附近。史称肃慎人善为弓矢，长于射猎，或许他们就是生活在燕代西部或北部山地中的居民。与肃慎并列为周武王"吾北土"的还有古燕亳，而于史可稽的是，这个古燕亳就在今北京①，这也证明当年的古肃慎族应在燕代附近，而绝不可能远在乌苏里江流域。

正因为相距不远而且关系密切，故而先秦肃慎族和中原王朝常来常往，史不绝书。《竹书纪年》说帝舜时"息慎氏来朝贡弓矢"②;《国语·鲁语下》说武王克商时"肃慎氏贡楛矢、石砮";《逸周书·王会篇》说周成王大会诸侯时稷慎（肃慎）来献"大鹿";《尚书·周书序》说"成王既伐东夷，息慎来贺，王俾荣伯作《贿息慎之命》";《后汉书·东夷列传》说周康王时"肃慎复至";《三国志·魏志·东夷传》说从虞舜以迄于周"东夷有肃慎之贡"，凡此皆是先秦肃慎族与中原王朝频繁往来的实证，而这绝非一个远在极北之地的原始部落想做和能做的。

在大约成文于战国时期的《山海经·海外西经》中，记载了一个有关肃慎族的故事，其云："肃慎之国在白民北。有树名曰雄常，先入代帝，于此取之。"东晋郭璞注："其俗无衣服，中国有圣君代立者，则此木生皮可衣也。"将这些文字翻译成白话就是，当时肃慎国位在白民国的北面，那里有一种树木叫雄常树，每当中原地区有圣明天子继位，当地人就取雄常树的树皮来做衣服。这里写的显然是北徙之后的肃慎族，那时他们已僻处荒山，过着穴居野处的日子，远离了华夏文明。但这个故事隐喻的三层含义却十分耐人寻味：

一是当时肃慎人虽然告别了"男耕女织"的农业文明，没有了穿衣的

---

① 说详下。

② 方诗铭、王修龄：《古本竹书纪年辑证（修订本）》，上海古籍出版社，2005年。

条件，但每逢重大节庆，仍然要以树皮做衣以示郑重，表明他们并非与生俱来的茹毛饮血之族；

二是庆祝盛典的方式形形色色，肃慎族却与众不同地选择以穿衣来庆祝，这不仅迥然有别于"蛮夷"之俗，而且恰与"黄帝、尧、舜垂衣裳而天下治"①的华夏传统相契，表明他们有着古老的文明基因；

三是僻处北地的肃慎族的最大庆典，竟然是欢庆中原地区有圣明天子继位，说明他们始终情系中原。而这种刻骨铭心的感情，只有割不断的故土情或血族亲才能当之。

对先秦肃慎族的重新定位，其意义还不仅仅是为了复原北京的上古史，也不仅仅是为了给日益热络的肃慎史研究提供一个全新的思路，更突出的意义在于，这可以给肃慎族后裔创建的金朝和清朝正名，证明他们的入主中原并非"外敌入侵"。同时，这也可以为肃慎族长期生活居住的乌苏里江、黑龙江流域和长白山定性，证明它们自古就是中国的领土。

《大戴礼记·五帝德》及《史记·匈奴列传》都提到了尧舜时期的山戎，这也是一个古老的部族。《史记·匈奴列传》云："燕北有东胡、山戎，各分散居溪谷，自有君长，往往而聚者百有余戎，然莫能相一。"这里的"燕北"应泛指古燕地的北半部，包括燕山南北的溪谷山林，而这就是山戎族的聚居区。

燕山以北的山戎见载于《国语·齐语》："（齐桓公）遂北伐山戎，刜令支、斩孤竹而南归，海滨诸侯莫敢不来服。"韦昭注："（令支、孤竹）二国，山戎之与也。……令支，今为县，属辽西，孤竹之城存焉。"此即活动在燕北辽西一带的山戎族。据学者考证，其范围"西南起自今河北迁安、卢龙；沿渤海北岸东抵辽宁兴城；北达辽宁北票和内蒙敖汉旗南部"②。

燕山以南的山戎族最重要的是无终国。韦昭注《国语·鲁语》云："无

---

① 《易经·系辞下》。
② 陈平：《燕史纪事编年会按》（上册），北京大学出版社，1995年，第54页。

终，山戎之国。"《史记正义》引杜预云："山戎、北戎、无终三名也。"唐李贤注《后汉书》云："无终本山戎国也。无终，山名，因为国号。"以上说的都是山戎的无终国。《汉书·地理志》右北平郡无终县下原注云："故无终子国，浭水西至雍奴入海。"《水经注·鲍丘水》云："灅水又东南迳石门峡，……又西南过无终山，兰水注之，水出北山东流，曲而南，迳无终县故城东，故无终子国也。"唐《括地志》云："幽州渔阳县，本北戎无终子国。"①以上各文献所载地点相同，皆以无终在秦汉的无终县或隋唐的幽州渔阳县，具体位置就在今天的天津蓟县和北京平谷一带。无终国的历史最早可溯至夏禹之时，当时称"终北"。《列子·汤问》云："禹之治水土也，迷而失涂，谬之一国，滨北海之北，不知距齐州几千万里，其国名曰终北。"此"终北"即夏代的无终，而其所在的"滨北海之北"，按照前述古北海即今渤海的定位，恰和今蓟县及平谷的位置相应。

　　早自 1965 年以来，在北京延庆县军都山南麓的溪谷山林地带，就陆续发现了十余处极具特色的少数民族遗存，学者认定此即考古学上的山戎文化②。其中经过发掘清理的主要有：1975 年，在延庆县西拨子村清理了 50 余件窖藏青铜器，时代属西周晚期至春秋早期③；1985 年至 1990 年，在延庆县的葫芦沟、西梁垙、玉皇庙三处墓地共发掘了 500 余座墓葬，年代从西周、东周之交直至战国早期④；1994 年，在延庆西梁垙又发掘出土了 12 座墓葬，时代属春秋⑤。以上墓葬和窖穴出土了不少青铜器、兵器、马具，还随葬了大量金、陶、玉、石、骨、蚌器，以不乏其见的直刃匕首

---

①　《史记·匈奴列传》正义引。

②　靳枫毅：《军都山山戎文化墓地葬制与主要器物特征》，《辽海文物学刊》1991 年 1 期。

③　《北京市延庆县西拨子村窖藏铜器》，《考古》1979 年 3 期。

④　北京市文物研究所山戎考古队：《北京延庆军都山东周山戎部落墓地发掘纪略》，《文物》1989 年 8 期。

⑤　北京市文物研究所：《龙庆峡别墅工程中发现的春秋时期墓葬》，《北京文物与考古》第 4 辑，1994 年。

式青铜短剑最具特色。通过考古工作，可知这支山戎文化主要分布在包括河北省北部和西北部丘陵山地的广大地域内，并且一直晚到东周时期仍不乏固守在燕山以南者。

总之，五帝时代的北京地区居住着不少土著居民，他们有可能是荤粥、肃慎，有可能是山戎，有可能还包括了同样被称为北蛮的其它部族，很难一概而论。秦汉以后，这些部族或湮没无闻，或北上塞外成为北方草原民族的先祖，但在五帝时代，他们应主要活动在靠近燕山的山林地带，集中在北京小平原的周边地区。

上章第三节曾述，黄帝南下中原后，北京地区的文化一度中衰，但同时也指出，这个短暂的间歇很快便会过去。果不其然，正如本节所论，五帝时代的北京地区不仅未成历史的荒漠，反而涌现出更为丰富的多元历史。就此而言，黄帝集团在北京一带的活动至关重要，因为恰是这一辉煌的开篇，使这里成了黄帝后裔的历史根基，成为颛顼、帝喾、唐尧、虞舜的活动地域。正是他们，和黄帝部族的直系遗民、帝尧派来的和叔、帝舜流放的共工，以及荤粥、肃慎、山戎等土著居民一道，共同谱写了五帝时代北京地区的历史。

三　夏商时期

《史记·夏本纪》云："当帝尧之时，鸿水滔天，浩浩怀山襄陵，下民其忧。尧求能治水者，群臣四岳皆曰鲧可。尧曰：'鲧为人负命毁族，不可。'四岳曰：'等之未有贤于鲧者，愿帝试之。'于是尧听四岳，用鲧治水。九年而水不息，功用不成。于是帝尧乃求人，更得舜。舜登用，摄行天子之政，巡狩。行视鲧之治水无状，乃殛鲧于羽山以死。天下皆以舜之诛为是。于是舜举鲧子禹，而使续鲧之业。"以上记述的是古老的大禹治水故事，它在华夏历史上可以说尽人皆知。这个故事同时还见于其它许多文献的记载，从这些记载看，帝尧时期黄河经常发生洪水，尧于是根据四岳的推荐委派鲧负责水患的治理。结果鲧采取"水来土挡"的策略治水，九年不得成功，最后被放逐羽山而死。舜帝主政后，任用鲧的儿子禹继续治水。禹总结父亲的教训，改"围堵障"为"疏顺导滞"，利用水势和地形把洪水引入疏通的河道、洼地、湖泊，然后合通四海，平息了水患，使百姓得以从高地重返平川耕耘稼穑。此后，禹成了夏朝的第一代君主，被人们称为"神禹"而传颂至今。

见诸史乘，夏禹治水是"自冀州始"的。其故在于，古人"理水及贡赋从帝都为始"[①]，而冀州即"尧所都也"[②]。若以今黄河水道论之，夏禹治水显然与北京地区风马牛不相及，但学术界早有定评，古黄河水道"从新乡、汲县境东北去，过浚、滑二县境，近濮阳，就往北转，变成一南北线，略由今日的滏阳河道、子牙河道，自天津附近入渤海"[③]，即古黄河水道是循大清河从今天的天津入海的。所以大禹治水由冀州始，也就是由燕赵平原始。而且由于燕赵平原正当古黄河的入海处，其"下游水势散漫，所以支流很多，略如今日的淮水，无法指定由何处入海。大禹也是顺着河水下游自然散漫的形势加以疏导，使它不致雍塞"[④]，所以燕赵平原还是大禹治水的重点，北京当然也在其中。

《荀子·议兵篇》云："禹攻共工。"《山海经·大荒西经》云："有禹攻共工国山。"郭璞注："言攻其国，杀其臣相柳于此山。"共工氏在帝舜时已被流放到今北京地区，说已见前。夏禹攻共工，是华夏集团与共工集团斗争的继续，也是夏时期北京地区的又一重要史迹。

---

① 《史记正义》。

② 《史记集解》引孔安国云。

③ 徐旭生：《中国古史的传说时代》（增订本），文物出版社，1985 年，第 150 页。

④ 同上注。

此外北京地区夏代的一个历史线索是，商族先公王亥曾在此时到北京以南的易水一带贩牛，被当地的有易部落杀害，掳走了牛群。《山海经·大荒东经》云："王亥托于有易、河伯仆牛，有易杀王亥，取仆牛。"又郭璞《山海经》注引《竹书纪年》云："殷王子亥，宾于有易而淫焉。有易之君绵臣杀而放之，是故殷主甲微假师于河伯以伐有易，灭之，遂杀其君绵臣也。"综合此类记载可知，王亥的儿子上甲微为了替父报仇，会同河伯发兵征讨有易氏，歼灭了有易部落，由此将商族的势力扩大到了易水流域。王亥乃商朝开国君主商汤的第七世祖，上甲微为商汤第六世祖，时代皆属夏代。据王国维的考证，有易"其国当在大河之北，或在易水左右"①，地在今河北保定易水一带。王国维又指出："(《山海经》、《竹书纪年》) 二书言王亥托于有易，……盖商自侯冥治河，已徙居河北，远至易水左右。"②即以商人势力趁复仇之机占据了易水流域。由此可见，夏代的北京南部一带先是活动着有易部落，后又活动着先商部落。近些年来，在北京南面不远处发现了先商遗址，即为此提供了确凿证据③。

上章已论，周武王克商后，未及下车便褒封黄帝后人于蓟。这是周王室对先圣王后裔原有部族的嘉封，即早在受封之前黄帝后人已定居于蓟。而综合上章对武王封蓟完全系之于黄帝在涿鹿及北京一带的故事、故地、故人的分析，以及《水经注》关于"黄帝……留其民于涿鹿之河"的记述，可知黄帝后人不仅在周武王以前已定居于蓟，甚至自黄帝以降便留居在涿鹿至北京一带。此期间当然也包括了夏商时期，何况于史可稽，殷商时的蓟人已占据了北京小平原，成为这一带的显赫之族④，而由此上溯，

---

① 王国维：《观堂集林》卷九《殷卜辞中所见先公先王考》，中华书局，1959 年版。

② 王国维：《观堂集林》卷十八《商三句兵跋》。

③ 保定考古队：《河北省容城县白龙遗址试掘简报》，《文物春秋》1989 年 3 期；《河北省安新县考古调查报告》，《文物春秋》1990 年 1 期。

④ 说详下。

蓟在夏代也势必取得了相应的发展。当时他们既有可能还居住在《水经注》所说的涿鹿之阿，也有可能已经向东进入了北京平原，总之未出古燕地的范围。

五帝时代活动于燕山地带的荤粥、息慎、山戎等土著居民，除被黄帝北逐的荤粥外，其它大部分显然也都延续到了夏商时期。文献与考古资料证明山戎族在燕山地带一直盘桓到了东周时期，便是历史的明证。《山海经·海内经》云："有监长之国，有人焉，鸟首，名曰鸟氏。"监长是夏商时期的一个古国，邹衡先生认为"监长约当今之延庆一带，其地正近燕山，此或为燕山之所由来"[①]，这也为夏商之际的北京地区添加了一个历史线索。

除了上述史迹提供的种种线索外，考古学的"夏家店下层文化"为北京地区夏商时期的历史状况提供了更为确凿也更为宝贵的资料。

夏家店下层文化是一种进入了青铜时代的北方区域文化，时代约当中原夏商时期，因最早发现于辽宁省赤峰市夏家店遗址下层而得名。它主要分布在内蒙古东南部、辽宁西部、河北东北部及北京、天津地区，向北跨过了内蒙古西拉木伦河，向南直抵河北中部的拒马河及天津海河流域，向西可达桑干河上游，向东深入到了辽河一带，范围大大超过了中原的二里头文化，是夏商时期无出其右的头等文化。在这个广大地域内，燕山山脉横亘其间，由此区分出该文化的燕北、燕南两大类型。

夏家店下层文化"燕南类型"主要分布在燕山以南今北京、天津、唐山地区。北京的此类遗存最早发现于昌平雪山遗址，属雪山三期，后在昌平下苑、张营，房山刘李店、塔照、镇江营、西营，密云燕落寨、凤凰山，平谷刘家河，丰台榆树庄等地屡有发现。根据碳14年代测定，北京的此类遗存较燕山以北略晚，大体处在夏代后期至商代晚期前段。其中房山塔照

---

① 邹衡：《夏商周考古学论文集》，第271页。

一期的四个碳 14 树轮校正年代在公元前 1881 年～前 1429 年间①，这就在夏家店下层文化"燕南类型"的年代范围中。

北京地区夏家店下层文化遗存中最为引人瞩目者，当属平谷县刘家河村发现的一座贵族墓葬。此墓发掘于 1977 年，发掘前已遭破坏，仅残留部分墓室。墓内有台阶，台阶与墓底随葬了铜、金、玉、陶等器物 40 余件。青铜器有礼器 16 件，包括了弦纹鼎 1、小方鼎 2、兽面纹鼎 2、盘 2、盉 2，以及鬲、甗、爵、卣、斝、罍、瓿各 1；金器有臂钏 2、耳环 1、笄 1；玉器有斧、柄、璜；此外还出土了铁刃铜钺及铜当卢、人面形饰等②。根据青铜礼器的年代特征，学者断定这是一座商代晚期前段的墓葬，相当殷墟早期③。

在中国历史上，商代不但已经进入了青铜文化的成熟期，也进入了礼制文化的成熟期。而中国早期礼制制度的一大特点是，作为食器的青铜容器自问世的那天起就承担了标志社会地位的使命，被赋予了明贵贱、辨等级的政治含义。《礼记·礼运》云："夫礼之初，始诸饮食。"此文再清楚不过地揭示，中国早期礼制制度就是从饮食器皿的规范化使用开始的。而察诸刘家河墓葬，仅随葬的青铜容器就有 16 件，规格之高不但在夏家店下层文化中绝无仅有，在全国同期方国遗存中也不多见，表明墓主人是一个位高权重的部落贵族。此墓随葬的铁刃铜钺也非比寻常，它一则使用了铁刃，是人类最早认识并利用铁的一例④；二则这是一件实用兵器，而且因为铁刃的采用而更加锋利；三则它还是权势与身份的象征，是"王"的

① 北京市文物研究所编：《北京考古四十年》第二编第一章；陈光：《北京市考古五十年》，文物出版社编：《新中国考古五十年》，文物出版社，1999 年。

② 北京市文物管理处：《北京市平谷县发现商代墓葬》，《文物》1977 年 11 期。

③ 邹衡：《夏商周考古学论文集》，第 264 页。

④ 目前公认的全世界最早使用铁器的民族是公元前 1400 年左右居住在小亚细亚的赫梯人，北京刘家河的这件铁刃铜钺属商代中期前后，与赫梯人发明铁器的时代相当。即便刘家河墓葬的铁刃有可能出自陨铁，但也体现了中国先人对铁的认识和使用。

专用武器。

吴其昌先生很早就指出："王字之本义，斧也。"①即以甲骨文、金文的"王"字为斧钺的象形。《字林》云："钺，王斧也。"此文亦明言钺为王的专用武器。林沄在《说王》一文中进一步阐发了此说，指出斧钺在古代既是兵器，也是治军的刑具，最后成了军事统帅权的象征②。《史记·殷本纪》云："汤乃兴师率诸侯，伊尹从汤，汤自把钺以伐昆吾，遂伐桀。"此文说商汤在讨伐夏桀时高举斧钺号令三军，钺的作用在这里得到了十分形象的体现。斧钺既然是王权的象征，那就表明出土了这把钺的刘家河墓主不但是夏家店下层文化部族的上层贵族，还是此部族的最高统帅。

至于刘家河墓葬的文化属性，则可以通过如下分析得以判明：

1．该墓的青铜礼器无论在种类、形制还是在花纹装饰上，都与中原青铜礼器十分相似，表明它们深受中原商文化的影响。学者还进而指出，整个夏家店下层文化燕南类型都"具有浓郁的商文化色彩"③，更说明夏家店下层文化燕南类型与中原商文化有着十分紧密的联系。

2．鉴于刘家河墓葬青铜器与中原商式青铜器的相似，一种很普遍的观点认为："从文化面貌上说，平谷刘家河墓葬和夏家店下层文化是完全不同的。"④即因此否定了刘家河墓葬的夏家店下层文化属性，而认定其为典型商墓。但透过现象看本质，事实并非如此。

首先，此墓出土的金臂钏与扁喇叭口金耳环是草原民族的特有饰物，仅见于夏家店下层文化和其它北方文化。因此，不管刘家河墓葬出土了多少与中原相似的青铜礼器，但商人贵族是绝不可能佩戴此类少数民族饰品

---

① 吴其昌：《金文名家疏证》（一），《武大文史哲季刊》五卷三期，1936年。

② 林沄：《说王》，《考古》1965年第6期。

③ 韩嘉谷：《京津地区商周时期古文化发展的一点线索》，《中国考古学会第三次年会论文集》，文物出版社，1984年。

④ 中国社会科学院考古研究所编：《新中国的考古发现和研究》，文物出版社，1984年，第241页。

的。此外，该墓出土的铜当卢、人面形饰等也不见于同期中原商文化，凡此都说明其墓主人不可能属商人贵族。

其次，刘家河墓的青铜礼器并不和典型商器完全一致，甚至存在明显差异。邹衡先生通过对两者间的认真比较后指出："从形制来说，（刘家河）三足卣与殷墟 YM331 出土的盉有某些共同点，但其基本形制却完全不同，前者为壶形，与敖汉旗大甸子的黑陶壶近似。又如铜甗之甑部作浅腹，与北票丰下遗址出的陶甗形似。从花纹来说，盘内之鱼纹形状与作风均不同于商器。这些特点，说明夏家店下层文化摩仿商器也不是完全照抄。"①既然只是模仿而非照搬，自能说明刘家河墓的青铜器并非典型商器。而且正如邹衡先生所说，模仿的虽然惟妙惟肖，这些青铜器仍然难以抹去夏家店下层文化燕北类型陶器的影迹，这更说明了这是夏家店下层文化自己的产品。

再次，刘家河一带还发现了其它与该墓大体同时代的夏家店下层文化墓葬和遗址②，这也为刘家河墓葬的夏家店下层文化属性提供了佐证。

除了上述各项，更重要的是，刘家河墓的青铜礼器在器类上虽然同于中原商文化，虽然在造型上也不乏共同之处，但它们的组合却迥然有别，说明了它们是截然不同的文化。在中国青铜时代，青铜礼器的组合是青铜文化的最本质属性，也是判断各大青铜文化的核心标准。例如商代，由于商人的重酒之风，形成了青铜酒器觚、爵的组合，举凡宴飨、敬神、祭祖等，商贵族莫不以此类组合的多寡来标榜自己身份的高低。影响所及，这不仅固化为商文化的核心传统，还升华为商王朝的礼制制度，使得所有商贵族墓皆采用了青铜酒器觚、爵的组合。尤有甚者，就连远在长江流域的商代墓葬也奉行了这种制度，湖北黄陂盘龙城李家咀 2 号墓就是明显一例。此墓相当中原二里岗上层时期，年代与刘家河墓葬相近，地点也远离商王

---

① 邹衡:《夏商周考古学论文集》，第 265 页。

② 张先德等:《北京平谷刘家河遗址调查》，《北京文物与考古》第 3 辑，1992 年。

室。墓中出土了青铜容器 23 件，种类不下十种[①]，其组合则一方面既有鼎与簋的搭配，体现了一定的地域性，另一方面又采用了商人觚、爵组合的礼制制度，体现了商文化的影响。而与此判然有别的是，刘家河墓葬虽然也伴出了某些酒器，但一来无觚，构不成觚与爵的组合，二来它以鼎和鬲、甗的组合为主，重在食器文化。两相比较，刘家河墓葬的青铜文化显然比黄陂盘龙城更具地域性。

综合以上四点，可知刘家河墓葬不但不是确切意义的商墓，甚至也不能纳入广泛意义的商文化系统，而只能属于颇具地方特色的夏家店下层文化。

3. 夏家店下层文化墓葬迄今已发现了上千座，但类似刘家河规格的墓葬仅一座，其它绝大多数只伴出了个别陶器，有的甚至徒有四壁。这说明，夏家店下层文化已出现了明显的阶级分化，而刘家河墓主则是迄今所知的最高统治者。最高统治者的所在自是部族中心的所在，由此进而可知，平谷刘家河理应是夏家店下层文化燕南类型商时期的中心。该地位于北京、天津接壤处，恰好处在夏家店下层文化燕南类型的腹心部位，这也与它的中心地位相符。

4. 在当时的宗法制度下，血亲集团的族长就是部落酋长，同时兼有军事和宗教大权，是集政权、族权、军权、神权于一身的人物。这种集权制度与古雅典"在政府上呈现出三种不同的、而在某种意义上互相调协的三部门或三权"的"三权政府"[②]迥然有别，是中国古代社会的一大特点。刘家河墓葬出土的斧钺，恰好是这个集权的象征，表明墓主人不但是方国的统领和部族酋长，还是该部族的军事统帅。正确理解这一点是十分重要的，因为这使我们知道，其墓主人并非像此前的某些研究说的那样，只是个单纯的军事将领。

---

① 《盘龙城商代二里冈期的青铜器》，《文物》1976 年 2 期。

② 摩尔根：《古代社会》，北京三联书店，1957 年版，第 273、130 页。

那么，以刘家河贵族墓为代表的夏家店下层文化燕南类型究竟属历史上的哪个部族呢？在此前的研究中，有视其为商代燕亳的，有以其为有易氏部落的，有说是商人势力的，有认定是东夷的，有推测为甲骨卜辞中的土方或鬼方的，还有认为是孤竹、肃慎、山戎、北狄的，众说纷纭，莫衷一是[①]。现在看来此事尚难遽定，但重要的是，由已知推未知，首先要确定判明此事的标准与前提，唯此才可能不陷入望风扑影的向壁虚构。归纳起来，判定此事的标准大致有五：

1，刘家河贵族墓的存在，证明夏商时期的北京地区确实存在一个强大的方国，其他弹丸小国皆无法与之相称；

2，这个方国必属燕山大地的土著民族；

3，今平谷一带是它在商时期的中心；

4，它和中原商王朝有过密切的交往；

5，其时代属夏商时期，与西周的方国风马牛不相及。

一旦明确了上述几大标准，此前的某些不妥当之说庶几不难冰释。例如，根据这些标准，一则可以排除这是来自中原的部族；二则可以否定这是某些历史短暂或势力弱小的民族；三则可以剔除其为时代较晚的西周部族。尤为关键的是，在下面第五章的相关讨论中还将进一步揭示，这个部族既有久远的历史渊源又有完整的发展序列，是自夏代初年以来就在燕山大地上生长起来的一支土著民族。

在夏家店下层文化燕南类型终结后，北京地区进入了商代晚期。此阶段的考古材料过去相当匮乏，仅有零星小墓和个别灰坑的发现，整体面貌

---

① 杜金鹏：《北京平谷刘家河商代墓葬与商代燕国》，刊《北京建城 3040 年暨燕文明国际学术研讨会论文集》，北京燕山出版社，1997 年；张展：《夏家店下层文化与北京地区商代"燕"文化遗存》，刊《首都博物馆文集》，北京燕山出版社，1990 年；王采枚：《燕国历史渊源与夏家店下层文化》，刊《燕都春秋》，北京燕山出版社，1988 年。

几为空白。但自 1986 年在房山拒马河流域开展田野考古工作以来①，北京地区商代晚期的历史面貌终于越来越清晰地浮出了水面。

此阶段的文化首先被确认于房山区塔照遗址二期，被称为塔照二期文化，后来又陆续在房山区镇江营、皇后遗址以及平谷刘家河、龙坡等地有所发现。根据碳 14 树轮年代校正，塔照二期文化的年代范围在公元前 1266 年～前 1070 年间，恰属商代晚期。经过综合比较，此文化在陶器形制、制陶方式等主流方面都继承了夏家店下层文化的传统，此外还接受了一种来自北方长城沿线地区文化的影响，仍属北方土著文化②。

塔照二期文化以后，覆盖了整个燕山南麓京、津、唐地区的，是一支商代末年至西周时期的文化。这支文化最早发现于天津蓟县张家园遗址第三层，故被称为张家园上层文化③。其遗址包括北京房山镇江营和琉璃河、平谷韩庄、顺义牛栏山，以及天津市区和河北的保定、廊坊、唐山等地。此文化可以区分为早中晚三期，上限年代不早于殷墟文化一期，下限年代则随周燕文化的扩张而结束于不同时期，最晚的一期一直延续到了西周中期前段。大约在相当西周早期的时候，张家园上层文化涌现出大量商文化因素④，透露这时的北京地区历史出现了明显的变化。

塔照二期及张家园上层文化的发现，把商与周之间的北京历史紧紧衔接起来，对说明北京地区历史文化的持续发展弥足珍贵。至于此类文化的族属，有关讨论基本上是由夏家店下层文化的族属问题延伸下来的，不外乎前述夏家店下层文化族属所涉及的范围。但总体上看，在商代晚期北京地区的历史舞台上，线索较为清晰的一是由塔照二期文化所代表的畜牧族，二是"燕亳"、"肃慎"、"邶伯"、"蓟"等邦国。

---

① 北京市文物研究所：《北京市拒马河流域考古调查》，《考古》1989 年 3 期。

② 北京市文物研究所：《镇江营与塔照》，中国大百科全书出版社，1999 年。

③ 天津市文物管理处：《天津蓟县张家园遗址试掘简报》，《文物数据丛刊》（1）。

④ 陈光：《北京市考古五十年》，文物出版社编：《新中国考古五十年》。

　　《左传·昭公九年》云："及武王克商，……肃慎、燕亳，吾北土也。"
这是商末周初的情况，明言周之北土有一个"燕亳"。对于商代燕地有一
个古燕国的事实，学术界早有定评。邹衡先生说："燕之称燕，早在召公
奭子受封之前，至少在商代后期就已有了燕族的存在。"[1]侯仁之先生也
说："卜辞所见有叫作匽的一个国家，是殷商北方的属国。……如果认为
燕是始于周初所封，那是错误的。"[2]凡此都明言商代确有一个与西周燕
国判然不同的古燕国。案"燕亳"之"亳"，是商代都邑的通称，不仅中
央王朝的首都称亳，方国都邑也称亳。《尚书序》云："自契至于成汤八迁，
汤始居亳，从先王居。"今人杨伯峻注："当时以'亳'为地名者甚多，盖
殷商都亳，而都城屡徙，亳名不变。如今河南商丘东南之南亳，偃师之西
亳，商丘是之北亳。"[3]由此可见，燕亳的"亳"字也体现了商时期的特
征，表明这是一个殷商方国。

　　在《左传·昭公九年》中，与燕亳并列为周人"吾北土"的还有"肃
慎"。事如前述，肃慎在帝舜时已成中原属国，此后更与中原频繁往来，
凡此皆说明殷商肃慎亦在燕地，而且与燕亳相距不远。

　　各种资料表明，还有一个古"邶伯"之国，也与商代的北京有关。《说
文·邑部》云："邶，故商邑，自河内朝歌以北是也。"商的朝歌故址在豫
北淇县，与河北比邻。邶国既在"朝歌以北"，其地显然已进入河北省境。
清光绪十六年（1890 年），与北京紧相毗连的河北涞水县出土了十余件"北
伯"青铜器，器类有鼎、鬲、尊、卣等。王国维《观堂集林·北伯鼎跋》
考云："彝器中多北伯北子器，不知出于何所。光绪庚寅直隶涞水县张家洼
又出北伯器数种，余所见拓本有鼎一、卣一。……北盖古之邶国也，自来
说邶国者，虽以为在殷之北，然皆于朝歌左右求之。今则殷之故虚得于洹

---

①　邹衡：《夏商周考古学论文集》，第 271 页。

②　侯仁之：《关于古代北京的几个问题》，《文物》1959 年第 9 期。

③　杨伯峻：《春秋左传注》昭公九年，中华书局，1995 年。

水，大且大父大兄三戈出于易州，则邶之故地，自不得不更于其北求之。余谓邶即燕，墉即鲁也。邶之为燕，可以北伯诸器出土之地证之。"①虽然情况不像王国维说的那样，这个邶国就是古燕国，但又确如王氏所言，这个邶国已经北到了远离朝歌的古燕地，是与北京地区有关的又一"故商邑"。据邹衡先生考证，此邶国系共工氏的后裔②，倘如此，则由尧舜以降直至商周之际，共工氏及其族裔的相当部分一直盘桓在今北京地区。

总之，仅限目前所知的资料，殷商时期的北京一带已有燕亳、肃慎、邶伯等方国。于此之外，此阶段的北京地区还有一个历史更为久远的重要方国，此即黄帝后人的蓟。

四　黄帝后人的蓟国

公元前 11 世纪中叶，周武王灭商，建立了周王朝。周有天下后，采取的首要举措就是"封建亲戚，以蕃屏周"①，全面推行了诸侯分封制。从性质上说，周初的分封可以区分为两种不同情况：一种是对周天子兄弟、宗亲、姻亲、功臣的分封，此即《左传·昭公二十八年》所说的"昔武王克商，光有天下，其兄弟之国者十有五人，姬姓之国者四十人。"另一类是对先圣王后裔的"褒封"，此即《史记·周本纪》所说的"武王追思先圣王，乃褒封神农之后于焦，黄帝之后于祝，帝尧之后于蓟，帝舜之后于陈，大禹之后于杞。"

《汉书·地理志》载：周武王分封时"太昊、黄帝之后，唐、虞侯伯犹存，帝王图籍相踵而可知。"由此可知，武王时神农、黄帝、帝尧、帝舜、

---

① 王国维：《观堂集林》卷十八，中华书局，1959 年版。

② 邹衡：《夏商周考古学论文集》，第 289 页。

③ 《左传·僖公二十四年》。

夏禹的后裔尚在，故此特予褒封之。所谓"褒封"，《公羊传·隐公元年》何休注云："有土嘉之曰褒，无土建国曰封。"可见这主要是对"有土"者在名义上的嘉封，受封者实际上有土有国。虽然这是名义上的嘉封，但对周室而言，这意味着承认了受封者的合法地位，由此承担起保护的责任；而对受封者来说，这表明从此成了宗主国的藩属，要听从周天子的号令，服事贡纳于周。在周室褒封的这一类国族中，最重要的即黄帝后人的蓟，事关幽燕地区的也是这个蓟。

《礼记·乐记》云："武王克殷返商，未及下车，而封黄帝之后于蓟。"此即周武王对黄帝后人的褒封。上引《史记·周本纪》及某些文献误以为封于蓟者为帝尧之后，实则与史实不符，上章已对此做了详细考证。正因为这个蓟是黄帝后人的邦国，代表着自黄帝以来绵延近两千年的黄帝遗族势力，这才使武王丝毫不敢小觑，刚刚灭商后"未及下车"便忙不迭地予以嘉封。

关于蓟的始建国年代，最早似可追溯到黄帝之时或稍后不久。依据之一即《水经注·㶟水》所云："黄帝与蚩尤战于涿鹿之野，留其民于涿鹿之河，即于是处也。"此文明确指出，在黄帝集团南下后，仍于涿鹿一带留下了部分族裔，而这应该就是古蓟国的由来。在这一事件上，有前后相关的三大环节彼此相连：一是先有黄帝发祥崛起于离蓟地不远的涿鹿一带的事实，二是黄帝南迁后仍在当地留下了部分族裔，再是周武王于西周初年封黄帝之后于蓟。按照这三者间的逻辑关系，不难推定蓟地的黄帝后人是黄帝年间留下的，即"蓟"的始建国年代很可能要早到黄帝之时或黄帝集团南下中原之时。

至于蓟人始建国的下限年代，则再晚也晚不过殷商时期。这一来是因为武王"封黄帝之后于蓟"实为"褒封"，即蓟国至少在武王之前已经存在；二来殷商甲文、金文中有以"丌"为国族称谓者，而学者指出

"'丌'就是'其'字，也就是后来的'蓟'字"①。这就是说，甲骨文、金文已经证实了殷商蓟国的存在；三来综合各种资料可知，殷商"其"国就在今北京地区②；四来殷墟卜辞一期有"亚其"之谓，妇好墓有"亚其"铭文，《殷墟书契前编》收录的帝乙、帝辛时期的甲骨卜辞中有"其侯"之称，辽宁喀左发现的商代晚期铜器铭文有"其侯"之谓③，凡此皆表明蓟国位列侯爵，地位显赫，是殷商强族。

关于武王时期蓟邑的所在，上章第三节已论其在北京市区，具体位置就在市区的西南部。数十年来，经过不断的考古调查与发掘，已为探寻这座蓟城提供了重要的实物证据。

早在 1957 年的一次考古调查中，曾于广安门南 700 米外发现一处战国遗址，出土了先秦时期的陶器及饕餮纹半瓦当。经著名考古学家苏秉琦先生考证，其陶器残片的年代最早可接近西周，饕餮纹半瓦当则为东周燕国的宫廷建筑构件④。1972 年，在和平门外又发现了饕餮纹半瓦当，同时出土了战国时期的燕明刀货币和细绳纹陶片⑤。以上遗物有相当部分系采集所得，没有确切的地层关系，但它们的一再发现自非偶然，当能说明这里是燕国都城的所在，亦即蓟邑的所在。

又从 20 世纪 50 年代开始，考古工作者陆续在宣武门、和平门、白云观、琉璃厂、新华街、象来街、北线阁、广内大街、校场口、牛街、陶然亭、姚家井、白纸坊乃至西单大木仓等地，发现了诸多古代陶井，数量多达数百口，时代统属战国至西汉时期⑥。其中尤以白云观以西至宣武门豁

① 鲁琪、葛英会：《北京市出土文物巡展》，《文物》1984 年第 4 期。

② 韩嘉谷：《论北京地区为"其"国（族）故地》，《北京文博》1995 年第 1 期。

③ 同上注。

④ 赵正之、舒文思：《北京广安门外发现战国和战国以前的遗迹》，《文物参考数据》1957 年 7 期。

⑤ 北京市文物管理处：《北京又发现燕饕餮纹半瓦当》，《考古》1980 年 2 期。

⑥ 苏天钧：《北京西郊白云观遗址》，《考古》1963 年 3 期；北京市文物管理处：《北京外城东周晚期陶井群》，《文物》1972 年 1 期；北京市文物管理处：《北京地区的古瓦井》，《文物》1972 年 2 期。

口一带最为集中，仅一次探查就发现了 130 口，最密处在 6 平方米内就分布着 4 口。这些陶井的制作相当考究，系用陶井圈一节节迭砌而成，井底还遗留着汲水用的水罐。按《水经注》的记载，蓟城一带水路纵横，并不缺乏灌溉用水，如此大量而密集的人工井的存在，只能说明这里是人口稠密的城市居住区。至于其水井的用途，一则可能是为了满足居民就近汲取清洁饮用水的需要，二则可能是为了解决手工业作坊区的供水需求，总之都表明了这里是城区的所在。

此外，在水井密集区以南的今永定门火车站、陶然亭、天坛、蒲黄榆、宝华里一带，还发现了数量众多的战国至汉代小型墓葬，白纸坊以北和法源寺附近也发现了两处战国墓地，这也为蓟城的定位提供了可靠的证据[①]。

据北魏郦道元的考订，"蓟邑"之称来源于"城内西北隅有蓟丘"，是"因丘以名邑也"[②]。而据侯仁之先生的实地考察，"现在白云观以西的高丘，有可能即是古代蓟丘的遗址"[③]。考古人员为此特在白云观以西的高丘上进行了调查清理，发现"附近地面上散布很多战国的陶片"[④]。更重要的是，该遗址的一处陶井内还出土了一只战国陶罐，肩部写有"蓟"字古陶文[⑤]，这更为这里是古蓟城的所在提供了直接证据。

1972 年，考古工作者对"蓟丘"进行了局部发掘，果然发现了一道古城墙。但令人遗憾的是，这道城墙的墙基下压着三座东汉时期的墓葬，而按照考古地层学的基本原理，这说明该城墙的建造年代不会早于东汉[⑥]。于是，考古工作者得出结论，判定此处"不可能是蓟城的所在"[⑦]。此后

---

① 北京市文物局考古队：《建国以来北京市考古和文物保护工作》，《文物考古工作三十年》，文物出版社，1979 年。

② 《水经注·湿水》。

③ 侯仁之：《关于古代北京的几个问题》，《文物》1959 年第 9 期。

④ 北京市文物工作队：《北京西郊白云观遗址》，《考古》1963 年第 3 期。

⑤ 陈平：《释"剑"——从陶文"剑"论定燕上都蓟城的位置》，《中国历史文物》2007 年第 4 期。

⑥ 赵其昌：《蓟城的探索》，《北京史研究（一）》，北京燕山出版社，1986 年。

⑦ 北京市文物局考古队：《建国以来北京市考古和文物保护工作》。

人们不断扩大了考察范围，或以蓟城在今宣武门至和平门一带，或以其在今广安门以西至莲花池以东一带，或以其在今广安门以南一带，或以其在今宣武门外教子胡同法源寺以北至长安街以南一带，歧见纷出①。迄今为止，以上各说皆未取得进一步的证据，碍难遽定。然而在这里需要特别指出的是，即使白云观以西的古城墙下压着东汉墓葬，但在按照考古规程一直揭露到地下生土层之前，仍然不能说此处的东汉墓下就一定没有压着更早的城垣、城址或文化堆积，因此断然不能说白云观以西就一定不是蓟城的所在。好在上述各种说法大同小异，皆以蓟城在今北京市区的西南部。

除殷商以来的蓟城城址，北京地区还发现了其它一些与蓟国相关的考古遗存。

1982 年在顺义牛栏山金牛村发现了一座贵族墓葬，出土了 8 件青铜礼器，计有鼎、卣、尊、觯各一，瓾、爵各二，时代属西周早期。铜器上镌有铭文，其中皆有一个可释读为"其"的国族称谓②，此即蓟国之"蓟"。准此，牛栏山此墓当属西周早期的蓟国，它在顺义的出土，说明当时蓟国除了在今北京市区外，还向北延伸到了顺义一带。

饶有兴味的是，当商王朝已成昨日黄花，商的前属国纷纷众叛亲离的时候，此墓却依然承袭了瓾、爵组合的商人礼制。相比夏家店下层文化的刘家河贵族墓适逢商朝盛世却不见瓾、爵组合的情况，两者的对比何其鲜明！在北京琉璃河一带，同样出土了大量与牛栏山墓同时代的贵族墓，墓中随葬的青铜礼器极为丰富，但却一概没有瓾，当然也就没有瓾、爵的组合③。因此，牛栏山墓出土的瓾器引起了学者的特别关注，强调这"2 件铜瓾属北京地区新出现的器类"④。殊不知，瓾也罢，瓾、爵组合也罢，并

---

① 北京市文物局考古队：《建国以来北京市考古和文物保护工作》。

② 程长新：《北京顺义县牛栏山出土一组周初带铭铜器》，《文物》1983 年 11 期。

③ 北京市文物研究所：《琉璃河西周燕国墓地》，文物出版社，1995 年。

④ 北京市文物研究所：《北京考古四十年》，第 50 页。

非什么新生事物，而仅仅是北京地区前所未见的商人遗风而已。

这遗风带给我们的启示是多方面的，要之有四：

一，它进一步表明，蓟国早已存在于殷商时期，以至到西周早期仍保持着原来的殷商文化传统不变；

二，这说明殷商蓟国虽然偏在燕山山麓，但与商王朝关系密切，故而纳入了觚、爵组合的商文化系统。前述"亚其"、"其侯"卜辞及妇好墓"亚其"铭文皆出自殷商都邑，这也是蓟与商王室交往密切的有力见证；

三，据此可知，即便在纳入周朝的范围后，蓟国的地位仍然非同一般，以至可以毫无顾忌地在周人眼皮底下继续使用殷商的礼制；

四，这还透露，西周初年的蓟国贵族仍然保持着殷人的崇酒遗风。

上述前两点与蓟的根基久远相合，与黄帝裔族的地位与影响相合，合乎历史的逻辑。至于第三点，恐怕正是由于蓟国的"先圣王"背景和周武王褒封的殊荣，才使蓟国贵族享有了如此特权。至于第四点，上节已述，商人的觚、爵组合制度是以酒器为主干的礼制制度，源于商人的崇酒之风，它在牛栏山墓中的出现，理应表明蓟人还一意固守着这种"酒文化"。

观诸史实，商朝灭亡后，"殷鉴不远"的周人总结教训，认为商人在相当程度上是因酒而亡的，故而颁布了极为严苛的戒酒令。《尚书·酒诰》记载了周公命令康叔在卫国宣布禁酒的诰词，就一再痛斥商人"庶群自酒，腥闻在上，故天降丧于殷"。周康王时期的《大盂鼎》也说："我闻殷堕命，殷边侯、甸与殷正百辟，率肆于酒，故丧师。"[1]因此，周朝甫一创建，就立即革除了殷礼的觚、爵酒器组合，改为鼎、簋相配的食器组合。可是蓟人显然于心不甘，不仅在顺义牛栏山墓中保留了觚、爵相配的酒器组合，还规规整整的出了两套，甚至连随葬的卣、尊、觯也一概是酒器。这恐怕不是在明目张胆地为商的亡灵扬幡招魂，而一定程度上和蓟人自己的嗜酒

---

① 刘桓:《大盂鼎铭文释读及其他》,《北方论丛》2005年第4期。

习俗有关。可叹这个蓟国确实不失为《大盂鼎》所说的"殷边侯甸"之一，到西周时仍不改"率肆于酒"的恶习。

无独有偶，1975年在昌平白浮发现了三座西周中期的木椁墓，出土了带字卜甲和带铭铜器，其中也有"其"字徽号①。这是一组呈倒"品"字形自北向南排列的墓葬，均为长方形竖穴土坑木椁墓。1号墓的棺椁较小，只随葬了一件小玉璧，墓主为一老年男性。2号墓和3号墓棺椁较大，底部设有腰坑并殉葬了狗，其中2号墓主为一中年女性，3号墓主为一中年男性。第2、3两墓出土的随葬品种类繁多，有铜器、陶器、石器、玉器和卜甲、卜骨等。铜器主要包括礼器、兵器、工具和车马器等，尤以铜兵器为大宗，总数多达60余件。这组墓的铜礼器已形成规整的鼎、簋组合，2号墓1鼎配1簋，3号墓3鼎配2簋。

从文化面貌上看，这组墓无论在墓室结构及葬式上，也无论在鼎、簋相配的礼制文化上，都与同期的周文化无异。其随葬的青铜礼器如鼎、簋、壶和部分青铜马具、车具、工具、兵器等也都属于中原文化系统，有的甚至如出一范。但与此大相径庭的是，它们也出土了大量北方草原民族的异性器，具有浓郁的草原文化风格。例如两座墓出土的青铜短剑属典型的"北方系青铜器"，普遍流行于内蒙古、辽宁、河北北部一带；2号墓出土的钉满铜泡的靴子风格迥异，曾发现于沈阳郑家洼子春秋末年至战国初年的少数民族墓葬；两座墓随葬的铃形器也是草原民族特有的器具，多见于内蒙古一带。如此者尚多，不一而足。

关于这组墓的族属或国属，此前展开过不少讨论，主要看法都是基于墓中随葬的北方草原物品，想当然地认定"其族是土著氏族"②。特别是其中的2号墓，木椁保存完好，随葬品花色繁多，成了考订此组墓葬族属

---

① 北京市文管处：《北京地区的又一重要考古收获——昌平白浮西周木椁墓的新启示》，《考古》1976年4期。

② 韩嘉谷：《论北京地区为"其"国（族）故地》。

的主要依据。而见诸这座墓葬，风格迥异的青铜短剑、兽首刀、异形头盔和镶满铜扣的皮铠甲等比比皆是，草原风情极为浓郁。尤其此墓出土的异形头盔和皮铠甲等，皆为墓主的贴身之物，更从服饰上直观再现了墓主的异族身份。有鉴于此，人们判定其墓主人属戎狄族似乎毋庸置疑。

但是，作为草原民族的墓葬，怎么会采用如此规范的中原礼制和葬制呢？更何况，不仅它们的青铜礼器属于不折不扣的周文化系统，就连最能反映族属细部特征的陶器也与周燕文化十分相似，这就更与它们是草原民族墓葬的结论相悖了。而要揭开这一谜底，关键在于如何辩证地看待这组墓的国族属性。

此前的讨论往往不加区别地将 2、3 两座墓的族属混为一谈，并以 2 号墓作为判定这组墓葬族属的重点。但实际上，按照青铜礼器的等秩，3 鼎配 2 簋的 3 号墓规格最高，加之该墓墓主为男性，无疑它才是这组墓葬的中心。而综合以观，3 号墓虽然也出土了一些异形兵器，如带铃匕首、鹰首及马首短剑等，但这只是次要因素，而在其主流方面，包括葬制、礼器组合、铜器形态、陶器种类、陶器形制等等，都清清楚楚的属于周文化系统。至于 2 号墓，墓主为女性，显然是 3 号墓主的配偶。虽然其异形头盔和皮铠甲等贴身之物已表明了她的异族身份，但这并没有什么可奇怪，因为按照族外婚的原则，2 号墓主完全可以来自与 3 号墓不同的民族。因此，综合起来看，昌平白浮墓应当是以属于中原文化系统的 3 号墓为主导、以戎狄族的异性配偶为附属的夫妇合葬墓。

昌平白浮 2、3 号墓都发现了有字卜甲，这是北京地区迄今所见有字卜甲的唯一一例，也是全国西周时期带字卜甲中罕见的一例。这些卜甲分龟背和腹甲两种，背面经过整修，凿孔排列整齐。不同于殷商卜甲的圆凿的是，这些西周中期卜甲的凿孔皆为方凿，表现了时代与文化的特征。

2 号墓的卜甲出于尸骨上方，有残碎卜甲数十片，带契刻文字的有"贞"和"不止"两片。3 号墓的卜甲残片出于椁室右侧，数量远较 2 号墓为多，多达百片以上。其中一片刻有"其祀"，一片刻有"其尚上下韦驭"，皆有"其"字族称。这些卜甲的字体小巧纤细，表现出了契刻者高度纯熟的技巧，非一般人所能为。此外2号墓还出土了带"兀"字徽号的青铜兵器戟与戈，学者认为这也是"其"的异形字^①。事实上，无论2号墓的"兀"字是否通"其"，按照这组墓的国族属性必当以男性墓主人的3号墓为基准的原则，即可凭此墓出土的卜甲文字判定这组墓葬统属"其"，即墓主是蓟国贵族。

昌平白浮和顺义牛栏山同在北京市区以北，一个偏西，一个偏东，恰与古蓟城连成了一个"金三角"。早在一个半世纪前的清同治六年（1867年），卢沟桥一带也发现了带"其"字铭文的青铜器^②，其地恰好处在北京小平原的腹心。从这些考古遗存的分布看，以北京小平原为重心，加上向西北和东北的延伸，就是当年西周蓟国的所在。

由于时代的变迁，从西周早期的牛栏山墓到西周中期的白浮墓，已由瓢、爵组合的殷商文化转变为鼎、簋组合的姬周文化，体现了商文化与周文化的此消彼长。但需要强调的是，昌平白浮墓虽然晚到了西周中期，却仍然保留着相当明显的殷商遗风。突出之例是，它的墓底设置了腰坑并殉葬了狗，这就是典型的商人习俗。此外，商人"率民以事神，先鬼而后礼"^③，占卜之风盛行，几乎无日不卜，无事不卜，白浮墓的卜筮之风也与之桴鼓相应。特别是白浮卜辞非同一般的凿刻技术，更如同出自殷商巫师之手，充分表明了它与殷商文化的渊源关系。证之以西周早期的牛栏山墓属于典型商文化，西周中期的昌平白浮墓仍旧保留着浓郁的商文化，正好反映了它们族属的前后一致。

除了礼器组合的转变外，这二者还有一个明显差异，即顺义牛栏山墓

---

① 韩嘉谷：《论北京地区为"其"国（族）故地》。

② 《攀古楼彝器款识目录》。

③ 《礼记·表记》。

的铜礼器以酒器为主，昌平白浮墓的随葬品以兵器为多，似有一个从崇酒之风向尚武之风的转变。这种转变看似是一种进步，表明了蓟国的中兴，但事情显然没有这么简单。

昌平白浮地处北京平原的北缘，西北和北面不远处就是蜿蜒起伏的军都山脉，而这里正是草原民族出没的地方。前面提到的北京地区商末周初的张家园文化，就是一支以畜牧族为主体的文化[①]，西周早期他们主要活动在北京西、北、东北山陵地带，也恰与昌平白浮紧相毗邻。此外彰明较著的是，军都山一带还是山戎族的营盘。

前文曾述，近半个世纪以来，延庆县陆续发现了十余处极具民族特色的直刃匕首式青铜短剑遗存，时代从西周晚期直到战国早期，此即山戎文化。这支山戎部落集中在延庆盆地北部边缘及军都山南麓，当时已进入青铜时代，实力渐强。草原民族一向孔勇好武，富有进攻性，在其势力坐大后，免不了要觊觎北京平原的丰饶富庶，以至频频犯境。而与之毗邻的蓟国，正好首当其冲。

《左传·桓公六年》载："北戎伐齐，齐侯使乞师于郑，郑太子忽帅师救齐。六月，大败戎师。"又《史记·匈奴列传》载："周平王去酆鄗而东徙雒邑，……是后六十有五年，山戎越燕而伐齐，齐厘公与战于齐郊。"以上两文所述一事，即在刚刚进入春秋时代后不久，于公元前706年，山戎族竟然跨越燕国千里奔袭齐国。此外《春秋·庄公三十年》载："冬，公及齐侯遇于鲁济，齐人伐山戎。"《左传》同年云："遇于鲁济，谋山戎也，以其病燕故也。"又《史记·齐太公世家》云："（齐桓公）二十三年，山戎伐燕，燕告急于齐。齐桓公救燕，遂伐山戎，至于孤竹而还。"这里说的又是发生在公元前664年至前663年的事，当时山戎部族大举犯燕，形势危急到了"燕告急于齐"的地步，以至齐桓公要亲率大军来援才拯救燕国于水火。

---

① 说详第五章第五节。

除了上述有明文记载的山戎族来犯的史实外，燕国历史上还有一桩悬案很可能也与山戎族的进犯有关，这就是《世本》所说的"桓侯徙临易"①。据《史记》年表及世家，燕国八百余年历史中有过一个桓侯、两个桓公。一般认为"桓侯徙临易"的桓侯，应是春秋初年的燕桓侯，时在公元前697年～前691年。迁都是何等大事，而燕桓侯之所以"徙临易"，一个最大的可能就是因为燕国的安全受到了极大的威胁，而这威胁理应来自近在咫尺的山戎族。

军都山脉位于昌平北部，与昌平白浮的位置紧相毗邻。由是可知，无论是出于张家园文化畜牧族的侵扰，还是出于山戎族的进犯，昌平白浮都处在狼烟滚滚的战争第一线。而2、3号墓主的全身戎装，也盖因墓主人是衔命在身、枕戈达旦的军事统领。2号墓主为一介女子，居然也身着铠甲，并且随葬了剑、戈、戟、刀、矛、盾、盔等一整套兵器，仅各式各样的戈就有18件，更是真切不过地再现了她"不爱红妆爱武装"的生前形象。这种随葬大量兵器的女性墓葬在历史上相当罕见，另一个突出实例即大名鼎鼎的殷墟"妇好"墓②。

殷商卜辞记载，妇好是商王武丁的法定配偶之一，庙号"辛"，生前曾多次带兵征伐四方，仅一次对羌人的战争就亲自率领了一万三千军队，端的是个"上得了厅堂，出得了沙场"的传奇式巾帼英雄。白浮2号墓主的身份虽然不及妇好，但其性质无疑是相同的，同样是一位叱咤疆场的女中豪杰。与妇好所在的殷商时期截然不同的是，白浮2号墓属西周中期，正处在周人通过周礼大力强化夫权制的年代，女性已沦为家庭的附庸。此时此刻女子要想披挂上阵统帅三军，几乎无异于天方夜谭。而白浮2号墓主之所以如此这般惊艳出世，一则和昌平的地处战争一线有关，更重要的则应和她的异族身份有关。据《辽史·后妃列传》的记载，直到公元11

---

① 《史记·燕世家》集解引《世本》。

② 中国社会科学院考古研究所：《殷墟妇好墓》，文物出版社，1980年。

世纪初叶，辽圣宗之母萧太后还在攻打宋朝的战争中披挂上阵，站在战车上"指麾三军"，展现的就是马背民族巾帼不让须眉的特殊风采。

通过上面的分析，可知昌平白浮墓主并非戎狄首领，而是浴血沙场的蓟国将领。他们的崇武重兵似乎不足以证明当时的蓟国贵族已经摒弃了崇酒恶习，却足以证明西周中期的蓟国正面临着越来越严重的挑战，战争烽火已经燃烧到昌平白浮一线。

综合本节所论，上自黄帝下迄周，涿鹿到北京一带始终居住着世代相因的黄帝后裔。他们不仅经历了五帝时代，也经历了夏商时代，是这两千多年中幽燕地区的一支主要势力。起初他们留居在"涿鹿之河"，之后很快向东挺进，至迟在殷商时期已建都于今北京市区的西南部。甲骨卜辞及殷商金文中有关"其"国的记载不乏其见，且以侯爵称之，可知这个蓟国在商代已相当显赫。《公羊传·隐公五年》云："天子三公称公，王者之后称公，其余大国称侯，小国称伯子男。"据此可知，侯爵乃方国中的位尊爵高者，说明蓟国是殷商古燕地首屈一指的大国。同时，镌有"其"字铭文的西周铜器还屡屡发现于琉璃河燕国贵族墓以及辽宁喀左北洞等地[①]，表明当时蓟国与这些地区交往密切，还是一个相当活跃的方国。古谚云："生于忧患，死于安逸。"有迹象表明，当这些黄帝后人远离涿鹿的群山峻岭，来到富庶肥沃的北京平原后，尤其是在定居蓟邑后，贵族集团开始尽享丰饶之地带给他们的富足与欢乐，生活渐趋糜烂，以至到西周时期仍不改"率肆于酒"的恶习。

顺义牛栏山西周初期及昌平白浮西周中期铜器墓的发现，为蓟的历史提供了更加充实的依据。它告诉我们，由蓟城与这两个墓葬出土地点构成的"金三角"，就是西周早中期蓟国的主要疆域，而这恰位处北京平原的膏腴之地。此外，这两处墓葬都包含了或明或暗的商文化风格，既体现了

---

① 辽宁省博物馆等：《辽宁喀左县北洞村出土的殷周青铜器》，《考古》1974 年 6 期。

蓟国与中原商王朝的渊源关系，也印证了它们与生俱来的"华夏"根基。到了西周中期，蓟的文化由典型商文化转变为典型周文化，表明蓟国已臣服于燕，甚至成了燕国的附庸。但这时它也日益受到来自山戎或其它畜牧族的战争威胁，战火已逼近国门。这预示，蓟国的命运很快就要发生意想不到的变化了。

五　姬周召公的燕国

当历史被姬姓周人揭开新的一页后，北京地区的殷商古燕国终于被另一个燕国所取代，这就是召公奭所封的燕。

《史记·燕召公世家》云："周武王之灭纣，封召公于北燕。"《史记·周本纪》亦云："封召公奭于燕。"此即封召公于燕的记载。这是周天子对兄弟、亲戚及功臣的分封，和对先圣王后裔的褒封明显不同，区别主要有三：

一是"（周公）兼制天下，立七十一国，姬姓独居五十三人"[①]，受封者主要是周天子的兄弟及宗室、姻亲成员，由此编织成了一个以血缘关系为纽带的庞大体系；

二是受封者皆"受民受疆土"[②]，诸侯得到的是一处实实在在的被征服土地和人民，而绝非一个虚衔；

三是所封之国的国号不乏沿用当地原有国名或地名者，但它是一个全新的政体，与先前的方国毫不相干。

比较之下，对先圣王后裔的褒封一来受封者多为先朝后人，二来基本是名义上的嘉封，三来多为故国的延续，两者间可谓泾渭分明。在周天子新封的诸侯国中，最具代表性的几个即《史记·周本纪》所说的"封尚父

---

① 《荀子·儒效》。

② 《大盂鼎》金文，见刘桓：《大盂鼎铭文释读及其他》。

于营丘，曰齐。封弟周公旦于曲阜，曰鲁。封召公奭于燕，封弟叔鲜于管，封叔度于蔡"，而其中与幽燕地区有关的，即召公奭所封的燕。

关于召公奭，《史记·燕召公世家》云："召公奭与周同姓，姓姬氏。"《史记集解》引谯周曰："周之支族，食邑于召，谓之召公。"《史记索隐》云："召者，畿内菜（采）地。奭始食于召，故曰召公。或说者以为文王受命，取岐周故墟周、召地分爵二公，故诗有周召二南，言皆在岐山之阳，故言南也。后武王封之北燕。"由上可知，召公是周王室的同姓宗亲，姓姬名奭，因食采地于召而称召公。

史书记载，召公奭在周朝的开基创业中建立了盖世功勋，故以几朝元老的身份位居群臣魁首的三公。《诗·大雅》云："昔先王受命，有如召公，日辟国百里。"《史记·周本纪》云："武王即位，太公望为师，周公旦为辅，召公、毕公之徒左右王，师修文王绪业。"《尚书·君奭》云："召公为保，周公为师，相成王为左右。"《史记·燕召公世家》云："成王时，召公为三公。自陕以西召公主之，自陕以东周公主之。"此外《尚书》的《召诰》、《顾命》及《史记·周本纪》还记载，周成王临死前"惧太子钊之不任，乃命召公、毕公率诸侯以相太子而立之"[1]，遗命召公奭率诸侯辅佐康王。综合此类记载不难看出，召公奭虽为周天子的旁支，在周室中却位极人臣，与周公旦的地位相埒。

召公不仅以功勋位列三公，还是周朝权臣中素具贤名者。《史记·燕召公世家》云："召公之治西方，甚得兆民和。召公巡行乡邑，有棠树，决狱政事其下，自侯伯至庶人各得其所，无失职者。召公卒，而民人思召公之政，怀棠树不敢伐，哥咏之，作甘棠之诗。"这里说，召公为政贤德方正，深得封地的民心，故民人做"甘棠之诗"以咏之。此诗已收入《诗经》，名曰《甘棠》，诗云："蔽芾甘棠，勿翦勿伐，召伯所茇。蔽芾甘棠，

----

① 《史记·周本纪》。

勿剪勿败，召伯所憩。蔽芾甘棠，勿剪勿拜，召伯所说。"此文借对甘棠的咏怀，记述了后人对召公的歌颂与怀念。

武王克商后，为了安抚殷商遗民，命商纣王之子武庚禄父继续留居殷都朝歌，以续商人先祀并管理殷商遗民。此即《史记·卫康叔世家》所说："（武王）封纣子武庚禄父，比诸侯，以奉其先祀勿绝。"但为了防止武庚禄父叛乱，武王在原商王畿内又封了邶、墉、卫三个侯国，分别交由自己的兄弟管叔、蔡叔、霍叔治理，以共同监管武庚。此后不久，武王逝去，幼子成王继位，武王之弟周公旦辅政，代成王掌管国事。管叔、蔡叔对此十分不满，散布周公想篡位的谣言，并串通武庚起兵反叛。此事的结果如《逸周书·作雒解》所载："（成王）二年，又作师旅，临卫政殷，殷人大震溃。降辟三叔，王子禄父北奔。"即为了保住江山，周公和召公以成王之命率军东征，一举荡平了朝歌叛军，杀管叔、放蔡叔、贬霍叔，驱使"王子禄父（武庚）北奔"。

前文已述，在张家园上层文化相当西周早期的时候，商文化因素忽然在北京一带大量涌现，这不能不说是一件令人蹊跷的事。其蹊跷之处在于，这时商已亡国，怎么反而会突然出现大量商文化因素呢？现在，当我们了解了战败亡命的武庚禄父曾一股脑向北逃窜的事实后，方知这是武庚禄父带来的。但更为奇怪的是，武庚禄父为何不就近奔向周边的商故地或前与国，而不惜千里迢迢奔往幽燕呢？这又说明，当时商人在北方幽燕一带有比在其它地方更为牢固的基础，因此此地成了殷人最后的避难地。

第三节曾述，商人势力早在夏代就已进入易水流域，在北地扎下了深深的根基。武王伐纣时，燕山一带的孤竹国君之子"伯夷、叔齐叩马而谏"[1]，阻挠武王大军东行，这也说明了商人势力在燕地的根深蒂固。到了西周初年，顺义牛栏山蓟国贵族墓仍奉行商人礼制，自然也是商文化历久

---

[1] 《史记·伯夷列传》。

年深的反映。因此，向北逃窜的恐怕不只是武庚禄父，势必还有为数不少的商朝遗老遗少，而这就是西周初年张家园上层文化商文化因素大量涌现的缘故。那么，在平定了殷人的叛乱后，如何镇抚商人势力盘根错节的东北重地呢？这便成了草创伊始的周王室迫在眉睫的任务。而以召公的地位、威望、才干、功德，坐镇幽燕者非他莫属，于是这一使命便历史性地落在召公身上。

关于召公奭受封的时间，无疑要比周武王克商后"未及下车"褒封的蓟为晚。虽然《史记·燕召公世家》及各文献多将召公受封之事列在武王名下，但从整个事态的发展看，召公封燕理应晚到了周成王平定殷人叛乱之后。

根据之一是，《左传·僖公二十四年》疏云："封建兄弟，归功于武王耳，亦非武王之时已建五十五国，其后不复封人矣。"此文明确说明，武王之后受封的诸侯国其实不在少数，只是因为周之封建诸侯皆源于武王的剿灭商纣，所以多归功于武王。《史记·汉兴以来诸侯王年表》云："武王、成、康所封数百，而同姓五十五。"此文便说周之封国分别来自武王、成王、康王三世。

根据之二是，成王初年的殷人叛乱是被周公、召公联合击溃的，如果早在武王之时就封了一个召公的燕，王子禄父再傻也不会糊里糊涂地向北逃窜，因为那无异于自投罗网。

根据之三是，《太平寰宇记》卷六十七称："周公封召公。"此文即以召公受封于周公摄政之时，亦即成王年间。

根据之四是，房山琉璃河 1193 号大墓的墓主人"克"被认为是燕国的第一代侯，而根据铜器铭文的记载，其受封的时间确在成王之世[1]。

是故，召公的受封只能在成王之世，而非通常所说的武王之时。其最

---

[1]　北京市文物研究所：《北京琉璃河 1193 号大墓发掘简报》，《考古》1990 年 1 期；陈平：《再论克罍、克盉铭文及其有关问题》，《考古与文物》1995 年 1 期。

恰当的时间莫过于是在成王平定了殷人叛乱之后，而且封建燕国的一个直接目的就是为了镇抚殷人。

《左传·定公四年》载："昔武王克商，成王定之，选建明德，以藩屏周。故周公相王室以尹天下，于周为睦。分鲁公以大路、大旗，夏后氏之璜，封父之繁弱，殷民六族：条氏、徐氏、肖氏、索氏、长勺氏、尾勺氏，使帅其宗氏，辑其分族，将其类丑，以法则周公，用即命于周。是使之职事于鲁，以昭周公之明德。分之土田倍敦，祝宗卜史，备物典策，官司彝器，因商奄之民，命以伯禽，而封于少皞之虚。分康叔以大路、少帛、綪茷、旃旌、大吕，殷民七族：陶氏、施氏、繁氏、锜氏、樊氏、饥氏、终葵氏，封畛土，略自武父以南，及圃田之北境，取于有阎之土，以共王职。取于相土之东都，以会王之东搜。聃季授土，陶叔授民，命以康诰，而封于殷墟。皆启以商政，疆以周索。分唐叔以大路、密须之鼓、阙巩、沽洗，怀姓九宗，职官五正，命以唐诰，而封于夏墟，启以夏政，疆以戎索。（周公、康叔、唐叔）三者皆叔也。"

以上是关于周天子封兄弟、亲戚及功臣为诸侯的一段较详细记述。总体上说，周天子是按照同姓宗亲血缘关系的远近，以及外姓臣子功劳业绩的大小来加以分封的，共分公、侯、伯、子、男五大等。《汉书·地理志》云："周爵五等，而土三等：公、侯百里，伯七十里，子、男五十里。不满为附庸，盖千八百国。"以上所言即周爵五等，如果再加上等而下之的附庸，周的千八百属国共可分六大等。

从上述鲁公、康叔、唐叔受封的情况看，周天子封建诸侯的基本内容是：

1. 由天子举行隆重仪式，向诸侯颁发册封诰命，以此昭示其受封的合法性，例如康叔的《康诰》、唐叔的《唐诰》等。

2. 授予受封者象征国君威权的车驾仪仗，如鲁公、康叔、唐叔的大路，鲁公的大旗，康叔的旃旌等。杜预注："大路，金路，赐同姓诸侯车也。交龙为旗，周礼同姓以封。"此文解释了"大路"就是天子赐给同姓诸侯的车驾旌旗。

3. 赐给受封者镇国之宝以为信物，如赐鲁公夏后氏璜玉、封父良弓，赐康叔大钟（大吕），赐唐叔密须鼓、阙巩甲以及称为沽洗的大钟等等。

4. 配给部众和奴隶，如配给鲁公殷民六族，配给康叔殷民七族，配给唐叔怀姓九宗等。所谓的"将其类丑"，是说同时配给的还有这些部族所属的奴隶。

5. 派遣僚属以辅政今，如派给鲁公太祝、宗人、太卜、太史以及百官，派给唐叔职官五正等。

6. 供给物资及财物，如供给鲁公服用器具、礼制彝器、典籍简策，供给康叔少帛、綪茷等。

7. 划定受封的疆土，如规定康叔的封国由武父以南到圃田以北，外带阎氏的土地及相土的东都等。按《汉书·地理志》的记载，封土的大小是和诸侯的等级对应的，公侯一等，方圆约百里；伯二等，方圆约七十里；子男三等，方圆约五十里。

8. 确定诸侯国的中心城邑，如鲁公封于少暤之虚，康叔封于殷墟，唐叔封于夏墟。

9. 规定诸侯国的施政纲领，如规定鲁公和康叔是"启以商政，疆以周索"，即用商朝的办法来管理周朝的土地；规定唐叔是"启以夏政，疆以戎索"，即用夏朝的办法来管理戎族的土地。

10. 明确受封者的责任，如封于鲁的周公要辅佐王室，康叔要执行王室任命的职务并协助天子巡视东方。尤为重要的是，所有诸侯都要认真履行朝贡制度，除了按规定缴纳田赋外，还要"时献于天子以其国之所有"[1]。

在上述各项中，最核心的内容就是周天子把土地和人民当作财产分配

---

① 《春秋谷梁传·桓公十五年》。

给了诸侯。自私有制形成以来，土地和人力就是最重要的资源和财富，只要有了这二者，各种物资便会源源不断的生产出来。当诸侯从周天子那里得到土地和人力后，就获得了对这些财产的完全支配权，并且由于爵位的世袭，这些资源还成了父子相授的私产。但事情的另一面是，诸侯必须对周天子履行应有的义务，接受必要的管束。正是这套体制的推行，使周人的统治范围迅速扩大，也使新的国家文明体制迅速传播。

以上所述的鲁公、康叔、唐叔，"三者皆叔也"，都是周天子的亲兄弟。召公奭因是"周之支族"，未能名列其中。但鉴于召公奭功高盖世，官居太保，与周公旦的身份不相上下，想必召公受封时被赐予的册封诰命、车驾旌旗、镇国之宝、官员僚属、典籍器用等等，一样也不会少。

在召公封燕的诸多史实中，以上受封背景、受封时间、封国待遇，以及沿袭殷商古燕亳或故燕地的国族称谓等等，都是较易判明的。而除此之外，历来最纷纭莫辨的，莫过于召公的受封之地及所居之邑了。鲁公、康叔、唐叔分别就国于少皞之虚、殷墟、夏墟，这在先秦典籍中皆有明文记载。而对于召公奭的封地，史乘的记载却前后抵牾，以至酿成了千古疑案。

早自汉代以来，对召公的封地就形成了以下四种不同说法：

一说封于今北京市区的古蓟邑。《汉书·地理志》广阳国下原注云："蓟，故燕国，召公所封。"古蓟城位于今北京市区，说已见前，此文即谓召公始封于此。唐司马贞《史记索隐》亦主此说，其云："召者……后武王封之于北燕，在今幽州蓟县故城是也。"

一说封于今天津蓟县一带。《史记正义》引《括地志》云："燕山在幽州渔阳县东南六十里。徐才宗《国都城记》云周武王封召公奭于燕，地在燕山之野，故国取名焉。"又《日下旧闻考》卷二引《史记正义》云："召公始封盖在北平无终县，以燕山为名，后渐强盛，乃并蓟徙居之。"此文无终县即《括地志》所说的唐渔阳县，这两文所述一地，皆以召公封邑在今天津蓟县。

一说封于今河北涞水县。北宋乐史《太平寰宇记》卷六十七"易州"云："废涞水县在州北十二里，……按县地即周公封召公于此也。"

还有一说以黄帝后人初封于蓟，未久蓟国绝灭，成王更封召公的燕国于蓟。南宋王应麟《通鉴地理通释·历代都邑考》云："《诗补传》曰：蓟后改为燕。……或曰黄帝之后封于蓟者已绝，成王更封召公奭于蓟为燕。"

以上古来诸说，今人各执一词，长期争讼不已。更有甚者，还有在此基础上推演发挥，另以召公之燕封在河南郾城或河北易县的。也有试图调和历来各说，以燕国初封河南，后迁山西，再迁河北的。其中河南郾城说因为得到了傅斯年和顾颉刚的赞同，一度极为盛行，以至"其说出后，世无异论"[1]。以上各说究竟孰是孰非，两千年来聚讼纷纭，莫衷一是。如果说汉唐间流行的大多数说法还集中在秦汉的故蓟城上，好歹还未出北京的范围。但此后衍生出的种种说法，如河南中部的郾城说及河北的易县说等，已远离了北京地区。渐渐地，燕的初封之地不仅与北京无关，甚至与燕地无涉，燕都的探索由此堕入雾里云中。

1964 年，房山琉璃河镇黄土坡村农民在挖菜窖时发现了两件西周青铜器，皆有铭文，引起了有关方面的注意。从 1973 年春季开始，中国社科院考古研究所会同北京市文物管理处组成考古队，对此地持续开展了长达二十余年的大规模考古发掘，终于揭开了燕国封地之谜。

这里发现的是一处规模宏大的西周遗址，范围包括琉璃河镇北部的洄城、刘李店、董家林、黄土坡、立教、庄头等地，东西长约 3.5 公里，南北宽约 1.5 公里，总面积达 5.25 平方公里。整个遗址包括城址、居住址和墓地三大部分。城址主要建在大石河东北面的一块高台地上，城墙由夯土版筑，20 世纪 60 年代尚有部分城垣高出地面 1 米许，可惜发掘时已荡然

---

[1]　傅斯年：《大东小东说》，《中央研究院历史语言研究所集刊》第 2 本第一部分；顾颉刚：《燕国曾迁汾水流域考》，《责善半月刊》第 1 卷第 5 期，1940 年 5 月。

无存。经勘探与发掘，古城呈长方形，东西长约 829 米，南北方向因城址南部被河水冲毁仅余残长 300 米，但据城址最南端发现的一处城墙护坡看，城址南北通长应在 700 米左右。城墙外侧约 10 米处有护城河环绕，河的上口宽约 15 米，深 2 米许。城内偏北部发现了大型夯土台基 6 处，出土了板瓦等建筑构件，当为宫殿建筑基址。宫殿区西南部有祭祀坑，坑中埋藏的有整头牛、马骸骨及许多经过钻凿的卜甲、卜骨等。发掘结果表明，此城始建于西周初年[①]。

城外黄土坡村的西、北两侧是西周墓地，分布着成片大、中、小型墓葬。现已探明有 500 来座墓葬和 50 来座车马坑，皆已发掘过半。这些墓葬总体可分四期：第一期属商代晚期，第二期属西周成王时期，第三期属西周康王前后，第四期属西周中晚期。墓中随葬了大量青铜礼器、兵器、车马器、原始青瓷器、漆器及陶器等。

青铜礼器皆出于大、中型墓，不少器皿还镌有铭文，内容多与燕侯有关。特别是第 1193 号墓，经考证是第一代燕侯的陵墓，所出铜盉、铜罍镌有多达 43 字的长篇铭文[②]。据殷玮璋先生考释，铭文内容"记录的是周王对太保（召公）的明德、贤良多有赞扬，册命他领有燕侯的爵位，并把九个族（或国）一起归他管辖的事"[③]。这些铜器铭文明确记载了分封于此的就是召公奭，还记述召公曾亲到燕国就封，然后返回宗周继续辅佐周天子，其元子则接替他担任了燕侯之职。所有这些，与文献有关召公封燕的记载完全相符，证明召公的封地确在今北京地区，其都邑就是房山琉璃河城址。

① 北京市文物研究所：《琉璃河西周燕国墓地（1973～1977）》，文物出版社，1995 年；中国社会科学院考古研究所、北京市文物工作队琉璃河考古队：《1981 年～1983 年琉璃河西周燕国墓地发掘简报》，《考古》1984 年 5 期；北京大学考古学系、北京市文物研究所：《1995 年琉璃河周代居址发掘简报》、《1995 年琉璃河遗址墓葬区发掘简报》，《文物》1996 年 6 期。

② 琉璃河考古队：《北京琉璃河 1193 号大墓发掘简报》，《考古》1990 年 1 期。

③ 殷玮璋：《新出土的太保铜器及其相关问题》，《考古》1990 年 1 期。

六　周燕代蓟

叙论至此，可知周初的两类分封中事关幽燕者各居其一，一是黄帝后人的蓟，一是姬周召公的燕。它们一个固守在今永定河东北，一个崛起于今永定河西南，形成了以今永定河河道"划江而治"的局面。

当时北京地区周边显然还有其它一些部族存在，例如北部和西部山林地带的肃慎与山戎，以及南部的邶伯等。但在周朝建立后，特别是在召公封燕后，这些方国及部族的命运恐怕就要发生重大转变了。历史上有一个孤竹国君之子伯夷、叔齐"不食周粟"的故事，正好透露出这些部族进入西周以后的命运。伯夷、叔齐是商周之际的著名人物，《史记》专为他们做了传，传文云："伯夷、叔齐，孤竹君之二子也。……武王已平殷乱，天下宗周，而伯夷、叔齐耻之，义不食周粟，隐于首阳山，采薇而食之。……遂饿死于首阳山。"[1]前文曾述，伯夷、叔齐在武王发兵伐纣时曾冒死"叩马而谏"，结果自然是螳臂挡车，无济于事。于是在商朝灭亡后，伯夷、叔齐双双逃往首阳山，矢志"不食周粟"，最后生生饿死在首阳山。这个故事意在褒扬伯夷、叔齐对旧朝的忠贞不贰，但它更加暗示出，当西周王朝以军事实力为后盾强制推行了分封制后，当姬周燕国以锐不可当之势闯进幽燕大地后，其它部族的淡出幽燕已是大势所趋。遥想当年，这些方国及土著部族过惯了"山中无老虎"的日子，与夏、商王朝只存在松散的联盟关系，盛则服，衰则叛，而今好景不再，怎么能不另寻出路？但面对强大的姬周封国，这些部族或拼死顽抗直至灭亡，或主动降服甘为臣子，或退出平原另觅生路，或像伯夷、叔齐一样宁愿饿死也不屈从，舍

---

① 《史记·伯夷列传》。

此岂有它哉？更何况，随着周人势力的日渐强盛，燕、蓟二元并峙的局面也难以维持，姬周燕国在幽燕地区的一统天下未久便至。

考古发掘证实，琉璃河燕都遗址的文化堆积分早、中、晚三期，分别相当西周早期、中期和晚期。其中能够反映都城地位的大中型贵族墓、宫殿基址、城垣建筑等，皆集中在西周早、中期。而到了西周晚期，该城址的都城元素消失殆尽，宫殿基址更是荡然无存，表明此地不再是都邑[1]。事实上，在经历了建国近二百年的风风雨雨后，西周晚期的燕国正蓄势待发，怎么会突然连都城也弃之不顾了呢？索诸史实，原来此时的燕国为了取得更大发展，已经跨过了今永定河的"楚河汉界"，进入了黄帝后人的蓟，开始以蓟为都。

早从 20 世纪 50 年代起，在辽宁凌源、喀左一带就陆续发现了成批西周初年的燕国青铜器，有的还镌有"燕侯"铭文[2]，表明当时燕国已和辽西地区的部族发生了频繁接触。这种接触完全有可能出于截然相反的两种情况，一种是友好交往，一种是兵戎相见。也就是说，这些燕国青铜器既有可能来自燕国的馈赠，也有可能出于战争的劫掠。然而，在这或交或战的来往中，燕国与辽西之间恰恰隔了一个蓟，燕国势力的北渐无异于隔山打炮，种种不便可想而知。侯仁之先生早就指出："最初始封的燕蓟两国，都处于古代南北唯一的交通大道上。燕国南接中原，腹地广阔，物产富饶。蓟国地处南北大道的北端，再向北去，古道分歧，因此它正是南北交通的枢纽，地位十分重要。"[3]有鉴于此，燕国要想向北发展，蓟国显然是个绕不过的坎。此外前文已述，西周中期的蓟国正面临日益强悍的山戎族的战争威胁，熊熊战火已经燃烧到他们家门口。于是，在种种因素的综合作用下，神不知鬼不觉中，蓟国销声匿迹了，变得无影无踪。而与此同时，

---

① 琉璃河考古队：《琉璃河遗址 1996 年度发掘简报》，《文物》1997 年 6 期。

② 晏琬：《北京、辽宁出土铜器与周初的燕》，《考古》1975 年 5 期。

③ 侯仁之：《＜北京考古四十年＞序》，刊《北京考古四十年》，北京燕山出版社，1990 年。

见诸各类文献，燕国已经占有黄帝后人的蓟，并以蓟城为都。又于是，从《汉书·地理志》开始，直接以蓟城为"故燕国，召公所封"，似乎召公燕国的都城从一开始就封在了蓟。久而久之，众口铄金之下，人们不复言蓟、燕二事，径以燕国代蓟。

唯一对燕、蓟的不同做出过一些分析的，是唐人张守节。他在其所撰的《史记正义》中说："封帝尧之后于蓟，封召公奭于燕，观其文稍似重也。……按：周封以五等之爵，蓟、燕二国俱武王立，因燕山、蓟丘为名，其地足自立国。蓟微燕盛，乃并蓟居之，蓟名遂绝焉。今幽州蓟县，古燕国也。"[1]此言以封蓟者为"帝尧之后"虽属误见，但仅凭他坚信蓟、燕本为两国，已属力排众议的金石之论。而之所以后来"蓟名遂绝焉"，张守节认为是因"蓟微燕盛"之故，以至燕国"并蓟居之"，这就是迄今我们看到的古人对燕都代蓟所做的唯一解释。

是否确如张守节所说，黄帝后人的蓟是被燕吞并的，一向史文阙载，难以考实。但可以确知的是，东周时期的燕国显然已以蓟为都。现在问题的关键是，很难判明燕国究竟是何时迁都于蓟的。

文献所见燕国以蓟为都的记载最早见于燕襄公。《韩非子·有度》云："燕襄王以河为境，以蓟为国。"案燕侯谱系中没有襄王，只有襄公，此文所说的燕襄王应即燕襄公。而所谓的燕襄王"以蓟为国"，便即以蓟为都。燕襄公在位于公元前 657 年～前 617 年，属春秋中期，故此人们认为燕国以蓟为都最早始于春秋中期[2]。然而，这里还有两大因素需要考虑：一是幽燕地区所见蓟（其）国考古遗存及金文资料的下限年代基本截止在西周中晚期之交，说明此后的蓟国已经离开了北京平原；二则由考古工作提供的事实看，琉璃河燕国都城废弃于西周中晚期之交，即此时的燕国都城已迁往他处。两相参证，应该说最大的可能就是，西周中晚期之交的燕国已

---

① 《史记·周本纪》正义。

② 徐自强：《关于北京先秦史的几个问题》，《北京史论文集》第 2 辑，1982 年。

然北上，实现了由琉璃河燕都向蓟邑的转移。

事实上，文献史料并非没有对燕国在襄公以前已经迁都蓟邑提供必要的线索，无非是较为隐晦难辨罢了。《左传·桓公六年》云："北戎伐齐，齐侯使乞师于郑，郑太子忽帅师救齐。"同此之事尚见《史记·匈奴列传》："（周平王东迁）六十有五年，山戎越燕而伐齐，齐厘公与战于齐郊。"以上所说的山戎伐齐，发生在周平王东迁后65年，也就是公元前706年，属春秋初期。其中的"越燕而伐齐"一句，已明确指出山戎南下伐齐时只越过了一个燕。至于前面列举的公元前664年山戎伐燕及齐桓公救燕事，亦早于燕襄公，同样说明当时的燕国已邻近山戎强敌。倘若此时的燕国都城仍然在北京南端的琉璃河，蓟国尚在故蓟邑，那么山戎族南下首先遭遇的不是燕而是蓟，齐桓公需要营救的也首先不是燕而是蓟。单凭这一点，也透漏出燕襄公之前的燕国已经迁都于蓟。

在考古学上，西周一般分为早中晚三期，周穆王以前为西周早期，包括武王、成王、康王、昭王四世；穆王以后为中期，包括穆王、共王、懿王、孝王、夷王五世；西周晚期从厉王算起，下承召公、周公二相摄政的"共和"以及宣王和幽王。据学者考证，夷王在位于公元前885年～前878年，厉王在位于公元前877年～前841年[1]，这就是西周中晚期之交所对应的绝对年代。于是，按照琉璃河古城的都城史截止于西周中晚期之交的事实推之，燕国迁都蓟城的年代应在公元前九世纪中叶。

燕国在西周中晚期之交迁都于蓟的推测似无可疑，但着实令人生疑的是，周燕代蓟的原因果真如张守节所说，是"蓟微燕盛，乃并蓟居之"吗？按正史的说法，周人姬姓，与黄帝同姓，"舜、禹、契、后稷皆黄帝子孙"[2]，即周人的先公后稷也是黄帝的后裔，姬燕和蓟无异于宗亲之国，

---

[1] 夏商周断代工程专家组：《夏商周断代工程1996～2000年阶段成果》，世界图书出版公司，2000年。

[2] 《史记·三代世表》。

怎么好端端的说灭就灭了呢？加之蓟国是周武王堂而皇之褒封的黄帝后裔，更不能随随便便的一灭了之。古人说"春秋无义战"[1]，但那是后来的事，而西周王室采取的是"内弭父兄，外抚诸侯"[2]的国策，对异族皆以柔化为本，似不当绝情如此。位居周室太保的召公，显然是周室怀柔政策的制定者之一，他的封国更不至于置祖训于罔顾而轻易灭掉黄帝后裔的蓟。更何况，凡事都有两面性，蓟国的存在虽然妨碍了燕国更大范围的扩张，但它好歹在山戎及北方游牧族的刀锋之下为燕国设置了一道铁血屏障，燕国也正好躲在这屏障之后保一方平安，又何必不能见容呢？因此，事情似乎不像张守节说的那样简单。

无独有偶，历史上恰在燕地的蓟国消失之后，冷不丁从中原冒出个黄帝后人的南燕国来，不知是否和蓟国有些关系。

《左传·隐公五年》云："卫人以燕师伐郑。"杜预注："南燕国，今东郡燕县。"孔颖达疏："燕有二国，一称北燕，故此注言南燕以别之。"这是南燕国首见于《左传》，时在鲁隐公五年（公元前718年），属春秋早期。南燕国的地望杜预明言在汉的东郡燕县，实则应称南燕县。《汉书·地理志》东郡南燕县下原注云："南燕国，姞姓，黄帝后。"此即南燕国的所在，地在今河南延津县胙城乡。

关于南燕国的背景，有两段记述可供参考。一段出自唐人孔颖达为《左传·隐公五年》"南燕国"所做的注疏："《世本》：燕国姞姓。《地理志》：东郡燕县南燕国，姞姓，黄帝之后也。小国，无世家，不知其君号谥。"又一段见清人顾祖禹的《读史方舆纪要》："今卫辉府胙城县，本胙国，春秋时为南燕国，……而召公所封之燕为北燕国。"综合上述记载，有两个要点可以判明：一是这个南燕国既无世系亦无君王谥号，也就是古人不知其来历；二是它所在的胙城本为胙国的故地，南燕国在那里出现是

① 《孟子·尽心下》。
② 《逸周书·作雒解》。

春秋以后的事，恰与它出现在《左传》的年代相符。

《国语·晋语四》云："黄帝之子二十五人，其同姓者二人而已，……其同生而异姓者，四母之子，别为十二姓。凡黄帝之子，二十五宗，其得姓者十四人，为十二姓：姬、酉、祁、己、滕、箴、任、荀、僖、姞、儇、依是也。"据此可知，黄帝后人未必都姓姬，"姞"姓亦其一。准此，在蓟与南燕国的关系上，可以得出如下认识：

1，在姓氏上，黄帝后人的蓟未知其姓，与南燕国的姞姓并不矛盾；

2，在时间上，胙地的南燕国早不到春秋以前，而北京的蓟国消失于西周晚期，恰好上下衔接；

3，在族系上，二者皆为"黄帝后人"的封国，但西周初年以黄帝后人名义正式册封的仅仅只有一个蓟；

4，在国号上，南燕国虽已"南"到了与古燕地风马牛不相及的地方，但国号中仍保留着一个"燕"，已然透露出了它与古燕地的联系。皇甫谧《帝王经界纪》云："燕地在燕山之野，故国取名焉。"此文称燕国国号起于燕山，古燕地也起于燕山，对此古无歧义。因此事情并非如某些人想象的那样，因为南燕国一带常有燕子飞过故而称"燕"。

于是，由上述种种理由，不免使人推测，这个南燕国是否就是突然消失了的蓟呢？若从周室的角度考虑，鉴于蓟在幽燕地区的影响，鉴于它已成为燕国向北扩张的屏障，鉴于把蓟内迁中原更易掌控，未必不会把蓟迁往胙地。而从蓟国的立场来看，既然战争的烽火已经逼近国门，内迁之后一可以避开山戎的刀锋，二可以继续安享荣华富贵，三还可以跻身中原诸侯，又何乐而不为呢？于是，为了安抚双方，赐你召公一个北燕，还他蓟国一个南燕，从此相安无事，岂不快哉！

需要说明的是，所谓"南燕"、"北燕"，无非是后人的区分，在先秦典籍中皆统称一个燕。召公的燕国自不待言，单说南燕。《左传·隐公五年》载卫人以燕师伐郑，《春秋经·桓公十二年》载鲁桓公会宋公、燕人，

《左传·庄公十九年》载卫师、燕师伐周，《左传·宣公三年》载郑文公有贱妾曰燕姞，以上所说都是南燕，但都只称一个"燕"。无独有偶，早在召公燕国之前，蓟国的称谓中也恰好联着一个"燕"。

见于各地出土的金文"其"字称谓，皆与一形似玄鸟的族徽相连，邹衡先生便释其为古"燕"字[①]。《说文解字》燕部云："燕，玄鸟也。龠口，布翅、枝尾、象形。"察此族徽的字形，果如《说文》所说，是"燕"的象形字。金文"其"字通蓟，是蓟的国号，说已见前。既然金文"其"字以"燕"为徽记，可见蓟国早与古"燕"相连，并不因召公的封国称燕才名燕。恰恰相反，倒是因为蓟国所在之地早已称"燕"，封于此地的召公才因故名而称燕国。其实，见于铜器铭文，召公的燕国另创了一个假借的"匽"或"郾"字以为国号，以示和先燕的区别。因此，蓟国南迁后直接以"燕"称之并无不可，因为这本来就是它的徽号。而在以大篆金文为标准汉字的当时，蓟之"燕"为燕形的燕，召公之燕为专用的"匽"或"郾"，不待以南、北别之便可区分得一清二楚。此前学者不知个中差异，仅凭后世合流的一个"燕"字，便想当然地以"北燕为南燕之余支北迁者"[②]，把西周初年的北燕当做了春秋南燕的支系，实属本末倒置。比较之下，到是中原的南燕更有可能来自古燕地的蓟。

自古至今，燕与蓟的关系是历代学者始终争执不下的一个问题。早自汉唐以来，人们就"或言燕都蓟，或言燕并蓟，或言召公更封于蓟，或言蓟改为燕，或言蓟就是燕"[③]，总之无论如何也要把燕、蓟合而为一，以至化蓟为无，从而淹晦了北京地区一段极为重要的历史。而综合上面的分析，可知蓟就是蓟，燕就是燕，它们的来源不同、历史不同、地域不同、世系不同，各自的"燕"字国号也不尽相同，断非一国一事。早自黄帝以

---

① 邹衡：《夏商周考古学论文集》，第 269 页。

② 童书业：《春秋左传研究》，上海人民出版社，1980 年，第 245 页。

③ 葛英会：《燕国的部族及部族联合》。

来，在涿鹿至北京一带始终居住着的是黄帝后裔的蓟，而召公奭的燕则始创于西周初年，开始时建都于京南的琉璃河古城，与蓟南北相望。召公燕国虽然是一支外来势力，但它挟时代的潮流而来，有封土，有封爵，有分民，有分器，更有周朝的强大背景和召公之大旗，其势锐不可当。于是，这股势力很快成了幽燕历史的主角。到了西周中期，蓟的文化由典型商文化转为典型周文化，标志它已臣服于燕。而恰逢此时，蓟国也日益受到来自山戎的战争威胁，因此它趁势而退，或许就像前面推测的那样，变身为《左传》中突然出现的"黄帝之后"的南燕国。

其实，蓟究竟是否变身为南燕国是并不重要的，重要的是它在北京地区留下的历史，以及周燕代蓟后北京地区发生的变化。可以说，正是始于燕的突兀登场，终于蓟的黯然消失，北京地区的历史在各个方面都发生了根本的变化，燕国终于成了整个燕地独一无二的霸主。

七　秦汉以迄明清

燕以后，大量正史、方志、通志、野史和地下埋藏、地上建筑材料林林总总，蔚为大观，已把北京历史的后续发展十分清晰的勾勒出来。

公元前 221 年，秦始皇翦灭东方六国，创建了中国历史上第一个大一统的中央集权国家。秦朝集权政治的表现之一，就是"以为周制微弱，终为诸侯所丧，故不立尺土之封，分天下为郡县，荡灭前圣之苗裔，靡有孑遗者矣"[①]，以拱卫中央集权的郡县制代替了地方割据的分封制。统一后的秦帝国幅员辽阔，东至大海，南到岭南，西及青藏高原，北达河套、阴山及辽东。开始时秦朝将全国划分为三十六个郡，此后随着领土的扩张逐

---

① 《汉书·地理志上》。

渐增加到四十余郡。其中属于先秦燕国的有六郡，分别为广阳、上谷、渔阳、右北平、辽西、辽东郡。其中前四郡在长城以南，后两郡在长城以北。

郡县制推行后，秦设北京为蓟县，成为广阳郡的治所。广阳郡的南缘一直到了今河北易县的燕下都武阳，囊括了今北京市的大部。此外在广阳郡的北面，由西向东依次排列着上谷郡、渔阳郡、右北平郡，也都分别包括了今北京市的部分区域。其中上谷郡治沮阳（今河北省怀来县），渔阳郡治渔阳（今北京市怀柔县）、右北平郡治无终（今天津市蓟县）。

西汉王朝建立后，在继续推行郡县制的同时，也一定程度上恢复了分封制，实行了郡、国并行制。事如《汉书·诸侯王表总叙》所言："汉兴之初，海内新定，同姓寡少，惩戒亡秦孤立之败，于是剖裂疆土，立二等之爵。功臣侯者百有余邑，尊王子弟，大启九国。自雁门以来，尽辽阳，为燕、代……藩国大者夸州兼郡，连城数十，宫室百官同制京师。"总体上看，汉的中原地带基本上沿袭了郡县制，而边远重地如燕、赵、齐、楚等地则分置侯国，封同姓宗亲及功臣以镇之。武帝时推行了一大新政，将全国划分为十三个监察区，称十三州部，各以刺史监管。到了西汉末年，负责监管的州刺史改为州牧，正式成为各州的行政主官。这样一来，秦以来的郡、县两级地方制遂为州、郡、县三级制所取代。"武帝置十三州，幽州依旧名不改"[①]，原燕地在设州后仍称幽州，先秦燕国的疆域尽收其中并有所增益。

西汉时期的北京地区分隶四郡一国，郡即上谷郡、渔阳郡、右北平郡和涿郡，涿郡治涿，其它各郡郡治相沿不改。其国即燕国，后称广阳国，都于蓟城。

终西汉一世，先后封在北京地区的有六个诸侯国，分别是：

高祖五年（前 202 年）：封卢绾为燕王。

---

① 《晋书·地理志》。

卢绾，汉高祖刘邦的同乡，与刘邦同年同月同日生，从小即为亲密无间的伙伴。高祖起兵后，卢绾紧随左右，屡建战功，官至太尉，于高祖五年封为燕王。受封之初，"诸侯得幸莫如燕王者"[1]，卢绾备受恩宠，位极人臣。高祖十一年（前196年），卢绾涉嫌谋反，被刘邦发兵剿灭，国除。

高祖十二年（前195年）：封刘建为燕王。

卢绾事发后，"高帝刑白马盟曰：'非刘氏而王，天下共击之'"[2]，遂改封其子刘建为燕王，是为燕灵王。十五年后（吕后七年，公元前181年），刘建病卒。

吕后八年（前180年）：封吕通为燕王。

史称"燕灵王建薨，有美人子，太后使人杀之，无后，国除。八年十月，立吕肃王子东平侯吕通为燕王"[3]。刘建卒后，独掌权柄的吕后杀刘建庶子，改封侄子吕通为燕王。不久吕后病死，刘邦旧臣陈平和周勃联手诛灭了吕氏集团，吕通也被诛杀。

文帝元年（前179年）：封刘泽为燕王。

刘泽为文帝宗室，原为琅琊王，因反对吕氏有功升迁燕王。刘泽就燕后两年病故，刘泽之子刘嘉于汉文帝三年（前177年）承袭王位。刘嘉死，其子刘定国于汉景帝六年（前151年）承袭王位。刘定国与父姬通奸，夺弟妻，淫乱王室，于武帝元朔元年（前128年）事发，被逼自杀，国除，改燕国为燕郡。

武帝元狩六年（前117年）：立刘旦为燕王。

立燕郡十年后，武帝复置燕国，封皇子刘旦为燕王。刘旦封燕王后一直觊觎皇位，企图废昭帝而自立，乃数度谋反。昭帝元凤元年（前80年）

---

[1]　《汉书·荆燕吴传》。

[2]　《史记·吕太后本纪》。

[3]　同上注。

刘旦以谋反罪赐死，国除，改燕国为广阳郡。

宣帝本始元年（前 73 年）：立刘建为广阳王。

刘旦自杀后，其太子刘建被贬为庶民。宣帝时改广阳郡为广阳国，立刘建为广阳王。刘建在位 29 年卒，之后其子嗣世代相继，绍封不绝，至西汉末年王莽时始而国除，前后历四世。

总之，终西汉一世，蓟地立为诸侯王都的时间前后长达 198 年，其间废国为郡的时间仅有短短十余年，此外皆为诸侯国的所在。

需要说明的是，汉的封国已不同于先秦时期的方国和诸侯国，最大的区别就在于它已丧失了独立的治民权，诸侯王除了能享用封地的租税收入外，其它方面则几乎完全要受中央的控制。《汉书·百官公卿表》云："景帝中五年令诸侯王不得复治国，天子为置吏，改丞相曰相，省御史大夫、廷尉、少府、宗正、博士官，大夫、谒者、郎诸官长丞皆损其员。武帝改汉内史为京兆尹，中尉为执金吾，郎中令为光禄勋，故王国如故。损其郎中令，秩千石；改太仆曰仆，秩亦千石。成帝绥和元年省内史，更令相治民，如郡太守，中尉如郡都尉。"据上可知，自西汉初年汉景帝起，诸侯王国的重要官员都由中央任命，官员的职数也由中央规定，诸侯王在人事任免上已形同虚设。仅此一项便足以说明，西汉封国与先秦的方国、诸侯国有着本质的区别。而由此即可判明，西汉时走马灯般换来换去的燕王、广阳王，都是汉廷根据自己的意愿时立时废造成的。

1974 年，在丰台区大葆台出土了刘旦之子广阳顷王刘建夫妇的并穴合葬墓。这两座墓坐北朝南，封土连成了高大土丘，平面呈"凸"字形，由墓道、甬道、外回廊、"黄肠题凑"、前室、后室组成。墓道葬有彩漆朱轮华毂车 3 辆，马 11 匹。墓室早年被盗，且遭火焚，但仍剩余了部分铜、陶、铁、玉、漆、丝织物品。

此墓的"黄肠题凑"位于外回廊的内侧，用约 15000 根黄肠木堆砌而成。"黄肠题凑"一词始见于《汉书·霍光传》，称霍光死后汉宣帝赐其

"梓宫、便房、黄肠题凑各一具，枞木外臧椁十五具"。颜师古注引苏林曰："以柏木黄心致累棺外，故曰黄肠；木头皆内向，故曰题凑。"这是设在棺椁外的一种木结构，由黄色的柏木心堆砌而成，是天子及诸侯王的专用葬制。

东汉的地方建制基本承袭了西汉，除京师一带由司隶校尉部统领外，全国统分为十二州部，主官称州牧或刺史。州以下郡、国并行，为二级政区，县为三级政区。古燕地仍置幽州刺史部，治蓟邑。据《后汉书·郡国志五》记载，顺帝年间幽州刺史部统辖"郡、国十一，县、邑、侯国九十"。其中在今北京地区的有五郡十四县，五郡即广阳、涿、上谷、渔阳、右北平郡。与西汉时期迥然不同的是，在东汉的近二百年中，幽燕地区皆以地方州郡为主，封国交替兴废的历史已成既往，只出现了一头一尾的短暂两例。

开头一例是光武帝刘秀于建武二年（26年）复广阳国，封叔父刘良为广阳王。刘良未就国，建武十三年（37年）国除，并入上谷郡。和帝永元八年（96年）复置广阳郡，仍治蓟邑。结尾的一例是东汉末年董卓封公孙瓒为蓟侯。《三国志·魏书八》云："公孙瓒字伯珪，辽西令支人也。……会董卓至洛阳，迁虞大司马，瓒奋武将军，封蓟侯。"此事发生在汉献帝初平二年（191年），是东汉末年战乱的产物，未久事罢。事实上，这头尾两例无关大局，可以说整个东汉时期的北京皆为州郡地方史，与西汉时期的北京皆为藩王都邑的情况迥然有别。

三国曹魏亦实行州、郡、县三级地方制，北京仍属幽州。魏明帝曹睿太和六年（232年）"改封诸侯王，皆以郡为国"[①]，燕郡改为燕国，封曹睿叔父曹宇为燕王。此外饶有兴味的是，曹魏灭蜀后，刘禅这个大名鼎鼎的阿斗也被安置在了今北京。

---

① 《三国志·魏书·明帝纪》。

《三国志·蜀书·后主传》云："后主举家东迁，既至洛阳，策命之曰：'惟景元五年三月丁亥。皇帝临轩，使太常嘉命刘禅为安乐县公。……'食邑万户，赐绢万匹，奴婢百人，他物称是。"这里说蜀后主刘禅投降魏国后，被遣送到魏都洛阳，于景元五年（公元264年）封为安乐县公，食邑万户。《三国志·明帝纪》云："省渔阳郡之狐奴县，复置安乐县。"可知刘禅所封的安乐县，即渔阳郡的狐奴县，故址在今北京顺义县北小营。从封为安乐县公到西晋泰始七年（公元271年）刘禅"薨于洛阳"[1]，丧国丧家的刘禅苟活了8年。在这8年中，刘禅常住洛阳，供曹魏君臣取笑作乐，但栖身于封地的情况想必也是有的。于是，他的"此间乐，不思蜀"的名言，恐怕不单指洛阳，应当也包括了顺义的封地吧？

公元265年西晋代魏，晋的幽州"统郡国七，县三十四"[2]，其中在今北京境内的有燕国、范阳国及上谷郡的部分地区。

从西晋后期开始，少数民族上层纷纷割地称王，北中国很快步入了政权频繁更迭的十六国时期。《晋书·地理志》云："（晋）惠帝之后，幽州没于石勒。及穆帝永和五年（349年），慕容儁僭号于蓟，是为前燕。七年，儁移都于邺。儁死，子暐为苻坚所灭。坚败，地复入慕容垂，是为后燕。垂死，宝迁于和龙。"综合此类记载可知，幽燕作为诸胡反复争夺的战略要地，在十六国时期屡屡变换大王旗，先后隶属过羯族石勒的后赵、鲜卑族慕容皝的前燕、氐族苻洪的前秦、鲜卑族慕容垂的后燕。其中前燕慕容儁曾于元玺元年（352年）建都于蓟，后于元玺六年（357年）迁都邺城。慕容儁都蓟的时间虽然只有短短五年，但却开启了草原民族在北京地区建都的历史先河，影响之大远逮后世。

公元399年，后燕燕郡太守投降北魏，北魏拓跋氏占据幽州。公元439年（魏太延五年），鲜卑族的北魏重新统一北方，社会渐趋稳定，幽

---

① 《三国志·魏书·明帝纪》。

② 《晋书·地理志》。

燕地区也在长期战乱后迎来了一个休养生息的时期。北魏政区基本沿袭前代，实行州、郡、县三级制。"幽州治蓟城，领郡三，县十八"①，所领三郡分别为燕郡、渔阳郡、范阳郡。今北京地区除主要分布在这三郡外，在燕州的上谷郡和安州也各有一部分。

公元 534 年，北魏灭亡，幽州先后落入东魏、北齐、北周之手。东魏立国仅十七年（534 ~ 550 年），略长的是北齐，历二十八年（550 ~ 577年），北周据有幽州的时间最短，不足五年（577 ~ 581 年）。这三个走马灯似的小朝廷在政区设置上基本沿袭了北魏的州、郡、县三级制。东魏、北齐的今北京地区分属幽州、安州、东燕州，幽州治蓟，领燕郡、渔阳郡、范阳郡。北周时期今北京地区分属幽州、玄州、燕州，幽州仍领燕、渔阳、范阳三郡，唯所属之县有所省并。北齐、北周屡在幽州及附近地区封王赐爵，但虚赐者多，实封者少，于州郡的设置并无大碍。

公元 581 年，北周随国公杨坚废静帝自立为帝，建元开皇，立国为隋。在统一了全国后，为了全面削弱地方势力，隋文帝于开皇三年（583 年）废除了郡的建制，实行了州、县两级制。隋炀帝大业三年（607 年）又改州为郡，实行了郡、县两级制。州改郡时，隋炀帝废"幽州总管府"，改幽州为"涿郡"②。这样几番改下来，今北京地区主要属涿郡、渔阳郡和安乐郡。涿郡领九县，蓟、良乡、潞、昌平四县及怀戎东部都在今北京境内。安乐郡领燕乐、密云二县，也在今北京境内。渔阳郡领渔阳一县，旧称无终，地跨今北京平谷及天津蓟县。

公元 618 年，唐国公李渊在长安称帝，建立了唐朝。唐代初年以州统县，后改州为郡，实行郡、县两级制。唐太宗贞观元年（627 年），依照全国山河大势划分了十道，定期派巡察使巡视道下诸州，此为设道的开始。唐玄宗开元二十一年（733 年），"分天下为十五道，每道置采访使，检察

---

① 《魏书·地形上》。

② 《隋书·地理志中》。

非法，如汉刺史之职"①，"道"从此成为常设政区，主官初称采访使，后称观察使。到了唐代中期，针对日益加剧的边患，唐廷在沿边地区又加设了"镇"，以数州为一镇，称方镇或藩镇，以节度使为统领。此后，节度使兼任各道主官成为常例，道镇基本合一，地方军政大权遂统归节度使之手。

就北京地区的情况而言，唐朝初年复改涿郡为幽州，开元年间形成道、州、县三级政区后，幽州划归河北道。唐玄宗天宝元年（742年）诏"天下诸州改为郡"②，又改幽州为范阳郡，唐肃宗干元元年（758年）复改范阳郡为幽州。在以州统县时，今北京境内包括幽州大部、檀州全部、妫州一部及饶乐都督府的部分辖区。

唐王朝节镇制度的实行，使节度使权倾一方，导致了唐朝的四分五裂，也导致了五代十国的到来。五代期间幽州初属后梁，后梁幽州卢龙军节度使刘仁恭之子刘守光于干化元年（911年）囚父杀兄，自立大燕国，建都幽州城。此后两年有余，短命的大燕国被突厥沙陀族强藩李存勖所灭，幽州并入河东节镇，成为李存勖的后唐的一部分。公元936年，后唐河东节度使石敬瑭为了僭位称帝，以割地、纳贡、称臣为条件，请契丹国主耶律德光派兵援助。在契丹大军的帮助下，石敬瑭灭后唐建后晋，于是兑现承诺，于天福三年（公元938年）"割幽州管内及新、武、云、应、朔州之地以赂之，仍每岁许输帛三十万"③。自此而始，今河北北部、北京地区及山西北部的燕、云十六州全部落入契丹之手。在这燕云十六州中，幽州治今北京，檀州治今密云，顺州治今怀柔，儒州在今延庆，此外的妫州、涿州、蓟州亦各有一部分在今北京地区。

早在公元907年，位在塞北的耶律阿保机就祭天称帝，建立了契丹政

---

① 《旧唐书·地理志》。

② 《旧唐书·玄宗纪下》。

③ 《旧五代史·契丹传》。

权。辽会同元年（938年）秋，契丹吞并了燕云十六州后即改国号为辽[1]，升幽州为南京，府名幽都，军号卢龙。辽袭唐制，以道为地方行政的最高建制，分全国为五道，南京除为陪都外尚为南京道治所，统领整个燕云地区。辽占幽州后，宋朝几番出兵北伐，试图夺回幽燕，尤以公元979年的高粱河战役和公元986年的雍熙战役规模最大。但即便是宋太宗御驾亲征，亦敌不过辽人的金戈铁马，宋朝屡战屡败，最后终于形成了以白沟为界的宋、辽分治局面。辽圣宗开泰元年（1012年），辽改南京幽都府为燕京析津府，仍为陪都。析津府直辖十一个县，其中七个县在今北京境内。从公元938年辽朝设立南京到1122年金人占领南京止，燕京作为辽朝陪都前后凡184年。

早在公元1115年初，女真族首领阿骨打就建国称帝，国号金，都会宁，地在今黑龙江阿城市白城子。公元1122年，金人攻破辽陪都南京，北宋政权遂以每年一百五十万贯的代价从金人手里赎取了燕京，"改燕京为燕山府，又改郡为广阳，节度曰永清军，领十二县"[2]。1125年，金人卷土重来，北宋守军不战而降，金人再度占领了燕山府，改称燕京析津府。1149年（天德元年）完颜亮即帝位，史称海陵王。天德三年（1151年）海陵王颁发《议迁都燕京诏》，令仿照汴京修建燕京。贞元元年（1153年）燕京宫城竣工，海陵王正式下诏迁都，把国都从远在松花江的会宁府迁到了燕京，称中都。从这时起，中都城作为金朝的统治中心一直延续到贞佑二年（公元1214年）金宣宗移都汴京止，前后凡62年。

公元1206年，铁木真统一了蒙古草原各部，建立起大蒙古国，自号成吉思汗。《元史·地理志》载："元太祖十年，克燕，初为燕京路，总管大兴府。"元太祖十年即公元1215年，此时金中都已为蒙古国所陷，改称燕京，并设置了燕京行署。当时蒙古国的中心尚在漠北和林，燕京成为蒙古国进

---

[1]　又一说辽改国号在公元947年。

[2]　《宋史·地理志》。

一步向中原扩张的大本营。忽必烈即位后决定迁都燕京，他先于至元元年（1264 年）升燕京为中都，后于至元四年（1267 年）下令营建新都城。事如《元史·刘秉忠传》所载："初，帝……以燕为中都。（至元）四年，又命秉忠筑中都城，始建宗庙宫室。八年，奏建国号曰大元，而以中都为大都。"至元九年（1272 年）春二月，忽必烈正式诏告"改中都为大都"。从这时起，元朝正式以北京为都，称大都，建国号大元。直到明洪武元年（1368 年）明军攻占元大都止，北京作为元朝的统治中心前后凡 96 年。

洪武元年，朱元璋在南京即皇帝位，国号大明，建元洪武。称帝的头年冬天朱元璋就发动了北伐战争，矛头直指元的政治中心。1369 年 8 月 2 日，朱元璋大军一举夺取了元大都，宣告了元朝的灭亡。洪武元年八月，朱元璋"改（大都）为北平府，十月属山东行省，二年三月改属北平"①。此后，洪武"三年（1370 年）四月建燕王府"，北京成了燕王朱棣的领地。

明永乐元年（1403 年），燕王朱棣夺取了皇位，称明成祖。登基伊始他就决定把都城从南京迁往北京，于是在永乐元年正月"升（北平）为北京，改府为顺天府"，后于"永乐四年闰七月诏建北京宫殿，修城垣，十九年正月告成"②。永乐十九年即公元 1421 年，明成祖朱棣于该年正月在奉天殿受百官朝贺，正式迁都北京，定名京师，称京师顺天府。从决定迁都到北京城垣、宫殿建成，前后延续了 19 年。此期间因为先后征伐安南、鞑靼、瓦剌而致明王朝国力消耗过大，新都的营建时有中辍，但从其工期之长，亦不难想见新都建设规模之大。明成祖此番迁都，一改少数民族统治北京长达四百余年的历史，在北京建立起以汉族为主体的中央政权。直到公元 1644 年李自成农民起义军攻占北京止，明朝建都北京前后达 223 年。

明万历四十四年，公元 1616 年，女真族首领努尔哈赤在草原称汗，建立了"大金国"，史称后金。1626 年皇太极继位，先于 1635 年定族名为

---

① 《明史·地理志一》。

② 同上注。

满洲，后于 1636 年称帝，建国号大清。此后清军多次攻打明京师，并于公元 1644 年 5 月占领了北京，随即决定迁都于此。当年九月，清顺治帝从盛京（今沈阳）移驾北京，宣布"定鼎燕京"[①]，仍称京师顺天府。从 1644 年清王朝定鼎北京起，到 1911 年满清灭亡止，北京作为大清国的统治中心长达 267 年。

清以后，中华民国于 1912 年 ~ 1928 年建都北京，新中国于 1949 年定都北京，北京至今仍是全中国的政治、文化中心。放眼今天，在中华复兴的时代大潮中，首都北京仍不断焕发出新的青春，引领中国走向更加辉煌的未来。

八　北京的城市文明

在经久不衰的持续发展过程中，北京地区还有一个更突出的表现，那就是城市文明的生生不息、历久弥新。

北京城究竟始建于何时？这是一个广受人们关注的话题。1987 年 5 月 4 日，北京大学侯仁之教授致信当时的北京市领导，"建议应尽早考虑北京建城之始，始于何年"[②]。此信掀起了一个探讨北京城始建年代的热潮，最后学者大多认为周武王在北京分封了蓟、燕两大诸侯国，北京市从此有了城邑，这便是北京建城之始[③]。前文曾述，周武王封蓟是在伐纣灭商之后，召公奭封于燕是在成王平叛之后，二者并不同时，但当时人们皆以此系之于武王。根据文献记载及天象、历法的综合推算，武王伐纣是在公元

---

① 《清史稿·世祖本纪》。

② 侯仁之：《关于京东考古和北京建城的年代问题——致北京市领导的一封信》，刊《北京史研究通讯》1987 年 9 月 8 日第 2 期。

③ 侯仁之：《论北京建城之始》，《北京社会科学》1990 年第 3 期。

前 1045 年①。于是到了 1995 年，北京市隆重举行了纪念北京建城 3040 周年的大型活动②，正式确认了公元前 1045 年为北京建城之始。辗转至今，此说已成不易之论，但综合有关线索看，北京的建城年代似乎还有别的可能，而且理应比这为早。

首先不妨展开历史的画卷，看看北京地区城市文明的起源到底存在哪几种可能：

一是黄帝创建的"涿鹿之邑"。

上章第三节已述，在天下诸侯"合符釜山"后，黄帝"邑于涿鹿之阿"，建造都城于涿鹿平川。考虑到历史上的涿鹿是燕国治下或幽州治下的一部分，属于今北京的辖区；再者今北京市所在的古蓟邑一度与涿鹿同属一郡；三则黄帝的"涿鹿之邑"曾是今延庆的一部分，因此不妨把黄帝的"涿鹿之邑"视为古代北京建城之始。

二是黄帝集团在今北京市创建了城邑。

亦如上章第三节所论，黄帝集团在距今五千年前已进入北京平原，点燃了这里的文明之光。于是另一种可能也是存在的，即那时黄帝集团已经在今北京一带建造了初级城邑。

三是五帝时代的"幽都"。

《尚书·尧典》云："（帝尧）申命和叔，宅朔方，曰幽都。"《史记·五帝本纪》亦有相同记载。以上所言"幽都"，是中国历史上最早称"都"之处，其地就在今北京。《释名》云："都者，国君所居，人所都会也。"按照这种解释，人们往往认为幽都"显然是一种人们聚集的场所，也许是城邑"③，于是这也提供了北京地区城市起源的一种可能，其时代则可以早到帝尧之时。

① 赵光贤：《武王克商与周初年代的再探索》，《人文杂志》1987 年第 2 期。

② 详《北京建城 3040 年暨燕文明国际研讨会会议专辑》，北京燕山出版社，1997 年。

③ 侯仁之主编、唐晓峰副主编：《北京城市历史地理》，北京燕山出版社，2000 年，第 15 页。

四是黄帝后人的蓟。

黄帝后人的蓟位于今北京市区，而如本章第四节所述，武王封蓟是"褒封"，不是"始封"，即蓟国在武王之前已经存在。加之蓟国于殷商甲文、金文多见，是和商王室交往密切的殷商强侯，更说明这个蓟国及其蓟邑早已存在于殷商时期。

五是西周燕都。

西周燕都即召公奭的封邑，位于今房山区琉璃河。由文献记载和考古资料的双重证明，可知该城始建于西周成王之时。

以上五说的年代各不相同，早的约当黄帝时代，距今五千年左右，晚的到了西周时期，距今约三千余年，早晚相差不下两千年。

综合上章所考，第一说的黄帝建都涿鹿持之有故、言之成理，是可以成立的，唯待考古工作做进一步的揭示。第二说的可能性也是不能完全排除的，但由于尚未取得必要的实证，目前只能聊备一说。第三说也只能存疑，因为如前所述，"都"之本义当指"有先君之旧宗庙"之地，最早称"都"的幽都尤当如此。至于第四说，是目前北京有古城邑的最确切说法，其下限年代至少已可追溯到殷商时期。第五说是目前人们公认的北京建城之始，但它的年代已晚到了西周成王之时。

商朝从商汤建国至武王克商共经历了五六百年，前后可分两大期。前期共历十八王，总计二三百年，先后都于亳、隞（嚣）、相、邢[1]。后期共历十二王，始于盘庚迁殷（今河南安阳市），此后再未迁都，因此商朝后期又称殷朝、殷商或商殷。据《竹书纪年》等文献的记载，自盘庚迁殷直至商朝灭亡共历 273 年。而学术界一般认为商朝灭亡是在公元前 1045年[2]，于是由此前溯 273 年，盘庚迁殷约在公元前 1300 年左右。

前文已述，殷墟卜辞一期已有"亚其"之谓，此即殷商蓟国。卜辞一

---

① 《史记·殷本纪》。

② 赵光贤：《武王克商与周初年代的再探讨》，《人文杂志》1987 年 2 期。

期的年代大体相当商王武丁前后，而武丁为盘庚之侄，上距盘庚不远。因此，蓟的下限年代亦可早到盘庚之时或稍后不久，也就是可以早到公元前1300年前后。此即蓟国和蓟邑的下限年代，也是目前可以确认的北京建城之始。从那时算起，北京城的历史至今已有悠悠三千三百余载。

这个殷商蓟邑到底会是什么样的呢？对此很少有人论及，因为它早已层层叠叠地掩埋在历朝历代的北京城下。即使偶尔有人谈到，也只是轻描淡写地说："像蓟这样的小邦国，城的规模，宫室市坊的品质必定都很狭隘简陋，估计也难得有几件青铜礼器，多数还是陶器。"①但事实上恐怕未必如此。其故在于，一则在殷商卜辞及金文中，蓟国位列侯爵，表明这个殷商蓟国相当显赫；二则蓟国位于北京平原的腹心，拥有良田万顷，国之殷实可想而知；三则西周蓟国的顺义牛栏山及昌平白浮墓皆有成批青铜器的发现，并非"难得有几件青铜礼器"。因此，殷商蓟城显然不会如想象中的那样不堪。

在北京地区城市文明的历史长河中，还有一个不可忽略的因素，那就是从很早的时候开始，在不大的范围内已经出现了不止一座城邑，此后更是累有增加，城邑的密度相当之大。突出一例即在西周早期和中期之时，北京平原就同时存在蓟城和燕都这两座中心城邑，周围势必还有其它小卫星城。到了东周时期，燕国创建了上、中、下三都，其中前两都就都建在北京小平原上。燕之上都即蓟城，中都"汉为良乡县，属涿郡"②，已探明在房山区窦店镇西③。除了燕的上都、中都，北京地区的其它先秦古城亦多，例如仅在房山区一带，就探明了有蔡家庄古城④、广阳古城、长沟古

① 王世仁：《雪泥鸿爪话宣南》，《宣南鸿雪图志》，中国建筑工业出版社，1997年。
② 《太平寰宇记》卷六十九幽州良乡县。
③ 说详第四章第二节。
④ 王汉彦：《周口店蔡家庄古城遗址》，《文物》1959年5期。

城[①]等先秦古城，它们都是燕中都的卫星城。

到了秦汉时期，随着铁器和犁耕农业的普及推广，社会生产力显著提高，既刺激了手工业和商业的发展，也刺激了城市的发展。而随着郡县制的普遍推行，郡治、县治等各种规格的城市更在全国如雨后春笋般涌现出来，北京地区亦不例外。单就西汉时期而言，北京地区大小不等的城邑已达十六座，分别为一国的国都、一郡的郡府及各县的县治。据《汉书·地理志》等文献的记载，这十六座城邑分别是：

燕国（广阳国）都蓟，这是北京地区的首要城邑。

燕国（广阳国）领四县，其中三县在今北京境内：蓟县治所就在蓟城，广阳县治在今房山区广阳村，阴乡县治在今丰台区丰台镇南。

涿郡领二十九县，其中二县在今北京境内：良乡县治在今房山区窦店，西乡县治在今房山区长沟村东。

上谷郡领十五县，其中四县在今北京境内：军都县治在今昌平区西南旧县村，居庸县治在今北京延庆县城东，夷舆县治在今延庆县古城村，昌平县治在今昌平城东南。

渔阳郡治渔阳，治所在今怀柔区梨园庄东南。该郡领十二县，其中七县在今北京境内：渔阳县治与郡治同在一地，狐奴县治在今顺义区北狐奴山，路县治在今通州区城东古城村，平谷县治在今平谷区东北，安乐县治在今顺义区古城村北，犀奚县治在今密云县古北口，圹平县治在今密云县石匣村。

以上西汉时期北京地区的十六座城邑，规格最高的自然是蓟城，这是燕国及广阳国的国都，后来成为大幽州建制的州牧所在地。经过先秦时期的长期发展，蓟城在汉代已成"富冠海内"的"天下名都"[②]，跻身于全国头等大都市。次一级的城市为渔阳郡治，相当全国中等城市，再次则为

①　北京市文物工作队：《北京房山县考古调查简报》，《考古》1963 年 3 期。

②　《盐铁论·通有》。

十四个县的县邑。以上大、中、小三级城邑，共同组成了西汉时期北京地区的城市群。汉以后以迄明清，北京的行政区划不断调整，郡、县治所时有迁徙，但与西汉一脉相承的是，这里始终集中着大小不等、自成体系的城市群，共同推进了北京城市文明的发展。

在北京地区这个城市群中，蓟邑不仅是最早出现的一个，而且是最得天独厚的一个，具有其他城邑无法比拟的天然优势。

在地理方位上，蓟城位于今北京市区，恰处在北京湾的腹心。仅从这个地理区位上说，这里就对北京地区具有最强的控制力、内敛力和辐射力，是整个北京平原上最具中心优势的城邑。

在水利资源上，蓟城的条件更是无出其右。古人很早就知道，水利是古代城市兴废的重要因素，水源枯竭或水患恣肆都能使一座都市顷刻土崩瓦解。《管子·乘马篇》云："凡立国都，非于大山之下，必于广川之上。高毋近旱而水用足，下毋近水而沟防省。"《管子·度地篇》云："圣人之处国都，必于不倾之地，而择地形之肥饶者，向山左右，经水若泽，内为落水之泻，因大川而注焉。"以上即古人对都城选址既要靠近水源又要防止水患的辩证思维。而观诸蓟城，一如《水经注》所述，城址四周水路纵横，特别是北京平原的最大河流永定河恰从其身旁流过，水源极为丰沛。但与此同时，它又处在古永定河洪冲积扇的脊背上，地势较为高亢，可以很好地避免洪涝灾害。以上相反相成的两大因素，恰好应和了城址选择的两大前提。

相比之下，西周早中期燕国都城的水利条件就远不如蓟邑了。琉璃河燕都的水源主要来自大石河，即古圣水。此水发源于太行山脉的大房山山谷，在今房山镇东南与众水汇流而下，直泻琉璃河古城。因为圣水水系的发源地就在附近山中，涨落剧烈，故而每逢雨季到来，琉璃河古都一带的水患都难以避免，明显不符"下毋近水而沟防省"的原则。今琉璃河燕都古城址的南部被大石河冲毁，就是历史留下的教训。当初燕人之所以放弃琉璃河古城迁都蓟城，恐怕重要的原因之一就是为了避开涨落无常且水量较小的圣水，藉以依傍水量充沛但相对平稳的永定河水系。

在交通状况上，蓟城的优势更是非同一般。英国著名历史学家阿诺德·汤因比说："交通系统之所以名列榜首，是因为它们是大一统国家赖以生存的主要制度。"①可见交通状况是古代都城选址的又一核心因素。察蓟城的所在，南面是开阔的华北平原，其它三面环山，自古就是联结华北与东北松辽平原、西北内蒙古高原的交通枢纽。正如侯仁之先生所说："蓟城所在既是南北大道的北方终点，又是继续向北进入北方山后地区几条道路的起点，实质上它就是南北交通的枢纽。"比较之下，琉璃河燕国都城虽然也在古代的南北交通要道上，但它仅仅是中原北上的必经之地，而非通达各方的交通要冲。所以又如侯仁之先生所说：获取蓟的交通优势"应该是燕国势力强盛之后就驱兵北上占领蓟城并且迁都到蓟的主要原因。"②

总之，仅就北京地区两座最早、最重要的城市而言，在时间上，蓟的下限年代为殷商时期，琉璃河燕都的上限年代为西周成王之时，二者至少间隔了二三百年；在空间上，蓟城占有北京湾腹心之地，西周燕都却偏在南端，无论战略位置、水利条件还是交通状况两者都不可同日而语；在发展脉络上，琉璃河燕都古城突兀而起，骤然而逝，很快沦为废墟，而蓟的历史却贯通古今，一步步孕育出今天的北京城。由此豁然可见，足以代表北京城市起源年代的是蓟，和今北京城有着最直接空间关系的是蓟，最能体现北京城发展轨迹的也是蓟。因此，无论从哪方面来说，有资格代表北京城市本原的，必非黄帝后人的蓟邑而莫属。倘若今后再举行北京建城的纪念性活动，恐怕就不能简单地以房山琉璃河城址为说了，因为只有古蓟邑才是北京城的代表。

尤为难得的是，自诞生之日起，这座北京的中心城邑就如奔腾不息的

---

① 阿诺德·汤因比：《历史研究》（修订本），上海人民出版社，2000年9月，第258页。

② 侯仁之：《迎接北京建城3035周年》，《地理知识》1990年第2期。

长河，流淌出一部史诗般的城市发展史来。可以说，在人类城市之林中，蓟城最可贵的就是它的连续性，而这既是北京文明经久不衰持续发展的结果，也是北京地区历史文化生生不息的有力见证。

从黄帝后人源远流长的蓟邑，到成为姬周燕国的都城，就构成了一部完整的先秦时期蓟城发展史。开始时在蓟城上演的，是黄帝后人蓟国的历史，而自西周中晚期之交起，这里转而成为燕国的中心舞台，由此一直延续到了战国晚期。据《战国策·燕策二》记载，公元前284年燕国大将乐毅攻取齐国都城后，将缴获的"珠玉财宝，车甲珍器"悉数运回蓟城献祀，这就说明战国晚期的燕国都城仍在蓟邑。又据《史记·秦始皇本纪》记载，秦始皇二十一年（前226年）"遂破燕太子军，取燕蓟城，得太子丹之首"，这也说明蓟城作为燕国的都邑一直保持到了战国末年。从黄帝后人的殷商蓟邑算起，到战国末年燕国都城的终结，前后绵延了不下一千余年。此期间蓟城的命运势必也出现过动荡，例如《世本》记载"桓侯徙临易"[1]，就说春秋初年的燕桓侯曾一度把都城从蓟邑迁到临易。但这一来不等于蓟邑就不复存在，二来如下章第二节将谈到的，燕国都城不久后便迁回了蓟城，中间间隔的时间十分短暂。

秦统一后，为防止列国旧势力死灰复燃，于秦始皇三十二年（前215年）下令"毁坼关东诸侯旧城郭"[2]，列国城池毁坏殆尽。燕的蓟城当然在所难免，但在此之前，秦始皇二十六年（公元前221年）"分天下以为三十六郡"[3]，其中的广阳郡治就在蓟邑。由此可见，蓟的城垣或许在毁城令下达后被拆毁，但作为秦的郡治，其城市建筑却势必得以保留。恰在毁城令下达之时，秦始皇东巡燕地"之碣石"。作为秦的广阳郡治及秦皇家驰道东北端的中心，蓟邑显然是秦皇东巡的必经之地，而且理应是秦皇的驻

---

[1] 《史记·燕召公世家》集解引。

[2] 《史记·秦始皇本纪》正义。

[3] 《史记·秦始皇本纪》。

跬之地，这也可以说明当时蓟城的宫殿及官邸尚在。秦始皇毁城令下达之后仅数年，秦末农民战争风起云涌，燕国旧贵族乘势于公元前 209 年拥立韩广为燕王，其都城便是蓟邑。当时蓟邑的规模显然已无法与当年的燕都相比，但既然以此地为都，建筑群总是少不了的。此后项羽徙韩广为辽东王，"立（臧）荼为燕王，都蓟"①，亦以蓟城为都。总之，诸般事实表明，蓟城于秦朝末年依然存在，仍是燕地的中心城邑，秦始皇的毁城令并未将其夷为平地。

西汉王朝建立后，自汉高祖五年封卢绾为燕王，此后的封国屡兴屡废，但始终不变的却是蓟城一直是封国之都。中间间或废国为郡，蓟城便成郡治，仍然稳居中国东北方政治、经济、文化、军事第一城邑的地位。王莽时改广阳国为广有郡，亦以蓟城为治所。东汉时期，从开国皇帝刘秀拜大将军朱浮为幽州牧起，到东汉末年刘虞任幽州牧止，蓟城迄为幽州及广阳郡的首府。

三国曹魏时期，蓟城作为封国国都或燕郡郡治的地位一仍其旧。此后，正如《旧唐书·地理志二》所云："蓟，州所治。……晋置幽州，慕容儁称燕，皆治于此。自晋至隋，幽州刺史皆以蓟为治所。"由晋至隋的蓟城始终为幽州治所，废州为郡时便是郡治，有封国或慕容儁称帝时则更为都城。隋朝曾废幽州为涿郡，蓟城亦为涿郡郡治。到了唐朝，蓟城改称幽州城，仍为州、郡治所，并先后设有幽州总管府、幽州大总管府、幽州都督府、幽州大都督府，是幽州节度使、范阳节度使的驻节之地。

五代时期，幽州城是后梁、后唐的政治、军事重镇，后梁的幽州卢龙军节度使刘守光还一度在此自立大燕国。后唐末年，河东节度使石敬瑭把燕云十六州割让给契丹，今北京城遂于公元 938 年成为辽的陪都。公元 1122 年 ~ 1125 年，北宋政权用重金从金人手里赎取了南京，改作燕山府

---

① 《史记·项羽本纪》。

的府治。公元 1125 年，金人再度占领燕山府，置燕京析津府。金贞元元年（1153 年），金海陵王正式下诏迁都燕京，称金中都，北京遂成为金朝的首都。

1215 年蒙古军占领金中都城，城内的金朝皇宫被付之一炬。稍后不久，1217 年成吉思汗率大军西征时把汉地的统治大权交给了亲信重臣木华黎，木华黎即以燕京为"都行省"，这里又成为蒙古国进一步向中原扩张的大本营。此后忽必烈下令营建新城，于公元 1272 年正式迁都于此，再后这里成为明、清两朝的首都，一直到清帝国的落幕。

从称谓上看，今北京城最早称蓟，燕国都蓟后既称蓟又称燕都。《战国策·燕策一》云："赵兴兵而攻燕，再围燕都。"这里说的燕都便是蓟城。此后历经秦、汉、魏、晋、北朝、隋及唐前期，今北京城一概名蓟。据《旧唐书·地理志二》记载，唐玄宗开元十八年（730 年）割幽州东部的渔阳、玉田、三河另置蓟州，以渔阳为治所，地在今天津蓟县。自此而始，北京城改称幽州城，但城内仍保留了一个叫"蓟"的旧县。唐安史之乱时史思明篡位称帝，于唐肃宗干元二年（759 年）建都今北京，称燕京，燕京之名由此而始。安史之乱平定后罢燕京，但燕京之名却从此沿袭下来。辽会同元年（938 年）今北京城改称南京，也称燕京。辽圣宗年间，改南京城内的故蓟县为析津县，从此"蓟"称再与今北京无缘，而成为天津蓟县的专名。金迁都燕京后，认为"燕乃列国之名，不当为京师号，遂改为中都"[1]，从此有"中都城"之谓。元朝建都燕京后，蒙古语称此城为"汗城"或"汗八里"，意为大汗之城，汉语称大都。朱元璋灭元后，为了彰显平定北方的功绩，将元大都改称北平，自此有北平之谓。明成祖拟迁都北平时改称北京，这是今北京之称的最早面世。明成祖正式迁都后北京亦称京师，至清朝相沿不改。

---

① 《金史·地理志上》。

以上蓟城—燕都—幽州城—燕京—南京—中都—大都—北平—北京—京师，就是历史上北京城的正统专名。它们的前后递嬗，既展现了这座城市的历史沿革，也展现了它的持续发展。除了这些正式称谓外，北京城在历史上还有一些代称，最常见的就是以属地的地名、郡名或州名代之，如称燕山、幽都、幽州、广阳、渔阳、燕郡、涿郡、范阳、析津、大兴、顺天府等。此外古人多以"日下"称国都，故北京又有"日下"之谓。清乾隆年间成书的《日下旧闻考》，就是以"日下"代指北京。唐朝首都长安的正门（东门）为春明门，古人遂以"春明"作为首都的别称，于是北京又有了一个"春明"的雅号。当然，建都之后人们对北京的最习惯称呼便是"京城"，这也是时下对北京的最惯常称呼。

相对名称的变化，北京城地理位置的变化就小得多了。此事大致如侯仁之先生所言："最早的北京城，从春秋战国时代的蓟城，一直到金朝的中都城，前后两千年间，都是在今莲花池以东同一原始聚落的基础上逐渐发展起来的。城市的范围虽然不断扩大，但是原来的城址始终没有改变。"[1]上述事实是确凿无疑的，唯有两点需要略加补正：

一是蓟城的起始年代实际远较春秋战国为早，应能早到殷商时期，即可上溯到公元前1300年前后。因此，即便截止到金朝，这座"城址始终没有改变"的古城也经历了2500余年，而非上文所说的2000年。

二是有学者根据东汉《水经》、曹魏《魏土地记》、北魏《水经注》有关记载的考证，论定"东汉及其以前，今永定河过蓟城北，而曹魏以降则改径其南。这种变化，除因河水改道外，还有城址迁徙的原因在内"[2]。依照此说，前期蓟城在今宣武门、和平门一线以南，后因永定河改道，在三国曹魏时略向西偏移了一下，迁至今广安门一带。这种说法虽然与侯仁之教授的结论有一定出入，但彼此区别不大，都没有超出同一范围，故仍可

---

① 侯仁之：《北京旧城平面设计的改造》，《文物》1973年第5期。

② 于德源：《北京古代城址变迁》，《京华旧事存真》（第二辑），北京古籍出版社，1992年。

视为"在今莲花池以东同一原始聚落的基础上逐渐发展起来的"城址。

在北京城长达 3300 余年的历史上，城址位置一个最大的变化，发生在元世祖忽必烈迁都燕京之时。元是幅员辽阔的大一统帝国，其之都城是泱泱中华的帝都，规模建制显然不能因袭仅仅统御了半壁江山的金中都。加之中都城在金朝末年遭受了严重破坏，金朝皇宫已被付之一炬，蒙古人又有不在废弃的营地上设营的传统，因此另建新城势在必行。

当时在金中都城东北郊不远处，有一座位于今北海琼华岛一带的金朝离宫，称万宁宫，是金帝每年夏季避暑的地方。早在中统五年（1264年）初，忽必烈就下令修复万宁宫的广寒殿，作为他每次来燕京的驻跸之所。这一带有大片天然湖泊，水中遍植莲花，内有瑶光台（今北海公园团城）、琼华岛、广寒殿，水源充沛，风光绮丽。于是经过反复踏勘，元都城的新址就选定在以万宁宫为中心的位置上。

正如学者所强调的："从中都旧城迁移到大都新城，实际上也就是把城址从莲花池水系迁移到高梁河水系上来。"[①]这就是说，元大都城之所以向东北方向移位，包含的历史因素虽多，但关键还在于水源及河道的重新选择。此前燕京城水源主要靠城市西部的西湖水系，即今广安门外莲花池水系。到了金朝末年，西湖水量逐渐萎缩，污染日益严重，已无法满足一个更大规模都市用水的需求。而当新都向东北方向稍作移动后，一来傍近了水量更为丰沛的高梁河水系，二来玉泉山、西山诸水也可引入城内，三来还靠近了昌平白浮神山泉、北沙河、东沙河等诸多水源，有效保障了超级大都市的生活用水。元世祖至元二十九年（1292 年），水监郭守敬主持开凿了通惠河，截温榆河源头泉水，循西山山麓注入瓮山泊（今昆明湖），东南流入大都城，穿越城南后东流到今通州，由此汇入白河。这道河渠全长 160 余里，分置坝闸 20 座，漕运船只循此可直达大都城内的积水潭。

---

① 侯仁之：《历史地理学的理论与实践》，上海人民出版社，1984 年版，第 164 页。

这条水路的开凿，使大都城成为世界史上最有效解决了城市供水和水运的古代都市之一，也为它后来的发展夯下了坚实的基础。

元大都虽然变换了位置，但与金中都城上下毗联，两者间仅相隔数百米，彼此还有门道相连，无异于同一座城市的新旧两城。事实上，中都城作为居民区在元代也确实沿用不废，称为旧南城，是元朝大量涌入元大都的阿拉伯商人的聚集地。特别是旧南城的今牛街一带，阿拉伯商人不仅在此生活居住，还在这里交易开肆，相当热闹也相当繁华。更重要的是，旧中都城内有不少历经唐、辽、金发展下来的寺庙和道观，它们早已名闻遐迩，经过修葺后在元朝依然香火鼎盛，游人如织。所以完全可以说，旧中都城当时仍然行使着城市职能，和元大都新城一道组成了一座世界上首屈一指的超级大都市。

明、清两朝的北京城是在元大都城的基础上发展起来的，不仅城址的方位不变，城市格局也几乎未变。为了加强对北方的防卫，明朝初年缩减了北城，将原在今健德桥至安贞桥一线的元大都北城墙后撤五里，缩回到今德胜门、安定门一线。明成祖决定迁都北京后，于永乐十七年（1419年）将今长安街沿线的元大都南城垣向南推进二里，延伸到今宣武门、正阳门、崇文门一线，并将太庙和社稷坛南移到天安门城楼的左右两方。明中叶以后，正阳门外人口增多，为了防止外部侵扰，经刘伯温、朱伯辰等大臣提议，明世宗于嘉靖三十二年（1553年）颁旨修筑北京外城。后因财力不足，仅完成了南部外城的扩建，使城市南缘扩展到今右安门—永定门—左安门一线。至此古代北京城终成定局，整体形状略呈凸字形，总面积达62平方公里，城市的范围就是今北京二环内的老城区。

在明嘉靖扩展了南部外城后，原蓟城、辽南京城、金中都城已基本囊括其中，甚至连明外城的东西主干道也是在金中都城东西大道的基础上修建的。于是，到了明代中期，自先秦蓟城以来的不同城址终于合为一体，共同成为今北京城的前身。

不言而喻，每逢朝代兴亡交替，北京城都难免战火的荼毒，甚至由于它异乎寻常的战略地位，每临战乱还往往首当其冲。姑不论秦始皇的毁城令，仅在金朝末年，金中都城就在蒙古铁蹄的践踏下几被夷为平地。此外像十六国时期羯族首领石勒攻陷蓟城后发生的"焚烧城邑，害万余人"[①]之类事件，在北京历史上更是不知凡几。然而，恰恰由于它既是战时必攻必守的军事重镇，又是和平时期统御东北各族的中心，所以每当新王朝江山初奠，统治者都会很快将这一战略要地收取囊中，并不失时机地大兴土木，使北京城一次接一次地从废墟中挺立起来。

在一座城市的历史上，要经受的不仅有人祸，还有天灾。康熙十八年七月二十八日（公元 1679 年 9 月 2 日）上午，北京发生了建城史上一场最大的自然灾害——8 级大地震！这场地震东及辽宁沈阳，西至河南安阳，范围之广、破坏之烈世所罕见，而地震的中心就在平谷、三河一带。从《中国地震目录》所辑史料来看，这场地震共有 45500 人遇难，令朝野上下深感震惊。像这样严重的地震，如若放在世界其它地方，很可能整座城市早就毁于一旦了，甚至就此终结了这座城市的历史，后面第八章就列举了不少这样的事实。但意外的是，北京城却巍然独存，各主体建筑基本完好无损。尤其难以置信的是，那座早就建成于明代初年的紫禁城在大震过后仍是宫阙岿岿，雄伟依然。如此看来，中国的土木建筑也有西方石构建筑所没有的好处。

总之，从元大都开始，无论是天灾还是人祸，这座城市都没有遭受毁灭性的打击，有幸完整无缺的保留下来。从元至元九年（1272 年）春二月忽必烈正式诏告"改中都为大都"起，截至目前这已走过了 7 个半世纪。一般而言，由于事关新王朝的气数，改朝换代后新王朝往往将前朝的宫殿焚毁或拆除，这在历史上已成惯例。洪武元年 (1368 年) 明朝大军围攻元

---

① 《晋书·孝愍帝纪》。

大都时，元顺帝仓皇北逃，大都皇城及元朝宫殿完好无缺地落入明军之手。但即便如此，朱元璋仍于 1369 年下令将元的宫殿全部拆毁。可一反常态的是，满清入关后，却把明皇城、明紫禁城乃至整个明京师城统统接收下来，并全面加以保护、修葺和利用，使得从明成祖永乐十八年（1420 年）建成的整座紫禁城也有幸保留下来，这到今天也有了将近 600 年历史。

九　结语

综上所论，从人类起源开始，直到成长为全中国的都城，北京始终上演着波澜壮阔的动人故事，不断传承着古老璀璨的历史文明。无论是在文献典籍还是在考古资料中，也无论是在丰富多彩的现实生活里，这种前后递嬗之迹历历可见，真切而详实地勾勒出了北京地区环环相因的历史轨迹。

仅就城市文明的发展而言，姑不论蓟邑的上限年代，单从它的下限年代算起，这座城市迄今已连绵不断地发展了三千三百余载。其间无论朝代如何更替，无论区划如何调整，无论功能如何演变，也无论名称如何改动，蓟城的一脉相承发展却始终不变，它的中心城市地位也始终不变。像这样一座城市，在地理位置固定不移、城市文明经久不衰、都市地位始终不降的前提下，竟连续不断地发展了三千三百余年，不仅在中国是独一无二的，在全世界也是绝无仅有的，充分彰显了它异乎寻常的生命力。

正是由于这种连续性，人类长河的各大阶段北京无不经历，自成一部独立而完整的人类史、文化史、文明史、城市史和都市发展史。这不仅给世界文明史的研究提供了一个难得的标本，也为中国乃至全球各地的历史发展提供了一个可资比较的路径。直到今天，这座城市仍健步走在时代的最前列，一如既往地活力四射，不断开创着更加辉煌的未来。

第四章　递进性
——逐次提升的历史地位

在北京从古至今的持续发展中，另一个值得关注的轨迹已经显现出来，即它的地位和作用是由低到高不断攀升的，呈现出有规律的逐次提升。这是北京历史文化的又一特性，可称为发展过程的递进性。或许有人会说，世界上的所有事物都是由低到高、从小到大发展起来的，北京的这种特性不足为奇。当然，如果单就某一座城市某一个阶段的发展来看，这无疑是对的，然而我们所说的北京历史文化的递进式发展，是就其全部岁月而言，包括了从旧石器时代以迄于今的几十万年。而综观中国乃至世界历史，且不说浩渺无际的原始时代，单就有文字记载的时期而言，哪个地方能在数千年中始终如一地保持递进式发展呢？又有哪座城市的历史能够摆脱时断时续、盛极而衰的宿命呢？显而易见，北京的这种属性在人类文明史上是极其罕见的，具有无可争议的独特性。

上章在论证北京历史文化的持续性发展时，不能不侧重悠昧难明的先秦时期，而本章在论证北京历史文化的递进性发展时，则将以秦以后为重点。其故在于，秦以后的历史看似脉络清晰，却深藏着由量变到质变的曲折过程，更富历史的启迪。但也正是由于脉络清晰，人们反而容易在观察中浅尝辄止，或忽略了中间的量变，或混淆了前后的质变，从而把生动复杂的演进过程简单化。而只有将这些过程充分展开，才能深入了解秦以后北京历史文化从量变到质变的前因后果。这样一来，上章的内容前重后轻，本章的内容前轻后重，恰好互为补充。

一　原始部落与方国林立

史前时期的北京，是从原始部落一步一步发展起来的，既经历了从原始群落进化为母系氏族公社的过程，也经历了由母系氏族公社进化到父系氏族社会的过程，还完成了由人类起源到原始农业起源的两大跨世纪发展。在地老天荒的旧石器时代，仅周口店一地发现的"北京人"、"新洞人"、"田园洞人"和"山顶洞人"，就在几十万年中构筑出了层层递进的阶梯，组成了一个由早到晚不断成长的旧石器时代文化谱系。其间的递升有两大突出实例，一例见于旧石器时代中期的"新洞人"遗址，出土了磨制骨质品[①]，标志了一种新工艺的产生。这是迄今所见最早的磨制品，正是它的出现，最终引领人类进入到以磨制技术为主导的新石器时代。另一例见于"山顶洞人"遗存，此阶段的古人类已不只在某一个方面取得了长足的发展了，而是在各方面都有了很大的改观。

第二章第一节已述，"山顶洞人"发现于 1930 年，因位于周口店龙骨山顶而得名。其地质年代为更新世晚期，考古学上属于旧石器时代晚期，距今约 18000 年左右。经过 1933 ~ 1934 年的发掘，洞窟内发现了三具完整的人头骨化石及其它解剖部位的化石多件，总计包括了 10 个古人类个体或稍多。出土的兽类化石有虎、洞熊、果子狸、野马、赤鹿、斑鹿、野猪、羚羊、獾、狐狸等，还有鸵鸟、青鱼等禽类、鱼类化石。石器有 25 件，属于砍砸器、刮削器，系用砂砾石或燧石、脉石英石等打制而成。骨器有赤鹿角、骨针等[②]。

---

① 顾玉珉：《周口店新洞人及其生活环境》，刊中国科学院古脊椎动物与古人类研究所编《古人类论文集》（纪念恩格斯《劳动在从猿到人转变过程中的作用》写作一百周年报告会论文汇编）。

② 贾兰坡：《山顶洞人》，龙门联合书局，1950 年。

就体质形态而言，山顶洞人取得了显著的进步，总体上已与现代人基本无异。出土的人类化石个体中有 5 具属于成年人，1 具为少年，2 具为儿童。其中成年个体有 2 具为男性，3 具为女性，男性中还有一个是超过 60 岁的老人。通过对男女老少不同个体人类化石的分析，他们的脑容量均达到了 1300 ~ 1500 毫升，进入了现代人脑量的变异范围，脑内的动脉支也与现代人相似。山顶洞人能够取得这样的进化，固然与他们生活方式的进步有关，更与他们的熟食习惯有关。熟食是人类生活方式的一场革命，它既有利于人类体质的进化，又可以促进大脑的发育，而山顶洞遗址出土的成堆灰烬土表明，当时火的使用已相当普遍，甚至这时山顶洞人已经掌握了人工取火的技术。

山顶洞内发现了原始人类的公共墓地，这是迄今所知国内最早的墓地。墓中随葬了不少装饰品，总计不下 140 余件，主要是石器、骨器和角制品，有小石珠、穿孔砾石、兽牙、磨孔的海蚶壳以及磨光的鹿骨、刻纹的鸟骨等。因为制作时广泛采用了磨光技术、钻孔技术和染色工艺，这些装饰品极尽小巧精美之能事。小型器中最具代表性的是一枚一端有孔的骨针，针眼上缘残缺，针尖保存完好，长 82 毫米，最大直径 3.3 毫米。出土时针身浑圆，针尖如芒，反映当时的钻孔和磨制技术已臻完美。它的发现还进而表明，当时已经有了缝纫技术，开始用兽皮制衣御寒。尤为重要的是，原始墓葬的出现还反映出，这时已萌发了对死者灵魂的崇拜，产生了最早的宗教意识。墓地骸骨四周发现了人为抛洒的赤铁矿粉和赤铁矿石，这就是灵魂崇拜意识乃至宗教祭祀活动的遗留。

以上事实无不说明，山顶洞人的生存状况有了明显改善，各方面都跃上了一个新的台阶，文化面貌也更加丰富。

当新石器时代的曙光辉耀到世界上空时，北京是首先被照亮的地区之一，这已由第二章第二节所述的"东胡林人"得以证明。而人类的成长史反映出，凡是独自经历了早期新石器革命和农业起源的地区，势必会率先向高一级社会形态过渡，北京就是其中之一。大量考古资料证实，自一万年前以"东胡林人"为先驱的新石器时代肇兴后，到了新石器时代中晚期，北京地区的原始部落已取得了令人瞩目的发展，突出反映在：

其一，平谷上宅等遗址出土了直接表明种植业存在的禾本科农作物花粉[1]，磨制精致的农业生产工具更在各遗址中得到了广泛应用。凡此皆说明，"农业是整个古代世界的决定性的生产部门"[2]的意义在此时已得到充分体现；

其二，此阶段北京地区的原始部落取得了显著发展，一个重要指数即如上章第一节所述，相关遗址陡然增多，迄今已发现了不下四五十处，范围则遍及燕山南麓直抵拒马河畔的整个北京地区。当时北京北部主要分布的是上宅文化，南部主要分布的是镇江营一二期文化，皆为稳定的农业定居聚落；

其三，当时人们不仅从事农耕生产，还捕鱼打猎、饲养禽畜、采摘果木，并用陶、石纺轮纺织简单的毛麻制品，形成了多元经济生活；

其四，平谷北埝头遗址发现了排列紧密又各自成组的半地穴式房屋[3]，既反映了集中定居生活的稳定和农业村落的繁荣，也体现了氏族结构的日趋严整；

其五，上宅遗址和北埝头遗址同时出土了一种鸟首镂孔器，顶部作鸟头状，腹部有长方形镂孔。这种从具象实用器变身而来的抽象艺术品，无疑是某种精神文化的产物，很可能是宗教祭器或图腾崇拜物。它们的发现，不仅印证了当时精神生活的丰富，还通过这种物品在不同遗址的同时存在，揭示新石器时代中晚期的北京地区已形成较大范围的人们共同体。

以上事实无不表明，当时北京平原已经走到新时代的大门口，文明的

---

① 于德源：《北京古代农业的考古发现》，《农业考古》1991 年 1 期。

② 恩格斯：《家庭、私有制和国家的起源》，第 146 页。

③ 北京市文物研究所等：《北京平谷北埝头新石器时代遗址调查与发掘》，《文物》1989 年 8 期。

萌发只待历史的契机。于是顺理成章地，大约在公元前三千年左右，当高擎文明火炬的黄帝集团来到这里后，就立即带动北京地区在全国率先跨出了走向国家文明的关键一步。

按照历史提供的种种线索，黄帝不仅在涿鹿和北京一带开创了文明大业，还在"涿鹿之阿"建立了一座"都城"。这是有史可稽的华夏第一都，它的问世，标志中国正式跨入了国家文明的门槛。但必须要特别说明的是，这座城邑虽然在魏晋以后的文献中被称为"都城"，但和秦汉魏晋的都城相去甚远，和夏商周三代的都邑也相去甚远。原因在于黄帝时代尚处在万邦林立的社会发展阶段，此时虽然有了强大的部落联盟，但在联盟的旗帜下，各部族及方国仍是独立的族体和政体。当时黄帝虽然贵为天下"共主"，但并无一统江山，其部族充其量不过是"万国"中较为强大的一个。所以，倘如哪一天揭露了黄帝的"涿鹿之邑"，大可不必奢望它有多么宏伟，而这只能是早期雏形城市中较为特殊的一座罢了。《战国策·赵策》云："古者四海之内分为万国，城虽大，无过三百丈者，人虽众，无过三千家者。"这就是对万国林立阶段方国都邑的描述。战国秦汉的一尺约当 23 厘米左右，一丈约合 230 厘米，三百丈不过区区 690 米。这还是"城虽大"者，平均每边不到二百米，只能算是弹丸小城。所以，上文所述"人虽众，无过三千家者"云云，应当十分贴近黄帝"涿鹿之邑"的真实面貌。

从五帝时代以迄夏商，是北京地区国家文明由起源逐步走向成熟的阶段。在这近两千年中，据上章所论，在北京一带生活过的部族林林总总，主要包括：黄帝集团及颛顼、帝尧、帝舜部族；从中原迁徙或流放来的共工族；荤粥、息慎、山戎等土著民族；夏禹集团；商族先公王亥等先商势力；以平谷刘家河贵族墓葬为代表的夏家店下层文化居民；塔照二期文化及张家园上层文化居民；黄帝后人的蓟；燕亳、肃慎、邶伯等。这些邦国总体表现出来的时代特征是：一则它们中的绝大多数已进入文明形态，由此构成了和原始部落的本质区别；二则它们都属于相对独立的方国或部族，标志此阶段的北京地区尚处在不同邦族并存的阶段，处在"万国林立"的时代。而综合这两大属性，可知此阶段的北京地区是各邦族自由发展的王国，无论华夏还是"蛮夷"，无论土生土长还是来自它方，各派势力在这里济济一堂、共存共荣，虽不乏竞争却独立自主，充分获得了自由生长的空间。

二 诸侯国都

到西周初年召公封燕，北京成为中原王朝的诸侯国都，历史终于发生了根本的变化。此时的幽燕地区不仅有了第一个由中原王朝派驻的政权，还纳入了华夏文明圈，从此成为"华夏"主流社会的一部分。

在此前的北京史研究中，通常把西周燕国与以前的方国混为一谈，笼统地归之为"方国、封国"阶段。但事实上，西周燕国与中原王朝的直接隶属关系已经清楚地表明，它与夏商时期各自为政的方国不啻有天壤之别，属于两个不同的历史阶段。但事情的另一面是，姬周燕国与秦汉以后郡县制的区别也是不言而喻的，关键在于它作为独立的诸侯国，充分享有政治、军事的自治权，可以自主决定官吏的设置、军队的招募和赋役的征派等。而且，根据西周分封制，诸侯的爵位子孙相继，世袭罔替，一封定终生，这更是君主集权下的州郡制度所不能比拟的。而正是由于姬周封国这种与生俱来的独立性和自主性，开始时他们尚能处在周王室的控制下，但一旦羽翼丰满，这些诸侯国便越来越独立，乃至僭制称王，与周王室分庭抗礼。总之，放在整个中国古代政治制度史上看，姬周燕国恰好处在独立方国与郡县制的中间形态，与前后两者都有明显的区别。这种区别使其毫无疑问地成了一个独立的阶段，而姬周燕国前后传世四十四君，"社稷血食者八九百岁"，时间之长也足以构成一个独立的阶段。

虽然仍是一方诸侯，但燕国的地位之高较燕地以前的方国已不可同日而语，这由周王室封肱股之臣召公于燕即可略见一斑。

第三章第五节已述，召公奭是姬周的同姓宗亲，在周朝开国时建立了盖世功勋，长期担任周王室的太保，和周公（太师）、毕公（太傅）并为"三公"显宦。《史记·三王世家》云："周爵五等，春秋三等，皆因时而序尊卑。"周爵五等说的是西周时期，爵秩分公、侯、伯、子、男五大等，春秋时减为三等，"合伯、子、男以为一，则殷爵三等者，公、侯、伯也"[1]。和周爵五等相对应的是，西周封国也分五大等，齐国国君称太公、丁公、乙公、癸公[2]，鲁国国君称鲁公伯禽、考公、炀公、幽公[3]，这是称公者，位居第一。召公奭与齐太公、周公旦既然同堂为公，按说其封国的等秩应与齐、鲁相同，也是公爵诸侯。但鉴于召公奭只是"周之支族"，且功勋无法和齐太公、周公旦相比，故其封国稍逊一筹，仅列为"侯"爵。《史记·燕召公世家》载："自召公已下九世至惠侯"，"惠侯卒，子釐侯立"，"釐侯卒，子顷侯立"，此即对燕国是侯爵封国的明文载述。燕国的铜礼器中不乏"燕侯"的自铭，也说明了同样的事实。然而与众不同的是，虽则屈居二等，这个侯国却着实非同一般。

首先，《公羊传·隐公五年》云："天子三公称公，王者之后称公，其余大国称侯，小国称伯子男。"终究封国中有资格称"公"者少之又少，一般而言，"侯"已属头等封国。一个突出实例是，许多周文王子、武王胞弟也只受封为"伯"，较燕国的爵秩还低一等。例如"曹叔振铎者，周武王弟也"[4]，这就是武王胞弟受封为"伯"者，其国君称太伯、宫伯、

---

① 《史记集解》引郑玄注。

② 《史记·齐太公世家》。

③ 《史记·鲁周公世家》。

④ 《史记·管蔡世家》。

孝伯、夷伯。

　　其次，如第三章第五节所述，诸侯受封的一个重要内容就是接受周天子配给的部众和奴隶，如分鲁公殷民六族，分康叔殷民七族，分唐叔怀姓九宗等①。召公受封时配给的部众史籍阙载，但根据琉璃河 1193 号大墓所出铜器铭文，可知其分封时受领的不仅有殷商遗族，还有西方和北方的方国臣民，包括羌国、马方、盂方、御方、微国等，总数达九个之多②。相比之下，召公得到的部众甚至比鲁公的"殷民六族"还多，其它赏赐自然更不在话下。

　　再次，召公受封时还享受了一个唯有周公旦可与之媲美的超常待遇，即本人可以不就封，另以元子代封。《史记·鲁世家》云："封周公旦于少昊之虚曲阜，是为鲁公。周公不就封，留佐武王。……而使其子伯禽代就封于鲁。"伯禽是周公元子，由上可知，真正去鲁国就封的不是周公旦本人而是其元子伯禽。其他诸侯就难得有此待遇了，例如垂垂老矣的姜太公，当被封于齐国后竟然要忙不迭地赶往封地，一路上日夜兼程③。而丝毫不逊于周公旦的是，召公奭也享受了这个特殊待遇。《史记·燕召公世家》索隐云："（召公）亦以元子就封，而次子留周室代为召公。至宣王时，召穆公虎其后也。"这说明，燕的受封者虽然名义上是召公，但他本人也一直留治王室，甚至在成王驾崩时还成了临终托孤的首辅大臣，而代他受封于燕国的也是其元子。

　　基于上述史实，有足够的理由相信，燕国受封的规格显然高于一般侯国，甚至可以和封为公爵的周公旦鲁国、姜太公齐国一决高下。《史记·周本纪》云：周武王"于是封功臣谋士，而师尚父为首封。封尚父于营丘，

---

　　①　《左传·定公四年》。

　　②　殷玮璋：《新出土太保铜器及其相关问题》，《考古》1990 年 1 期。

　　③　《史记·齐太公世家》："武王已平商而王天下，封师尚父于齐营丘。东就国，道宿行迟。逆旅之人曰：'吾闻时难得而易失，客寝甚安，殆非就国者也。'太公闻之，夜衣而行，犁明至国。"

曰齐。封弟周公旦于曲阜，曰鲁。封召公奭于燕，封弟叔鲜于管，封叔度于蔡。"以上所说即西周封国中的等而上之者，位列三甲的就是姜太公的齐国、周公旦的鲁国和召公奭的燕国。司马迁《史记》著诸侯世家，除周太王嫡裔的吴国居首外，其后依次排列的也是齐太公世家、鲁周公世家和燕召公世家，同样以召公燕国为三甲之一。

就是在这种背景下，姬周燕国以一个特殊封国的身份踏上了它的历史征程。此等强侯在燕地前所未有，即使黄帝后人的蓟国同样称侯[1]，也与召公燕国的实力高下悬殊，否则的话就不会像第三章第六节所说的那样，到西周中晚期之交便被燕国取而代之了。而在有了不平凡的开局后，姬周燕国更是不断在挫折与挑战中雄起，到战国中期终于步入了它的鼎盛期。

《史记·苏秦列传》载苏秦游说燕文侯时云："燕东有朝鲜、辽东，北有林胡、楼烦，西有云中、九原，南有呼陀、易水。地方二千馀里，带甲数十万，车六百乘，骑六千匹，粟支数年。南有碣石、雁门之饶，北有枣栗之利，民虽不佃作而足于枣栗矣。此所谓天府者也。"此燕文侯即《史记·燕召公世家》中的燕文公，在位于公元前361～前333年，相当战国中期。依苏秦所言，当时燕国疆域东北有朝鲜、辽东，西有云中、九原，北筑长城与东胡为界，南与齐国为邻，方圆二千余里；就武力而言，当时燕国坐拥甲兵数十万、战车六百乘、战骑六千匹，是东北方首屈一指的军事强国；就物力而言，当时燕国粮贮充盈，土产丰富，民不耕作而可藉枣栗足食。正因此，苏秦赞其为"所谓天府者也"。燕文公卒后，燕易王立，时在公元前332年。易王首开了燕国称王的记录，成为周初分封的姬姓诸侯中最早僭制称王者。这是一个标志，表明这时燕国的综合实力已跃居列国豪强榜，开始和之前已经称王的楚、齐、秦等异姓强国争王争霸。

易王立十二年卒，王子哙立。这时燕国发生了一件大事，即燕王哙异

---

[1] 说详第三章第四节。

想天开，竟然为了博取尧舜禅让之名，主动把王位让给了国相子之。为了以示决绝，燕王哙不仅甘心俯首称臣，还把燕国三百石以上官吏的印玺统统收回，一概交予子之处理。结果事与愿违，子之的统治太不得人心，"子之三年，燕国大乱，百姓恫怨"①，燕国内乱蜂起。同时，这个惊世骇俗的"禅让"之举颠覆了三代以来的宗法制度，冒犯了整个上层社会，理所当然地遭到了其他诸侯国君的一致反对。姑不论文献中留下了多少对燕王哙的非议，此事居然还一笔一画地镌刻在了铜器铭文中。河北平山出土了一座战国时期的中山王墓，其中的青铜器铭文即对此做了详细记载。其云："燕君子哙，不辨大义……而臣宗易位，以内绝召公之业，乏其先王之祭祀……则上逆于天，下不顺于人也。"②这段铭文明确表述了各诸侯国对燕王哙禅让的强烈不满，认为这是"上逆于天，下不顺于人"之举。更有那趁火打劫者，借助诸侯国的普遍不满和燕国内乱，发兵征讨燕国，这就是齐国。此时的燕国早已上下离心，斗志丧尽，"士卒不战，城门不闭"③，齐国旗开得胜，出兵 50 天便占领了燕都。燕国南部有一个小小的中山国，它也挟齐国之威发兵伐燕，同样大获全胜，一举掠地数百里。齐与中山的扫荡，使内忧外患的燕国有如雪上加霜，陷入了更加深重的灾难。此役中燕君哙与子之相继身亡，齐国还试图赶尽杀绝，"杀其父兄，系累其子弟。毁其宗庙，迁其重器"④，眼看燕国就要倾巢覆灭。

　　齐国的趁火打劫很快引起了其他诸侯国的不满，于是各诸侯国联合出兵，迫使齐国退兵，使危如累卵的燕国得以苟存。公元前 315 年，赵武灵王把在韩国做人质的燕王哙之子、燕太子平之弟姬职接回，立为燕王。这个新的燕王即燕昭王⑤，从他开始，燕国终于谱写出一曲历史上最

---

① 《战国策·燕策一》。

② 河北省文物管理处：《河北省平山县战国时期中山国墓葬发掘简报》，《文物》1979 年 1 期。

③ 《史记·燕召公世家》。

④ 《孟子·梁惠王下》。

⑤ 一说燕昭王是燕太子平，见《史记·燕召公世家》。

壮丽的凯歌。

燕昭王即位之初，燕国"构难数月，死者数万，众人恫恐，百姓离志"，时局维艰。面对国难家仇，燕昭王奋发图强，"吊死问孤，与百姓同甘苦"，并高筑黄金台，"卑身厚币以招贤者"。为时未久，"乐毅自魏往，邹衍自齐往，剧辛自赵往，士争趋燕"，天下才俊齐聚于燕。燕昭王二十八年（前284年），"燕国殷富，士卒乐轶轻战"[①]，燕昭王遂下决心报仇雪耻，乃命乐毅为统帅，联合韩、赵、魏、秦五国合纵攻齐。在联军的合力攻打下，齐军大败，此后乐毅独率燕军攻破齐都临淄，烧其宫室宗庙，齐湣王仓皇出逃。

经过燕、齐这场大战，燕国不仅得以雪耻，还得到了除聊、莒、即墨以外的齐国七十余座城池，国力大增。乐毅率师攻下齐都临淄后，"尽取齐宝财物祭器输之燕"[②]，齐国珍宝尽入燕国囊中。与此同时，燕昭王起用贤将秦开，向北袭破东胡，"东胡却千余里"[③]，之后修筑长城，将燕山以北的老哈河上游及大小凌河流域全部纳入了燕国版图。考古资料也证实，到了战国中晚期，燕人墓葬出现在河北张家口、辽宁朝阳、内蒙古赤峰，最北到达了沈阳[④]，恰好印证了燕国势力的北上。燕昭王在位于公元前311~前279年，相当战国中晚期之际。这是燕国的鼎盛时期，正如大将乐毅所言："自五伯已来，功未有及先王（燕昭王）者。"[⑤]作为燕的中兴之主，燕昭王不仅使燕国重振雄风，而且开创了一代霸业，使燕国跻身"战国七雄"之一。

燕国的强盛，理所当然带来了燕都蓟邑的兴隆。自从西周中晚期之交

---

① 《史记·燕召公世家》。

② 《史记·乐毅列传》。

③ 《史记·匈奴列传》。

④ 郑君雷：《战国时期燕墓陶器的初步研究》，《考古学报》2001年3期。

⑤ 《史记·乐毅列传》。

燕国都城由琉璃河北迁蓟城后，到燕昭王时，燕国都蓟已长达五六百年。经过漫长的发展及山戎南侵、齐国北伐等战争的洗礼，这座燕国都城在此时也步入了它的鼎盛期。史称当时燕都蓟城不仅是北方头等强国的政治、文化中心，经济上也"富冠海内"，成为"勃碣之间一都会也"①。

为了巩固南部疆土和南下伐齐，燕昭王在蓟都之外又于今河北易县武阳台建造了一座陪都，称"下都"。《水经注·易水》云："易水又东迳武阳城南……故燕之下都，擅武阳之名。……武阳盖燕昭王之所城也，东西二十里，南北十七里。"《元和郡县图志》卷十八易州易县条下云："武阳故城，县东南七里，故燕之下都。"此即燕的下都。这座燕下都地处北易水和中易水之间，西依太行，地势险要，居高临下，控扼齐赵，是燕国南部的要冲。早在20世纪30年代，燕下都城址已被发现，经过多次考古勘察与发掘，初步探明其分为东西二城，时代稍有早晚，但主要遗存皆属战国时期②，与文献的记载完全相符。

此外燕国还建有中都。《太平寰宇记》卷六十九"河北道幽州良乡县"下载："良乡县，在燕为中都，汉为良乡县，属涿郡。"《资治通鉴》注引北宋人宋白曰："良乡在燕为中都，汉为良乡县。"《顺天府志》卷十三引《图经志书》云："春秋、战国时在燕为中都，西汉置良乡县。"以上记载出于北宋以后，时代偏晚，但考古工作却证明它们所言不虚。早在1957年，考古工作者就在汉良乡县治所在的今房山区窦店镇发现了一座古城址，经过数次考古调查与试掘，可知这座古城有大、小两城。大城平面近方形，周长约4500米，总面积达128万平方米，有内外两道城墙，始建于战国早期，战国晚期曾全面修整，最终废弃于北魏时期。小城位于大城的西北

---

① 《史记·货殖列传》。

② 中国历史博物馆考古组：《燕下都城址调查报告》，《考古》1962年1期；河北省文化局文物工作队：《河北易县燕下都故城勘察和试掘》，《考古学报》1965年1期。

角，是大城废弃后兴建的，系北魏的良乡县治，此后沿用下来①。从大城的年代、规模、夯筑方法、地理位置及文化属性等方面考察，这显然是文献记载的燕中都。

相对燕的下都和中都，燕的蓟城自然是上都，亦即燕国的正都。虽然蓟城在文献中从未被冠以"上都"之名，但燕中都之"中"及下都之"下"，都是相对位置在"上"（北）的蓟城而言的，故蓟城为"上都"不言而喻。在这三都中，燕国都蓟的年代最早，中都的始建年代前引文献说是在春秋战国之时，下都则在战国时期。总之，不迟于燕昭王的战国中晚期之际，燕国已并存上中下三都，实行了多都制。

东周燕国还有一座临时性都城，此即临易。《史记·燕召公世家》集解引《世本》云："桓侯徙临易。"同此记载尚见于《括地志》卷二、《太平寰宇记》卷十七、《读史方舆纪要》卷十二等。据《史记》年表及世家，燕有一桓侯、二桓公，其桓侯属春秋早期，在位时间是公元前697年至前691年，"徙临易"的应即此桓侯。至于临易的所在，《世本》宋衷注云："今河间易县是也。"宋衷是东汉人，当时的易县在今河北雄县西北及容城一带。关于"桓侯徙临易"的历史背景，则很可能是迫于山戎族的进犯。

见第三章第四节所述，孔武好勇的山戎族自春秋初年起便屡屡南侵，仅就大的战役而言，公元前714年北戎伐郑就是一例，公元前706年山戎伐齐又是一例，公元前664年的"山戎伐燕"②更是一例。而考古资料证明，与燕都蓟邑近在咫尺的军都山脉，就是山戎部落聚集的重要营盘之一，蓟都北境的燕山一带更是戎族频繁出没的地方。大约正是受了山戎族日益迫近的威胁，桓侯才临时徙居临易的。而且这应该是从蓟都迁去的，而非通常认为的那样是从琉璃河燕都迁去的③。一个最简单不过的道理就是，

---

① 北京市文物研究所拒马河考古队：《北京市窦店古城调查与试掘报告》，《考古》1992年8期。

② 《史记·齐太公世家》。

③ 韩嘉谷：《论北京地区为"其"国（族）故地》，《北京文博》1995年第1期。

琉璃河与临易相距不远，中间又没有高山大川，迁都的意义不大。而蓟都的情况就不同了，一旦从这里南徙临易，就会远远避开军都山及燕山山脉一带蛮族的锋锐，自保于临易所在的大清河流域。

春秋年间，特别是在春秋初年，为了保住共同的领土，中原诸侯尚能一致对外，故此在整个一部《春秋经》中，中原列国联手抵御戎狄的记载不绝如缕。对于燕国的忧患，中原诸侯谅必也不会坐视不救，而证诸燕桓侯之后不见其他燕君居于临易的事实，可见戎族对燕的威胁也被及时遏制，燕王室在局势稍稳后又迁回了蓟都。至于公元前 664 年的山戎族伐燕，更是以"齐桓公救燕，遂伐山戎，至于孤竹而还"[1]的结果告终。山戎势力在此役中受到重创，大部分被驱赶到孤竹以北。由此而始，山戎逐步走向衰落，侵燕之事不复它见。燕桓侯在位仅仅数年，所以临易只能算是燕的临时性国都，蓟的正都地位并不因桓侯的徙临易而有所改变。

以上数都，都是燕国历史发展的产物，尤其是上中下三都的依次创建，既体现了燕国国力的不断强盛，也体现了燕国统御一个北方多民族大国的战略需要。其中除临时性都城临易及作为别都的易县燕下都外，包括最早的琉璃河古燕都在内，其它各都都在今北京地区，这就铸定了北京在燕国八百余年历史中始终如一的中心地位。

司马迁在总结燕国历史时说："召公奭可谓仁矣！甘棠且思之，况其人乎？燕迫蛮貉，内措齐、晋，崎岖彊国之间，最为弱小，几灭者数矣。然社稷血食者八九百岁，于姬姓独后亡，岂非召公之烈邪！"[2]自召公封燕，姬周燕国崛起于古幽州，以列国诸侯中位置最为偏远的一个，面对戎狄的滚滚狼烟及中原诸侯的杀伐争霸，于腥风血雨中"几灭者数矣"却始终傲然挺立于东方。史载燕国世系"自召公以下九世至惠侯"，惠侯以下

---

① 韩嘉谷：《论北京地区为"其"国（族）故地》，《北京文博》1995 年第 1 期。

② 《史记·燕召公世家》。

八世至庄公，庄公以下二十世至易王，易王以下六世至燕王喜[①]，传世凡四十四君。其国君由开始时称侯，到春秋初年改称公，到战国中期僭称王，最终发展成"战国七雄"之一，呈现出了十分规范的阶梯式发展。在长达八九百岁的风雨历程中，燕国不仅成为姬姓封国中历史最长的一个，也成为北京朝代史中时代最长的一个。此期间燕国基本上一直以北京为中心，在这里留下了无数壮丽凄婉的故事，也留下了许多绚烂凝重的文化遗存，更留下了由音乐家高渐离传递的燕文化神韵。《汉书·地理志》载："武王定殷，封召公于燕，其后三十六世与六国俱称王。东有渔阳、右北平、辽西、辽东，西有上谷、代郡、雁门，南得涿郡之易、容城、范阳、北新城、故安、涿县、良乡、新昌，及勃海之安次，皆燕分也。乐浪、玄菟，亦宜属焉。"以上列举的燕国疆域，是一个横跨燕山南北的广袤地域，大体包括了今河北北部、北京、天津、山西东北部以及辽宁大部，向东甚至到了辽东半岛及朝鲜。在这片土地上，燕国在起死回生的艰难跋涉中不断由弱到强发展起来，不仅成长为"万乘之国"，而且雄霸北方，成为整个东北方的头号诸侯国。战国末年，当秦人大军横扫华夏时，燕国仍一柱擎天，是姬姓诸侯国中坚持到最后的一个。在终于无力回天而行将谢幕之际，燕太子丹仍出人意料地奋力一搏，导演了"风萧萧兮易水寒，壮士一去兮不复还"的荆轲刺秦王故事，留下了摄人魂魄的千古绝唱，也留下了"燕赵多慷慨悲歌之士"的豪放风情。秦始皇二十一年，公元前226年，"秦攻拔我蓟，燕王亡，徙居辽东"[②]，至此燕国才退出了北京地区，自保于辽东。四年后，公元前222年，召公燕国亡于秦，终于结束了它可歌可泣的壮丽历史。

---

① 《史记·燕召公世家》。

② 同上注。

三 东北首府

公元前 230 年至前 221 年，秦王嬴政远交近攻，用整整十年逐个剪灭了东方六国，建立起中国历史上第一个大一统王朝——秦朝。秦朝的建立，标志中国进入了中央集权的帝国时代，而郡县制的推行则是这个时代的重要标志。

秦在兼并六国的战争中，为了便于垂直管理，已在一些新占领区设置郡县。秦统一后，经过朝臣的两次激烈廷辩，秦始皇最终决定结束诸侯割据局面，用郡县制替代分封制。这个变革顺应了时代的潮流，对巩固国家统一、加强中央对地方的控制和管理不无裨益，有效促进了社会政治、经济、文化的发展。开始时秦在全国设立了三十六郡，郡下置县，在征服了百越等地区后又增设了四郡，合为四十郡。

郡县制的实行，把横跨长城南北的原燕地一分为六，分属广阳、上谷、渔阳、右北平、辽西、辽东六郡。此六郡的中心仍是蓟城，但随着政体的改变，这个蓟城已由过去的诸侯国都转变为中原王朝在东北地区的政治、经济、军事、文化中心。

汉武帝文治武功，缔造了当时世界上最为强大的国家，版图也大大超过了秦帝国。为了加强管理，武帝把全国划分为十三个州部，开始时设刺史监管，后来固定为一级政府。有了州的建制后，原燕地仍称幽州，但辖境已远远超过当年的燕国。据《汉书·地理志》记载，初时幽州刺史部刺燕地诸郡国，后来武帝于元封三年（前 108 年）剿灭了燕人卫满在朝鲜半岛建立的卫氏朝鲜，"遂定朝鲜为真番、临屯、乐浪、玄菟四郡"①，此四郡也划归幽州刺史部。总括起来，西汉幽州共隶十郡一国，国即燕国，后称广阳国，郡为上谷郡、渔阳郡、右北平郡、涿郡、代郡、勃海郡、辽西郡、辽东郡、玄菟郡、乐浪郡①。其辖境向东延伸到了朝鲜半岛中部汉城（今首尔）以北，向西和南则到达了德州以北，其中心仍是州治所在的蓟城。

东汉幽州的辖区基本与西汉相同，包括了"广阳、代郡、上谷、渔阳、右北平、辽西、辽东、玄菟、乐浪、辽东属国"，计"郡、国十一，县、邑、侯国九十"②，属地相当今北京、天津、河北北部、辽宁南部及朝鲜西北部。曹魏的幽州辖燕、范阳、渔阳、上谷四郡国，东达辽东和今朝鲜半岛，地域仍十分广阔。此后幽州的辖境由盈转缩，但"幽州所部凡九郡，至晋不改"③，一直到西晋仍保持着一定规模。北魏以后，幽州属地急剧萎缩，仅领燕、范阳、渔阳三郡。隋唐改制，实行州、县两级制或郡、县两级制，幽州的范围更大大缩水，小至仅"领蓟、良乡、潞、涿、固安、雍奴、安次、昌平等八县"④，较以往已不可同日而语。

表面上看，在从汉到唐末五代的时期内，幽州的辖地不断缩小，州治所在地的控制力和影响力似乎也在缩小。但实际上，此期间无论国情如何变化，蓟城的实力却始终处在逐次提升中，影响也在不断扩大。这个过程较为隐蔽，很容易被治史者所忽视。然而，若没有这个渐变，就不会有后来北京历史的质变和巨变，而通过这个渐变，反倒更能从一个特定角度反映北京实力地位提升的历史必然性。

幽燕实力在此时期的逐次增强，主要表现在互为因果的两大方面：一

---

① 《汉书·朝鲜列传》。

① 汉昭帝始元五年（公元前82年）废真番、临屯两郡，其辖境大部分并入乐浪郡。

② 《后汉书·郡国五》。

③ 《晋书·地理志》。

④ 《旧唐书·地理志二》。

是各王朝对该地重视程度和经营力度的不断加大，二是它政治、经济、军事地位的交替上升。

秦始皇统一中国后，采取了不少措施来加强对原关东六国的统治。首要之举是收缴了天下兵器，"聚之咸阳，销以为锺鐻，金人十二，重各千石，置廷宫中"；随之他统一了法令、货币和度量衡，规定"车同轨，书同文字"；继而他"徙天下豪富于咸阳十二万户"①，将六国贵族强宗迁徙到咸阳及南阳等地。于此之外，直接关乎蓟城的做法还有两大项：

其一，为了巩固北部疆土，秦始皇派大将蒙恬率三十万大军北逐匈奴，并将燕长城与赵、秦长城连接起来，"因地形，用险制塞，起临洮，至辽东，延袤万余里"②，修筑了历史上的第一条万里长城。有了这条长城后，蓟城变成长城内的第一重镇，理所当然成了中原王朝在东北方的政治统治中心和军事指挥中心。

其二，为了加强对各地的控制，秦始皇下令修筑驰道，"为驰道于天下，东穷燕、齐，南极吴、楚，江湖之上，濒海之观毕至。道广五十步，三丈而树，厚筑其外，隐以金椎，树以青松"③。这条驰道一端通咸阳，一端直通蓟城，使蓟城成为关中联通大东北的交通枢纽。

在短命的秦王朝后，中国迎来了历史上第一个长期稳定的大一统帝国——西汉王朝。经过汉文帝、景帝时期的休养生息，再经过汉武帝力挫匈奴的武力攻势及汉元帝时昭君出塞的和亲之举，"北边自宣帝以来，数世不见烟火之警，人民炽盛，牛马布野"④，举国上下国泰民安。在这个太平年代，蓟城的岁月却不甚太平，主要表现在诸侯王国的屡兴屡废上。其基本情况已如上章所述，概括起来，从中可以看到不少耐人寻味的现象：

---

① 《史记·秦始皇本纪》。

② 《史记·蒙恬列传》。

③ 《汉书·窦田灌韩传》。

④ 《汉书·匈奴传》。

1. 若不计王莽新朝和更始政权，西汉王朝前后共历 215 年，而此期间蓟地六度封王，累计达 198 年，占了整个西汉王朝的 90% 以上。其中卢绾是刘邦的功臣，此外皆为皇室宗亲子弟。这说明，蓟地是西汉王朝用于封赏功臣和安置同姓子弟的重地，虽屡生变故而终不能改，地位十分独特。

2. 蓟地诸侯王国兴废交替的频率极高，尤以西汉早中期最为突出。如上章第七节所述，高祖废卢绾立刘建，吕后废刘建立吕通，文帝废吕通立刘泽，武帝废刘定国立刘旦，昭帝废刘旦，宣帝立刘建。可以说，除了没落的西汉晚期，此前各帝除了景帝外，无不插手蓟城的封国事宜。高祖的两立一废姑且不论，就连吕后也不甘寂寞，竟然违迕高祖"非刘氏而王，天下共击之"[①]的誓言，把吕氏子侄安插在燕地。由此可见，燕地虽然偏远，却无时不在帝王的心中，一旦大权在握就要把它牢牢掌控在自己人手里。

3. 在汉宣帝封广阳王之前，北京地区先后经历了 7 任燕王，其中 1 人被剿（高祖功臣卢绾）、1 人被诛（吕后之侄吕通）、2 人被迫自杀（皇室宗亲刘定国、武帝之子刘旦），未得善终者竟达 4 人，占了燕王总数的一半以上。其之起因或出于宫廷权力的更迭，或出于燕王势力坐大后与朝廷的分庭抗礼，都从不同侧面说明了蓟邑战略地位和实力地位的非同一般。

王莽末年，刘秀从群雄中崛起，藉幽燕之力开创了东汉王朝。《后汉书·耿弇列传》云："（刘秀）拜弇为大将军，与吴汉北发幽州十郡兵。弇到上谷，收韦顺、蔡充斩之；汉亦诛苗曾。于是悉发幽州兵，引而南，从光武击破铜马、高湖、赤眉、青犊……光武还蓟，复遣……十三将军，追贼至潞东，及平谷，再战，斩首万三千余级，遂穷追于右北平无终、土垠之间。"刘秀是南阳蔡阳人，但由上述记载可知，"北发幽州十郡兵"是刘秀的雄起之举，此后刘秀羽翼渐丰，"于是悉发幽州兵"，又靠幽州兵力发动了逐鹿

---

① 《史记·吕太后本纪》。

中原的一系列战役，终于创建了东汉王朝。

东汉建国后，为了休养生息，培养国力，刘秀提倡节俭薄葬、减轻赋税、不尚边功，还解放了一大批奴婢刑徒，有效促进了社会经济的恢复和发展。与此同时，作为刘秀的龙兴之地，幽州更得到了东汉王朝的格外眷顾，而君王所能给予一个地区的最大恩典，则莫过于对地方官的选贤与能了。东汉年间在幽州担任过地方主官的郭伋、张堪、刘虞等，便是难得的国器。

郭伋，官至太中大夫，"郭伋守信"即他留给历史的一段佳话。这段故事讲述他在并州任职时，一次考察途中经过美稷县（今内蒙古准格尔旗北），当地儿童闻讯后骑着自己的小竹马欢腾雀跃地夹道欢迎他。郭伋不知情，便问："儿曹何自远来？"孩子们争相回答："闻使君到，喜，故来奉迎！"郭伋闻言赶忙下马，一一答谢。在美稷县办完事后，孩子们又闻讯赶来送郭伋，问他什么时候返回，郭伋立即让随从计算返程的日期，告诉了他们。由于事情办得顺利，郭伋返回美稷县的日子比预期早了一天，但为了不失信于孩子们，他下令在县城外的野亭露宿了一晚，等到第二天才入城[①]。就是这个守信的郭伋，在东汉草创伊始的建武五年（29 年）被光武帝刘秀派任渔阳太守。是时渔阳"既离王莽之乱，重以彭宠之败，民多猾恶，寇贼充斥"，秩序混乱，民不聊生，出现了"人相食"的惨状。郭伋到任后赏罚分明，"纠戮渠帅，盗贼销散"，同时"整勒士马，设攻守之略，匈奴畏惮远迹，不敢复入塞，民得安业"，维护了社会安定，以至"在职五岁，户口增倍"。

张堪也是在东汉初年被刘秀任命为渔阳太守的，前后在任八年。他"仁以惠下，威能讨奸"，素有德名。在任上他对内"捕击奸猾，赏罚必信，吏民皆乐为用"，对外则在匈奴大规模入侵时毫不畏缩，独自"率数千骑奔击，大破之，郡界以静"[②]。此外他还在狐奴县开垦稻田 8000 多顷，鼓

---

① 《后汉书·郭伋列传》。
② 《后汉书·张堪列传》。

励百姓耕种，使耕者有其田。百姓编成歌谣称颂他说："桑无附枝，麦穗两岐。张君为政，乐不可支。"

在郭伋、张堪两任渔阳太守的治理下，燕地很快从西汉末年的战乱中恢复过来。再一个难得的幽州主官出现在东汉末年，此即汉室宗亲刘虞。刘虞是东海恭王之后，东汉末年长期镇守幽州，在北地享有很高的威望。他官拜幽州牧、太傅，贵为上公，却仍"天性节约，敝衣绳履，食无兼肉"。主政幽州期间，刘虞宽仁施政，安抚百姓，对少数民族多行仁爱，"务广恩信，……以朝恩宽弘，开许善路"，以至"自鲜卑、乌桓、夫余、秽貊之辈，皆随时朝贡，无敢扰边者，百姓歌悦之"。在发展经济方面，他"劝督农植，开上谷胡市之利，通渔阳盐铁之饶，民悦年登，谷石三十"，使燕地物阜民丰，百姓安乐。中平六年（公元189年），董卓之乱起，青、徐之地的官民纷纷避乱幽州、归顺刘虞，一时间竟多至百万余人。刘虞"皆收视温恤，为安立生业，流民皆忘其迁徙"[1]，幽燕成了腥风血雨年代四方归心的一片乐土。

对于北方强敌匈奴，西汉初年采取了和亲政策，"终景帝世，时时小入盗边，无大寇"[2]。武帝即位后，头几年还算太平，"明和亲约束，厚遇关市，饶给之。匈奴自单于以下皆亲汉，往来长城下"。武帝元光二年（公元前133年），匈奴绝和亲，"攻当路塞，往往入盗于边，不可胜数"，边塞烽火又起。数年后，据《汉书·匈奴列传上》记载，"匈奴数千人盗边，渔阳尤甚。汉使将军韩安国屯渔阳备胡。其明年秋，匈奴二万骑入汉，杀辽西太守，略二千余人。又败渔阳太守军千余人，围将军安国。安国时千余骑亦且尽，会燕救之，至，匈奴乃去，又入雁门杀略千余人"，战争的规模不断扩大，而且严重威胁到上谷、渔阳一带。依仗雄厚的国力，汉武帝以长城西线为主战场，数次发动了对匈奴的强大攻势，并取得了决定性

---

[1] 《后汉书·刘虞列传》。

[2] 《汉书·匈奴传上》。

胜利。此后在一个相当长的时期内，幽燕地区"边城晏闭，牛马布野，三世无犬吠之警，黎庶亡干戈之役"[1]，各族黎民安居乐业。到了东汉初年，光武帝力挫匈奴，致北匈奴远遁，南匈奴归附，"自是匈奴衰弱，边无寇警"[2]。总之，终两汉之世，北京地区虽然地处边陲，狼烟时起，但总体上看，不同民族"往来长城下"的承平岁月长，兵戎相见的战争年代短，且战时的主战场偏在长城西线，这里基本上是汉族与北方少数民族和睦相处、贸易往来的重镇。在此背景下，蓟城的经济功能不断增强，迅速向工商业城市转化。

汉武帝时采纳大农丞桑弘羊的建议，颁行均输法、平准法，"大农之诸官尽笼天下之货物，贵即卖之，贱则买之"[3]，由此建立起以各大城市为中心的商业网络。这个举措有效促进了全国商品的流通，也大大刺激了蓟城的经济发展。《史记·货殖列传》云："夫燕亦勃、碣之间一都会也。南通齐、赵，东北边胡。……有鱼盐枣栗之饶。北邻乌桓、夫馀，东绾秽貉、朝鲜、真番之利。"据此可知，随着均输法、平准法的推行，内地的粮食、盐鱼、果蔬、手工业品等连同生产技术、人力资源通过蓟城源源不断输入乌桓、夫馀、秽貉、朝鲜、真番，而北方少数民族的良马、牛羊、皮革、乳制品等又通过这里成批进入中原腹地，蓟城成了东北部最大的商贸城市。两汉时期铁农具和牛耕技术的普及，还大大带动了以农业为主的幽燕地区生产力水平的整体提高，由此更加强了塞外游牧族对这个天然大粮仓的依赖。于是，正如西汉桓宽《盐铁论》所云："燕之涿、蓟，……富冠海内，为天下名都"，蓟城迎来了空前的繁荣。

如果说，两汉四百余年的蓟地是以经济和商贸的发展为主线的话，那么到了三国和西晋时期，随着北部边患的不断加剧，军事防卫功能又成了蓟城

---

① 《汉书·匈奴传上》。

② 《资治通鉴》卷四十四"汉纪三十六·光武帝建武二十六年"。

③ 《史记·平准书》。

的主职。

三国曹魏时，乘着匈奴族的销声匿迹，北方鲜卑、乌桓族的势力风起云涌，长城沿线狼烟再起。魏文帝曹丕初年，"北狄强盛，侵扰边塞，乃使豫持节护乌丸校尉，牵招、解俊并护鲜卑"[①]，曹魏组建了护乌丸校尉和护鲜卑校尉两大军事实体，以此控御鲜卑、乌丸各部。这两大军事实体就设在幽燕，蓟邑由此成为曹魏抵御北方民族侵扰的军事重镇。此外，公元237年魏明帝派大将毋丘俭征讨割据辽东的公孙渊，公元244年魏齐王又派毋丘俭征伐高句丽，幽蓟还成了曹魏东征的前方大本营。

西晋时，幽燕继续担负着防御和监控乌桓、鲜卑的重任。除了无法避免的兵戎相见外，特别值得一提的是，晋武帝泰始七年（271年），卫瓘出任"征北大将军、都督幽州诸军事"[②]，同时兼任"幽州刺史、护乌桓校尉"[③]。他赴任后"性严整，以法御下。……为政清简"，对犯边的乌桓、鲜卑部落不重武功，而重谋略，"离间二虏，遂致嫌隙"[④]，很快平定了边患。此外，晋武帝太康三年（282年），范阳人张华"为持节、都督幽州诸军事、领护乌桓校尉、安北将军"，他也以绥靖各方为要，上任伊始便"抚纳新旧，戎夏怀之"，使"远夷宾服，四境无虞，频岁丰稔，士马强盛"[⑤]。今北京大兴区有张华村，相传即为张华故里。

在加强军事防卫的同时，招抚流民、发展生产当然更是首要政务。早在三国曹魏时期，刘靖出任"镇北将军，假节都督河北诸军事"。他利用社会环境相对稳定的机遇，"开拓边守，屯据险要"，在今北京西郊"修广戾陵渠大堨，水溉灌蓟南北；三更种稻，边民利之"[⑥]，修筑了著名的戾陵

---

① 《三国志·魏书·满田牵郭传》。

② 《晋书·武帝纪》。

③ 《晋书·列传第六》。

④ 同上注。

⑤ 《晋书·张华传》。

⑥ 《三国志·魏书·刘馥传》附子刘靖传。

渠大堰。该堰修浚后，永定河水可以直接灌溉蓟城，大大促进了农耕经济的发展。曹魏时为了振兴农业，广泛推行了屯田制，其中既有以佃兵耕作的军屯，也有以屯田客耕种的民屯。而经过屯田制的推广，幽州一带的耕地明显增加，人口也有较大增长。

西晋时，唐彬"为使持节、监幽州诸军事、领护乌丸校尉、右将军"。他在任上一则"训卒利兵"，强化军务；二则"广农重稼"，发展生产；三则"兼修学校"，仁惠广被；四则"复秦长城塞，自温城洎于碣石，绵亘山谷且三千里，分军屯守，烽堠相望"。经过这数项措施的一一落实，唐彬"开拓旧境，却地千里。……由是边境获安，无犬吠之警，自汉魏征镇莫之比焉"，开创了一世太平，以至"百姓追慕彬功德，生为立碑作颂"[①]。

晋武帝司马炎称帝后大封同姓子弟为王，并赋予军政实权，助长了豪门势力的疯狂崛起。晋惠帝年间，皇族内部的争权夺利愈演愈烈，终于引发了"八王之乱"。同姓八王间的血腥相残，给中原大地带来了无尽灾难，也从内部摧垮了西晋帝国。更加不幸的是，西晋末年镇守幽州的王浚凶残无道，他"爵列上公，据幽都骁悍之国，跨全燕突骑之乡，手握强兵，坐观京师倾覆，不救天子，而欲自尊。又专任奸暴，杀害忠良，肆情恣欲"[②]，落了个"毒遍燕壤"的罪名，最后被羯族首领石勒诛杀。

晋室的落败，导致中国北方进入了大分裂、大混乱的十六国时期。此期间北中国群雄逐鹿，生灵涂炭，幽州大地屡遭重创。但幽燕终归是各方倚重的战略要地，又是军需供给的天然粮仓，故而每个政权一旦据有此地，便会竭力稳定民心，抓紧恢复生产。

后赵的石勒是羯族首领，杀伐攻掠无所不为，但他格外推崇汉高祖刘邦，每临政事常仿效汉初之策。公元319年石勒刚一称王，便下令"均百姓田租之半，赐孝悌力田死义之孤帛各有差，孤老鳏寡谷人三石，大酺七

---

① 《晋书·唐彬传》。
② 《晋书·石勒载记上》。

日"。除了租税照西晋减半外，石勒还大力劝课农桑，甚至"农桑最修者赐五大夫"①。占有燕地后，石勒"分遣流人各还桑梓"，还颁布了"以幽冀渐平，始下州郡阅实人户，户赀二匹，租二斛"②的政令，实行较轻的赋税，使幽燕的经济在乱世中得以维持。

鲜卑族慕容皝于公元337年称王，建立燕国，史称前燕。公元349年慕容皝之子慕容儁继位，他"砺甲严兵，将为进取之计。凿山除道，入自卢龙"，一举攻克了蓟城。占有幽州后前燕国势力大增，慕容儁遂于公元352年从龙城（辽宁朝阳）迁都蓟城，"僭称皇帝，置百官，号年元玺，国称大燕，郊祀天地"③。此后慕容儁于357年迁都邺城（今河北邯郸临漳县），都蓟的时间前后仅有五年。但这短短五年的影响却大，在不少方面改变了蓟城的面貌。

首先，建都之初慕容儁"徙军中文武兵民家属于蓟"，又于次年（353年）"立其妃可足浑氏为皇后，世子晔为皇太子，皆自龙城迁于蓟宫"④，将大量鲜卑贵族、兵民迁入蓟城。这不仅大大充实了蓟城的人口，还改变了蓟城的民族结构，加速了少数民族与汉族的融和。

其次，慕容儁在蓟城修建了不少宫室，其中除皇室成员居住的"蓟宫"、"碣石宫"外，还修筑了乃父慕容皝的太庙。《晋书·慕容儁载记》云："使昌黎、辽东二郡营起庑庙，范阳、燕郡构皝庙，以其护军平熙领将作大匠，监造二庙焉。"此即关于慕容儁建慕容皝太庙于范阳、燕郡的记载。公元389年，后燕的慕容盛镇守蓟城，又修复了被前秦幽州刺史王永焚毁的蓟城旧宫。

再次，慕容儁下令在蓟城东掖门为伴随他征战南北的坐骑"赭白"铸

---

① 《晋书·石勒载记下》。
② 同上注。
③ 《魏书·慕容儁传》。
④ 《资治通鉴》卷九十九《晋纪》晋穆帝永和八年、永和九年。

铜像，给蓟城增添了一道草原风情。《晋书·慕容儁载记》云："初，廆有骏马曰赭白，有奇相逸力。石季龙之伐棘城也，皝将出避难，欲乘之，马悲鸣蹄啮，人莫能近。皝曰：'此马见异先朝，孤常仗之济难，今不欲者，盖先君之意乎！'乃止。季龙寻退，皝益奇之。至是，四十九岁矣，而骏逸不亏，儁比之于鲍氏骢，命铸铜以图其象，亲为铭赞，镌勒其旁，置之蓟城东掖门。是岁，象成而马死。"据上可知，"赭白"曾随廆、皝、儁祖孙三代征战，履建奇勋，世所罕见。其实，慕容儁铸"赭白"铜像不仅是为了纪念这匹神驹，也是为了追思前燕创业之艰，借以颂扬其祖孙三代的功绩。此铜像如今早已不知所踪，但后世往往称蓟城的东掖门为铜马门，称附近的居民区为铜马坊①，这就是草原文化给蓟城打下的烙印。

氐族前秦时期，国主符坚在邺城、蓟城分设军镇，重兵驻守，蓟城成为前秦仅次于邺城的军事重镇。符坚以亲信重臣王猛为使持节，"都督关东六州诸军事、车骑大将军、开府仪同三司、冀州牧、镇邺；以郭庆为持节、都督幽州诸军事、扬武将军、幽州刺史，镇蓟"②。王猛乃汉族一介书生，史称他"宰政公平，流放尸素，拔幽滞，显贤才，外修兵革，内综儒学，劝课农桑，教以廉耻，无罪而不刑，无才而不任，庶绩咸熙，百揆时叙。于是兵强国富，垂及升平"③。在王猛主持幽州一带的政务时，"军禁严明，师无私犯。猛之未至邺也，劫盗公行，及猛之至，远近帖然，燕人安之"④。

鲜卑族慕容垂的后燕在蓟城的统治时间很短，前后不过10年，之后很快被鲜卑拓跋氏的北魏所取代。中国北方自西晋末年八王之乱后，历经十六国时期的战争破坏，百姓死于兵革，毙于饥馑，幸存人口仅余十之

---

① 《太平寰宇记·河北道十八·幽州》。

② 《晋书·符坚载记上》。

③ 同上注。

④ 同上注。

三四。北魏初年，鲜卑拓跋氏也对汉地进行了野蛮掠夺和残酷统治，幽燕大地更如雪上加霜，一时千里绝烟。但在局势稍稍稳定后，北魏王朝即开始着手对燕地的经营。

首先是魏帝开始关注幽燕，屡番前往巡幸：

《魏书·太宗本纪》载，泰常七年，公元 422 年，明元帝拓跋嗣"东幸幽州，见耆年，问其所苦，赐爵号"，并"分遣使者循行州郡，观察风俗"。

《魏书·世祖本纪上》载，始光四年，公元 427 年，太武帝拓跋焘"行幸幽州"。

《魏书·世祖本纪上》载，太延三年，公元 437 年，太武帝"行幸幽州，存恤孤老，问民疾苦；还幸上谷，遂至代。所过复田租之半"。

北魏太武帝不仅在太延三年巡幸幽州时将田租免除一半，而且早在这之前，延和元年（432 年）他便"徒营丘、成周、辽东、乐浪、带方、玄菟六郡民三万家于幽州，开仓以赈之"[1]。通过如此这般的开仓赈粮、降低租税、劝课农桑、移民充实人口，幽燕的经济迅速走向复苏。于此之外，对燕地经济发展更为有效的举措，来自北魏中期孝文帝元宏推行的均田制。

《魏书·食货志》载：太和九年（485 年）孝文帝"下诏均给天下民田"，规定"诸男夫十五以上，受露田四十亩，妇人二十亩"，甚至明令"诸土广民稀之处，随力所及，官借民种莳。役有土居者，依法封授。诸地狭之处……乐迁者听逐空荒，不限异州他郡，唯不听避劳就逸。其地足之处，不得无故而移"。以上就是孝文帝推行的均田制，此策一出，不仅一定程度上实现了"耕者有其田"，而且大大打击了世族豪强的势力，减轻了农民的负担。

北魏皇廷对幽燕地区的重视，同样也表现在对幽州主官的选贤与能上。

---

[1] 《魏书·世祖本纪上》。

北魏开国皇帝拓跋珪灭掉后燕后，即拜幽燕本地人张衮为幽州刺史。张衮世居上谷沮阳，"纯厚笃实，好学，有文才"。他在幽州任上颇得好评，史称其"清俭寡欲，劝课农桑，百姓安之"①。

魏明元帝初年，官拜尉诺为幽州刺史。史称"诺之在州，有惠政，民吏追思之。……燕土乱久，民户凋散，诺在州前后十数年，还业者万余家"②。他任内有万余户流民还家，即历史对尉诺的最大褒奖。

魏太武帝年间，官拜张昭为幽州刺史。张昭时运不济，赴任时正好赶上幽州大灾。《魏书·张蒲传附子张昭》云："时幽州年谷不登，州廪虚罄，民多菜色。昭谓民吏曰：'何我之不德而遇其时乎？'乃使富人通济贫乏，车马之家籴运外境，贫弱者劝以农桑。岁乃大熟。士女称颂之。"③正如此文所言，面对大灾张昭一则以富济贫，二则及时求购外援，三则劝民农桑。正因为他倾全力救灾民于水火，故此"士女称颂之"。

魏文成帝年间，官拜孔伯昭为"镇东将军、幽州刺史"。《魏书·孔伯恭传附父昭传》云："昭性柔旷，有才用，……治有能名。……善察狱讼，明于政刑。"孔伯昭的察狱讼、明政刑，又有效促进了幽燕的社会稳定。

魏宣武帝年间，官拜崔休为幽州刺史。《魏书·崔休传》云："休聪明强济，雅善断决，幕府多事，词讼盈几，剖判若流，殊无疑滞，加之公平清洁，甚得时谈"，"在幽青州五六年，皆清白爱民，甚著声绩，二州怀其德泽，百姓追思之。"由上述评价来看，崔休是个全才，既聪明强济、雅善断决，又公平清洁、清白爱民，故而甚得美誉。

魏孝明帝年间，官拜裴延儁为平北将军、幽州刺史。《魏书·裴延儁传》载："范阳郡有旧督亢渠，径五十里；渔阳燕郡有故戾陵诸堰，广袤三十里。皆废毁多时，莫能修复。时水旱不调，民多饥馁，延儁谓疏通旧

---

① 《魏书·张衮传》。

② 《魏书·尉古真传附弟尉诺》。

③ 《魏书·张蒲传附子张昭》。

迹，势必可成，乃表求营造。遂躬自履行，相度水形，随力分督，未几而就。溉田百万余亩，为利十倍，百姓至今赖之。又命主簿郦恽修起学校，礼教大行，民歌谣之。在州五年，考绩为天下最"。裴延儁在幽州任内不仅大兴水利，还修建学校、推广礼教，颇有善政，故而得到了"考绩为天下最"的评价。

以上良吏贤臣多集中在北魏前期，是北魏前期倡导"留心黄老，欲以纯风化俗，……咸尚质简"[1]的结果，也是北魏王朝上升时期的表现。正是由于这些主官的政治清明，燕地成为当时北魏较为安定的区域，流离失所之民大量涌入，实现了由"百姓安之"到"礼教大行"的转变。

北魏灭亡后，在不到半个世纪的时间里，幽州先后经历了东魏、北齐、北周三个小王朝。政权的频繁更迭和连年战乱给幽州地区造成了极大的破坏，但即便如此，也未能阻止幽州战略地位的进一步提升。

北齐是这三个小王朝中统治幽州时间最长的一个，从公元550年到577年，前后凡28年。《北齐书·斛律金传附子羡传》载：河清三年（公元564年），斛律羡"都督幽、安、平、南、北营、东燕六州诸军事，幽州刺史"，后于天统元年（565年）"诏加行台仆射"，又于天统四年（568年）"迁行台尚书令"。这里的所谓"行台"，是指帝王派驻在大行政区的机构，地位在一般州郡之上。拜幽州刺史斛律羡为行台仆射、行台尚书令，表明北齐已在幽州设立行台。此时幽州的辖区虽然缩小，但在设立行台后，其统辖的范围一下子广及"幽、安、平、南、北营、东燕"六州。北齐武平三年（572年），斛律羡被无罪诛杀，当时他仍在幽州行台任上。此后独孤永业继任，亦为"（东）北道行台仆射、幽州刺史"[2]。北齐将亡之际，以潘子晃"为幽州道行台右仆射、幽州刺史"[3]，可见幽州的行台建制

---

① 《魏书·曲阳侯素延传》。

② 《北齐书·独孤永业传》。

③ 《北齐书·潘乐传附子子晃传》。

一直仍其旧。北周统治幽州的时间很短，但也在幽州设立了总管府①，"总驭燕、赵，南邻群寇，北捍旄头"②，地位仍在一般州郡之上。

隋朝开国后，隋文帝深知"燕、代精兵之处，今若动众，天下不足图也"③，遂派亲信重臣张威为幽州总管，"寻拜河北道行台仆射"④，以控制这个战略要地。开皇初年，"突厥寇边，燕、蓟多被其患，前（幽州）总管李崇为虏所杀"，隋文帝又以周摇为"幽州总管六州五十镇诸军事"。周摇到任六载，"修鄣塞，谨斥候，边民以安"⑤，北部边境渐至安宁。由上述事实可知，隋朝初年的幽州仍设行台、总管府，控制范围达"六州五十镇"。

隋炀帝弑父自立后，为了防止各地反叛，一再消减地方势力，先于大业元年（605年）"废诸州总管府"⑥，又于大业三年（607年）废州为郡。从此地方郡守高不过从三品，领地不过数县。通过州改郡，今北京地区被分割成涿、渔阳、安乐三郡，蓟城也由幽州府治改为涿郡治所。但时隔不久，隋炀帝举兵伐辽，仿照京都、洛阳、太原设立留守的特制，于大业八年（612年）"以（樊）子盖为涿郡留守"⑦。从汉代以来，皇帝巡幸、出征时以亲王或重臣镇守京师，可代皇帝便宜行事，此即"留守"的由来。此后于行都、陪都等重要城市也设留守，"留守"遂成为地方官员的最高等阶。隋炀帝大业八年以樊子盖为涿郡留守后，大业九年"以本官（阴世师）为涿郡留守"⑧，大业十年以薛世雄"领涿郡留守"⑨，隋在蓟城设置

① 《周书·武帝纪下》。
② 《隋书·于仲文传》。
③ 《隋书·庞晃传》。
④ 《隋书·张威传》。
⑤ 《隋书·周摇传》。
⑥ 《隋书·炀帝纪上》。
⑦ 《隋书·樊子盖传》。
⑧ 《隋书·阴寿传附子世师传》。
⑨ 《隋书·薛世雄传》。

留守成为常例。这样一来，蓟城便擢升到与京都、洛阳、太原并列的位置，相当今天的直辖市。

大业三年（607年），篡位登基的隋炀帝终于坐稳了龙椅，于是"慨然慕秦皇、汉武之事"[①]，试图成就不世之功。当时最大的边患来自北方，隋炀帝便把战略目标锁定在了北方。据《隋书·炀帝纪》的记载，在此后短短十年中，隋炀帝的许多行动都集中在以蓟城为中心的范围内。

一，北巡狩：

大业三年（607年）"夏四月庚辰，诏曰：'……自蕃夷内附，未遑亲抚，山东经乱，须加存恤。今欲安辑河北，巡省赵、魏。所司依式。'"隋炀帝决定车驾北巡。

隋炀帝北巡的直接目的，是为了安抚当时已经归顺的突厥部众。而突厥启民可汗为了表示忠心归附，率全体族民为隋炀帝广修御道，自榆林（今内蒙古托克托县）直通可汗牙帐，再直通蓟城，长达三千里。随后启民可汗率各部酋长至榆林行宫觐见隋炀帝，不仅稽首称臣，奉炀帝为"圣人可汗"，还"上表请变服，袭冠带"，意欲改服华夏衣冠。炀帝"宴启民及其部落三千五百人，奏百戏之乐"，赏赐甚丰。此后隋炀帝继续前行，直至启民可汗牙帐，正式接受了北方诸部的朝拜。此番隋炀帝北巡，虽然没有像预先计划的那样到达蓟城，但启民可汗修建的由牙帐直抵蓟城的御道，开拓了自幽州至北方民族的通衢，意义远在隋炀帝亲巡之上。

此后隋炀帝屡屡北上巡狩，如：

大业四年（608年）三月："车驾幸五原，因出塞巡长城。"

大业四年八月："亲祠恒岳，河北道郡守毕集。大赦天下。车驾所经郡县，免一年租调。"此番北巡亦见《隋书·张衡传》："前幸涿郡及祠恒岳时，父老谒见者衣冠多不整。"可见大业四年八月的北巡狩除"祠恒岳"

[①]《隋书·炀帝纪下》。

外，亦曾到达涿郡。

大业七年（611年）二月："上自江都御龙舟入通济渠，遂幸于涿郡。"

大业十一年（615年）八月："巡北塞。……壬申，车驾驰幸雁门。"

以上四次北巡，有两次是以巡视长城为目的的，另两次则都进入了涿郡，而当时的涿郡郡治就在蓟城。

二，通驰道：

大业三年五月，隋炀帝"发河北十余郡丁男凿太行山，达于并州，以通驰道。"

隋炀帝首次北巡时就曾发丁修建驰道，道路从都城长安直通并州太原府，为此还横向开凿了太行山脉。大业三年五月隋炀帝再次"发河北十余郡丁男"修建驰道，民伕不下数十万，工程相当浩大。后来隋炀帝为扬威塞外，未走太行山一线，而改从都城长安出雁门关（今山西代县）北上榆林。驰道的修建虽未按计划直达蓟城，但也由于太行山的开凿，拓宽了由关中至燕地的主干道。为了征讨辽东，隋炀帝还修筑了两条以蓟城为交汇点的陆路干道，一条自南向北，一条由东而西。

三，修长城：

万里长城历来是和秦始皇的名字连在一起的，岂不知隋文帝、隋炀帝也修筑过长城，而且不止一次。

为了加强北方防务，早在隋文帝时就多次修筑长城。《隋书·高祖纪》载，开皇元年（公元581年）四月，隋文帝"发稽胡修筑长城，二旬而罢"，这是其中一次；《隋书·突厥传》载，同年十二月东突厥可汗与隋营州叛将联合，攻陷了临渝镇（今山海关），"上敕缘边修堡鄣，峻长城，以备之"，这是又一次；《隋书·韦世康传附弟冲传》载，隋文帝"发南汾州（今山西吉县）胡千余人北筑长城"，这是再一次。以上工程多是对此前长城的加固与修补，规模不大，但到了开皇五年（585年），待国势渐稳后，隋文帝便开始大规模修筑长城。

　　《隋书·崔仲方传》载，隋文帝开皇五年（585 年），令司农少卿崔仲方"发丁三万，于朔方、灵武筑长城，东至黄河，西拒绥州，南至勃出岭，绵亘七百里"。以上隋朔方郡治在今陕西横山县与内蒙古交界的白城子，灵武在今宁夏黄河东岸，绥州即今陕西绥德。由此可知，隋文帝开皇五年修筑的是一道西起宁夏河川、东至陕西绥德的横跨黄土高原的长城。开皇六年（公元 586 年），隋文帝再次敕令建长城，"复令（崔）仲方发丁十五万，于朔方已东缘边险要筑数十城，以遏胡寇"。这次修筑的是凭险而据的重点地段和关隘，增修了数十座用以屯兵的城楼敌堡。

　　隋文帝后，隋炀帝大业三年（607 年）秋七月"发丁男百余万筑长城，西距榆林，东至紫河，一旬而罢"，也大举修筑长城。隋炀帝时的北部防御线已经推进到内蒙古河套地区，故这次修筑的长城西起隋榆林郡治，东至紫河。隋榆林郡治在今内蒙古托克托县，关于"紫河"，《隋书·地理志中》载："定襄郡大利，大业初置，带郡。有长城，有阴山，有紫河。"可知此河蜿蜒流淌在隋定襄郡大利县一带，地在今晋北怀仁。这是一道新筑的长城，《隋书·食货志》称其"绵亘千余里"。此役征发丁男百余万，且"一旬而罢"，既劳师动众又工期甚急，结果"死者十五六"。

　　为时未久，大业四年秋七月，隋炀帝再次"发丁男二十余万筑长城，自榆谷而东"。关于"榆谷"，《资治通鉴》卷一八一胡三省注云："北榆谷当在榆林西。"又《读史方舆纪要·陕西西宁镇榆谷》注云："榆谷在卫西，西宁镇亦设西宁王。"以上两文，前者以榆谷在内蒙古托克托的榆林郡，后者以榆谷在今青海省贵德一带，不啻南辕北辙。证诸大业三年修建的长城就是起于榆林的，故大业四年所筑长城的"自榆谷而东"，应当以后者为说，即起于青海贵德[①]。

　　经过隋文帝、炀帝两代的修建，东起山海关西至甘青境内的长城已基

---

　　① 　参考王国良：《中国长城沿革考》第 4 章，北京：商务印书馆，1931 年版。

本连成一线，形成了扼守北方游牧族的万里屏障。

四，开运河：

隋朝经年累月展开的又一项浩大工程，即南北运河的开凿。隋文帝开皇四年（584 年），首先开凿了关中至关东的广通渠。该渠"自大兴城（即长安）东至潼关三百余里"①，保障了关东的丰饶物产西运长安。开皇七年（587 年），隋文帝为南下征讨陈国，又沿春秋时期的邗沟旧渎开凿了北起山阳（今江苏淮安）、南至江都（今江苏扬州）的山阳渎②，沟通了江、淮二水。

隋炀帝即位后，由于关中物产匮乏，在保留长安都邑的同时，另以洛阳为东都。于是，隋炀帝又开凿了东都洛阳至江南的运河，以此来满足江南物产漕运洛阳的需要和游幸江南的一己私欲。大业元年（605 年）三月，隋炀帝诏令"发河南诸郡男女百余万，开通济渠，自（洛阳）西苑引谷、洛水达于（黄）河，自板渚（今河南荥阳）引河通于淮"③，由此联通了洛河、黄河、淮河三水。大业四年春正月，隋炀帝更"诏发河北诸郡男女百余万开永济渠，引沁水，南达于（黄）河，北通涿郡"，继续开凿了运河北段的永济渠。永济渠是在东汉末年曹操开凿的平虏渠、泉州渠基础上修建的，以蓟城为北端，南向通过今河南武陟县的沁水而达于黄河。大业六年（610 年），隋炀帝再下令开凿"江南河，自京口至余杭，八百余里，广十余丈，使可通龙舟"④，联通了今江苏镇江（京口）及浙江杭州（余杭）。

至此，万里长城与大运河这两条巨龙都在北京聚首，形成了古都北京极其壮伟的人文景观。修竣的大运河全长 1750 多公里，由蓟城出发后循永济渠及广通渠、通济渠、山阳渎、江南河一路南下，贯通了由北至南的

① 《资治通鉴·陈纪十》。
② 《隋书·高祖纪上》。
③ 《隋书·炀帝纪上》。
④ 《资治通鉴·隋纪五》。

海河、黄河、淮河、长江、钱塘江五大水系，开通了自蓟城直通内地及江南的水运大动脉。这是当时世界上最大的水利工程，也是迄今世界上最长的人造运河，流经今北京、天津、河北、山东、江苏、浙江等六大省市。大业七年（611年）二月，隋炀帝"自江都御龙舟入通济渠，遂幸于涿郡"，由水路北上蓟城。此行阵容十分壮观，"帝御龙舟，文武官五品已上给楼船，九品已上给黄篾舫，舳舻相接，二百余里"①。如此庞大的船队竟能从江南直航涿郡，水路的畅达可想而知。蓟城原是华北大平原北端陆路交通的枢纽，现在又成为水路交通的中心，战略地位的提高自不待言。

五，建行宫：

史载大业七年（611年）夏四月，隋炀帝"至涿郡之临朔宫"。临朔宫是隋炀帝在蓟城的行宫，建造于永济渠开凿的第二年，即大业五年。督造临朔宫的是阎毗，此人是营造业的一个奇人，"能篆书，工草隶，尤善画，为当时之妙"②。据《隋书·阎毗传》的记载，阎毗在隋文帝时便攀附杨广，"以技艺侍东宫，数以雕丽之物取悦于皇太子"。现在他得以主持临朔宫的建造，自然更是极尽奢华宏丽之能事，以此来取悦隋炀帝。所谓"临朔宫"，顾名思义是临朔而建的天子之宫，目的就在于扬威朔方。以其建造宗旨及督造者的善于雕饰，临朔宫的巍峨壮观和精雕细琢不言而喻。它是当时蓟城的一座地标式建筑，于凛凛朔风中昭示着大隋王朝的天威和蓟城的显赫。

六，伐辽东：

高丽本为中华藩属之国，北朝时开始频频作乱，"驱逼靺鞨，固禁契丹。……数遣马骑，杀害边人"③。隋朝初年，高丽王高元不仅强占了辽

---

① 《隋书·食货志》。

② 《隋书·阎毗传》。

③ 《隋书·高丽传》。

河以东，还"率靺鞨之众万余骑寇辽西"[①]，妄图进一步强占辽河以西。开皇十八年（598年），隋文帝发水陆三十万大军征讨高丽，后因粮草不济、疫病流行，未及开战便无功而返。大业七年（611年），隋炀帝再度发布了征讨高丽的诏令，并亲至临朔宫督战。诏令一下，"于时辽东战士及馈运者填咽于道，昼夜不绝"，隋朝很快在蓟城集结起百万大军。

从大业八年至大业十年，隋炀帝连续三次对高丽用兵，都以蓟邑为兵马、军械、粮草基地和后方大本营。

第一次战役是在大业八年（612年）展开的，于春正月在涿郡集结起兵力"一百一十三万三千八百，号二百万，其馈运者倍之"。全军由隋炀帝亲自统帅，分成二十四军，各军首尾相衔，旌旗前后连绵千里，声势之大"近古出师之盛，未之有也"。战争进行得十分惨烈，"大军为贼所拒，不果济。右屯卫大将军、左光禄大夫麦铁杖，武贲郎将钱士雄、孟金叉等，皆死之"。后经过各路大军的苦战，隋军终于渡过辽河，占领了辽东城（今辽宁辽阳）。但因刚愎自用的隋炀帝指挥无当，坚持"朕当亲执武节，临御诸军"，竟使进攻屡屡受挫。"七月壬寅，宇文述等败绩于萨水，右屯卫将军辛世雄死之。九军并陷，将帅奔还亡者二千余骑"，隋军大败而归。

大业九年（613年）正月，隋炀帝置众臣的谏阻于不顾，"征天下兵，募民为骁果，集于涿郡"，又发动了第二次征辽之役。后因礼部尚书杨玄感乘后方空虚举兵叛变，发兵直逼洛阳，兵部侍郎斛斯政又叛降高丽，隋军遂回兵驰援东都，此役无果而终。

大业十年（614年）二月，一意孤行的隋炀帝再次"诏百僚议伐高丽"，朝堂上竟一连数日无敢应对者。随后炀帝诏令"秣马丸都，观兵辽水"，枉自发动了第三次征辽之役。如同前两次一样，隋炀帝仍御驾亲征，"行幸涿郡。癸亥，次临渝宫，亲御戎服，祃祭黄帝，斩叛军者以衅鼓"。

---

① 《隋书·高丽传》。

兵发辽西后，"高丽遣使请降"，并遣还了前次叛降的兵部侍郎斛斯政。"上大悦"，在取得了表面上的胜利后，隋炀帝志得意满地班师回朝。

隋是短命王朝，仅存在了短短 37 年。但作为一个大一统王朝，隋朝不仅结束了魏晋南北朝时期的军事割据，而且结束了幽燕作为北方民族南侵中原桥头堡的作用，使其重归中原王朝北方重镇的地位。同时，通过上述种种举措，蓟城的军事、政治、经济实力大大提高，交通状况大大改善，实至名归的成为与长安、洛阳两京及太原并列的全国四大重镇之一。

《隋书·炀帝纪下》云：隋炀帝"骄怒之兵屡动，土木之功不息。频出朔方，三驾辽左，旌旗万里，征税百端，猾吏侵渔，人不堪命。"正是由于无休止的开驰道、修长城、通运河、建行宫以及征辽之役等，神州大地民不聊生，各地民众纷纷揭竿而起。就连萧皇后都看出"天下事一朝至此，无可救者"[1]，隋朝很快灭亡，不可一世的隋炀帝也死于乱兵之手。

隋大业十三年（617 年）五月，炀帝表亲、太原留守、唐国公李渊起兵晋阳，于十一月入主长安，后于次年称帝，国号唐。李渊起兵之际，驻兵幽州的虎贲郎将罗艺乘机发动兵变，据有幽州。经过数次征辽之役，此时幽州拥有数万兵马和大量军械装备，再加上其非同一般的战略地位，幽州的归属已成隋末各派势力逐鹿中原的决定性因素。在各大派势力纷纷遣使招抚罗艺的情况下，罗艺审时度势，最终决定投靠李渊，并给李渊提供了一系列军事和财力支持。唐朝建立后，高祖李渊称"革运之始，立功燕代"[2]，充分肯定了幽州在唐朝建立中所起的重要作用。

正是由于幽州的特殊作用，其地位在唐代得到进一步提升。据《旧唐书·地理志》记载，李渊称帝伊始便改隋朝涿郡为幽州，设立幽州总管府，"管幽、易、平、檀、燕、北燕、营、辽等八州"。未久，武德六年（623 年）唐高祖又"改（幽州）总管为大总管，管三十九州"，次年

---

[1] 《资治通鉴·唐纪一》。

[2] 《唐大诏令集》卷六十四。

又"改为大都督府"。仅高祖武德的短短数年间，幽州就逐次升格为总管府、大总管府、大都督府，治所都在蓟城，其地位之显要足见一斑。

贞观十九年（645年），反复无常的高丽国再次频频犯境，恣意挑衅，唐太宗不得不又一次发动了征辽之役。此役从"夏四月癸卯，誓师于幽州城南"，到天寒后班师幽州，连下高丽十城，"高丽大溃，杀获不可胜纪"[①]。但唐军也损失惨重，唐太宗遂下令在幽州城东南隅建造一座悯忠寺，以祭奠阵亡将士。到高宗年间，唐朝更加紧了对高丽的征伐，最大一次战役发起于乾封二年（667年）。经过一年多苦战，李勣、薛仁贵所率唐军"破高丽，拔平壤城，擒其王高藏及其大臣男建等以归。境内尽降，其城一百七十，户六十九万七千"[②]，高丽国亡。唐太宗、高宗连续发动的征伐高丽之役，皆以幽州为后方大本营，这又大大充实了幽州的实力。

高丽国亡后，唐高宗"以其地（平壤）为安东都护府，分置四十二州"[③]，高句丽正式成为中华版图的一部分，由安东都护府统管。武则天长安四年（704年），夏官尚书唐休璟"兼检校幽、营等州都督，兼安东都护"[④]，由此幽州、营州和安东都护府终于三位一体地结合到了一起，标志幽州实际控制区的正式形成。

唐朝地方建制的一个最大变化是，它建立起了"外任之重无比焉"的节度使制度。"使持节"之说由来已久，例如《汉书·周勃列传》称文帝"于是使使持节赦（周）勃，复爵邑"便是一例。其中所谓的"使持节"，无非是由皇帝授予节杖，以表明持有者是皇帝的专使。此后，亦有权臣而特加"使持节"称号者，表示享有特殊的权力和尊崇，此即节度使称谓的

---

① 《旧唐书·太宗纪下》。

② 《旧唐书·高宗纪下》。

③ 《旧唐书·高宗纪下》。

④ 《旧唐书·唐休璟传》。

由来。隋朝末年，隋恭帝杨侑就曾诏加唐国公李渊"假黄钺、使持节、大都督内外诸军事、大丞相，进封唐王，总录万机"。唐高祖称帝后，亦于武德元年（618 年）诏"诸州总管加号使持节"[1]。但这还不是总揽地方军政、司法、人事大权的节度使制度的真正源头，其真正的源头，恰好出自幽州。

《资治通鉴·唐纪二十六》载：唐睿宗景云元年（710 年）冬十月，"以幽州镇守经略节度大使薛讷为左武卫大将军兼幽州都督"，此即总揽一切地方大权的节度使制度的正式问世。薛讷乃薛仁贵之子，系将门之后。《旧唐书·薛讷传》云："突厥入寇河北，则天以讷将门，使摄左武威卫将军、安东道经略。临行，于同明殿召见与语，讷因奏曰：'丑房恁凌，以卢陵为辞。今虽有制升储，外议犹恐未定。若此命不易，则狂贼自然款伏。'则天深然其言，寻拜幽州都督，兼安东都护。"据此可知，正是由于幽州的安危关乎朝政大局，甚至直接威胁到武则天废唐中宗之事，武则天才亲授薛讷以特权，开创了这个主宰一方的节度使制度。故而史称"节度使之名自（薛）讷始"[2]，强调了他才是实授节度使大权的第一人。

《旧唐书·职官志三》云："（节度使）受命之日，赐之旌节，谓之节度使，得以专制军事。行则建节符，树六纛。外任之重，无比焉。"被授以双旌双节的节度使专擅一方，除总领辖区的一切军事外，还总领一切行政大权，对所属各州的刺史、郡守甚至可以恣意任免或诛杀，其"外任之重"确实前所未有。节度使还兼有中央官衔，最高带同平章事，名曰"使相"。史上所谓的"出将入相"，就是指一些重要的节度使一旦回到中央政府后，即可直接出任宰相。正是由于这个制度的推行，各地节度使拥兵自重，不奉朝命，传位子孙或部将，形成了世袭藩镇，最终导致了唐朝的灭亡。

从"节度使之名自（薛）讷始"，唐玄宗天宝中已"置八节度使"[3]，

---

① 《旧唐书·高祖本纪》。

② 《资治通鉴·唐纪二十六》。

③ 《旧唐书·职官志三》。

再到唐玄宗开元年间，又增至十大节度使。《旧唐书·地理志一》云："开元二十一年（733年）……于边境置节度、经略使，式遏四夷。凡节度使十，经略守捉使三。大凡镇兵四十九万人，戎马八万余疋。每岁经费：衣赐则千二十万疋段，军食则百九十万石，大凡千二百一十万。"[①]这就是唐的十大节度使，分别驻节岭南、安西、北庭、河西、朔方、河东、范阳（幽州）、平卢、陇右、剑南。这些节度使个个权倾一方，而其中尤以范阳（幽州）节度使的地位最为显赫。

《旧唐书·地理志一》载："范阳节度使，临制奚、契丹，统经略、威武、清夷、静塞、恒阳、北平、高阳、唐兴、横海等九军。范阳节度使，理幽州，管兵九万一千四百人，马六千五百疋，衣赐八十万疋段，军粮五十万石。"由上可见，一个范阳节度使竟独掌九军，军力达九万余人，几占全国十大方镇总兵力四十九万人的五分之一，无疑为藩镇之首。唐玄宗开元十三年（715年）曾以皇子"遥领幽州都督、河北道节度大使"[②]，更提升了幽州节度的地位。

到了唐开元年间，幽州的辖区进一步扩大。据《新唐书·方镇三》记载，开元二十年（732年）的幽州除原属地外，又"增领卫、相、洺、贝、冀、魏、深、赵、恒、定、邢、德、博、棣、营、郑十六州，及安东都护府"，其地域不仅囊括了东北边地，还向中原方向渗透，进入了今山西、河南、山东地区。

综观北京地区历年出土的唐墓，在文化面貌上具有显著的两重性。一方面它们在诸多方面与中原唐墓的面貌别无二致，体现了二者在本质上的联系，另一方面它们也还有很个性的一面。其个性的一大突出表现是，此地墓室的平面普遍呈抹角弧形或圆形，与西安等地唐墓的墓室平面一般呈

---

① 《旧唐书·地理志一》。

② 《旧唐书·李瑶传》。

方形或长方形的情况迥然有别①。在各地出土的唐墓中，墓室平面呈圆形或椭圆形的现象同时还见于辽宁西部、内蒙古南部和河北北部等地，恰好构成了一个风格迥异的大文化圈。在这个文化圈中，北京是最无可争议的中心城市。这虽然不足以说明北京就是这种墓室文化的发源地，但却足以说明它是这个大文化圈的重心，起着重要的辐射与控制作用。这个大文化圈的存在，一定意义上体现了北京政治覆盖面的扩大，从考古学上反映了大幽州行政区的形成。

总之，发展到唐中期以后，幽州在军事实力、政治地位、统辖范围等方面都达到了前所未有的程度。这不仅表明幽州地位的不断提升是历史的必然，同时也越来越造成了"天子弱，方镇强"②的外重内轻局面。这预示出，幽州的形势很快就要发生意想不到的变化了。

唐玄宗年间，范阳节度使安禄山、史思明起兵反叛，终于酿成了著名的"安史之乱"。安禄山，"营州柳城杂种胡人也，本无姓氏"③，出身卑微，为人狡黠奸诈，善于巧言令色。为了取得李唐皇室的宠信，他不仅百般取悦唐玄宗，还厚颜无耻的拜杨贵妃为母。唐玄宗天宝元年（742年），刚满四十岁的安禄山一举攫取了东北藩镇的最高职务——平卢军节度使，两年后又兼任了范阳节度使、河北采访使，控制了华北军政大权。权倾一方的安禄山犹不满足，"又求为河东节度"，居然也得到了唐玄宗的恩准，进而掌管了三晋大权。由一方节帅而身兼三镇，唐的三大集团军竟集于安禄山一身，唐玄宗的愚不可及足见一斑。尤有甚者，唐玄宗仍嫌赏赐给安禄山的恩崇不够，竟于天宝七年（748年）诏"范阳节度使安禄山赐实封及铁券"，赐予了他免死铁券，又于天宝九年（750年）加封安禄山为东平

---

① 北京市文物研究所编：《北京考古四十年》，北京燕山出版社，1990年，第135～138页。
② 《新唐书·兵志》。
③ 《旧唐书·安禄山传》。

郡王。史称"节度使封王，自此始也"①，安禄山的权力和地位终于位极人臣。以一个奸佞小人而独掌整个黄河以北的军政大权，焉有不反之理？于是，天宝十四年（755 年）十一月，安禄山矫诏密旨，以清君侧为由发动叛乱，率十五万大军向唐京师发起了总攻。

从幽州出发，叛军一路浩浩荡荡，"所过州县，望风瓦解，守令或开门出迎，或弃城窜匿，或为所擒戮，无敢拒之者"②，不日便攻克了东都洛阳。拿下洛阳后，安禄山急不可耐，于天宝十五年（756 年）正月初一在洛阳登基，自称雄武皇帝，国号大燕，改元圣武，以洛阳为都，以范阳为东都。此后他发兵直逼长安，这时的唐玄宗早已吓得惶惶然如丧家之犬，忙不迭携杨贵妃逃往蜀中，并逊位于肃宗李亨。

正当安禄山志得意满之时，其内部的明争暗斗也愈演愈烈，一发不可收拾。唐至德二年（757 年），先是其子安庆绪纠结亲信诛杀了乃父，僭位称帝。此后，唐肃宗乾元二年（759 年），驻守范阳老巢的叛军大将史思明背叛安庆绪，自称大燕皇帝，"号范阳为燕京"③。史思明，"营州宁夷州突厥杂种胡人"④，他篡位后以杀父之罪将安庆绪"并其四弟及高尚、孙孝哲、崔乾祐，皆缢杀之"⑤，意在斩尽杀绝。未曾想，史思明的好戏也不长，刚刚过了一年多，其子史朝义便于唐上元二年（761 年）纵容部下将其诛杀，接着又诱杀了胞弟史朝清，兀自称帝。自此而后，叛军内部杀红了眼，为争权夺利打成一团。唐广德元年（763 年）正月，众叛亲离的史朝义在唐军围剿下逃归范阳，竟被部下拒之门外，终为自己的亲信爱将李怀仙所杀。

---

① 《旧唐书·玄宗本纪下》。
② 《资治通鉴·唐纪三十三》。
③ 《新唐书·逆臣传》。
④ 《旧唐书·史思明传》。
⑤ 《旧唐书·安庆绪传》。

从天宝十四年（755年）安禄山起事，到代宗广德元年（763年）叛乱被平息，历时近八年。俗称"秀才造反，三年不成"，不曾想鄙夫造反也八年难成，安史之乱的头目最终都个个落了个葬身自己人的下场。"安史之乱"虽然以失败告终，但它拦腰斩断了大唐的黄金时代，直接导致了唐朝的由盛而衰。这一事件对唐王朝的影响是多方面的，主要表现在：

1，经过长达八年的内战，中原和北方地区血流成河，全国总人口从玄宗天宝十四年（755年）的5292万人锐减到唐肃宗乾天三年（760年）的1699万人，经济也彻底崩溃。唐王朝从此元气大伤，一蹶不振；

2，李唐皇室的威信一落千丈，中央政府的极权统治一去不再，藩镇割据成了不可遏制的潮流；

3，外重内轻的政治局面导致朝廷内部党派林立，朝纲松弛，政风日下；

4，经过重新布局，唐主力军团由前期集中在十大边镇改为集中在各个要府，这不仅增强了地方的军事实力，也构成了对中央政府的威胁；

5，安史叛军是以北方少数民族为核心组成的，这表明北方少数民族已成长为一支足以翻云覆雨的政治力量。这种状况的造成固然源于北方少数民族势力的不断壮大，但另一个不可忽视的原因是，中原王朝及各地割据势力的权力角斗往往借助少数民族的力量，这也大大促进了少数民族势力的崛起。一个典型实例是，当初唐玄宗推翻韦后的专权，就曾假手"藩户"组成的"万骑营"[①]。在安史之乱以后的藩镇割据中，北方民族的这种作用更加突出，借少数民族势力称藩称王者不知凡几。

更重要的是，上述影响并不限于唐朝，而漫及了此后的整个古代社会，甚至由此改写了历史。一个人所共知的事实是，在中华五千年文明史上，唐以前的绝大多数王朝都是以中原民族为主创建的，夏、商、周、秦、西汉、东汉、三国、晋、隋、唐等等莫不如是。而唐以后，首先从统治北半

---

① 《旧唐书·王毛仲传》。

个中国的契丹开始，这个历史常规被打破了，北方少数民族成了中国政治舞台上的一大主体，甚至成了历史的主角。若从公元938年契丹人入主燕云十六州算起，辽、金统治北半个中国各在百年以上，元和清统治中国也各有一百多年和两百多年，四者相加共计七百余年，竟占了公元十世纪以后中国历史的70%还多。这种以少数民族为主角的历史，是中国古代史后半期的一大特征，再清楚不过地表明了北方少数民族势力的崛起。而历史的拐点，恰恰就发生在唐朝灭亡的公元907年。因为就在这一年，契丹首领耶律阿保机"燔柴告天，即皇帝位"[1]，建立了契丹国。一个是唐的灭亡，一个是契丹的创建，这无异于从两个不同角度把历史同时锁定在了这个坐标点上。

唐朝少数民族势力的增长，还对整个历史产生了如下重大影响：

一，古之蛮夷今为中国，中国社会结构从此进一步向多民族国家的方向转化；

二，随着少数民族势力的增长，少数民族的经济成分也不断增强，整个中国的经济由以农业为主转向多元经济，逐渐形成了以北方畜牧经济、中原农业经济、东南海洋经济为三大支柱的格局。具体说，立足北国的辽金以前两种经济为主，两宋王朝以后两种经济为主，元明清王朝则三者兼备；

三，唐以前，文化的流向以汉文化向四方的传播为主，而唐以后，各族文化共同汇聚成汉文明成为历史的主流，汉文明也因此而更加博大精深；

四，北方少数民族势力的增长，结束了周秦汉唐王朝以关中为政治中心的历史局面，也突破了以长安、洛阳两都为中轴的历史结构，使中华历史的重心向东北方向转移。

总之，综合上述种种变化，可以说安史之乱是一个影响至远的标志性

----

[1]　《辽史·太祖本纪》。

事件，其突出意义就在于北方少数民族从此成为华夏政治舞台的主角，而这一切都和幽州实力地位的提高互为因果。

安史之乱后，唐王朝被迫采取了以方镇制方镇的办法，却因此而更加丧失了对方镇的有效控制，造成了大范围的藩镇割据。唐德宗建中三年（782 年），安史之乱后长期不奉朝命的河北四大藩镇相继称王，"居室皆曰殿，妻曰妃，子为国公，下皆称臣，谓殿下"[①]，俨然成了国中国，而幽州便是其中之一。

唐文宗太和五年（831 年），幽州副兵马使杨志诚谋反，唐文宗惊骇，召群臣商议。老臣牛僧孺满不在乎的对曰："陛下以范阳得失系国家休戚耶？且自安史之后，范阳非国家所有。……臣固曰不足烦圣虑。"[②]以上所言"自安、史之后，范阳非国家所有"，一语道破了在安史之乱后，幽州已脱离了唐廷的实际控制，成了方外之地。牛僧孺还进而陈述说："范阳得失，不系国家休戚，自安、史已来，翻覆如此。前时刘总以土地归国，朝廷耗费百万，终不得范阳尺帛斗粟入于天府，寻复为梗。至今志诚，亦由前载义也，但因而抚之，俾扞奚、契丹不令入寇，朝廷所赖也。假以节旄，必自陈力，不足以逆顺治之。"[③]归纳牛氏以上所言，一则说幽州在安史之乱后始终处在藩镇内部争权夺利的动荡中，以至幽州藩帅频繁更迭；二则由幽州节度使"刘总归唐"的前事可知，虽然晚唐幽州藩帅中偶有归顺中央政权者，而唐廷为了达到"土地归国"的目的，甚至不惜向幽州大量输出钱财，但却"终不得范阳尺帛斗粟入于天府"，并且"寻复为梗"。也就是说，这样做的结果既无经济效益，也无政治效益，纯属竹篮打水一场空。更重要的是，牛僧孺指出，政治、经济的两笔账可以不算，只要幽州藩镇"俾扞奚、契丹不令入寇"即可，其它不妨听之任之。由此可见，

---

① 《新唐书·朱滔传》。

② 《旧唐书·杨志诚传》。

③ 《旧唐书·牛僧孺传》。

到了晚唐时期，以幽州为阻挡北方少数民族的屏障，已成唐王朝对幽州残存的最后一点指望。

进入末世的唐王朝，外有强藩自立、时服时叛，内有宦官专权、党争纷起，最后终于被强藩所灭。唐天佑四年（公元907年），唐宣武军节度使朱温废唐哀宗，唐朝灭亡，中国历史从此进入到分崩离析的五代十国时期。此期间幽州先后并入后梁、后唐两个小王朝，但始终保持着地方割据，比诸晚唐有过之无不及。朱温的后梁创建之初，卢龙军节度使刘仁恭占据燕地，驻镇幽州。是时中原多故，刘仁恭啸傲蓟门，志意盈满，在幽州城西的大安山"盛饰馆宇，潜拟宫掖，聚室女艳妇，穷极侈丽"，又与道士炼丹药，"祈长生羽化之道"，极尽骄奢淫逸之事。正可谓有其父必有其子，刘仁恭之子刘守光更有过之，他先是和父亲的嬖妾乱伦，后又囚父杀兄，"自为幽州节度"。公元911年，刘守光自恃"我大燕地方二千里，带甲三十万，东有鱼盐之饶，北有塞马之利，我南面称帝，谁如我何！"[①]，遂"僭称大燕皇帝，年号应天"[②]，建立了一个地方政权，都于幽州城。刘守光称帝后，很快成为众矢之的，不到三年便被后唐所灭。

综合本节所论，从秦王朝一直到唐王朝，幽州及蓟城的经济、军事、政治地位交相上升，最后终于发展成与汉唐两京及太原比肩的全国四大重镇。若单就幽州的辖区而言，自西晋以降确实累有递减，但通过北齐时期幽州道大行台的设置，以及北周时期幽州总管府、隋朝涿郡（幽州）留守的设置，灼然可见幽州及蓟城的实际地位是在不断提升的。辗转至唐，随着幽州总管府、大总管府、大都督府及幽州（范阳）节度使的设立，幽州的实际控制范围更加扩大，真正成了北控燕山、南压中夏的雄胜之地。不难想象，事情发展到这一步，即便不是安禄山、史思明、刘守光据"我大燕地方二千里"称帝自立，幽州地位及性质的改变也是不可遏止的了。

---

① 《旧五代史·刘守光传》。

② 《旧五代史·唐书·庄宗纪一》。

四 从辽朝陪都到金中都

唐朝末年，风雨飘摇的唐王朝寄望于幽州成为它的东北屏障，然而客观实情是，安史之乱后的幽州军事实力大大削弱，剩余的军事力量在藩镇割据的自相残杀中又消耗殆尽，幽州自己面对北方强族已是泥菩萨过河。《旧唐书·张仲武传》载晚唐宰相李德裕云："雁门之北，羌戎杂处，……纵其枭骑，惊我牧圉，暴若豺狼，疾如风雨。"此中一句"暴若豺狼"，形象描述了当时北方少数民族的强悍和对幽燕等地的劫掠。这些民族包括了回鹘、契丹、奚等，其中回鹘与奚在以幽州军队为主力的唐军反击下先后遭受重创，势力锐减，可这反倒为另一个强族的兴起扫清了障碍，使其扶摇直上，这就是契丹族。

《辽史·地理志一》云："辽国其先曰契丹，本鲜卑之地。"契丹是鲜卑的一支，源出春秋战国时期北方民族中十分强大的东胡人。《史记·匈奴列传》索隐引服虔云："东胡，乌丸之先，后为鲜卑。在匈奴东，故曰东胡。"《后汉书·乌桓鲜卑列传》云："鲜卑者，亦东胡之支也，别依鲜卑山，故因号焉。"以上就是对鲜卑族源出于东胡的记载。西汉初年，东胡族被匈奴冒顿单于击溃，部众土崩瓦解，一部分退居乌桓山，一部分自保于鲜卑山，此后便因各自的居地分称乌桓和鲜卑。

契丹的本意是"镔铁"，意在其众坚不可摧。《魏书·世祖本纪上》称北魏太武帝时"高丽、契丹国并遣使朝献"，这是契丹族名在典籍中的首次出现。《旧五代史·外国列传一》云：契丹"代居辽泽之中，潢水南岸，南距榆关一千一百里，榆关南距幽州七百里，本鲜卑之旧地也。"综合此类记载可知，契丹人世居内蒙古东部的潢水（今西拉木仑河）流域及土河（今老哈河）流域，开始时以渔猎为生，后来转营畜牧业。唐太宗贞观二年（628年），契丹首领"摩会率其部落来降"①，贞观二十二年（648年），契丹首领窟哥又"举部内属"，唐太宗一概予以接纳，并在今内蒙古巴林右旗南部设置了松漠都督府，"以窟哥为使持节十州诸军事、松漠都督，封无极男，赐氏李"②。从此契丹人定期向唐王朝缴纳贡品，也从唐政府得到所需的日用品、工具和兵器。唐玄宗年间，安禄山欲以边功邀宠，不断发兵侵掠奚和契丹民族，"奚、契丹各杀公主以叛"③，唐朝和契丹的关系由善转恶。

唐代后期，契丹首领耶律阿保机统一了契丹各部，于唐朝灭亡的当年（公元907年）建立了契丹国。五代前期，幽燕主帅刘仁恭、刘守光父子暴戾恣睢，"幽、涿之人多亡入契丹"④。在"尽得燕中人士，教之文法"⑤后，契丹国如虎添翼，东灭渤海，西服回纥，北臣室韦，南入长城，"侵灭诸国，称雄北方"⑥，很快便"辟地东西三千里"⑦，成为首屈一指的北方强国。公元916年，耶律阿保机自立为帝，"曰大圣大明天皇帝，后曰应天大明地皇后"，建元神册，建都上京（今内蒙古巴林左旗林东镇）。

早在五代时期，契丹就不断南下叩打中原的门户，首当其冲的就是幽州城。后梁末年，"契丹乘胜寇幽州。是时言契丹者，或云五十万，或云百万，渔阳以北，山谷之间，毡车毳幕，羊马弥漫"⑧，燕山南麓已成契丹的天下。此前契丹人南侵多以掠夺为目的，劫掠人畜财宝后便呼啸而去。但从五代开始，契丹人一改游牧民族的游击习性，在加紧征讨幽州的同时，

① 《旧唐书·契丹传》。
② 《新唐书·契丹传》。
③ 《资治通鉴·唐纪三十一》。
④ 《新五代史·四夷附录第一》。
⑤ 《旧五代史·契丹传》。
⑥ 《新五代史·四夷附录第一》。
⑦ 《辽史·地理志》。
⑧ 《旧五代史·唐书·庄宗本纪二》。

又以降将卢文进"为幽州节度使，又以为卢龙节度使"[①]，设置了契丹的幽州政权。这一政权的建立，标志契丹人的战略发生了重大改变，已由掠夺性战争转变到以占领幽州为目的上来。

契丹幽州节度使设立后，幽州一度出现了契丹和后唐两个政权，成为自先秦以来幽燕有不同政权并峙的罕见一例。这表明，唐以后的幽州已成中原王朝与北方民族两大势力争夺的焦点，且双方的力量势均力敌，由此导致了两个并存的政权。在后唐幽州节度使周德威的殊死抵抗下，契丹数十万大军对幽州城的围剿一再受挫。但不幸的是，当周德威战死疆场后，后唐河东节度使石敬瑭举兵反叛，上表请契丹帮助自己僭位称帝，答应事成后认契丹皇帝为父，并"割幽州等十六州以献"[②]。辽太宗耶律德光闻讯大喜，当即率五万精兵前往助战，四个月后大功告成。

后唐灭亡后，石敬瑭被耶律德光册立为大晋皇帝，史称"后晋"。辽天显十一年（936），辽太宗在册封石敬瑭的文书中说，"尔惟近戚，实系本枝，所以余视尔若子，尔待予犹父也"[③]，与石敬瑭约为"父子之邦"。就这样，四十五岁的儿皇帝石敬瑭在"登基"大典上穿着契丹朝服拜见了三十四岁的父皇耶律德光，上演了一出人间丑剧。后晋天福三年（公元938年），石敬瑭如约把燕云十六州奉送给辽，并"每岁许输帛三十万"[④]。

石敬瑭割让给契丹的燕云十六州包括：幽（今北京）、蓟（今天津蓟县）、瀛（今河北河间）、莫（今河北任丘）、涿（今河北涿州）、檀（今北京密云）、顺（今北京顺义）、妫（今河北怀来）、儒（今北京延庆）、新（今河北涿鹿）、武（今河北宣化）、云（今山西大同）、应（今山西应县）、朔（今山西朔县）、寰（今山西朔县东北）、蔚（今河北蔚县），恰好相当

---

① 《旧五代史·晋书·卢文进传》。
② 《辽史·地理志·南京道》。
③ 《旧五代史·晋高祖本纪》。
④ 《旧五代史·契丹传》。

长城沿线以南的今北京地区、天津地区、河北北部及山西北部。

"燕云十六州"的割让，不仅使中原王朝丧失了十六州的土地、人民和财赋收入，更重要的是使中原失去了长城关隘。自此而后，燕山山脉的崇山峻岭不再是契丹铁骑南下的屏障，中原地区再也无险可依。而契丹重兵居高临下驻屯幽州，进可以长驱直入华北大平原，直接威胁汴京开封，退可以据城固守，以逸待劳，取得了战略上的主动。

辽代初年，辽的南部边界曾到达今河北保定、高阳一带，辽灭后晋时还一度占领了开封。但在继续向中原扩张的军事行动受阻后，特别是在后周及北宋数次北伐后，出于双方军事实力的抗衡，辽朝的南境最后稳定在今山西雁门关到拒马河中部（白沟）一线。这就是说，终辽朝一世，燕云十六州基本就是它的南部疆土。极盛之时的辽朝地域十分广阔，几乎是赵宋王朝的两倍。其范围"东至于海，西至金山，暨于流沙，北至胪朐河，南至白沟，幅员万里"[①]，即东濒太平洋，西至今俄罗斯境内的额尔齐斯河和鄂毕河，北至外兴安岭和贝加尔湖，南接河北白沟、山西北部及甘肃北部。其国土虽大，但大部分疆域分布在长城以北，多为贫瘠的草原、山林、荒漠，唯有燕云十六州的土地最为肥沃，物产最为丰饶，经济最为富庶，文化最为发达，人口也最为稠密。因此，辽在公元938年得到幽州后，太宗耶律德光立即升幽州城为陪都，称南京，又称燕京，并正式改契丹国号为辽。

辽太宗耶律德光即位之初未曾改元，一直沿用辽太祖的天显年号，且一用就是十余年。但就在将幽州定为南京的当月，辽太宗下诏改元，曰"会同"。遥想当年，辽太宗显然不可能站在历史的高度，高瞻远瞩地看出幽州的拥有及南京的设立是多么的意义深远，不可能理解这一来意味着辽国开始由草原王国向农牧国家迈进，二来表明契丹社会大大加快了由奴隶

---

① 《辽史·地理志》。

制向封建制的转变，三来代表中国从此进入了新一轮突破长城界线的民族大融合，四来标志燕京由此迈开了走向全国性都城的步伐。凡此种种，都是靠史学家来总结的，远非辽太宗所能洞见。但作为一代明主，辽太宗耶律德光确实看到，他的国家从此拥有了一片中原之地，开始"兼制中国"①，而这意味着契丹历史有了一个全新的开始。于是他下诏改元，并以"会同"二字表示兼容并蓄之意。

辽朝建国后实行了多都制，合为五京，分别是"太宗以皇都为上京，升幽州为南京，改南京为东京，圣宗城中京，兴宗升云州为西京，于是五京备焉"②。其中最先设立的是上京临潢府，这是辽的大本营，是辽太祖耶律阿保机称帝之处，于神册三年（918年）立为皇都，后改称上京，地在今内蒙古巴林左旗林东镇；之后设立的是东京辽阳府，这是原渤海国的故地，阿保机平渤海后始称东平府，辽太宗天显三年（928年）升为陪都，初称南京，立幽州为南京后改称东京，地在今辽宁省辽阳市；幽州是辽五京中的第三个京城，立于辽太宗会同元年（938年），因位于辽的南部而称南京；第四个为中京，亦称大定府，是前奚王牙帐所在地，也是衔接上京与南京的枢纽，于辽圣宗统和二十五年（1007年）升为陪都，地在今内蒙古宁城老哈河北岸；最后一个是西京，这是辽兴宗重熙十三年（1044年）为控制西南边地而设的，地在今山西大同。

对于辽的多京制，以往多归结为是契丹人"捺钵文化"的产物。所谓"捺钵文化"，即按照游牧民族的习俗，君主要随季节的变化四处巡幸游猎，称为四时捺钵，而为了方便君王巡游，便在不同地点建有多都。这固然是事情的一个方面，但寻根溯源，恐怕还有另外的原因。

事情的另一个方面是，正如第二节所述，早在辽以前，姬周燕国已经创建了多都制，而姬燕是正宗华夏封国，说明这种体制并非游牧民族所特

---

① 《辽史·地理志》。

② 同上注。

有。察燕国之所以早在战国时期已经同时并存上、中、下三都，真正的原因显然和燕国境内地理环境的多元性以及民族的多元性有关，是根据统御多民族聚居区的需要而创建的。换言之，正是由于位处中原及北方各民族的交汇地，一则为了妥善治理域内的不同民族，二则为了取得灵活多变的回旋余地，燕国才因地制宜地采用了多都制。一个最明显不过的例证是，燕的下都就是燕昭王为了南御齐赵和控制燕的南部疆土而建的。大约也正是由于采用了多都制，姬周燕国才在燕山南北的广袤土地上站住了脚，以至"几灭者数矣"却始终坚如磐石。

作为多民族政权，辽国采用多都制的核心目的显然也和燕国一样，首先是为了有效分治各方及在政治、军事上取得回旋自如的余地。更何况，辽国境内各民族、各地域的发展水平、社会状况、民俗民风大相径庭，比起燕国有过之无不及，若非采用带有一定地方自治性质的多都制，要想维持这种统治绝非易事。辽的五京分别位在辽的龙兴之地以及原渤海、奚、汉故地，亦可见这五京的设立也确实是为了有效统治域内的各大民族。辽以后，金朝和元朝也采用了多都制，其目的显然别无二致。

在取得燕云十六州后，鉴于当时塞外的契丹社会尚处在以游牧、渔猎经济为主的奴隶制阶段，而幽云地区的汉人早已进入以农耕文明为主的封建社会，于是辽朝因地制宜，实行了"以国制治契丹，以汉制待汉人"①的番汉分治制。辽的这个"一国两制"政策显然不是一时的权宜之计，因为它不仅贯穿了辽的全部历史，还为此特意设立了两套政权机构。

《辽史·百官志三》云："既得燕、代十有六州，乃用唐制，复设南面三省、六部、台、院、寺、监、诸徕、东宫之官。诚有志帝王之盛制，亦以招徕中国之人也。"按照这套官制，辽廷分北、南两大枢密院。北院专管军机、武铨、群牧（军马）及契丹内部事务，一律任用契丹贵族，官制

---

① 《辽史·百官志一》。

也沿用契丹旧制；南院则专管文铨、丁赋及汉地州县，官吏一般由汉人担任，也有部分契丹贵族，官制则基本仿照唐代。为了区别这种番、汉并存的双轨制度，辽太宗还规定："太后、北面臣僚国服；皇帝、南面臣僚汉服。"①即无论汉人或契丹人，凡是担任南面官的一律着汉服，皇帝也着汉服，太后及北面官则着契丹服。这种二元政治的推行，显然是因燕云十六州而起的，体现了辽廷对幽燕地区的高度重视。

由辽五京创建的前后次序不难看出，在间隔 70 年设置西京之前，南京是辽南部唯一一座中心城市，也是辽朝面向中原的唯一窗口。正因此，辽朝成了北京发展史上一个极重要的阶段，因为正是从这时开始，燕京一改中原王朝北方门户和军事屏障的传统地位，向北中国的政治、经济、文化中心转变。

自从立为陪都起，辽廷就在燕京设置了一系列中央机构。其中最主要的是直接代表朝廷的宰相府，内设左右相和左右平章政事，此外还设立了掌管文化的南京太学、负责粮帛转输及财政事务的南京转运使司、负责皇帝治安警卫的虞侯司，以及掌管军事的南京统军使、南京都元帅府和南京兵马都总管府等，基本构成了一个京城应有的政治、经济、军事、文化体制。

在割让燕云十六州的同时，石敬瑭还许以每岁向契丹贡帛三十万匹。寡廉鲜耻的石敬瑭兑现起卖国条约来着实到位，史载会同二年（939 年）八月"晋遣使贡岁币，奏输戌、亥二岁金币于燕京"，石敬瑭一次就奉送了"二岁金币于燕京"。以往靠战争才能掠夺来的财富，如今契丹人稳坐南京城便唾手可得，再加上燕云本地的赋税收入，燕京成了辽国取之不竭的财富和金融中心。

《辽史·太宗本纪》载，会同元年（938 年）夏四月戊寅朔，辽太宗"如南京"。当时石敬瑭向契丹进献燕云十六州的正式仪式尚未举行，可是

---

① 《辽史·仪志二·国服》。

辽太宗已经等不及了，忙不迭地前往燕京巡视。会同三年（940 年），辽太宗又亲赴南京，先是以中原王朝的礼仪接见、款待了幽州官吏，极尽对汉臣的拉拢，而后又亲自"幸留守赵延寿别墅"。赵延寿系汉族降臣，在燕云十六州入辽后担任了辽国枢密使兼南京留守，是幽州的最高行政长官，还被辽廷封为燕王。辽太宗临幸他的宅邸无疑是一个姿态，就是想借此表示对汉臣的信任和重视。在南京期间，辽太宗连日大摆宫宴，接受回鹘、西域、后晋等国使臣的朝贺，又开创了辽朝以南京为对外交往中心的局面。辽太宗此行在南京滞留了两个月之久，亲身感受到了汉族的文化习俗，回上京后遂"诏有司教民播种纺绩，除姊亡妹续之法"，还"诏契丹人授汉官者从汉仪，听与汉人婚姻"。会同五年（942 年）春，辽太宗再次临幸南京，此后又于次年"如南京，议伐晋"，开始了征伐后晋之役。直到公元 947 年辞世，辽太宗的最后几年几乎都是在南京度过的。总之，仅在辽太宗之世，南京作为辽朝的汉地统治中心、对外交往中心及军事中心的地位已经基本奠定。

辽太宗后，辽与后周、北宋战争频仍，互有征伐，每临战事辽帝还往往亲临南京指挥，更加强了南京的军事指挥中心地位。辽圣宗统和二十二年（1004 年），辽国以 20 万大军再次南侵，辽圣宗之母萧太后亲御戎车，"指麾三军，赏罚信明，将士用命"[①]，其势锐不可当。当辽国大军南下攻打到宋澶渊郡（又名澶州，在今河南濮阳附近）时，遇到了宋军的顽强抵抗，战事陷入僵局。由于双方军事、政治力量的抗衡，也由于辽廷心存畏惧，不敢正位中原，当年十二月，宋、辽双方签订了有名的"澶渊之盟"。盟约规定，双方约为兄弟之国，互不侵犯和招降纳叛，宋朝则许以每年向辽朝"输银十万两，绢二十万匹"[②]。这个盟约的签订，使少数民族政权首次取得了和中原王朝平起平坐的法统地位，并得到了大宋王朝的认可，堪

---

① 《辽史·后妃列传》。

② 《辽史·圣宗本纪五》。

称民族关系史上的一件大事。

正如金人在评述"澶渊之盟"时说："亡辽虽小，止以得燕故能控制南北，坐致宋币。"[①]这里强调，正是因为辽人据有了燕地，才和宋达成了"控制南北"的澶渊之盟，以至坐收渔利。盟约签订后，双方信守诺言，结束了敌对状态，开创了长达一百余年的和平局面。这个和平局面的最大受益者，当然首推位于两国交界处的幽燕地区，而这又进一步促进了南京走向北中国中心的步伐。

《宋史·食货志》引宋臣余靖云："臣尝痛燕蓟之地，陷入契丹几百年，而民忘南顾心者，大率契丹之法简易，盐曲俱贱，科役不烦故也。"余靖乃宋仁宗时人，澶渊之盟后曾三使契丹。他站在宋臣的立场上说，辽廷统治下的燕蓟之地法度不苛、劳役不烦、物价低廉，以至"民忘南顾心者"，当属实情，而这就是澶渊之盟开创的和平局面带来的。又《辽史·道宗本纪一》载：道宗清宁二年（1056年）"南京狱空。"南京的监狱竟至空无一人，这也说明了澶渊之盟签订后南京的太平祥和。

幽燕之地本来就是辽的农业经济发达区，一旦进入和平年代，农业的发展更是大见成效。早在"澶渊之盟"前，辽朝就以优厚条件鼓励幽燕农民开垦荒田。据《辽史·圣宗本纪》记载，辽圣宗统和七年（989年）六月，辽廷颁旨准许燕乐、密云二县荒地供民耕种，且一概免赋役十年。统和十三年（995年）六月，辽廷又降诏准许昌平、怀柔等县无地农民开垦荒地。此外辽廷还多次减免南京地区的租赋，减轻农民负担。史称"澶渊之盟"后南京"蔬蓏、果实、稻粱之类，靡不毕出。而桑柘、麻麦、羊豕、雉兔，不问可知"[②]，其之富饶不难想见。辽太平五年（1025年）辽圣宗巡幸南京，适逢"澶渊之盟"签订二十周年，燕地又是一度五谷丰登，"燕

---

① 《金史·梁襄传》。

② 《契丹国志》卷二二。

民以年丰进土产珍异"①，争相向圣宗贡奉土产。

　　幽州自古就是游牧经济和农业经济的贸易重镇，商业十分发达。据《宋史·商税市易志》记载，辽景宗保宁九年（977 年），辽廷便全面开放了榷场（交易市场），"令镇、易、雄、霸、沧州各置榷务，辇香药、犀象及茶与交易"。"澶渊之盟"后，宋、辽双方更是主动开放边界，"终仁宗、英宗之世，契丹固守盟好，互市不绝"②。边界贸易的发展，使燕京的经济更具活力，成为集四方财物于一地的经济重镇。《辽史·食货志》载："太宗得燕，置南京，城北有市。"这个位于南京城北的市场在辽中期后十分繁盛，史称其"陆海百货，聚于其中……膏腴蔬蓏、果实稻粱之类，靡不毕出"③。作为南来北往的交通中枢，南京不仅通过榷场与南中国保持着互市关系，还通过榆关路、松亭关路、古北口路和石门关路等驿道与塞外相连，和高丽、西夏乃至西域都保持着经常性的商业联系。

　　根据约定，澶渊之盟后宋朝每年向辽输银纳帛的交割地便在燕京。辽兴宗重熙十一年（1042 年），宋朝在原岁贡白银十万两、绢二十万匹的基础上，又给辽廷增加了贡银十万两、帛十万匹。辽朝从此岁岁坐收中原贡纳的白银、绢帛，大大刺激了契丹社会的发展，也大大提升了南京的经济中枢地位。

　　澶渊之盟后，燕京武夫渐少，文士渐多，涌现出一大批文人雅士和富有文化修养的文官，带动了燕京地区文化的发展。早在太宗之世，辽朝便在南京设立了太学，圣宗时又下令修建孔子庙，使南京的儒学传统得以恢复。辽中期后大力推行科举制，南京也成为这一制度的策源地。《辽史·景宗本纪上》云：保宁八年（976 年）"诏南京复礼部贡院。"经过南京贡院

---

①　《辽史·食货志上》。

②　《宋史·商税市易志》。

③　《契丹国志》卷二十二《四京本末》。

的长期筹划，圣宗统和六年（988年）"诏开贡举，放高举一人"①，辽的开科取士终于从南京拉开序幕。

由于开始时尚未蔚为风气，也由于当时辽廷对于汉族士人尚心存戒备，圣宗初年及第者寥寥。但澶渊之盟后情况发生了根本变化。史载太平五年（1025年）九月，"澶渊之盟"过去二十年后，辽圣宗"驻跸南京"，"求进士得七十二人"②。一次就取士七十余人，其气象已远超开科之初。《辽史·兴宗本纪一》载，重熙五年（1036年）冬十月兴宗幸南京，"御元和殿，以《日射三十六熊赋》、《幸燕诗》试进士于廷；赐冯立、赵徽四十九人进士第。……御试进士自此始"③。这里所说的"御试"，是由皇帝在殿廷亲自主持的最高级别考试，亦称"殿试"。这个制度始创于宋太祖赵匡胤，辽朝在兴宗时便照搬过来。可见辽廷在科举方法上也是紧随中原后尘，不断改陈布新，而且一次就取士近五十人。

中国的科举制度既是官吏的选拔制度，也是人类历史上将一种文化有效覆盖社会的得力举措，可以同收政治与文化的双重功效。因此从一定意义上说，一个王朝的科举中心，就是这个王朝的文化中心。辽帝屡屡到南京取士的事实说明，南京不仅是辽朝开科取士的中心，还是辽朝的文化中心，更是辽的汉文明传播中心。

早在辽太宗年间，南京就担负起了辽朝对外交往中心的职责。至澶渊之盟后，南京更由辽朝南下伐宋的军事中心转变为辽朝处理多边关系的中心，尤其成为辽和宋朝交往的中心。当时宋、辽两国的和平使者往来如梭，多交集于南京，辽廷还为此专门在南京悯忠寺设立了辽、宋官员会晤的场所，辽帝也常在此接见北宋使者。双方的使者多为朝廷重臣，仅宋朝先后派出的就有大名鼎鼎的王安石、包拯、沈括、苏辙、苏颂等。宋、辽两国

---

① 《辽史·圣宗本纪三》。

② 《辽史·圣宗本纪八》。

③ 《辽史·兴宗本纪一》。

使者的一个重要任务，就是悉心考察对方的风俗民情、社会状况、政治制度、上层动态等，整理后呈报朝廷。其目的固然是为了深入了解对方，为朝廷制定政策提供参考，但在客观上，这也成为南北交流的一种"政府行为"，较之民间的自发交流更具特殊意义。如今史学界对辽国社会民情的了解，就有很多来自宋朝使者的考察笔记。此外，由于交通的便利和社会的繁荣，南京还是辽和西方的西夏、东方的高丽的交往中心，辽帝常常在此接见西夏、高丽等国的使者。

辽圣宗以后，辽帝到南京处理国事的记载更不绝如缕。金人回顾往事时说，辽皇"冬犹处于燕京"[1]，即每到冬季辽帝必来燕京，这里成了辽的冬都。据《辽史·皇子表》记载，自辽圣宗起，南京留守已多由亲王担任，如圣宗弟耶律隆庆、圣宗四子耶律吴哥、兴宗弟耶律重元、道宗弟耶律和鲁斡、兴宗孙耶律淳等，都先后出任过南京留守。辽道宗和天祚帝即位前曾封燕王，也是由南京起家的。由此可见，在辽中期以后，南京已成辽皇直接控制的区域，不再假手他人。辽代末年，天祚帝在上京失守后逃到燕京，一度以燕京为统治中心。为时未久，天祚帝在中京失守后又从燕京向西逃窜，时任南京留守的耶律淳被百官、将士拥戴为帝，正式以燕京为都，这也给燕京增添了一段短暂的都城史。

总之，"澶渊之盟"后，南京进一步向北中国的政治、经济、文化、外交中心转变。从经济上说，南京无疑是辽五京中实力最强的一个；从文化上说，南京更是五京中最繁荣的一个；从政治上说，南京是和上京临潢府相映生辉的一个；从外交上说，南京尤其是辽廷最为倚重的一个。而除此之外，若论城市的繁华，南京更堪称辽五京之冠。

《辽史·地理志》载：南京"城方三十六里，崇三丈，衡广一丈五尺。敌楼、战橹具。八门：东曰安东、迎春，南曰开阳、丹凤，西曰显西、清

----

① 《金史·梁襄传》。

晋，北曰通天、拱辰。"而根据该志的记载，堂堂辽上京临潢府仅"城高二丈，不设敌楼，幅员二十七里"，规模远比南京城为小，城垣也不及南京城高。辽朝其它各京的规模分别是：东京"高三丈，有楼橹，幅员三十里"，西京"敌楼、棚橹具，广袤二十里"，皆较南京城为小。至于中京，"统和二十四年，五帐院进故奚王牙帐地。二十五年，城之，实以汉户，号曰中京，府曰大定"，是辽五京中规模最小的一座，更无法与辽南京相比。由此可见，单就城市的规模而言，南京城就是辽五京之冠。

与此前的蓟城、幽州城相比，辽南京最大的不同是，它作为都城有了一个不可或缺的部分，即"大内壮丽"的皇城。《辽史·地理志四·南京道》载：燕京"大内在西南隅。皇城内有景宗、圣宗御容殿二，东曰宣和，南曰大内。内门曰宣教，改元和；外三门曰南端、左掖、右掖。左掖改万春，右掖改千秋。门有楼阁，毬场在其南，东为永平馆。皇城西门曰显西，设而不开；北曰子北。西城巅有凉殿，东北隅有燕角楼。"由上可知，南京的辽皇城位于全城的西南部，与中原皇城一般位于都城中心偏北的情况不尽相符。个中缘故，一是唐、五代幽州藩镇的衙署就在城的西南部，史思明称帝时还曾把这里改建成临时小皇宫，辽南京的皇城就是在它们的基础上扩建的；二是辽朝毕竟是少数民族政权，在皇城的构建上遵循的是不尚奢靡的因地制宜原则，并不拘泥于汉人的传统模式；三是其特别突出了"毬场在其南"的布局，马球场紧傍皇城。马球是马背民族热爱的体育运动，马球场的居中而建，无疑给南京城打上了契丹人骑射文化的鲜明烙印。

辽南京皇城内的重要宫殿有洪武殿、元和殿、昭庆殿等，其中有的甚至沿用到了金朝。《金史·世宗纪下》载金世宗谓宰臣曰："宫殿制度，苟务华饰，必不坚固。今仁政殿辽时所建，全无华饰，但见它处岁岁修完，唯此殿如旧，以此见虚华无实者，不能经久也。"此语形象地说明，辽南京的宫殿虽然"全无华饰"，却坚固耐用，沿用到金朝仍完好如初。

元和殿是辽南京皇宫的内正殿，当时辽皇的许多重大国事活动都是在这里举行的。见于《辽史》各辽皇本纪的记载，会同三年（940 年）夏四月，辽太宗在这里举行了盛大的"入阁礼"；会同八年（945 年）夏四月，辽太宗征讨后晋返回南京，"宴将士于元和殿"；统和四年（986 年）夏五月，辽圣宗击溃了北伐的宋军后，于元和殿"大宴从军将校，封休哥为宋国王，加蒲领、筹宁、蒲奴宁及诸有功将校爵赏有差"；重熙五年（1036 年）冬十月，辽兴宗"御元和殿，以日射三十六熊赋、幸燕诗试进士于廷；赐冯立、赵徽四十九人进士第"；又《辽史·礼志五·嘉仪上》载："册皇太后仪：前期，陈设于元和殿如皇帝受册之仪。"据此可知，历代辽皇不仅在元和殿临朝听政、宴赏功臣、策试进士，还在这里举行辽皇及皇太后的受册盛典。仅此实例便足以说明，辽南京政治地位之高确乎非其它陪都可比。

辽南京城的总人口已达 15 万，是当时中国北方人口最稠密的城市。城内共划分为 26 坊，各坊有围墙、坊门，门上有坊名。对于南京城的繁华，《契丹国志》描述说："大内壮丽，城北有市，陆海百货，聚于其中。僧居佛寺，冠于北方，锦绣组绮，精绝天下……水甘土厚，人多技艺。"[①]

辽朝称霸东亚凡二百余年，是公元十到十一世纪的世界强国之一。慑于辽的威力，北宋、西夏、高丽或向辽朝缴纳"岁币"以求自保，或干脆称藩称臣甘做附庸。由于契丹声名远播，以致许多西方国家误以为当时整个中国都在契丹的统治之下，并把契丹当作了全中国的代名词。马可·波罗在他的游记里第一次向西方介绍东方时，就是以契丹来命名中国的。直到今天，国外不少民族仍然把中国称作"契丹"，俄罗斯语的 Китай（kitai）就是一例。而随着契丹的声名远播，辽南京的影响也不断扩大，成为当时举世闻名的大都市。

公元 1122 年，女真族金人战胜了辽国，燕京成为金的属地。女真族的历史也相当悠久，可溯之上古。《金史·世纪》云："金之先，出靺鞨氏。

---

① 《契丹国志》卷二十二《四京本末》。

靺鞨本号勿吉。勿吉，古肃慎地也。"追本穷源，女真族起源于五帝时代的肃慎，后称勿吉、靺鞨、女真。到了辽代，接近辽朝的女真部落较为先进，称熟女真，距辽较远的女真部落保留了许多原始习俗和制度，称生女真。"生女直（女真）地有混同江、长白山，混同江亦号黑龙江，所谓'白山黑水'是也。"①创立金国的女真人，就是居住在"白山黑水"间的生女真。

辽天庆四年（1114)，强大起来的女真部落在完颜阿骨打（完颜旻）的率领下发起了对辽的进攻，首先攻下了宁江州（今吉林扶余县东），接着又出河店（今黑龙江肇源西南）大胜辽军。1115年夏历正月初一，阿骨打正式建国，国号大金，建都会宁（今黑龙江省哈尔滨市阿城区南）。当时辽天祚帝政治腐败，荒淫无道，宫廷内部你争我斗，败亡之象已笼罩了辽国上下。乘此良机，阿骨打挥师南下，于1116年一举攻占了辽东京。

日思夜想收复燕云十六州的宋朝认为这是天赐良机，遂以"远交近攻"之策，联合金兵南北夹击辽朝。经过谈判，宋、金于1120年签订了"海上盟约"，约定金兵向南攻打辽中京，宋兵向北攻打辽南京和西京，各以不越过长城为界。但当时北宋政权早已病入膏肓，军无斗志，每次北伐均无功而返，始终未能攻取燕京。公元1122年冬，金太祖阿骨打攻占了燕京，经过讨价还价，金人同意将燕京及所属蓟、景、檀、顺、涿、易六州交割给宋，条件是宋朝每年向金廷贡纳一百五十万贯钱。于是，从公元936年石敬瑭将燕云割让给契丹起，经过186年后，北宋终于以巨额资财赎回了燕京，改称燕山府。其实，当时"燕之职官、富民、金帛、子女先为金人尽掠而去"②，宋朝得到的只是一座空城。但即便如此，仍好景不长，金天会三年、宋宣和七年（1125年），金军卷土重来，再度掠回了燕山府。

1125年，辽天祚帝被俘，辽朝灭亡。在占有燕山府后，金朝大军继续挥戈南下，渡过黄河，直逼北宋京城汴梁。当时北宋君臣不相信金朝会

① 《金史·世纪》。

② 《宋史·徽宗本纪四》。

立即南下，甚至撤除了原驻守在辽国边界的防线，下令"敢妄言边事者流三千里"。当金朝大军兵临城下时，宋徽宗惶惶然如惊弓之鸟，忙不迭地禅位于太子赵桓，赵桓在百般无奈中哭哭啼啼地登上了皇位。靖康元年（1126年），北宋都城汴梁被金军攻陷，宋徽宗赵佶、宋钦宗赵恒及后妃、皇子、宗室、国戚、朝臣三千余人统统做了金人的阶下囚，宋廷的礼器、法物、书籍、舆服、工艺匠人等也被金人悉数掠去，北宋灭亡。徽、钦二帝北掳后，一度囚禁在燕京，后来相继惨死在北方。

公元1127年，宋徽宗之子赵构在南京应天府（今河南商丘南）继帝位，史称南宋。绍兴十一年（1141年），急于求和的南宋朝廷全面接受了金国的苛刻条件，称臣、赔款、割地，签订了丧权辱国的"绍兴和议"。协议规定，宋奉表称臣于金，金册宋主为皇帝，从此以淮河中流至大散关（今陕西省宝鸡市西南）为界，以北的土地全部割让给金，此外南宋还需每年向金朝输银25万两、绢25万匹。自此而始，北半个中国全部沦为金的国土。

阿骨打称帝之初，都城会宁一无城郭，二无宫殿、官署，所谓的宫墙就是用柳树和榆树栽成的篱笆，整个都城无非是一处规模较大的游牧定居点而已。天会三年（1125年）金太宗"建乾元殿"[①]，金人这才开始在会宁府建造宫室。《金史·熙宗本纪》载：熙宗天眷元年（1138年）决定"以京师为上京，府曰会宁，旧上京为北京。"[②]金廷从此确立了两京制。这里的"旧上京"指原辽国上京临潢府，改称"北京"，另外则以金的大本营会宁府为上京。金于1125年攻占燕山府后，随即把它改名为燕京，此后金廷不仅将其作为南下攻宋的军事中心，还采取了一系列特殊措施，使燕京不是陪都却胜似陪都。

占领燕京后，金廷便把原设在平州的中书省、枢密院两大权力机关移

---

① 《金史·太宗本纪》。

② 《金史·熙宗本纪》。

驻此地。《金史·韩企先传》载："初，太祖定燕京，始用汉官宰相赏左企弓等，置中书省、枢密院于广宁府"，"（后）移置中书、枢密于平州，蔡靖以燕山降，移置燕京，凡汉地选授调发租税皆承制行之。"金的中书省、枢密院是掌管汉地事务的最高机构，统管汉地的选吏、任用、征发、租税、管理，直属金朝皇帝。而据上述记载，可知此机构初设于营州广宁（今河北昌黎），后移置平州（今河北卢龙），占有燕京后便迁往燕京。此后这些中枢机构再未迁徙，燕京遂固定为金廷统治汉地的中心。

　　枢密院的职能偏重"掌凡武备机密之事"[①]，具有军事色彩，更适合战争年代。于是，在进入承平年代后，金熙宗天眷元年（1138 年）"遂改燕京枢密为行台尚书省"[②]。行台尚书省直属中央尚书省，分设左、右丞相和平章政事，下辖职能部门，是代表朝廷的权力机关。此外，金初还在燕京派驻了中央的行政、军事、经济官员，如行政官"内省使"、军事官"马军都指挥使"、经济官"曲院都监"等，政体结构与燕京作为辽陪都时毫无二致。金初燕京的最高地方官为燕京留守，这也与辽南京的地方官署为南京留守司相同。

　　《金史·刘彦宗传》云："太祖入燕，始用辽南、北面官僚制度。"金在占领燕京后也沿袭了辽代以汉制汉的"汉官制"，选用了一批富有政治经验的辽、宋旧臣管理燕京地区。其中较突出的有刘彦宗、时立爱、韩企先等，他们先后担任了"同中书门下平章事，知枢密院事"，成为主掌燕京事务的最高官员。这些宰辅大权在握，凡是下辖的一品以下官员皆可按制任免。由于熟知汉人汉情，在他们的治理下，燕京"治官政，庀民事，务农积谷，内供京师，外给转饷"[③]，很快恢复了社会秩序。为了振兴燕京经

---

① 《金史·百官志一》。

② 同上注。

③ 《金史·列传第十六》。

济，金廷还采取了减免赋税、"敦劝农功"①等举措，又在金与南宋议和后开放了交易榷场，恢复了燕京南北贸易中心的地位。

从金朝初年起，金廷就推行了科举制度，录用的人数也远比辽朝为多。事如《金史·选举志一》所云："辽起唐季，颇用唐进士法取人，然仕于其国者，考其致身之所自，进士才十之二三耳！金承辽后，凡事欲轶辽世，故进士科目兼采唐、宋之法而增损之。……终金之代，科目得人为盛。诸宫护卫及省台部译史、令史、通事、仕进皆列于正班，斯则唐、宋以来之所无者。"由上所述，可见金朝的科举制度相当发达，不少官员都是由科举入仕的。史载契丹遗民耶律楚材便是在金章宗年间以进士科起家的，此后成为蒙古国的股肱重臣②。

金代的科举考试上承唐、宋之制，每三年举行一次，分乡试、府试、会试及殿试四级。各县举行的考试称乡试，考试通过后于次年参加路府举办的府试，府试合格者为举人，可参加尚书省举办的中央会试。会试有人数限制，第一名为状元，其余均为进士。这之后便是封官加爵了，"凡诸进士举人，由乡至府，由府至省，及殿廷，凡四试皆中选，则官之"③。

最值得注意的是，据《金史·选举制》记载，"凡省选之制，自熙宗皇统八年以上京僻远，始命诣燕京拟注，岁以为常"。这里说的"省选"，就是由金廷尚书省主持的会试，而从皇统八年（1148年）开始，金熙宗便"以上京僻远"为由，命天下举子"诣燕京拟注"且"岁以为常"，把会试的地点正式改在了燕京。说上京交通不便恐怕只是个借口，因为早在皇统八年以前，金廷举行的不少科举考试已经集中在燕京，熙宗无非是因俗定制罢了。这足以表明，贞元迁都之前，燕京已成事实上的金朝文化中心。

至于燕京在金朝帝王心目中的地位，更是非比寻常。金太祖完颜阿骨

---

① 《金史·太宗本纪》。

② 《元史·耶律楚材传》。

③ 《金史·选举志一》。

打驾崩后，金太宗诏"立《开天启祚睿德神功之碑》于燕京城南尝所驻跸之地"①，在燕京为太祖立了一块神碑。这是当初为金太祖立的唯一一块神碑，几乎相当金太祖陵寝之外的又一神主，由此足见燕京地位的非同一般。史称天眷三年（1140年）金熙宗至燕京，下车伊始便"亲飨太祖庙"②。此"太祖庙"无疑是金太祖的庙宇，说明当时在燕京除了太祖神碑之外，又另外建造了太祖庙宇。前面第二章第三节已述，"都"之本义便是指祖先宗庙的所在，金人既然在燕京建造"太祖庙"，表明燕京早已是金人心目中的都城。《大金国志》卷二四《宣宗皇帝（上）》云："初，忠献王粘罕欲赞太宗都燕。"可见在金太宗时也确乎有过迁都燕京的动议。

金太宗之所以没有正式迁都燕京，盖因当时燕京尚处在金人南下伐宋的最前线，承担的主要是军事指挥中心的任务。当时金人南下侵宋是分东、西两路展开的，西路军由"宗翰兼左副元帅先锋，……自西京入太原"，东路军由"宗望为南京路都统，阇母副之，知枢密院事刘彦宗兼领汉军都统，自南京入燕山"③。这两大集团军分别驻扎在云中（今大同）和燕京，在这两个地点分设了东、西两个枢密院，号称"东朝廷"和"西朝廷"，可代金帝发号施令。燕京即"东朝廷"的所在，其军事地位的显要可想而知。

北宋绍兴十一年、金熙宗皇统元年（1141年），金与南宋签订了"绍兴和议"，结束了战争状况。金熙宗是金太祖、金太宗之后的第三位金帝，对汉文化推崇备至，对燕京这个金朝境内汉文明积淀最深之地尤其心向往之。在达成和平局面后，熙宗便时常驾幸燕京，仅天眷三年的一次就在这里居住了长达一年之久。驻跸燕京期间，熙宗勤勉朝政，做了不少影响深远的事情，据《金史·熙宗本纪》的记载，这些大事主要有：

---

① 《金史·太祖本纪》。

② 《金史·熙宗本纪》。

③ 《金史·太宗本纪》。

1．天眷三年（1140 年）九月，"上至燕京……亲飨太祖庙"，熙宗在尚无都城之名的燕京举行了祭祖大典；

2．天眷三年十一月，熙宗"以孔子四十九代孙璠袭封衍圣公"，而后在燕京"亲祭孔子庙，北面再拜"，树立起儒学在金朝的正统地位。皇统元年（1141 年）二月，熙宗再次"亲祭孔子庙，北面再拜"，并对群臣说："朕幼年游侠，不知志学，岁月逾迈，深以为悔。孔子虽无位，其道可尊，使万世景仰。大凡为善，不可不勉"；

3．为了给金的汉化扫清障碍，熙宗严厉打击了统治集团内部抵制文治的武夫集团，于天眷三年"杀左丞相完颜希尹、右丞萧庆及希尹子昭武大将军把搭、符宝郎漫带"；

4．皇统元年（1141 年）正月，熙宗受尊号于燕京，"十日，帝服衮冕御元和殿，宗干率百僚恭奉册礼。……是日，皇帝改服通天冠，宴二品以上官及高丽、夏国使。十二日，恭谢祖庙，还御宣和门，大赦，改元。"[①]皇帝上尊号是国之重典，熙宗不仅在燕京举行如此隆重的盛典，还在这里接受了高丽、夏国使臣的朝贺并宣告改元和大赦；

5．皇统元年二月，熙宗对辽和北宋两个王朝的亡国之君晋爵加封，下诏"改封海滨王耶律延禧为豫王，昏德公赵佶为天水郡王，重昏侯赵桓为天水郡公"，以此安抚汉族和已经汉化的契丹族的人心。

6．熙宗在位期间的一件大事，就是大力推行汉制改革，创建了"天眷新制"。这些改革广泛涉及中央职官制度、地方行政制度、法律制度、勋爵制度、礼制、仪制、服制、历法及宗庙制度等，几乎无所不包。通过此番改革，除了猛安谋克制度外，女真旧制大都废弃，实现了金朝体制的全盘汉化。而其中的相当部分政令都是在燕京颁布的，燕京可谓这场改革的中心。

---

① 《金史·礼制九》。

　　上述事实说明，熙宗朝的燕京称得上是金上京之外的又一个中心。除了对燕京这个汉文明圣地的眷恋外，熙宗时金朝已占有大半个中国，一味固守在黑龙江阿城的上京会有诸多不便，这也是熙宗把许多重大国事活动南移到燕京的一个原因。

　　总之，从行政建制、经济发展、文化地位、政治影响等各方面看，金初的燕京虽无陪都之名，却有陪都之实，完全具备了作为金朝陪都的政治、军事、文化功能。若从熙宗年间燕京的地位和影响看，燕京已与都城无异，即便晋升为都城也是水到渠成。然而不幸的是，熙宗晚年"酗酒妄杀，人怀危惧。所谓前有谗而不见，后有贼而不知"①，不仅曾有的抱负烟消云散，最后甚至未得善终。

　　熙宗皇统九年十二月（1149 年），庶长出身的完颜亮弑杀熙宗，篡夺了帝位，史称海陵王。在谋弑篡位后，海陵王一方面担心上京的宗室、贵族不服从他的统治，另一方面虑及上京的位置过于偏远，不利于对全国的掌控，于是决定迁都。天德三年 (1151) 四月，海陵王发布《议迁都燕京诏》，派遣张浩、苏保衡等人以宋都汴京为蓝本在燕京营造新都。随后金廷发民伕 80 万、兵役 40 万，历时 3 年修建了一座全新的都城，仅宫殿就建造了三四十座。公元 1153 年，海陵王完颜亮来到燕京，"以迁都诏中外，改元贞元，改燕京为中都，府曰大兴，汴京为南京，中京为北京"②。至此，金的都城终于从远在松花江流域的会宁府搬到了燕京。海陵王还在金熙宗确立的上京和北京的基础上，完善了金的六京制度，分别为上京会宁府（今黑龙江哈尔滨市阿城区南）、东京辽阳府（今辽宁辽阳）、北京大定府（今辽宁宁城西）、西京大同府（今山西大同）、南京开封府（今河南开封）、中都大兴府（今北京）。燕京因位于五京之中且是首都，故取名"中都"，府称大兴。

---

　　① 《金史·熙宗本纪》。

　　② 《金史·海陵王本纪》。

金朝定都燕京时北宋已亡，此时金与南宋"循渭至大散关北，……取淮之中流为界，而与宋为表里"①，两国的边界南移到秦岭大散关至淮河一线。金朝最盛时，其领土东北到日本海、库页岛（今鄂霍茨克海），北到外兴安岭（今俄罗斯亚洲地区），西北到蒙古高原东部（今蒙古国），西以河套、陕西横山、甘肃东部和西夏交界，南到秦岭、淮河和南宋对峙。而从金贞元元年（1153 年）迁都燕京起，燕京就成为这一广大地域的统治中心。此外，当时西夏与南宋皆向金人纳贡称臣，金是他们的宗主国，中都城还凌驾在南宋都城临安（今浙江杭州）和西夏都城兴庆（今宁夏银川）之上。

时隔不久，野心勃勃的海陵王意欲南下攻打南宋，遂于正隆六年（1161 年）将都城迁徙到了汴京（今开封）。但迁都当年金廷就发生了动乱，"东京留守曹国公乌禄即位于辽阳，改元大定，大赦。数海陵过恶，弑皇太后徒单氏，弑太宗及宗翰、宗弼子孙及宗本诸王，毁上京宫室，杀辽豫王、宋天水郡王、郡公子孙等数十事"②，随即哗变的前线将士将海陵王诛杀。当时在东京辽阳府即帝位的是金太祖之孙完颜雍（乌禄），此即金世宗。世宗即位后，"群臣多劝世宗幸上京者"，纷纷吁请复都上京会宁府。但经过反复权衡，金世宗采纳了大臣李石、张玄素的建议，率部回迁中都，完成了金朝对燕京的第二次定都。李石等大臣当时强调的理由是："正隆（海陵王）远在江淮，寇盗蜂起，万姓引领东向，宜因此时直赴中都，据腹心以号令天下，万世之业也。"③由此可见，在金朝初次定都燕京后，燕京已成"天下乐然趋之"④之地，更成"万姓引领东向"之所，其作为都城已是人心所向，不容更改。

---

① 《金史·地理志上》。

② 《金史·海陵王本纪》。

③ 《金史·李石传》。

④ 《金史·张浩传》。

　　海陵王新建的金中都城仍然位在辽南京的旧址上，是仿照北宋都城汴梁的形制修筑的。其城垣在辽南京城的基础上向东、西、南三面各扩展了三里，规模明显大于辽南京。据20世纪50年代所做的考古实测，其城垣周回37里许，近似正方形[①]。全城分大城、皇城和宫城三重结构，城内还建有太庙和社稷坛，城外建有分列四方的天、地、日、月四坛，尽显皇都气派。

　　1991年，在右安门外西侧发现了一处金中都南垣水关遗址，经发掘可以确认这是当时莲花河流出南城墙的过水涵洞。整个涵洞呈南北长方形，城内入水处呈喇叭状，宽度达40多米。由这40多米的宽度不难想象，当年横跨在这上面的城阙是何等的壮伟。水关整体建筑为木石结构，水面平铺石板，石板之间用银锭铁固定，石板下又衬以粗大的方形横木，横木下还有成排的地钉和横方木，用榫卯相连，结构异常坚固[②]。中国古代向有引水贯穿都城以象天汉之说，秦始皇即曾"引渭水贯都，以象天汉"[③]。水关遗址的发现，证实中都城的建设在解决城市用水的同时，也采用了华夏帝都的天汉之说，突出了皇都的神权色彩。

　　相比辽南京城而言，金中都的建设就规范得多了。突出的表现就是金中都的宫殿区都集中在城市的中轴线上，宫阙制度也完全仿效了汴京皇宫。《大金国志·燕京制度》载：金中都皇宫"内殿凡九重，殿凡三十有六，楼阁倍之。正中位曰皇帝正位，后曰皇后正位。位之东曰内省，西曰十六位，乃妃嫔居之。"从以上宫廷布局的结构看，几乎无异于今天的"小故宫"。

　　金中都的宫室不仅规范，而且极为富丽堂皇，甚至比北宋都城汴梁也有过之无不及。当初右丞相张浩受命主持新都营建时，就专程南下汴京把城市布局和宫殿建筑全部描摹下来，还把汴京宫殿的梁架大木、精美饰件、

---

①　阎文儒：《金中都》，《文物》1959年9期。

②　祁庆国：《金中都南城垣水关遗址》，《中国考古学年鉴》1991年，文物出版社，1992年。

③　《三辅黄图》卷一《咸阳故城》。

御苑艮岳的太湖石等都拆建到了金中都。史书记载，建成后的中都城宫殿"遍傅黄金而后间以五采，金屑飞空如落雪。一殿之费以亿万计，成而复毁，务极华丽"[1]，"宫阙壮丽，延亘阡陌，上切霄汉，虽秦阿房、汉建章不过如是"[2]，其之奢华足见一斑。

金廷在中都城内还修建了不止一处景色绮丽的御花园，琼林苑即其中之一。这是皇家的专用御苑，位于宫城西侧的中部和南部，又称西苑（西园）。《金史·地理志》载："琼林苑有横翠殿。宁德宫西园有瑶光台，又有琼华岛，又有瑶光楼。"其内湖波荡漾，岛屿耸立，湖光山色中楼台隐映，宛如蓬莱仙境。中都城四周的皇家御苑更是胜景无限，今北海公园就是沿袭金的北苑和万宁宫修建的，在元世祖忽必烈建造新城时被选为城址的中心。玉渊潭公园原来也是金的皇家苑囿，称鱼藻池，因金章宗喜爱在此垂钓而称钓鱼台，今钓鱼台国宾馆即由此而得名。此外西北郊的玉泉山行宫和香山景区等也都始建于金中都时期。

原在塞外"蛮夷"之地的金人进入燕京后，对华夏艺术格外热衷，不仅按华夏艺术风格将宫廷和御苑打造得巧夺天工，就连城外的一座石桥也雕琢成了不朽的艺术品。此即享誉世界的卢沟桥，建在金中都城东南郊的卢沟河上（今永定河），是保存至今的金朝最完整地上建筑。卢沟渡口自古即为南北交通要津，无论是从中原腹地北上，或是从蒙古高原、东北平原南下，横渡卢沟都是必经之途。《金史·河渠志·卢沟河》载："（金世宗大定）二十八年五月诏卢沟河使旅往来之津要，令建石桥，未行而世宗崩。章宗大定二十九年六月，复以涉者病河流湍急，诏命造舟，既而更命建石桥。明昌三年三月成，敕命名曰广利。"由上可知，卢沟桥是在金世宗、金章宗两帝的直接过问下建成的，工程从大定二十九年（1189年）一直延续到明昌三年（1192年），历时三载。建成后的卢沟桥

---

①《金史·海陵本纪》。

②《日下旧闻考·宫室》引《海陵集》，北京古籍出版社，1981年。

通长 266.5 米，宽 9 米，共有 11 孔 10 个桥墩，如长虹般横跨在波光粼粼的卢沟河上。此桥的实用性固然不言而喻，而尤为难得的是，金朝的能工巧匠们还在两侧桥栏上雕刻了 485 个石狮，它们个个活灵活现，神态迥异，至今仍栩栩如生。在疏星晓月的映衬下，这座石桥成为燕京一景，八百余年来以"卢沟晓月"的美誉著称于世。

金朝末年，塞北蒙古国迅速崛起，对金的威胁日甚一日。金宣宗贞祐二年（1214 年），金人为逃避蒙古人的进攻迁都汴京（汴梁），第二年金中都即为蒙古军所陷。从公元 1153 年金朝定鼎燕京起，到金宣宗迁都止，燕京作为金朝都城的时间前后共 62 个年头。62 年的时间虽然不长，但这却是金朝的鼎盛期，统御的疆域阔达 330 万平方公里，而金中都就是这片国土的统治中心。

元朝主持编修的《金史》说："盖自（金）太祖以来，海内用兵，宁岁无几。重以海陵无道，赋役繁兴，盗贼满野，兵甲并起，万姓盼盼，国内骚然，老无留养之丁，幼无顾复之爱，颠危愁困，待尽朝夕。世宗久典外郡，明祸乱之故，知吏治之得失。即位五载，而南北讲好，与民休息。于是躬节俭，崇孝弟，信赏罚，重农桑，慎守令之选，严廉察之责，却任得敬分国之请，拒赵位宠郡县之献，孳孳为治，夜以继日，可谓得为君之道矣！当此之时，群臣守职，上下相安，家给人足，仓廪有余，刑部岁断死罪，或十七人，或二十人，号称'小尧舜'，此其效验也。"[1]综合这些评述，可知金世宗时国泰民安、天下承平，世宗完颜雍还因此得了个"小尧舜"的美称。而金世宗在位的 29 年就是以中都为统治中心的，此期间金中都的欣欣向荣可想而知。

正如侯仁之教授所说："最早的北京城，从春秋战国时代的蓟城，一直到金朝的中都城，前后两千年间，都是在今莲花池以东同一原始聚落的基

---

① 《金史·世宗本纪下》。

础上逐渐发展起来的。城市的范围虽然不断扩大，但是原来的城址始终没有改变。"[1]金中都这座繁花似锦的城市，就是在绵延不下两千年的先秦蓟城旧址上发展起来的。八百余年过去后，这座城市早已被黄沙掩埋，但在继往开来的关键时期，它架设了一座金桥，为北京通向元明清大一统王朝之都铺平了道路。

五　中华大帝都

金以后，北京相继成为元、明、清三大王朝的全国性都城。这是尽人皆知的事实，然而意味深长的是，元明清王朝虽然民族不同、发祥地不同、发展的路径不同、民族心理及文化传统也不同，且此前各有其都，但在他们统一中国后，都不约而同地重新选择了北京。从这三个王朝方方面面的差别看，按说他们的都城不会简单的固定在同一个地点上的，可事实却截然相反，这说明北京作为中国历史后半期的首都自有其深刻的道理。

创建元朝的是蒙古人，其祖先为古代室韦人。《北史·室韦传》载："室韦，盖契丹之类，其南者为契丹，在北者号为失韦（室韦）。"这就是历史记载的室韦人，其渊源和契丹有一定的联系。室韦的本义是指"林中人"，盖因这些人大都居住在大小兴安岭的山林中。至于"蒙古"一词，最早出现在唐代，称"蒙兀室韦"[2]，是唐代室韦部落中的一支。

《旧唐书·地理志一》云："平卢军节度使，镇抚室韦、靺鞨，统平卢、卢龙二军。"由上可知，室韦在唐朝归平卢军节度使节制。八世纪时，蒙古人由额尔古纳河南岸向西发展到今蒙古国东部，在斡难河（今鄂嫩河）和怯绿连河（今克鲁伦河）之间游牧。开始时各部落尚处在分散状态，不

---

① 侯仁之：《北京旧城平面设计的改造》，《文物》1973 年 5 期。

② 《旧唐书·室韦传》。

相统属。到了公元 12 世纪，蒙古各部落间的兼并战争迭起，孛儿只斤部的首领铁木真东征西讨，不断壮大，最后统一了分裂的漠北各部。公元 1206 年，全蒙古贵族在斡难河畔举行议事大会，推举铁木真为"成吉思汗"，意为海洋般的大汗，蒙古汗国就此成立。

公元 1211 年，成吉思汗举兵南下，进军中原，金宣宗闻风丧胆，于贞祐二年（1214 年）放弃金中都南逃汴京。1215 年 5 月，"中都破，尚书右丞相兼都元帅定国公承晖死之，户部尚书任天宠、知大兴府事高霖皆及于难"①，金中都落入蒙古大军之手。

蒙古人占领金中都后，恢复了燕京的旧称，改中都路为燕京路。1217 年 8 月，成吉思汗率大军西征，临行前下诏"以木华黎为太师，封国王"②，将整个太行山以南的统治大权交给了亲信重臣木华黎。为此成吉思汗特颁赐木华黎"大驾所建九斿大旗，仍谕诸将曰：'木华黎建此旗以出号令，如朕亲临也'"③，木华黎俨然成了整个汉地的主宰。当时被木华黎定为"都行省"的就是燕京，这里成了他的统治中心。

公元 1234 年，蒙古军南下伐金，金军节节败退。金哀宗完颜守绪以汴京残破难以固守为由，向南逃到城池坚固的蔡州（今河南汝南），并征集精兵万余，企图负隅一战。但当蒙古大军兵临城下时，金哀宗仓皇出逃，传位于完颜承麟。谁曾想，正当金朝百官朝贺新帝登基时，蒙古大军一举攻破了蔡州城门，未能一圆皇帝梦的完颜承麟死于乱军之中，金哀宗也在逃跑途中被迫自缢，金朝灭亡。

公元 1275 年，改国号为元的忽必烈大军直捣南宋都城临安（今杭州），翌年二月宋恭帝奉表请降，恭帝及太后全部沦为元的俘虏。1276 年，南宋遗臣张世杰、陆秀夫等奉南宋小皇帝继续抗元。1279 年，宋军残部在

---

① 《金史·宣宗本纪上》。

② 《元史·太祖本纪》。

③ 《元史·木华黎传》。

海上与元军展开决战，张世杰率领的船队遭遇飓风，他本人溺海而死，大臣陆秀夫万般无奈下背负小皇帝跳海，宋朝灭亡。

至此，经过"起朔漠，并西域，平西夏，灭女真，臣高丽，定南诏，遂下江南，而天下为一"的东征西讨，蒙古人建立起中国历史上第一个由少数民族创建的全国性统一王朝。

成吉思汗称帝之初，依然保留着游牧民族四海为家的习俗，未建立起都城。成吉思汗十五年（1220 年），蒙古人"定河北诸郡，建都于此（和林）"[①]，蒙古国这才有了一个统治中心。这个中心位于今蒙古国鄂尔浑河上游东岸，远在朔漠，当年那里只不过是立有代表蒙古汗廷的金顶大帐而已，和都城的概念相去甚远。太宗窝阔台汗时，积三年之力在和林修筑了城垣和"万安宫"宫殿群，和林这才初具都城的形状。蒙哥汗即位后，命同母弟忽必烈总领漠南汉地，"尽属以漠南汉地军国庶事"[②]。此时蒙古国已灭金，大片汉地纳入蒙古政权。后经过蒙哥汗的同意，忽必烈于 1256 年在今锡林郭勒盟南部的正蓝旗修筑了一座新的城邑，定名开平。此后数年，开平府成为忽必烈统御汉地的中心，发挥了连接中原与和林汗廷的枢纽作用。

中统元年，公元 1260 年，忽必烈即帝位。在荡平了漠北的叛乱后，他怀着"大有为于天下"的政治抱负，开始实现其走向中原帝国宝座的梦想。为此他采取的一个重要举措，即对都城做了重大战略调整。至元元年（1264 年），他一则废除了远在漠北的和林都城，将其降为岭北行省的治所；二则以"开平府阙庭所在，加号上都"[③]；三则"诏改燕京为中都"[④]，建立了开平上都和燕京中都的两京制。虽然是南北两京，燕京也

---

① 《元史·地理志一》。
② 《元史·世祖本纪一》。
③ 《元史·地理志一》。
④ 《元史·世祖本纪二》。

刚刚晋升为中都，但并非偶然的是，早在此前的中统四年（1263年）三月，忽必烈就"诏建太庙于燕京"[①]。按照历来的古制，"惟在京师者则曰太庙"[②]，足见立燕京为都在忽必烈来说早已成竹在胸，或许从他总领汉地起便有了此意。

至元四年（1267年）春，忽必烈敕令"城大都"[③]，在燕京展开了大规模的城市建设。这座新城的规划"始于中都之东北"[④]，后经过数年建设，一座新的都城在金中都的东北方拔地而起。至元八年（1271年）十一月，忽必烈"盖取《易经》'乾元'之义"，改蒙古国号为大元[⑤]。至元九年（1272年）春二月，新都城的建设尚未全部告竣，忽必烈就迫不及待地"改中都为大都"，正式立燕京为都，称大都城。至元十一年（1274年）春正月，元大都主体宫殿落成，忽必烈"始御正殿，受皇太子、诸王、百官朝贺"[⑥]，燕京正式成为元朝的统治中心。

从木华黎时成为汉地的统治中心，到忽必烈初年成为蒙古帝国的陪都，再到忽必烈至元十一年成为元的首都，在短短几十年中，燕京实现了三大步历史跨越，完成了它城市地位的最后一跃。不能不说的是，这个变化固然与元朝推行南下统一全国的战略方针有关，也与元廷实施对全国的有效控制有关，但更与燕京地区综合实力的明显增长有关。据《元史·地理志》记载，元朝建国之初的上都路有"户四万一千六十二，口一十一万八千一百九十一"，汴梁路有"户三万一十八，口一十八万四千三百六十七"，奉元路有"户三万三千九百三十五，口二十七万一千三百九十九"，而大都路则有"户一十四万七千五百九十，

---

① 《元史·祭祀志三》。
② 《金史·礼志三》。
③ 《元史·世祖本纪三》。
④ 《元史·地理志一》。
⑤ 《元史·世祖本纪四》。
⑥ 《元史·世祖本纪五》。

口四十万一千三百五十"。人口是封建社会发展程度的重要指数，而由上述记载可知，元代初年大都路的人口已远远超过了元的上都、宋的汴京及金的南京汴梁，也超过了汉唐都城长安所在的奉元，成为当时仅次于南宋都城临安的超级都市。仅此一项便足以说明，燕京的城市发展在元代初年已跃居全国榜首。

元朝攻陷南宋都城临安（杭州）是在公元1276年，正式以元大都为都城是在公元1272年。这就是说，元朝建都北京的时间虽晚，但仍在元统一中国前。于是，无论此前蒙元以何地为都，其全国性的都城只有一个，这就是北京。此后，直到1368年明军攻占大都城，元惠宗（顺帝）北遁大漠，元王朝的历史也终结于北京。因此，北京的大都城可以说是真正意义的元都城。

在历代封建王朝中，元是幅员最广大的一个，此即《元史·地理志一》所说："自封建变为郡县，有天下者，汉、隋、唐、宋为盛，然幅员之广，咸不逮元。"蒙古铁骑狂飙般的东奔西突，先后"起朔漠，并西域，平西夏，灭女真，臣高丽，定南诏，遂下江南，而天下为一"，版图最大时"北逾阴山，西极流沙，东尽辽左，南越海表"，范围所及北到西伯利亚，南到南海，西南包括今西藏、云南，西北至今中亚，东北至外兴安岭、鄂霍次克海，总面积逾1600万平方公里。此外，蒙古人先后在中亚、东欧等地建立了钦察汗国、窝阔台汗国、伊利汗国和察合台汗国，统治地域远逮地中海。这些汗国皆奉元帝国为宗主，奉元朝皇帝为"大汗"，因此元大都不仅是幅员辽阔的大中华的中心，还是这些汗国的中心，是当时最具国际影响力的大都市。

元朝末年，社会败像丛生，各地义军蜂起，称王称霸者多如过江之鲫。在乱世群雄中，朱元璋由江苏、安徽一带起兵，发展神速，到至正二十七年（1367年）已基本控制了中国南部。洪武元年（1368年），朱元璋在南京即皇帝位，国号明。登基伊始，朱元璋就派大将徐达、常遇春率师北伐，攻占了大都城。元大都收复后，朱元璋"亲策问群臣：'北平建都可以控制胡虏，比南京如何？'"①曾动了在北京建都的念头。但由于当时北方连遭战争重创，经济凋敝，运河淤塞，江南的粮食和物质无法大量北运，再加上应天府（南京）是朱元璋的龙兴之地，明廷遂决定建都南京。

明军征讨元大都时，朱元璋颁布了六大戒令，严敕三军"勿妄杀人，勿夺民财，勿毁民居，勿废农具，勿杀耕牛，勿掠人子女"②。此外朱元璋还特别针对北方少数民族下诏曰："蒙古、色目，虽非华夏族类，然同生天地之间，有如知礼义，愿为臣民者，与中夏之人抚养无异"，允诺"归我者永安于中华"③。徐达率领的明军进入大都城后果然军纪严明，对元朝的文武大臣除拒不投降者外"其余不戮一人"，更不妄杀无辜。徐达还下令"封府库，籍图书宝物，令指挥张胜以兵千人守宫殿门，使宦者护视诸宫人、妃、主，禁士卒毋所侵暴"④，保护了元大都的文物典籍、皇宫和宫人。在这些措施下，明朝得到了一座完整无缺的大都城，全城"吏民安居，市不易肆"。

北伐前徐达估计到元帝要北逃大漠，于是向朱元璋请旨说："元都克，而其主北走，将穷追之乎？"朱元璋敕曰："元运衰矣，行自澌灭，不烦穷兵。出塞之后，固守封疆，防其侵轶可也。"此后事态的发展果如徐达所料，朱明大军兵临城下时元惠宗仓皇北逃，经居庸关而直奔漠北。身负皇命的徐达未敢穷追，可不想这竟给明朝留下了一大隐患，使流窜漠北的元朝残部经久不灭，时时侵扰边境。在这种情况下，明初的北京又担负起剿灭蒙古残余势力的重任。仅朱元璋洪武一朝，就先后五次对蒙古大规模用兵，而明军的总集结地、总指挥部和总后勤基地都在燕京。

①《长安客话》卷一"皇都杂记·北平"。

②《明史纪事本末》卷八。

③《明太祖实录》卷二十一。

④《明史·徐达传》。

明朝占领元大都后，于洪武元年（1368 年）八月改其为北平府治，又于洪武二年三月升其为北平承宣布政使司治所。为了推行家天下统治，朱元璋称帝后重新祭起了分封的大旗，遍封其二十余子为王，北平府也于洪武三年（1370 年）封给了燕王朱棣，成了朱棣的藩邸。《明史·诸王列传》载："明制，皇子封亲王，授金册金宝，岁禄万石，府置官属。护卫甲士少者三千人，多者至万九千人，隶籍兵部。冕服车旗邸第，下天子一等。"由上可知，明皇子受封为亲王后，金册、食禄、官属、亲兵、府第等一应俱全，且"冕服车旗邸第，下天子一等"，充分享受了"一人之下，万万人之上"的尊荣。但总体上说，明的分封是既让亲王成为帝室的屏藩，又不至于专擅一方，所以藩王们并无实权。可在他们当中却有一个例外，这就是雄才大略的燕王朱棣。

朱棣是明太祖朱元璋第四子，史称其"貌奇伟，美髭髯，智勇有大略，能推诚任人"[1]，是朱元璋二十六子中最著才智者。朱元璋之所以封他为燕王，是因为燕京的亲王不仅要坐镇辽、金、元三朝故都，还要掌控御北重兵，非寻常亲王可比。朱棣封燕王后，朱元璋特令在元皇城的隆福宫兴建燕王府。洪武十二年（1379 年）燕王府竣工，朱棣遂于次年（1380 年）就国，时年 21 岁。赴藩伊始，朱棣便大展宏图，在御北战役中屡建奇功。洪武二十三年（1390 年），燕王朱棣"同晋王讨乃儿不花。晋王怯不敢进，王（朱棣）倍道趋迤都山，获其全部而还"。太祖闻之大喜，对朱棣更加宠幸，特委以"总率诸王"的重任。自此而后，燕王"屡帅诸将出征，并令王节制沿边士马，王威名大振"[2]。朱元璋临死前告诫朱棣说："朕之诸子，汝独才智。秦（王）、晋（王）已薨，汝实为长，攘外安内，非汝其谁？尔其总率诸王，相机度势，用防边患，奠安黎民，以答上天之心，以

---

① 《明史·成祖本纪一》。

② 同上注。

付吾托付之意。"①在这言之谆谆的遗训中，朱元璋既有以江山相托之意，又有忧燕王不安心御边之虑，恐怕当时他已隐约感觉到，明朝的历史将由燕地和燕王一举改写了。

洪武三十一年（1398年）闰五月，朱元璋卒，传位于皇太孙朱允炆，是为明惠帝。史称惠帝"性至孝"②，斯文有余而韬略不足。他即位后最大的忧虑，就是担心诸王叔对帝位的威胁，而这首要的威胁就来自拥兵自重的燕王朱棣。惠帝采纳大臣齐泰、黄子澄的计谋，先从清除燕王周边的诸王入手，以此削弱他的势力。《明史·成祖本纪一》载："（惠帝）欲因事以次削除之。惮燕王强，未发，乃先废周王橚，欲以牵引燕。于是告讦四起，湘、代、齐、岷皆以罪废。"短短半年不到，周王、湘王、代王、齐王、岷王等人或被废为庶人，或被诛杀，刀锋直逼燕王。情急之下，朱棣"佯狂称疾"③，装疯卖傻，不理政事，暗中却抓紧起事的准备。建文元年（1399年）秋七月，朱棣"上书天子指（齐）泰、（黄）子澄为奸臣"，打着明太祖《祖训》有"朝无正臣，内有奸恶"时亲王可统领镇兵讨伐的旗号，以"清君侧"为由挥师南下，发动了著名的"靖难之役"。

经过四年征战，朱棣终于在建文四年（1402年）六月攻陷南京，登上了皇帝宝座，改元永乐，是为明成祖。成祖即位后，以切身经历深知明朝的政治中心和北京的军事重心是不可分离的，否则便会造成两大重心的对峙，加之北京是自己经营多年的老巢，于是决定迁都北京。他先于永乐元年（1403年）正月升北平为北京，改府为顺天府，此后又采取种种措施，为正式迁都做准备。

首先，明成祖下诏从各地向北京移民，以此"实京师"。仅永乐元年八月一个月内，他就先"发流罪以下垦北京田"，接着又"徙直隶（今皖、

①《明史纪事本末》卷十。

②《明史·恭闵帝本纪》。

③《明史·成祖本纪一》。

苏地区）、苏州等十郡，浙江等九省富民实北京"[①]。这些被送至北京的移民既有充当劳力的罪犯，又有富甲一方的江南大户，对发展生产、繁荣经济及扩大南北文化的交流皆大有补益。

其次，明成祖大力减免北京的租税，以休养民生，振兴经济。仅见《明史·成祖本纪》一节，从明成祖登基到永乐十九年正式迁都，下诏减免北京地区租税、杂税的记载就不下十余次。

再次，他在北京"大赉官吏军民"，对有功人员大加犒赏，同时"诏起兵时将士及北京效力人民杂犯死罪咸宥之，充军者官复职，军民还籍伍"[②]，这样既收买了人心，又增加了兵丁人口。

又次，明成祖下令疏通南北大运河，以利漕运。隋朝开凿的南北大运河至明朝初年已"岸狭水浅，不任重载"，多处淤塞。当时明廷输饷辽东、北平都不得不靠海运，而海上风急浪高，不乏"因海运饷辽有溺死者"[③]。永乐九年（1411年），成祖"命开会通河"，打通了大运河中部由汶上至临清的一段。这段运河长"四百五十余里，淤者乃三之一"，当时投入了"山东及徐州、应天、镇江民三十万，蠲租一百一十万石有奇"[④]，经二十旬而成。疏通了会通河后，成祖又诏命疏通大运河由淮入黄的一段，"于是河运大便利，漕粟益多"[⑤]，此后遂罢海运。

为迁都而开展的最大工程，则莫过于北京城与皇宫的建设了。当初在藩王任上，燕王府借用的是元故宫，现在今非昔比，自然要建造出一座气象万千的新城来。明北京城的兴建是从永乐四年（1406年）开始的，"永乐四年闰七月诏建北京宫殿，修城垣，十九年正月告成"[⑥]，前后达十五年

---

① 《明史·成祖本纪二》。
② 同上注。
③ 《明史·食货志一》。
④ 《明史·宋礼传》。
⑤ 同上注。
⑥ 《明史·地理志一》。

之久，动用的民伕上百万。大型工程主要集中在后几年，仅就永乐十五年（1417 年）春而言，载入《明史·成祖本纪》的新都兴建事宜就有：

"十五年春正月壬子，平江伯陈瑄督漕，运木赴北京"——采伐名贵木材输送北京；

"二月壬申，泰宁侯陈珪董建北京，柳升、王通副之"——重新配置主管城建的官吏；

"三月丙申，杂犯死罪以下囚，输作北京赎罪"——为北京城的修筑补充劳力。

永乐十八年（1420 年）十二月，"北京郊庙宫殿成"。急不可耐的明成祖提前于九月丁亥正式下诏："自明年改京师为南京，北京为京师。"后又于十一月戊辰"以迁都北京诏天下，十二月己未，皇太子及皇太孙至北京。"永乐十九年春正月初一日（公元 1421 年 2 月 2 日），明成祖于北京"御奉天殿受朝贺，大宴。甲戌，大祀天地于南郊。戊寅，大赦天下"[①]，举行了定都北京的盛大庆典。

当初为了表示迁都的决心，明成祖还把自己的陵墓提前建在了北京市西北的昌平天寿山，此即长陵。《明史·成祖仁孝徐皇后列传》云："七年营寿陵于昌平之天寿山，又四年而陵成，以后葬焉，即长陵也。"可见此陵是永乐七年（1409 年）开工兴建的，比新北京城的落成及迁都早了十二年。永乐十一年（1413 年）长陵建成，朱棣当即将卒于永乐五年（1407 年）的徐皇后迁葬于此，以示迁都的势在必行。永乐二十二年（1424 年）七月，朱棣卒于北征鞑靼的军旅，嗣后便落葬于长陵。在这之后，历代明皇皆相继瘗葬于此，遂使今北京昌平有了一处葬有 13 位皇帝、23 位皇后的规模宏大的"明十三陵"。

为了征伐蒙古鞑靼部和瓦剌部，朱棣曾五出阴山，后三次都发生在迁

---

① 《明史·地理志一》。

都北京之后。经过屡次北伐，"漠北尘清……威德遐被"①，四方宾服。此期间朱棣还南下出击安南，南征北战，武功赫赫，声名威震殊域。当时域外受朝命"而入贡者殆三十国"，开创了诸邦来仪的天朝景象。

早在明太祖朱元璋和明惠帝朱允炆年间，就曾采取种种措施减轻农民负担，下大力惩治贪官污吏，想方设法恢复民生及发展生产。到了明成祖朱棣时期，以"家给人足"、"斯民小康"为治国之本，鼓励各地垦种荒闲田土，推行迁民宽乡、蠲免赈济、督民耕作之策，更为发展生产提供了种种保障。史称明成祖永乐朝"宇内富庶，赋入盈羡，米粟自输京师数百万石外，府县仓廪蓄积甚丰，至红腐不可食"②，便是对此时国力富庶的形象描述。朱棣之后，明仁宗朱高炽、明宣宗朱瞻基相继即位，明朝又迎来了以"仁宣之治"的美名载入史册的最佳时期。此两朝君仁臣直，吏治清明，实行了更为宽松的治国养民之策，减免税赋，平反冤狱，赈荒惩贪，全国上下呈现出一派盛世景象。经过明朝前期这几代皇帝的励精图治，明朝幅员远逾汉唐，"禹迹所奄，尽入版图。近古以来，所未有也"③。其疆域最大时东至海，北抵西拉木伦河、阴山，西包西藏、云南，东北达外兴安岭，西北及哈密，南至南海诸岛。明朝的综合国力更是跃居世界之巅，成为当时世界上的执牛耳者。而北京，就是这个泱泱帝国的中心。

明仁宗继位后一度"将还都南京"，打算改北京为"行在"。所谓"行在"，即天子行銮驻跸之所，是行都的意思。岂料仁宗回迁南京的诏令刚下，"南京地屡震"④，此议遂至搁浅。仁宗在位仅一年，不久后便撒手归西，迁都之议随即作罢。宣宗继位后，口头上虽然重申仁宗的迁都之议，却一直稳坐在北京紫禁城的龙椅上，没有任何实际举动。明英宗正统

---

① 《明史·成祖本纪三》。

② 《明史·食货志二》。

③ 《明史·地理志一》。

④ 《明史·仁宗本纪》。

六年（1441 年），宁波知府郑珞谏曰："国家肇建，两京合于古制，自太宗皇帝定鼎北京以来，四圣相承，正南面而朝万方，四十年于兹矣。而诸司文移印章尚仍'行在'之称，名实未当，请正名京师。其南京诸司，宜改曰南京某府某部，于理为得。"①英宗批准了这个奏请，宣布"定都北京，文武诸司不称行在"②，北京作为明朝的首都再次得以正名。崇祯十七年（1644 年），李自成农民军攻进北京，崇祯帝在煤山（今景山）自缢殉国，北京的明朝都城史方告结束。

李自成攻克北京后不久，吴三桂引领清军入关，一举占领了北京，从此紫禁城又换了新主人。《清史·太祖本纪》云："（清太祖）姓爱新觉罗氏，讳努尔哈齐。其先盖金遗部。"创建了清朝的爱新觉罗氏是女真族的后裔，也是先秦肃慎族的后裔，与前金国同祖同源。女真族祖居东北的白山黑水间，在明代分为建州、海西、野人三大部落，内部争王争霸，杀伐不已。经过数十年的浴血奋战，建州女真部的努尔哈赤统一了建州各部和长白山各部，又吞并了强大的海西部，征服了"东自海，西至明辽东界，北自蒙古科尔沁之嫩乌喇江，南暨朝鲜境"③的大片土地。明万历四十四年（1616 年），努尔哈赤自立为汗，仍以"金"为国号，史称后金。

后金国建立两年后，努尔哈赤发布了"七大恨"檄文，开始南下攻打明朝。所谓的"七大恨"，无非是努尔哈赤的家仇和后金国的国恨，其实质则是明朝末年对女真族的压榨不断加剧，又封闭了东北边陲与内地的正常贸易，激起了女真人的强烈不满。明朝倾全力阻止努尔哈赤大军的西征，但屡战屡败，损失惨重。公元 1621 年（明天启元年），努尔哈赤攻占了东北重镇辽阳和沈阳，翌年定都辽阳，后又于 1625 年迁都沈阳，称盛京。

1626 年，清太祖努尔哈赤在宁远战役中被明军的大炮打死，第八子

---

① 《明英宗实录》。

② 《明史·英宗前纪》。

③ 《清太祖实录》卷六。

皇太极继位，是为清太宗。太宗即位后，将主攻矛头直指北京，先后于1629、1636、1638、1642 年四次对北京城及周边地区发动了大规模进攻。此期间皇太极于 1635 年改族名为满洲，翌年改大金国为大清国，在沈阳称帝，表明了问鼎中原的决心。1643 年 8 月，皇太极"无疾崩，年五十有二"①，传位于幼子福临，年号顺治。

明崇祯十七年（1644 年）三月，李自成农民军攻克北京，推翻了明王朝。但"其兴也勃焉，其亡也忽焉"，由于内部的腐败和决策失误，李自成的大顺政权在北京仅存活了四十余天。四月十九日，李自成率二十万大顺军在山海关附近与吴三桂展开激战，清摄政王多尔衮趁机率八旗劲旅疾驰山海关，和吴三桂里应外合夹击大顺军。李自成惨遭败绩，仓皇退出北京，多尔衮在吴三桂接应下长驱直入北京城。

顺治元年五月二日，公元 1644 年 6 月 6 日，"（清）大军抵燕京，故明文武诸臣士庶郊迎五里外，睿亲王多尔衮入居武英殿"②。占领北京后，英亲王阿济格等满清贵族主张退回沈阳，但多尔衮不为所动，决定立即迁都北京。他在给顺治帝的奏章中称："燕京势踞形胜，乃自古兴王之地，有明建都之所。……皇上迁都于此，以定天下，则宅中图治，宇内朝宗，无不通达。"③在获得顺治帝的认可后，多尔衮便紧锣密鼓地运作起来。见于《清史稿·世祖本纪一》的记载，顺治元年针对迁都之事采取的措施是：

六月，多尔衮遣辅国公屯齐喀、和讬、固山额真何洛等前往盛京奉迎顺治车驾；

七月，顺治帝"以迁都祭告上帝、陵庙"；

同月，多尔衮将紫禁城乾清宫修缮一新，作为清帝的内廷朝堂；

八月，顺治"以何洛会为盛京总管，尼堪、硕詹统左右翼，镇守盛

---

① 《清史稿·太宗本纪二》。

② 《清史稿·世祖本纪》。以下本节引文凡出自此章者，不另注。

③ 《清世祖实录》卷五。

京"，对盛京的留守事宜做了部署；

同月，顺治帝"车驾发盛京"；

九月，"甲午，车驾入山海关"，"癸卯，车驾至通州，睿亲王多尔衮率诸王、贝勒、贝子、文武群臣朝上于行殿。甲辰，上自正阳门入宫"；

十月，顺治帝于甲子日亲御皇极门，以迁都诏告天下："乃以今年十月乙卯朔，祗告天地宗庙社稷，定鼎燕京，仍建有天下之号曰大清，纪元顺治"。

从五月至十月，仅短短五个月清廷就完成了从占领北京、议定迁都、修缮宫室、部署后方、告天祭地、帝驾南移、颁诏全国以及迁都礼成的全过程，可谓迅雷不及掩耳。个中原因固然和北京"乃自古兴王之地"有关，和清人对北京早就志在必得有关，和清廷意欲巩固对汉地的统治有关，但也显然和清人先祖的金朝曾经定鼎北京有关。甚至可以说，清的大本营虽然远在关外，但从其发布与明朝决裂的"七大恨"檄文起，就确定了问鼎北京的终极目标，故此其主流派在迁都北京一事上没有表现出丝毫的犹豫。

从努尔哈赤建立后金（1616 年）起，到顺治帝迁都北京（1644 年）止，前后相隔不到 30 年。在这短短几十年中，清人曾屡番迁都。最初是都于大本营赫图阿拉（今辽宁省新宾县西南），而后移宫界藩（今辽宁新宾县北）、萨尔浒（今辽宁抚顺市东），再后建都辽阳，更后迁都沈阳，一个个的时间都不长。但在定都北京后，清廷便一劳永逸地稳定下来，一住就是二百六十多年，这也足见他们对北京的志在必得。

因为已经确定了定都北京的大政方针，故而在进入北京后，清人对北京进行了整体保护，对前明的宫殿、坛庙也丝毫未加破坏，还为稳定京城的局势做了一些努力。进城前清军总师多尔衮就昭告全军将士说："此行除暴救民，灭贼以安天下。勿杀无辜、掠财物、焚庐舍。不如约者，罪之"①，再三严明了军纪。入城后，多尔衮"下令将士皆乘城，毋入民舍，

---

① 《清史稿·多尔衮列传》。以下本节引文凡出自此章者，不另注。

民安堵如故"，禁止骚扰民宅。但是，鉴于前世少数民族政权屠城的教训，京城上下人心浮动，仍不断传言"八月屠民，……将纵东兵肆掠，尽杀老壮，止存孩赤"。多尔衮为此特颁布了一道安定民心的上谕，见载于《清史稿·多尔衮列传》：

"京师民讹言秋七、八月将东迁，王（多尔衮）宣谕当建都燕京，戒民毋信流言摇惑。又讹言八月屠民；未几，又讹言上至京师，将纵东兵肆掠，尽杀老壮，止存孩赤。王复宣谕曰：'民乃国之本，尔曹既诚心归服，复以何罪而戮之？尔曹试思，今上携将士家属不下亿万，与之俱来者何故？为安燕京军民也。昨将东来各官内，命十馀员为督、抚、司、道等官者何故？为统一天下也。已将盛京帑银取至百馀万，后又转运不绝者何故？为供尔京城内外兵民之用也。且予不忍山、陕百姓受害，发兵追剿，犹恨未能速定，岂能不爱京城军民，反行杀戮？'"

多尔衮的这番言辞尚属恳切，对稳定京城的民心起到了一定作用。

顺治之后，康熙、雍正、乾隆帝相继执政一百三十余年。此期间清廷奖励垦荒，减免捐税，耕地面积迅速增加，社会经济显著发展。当时中国的经济总量已位居世界第一，白银总量更占到了世界的一半，开创了国富民康的"康雍乾盛世"。到了十八世纪后半期，清朝人口比明朝末年增加了5倍，总数达三亿左右，成为世界头号强国。康熙在位期间，撤除吴三桂等三藩势力，统一台湾，三次亲征噶尔丹，收服喀尔喀漠北蒙古，反击沙俄对黑龙江流域的侵略，签订中俄尼布楚条约，划定中俄东段边界，由此奠定了现代中国的版图。乾隆年间，平定准噶尔部、回部，统一天山南北，颁行《钦定藏内善后章程二十九条》，进一步巩固了多民族国家的统一。以上成果再加上康雍乾时期推行的发展边疆地区经济、文化、交通的种种举措，历史上旷日持久的游牧民族和农耕民族的冲突得以缓解，中华民族实现了规模空前的"大一统"。清朝版图最大时西起巴尔喀什湖和葱岭，东北至鄂霍次克海和库页岛，东至海，南控曾母暗沙，西南到广西、云南、西藏，北至漠北和外兴安岭，总面积达 1300 多万平方公里。而统御这个幅员广大的世界头号强国的，就是位在燕山南麓的北京。

综上所论，当逐一了解了元明清三朝定都北京的经过后，灼然可见它们虽然皆以北京为都，但情况却各不相同，绝非简单因袭递嬗的结果。元朝是随着其由北向南的统一，通过和林都城、开平都城而逐渐南移到元大都的；明朝是在已有江南都城的情况下，经过对都城政治、军事、地理因素的综合权衡后迁都北京的；清朝则从一开始就瞄准了北京，在短短五个月内便完成了从莆定北京到迁都京师的全部事宜。如果说，元、明、清三朝有什么共同之处的话，那就是他们的龙兴之地虽然南北不同，但在基本统一全国后，都不约而同地重新选择了北京，并且都在这里创建了长期稳定的天朝大国。同时，通过蒙元的自西北向东南，通过朱明王朝的自南向北，通过满清集团的自东北向西南，大中华的南北势能一再凝聚于此，各个民族、各种文化也一再融注于此，不断激发了北京的活力。

元军攻占金中都时曾久攻不下，战争十分惨烈，燕京周边几乎夷为平地。攻入中都后，金朝宫殿的一部分被拆毁做防御工事，一部分被乱军焚烧，巍巍皇宫霎间损毁殆尽。但在忽必烈建都北京后，新北京城经过明的增补和清的维护有幸完整保存下来，成为人类文明史上一个无比珍稀的文化遗产。若从至元九年（1272 年）春二月忽必烈正式诏告"改中都为大都"算起，截至眼下这已经度过了 7 个半世纪。此期间除了八国联军侵占北京时造成的浩劫外，北京城如得天佑，历经战争烽火而始终巍然挺立。经过这七百多年的稳步发展，古都北京终于成长为一座风华绝代的通都大邑。它那雄浑大气的城郭，巍峨高大的城垣，平衡对称的中轴线，经纬通达的街道，金碧辉煌的紫禁城，鳞次栉比的宫苑，星罗棋布的四合院，无不凝聚着中华文化的深厚底蕴，表现出令人震撼的伟大创造力。这固然是北京的奇迹，同时也是中华民族的奇迹，当然更是全人类的奇迹。

六　结语

通过以上对各时期的条分缕析，北京的历史演进过程已经十分清晰地呈现出来，它们可以划分为逐次递进的七大阶段：

一. 原始时代：

从北京猿人开始，直到距今五千年前国家文明的形成，在这漫长的几十万年中，北京地区不仅完成了从血缘家族公社、母系氏族公社到父系氏族社会的递嬗，还相继树立起人类起源、新石器时代革命、国家文明肇兴的三大里程碑，在中华民族的开创史上留下了辉煌的一页。

二. 方国阶段：

自黄帝在涿鹿及北京一带点燃了文明的火把，这里成为国家文明的发源地，也成为城市文明的发源地。从那以后，华夏大地既有了一个统一的部族联合体，又进入了各古国多元并存、交替发展的邦国林立阶段。此时期的北京地区也始终存在不同的部族和方国，而且从五帝时代一直贯穿到夏商时期，前后绵延了两千余年。

三. 诸侯国时期：

"社稷血食者八九百岁"的召公燕国，是北京历史上第一个由中原王朝派驻的地方性政权，也是北京地区有史以来的第一个一元政体。它既是中原王朝的诸侯领地，又享有独立的国体和政体，由此构成了与夏商时期的方国及秦汉时期的郡县的本质区别。当经历了数百年的凄风苦雨后，姬周燕国终于在战国时期达到极盛，跻身于"七雄"的行列，成为鼎鼎大名的诸夏强国。

四. 东北首府时期：

从秦始皇统一中国起，直到契丹占领幽燕止，北京始终是历朝历代在东北地区的首府。这个过程前后延续了不下 1100 余年，此期间北京的政治、军事、经济、文化始终处在交替上升的状态。到了唐和五代，这里已发展成对全国政局起制导作用的重点区域，并且几度成为地方割据势力的都城。

五．辽金陪都时期：

此前论及北京的陪都史，都单以辽的南京为说，但如本章所论，由城市的行政建制、经济实力、文化影响、政治地位等各方面看，金朝前期的燕京虽无陪都之名，却有陪都之实，已完全具备了金朝陪都的政治、军事、文化功能。因此，北京的陪都史理应包括金朝前期在内，而这从辽南京算起，前后总计达 215 年。在这二百余年中，北京的城市地位、城市功能、城市建设都上了一个新的台阶，成了北中国最发达也最具影响力的城市。

六．金中都时期：

自金海陵王下诏迁都，燕京成为北半个中国的首都，统御的疆域达 300 多万平方公里。过去人们往往把金中都的历史与元明清的都城史归在同一个阶段，然而事实上金朝只有半壁江山，无法和拥有整个中国的元明清三朝的首都相比。因此，尽管金中都的历史从公元 1153 年到 1215 年只有 63 年，也应归为一个独立的阶段。何况从发展的逻辑关系上说，从辽和金朝前期北中国的陪都开始，首先晋升为北中国的首都，再晋升为全中国的首都，金中都也恰好处在承前启后的阶段。

七．中华帝都时期：

自元朝初年开始，北京成了大一统王朝之都，由此进入到一个全新的阶段。此期间即使不算元朝初年木华黎在燕京建立的汉地统治中心，不算忽必烈于 1264 年"诏改燕京为中都"，不算明成祖朱棣早在公元 1403 年就升北平为北京，也不算李自成大顺政权的建都北京，单就元明清三朝名副其实的全国性都城而言，元大都起讫于公元 1272 年 ~ 1368 年，明北京起讫于公元 1421 年 ~ 1644 年，清京师起讫于公元 1644 年 ~ 1911 年，首尾相加共计 588 年。

中间大的间隔出自明朝前期，盖因当时北京地区经过元末战乱经济凋敝，加上朱明王朝兴起于江南，故一度定都南京。除此之外，北京的都城史基本上一以贯之，而且各王朝在北京建都的时间一朝比一朝长。

1911 年辛亥革命后，中华民国先于 1 月 1 日定都南京，稍后不久便于同年 3 月迁都北京，直至民国十七年（1928 年）北伐军攻占北京，北洋政府下台。1949 年 1 月 31 日，傅作义将军与解放军达成和平协议，北平和平解放。1949 年 9 月 27 日中国人民政治协商会议第一届全体会议通过决议，新中国定都北京。至此，从元朝累计算下来，北京作为大中华首都的历史迄今已超过六个半世纪。

以上七大阶段，即七大级历史台阶，每一步都深深镌刻着北京的时代步履。顺着这七大级台阶我们清晰地看到，北京历史由部落而方国、由方国而封国、由封国而东北首府、由东北首府而辽金陪都、由辽金陪都而金中都、由金中都而元明清都城，整个发展轨迹始终处在逐次递升的过程中。伴随这个梯式上升，北京的城市规模不断扩大，文明程度不断提高，城市职能不断完善，各方面都在不断提高。而与上述过程相辅而行的是，北京对外的影响力也不断扩大，先是由燕山南北扩大到大东北行政区，再由大东北行政区扩大到北半个中国，最后直至覆盖全国。

在各个历史阶段中，北京的始建都年代究竟应该如何界定？这是一个至今仍歧见纷披的大问题。综合历来的观点，有以召公奭的燕都为说的，有以两汉的封国之都为说的，有以十六国时期的前燕国慕容儁迁都蓟城为说的，有以金海陵王的迁都中都为说的，有以元大都为说的[1]，还有以距今 5600 年的所谓"禹京人"创建的蓟都为说的[2]，真可谓言人人殊，

---

[1]　贺树德：《北京建城年代与建都年代问题》，刊《北京建城 3040 年暨燕文明国际研讨会会议专辑》，北京燕山出版社，1997 年。

[2]　李江浙：《北京始都年代考》，刊《北京建城 3040 年暨燕文明国际研讨会会议专辑》。

大相径庭。这里的关键，在于对"都城"的标准如何判定，标准不同结论自然也不同。总体上看，以上涉及的"都城"包括了性质不同的几大类，主要有：

一是西周时期的诸侯领地中心或西汉以来的封国、藩国中心。这些中心虽然也可称之为"都"，但大多数情况下这些诸侯国、封国、藩国并非独立的国体，汉以后犹然，因此这些"都"只能算是地域性的行政中心。

二是分裂时期的地方政权之都，包括东周时期具有了独立国体和政体的燕国都城，也包括十六国时期前燕国的都城。它们虽然一概算得上是"国都"，但只是地方割据势力的都邑，而这样的都邑在中国总计不下数百座，无法和重要的王朝之都相比。夏商时期乃至更早的方国之都在北京也不乏其见，从本质上说，它们也只是地方政权的中心。

三是在一部"廿五史"中纳入了中华正统谱系的王朝之都。其中的全国性都城自不待言，分治时期则主要包括了三国、两晋、南北朝、五代、宋、辽、金时期的都城。

以上三类中，真正意义的中华古都显然只能以第三类为说。按此标准，黄帝后人的蓟邑、召公奭的燕都、两汉的封国之都、慕容儁的蓟都、安禄山和史思明的燕京、刘守光的幽州城等都不足以代表北京都城史的开始。而综合以观，北京的建都史理应从辽的南京算起。其故在于：

一，辽朝是与北宋南北分治的重要王朝，在官修的"廿五史"中以一部专史载入了中华正统谱系。其疆域比同期的北宋更为辽阔，也比后继的金朝为大，对中国历史的发展及版图的奠定起了不可低估的作用。

二，如本章第四节所论，南京当时虽为辽之陪都，但其经济、文化的繁荣堪称辽五京之冠，是北中国唯一能与北宋都城开封媲美的大都市，政治地位之高也非辽朝其他陪都可比。总体而言，历史上的辽南京是一个以陪都之名而在很多方面承担了都城作用的城邑，唯因辽人要保持其故国上京临潢府的"皇都"地位，才使其成了一座实际地位重于表面名分的城市。

而从辽太宗会同元年（938 年）升燕京为南京算起，这个建都史到今天已有了一千余载。

北京历史的递进式发展还有一个更为具象的指数，这就是城市人口的递增。据《北京城市历史地理》一书的统计，早自先秦燕国以来，北京的城市人口就一直处在阶梯式的增长中[①]。

先秦燕国是在战国中期达到鼎盛的，而作为大国之都，当时蓟邑的城市人口已经突破 10 万之数；

汉唐时期，包括常驻军和其眷属在内，蓟城（幽州城）人口最多时达到了 15 万人；

辽天庆三年（1113 年），南京城内的居民总数约计 15 万 8 千人，较汉唐的峰值略有提高；

到了金章宗泰和七年（1207 年），金中都的城市人口一跃而至 40 万人；

元大都的鼎盛时期是在元代中期，据统计，泰定四年（1327 年）的大都城人口为 95 万人，接近百万之众；

明英宗正统十三年（1448 年）时，北京城人口为 96 万人，与元朝的鼎盛期大体持平；

北京城市居民总数正式突破百万大关，是在满清王朝的后期。据清宣统二年（1910 年）的统计，当时北京城市人口总计达 1128808 人。

城市人口是衡量城市规模的首要指标，在古代社会尤其如此。但毋庸置疑的是，城市人口也是个变异性极大的因素，会随着王朝的荣枯、世道的兴衰、收成的盈亏而波动，具有相当的敏感性。上面所举数字，皆取自古代北京各时期的极盛期，是承平年间的最高人口值。因为只有这个数字才最能体现城市所达到的容量，也最能体现城市规模的扩大。

---

① 见侯仁之主编：《北京城市历史地理》第八章，北京燕山出版社，2000 年。该章由韩光辉执笔，标题为《各时期北京城市人口》。

至于整个地区的人口，据各朝正史记载，辽南京地区有 10 万户、58.3 万人；金中都地区有 25 万户、161 万人；元大都地区有 43.7 万户、208.2 万人；明北京地区有 55.3 万户、219 万人；清北京地区有 51.6 万户、272 万人，也在逐次增长中。

总之，各种事实无不证明，无论历史的潮流如何曲折，无论其他地区的沿革如何跌宕，北京的发展却始终贯串着一条红线，即它总是走在逐次递升的轨道上。这一点看似简单，但在中国城市发展史上绝无仅有，在人类历史上也极其罕见，足以构成人文北京的一大特征。更突出的是，当我们逐次展开北京历史由量变到质变的递进式发展过程后，客观事实充分表明，北京地位的不断提升绝不是由一时一事的人为因素决定的，而是历史的必然趋势。

于此之前，人们对北京史的研究往往习惯于从某一时段的微观着眼，单纯就事论事地将北京历史的阶段性转折归结在各种偶发的人为因素上。例如，把安史之乱的爆发归咎于唐明皇的昏聩，把刘守光的拥幽州自立归咎于他个人的不自量力和刚愎自用，把燕京晋升为辽南京归罪于石敬瑭的卖国求荣，把金海陵王的迁都燕京归结为是为南下征讨做准备，把明成祖的移都北京归结为他曾经封藩燕京，如此等等，不一而足。如果仅是就某一个事件的诱发性因素而言，这些分析无疑是有一定道理的，然而对这些因素过分强调的结果，往往将北京地位的每一次提升都视为偶然，视为一种机缘巧合。但是，当本章从整个北京的历史发展脉络入手，清晰地条理出北京的发展线索后，灼然可见北京历史的递进式发展完全是事情发展的必然结果。本章的主旨，就在于揭示这种必然性，因为只有这种必然性才足以代表北京历史文化的属性。而且正是这种必然性，才蕴含着北京历史带给人类文明的最宝贵启迪。

第五章　多元性

——燕山南北多元民族及文化的生成与交融

　　悠久、持续、递进的发展，还只是北京历史文化的纵向轨迹，倘若从中截取任意一点展开它的横向画卷，呈现在人们面前的，则是色彩斑斓的多元民族与多元文化。可以说，自从有人类活动以来，北京地区就充满了多元色彩，汇聚了来自南北各方的人群与文化，此即北京历史文化的又一总体特征。

　　因为地处东北大平原、华北大平原和蒙古高原的交接点，北京自古就是联系这三大地理单元的枢纽。其交通也得天独厚：西南方向有沿太行山东麓直通中原各地的太行山东麓大道，西北方向有通向太行山以西及蒙古高原的居庸关大道，东北方向有通向燕山腹地的古北口大道，向东还有紧傍燕山南麓通向松辽平原的喜峰口大道和山海关大道①。

　　地理区位的独特和交通的畅达，给北京和外部世界带来了全方位的交往，这已不乏各方面的实证。然而综观史实，其中最具主导地位的，还是南北之间的交流。这是因为，北京地貌的总体形势是东临浩瀚大海，西傍巍巍太行，东西皆有天然屏障，唯有南北方向是连接北中国的大通道。事如侯仁之先生所言："殷商和晏已有交涉，根据古代自然地理的情况来推测，只有沿着今太行山东麓一带，这种交涉才有可能。因为山麓地带以西，

────────

　　①　侯仁之主编、唐晓峰副主编:《北京城市历史地理》，北京燕山出版社，2000年，第353页。

尽是深山大谷，南北来往和文化交流，在那时来说几乎是不可能的。"[1]他并且强调，太行山东麓的这条大道，"在那时候也是华北大平原上南北之间唯一可以通行无阻的大道"[2]。这就是说，在现代化交通工具出现之前，从中原各地到东北平原或蒙古高原，必须经太行山东麓先到北京，然后分别出居庸关、古北口、喜峰口或山海关，才能到达塞外目的地。反之，从塞外南下中原也只有通过各关口先到北京，然后再沿太行山东麓大道南行，方可直下华北大平原。缘乎此，燕山南北间的交流就成了北京地区多元民族与多元文化的主要来源，也成了本章论证的重点。

秦汉以降，南北各民族、各文化在北京地区的纵横交织早已有目共睹，前面几章在论证北京历史文化的演进过程时也对此颇有涉及。然而从源头上说，中国东北方的这些民族与文化究竟是怎样生成的，开始时他们处于何种状况，后来发展演变成什么关系，而北京地区在这里又担负着怎样的使命？这些问题显然是更为至关重要的。从时间上说，这个答案无疑隐藏在悠远难稽的原始时代及夏商时期，而从空间上说，这必须着眼于整个燕山南北乃至整个东北地区才能判明。

一　浑然天成的文化中心

如果说，当进入历史时期以后，一个区域的文化往往是由该地的政治、经济、民族、传统及地理环境等多种因素决定的，起主导作用的是它的社会属性，那么在史前时期，这基本上是由地理环境所决定的，重在它的自然属性。特别是在蛮荒的旧石器时代，地理环境对人类的制约作用尤为突出，各种文化性征无不带有显著的自然性。而根据大量考古资料，在距今

---

① 侯仁之:《关于古代北京的几个问题》,《文物》1959 年 9 期。

② 侯仁之:《论北京建城之始》,《北京社会科学》1990 年 3 期。

几十万年前，当人类刚刚从猿群中诞生，北京地区就成了原始文化传播的中心，成了链接各地文化的枢纽。

如第二章第一节所述，距今 46 万年～23 万年的"北京人"属直立人种，可以直立行走，能够制造工具，还有了简单的思维和最初的语言。而综观全球范围的人类发展史，正因为直立人取得了这些前所未有的进步，故而不再像以前的人科成员那样固守在一个地方，而是顽强地走出了故乡，散布到更为广大的区域，甚至进行了跨大洲的迁徙。事实上，种种迹象表明，"北京人"也早在旧石器时代早期就和不少地区发生了接触和交往，把自己的文化传到了南北各方。

根据目前可以确知的资料，"北京人"的影响向西北已远达内蒙古大青山一带，向东北更远播于辽宁营口与本溪地区①。"北京人"的这种影响还不仅限于旧石器时代早期，而一直波及到旧石器时代中晚期。例如在旧石器时代中期的辽宁喀左县大凌河西岸的鸽子洞遗址中，发现了数百件石器和石质材料，它们在种类、样式、尺寸乃至制作方法上都相当接近"北京人"文化，被认为是北京猿人文化"向东北发展的重要一支"②。至于向中原方向，旧石器时代中期的山西阳高"许家窑人"在体质特征、石器类型、生产技术等方面都深受"北京人"文化的影响，贾兰坡先生甚至据此认为"许家窑人"很可能就是北京猿人的直系后代③。此外见于旧石器时代中期的山西襄汾"丁村人"遗址，出土的打制石器也带有北京猿人文化的烙印④，同样体现了"北京人"文化向中原的传播。到了旧石器时代晚期，"北京人"文化的余韵仍绵绵不绝，进一步向南深入到了中原腹心之地。河南安阳小南海北楼顶山发现的旧石器时代晚期洞穴出土了大量遗

① 文物编辑委员会：《文物考古工作三十年》内蒙古、辽宁部分，文物出版社，1979 年。

② 张森水：《中国旧石器文化》，天津科学技术出版社，1987 年。

③ 贾兰坡、卫奇：《阳高许家窑旧石器时代文化遗址》，《考古学报》1976 年 2 期。

④ 李壮伟：《山西旧石器的发现与研究》，《山西大学学报》1982 年 3 期。

物，通过对它们的分析，可知"整个小南海文化显示了遥承北京人文化传统发展而来的特点"①。

从"北京人"文化传播的地域看，总体上是向南北两大方向延伸的。具体来说，向北所及的内蒙古大青山在北京北部偏西，辽宁营口在北京北部偏东，二者与北京的连线恰好形成了对应的夹角，合成了一个以北京为轴心的北部地区扇面带。前面所述的北京猿人文化向北传播的其它地点，例如辽宁本溪、喀左鸽子洞等，都在这个扇形地带中。在北京猿人文化向南的传播上，从各有关地点的分布来看，主要是傍着蜿蜒的太行山东麓直接向南，或径直通往豫北，或由豫北再穿过太行山南麓进入晋南襄汾一带。"北京人"向西的传播也是存在的，其路径是自北京向西绕过太行山北麓，经桑干河谷进入晋北阳高一带。

在北京猿人时代乃至更早，整个华北地区和东北地区的气候差别不大，因而南北各方都不乏古人类的生存繁衍。在北京以北，内蒙古大青山大窑文化的地质时代属中更新世，与北京周口店的地层年代大体相当。辽宁营口金牛山遗址下层属旧石器时代初期②，也与北京猿人所处的阶段基本相同。辽宁本溪山城子庙后山洞穴遗址发现了人牙和众多古动物化石，时代亦属旧石器时代初期③。在北京以南，山西芮城西侯度出土了早更新世晚期的人类文化遗存，时代远比北京猿人为早，大约距今180万年④，但这里同时也发现了和北京猿人处于相同阶段的旧石器时代早期遗存⑤。此外，无论在靠近襄汾的山西垣曲，抑或在离安阳不远的河南三门峡、陕县、渑池等地，都发现了相当旧石器时代初期的文化遗存⑥。这些发现无不表明，

① 中国社会科学院考古研究所编：《新中国的考古发现和研究》第一章，文物出版社，1984年。
② 金牛山联合发掘队：《辽宁营口金牛山旧石器文化的研究》，《古脊椎动物与古人类》第16卷2期。
③ 《辽宁地区远古人类及其文化的初步研究》，《古脊椎动物与古人类》第19卷2期。
④ 《西侯度—山西更新世早期古文化遗址》，文物出版社，1978年。
⑤ 贾兰坡、王建：《山西旧石器的研究现状及其展望》，《文物》1962年4、5期。
⑥ 《新中国的考古发现和研究》第一章，文物出版社，1984年。

当时北京南北各方都有人类居住，而北京猿人文化的传播，就是通过这些古人类的相互交往实现的。对于某些时空关系紧密、文化内涵相同的遗存而言，当然也不排除这是北京猿人直接迁徙的结果。

上述以北京地区为中心的文化传播，就是由北京独特的地理环境、交通状况等自然条件所决定的。这就从纯自然的层面上揭示，自从有人类以来，北京就是文化传播的中心，是联结南北文化的天然纽带。

任何具有持久生命力的文化，无一不是以善于汲取其它文化的优良元素为特征的，北京地区的远古文化自不例外。应当说，经过几十万年的艰苦开拓，北京地区的远古人类不仅将自己的文化传播到了南北各方，同时也从各不同方面汲取了文化营养，不断增强了自身的生存适应能力。这一点在旧石器时代早期的"北京人"遗存中已有反映，而在旧石器时代晚期的"山顶洞人"遗存中，则有更为突出的体现。

正如第四章第一节所述，"山顶洞人"普遍应用了磨光技术、钻孔技术和染色技术，工艺水平大幅度提高。他们还发明了骨针，表明当时已掌握了原始缝纫技术，开始用兽皮制衣御寒。至于"山顶洞人"遗址内发现的旧石器时代墓地，更表明当时已经有了对死者灵魂的崇拜，萌生了最早的宗教意识。以上事实无不揭示，山顶洞人的生存状况有了很大的改观，文化面貌也更加丰富多彩。然而有迹可循的是，"山顶洞人"之所以能集旧石器时代晚期先进文化、先进技术、先进产品于一穴，就是广泛汲取各异域文化的结果。其中一个突出实例是，"山顶洞人"装饰品的质地非常丰富，来源也非常广泛，其中有些蚌壳类物品就很可能来自黄淮地区[①]。此外更为独特的一点是，通过对"山顶洞人"人体骨骼的分析，还可知这里集中着不同地域的人群，是不同地域人群及文化融注一地的典型实例。

在"山顶洞人"遗址中，出土了不少于 10 个不同个体的人类化石，

---

① 贾兰坡：《山顶洞人》，龙门联合书局，1950 年。

而通过对人体头骨的精密测量和比较分析，发现这些一穴之内的人类个体居然存在一些体质的差异。德国解剖学家和体质人类学家魏敦瑞是"北京人"的研究者之一，他认为这些差异是不同种族的反映，分别代表了蒙古人种、美拉尼西亚人种和爱斯基摩人种。按照他的说法，山顶洞人是由彼此相隔万里的原始人迁徙来的，甚至囊括了全人类的共同祖先。相比之下，中国学者的研究似乎更合情理，例如根据吴新智的缜密分析，这些头骨的特征都未超出原始黄种人的范畴，彼此的细部差异只代表了黄种人中的中国人、爱斯基摩人、美洲印第安人三大支系①。

人类成长史的研究表明，人体特征是由不同的自然环境造成的，大致可分为树木茂密和水源丰盛的山岳型、土壤贫瘠的缺水型、草场沼地型、开阔且排水良好的低地型等几大类②。山顶洞人体质特征的细部差异，恰好表明他们来自孕育了黄种人的不同环境，集中了各类黄种人的最初雏形。如果借用现代民族学的概念来说，在北京周口店的山顶洞中，汇聚了黄种人的若干不同"民族"，是最早的"多元民族"复合体。正缘于此，"山顶洞人"才表现出了远较其它同类遗存更加丰富的文化面貌。也正缘于此，才体现出北京地区是联结南北各地远古人类的一大枢纽。

正如美国著名历史学家斯塔夫里阿诺斯所说："无论何时，适应性最强的种类，即利用自然环境最有效的种类，总是那些在其活动范围中占优势、并不断扩展其活动范围的种类。"③北京地区的远古人类就是这样一个种群。他们具有超强的适应性，能够凭借北京地区的地理优势不断扩展自己的活动范围，同时也不断吸收、传播优秀的文化，由此成为北京历史上最早的文化传播者。

---

① 吴新智：《周口店山顶洞人化石的研究》，《古脊椎动物与古人类》1961年3期。

② 阿诺德·汤因比：《历史研究》（修订本），上海人民出版社，2000年，第69页。

③ ［美］斯塔夫里阿诺斯著，吴象婴、梁赤民译：《全球通史—1500年以前的世界》第77页，上海社会科学院出版社，1999年5月。

二　新石器时代的燕山南北文化

当"东胡林人"把新石器时代的曙光挥洒在中国北方大地上时，北京一枝独秀地引领着时代的潮流。但时隔不久，当新的经济生活方式迅速传播于中华大地时，南北各地很快跨入了新石器时代的成长期，北京地区随之成为燕山南北各大新石器文化生成、交融与碰撞的中心。

在北京以北和东北方向，是今内蒙古东部和东北地区，包括东北三省和内蒙古自治区的赤峰市（原昭乌达盟）、通辽市、兴安盟、呼伦贝尔盟。在近代史上，这片地区统称"东北地区"，以下即以"东北地区"泛指这片地域。由于这个地域位在燕山以北，故此从方位上讲又可将其简称为燕山以北地区。在这片广袤土地上，古文化的重心一向集中在靠近燕山北麓的内蒙古东南部和辽西一带，即集中在西拉木伦河、老哈河及西辽河流域。苏秉琦先生早在 20 世纪 80 年代就指出，对这一带的古文化应当特别予以关注，因为这里是"联结我国中原与欧亚大陆北部广大草原地区的中间环节"，"我国统一的多民族国家形成的一连串问题似乎最集中地反映在这里"①。

迄今为止，在燕山北麓的内蒙古东南部和辽西一带，已发现诸多新石器时代遗存，其数量之多、密度之大丝毫不亚于中原地区。随着材料的积累和研究的深入，学者对这一带文化类型的研究不断推陈出新，于是也就不断有新的文化类型被提出。但综合以观，这里从早到晚主要分布的是小

---

① 苏秉琦：《燕山南北地区考古—在辽宁朝阳召开的燕山南北、长城地带考古座谈会上的讲话》，《文物》1983 年 12 期。

河西文化、兴隆洼文化和红山文化[①]。

迄今所知东北地区最早的新石器文化，即 1987 年在内蒙古敖汉旗小河西发现的"小河西文化"。此文化的时代最早可以早到距今 9000 年至 8500 年左右，主要分布在内蒙古东南部的西拉木伦河流域，在林西县、巴林左旗、敖汉旗、翁牛特旗等地均有发现[②]。总体上说，小河西文化的村落遗址普遍偏小，房屋是半地穴式建筑；其石器是东北地区新石器文化中最原始的，制作粗糙且形制简陋，但已出现磨制石器；其陶器的胎部和底部都很厚，器表皆素面，以素面陶附加泥条堆纹为特征。总之，小河西文化处处体现了早期新石器文化的原始性，是目前所知东北地区史前文化中年代最早的。

继小河西文化之后，在东北地区兴起的是兴隆洼文化。兴隆洼文化肇始于距今 8000 年前后，分布在东起医巫闾山、西逾大兴安岭、北过乌尔吉木伦河、东北到吉林省通榆的范围内，向南一直延伸到了天津附近的冀东南一带。其范围虽大，但就它的中心分布区而言，仍集中在西拉木伦河流域，与小河西文化的中心分布区相同。此文化的聚落遗址已具有相当规模，聚落外或有壕沟环绕，聚落内的房屋排列有序，大型房址位于聚落中央，面积最大的可达 140 平方米。其陶器的种类不多，主要有大小不同的陶罐、碗钵以及杯形器、盅形器等。夹砂筒形罐已经出现，"之"字形陶纹已经开始流行，这两大特征成了此后贯串该地区整个史前文化的基本要素。从出土的石锄、石斧、石锛、石凿、石刀、石磨盘、石磨棒及石杵等生产工具看，当时已经有了种植业，但仍以狩猎、渔业、采集等生业为主。房屋遗址周围遍布着鹿、狍骨骼及胡桃楸果实硬壳，这就是狩猎、采集经

[①] 本章对东北地区史前文化的归纳，主要采用苏秉琦主编的《中国通史·第二卷》的说法，详见该书第四章第一节，上海人民出版社，1994 年。

[②] 索秀芬、李少兵：《小河西文化聚落形态》，《内蒙古文物考古》2008 年第 1 期。

济遗留的残骸。通过对兴隆洼文化村落遗址的考察，可知当时这里已形成家庭、家族、氏族多层次社会结构，标志此文化已走出了原始社会的初始阶段，进入到母系氏族公社的成熟期[①]。

东北地区继兴隆洼文化而起的，是大名鼎鼎的红山文化。此文化于1935年发现于内蒙古赤峰市东北郊红山后英金河畔，开始称"赤峰第一期文化"，自20世纪中期尹达先生发表了《关于赤峰红山后的新石器时代遗址》[②]一文后，被正式命名为红山文化。此文化可分前后两大期，前期大致在距今6500～5500年间，后期大致在距今5500～5000年间，共历时1500年左右[③]。每期当中还包括了不同经济类型和不同文化类型，根据苏秉琦等人的分析，前期主要包括了赵宝沟文化、富河文化、新乐文化、左家山二期文化、小珠山一期文化等类型，后期则主要包括了小珠山中层文化、偏堡子文化、小河沿文化等类型[④]。

红山文化前期以西拉木伦河和老哈河流域为中心，同时覆盖了滦河流域、大凌河流域以及辽西的大部分地区。其陶器的火候及制造技术比兴隆洼文化明显提高，种类也明显增多。在各不同文化类型间，共同流行着一种口大底小、腹壁斜直的筒形罐，也共同流行着一种"之"字形压印纹陶器装饰。其中的直线形或弧线形"之"字形压印纹是直接沿袭兴隆洼文化而来的，表明了红山文化前期与兴隆洼文化的上下承继关系。之字形纹往往与筒形罐结合在一起，成为红山文化前期的显明标志。

---

① 中国社会科学院考古研究所内蒙古工作队：《内蒙古敖汉旗兴隆洼遗址发掘简报》，《考古》1985年10期；杨虎：《试论兴隆洼文化及相关问题》，《中国考古学研究—夏鼐先生考古五十年纪念论文集》，文物出版社，1986年；崔璇：《内蒙古新石器时代考古的重要突破—兴隆洼文化的发现与研究及其所提出的问题》，《内蒙古社会科学》1987年1期。

② 尹达：《中国新石器时代》，生活·读书·新知三联书店，1955年。

③ 一般认为红山文化开始于公元前4000年左右，本文对红山文化的分期与年代采用了赵宾福《红山文化研究历程及相关问题再认识》中的观点，见《内蒙古大学学报》（人文社会科学版）2005年4期。

④ 白寿彝总主编、苏秉琦主编：《中国通史·第二卷》，第358~420页。

　　前期红山文化除狩猎、捕鱼等经济形态外，还出土了成堆的炭化谷物，发现了大量农业生产工具，表明原始农业已取得了长足的发展。农业生产工具中既有用于挖掘树根的石斧和开荒刨土的石锄，也有用于收割的石刀，还有用于谷物脱壳加工的石磨盘和石磨棒等，种类相当齐全。此阶段的房屋规格也出现了明显的分化，最大的近一百平方米，一般的仅二三十平方米，彼此相差悬殊。大型房屋基址内出土了刻画人面的斧杖、鸟兽图尊形陶器、鸟形木雕等物品，它们既可能是祭祀时供奉的神器，也可能是标榜房主人身份的特殊器具，都揭示当时已出现了高踞一般氏族成员之上的氏族首领或祭司[①]。

　　燕山以北各部族的一次大踏步历史跨越，发生在红山文化后期，特别是发生在红山文化后期的后半段。红山文化后期开始于距今 5500 年前，经过测定的东山咀遗址和牛河梁遗址的年代分别距今 4975 ± 85 年和 4895 ± 70 年[②]，则表明此文化的下限年代已到了距今五千年前后。在这数百年中，红山文化取得了空前繁荣，分布的范围也不断扩大，向南直抵燕山及渤海湾，向东远逮辽河下游的辽宁本溪，向东南进入到辽东半岛，向西延伸至桑干河上游，中心分布区则在老哈河与大凌河间。

　　在各地的后期红山文化遗存中，石斧、石锄、石铲、蚌刀、蚌镰等农业生产工具俯拾即是，还出现了形制先进的石耜和石刀（铚），充分表明农业在这里已经成了最主要的经济门类。尤为突出的是，在它的中心分布区，收割类工具数量陡增，形式多样，表明此时期的农作物产量已有大幅

---

　　① 　辽宁省博物馆等：《辽宁敖汉旗小河沿三种原始文化的发现》，《文物》1977 年 12 期；中国社会科学院考古研究所内蒙古工作队：《赤峰蜘蛛山遗址的发掘》，《考古学报》1979 年 2 期；中国社会科学院考古研究所内蒙古工作队：《赤峰西水泉红山文化遗址》，《考古学报》1982 年 2 期；辽宁省博物馆等：《大连市郭家村新石器时代遗址》，《考古学报》1984 年 3 期；辽宁省文物考古研究所：《辽宁牛河梁红山文化"女神庙"与积石冢群发掘简报》，《文物》1986 年 8 期。

　　② 　杨虎：《关于红山文化的几个问题》，刊《庆祝苏秉琦考古五十五年论文集》，文物出版社，1989 年。

度增长。渔猎经济当然仍是不可或缺的辅助性产业，就连纺织业也取得了很大发展，仅在大连旅顺口郭家村一地的下层遗址中就出土了 142 件纺轮。其陶器文化的进步更加明显，器类大大增多且造型日趋繁缛，彩陶开始流行，还出现了祭祀性陶器。

后期红山文化的墓葬资料显示，当时这里已进入父系社会，形成了一夫一妻制家庭。其墓地有了明显的规划，可以清晰分辨出个体家庭、独立成组的家族墓区、整个族墓地三级组织结构。墓葬是用石板搭建的，墓室、墓盖、墓底、墓界均为石板，称为积石冢墓。这些墓葬的形制虽然相同，随葬品的多寡却高下悬殊，多者琳琅满目，少则空无一物，表明社会已经出现了明显的贫富分化。

最引人瞩目的是，红山文化后期后段出现了多处祭祀遗址，显示该部族已有了相当成熟的宗教生活。这些祭祀遗址都有类似祭坛的建筑，坛内或坛旁埋人，随葬了祭祀用的陶器和玉器，还出土了献祭的猪、鹿骸骨。规模最大的一处祭祀遗址见于辽宁建平、凌源二县交界处的牛河梁。此遗址位于大凌河和老哈河之间，总面积阔达 5 平方公里，是一处"庙、坛、冢"相结合的建筑遗址，出土了距今 5000 年前的大型祭坛、女神庙、积石冢和"金字塔"式建筑[①]。

"女神庙"是牛河梁遗址的中心建筑，位于牛河梁主梁的顶部。这是一座南北向的半地穴式神殿基址，总长 18.4 米，平面略呈"亞"字形。庙由多室组成，主室为圆形，左右各有一圆形侧室，主室的北部有一近方形室，其南部似有三室相连，成一横长室。庙室整个基址结构复杂，但布局谨严，左右对称，主次分明，规范而又富于变化。庙址墙壁残高 0.5 ～ 0.9 米，壁上绘有彩画。室内出土的陶器造型奇特，有镂孔塔形器等，此外还有品类不一的泥塑动物。这些物品显然不是日常生活用具，而是祭祀用的

---

① 辽宁省文物考古研究所:《辽宁牛河梁红山文化"女神庙"与积石冢群发掘简报》,《文物》1986 年第 8 期。

神器。至于其祭祀的主体，则是室内供奉的彩绘泥塑人像。

"女神庙"出土的彩绘泥塑人像多为残件，包括头部、耳鼻、躯干、四肢等，分属若干大小不一的个体。其中小的与真人相似，最大的一尊则近乎真人的三倍。发掘者据此分析说："根据群像之间大小和体态的差别判断，似已形成有中心、有层次的'神统'。"这些塑像造型逼真、胎质细腻、体态优美，线条颇具动感，有乳房的残块，可判定皆为女性，故谓之"女神"。在辽宁喀左县东山嘴发现的红山文化祭坛中，也出土了多个裸体女像，既有立式的，也有盘膝端坐在石筑圆形祭坛上的①。综观这些"女神"像的容貌，一概颧骨高耸，圆额头，扁鼻梁，尖下巴，属于典型的蒙古利亚人种，与现代华北人的脸型接近。它们的出土，既揭示了红山人的族性，也再现了炎黄儿女5000年前的形象。

牛河梁女神庙门外有一处平台，面积约一百平方米，应是祭祀女神的主场地。女神庙的四周围绕着不少山头，每座山头上大多建有积石冢和分祭坛。每一处积石冢群的中间均有一座中心大墓，四周环以小墓，外有垒砌的石墙以为框界。大墓墓主皆为男性，墓穴上面有积石封土，形成了高耸的墓冢，其随葬品也明显多于周边小墓。在每处积石冢群的中间还建有方形或圆形的坛状积石建筑，形成了一个个分祭坛。这些积石冢群和分祭坛，如众星拱月般簇拥着女神庙，既烘托了女神庙的中心地位，也突出了整个祭祀遗址的一元格局。

以牛河梁祭祀遗址规模之大，以其远离居民生活区的单独存在，可知这是一处原始部民专设的祭祀中心。这个祭祀中心对揭示红山文化后期的社会组织结构不无裨益，主要收获是：

1，它的主次分明的一元格局表明，当时红山文化居民已经形成了范围相当广大且相对统一的部族联合体。在这个联合体内，人们共同尊奉一

---

① 郭大顺、张克举：《辽宁省喀左县东山嘴红山文化建筑群址发掘简报》，《文物》1984年第11期。

个女神体系，有统一的祭祀活动，由此形成了一个以祭祀中心为纽带的地缘组织。

2，这个部族联合体是由一个个相对独立的氏族或部族组成的，围绕女神庙的分祭坛就是他们各自的祭祀场地。

3，女神造像的大小有别、有主有次，揭示这些氏族或部族已经形成了一定的高下亲疏之分。

以上特点告诉我们，在红山文化后期的中心地段，已经"产生了植基于公社，又凌驾于公社之上的高一级的社会组织形式"[①]。这种组织形式是原始社会末期的产物，是氏族制度所能达到的最高程度，如果再向下发展，其系统就要突破部落联盟的极限，向国家文明机制转变了。

牛河梁祭祀遗址的发现，同时还展现出红山文化部族所达到的综合实力及生产力水平。考古工作者对该遗址的建筑水平赞叹不已，特别强调说："就现有的了解，'女神庙'的建筑设计和技术水平达到了相当高的程度：顶盖、墙体采用木架草筋、内外敷泥、表面压光后或施彩绘，具有承重合理、稳定性强的特点；主体建筑既有中心主室，又向外分出多室，以中轴线左右对称，另配置附属建筑，形成一个有中心、多单元对称而富于变化的殿堂雏形。"这种左右对称、前后对应的布局，这种规模宏大、结构复杂的建筑，显然不是一般原始部族所能为，也不是单个部落所能造，而是整个红山文化联盟共同的结晶。它的存在，既体现了红山部族所达到的生产力水平，也展示了该部落集团所达到的社会组织程度。

红山文化的又一颗耀眼明珠，即它的各类玉器。早在兴隆洼文化时期，辽宁阜新县查海、内蒙古敖汉旗兴隆洼、林西县白音长汗等遗址就出土了当地制作的玉器，数量多达数十件，年代最早的可到距今七八千年前。查海遗址发现的玉斧、玉匕、玉玦、管状器等经鉴定全为真玉，是中国最早

---

① 苏秉琦:《辽西古文化、古城、古国》,《文物》1986 年 8 期。

的真玉制品，且已综合采用了琢磨成形、抛光、钻孔等加工技术。经 C14 年代测定，查海遗址距今 6925±95 年，树轮校正为距今 7600 年，此即这些玉器的年代[1]。到了红山文化后期，玉器的数量明显增多，在辽宁省凌源县牛河梁、三官甸子、喀左县东山嘴、阜新县胡头沟、内蒙古翁牛特旗三星他拉、敖汉旗大洼等地都有不少发现。牛河梁遗址的玉器大多出自墓葬，但不与日用陶器同出，体现了红山文化部族"唯玉为葬"的习俗。这些玉器在墓葬中是用来标示墓主身份的，既是实用的装饰品，又具有礼器性质，是中国古代玉礼器的祖型。其质地有白色透明、乳白、淡绿、深绿等，形式有玉璧、玉佩、玉箍、玉环和兽形玉等，花纹图案则以动物形象为主[2]。

红山文化玉器的动物图形包括玉鸟、玉龟、玉鱼、玉猫头鹰等，尤为特殊的即被人们称作最早的龙图案的"玉猪龙"。这些"玉猪龙"作猪首龙身状，头部刻有猪的五官，龙身蜷曲如璧，长度一般在 5~10 厘米左右，最长可达 29.5 厘米。在中国古代，猪是最早驯化的动物之一，红山晚期的家猪饲养业也十分发达，仅就大连郭家村遗址下层所见，家猪骸骨的数量已远远超出了其他狩猎对象的总和[3]。将猪首安上龙身，从现实生活的层面上说是体现了红山文化居民与家猪的密切关系，而从精神层面上说，这已把它升华为神化动物，当成了人们崇拜的偶像。更重要的是，"玉猪龙"是迄今所知"中华龙"的最早形态之一，它的成为崇拜偶像，把"龙的传人"对龙的崇拜上溯到了原始时代，而且追溯到了塞外西辽河流域。

玉质璧环也是红山晚期玉器的典型器之一，分玉环和玉璧两种，最大的直径 12.9 厘米，最小的仅 4 厘米。其中相当部分玉环和玉璧带有穿孔，应是人身上的佩饰。对玉的钟爱是东方文明的传统，流传千古而不衰。《说

---

[1] 辽宁省文物考古研究所：《阜新查海新石器时代遗址试掘简报》,《辽海文物学刊》1988 年 1 期。

[2] 张星德：《牛河梁玉器墓的文化属性再考察》,《边疆考古研究》第 4 辑, 科学出版社, 2006 年。

[3] 辽宁省博物馆等：《大连市郭家村新石器时代遗址》,《考古学报》1984 年 3 期。

文解字》云："玉，石之美有五德者。"这里把玉的美感与人的美德相联系，赋予了"以玉载德"的涵义。《礼记·玉藻》云："古之君子必佩玉。"《礼记·聘义》云："君子比德于玉焉。……垂之如坠，礼也。"这里又把玉的佩戴与"君子"相连，赋予了"以玉载礼"的涵义。由此可见，玉环、玉璧在红山文化后期的层出叠现，表明这里已经出现了一个以佩戴玉件为标志的"君子"阶层。总之，"没有社会分工，生产不出玉器，没有社会分化，也不需要礼制性的玉器"，这说明"辽西一带的社会分化早于中原"[①]。

以上东北地区新石器时代的考古发现是极具历史意义的，它们以无可辩驳的事实揭示，早在史前时代，这里就有了相当发达的新石器文化和农耕经济。如果说，处于起步阶段的兴隆洼文化还相对原始，各方面都无法与同期中原文化相媲美的话，那么从红山文化开始，一切都发生了根本的变化。特别是在西拉木伦河以南，红山文化在保留传统渔猎经济的同时，农业经济及家畜饲养业、手工业、纺织业都取得了长足的发展，成为中华农耕文化中毫不逊色的一支。事实上，从文化的基本构成来看，红山文化与同期中原文化确无多少差异，以致不少学者把它视为中原仰韶文化的一个变体[②]。而到了红山文化后期，尤其是到了红山文化后期晚段，其部落联盟的壮大、社会组织的进化、阶级分化的加剧、原始礼制的滥觞、宗教活动的兴起等等，更是走在了同期中原文化的前面。这些事实表明，燕山以北并非与生俱来的"蛮夷"之地，并非一直落后于中原地区，更不是从一开始就是游牧民族信马由缰的莽莽荒原。恰恰相反，红山文化中心所在的西辽河流域，是和黄河流域、长江流域并列的中华文明三大源头之一，甚至先于黄河、长江流域叩响了文明的大门。

在整个兴隆洼文化和红山文化时期，各个类型的发展并不均衡，有联系也有区别。总体上看，这两大文化都兴起于西拉木伦河流域，且同时向

---

①　苏秉琦：《中国文明起源新探》，三联书店（北京），1999年，第134页，图116注。

②　安志敏：《略论三十年来我国的新石器时代考古》，《考古》1979年5期。

流域的南北两面扩展，以至西拉木伦河流域在地理位置上始终处在这两大文化的中心。但若论它们的文化重心，却有一个逐步南移的过程。兴隆洼文化之时，典型遗存集中在西拉木伦河流域，特别是集中在它的北半部。而到了红山文化前期，西拉木伦河以北的富河文化成了同期文化中最不发达的部分，反倒是西拉木伦河以南的类型相对水平较高，尤以原始农业的发展最为显著。到了红山文化后期，其最南端的老哈河上游及努鲁儿虎山南北两侧成了最发达的地区。由此可见，从兴隆洼文化开始，整个东北地区史前文化的重心是逐次南移的，先由西拉木伦河流域北部转向了南部，后又由西拉木伦河流域南部转向了内蒙古东南一隅的今赤峰市以东以南，以至直抵燕山脚下。

从地理方位上看，老哈河源出于今河北省平泉县，努鲁儿虎山的东南端也已接近河北，皆与北京毗连。这就是说，东北地区经济、文化重心的每一次南移，都是向着华北平原和北京地区的。这种趋势表明，东北地区史前文化深受北京地区的吸引和影响，而这吸引和影响，首先来自北京地区的新石器文化。

北京地区的气候温暖湿润，水土资源丰富，早在新石器时代就成为中国北方的主要农业区之一。如第二章第二节所述，最早的新石器文化及粟作农业就产生在这里，此即新石器早期的"东胡林人"文化。在这之后，北京地区又出现了以房山镇江营一期文化为代表的新石器文化，时代可以早到距今 9000 年前后[1]，同样领先于东北地区的各新石器文化。到了新石器时代中期，在北京东北部及天津、唐山一带勃然而兴的，则是发现于平谷区韩庄乡上宅村的上宅文化。

上宅遗址南临洵河，高出洵河河床 10～13 米。遗址内出土的石质生产工具多达 2000 余件，种类有石斧、凿、锛、盘状磨石、磨盘、磨棒、

---

① 详见第三章第一节。

铲、锄形器、砧石、石球、柳叶形石刀等，采用的制法有打制、琢制、磨制及压剥等。陶器大多为生活器皿，可复原的达 800 余件，种类有罐、钵、碗、杯、勺，此外还有陶弹丸和陶网坠。丰富多彩的石制及陶制艺术品是上宅文化的一大特征，尤以憨态可掬的陶猪头、石羊头、陶羊头、小石猴、小石龟等引人瞩目①。上宅遗址还出土了一条残长 80 多米、宽 9 米的大灰沟，其内遍布陶器、石器、陶塑和石刻工艺品，且有陶窑，应是陶器制作和石器制作的专业场地。根据考古地层学与类型学的分析，上宅遗址可分前后三大期，上限年代"若有树轮年代校正，有望达到距今 8000 年前后"②，下限年代则在距今 6300 年左右，前后延续了一千六七百年。

经过正式发掘的上宅文化遗址还有北京平谷北埝头、河北三河县孟各庄等。平谷北埝头遗址在不大的范围内密集排列着 10 座半地穴式房屋基址，且房屋的面积都较大③，反映了上宅文化人口的增加及村落的繁荣。

在东北地区，与上宅文化大体同时代的，就是兴隆洼文化和前期红山文化。单就兴隆洼文化而言，不难看出上宅文化的水平显然略胜一筹。这就是说，从"东胡林人"直至上宅文化，在长达三千多年的时间中，北京地区的文化始终处在比东北地区或时代领先、或水平领先的地位。在没有过多社会因素干扰的史前时代，先进文化吸引、带动落后文化，是四海之内的普遍规律。因此可以说，正是由于受了北京地区新石器文化的吸引，东北地区的史前文化才出现了重心不断南移的趋势。同时也可以说，正是在北京地区新石器文化的影响和带动下，东北地区的史前文化才迅速发展起来。

---

① 北京市文物研究所上宅考古队：《北京平谷上宅新石器时代遗址发掘简报》，《文物》1989 年 8 期。

② 陈光：《北京市考古五十年》，载《新中国考古五十年》，文物出版社，1999 年。

③ 北京市文物研究所上宅考古队：《北京平谷北埝头新石器时代遗址调查与发掘》，《文物》1989 年 8 期。

北京地区史前文化对东北地区的直接影响，甚至一直可以追溯到新石器时代的最初源头。第二章第二节曾述，在中国北方新石器时代早期文化组群中，有一处位于怀柔北部山区白河北岸的宝山寺乡转年遗址。该遗址的整体面貌与东胡林遗址十分相似，存在一定的渊源关系。更重要的是，除了时代早晚有别外，转年遗址与东北地区最早跨入新石器时代的"小河西文化"也不乏联系。

纵观东胡林—转年—小河西三处遗址，在年代上以东胡林为早，大约距今 12000 ~ 9000 年，转年次之，大约距今 9800 ~ 9200 年，小河西最晚，大约距今 9000 ~ 8500 年。在地理位置上，小河西文化地处整个东北地区的最南端，很接近北京平原，更接近怀柔转年遗址，而且恰好处在东胡林—转年遗址向东北方的延长线上，表现出了随年代推移不断向东北传播的轨迹。再从文化面貌上看，这几大类型统属素面陶系统，有着相同的文化基因。总之，这三大遗址在时间上是依次递嬗的，在空间上是逐次延展的，在文化上是一脉相承的，呈现出一个由西南向东北的传播链。从交通上说，由怀柔转年遗址所在的潮白河谷北上，穿过古北口等关隘，便可直接进入小河西文化所在的西拉木伦河流域，三者的交通也十分便利。

在新石器时代早期，生产力水平相当低下，人们终年辛勤劳动也只能勉强养活自己，没有太多的剩余产品。因此当时存在的一个普遍问题是，一方面新的定居生活大大刺激了人口的增殖，另一方面刚刚萌芽的农业经济尚无法集中供养过多的人口。解决的办法只有一个，那就是每当部落人口达到一定密度，形成了人口压力时，一部分人群就要分化出去，以此来调整人口与资源的矛盾。东胡林—转年—小河西文化的传播链，就是在这种背景下出现的，它表明早在距今八九千年前，远古人类为了生存与发展的需要，就从北京地区出发，穿越燕山山脉进入了东北地区。

北京地区新石器文化影响东北地区的又一具体实例，见于上宅文化一期与兴隆洼文化的联系。上宅一期遗存是上宅文化早中晚三期中最原始的，

其特征是夹砂厚胎陶多见，陶胎富含滑石粉末，器类以大口深腹筒形罐和
钵为主，纹饰主要为压印弦纹、网格纹和麻点附加堆纹，而凡此种种皆与
兴隆洼文化不乏共通之处[①]。这种相似竟然如此明显，以至过去通常将上
宅一期遗存直接归为兴隆洼文化。但如学者所判明的："（上宅文化）抹刮
条纹的大量存在，则表明该文化主体内容并非由兴隆洼文化发展而来。也
许这个主体内容的渊源在永定河、子牙河的下游一带而尚未得到揭示。"[②]
即总体上看，上宅一期文化仍不乏自身的个性，不能简单地归为兴隆洼文
化。至于二者间的明显共性，则是它们相互影响的结果。

　　那么，到底是兴隆洼文化影响了上宅一期文化，还是上宅一期文化影
响了兴隆洼文化呢？以往的研究多侧重于前者而忽略了后者。其实不难
判明的是，既然这两个文化的共性已经大到了一望可即的地步，那么就
一定同时存在两个文化的相互影响。更何况东胡林—转年—小河西诸文
化的逐次北进，已显示出北京地区新石器文化对东北地区的影响，显示
出北京地区新石器文化所具有的强大辐射力。考古工作曾揭示一个耐人
寻味的现象，即"在非兴隆洼文化分布重心的燕山一带京、津、唐地区，
晚于兴隆洼文化第三期的另外一种文化遗存中，仍能见到个别属于兴隆
洼文化延续的标志物"[③]。这就是说，当兴隆洼文化在东北地区全部退出
历史舞台后，它的某些成分仍在京、津、唐地区流传，并未因东北地区
兴隆洼文化的终止而终止。对这种现象虽然能够做出不同的解释，但不
能排除的一种可能是，或许这些因素原本就是京、津、唐地区固有的文
化成分，是由京、津、唐地区传入兴隆洼文化的，因此在兴隆洼文化退
出燕北后仍保留在燕南。

　　以上说的是上宅文化一期，至于上宅文化的二三期，其特征是常见压

---

① 北京市文物研究所编：《北京考古四十年》，北京燕山出版社，1990年，第27页。
② 白寿彝总主编、苏秉琦主编：《中国通史·第二卷》，上海人民出版社，1994年，第364页。
③ 《中国通史·第二卷》，第350页。

印"之"字纹和刮抹条纹，典型器为深腹筒形罐、圈足钵以及"红顶碗"等，其中不少因素同样见于红山文化前期。关于红山文化的来源，学术界一直存在不同的说法，一种说法认为红山文化属于中原仰韶文化系统，是仰韶文化的地方性变体；一种说法认为红山文化是继承河北磁山文化而来；一种说法认为红山文化是细石器文化和仰韶文化共同孕育出的新文化；还有一种说法认为红山文化是本地土生土长的，有着自身的发生发展过程，只是在成长过程中接受了其他一些文化的影响[①]。通过对考古学谱系的精确分析，已知红山文化的基本元素多由兴隆洼文化传承而来[②]，因此在上述各说中，以后一种说法最为接近事实。既然上宅文化二三期与红山文化前期都是在本地发展起来的，那么，它们的共同性就只能是双方相互影响的结果。

前期红山文化主要分布在燕北丘陵地区，那里山冈起伏，干旱少雨，缺乏灌溉河流，而且森林密布。以此观之，红山文化前期原始农业的肇兴，很难说是该环境条件下自然生长的结果，而可能在很大程度上是受了相邻地区先进农业文化的影响。这影响显然来自与其相邻的上宅文化，而且影响的途径也有两个：一个是上宅文化先进技术与文化的北向传播，这是间接的；另一个是北京地区农业人口向东北方向的迁徙，这是直接的。在相互毗邻的两大区域间，这两种交流方式都是不能排除的，而大约正是出于这两大相辅相成的交流方式，东北地区的经济文化才出现了显著发展，并实现了重心的不断南移。

北京地区文化之所以对东北地区产生了如此影响，除了北京自身的因素外，还有一个不可忽略的外部条件，那就是在北京的背后，有着广阔而雄浑的中原文化，而北京地区就是联结中原与东北两大文化的桥梁与纽带。

考古资料证实，和东北地区一样，中原黄河流域新石器文化的兴起也

---

① 中国社会科学院考古研究所编：《新中国的考古发现和研究》，第 175 页。

② 杨虎：《关于红山文化的几个问题》。

比北京地区为晚，甚至晚了不下千年。截至目前，中原一带最早的新石器文化发现于河南舞阳贾湖，肇始于距今 9000 ~ 8600 年前[1]。此外年代较早的有：黄河中游河北武安磁山遗址，距今约 8000 年；黄河中游河南新郑裴李岗遗址，距今约 8000 年；黄河上游甘肃秦安大地湾一期文化遗址，距今约 7800 ~ 7300 年；黄河下游山东滕县北辛遗址，距今约 7000 多年[2]。以上这些文化不仅晚于距今万年的北京"东胡林人"文化，也基本晚于距今 9000 年前后的北京房山镇江营一期文化，甚至有一部分还晚于距今 8000 年前后的上宅文化。然而，就在这些文化之后，仰韶文化在中原大地上异军突起，很快席卷了神州各地，成了泱泱中华的第一大文化。

仰韶文化最早发现于河南渑池县仰韶村遗址，以彩绘陶器最具特色，曾被称为彩陶文化。它是在中原老官台、磁山、裴李岗等文化的基础上发展起来的，以渭水、汾水、洛河诸黄河支流流域为中心，范围所及北达长城沿线，南抵江汉，东逮豫东，西至甘青接壤处，覆盖的省份有陕西、河南、山西、甘肃、河北、内蒙古、湖北、青海、宁夏等。自 1921 年被发现后，截至目前全国有统计的仰韶文化遗址已多达六千余处，年代集中在距今 7000 ~ 5000 年间，典型遗存有西安半坡、临潼姜寨、宝鸡北首岭、三门峡庙底沟、安阳后岗、郑州大何村等[3]。

综合各处的考古发现，可知仰韶文化的总体特征是：农业生产水平有了很大提高，农作物以栗和黍为主；生产工具多见磨制石器，常见的有刀、斧、锛、凿、箭头等；饲养业取得了明显发展，猪和狗是主要的家畜种类，牛、羊、鸡等也已全部驯化完毕；除了农业和饲养业外，狩猎、捕鱼、采集仍是不可缺少的辅助经济；出现了原始纺织和编制等手工业，纺织用的石纺轮和陶纺轮层出不穷；村落面积一般较大，反映了定居生活的稳定，

---

① 张居中编著：《舞阳贾湖》，科学出版社，1999 年。
② 《中国通史·第二卷》第二章。
③ 石兴邦：《仰韶文化》，《中国大百科全书·考古卷》，中国大百科全书出版社，1986 年，第 595 页。

遗址大多坐落在靠近河边的台地上；彩陶文化是其显著特点，早期以单彩为主，后期出现了双色彩；最具代表性的器类是双耳尖底瓶，此物造型流畅，线条匀称，极具艺术美感。总之，大量考古资料一再揭示，"仰韶文化以其分布之广泛，延续之久长，内涵之丰富，影响之深远，而成为中国诸新石器文化中的一支主干，它展现了中国母系氏族制繁荣至衰落时期的社会结构和文化成就"①。这就是说，在距今 7000 年后的相当长时期内，中原仰韶文化成了中国新石器文化的主干，成了中华文化的核心。

仰韶文化的繁荣，固然和它善于继承此前中原各文化的营养成分有关，也和它善于汲取周围各不同文化的先进因素有关。同时，作为中国第一大文化，它又以强大的渗透力辐射四方，把雄浑博大的中原文化输往神州各地。这种既有内向聚敛又有外向辐射的互动，在仰韶时代促成了历史上一次前所未有的文化交融，极大地推动了中华文化的一体化进程。而仰韶文化与红山文化的接触与碰撞，就是这场文化交流大潮中的一个主题。

仰韶文化的时代恰与红山文化大致相合，属于同一时期分布在南北两地的两大文化。对于它们之间的关系，苏秉琦先生审之甚详，他说："在距今五六千年前，源于关中盆地的仰韶文化的一个支系，……与源于辽西走廊遍及燕山以北西辽河和大凌河流域的红山文化的一个支系，……一南一北各自向外延伸到更广、更远的扩散面。它们终于在河北省的西北部相遇，然后在辽西大凌河上游重合，……红山文化坛、庙、冢就是它们相遇后迸发出的'火花'所导致的社会文化飞跃发展的迹象。"②他同时以实际资料论证说："在蔚县三关遗址不仅发现末期小口尖底瓶与尖腹底罂共存，还发现有仰韶文化庙底沟类型玫瑰花图案彩陶与红山文化龙鳞纹彩陶共存，说明张家口地区是中原与北方古文化接触的'三岔口'，又是北方

---

① 石兴邦：《仰韶文化》，《中国大百科全书·考古卷》，中国大百科全书出版社，1986 年，第 595 页。
② 苏秉琦：《中国文明起源新探》，第 122～124 页。

与中原文化交流的双向通道。"[1]以上论述不仅揭示了仰韶文化和红山文化的接触与交流，而且根据确切的考古资料，把两大文化的交汇、碰撞点锁定在了毗邻北京市的河北张家口地区。

其实，不仅张家口地区如此，就连北京地区也不乏南北不同谱系新石器文化的交融。一个突出实例是，上宅文化二期遗存以压印"之"字纹和抹压条纹为显著特征，而这不仅在和仰韶文化有重要渊源关系的中原磁山文化中有明显表现，在东北红山文化中也不乏反映[2]。东北红山文化、北京上宅文化、中原磁山文化的分布地域广及河南、河北、北京、内蒙、辽宁五大省市，上下纵横三千里。无论它们的共同因素是由位处中心的上宅文化向南北两大方向辐射而来的，还是由位处中原的磁山文化不断向北传播带来的，都是一种大跨度的联系，而且这中间必然以北京为纽带。下至上宅文化三期，北京密云燕乐寨等遗址又出现了豫北冀南后岗一期文化的强烈影响[3]，并经由这里把后岗一期的影响北上传递到了红山文化。单就一种口沿下部烧制成一道橘红色宽带的"红顶碗"或"红顶钵"而言，就同时见于后岗一期文化、上宅文化和红山文化，这也体现了北京地区新石器文化的纽带作用。

总之，北京地区是中原文化和红山文化的交汇融合之地，是博大厚重的中原文化输往东北地区的通衢。当然，这种作用是相互的，既有中原文化、上宅文化对红山文化的影响，也有红山文化对上宅文化、中原文化的影响。但总体上看，北京文化的影响以及通过北京地区传递的中原文化的影响，是东北地区史前文化成长过程中一个最不可忽略的外部因素。

综上所述，燕山南北的文化早在史前时期就是血脉相通的，甚至从一开始就共同源出于"东胡林"文化。此后，燕山南北的部族更加密不可分，

---

① 苏秉琦：《中国文明起源新探》，第 47 页。

② 北京市文物研究所编：《北京考古四十年》，第 27 页。

③ 张忠培等：《后岗一期文化研究》，《考古学报》1992 年 3 期。

始终处在相互促进的交融互动中。同时，北京还是贯通南北文化的大动脉，至少不迟于新石器时代中期就把西辽河流域和中原黄河流域的文化紧紧连在了一起。

综观整个新石器时代文化的发展历程，北京、中原、东北这几大板块的地位和影响不是一成不变的，而呈交替上升的态势，并由此造成了中国新石器文化的三大波浪潮。当新石器早期之时，北京及周边地区的文化一枝独秀，掀起了新时代的第一波浪潮。第二波浪潮出现在中原地区，代表性的文化即仰韶文化。当仰韶文化蓬勃兴起之时，黄河下游有后岗一期文化和大汶口中晚期文化，黄河上游有马家滨文化，长江中游有大溪—屈家岭文化，长江下游有薛家岗三期文化、崧泽文化和良渚文化，华南珠江流域有石峡文化，它们个个也都在蓬勃兴起。但在所有这些区域文化中，唯有仰韶文化上下纵横数千里、前后绵延二千年，分布地域之广、延续时间之长、文化内涵之丰都是当之无愧的"领军人物"，甚至堪称当时世界各大史前文化的魁首。但出人意料的是，到了第三阶段，塞北的红山文化迅速崛起，在很多方面都反超仰韶文化，并由此掀起了新石器文化的第三波浪潮。

第一波浪潮的中心在北京，时间从距今万年前的"东胡林人"文化直到镇江营一期文化，前后延续了将近两千年。此后出现了一个各主流文化并驾齐驱的阶段，主要表现为北京的上宅文化与中原磁山、裴李岗文化的同步发展。相形之下，当时东北的兴隆洼文化刚刚在小河西文化的基础上形成，各方面都还比较薄弱。此后，从距今七千年起，中原的仰韶文化一路领先，独占鳌头，在长达两千余年的历史长河中缔造了无出其右的中华第一大文化。红山文化的后来居上，严格说来不是从红山文化后期开始的，而是从后期晚段开始的，肇始于大型祭祀遗址"庙、坛、冢"的出现，大体在距今5000年前。

以上先是北京地区，后是中原地区，再是东北地区的风水轮流转，揭示了华夏文明起源的另一个特点——多重心的特点。相对中华文明起源的"多中心论"而言，"多重心"的观点似乎更难为人们所接受。因为"多重心"强调的是一个阶段只能有一个重心，同时又强调不同阶段各有不同的重心，而这样一来，中原地区势必在某些阶段不是重心。"多中心"论则不同，它至少可以将中原和其它地区同时并列为重心，依然不背离"中原中心论"的立场。可是，人类的全部历史进程告诉我们，"各领风骚数百年"的风水轮流转才是历史的辩证法，史前时期尤其如此。中华史前文化这三大浪潮的存在，不仅生动诠释了历史的辩证法，而且有力冲击了中原文化的单一中心论和单向传播论，揭示早在悠远的史前时期，中华文化的发展就表现出了如下特征：

一，在整个中华大地上，文化与文明是在南北不同土壤上共同孕育的，表现出了多元发展态势，由此为中华文明的生成和发育提供了宏大的舞台。

二，不同文化的能量积聚及相互碰撞，势必导致不平衡的产生，而文明潮头的此起彼伏、此消彼长，揭示中国远古文化不是在中原一地单线条生长起来的，而是各地势能共同汇聚的结果。

三，中国的西部是海拔4000米以上的世界屋脊，中部是海拔1000～2000米的内蒙古高原、黄土高原和云贵高原，东部是海拔千米以下的丘陵地带和海拔200米以下的平原，整个地势西高东低。在这三大地理板块中，最适合农耕经济和人类居住繁衍的，无疑是海拔千米以下的东部地区。而从温度和湿度条件来说，东部濒临大海，属海洋性气候，也远比西部高寒地区温暖湿润。于是理所当然地，史前文化的三大重心都分布在地理条件最为优越的东部地带，由此联结出一条由东北平原到华北平原的东方生命带。

四，东北平原是中国第一大平原，华北平原是中国第二大平原，在它们联接成的东方生命带上，史前各大文化的发展轨迹相同、演进模式相同、总体目标相同，由此汇聚成了一股强大的合力而非相互抵消的分力，从而共同缔造了中华史前文化。

五，考古类型学的分析揭示，在这个生命带上，各大史前文化都带有自身的个性，但又都不乏彼此间的联系。突出表现是，任何一个文化在成长过程中都汲取了其它文化的先进成分，又反过来辐射四方，形成了"你中有我，我中有你"的态势。

六，北京地理地势的最大特点，就是它位处东方生命带的中心，扼守着燕山关隘，是锁钥东北平原和华北平原的门户。燕山山脉自军都山迤逦东来，历经玉田、丰润而直抵东海岸，绵延数百里。其山高千仞，陡绝不可攀，但只要位居燕山脚下的北京敞开大门，通过居庸关、古北口、喜峰口或山海关等关隘，便可直穿燕山，贯通南北，实现中国第一、二大平原的联手。北京地区在历史上的独特地位和作用，在相当程度上就是由这个地理形势所决定的。

仅就新石器时代革命而言，就是由位居东方生命带中心的北京地区开始启动的，而后引起了先南后北的激烈震荡，最后终于完成了这场革命。其实，岂止史前时代如此，进入历史时期之后就更是如此。因为夏商以后的燕山以北已成游牧族驰骋往来的天下，农业族与游牧族的互动成了制约中国历史走向的关键因素，而这走向往往取决于居中锁钥南北的北京处于何种状况。

在此前的中华古文明研究中，一向把观察的重点放在了东西向的黄河中下游横轴线上，反倒因此忽略了中国东部这个南北向的纵轴线。现在通过上述分析，可知从史前时代开始，这个优越的东部地带就形成了物竞天择的环境，培育出了不同的文化重心。而正是这些重心的相互激励与作用，创造了辉耀千古的中华文明。以上既有不同重心又彼此关联，在水乳交融中汇聚成一个整体系统的特点，就是东方生命带的特点，也是中华文明起源的特点。深入理解与把握这个特点是十分重要的，因为这是正确理解华夏文明史、中华民族史的重要前提，也是深入理解北京历史文化特性的重要前提。

三 黄帝集团的南下及黄帝时代

耐人寻味的是，当红山文化在距今 5000 年前趋于极盛后，当后来居上的它不仅领先于北京地区文化，而且领先于中原诸文化后，却在东北大地上突然销声匿迹，顷刻间不知所踪。考古工作者在总结红山文化之后的东北地区考古发现时说："东北地区迄今发现确属此时的考古学文化只有分布在辽东半岛的小珠山上层文化一种。"[①]这就是说，在红山文化结束后，东北大地只剩下一些偏在一隅的小文化，而它们无论如何也不能代表红山文化的后续发展。

在红山文化诸类型中，时代最晚的是小河沿文化，发现于敖汉旗小河沿乡[②]。有人认为此文化晚于红山文化，称其为"后红山文化"[③]，有人认为它仍属红山文化，是红山文化中最晚的类型，时代大体与庙底沟文化同时[④]。根据碳十四年代测定，小河沿文化的年代范围在公元前 3640 年~前 2667 年间[⑤]，确与年代在公元前 3500 年~前 3000 年的红山文化晚期相当而略晚，故此以上两说当以后说为是。至于小河沿文化的性状，则如学者所言，其遗存明显比红山文化稀少[⑥]，亦与红山文化的繁盛不相匹配。这就是说，在前述小珠山上层文化之外，即便再加上小河沿文化，也不足以体现红山文化的进一步发展。

---

① 《中国通史·第二卷》，第 421 页。

② 辽宁省博物馆：《辽宁敖汉旗小河沿三种原始文化的发现》，《文物》1977 年第 2 期。

③ 辽宁省文物考古研究所、赤峰市博物馆：《大南沟—后红山文化墓地发掘报告》，科学出版社，1998 年。

④ 索秀芬、李少兵：《小河沿文化年代和源流》，《边疆考古研究》第 7 辑，科学出版社 2008 年。

⑤ 同上注。

⑥ 郭大顺：《大南沟的一种后红山文化类型》，《考古学文化论集》(2)，文物出版社，1989 年。

鉴于上述事实，学者不无理由地强调："需要指出的是，在东北其它地区尚缺乏确属晚于红山文化后段的原始时期遗存的发现，这主要是有待工作的问题。不过，东北地区西南部在红山文化显示出文明的起源之后，确实存在一个较大的'空白'阶段。当然，在这阶段内该地区决非无人活动，但不拘怎样，红山文化后段一经结束，昔日繁荣、动荡的社会局面骤然消失，则是可以确认的。"①这种现象确实颇为奇特，恐怕不能简单地由考古工作的缺失也就是"有待工作的问题"来解释。而根据历史的常识，除了天灾人祸等"非可抗力"造成的毁灭性灾难外，文化与族群突然消失的一种最大可能，就是他们出现了整体性的转移。而证之以种种发现，目前尚无任何迹象表明公元前三千纪的燕山以北发生了毁灭性天灾，如日中天的红山集团也不至于为哪个不知名的弱小部族所灭绝，所以唯一可以做出的解释是，红山集团在东北大地的突然消失，就是由他们的群体性转移造成的。至于转移的原因，则很可能是他们的进一步成长在当地受到了限制，因此要寻找适合他们发展的更大空间。甚至可以推测，他们迁徙的轨迹也与后世东北地区的不少民族一样，是由关外迁入了关内，进入了更加适宜生存与发展的平原地区。

而从老哈河上游及大凌河中上游出发，在向温暖肥沃的平原地区挺进时，北京是必到之地。

前面第二章在论证远古时期北京地区的三大创世纪发展时，曾经谈到恰在公元前三千纪初叶，也就是正好在红山文化结束之时，黄帝集团从北京西北的涿鹿及延庆一带崛起，接连奏响了战炎帝、诛蚩尤、盟诸侯、建都邑等华彩乐章，还创建了一整套以王权、军队、官吏、刑罚为标志的国家机器的雏形，开启了皇皇五千年中华文明史。那么，这个在北京西北一带出现的黄帝集团，会不会和突然消失的红山文化集团有关呢？

---

① 《中国通史·第二卷》，第 424 页。

对黄帝集团的前后居地，历来的文献记载往往一言蔽之以"无常处"。《吕氏春秋·季春纪·圜道》云："黄帝曰：'帝无常处也，有处者乃无处也。'"《史记·五帝本纪》云：黄帝"迁徙往来无常处。"《晋书·载记第三十》云："昔轩辕氏亦迁居无常二十余年。"《辽史·兵卫志上》云："轩辕氏合符东海，邑于涿鹿之阿，迁徙往来无常处。"以上记载皆以中华始祖黄帝居无常处。细审这个"无常处"的含义，一则无非是说黄帝集团好迁徙，"迁居无常二十余年"；二则揭示了黄帝集团并非涿鹿的原住民，当有另外的来源；三则涿鹿之前的黄帝地望已无从查考，故一言蔽之以"无常处"。但在探明了红山文化的性状之后，我们有理由推测，公元前三千年前后在北京西北一带如狂飙般崛起的黄帝集团，正是由位于燕山以北的红山文化集团迁徙来的。

理由之一是，黄帝族与炎帝族在今北京西北一带展开的"阪泉之战"，史称是黄帝族的"南伐"，即黄帝集团原居阪泉以北。

1972 年在山东临沂银雀山出土了两座西汉前期墓葬，发现了先秦时期的竹简本《孙子兵法》。其中有《黄帝伐赤帝》一节，上载："孙子曰：黄帝南伐赤帝，至于□□，战于反山之原。"[1]此文所言的赤帝即炎帝，"反山之原"即阪泉，其"黄帝南伐赤帝"一语则表明，黄、炎大战前的黄帝族原居于阪泉以北。古阪泉在今北京延庆县，说已详第二章第三节。而由北京延庆向北搜索，在距今五千年前，唯一的强势集团必非红山文化集团而莫属。见于《史记·五帝本纪》，黄帝的第一大史迹就是"以与炎帝战于阪泉之野，三战，然后得其志"，可见与炎帝的阪泉之战，正是黄帝集团的出山之战。

理由之二是，上节已论，东北地区史前文化的重心不断南移，到红山文化晚期已南移到今内蒙古东南端，直逼燕山北麓。照此趋势发展下去，

---

[1] 银雀山汉墓竹简整理小组编：《孙子兵法》，文物出版社，1976 年。

红山集团的翻越燕山进入冀北无疑是大势所趋。

理由之三是，按照文明演进的递嬗关系，红山文化集团的性状恰与黄帝集团上下链接。

前文已述，在红山文化后期，以老哈河上游及大凌河中上游为中心的红山集团已大步迈向国家文明的门槛。不难设想，当他们一旦脱离狭促崎岖的山林地带，进入更为广阔的活动舞台后，积蓄的能量一定会很快爆发出来，迅速点燃绚丽的文明之光。而恰恰在位置与之毗邻的河北涿鹿一带，在时代紧承其后的公元前三千纪初叶，黄帝集团一举开创了文明大业，这二者在发展关系上恰好薪火相传。

理由之四是，东北地区有不少黄帝族的后裔，表明那里确实和黄帝集团有着与生俱来的天然联系。

《山海经·大荒西经》云："有北狄之国，黄帝之孙曰始均，始均生北狄。"《路史》卷十四载：黄帝次妃嫫母"生苍林、禹阳……苍林姬姓，生始均，是居北狄。"以上所谓"北狄"，是对古代北方各部族的统称，《礼记·王制》即明谓"北方曰狄"。《山海经》和《路史》说北狄之国是由黄帝之孙始均创建的，就是对东北地区有黄帝后人的明文载述。

又《山海经·大荒北经》云："大荒之中，有山名曰融父山，顺水入焉。有人名曰犬戎。黄帝生苗龙，苗龙生融吾，融吾生弄明，弄明生白犬，白犬有牝牡，是为犬戎。"犬戎是中国北方最古老的畜牧族之一，史载"西夷犬戎攻幽王，幽王举烽火徵兵，兵莫至，遂杀幽王骊山下"[1]，诛杀幽王并迫使周室东迁的就是这个犬戎。而据《山海经》此文，可知他们也是黄帝之子苗龙的后裔。

东胡是春秋战国和秦汉时期的北方强族，世居西辽河一带，史载他们也是黄帝的子孙。《晋书·慕容廆载记》云："慕容廆，字弈洛瓌，昌黎棘

---

① 《史记·周本纪》。

城鲜卑人也。其先有熊氏之苗裔，世居北夷，邑于紫蒙之野，号曰东胡。"《十六国春秋·前燕录》云："昔高辛氏游于海滨，留少子厌越以君北夷，邑于紫蒙之野，世居辽左，号曰东胡。"有熊氏即黄帝，高辛氏帝喾是黄帝的曾孙。而据上述文献的记载，东胡或者是有熊氏的后代，或者是帝喾少子厌越的后代，总之都是黄帝的后裔。

按照某些文献的载述，匈奴族也是黄帝的苗裔。《史记·匈奴列传》云："匈奴，其先祖夏后氏之苗裔也，曰淳维。"《史记索隐》引张晏曰："淳维以殷时奔北边。"又《史记集解》引乐产《括地谱》云："夏桀无道，汤放之鸣条，三年而死。其子獯粥妻桀之众妾，避居北野，随畜移徙，中国谓之匈奴。"以上诸说，或以夏禹的后裔淳维为匈奴之祖，于殷商时逃往北边；或以夏桀的儿子獯粥在夏朝灭亡后拐带他老爸的几个妃子逃往北方，后来成了雄踞北地的匈奴祖先，总之皆以匈奴之祖为夏人苗裔。郭沫若亦主此说，他认为夏人原为河套一带的戎族，后来有一支向北迁徙，逐渐流变为匈奴[①]。既然是夏人的后裔，自然也就是黄帝族的苗裔，因为于史可证，"禹者，黄帝之玄孙而帝颛顼之孙也"[②]。

史载鲜卑族同样是黄帝的苗裔。十六国时创建了前燕国的慕容廆是鲜卑人，前引《晋书·慕容廆载记》便明言他是"有熊氏之苗裔"。鲜卑人在十六国时创建的小朝廷除前燕外，还有代、后燕、西燕、西秦、南凉、南燕等，足见黄帝余绪在北国流布之广。

继十六国而起的北魏拓跋氏也属鲜卑族，同样尊黄帝为始祖。《魏书·序记》云："黄帝以土德王，北俗谓土为托，谓后为跋，故以为氏。（黄帝）其裔始均，……积六十七世至成皇帝讳毛立。"此文说，北魏皇族的"拓跋"姓氏便来自"以土德王"的黄帝。用今天的白话来解释，鲜卑语的"托"即"土"，土为黄，而"跋"的含义是"后"，"后"为古之

---

①　郭沫若主编：《中国史稿》第一册，人民出版社，1976年，第120页。

②　《史记·夏本纪》。

帝称，于是"拓跋"即为"土后"，"土后"即为"黄帝"。颇为奇特的是，北魏拓跋氏不仅在姓氏中标明他们是黄帝族的后裔，还说由黄帝之孙始均开始，到北魏拓跋氏之祖为止，居然有"六十七世"的谱牒可循。此言确凿与否已无从稽考，但由此足见鲜卑人对自己是黄帝后裔的深信不疑，并说明自始均以降确有黄帝后裔世居东北地区。

关于东北地区形形色色黄帝后裔的由来，《魏书·序记》给出的解释是："昔黄帝有子二十五人，或内列诸华，或外分荒服。昌意少子，受封北土，国有大鲜卑山，因以为号。其后世为君长，统幽都之北，广漠之野。畜牧迁徙，射猎为业，淳朴为俗，简易为化，不为文字，刻木纪契而已。世事远近，人相传授，如史官之纪录焉。"即以这些黄帝后裔皆因黄帝之孙"受封北土"而来。岂不知在文明初兴的黄帝时代，这种殖民式的异地分封既与当时的国情不符，也与黄帝集团的实力不符，是根本不可能的[①]。纵观整个中华文明史，由围绕一个中心部族的"万邦林立"，到西周时期的诸侯分封，再到秦汉以后郡县制的建立，是国家政体演进的三大步骤。黄帝所处的是第一阶段，不可能在方外之地裂土分封。于是，黄帝后裔在东北地区的绵延不绝，只能出于那里是黄帝集团祖地的缘故。

理由之五是，史称黄帝南征的主力部队是由"熊、罴、貔、豹、虎"组成的，而这恰是北方山林部族的标记。

《大戴礼记·五帝德》引孔子曰："黄帝……教熊、罴、貔、豹、虎，以与赤帝战于阪泉之野。"《史记·五帝本纪》亦云："轩辕乃修德振兵，……教熊、罴、貔、貅、貙、虎，以与炎帝战于阪泉之野。"由上可知，阪泉大战中黄帝一方的主力部队即"熊、罴、貔、貅、貙、虎"。单从字面上看，这都是北方山林常见的猛兽。其中熊即黑熊；罴为熊的一种，毛色黄白，《史记正义》说"罴如熊，黄白色"可证；貔属虎类，《史

---

① 说详第六章。

记正义》引郭璞云："貔，虎属也"；貅同貔，也是虎类的一种，或曰雄性称貔，雌性称貅；貙，《尔雅·释兽》云："貙獌，似狸。"注曰："今貙虎也，大如狗，文如狸"。以上熊、罴、貔、貅、貙、虎，是一个比一个凶猛的山林野兽，事如唐柳宗元《柳先生集》十六所言："鹿畏貙，貙畏虎，虎畏罴。"在燕山以北，现在有不少地方已退化成干旱的山地丘陵，但在黄帝时代，那里水草丰美，树木葱茏，是百兽繁衍之地，更是上述猛兽成群出没之所。《汉书·匈奴传下》载："北边塞至辽东，……草木茂盛，多禽兽。"这就是对古代辽东一带草木茂盛和"多禽兽"的描述。《诗经·大雅·韩奕》郑玄注云："貔，似虎或曰似熊，辽东人谓之白罴。"[①]这也说明貔、罴常出没于辽东一带。

至于黄帝的"教熊、罴、貔、貅、貙、虎"，可能的解释有三种：一种是指"此六者猛兽，可以教战"[②]，即黄帝训练这六种猛兽以供驱使；第二种是说"教士卒习战，以猛兽之名名之，用威敌"[③]，即用猛兽的称谓为猛士冠名，用以壮声色、震敌手。用今天的话来说，就是以"熊、罴、貔、貅、貙、虎"为部队番号；第三种则是按当时的习俗，"熊、罴、貔、貅、貙、虎"可能是黄帝麾下各部族的图腾徽号。从客观情况分析，后两种的可能性为大，尤以最后一种可能最为接近史实。但无论属于哪种可能，这都反映了黄帝集团与这些猛兽群居的北方山林的天然联系。

史称黄帝"号有熊"，这也透露出黄帝集团与北方山林的联系。

《世本·帝系》宋衷注云：黄帝"号有熊者，以其本是有熊国君之子故也。"《史记集解》引徐广曰："黄帝号有熊。"又引谯周曰："黄帝，有熊国君。"皇甫谧《帝王世纪》云：黄帝"受国于有熊。"综合此类记载，可知黄帝之国称"有熊"。对于此国号的由来，历来的解释莫衷一是，最权威的解

---

① 《诗经·大雅·韩奕》郑玄注。

② 《史记·五帝本纪》索隐。

③ 《史记·五帝本纪》正义。

释来自《续汉书·郡国志》："河南尹新郑县，古有熊国，黄帝之所都。"根据这个记载，古往今来的人们多以黄帝号有熊是因新郑而起的，即以新郑古称有熊，黄帝居新郑，故号有熊。然而早在这种说法见载于晋司马彪撰著的《续汉书》之前，汉人宋衷注《世本》时就特别强调，黄帝号有熊是因为"其本是有熊国君之子故也"，即明言有熊国早在黄帝之前便已存在，更在黄帝迁都新郑之前便已存在。事实上，如果摒弃各种主观臆测，不难看出破解"黄帝号有熊"密码的钥匙已经蕴含在黄、炎大战的史实中。

在叙述黄帝集团与炎帝大战的六大部族时，《大戴礼记·五帝德》及《史记·五帝本纪》皆以"熊"为首，可见"熊"是黄帝战阵的首要部分。这为首的部分必非黄帝自己的部族莫属，由此说明熊是黄帝族的图腾，这便是"黄帝号有熊"的由来。既然以熊为图腾和国号，自然也透漏出黄帝族和燕山以北山地丘陵地带的关系，因为那里是群熊的集居地。

将黄帝"号有熊"的相关因素串联起来，其中的逻辑关系是：

1，先有一个位在北部山林的方国，因那里群熊出没而以"熊"为图腾，称"有熊"；

2，黄帝降生于有熊国并承嗣君位，故号"有熊"；

3，黄帝率部南下涿鹿，再南下新郑，并以新郑为都；

4，中国古代地名往往随人一同搬迁，因此迁到河南新郑之后的黄帝都邑仍称"有熊"。

总之，综合事情的沿革与发展，应该是先有黄帝的有熊国，后有新郑的号有熊，过去人们恰恰把这个因果关系搞颠倒了。

理由之六是，在中国古代的神话传说中，往往把黄帝神格化为"北斗神"和"天鼋"，这就把黄帝的出生地准确无误地对号入座到了塞北之地。

明辑录本《竹书纪年》卷一云："黄帝轩辕氏，母曰附宝，见大电绕北斗枢星，光照郊野，感而孕二十五月。"《纬书集成·河图始开图》云："黄帝名轩辕，北斗神也。"以上或以黄帝因"大电绕北斗枢星"感孕而生，或以黄帝为"北斗神"。它们虽然是神话，但却明显反映出黄帝的降生与"北斗"所在的方位有关。

《路史·前纪七·轩辕氏》云："轩辕氏作，于空桑之北，绍物开智。"《路史》系南宋罗泌所撰，内容远涉上古，引据浩繁。其称轩辕氏出于"空桑之北"，也和黄帝的"北斗神"之说不谋而合。

又《国语·周语下》云："我姬氏出自天鼋。"此姬氏是指开创了周朝的姬姓周人，而这里的"天鼋"，据郭沫若先生的考证，"天鼋即轩辕也"[1]，指的就是轩辕黄帝。周人的先祖为后稷，而"后稷有父名高辛，高辛，黄帝曾孙"[2]，知周之先祖亦为黄帝之后，故有"我姬氏出自天鼋"之说。案天鼋为龟属大鳖，古人视为神物，传说是北方太阴之神。于是，以黄帝为"天鼋"，也无异于把黄帝归位到了北方。

理由之七是，在黄帝史迹中随处可见北方民族的印记。

《周易·系辞下》云："黄帝、尧、舜服牛乘马，引重致远，以利天下。"《世本·作篇》云："相土作乘马。"宋衷注："相土，黄帝臣。"《云笈七签·轩辕本纪》云："（黄）帝始教人乘马。"以上文献皆把马的驯化役使与黄帝连在了一起。在中国古代，燕山南北是最早驯化和役使马的地区之一。《左传·昭公四年》云："冀之北土，马之所生。"此文冀指冀州，是古九州之一，主要范围包括"今山西全省，河北的西、北境及河南的北部，辽宁的西部"[3]。而"冀之北土"，所言即冀州北部，主要指燕山地带。由此可见，燕山地带即"马之所生"，而传说中的黄帝"服牛乘马"，恰好透露出黄帝族与燕山地带的渊源关系。

黄帝族的喜迁已见前述，这也深深烙下了北方民族居无定所的印记。

理由之八是，细审黄帝称谓的由来及某些黄帝故事，甚至可以和红山

---

① 郭沫若：《两周金文辞大系图录考释》，第31页"献侯鼎"。

② 《史记·三代世表》。

③ 顾颉刚：《禹贡注释》，《中国古代地理名著选读》，科学出版社，1959年，第一辑，第7页。

文化联系起来。

关于"黄帝"称谓，自司马迁以来多据后起的"阴阳五行说"解释为"有土德之瑞，故号黄帝"[①]，即以"黄"寓意土色，而轩辕有土德之瑞，故此名之。《说文·黄部》云："黄，地之色也，从田。"这里亦以"黄"的本义为地之色。但查甲骨字形，黄"象人佩有玉璜之形"[②]，台湾学人李孝定综合甲文各家的解释后也说："黄实古玉佩之象也"[③]，可见"黄"的初义是佩玉，"地之色"是后起义。《诗经·齐风·著》云："充耳以黄乎而，尚之以琼英乎耳。"毛传："黄，黄玉。"此处的"黄"即指玉。黄帝的年代早于殷商甲文，故此"黄帝"之黄必当训为"玉"，而非后起的"土色"。无独有偶，恰如前文所述，红山文化的玉文化非常繁荣，佩玉之风十分盛行，而这刚好和标榜崇尚玉、佩戴玉的"黄帝"称谓相符，说明黄帝和红山集团确实桴鼓相应。

黄帝大战蚩尤时留下了一段传说，是说由于蚩尤部的顽强抵抗，黄帝族久战不胜，最后因为得到了女神的天佑，才终于取得了胜利。《山海经·大荒北经》云："蚩尤作兵伐黄帝，黄帝乃令应龙攻之冀州之野。应龙畜水，蚩尤请风伯雨师，纵大风雨。黄帝乃下天女曰魃，雨止，遂杀蚩尤。"《太平御览》卷十五引《黄帝问玄女战法》云："黄帝与蚩尤九战九不胜，黄帝归于太山，三日三夜，雾冥。有一妇人，人首鸟形，黄帝稽首再拜，伏不敢起。妇人曰：'吾玄女也，子欲何问？'黄帝曰：'小子欲万战万胜。'遂得战法焉。"《太平御览》卷七八引《龙鱼河图》云："黄帝仁义，不能禁止蚩尤，遂不敌。乃仰天而叹，天遣玄女下授黄帝兵信神符，制伏蚩尤，以制八方。"以上皆说黄帝战蚩尤时得到了女魃或玄女的帮助，从而化险为夷，取得了最后胜利。这虽然是神话，但恰与红山文化集团的

---

① 《史记·五帝本纪》。

② 刘兴隆：《新编甲骨文字典》，国际文化出版公司，1993年，第911页。

③ 李孝定：《甲骨文字集释》，（台湾）中央研究院历史语言研究所专刊之五十，卷十三第4045页。

女神崇拜如出一辙，而助黄帝的玄女，很可能就是红山集团供奉的女神。在红山文化中，出土了不少鸟纹图案或鸟形器皿，如鸟兽图尊形陶器、鸟形壶、玉鸟等[1]，这也和神话中玄女的"人首鸟形"若合符节。

理由之九是，考古工作已为红山文化集团南下涿鹿提供了直接证据。

最重要的考古证据即前引苏秉琦先生关于南北两大文化在涿鹿一带会合的论述。这段论述明确指出，在距今五六千年前，仰韶文化与红山文化一南一北向外扩张，最终在河北省西北部相遇。特别是在距离涿鹿不远的蔚县四十里铺和三关等地，发现了时代紧承仰韶文化庙底沟类型之后的红山文化遗存，还出土了特征明显的红山文化彩陶罐[2]，都表明红山文化确实来到了涿鹿一带。这些资料的年代或许略早于黄帝时代，但这对后来黄帝集团的南下涿鹿仍不失为重要的佐证。因为一则红山文化确曾南下，二则很可能正是由于红山集团与中原集团在涿鹿一带的接触与碰撞，才刺激了红山文化文明因素的生长，并最终导致了黄帝集团的南征。

理由之十是，恰与黄帝集团南下涿鹿同时，在与涿鹿一衣带水的北京地区，发现了和黄帝集团颇为相合的雪山一期文化，而雪山一期文化又和燕山以北的小河沿文化同属一个类型。

如第二章第三节所论，北京雪山一期文化距今约 5600 ～ 4900 年，恰与黄帝的年代相合。不仅如此，它还在诸多方面与黄帝集团的历史属性相契，表明这就是黄帝集团的文化。于此之外，雪山一期文化还与燕山以北的小河沿文化具有鲜明的共性，特别是它们的典型器如夹砂筒形罐、双耳小口高领罐等，简直如出一范，以至有的学者认为小河沿文化就是"雪山一期文化的发源地和终结地"[3]，也有的干脆认为小河沿文

---

[1]　分别见《中国通史·第二卷》，第 383、407、419 页。

[2]　苏秉琦：《中国文明起源新探》插图第 51：红山文化彩陶罐。

[3]　王策、王清林：《雪山一期文化研究》，《北京文博》2004 年第 2 期。

化直接就是雪山一期文化①。小河沿文化的性质及年代已如前述，它位于燕北红山文化的中心地带，是红山文化中时代最晚的一支。既然雪山一期文化是黄帝集团的文化，那么和它同属一个类型的小河沿文化当然也就和黄帝集团有关了，这便为黄帝集团源起于燕山以北又提供了一个证据。

以上十大理由齐备，当为黄帝部族源起于燕北红山集团提供了确凿的证据。关于黄帝的历史发源地，历来言人人殊、莫衷一是，具体情况已见第一、二两章所述。相比之下，在黄帝出生地的历来诸说中，能够像红山集团之说这样获得上述十大证据支持的，迄今绝无仅有。因此可以毫不夸张地说，黄帝集团源出于红山文化之说，是黄帝族源诸说中迄今最为详实也最可凭信的一说。

早在上个世纪末，著名考古学家苏秉琦先生就将红山文化与黄帝史迹联系起来。他在首发于1993年的《论西辽河古文化》一文中说："《史记·五帝本纪》中所记黄帝时代的活动中心，只有红山文化的时空框架可以与之相应。"②此后在1999年出版的《中国文明起源新探》一书中，苏先生又进一步强调："五帝时代以五千年为界可以分为前后两大阶段，以黄帝为代表的前半段主要活动中心在燕山南北，红山文化的时空框架，可以与之对应。"③上述见解有如空谷传声，给黄帝史迹的研究开辟了一个全新的思路。但需略加说明的是，种种迹象表明，红山文化开启的仅是文明的源头，并未真正跨入文明的门槛，因此也未能"把中华文明史提前了一千年"④。同时，这个红山文化即便是黄帝集团的发源地，也未必代表了黄帝时代。因为事如第二章第三节所述，真正意义的黄帝时代应起于黄

---

① 韩建业：《论雪山一期文化》，《华夏考古》2003年第4期。

② 载《北方民族文化》1993年增刊。

③ 苏秉琦：《中国文明起源新探》，第161页。

④ 苏秉琦：《中国文明起源新探》，第110页。

帝的阪泉、涿鹿之战，起于釜山会盟和黄帝创建的都邑及国家机器，而它只能界定在红山文化终结之后，并非红山文化开始之时。

从考古学文化上看，红山文化的终结与中原仰韶文化的终结基本同时，此后便进入了龙山时代。过去一向认为龙山时代尚处在原始社会，但证之以第二章第三节所述的种种史实，证之以这个时代层出不穷的城池、原始文字、冶金、贵族墓葬、礼仪制度等文明要素，完全可以说，龙山时代就是黄帝导源的五帝时代，就是跨入了国家文明新纪元的时代。

综合上节及本节所论，可知先是北京地区的文化促进了东北兴隆洼文化和红山文化的发展，后是鼎盛期的红山文化经由黄帝集团的南下撞击了中原北上的文化，最后终于通过两大文化的综合作用迸发出了绚丽耀眼的中华文明之光。这就是说，普照神州的华夏文明，是在燕山南北各大文化的交融、碰撞下产生的，甚至是在被后人斥为"蛮夷"之地的燕山以北文化的直接作用下形成的。这就是中华文明起源的谜底，也即多年来人们苦苦追寻的华夏文明之根。它的揭示，不仅丝毫无损于中原文化的光辉，还突显了神州大地自古以来的多元一体，彰显了燕山南北两大地域自古有之的唇齿相依。

中华文明起源的谜底，同时也就是中华始祖黄帝的谜底。现在我们知道，中华始祖黄帝是从塞北的红山文化集团走出来的，从那里南下到了燕山南麓。毋庸讳言，这个结论对几千年来形成的传统史观无疑是个极大的冲击，对自古以来"华夷之辨"的民族史观更是个极大的颠覆。第一章已述，自西周王朝倾覆于西夷犬戎，夷夏之防就成了历代中原王朝的要务。而倘如把中华始祖黄帝的源起定位在燕山以北，无异于把华夏民族的始祖视同为"蛮夷"，对"华夷之辨"、"夷夏之防"历史观不啻有致命的打击。但客观事实就是如此，既不会因古人的民族偏见而改变，也不会因今人的主观意愿而移易。恰恰相反，一旦黄帝的这个出身得以判明，反而从根基上为塞内外各大民族的同祖同源确立了一个绝对的前提。不难设想，假如有朝一日考古工作者用镢头唤醒了燕山这条神奇的龙脉，不仅将从源头上再现中华文明的崛起，还将从根蒂上再现"华"、"夷"两大民族自古以来的血脉相连。

黄帝点燃文明火炬的地点在今涿鹿至延庆一带，首先照亮的却是其东方的北京平原，说已详第二章第三节。而在站稳了北京平原的跳板后，黄帝集团不失时机地趁势南下，迁都于河南新郑的有熊[1]。河南新郑地处黄河中游膏腴之地，位于神州之中，故如《淮南子·天文训》所云："中央，土也，其帝黄帝，其佐后土，执绳而制四方"，黄帝又成了传说中的"中央"神。

总之，从燕山以北到燕山以南，再到中原腹地，中华始祖黄帝在一场前所未有的历史征程中，不仅打通了由东北平原、华北平原联成的东方生命带，还一举开创了光耀千古的中华文明。在这场征程中，北京的枢纽作用是不可替代的，它先是担负了推进东北地区文化发展的使命，后又完成了点燃文明火种的重任，再后成为黄帝集团南下的踏板，由此在中华文明的开创史上谱写了不朽的篇章。

四　燕山以北畜牧族的形成

在黄帝点燃国家文明的火炬之后，最影响中国历史进程的大事件，莫过于游牧经济在北中国的兴起了。正是它的兴起，导引了畜牧与农业两大族团的分化，导致了农业族和畜牧族长达几千年的碰撞与交融，导源了分割两者的燕长城、赵长城、秦长城的兴建。而在整个长城沿线以北，又以燕山以北畜牧经济的形成最为关键。因为无论远到了大小兴安岭，抑或近

---

[1]　说详第二章第三节。

到了西拉木伦河、老哈河、大小凌河、辽河流域，自从统御北中国一个多世纪的北魏鲜卑族从这片"统幽都之北"^①的草原兴起后，在这片游牧民族的天堂，相继培育出了后来的辽朝契丹族、金朝女真族、元朝蒙古族和清朝满族，他们对中国历史的影响尽人皆知。因此，认真考察畜牧经济和畜牧族在中国北方特别是在燕山以北的兴起，无疑是中国历史上的一个关键问题，也是探寻北京历史文化奥秘的题中之意。

中国北方的畜牧经济和畜牧族究竟源起于何时？对此历来有两种不同看法。一种看法认为它自古有之，亘古未变。《史记·匈奴列传》云："唐虞以上有山戎、猃狁、荤粥，居于北蛮，随畜牧而转移。其畜之所多则马、牛、羊，其奇畜则橐駞、驴、駃騠、騊駼、驒騱。逐水草迁徙，毋城郭常处耕田之业，然亦各有分地。"以上所言唐、虞即五帝时代的帝尧、帝舜，而所谓的"唐虞以上"，则更加缥缈无际遥不可及。至于其描述的"随畜牧而转移"、"畜之所多则马、牛、羊"、"逐水草迁徙"等等，则无疑是一幅活脱脱的"风吹草低见牛羊"游牧生活景象。《汉书·匈奴传》的记载与此相同，也说"唐、虞以上有山戎、猃允、薰粥，居于北边，随草畜牧而转移"。按照此类古老说法，中国北方的游牧族似乎早已有之，其时间在"唐虞以上"，其地域是"居于北蛮"，其族属则包括了"山戎、猃狁、荤粥"。于是，北中国的草原文化和游牧民族似乎很早便已形成。

以上说法的影响甚大，至今仍历历可见。白寿彝先生主编的权威版本《中国通史》在论及古代游牧民族时说："尧舜时代的薰育、商代的鬼方，西周时代的鬼戎、昆夷、混夷、畎戎、串夷、犬戎、獯狁，春秋战国时代的戎、狄，秦汉时代的胡与匈奴，实际上都是指的同一族类，只是由于时间、地点、音译、诬称以及个别支派之不同，而异其称而已。"^②这里也以中国北方的游牧族不迟于尧舜时代便已产生。这是从族体上说的，至于从

---

① 《魏书·帝纪一》。

② 白寿彝主编：《中国通史》，上海人民出版社，1994年，第三卷第341页。

地域上说，更有学者不假思索地认为："在我国北方，东从大兴安岭，西至新疆，自古迄今，一直是茫茫的草原。这个草原是欧亚北大陆草原的一部分，古往今来是猎牧民族活动的苑囿。"①

但事情的另一面，也有不少人认为，中国北方的游牧经济产生得很晚，甚至晚到了战国时期。美国学者欧文·拉铁摩尔、法国学者格鲁塞、日本学者江上波夫等人均作如是观，照他们的看法，公元前307年赵武灵王的胡服骑射才代表了中国北方游牧民族的兴起②。不少中国学者亦主此说，认为"胡服骑射虽是中原民族对抗草原骑兵的应对措施，但这一应对措施却标志着骑马民族的成熟、强大，……可以说直至这时真正意义上的农牧交错带才确立了"，即以"公元前4世纪完成了农耕民族与游牧民族的空间分离"③。

前后两说，一说溯至尧舜乃至亘古，一说晚到了公元前四世纪末，上下相差不啻两千年，可谓天差地别！那么，在中国北方，特别是在孕育了诸多草原强族的燕山以北，畜牧经济和畜牧民族到底源起于何时呢？看来要回答这个问题，只有索诸考古学提供的确凿证据。

前述红山文化的考古发现已经证实，史前时期的燕山以北曾经有过相当发达的农业经济，而且前后延续了不下一千五百年。红山文化结束后，东北地区相当龙山时代的代表性遗存是小珠山上层文化，主要分布在辽东半岛一带。考古资料显示，小珠山上层文化有丰富的农业生产工具和

---

① 盖山林：《丝绸之路草原民族文化》，新疆人民出版社，1996年，第379页。

② ［美］欧文·拉铁摩尔著、赵敏求译：《中国的边疆》，正中书局，1936年，第41页；〔法〕勒内·格鲁塞著、蓝琪译：《草原帝国》，商务印书馆，1999年，第44～48页；[日]江上波夫著、张承志译：《骑马民族国家》，光明日报出版社，1988年，第12～13页。

③ 韩茂莉：《中国北方农牧交错带的形成与气候变迁》，《考古》2005年10期。

密集的窖藏，出土了炭化粟，也是稳定的农业生产部落①。小珠山上层文化的饲养业也相当发达，主要家畜种类是猪，而这同样是定居的农业部落最常见的家畜。如前所述，五帝时代所对应的是考古学上的龙山时代，尧、舜即在其中，因此上述事实说明，尧、舜时期燕山以北并未形成游牧经济，"随畜牧而转移"的民族此时尚杳无踪影。上节曾述，史前时期东北地区的农业部落主要集中在西拉木伦河以南，迤北较为落后。但综合种种资料可知，西拉木伦河以北当时主要是狩猎、捕鱼、采集经济，同样不是畜牧生活区。

英国著名历史学家阿诺尔德·汤因比曾经指出，从整个人类历史看，游牧生活并非亘古有之，而是由某些地区的逐渐干旱造成的。也就是说，环境的蜕变才是游牧经济产生的最直接原因②。揆诸史实，这同样是中国北方畜牧经济及游牧生活产生的最直接原因。

在环境地理学上，中国长城沿线以北是半湿润与半干旱、暖温带与温带的邻界带，属于生态敏感区。每当全球或所在区域出现环境波动，气温、降水等要素的改变首先会发生在这些生态敏感区，由此导致土壤、植被发生变化，使得整个地区由一种自然属性转向另一种自然属性。而环境考古的研究表明，从夏代初年开始，受全球气候变化的影响，我国长城沿线以北便出现了由湿暖向干冷的转变，渐渐蜕变为干旱区。

植被类型是环境特征的明显指示物，蒿科、藜科草本植物则为半干旱及干旱条件下的主要物种。据内蒙古伊金霍洛旗纳林塔乡朱开沟龙山至夏商阶段遗址的考古资料，在相当龙山时代的阶段，蒿科、藜科草本植物花粉仅占全部植物花粉的50%，植被属于森林草原景观，环境指标尚处在

① 辽宁省博物馆等:《长海县广鹿岛大长山岛贝丘遗址》,《考古学报》1981年1期;旅顺博物馆:《大连新金县乔东遗址发掘简报》,《考古》1983年2期;辽宁省博物馆等:《大连郭家村新石器时代遗址》,《考古学报》1984年第3期。
② ［英］阿诺尔德·汤因比:《历史研究》节录本（上）上海人民出版社，1966年版，第209页。

适宜农业生产所需的变异范围内。但到了相当夏代早期的阶段，蒿科、藜科植物花粉占了全部花粉的90%以上，植被类型已属灌木草原景观。再下至相当夏代晚期的阶段，木本植物花粉中出现了耐寒的云杉、桦、榆等树种，表明植被状况有了根本的改变。更晚到了相当商代早期的阶段，气候更加干冷，整体环境已接近典型的草原景观[1]。由此可见，在从夏代初年到商代的时间内，我国长城以北地区不断由暖湿转向干冷，最终蜕变为宜牧不宜农的干旱区。就是在这种背景下，北方地区曾有的农业经济明显衰退，畜牧经济与畜牧民族应运而生。

具体到燕山以北，半湿润与半干旱、暖温带与温带的邻界带位于承德至锦州一线，也就是燕山山脉的北麓。这里地处整个欧亚北大陆的东端，本来就因纬度偏高而气候变化敏感，再加上整个长城沿线以北出现的变化，导致夏代初年以来在渤海湾出现了一个低海面，说明该地当时出现了明显的干冷化[2]，最后终于蜕变成"天苍苍，野茫茫，风吹草低见牛羊"的大草原。然而，这个过程相当漫长，起点始于相当夏代初年的夏家店下层文化。

夏家店下层文化最早发现于辽宁省赤峰市夏家店村，因此而得名。它的分布范围很广，北起西拉木伦河流域，南逾北京南端的拒马河流域，东至辽河以西，西抵河北省张家口地区，恰以燕山南北的广大地域为中心。在此范围内，燕山以北是该文化的主体，可称为夏家店下层文化的"燕北类型"，燕山以南为"燕南类型"。燕北类型的年代在公元前2000年～前1400年间，上下绵延了六七百年，相当中原的夏代初年至商代前期。

在整个东北地区，夏家店下层文化燕北类型是最早进入青铜时代的，常见的铜器有铜刻刀、铜耳环、铜指环、铜杖首等小件物品，还出现了用内外范铸造薄壁铜器的技术。经过长年发掘，此文化已发现了不少村落遗

---

① 内蒙古文物考古研究所等：《朱开沟》第五章第二节，文物出版社，2000年。

② 张景文等：《C14年代测定与中国海陆变迁研究的进展》，《第一次全国C14学术会议论文集》，科学出版社，1984。

址及墓葬，代表性遗存有赤峰夏家店、赤峰药王庙[①]、宁城南山根[②]、宁城小榆树林子[③]、赤峰蜘蛛山[④]、敖汉旗大甸子[⑤]、北票丰下[⑥]等。在出土的石器中，农业生产工具种类繁多，打磨相当精细，形制也比红山文化更加优化，器类有石锄、石镐、石镰、石斧、石锛、石铲、石刀、石磨盘、石磨棒等。其中尤以适于中耕除草的有肩石铲为多，表明该地的原始农业已进入到精耕细作的阶段。不少遗址还出土了人工种植的谷粒，经鉴定主要品种是稷和粟。其它经济种类的生产工具也不乏其见，其中属于捕捞业的有陶网坠，属于狩猎业的有石、骨箭镞，属于手工业的有石刀，属于纺织业的有陶纺轮等。综合以观，燕北类型是以农业为主兼营渔猎和手工业的部落。

燕北类型出土的陶器有鬲、罐、钵、碗、盆、鼎、尊、甗、壶、鬶、爵、盘、豆等，种类与同阶段中原农业部落的陶器基本无异。有学者通过具体而微的分析指出，燕北类型的制陶工艺及其罐、豆、盆、鬲、鼎等，与陕西、河南、河北等地的客省庄二期文化、二里头文化、二里冈文化同类器有诸多相似之处[⑦]，更说明了此文化与中原同期文化的共同性。特别是其中的陶鬶和陶爵，与二里头文化的同类器如出一范，其流口和腹身接合处常见成排泥质铆钉装饰的风格，更与中原商式青铜器如出一辙。彩绘陶器是燕北类型的特点之一，其中的饕餮纹、带目夔纹、云雷纹等，以及纹饰在器物上的位置，也都与中原商式青铜器不乏联系。

---

① 中国社会科学院考古研究所内蒙古工作队:《赤峰药王庙、夏家店遗址试掘报告》,《考古学报》1974 年 1 期。

② 中国科学院考古研究所内蒙工作队:《宁城南山根遗址发掘报告》,《考古学报》1975 年 1 期。

③ 内蒙古文物工作队:《内蒙宁城县小榆树林子试掘简报》,《考古》1965 年 12 期。

④ 中国社会科学院考古研究所内蒙工作队:《赤峰蜘蛛山遗址的发掘》,《考古学报》1979 年 2 期。

⑤ 中国社会科学院考古研究所:《大甸子—夏家店下层文化遗址与墓地发掘报告》,科学出版社,1996 年。

⑥ 辽宁省文物干部培训班:《辽宁北票县丰下遗址 1972 年春发掘简报》,《考古》1976 年 3 期。

⑦ 刘观民、徐光冀:《内蒙古东部地区青铜时代的两种文化》,《内蒙古文物考古》1981 年创刊号。

由于上述共同性，学者多将夏家店下层文化燕北类型归为中原文化的一个分支，或以其为中原地区晚期龙山文化的变种①，或以其为具有地方特性的中原系统文化②，或以其为中原商文化的北延③，或以其为商文化在北方的前身④，或以其为豫北冀南的后冈二期文化远徙西辽河流域者⑤，总之皆不出中原文化的范畴。但事实上，这只是事情的一方面，因为事情的另一个方面是，它与中原文化还有相当不同的一面。

燕北类型的农业成分是彰明较著的，然而颇为奇特的是，在以定居农业为主的村寨遗址外，大多筑有石块垒砌或夯土筑成的围墙，有的围墙外还开有人工挖掘的壕沟。村寨内的房屋多为半地穴式，地面上往往筑有两层墙壁，外墙用坚硬的石块砌成，内墙则用土坯、夯土或泥土砌筑。这种由内而外构筑数道防御设施的"碉堡"式房屋，便即燕北类型的一大特点。

这些定居村落的层层设防，显然已经大大超越了防御野兽的需要，表明当时燕北类型的农业部落正受到来自外界的严重威胁。恩格斯说："用石墙、城楼、雉堞围绕着石造或砖造房屋的城市，已经成为部落或部落联盟的中心；这是建筑艺术上的巨大进步，同时也是危险增加和防卫需要增加的标志。"⑥恩格斯这是就整座城市的防卫而言的，而燕北类型定居农业部落的防卫已经落实到每一座房屋，足见他们受到的威胁已经严重到何等程度。就赤峰附近的英金河、阴河流域所见，燕北类型的村落大多分布在河流两岸的山冈上，位置不仅十分高峻，而且"这些山冈形势险峻，常

---

① 夏鼐：《我国近五十年的考古新收获》，《考古》1964 年 10 期。

② 李经汉：《试论夏家店下层文化区系和类型》，《中国考古学会第一次年会论文集》，文物出版社，1979 年。

③ 郑绍宗：《有关河北长城地区原始文化类型的讨论》，《考古》1982 年 12 期。

④ 辽宁省文物干部培训班：《辽宁北票县丰下遗址 1972 年春发掘简报》。

⑤ 王立新等：《夏家店下层文化渊源刍论》，《北方文物》1993 年 2 期；王立新等：《再论夏家店下层文化的源流及其与其他文化的关系》，《青果集—吉林大学考古专业成立二十周年考古论文集》，知识出版社，1998。

⑥ 恩格斯：《家庭、私有制和国家的起源》，人民出版社，1972 年，第 160 页。

是一面或两面、甚至三面临深沟大壑或是峭壁陡坡，其背后常有更高的山岭"[1]。由它们地势的高亢险峻观之，由它们城堡式的构筑观之，与其说这是定居村落，更毋宁说像极了军事防卫设施。这种现象，表明在受到严重威胁的情况下，定居的农业部落已被牢牢钉死在碉堡式的村落中。

燕北类型的村落遗址还有一个颇耐人寻味的现象，即"这种文化居民点的分布是相当稠密的，如在赤峰以西的西路嘎河沿河两岸的分布，几乎超过现代居民点的密度"[2]。早在地广人稀的夏商时期，远在荒山连绵的内蒙古高原，居民点的稠密竟然超过了现代社会，岂非咄咄怪事！无独有偶，这些部族不仅居址稠密，墓地也相当密集。仅以敖汉旗大甸子墓地例之，在南北长约 150 米、东西最宽仅 70 米的范围内，竟密密麻麻排列了八百余座墓葬，每墓的间隔几乎不到一米。此类现象更加形象地反映出，这些定居部落已失去了自由的活动空间，在强大外敌的挤压下渐渐困守一隅。

燕北类型村落遗址的第三大特点是，它们不仅密度大，而且堆积厚，房址依次叠压，后期房屋不断建在前期房址上，有的甚至上下绵延了数百年。这固然像人们通常所说的那样，体现了夏家店下层文化农业定居生活的稳定，但同时它也反映出，这些农业部落已经失去了开垦新耕地及开辟新家园的机会，失去了四处迁徙的机会，从而只能世代厮守在这块仅有的土地上。

在生产力相当低下的古代，土地是人类最重要的生产资源，也是各种经济群体争夺的最主要财富。为了生存和发展，农业族要开垦尽可能多的土地以种植，畜牧族要占领尽可能大的牧场以放牧，狩猎族要控制尽可能广的山林以捕获，土地的争夺永远势所难免。而上述特异之象恰好揭示出，燕北类型的定居农业部落正在这种土地资源争夺战中退居劣势，日益陷入强大对手的包围。

---

[1] 徐光冀：《赤峰英金河、阴河流域的石城遗址》，《中国考古学研究—夏鼐先生考古五十年纪念论文集》，文物出版社，1986 年。

[2] 中国社会科学院考古研究所编：《新中国的考古发现和研究》，文物出版社，1984 年，第 342 页。

那么，这个对手来自何方呢？种种迹象表明，这个对手就来自因环境蜕变而迅速生成的畜牧族。

畜牧族是以畜牧经济为依托的，而见于夏家店下层文化燕北类型，确实出土了大量猪、狗、羊、牛、鹿、兔、狐及鸟类骸骨。其中鹿、兔、狐、鸟类当属猎物，而猪、狗、牛、羊则应是驯养的家畜，反映了夏家店下层文化畜牧经济的发展。

从世界各地的情况看，家畜的驯化是一个十分漫长的过程，驯化的种类也有先有后。一般而言，狗和猪的驯化最早，牛、羊次之，马的驯化最晚。证之以中国的考古发现，牛、羊、猪、狗、鸡等早在仰韶文化时期已全部驯化为家畜[1]，甚至就连鹿科动物也有可能在此时进入了驯化过程[2]。此后到了龙山时代，不仅各地的家畜数量大为增加，私有化的程度也明显提高，家畜已成为私人财富的重要组成部分。到了夏商时期，饲养业取得了空前发展，牛、羊、猪、狗、鸡乃至马等已遍及各地。

在夏家店下层文化之前，燕北地区家畜饲养业的发展相对缓慢，曾长期停滞在以家猪饲养为主的阶段上。但到了夏家店下层文化之时，猪、狗、牛、羊骸骨在各遗存中层出不穷，表明燕北类型此时已完成了家畜饲养从单一品种向多品种的过渡。这种过渡无异于一个历史性的跨越，因为这不仅标志夏家店下层文化的畜牧经济进入了一个全新阶段，还为畜牧族的诞生创造了条件。

对畜牧经济发展史的研究表明，牛、羊的成为家畜，其意义还不仅仅在于家畜种类的扩大，更重要的是它引发了人类的社会大分工。

牛、羊是食草类动物，啃噬的是人类不能当粮食的草、叶、嫩枝、荆棘、苔藓等。它们的驯养，把人类无法直接利用的植物资源转换成了人类生活必需的肉类、乳食、皮革、羊毛等，大大拓宽了人类对自然资源的利

---

① 说详下。

② 祁国琴:《姜寨新石器时代遗址动物群的分析》,见《姜寨（上）·附录三》,文物出版社,1988 年。

用，堪称人类经济生活的一场革命。但由此带来的问题是，牛、羊不像家猪那样适于圈养，而一要放牧于田野；二要有足够的草场以供四季喂养；三要远离农田青苗，特别是要远离定居聚落密集耕作的土地，以保护庄稼不被啃噬；四还要保护它们免受野兽的袭击和风暴的侵害。因此，解决的办法只有一个，那就是有一部分人从农业生产中分离出来，专门从事牲畜的远距离放养。于是渐渐地，随着牛、羊畜养规模的扩大，畜牧业从农业中分离出来，形成了第一次社会大分工。恩格斯说："游牧部落从其余的野蛮人群中分离出来——这是第一次社会大分工。"[1]这里说的就是畜牧族与农业族的分离。

作为人类的一次社会大分工，这种分离在历史上产生了深刻的影响，这从游牧族后来带给世界的激烈震荡便不难想见。可是在当年，这种分工不仅给牧人带来了直接收益，还减轻了农业部落的人口压力和生产压力，更给双方提供了源源不断的畜产品，显然受到了分离双方的共同欢迎。

牛、羊的畜养既然有如此重大的意义，以至有的学者认为，它们的畜养便意味着游牧经济的开始。如人类学家林耀华先生说："牛、羊等食草类家畜的出现，是人类饲养业的重大的发展，从某种意义上说，它标志游牧生活的起始。"[2]实际上，游牧经济是畜牧经济的最高发展阶段，有特定的内涵和标志，而牛、羊的饲养仅仅导致了人类的第一次社会大分工，尚不能标志游牧经济的开始。但是，牛、羊的广泛畜养至少预示了一种新经济生活方式的出现，也预示了畜牧族的孕育生成，这就足够了。

在中国古代，最重要的家畜为马、牛、羊、鸡、犬、猪，合称六畜。当牛、羊、鸡、犬、猪的饲养在燕北类型已相当普及后，何时开始驯养马便成了至关重要的问题。因为马的驯养不仅事关畜牧经济的发展，而且这就是游牧经济形成的标准之一。

---

① 恩格斯：《家庭、私有制和国家的起源》，人民出版社，1972年，第157页。

② 林耀华主编：《原始社会史》，第305页。

　　证之以各地考古材料，龙山时代的马骸骨层出不穷，屡见于陕西华县南沙村、陕西神木县新华、甘肃永靖县马家湾、内蒙古包头市转龙藏、吉林扶余县长岗子、河南汤阴县白营、山东历城县城子崖、江苏南京市北阴阳营、浙江乐清县白石以及云南省通海县黄家营、寻甸县姚家村、麻栗坡县小河洞、广南县木犁洞、马龙县仙人洞、宣威县尖角洞、江川县古城山等遗址①，其中陕西华县南沙村龙山文化遗址还出土了埋在祭祀坑里的完整马骨架。以上地域北及吉林、内蒙古，南达江浙、云南，可见马在龙山时代已普遍进入了人们的生活。虽然这些马骸骨中或许还有部分野马，但它们的广泛存在显然说明当时已开始了马的驯化，而且恰恰由于其中包含了部分尚未完全驯化好的野马，才明白无误地说明了中国古代的马匹不是从境外传来的，而是在本地驯化完成的。

　　龙山时代起于公元前 2600 年左右，迄于公元前 2000 年前后，早于夏家店下层文化。因此退一步说，即便龙山时代的燕山大地尚未开始马的驯化，但到了夏家店下层文化之时，这里势必也有了马的役使。辽宁建平水泉等燕北夏家店下层文化遗址发现了马骨②，就证明了这一点。燕山以南的河北大厂大坨头遗址也出土了马牙③，虽然该遗址属夏家店下层文化燕南类型，但与燕北类型同属一个文化范畴，也足以旁证马已进入夏家店下层文化燕北地区的生活。

　　实际上，如上节谈到黄帝的"服牛乘马，引重致远"时所言，中国马在燕山南北的驯化不仅不会比别的地方晚，甚至应该比别的地方早。其故在于，中国家马的祖先是蒙古野马，而蒙古野马分布的一个重点区域就在冀北一线④。美国学者斯坦列·丁奥尔森也指出："中国北方是早期驯

---

① 陈文华：《农业考古》，文物出版社，2002 年，第 71 ～ 72 页。

② 《中国大百科全书·考古学》，中国大百科全书出版社，1986 年版，第 117 页。

③ 天津市文化局考古发掘队：《河北大厂回族自治县大坨头遗址试掘简报》，《考古》1966 年 1 期。

④ 文焕然：《历史时期中国野马、野驴的分布变迁》，《历史地理》第 10 辑，1992 年 7 月。

养马的中心之一……至迟在新石器时代，中国人已很容易地支配、驯服马。"①这些研究成果和《左传·昭公四年》所说的"冀州之北，马之所生"桴鼓相应，都证明黄帝驯马的传说并非空穴来风。黄帝的年代处在红山文化末期和龙山时代初期，也就是仰韶文化末季到龙山时代初年，恰比各地发现的龙山时代马骸骨早了一小步，正好是驯马的鼻祖。而黄帝驯马的地点，则应不出红山文化所在的西拉木伦河流域和老哈河流域，抑或黄帝集团南下后的涿鹿至北京西北一带，恰为燕山南北。

无论在中国畜牧经济发展史上，还是在北方民族发展史上，马的驯养都是一件值得大书特书的事。因为这不仅给人们带来了新的肉食和乳食，还带来了极佳的代步和运载动力。

马的时速可达 30～50 里，它的乘骑瞬间改变了人们对距离与速度的感觉，大大拓展了人类的活动空间。特别是在畜牧地区，马的乘骑不仅成倍扩大了畜牧业的活动范围，还使少数几个人就能控制很大的畜群，大大提高了畜牧生产力。又因为联系的便捷，资源与讯息可以借助马背迅速传播，使得像"草原帝国"那样的大型社会也有可能在后来出现。此外，马匹不仅仅以它的灵活与快捷成为牧人的伙伴，更以它的无畏和忠诚成了武士的朋友，大大提高了武士的战斗力。古往今来的战争，胜负的关键就在于军旅的机动性，而在冷兵器时代，骑士的机动性无与伦比，完全可以媲美今天的机械化部队。而对草原民族来说，骑射是必修科目，"兒能骑羊，引弓射鸟鼠，少长则射狐兔，用为食，士力能毌弓，尽为甲骑"②，这就与生俱来的赋予了草原民族远胜于农业族的战斗力。总之，马匹给草原带来的变革是划时代的，几乎彻底改写了草原民族的生产、生活乃至性格，使他们在纵横驰骋的马背上成了"天之骄子"。当然，这是一个漫长的过程，也是一个渐进的过程。

---

① ［美］斯坦列·丁奥尔森著、殷志强译：《中国北方的早期驯养马》，《考古与文物》1986 年第 1 期。

② 《史记·匈奴列传》。

从世界范围看，一般认为"马最先出现于中亚"[1]，时间大约在距今4000多年前。也有人持不同观点，认为"人类大约在6000年前，最早于乌克兰草原地区驯养了马，其主要论点是，在第聂伯河西岸，离基辅250公里的铜器时代遗址德列伏卡，曾发现被马嚼子磨伤的马牙和鹿角做马嚼子，从而证明了马是最早于此时此地被作为拉牵的动力。"[2]至于马匹的各种功能，则是渐次得以培育的，最初是当作驮载、挽车的畜力，而后才成为骑乘动物。"目前书籍最早的骑马图像出现在公元前2000年"[3]，表明骑马术在世界上的出现最晚不迟于公元前2000年。然而，当通过考古发掘发现了马衔、马镳等马具，证明确实产生了乘骑术时，已经晚到了公元前二千纪中叶。

中国的情况别无二致，也是先有对马的驯化，而后使之成为驮载、挽车的畜力，最后才有骑马术的问世的。文献谈马的驯化，最早开始于黄帝，经典言论即前引《周易·系辞下》的"黄帝、尧、舜服牛乘马，引重致远，以利天下"。《左传·昭公二十五年》孔颖达正义云："古者服牛乘马，马以驾车，不单骑也。"按照此类说法，黄帝时代不仅马匹得以驯化，而且得以役使，即已"马以驾车"。黄帝又名"轩辕氏"，此"轩辕"之称有多种解释，其中一解即指车辕，是说黄帝因为发明了"马以驾车"的车辕故名轩辕。证之以上古时代的神农氏、伏羲氏、燧人氏等都是"以技为氏，以事为氏"的，说"轩辕氏"和车辕有关不为无故，这也为黄帝时代马的役使提供了一个证据。

至于中国古代御马术的发生，此前多以为晚到了春秋战国时期。蒙文通说："中国之知用骑在春秋，即因北狄之用骑。"[4]吕思勉说："我国自春

---

① 《简明不列颠百科全书》，中国大百科全书出版社，1986年，第五卷第550页。

② 孔令平：《马车的起源和进化》，《中国文物报》1994年6月12日第3版。

③ 郭晓晖：《骑马术与印欧语系的兴起》，《中国文物报》1995年3月12日。

④ 蒙文通：《周秦少数民族研究》，龙门书店，1958年，第53～56页。

秋以前，实未曾与骑寇遇。"①以上所主为春秋说。此外还有更晚的战国说，代表性说法即以战国时期赵武灵王的"胡服骑射"才是古代骑马术的开始。然而索诸文献，也有与上述说法大不相同的记述。

《诗·大雅·绵》说："古公亶父，来朝走马。"这是有关中国古代骑马的最原始记述，顾炎武释其为"骑马之渐"。古公亶父是周之先公，时逢商代晚期。按照这条记载，马匹在商代晚期已成代步工具。文献中的同此记载尚多，如《史记·殷本纪》称商纣王"益收狗马奇物，充仞宫室"，又说纣王囚禁西伯（周文王）后，西伯家臣"求美女奇物善马以献纣，纣乃赦西伯"，凡此都说商纣王时已有"善马"。这"充仞宫室"的善马，当然不是用来观赏的，而是用来骑乘的，所指必为善骑的良驹。

尤为重要的是，说商代晚期已有骑马术，还得到了考古材料及古文字材料的证明，要之有三：

1，殷商甲骨文有"马"字，还有"马乎（呼）、（禽）"之类记载，古文字学家于省吾释其为"唯命骑射，可以擒获"，认为骑术在殷代"业已盛行"②。

2，上世纪初，在安阳殷墟发现了一个武士和一匹马的人马合葬墓，石璋如认为这马"似乎是供骑射"的，否则不会和人同埋③。殷代的殉马之例屡见不鲜，而且超乎想象，仅1976年在河南安阳殷墟王陵区的一次发掘就发现了马骨架117匹④，这也见证着马和人结成的生死关系。

3，2005年夏，在陕西甘泉县下寺湾镇闫家沟村发现了一座商代晚期墓葬，出土了各类青铜器57件。其中最引人瞩目的是，居然还有两件完

---

① 吕思勉：《先秦史》，上海古籍出版社，1982年，第252页。

② 于省吾：《殷代的交通和驿传制度》，《东北人民大学社会科学报》1955年第2期。

③ 石璋如：《小屯（河南安阳殷墟遗址之一）》第一本《遗址的发掘：丙编·殷墟墓葬之二，中组墓葬》，台北版，1972年。

④ 中国社会科学院考古研究所：《安阳武官村北地商代祭祀坑的发掘》，《考古》1987年12期。

整的圆雕青铜马。这两件青铜马通高 18.5 厘米，通长 26.5 厘米，形制相同，均呈昂首站立状。从整体造型看，它们体型健硕，身体较长，四肢粗短，脖颈粗壮，头部稍小，鬃毛短直，长尾下垂，眼睛圆睁，两短耳直立向前，口鼻微张作嘶鸣状，与亚洲野马的体形无异。重要的是，这两匹马的背上都有椭圆形背垫，说明它们不仅是被驯养的家马，而且是专供骑乘的鞍马，背垫就是马鞍的雏形。事如墓葬整理者所说："这是国内目前见到的最早的鞍马形象，对研究我国古代骑马文化的起源具有十分重要的意义"[①]。

以上三例，皆表明中国的骑马术不晚于商代晚期已经形成，印证了古公亶父的"来朝走马"。

夏家店下层文化的年代相当夏代初年至商代前期，比骑马术发明的商代后期为早。因此，不能说夏家店下层文化时马的各种功能已经完备，特别是不能说当时马匹已供骑乘。但既然马的驯化乃至役使在夏家店下层文化中已经出现，那就无论当时是否有了骑马术，也必将很快改写燕北地区畜牧族的历史。

综上所论，经过夏家店下层文化早期以来的发展，除鸡的骸骨过于零星细琐尚未发现外，牛、羊、犬、猪、马在燕北类型已相继出现，给畜牧业的发展提供了广泛的基础。而前述的环境演变，特别是夏时期的内蒙古高原已为蒿科、藜科植物所覆盖的事实，则更为燕北类型畜牧业的大踏步前进提供了必要的外部条件。此类型的各遗址都发现了以刮削器为主的细石器，它们皆与动物性资源的利用有关，这也从一个侧面见证了畜牧业的发展。总之，尽管燕北类型的农业经济仍占相当比重，但种种事实无不说明，畜牧经济正在这里蓬勃兴起，专事畜牧业的部族也正在这里迅速集结，而燕北类型定居农业部落所受的重重包围，显然来自这如日方升的畜牧族。

---

① 王勇刚：《一对新面世的商代圆雕青铜马》，《收藏》2009 年第 4 期。

甚至不难想象，当时燕北地区农业部落设置层层屏障来保护的，不仅是居民和农产品，而首先是他们饲养的牲畜。因为作为畜牧业的主要资源，农业族饲养的牲畜才是迅速扩张的畜牧族最迫切需要的。

由于"毋城郭常处耕田之业"①，即没有成片的定居村落，畜牧族的遗址很难保存。即使晚到了西周至东周的夏家店上层文化时期，虽然已进入较高级的畜牧阶段，燕北各地仍极少发现固定居址，田野考古收获的大多是墓葬。因此，迄今发现的夏家店下层文化那些人口密度极大的遗址，只能属于定居的农业村落。尽管这为分辨该时期的畜牧族带来了不少困难，但凡是存在过的总会留下痕迹，甚至能够从位处同地的农业族身上折射出来。

燕北类型农业遗存中有一种与中原文化大异其趣的现象，即时常出土一些造型迥异的小形装饰品。它们尤以金属质地的耳部装饰为多，常见的有首部作喇叭形的"U"字形铜耳环，以及盘丝环形铜耳环，还时或可见金耳环。典型之例见于敖汉旗大甸子夏家店下层文化墓葬群，随葬的青铜器件有铜斧帽饰、铜镞、铜杖首、铜指环、铜耳环等，其中仅铜耳环的数量就多达26件②。耳饰的使用是古代畜牧族特有的文化现象，流行的时间很长，传播的范围也很广，向为山戎、北狄、东胡、匈奴、鲜卑等民族所喜爱③。这种习俗不仅见于中国北方的草原民族，而且见于整个欧亚北大陆草原地带。在欧亚北大陆草原上，流行着一种古老的文化现象——鹿石。这是远古时期猎牧人立于墓地的石雕，很可能是祭祀用的纪念柱，其造型初为鹿形，后为人形。人形的"鹿石"仅粗具轮廓，五官的刻画并不清晰，但异乎寻常的是，其耳环与项链的装饰却非常突出④。由此可见，

① 《史记·匈奴列传》。
② 中国社会科学院考古研究所：《大甸子—夏家店下层文化遗址与墓地发掘报告》。
③ 盖山林：《丝绸之路草原民族文化》，第405页。
④ 盖山林：《丝绸之路草原民族文化》，第146~150页、410~411页。

耳饰、项饰这些物件虽小，却是草原文化的鲜明标志，清清楚楚地印证着畜牧族的存在。

燕北类型蕴含的此类草原文化因素尚多，不一而足。例如男性成员佩戴的串珠项链，以及辽宁宁城南山根出土的金臂钏、敖汉旗大甸子出土的铜指环等，无不反映了草原民族的特有装束和文化。凡此都是古代畜牧文化的标志性元素，它们在燕北类型的出现，无可置疑地证明那里已经有了专事畜牧的人群。

但是，上述资料除一部分出自墓葬外，还有一部分出自定居的村落遗址，而这些村落遗址属于农业部落，这又是何故呢？这首先表明燕北农业集团中还包含着较多的畜牧成分，甚至有一部分畜牧业成员尚未从农业族中分离出来。另外的一个可能是，当时的畜牧族和农业族本属同一个族团，于是在相互的浸染中形成了文化的同一性。

在燕北地区相当两周之际的夏家店上层文化中，有一个现象得到了人们的特别关注，即经过鉴定的奴隶骸骨，竟和贵族的体质特征无异。事见赤峰市夏家店村上层文化，在其废弃的窖穴和居址周围发现了一些乱葬的奴隶人骨，大多应是战俘。他们的地位虽然卑下，但人骨鉴定的结果表明，这些骸骨与夏家店上层文化的贵族和一般氏族成员属于同一族系[1]。这个现象告诉我们，夏家店上层文化的敌对双方是由同一个血亲集团分离出来的，可见此前的夏家店下层文化的敌对双方也完全可能出自同一族系。这就是说，燕北地区由来已久的对抗与兼并，都是在同一族团内发生的，交战的双方本为同根兄弟。由于经济形态的分离，由于新的生态环境造成的资源争夺，同根兄弟间出现了对峙，以至"同室操戈，相煎何急"。

《圣经》中有一个故事，说亚当和夏娃生了两个孩子，该隐是长子，从事农耕，亚伯是次子，从事畜牧。有一天，他们分别用自己最好的劳动

---

[1]　中国社会科学院考古研究所编：《新中国的考古发现和研究》，第348页。

成果奉献上帝，结果上帝选择了亚伯供奉的乳羊，该隐从此怀恨在心，想方设法杀了亚伯①。此即西方著名的"双子情节"典故，特指兄弟间的对峙和杀戮，而且指的就是分别从事畜牧和农业的两兄弟。这里隐喻着一个道理，即种田与放牧的本是兄弟，只不过由于他们各自从事的行业不同，收获的物产不同，占有的资源也不同，终于酿成了血亲相残。

那么，夏家店下层文化的畜牧族究竟是何时从农业集团中分离出来的呢？鉴于夏家店下层文化不少考古遗存的分期工作尚未完成，鉴于畜牧族由量变到质变的发展过程需要通过极为缜密的考古分期来做细致入微的观察，目前还很难对此做出精准的判断。但前面的论证已经给我们提供了一个甄别的标尺——燕北类型高墙壁垒防卫工事的出现。倘若由内而外构筑数道防御设施的"碉堡"式村落已经出现，显然表明农业部落已陷入强大对手的包围，而这对手理应来自脱离了农业集团的畜牧族。当然，仅凭这一标尺做出判断似乎还嫌牵强，因为这也可能是出自域外敌人的长期侵扰或围困——尽管能够在数百年间将一个广大地域的村落牢牢钉死在一地的外部敌人似乎旷古未有。幸好在上述标尺之外，考古学还给我们提供了另一个甄别标准——陶器文化由精到粗的衰变。

通过对燕北类型的分期研究，考古学家郭大顺先生把该文化区分成早中晚三大期，并揭示了它由早到晚的演变规律。其中一个十分值得注意的规律是，见于各不同遗址，燕北类型的陶器"由黑灰多到红褐多，制作由精到粗"②。以实例言之，辽宁北票丰下遗址是燕北类型中材料较丰富的一处，有从早到晚的地层叠压关系。其早期遗存相当夏代早期，陶器以磨光泥质黑陶为多，火候较高，质地坚硬，器壁均匀，外表漆亮，有通体轮制的痕迹。其晚期相当商代二里冈期，这时的陶器少见灰黑陶，夹砂红褐陶

---

① 《创世记》第四章。

② 郭大顺：《西辽河流域青铜文化研究的新进展》，刊《中国考古学会第四次年会论文集》，文物出版社，1985年。

增多，火候普遍偏低，质地疏松，制作水平整体下降，充分体现了陶器制作的由精到粗[①]。

随着时代的推移，陶器制作技术本该日益精进才对，怎么会在燕北类型中出现了完全相反的趋势呢？原来这和陶器文化的特殊属性有关。

陶器是远古先民的生活必需品，不仅定居的农业部落需要，其他经济群体也须臾不可离。但就总而言，陶器文化是原始农业的伴生物，不仅伴随原始种植业的出现而出现，而且会伴随农耕经济的兴衰而兴衰。在公元前 2500 年到公元前 600 年间，西部甘青地区曾由锄耕经济为主的齐家文化蜕变为以畜牧经济为主的卡约文化，其陶器就步入了由精到粗的轨道。俞伟超先生对此评论说："卡约陶器远比齐家乃至更早的陶器为粗陋的情况，只能从由农业部落转化为畜牧部落的情况中得到解释。"[②]这一实例十分清晰的揭示，陶器文化确实是原始农业发达程度的指示器，农业兴旺则陶器文化兴旺，农业衰落则陶器文化衰落。事同此理，燕北类型陶器制作的由精到粗，同样表明了该文化农耕经济的不断式微，而与之相应的，则是畜牧经济的崛起。

如果说防卫设施的出现是燕北类型定居农业村落对外部环境做出的一种反应的话，其陶器文化的衰退便出自内在因素的作用了。而综合这内外两大方面，将不难对夏家店下层文化畜牧族脱离农业集团的时间做出一个大致的判断。

从整个夏家店下层文化燕北类型看，其早期的陶器手工业还相当发达，说明那时的农业经济还比较稳固。当时的家畜饲养业虽然已经取得了长足的发展，但显然还未达到脱离农业的程度，不过是一个附属经济。但到了夏家店下层文化晚期，不仅陶器文化急剧衰退，聚落里的防卫设施也随之出现，表明社会终于发生了急剧的变化。

---

① 郭大顺：《丰下遗址陶器分期再认识》，《文物与考古论集》，文物出版社，1986 年。

② 俞伟超：《先秦两汉考古学论集》，文物出版社，1985 年，第 209 页。

在辽宁建平喀喇沁河东的夏家店下层文化遗址中，共发现了由早到晚的 8 座房址，其中只有时代最晚的两座房址设置了弧形石墙，其余皆不见石外墙①。这一实例十分清楚地说明，定居部落的防卫设施是在夏家店下层文化晚期兴起的。此外如赤峰市敖汉旗大甸子，这是一处夏家店下层文化晚期的城堡式遗址，总面积达 6 万平方米。它除了西、北两面以深沟大壑作为天然屏障外，还在东、南两侧修筑了夯土围墙，墙外有宽 10 米、深 2.9 米的壕沟，墙垣通道处有石块垒砌的门道，门址一旁还发现了可能是哨所的石砌建筑。这一实例更加突出地揭示，夏家店下层文化晚期的农业部落已深陷孤垒，困守一隅，表明这时的畜牧族不仅已脱离了农业族，而且已经成长为足以震慑农业部落的强势集团。综合上述情况，可见夏家店下层文化畜牧族与农业族的分离一则晚于早期，二则早于晚期，理应发生在夏家店下层文化燕北类型中期之时，而这恰与燕北类型陶器文化的衰变始于中期的情况若合符节。

前文已述，夏家店下层文化燕北类型的年代在公元前 2000 年～前 1400 年间，相当中原的夏代初年至商代前期。故此以早中晚三期推之，燕北类型的前期约当夏代前期，中期约当夏代晚期，晚期约当商代前期。若从绝对年代上看，根据对燕北类型相关遗存的碳 14 年代测定，赤峰蜘蛛山遗址 H42 的树轮校正年代（下同）距今 4360±140 年，建平水泉遗址 T15H⑤的年代距今 4130±110 年，北票丰下遗址南区 T9、T10③的年代距今 3840±130 年，敖汉大甸子第 759 号墓的年代距今 3685±135 年，敖汉大甸子第 454 号墓的年代距今 3645±135 年②。以上五组数据，除了第一组数据的年代偏早，似有明显误差外，其它数据都在夏家店下层文化的正常范围内，而最后两组数字则属燕北类型晚期。按照夏家店下层文化畜

①　辽宁省博物馆文物工作队等：《辽宁建平县喀喇沁河东遗址试掘简报》，《考古》1983 年 11 期。

②　中国社会科学院考古研究所：《中国考古学中碳 14 年代数据集》，文物出版社，1983 年，第 24、25、27 页。

牧业及畜牧族的形成应当发生在中期的推定，其绝对年代应早于晚期的敖汉旗大甸子遗存，即在距今 3600 年前，约当公元前 17 世纪初叶，适逢夏代晚期。

于史可稽，夏代初年开始的气候变化，到夏代晚期明显加剧，到夏代末季更酿成了严重的干旱，甚至危及中原大地。

《国语·周语上》载伯阳父曰："昔伊洛竭而夏亡。"此文的"竭"乃竭尽之义，这里说滋养中原的伊水、洛水在夏代灭亡前全部干涸，旱情的严重无以复加。这种严重旱情在中原大地甚至一直漫延到了商代初年。《荀子·富国》云："禹十年水，汤七年旱。"《说苑·君道》云："汤之时，大旱七年，雒（洛）圻（伊）川竭，煎沙烂石。"以上所谓"汤七年旱"，是说商汤初年曾连续大旱七年，致使伊水、洛水长年干涸，田土都变成了"煎沙烂石"。在旱情如此严重的情况下，商汤仍要发兵灭夏，引起了国人的强烈不满。《尚书·汤誓》载商汤云："今尔有众汝曰：'我后不恤我众，舍我稿事，而割正夏'。"这里说的是，当时商人部众认为抗旱救灾、不误稼穑才是最大的要务，而商汤却一心要"舍我稿事而割正夏"，不仅被认为是舍本求末，也被认为是"不恤我众"之举。《吕氏春秋·慎大》云："商涸旱，汤犹发师。"这里说的也是众人对商汤的不满。但商汤不听，仍然倾注全力投入了伐夏之役。谁曾想，灭夏之后商的旱情依然迟迟不退，逼得商汤走投无路，只好自己"以身为牲"去祈雨。《吕氏春秋·顺民》云："汤克夏而正天下，天大旱，五年不收。汤乃以身祷于桑林，曰：'余一人有罪，无及万夫；万夫有罪，在余一人。无以一人之不敏，使上帝鬼神伤民之命。'于是……以身为牺牲，用祈福于上帝。民乃甚悦，雨乃大至。"这里说的就是商汤以身祈雨的故事。要不是后来老天爷开眼降下甘霖，刚刚创建了不世之功的商汤王恐怕只能苦巴巴的像个祭神的牲口一样引颈待死了。

文献中没有留下夏代晚期以来北方生态敏感区旱象的记载，而上述夏末商初中原大地的旱情，无疑对此提供了一个很好的旁证。至于前述内蒙古伊金霍洛旗朱开沟遗址植被状况的演变，更为长城沿线以北夏代晚期发生的变化提供了直接的证据。正是在这种背景下，燕山以北的畜牧族开始脱离农业部落独立成形。

当畜牧族刚刚独立的时候，尚与农业部落共同生活在一个区域内，由此构成了农牧交错带。所谓农牧交错带，是指二者各有各的领地、各有各的人群、各有各的生产方式，纵横交织在同一块土地上。这与此前以定居生活为主的半农半牧生活显然不是一回事，而最大的区别是，自从畜牧业脱离农业后，两者间的相辅相生关系已一去不复返，曾经的农牧交错带势必演变成农牧对抗带。

前文曾述，当第一次社会大分工刚刚出现的时候，一定会受到分离双方的欢迎，因为当时这对双方都是很有益的事。但由合到分容易，由分到合难，一旦分开以后，就很难再把不同利益的集团融合起来。矛盾的焦点突出反映在土地资源的争夺上，首先发难的应该是农业族，因为为了保护庄稼不被牲畜啃噬，他们本能地排斥从事畜牧的人们，巴不得把所有牲畜驱赶出境。但没有牧场岂有畜牧？于是为了生存，畜牧族不得不千方百计地开辟牧场。遥想当年，为了开拓生存空间，刚刚独立的畜牧族不得不穿行于星罗棋布的农业营盘中，在燕北的山地丘陵、森林草原间不断寻找栖身之处。而这种寻觅，不仅会时时造成两大集团的摩擦，更会酿成两大营垒的对抗。

司马迁说，从诞生伊始，畜牧族的一大天性就是"宽则随畜，因射猎禽兽为生业，急则人习战攻以侵伐，其天性也"[1]。畜牧生产极具个体性和流动性，这就决定了牧人既要以四方为家，又要独自面对暴风雪等自然灾害，还要随时应付各种猛兽和强盗，挑战与危险无处不在。久而久之，他

---

[1]《史记·匈奴列传》。

们养成了勇猛尚武的天性，骁勇彪悍、无所畏惧、乐观豪放。严酷的生存环境和"随水草放牧，居无常处……日弋猎禽兽，食肉饮酪，以毛毳为衣"①的生活习俗，给了他们一个比农业族更为强健的体魄，加之男子个个长于骑射，"儿能骑羊，引弓射鸟鼠；少长则射狐兔，用为食。士力能毋弓，尽为甲骑"②，其战斗力远远胜过了安土重迁的农业族。特别是在争夺地盘的战斗中，所有男性牧民都会顷刻间变成战士，而一旦遭遇灾荒，畜牧族和他们的畜群又会反扑回来，劫掠和就食于农业区。因此，自从有了独立的畜牧族，农业族就有了一个无法躲避的天敌。见于燕北类型的考古遗迹，定居农业村落除了尽可能占据有利地形并设置重重围墙外，还有不少在周围的山顶上布置了哨所③。英国历史学家汤因比曾经形象地指出："游牧民族的来临象骑兵冲锋似的从天而降，农民却同步兵的逐步推进相仿佛。"④由此便不难理解，何以农业部落要如临大敌般地设置观察哨所了，因为机动灵活的畜牧族随时都有可能突如其来，犹如神兵天降一般。

夏家店下层文化畜牧族除了从农业部落中剥离出来的外，势必还会有一部分是从西拉木伦河流域以北的狩猎部落中蜕变而来的。畜牧业成长过程中的一个总体趋势是，驯化和饲养动物主要靠农业部落，畜牧经济的孕育和发展也主要靠农业部落，但最适合畜牧或游牧生活的，却是以游猎为生的人们。因此，畜牧业的兴起，大多伴随游猎族的掠夺，世界各地莫不如此。甚至可以说，不少转化为畜牧业的狩猎部落，就是通过掠夺农业部落的牲畜来完成自己的"原始资本积累"的。这些人是农业部落凶狠的敌人，举凡土地、牲畜、生产资料、生活资料和人口，没有什么是他们不想

① 《三国志·魏书·乌丸鲜卑东夷列传》。

② 《史记·匈奴列传》。

③ 辽宁省博物馆文物工作队：《概述辽宁省考古新收获》，见《文物考古工作三十年》第88页，文物出版社，1979年。

④ 阿诺尔德·汤因比：《在希腊和土耳其的西方问题》，转引自《历史研究》节录本（上），第212～213页。

要的。在西拉木伦河以南的阴河、英金河沿岸，考古工作者发现了不少夏家店下层文化的石城址，它们由西向东呈条状展开[①]，组成了一道锁链般的石砌城堡带。这道防线，很可能就是农业部落为了抵御从西拉木伦河南下的狩猎族筑起的"铁血长城"。它在形式上虽然不同于后来砖砌的"长城"，但功能并无不同，可以说是中国最早的长城。

无论畜牧族的来源如何，总之在这场历史性的资源争夺战中，一方是机动灵活又具有天生武装化倾向的群体，另一方是安土重迁、固步自封的部族，力量的对比从一开始就是不均衡的。因此可以说，自从有了畜牧族，农业族的退缩已是大势所趋。此后，随着自然环境的不断恶化，随着牧场的不断扩大，在夏家店下层文化结束后，曾经的农业经济更如风卷残云般地退去，畜牧经济一跃而成燕北地区的支柱产业。

继夏家店下层文化之后，在燕北地区出现的是"魏营子类型文化"[②]，时代相当中原的商代后期到西周前期。此文化发现的固定居址很少，田野考古中收获的主要是分散在各地的青铜器。早在 1941 年，就有两件商周之际的窖藏铜鼎发现于辽宁喀左县小城子乡咕噜沟村[③]，此后在燕山以北陆续发现了不少商代晚期到西周早期的青铜器，出土地点遍及内蒙古的赤峰地区、通辽市及辽宁的大小凌河流域[④]。这些青铜器皿大多出自窖藏，鲜有地层叠压关系及与陶器的共存关系，而且不属于同一种文化。例如在辽宁喀左县山湾子发现了一处窖穴，出土了殷周时期的青铜器 22 件，而从造型、纹饰、铭文、徽记等方面看，它们并非规整的组

---

①　徐光冀:《赤峰英金河、阴河流域的石城遗址》。

②　郭大顺:《试论魏营子类型》，见《考古学文化论集（一）》，文物出版社，1987 年。

③　陈梦家:《西周青铜器断代（二）》，《考古学报》1955 年。

④　李恭笃、高美璇:《试论燕文化与辽河流域青铜文化的关系》，见《北京建城 3040 年暨燕文明国际学术研讨会会议专辑》，北京燕山出版社，1997 年；辽宁省博物馆文物工作队:《概述辽宁省考古新收获》，见《文物考古工作三十年》第 88～90 页；苏赫:《从昭盟发现的大型青铜器试论北方的早期青铜文明》，《内蒙古文物考古》2 期。

合，是资料整理者所说的不同文化的"汇合体"①。综合以观，这些窖藏青铜器主要有三大来源：一类是中原式礼器和兵器，一类是中原及当地土著风格相融合的器物，一类是典型的北方式青铜器。从这些青铜器皿出土状况的特异性来看，更从其"汇合体"的特异性来看，灼然可见它们出自一个与中原迥然有别的人群。而对此最恰当的解释是，当时这里生活着相当数量的流动人群，他们穿梭往来于燕山南北，有机会获得了各种不同来源的青铜器，而后便以窖藏方式深埋于季节性往来的领地中。这些没有留下住址的人们，理应是夏家店下层文化之后的畜牧族，而且是比以前更加具有流动性的畜牧族。

魏营子文化也发现了一些商代后期到西周前期的遗址与墓葬，辽宁朝阳魏营子就是其中一处。综合这些遗址和墓葬，魏营子文化大致具有四大基本属性：

1，定居生活大大萎缩

综合各相关发现可知，魏营子文化"遗址点分布密度已远不如前，堆积也较薄，不见前一时期那种层层相叠的房址群"②。这一事实再清楚不过地揭示，魏营子文化的定居生活已明显萎缩。

2，陶器文化继续衰落

魏营子文化的陶器几乎全部为夹砂红陶和红褐陶系，火候低，器壁较厚，器形不规整，外壁粗糙，略经打磨，处处延续了夏家店下层文化晚期陶器文化的颓势。这就是说，作为农业经济发展水准的指示器，陶器文化仍一如既往地见证着农耕经济的衰落。

3，"北方系青铜器群"成组出现

魏营子墓地共发掘清理了9座墓葬，随葬品中除了当卢、銮铃、车

---

① 喀左县文化馆等：《辽宁省喀左县山湾子出土殷周青铜器》，《文物》1977 年 12 期。

② 郭大顺：《西辽河流域青铜文化研究的新进展》，《中国考古学会第四次年会论文集》，文物出版社，1985 年。

曹等青铜车马器与西周早期的燕文化较为接近外，其它如铜盔、铜甲、铜泡、绿松石珠、金臂钏以及不明用途的羊头饰物等，都具有鲜明的地域性[①]，属于草原文化特有的器类。这些器类的大量涌现，明白无误地见证着这些遗存的畜牧族属性。在敖汉旗一带还发现了时代属商末周初的北方系青铜器石范[②]，更说明其中的北方系青铜器有相当部分是在本地铸造的。

4，青铜兵器显著增加

克什克腾旗龙头山出土了一座商末周初的墓葬，随葬品以青铜兵器为主，种类有剑、刀、斧、镞等，另外还随葬的有铜泡、铜锥及铜饰物[③]。此墓在魏营子文化中颇具代表性，突出体现了该文化出现的尚武倾向。

鉴于魏营子文化中还保留着部分农业经济成分，尚不能说商末周初的燕北地区已完全成为游牧社会。但综合上述四大属性，足见畜牧经济已成为这里的支柱产业。

正是因为主要经济部门发生了变化，魏营子文化与夏家店下层文化之间便有了本质的不同。最大的不同是，夏家店下层文化晚期的农业部落还靠层层叠叠的防御设施勉强支撑着，而到了魏营子文化之时，不仅防御设施土崩瓦解，就连农业部落也消失得难以寻觅。因此，研究者无不深切地感受到，西辽河流域青铜文化"以（夏家店）下层文化和商周之际遗存的衔接处为最明显的变化点"。学者并因此而发问："这一考古变化的背景又是什么呢？"[④]现在可以回答的是，这一变化的最根本原因是，此时此地的经济主体已由农业为主蜕变为以畜牧业为主。主要经济部门变了，其它方面都会随之改变，古今中外莫不如此。

①　辽宁省博物馆文物工作队：《辽宁朝阳魏营子西周墓和古遗址》，《考古》1977 年 5 期。

②　邵国田：《内蒙古昭乌达盟敖汉旗李家营子出土的石范》，《考古》1983 年 11 期。

③　内蒙古自治区文物考古研究所、克什克腾旗博物馆：《内蒙古克什克腾旗龙头山第一、第二次发掘简报》，《考古》1991 年第 8 期。

④　郭大顺：《西辽河流域青铜文化研究的新进展》。

到公元前 1000 年左右，全球进入了小冰期，长城地带的生态环境进一步恶化。正如气象学大师竺可桢所说，中国北方正是在这时正式进入干旱期的[①]。根据对更新世晚期以来古生态地质环境的研究，当时干旱温带草原、森林草原地质环境已东移到内蒙古高原的东部及其以东地区[②]，也就是东移到燕山以北地区。对辽宁建平县水泉遗址动物遗存的研究也表明，燕山以北在此时确乎变成了干燥草原或疏林草原区[③]。正是在这种背景下，燕北地区的历史又揭开了新的一页。

自公元前 1000 年开始，在燕山以北应声而起的，是夏家店上层文化。此文化的上限年代相当西周早期，下限年代则一直延续到了东周时期，最晚甚至可到战国中期前后[④]。它发源于西拉木伦河以北，而后越过西拉木伦河向东进入到努鲁儿虎山东麓，再向西南延伸到燕山以南，广泛覆盖了今内蒙古东南部的赤峰地区、通辽市、辽宁西部的朝阳地区以及河北北部的承德地区，中心区域则在西拉木伦河流域和老哈河流域。其代表性遗存有赤峰夏家店遗址上层[⑤]、宁城南山根石椁墓葬[⑥]、宁城小黑石沟墓葬[⑦]、朝阳十二台营子青铜短剑墓[⑧]、建平水泉遗址中层[⑨]、翁牛特旗大泡子墓

---

① 竺可桢：《中国近五千年来气候变迁的初步研究》，《考古学报》1972 年第 1 期。

② 邵时雄、刘海坤：《中国晚更新世晚期以来古生态地质环境分区特征》，《中国北方晚更新世以来地质环境演化与未来生存环境变化趋势预测》，地质出版社，1999。

③ 张镇洪：《建平县水泉夏家店文化遗址兽骨研究》，《考古与文物》1989 年 1 期。

④ 靳枫毅：《夏家店上层文化及其族属问题》，《考古学报》1987 年第 2 期。

⑤ 中国科学院考古研究所内蒙古工作队：《赤峰药王庙、夏家店遗址试掘报告》。

⑥ 昭乌达盟文物工作站等：《宁城县南山根的石椁墓》，《考古学报》1973 年 2 期。

⑦ 赤峰市博物馆等：《宁城小黑石沟石椁墓调查清理简报》，《文物》1995 年第 5 期。

⑧ 朱贵：《辽宁朝阳十二台营子青铜短剑墓》，《考古学报》1960 年 1 期。

⑨ 辽宁省博物馆文物工作队：《概述辽宁省考古新收获》。

葬①、敖汉旗周家地墓葬②、林西井沟子西区墓葬③等。其西拉木伦河以南的此类遗存，往往直接叠压在同地的夏家店下层文化之上。

正如直到辽金元时期的燕北地区仍保留着部分农业成分一样，夏家店上层文化时期也有一定的农业经济，同时也还有个别的定居半定居村落。典型之例如内蒙古赤峰市夏家店遗址上层，在临河的小山冈上发现了一个不大的遗址，有居址 5 处，还有灰坑 20 个、墓葬 11 座，这就是一处小定居点。其陶器的制作相当粗糙，石器有石斧、半圆形双孔石刀、杵、臼，以及石锤、石坠等。遗址中出土了许多动物骨骼，有狗、猪、羊、牛科、马科等，以狗、猪为多。墓葬中的随葬品以小件饰物为多，包括铜扣、联珠形及双尾型铜饰、骨珠等，另外还有铜锥、铜刀、铜镞、骨针、纺轮等工具④。这处居址同样建在陡峭的山冈上，筑有石砌台阶，承袭了夏家店下层文化定居村落注重防御的传统。总体上看，这是一处农牧经济相结合的定居遗址。

虽有部分定居半定居农业成分，但由于环境的蜕变，此时的农业经济更加凋敝，各方面均呈没落之象。

首先，夏家店上层文化的遗址大多零星单薄，分布的密度及堆积的厚度皆大不如前，反映了定居生活的进一步萎缩。这还是夏家店上层文化前期的景象，至于到了后期，索性连半定居的村落遗址也寥若晨星。

其次，生产工具中用来开荒、掘土、松土的石锄、石铲等农耕工具已成稀有之物，唯独多见收割用的双孔半月形石刀。没有耕耘哪来收获？因此可以推测，这些数量众多的半月形石刀或者是用来刈割牧草的，或者是

---

① 贾鸿恩：《翁牛特旗大泡子青铜短剑墓》，《文物》1984 年第 2 期。

② 中国社会科学院考古研究所内蒙古工作队：《内蒙古敖汉旗周家地墓地发掘简报》，《考古》1985 年第 5 期。

③ 吉林大学边疆考古研究中心等：《2002 年内蒙古林西县井沟子遗址西区墓葬发掘纪要》，《考古与文物》2004 年第 1 期。

④ 中国社会科学院考古研究所内蒙古工作队：《赤峰药王庙、夏家店遗址试掘报告》。

用来劫掠农业部落的粮食作物的，或者是用来加工皮革的，总之不是自耕农业的收割工具。

再次，此阶段的陶器文化愈发衰退，比以往更加不如。具体说，它们都是火候不高的夹砂陶，多呈不均匀的红褐色或灰褐色，也有少量红色陶和黑色陶；陶土未经淘洗，火候不高，质地相当疏松；制法皆为手制，多用泥条盘筑，大型陶器分段制作，然后套接成器；器壁厚薄不均，制作粗糙；一般为素面，有的表面施有陶衣，极少装饰，只有少数器物口沿或颈部加有附加泥条制成的迭唇。

以上种种现象无不揭示，燕北地区此前曾盛极一时的原始农业，到夏家店上层文化时已经一落千丈，凋敝已极。但与上述情况形成鲜明对照的是，夏家店上层文化的畜牧业却蒸蒸日上，很快步入了游牧或半游牧的轨道。这主要表现在以下几个方面：

其一，夏家店上层文化的牲畜数量明显增加，遗址中随处可见马、牛、羊、猪、狗骸骨，墓葬中也常以牲畜殉葬。

其二，与夏家店下层文化最为不同的是，夏家店上层文化的马骸骨多见，有的墓葬还随葬了马头和马蹄，见证着马匹和人结成的伴侣关系。此外更重要的是，经过从晚商以来的发展，夏家店上层文化的骑马术已至炉火纯青。

夏家店上层文化出土的马衔、马镳等相当普遍，且形式多样、制作精良，这都是骑马术得到广泛普及的证据。见于内蒙古宁城县南山根的夏家店上层文化墓葬，不仅出土了成套马衔、马镳、銮铃、节约、铜泡等马具，还出土了一种锚状有倒刺的马衔。这件马衔倒刺的外端有能够转动的环，只要马头偏离方向，倒刺便刺入嘴中，是驯服烈马的有效利器。南山根第 3 号石椁墓还出土了一件骑马猎兔铜扣环，"环外铸有两个骑马人像，其一马前铸一奔兔"①，这幅猎人骑马逐兔图更逼真再现了该时期燕北民族的马背生活。

夏家店上层文化的马不仅用于乘骑，也用于拉车。宁城小黑石沟8501号石椁墓出土了一件青铜轭②，就是此时有带轮畜力车的证明。宁城南山根102号石椁墓出土了一件刻纹骨牌饰，其上刻有人物狩猎和车马图形③，也直观再现了带轮畜力车的使用。

上述事实无不证明，夏家店上层文化居民已成为名副其实的马背民族。在中外学者看来，马的乘骑与役使，就是游牧经济兴起的最重要标志。如美国学者欧文·拉铁摩尔说，正是因为马的乘骑和役使，给游牧生活的大范围流动提供了充分便利，才使生活在草原与农耕交错带的民族真正成为游牧人的④。同理，马的乘骑与役使，也使夏家店上层文化部族成了真正的游牧人。

其三，到了夏家店上层文化之时，游牧文化已触目皆是，令人目不暇接。

首先，青铜器、金器及骨器上出现了大量动物纹样，而这就是游牧文化的一个极鲜明特征。这些纹样十分丰富多彩，表现手法有浮雕、透雕和圆雕，表现种类有兽类、鸟禽类，表现形态有蹲踞式、伫立式、奔跑式、卷曲式，也有只表现头部特写的。其兽类包括虎、豹、马、牛、羊、鹿、獐、兔、鼠等，其中伏卧状虎和卷曲成环的猛兽形象，以及骑马追兔、张弓射鹿、动物格斗的形象等，都是欧亚大陆早期游牧艺术的珍品。其鸟禽

---

① 中国社会科学院考古研究所内蒙古工作队：《宁城南山根遗址发掘报告》，《考古学报》1975年第1期。

② 赤峰市博物馆等：《宁城小黑石沟石椁墓调查清理简报》，《文物》1995年第5期。

③ 中国社会科学院考古研究所东北工作队：《内蒙古宁城县南山根102号石椁墓》，《考古》1981年第4期，图六；图版柒。

④ ［美］欧文·拉铁摩尔著、赵敏求译：《中国的边疆》，正中书局，1936年，第41页。

类包括鸭、天鹅、鹰鹫等，鸭纹的代表性器物有鸭纹青铜扣饰、鸭纹圆形饰牌，分单体和群体两种表现形式；天鹅纹的代表性器物有天鹅形青铜饰件，天鹅呈飞翔状；鹰鹫纹出现在一件青铜罐上，圆眼、勾喙、利爪，线条简练，形象生动。其它类别的动物还包括了怪兽、蛇、蛙等，怪兽的嘴似牛，有须，圆眼，头上长双螺髻形角[1]。

此外，游牧文化的特征还表现在各式兵器的造型及装饰风格上[2]，表现在由各式耳环及耳坠组成的耳饰上，表现在各种串珠组成的项饰上，表现在由纽扣及腰牌组成的身饰上[3]，由此合成了一道浓郁的草原风情。

其四，在制陶技术不断衰败的同时，夏家店上层文化的铜器铸造技术却明显提高，不仅青铜器的数量增加，还出现了大型采矿、冶炼遗址，标志此文化也和同期中原列国一样，进入了青铜文化的鼎盛期。

在夏家店上层文化中，发现了像宁城南山根 101 号墓、宁城小黑石沟 8501 号墓、9601 号石椁墓[4]这样的大型贵族墓，一墓之中出土的各类青铜器多达四五百件甚至上千件，充分体现了青铜文化的繁荣。其器物的种类繁多，包括了炊器、容器、工具、兵器、车马具、装饰品等，器型则有大口平沿浅腹斜壁簋、子母口圆腹兽耳簋、圆腹圜底三柱足鼎、大口浅腹三蹄形足鼎、敛口浅腹双环耳三圆锥形斜足鼎、敛口矮颈双耳鬲、小口矮颈深鼓腹瓶、侈口束腰筒形杯、豆形器、双联罐、祖柄勺、低尖弧背刀、齿柄弧背刀、环首刀、直柄直背刀、斧、凿、镐、锄、镢、矛、镞、剑、剑鞘、盾、盔、衔、銮铃、圆形穿孔饰、环、泡、镜、兽形饰、圆形镂孔饰、长方形牌饰、半圆形牌饰、双钮小铜牌、圆形穿孔牌饰、圜底器、盖形器、

---

① 刘冰：《夏家店上层文化动物纹饰的研究》，《北方民族文化》1991 年增刊。

② 靳枫毅：《论中国东北地区含青铜短剑的文化遗存》，《考古学报》1982 年 4 期、1983 年 1 期。

③ 盖山林：《丝绸之路草原民族文化》第六章第二节。

④ 王大方：《宁城打击盗掘古墓犯罪获重大成果》，《中国文物报》1996 年 12 月 15 日。

钩形器、爪形器、∩形器、钉等①。

如同魏营子文化一样，夏家店上层文化的青铜器也分中原式、北方草原式及二者风格兼融式三大类。像南山根 101 号墓、小黑石沟 8501 号墓等大型石椁墓出土的鼎、簋、罍、壶、尊、匜尊等青铜礼器，就是典型中原式的，反映了夏家店上层文化与中原列国的联系。当然，在夏家店上层文化青铜器群中，占主导地位的无疑是极具本土特征的"北方系青铜器"，其中较特异的有各式兵器和鹿首镳、坚齿状衔、双联或四联罐、豆形器、联珠饰、双尾饰等②。

夏家店上层文化的矿冶遗址发现于林西县大井，位在西拉木伦河北岸约 30 公里处。经过全面清理和发掘，这里揭露出一处集露天采矿、选矿、冶炼、铸造为一体的古铜矿遗址。遗址的范围很大，仅矿坑就多达 40 余个，此外还有房址和炼炉遗迹，遗物则有大批石器、陶器、铜器、陶范和炼渣等。据碳 14 年代测定，该遗址距今 2700 ± 100、2715 ± 85、2720 ± 90、2780 ± 100、2795 ± 85、2790 ± 115 年③，大致相当西周末年至春秋早期。这处矿冶遗址的存在，表明当时燕北地区已完全能够自行铸造铜器，当然主要是用来铸造极具地域特色的"北方系青铜器"。

其五，在夏家店上层文化的"北方系青铜器"中，以青铜兵器的铸造最为显著，常见的有短剑、剑鞘、戈、矛、盾、刀、斧、盔及铜镞等。刀的形式多样，以柄部带齿及装饰群鸟纹、群兽纹或柄端装饰牛马等形象的铜刀最具特色。短剑的形式也有多种，包括銎柄曲刃或直刃剑、短茎或丁字形柄曲刃剑、直刃匕首式剑等，有的短剑还装饰有人形或虎、鹿、鸟、蛇形动物纹样。至于斧，是一种銎管纳柄的锤斧，它们除了可以当作工具，

① 翟德芳：《试论夏家店上层文化的青铜器》，刊《内蒙古文物考古文集》，中国大百科全书出版社，1994 年。

② 刘国祥：《夏家店上层文化青铜器研究》，《考古学报》2000 年第 4 期。

③ 靳枫毅：《夏家店上层文化及其族属问题》。

也是近身格斗的锐利武器。镞有三翼有铤式和柳叶式，此外较特异的还有弧形带钮盔等。

青铜兵器的激增，体现了当地部族武装化倾向的急剧膨胀，不仅反映出夏家店上层文化部族孔勇好武的性格，也标志了游牧经济的壮大。此时还出现了一个专门的武士集团，他们视生死为一界，下葬时仍头戴铜盔，随葬青铜戈、矛、短剑等武器，贴身放置标示自己身份的动物纹或几何纹饰牌[1]。从埋葬规格看，他们的地位低于贵族首领却高于一般氏族成员，相当下层贵族。这个群体的出现，给我们提供了如下信息：

一，武士阶层的存在，表明夏家店上层文化部族的军事行动已相当经常化；

二，这些专门的武装人员绝非零星小部落所能豢养，由此揭示夏家店上层文化部族已经结成广泛的联盟；

三，夏家店上层文化的阶级分化不断加剧，统治集团与被统治集团之间的距离越拉越大，因此出现了像武士集团这样的中间阶层；

四，这些武士不仅是部落联盟对外掠夺和征战的骁勇，无疑也是维系内部专制统治的工具，是夏家店上层文化"国家机器"的重要组成部分。

综合上述，夏家店上层文化已完全表现出游牧或半游牧的特征。一般而言，游牧文明的基本内涵是：经济形态以畜牧业为主，经营方式为游牧或半游牧，马匹成为经济生活的重要角色，马具和兵器大量增加，动物形纹饰普遍流行，常见耳环、耳坠、串珠、金臂钏等饰品。综合以观，夏家店上层文化已完全具备了这些特征，当属不折不扣的游牧文明。

国外考古界对早期游牧文化的判定，还来自一个叫"斯基泰"的中亚东伊朗语族高加索游牧人群。该游牧文化形成于公元前7世纪后半叶，包

---

① 《中国大百科全书·考古卷》，第570页。

括兵器、马具和"动物纹"装饰三大内涵，合称"斯基泰三要素"①。这三大要素分别代表了畜牧化（"动物纹"装饰）、移动化（马匹与马具）、武装化（兵器）三大特征，而这就是游牧文化的核心特征。毋庸赘言，即便按这三要素来衡量，夏家店上层文化也无疑成了十分典型的游牧文明。而且，夏家店上层文化开始于公元前 1000 年，比斯基泰文化形成的时间早，其游牧成分也丝毫不比斯基泰文化差，可以说比斯基泰文化更具代表性。

鉴于夏家店上层文化还有部分农业、狩猎经济，它的游牧经济也可称为半游牧经济，或称为以游牧经济为主体的混合经济。总之，经过夏家店下层文化前期的孕育生成，通过夏家店下层文化中后期的独立成形，又经过魏营子文化阶段的上升为主导经济，到了夏家店上层文化之时，燕北地区终于跨入了古代家畜饲养业的最高最成熟阶段——游牧或半游牧阶段。

经历了上述种种变化，最终发展成游牧或半游牧经济区的，不限于燕山以北。《史记·货殖列传》云："龙门、碣石北多马、牛、羊、旃裘、筋角。"以上即以龙门、碣石以北皆为牧业区。《史记正义》释云："龙门山在绛州龙门县，碣石山在平州卢龙县。"由此可知，司马迁划定的这条农牧分界线始自山西河津县东南的龙门，止于辽宁绥中县东南的碣石，从晋南一直横贯到了辽东湾。在此基础上，今人史念海做了更为精细的界分，指出春秋时期农牧分界线的走向是从今陕西泾阳出发，经白水、韩城达于黄河之滨，再由山西河津县龙门东越黄河，经山西屈县南，循吕梁山东麓东北行，到达今山西阳曲县北，东南经盂县南连接太行山，再循太行山东麓过燕国蓟城北，东南达于渤海之滨②。

有史可稽的是，此线的西部地区与东部地区一样，也经历了一场环境演变。通过对陇西南葫芦河流域的综合考察，可知该地在距今

---

① 乌恩：《论夏家店上层文化在欧亚大陆草原古代文化中的重要地位》，刊《草原文化研究资料选编》（第二辑），内蒙古社会科学院。

② 史念海：《黄土高原历史地理研究》，黄河水利出版社，2001 年，第 512 ~ 547 页。

4200～4000 年间出现了一个气温和降水量快速下降的阶段，此后直到距今 2100 年间，气温和降水量进入到匀速递降的阶段①。与此相应，西部地区的经济形态同样出现了一场大的衰变。俞伟超先生说："甘青地区的新石器至青铜时代诸文化，自大地湾至齐家，除与齐家同时的火烧沟遗存畜牧经济的成分可能较多外，其它的虽有许多狩猎、畜养动物、捕鱼等经济成分，但都是以锄耕农业为其经济主体的。而卡约、寺洼、辛店等遗存，虽然仍有相当的农业经济成分，则显然以畜牧经济为主体。"②此文概括了甘青地区从齐家文化的锄耕经济向较晚的卡约、寺洼、辛店等文化的畜牧经济的转变，表明西部地区经济形态的变化丝毫不亚于东部。

饶有兴味的是，西部的齐家文化与东部的夏家店下层文化虽然相隔遥远，但这两个文化却颇有异曲同工之妙。一是它们都开始于公元前 2000 年左右；二是它们都是当地较早进入青铜时代的文化；三是它们都有相当比重的锄耕农业；四是它们也都出现了日益增长的畜牧经济；五是在它们之后，无论是西部的卡约、辛店、寺洼文化，抑或东部的魏营子文化和夏家店上层文化，都以畜牧经济为主导。因此，结论只有一个——在整个长城沿线以北，自公元前 2000 年左右开始，都出现了由农耕经济向畜牧经济的转化。

变化虽然是普遍的，趋势虽然是相同的，但变化的过程却并不一致。林沄曾就长城沿线西部的发展状况指出："齐家文化之后，甘肃中部和青海东部有几百年的考古上的空白。……在甘肃东部和陕西，齐家文化和客省庄二期文化结束后，也存在一段时间的考古上的空白。"③王明珂则就长城沿线中部的演变过程指出："在公元前 2000 年以后，除陕北外，这地区所有的人类活动遗迹都逐渐消退或完全消失。目前发现自新石器时代延续

---

① 李非、李水城、水涛：《葫芦河流域的古文化与古环境》，《考古》1993 年 9 期。

② 俞伟超：《关于"卡约文化"与"唐汪文化"的新认识》，见《先秦两汉考古学论集》第 207 页。

③ 林沄：《夏至战国中国北方长城地带游牧文化带的形成过程》，刊《燕京学报》第 14 期，2003 年。

最晚的遗址朱开沟，其最晚的一期约当公元前 1600 ~ 前 1400 年左右。这一段在本地考古发现上几近空白的时期，一直要延续到春秋晚期，才出现以'鄂尔多斯式青铜器'随葬的游牧人群墓葬。这个考古上的缺环，大约是在公元前 1500 ~ 前 600 年之间，相当中国史上的商代到春秋中期。"[①]以上研究共同揭示了一个事实，即在由农耕经济向畜牧经济转化的过程中，不少地区在承前启后的关键环节出现了历史的断层。相比之下，在整个北中国畜牧经济的温床上，唯有燕山以北的畜牧经济由夏家店下层文化、魏营子文化至夏家店上层文化，表现出了最完整的序列。这就足以揭示，燕山以北是中国古代畜牧经济及畜牧族发育生长的中流砥柱，是新兴畜牧族最为稳固的营地。

长城沿线东西部的这种差异，显然也是由环境与气候的不同造成的。从地理条件上看，整个长城以北的地势西高东低，西部多为高原和高山河谷，草原植被远不如东部。因为地势高亢，西部地区的气候也远较东部寒冷，温差也大。而与地势的西高东低相反的是，降雨量则为东高西低，东部丰沛而西部稀少。于是，当公元前 2000 年左右气候转向干冷后，对西部地区不啻雪上加霜，令其更加干冷。此外，西部地区在气候上处于北方季风区，是东南季风、西南季风和西风环流交互影响的地区，气候变化极为敏感。而东部地区连接太平洋西岸，属于太平洋季风区，且水系纵横，暖湿程度远较西部为佳。总之，综合地理、植被、气候、干湿程度等各个方面，东部的生态环境明显优于中西部。

正是由于这种自然条件的差异，早在原始农业阶段，东部地区的红山文化就比中西部发达。到了向畜牧经济过渡时，同样由于这种差异，中西部便无可避免地出现了文化断层，而在环境最为优越的燕山以北地区，两大经济的转变则表现得平缓而且持续，由此造就了一处草原经济得天独厚

[①]　王明珂：《华夏边缘——历史记忆与族群认同》，社会科学文献出版社，2006 年，第 80 页。

的天堂。在这片天堂里，不仅孕育了最具强劲生命力的畜牧经济，而且孕育了最具蓬勃朝气的畜牧民族。不但先秦时期如此，后来的草原民族更是如此，连带全国的民族重心也在唐以后转向了东北方。

对于游牧经济在世界的源起，学术界向来歧见纷披，至今仍存在很多不同的看法。英国历史学家汤因比曾经直言不讳地指出，游牧经济的起源可以说是人类文明史上最隐秘难解的问题了，他说："我们甚至不能大概地给出假定的农业生产方式的渐变时间，如果说这个过程是一个隐含未露的谜，那么游牧生活的起源则是这个谜中最隐秘的部分。"[①]在以往的看法中，以畜牧经济源起于狩猎经济，就是很值得深究的重要疑点之一。这种观点是受达尔文进化学说的影响产生的，认为古代经济是按狩猎→畜牧→农业的先后次序发展起来的。我国史学界也不乏此论，事如俞伟超先生所说："在我国史学界的传统观念中，古代人类经济进步的轨道是由采集、狩猎而游牧或畜牧，再发展为农业。……直到最近出版的一些历史教科书中，还是保留着这种观点。"[②]在游牧经济的起源上，诸如此类的疑点尚多，加之世界各地畜牧经济起源的背景不尽相同，歧义之繁更是不胜枚举。单就中国而言，特别是就本文重点论证的燕北地区而言，畜牧经济的起源与发展所包含的主要问题有：

1，从畜牧经济的源头看，它与农业经济、狩猎经济究竟孰近孰远，到底它是由何种经济孕育出来的？

2，在畜牧经济形成后，农牧交错带中几乎无所不在的对抗到底反映了什么，是不是社会"跨入了文明门槛"的表现？

3，畜牧经济是怎样一步一步循序渐进成长起来的，可以划分为几个阶段？

---

① 阿诺德·汤因比：《历史研究》第十八章（修订插图本，刘北成等译）。上海人民出版社，2000年版。

② 俞伟超：《先秦两汉考古学论集》，第207页。

4，游牧经济的核心标准是什么，在中国究竟形成于何时？

5，燕山以北乃至长城以北的游牧经济是否是中国土生土长的经济，其游牧民族是否是中国土生土长的民族？

长期以来，这些问题始终困扰着人们，倘若不对它们做出认真的判定，燕山以北畜牧经济的起源仍不免疑窦丛生，前面的结论也仍不免有想当然之嫌。特别是最后一个问题，事关中华民族与中华文化大格局的形成，也事关北京地区历史文化的定位，尤当做出合理的解释。而综合前面已有的论述，再结合中国古代社会的相关实证，已不难对这些问题做出明确的回答。

畜牧经济最初的源头，无疑开始于动物的驯化，而这最早可以追溯到旧石器时代晚期。早在一两万年前的旧石器时代晚期，人们已能捕获较多的野兽，于是将一些暂不食用的小动物拘养起来，以供日后食用，这就是最早的动物驯化。因为这种拘养需要饲料，所以除了食物链相当广泛的狗在旧石器时代晚期被驯化外，其他大多数动物的成功驯养都发生在新石器时代。新石器时代的种植业不仅给驯养动物提供了饲料，还使动物的驯化与繁殖获得了必要的定居条件，而这都不是旧石器时代所能给予的。恩格斯说："农业是整个古代世界的决定性的生产部门。"[1]事实确实如此，农业的兴起不仅带动了史前社会各方面的发展，也带动了家畜饲养业的孕育生成。

世界上有些特例，似乎表明畜牧经济的形成早于农业生产，其中一个经常被人提起的典型例证，就是活动在欧亚大陆间的雅利安人。从表面上看，雅利安人"是从驯养供给乳和肉的动物开始的，而植物的种植，这里在这一时期似乎很久还不知道"[2]，即雅利安人是先有畜牧经济，而后才

---

① 恩格斯：《家庭、私有制和国家的起源》，第146页。

② 恩格斯：《家庭、私有制和国家的起源》，第22页。

有农耕经济的。然而索诸史实，雅利安人实际上原居南俄草原，是在公元前 13 世纪进入印度河中上游的，到印度半岛后才出现了先畜牧后农耕的转变。于是不难想见，雅利安人的这种变化其实是民族迁徙及环境变化带来的结果，根本无法代表畜牧经济的自然发育和生长过程。而客观事实是，早在雅利安人到达印度之前，也就是早在公元前 13 世纪以前，人类各主要区域已经完成了家畜的驯化，集约化的畜牧经济早已产生。同样以雅利安人为例，他们之所以在成为游牧人后仍不得不转向农业生产，重要的原因之一就是要给牲畜提供足够的饲料，以便在"不大适宜的土壤上养活他们的牲畜"[1]，这反而体现了畜牧业对农业的依赖。总之，就经济门类的整体发展而言，应该是先有种植业而后才有动物的驯化与畜牧经济的，起主导作用的仍是农业生产。

就中国的实际情况而言，"六畜"物种的绝大多数也都培育于农业部落。

继狗的驯养后，中国古代首先进入家畜饲养业的是猪。猪在各物种中具有明显的特性，一是它适合家庭圈养，对农作物的妨碍不大；二是它繁殖率极高，可以给人类提供源源不断的肉食。然而猪的食物主要为根茎、菇菌、野莓、野果、蜗牛等，与人的食物相近，它的饲养无异于与人争食，所以只有能够提供足够饲料的农业部落才能大量饲养。在可放养的动物中，以猪的移动性最差，因此它也只适合定居的农业部落。迄今所见最早的猪骨资料，出自距今万年上下的北京门头沟东胡林人遗址[2]和河北徐水南庄头遗址[3]，很可能当时已经开始了对野猪的驯化。河北武安磁山及河南新郑裴李岗遗址都出土了距今 8000 年左右的猪骨，鉴定结果表明其形态处

---

[1] 恩格斯：《家庭、私有制和国家的起源》，第 23 页。

[2] 说详第二章第二节。

[3] 保定地区文管所等：《河北徐水南庄头遗址试掘简报》，《考古》1992 年第 11 期；金家广、徐浩生：《新石器时代早期遗存南庄头的发现与思考》，《文物春秋》1994 年第 1 期。

于亚洲野猪与现代家猪之间，属于原始阶段的家猪[1]，而以上各例都出自新生的农业部落。

在"六畜"中，继猪之后被豢养的是家禽类的鸡。迄今所知的鸡骸骨最早发现于河北武安磁山遗址及河南新郑裴李岗遗址，而这都是典型的原始农业部落。经鉴定，磁山遗址的鸡已驯化为家鸡，年代距今不下 7400 年[2]，是人类历史上最早驯养的家鸡种类之一。

猪和鸡很适合圈养，于是家庭圈养业应运而生。在陕西西安半坡、陕西临潼姜寨等仰韶文化遗址中皆有圈栏的发现，这就是圈养方式进入家庭饲养业的证明。在长江下游的浙江余姚河姆渡遗址中，发现了多处木结构干栏式建筑，根据民族学材料，这些建筑的下层也是圈养家畜的地方。家庭圈养对于促进家畜的成活、肥育、配种、繁殖具有极大的优势，它的普遍采用，把家庭饲养业带上了一个全新的台阶，而这种方式也只适用于定居的农业部落。

约在距今六七千年时，食草类的羊和牛相继进入了家畜行列。它们的驯养也首先发生在农业部落，而且主要见于原始农业较发达的中原地区。综合现有发现，在河北武安磁山、河南新郑裴李岗、陕西西安半坡、陕西临潼姜寨等新石器时代遗址中，都发现了最早的羊骨或陶塑羊，时代可以早到六七千年前[3]，说明羊是在黄河流域的农业部落中驯化成功的。在属于仰韶文化的陕西宝鸡北首岭遗址中，发现了早期牛骸骨，它们的体型较小，不像大型原始牛，被鉴定为经过驯化的家黄牛，时代在距今六千多年前[4]。另外在河北武安磁山、河南新郑裴李岗、河南巩义瓦窑嘴、河南舞阳贾湖、山东滕县北辛等地的原始农业部落遗址中，都发现了较早的牛骨[5]，皆说明

---

[1]　陈文华:《农业考古》，第 67 页。

[2]　周本雄:《河北武安磁山遗址的动物遗骸》，《考古学报》1981 年 3 期。

[3]　陈文华:《农业考古》，第 73 页。

[4]　周本雄:《宝鸡北首岭新石器时代遗址中的动物骨骼》，《宝鸡北首岭·附录二》，文物出版社，1983 年。

[5]　陈文华:《农业考古》，第 69 页。

北方黄牛是在中原地区最先驯化和培育起来的。

见于黄河下游山东泰安大汶口文化早期墓葬和遗址，牛、羊、鸡、犬、豕等家畜骨骼已一应俱全[①]，说明这几大家畜在距今六千年前后已在中原农业部落普遍驯化。至于到了龙山时代，仅就秦岭及淮河以北的农业遗存而言，家庭饲养的牛、羊已遍及中原龙山文化、海岱龙山文化、陕西客省庄二期文化、甘青齐家文化，马也出现在南北各遗址中。

然而矛盾的是，就在家畜饲养业即将取得蓬勃发展之时，环境优良、适宜耕作的南北各地相继进入了原始农业的发展期，家畜饲养业反倒因此受到了限制。这种矛盾首先表现在自然资源的不兼容上，即在适合农耕的地区，牧场显然要让位于农田的开垦；其次表现在行业经营的不兼容上，因为牲畜的放养往往危及农作物的生长，尤以食草类牲畜啃噬、践踏青苗的危害为大；再次表现在人力资源的不兼容上，因为远离农田去放养牲畜并防御野兽侵害，需要家庭的主要劳力来承担，而如果此外还要他们兼顾农事，势必顾此失彼。于是，便如各地考古发现所体现的那样，龙山时代农业聚落中的家畜种类虽多，但数量明显递增的只有适于家庭圈养的猪和鸡。山东胶县三里河龙山文化遗址的家畜以猪为主，在一处圈栏遗迹的底部还遗留了五具完整的小猪骸骨[②]，就是这一状况的真实写照。

《诗经·小雅·无羊》记述了一段周王室牧养牛和羊的话，颇耐人寻味。其云："谁谓尔无羊，三百维群。谁谓尔无牛，九十其犉。"东汉郑玄笺注云："尔，汝也，汝，宣王也。宣王复古之牧法，汲汲于其数，故歌此诗以解之也。"由郑玄的注文可知，这是歌咏西周宣王时期王室豢养的牛羊的诗，翻译过来就是说："谁说你宣王无羊，一群就有三百只。谁说你宣王没有牛？黑嘴黄牛九十头。"此文的本意是在夸赞王室掌管的牛羊

---

① 江苏省文物工作队：《江苏邳县刘林新石器时代遗址第一次发掘》，《考古学报》1962年1期；南京博物院：《江苏邳县刘林新石器时代遗址第二次发掘》，《考古学报》1965年2期。

② 吴诗池：《山东新石器时代农业考古概述》，《农业考古》1983年2期。

数目之多，但不经意间却透露出了中原地区牛羊日蹙的事实。因为"谁说你没有羊，谁说你没有牛"云云，恰恰暴露了堂堂王室豢养的羊群和牛群不过尔尔。总之，"鱼与熊掌不可兼得"，在农业发展区，家畜饲养业只能永远限定在服从、服务于农业生产和定居生活的框架内，注定了它只能是副业。

正是在这种情况下，畜牧业的更大规模崛起，就只能出现在一些地理条件、气候条件相对较差而更适于放牧的地区了。可以说，畜牧业的萌芽与发育虽然依赖原始农业，可一旦发展到一定阶段后，农业反倒成了畜牧业脱颖而出的瓶颈。而此时只有突破农业和农庄的束缚，畜牧业才有可能走向发展、走向成熟，并最终走向独立。

畜牧经济从农业中分离出来独立成业，总体上需要具备三大因素：一是食草类牲畜的成规模出现，二是成片的牧场，三是专门从事放牧的人群。第一个条件是由原始农业培育出来的，第二个条件是由环境演变造成的，而当这两个条件具备之后，适于畜牧的人群就成了首要的因素。其中一部分人显然来自农业族，因为畜牧业是从原始农业中孕育生成的，势必有一部分兼营牧业的农业人口会随着环境的恶化放弃农业，转型畜牧业。但无论如何，对这些人来说，这无疑是个艰难的过程，因为这不但需要他们改变原有的生活方式，还要迫使他们远离亲人和家园，从此风餐露宿、四处流浪。因此如前所述，在这个过程中，原来从事游猎活动的部族往往捷足先登，乘势转变为畜牧族。何况气候的干旱导致可供狩猎的动物群种逐渐减少，狩猎者也只能通过变身为畜牧族来获取新的生活资料。

总之，在畜牧业独立形成的过程中，环境的作用固然重要，但并非是唯一的因素。事如汤因比所言："世界上其他具有游牧社会环境的地方——北美洲的牧场、委内瑞拉的利亚诺斯（草原）、阿根廷的彭巴斯（草原）

以及澳大利亚的草地——却没有出现它们自己的游牧社会。"[1]这就是说，并不是有了优良的牧场就一定会形成游牧社会。综合起来看，环境的变化在这里只是一个决定性的动因，食草类牲畜、成片牧场、专事放牧的人群则是基础性的条件。而于此之外，较为优裕的饲养业基础及外部世界对畜牧经济的需求，也是畜牧经济取得发展所不可缺少的。而综合这方面面的因素，燕北地区一则确实发生了环境蜕变，二则确实具有畜牧经济独立与成长的三大要素，三则确实存在过发达的农业经济并培育了雄厚的饲养业，四则还紧邻华北平原这个广大的畜产品消费市场，于是顺理成章地，燕山以北成了畜牧经济独立生成的最理想温床。

正如前面谈到的，当畜牧族一旦从农业部落中独立出来后，势必为了争夺土地、畜群、人口、生产资料及生活资料而和农业部落"反目成仇"，突出标志就是该地的进攻性武器和防御性设施同时大量涌现。这是一个普遍事实，不仅反映在夏家店下层文化中，也反映在其它不少畜牧业初兴之地。

对于这些防御性设施，以前人们总习惯于从文明起源的单向思维出发，认为这是阶级分化的标志，是"整个社会仍处在原始社会的末期"或"跨入了文明社会的门槛"的表现[2]。其实，单就燕山以北而言，如本章第二节所论，早在红山文化末期就迈向了文明的门槛。退一步说，即使红山文化之后时过境迁，环境和族体都发生了变化，历史也不会在事隔上千年后仍一成不变地停滞在文明初兴的循环往复中。

关于夏家店下层文化的社会性质，贫富分化的墓葬早已给出了确切的答案，此外在居址中也有相应的证明。在赤峰市阴河、英金河两岸，分布着不少夏家店下层文化的石城址。据考古调查和勘探，这些石城明显分为

---

① ［英］阿诺尔德·汤因比：《历史研究》节录本（上），第70页。

② 李伯谦：《论夏家店下层文化》，见《纪念北京大学考古专业三十周年论文集》，文物出版社，1990年。

三大组，每组各有一两个中心城址，而最大型的那一个城址恰好位于全部石城的中心①。这种结构表明，这是一群以最大型城堡为中心，以每组的中型城址为分中心，以小型石城为基础的上下三级社会组织。它们的存在，揭示当时已经形成了统辖多个部落、划分为多个层次的政治实体。仅此一例即足以说明，夏家店下层文化早已进入成熟的古国形态。

如前所述，燕北类型中防御设施的出现，是畜牧业从农业母体中"分娩"时引发的社会震荡使然，是农业族与畜牧族的对抗使然，不仅无关阶级的分化，也无关文明的初兴。其实，畜牧族与农业族的相辅相成又彼此对立，是世界性的普遍现象，前述该隐和亚伯反目成仇的故事，就隐喻了农夫与牧人与生俱来的矛盾。在中国古代，这种矛盾不仅表现在两大经济脱离之时，更贯穿于此后的全部历史，以至秦以后的农业区域不仅要构筑坚固的城池以自保，还要举倾国之力修筑长城以自卫，这就更不是文明初兴的理论所能解释的了。

汤因比在综合比较了人类各文明类型之后指出，游牧文明的一大特点就在于这是一种"停滞的文明"——"这种文明虽然存在，但是没有生长"②。也就是说，游牧民族的文明形态往往停滞在它刚形成的阶段，此后或生长缓慢，或停止生长。由此所决定，游牧社会总会表现出相应的落后性和原始性，但这并不意味着他们永远徘徊在文明的门槛之外。之所以游牧文明发展缓慢，是由它的经济形态所决定的，与游牧生活的个体性、分散性、流动性有关，也与游牧经济对自然环境的过分依赖有关。在这种状况下，游牧民只能人自为战，游牧部落只能各自为政，其社会组织也就只能维持在低层次的水平上。

《后汉书·乌桓鲜卑列传》在记述东汉时期的草原民族时说，这些人"随水草放牧，居无常处。……有勇健能理决斗讼者，推为大人，无世业

---

① 徐光冀：《赤峰英金河、阴河流域的石城遗址》。

② ［英］阿诺尔德·汤因比：《历史研究》节录本（上），第 205 页。

相继。邑落各有小帅，数百千落自为一部。大人有所召呼，时刻木为信，虽无文字，而部众不敢违犯。氏姓无常，以大人健者名字为姓。大人以下，各自畜牧营产，不相徭役"。上面的描述，为游牧民族"停滞的文明"做出了一个十分形象的诠释。即一直晚到东汉时期，这些北方游牧族仍然独自经营、随处迁徙，政治和经济的联系皆十分松散。松散归松散，但群落有"大人"，邑落有"小帅"，部落有首领，政权机制还是存在的。特别是每当战争来临，首领一呼百应，所有男性成员都会迅速集结起来，聚拢在以部落为单元的军事组织框架下，成为骑马的武士。由此可见，虽然特殊的游牧生产方式决定了他们的低层次社会结构，但并不能因此说东汉的北方民族尚未踏进国家文明的大门。其实，不仅东汉时期的乌桓族、鲜卑族如此，时代更晚的漠北蒙古族和塞外满清人在进入中原以前亦莫不如此。

在回答了前述第一、二两大问题后，下面再来看看畜牧经济是怎样一步一步循序渐进成长起来的。

综合前面已有的论述，可知畜牧经济的自然生长过程大致经历了四大阶段：一是由动物的驯化发展到家畜饲养，二是由家畜饲养发展到畜牧业，三是由畜牧业发展到游牧业。从中国的实际情况看，动物驯化开始于旧石器时代晚期，代表性的物种是狗；家畜饲养业滥觞于距今八千年前，代表性的物种是适合家庭圈养的猪和鸡；畜牧业的标准不是六千年前食草类动物羊与牛的豢养，而是它的脱离农业成为独立经济，这已晚到了夏代后期；至于游牧、半游牧经济的兴起，则与公元前1000年左右中国北方干旱期的到来基本同时。

以上几大阶段的划分，最重要的是把畜牧业列作了一个单独的阶段，使其既从此前依附于农业的家畜饲养业中剥离出来，也与此后的游牧经济区分开来。这个阶段的特定内涵是，它既脱离了农业经济，又还远没有达到游牧或半游牧的程度。

从世界各地的情况看，各大原生态农耕文明基本都经历了动物驯化、家畜饲养和畜牧业萌芽的阶段，却未必都出现过独立的畜牧业。如前所述，有条件进入畜牧阶段的地域，大都经历了畜牧业从农业社会裂变时产生的剧烈振荡，留下了深深的烙印。因此作为一个独特的阶段，畜牧业的时代特征是十分明显的，很容易从前后两大阶段中区分出来。

至于游牧经济，是畜牧经济由量变到质变的发展结果，是畜牧业的最高发展阶段。此前人们往往以代步及运输畜力的出现作为判定游牧经济的核心标准，但究其实，这只不过是一个从属性条件，而非决定性的前提。正如恩格斯所说："社会一旦有技术上的需要，这种需要就会比十所大学更能把科学推向前进。"[①]这就是说，只要存在游牧经济大范围流动的社会需求，就必然会驯化出代步及运输的畜力来。由于地域的不同，此类畜力或许是马和牛，或许是驴，或许是骆驼，或许是牦牛，或许是骆马，还或许是驯鹿，总之会根据不同游牧生活的需要而产生。反过来说，在现代化的今天，幸存的游牧经济都在迅速告别代步及运输的畜力，代之以机械化的汽车和摩托，这也并不足以否定他们的游牧生活性质。

相比之下，形成游牧经济的更关键性因素，唯在可供四季流动的广袤牧场。不烦赘言，游牧经济的本质就在一个"游"字上，即要按不同时令游走于不同的草场。这种游走对畜牧业的发展是如此的重要，它一则可以通过不同环境及不同草种来提高牲畜的成活率及繁殖率；二则可以通过四季的转换使草场得以休整，让贫瘠的草原得到可持续发展；三则可以躲避季节性的风暴和干旱；四则还可以避开狼群的包围、口蹄疫的流行等。总之，为了牲畜的繁衍和安全，"走敖特尔"是游牧民不可避免的选择。

游牧民徙走空间的广阔，不是习惯于定居生活的农业民族所能想象的。英国学者赫·乔·韦尔斯说："游牧的人民活动范围也很广阔，……据说

_____

① 《马克思恩格斯选集》，人民出版社，1995年，第4卷第732页。

从夏季牧场到冬季牧场要走近千英里的路。"①从夏季牧场转移到冬季牧场竟然要跨越上千英里，相当 3 千多华里，游牧生活流徙性之大可想而知。总之，无论古今中外，如果没有一个方圆上千里的牧场，是很难支撑一个可以持续发展的游牧经济体系的。因此，是否有这样一个广袤牧场，或者说牧业族是否占有了这样一个广阔领地，才是游牧经济与畜牧经济的核心区别。到了公元前 1000 年左右的夏家店上层文化之时，整个燕山以北几乎都成了畜牧族自由驰骋的天地，这无疑给游牧经济提供了一个足够广阔的舞台。

除了可供四季流动的广袤牧场，牲畜种类和数量皆达到相当规模也是游牧经济所必需的。因为只有这样，才足以在无法预见的天灾、人祸面前，通过不同畜种的增减来支撑生性脆弱的牧业经济。而与此相应的是，从事畜牧的人群此时也应达到了一定规模，至少已经形成了部落建制，这样才有可能保护自己的领地和畜群不受侵犯。总之，无论是在牧场范围、牲畜数量、经营规模、畜力使用还是经营者的群体性方面，游牧经济都比畜牧经济有了一个质的飞跃。

但畜牧业与游牧业的天然联系也是不可忽略的。单就畜牧和游牧的人群而言，他们不仅在生活方式、风俗习惯、文化特征上前后相承，在族系上也往往血脉相连，甚至后者直接出自前者。之所以中国古代游牧经济形成于西周初期，而文献每每把中国游牧民族的远祖上溯至夏商时期，其故即源于此。文献说夏商时期的朔方已有"逐水草迁徙"的游牧民虽然言过其实，但这时确实有了他们的远祖，这就是夏家店下层文化独立出来的畜牧族。此前的研究因未详畜牧业的独立阶段性，往往无视此阶段专事畜牧人群的存在，无视其独特文化的存在，从而使中国的游牧经济成为无本之木。这种疏失虽然是可以理解的，但如果因此便认定中国古代的游牧经济、

---

① ［英］赫·乔·韦尔斯：《世界史纲》，吴文藻、谢冰心、费孝通等译，人民出版社，1982 年，第 140 页。

游牧民族、游牧文化来自境外，问题的性质就不同了。

自20世纪以来，学术界流行着一种很有代表性的看法，认为中国北方的青铜文化及其游牧经济、游牧民族是境外传来的，或者来自北亚，或者来自更为遥远的西方。乌恩援引俄罗斯学者的看法说："（南西伯利亚和哈萨克斯坦的）卡拉苏克文化的祖先由此一方面渗入蒙古、图瓦和米奴辛斯克盆地，同当地居民融合，形成了卡拉苏克文化和鲁加夫卡文化；另一方面渗入内蒙古、鄂尔多斯和东北南部，同当地居民融合而形成石棺墓文化或夏家店文化及其他文化。"[①]按照这种观点，不仅中国北方的草原风格文化是从域外传来的，该地的游牧民族也是由域外迁来的。时至今日，仍有不少中外学者作如是观，其论据主要来自文化因素及族源系统两方面。

从文化因素上说，中国北方的草原文明无疑具有它的多元性。特别是在气候条件较好的燕山以北一带，东、南、西、北人群及文化皆交汇于此，多元性的表现更为强烈。其实这本不足为奇，因为任何一个有生命力的文化，都会在成长过程中不断汲取其它文化的营养，古今中外概莫能外。但问题恰恰在于，要从中间寻找来自任何一方的文化都并非难事，那是不是等于说燕北的游牧文化一定是外来的呢？这里的关键是，当甄别一个文化究竟是外来的或者仅仅是汲取了某些外部因素时，该如何把握和判定它的主流方面。

前文已述，因气候与环境的变化，整个长城沿线以北都陆续变成了游牧或半游牧经济区。燕山以北刚好位于这个游牧带的东端，因此与西邻草原文化的传递与交融，就成了燕北地区多元文化的一大来源。恰如学者所说，正是从气候蜕变的夏代开始，长城地带中部的居民就不断东移，这已由长城中段相当龙山时代的"带纽圆腹陶罐"和相当夏代的"蛇纹鬲"的

---

① 乌恩：《中国北方青铜文化与卡拉苏克文化的关系》，刊《中国考古学研究—夏鼐先生考古五十周年纪念论文集》（二），科学出版社，1986年。

逐次东传表现出来①。除了北方长城地带不同谱系草原文化的横向交流外，自夏家店下层文化以来贯穿始终的农耕经济和畜牧经济的此消彼长，也为这种多元性平添了几分扑朔迷离和纷繁错杂。

燕山以北不仅地处北方长城带的东端，还位处欧亚大草原的东端。而同样由于气候与环境的变化，自公元前二千年前后起，欧亚大陆偏北一带东起西伯利亚和中国东北，经蒙古、中亚、咸海以北、里海以北、高加索、南俄罗斯直到欧洲中部多瑙河一带，都相继出现了一个游牧世界，这就是通常所说的欧亚大草原②。这个草原带的长度几乎是欧亚大陆的三分之二，空间十分广袤，但其间的交通却十分畅达，轻而易举便可直通大陆的东西两端。于是，由于生态环境和经济形态的接近，由于相同的经济生活方式决定了相似的饮食结构、服饰装束、居住形式、文化习俗、心理素质，由于游牧生活的流动性远远大于安土重迁的农业族，也由于欧亚大陆草原带的通达，欧亚大草原的游牧世界形成了许多共性。这共性也不断浸染了中国北方草原地带③，任举简单一例来说，草原文化中的动物纹装饰就不仅见于中国北方草原带，还普遍见于蒙古、南西伯利亚、阿尔泰、哈萨克斯坦乃至黑海沿岸，几乎遍及整个欧亚草原。

上面这些共性特征都是毋庸置疑的，但事情的本质是，东北地区的畜牧经济是在夏家店下层文化燕北类型中一步一步孕育生成的，夏家店下层文化才是它的母本文化，而这个母本文化显然与境外无关。

首先从纵向的发展上看，很早就有人指出，夏家店下层文化是在燕北的后红山文化的基础上生成的④，是西辽河流域的土著文化。鉴于夏家店

① 田广金、郭素新：《鄂尔多斯式青铜器的渊源》，《考古学报》1988 年 3 期；李水城：《中国北方地带的蛇纹器研究》，《文物》1992 年 1 期。

② 吴于廑：《世界历史上的游牧世界与农耕世界》，《世界历史》1983 年第 1 期。

③ 乌恩：《中国北方青铜文化与卡拉苏克文化的关系》。

④ 辽宁省博物馆：《辽宁敖汉旗小河沿三种原始文化类型的发现》，《文物》1977 年 12 期。

下层文化在不少方面和中原文化有相当直接的联系，此说或许还有待商榷。但这种分析至少揭示出，夏家店下层文化和后红山文化有相当明显的继承性，绝非凌空而降的域外文化。再从横向的联系看，正如前面引证的，夏家店下层文化的陶器与陕西、河南、河北等地的文化有许多相似之处。这虽然未必就是说夏家店下层文化是从中原迁徙来的，但足以证明它是大中华文化的一部分。尤有甚者，就连燕北类型风格迥异的"北方系青铜器"也不乏中原文化的烙印，这已由辽宁锦县（今凌海市）水手营子夏家店下层文化墓葬出土的随葬品得以体现[1]。由此更加说明，夏家店下层文化的畜牧族典型器也是中国本土的产品，至少有相当部分是如此。事既如此，那么由夏家店下层文化所孕育的畜牧经济，也只能是中国的原生态经济。这个新经济是中国长城沿线以北环境蜕变的产物，相对这个内在的动因，其它任何外来文化的影响都是次要的。

中国本土的畜牧经济在夏家店下层文化中孕育生成后，又在燕北的魏营子文化和夏家店上层文化中不断生长，一步步跨入了畜牧经济的最高阶段。其发展的序列是如此的严整，其成长的线索是如此的清晰，显然从中完全看不出外部世界的强力干扰或阻隔来。当然，谁也不能因此说夏家店下层文化燕北类型、魏营子文化、夏家店上层文化同属一个部族，因为此期间上下纵贯了一千六七百年，没有哪一个部族会如此长时间的坚守在一个地方不动。更何况这是自然环境不断蜕变的一千六七百年，是各个部族不断重组的一千六七百年，社会的震荡远甚以往。但即便如此，作为地方性的土著文化，夏家店下层文化、魏营子文化和夏家店上层文化的一脉相承性仍然是一目了然的，特别是魏营子文化与夏家店上层文化，其承继性更为突出。

郭大顺先生在综合考察了燕山以北夏商周时期的文化后说："商周之际

---

① 齐亚珍、刘素华:《锦县水手营子早期青铜时代墓葬及铜柄戈》,《辽海文物学刊》1991 年第 1 期。

遗存同上层文化的连续性要大于同下层文化的连续性。但上层文化的某些因素，如袋足器仍保持了肥大袋足、高实足跟，鬲作筒形、外表磨光，以及浅盘、细高柄的豆等，显然还具下层文化遗风。"①以上"商周之际遗存"指魏营子文化，"上层文化"指夏家店上层文化，"下层文化"指夏家店下层文化。综合其上下文的含义，可知这里强调的就是夏家店上层文化与魏营子文化的承续性。然而也正如此文所言，魏营子文化与夏家店上层文化的很多因素仍然上承夏家店下层文化，甚至晚到夏家店上层文化时依然如此。这种文化的承继性，其意义丝毫不亚于这几大文化是否出于同一部族，因为这已经充分说明中国的畜牧经济和畜牧文化是一脉相承的，这就足够了。

综合起来看，在燕北地区畜牧经济的来源上，事物的本质是：

1，燕北地区的畜牧经济是在本地孕育生成的，夏家店下层文化燕北类型即其母体；

2，夏家店下层文化燕北类型是大中华文化的一部分，是在燕北地区的文化土壤中发育生成的；

3，继孕育生成后，在长达一千六七百年的时间里，畜牧经济在夏家店下层文化燕北类型、魏营子文化、夏家店上层文化中前后相继、时代整合，表现出了一以贯之的本地特点和递嬗关系，充分证明这是生于斯、长于斯的原生态经济；

4，略去畜牧经济生活所决定的跨地域共性不计，燕北地区先秦文化所受的最主要影响，其实并非来自遥远的西伯利亚和哈萨克斯坦，而是来自近在咫尺的华夏中原。这不仅在夏家店下层文化中得以体现，在魏营子文化和夏家店上层文化中也历历可见。

以上种种事实，就是关于燕北地区乃至整个中国北方畜牧经济来源的

---

① 郭大顺：《西辽河流域青铜文化研究的新进展》,《中国考古学会第四次年会论文集》, 文物出版社，1985 年。

最主导方面。如果忽略了这些主流因素，仅凭欧亚草原文化某些表面的相似或某些器类的单向交流，就简单地把中国畜牧经济归结为是从域外传来的，无异于舍本求末，以叶障目。

　　过去认定中国北方系青铜器或游牧民族来自域外，一个重要的理由就即认为中国的畜牧经济开始的较晚，最早不早于公元前1000年左右的夏家店上层文化。然而事实上，早在这之前，"北方系青铜器"已在夏家店下层文化中初现端倪，更在魏营子文化类型中形成系列组合，这又该做如何解释呢？过去由于一直把夏家店下层文化不加区别的视为农耕文化，因此很容易把这些早期"北方系青铜器"归结为外来元素，但事实显然没有这么简单。

　　主要分布在南西伯利亚、鄂毕河上游和哈萨克斯坦的卡拉苏克文化，是历来认定的中国牧业文化的域外主要来源。这是一种半游牧文化，年代从公元前13世纪一直延续到公元前8世纪[①]，相当中国的商代后期到西周时期。两相比较，中国的畜牧经济生成于夏家店下层文化中期，约当公元前17世纪初叶，比卡拉苏克文化早了整整三四百年。仅凭这一点，就足以说明中国的畜牧经济并非来自卡拉苏克文化，故而在夏家店下层文化中出现的铜耳环、金耳环、铜指环、金臂钏、串珠项链等草原文化元素，也只能产自本地。当然，我们也无意说卡拉苏克文化是由夏家店下层文化的新生畜牧族迁徙去的，因为这也缺乏充分的证据。但如果非要说其中一个是由另一个迁徙去的话，那就只能说年代较晚的卡拉苏克文化是由燕北迁徙去的，而非相反。事实上，客观公允地说，西方的卡拉苏克文化也罢，中国北方的畜牧文化也罢，都是受全球气候变化影响生成的，都是本地环境蜕变的产物。

　　在年代上，卡拉苏克文化与魏营子文化接近，而且它们都以畜牧经济

---

　　① 乌恩：《中国北方青铜文化与卡拉苏克文化的关系》。

为主，最具可比性。但比较的结果是，卡拉苏克文化与魏营子文化存在明显的高下之分，突出的差别就表现在最具草原风格的"北方系青铜器群"上。如前所述，开始于公元前11世纪的魏营子文化已有了成套象征草原畜牧文化的"北方系青铜器"，而卡拉苏克文化此类青铜器的成组出现，却晚到了公元前9世纪以后，比前者整整晚了两个世纪。

到了公元前10世纪初叶，夏家店上层文化蓬勃兴起，中国本土的游牧文化登上了历史舞台。见于夏家店上层文化，不仅有系统的"北方系青铜器"，还有规模可观的采矿铸造遗址，青铜兵器和青铜马具的铸造也十分发达，而这都是同阶段的卡拉苏克文化无法望其项背的。不仅卡拉苏克文化远不能逮，欧亚草原青铜文化的研究者乌恩还进一步指出，公元前7世纪之前，当夏家店上层文化已十分繁荣之时，除图瓦（萨彦岭地区）阿尔然王陵外，欧亚各地的草原文化还都处在不成熟的早期阶段，皆无法与夏家店上层文化相比①。因此，乌恩不仅反对夏家店上层文化是"斯基泰风格东传"的说法，反而认为夏家店上层文化才是欧亚早期游牧文化的一大源头。

总之，种种事实证明，中国北方的畜牧经济及游牧民族并非来自遥远的西方，而是从一开始就孕育生成于本地，并且是欧亚大陆草原文化中较早形成的一支。尤其是燕山以北的东北大平原，其西侧为大兴安岭山地，东侧为长白山地，北部为小兴安岭山地，南部濒临辽东湾，整个地域为巍巍群山、莽莽森林和茫茫大海所环抱，是一片绝世独立之地，正好成为原生态畜牧经济自然生长的温床。其中与北京平原紧相毗邻的，是由辽河冲积成的辽河平原，这里海拔大多低于200米，地势平坦，山环水绕，水草肥美。再加上前面谈到的气候的适宜，此处自然环境的优越在整个北方草原带无与伦比。因此，当自然环境发生蜕变时，这里就会有一支畜牧族迅

---

① 乌恩：《殷至周初的北方青铜器》，《考古学报》1985年第2期；《论夏家店上层文化在欧亚草原古代文化中的重要地位》，《边疆考古研究》第1辑。

速成长起来，成为整个欧亚草原畜牧族中最具生命力的一支。

中国北方畜牧经济的原生态性质当然是从源头上说的，至于在后来的历史长河中，这支畜牧文化和欧亚草原文化间的交流势所难免，而且不仅有文化的交流，也会有人员的交流。但需要强调的是，这种交流无疑是双向的，并非仅有欧亚大陆草原文化对中国北方畜牧文化的影响，也一定会有中国北方畜牧文化对欧亚其它草原文化的影响。

战国时期，强悍的匈奴族崛起于北方，刀锋所向直指中原华夏。《史记·匈奴列传》云："当是之时，冠带战国七，而三国边于匈奴。"这里"边于匈奴"的三国分别指燕国、赵国、秦国，说明当时匈奴族已深入到长城沿线以南。史称赵武灵王"变俗胡服，习骑射"及"筑长城，自代并阴山下，至高阙为塞"[1]，就是在这一背景下发生的。鉴于有人认为匈奴族来自遥远的西方，且以中国的游牧经济和游牧文化源出于匈奴人，于是外来的匈奴族就被一些人当作了中国游牧族的始祖。本节开头曾述，不少中外学者以赵武灵王的胡服骑射作为中国北方游牧经济兴起的标志，就来自这种观点。其中的逻辑关系是，赵武灵王的胡服骑射是受匈奴的影响产生的，而当时匈奴族已进入长城沿线一带，于是便想当然的说是匈奴族给中国带来了最早的游牧经济。

其实，匈奴人的族属目前尚无定论，一种由来已久的说法即如前文所述，其远祖很可能出自夏人。这是历史学上的说法，至于在考古学界，同样有人认为鄂尔多斯青铜文化的"桃红巴拉类型"为白狄遗存，而白狄后来发展成匈奴[2]。实际上，最接近客观事实的结论当如司马迁所说："楼兰、乌孙、呼揭及其旁二十六国皆已为匈奴，诸引弓之民，并为一家。"[3]即匈

---

[1] 《史记·匈奴列传》。

[2] 田广金、郭素新：《北方文化与草原文明》，刊《内蒙古文物考古文集》第 2 辑，中国大百科全书出版社，1997 年。

[3] 《史记·匈奴列传》。

奴是多部族的联合体，既包括了一部分古代华北人种，也包括了一部分古代北亚人种。综合起来看，匈奴人的先祖最早很可能源于夏人，后来在北徙西迁的过程中不断兼并了欧亚草原的北亚人种，最后终于发展成独霸大漠南北的"百蛮大国"。

事实上，即使退而论之，以匈奴为外来族，也不可能得出中国的游牧文化来自匈奴族的结论。其道理很简单，因为前面已述，中国北方畜牧经济的形成可以早到夏代后期，严格意义的游牧经济也起于西周初年的夏家店上层文化，而匈奴族崛起在长城沿线一带已经晚到了战国时期，前后根本不搭界。

公元前127年至前119年，汉武帝扬厉国威，接连发起河南、河西、漠北三大战役，击溃了匈奴数十万铁骑。及至东汉前期，光武帝和明帝、章帝、和帝接连发力，一再勇挫匈奴，不可一世的匈奴族从此土崩瓦解。于此之后，北匈奴远遁，成为今乌兹别克、哈萨克一带某些古国的先祖，南匈奴内附，完全融入了河套一带的汉民族。这说明，即使战国以后的中国游牧文化掺杂了一些外来成分，也难以动摇中国本土游牧文化的固有根基，甚至必然以外来成分融入本地为最终结果。在事隔十五个世纪后，创建了大金朝的女真人最后也融入了汉民族，匈奴族岂有它哉！

尤为关键的是，当卡拉苏克文化和匈奴族文化还杳无踪影的时候，早在夏代后期，燕山以北这支土生土长的畜牧族便大举南侵，以令中原诸夏为之瞠目的势力和野心证实了它的存在，并一举改写了北京的历史。

五　畜牧族的南渐

畜牧族与生俱来的天性就是"逐水草而居"，要不断寻找和开拓新的牧场，而这通常是由入侵其他部族的领地来实现的。因此，自从他们来到这个世界，命中注定就要改写人类的历史，特别是要改写那些早已习惯循规蹈矩的田园生活的农业族的历史。斯塔夫里阿诺斯在他的《全球通史》中说："公元前二千纪，欧亚大陆正处于一个骚动时期，即游牧民入侵、古老的帝国被推翻、旧的社会制度瓦解的时期。骚动是猛烈的，整个欧亚大陆都处于一片混乱之中。"[①]这里说公元前二千纪游牧族在世界范围的兴起，就曾一举改写了整个欧亚大陆的历史。夏家店下层文化中期中国畜牧族的降生，也给燕山以北带来了长时间的剧烈震荡，这已见上节所述。但事情并未就此止步，因为种种迹象表明，自诞生的那天起，燕北畜牧族就翻越燕山进入了今北京地区，揭开了北方畜牧族闯入幽燕的第一幕。

北京地区夏商时期的文化亦为夏家店下层文化，属于该文化的燕南类型。这个类型分布在北起燕山、南逾拒马河、东至海河、西抵桑干河的范围内，主要集中在京津唐一带。迄今为止，经重点发掘的此类遗存有北京昌平雪山遗址第三期[②]、北京昌平张营[③]、北京房山琉璃河[④]、北京平谷刘家河墓葬[⑤]、天津蓟县围坊遗址第二期[⑥]、天津蓟县张家园遗址第四层[⑦]、河北大厂大坨头[⑧]、河北唐山小官庄[⑨]和河北唐山大城山[⑩]等。在前面第三章第三节中，已对这些遗存在北京地区的分布情况做了概要的归

---

① （美）斯塔夫里阿诺斯著，吴象婴、梁赤民译：《全球通史—1500年以前的世界》第149页，上海社会科学院出版社，1999年。

② 北京市文物研究所：《北京考古四十年》，第24~25页。

③ 北京市文物研究所、北京市昌平区文化委员会：《昌平张营—燕山南麓地区早期青铜文化遗址发掘报告》，文物出版社，2007年。

④ 北京市文物管理处、中国科学院考古研究所等：《北京琉璃河夏家店下层文化墓葬》，《考古》1976年1期。

⑤ 北京市文物管理处：《北京市平谷县发现商代墓葬》，《文物》1977年11期。

⑥ 天津市文物管理处考古队：《天津蓟县围坊遗址发掘报告》，《考古》1983年10期。

⑦ 天津市文物管理处：《天津蓟县张家园遗址试掘简报》，《文物资料丛刊》第一辑，1977年。

⑧ 天津市文化局考古发掘队：《河北大厂回族自治县大坨头遗址试掘简报》，《考古》1966年1期。

⑨ 同上注。

⑩ 河北省文管会：《河北唐山市大城山遗址发掘报告》，《考古学报》1959年3期。

纳，现在要重点讨论的，是此类型与夏家店下层文化燕北类型的关系问题。

通过对夏家店下层文化燕山南北两大类型的比较研究，邹衡先生在1978 年发表的《关于夏商时期北方地区诸邻境文化的初步探讨》一文中，把京津地区的此类遗存界定为"夏家店下层文化燕山型"[①]；李经汉先生在1979 年发表的《试论夏家店下层文化的分期与类型》一文中，把其概括为"夏家店下层文化燕南类型"[②]。以上观点虽在说法上稍有区别，但都强调了燕山南北两大类型的共性特征，将它们归为同一个文化，而将其差异视为两个不同的类型。韩嘉谷先生所见不同，他在1982 年发表的《京津地区商周时期古文化发展的一点线索》一文中，强调的是二者的差异，认为燕山以南的此类遗存不应归为夏家店下层文化，而应另以京津间的大厂大坨头遗址为代表命名为"大坨头类型"[③]，此后更直接称为"大坨头文化"[④]。郭大顺先生在1986 年发表的《丰下遗址陶器分期再认识》一文中，通过对燕山南北夏家店下层文化的综合分期，再次确认辽西、京津地区此阶段分布的是同一种文化[⑤]。

遗存间个性与共性的比较，是考古研究的两大入手点，也是考古研究的两大难点。一般而言，共性为主即为同一种文化，个性为主则属不同的文化。但问题在于，世上没有完全相同的两件事，即使在同一个文化中，也没有绝对相同的两个遗址，于是根据组群间的差异，同一种文化又可区分为不同的类型。这种划分看似简单，但在实际甄别中往往容易迷失客观标准，以至沦为一个极带研究者主观随意性的问题——强调共性的以其为同一个文化，强调个性的则以其为不同的文化。那么，这里有没有什么

---

① 邹衡：《夏商周考古学论文集》，文物出版社，1980 年，第 263 — 265 页。

② 载《中国考古学会第一次年会论文集》，文物出版社，1980 年。

③ 载《中国考古学会第三次年会论文集》，文物出版社，1984 年。

④ 韩嘉谷：《大坨头文化陶器群浅析》，《中国考古学会第七次年会论文集》，文物出版社，1992 年。

⑤ 载《文物与考古论集》，文物出版社，1986 年。

可以遵循的客观标准呢？答案无疑是肯定的。概括起来，判定某些遗存是否属于同一种考古文化，最基础也最原则的标准无非有四：

一，时间上是否有共存关系；

二，地域上是否毗连（个别"飞地"除外）；

三，文化因素上是否存在本质的共性；

四，与其它相邻文化是否存在明显的差异。

以上第一二两点是很容易判定的，第四点也不难确定，问题的关键，就在如何从本质上识别与权衡相关遗存的共性与个性上。

夏商时期燕山南北两大遗存的时间和空间关系是毋庸置疑的，而综合此前的讨论，无论观点如何不同，也有两点相当一致：一是都认同这两大类型确实存在共性特征，二是不否认它们明显有别于其它邻境文化。那么，剩下的问题只有一个——这两大类型的共性特征是否足够多，并且是否足以代表事物的本质及主流方面。

在各家的论述中，某些被视为燕山南北夏家店下层文化共性元素的，实则是时代共性的反映，应从文化自身的共同属性中予以剔除。例如，无论燕山以北还是燕山以南，此阶段的文化都进入了青铜时代，皆以磨制石器为主，普遍使用了鬲、甗等三足器，盆、罐、钵、鼎等多见，陶器纹饰以绳纹为主等，此类特征就广泛见于夏商时期的各大主流文化，应是时代共性的反映。但将此类时代共性剔除后，我们看到，燕山南北的夏家店下层文化仍不乏鲜明的共性。

例如，燕山南北夏家店下层文化的房址多为半地穴式，以圆形为主；墓葬中都有一定比例的石棺、石椁墓，此为中原地区所不见；铜器多为小件器，以刀、镞为主；细石器各占一定数量，以三角形细石镞和刮削器为主；骨器数量较多，尤以骨镞、骨锥所占比例最大；南北两地都盛行占卜文化，但有卜骨而无卜甲；陶器常见黑衣磨光和绳纹加划纹的装饰，有的施红、白、黄彩绘花纹；陶器形制以腰饰附加堆纹的甗、折腹盆、折肩鬲、筒腹鬲、鼓腹鬲、罐形鼎等最富特征，组成了一套色彩鲜明的典型器；陶纺轮多为算盘珠形，多角星形的也同时见于燕山南北；此外更具特异性的，当属铜耳环等饰品，它们不仅广泛见于燕山以北，也普遍见于燕山以南。

以上共性特征，一则反映在铜器、石器、骨器的类别及特征上，这是考古学文化的核心；二则反映在房址及墓葬的特有形制上，这是考古学文化的主体；三则反映在陶器群的种类、形制、色调、纹饰上，这是考古学文化的基础；四则反映在装饰品及陶纺轮的特异性上，这是民族习俗的最直观表现；五则反映在占卜文化的特殊性上，这又是民族传统的最内在体现。这些共性，涵盖了考古学文化的各大主要方面，不仅足够充分，而且足够本质，证明夏商时期的燕山南北确属同一个考古学文化。

当然，正所谓"桔生南国则为桔，逾淮而北则为枳"，两大类型既然所在的位置不同，文化的土壤不同，外部环境也不同，彼此的差异自然势所难免。试想，燕北类型植根于后期红山文化，燕南类型嫁接于雪山二期文化，怎么可能完全一致？再试想，前者和西拉木伦河以北的渔猎地区相接触，后者和拒马河、大清河以南的中原文化相浸染，又怎么可能保持相同的发展趋势？总体上说，夏家店下层文化的燕南类型一则继承了燕北类型的主导因素，二则吸收了燕南的河北龙山文化因素，三则融汇了部分中原文化因素，是由这三大源流合成的，与燕北类型的差别不言而喻。所幸在如此之多的差异中，燕山南北两大类型的共性特征还是相当明显的，充分表明它们是同一文化中的不同区域类型。

但不可忽视的是，夏家店下层文化的两大类型还有一个更重要的差异，此即时代的差异。如前所述，燕山以北的夏家店下层文化开始于公元前二千纪初，相当夏代初期，但考古资料证实，燕山以南的此类遗存却整整晚了一个阶段，大致开始于夏代后期。郭大顺先生通过对夏家店下层文化的综合分期，把燕北的辽宁北票丰下遗址划分成早中晚三期，又根据对比研究，判定燕南类型的几处代表性遗存分别对应的是^①：

唐山大城山遗址相当丰下二期；

河北大厂大坨头遗址的早晚两期分别相当丰下二期及第三期或更晚；

河北蔚县三官遗址的早晚两期分别相当丰下二期及第三期或稍晚；

唐山小官庄墓葬相当丰下三期或更晚。

这就是说，夏家店下层文化燕南类型没有能早到丰下一期的，也就是没有早到燕北类型早期的。考虑到夏家店下层文化的两大类型仅一山之隔，不能断言燕山以南丝毫没有夏家店下层文化一期的踪影，但从普遍情况看，夏家店下层文化的大范围覆盖燕南，显然晚到了燕北类型的第二期，也就是夏代后期。更何况郭大顺先生还指出，丰下遗址第一期并非燕北类型最早的遗存，尤可见燕南的夏家店下层文化明显比燕北为晚。

具体到北京地区，夏家店下层文化的遗存也都开始于夏代后期。密云县凤凰山墓葬是北京地区燕南类型中年代较早的，主要器类与敖汉旗大甸子墓的筒腹鬲、假圈足罐、折腹盆相似，年代也相近。大甸子墓葬的树轮校正年代在距今 3685 年 ~ 3645 年间，相当夏代后期，凤凰山墓葬的年代也应与此相同。至于北京地区燕南类型的下限年代，则以房山塔照一期为代表，已经晚到了商代晚期前段。房山塔照一期共出土了 11 座夏家店下层文化墓葬，时代有早有晚，早的与凤凰山墓葬接近，晚的伴出商代二里冈期上层文化器物，相当商代晚期前段。据塔照一期的四个碳 14 树轮校正数据，其年代在公元前 1881 年 ~ 前 1429 年^②，恰好就在"夏家店下层文化燕南类型"的时代范围内。北京地区的此类遗存还包括的有平谷县刘家河村铜器和陶器墓、刘家河村居址灰坑、房山区琉璃河刘李店墓葬、房

---

① 郭大顺：《丰下遗址陶器分期再认识》。

② 北京市文物研究所：《镇江营与塔照》，中国大百科全书出版社，1999 年。

山区南尚乐乡遗址等①，它们的年代也都不出夏代后期至商代晚期前段的范围。

既然同属一种文化而早晚有别，就有足够的理由推测，京津唐地区的夏家店下层文化是由毗邻的燕北地区发展来的，是夏家店下层文化燕北类型南下的结果。考古工作者曾注意到一个很特别的现象，即在北京的多个地点同时发现了夏家店下层文化和此前的雪山二期文化遗存，如昌平雪山、平谷刘家河、房山镇江营等，但奇怪的是，这两种遗存的年代虽然一个早一个晚，却从未发现直接叠压关系②。这就把上述推测变成事实，即北京地区的夏家店下层文化显然不是由本地的雪山二期文化发展来的，而是外来部族侵入的结果。

绝非巧合的是，夏家店下层文化的南下发生在夏代后期，而燕山以北畜牧族的形成也恰好在夏代后期。这是因为，当时翻越燕山漫卷而来的，正好就是燕北类型中这股新兴的畜牧族势力。

第二、三两章已论，自万年前的东胡林人文化开始，直到镇江营一期文化、上宅文化和雪山一期文化，北京地区的农耕文化一以贯之。当夏家店下层文化到来之前，北京地区存在的是雪山二期文化，也同样是以农耕经济为主体的文化。其证据在于，一则雪山二期文化出土了多处房屋基址，反映了定居农业生活的稳定；二则其陶器种类以存储类的罐为多，另有鬲、鼎、甗、盆、碗、豆、盃等，凡此皆为农业部落惯用的器皿；三则其石器以通体磨光的石斧为多，这是古人开垦荒地的利器，是典型的农业生产工具③。总之，这些事实无不说明，雪山二期文化仍是以锄耕经济为主体的文化。但是，当进入夏家店下层文化阶段后，包括北京地区在内，整个燕

---

① 北京市文物研究所编：《北京考古四十年》第二编第一章；陈光：《北京市考古五十年》，文物出版社编：《新中国考古五十年》，文物出版社，1999 年。

② 北京市文物研究所编：《北京考古四十年》，北京燕山出版社，1990 年，第 35 页。

③ 北京市文物研究所编：《北京考古四十年》第 24 页。

南类型发生了天翻地覆的变化。

综合迄今为止的发现，燕南的夏家店下层文化极少定居农业生活的遗迹，反而处处显现出畜牧生活的别样风情，其表现是：

其一，此类型的房屋居址远较雪山二期文化为少，甚至比夏家店下层文化燕北类型还少，仅在河北大厂大坨头遗址、天津蓟县张家园和围坊遗址[①]等地有零星发现，反映了定居农业生活的急剧萎缩。

其二，与此前京津地区遗址多见农业生产工具的情况大相径庭的是，此时期的石斧、石锄、石镐等大型农业生产工具已成罕见之物。

其三，燕南类型中最常见的是小件工具及细石器，如铜器多见刀、镞，细石器多见石镞和刮削器，骨器多见骨镞和骨锥，凡此皆与畜牧生活有关。

其四，燕南类型的陶器质地粗疏，以夹砂褐陶或红褐陶为主，且造型朴拙、器壁较厚，制作方法也以原始的泥片贴接法为主，处处体现了陶器文化的式微。

其五，铜耳环、铜指环等青铜饰品在燕南类型的出土地点及发现数量甚至远超燕北，迄今已屡见于昌平雪山、平谷刘家河、房山刘李店、蓟县围坊、蓟县张家园、唐山小官庄、大厂大坨头等地，平谷刘家河墓葬还出土了金臂钏和扁喇叭口金耳环等。这些风格迥异的装饰品，给这些遗存打上了鲜明的畜牧文化烙印，揭示草原文化已遍及燕山以南。

以上事实无不揭示，在经过自"东胡林人"以来长达六千余年的持续发展后，北京地区的农业经济终于在夏家店下层文化之时被来自燕北的畜牧族所阻断，顷刻间化为田园牧歌的天地。

说燕山以南在夏代后期成了畜牧族的天堂，不单有考古学的证据，在古文献中也有迹可循。《周易·大壮》六五爻辞云："丧羊于易，无悔。"《周易·旅》上九爻辞云："丧牛于易，凶。"《山海经·大荒东经》云："王

---

① 韩嘉谷：《京津地区商周时期古文化发展的一点线索》，《中国考古学会第三次年会论文集》，文物出版社，1984 年。

亥托于有易、河伯仆牛，有易杀王亥，取仆牛。"《竹书纪年》云："殷王子亥，宾于有易而淫焉。有易之君绵臣杀而放之，是故殷主甲微，假师于河伯以伐有易，灭之，遂杀其君绵臣也。"以上所述皆为一事，是说商朝先公王亥曾到有易放牧牛羊并交易牲畜，但被有易君主绵臣捕杀，牲畜也被劫掠一空。此后王亥之子上甲微借师河伯讨伐有易，杀其君绵臣，一举报了家仇。王亥是商汤第六世祖，恰好时处夏代后期，而据王国维的考证，有易位于河北易水流域①，在今易县一带，与北京紧相毗邻。因此，这个故事告诉我们，夏代后期的燕山以南已成畜牧业繁盛之地，甚至成了中原部族与北方畜牧族交易牲畜的大市场。

与燕北类型全然不同的是，燕南类型没有经历过农牧交错带的阶段，因此没有出现鳞次栉比的防御性城堡和深沟高垒的营盘。遥想当年，当燕北畜牧族如狂飙般大举南下时，燕南的农业族显然处在毫无防备且无险可依的状况，只能望风披靡，远遁他乡，以至连痕迹都没有留下。

需要特别说明的是，如果单从燕山南北的畜牧族同时出现在夏代后期的情况看，不妨把这两地都视为畜牧经济的发源地。但从环境的演变主要起于长城沿线以北的情况看，从只有燕山以北出现了农牧交错带的情况看，畜牧经济的自然生长过程理应发生在燕山以北，燕山以南只是它的传播带。这就是说，在畜牧经济的形成上，前者是源，后者是流。虽然有这样的区别，但并不妨碍畜牧族在乍一进入燕南以后，便把这里当作他们新的中心。

燕山南北两大类型有一个看似矛盾的现象，即燕南类型的房址虽少，却往往比燕北为大。例如，大坨头和张家园发现的房址都较大，直径近 10 米，而燕北类型发现的房址虽多，却除了宁城小榆树林子有一处房址直径达 6 米外，其余均在 3 米左右②。过去人们只是简单地把这看作是地域的差别，然而，在文化属性、经济形态、发展阶段基本相同的前提下，这种

---

① 王国维：《殷卜辞中所见先公先王考》，《观堂集林》卷九，中华书局，1959 年版。

② 韩嘉谷：《京津地区商周时期古文化发展的一点线索》。

差异显然是规格高下的反映。也就是说，燕南类型较大型的房址，表明这里畜牧族的组织机构较大，酋长的身份较高，于是便有了较大型的活动场所。此外，虽然同属青铜文化，虽然都以青铜工具、武器、装饰品等小件铜器为主，但燕南类型发现的青铜器件明显多于燕北，这也是燕山以南成为畜牧族新的重心的反映。倘若说这些证据还不够充分的话，那么，在北京平谷刘家河村发现的夏家店下层文化大型贵族墓，更无可置疑的证明了这一点。

平谷刘家河贵族墓的具体情况已如第三章第三节所述。概言之，其年代"大体相当于商代后期第五段第Ⅸ组"[①]，即相当商代晚期前段；其规格属于有台阶的大型贵族墓，随葬了各类器物40余件，仅青铜礼器就有16件；其文化则包括了典型中原式、典型北方式及二者相融式三大类别。综合第三章第三节所做的考析，可知此墓的性质必属夏家店下层文化无疑，且等级之高不仅在整个燕山南北的夏家店下层文化中绝无仅有，在全国同期方国遗存中也极其罕见。而现在，当我们了解了燕南的夏家店下层文化是燕北地区畜牧族南下的结果后，进而可知此墓必属畜牧族无疑。因此，刘家河墓主不仅是迄今所知夏家店下层文化的最高统治者，更是其畜牧族的最高统治者。最高统治者的所在便即部族中心的所在，于是平谷就是当时夏家店下层文化畜牧族的中心。再结合燕南类型的房屋较大、青铜器较多等事实，尤可见此类现象并非偶然，皆表明燕北的新生畜牧族在进入燕南以后，其重心也随之南移，北京平谷则是这一重心的重心。

如第三章第三节所述，在夏家店下层文化之后，北京地区首先出现了相当商代晚期的塔照二期文化，主要分布在平谷至房山一带，尤以房山塔照遗址中层的内涵最为丰富。考古工作者指出："塔照二期文化在陶器形制、制陶方式等主体方面都继承了夏家店下层文化塔照一期遗存。"即这

---

① 邹衡：《夏商周考古学论文集》，第264页。

一文化是承袭夏家店下层文化而来。塔照二期还补充了一种外来文化，而"这种外来的新文化因素属于北方长城沿线地区"[①]，也与燕山北麓的文化有关。继塔照二期文化之后，在北京地区出现的是相当商代末年至西周前期的张家园上层文化。张家园上层文化在石器群、陶器群等主流方面皆与夏家店下层文化燕南类型如出一辙，开始时甚至被归在了夏家店下层文化中。凡此皆说明，继夏家店下层文化燕南类型之后，北京地区的塔照二期文化、张家园上层文化皆是以畜牧经济为主体的文化，只不过随着时间的推移，越往后中原文化的影响越大，它们中的中原文化成分也越多而已。

鉴于上述事实，可知夏商时期燕山以南的畜牧文化如燕北一样，有着一脉相承的发展轨迹，同样没有出现长城沿线西部和中部的文化断层。综合起来看，夏家店下层文化燕山南北这两大类型合成了北中国畜牧文化中谱系最完整、年代跨度最大、发展最稳定的一支。同时它们还是整个长城地带畜牧文化中实力最强大的一支，因为仅从分布的地域看，这两大类型合成的范围已广至南北千余公里、东西 500 公里，远比其它北方地区夏商时期青铜文化为大，甚至超过了中原二里头文化，足以构成一支与中原主流文化分庭抗礼的力量。之所以此文化的刘家河贵族墓等级如此之高，其故盖源于此。而正是这个强大的畜牧族，从夏代后期起把重心从燕山以北转移到了燕山以南，形成了和中原农业集团隔河相对的态势。

考虑到历史的复杂性，夏代后期至商的北京地区除畜牧族势力外，势必还夹杂着其他部族。第三章谈到的黄帝后裔的蓟，至少在殷商时期已经来到了北京，这就是当年坚守在北京平原的一支古老力量。至于晚商之时的"肃慎"、"燕亳"、"郉伯"等，也都是有史可稽的北京地区方国。但无论如何，自夏代后期开始，北京的大部分地区已为长城地带牧业族中最强盛的一支所控制，成了新兴畜牧族紧逼中原的桥头堡。

---

① 陈光：《北京市考古五十年》。

那么，一个时间跨度如此绵长、空间范围如此广袤、实力地位如此雄厚的畜牧族，究竟会是历史上的哪一个部族呢？在中国历史上，有关北方民族的最早记述出自黄帝时代，此即黄帝的"北逐荤粥"[①]。荤粥是有史可稽的北方游牧族的始祖，文献每每将鬼方、猃狁、匈奴等游牧族归结为他的后人[②]。而据第三章第二节所考，在被黄帝北逐前，荤粥原居燕山以南，是以农业经济为主体的部族。综合种种历史线索观察，夏家店下层文化确有可能属于荤粥族，其发展脉络则是：荤粥先被黄帝从燕山南麓北逐到燕山以北，在夏代初年于燕北扎下根来后，开垦了农业又孕育了畜牧业，此后则由于环境的蜕变在夏代中期发生裂变，新兴的畜牧族遂以全新的面貌重返自己的故乡——燕山以南的京津唐地区。上节曾述，夏家店下层文化中包含了诸多中原文化因素，以至学者无不将它视为中原文化的分支，这也印证了夏家店下层文化有可能出自原居燕南的荤粥族。

除荤粥外，夏代肃慎（息慎）的历史也与夏家店下层文化较为接近，而肃慎族的故地本来也在接近中原的范围内，说已详第三章第二、三节。另据第三章第二节所考，山戎中的无终国在夏禹时便已存在，也曾辗转盘桓于燕山南北，他们也可能是夏家店下层文化的部族。

其实，夏家店下层文化究竟属荤粥族、肃慎族或山戎族是并不重要的，重要的是，这些部族代表了中国土生土长的游牧族，因此才在历来的华夏典籍中成为鬼方、猃狁、匈奴等游牧民族记忆中的祖先。王国维在《鬼方昆夷猃狁考》一文中说，商朝时的鬼方、混夷、獯鬻，周朝时的猃狁，春秋时的戎、狄，战国时的胡，秦汉时的匈奴等皆源出一脉，是先后相继的"一族之称"，唯其"随世异名，因地殊号"[③]而已。在现代科学的 DNA 鉴定面前，王国维的这种观点势必会受到越来越多的挑战，乃至被推翻。因

---

① 《史记·五帝本纪》。

② 《史记·五帝本纪》索隐。

③ 王国维：《观堂集林》卷十三，中华书局 1959 年版。

为事实很清楚，绵延数千年的这些游牧族不可能统属一个部族，也不可能没有血缘上的差异。但这些反证是没有什么意义的，因为这里所说的"一族"，不是生物学、遗传学上的族，而是历史学、社会学意义的族。也就是说，王国维在这里谈论的民族，是一个历史社会的范畴，而不是一个种族生理的范畴，它指的是在同一地域内对同一种经济形态和同一种文化世代相因的人们共同体。因此，即便某一天有现代科学的人种鉴定证明这些文化不出于同一部族，也不足以改写中国畜牧族一以贯之的历史，更不足以动摇中国畜牧族土生土长的事实。

六　结语

正如本章所论，早自旧石器时代开始，北京就成了联结南北各地的枢纽，承担起文化的外向辐射与内向聚敛的双重作用。到了新石器时代初期，作为粟作农业的重要发源地，北京地区率先实现了人类从攫取经济到种植经济的转变，把新的生命之源播撒到四面八方。下至新石器时代中晚期，随着锄耕经济和区域文化在各地的蓬勃兴起，北京又直接带动了东北地区的经济与文化，把雄浑的中原文化源源不断地输往东北大地。

在横亘数百里的燕山以北，至今仍保留着一望无际的锡林郭勒大草原和呼伦贝尔大草原，给古老的"天苍苍，野茫茫"游牧生活留下了一片神奇的土地。这片土地是如此令蜗居城市的现代人神往，可是，如果谈到历史上的燕北大草原，留在人们记忆中的，恐怕只有历代游牧民族与中原王朝胶着在长城轴线的金戈铁马。殊不知，早在公元前五千纪初到公元前三千纪初的史前时代，燕山以北也有发达的农业区，绵延一千五百余年的红山文化便是实证。发达的史前文化孕育了英雄的部族，在率先迈向文明门槛的晚期红山文化中，走出了中华文明始祖黄帝。

黄帝集团从燕山以北的老哈河上游及大凌河中上游出发，先是翻越燕山来到涿鹿及延庆盆地一带，在这里点燃了文明的火炬，开创了绵延五千年之久的中华文明。紧接着黄帝集团又挺进中原，南下到黄河中游的河南新郑一带，把文明的火种由北向南播撒开来。黄帝集团的这几大步历史性跨越，不仅一举铸就了中华文明，而且从根基上把塞内外的两大部族连在了一起，昭示着北方民族与中原民族的同祖同源。

畜牧族的起源是本章论述的重点，其故在于，畜牧经济与畜牧族的形成是中国历史上的一件划时代大事，直接导致了游牧文化圈和农业文化圈"二元对立"格局的形成。自此而后，中国数千年的历史多是围绕游牧民族与农耕社会的相互依存、相互碰撞、相互兼融展开的，一直延续到封建时代的落幕。姑不论西周王朝是怎样被西夷犬戎灭亡的，也不论司马氏的西晋王朝是如何被匈奴贵族灭亡的，单就十六国、北朝、五代、辽、金、元、清而言，北方游牧族的轮番登场就一再改写了中国的历史，而这一切都源于"二元格局"的形成。

在对燕山以北畜牧经济孕育与发展的全过程做了综合梳理后，可知中国北方的畜牧族既不是自亘古以来就有的，也不是晚到战国时期才由域外传来的，而是受环境演变的影响，从夏代开始逐步形成的。这个过程曾经漫及整个长城地带，但唯有燕山以北的谱系最为完整、脉络最为清晰，既给中国畜牧经济的生长树立了一个标尺，也给新兴的畜牧族培育了一个中坚力量。若没有这个中坚力量，我们几乎很难理直气壮地说中国的畜牧经济和畜牧族是土生土长的，甚至难以坦言中国数千年来的"二元对立"到底是自己人的"家事"还是所谓的"国际争端"。同时也正是由于这个中坚力量的存在，告诉我们中国的畜牧族本来就是中华民族不可分割的一部分，中国的畜牧经济也是中华文明不可或缺的一部分。而早在夏代后期，当中国的畜牧族刚刚诞生伊始，燕山以北的畜牧族就南下燕山，堂而皇之地登上了北京的历史舞台。

　　总之，透过燕山南北从旧石器时代以迄夏商的历史，不仅可以看出从北京猿人开始是怎样一步一步孕育出中国北方的多元民族与多元文化的，还可以看出他们自古以来是怎样的水乳交融。在这些确凿事实面前，任何把长城内外两大民族割裂开来甚至对立起来的说法都是站不住脚的。早自20世纪初以来，海外的中国史研究领域就流行着一种"征服王朝论"的看法，即把辽、金、元、清王朝一概定性为外来的"征服王朝"。这种观点和"长城以北非中国论"沆瀣一气，视长城以北的土地为境外之地，视长城以北的民族为域外之族，粗暴地肢解了古代中国。国内也不乏同此之论，明清之际的大学者顾炎武就曾经说："历九州之风俗，中国之不如外国者有之矣"①，而他列举的所谓"外国"，就是契丹、女真、匈奴、北魏等。上个世纪六七十年代，曾把戏曲"四郎探母"定为"汉奸"戏而加以禁演，这也是把辽朝当作了与中国毫不相干的"征服王国"。时至今日，"四郎探母"早已开禁，但"长城以北非中国论"的观点却未见稍减，突出表现就是国内不少遗老遗少仍把辽、金、元、清当作外敌入侵。此外，网络上"明粉"、"清粉"两大阵营的争执愈演愈烈，表面上看是在争论明、清两朝孰优孰劣，但共同之处都是把满清看作了"征服王国"，互相贴的标签也是爱不爱国。更重要的是，这种偏见不仅有公开标榜的，更有烙印在潜意识中的，以至在某些人的心目中，长城之外"非我族类，非我国土"是毋庸置疑的事。然而，在一部早期中国北方文化史和民族关系史面前，在本章所论的全部事实面前，此类观点无异于痴人说梦，终将被抛到历史的垃圾堆去。而之所以燕山南北两大族团在血脉上如此根蒂相连，在文化上如此源出一脉，北京自古以来承担的外向培育、内向聚敛作用，是最关键的因素。

---

　　①　顾炎武：《日知录》卷二九。

北京

人类文明的圣殿

（下）

王光镐◎著

中国书籍出版社
China Book Press

图书在版编目（CIP）数据

人类文明的圣殿——北京 / 王光镐著. —北京：
中国书籍出版社，2014.9（2015.10 重印）
ISBN 978-7-5068-4281-5

Ⅰ.①人… Ⅱ.①王… Ⅲ.①文化史—研究—北京市
Ⅳ.①K291

中国版本图书馆CIP数据核字（2014）第164785号

人类文明的圣殿——北京

王光镐　著

策划编辑	安玉霞
责任编辑	戎　骞　刘　路
责任印制	孙马飞　马　芝
封面设计	中尚图
出版发行	中国书籍出版社
地　　址	北京市丰台区三路居路 97 号（邮编：100073）
电　　话	（010）52257143（总编室）　（010）52257140（发行部）
电子邮箱	chinabp@vip.sina.com
经　　销	全国新华书店
印　　刷	北京墨阁印刷有限公司
开　　本	710 毫米×1000 毫米　1/16
字　　数	712 千字
印　　张	55
版　　次	2014 年 10 月第 1 版　2015 年 10 月第 2 次印刷
书　　号	ISBN 978-7-5068-4281-5
定　　价	86.00 元（全两册）

第六章　一统性
——从多元一体到多元一统

早在 20 世纪 80 年代，中国社会学开山祖师费孝通先生就提出了中华民族的"多元一体"概念。他说："我把中华民族这个词用来指现在中国疆域里具有民族认同的十一亿人民，它所包括的五十多个民族单位是多元，中华民族是一体。"[①]在这段话里，"多元"是指中国疆域内的五十多个民族，"一体"是指这些民族统属一个中华民族。案中华民族的核心，源起于西汉以来形成的汉族，汉族的核心则源起于先秦时期的华夏族。而据第二章第三节所论，华夏族最初是由黄帝时代的北狄、西羌、东夷、中原四大集团融会而成的，因此"多元一体"格局的最早形成，可以一直追溯到黄帝时代。然而，黄帝时代虽然有了最初的"多元一体"，但与后世大一统王朝的区别是不言而喻的，关键之处就在于黄帝时代的多元部分还处在各自为政的状态，史称"万国"或"万邦"。

《周易·比卦》："先王以建万国，亲诸侯。"《尚书·尧典》："协和万邦。"《尚书·益稷》："烝民乃粒，万邦作乂。"《战国策·赵策二》："古者四海之内，分为万国。"《墨子·非攻下》："古者天子之始封诸侯也，万有余。"《史记·封禅书》："黄帝时万诸侯，而神灵之封居七千。"《史记·五帝本纪》："黄帝……置左右大监，监于万国。"《左传·哀公七年》："禹会诸侯于涂山，执玉帛

---

① 费孝通：《中华民族的多元一体格局》，《北京大学学报（哲学社会科学版）》1989 年 4 期。

者万国。"《战国策·齐策》："古大禹之时，诸侯万国。"《吕氏春秋·用民》："当禹之时，天下万国。"以上所谓的"国"，即远古时期的方国或邦国，亦可称"氏"，如夏代的有扈氏、有易氏、有穷氏等。又可称方，如殷商卜辞的鬼方、犬方、土方等。上述"万国万邦"云云，无非极言其多，难以指实，却道出了黄帝至夏禹时众多部族各自为政的状况。

夏以后，随着部族的融合与兼并，邦国的个体越来越大，邦国的数量越来越少。《逸周书·殷祝》："汤放桀而复薄，三千诸侯大会。"《战国策·齐策》："及汤之时，诸侯三千。"《吕氏春秋·用民》："至于（商）汤而三千余国。"《逸周书·世俘解》：武王克商"遂征四方，凡憝国九十有九，……凡服国六百五十有二。"《礼记·王制》：周时"凡九州千七百七十三国。"《尚书大传·洛诰》："天下诸侯之悉来进受命于周而退见文武之尸者，千七百七十三诸侯。"《史记·陈杞世家》："周武王时，侯伯尚千余人。"《汉书·地理志》："周爵五等，而土三等：公、侯百里，伯七十里，子、男五十里。不满为附庸，盖千八百国。"《汉书·贾山传》："昔者，周盖千八百国。"综合上述，商汤时尚有方国三千，西周初年仍有诸侯千八百。按照当时的地域概念，这些邦国其实都集中在一个不大的范围内，即使加上四夷所在的北狄、东夷、西戎、南蛮，也只占当今中国版图很小一部分，密度之大不难想见。

"万邦林立"的实质在于，当时不仅邦族的数量多、密度大，而且皆有独立的国体和政体，是各自为政的人们共同体。《尚书·酒诰》云："在昔殷先哲王……越在外服，侯甸男卫邦伯；越在内服，百僚庶尹惟亚惟服宗工，越百姓里居。"这里说的是商代的情况，其政体包括两大部分：一部分是外服的侯甸男卫邦伯，一部分是内服的百僚、庶尹、惟亚、惟服、宗工并百姓里居。关于夏商时期的"五服"制度和"内外服"制度，已见前面第一章所述。要言之，内服是指夏商王朝直接统治的地域，主要是京畿之地。所谓外服，则为诸侯国的所在，分甸服、侯服、绥服、要服、荒服几大类。这里的所谓"服",即服从、服役之意,对"内服"的宗室贵族和各级臣僚来说,这当然是没有什么问题的,因为他们大多是夏商王室的同姓或异姓亲戚,服从王室是绝对的前提。而对于外服的异姓诸侯来说,这就要大打折扣了。例如商代历史上著名的虎方、鬼方、犬方、羌方、土方等,都曾是殷商的诸侯,但也都曾是殷商的劲敌,"时服时叛"即他们和"大邑商"的关系。姬姓周人也曾是殷商的诸侯,但最后灭亡了殷商的就是他们。

《诗经·商颂·殷武》说:"昔有成汤,自彼氐羌,莫敢不来享,莫敢不来王,曰商是常。"这首诗是称颂殷高宗武丁的,是说当时"自彼氐羌"的各部族不敢不来进贡,不敢不来朝拜。但恰是这种称颂,反倒透露出夏商时期各方国与中心王朝并无君臣隶属关系的事实,邦国的义务无非是定期向中原王朝纳贡和朝拜而已。王国维《殷周制度论》云:"自殷以前,天子诸侯君臣之分未定也。……诸侯之于天子,犹后世诸侯之于盟主,未有君臣之分也。周初亦然,于《牧誓》《大诰》,皆称诸侯曰'友邦君',是君臣之分亦未全定也。"[1]王国维说夏商的天子只相当"盟主",摆明了那时的政体只相当邦联。也就是说,当时各方国虽然结成了同盟,这个同盟虽然也有以中原王朝为首的宗主国,但它们仍然各自保有独立的主权。

即使只是邦联,也是相当松散的。武丁是商代中兴之王,适逢商王朝的鼎盛期,因此各诸侯国"莫敢不来享,莫敢不来王"。倘若遇上宗主国内忧外患,情况就大不相同了。《史记·殷本纪》云:"自中丁以来,废适而更立诸弟子,弟子或争相代立,比九世乱,于是诸侯莫朝。"恰如此文所述,仅仅因为殷王室内部争权夺利,诸侯国就不来朝拜,足见这个邦联是多么的松散了。史称"昔者五帝地方千里,其外侯服夷服诸侯或朝或否,天子不能制","古之帝者,地不过千里,诸侯各守其封域,或朝或否,相

---

[1] 王国维:《观堂集林·殷周制度论》,中华书局,1959年。

侵暴乱，残伐不止"①，凡此都是对邦联时代各邦国独自为政的真实描述。这种松散的邦联，是中国文明初兴阶段的一大特征，反映了自给自足小农经济社会的松散性。

因此如第四章第一节所言，黄帝之时虽然有了庞大的部落联盟，但并无统一的王朝，黄帝的部族充其量不过是"万国"中较为强大的一个而已。但其"一体"的因素也是不容忽视的，即以黄帝时代言之，这时不仅有了联盟的实体，有了制约列国的共主，而且更重要的是，在一个共同的农业经济圈内，各部族还有了相当一致的文化。

据上章所述，早在史前时代，燕山南北的文化及中原文化就表现出了显著的一致性。又如第二章第三节所述，各地相当五帝时代的龙山文化更具有鲜明的共性，而这就是"万邦林立"的时代。在这里需要特别说明的是，在实际工作中，考古工作者向来更看重不同地域间文化的差异，因为藉此可以判分考古学文化的"区、系、类型"。殊不知，站在全球的角度，或者以整个亚洲为参照系，便不难看出中华文化从史前时代起就表现出的一致性了。这个一致性可以说是相当的明显，充分表明了这是一个相互关联的整体。在这个大的文化圈内，各部族已经有了相当接近的文化习俗和相当一致的心理素质，再加上共同的经济生活方式和共同的地域，这个"一体"的成分甚至大到了足以把他们涵盖为一个个体。

一方面是各自为政的多元实体，一方面又整合在一个共同的中心下，并在文化等方面保持相当的一致，这就是我们理解的"多元一体"。寻根溯源，自黄帝时代开始，这种状况便一直贯穿于"万邦林立"的五帝时代和推行"五服制度"、"内外服制度"的夏商两代。西周王朝实行的是诸侯分封制，这虽然有别于夏商体制，但其一仍旧贯的是，各列国依然保有相对独立的国体和政体。在这之后，《汉书·地理志》载："周室既衰，礼乐

---

① 《史记·秦始皇本纪》。

征伐自诸侯出，转相吞灭，数百年间，列国耗尽。至春秋时，尚有数十国，五伯迭兴，总其盟会。陵夷至于战国，天下分而为七，合从连衡，经数十年。秦遂并兼四海。以为周制微弱，终为诸侯所丧，故不立尺土之封，分天下为郡县，荡灭前圣之苗裔，靡有孑遗者矣。"即到了春秋时期，西周初年的千八百诸侯已被数十国所取代，后来又被战国的七雄所取代，最终归为秦的统一。

当各自为政的"万邦林立"演变为秦的金瓯一统后，当国体和政体都归于一个君主和一个政府后，神州大地又处于何种状况呢？相对于"多元一体"的概念，我们称其为"多元一统"。"多元"在这里仍指多个民族，"一统"则指政出一门的统一实体。天下一统还只是其外在的表现，而内在的，则是某个主流文化的一以贯之，这才是更为重要的"一统"。

那么，从"多元一体"到"多元一统"，这种历史性的转变究竟开始于何时呢？毫无疑问地，这种转折显然完成于大一统秦王朝的建立，但其最早的源头，却可以溯至西周的诸侯分封制。这由北京地区西周时期发生的变化便可一窥究竟。

一　历史性的转折

考古资料显示，夏家店下层文化在夏代后期已经越过北京南部的拒马河，几乎踏进了一衣带水的中原文化圈[1]。到了商代晚期，塔照二期文化分布在北京东部的平谷至北京西南的房山一带，典型遗存已深入到北京西南边缘的房山区塔照。至于商末周初的张家园上层文化，已南抵河北保定的大清河流域，再度向南扩张。照这个趋势发展下去，站稳了京津地区并

---

① 保定考古队：《河北省容城县白龙遗址试掘简报》，《文物春秋》1989 年 3 期；《河北省安新县考古调查报告》，《文物春秋》1990 年 1 期。

把重心南移到今北京一带的畜牧族，势必还会饮马滹沱河、子牙河乃至漳河，继续向中原挺进。可以设想，一旦这变成现实，无险可依的华北大平原将沦为任马驰骋的疆场，北京也将永远成为与中原隔绝的"蛮夷化外"之地。

更令人惊诧的是，幽燕之地的"蛮族"居然还无视中原王朝的强大，在周人势力所向披靡之际，把自己的领地当成了商人残余势力的最后避难地，说已详第三章第五节。这表明，当时古燕地已游离于西周王朝之外，成为一股与中原分庭抗礼的力量。如果对此状况听之任之，或许北中国早在商周之际就会出现不同的政体，整个中国的历史也将因此而改写。

可是，就在这个时候，中原王朝该出手时就出手，做出了扭转乾坤之举。这个前所未有的战略举措，就来自创建伊始的姬周王朝。

第三章第四、五两节已述，公元前 11 世纪中叶周有天下后，很快便"封建亲戚，以蕃屏周"[①]，以武力为后盾强制推行了诸侯分封制。这种制度的基本内涵有二：一是受封者多为王室宗亲、姻亲与功臣，故曰"封建亲戚"；二是推行的范围很广，除京畿之外几乎遍及整个西周版图。

溯其源头，这种分封制似乎不迟于殷商时期已经实行。正如胡厚宣先生在《殷代封建制度考》一文中所说："封建制度起源于何时，以真实文献之不足，难得而征之。然由卜辞观之，至少在殷高宗武丁之世。"[②]但总体而言，"万邦林立"的各自为政局面乃是夏商时期的基本状况，当时各邦国的土地和民人是本身固有的，不像西周那样是因封建得来的，而那时所谓的"分封"，大多情况下只是给固有的部族加一个封号而已，实质上仍是邦联制。又如第一章所论，商王室直接控制的地方不过千里，并且这还只是商代的一千里，远比今天的千里为小。是故，殷商王朝即便在自己的辖区内分封诸侯，也断然不会像西周时期这样，分封的地域如此之广，分

---

① 《左传·僖公二十四年》。

② 收入《甲骨学商史论丛》初集第 1 册，成都齐鲁大学国学研究所专刊之一，1944 年。

封的对象又如此之狭。

到了西周时期，王室的势力已足够强大，既可以凭借精锐的军团控制更为广袤的领土，也可以依靠不断强化的王权驾驭更多的贵族集团，这才有可能全面推行诸侯分封制。而正是西周王朝的这一创举，将此前多元一体但相对独立的各邦国，纳入到多元一统的华夏体系中来，大大促进了古代中国的一体化进程。

也正是由于周人的诸侯分封制，幽燕的历史随之改写。

在周初的分封中，周王室在幽燕地区扶持了一个势力，又安插了一个势力。扶持的是"武王克殷返商，未及下车，而封黄帝之后于蓟"[①]的蓟，安插的是"封召公奭于燕"[②]的燕。前者是对先圣王后裔的褒封，发生在周武王时期；后者是对同宗贵戚的分封，始出于周成王之时。在北京平原上，它们一个位置居中，一个封地偏南，形成了南北分治的局面。

蓟、燕受封之前，北京地区流行的主要是张家园上层文化。这是一种以畜牧经济为主体的文化，上承夏家店下层文化燕南类型和塔照二期文化而来，年代集中在商代晚期到西周前期。及至燕、蓟受封，正如第三章所论，以房山琉璃河燕国都城遗址和顺义牛栏山蓟国贵族墓为代表，燕、蓟势力在北京地区迅速崛起，给畜牧族带来了强有力的反击。但考古现象揭示，开始的时候，燕、蓟两大文化还只是集中在北京平原的中心部位，周边不少地区仍为张家园上层文化所覆盖。这说明，畜牧族势力并不甘心退出北京平原，姬周势力与畜牧族势力的较量还有很长的一段路要走。

综合以观，西周早期的北京地区，主要存在四大实体：一是初封的燕，二是固有的蓟，三是南下的畜牧族，四是北窜的商遗民。以上还是仅就北京的中心地段而言，此外若加上燕山河谷中东来西往的人群，各不同族系的存在更是不知凡几。西周初年北京地区的这种状况，在当时的西周版图

---

① 《礼记·乐记》。

② 《史记·周本纪》。

内是极具代表性和普遍性的，它表明，虽然西周王朝已经兴起，虽然分封制已经推行，但统一的局面并不因此而唾手可得，江山初奠的周人还要面对很多旧势力的挑战。

就燕地而言，初封的召公燕国首先遭遇的自然是畜牧族的反抗。西周初兴之际，恰好也是燕山南北畜牧族如日中天之时。燕山以北的夏家店上层文化就是在这时进入游牧阶段的，燕山以南的畜牧族也毫不逊色，正以锐不可当之势向南挺进。对姬周集团来说，这无异于一场殊死较量，因为如果不将畜牧族彻底赶出北京平原，不仅姬周燕国贫无立锥之地，无险可依的西周王朝也难以自保。因此，西周王朝分封燕和褒封蓟的主要目的，恐怕就是寄希望于他们能"以蕃屏周"，把畜牧族驱赶到燕山以外。而无论册封时周王室是否有此意图，受封之后的燕和蓟也不得不把这个沉重的使命承担起来了。

燕和蓟显然完成了这个使命，否则西周历史上就不会有这两个诸侯国的存在。燕南的畜牧族在遭受了极大重创后，只得返回燕山以北的历史大本营，而这很可能就是辽河以西魏营子文化的重要来源。上章第四节曾述，魏营子文化集中在紧傍燕山北麓的内蒙古赤峰、通辽及辽宁的大小凌河流域，恰与北京平原一衣带水。此文化的一大特点是鲜有固定居址，却多有窖藏青铜器，且青铜器的来源各异，既有当地铸造的，也有不少中原形制的，是各地的"汇合体"。而据中原式铜器的铭文可知，它们中不乏自铭"匽（燕）"与"其（蓟）"者[1]。根据以上情况，可以推测这些铜器中的相当部分是原居于燕山以南的畜牧族北窜时劫掠的，回到燕北老巢后作为宝藏就地掩埋下来。魏营子文化中还不乏中原式兵器，这更可能是畜牧族与燕、蓟交战的战利品。

此前在讨论魏营子文化的中原式青铜器来源时，特别是在谈到其中镌

---

① 辽宁省博物馆等：《辽宁喀左县北洞村出土的殷周青铜器》，《考古》1974 年 6 期。

有燕国铭文的铜器来源时，一般多认为这"说明燕国从一开始势力就延展到这样北的地方"①，甚至断言西周初期的燕国已经"越过燕山到达辽西大凌河流域一带并在其河流两岸建有统治据点，控制华北到东北的出入孔道，范围已相当广大"②。度诸情理，这个结论显然是难以成立的。因为在西周初年，甚至晚到西周中期，燕与辽宁喀左大凌河流域之间还隔着一个蓟国，更横亘着一个蒸蒸日上的夏家店上层文化游牧族，根本无法和燕国联成一体。夏家店上层文化的分布范围已如上章第四节所述，一般认为它的下限年代可以晚到战国早中期。这就是说，一直到战国中期以前，燕国的北界都未跨越燕山山脉。事实上，典型燕人墓葬在燕山以北的出现，也是晚到战国中期以后才有的事③。此外，从更简单的道理说，西周初年的燕国立足未稳，都邑所在的北京小平原尚未统一，怎么可能一下子把疆域扩展到如此鞭长莫及的地方？所以最大的可能是，那些中原式青铜器是畜牧族北遁时劫掠去的战利品，只有极少一小部分或许出自燕或蓟的馈赠。

器物类型学的研究表明，魏营子文化的中原式青铜器少量属商代晚期，大多属西周早期，下限年代大体止于西周康王之时。第三章第五节曾述，召公燕国始封于成王，而成王及康王是西周王朝的鼎盛期，开创了"成康之治"。《史记·周本纪》云："成康之际，天下安宁，刑错四十余年不用。"这里说的就是成康二世的河清海晏、天下大治。之所以魏营子文化的中原式青铜器基本止于康王，恰好说明在成王封召公于燕后，燕国于成康两世和盘踞在燕山南麓的畜牧族展开了生死较量。正因此，畜牧族的大规模北遁就发生在成康之世，被畜牧族劫掠到燕北的中原式青铜器也就基本止于康王之时。

① 晏琬：《北京、辽宁出土铜器与周初的燕》。

② 徐自强：《关于北京先秦史的几个问题》，刊《燕文化研究论文集》，中国社会科学出版社，1995年。

③ 郑君雷：《战国时期燕墓陶器的初步研究》，《考古学报》2001年3期。

　　然而，畜牧族武装是极其顽强也极其灵活的，燕、蓟两国不可能毕其功于一役。因此，康王之后的局部战争仍持续不断，一直蔓延到了西周中期。正如考古资料所揭示的，一直到西周中期，以畜牧族为主体的张家园上层文化才在北京地区消退干净。明显之例见于房山区镇江营，该遗址的张家园上层文化就是在西周中期被周人的姬燕文化完全取代的[①]。

　　周成王时当公元前 1042 年～前 1021 年[②]，而根据碳十四年代测定，张家园上层文化的下限年代在公元前 930 年左右[③]。这就是说，从成王始封召公燕国起，直到张家园上层文化彻底消失，前后经历了不下百年。这个过程是如此的漫长，足以说明这场较量是何等的残酷。在古代典籍中，召公以下的九世燕侯全部失载，有关西周早中期的燕国史实无处查寻。这恰好反映出，燕对畜牧族的战争备尝艰辛，甚至"几灭者数矣"[④]，以至这个由召公始封的重要诸侯国在相当长的时间内无暇他顾，完全淡出了中原舞台。

　　然而，发生过的总会留下痕迹，而其中的某些痕迹就保留在昌平白浮的西周中期墓中。事如第三章第四节所述，昌平白浮的三座西周中期墓是蓟国贵族的墓葬，其中 2、3 号墓是一对夫妇，各随葬了一套兵器。作为女性配偶的 2 号墓主不仅随葬了兵器，而且由出土的铜盔、兽面饰、腿甲等看，下葬时她还身着戎装。当时的蓟国就处在与畜牧族对峙的烽火第一线，2 号墓主尊为贵妇人依然披坚执锐，活生生地再现了燕、蓟和畜牧族战争的惨烈。

　　周室创基之初曾发生一件大事，即武王死后周公旦摄政，周公的兄弟管叔、蔡叔不服，勾结商纣之子武庚禄父举兵反叛。周公被逼无奈，只

① 北京市文物研究所：《镇江营与塔照》，中国大百科全书出版社，1999 年。
② 方诗铭编著：《中国历史纪年表》（修订本），上海人民出版社，2007 年，第 153 页。
③ 陈光：《北京市考古五十年》，见《新中国考古五十年》，文物出版社，1999 年。
④ 《史记·燕召公世家》。

好兴师讨伐，结果周王师旗开得胜，"殷人大震溃，……王子禄父北奔"[1]。第三章第五节曾述，在京津唐地区的张家园上层文化中，西周早期曾一度涌现大量商文化因素。商朝灭亡后居然出现大量商文化，岂非咄咄怪事？而揆诸史实，这恰与亡命的武庚禄父向北逃窜的史实不谋而合。由此说明，当时商人在北方尚有牢固的基础，幽燕之地成了他们最后的避难地。这股商人的残余势力，便是燕、蓟需要面对的又一股反对势力。所幸这些亡国者远没有畜牧族那样顽强，正如商文化因素在张家园上层文化中突然涌现又突然消失一样，他们来得快去得也快，不久就被姬周和蓟国大军荡平。

总之，经过上百年的艰苦奋战，到了西周中期时，几大敌对势力该荡平的荡平，该剿灭的剿灭，该收服的收服，幽燕地区只剩下了一个终于站住脚的燕国和一个早已臣服于周的蓟国。看来此时应该天下太平了，但是，事情并未就此止步。

蓟的墓葬遗存已如第三章第四节所述，西周早期仍延续着商文化遗风。蓟的居址目前尚未加以辨识，但学者注意到，张家园上层文化中"伴随主体文化因素的另一种文化因素以袋足鬲、簋、四系罐和极少量的灰陶簋为代表，明显地属于商文化系统。尤其是泥质灰陶簋的三角缘、器表折线划纹的形态与殷墟晚期至西周初期的簋完全相同"[2]。这就是说，张家园上层文化并非单一的畜牧文化，还包括了其他类型的文化，而其中最重要的一支就是商系统的文化。这个商系统文化既有可能是商人残部的遗存，也有可能是蓟的文化遗存，因为在西周早期之时，蓟的文化仍然形同商文化，说已详第三章第四节。但到了西周中期，不仅商系统的文化在遗址中烟消云散，蓟的贵族墓也由觚、爵组合的商文化转变为鼎、簋组合的周文化，表明蓟国已完全从属于燕。此后再到西周中晚期之际，正如第三章第六节

---

① 《逸周书·作雒解》。

② 陈光：《北京市考古五十年》，见《新中国考古五十年》，文物出版社，1999年。

所述，蓟国从燕地消失，姬周燕国成了蓟邑的主人。

从西周初期到西周中晚期之际，姬周燕国先是击溃了畜牧族的主要势力和商人残部，继而荡平了畜牧族的残余势力，后又收服了蓟国，最终迁都于蓟。在这一步接一步的战略推进中，北京平原终成燕国的一统天下。

恐怕令全世界的史家都想象不到的是，姬周燕国这一战略目标的最终实现，竟然谱写了一首人类文明史上极其壮伟的凯歌。

世界史泰斗、美国历史学家斯塔夫里阿诺斯说："公元前二千纪，欧亚大陆正处于一个骚动时期，即游牧民入侵、古老的帝国被推翻、旧的社会制度瓦解的时期。骚动是猛烈的，整个欧亚大陆都处于一片混乱之中。因此，公元前二千纪是古代文明从历史舞台上消失，由古典文明取而代之的过渡时期。"[①]这就是说，从公元前2000年起，同样出于上章第四节所述的全球性气候变化的缘故，新兴畜牧族在欧亚大草原迅猛崛起，给整个世界带来了一场前所未有的震荡。这些好勇斗狠的人们挥舞着弯弓剑戟，风卷残云般地四处征伐，欧亚大陆的各古老帝国在他们的屠刀下纷纷土崩瓦解，相继堕入历史的黑暗。当时闯进农耕世界的主要有印欧种人，他们的足迹东至印度河，西至爱琴海，中部至两河流域和小亚细亚。此外还有闪米特人，进入了两河流域和埃及。这些人有马驾的双轮战车，稍后还使用了骑兵，整个战争过程一直持续到了公元前一千纪。

然而，就在这些新兴游牧族排山倒海般地倾覆整个欧亚大陆古代文明之际，在世界的东方，就在华北大平原北部边缘的燕山大地上，一支孤立无援的力量竟然抵御住了畜牧族凌厉的攻势，以"崎岖强国之间，最为弱小"的一己之力，保住了周朝的江山社稷，保住了华夏的农耕文明。可以说，正是由于燕国的浴血奋战，人类历史上才有了一个从未间断的文明，人类文明史上也才有了一首没有被粗暴抹去的华彩乐章。从这个意义上讲，姬

---

① ［美］斯塔夫里阿诺斯著，吴象婴、梁赤民译：《全球通史——1500年以前的世界》，上海社会科学院出版社，1999年，第149页。

周燕国对人类文明和中华文明的发展可谓居功至伟，功不可没。

时至今日，我们已无法想象燕国当时是如何做到这一点的了。特别是鉴于世界上那些强大的帝国在游牧族的践踏下竟是那样的不堪一击，就更难设想燕的处境是何等的凶险了。太史公司马迁对此也不得其详，只能笼而统之地说"燕迫蛮貉，内措齐、晋，崎岖强国之间，最为弱小，几灭者数矣"①。一句"几灭者数矣"，算是道尽了燕国的危如累卵和艰苦卓绝，也表明燕国为了完成这个使命是怎样一而再、再而三地拼死一搏的。燕国早期历史的一片空白，恰好说明当时周天子和中原列国对这场惨烈的生死搏斗未予援手，甚至坐视不救，以至在中原史官的典籍中也只能阙而不载，乃至讳而不言。

作为死守农业文明最前线的诸侯国，燕国的华夏卫士使命几乎贯串了它的全部历史。即使到了战国中晚期，当周人的历史行将结束之时，燕国仍然承担着抵御北方强族的重任。当时北方最强大的是匈奴族，他们一再南侵，已经兵临燕、赵、秦城下，酿成了"当是之时，冠带战国七，而三国边于匈奴"②的危机局面。可我们看到，燕国一则反守为攻，依靠贤将秦开"袭破走东胡，东胡却千余里"，把匈奴和东胡等游牧族向北驱赶了千余里；二则"亦筑长城，自造阳至襄平。置上谷、渔阳、右北平、辽西、辽东郡以拒胡"，积极筑边以自保；三则考古资料证实，恰是在战国中晚期，燕人的墓葬向北延伸到了河北张家口、辽宁朝阳和内蒙古赤峰一带，最远到了沈阳③，表明了燕国势力的北扩。众所周知，西方的秦国就是在战国中晚期崛起的，此后陆续蚕灭了包括燕国在内的东方六国，建立起强大的秦帝国。但不难设想，当初如果没有燕国的这道铁血屏障，如果不是燕国全力以赴地阻挡住了北方的游牧族，同样处在匈奴刀锋之下的秦国岂

---

① 《史记·燕召公世家》。

② 《史记·匈奴列传》。

③ 郑君雷：《战国时期燕墓陶器的初步研究》，《考古学报》2001 年 3 期。

有力量兼并东方六国？大一统的秦王朝又岂有可能创建？历史是不接受假设的，这些问题自然不会有答案。但可以给出答案的是，当燕国灭亡以后，北方游牧族的压力全部转嫁到新成立的秦王朝身上，以至秦始皇不得不发30万大军北击匈奴，更不得不发近50万工役修筑长城。而这样的劳师动众，正是导致秦朝很快灭亡的原因之一。

姬周燕国在北京地区的出现，其意义是相当大的，这不仅仅在于它阻挡住了正向中原步步紧逼的畜牧族，也不仅仅在于它扫荡了盘踞在北方的殷人势力，完成了今北京地区的统一，更突出的是，它还在各个方面对北京产生了极其深刻的影响，留下了不可磨灭的印记。甚至可以说，正是始于燕的突兀登场，终于蓟的黯然消失，北京地区的历史才发生了根本的变化，揭开了全新的一页。

首先，召公所封的燕，是幽燕历史上第一个由中原王朝任命并派驻的地方政权，首开了北京地区直属中原王朝的先河。

周召公之前，甚至早在五帝时代，就有关于帝尧"申命和叔，宅朔方，曰幽都"[①]的说法，即帝尧也曾派和叔部族来幽都镇抚各方。从黄帝曾经"置左右大监，监于万国"[②]的记载看，从帝舜曾经"流共工于幽州，放欢兜于崇山，窜三苗于三危，殛鲧于羽山"[③]的传说看，帝尧向幽都派遣部族的可能性是存在的，此举当初或许也对幽燕各部产生了一定的控制和震慑作用。但受命的和叔并非一级行政组织，而相比之下，召公的燕国具有确切的名号、机构、法权、疆界及中心城邑，是不折不扣的一级政权，此即幽燕历史上第一个由中原王朝正式册命派遣的、直属中央王朝的地方政权。

说燕国无异于当时的地方政权，是由西周分封制的性质所决定的。事

---

① 《尚书·尧典》。

② 《史记·五帝本纪》。

③ 《尚书·舜典》。

如前述，周天子兄弟、宗亲、姻亲及功臣的封国，在性质上既不同于夏商时期"五服"分治的"邦联"，也不同于秦以后高度集权的郡县，恰属一种承前启后的政体。它的基本特征是：

一是"溥天之下，莫非王土；率土之滨，莫非王臣"①，每个诸侯国在法统上都是周朝疆域不可分割的一部分；

二是周天子是天下共主，是全国土地和臣民的最高主宰，而诸侯在名义上只是周天子派去管理那块土地的臣属；

三是地方诸侯拥有自己封地上的军、政、财、刑大权，具有相当的独立性；

四是诸侯的爵位实行嫡长子继承制，世袭罔替。即便有罪的诸侯被处死或罢免后，一般也是指定原诸侯的近亲继位，不会轻易打破原有的宗法体系。

综合这几大方面，可知周之封国一则是"国"，二则和周王室有直接的隶属关系，可以归为周王室的属国或子国。史学巨擘王国维在《殷周制度论》中说："逮（周武王）克殷践奄，灭国数十，而新建之国皆其功臣昆弟甥舅，本周之臣子，而鲁、卫、晋、齐四国，又以王室至亲为东方大藩。夏殷以来古国，方之蔑矣。由是天子之尊，非复诸侯之长，而为诸侯之君。……盖天子诸侯君臣之分始定于此，此周初大一统之规模。"王国维在这里一则指出了周天子与诸侯是君臣关系，二则强调周王朝建立了前所未有的"大一统规模"，这就是对西周封建制最切中肯綮的评价。考古学宗师李济也说：西周封建制使"先周时期的许多部落单位的松散联合体，如今汇成一个紧密的大帝国。"②其之所见与王国维全同。

察西周封国的合法地位，来自四个必要的前提，这也说明了天子与诸侯国是中央政权与地方政权的上下隶属关系。

---

① 《诗经·北山》。

② 李济：《中国早期文明》，上海人民出版社，2007年，第61页。

一是诸侯必须得到周天子的正式册命，称"册封"，以示他的权力来自天子。周天子向诸侯颁发册封诰命之例，已见第三章第五节所述，正是通过这个法定文书，诸侯获得了合法权利。

二是根据周制，"天子适诸侯曰巡狩，诸侯朝于天子曰述职"[①]，即天子要定期巡狩、考察诸侯的政绩，诸侯则要定期朝觐天子，报告自己的治国情况。天子巡狩后还要视情况对诸侯予以奖惩，对严重失德者要分别给予削地、黜爵、流放乃至讨伐等惩治，一般情况则要根据诸侯治理的优劣来增减他的封地。《孟子·告子下》云："入其疆，土地辟，田野治，养老尊贤，俊杰在位，则有庆，庆以地；入其疆，土地荒芜，遗老失贤，掊克在位，则有让。"这里所说就是天子依照诸侯政绩来决定对其领地的增减。诸侯朝觐天子更是不可免的程序，若有违反便会受到更为严厉的惩处。事如《孟子·告子下》所言："一不朝则贬其爵，再不朝则削其地，三不朝则六师移之。"

三是周王室对各诸侯国实行"监国制度"，派遣重要官员去各国履行监管职责。一般而言，大国的三卿皆由天子册命，次国三卿有两卿由天子册命，另一卿由诸侯王任命，以此来坐实天子监国。

四是诸侯国必须对周王室承担必要的义务与责任，服事贡纳于周。由文献及金文所见，周天子常常对诸侯发号施令，要他们恪尽职守，维护周朝的统治，"以蕃屏周"。此外诸侯国要承担的义务尚多，包括给周室进贡、服役、勤王、守边、从征、助讨、献俘、救灾等。成王、周公新建的东都成周城，就是令各诸侯国合力筑造起来的。此外遇到王室有重大的祭祀活动，以及周王死丧、嫁娶、巡游等，列国更要各尽所能、各司其职、各献其物。

以上种种，皆说明周天子和诸侯是君臣关系，体现了"天子建国，诸

---

① 《孟子·告子下》。

侯立家"①的原则。为了维护和巩固这种关系，周朝还发展了殷商以来的宗法制度，建立起以等级制度为主旨的新的宗法制。

殷商王朝的王位继承是以"兄终弟及"为主的，同辈兄弟交替执政。这种制度导致了王位的激烈争夺，以至"自中丁以来，废適而更立诸弟子，弟子或争相代立，比九世乱，于是诸侯莫朝"②。而如王国维《殷周制度论》所说："周人制度之大异于商者，一曰立子立嫡之制，由是而生宗法及丧服之制，并由是而有封建子弟之制、君天子臣诸侯之制。"③即在汲取了殷人的教训后，周人建立起以嫡长子继承制为核心的新的宗法制。

嫡长子即正妻所生长子，俗称嫡系长房。周的宗法制度规定，嫡长子是权力、土地和财产的唯一继承者，享有主祭祖先的特权，地位最为尊贵。《仪礼·丧服》云："为人后者孰后？后大宗也。曷为后大宗？大宗者，尊之统也。"《礼记·大传》云："有百世不迁之宗，有五世则迁之宗。"唐孔颖达疏："百世不迁之宗者，谓大宗也，云有五世则迁之宗者，谓小宗也。"按照这套制度，由嫡长子世代相传的系统为大宗，此即"百世不迁之宗"，嫡长子的同母弟和庶母兄弟为小宗，此乃"五世则迁之宗"。小宗是从大宗分出来的，所以小宗必须服从大宗，这样就建立起大、小宗的统属关系。

对天下而言，天子是唯一的大宗，其位由嫡长子继承，天子的同母弟、庶兄弟是小宗，分封到各地做诸侯。这样一来，既避免了王位的争夺，又把血缘纽带与政治关系结合起来，体现了"亲亲以相及"④的原则。对诸侯而言，在天子那里他是小宗，但在自己的封国内又是大宗，其君位也由嫡长子继承，同母弟和庶兄弟封为卿大夫，是为"小宗"。对卿大夫而言，其爵位同样由嫡长子继承，奉始祖为大宗，其诸弟为"士"，是"小宗"。

---

① 《左传·桓公二年》。

② 《史记·殷本纪》。

③ 王国维：《观堂集林》，第453页。

④ 《左传·僖公二十四年》。

以此类推，这样就有了从上到下不同层次的大宗和小宗。《左传·桓公二年》云："故天子建国，诸侯立家，卿置侧室，大夫有二宗，……皆有等衰。"正是在这种"皆有等衰"的宗法制度下，西周社会形成了"王臣公、公臣大夫"的隶属关系，建立起"天有十日，人有十等"[①]的政治结构。

这套宗法制度是与周的裂土分封相对应的，起到了相互支撑之效。诸侯从天子那里"受民受疆土"[②]固不待言，即使在诸侯国内，国君除了把都城附近的土地或军事要地留归自己外，也要把其他土地分封给卿大夫作为"采邑"，以使同母弟和庶兄弟各安其所。而后到了卿大夫这一级，同样也要拿出一部分土地分给士，作为他们的"食地"。正如《礼记·礼运》所说："天子有田以处其子孙，诸侯有国以处其子孙，大夫有采以处其子孙，是谓制度。"照此分封下来，血缘关系的亲疏远近就直接对应到土地和政治权力的层层分割上，各级贵族便有了"世卿世禄"的保障。以上是上对下的分封，至于下对上，则要承担起缴纳贡物、军事保卫及服役等各种义务，以保障大宗享有的特权。

西周王朝统御的疆域远比夏、商为大，上下阔达数千里。统治这样一个民族不一、文化迥异的国土自非易事，而正是武王、周公推行的这套宗法制，把家族宗亲关系转化为政治隶属关系，充分利用"非我族类，其心必异"的心理，凝聚了宗族，强化了王权，防止了纷争，有效保障了周人对全国的统治。诚如王国维所言："是故有立子之制，而君位定；有封建子弟之制，而异姓之势弱，天子之位尊；有嫡庶之制，于是有宗法、有服术，而自国以至天下合为一家；有卿大夫不世之制，而贤才得以进；有同姓不婚之制，而男女之别严。且异姓之国，非宗法之所能统者，以婚媾甥舅之谊通之。于是天下之国，大都王之兄弟甥舅，而诸国之间，亦皆有兄弟甥

---

① 《左传·昭公七年》。

② 《大盂鼎》金文，见刘桓：《大盂鼎铭文释读及其他》。

舅之亲，周人一统之策，实存于此种制度。"①可以说，正是宗法制和分封制这两大支柱，构建了家、国一体的西周社会，把整个西周政权编织在严密的宗法制度网络中。

召公奭是"周之支族"②，无疑是周室的小宗。受封之后，根据琉璃河燕国都城出土的铜器铭文记载，召公本人不仅要一如既往地服事周天子，燕侯及其臣属还要时常前往宗周、成周朝聘，"见事于宗周"③，凡此都足以表明燕与周天子是地道的主从关系。尤有甚者，《史记·齐太公世家》载："（齐桓公）命燕君复修召公之政，纳贡于周，如成康之时。"这里说的是春秋年间的事，记载了齐桓公告诫燕庄公的一段话，说燕国必须像成康年间一样"纳贡于周"。由此可见，"纳贡于周"是燕国必须履行的法定义务，即使晚到了齐桓公的春秋时期仍不可稍有懈怠。

西周分封制既然是夏商时期的"邦联"制和秦以后郡县制的过渡形态，当然就有它的两面性。总体上说，这种分封制是靠宗法血缘关系来维护的，是靠"礼制"和契约关系来约束的，并非完全靠周王室的实力制衡。分封之初各诸侯国实力不强，为了对付和镇抚封地原有部族，他们必须仰仗周王室和同姓之国的威势，故对周天子恭谨有加。但这些诸侯国既然享有充分的自治权和自主权，其势力的坐大也在所难免，而这必将导致"枝强本弱"局面的出现。果然，当周王室东迁后，王室衰微，周天子大权旁落，"国中有国"的局面开始出现。

《左传·昭公十五年》记载了这样一个有趣的故事："十二月，晋荀跞如周葬穆后，籍谈为介。既葬除丧，以文伯宴，樽以鲁壶。王曰：'伯氏，诸侯皆有以镇抚王室，晋独无有，何也？'文伯揖籍谈，对曰：'诸侯之封也，皆受明器于王室，以镇抚其社稷，故能荐彝器于王。晋居深山，戎狄之与邻，

① 王国维:《观堂集林》，第474页。

② 《史记·燕召公世家》集解引谯周。

③ 《燕侯旨鼎》铭文，见殷玮璋:《新出土的太保铜器及其相关问题》，《考古》1990年1期。

而远于王室。王灵不及，拜戎不暇，其何以献器？'"

上面这段故事说的是，鲁昭公十五年十二月，晋国的荀跞来到周王室，出席穆后的安葬仪式，籍谈任副使。安葬完毕，减除丧服，周景王请荀跞饮酒，用鲁国进贡的壶作酒杯。席间周景王说："诸侯都有礼器进贡王室，晋国独独没有，为什么？"荀跞无法回答，向籍谈作揖，请他回答。籍谈回答说："诸侯受封的时候，都在王室接受了明德之器，所以能把彝器进献给天子。晋国僻处深山，远离王室，天子的威福不能到达，而戎狄和我们相邻，我们顺服戎人还来不及，怎能进献彝器给周王呢？"后来周景王历数晋国受封时周王室赐予的宝器，使籍谈无言以对。这是公元前 527 年的事，属春秋晚期。贵为天子的周景王竟然借穆后安葬的机会屈尊向一个诸侯国讨要铜礼器，而号称春秋五霸之一的晋国居然不买账，强词夺理地找理由加以拒绝，弄得周景王不得不搬出历史老账来为自己辩护。这个故事再形象不过地说明，这时的周天子已徒有虚名。

到了战国时期，诸侯列强争霸，纷纷僭越王制，燕国也僭制称王，跻身战国七雄之列。这时的周王室更从"天下共主"沦为托庇于诸侯大国的附庸，完全丧失了对诸侯国的控制，其属地也萎缩成一个蕞尔小邦。事如《史记·秦始皇本纪》所云："周文武所封子弟同姓甚众，然后属疏远，相攻击如仇雠，诸侯更相诛伐，周天子弗能禁止。"

其二，除了建立起和中原王朝的直接隶属关系外，燕国的分封还标志幽燕地区在华夏版图上战略地位的确立。

在周朝的封国中，位置最为偏远者是"武王乃封箕子于朝鲜"的箕子之国，其地远在朝鲜。但"箕子者，纣亲戚也"[①]，这是对先朝旧戚的褒封，有别于姬周同姓诸侯的分封。而若论周王室宗亲的分封，以周人的都邑为基点，地域最为偏远者则当属召公奭的燕。虽然当时燕国都邑还在北京的

---

① 《史记·宋微子世家》。

南部，但离周人统治轴心的距离也远远超过了其他中原列国，甚至超过了"僻在蛮夷"的楚。

燕的位置虽然偏远，地位却并不卑下，位高权重的召公受封于此就是明证。这自然体现了幽燕在西周版图中的战略地位，反映了燕地在中原王朝整体部署中的举足轻重。

对周人来说，燕的最高使命无疑是抵御畜牧族的入侵而"以藩屏周"，但似乎又不仅限于此。

周初分封的诸侯国中有情况相当特殊的一个，此即上面提到的箕子之国。箕子原为商的诸侯，商代末年殷纣王无道，箕子不得已佯狂为奴，被纣王所囚。武王克商后，"命召公释箕子之囚"①，此后"箕子不忍周之释，走之朝鲜。武王闻之，因以朝鲜封之。箕子既受周之封，不得无臣理，故于十三祀来朝"②。这个史实表明，出于箕子的缘故，西周初年在朝鲜一带便有了周的属国。在箕子所封的朝鲜与燕山间，也就是在燕、蓟以北的地域中，当时还存在许多周之属国。一如原居燕代附近的肃慎，西周时曾贡纳于周，与周王室来往密切，说已见第三章第二节。二如向周人俯首称臣的孤竹，中心居址在今河北卢龙一带③，也是燕蓟东北的周之属国。《国语·鲁语下》云："昔武王克商，通道于九夷百蛮，使各以其方贿来贡，使无忘职业。"这段文献说明，周的属国甚多，总称"九夷百蛮"，而其中有相当部分应当就在地域辽阔的东北地区。

从西周的政治版图看，召公的燕国恰处在周人与东北藩属之国交往的咽喉要地，故此燕地通则周人与东北诸国通，燕地不通则周人与东北诸国不通。由是可知，燕国的战略地位并不仅仅在于"镇守边鄙"的阻，更在于"通道于九夷百蛮"的通。燕国这个"通"的重任不可小觑，因为要想

---

① 《史记·周本纪》。

② 《尚书大传·洪范》。

③ 唐兰：《从河南郑州出土的商代前期青铜器谈起》，《文物》1973 年 7 期。

实现这一目标，就要荡平燕山以北夏家店上层文化等游牧族的阻隔。到了战国时期，在陆续打退了东胡及其他游牧民族后，燕国终于完成了这个战略任务，把疆界扩展到了"东有朝鲜、辽东，北有林胡、楼烦"①的广大地域。这正是燕国"通"而非单纯"阻"的结果，而且正是因为有了这个结果，才有了今天状如金鸡般昂首鸣唱的中国版图。

一则重在对强敌的"阻"，二则确保对藩属的"通"，这就是幽燕在西周版图中的双重战略作用。这一战略地位的奠定，对此后历朝历代对幽燕的倚重产生了深远的影响，铸就了幽燕地区在华夏王朝中举足轻重的地位。

其三，自蓟国黯然退场，燕都代蓟，北京地区终于结束了自亘古以来绵延不断的各邦族多元分治局面，开创了一元主体的政治格局。

北京地区原始社会的部族林立，已由新石器时代遗址的鳞次栉比反映出来。到了五帝时代，在此地活动过的部族也不胜枚举，有史可稽的就有黄帝及其他各帝、黄帝遗民及后裔、外来的和叔及共工部族，以及山戎、荤粥、肃慎等土著居民。迄至夏商时期，有可能在北京地区生活居住过的邦族不下十余个，说已详第三章第三节。至于商代晚期北京地区各邦国的多元并峙，由"燕亳"、"蓟"、"北"与"肃慎"的同时存在也得以体现。其中的蓟代表了先皇先君的余脉，燕亳及邶国代表了商王朝的地方势力，肃慎等代表了本地的土著居民，恰好集中了多元部族的几大主要来源。

上述各阶段北京地区的多元政治主体，不仅位处同一地域，而且在同一时期内很可能处在基本相同的发展阶段，具有大致相同的经济生活方式，风俗习惯也十分接近，以至在考古学文化上无法将他们区分开来。但从政体、族体而言，他们各自为政、各自为战、不相归属，史前时期如此，进入文明形态以后也是如此。

然而自召公封燕，特别是自燕都代蓟，由亘古以来的北京地区多元主

---

① 《战国策·燕策》。

体并峙局面终告结束，燕地从此进入了一元主体的全新时代。这里所说的一元主体，当然不是说召公以后的幽燕地区只剩下了一个部族，这显然是不可能的。变化了的只是各部族间的政治关系，即他们开始统属一个政体，不变的则是在一个政治主体之下，仍然存在多个部族。

在琉璃河燕都出土的铜器铭文中，有相当部分是记录燕侯与原燕地部族关系的，涉及的异族首领有复、攸、堇、伯矩、圉等。这些部族各有各的族徽，各有各的族体，有的族徽还见于殷代铜器铭文，应属殷商遗族。于此之外，再加上随召公分封而来的外来民，当时燕国境内的异姓部族显然不在少数。根据先秦宗法制度，他们仍然拥有本族的名称、徽号和领地，仍然保有自己的首领，是一个独立的人们共同体。但如《左传·昭公七年》所言："封略之内，何非君土？食土之毛，谁非君臣？"在封国之内，这些部族已一概失去了主权地位，成为诸侯国的臣属。与此同时，按照"启以商政，疆以周索"的国策，燕侯在不断强化对这些部族统治的同时，也要广施仁政，大行怀柔、笼络之举。对这些部族的首领封官、加爵、割地是必需的，此外由琉璃河西周金文所见，燕侯还经常赐给这些首领奴隶和财富，这都是燕侯怀柔、笼络所属部族的明证。

北京地区一元政体局面的形成，可以说开始于西周初年的召公封燕，完成于西周中晚期之交的燕都代蓟。据清人顾祖禹《读史方舆纪要》一书的统计，晚到春秋时期，在以中原为主体的一个不大的范围内，尚存有大国14、小国113。相比之下，北京地区早在西周中晚期之交就形成了一元政体，足见这一变化的难能可贵。当然，这是就北京的主体范围而言，不排除其边缘地带还有零零散散的互不统属的部族。例如两周时期延庆军都山的山戎部落，就在今北京的行政区划内，他们仍是独立的族体。此类现象在后来也不乏其见，尤以燕山山麓地带表现得最为突出。但是，特例终归是特例，而在整体态势上，从燕国独领今北京地区以来，北京历史地理的一元主体格局已基本确立。

北京三面环山，自古就是由中原通往西北内蒙古高原、东北松辽平原和东去渤海的交通枢纽。这种宏观地理态势，使北京成了不同部族的集散地，成了多民族的共同家园。但从北京平原的小环境来说，多元主体的对峙完全不适宜它自身的长远发展，因此西周燕国一元政体的出现，可以说是北京历史上一个巨大的进步，使北京从此具有了聚合在一起的整体优势。

其四，西周燕国带来的又一巨大变化是，从此时起，北京地区的文化纳入了华夏主流文明圈，由地域特征为主的区域文化转变为以中原文化为主的华夏文化。

应该说明的是，周以前的北京地区文化也是华夏文化的一部分，属于广义范畴的华夏文化。特别是在整个旧石器时代和新石器时代早期，这里还是中华文化的发源地，是中华文化的根蒂所在，影响带动了南北各大文化的发展。到了新石器时代中晚期，北京地区成了联结南北文化的中心枢纽，兼有南北两大文化因素，但主流方面仍与中原文化接近。到了夏代中期，由于北方畜牧族的南下，北京地区成了与中原农耕文明截然不同的另类文化区。此后直到西周中期前段，北京地区仍然存在塔照二期、张家园上层等以畜牧经济为主体的北方土著文化。但从姬周封燕开始，以燕文化为代表的中原华夏文化进驻幽燕，此后逐渐占据上风，最后终于发展成具有主导地位的文化。尤其当西周中晚期之际燕都北迁蓟邑后，燕文化覆盖了整个北京平原，除周边山地外，今北京已是姬姓周人燕文化的天下。到了东周时期，随着天子弱而诸侯强，列国文化不断彰显出自己的个性，燕文化也不例外。但在本质上，无论春秋五霸的齐、宋、晋、秦、楚，抑或战国七雄的秦、齐、燕、楚、韩、赵、魏，各列国的文化仍不出华夏文化的范畴。总之，燕文化的出现，是北京地区文化史上的一件大事，给燕地带来了不少根本的变化：

一是燕地从此正式纳入了华夏主流文化圈，成为华夏主流文化中一个虽然地处偏远但却不可分割的部分。当此之前，北京地区诸考古文化缺少主导文化的一脉相传，一时以中原因素为主，一时以北方土著为主。而从燕国开始，华夏文化在北京地区世代相传，成为这里恒久以常的主流文化，即便在外族入侵时也不绝如缕。

二是在纳入华夏主流文化圈后，燕地从此被看作华夏之地，燕人从此被视为中土之人。

华夷之辨，起于三代，成于春秋，说已详第一章。尤其是姬周王朝，周武王和周公旦建立的是一个以血缘为纽带的宗法制国家，"封建亲戚，以蕃屏周"是它的政治体制，"内华夏、外夷狄"是它的立国理念，格外注重华夷之分。其实说到底，那时的中国与夷狄之分无非一是血缘之分，二是文化之分，而周成王的封召公于燕，恰恰同时在这两个方面使北京地区正式成为"中国"的一部分。这一历史基础的奠定，将北京和戎狄化外之地严格区分开来，而且从此确定不移。在时隔两千余年后，当宋朝官员谈起被辽国占领的幽燕之地时，每每慨叹"念旧民遭涂炭之苦，复中国往昔之疆"[①]，仍以燕人为"旧民"，以燕地为"中国往昔之疆"。

三是由于进入了华夏主流文化圈，燕地从此德化远播，成为中原向北方民族输送先进技术和传播华夏文明的主渠道。同时，如同燕文化在成长过程中表现出来的那样，北京地区不断汲取了北方民族的优秀文化，成了融汇两大集团先进文化的熔炉。

总之，在西周以前，区域的相对独立、部族的多元并峙、文化的因时而易，是北京历史文化的基本特征。而从召公封燕开始，幽燕地区纳入了中原王朝的政治版图，也纳入了华夏主流文化圈。到了燕都代蓟，北京地区彻底结束了不同政体割据对峙的局面，形成了一元主体格局。所有这些，都对北京的历史产生了极大影响，使它率先实现了从多元一体到多元一统的转变。自此而后，北京地区的一元格局、与中华命运的休戚与共、主流

---

① 《宋史·赵良嗣传》。

文化的一以贯之等属性，在跌宕起伏的历史大潮中始终相沿不改，由此既决定了北京历史的走向，也决定了中国历史的走向。

殊为难得的是，在实现了从多元一体到多元一统的转变后，这个燕国对异族文化反倒更加宽容，始终保持了文化的多元性。

一个突出实例是，虽然商人敌对势力早在西周早期便被铲除，但在燕的京畿之地，商文化却从西周早期起便绵延不绝，一直保留到西周晚期。这是由房山琉璃河西周燕国都城墓地反映出来的。以纵贯其间的京广铁路为界，琉璃河西周墓地自然划分成了东、西两大块，而饶有兴味的是，无论从埋葬习俗、随葬器物、车马坑形式、族徽标识等各方面来看，抑或从人殉的有无来看，东、西两大墓地都存在明显的差异，分属燕国贵族和殷遗民两个不同群体[①]。京广铁路线以西是殷遗民的墓区，年代从西周初期一直延续到西周末期。它们当中虽然没有东区那样的大型贵族墓，却不乏中小型贵族墓，中型墓中的大多数仍随葬的有青铜礼器、兵器和工具，有的还殉葬了奴隶和车马坑，规格依然不低。东区属燕国贵族，其间不乏大型贵族墓，还包括了属于燕国国君的超大型墓。以上燕国君、燕贵族、殷贵族、殷遗民共存于一个墓地的现象，直观再现了他们在燕国都邑内的多元并存及和平相处，表明西周燕国在对反叛的殷人残部进行讨伐的同时，也对臣服的殷商旧部予以全方位的接纳和优抚。史称周朝对异族采取的是"柔远能迩，安劝小大庶邦"[②]的政策，非常宽容。因此见于燕国，降服的殷遗民不但可以留居在燕国都城内，而且拥有自己的墓区，并可以延续自己的文化，部分贵族甚至依然高官得做，倍享尊荣。

据出土的铜器铭文可知，在商遗民的琉璃河西区墓地中，也夹杂着部分蓟（其）的遗存。西区 M253 随葬的成组青铜礼器中有一件觯，器底铸有"其

---

① 北京市文物研究所：《琉璃河西周燕国墓地》，文物出版社，1995 年。

② 《尚书·顾命》。

史作祖己宝尊彝"的铭文[1]，便是明显一例。这些资料说明，燕国都邑也常有蓟人来往，甚至不乏蓟人居住，见证了西周早中期燕与蓟的伙伴关系。但就整个西区墓地而言，显然仍属殷人而非蓟人，因为蓟文化在西周中期已由商的系统转为周系统，而西区墓地却始终贯穿着殷文化。

西周燕地的又一多元文化实例，即见于蓟人遗存之一的昌平白浮西周墓。第三章第四节已述，此组墓共发现了三座，皆属西周中期。它们虽然在鼎、簋组合的核心礼制上，在铜礼器和陶器的形制上都全面纳入了周文化系统，显示了蓟对燕的臣服，但墓葬中却不乏草原文化的因素，同样体现了燕蓟对异族文化的接纳与包容。仅以兵器言之，其中2、3号墓随葬的既有纯属中原风格的戈、戟、矛等，又有属于草原游牧民族的鹰首剑、马首剑、鹰首刀、响铃匕首及异形头盔、皮铠甲等，成为两种不同文化共处一室的典型实例。两种不同文化兵器的共存，不仅给该时期北京地区的多元文化增添了一抹色彩，而且合成了长短兼备的十八般武器，对提高战斗力也不无裨益。

以上是西周之例，至于到了东周时期，最能反映北京地区多元文化风貌的，莫过于延庆军都山一带的少数民族遗存了。在延庆军都山南麓的溪谷山林一带，迄今已发现具有典型北方游牧文化特征的遗存十余处，仅墓葬就发掘清理了500余座，其上限年代可以早到西周与东周之交，下限年代则可到春秋战国之际。此文化的特点十分明显，一是部分墓葬有殉牲，以殉狗为多，其他依次为羊、牛、马；二是死者除个别儿童外，其他人皆佩戴耳环，各种颈饰和项饰也十分流行；三是成年男性一般随葬的有青铜兵器与工具，种类有青铜短剑、镞、削刀、锛、斧、凿等，女性则多随葬锥、针及装饰品；四是陶器大多制作简陋，火候较低，质地酥松。综合以观，这支文化既有别于比邻的燕文化，也迥异于其北部的夏家店上层文化，更

---

① 北京市文物研究所：《琉璃河西周燕国墓地》（1973～1977），文物出版社，1995年，第171页。

不同于其西部的鄂尔多斯文化，应属特定的"山戎文化"[①]。

史书记载，山戎族主要活动在燕山南北两侧，春秋时屡犯中原，曾与燕国多次兵戎相见，说已详第三章第二、四两节。当时今北京地区的大部分地域已属姬周燕国，燕国都邑也由琉璃河迁到了北京腹心地带的蓟邑，距军都山只有短短几十公里。在这样短的距离内，在西周末至战国初这样长的岁月中，燕与军都山部族长期共存，恐怕不是单由兵临城下的两军对垒所能解释的。证之以古今中外的历史，除了双方同归于尽外，打打杀杀的关系是不能恒久不变的，而军都山部族除了和燕的短兵相接外，显然也有彼此相安无事的岁月，而且理应以后者的时间为长。根据类型学的比较研究，可知山戎族对燕文化与中原文化多所吸纳，其方式既有直接获取的，也有模仿制造的，具体反映在青铜礼器、兵器、货币、漆器、丝织品、铜车马配件、陶器等各方面[②]，这就在一定程度上见证了军都山部落与燕的正常交往。

总之，和也罢，战也罢，是山戎也罢，抑或是某些人说的"白狄"也罢[③]，军都山部落的存在，都印证了东周时期北京地区不同民族、不同文化的共存，对北京历史文化特有的兼融性又提供了一个鲜明的例证。

至于东周时期燕地的主流文化，则可以由北京怀柔城北的东周墓葬一窥究竟。1959～1960 年，在怀柔城北发掘出土了 79 座古墓，内含 23 座东周墓葬，时代从春秋一直延续到战国晚期。此地虽然紧邻军都山，但这些墓葬一没有青铜短剑，二没有殉牲，三则死者皆不佩戴耳环，与畜牧文化迥然有别。而证之以文化谱系的分析，它们显然与河南洛阳、郑州及陕

---

① 北京市文物研究所山戎文化考古队：《北京延庆军都山东周山戎部落墓地发掘纪略》，《文物》1989 年 8 期。

② 靳枫毅、王继红：《山戎文化所含燕与中原文化因素之分析》，《考古学报》2001 年第 1 期。

③ 俞伟超：《古代西戎和羌、胡考古学文化归属问题的探讨》，见《先秦两汉考古学论集》，文物出版社，1985 年。

西关中一带的同期文化一脉相承，属于同一文化范畴。墓葬整理者还特别注意到，怀柔东周墓的中原因素"在时间上却比上述地区要晚一些"[1]，也就是其中原风格比河南洛阳、郑州及陕西关中稍稍滞后一步。这种现象反而愈加清晰地反映出，东周燕地文化的源头在中原，经过一段时间后才从中原辗转传播到燕地。

概括起来，由西周到东周，北京地区的多元文化包含了若干不同类型，主要是：

1. 不同民族、不同文化在同一区域内共存，事如一国之内的燕和军都山部落。

2. 不同民族、不同文化在同一地点内共存，事如琉璃河西周墓地的东区与西区。

3. 不同文化在同一墓葬内共存，事如昌平白浮 2、3 号墓。

以上包括了多元性征从宏观到微观的几大表现。这还是仅就异族异源文化的共存形式而言，若就不同文化因素的相互融合而言，此时期的北京地区同样不乏其例。即以燕和军都山遗存言之，军都山的游牧文化虽然独树一帜，但在他们的生产工具及生活器皿上都不难找到燕文化的印记，体现了燕文化对游牧文化的影响。游牧文化对燕文化的影响也是存在的，这一则表现在燕国的青铜礼器和兵器的造型上，二则表现在燕器纹饰多以虎、牛、鸟、兽等动物形象为主题上，三则还突出表现在燕明刀的形成上。

"燕明刀"是东周燕国的主要货币种类，始见于春秋晚期，流行于战国时期，因刀身常见一个大篆的"明"字而得名。这是东周列国中发行量最大的货币，也是流通范围最广的货币，出土地点遍及北京、天津、河北、内蒙古、辽宁、吉林、山西、山东、河南、陕西等省市，同时还远播于朝鲜半岛和日本[2]。仅河北易县燕下都一地所见，自 1966 年以来就出土了不

---

① 北京市文物工作队：《北京怀柔城北东周两汉墓葬》，《考古》1962 年第 5 期。

② 北京市文物研究所编：《北京考古四十年》，北京燕山出版社，1990 年，第 63 ~ 67 页。

下 30 次，数量以万计，足见燕国货币经济之发达。而学者指出，从这种货币的形态看，它与军都山等游牧部落日常使用的青铜刀削有密不可分的联系，很可能是由这种青铜刀削演变而来①。这一现象充分说明，北方草原文化对燕文化也产生了莫大影响，而且燕人与北方草原民族的贸易往来是何等的频繁，几乎到了须臾不可离的地步。

总之，诸多事实说明，在以燕国为代表的中原文化覆盖北京后，在燕国实现了从多元一体到多元一统的转变后，这里依然是不同民族、不同文化共生共荣的园地，多元性的色彩未见稍减。

二 民族与文化的大融合

公元前 221 年，秦始皇翦灭东方六国，创建了中央集权国家，北京从此成为大一统帝国的一部分。在金瓯一统后，秦始皇做了几件大事，其一是"一法度衡石丈尺，车同轨，书同文字"，其二是"海内为郡县，法令由一统"②。这些制度的创建，在中国历史上产生了极为深远的影响，堪称划时代的大事。首先，郡县制的实行和法令一统，确立了中央集权制，巩固了大一统格局；其次，度量衡的标准化，为商贸往来和经济发展创造了条件，车同轨也起到了同样的作用；再次，书同文不仅构建了统一的文化，也为意识形态的统一奠定了基础。以上各项还是仅就其侧重面而言，实际上每项举措的意义都是多重的。即以车同轨言之，在信息传递主要靠车马的年代，这不仅有经济意义，同样也有不可忽略的政治意义和文化意义，在军事上更是必要的举措。总之，这些制度在政治、经济和文化上为大一统帝国的建立奠定了基础，使江山一统从此成为中国历史的主流。

---

① 靳枫毅：《军都山山戎文化墓地的发现及埋葬制度特征》，《北京文物与考古》第三辑。

② 《史记·秦始皇本纪》。

　　秦王朝国祚短暂，仅存活了十余年，代之而起的西汉王朝才是中国历史上第一个长期稳定的封建帝国。西汉初年，经历了秦末农民战争和楚汉战争的神州大地哀鸿遍野，"民失作业，而大饥馑。凡米石五千，人相食，死者过半"①。汉高祖刘邦以秦为鉴，采取了一系列让百姓"休养生息"的政策，使社会经济逐渐得以恢复。公元前179年，汉文帝刘恒继位，他是一代仁君，史家赞其"德至盛也"②。其在位期间自奉甚俭，事事以民生为念，一方面"绝秦之迹，除其乱法"③，一方面大力推行"藏富于民"的经济政策，数次"除田之租税"④，还一度免去了全国的田租。文帝之子景帝刘启即位后也延续了轻徭薄赋、发展生产的政策，"令民半出田租，三十而税一也"⑤，此后三十税一成为汉代的定制。以上举措，给社会的繁荣注入了强大的动力，由此缔造出封建时代的第一个盛世——"文景之治"。

　　古云"仓廪足而礼教兴"，在国泰民安的形势下，汉代前期迎来了一个文化大发展的时期。

　　西汉年间思想文化领域发生的一件影响至远的大事，即儒学正统地位的确立。儒家思想源出于孔子，他"祖述尧舜，宪章文武"⑥，系统总结了古代圣王和周文王、武王、周公的"德治"，为帝王政治树立了一个理想模式，也为儒学创建了一个体系。孔子生在春秋后期，当时的儒学只是诸子百家中的一家，未成大气候，孔子自己也一生郁郁不得志，遍游列国而"循道弥久，温温无所试，莫能己用"⑦。秦始皇兼并天下后，"燔《诗》、《书》，

---

① 《汉书·食货志》。
② 《史记·孝文本纪》。
③ 《汉书·晁错传》。
④ 《史记·孝文本纪》。
⑤ 《汉书·食货志》。
⑥ 《汉书·艺文志》。
⑦ 《史记·孔子世家》。

杀术士，六学从此缺矣"①，儒学和儒士惨遭灭顶之灾。汉高祖刘邦开基之初不重儒学，名士陆贾谏言以儒治国，反遭刘邦大骂，刘邦还轻薄地以儒冠溲溺。此后，"孝文帝本好刑名之言，及至孝景，不任儒者，而窦太后又好黄老之术"②，儒学在黄老派的打压下更加日暮途穷。

公元前140年，汉武帝刘彻即位。时年十六岁的他敏锐地察觉到，"无为而治"的黄老思想已不再适应西汉帝国的发展，而儒家追求天下一统、主张礼乐治国等理论正是强国所需。因此他甫一即位便"招贤良，赵绾、王臧等以文学为公卿，议古立明堂城南，以朝诸侯"③，准备振兴儒学。可惜当时大权在握的太皇太后窦氏信奉黄老哲学，不容儒士抬头，汉武帝莫之奈何。不久后权柄归于武帝，他未及窦太后驾崩就于建元五年（公元前136年）"置《五经》博士"，确立了《周易》、《尚书》、《诗经》、《礼记》、《春秋》五大儒家经典的尊贵地位。等到窦太后驾崩后，武帝又于元光元年（公元前134年）征召天下儒士，亲自出题策问，由此"董仲舒、公孙弘等出焉"④。自此而后，西汉王朝终于迎来了"绌黄老、崇儒学"的历史机遇。

汉武帝时儒学的应时而盛，是和巩固大一统封建王朝的需要相适应的，是和秦亡后改善治民之术的需要相适应的，也是和统一百家杂陈的先秦思想相适应的。而当时的儒家代表人物董仲舒迎合这几大需要，一改先儒"不达时宜，好是古非今"⑤的犀利风格，创立了维护封建一统制度、调和各种社会矛盾的"今文经学"。董氏之说正好迎合了汉武帝的意愿，于是三道策问，一拍即合，君臣达成高度一致。其结果是，汉武帝决定"罢黜百家，独尊儒术"，"诸不在六艺之科孔子之术者，皆绝其道，勿使并进"⑥。从此

---

① 《汉书·儒林传》。
② 《史记·儒林列传》。
③ 《史记·武帝本纪》。
④ 《汉书·武帝纪》。
⑤ 《汉书·元帝本纪》。
⑥ 《汉书·董仲舒传》。

儒学定于一尊，虽百世而不衰，逐渐融入到汉民族的政治、思想、文化中。

与汉武帝独尊儒术相应的是，蓟城也成为东北地区儒家思想文化的中心，其代表人物即韩婴。

自秦始皇"焚书坑儒"，儒家经典在社会上荡然无存，唯靠老儒们记忆背诵。《史记·儒林列传》载：武帝时"言诗于鲁则申培公，于齐则辕固生，于燕则韩太傅。言尚书自济南伏生。言礼自鲁高堂生。言易自菑川田生。言春秋于齐鲁自胡毋生，于赵自董仲舒。"以上汉代初年的宿儒，多出于儒家传统园地齐鲁，齐鲁之外的唯有一个赵地的董仲舒和一个燕地的韩婴。

韩婴，西汉燕人，博学多识，甚得儒学正传。《汉书·儒林传》云："韩婴，燕人也。孝文时为博士，景帝时至常山太傅。婴推诗人之意，而作内、外《传》数万言，其语颇与齐、鲁间殊，然归一也。……韩生亦以《易》授人，推《易》意而为之传。燕、赵间好《诗》，故其《易》微，唯韩氏自传之。"武帝时，韩婴与大儒董仲舒齐名，史称"武帝时，（韩）婴尝与董仲舒论于上前，其人精悍，处事分明，仲舒不能难也"[①]，可见韩婴对汉武帝的影响甚至不亚于董仲舒。又《汉书·夏侯始昌传》云："自董仲舒、韩婴死后，武帝得始昌，甚重之。"此文更以董仲舒和韩婴并举。韩婴最擅《诗经》《易经》，著有《韩故》三十六卷、《韩诗内传》四卷、《韩诗外传》六卷、《韩说》四十一卷、《韩氏》二篇等，至今尚有《韩诗外传》残卷存世。

韩婴的出现不是偶然的，它体现了燕地儒学根基的深厚，是"燕、赵间好《诗》"的产物。韩婴之后，"其孙商为博士。孝宣时，涿郡韩生其后也，以《易》征，待诏殿中，曰：'所受《易》即先太傅所传也。尝受《韩诗》，不如韩氏《易》深，太傅故专传之'"[②]，儒学的燕地流派就此传承下来。及至东汉，涿郡人卢植也是一位远近闻名的经学家，后征为博士，最后迁为尚书。史称卢植"性刚毅有大节，常怀济世志，不好辞赋，能饮酒

---

① 《汉书·儒林传》。

② 同上注。

一石"①，颇具燕地侠风。

两汉之际幽燕地区儒学的兴盛，标志汉文明已成为幽燕文化的重要组成部分。但与"罢黜百家，独尊儒术"的局面迥然不同的是，这时的幽燕地区仍保留着多元文化的一面。这集中体现在诸子百家学说仍在此地流传上，某些学说甚至取得了相应的发展。仅就《汉书·艺文志》所载，当时由燕人创作并广为流传的著名典籍，除儒家学派的《燕传说》等外，还有法家的《燕十事》、纵横家的《庞煖》、兵家的燕将兵书，以及文学艺术类的《燕代讴雁门云中陇西歌诗》等，广泛涉及法家、纵横家、兵家、文学、艺术等各领域，可谓一处百花争艳的园地。

"武帝时，乃令天下郡国皆立学校官"②，幽州所辖的十郡一国由此官学遍立。通过这个官方渠道和其他民间渠道，幽州首府蓟邑成了向辖区内勃海、辽西、辽东、玄菟、乐浪等少数民族聚居区传播汉文明的中心。除了文化的外向传播，燕蓟更是两汉时期各民族内向聚敛及同化的熔炉，这由考古资料可以得到最为确切的证明。

截至目前，北京已出土了不少两汉时期的墓葬，为探索北京地区的汉代历史提供了丰富的第一手资料。它们分别见于丰台大葆台、三台子，昌平白浮、史家桥、半截塔，平谷西柏店、唐庄子，顺义临河，密云提辖庄，怀柔城北，以及宣武、朝阳、海淀等地，包括了上至燕王（广阳王）下至平民百姓的不同规格墓③。从这些墓葬的文化面貌看，它们的"墓葬形制及出土遗物在很大程度上与河南洛阳、郑州及陕西关中一带是一脉相承的"④，不折不扣地属于汉文化系统。当然它们的地域特征也是存在的，但

① 《后汉书·卢植列传》。
② 《汉书·文翁传》。
③ 北京市文物研究所编：《北京考古四十年》，第 98 ~ 116 页。
④ 北京市文物工作队：《北京怀柔城北东周两汉墓葬》，《考古》1962 年 5 期。

并不显著,仅有在"东汉时代陶器上涂一层云母粉末"①等细部表现。综合它们的共性与个性,两汉时期的北京考古文化可以归总为汉文化的北方类型。然而,在北京地区这些汉墓的背后,却隐藏着中原汉墓所不见的秘密。

两汉是汉民族形成的关键时期,当时"汉人"之谓已成为《史记》《汉书》等官修史书的正统表述,取代了此前的"华人"、"夏人"、"华夏人"等称谓。而随着大一统帝国的建立,民族统一进一步展开,匈奴族、西域诸族、鲜卑族、乌桓族和羌族的大部分相继融入了汉帝国,也相继融入了汉民族。就燕地而言,两汉时期的北方民族以匈奴、乌桓、鲜卑为主,每逢战争、内乱或天灾、疾疫,这些民族就不断涌入长城沿线,成为幽燕地区新的居民。东汉初年,匈奴分裂为两部,呼韩邪单于之孙率数万人南下附汉,称为南匈奴,其中就有部分人被安置在蓟城以北的长城沿边地区。又据《后汉书·鲜卑列传》记载,幽燕还是汉与鲜卑族通胡市、设质馆的重要地点,是汉族与鲜卑族交往的一个中枢。于此之外,两汉时期尤以地近边关的乌桓族迁入北京的为多。

乌桓即乌丸,原属东胡族,在匈奴冒顿单于大破东胡后沦为匈奴人的部属。《后汉书·乌桓列传》载:"乌桓者,本东胡也。汉初,匈奴冒顿灭其国,余类保乌桓山,因以为号焉。……乌桓自为冒顿所破,众遂孤弱,常臣伏匈奴,岁输牛、马、羊皮,过时不具,辄没其妻子。"可见在沦为匈奴族的部属后,乌桓深受奴役与压迫,岁贡不入甚至要被掠妻夺子。及武帝派遣骠骑将军霍去病击破匈奴后,乌桓族从匈奴人手中解放出来,汉武帝乃"因徙乌桓于上谷、渔阳、右北平、辽西、辽东五郡塞外",将乌桓族整体安置在幽州境内。汉武帝还"始置护乌桓校尉",设立了专门掌管内附的乌桓部民的机构。

东汉光武帝建武二十五年（公元 49 年）,"辽西乌桓大人赦旦等

---

① 北京市文物工作队:《北京怀柔城北东周两汉墓葬》,《考古》1962 年 5 期。

九百二十二人率众向化，诣阙朝贡，献奴婢、牛、马及弓、虎豹貂皮"，原居辽西的乌桓部整体内附。光武帝对他们抚慰有加，"封其渠帅为侯王君长者八十一人，皆居塞内，布于缘边诸郡，令招来种人，给其衣食，遂为汉侦候，助击匈奴、鲜卑"①。当时光武帝将乌桓诸部安置在"辽东属国、辽西、右北平、渔阳、广阳、上谷、代郡、雁门、太原、朔方诸郡界"②，中心地域就在今北京地区。

由此可知，两汉时期的北京地区不仅是汉族与北方民族经济与文化交往的重地，更是汉族与北方民族杂居与融合的中心。此时的北京虽然"五胡"杂处，但华夏与蛮夷的壁垒已经冲破，生活方式与文化习俗的鸿沟已被填平，不同民族融汇成了新历史条件下的"汉人"。最有力的证据之一，就是当时北京地区的居民虽然来自四面八方，虽然包括了不同民族，但墓葬却都归于整齐划一的"汉墓"。这就是北京地区两汉墓葬隐藏的秘密，谜底就是不同民族的墓主人此时都不着痕迹地融入了汉文明。表面上看这只是文化的融合，实际上却深刻诠释了汉民族的形成，告诉我们汉民族和汉文化就是这样在不同民族的融注、融合中发展壮大起来的。

东汉末年战乱纷起，天下大乱，兵连祸结。幽州牧刘虞对外和合诸胡、"罢省屯兵"，对内"务存宽政，劝督农植"③，在纷纷扰扰的乱世中开辟出一方祥和之地。徐州、青州一带的难民闻讯后如潮水般涌来，数量之多竟达"百余万口"。当时"道路隔塞，王命竟不得达，旧幽部应接荒外，资费甚广，岁常割青、冀赋调二亿有余，以给足之。时处处断绝，委输不至"。虽然朝廷对这些难民不闻不问，但刘虞"皆收视温恤"，令其"安立生业"，以至"流民皆忘其迁徙"。此番流民的安置，使幽州人口大增，而且补充的都是山东、江苏一带汉化程度较高的汉民，给幽州的汉族补充了

① 《后汉书·乌桓鲜卑列传》。
② 《三国志·魏书·乌丸传》注引《魏书》。
③ 《后汉书·刘虞传》。

大量新鲜血液。

　　三国曹魏及西晋时期，连遭重创的匈奴族归附的归附、远遁的远遁，分布在幽州沿边的仅余乌桓、鲜卑两大族。此期间南北各方虽不乏冲突，但曹魏及司马氏的西晋王朝基本能靖边安民、把控局势。早在建安十一年（206年），曹操就大破乌桓于柳城，斩其首领蹋顿。经此一役，"及幽州、并州柔所统乌丸万余落，悉徙其族居中国，帅从其侯王大人种众与征伐。由是三郡乌丸为天下名骑"①，大部分乌桓人内附中国，本族竟至式微。自东汉和帝时北匈奴逃亡，其故地尽为鲜卑所占，匈奴所余十余万众亦"自号鲜卑兵"，鲜卑由此而盛。但为时未久，鲜卑首领檀石槐死，内部争立不休，"众遂离散"②，实力锐减。魏文帝在昌平设立了护鲜卑校尉，主官牵招对鲜卑实行了"广布恩信，招诱降附"的怀柔之策，使"怀来鲜卑素利、弥加等十余万落，皆令款塞"，以至"夷虏大小，莫不归心，……野居晏闭，寇贼静息"③。凡此种种，皆给三国魏晋时期的东北边地创造了较为稳定的社会环境，使和平交往成为该时期民族关系的主流。

　　北京地区清理出的西晋墓葬已包括上至公卿、下至庶民的各不同类别。公卿类别的墓见于"骠骑大将军、都督东夷河北诸军事、领幽州刺史"④王浚之妻华芳墓，1965年发现于西郊八宝山⑤。王浚是西晋末年的幽州主官，爵列上公，夫人的等秩应与之相当。其他类别的墓葬分别见于顺义大营村、石景山老山、西郊景王坟及八宝山等地⑥。以上各类墓葬在形制、结构、随葬品等方面皆不乏东汉时期的遗风，且与西晋都城洛阳的同期墓葬相近，唯甬道多设在长方形墓室的两侧，平面呈刀把形，

----

　　① 《三国志·魏书·乌丸传》。

　　② 《三国志·魏书·鲜卑传》。

　　③ 《三国志·魏书·牵招传》。

　　④ 《晋书·王沈传附子浚传》。

　　⑤ 北京市文物工作队：《北京西郊西晋王浚妻华芳墓清理简报》，《文物》1965年12期。

　　⑥ 北京市文物研究所编：《北京考古四十年》，第119~123页。

表现出一定的地域特征。这种状况说明，它们与北京地区两汉墓葬的性质无异，仍属汉文化的北方类型。从当时幽燕居民的成分看，其墓主也包括了生活在北京地区的北方各少数民族，这时他们也完全融入了汉文化，成了不折不扣的"汉人"。

总之，两汉至西晋时期北京地区的多元一统性，主要表现在多元民族融入了同一个汉文化上。也就是说，当时北京地区的民族是多元的，而文化是一统的。这就从深层面上揭示了汉文化特有的开放性和包容性，也揭示了汉晋时期北京地区特有的开放性和包容性。

西晋八王之乱后，晋室分裂，天下崩离，"长安城中户不盈百，墙宇颓毁，蒿棘成林"[①]。在司马氏集团的自相残杀中，各派势力竞相借助外族武装，大大助长了少数民族军事力量的崛起。乘着当时北方大地兵荒马乱，各少数民族上层纷纷割地称王，由此带来了一个全新的社会大动荡、大分化时期，也带来了一场全新的民族大迁徙、大同化时期。从西晋末年至十六国和北朝，幽燕作为各少数民族政权的必争之地，先后落入羯族石勒的后赵、鲜卑慕容部的前燕、氐族苻洪的前秦、鲜卑慕容部的后燕、鲜卑拓跋部的北魏、汉族高欢控制的东魏、汉族高洋的北齐、鲜卑宇文觉的北周之手。随着国体的频繁易帜，各少数民族政权"你方唱罢我登场"，造成了一次前所未有的民族搅拌运动。从西晋建兴二年（314年）鲜卑族段匹磾占据蓟城算起，到隋开皇元年（581年）北周灭亡为止，这个阶段在幽燕大地共绵延了两个半世纪之久。

北京地区这场旷日持久的民族大融合，不单是外来的汉、羯、氐、鲜卑诸部与幽燕汉民的自然融合，更是各少数民族政权出于政治、军事、经济的需要而强制推行的大融合。此类事例不胜枚举，撮其要者大致有：

一则《晋书·载记第五·石勒传》载：羯族的后赵石勒"徙氐羌

---

① 《晋书·怀帝本纪》。

十五万落于司、冀州”。

二则《资治通鉴》卷九十九载：鲜卑慕容氏的前燕以蓟为都，立都当年（公元352年）便"徙军中文武兵民家属于蓟"，又于次年将皇后、皇太子等"皆自龙城迁于蓟宫"。

三则《晋书·载记第十·慕容儁传》载：前燕元玺五年（公元356年），又徙"鲜卑、胡、羯三千余户于蓟"。

四则《魏书·世祖纪上》载：北魏延和元年（公元432年）"徙营州、辽东、成周、乐浪、带方、玄菟六郡民三万家于幽州"。

仅从上面几段记载即可看出，当时有不少民族成建制的迁入了幽燕。在成分上他们既有平民百姓，又有皇族、文臣、武将、兵丁；在民族上他们既有鲜卑、羯、羌、氐人，又有汉人、胡人乃至高丽人；在地域上他们既有北部边陲的营州、辽东居民，又有远在朝鲜半岛的乐浪、带方、玄菟居民，可谓地不分远近，人不分夷狄，一概融注到了幽燕。处于大动乱漩涡中的汉族也有不少人被吸引到幽燕来，补充了汉族的主体成分。《晋书·载记八·慕容廆传》载："时二京倾覆，幽、冀沦陷，（慕容）廆刑政修明，虚怀引纳，流亡士庶多襁负归之。廆乃立郡以统流人，冀州人为冀阳郡，豫州人为成周郡，青州人为营丘郡，并州人为唐国郡。"以若干郡来容纳不同地域的内地人，足见流入幽、冀的汉族流民之多。正是这种大范围、多层次、全方位的民族搅拌，使十六国及北朝时期成为北京地区民族融合的最重要阶段。

饶有兴味的是，被史家斥为"五胡乱华"的这一时期，在文化上反倒是由各少数民族政权的加速汉化表现出来的。此所谓"五胡"，即匈奴、鲜卑、氐、羯、羌五大民族。此前这些民族的相当部分已移居长城以南，开始接受当地的农业生活和华夏文明。而在兵荒马乱的年代，为了争得中原的一席之地，他们更是想方设法拉近与中原的距离，竭力推进自身的汉化。

建立了十六国时期第一个少数民族政权的是匈奴人刘渊，他原本就是汉化程度很高的贵族，在灭亡西晋后更只字不提自己和匈奴大单于的嫡亲关系，反倒自称是两汉刘氏的宗亲，奉汉高祖刘邦、光武帝刘秀、昭烈帝刘备为三祖，打出了承袭汉祚的旗帜，并以"汉"为国号[①]。

后赵国的石勒出身卑微，本是羯族一介奴隶，但他仰慕汉学，在戎马倥偬中常常"亲临大小学，考诸学生经义，尤高者赏帛有差"。在成为后赵的君主后，石勒"常令儒生读史书而听之，每以其意论古帝王善恶，朝贤儒士听者莫不归美焉"[②]。

十六国中以鲜卑族创建的小朝廷最多，先后有前燕、代、后燕、西燕、西秦、南凉、南燕等，而如上章第三节所述，他们自诩是"有熊氏（黄帝）之苗裔"，千方百计拉近和华夏族的关系。

氐族苻洪创建的前秦是十六国中运祚较长的一个，建国于公元350年，公元394年为后秦所灭，前后维系了四十余年。而据《晋书·载记第十二》的记载，氐族苻洪自称"其先盖有扈之苗裔，世为西戎酋长"，也认宗于夏禹之后的有扈氏。

若以最具象征意义的国号言之，十六国中称汉者一（匈奴人刘渊的汉，后改称赵），称夏者一（匈奴族赫连勃勃的夏），称秦者三（氐族苻洪的前秦、羌族姚苌的后秦、鲜卑族乞伏国仁的西秦），称赵者二（匈奴族刘渊的前赵、羯族石勒的后赵），称燕者五（鲜卑族慕容皝的前燕、鲜卑族慕容垂的后燕、鲜卑族慕容泓的西燕、鲜卑族慕容德的南燕、汉族冯跋的北燕），无不借用了中原王朝或中原诸侯国的故名。

当然上面所说的都只是些表面文章，但十六国时期的这些小朝廷个个如白驹过隙，转瞬即逝，也只来得及作些表面文章而已。

当"五胡十六国"时期结束后，匈奴、羌、氐、羯各族相继式微，不久后匈奴、氐、羯甚至从历史上销声匿迹。其中匈奴族是战国秦汉时期称

---

① 《晋书·载记第一》。

② 《晋书·载记五·石勒传下》

雄于长城沿线以北的强大游牧族，一度控制了从里海到长城的广大地域，囊括了今蒙古国、俄罗斯的西伯利亚、中亚北部、中国东北等地。秦汉之时匈奴人不断南下侵掠，对中原王朝造成了极大威胁。汉高祖六年（公元前 201 年），韩王信投降匈奴，第二年汉高祖刘邦亲率 32 万大军征讨，在白登（今山西大同东北）一带竟被匈奴冒顿单于铁桶般的围困起来，几乎倾巢覆灭。汉武帝时国力强盛，前后三次对匈奴发起大规模进攻，匈奴族屡遭重创，气势锐减。东汉前期匈奴分裂为南北两部，南匈奴内附中原，北匈奴从漠北西迁，称雄一世的匈奴族走向分崩离析。但一直到十六国时期，内迁中原的南匈奴仍有相当势力，西晋王朝就灭在他们手里，十六国时期的前赵（汉）、胡夏、北凉也是由他们创建的。然而，十六国和南北朝一过，南匈奴如泥牛入海，在中华历史上再无半点讯息。由此可见，风云变幻的十六国时期，也是这些民族全面汉化的时期，以至五胡中竟有四胡融入了中华大家庭。在五胡中，硕果仅存的只有鲜卑族，而在十六国之后，堂而皇之地登上了华夏政治舞台的，也是这个鲜卑族。

十六国之后，北魏王朝在北中国兴起，这个王朝就是由鲜卑族的拓跋氏创建的。北魏拓跋氏也自诩为黄帝子孙，事见《魏书·序纪》：

"昔黄帝有子二十五人，或内列诸华，或外分荒服。昌意少子，受封北土，国有大鲜卑山，因以为号。其后世为君长，统幽都之北，广漠之野。畜牧迁徙，射猎为业，淳朴为俗，简易为化，不为文字，刻木纪契而已。世事远近，人相传授，如史官之纪录焉。黄帝以土德王，北俗谓土为托，谓后为跋，故以为氏。其裔始均，入仕尧世，逐女魃于弱水之北，民赖其勤，帝舜嘉之，命为田祖。爰历三代，以及秦、汉，獯鬻、猃狁、山戎、匈奴之属，累代残暴，作害中州，而始均之裔，不交南夏，是以载籍无闻焉。积六十七世，至成皇帝讳毛立……"

上文从黄帝世系说到"昌意少子，受封北土"，从尧舜时代的黄帝苗裔始均说到"积六十七世"的拓跋氏之祖，又从"拓跋氏"的来历说到它的语义即"以土德王"的黄帝后人，还从"统幽都之北"的畜牧生活说到"不交南夏，是以载籍无闻焉"的民族历史，可谓疏证详明，有理有据，令人无法生疑。事实上北魏建国后也确实自命为黄帝大业的继承者，以"国家继黄帝之后"自居，各种定制皆遥承黄帝。事如《魏书·礼四之一》所云："天兴元年（398年），定都平城，即皇帝位，立坛兆告祭天地。……事毕，诏有司定行次，正服色。群臣奏以国家继黄帝之后，宜为土德，故神兽如牛，牛土畜，又黄星显曜，其符也。于是始从土德，数用五，服尚黄，牺牲用白。祀天之礼用周典。"话虽这样说，但北魏统治者心里明白，光有黄帝这面大旗是唬不住人的，而为了真正归宗华夏，就要不遗余力地推进自身的汉化。

鲜卑拓跋部原居于黑龙江大兴安岭一带，在汉代逐渐西移，进入到原来北匈奴活动的漠北地区，而后南下游牧到云中（今内蒙古托克托），之后又迁居到盛乐（今内蒙古和林格尔）一带。公元386年拓跋珪创建北魏，都平城（今山西大同），此后经过半个多世纪的征战，北魏连克库莫奚、高车、后燕、后秦、大夏、柔然、北燕、北凉，于公元439年统一北方，结束了北中国长达近一个半世纪的战争割据状态。极盛之时的北魏疆域西至新疆东部，北抵蒙古高原，东北达辽西一带，南及淮河、秦岭一线，占据了不少中原土地。在建立了较稳定的北方政权后，特别是在占有了相当部分汉地后，北魏王朝开始由游牧转向农业，由武功转向文治。正是在这种背景下，北魏统治集团开始推行自身的汉化。

最早推进北魏政权汉化的，是开国皇帝拓跋珪。在建都平城后，拓跋珪就招纳汉族大地主加入统治集团，结成了拓跋贵族与汉人世家豪族的政治联盟。此后在统一北方的大业中，太武帝拓跋焘更启用了不少汉人，不断强化了与中原世族的联合。到了文成帝拓跋濬，进而倡导与汉族士人联姻，开始从血统上构建与汉人的联系。但比较之下，在北魏历史上推动汉化最有力的，还属北魏中期的孝文帝元宏。

孝文帝元宏原名拓跋宏，是北魏第七帝，在位于公元471年至公元499年，卒后被尊为魏高祖。为了充分吸收汉族的先进文化，为了获得汉地的正统地位，同时也为了摆脱柔然等北方民族的侵扰，孝文帝于太和十八年（494年）沿袭黄帝南迁故事，把国都从平城迁到了洛阳。此外他一力推行政治、经济、文化制度改革，实行均田制，大胆整顿吏治并革除鲜卑旧俗，全面推行汉化，取得了显著的成效。仅就推行汉化而言，孝文帝采取的主要措施有：

1，鲜卑人原着胡服，"至高祖太和中，始考旧典，以制冠服，百僚六宫，各有差次"①，各级官员一概以汉服代替了鲜卑旧服；

2，在朝廷上禁用鲜卑语，通用汉语，"若有违者，免所居官"②；

3，迁居洛阳的鲜卑人统统改为以洛阳为籍贯，死后也只能落葬洛阳城郊邙山，不得归葬平城，"于是代人南迁者，悉为河南洛阳人"③；

4，改鲜卑复姓为汉姓，如皇族拓跋氏改姓元，孝文帝率先由拓跋宏改名元宏，此外又如丘穆陵氏改为穆氏、步六孤氏改为陆氏、贺赖氏改为贺氏、独孤氏改为刘氏等，不一而足；

5，承认汉人士族的地位，以范阳卢氏、清河崔氏、荥阳郑氏、太原王氏的门第最高，与鲜卑族的穆、陆、贺、刘、楼、于、嵇、尉八姓同贵；

6，采用汉人的律令，废除自十六国以来的残酷刑罚；

7，北魏原有自己的一套官制，太和中"高祖诏群僚议定百官，著于令"④，按中华之制重新改定了官制；

8，倡导华夏礼制，宣扬敬老养老；

9，推行鲜卑人与汉人通婚，孝文帝带头纳汉人士族四大姓的女子为

---

① 《魏书·礼志四》。

② 《魏书·高祖本纪下》。

③ 同上注。

④ 《魏书·官氏志》。

后宫嫔妃，并敕命六个兄弟各聘汉人士族女子为正妃，把原来的鲜卑族正妃降为侧室。皇家公主也下嫁汉族名门，如献文帝女乐浪长公主下嫁卢道裕，孝文帝女济南长公主下嫁卢道虔，孝文帝女义阳长公主下嫁卢元聿等。

通过以上革旧布新，北魏统治集团很快在语言、服饰、姓氏、籍贯、法制、礼俗、血统等方面融入了汉民族，实现了"全盘汉化"。从表面上看，孝文帝的改制是为了归宗华夏，是为了实行对汉地的长久统治，但从历史的角度上看，这也可以说是牧业社会与农业社会两大体制长期较量的结果，先进的农业社会最后融合了落后的游牧民族。与此同时，这也大大促进了北魏社会的发展，有效缓解了鲜卑族与汉族的矛盾，具有积极的社会意义。

近半个世纪以来，在山西大同一带发掘清理出一批北魏皇室成员及贵族的墓葬，墓室结构和埋葬习俗皆同于中原腹地，充分证实了北魏统治集团的汉化。它们的个性成分当然也是存在的，主要表现在随葬的陶俑还保留着部分游牧文化的孑遗[①]。至于北魏时期的幽燕地区，《隋书·地理志中》载："离石、雁门、马邑、定襄、楼烦、涿郡、上谷、渔阳、北平、安乐、辽西，皆连接边郡，习尚与太原同俗，故自古言勇侠者，皆推幽、并、云。然涿郡、太原，自前代已来，皆多文雅之士，虽俱曰边郡，然风教不为比也。"此文称涿郡、上谷、渔阳、北平等地一方面因融入了大量草原民族而民风侠勇，另一方面其文化"与太原同俗"，文明程度并不亚于内地。"虽俱曰边郡，然风教不为比也"——这就是文献对北魏以来幽燕地区现实状况的确切描述。

尤为关键的是，作为少数民族政权，北魏王朝对正统儒学也奉行不悖，《魏书·儒林列传》是这样记载的：

"自晋永嘉之后，运钟丧乱，宇内分崩，群凶肆祸，生民不见俎豆之容，黔首唯睹戎马之迹，礼乐文章，扫地将尽。……太祖初定中原，虽日不暇

---

① 中国社会科学院考古研究所编：《新中国的考古发现与研究》，文物出版社，1984年，第537～539页。

给，始建都邑，便以经术为先，立太学，置五经博士生员千有余人。天兴二年春，增国子太学生员至三千。岂不以天下可马上取之，不可以马上治之，为国之道，文武兼用，毓才成务，意在兹乎？圣达经猷，盖为远矣。四年春，命乐师入学习舞，释菜于先圣、先师。太宗世，改国子为中书学，立教授博士。世祖始光三年春，别起太学于城东，后征卢玄、高允等，而令州郡各举才学。于是人多砥尚，儒林转兴。显祖大安初，诏立乡学，郡置博士二人，助教二人，学生六十人。后诏：大郡立博士二人，助教四人，学生一百人；次郡立博士二人，助教二人，学生八十人；中郡立博士一人，助教二人，学生六十人；下郡立博士一人，助教一人，学生四十人。太和中，改中书学为国子学，建明堂辟雍，尊三老五更，又开皇子之学。及迁都洛邑，诏立国子太学、四门小学。高祖钦明稽古，笃好坟典，坐舆据鞍，不忘讲道。刘芳、李彪诸人以经书进，崔光、邢峦之徒以文史达，其余涉猎典章，关历词翰，莫不縻以好爵，动贻赏眷。于是斯文郁然，比隆周汉。世宗时，复诏营国学，树小学于四门，大选儒生，以为小学博士，员四十人。虽黉宇未立，而经术弥显。时天下承平，学业大盛。故燕齐赵魏之间，横经著录，不可胜数。大者千余人，小者犹数百。州举茂异，郡贡孝廉，对扬王庭，每年逾众。神龟中，将立国学，诏以三品以上及五品清官之子以充生选。未及简置，仍复停寝。正光二年，乃释奠于国学，命祭酒崔光讲《孝经》，始置国子生三十六人。暨孝昌之后，海内淆乱，四方校学所存无几。永熙中，复释奠于国学；又于显阳殿诏祭酒刘钦讲《孝经》，黄门李郁说《礼记》，中书舍人卢景宣讲《大戴礼夏小正篇》；复置生七十二人。"

以上文献记述了自西晋永嘉之乱以来，北魏政权是如何在"礼乐文章扫地将尽"的情况下一步步重振儒学的，还特别指出了燕赵之地儒学的重光。其中虽然不乏"斯文郁然，比隆周汉"之类溢美夸大之辞，但北魏对儒学的接纳和推广应当是真实的。

北魏不是第一个君临中原的少数民族政权，但却是少数民族政权中第一个长期立足中原的，前后统治了一个半世纪之久。相比之下，十六国时期先后据有幽燕的羯族后赵、鲜卑族前燕以及后燕等，个个如匆匆过客，短短二三十年便灰飞烟灭，时间较长的氐族前秦也只维持了四十余年。北魏能够长期立足中原的缘故究竟何在？以前人们多将此归因于北魏士卒的骁勇善战，或归因于魏廷的劝课农桑及均分田亩[1]。这当然是不错的，但综观史实，十六国时期哪个少数民族不精于骑射？哪个政权不在形成割据势力之后便大力奖励耕作？何况比较之下，开始时北魏的家底很薄，比起其他北方强国来不过是个三流小国，并无特别的优势。因此正确的答案只有一个，即相对而言，北魏政权比较看重文化，接受了"天下可马上取之，不可以马上治之"的道理，采取了"以经术为先"的治国之策，因此获得了其他少数民族政权不曾有的软实力。北魏这个天下承平的治国经验是极其重要的，因为它为后世少数民族政权继承汉法、沿袭汉学提供了典型范例，亦为辽金乃至元清的开明皇帝所效法。

自进入十六国时期以来，中原大地长期被异族统治，汉民族历尽兵火，疲弱不堪。公元 581 年，北周随国公杨坚废静帝自立，国号隋，又先后灭后梁及陈，结束了长达 270 多年的南北分裂局面。登极大宝后，隋文帝下大力拯救积弱积贫的汉民族和汉文化，主要着手点是：

一是崇尚节俭、轻徭薄赋，使汉民族得以休养生息；

二是大力革除胡人芜杂无章的官僚体制和法律制度，恢复并革新汉法汉制；

三是复兴汉学，于民间重金求书，每献书一卷赏绢一匹，待秘书监誊校后再将原书归还本主，"于是民间异书，往往间出。及平陈已后，经籍渐备"[2]；

四是首创科举制度，使普通读书人无须攀附权贵便可通过逐级考试获

---

[1] 说详第四章第三节。

[2] 《隋书·经籍一》。

得进身之阶，打破了用人大权被世袭贵族或世家大族垄断的局面；

五是重新统一了度量衡。

以上种种举措的推行，挽救了一个垂危的民族，也挽救了一个凋零的文化，还使北京重获天朝大国在东北方战略重心和文化重心的地位。

在由隋至唐的三百余年间，作为大一统王朝的东北首府，今北京地区的多元一统风貌和秦汉时期相同，也属于在汉文明中融汇了不同民族的类型。但较为不同的是，唐朝民族政策的开明程度远超秦汉，因此不仅幽燕的少数民族成分更有增加，少数民族的地位也大幅提升。

李唐皇室自身就是带有胡人血统的汉人，如唐高祖李渊之母独孤氏、太宗之母窦氏、高宗之母长孙氏、玄宗之母窦氏等，无一不是胡人。《旧唐书·高祖二十二子列传》形容李渊曾孙滕王李涉"状貌类胡而丰硕"[1]，就是对李唐王室胡人血统的形象描述。因此在民族问题上，李唐皇室表现得格外雍容大度，唐太宗李世民曾说"自古皆贵中华、贱夷狄，朕独爱之如一"[2]，这便是对传承千古的"夷夏大防"的彻底否定。

尤为难得的是，唐太宗不仅是这样说的，也是这样做的，以下几桩事例堪称典范：

一如太宗派文成公主赴藏和亲以通吐蕃，此事千百年来传为佳话；

二如唐贞观四年（630年），唐太宗派大将李勣、李靖率十几万大军打败宿敌突厥汗国后，对被俘的突厥颉利可汗不仅不杀，还任命他为右卫大将军，把他一家安置在太仆寺，赐予大量田宅，厚加款待。后来颉利病死，唐太宗还按照突厥风俗对其施行火葬，又在灞水东面为他修筑了高大的坟墓，并让颉利的儿子终身袭其父职，表现出的开明无人可比；

三如东突厥灭亡后，其部众的安置成了大问题，大多数臣子都主张摒之于塞外，唐太宗却准其内迁到幽州至灵州一带。史学家范文澜综合有关

---

① 《旧唐书·高祖二十二子列传》。

② 《资治通鉴》卷一九八。

文献的记载说："六三〇年，唐灭东突厥，得内附户十余万人，唐太宗集朝臣商议，窦静主张使居塞外，为中国守边，'置之中国，有损无益'。温彦博主张突厥生活习惯，不宜居内地，宜使居边境内诸州，充实空虚的地面。魏征主张使回到突厥原地，不可留在中国，免得将来成'腹心之疾'，追悔不可及。温彦博反驳说，孔子说过'有教无类'，如果对突厥人有教有养，几年以后，都成了唐民，有什么后患。唐太宗采用温彦博的建议，使突厥人居住幽州到灵州一带。"[1]由此一例即可看出，唐太宗对敌对部落的宽容非同一般；

四如唐太宗贞观十八年（644年），又有突厥十万余众来降，自请安置在胜、夏之间。群臣虑及"非我族类，其心必异"，都不同意，但唐太宗却对突厥的要求一概应允，并说："夷狄亦人耳，其情与中夏不殊。人主患德泽不加，不必猜忌异类。盖德泽洽，则四夷可使如一家；猜忌多，则骨肉不免为仇乱"[2]；

五如唐太宗还启用了不少内附的突厥贵族为官，甚至连宫廷禁地都可见突厥贵族带刀侍卫。

正是这种化敌为友的气概，引得各少数民族纷纷投效，趋之若鹜，西北诸蕃甚至共同上表尊奉唐太宗为"天可汗"[3]。唐太宗李世民是唐王朝事实上的开拓者，他对异族的宽大包容垂范后世，一直传承下来，使唐朝成为中国历史上最自信、最开放、最宽容的王朝。

当时北方少数民族的势力相当活跃，尤以地处东北边陲的幽燕地区最为突出。如第四章第三节所述，幽燕在唐代的控制范围更为扩大，成为全国十大方镇中实力最强者。而就在这样一个舞台上，在唐王朝宽松开明的氛围中，又有大量少数民族涌入幽燕。

---

① 范文澜：《中国通史简编》（修订本）第三编第一册，人民出版社，1965年，第308页。

② 《资治通鉴》卷一九七。

③ 《旧唐书·太宗本纪下》。

《新唐书·地理志》载："隋于营州之境汝罗故城置辽西郡，以处粟末靺鞨降人。……（唐武德）六年自营州迁于幽州城中，以首领世袭刺史。"将粟末靺鞨降人整体迁入幽州城，即唐高祖武德年间在幽州城安置少数民族的明显一例。

唐太宗贞观四年（630年），东突厥颉利可汗被唐军灭亡，十万突厥部众归附唐朝，唐朝"以其部落置顺、祐、化、长四州都督府于幽（州）、灵（州）之境"[①]，这又是唐太宗年间在幽州整体安置少数民族的突出一例。

贞观十九年（645年），唐军东征高丽，高丽"降口万四千，当没为奴婢，前集幽州，将分赏士。帝以父子夫妇离析，诏有司以布帛赎之，原为民，列拜欢舞，三日不息"[②]。其中部分高丽人从此留居幽州，也成为唐太宗在幽州安置少数民族的显著一例。

唐太宗以后，唐朝在幽州安置内附的少数民族成为常例，尤以中宗、玄宗两朝为盛。《旧唐书·地理志二》云："自燕以下十七州，皆东北蕃降胡散诸处幽州、营州界内，以州名羁縻之，无所役属。"所谓"羁縻"一语，源出《史记·司马相如列传》："盖闻天子之于夷狄也，其义羁縻勿绝而已。"这是一种以府州县为名安置内附藩属的一种制度，也是一种民族自治制度。在羁縻州府县内，各民族享有充分的行政管理权和经济运作权，可以完全按本民族的风俗习惯生活，中央政府除了给他们提供各种保护和经济援助外，其他方面则"无所役属"。此制度有效安置了少数民族，也有效控制了少数民族，大大促进了社会的安定团结。唐代的幽州即实施这种羁縻制度的一大重点区域，到唐玄宗天宝初年，幽州侨治的羁縻州府已达二十个，安置的少数民族包括了内附的突厥、靺鞨、契丹、奚、室韦、胡、新罗等，真正形成了民族混居的局面。

随着民族融合的加深，幽州的胡汉界限日趋淡薄，终于冲垮了根深蒂

---

① 《新唐书·地理志七下》。
② 《新唐书·高丽传》。

固的华夷之分堤坝。而其中最突出的表现是，少数民族的代表人物一举登上了幽州的最高政治舞台。

隋开皇年间，隋文帝拜周摇为幽州总管，统领北方六州五十镇军事。《隋书·周摇传》载："（周摇）其先与后魏同源，初为普乃氏，及居洛阳改为周氏。"据此可知，周摇这个执一方牛耳的封疆大吏便具有鲜卑血统，是少数民族的后裔。周摇在幽州任上卓有政声，获得了"修鄣塞，谨斥候，边民以安"的历史定评。到了唐代，民族政策更加开放，除任用大量少数民族首领到中央做官外，在各民族地区也任用他们自己的首领做主官。就幽州地区而言，武则天时就拜军功卓著的李多祚为幽州都督，而"李多祚，代为靺鞨酋长"①，此即少数民族首领。除此之外，在历任唐幽州（范阳）主官中还有不少少数民族人物，而其中最名闻遐迩者，莫过于唐玄宗年间的安禄山与史思明。

安禄山、史思明的史迹已见第四章第三节所述。安禄山之父为胡人，母为突厥人，唐玄宗时身兼范阳、平卢两大节度使，后又兼任河北采访使、河东节度使，以出身卑微的一介胡人而独掌黄河以北的大唐半壁江山。史思明是突厥人，唐玄宗时官拜大将军、北平太守，后从安禄山反叛朝廷，联袂上演了著名的"安史之乱"。当时安禄山、史思明等人不仅把持了幽州的最高权力，还依仗唐玄宗的宠幸，"以番将三十二人代汉将"②，全面推行了幽州上层统治集团的少数民族化。

安禄山、史思明之所以据幽州（范阳）而反，不但和幽燕地区少数民族势力的急剧增长有关，也和幽州实力地位的增强有关。"安史之乱"历时八年，终于在代宗时得以平定。但是，幽州实力的不断增强、北方少数民族势力的持续上升终归是历史的潮流，不会因"安史之乱"的平息而稍有止息。也正是由于这一潮流的不断扩大，才有了后来辽、金、元、清王

---

① 《旧唐书·李多祚传》。
② 《资治通鉴·唐纪三十三》。

朝的联翩而至。

截至目前，在北京昌平、丰台、房山、石景山、海淀、宣武、西城等地均有唐墓出土①，其中既有简陋的土坑竖穴墓，也有大小不一的砖室墓，规格最高者即在"安史之乱"中妄自称帝的史思明墓。史思明墓发现于丰台区王佐乡林家坟村，墓室用汉白玉石砌成，室前有斜坡墓道，墓道两侧设有耳室，属于大型唐墓。早在唐代安史之乱后此墓便遭破坏，仅残留了一些随葬品，其中尤以工艺精湛的铜龙、铜牛和嵌金铁马镫最为珍稀。墓中还出土了按唐制只有王侯以上人物才能使用的玉册，表明此墓是按帝陵的规格修建的②。

综合分析北京地区唐代墓葬的文化面貌，突出反映了对立统一的两个方面：

一方面是，当时全国范围的墓葬基本上以长江为界划分为两大区系，长江以北以唐两京地区为中心，属于典型的唐文明区，墓葬面貌较为一致，长江以南属于另一区系。比较之下，可知北京地区出土的唐墓与典型唐文明区的面貌基本相符，体现了它是"大唐文明"不可分割的一部分。但事实上亦如前述，当时燕蓟内外早已五胡杂处，因此在北京地区出土的唐墓中，有相当部分墓主人应是生活在燕蓟的"胡人"。这种情况与秦汉到西晋时期北京地区的文化性质一致，皆属同一文化中融汇了不同民族的类型。而由其中涵盖的民族多元性，恰好揭示出该时期幽燕地区"胡人"的汉化。

另一方面是，除了和中原墓葬共性的一面，北京地区唐墓还具有显著的个性，而且这一个性就是在唐玄宗时期形成的。见诸北京地区的唐墓，从唐玄宗年间开始新出现了一种墓室平面呈抹角弧形或圆形的形制，此后一直流行，到晚唐还出现了半圆形和六边形的墓室③。这种现象与西安等地唐墓的墓室平面基本呈方形或长方形的情况迥然有别，差异之大一

---

① 北京市文物研究所编：《北京考古四十年》，第 135～138 页。

② 北京市文物研究所：《北京丰台唐史思明墓》，《文物》1991 年 9 期。

③ 刘耀辉：《试论北京地区唐墓》，《北京文博》1998 年 4 期。

望可知。

北京唐墓这种强烈的地域特性，对唐玄宗以后北京地区独立自主性的增强是一个极好的诠释。因为在"视死如生"的古代社会，墓室往往和人们地上的居住状况有关，一定程度再现了主流群体的居住文化。中原唐人久居方室，墓室因此呈方形或长方形，这是显而易见的。而事同此理，北京地区唐墓的椭圆形或圆形墓室，则深深打上了北方草原民族毡包式居室及圆形"蒙古包"的烙印。一个最充分的证据即如第四章第三节所述，墓室平面呈圆形或椭圆形的现象还广泛见于辽宁西部、内蒙古南部和河北北部等地，而这恰好就是"胡人"的主要生活区。当然这并不是说唐玄宗以后的幽州城成了毡房或蒙古包的世界，这是根本不可能的，因为当时的幽州城依旧是有着广厦千万间的通都大邑。但何以唐幽州的墓葬文化出现了如此特异的个性呢？对此唯一合理的解释就是，玄宗年间侨治幽州的羁縻州府累计已达二十个，少数民族居民的数量大大增加，其势力也因安禄山等"胡人"的权倾一方而如日中天，凡此都势必导致北方少数民族的影响大大加强，也导致幽州城的地方独立性不断提升。于是，在此背景下，其墓室便彰显出强烈的"胡文化"个性。这个个性无疑在胡人汉化的基础上，又折射出唐玄宗之后幽州城的"胡化"进程。

唐亡后，幽燕先后为五代十国的后梁、刘燕、后唐所占，但时间都很短促。后唐系沙陀族李存勖所建，而沙陀本属西突厥，是"西突厥别部处月种也"[①]。这支沙陀人原居今新疆巴里坤湖以东，唐宪宗元和年间内附，唐廷将其安置在太原一带，"建十府以处沙陀"[②]。内附后的沙陀族迅速崛起，五代的梁、唐、晋、汉、周五个小朝廷的中间三个就是由他们创建的。但这个沙陀族崛起得快消失得也快，五代以后，随着后唐、后晋、后汉的灭亡，沙陀族冰消瓦解，全部融化在当地民众中，连族名都变得无影无踪。

---

① 《新唐书·沙陀列传》。

② 同上注。

幽州为沙陀族所占始于后梁乾化三年（913年），迄于后晋天福元年（936年），前后不下20余年，沙陀族的相当一部分人就是在这里融入汉民族的。

综观由秦汉至隋唐五代的幽燕地区，其多元一统的总体表现基本上是前后一致的，即都是多元民族通过幽州这个特殊的大熔炉不断融汇到大一统的汉文明中。当中原王朝强盛时，这主要表现为少数民族的内迁与内附，而当社会陷入动荡时，这又主要表现为少数民族集团的入侵和占领。相比较前述先秦时期不同文化并存于一区、一地、一墓的多元现象，这种多元民族归于一统文化的史实显然更具特殊意义，因为这既说明了汉民族是由历史上的各不同民族融合而成的，也说明了华夏文明具有多么强大的凝聚力和博大的包容性。然而不容忽视的是，在这个总体趋势下，另一股潮流也日趋明朗，这就是北方少数民族势力的持续增长和幽燕地区独立性的不断增强。而随着这股潮流的生长，历史势必又要揭开新的一页了。

三　奉行汉制的少数民族政权

后晋天福三年，公元938年，石敬瑭将燕云十六州割让给鲜卑族契丹，开启了契丹人统治北京达180余年的历史。如第四章第四节所述，契丹国（辽国）地域广阔，不仅将北中国的广袤土地尽收囊中，还饮马中原，将南部边界拓展到拒马河流域。而自从纳入辽国版图后，北京地区发生了两大根本变化，给这段历史注入了特殊的蕴义。

变化之一即早自西周燕国以来，燕京就一直背靠中原面向草原，彰显的是它作为中原王朝边关重镇的军事功能，即便在北魏时期也不例外。但在归属辽国后，它脱离了中原腹地，成为背靠草原面向中原的门户，城市功能也很快由军事重镇转化为北中国的政治、经济、文化中心。公元938年一跃而成辽之陪都，就是这一变化的突出体现。

变化之二即在成为辽南京后，契丹人及奚、渤海、室韦、女真人和部分西域少数民族蜂拥而入，汇聚成一座不折不扣的多民族城市。对于宋境内的汉民，辽廷更是"择沃壤，给牛、种谷"①，提供种种优惠政策，吸引他们前来定居。

上述两大变化，大大加强了幽燕地区与北方民族的联系，在新的历史条件下促成了民族与文化的大融合。而这种融合的具体表现，由辽南京的考古遗存可一窥究竟。

在辽代统治的近二百年中，北京地区留下了丰富的历史遗存，传承至今的著名古迹尚有法源寺、报国寺、大觉寺、团城、天宁寺塔、牛街清真寺、良乡昊天塔等。在各式各样的遗存中，最能反映辽南京基本文化属性的，当然还是辽代的各类墓葬，迄今它们已在北京城区和郊区累计发现了数十处②。契丹人入主燕京后仍保留着死后归葬塞北故地的习惯，故而北京地区发现的辽代墓葬皆为汉人墓，其中较重要的有位于南郊的北平王赵德钧与夫人种氏墓③，位于大兴的金紫崇禄大夫马直温夫妇墓④，位于西郊的平州节度使韩佚夫妇墓⑤，位于阜成门外的保静军节度使董庠夫妇墓⑥，位于门头沟斋堂的壁画墓⑦，位于丰台永定路的李熙墓⑧等。宋人时称辽南京城内有"韩、刘、马、赵"四大汉人世家，其中"韩"即韩知古和韩延徽家族，"马"即马直温家族，"赵"即赵德钧家族。马直温墓和赵德钧墓已见出土，再加上平州节度使韩佚即韩延徽之孙，四大家族中已有三大家的墓葬相继问世。

① 《辽史·食货志上》。

② 北京市文物研究所编：《北京考古四十年》，第 144 ～ 152 页。

③ 苏天钧：《北京南郊辽赵德钧墓》，《考古》1962 年 5 期。

④ 张先得：《北京市大兴县辽代马直温夫妻合葬墓》，《文物》1980 年 12 期。

⑤ 北京市文物工作队：《北京西郊辽壁画墓发掘》，《北京文物与考古》1983 年 1 辑。

⑥ 北京市文物管理处：《近年来北京发现的几座辽墓》，《考古》1972 年 3 期。

⑦ 北京市文物事业管理局等：《北京市斋堂辽壁画墓发掘简报》，《文物》1980 年 8 期。

⑧ 王有泉：《丰台区永定路辽墓》，《中国考古学年鉴》(1991 年)，文物出版社，1992 年，第 125 ～ 126 页。

而由这些上至四大家族下至平民百姓的辽南京汉人墓可知，辽南京的文化属于汉、辽两大主流并存的类型，二者在一墓之中和平共处、共生共荣。

首先，在契丹人的统治下，北京地区的辽代汉人墓不仅堂而皇之地保留着中原汉文明的传统，而且触目皆是，不胜枚举。

在墓室结构上，北京辽代汉人墓多为仿木建筑的砖筑墓室，而这和当时宋朝流行的仿木结构雕砖墓如出一辙。这种结构的墓是从唐代后期发展而来的，它在辽、宋的同时出现，体现了中国南北两方对中原唐文明的共同继承与发扬。

受唐朝壁画墓的影响，北京辽代砖室墓也有相当部分绘有壁画，保存较好的有赵德钧墓、韩佚墓、百万庄1号墓、斋堂辽墓等。这些壁画的内容大多上承中原风格，几与中原壁画别无二致。例如赵德钧墓，墓室中绘制的壁画有伎乐、庖厨等，皆保留着原汁原味的中原艺术风格。又如统和十三年（公元995年）辽平州节度使韩佚墓，壁画内容为花鸟屏风及侍女，穹窿墓顶上还绘有云鹤及十二生肖像，题材和布局都带有浓郁的唐代遗风。再如斋堂的辽代末年壁画墓，绘有孝孙原谷等三幅大型孝悌故事图，不仅壁画人物皆为汉人，且一律身着汉服。总之，综观北京辽代汉人墓的壁画，举凡选材、布局、人物、衣冠、器用乃至禽鸟花卉等，无不与当时的宋墓相同，反倒与同期契丹墓壁画的题材、内容、装饰迥然有别，这说明了什么已是不言而喻。

在随葬器物上，同期中原宋墓最常见的有瓷枕和定窑瓷器等，而北京辽代汉人墓中也不乏瓷枕和定窑瓷器。例如韩佚墓出土的白瓷属定窑，青瓷属越窑，皆出自中原窑址。其他如马直温墓、王泽墓出土的精美瓷器，也不乏中原窑址的产品。至于北京辽代汉人墓随葬的铜钱，更一律是唐朝传下来或宋朝流通过来的，和中原宋墓出土的钱币别无二致。

以上墓室构造、壁画风格、随葬器物三大方面，都表明辽南京的墓葬文化具有显明的汉文化特征。这一现象无疑折射出，契丹统治下的南京城仍不乏汉文化的色彩，辽南京的汉人仍传承着本民族的文化。

此外，辽代北京汉人墓中也不乏契丹文化的一面，且同样占有相当比重。

从葬式来说，契丹人流行火葬，事如《隋书·契丹传》所云：契丹人"但以其尸置于山树之上，经三年之后，乃收其骨而焚之。"而受此影响，当时辽南京城内也有相当部分汉人采用了火葬，数量几占北京地区辽墓的一半。其中级别最高的即赵德钧，此人贵为辽朝北平王，死后追赠齐王，是辽南京汉人中爵秩最高者，居然也违背祖制而采用了火葬。马直温夫妇墓同样采用了火葬，但骨灰未盛放在骨灰盒内，而是放在仿照死者形象雕刻的木质真容雕像中。这种做法同时还见于河北宣化的一座辽代壁画墓，该墓也将墓主人骨灰置于木质雕像中[①]，可见此俗在辽代并不鲜见。

从墓制来说，赵德钧墓是前中后三室并各置左右耳室，共计九个墓室。赤峰出土的辽驸马赠卫国王墓的下葬年代比赵德钧墓仅晚一年，也作前中后三室加耳室，唯独耳室的数量略少，合为五个墓室[②]。这两座墓的主人都位秩王爵，虽然前者为汉族，后者为契丹族，一个在北京，一个在赤峰，但都采取了"多室"结构，葬制并无不同。相比之下，北宋皇室成员的墓葬却以单室为多[③]，与上述多室墓大相径庭。

从随葬品来说，塞外契丹贵族墓常出土器底阴刻"官"、"新官"字款的白瓷器，北京辽代汉人贵族墓同样出土了此类瓷器，赵德钧墓即其中一例。仿皮囊制作的鸡冠壶是辽代早中期契丹墓中最具鲜明个性的随葬品，几乎是契丹文化一望可知的标准器，而辽南京城时代较早的汉人墓中同样发现了此类物品，甚至晚到辽中期兴宗重熙年间仍有鸡冠壶的出土，足见

① 河北省文物管理处等：《河北宣化辽壁画墓发掘简报》，《文物》1975 年 8 期。

② 前热河省博物馆筹备组：《赤峰县大营子辽墓发掘报告》，《考古学报》1956 年 3 期。

③ 郭湖生等：《河南巩县宋陵调查》，《考古》1964 年 11 期；周到：《宋魏王赵頵夫妻合葬墓》，《考古》1964 年 7 期。

契丹文化影响之深。此外，北京辽代汉人墓出土的黄釉龙头洗子、黄绿釉盆等，也是契丹文化的典型器。

以上葬式、墓制及随葬品等，就是契丹文化给北京辽代汉人墓打下的烙印。

综合以观，辽南京汉人墓葬文化给我们带来了诸多启示：

首先可知，在辽国创建后，乃至在拥有燕云十六州后，契丹人并没有放弃自己的传统文化。其道理很简单，因为倘如说北京辽代汉人墓中不乏鲜明的契丹文化印记，当然是以契丹人保有自己独特的文化为前提的。而事实上，契丹文化的特异性不仅存在，在辽上京、中京等契丹大本营还表现得相当充分，这已为当地的考古发现所证实①。这是个很值得注意的现象，因为如上节所述，自秦汉以来，凡是占据了幽燕之地的少数民族政权大多放弃了自己的文化，或迟或早融入了汉文明。契丹族则不然，他们不仅在本土始终固守着自己的传统文化，而且在进入燕地后也不改旧观，还将自己的文化渗透到燕地的汉人群体中。如此一来，不仅给北京地区的多元文化增添了新的色彩，更为少数民族政权入主北京后保留自身的文化传统提供了范例。

其二，在辽南京，汉民族本是被统治民族，汉文化本是被统治的文化。但正如我们看到的，汉人不仅高官得做，汉文化、汉习俗也得以保留，这说明契丹统治者对汉民族和汉文化均采取了较为宽容的态度。第四章第四节已述，辽国建立后在境内采取了"因俗而治"的国策，推行了"以国制治契丹，以汉制待汉人"的方针。这种二元政治的包容性势必反映到文化上，而辽南京城墓葬中比比皆是的汉文化因素，就是辽国二元文化并存的实证。

其三，考古资料告诉我们，契丹王朝虽然对汉文化采取了宽容之策，但辽南京的汉人墓中仍不乏契丹文化的印记，由此表明了汉人的"胡化"

---

① 　中国社会科学院考古研究所编：《新中国的考古发现和研究》，第 602～605 页。

倾向。值得注意的是，在这些墓葬中，契丹文化的因素并不整齐划一，而是色彩纷呈，各有千秋。例如有的采用了契丹的火葬习俗，有的随葬了契丹民族的鸡冠壶，有的使用了契丹人常用的黄釉瓷器等，情状各异。这种现象说明，汉人墓葬中的契丹文化因素并非来自某种统一的规定，而是出于墓主人的主动认同。历史上有一个铁的规律，即统治者的文化一定是统治的文化，从不会因统治者的宽容与否而移易。因此，只要统治集团固守自己的文化，这种文化就一定会逐渐向社会各方面渗透，由此便有了辽南京汉人墓葬的"胡化"。正因为这种倾向是自发的，故而这种"胡化"在本质上既不同于流徙塞外的汉人"入乡随俗"的胡化，也有别于异族统治集团强制推行的同化，而是汉民族主动接纳其他民族文化的一种表现。

以上还只是辽南京汉人墓带给我们的启示，但管中窥豹，已足以体现辽朝"以国制治契丹，以汉制待汉人"在文化方面的反映。此外，事情的另一面是，为了巩固自己的统治，为了推行以汉制待汉人的做法，契丹统治者还不得不从先进的汉文化中寻找营养，多方汲取汉民族的文化。

服饰是一个民族文化最外在的表现，也是一个民族区别于其他民族的最显要标志，但辽皇廷却不惜从这里下手，采取了极端的汉化措施。《辽史·仪志一·舆服》载："辽国自太宗入晋以后，皇帝与南班汉官服汉服，太后与北班契丹官用国服，其汉服即五代晋之遗制也。"据此可知，自从后晋石敬瑭把燕云十六州献给辽国后，不仅汉官可以继续着汉服，辽国皇帝也开始穿汉服。尤有甚者，《辽史·仪志二·汉服》载："大礼虽北面三品以上亦用汉服；（辽兴宗）重熙以后，大礼并汉服矣。"即到了辽中期景宗、兴宗年间，就连契丹高官参加典礼时也一概着汉服。按说辽朝允许汉官穿自己民族的服装已属不易，辽帝带头着汉服更是难能可贵，而倘若要求三品以上的契丹高官也穿汉服，那就相当异乎寻常了。这是一个鲜明的政治姿态，表明了契丹人对汉民族及汉文化的认同。后来金朝的女真人始终不改"带，巾，盘领衣，乌皮靴"①的民族常服，元朝、清朝对自己的服饰也一直拘泥不变，相比之下倒是契丹人的做法非同一般。

文字是一个民族文化最内在的表现，也是一个民族文化的最醒目标志，而在创建文字时，契丹人大量汲取了汉文字的元素，几乎照搬了汉文字的结构。契丹族本无文字，辽太祖神册五年（920年）春正月"始制契丹大字"，当年秋九月"大字成，诏颁行之"②。以上说的是契丹大字，这之后又创建了契丹小字。而无论是契丹大字还是契丹小字，都是在汉字的基础上加以简化或增添笔画编制而成的。

更重要的是，为了切实贯彻"以汉制待汉人"的国策，契丹统治者还祭起了尊孔的大旗，堂而皇之地以孔教为国教。

早在建国之初，辽太祖阿保机就特意开展了一场敬佛还是尊孔的廷辩，事见《辽史·宗室列传》："时太祖问侍臣曰：'受命之君，当事天敬神。有大功德者，朕欲祀之，何先？'皆以佛对。太祖曰：'佛非中国教。'（皇太子）倍曰：'孔子大圣，万世所尊，宜先。'太祖大悦，即建孔子庙，诏皇太子春秋释奠。"

契丹族初信萨满教，后笃信佛教，故而如上所述，当商讨到应该以何者为国朝神祇时，众臣"皆以佛对"。但辩论的结果是，辽廷最后确定"孔子大圣"为"万世所尊"，树立了儒学的主导地位。纲领既定，辽太祖便在上京临潢府建造了孔子庙和国子监，此后辽圣宗更诏令各州遍建孔子庙。燕京是辽的陪都，又是辽的汉文化中心，无疑也在这时建起了孔子庙。同时辽廷还在南京设立了皇家太学，所属州、县分设州学、县学，由此向汉文化敞开了大门。

在汉化大潮中，辽皇室成员身体力行，带头学习汉文化。早在辽朝初年，皇太子耶律倍就以"通阴阳，知音律，精医药、砭焫之术。工辽、汉

---

① 《金史·舆服志》。

② 《辽史·太祖本纪下》。

文章"①享誉一时。到了辽圣宗时期，契丹开始进入封建社会，契丹贵族的汉化程度明显提高，研习汉学之风更是日盛一日。当时辽廷内能用汉文作诗并通晓汉人音律的不知凡几，辽圣宗就是相当突出的一个。辽圣宗耶律隆绪深得汉文学艺术的堂奥，他"幼喜书翰，十岁能诗。既长，精射法，晓音律，好绘画"②，对汉民族的书法、诗歌、音律无不精通。其子辽兴宗耶律宗真深得乃父遗风，他"好儒术，通音律"，登基之初就"御宣政殿放进士刘贞等五十七人"③。辽道宗耶律洪基也笃好文学，擅长音律，他的皇后萧氏更是文采斐然，是契丹诗人中名冠中华者。史载萧氏"小字观音，钦哀皇后弟枢密使惠之女。姿容冠绝，工诗，善谈论。自制歌词，尤善琵琶"④，被公认为契丹第一诗人，有不少汉文诗歌传世。

第四章第四节曾述，契丹人源出鲜卑族，属东胡余支。历史上同属东胡余支的还有乌桓族，但历史证明乌桓和鲜卑却走了截然不同的两条道路。乌桓在东胡被匈奴击溃后先是沦为匈奴的部属，后又大量内附汉廷，最后完全融入了汉民族。鲜卑族却在东胡落败后一直僻处辽东，从事游牧及粗放式农业，处在"未常通中国"⑤的封闭状态中。契丹之所以在创建辽朝后仍然维持内部的体制与文化不变，始终坚持"以国制治契丹"，就源自其"未常通中国"的传统。

然而重要的是，即便对民族传统固守不弃，契丹人却从不自外于中国，反而自视为华夏大家庭的一员。其最突出的表现，即契丹人一向自认为他们是黄帝的后裔。

《晋书·慕容廆载记》云："慕容廆，字弈洛瑰，昌黎棘城鲜卑人也。

① 《辽史·宗室列传》。
② 《辽史·圣宗本纪一》。
③ 《辽史·兴宗本纪一》。
④ 《辽史·后妃列传一》。
⑤ 《后汉书·乌桓鲜卑列传》。

其先有熊氏之苗裔，世居北夷，邑于紫蒙之野，号曰东胡。"有熊氏即黄帝，这里明言东胡是黄帝的苗裔，于是东胡余脉的鲜卑族也是黄帝的苗裔。又《十六国春秋·前燕录》云："昔高辛氏游于海滨，留少子厌越以君北夷，邑于紫蒙之野，世居辽左，号曰东胡。"这里说东胡是高辛氏少子之后，而高辛氏帝喾乃"黄帝之曾孙也"[①]，同样说明东胡为黄帝的后裔。又《魏书·序记》云："黄帝以土德王，北俗谓土为托，谓后为跋，故以为氏。"北魏拓跋氏是鲜卑族的一支，这里不仅说他们是黄帝的后裔，甚至说他们的"拓跋"姓氏也是由先祖黄帝的"以土德王"衍变来的。

　　以上说的是鲜卑族，而契丹是鲜卑的一支，故而契丹人也自认是黄帝之后。最明显的例证是，辽宁阜新蒙古族自治县平安地乡阿汉土村出土了一座辽墓，墓中随葬了一方《永清公主墓志》，志文即明言"盖国家系轩辕黄帝之后"[②]。这个志文无异于给契丹人自认是黄帝后裔提供了一个确凿的考古学证据，此外当然还有文献的证据。《辽史·世表》载："庖牺氏降，炎帝氏、黄帝氏子孙众多，王畿之封建有限，王政之布濩无穷，故君四方者，多二帝子孙，而自服土中者本同出也。考之宇文周之《书》，辽本炎帝之后，而耶律俨称辽为轩辕后。俨《志》晚出，盍从周《书》。盖炎帝之裔曰葛乌菟者，世雄朔陲，后为冒顿可汗所袭，保鲜卑山以居，号鲜卑氏。既而慕容燕破之，析其部曰宇文，曰库莫奚，曰契丹。契丹之名，昉见于此。"以上文献一说"辽本炎帝之后"，一说"辽为轩辕后"，皆以契丹为正统的"炎黄子孙"。

　　契丹人到底是不是出自黄帝，抑或他们究竟是出自黄帝还是出自炎帝，其实是不重要的。甚至由人种鉴定抑或 DNA 测定来证明鲜卑人和华夏人有着怎样的区分也是无足轻重的。因为在这里重要的是，契丹人自认是中国人的一部分，而这是他们自己的民族观。在如何界定民族的问题上，学

---

① 《史记·五帝本纪》。

② 袁海波、李宇峰：《辽代汉文〈永清公主墓志〉考释》，《中国历史文物》2004 年 5 期。

术界向有争议，对契丹族的界定犹然。但这里最不可忽略的，便是人们的自我民族意识，也就是他们自己认为属于哪个民族的主观意识。相对民族的"自在"状态，这种"自觉"意识显然更为重要，因为这决定了这个主体的历史归属感，进而决定了他们的民族立场。契丹人不自视为征服王朝而自认是黄炎子孙，固然有谋求中华"正朔"、"正统"的意图在内，但既然他们采取了这种民族立场，就必然会包容汉民族和汉文化，并在长期共存中达到自然融合。

在前述关于敬佛还是尊孔的争论中，当朝臣"皆以佛对"时，辽太祖反过来以"佛非中国教"诘问，言谈话语间显然以中国人自居。又《辽史·仪志三·符印》云："会同九年（946年），太宗伐晋，末帝表上传国宝一、金印三，天子符瑞于是归辽。"这里说辽太宗灭亡后晋后，从后晋手中得到了中原王朝的传国玉玺，如获至宝。虽然这未必就是那个传出于秦始皇的"天子符瑞"，但辽廷从此将它奉为辽的传国印玺，这也是契丹人不自外于中华的一个表现。

1124年，辽国在与金国的决战中失败，辽重臣耶律大石率部逃往遥远的西北方。1125年，辽保大五年，天祚帝在逃亡途中被俘，辽国灭亡。不算此后耶律大石建立的西辽，从公元907年契丹建国算起，到1125年天祚帝被俘止，辽朝共延续了218年。在少数民族创建的王朝中，它的气运算是相当绵长的，仅逊于清朝而位居第二。具体而言，辽的国祚比北魏（公元386～534年）长了70年，比金朝（公元1115～1234年）长一个世纪，比元朝（公元1206～1368年）长半个多世纪。以上还是仅就长期稳定的少数民族政权而言，若相对十六国时期那些旋踵即逝的少数民族割据势力，辽的运祚更不知长过他们多少倍。

此中原因究竟何在？揆诸史实，一个重要的原因就是契丹人一方面自认是华夏大家庭的一员，另一方面也深谙因地制宜之道，深知一个民族的文化关乎民心，因此在入主燕云十六州后做出了"以汉制待汉人"的决策。

尤有甚者，辽圣宗太平五年（1025年），辽廷居然在古北口为北宋名将杨业盖了一座杨令公庙，公开向这位子孙数代与他们浴血奋战的汉族名将表示敬意。这种做法举世罕见，显示了马背民族的宽阔胸怀。比较之下，历史上只有清乾隆帝敢为抗清英雄袁崇焕平反的事例可与之媲美。此外，通过接受汉学和汉制，辽廷不断提高自身的执政能力，这也是辽朝得以维持二百余年统治的原因所在。但由于历史的局限性，契丹族自身却始终故步自封，坚持"以国制治契丹"，故而浅尝辄止，在几个少数民族王朝中拥有的中原故地最为狭小。

与辽相比，女真人的金朝就大不相同了。一是燕京成了金的正都，成了统御整个北半个中国的中心；二是北京地区出现了许多金人墓葬，甚至连金先帝的梓宫也迁葬到了燕京；三是其文化不再分华、夷两大流，而是你中有我，我中有你，汇成了一种混合文化；四是金人开始放弃自己的传统生活方式，逐步融合到汉文明中，尤以迁都燕京后表现得最为突出。之所以出现这些变化，正如金人所云："本朝与辽室异，辽之基业根本，在山北之临潢……我本朝皇业，根本在山南之燕"[1]，即金人是以"山南之燕"为立国之本的，也就是以汉地为本的。这种国策与辽的以草原为本迥然有别，体现了国家本位的彻底转变。

定都中都后，金海陵王即仿照中原王朝先例，在都城附近营建了皇家陵园。经过对四郊长达一年多的仔细踏勘，金廷最后决定把皇陵建在中都城西南的大房山一带。大房山位于北京房山区西北，是太行山的余脉，四周群山巍峨，西、北、东三面有河水环绕，堪称"秀拔混厚"的形胜之地。《金史·礼志》记载说："古之建邦设都，必有名山大川以为形胜。我国既定鼎于燕，西顾郊圻，巍然大房，秀拔混厚，云雨之所出，万民之所瞻，祖宗陵寝于是焉依。"金陵的具体位置勘定在大房山的云峰山下，此山更

---

① 《金史·梁襄传》。

是雄峻秀丽，山后有黑龙潭及泉水，正合了"云雨之所出"的韵意。

贞元三年（1155年）三月金皇陵开工兴建，当年海陵王就把太祖完颜阿骨打、太宗完颜晟以及海陵王之父宗干的梓宫从上京迁葬过来。第二年海陵王又"葬始祖以下十帝于大房山"[①]，把金朝开国前十个皇族祖先的灵柩也一并迁葬于此。除历代帝陵外，金陵中还建有专门用来安葬诸帝嫔妃的妃陵园，称坤厚陵，又有专门安葬亲王的王墓区，称诸王兆域。

金朝前后共历十帝，合计有半数未能寿终正寝。其中被弑杀的有三人，分别为熙宗完颜亶、海陵王完颜亮和卫绍王完颜永济；自缢殉国的有一人，此即金哀宗完颜守绪；死于战乱的有一人，此为金末帝完颜承麟。其中熙宗开始时被海陵王"葬于大房山蓼香甸，诸王同兆域"，葬制同于诸王。海陵王死后，金世宗为熙宗昭雪，"追谥武灵皇帝，庙号闵宗，陵曰思陵。别立庙。十九年，升祔于太庙，增谥弘基缵武庄靖孝成皇帝。二十七年，改庙号熙宗。二十八年，以思陵狭小，改葬于峨眉谷，仍号思陵。诏中外"[②]，于是熙宗得以入葬帝陵。海陵王是谋弑篡位的，在位期间他暴戾恣睢，"屠灭宗族，剪刘忠良，妇姑姊妹尽入嫔御。……使天下后世称无道主以海陵为首"，可谓恶贯满盈。最后他被哗变的将士诛杀，最初葬于大房山鹿门谷诸王兆域中，后"诏降为海陵庶人，改葬于山陵西南四十里"[③]，始终未能入葬金帝陵。卫绍王是金朝第七位皇帝，史称他"柔弱鲜智能"，登基后政治昏聩、忠奸不分，"政乱于内，兵败于外，其灭亡已有征矣"[④]，最后招致杀身之祸，也未能入葬金帝陵。此外便是在金宣宗南迁后，宣宗、哀宗、末帝未入葬大房山金帝陵。除去以上诸帝，额外增加的金帝陵墓也有两个，这就是金世宗、金章宗即位后各追尊其父为金帝，分别入葬大房

---

① 《金史·海陵本纪》。

② 《金史·熙宗本纪》。

③ 《金史·海陵本纪》。

④ 《金史·卫绍王本纪》。

山金帝陵。如此算下来，从金开国前的十祖到开国后的诸帝，大房山陵园共葬有金帝陵 17 座，比明十三陵还多出 4 座。但其中真正的金帝陵墓不多，只有太祖完颜阿骨打、太宗完颜晟、熙宗完颜亶、世宗完颜雍、章宗完颜璟五个。

1986 年至 1989 年，考古工作者对金陵进行了实地勘查，2002 年还做了部分清理性发掘。考古工作探明，整个金陵的规模十分宏大，方圆近 60 公里，其间建有御道，御道两旁竖立着雕有腾龙和牡丹花丛的汉白玉栏板，尽显帝王气派。遗址内散落的汉白玉、青石、花岗岩等建筑构件俯拾即是，龙纹、虎头纹琉璃瓦当亦不乏其见。更重要的是，考古调查时发现了金睿宗的陵碑，上书"睿宗文武简肃皇帝之陵"十个涂金大字[①]。睿宗乃世宗之父，并未真正做皇帝，是世宗即位后于大定二年（1162 年）予以追封并迁葬于此的，称景陵。2002 年在对金陵遗址进行清理发掘时，还意外打开了金太祖睿陵的地宫[②]，使人得以一窥千古帝陵的真实面目。

金人入关前的文化相当原始，丧葬习俗也十分朴拙。《大金国志》附录一《女真传》云："死者埋之而无棺椁，贵者生焚所宠奴婢，所乘鞍马以殉之，所有祭祀饮食之物尽焚之。"可见女真人开始时只有简单的土葬，并无棺椁之具，随葬品也相当少见，唯有上层人物以奴婢和爱驹殉葬。而比较之下，金帝陵已然与上述情况有了天壤之别，就连北京地区出土的金墓也与金人入关前的情况判若云泥。

北京地区的金墓绝大多数是金朝迁都燕京以后的，分别出土于市区及房山、丰台、通州、昌平、门头沟、石景山、海淀等地[③]。其中较重要的女真贵族墓有丰台区王佐乡乌古伦氏家族墓地[④]，以及海淀香山蒲察胡沙

① 王德恒、王长福：《金陵初探》，见《北京史研究（一）》，北京燕山出版社，1986 年。
② 北京市文物研究所：《北京金代皇陵》，文物出版社，2006 年。
③ 北京市文物研究所编：《北京考古四十年》，第 165～169 页。
④ 北京市文物工作队：《北京金墓发掘简报》，《北京文物与考古》第一辑，1983 年。

墓①等，较重要的汉人贵族墓有通州宣威将军石宗璧夫妇墓②等。在这些金中都时期的墓葬中，女真贵族墓占到了墓葬总数的 20% 左右，可见女真统治集团死后已不再归葬故里，而把中都城当成了自己生死两界的永久家园。

综合以观，北京地区的金墓具有如下特点：

其一，在墓制上已由过去简单的土葬发展为石室或砖室墓，尤以石室墓为多，占北京金墓总数的 60% 以上。

其二，在葬具上已由"无棺殓之具"发展为木棺、石棺并用，乌古伦家族墓地就发现了以汉白玉板为棺椁的墓葬。

其三，在葬式上以火葬最为流行，普遍见于各不同阶层墓葬，但在房山长沟峪的"诸王兆域"中也发现了个别土葬之例③。

其四，在随葬品上开始时以简单的马具、陶器、铁器为多，后发展为随葬精美的瓷器、玉器、金银器，明显由简转奢。

其五，部分贵族墓中出土了极具史料价值的墓志，这显然是仿效中原而来。

其六，迄今尚未在墓葬中发现"生焚所宠奴婢"的明显迹象，可见金人在入主中都后迅速汉化，革除了奴隶人殉制度。

从大的文化源流看，用石板构筑椁室很早见于东北地区，可知这是草原民族较为流行的习俗，也是金人的时尚。吉林省扶余市（原扶余县）西山屯出土了一座女真贵族石椁墓，时代属辽末金初④，此即女真人用石板构筑椁室的较早一例。受此影响，金的汉族官吏也起而效法，河北高碑店市（原新城县）时丰墓是一座汉族官吏墓，葬于金天会五年（1127 年），

---

① 齐心：《金代蒲察墓志考》，《北京史论文集》第一辑，1980 年。
② 北京市文物管理处：《北京通县金代墓葬发掘简报》，《文物》1977 年 11 期。
③ 张先得、黄秀纯：《北京市房山县发现石椁墓》，《文物》1977 年 6 期。
④ 吉林省博物馆：《吉林省扶余县的一座辽金墓》，《考古》1963 年 11 期。

这就是一座石椁墓。时丰之父时立爱是金朝重臣，官至"知枢密院事，……加中书令"①，还被封为郡王。时立爱的卒年较时丰为晚，葬于皇统三年（1143年），其墓却为多室砖构墓②。同在一个墓地的父子两人，墓制却迥然有别，可见当时采用石椁墓还是砖室墓并无定规，而这恰与北京金墓虽以石椁墓为主但也不乏砖室墓的情况相符。

早期女真人既然实行的是"死者埋之"的土葬，可见金中都流行的火葬并非女真的传统。吉林扶余西山屯等早期金墓皆为土葬，就很好地说明了这一点。前文已述，契丹人流行火葬，辽南京也流行火葬，这或许是金人由土葬转火葬的原因之一。此外金人崇信佛教，南宋洪皓《松漠纪闻》称金中都城内"蓝若（佛寺）相望，大者三十有六"，而佛教提倡火葬，这无疑也对金中都火葬的流行起了推波助澜的作用。

至于随葬品方面，见于通州出土的宣威将军石宗璧墓，随葬的仍以中原式瓷器为大宗，器类包括汉人常用的碗、盘、洗、杯、瓶等，窑口则主要属陕西铜川耀州窑和河北曲阳定窑。石宗璧墓的年代为大定十七年（1177年），已属金代中期，但颇为奇特的是，辽代汉人墓中常见的鋬锅、鋬子等陶明器在此墓中也不乏其见，可见金朝对昔日敌国的文化也不排斥。女真贵族乌古伦窝伦墓与石宗璧墓同属金世宗大定朝，随葬的瓷器除常见之物外还有女真人喜爱的鸡腿瓶等。由此看来，随葬品的选择在金墓中也是各有偏好，并无定规。金墓随葬铜钱较为普遍，而北京金墓中随葬的并不只是金的铜钱，还不乏宋的铜钱。载有死者传记的墓志源起于南朝，流行于隋唐，本为典型的中原文化之物，这时也被金中都的女真贵族墓采用。

通过上面的梳理，可见在棺椁的普及、随葬品的组成、墓志的出土、人殉的废除等方面，金中都墓葬都深深打上了中原汉文化的烙印，此外在

---

① 《金史·时立爱传》。

② 河北省文化局文物工作队：《河北新城县北场村金时立爱和时丰墓发掘记》，《考古》1962年12期。

其他方面则各有女真文化及契丹文化的渊源。汉、金、辽这三大因素，就构成了金中都墓葬文化的三大来源，它们掺杂交融在一起，组成了一种混合型文化，再现了金中都的现实文化生活。

金灭北宋后，版图内形成了三大不同板块：一是塞外的金人故地，包括以上京路为主的今东北地区；二是此前纳入辽境的燕云十六州，包括今北京地区、天津地区、河北北部及山西北部等；三是拒马河以南、淮河以北的原北宋疆土，包括今河北、河南、山西、陕西、甘肃、山东、江苏的一部或大部。以上三大区域，第一大区是女真各部及契丹、奚、渤海等族的居地，基本沿袭了北方的游牧生活，实行的是女真奴隶制；第二大区的居民主要是汉人和汉化的少数民族，政治上早已采用内地的封建制，但文化上仍不乏契丹人的痕迹；第三大区原为汉族和汉文化的正统领地，入金后基本承袭了北宋高度发达的经济和文化。金中都墓葬的三大文化因素，恰是这三大区域文化的聚合，它不仅折射出金中都的现实文化状况，也反映了金朝的社会构成。

在金朝相互混合和融合的，不仅有来源不同的文化，还有不同族属的人群。早在金熙宗之世，就积极推行女真人南迁的政策，鼓励女真人到汉地和汉人通婚，他自己也带头娶汉族女子为嫔妃。金海陵王移都燕京后，出于"实京师"的需要，更是强制大批女真人和其他各族人移居燕京。贞元元年（1153年）迁都伊始，海陵王就从宰相张浩之请，"凡四方之民欲居中都者，给复十年，以实京城"①，将四方之民迁入燕京。海陵王年间的又一次大规模移民燕京，发生在正隆二年（1157年）。当时海陵王为了断绝女真贵族的退路，尽毁上京宫殿、宗庙、诸大府第及名苑重寺等，令上京臣民"不问疏近，并徙之南"②。如此一来，成千累万女真皇室、宗亲、贵族和猛安谋克户离乡背井，全部迁入了中都城。然而正如我们在考古学

---

① 《金史·张浩传》。

② 《金史·世宗本纪下》。

文化中所看到的，中都城的金人虽多，但除了有墓志明文载述的外，金人墓和汉人墓早已在各方面你中有我、我中有你，几无大的差别。由此反映出，混合型的文化虽然缺乏独创性，但对民族的融合却提供了一个极为有利的环境。

金朝初年，"太祖入燕，始用辽南、北面官僚制度"①，金廷也一度仿照辽朝创建了两套官制。但早在太宗天会初年，就有一批锐意改革的女真上层贵族主张摒弃女真旧制，全盘改用汉制。《金史·韩企先传》云："斜也、宗干当国，劝太宗改女直（即女真，下同）旧制，用汉官制度。"斜也即完颜杲，"（金）世祖第五子"②，在太宗朝与宗干同主国政。斜也、宗干这两大宰辅皆主张全部采用汉官制度，可见当时支持汉化的势力有多么强大。过了不久，到了熙宗天眷元年（1138 年），金廷"颁行官制"③，女真旧制全部废止。自此而始，金朝终结了前期的二元政治，全盘推行了汉人的三省六部制。官制的改革为女真人的汉化敞开了大门，从此以后，法律制度、勋爵制度、礼制、仪制、服制、历法、宗庙制度乃至地方行政制度等等皆相继改为汉制，金廷由此步入了全面汉化的轨道。对此《金史·礼志一》有一段较详细的记载，其云：

"金人之入汴也，时宋承平日久，典章礼乐粲然备具。金人既悉收其图籍，载其车辂、法物、仪仗而北，时方事军旅，未遑讲也。既而，即会宁建宗社，庶事草创。皇统间，熙宗巡幸析津，始乘金辂，导仪卫，陈鼓吹，其观听赫然一新，而宗社朝会之礼亦次第举行矣"。"世宗既兴，复收向所迁宋故礼器以旋，乃命官参校唐、宋故典沿革，开'详定所'以议礼，设'详校所'以审乐，统以宰相通学术者，于一事之宜适、一物之节文，既上闻而始汇次，至明昌初书成，凡四百余卷，名曰《金纂修杂录》。凡事物名数，

① 《金史·刘彦宗传》。

② 《金史·太宗诸子列传》。

③ 《金史·百官志一》。

支分派引，珠贯棋布，井然有序，炳然如丹。……是时，宇内阜安，民物小康，而维持几百年者实此乎基"。

以上记载讲述了金人是如何从"庶事草创"的一张白纸起步，逐步照搬了宋的典章制度的。这里照单全收的不仅有中原的各项制度，还包括了"事物名数"的方方面面，几乎无所不包。而且，为了统一新的典章制度和事物名数，金世宗还命人编纂了400余卷的《金纂修杂录》，又命礼官张暐等撰写《大金仪礼》、《大金集礼》，颁发全国执行。

以上金的汉化还主要是在制度层面上的，至于在文化层面上，金人的汉化也毫不逊色。金代初年，女真统治者曾一度想在辽、汉旧地推行女真文化，甚至迫使汉族居民学习女真习俗。但先进汉文化的影响和作用是不可抗拒的，金人很快就自觉不自觉地堕入了自我汉化的轨道。即以文字言之，金人建国前和契丹一样无文字，处于"无书契，无约束，不可检制"[1]的状况。金天辅三年（1119年），金太祖"命希尹撰本国字，备制度。希尹乃依做汉人楷字，因契丹字制度，合本国语，制女真字。三辅三年八月，字书成，太祖大悦，命颁行之"[2]，女真人从此创建了自己的文字。但如文献所载，女真文字在创建中不可能不借鉴先进的"汉人楷字"，而这就是先进文化的作用。虽然女真文字也杂糅了"契丹字制度"，但契丹文字本来就是以汉字为母体创造的，现在在此基础上又进一步添加了汉字的成分，汉字的渊薮在女真文字中更显突出。虽然有了自己的文字，但从出土的金代文物看，许多铜印、铜镜、铜钱、铜牌及碑刻上仍使用汉字，文字的风格也与宋人相似，这也说明了汉文化的不可逆。

金天会四年（1126年），北宋亡于金。此后金廷出于建立封建秩序的需要，也出于称雄中国的目的，更是大张旗鼓地祭起了汉学、汉法的大旗，使得金的汉化进一步深入到上层建筑的各个领域。这场触及意识形态和社

---

[1] 《金史·本纪第一·世纪》。

[2] 《金史·完颜希尹列传》。

会形态的汉化，首先是从金熙宗倡导尊孔读经开始的。

金熙宗自幼熟读儒家经典，对孔学和汉文化推崇备至。据《金史·熙宗本纪》记载，皇统元年（1141年）熙宗亲至燕京拜祭孔庙，封孔子49代孙孔璠为衍圣公，并深有所感地对臣子说："朕幼年游侠，不知志学，岁月逾迈，深以为悔。孔子虽无位，其道可尊，使万世景仰。大凡为善，不可不勉。"此后他"自是颇读《尚书》、《论语》及《五代》、《辽史》诸书，或以夜继焉"，还说"朕每阅《贞观政要》，见其君臣议论，大可规法"，对汉学、汉制的仰慕之情溢于言表。当金人南克庐州的捷报飞马传来时，"侍臣多进诗称贺"，熙宗却不以为然，称："太平之世，当尚文物，自古致治，皆由是也"，表明了要改武治为文治的决心。为此他毫不留情地铲除了以左丞相完颜希尹和右丞萧庆为首的武夫集团，为文治肃清道路。

公元1161年，金世宗完颜雍立。他也是个对汉学、汉法极其推崇的帝王，强调"经籍之兴，其来久矣，垂教后世，无不尽善"[①]。他不仅自己躬读经籍，还谕令将《周易》、《尚书》、《论语》、《孟子》、《老子》、《杨子》、《文中子》、《刘子》及《新唐书》等经史译成女真文字，并诏告天下女真人说："朕所以令译《五经》者，正欲女直人知仁义道德所在耳！"[②]他很推崇司马光，说"近览《资治通鉴》，编次累代废兴，甚有鉴戒，司马光用心如此，古之良史无以加也"。

金世宗没，金章宗完颜璟立。此人更加了得，他自小酷爱汉文化，擅长诗词、书法，对经学的研习也颇为精深，是金朝诸帝中文化修养最高的。在位期间他正礼乐、修律法、定官制，使典章文物日臻完备。元朝编撰的《金史·章宗本纪》赞曰："章宗在位二十年，承世宗治平日久，宇内小康，乃正礼乐，修刑法，定官制，典章文物粲然成一代治规。又数问群臣汉宣综核名实、唐代考课之法，盖欲跨辽、宋而比迹于汉、唐，亦可谓有志于

---

① 《金史·世宗本纪中》。

② 《金史·世宗本纪下》。

治者矣！"此文说章宗时的文治之功直追汉唐，这种评价在各少数民族王朝中可谓前所未有。尤有甚者，章宗远近无遗，他甚至"诏亲军三十五以下令习《孝经》、《论语》"①，一时间军营内书声琅琅，营房成了学堂。

古云"上有所好，下必甚焉"，在熙宗、世宗、章宗诸帝的亲自倡导和带动下，社会上"学者渐盛，转习经史"②，女真社会的汉化大大深入。

定鼎燕京后，金廷擢用了一大批汉族士人，这也为汉法、汉制的推行奠定了基础。《金史·韩企先列传》云："企先博通经史，知前代故事，或因或革，咸取折衷。企先为相，每欲为官择人，专以培植奖励后进为己责任。推毂士类，甄别人物，一时台省多君子。弥缝阙漏，密谟显谏，必咨于王。宗翰、宗干雅敬重之，世称贤相焉。"韩企先是燕京人，由此一例即可看出，燕京的汉儒不仅高居相位，主持了金人鼎新革故的制度建设，还"推毂士类"、"为官择人"，将一批"博通经史"的汉儒带入了金廷。女真铁骑攻破汴京时，曾强制大批汴京汉人北上，大多安置在燕京地区。汴京是当时汉民族政治、经济、文化最发达的地区，这些移民的到来，大大改善了燕京汉人的整体素质，同样为金廷汉法、汉制的推行奠定了基础。

在金廷的尚书省下，仿照汉制设立了国子监，统管全国的教学，并从事汉文经典的整理、校勘与刻印。经过对汉文典籍的全面整理校勘，金廷规定：

"凡经，《易》则用王弼、韩康伯注，《书》用孔安国注，《诗》用毛苌注、郑玄笺，《春秋左氏传》用杜预注，《礼记》用孔颖达疏，《周礼》用郑玄注、贾公彦疏，《论语》用何晏集注、邢昺疏，《孟子》用赵岐注、孙奭疏，《孝经》用唐玄宗注，……《老子》用唐玄宗注疏，《荀子》用杨倞注，《扬子》用李轨、宋咸、柳宗元、吴秘注"③。

---

① 《金史·章宗本纪四》。

② 《金史·温迪罕缔达传》。

③ 《金史·选举志一》。

中华典籍浩如烟海，作为少数民族王朝，金廷居然不避繁难，设立庞大的机构整理国故，并从中选择代表性的著述推而广之，不能不说是一件难能可贵之事。为了统一版本，金廷还规定各类经籍及《史记》、《汉书》、《后汉书》、《三国志》等"皆自国子监印之，授诸学校"，国子监成了名副其实的汉文化传播中心。设在中都的中央学校有国子学及太学，招收的学生多为官僚贵族子弟，所授课业即汉文经典。金世宗下令把儒学经籍翻译成女真文字并颁行天下后，又在中都设立了女真国子学和女真太学，层层遴选女真子弟入学深造，并以此作为培养女真上层人物的重要阶梯。

为了网罗人才，金廷早在金太宗天会元年（1123 年）便开科取士，到世宗、章宗时科举制已成为仕进的重要途径。金廷规定，科举取士的教材"以《六经》、《十七史》、《孝经》、《论语》、《孟子》"为主，甚至连选拔法律人才的"律考"也要"于《论语》《孟子》内试小义一道"，"以涵养其气度"[①]。为求仕进，各族人士纷纷埋首儒学经传，汉的主流文化在社会上迅速普及开来。大定十一年（1171 年），世宗敕令创设专门针对女真人的科举考试，"初但试策，后增试论，所谓策论进士也"[②]，又大大推进了女真人对汉文经典的研习。为了维护儒学的正统地位，金廷还强令各宗教废除不符合儒学思想的教规、教义。如佛、道两家规定不拜父母，金章宗便直斥"释道之流不拜父母亲属，败坏风俗，莫此为甚"[③]，强令其即刻改正。

金人灭亡北宋时曾将汴京宣和殿、太清楼和龙图阁的珍宝、图籍、文物席卷一空，都收藏在燕京城内，宋朝的乐工、舞女、艺人、技工等北掳后也有相当部分留在了燕京，这使金中都顿时成了名满天下的文化艺术之都。当社会经济日益繁荣后，中都统治集团及士人对汉文学艺术的追求也不断提高。金世宗、金章宗年间，朝野上下对宋人的文学艺术趋之若鹜，

---

① 《金史·选举志一》。

② 同上注。

③ 《金史·章宗本纪一》。

竞相模仿北宋的宫廷书法、绘画艺术和诗词歌赋，皆以拥有一技之长为荣。华夏文化的熏陶再加上少数民族的质朴刚健，终于在金朝孕育出风骨遒劲、华实兼济的文学艺术，涌现出以赵秉文、元好问为代表的杰出文学家。

寻根溯源，金人入主燕京后的上述变化是有其深远的历史基础的。《金史·本纪一》载："金之先，出靺鞨氏。靺鞨本号勿吉。勿吉，古肃慎地也。"金人属女真族，隋唐时称靺鞨，北朝时称勿吉，先秦时称肃慎。金人最早缘起于肃慎，这是历史上相当一致的记忆，在《大金国志》等不少文献中都有明文载述。金人本名珠里真，《满族源流考》云："北音读肃为须，须朱同韵，里真二字，合呼之音近慎，盖即肃慎转音。国初旧称所属曰珠申，亦即肃慎转音也。"以珠里真之谓为肃慎的转音，亦可证金人源起于肃慎。而据第三章第二节所考，肃慎即息慎，原生活在燕代之间，长期以来和中原王朝关系密切，此后才逐渐北徙到东北边地。大约正是基于这种背景，金人才对汉文化既无抵触排斥之心，又有归宗认同之意，以至最终彻底融入其中。

然而令金的上层统治者始料不及的是，当汉的意识形态及文学艺术全面融入社会后，女真统治集团的生活习性也随之改变。早在金朝定都燕京后不久，金世宗就不胜感叹地说："自海陵迁都永安，女直人浸忘旧风。……今之燕饮音乐，皆习汉风，盖以备礼也，非朕心所好"，并直斥皇太子及诸王"汝辈自幼惟习汉人风俗，不知女直纯实之风，至于文字语言，或不通晓，是忘本也"[1]。连金的皇族都到了不通晓本族语言的程度，可见金人的汉化是何等的彻底。不仅本族语言被弃之如履，当时社会上还出现了一股女真民众纷纷改汉姓、着汉服的风潮，而且竞相效尤，愈演愈烈。

《金史·世宗本纪中》载：世宗大定十三年（1173年）五月诏"禁女直人毋得译为汉姓。"

---

① 《金史·世宗本纪中》。

《金史·世宗本纪下》载：世宗大定二十七年（1187 年）十二月诏"禁女直人不得改称汉姓、学南人衣装，犯者抵罪。"

《金史·章宗本纪一》载：章宗明昌二年（1191 年）十一月诏"制诸女直人不得以姓氏译为汉字。"

《金史·章宗本纪四》载：章宗泰和七年（1207 年）九月"敕女直人不得改为汉姓及学南人装束。"

《金史·舆服志下》载："女直人不得改为汉姓及学南人装束，违者杖八十，编为永制。"

仅就以上记载，即可见金廷为禁绝女真人改汉姓、着汉服，三番五次屡下金牌，并为此制定了严刑峻法。可是即便一道道金牌迭出，但女真人改汉姓、着汉服显然已成时尚潮流，任何禁令也难以遏止。因为客观事实是，到了金朝后期，几乎所有女真人都有了自己的汉姓。

金朝灭亡后，当时还是蒙古藩王的忽必烈提出了一个发人深省的问题："或云'辽以释废，金以儒亡'。有诸？"以上所谓"或云"、"有诸"，是指社会上有一种传言，即以金的灭亡是由于金人对汉制及儒学的全盘接收所造成的。忽必烈的汉人臣僚李德辉对此说法大不以为然，他回答说："国之存亡，自有任其责者，儒何咎焉！"[①]李德辉之所以理直气壮地说金的灭亡不能归咎于汉制、儒学，一个最简单不过的道理就是，汉文明和儒学伴随中国古代社会走过了几千个春秋，历朝历代莫不因袭递嬗，何以独独"金以儒亡"？然而，倘若就金人的全盘汉化而言，这种说法也不失为一个概括。特别是到了金朝末年，当蒙古大军压境时，金廷做出的选择不是像辽廷那样北遁大漠，而是南逃汴京，而由此带来的结果是，深入内地的金人不仅在文化上悉数汉化，在血统上也全部融入了汉民族，从而彻底回归到远祖肃慎的怀抱。

---

① 《元史·李德辉列传》。

四　多民族融合的中心

到了元明清三朝，北京不仅跨入了大一统中华帝都的全新阶段，还进入到民族融合、文化融合的全新时期。作为蒙古族、汉族、满族创建的帝国，这些民族的王公贵戚、军民百姓大量涌入首都北京，全国各地各民族的官宦、文士、兵丁、商贾、工匠、艺人也络绎不绝来到北京，给这座千年古都不断注入了新的民族和新的文化。

经过千百年来的民族融汇，元朝的"汉族"已经成为一个不折不扣的多元一统概念。元朝名士陶宗仪在《辍耕录》一书中就明确记载，元的"汉人"包括了八种成分，契丹、女真、高丽、渤海皆榜上有名。元朝官方的民族划分也把契丹、女真视为汉人，忽必烈在颁布军官条例时便以"女直、契丹同汉人。若女直、契丹生西北不通汉语者，同蒙古人。女直生长汉地，同汉人"[①]。契丹、女真原居燕山以北，高丽、渤海也都是东北方的民族，他们的进入内地融入汉人，幽燕无疑是最重要的孔道。而这时的幽燕，"汉人"中显然已远远不止包括了汉化的契丹人和女真人，更包括了由汉代以来徙居在这里的乌桓、鲜卑、羯、氐、胡、突厥、靺鞨、奚、室韦、新罗、沙陀等民族。这些既往的少数民族在元朝早已汉化为"汉人"的基本成分，以至没有必要也没有可能再从民族上加以判分。

元朝建国后，实行了严酷的民族压迫制度，把治下的民族划分为四大等：

最高一等是蒙古人，这是统治民族；

第二等是色目人，包括来自中亚、波斯、阿拉伯等地的穆斯林以及西域、西夏各族人。他们较早被蒙古人镇抚，因此得到元王朝的信任。另外，蒙

[①] 《元史·世祖本纪十》。

古高原周边一带较早被蒙古收服的部族也属此类，如游牧在阴山以北的汪古部等；

第三等是汉人，特指八种不同来源的北方汉地之人，主要指淮河以北原金朝境内的各族人等；

最低一等是南人，指原南宋境内的各族人，泛指淮河以南的汉人及其他族裔。这是最后被元朝征服者，在元朝的身份最低，当时还被称作蛮子、新附人或宋人。

这四大等级的差别是：

首先，各级行政主官一概由蒙古人和色目人担任。《新元史·百官志序》载："上自中书省，下逮郡县，亲民之吏，必以蒙古人为之长，汉人南人贰之。"此文的一个"必"字，已经确定了汉人和南人官吏充其量只能当蒙古官员的助手。《元史·成宗本纪二》云："各道廉访司必择蒙古人为使，或阙，则以色目世臣子孙为之，其次参以色目、汉人。"这里还不厌其详地规定，廉访司之类官职必须首选蒙古人，另外可在色目世臣子孙中遴选，再后可考虑一般色目人，汉人则几乎没有考虑的余地。

其次，受血统论的影响，子孙的承荫制度也有所不同。元成宗大德四年（1300年）规定："正一品子为正五，从五品子为从九，中间正从以是为差，蒙古、色目人特优一级。"[1]这就是说，如果是汉族官吏的后代，其待遇也要比蒙古、色目官吏的后代低一等。

其三，元的刑罚更因民族血统的不同而轻重有别。《元史·刑法四》载："诸蒙古人与汉人争，殴汉人，汉人勿还报，许诉于有司。诸蒙古人斫伤他人奴，知罪愿休和者听。"这里明文规定，一旦发生争斗，汉人只能听凭蒙古人殴打，不能还手，而蒙古人则即便砍伤他人亦可听之任之。

其四，"诸汉人持兵器者禁之"，甚至"诸民间有藏铁尺、铁骨朵，及

---

[1]　《元史·成宗本纪三》。

含刀铁挝杖者"亦一概禁之[1]，就连菜刀也只能几户共用一把。而蒙古人、色目人持有兵械非但不禁，各地收缴的兵器"下等毁之，中等赐近居蒙古人，上等贮于库"，元廷还向蒙古人分发武器。

以上是不同民族在政治地位和权利上的差别。在阶级社会中，政治地位是统摄一切的，于是它也决定了这四大类人在经济、文化及社会各方面的高下之分。元朝的这种民族压迫政策大大加剧了社会矛盾，给元帝国带来了极大的不安定因素，使元朝时常处在动荡不宁的社会骚乱中。但与此同时，这种政策一则增强了蒙古族的整体意识，改变了他们在进入中原前的部落离散状况；二则使远从西方而来的色目人很快融入了中华大家庭；三则还大大加快了契丹、女真、渤海等民族的汉化。

在元朝的民族大融合中，最值得一提的是色目人的融入中华。

早在公元 7 世纪中叶，开放的大唐王朝就迎来了不少来自中亚、西亚地区的"胡商"和"蕃客"。唐以后，辽廷和大食国还建立了姻亲关系。《辽史·圣宗本纪七》载：辽圣宗开泰九年（1020 年）"大食国遣使进象及方物，为子册割请婚。"大食国为皇子向辽请婚，这种联姻更增进了辽与阿拉伯世界的往来。据《北京牛街岗上礼拜寺志》记载，牛街清真寺创建于公元996 年（辽圣宗统和十四年、宋太宗至道二年），这表明当时南京城内已经聚集了相当数量的穆斯林。

至于成千累万色目人的涌入中国，则始于成吉思汗蒙古大军的西征。成吉思汗及他的子孙曾先后三次大举西征，一站接一站打通了中国与中亚、波斯、阿拉伯等地的联系。在这个过程中，大批葱岭以西的各族人士成为成吉思汗的属民，被统称为色目人，而其中最重要的就是回回人。回族的名字来自成吉思汗的一支部队——回回探马赤军。这支部队是蒙古大军横扫欧亚大陆时沿途征发来的，由中亚和西域的穆斯林组成。他们骁勇善战，成了蒙

---

[1] 《元史·成宗本纪三》。

古大军的一支主力，被编入成吉思汗的"探马赤军"。成吉思汗平定西部后，把这支特种部队向东调度，分别驻防中国各地。这支"东来顺"的回回探马赤军由此散布开来，和早年侨居中国的穆斯林一道成为今天的回族。

据统计，到元世祖年间，中都路一地登记在册的回回人已达 2953 户[①]，全国各地的回回人户更是不可计数，乃至有了"元时回回遍天下"[②]的说法。在元的民族政策下，这些人拥有仅次于蒙古人的特权地位，很快在各方面融入了中国社会。首先在政治上，自太宗窝阔台汗起就起用了不少色目重臣，此后更是相沿不替；其次在军事上；能征善战的"回回军"在元朝对南宋的战争中发挥了攻坚作用，从而声名鹊起，成为元朝的一支主力军；再次在城市建设上，忽必烈建造元大都时征发了大批色目族工匠艺人参与其中，使这些外来民为这座超级大都市的兴建发挥了重要作用；最后在经济上，回回人具有商业头脑，尤擅长经营香料、珠宝、织锦、金银饰品等高档消费品，大大活跃了中国与中亚各地的商贸往来。

在当时被统称为色目人的群体中，不但包括了中亚人、西亚人，还包括了西域人、西夏人，甚至包括了部分欧洲人。他们来自不同地域、不同国家，分属不同民族，各有不同的语言和文字。在元大都内，这些远道而来的客人丝毫没有感到陌生和寂寞，反而成了这座世界大都市新的主人。此外再加上汉、蒙、契丹、女真、高丽居民，以及先后被元朝统一的西辽、大理、吐蕃属民，元大都内民族成分之多堪称当时世界之最，促成了又一轮空前的民族大融合。

在明军围攻元大都时，元顺帝携太子、嫔妃仓皇北逃，其他不及北遁的蒙古贵族、将领、兵丁、百姓悉数沦为朱明臣子。明朝代元后，明太祖朱元璋提出了"华夷一家"的纲领，申明"蒙古、色目人既居我土，即我

① 王恽：《秋涧先生大全文集》卷八八《乌台笔补》。

② 《明史·西域传》。

赤子，有才能者一体擢用"①。与此同时，明朝加大了对蒙古人及色目人的同化，规定"蒙古、色目人现居中国，许与中国人结婚姻，不许本类自相嫁娶"②。这种强制性的族外婚制度，大大推进了蒙古人、色目人和汉人的融合。到了明朝末年，顾炎武《日知录》卷二十三说："今代山东氏族其出于金、元之裔者多矣。"滞留内地的金、元后裔已基本汉化。

明朝初年，为了垦殖荒田、振兴经济，从外地大量移民北平，由此掀起了古都北京的新一轮民族融合高潮。洪武四年（1371年）三月，"徙山后民万七千户屯北平"③，同年六月又"徙北平山后之民三万五千八百户，一十九万七千二十七口"，同时"（徐）达又以沙漠遗民三万二千八百六十户，屯田北平府管内之地"④。以上所谓"山后之民"，即胡、汉混居的"杂夷"，而徐达迁徙的"沙漠遗民"，更无疑是以蒙古为主的少数民族。他们动辄十几二十几万人的迁入，大大充实了北平的人口，也大大增加了这里的少数民族成分。

随着明廷移民政策的推行，内地的汉民也大量涌入北平府。史载明惠帝建文四年（1402年）九月"徙山西民无田者实北平，赐之钞"⑤，明成祖永乐元年（1403年）八月"发流罪以下垦北京田"，永乐二年（1404年）九月"徙山西民万户实北京"⑥，永乐十年（1412年）正月敕"当答者"的罪人免罪，"令挈妻子徙北京良乡、涿州、昌平、武清为民，授田耕种，依自愿为民种田，例给路费，三年始供租调"⑦，凡此都是内地汉人移民北京的实例。除一般百姓外，明成祖尚"徙直隶（今皖、苏地区）、苏州等十郡，

---

① 《明太祖实录》卷三十。

② 《大明律·蒙古色目人婚姻》。

③ 《明史·太祖本纪二》。

④ 《明太祖实录》卷六十六。

⑤ 《明史·成祖本纪一》。

⑥ 《明史·成祖本纪二》。

⑦ 《明太祖实录》卷一百二十五。

浙江等九省富民实北京"①，把大批江南富户也迁来北京。

《明宪宗实录》卷七四载："京师居民，不下数十百万。"可见明京师的人口总数已近百万。而据万历年间的统计，在明北京城的这百万人口中，"京兆之民，十得一二；营卫之兵，十得四五；四方之民，十得六七。就四方之民中，会稽之民，十得四五"②。这就是说，明京城人口中原"京兆之民"仅占了十之一二，兵丁将士占了十之四五，其他都是迁来的四方之民。尤其值得注意的是，外来人口中以江南"会稽之民"为多，几占四方之民的一半，总计不下二十余万。江南移民的大量迁入，显然和明朝初年由南京迁都北京有关，是被迁都大潮裹挟来的。有此机缘，北京获得了一次南北汉民的空前大融合，再次给北方汉民族、汉文化注入了新鲜血液。

公元 1644 年，清朝摄政王多尔衮率大军南征北京，途经通州时就颁布了"剃发令"，开始以征服者的姿态对汉人实施新一轮的民族歧视和压迫。此后清朝政府全面贯彻"首崇满洲"之策，在北京地区强制推行了薙发、易服、圈地、占房、投充、逋逃等民族压迫政策。

早在即位之初，清皇太极就慨叹"昔辽金元不居其国而入汉地，易世之后皆汉俗"③，认为女真族一旦汉化便会迅速灭亡。因此当满人大军尚未踏进京师门槛时，多尔衮就下令所有汉族男子仿照满族男子削发留辫，此后更强迫汉族男女一律改服满人装束。千百年来，"身体发肤，受之父母，不敢毁伤"的理念早已深深融进汉民族的灵魂，清朝的这种做法严重违背了汉民族的心理，理所当然激起了汉人的殊死反抗。当年后金军（清军）占领辽阳时也曾强迫汉人剃发，但汉民誓死不从，成千上万汉民宁可投鸭绿江自尽也拒不从命。此番进京后清廷遭遇的反抗更为激烈，迫使多

---

① 《明史·成祖本纪二》。

② 于慎行：《谷山笔麈》卷十二。

③ 魏源：《圣武记》卷一。

尔衮进京二十余天后便不得不"谕缓之"①，一度收回了成命。但局势稍稳后，顺治二年（1645 年）六月清廷颁发了更加严苛的剃发令，诏令"自今布告之后，京城内外限旬日，直隶各省地方自部文到日亦限旬日，尽令剃发。遵依者，为我中之民；迟疑者，同逆名之冠，必置重罪。……不随本朝制度者，杀无赦"②。此后便大开杀戒，用屠刀制造了"留头不留发，留发不留头"的血淋淋事实，逼迫汉民族有史以来第一次全部更换了少数民族的发式和装束。

入驻北京后，清廷为了安置满洲贵胄和数十万八旗军民，自顺治元年（1644 年）十二月起便派官员在京师四百里内跑马圈地，强占汉族民田。此策一出，京畿之内"旗圈之后，所余无几"，大量汉民流离失所。贫无立锥之地的流民生计无着，不得已沦为满洲贵族及八旗官兵的奴隶，这就是所谓"投充"。为了防范汉奴的背叛与逃离，清廷制定了严苛的"逃人法"，规定"隐匿逃人者正法，家产入官，其两邻各责四十，流徙"③，即凡有藏匿者即刻就地正法，家产籍没，并且殃及乡邻，或杖责，或流徙，这便是所谓"逋逃"。

以上民族高压政策大大激化了汉、满间的矛盾，但清廷仍一意孤行，严令"有为剃发、衣冠、圈地、投充、逃人牵连五事具疏者，一概治罪"④。于是到了顺治五年（1648 年），京城内"争端日起，劫杀抢夺，而满、汉人等彼此推诿，竟无已时"⑤，汉族与满族的关系已形同水火。在此情形下，清廷采取了更为极端的措施，强令满、汉分城，"务使满汉界限分明"。早在清人进驻北京之际，大批城市民房已被八旗圈占，及至下达满、汉分

---

① 《清史稿·多尔衮传》。

② 《清太祖实录》卷十七。

③ 《清世祖实录》卷八十六。

④ 《清世祖实录》卷二十八。

⑤ 《清世祖实录》卷四十。

城的敕令，内城便全部被满洲贵胄及八旗军民独占。敕令规定"凡汉官及商民人等尽徙南城"①，汉人官宦、商贾等也一概与汉族百姓迁居外城。

至此，从发式衣冠、土地资源、家奴役使乃至居住区域等方面，清廷对北京地区的统治全都打上了鲜明的民族烙印和阶级烙印。然而，为了稳定政权，清廷也不得不对汉民族采取了一些安抚之策。

首先，清人以京师得之于李自成为由，祭起了"国家抚定燕都，得之于闯贼，非取之于明朝也"②的大旗，把自己放在了明王朝的继统者而非掘墓人的位置上。这固然是清廷采取的政治策略，但其先人金朝曾经定鼎燕京的事实，也给他们以中原王朝继统者自居披上了一层炫目的外衣。

其次，为了照顾汉人的情绪，入驻北京的第三天多尔衮就以帝礼安葬了明末帝崇祯，"首崇帝后谥号，卜葬山陵，悉如典礼"，并令官民人等"为崇祯帝发丧三日"，还对已故明后妃进行了安葬。此后多尔衮颁布王令，恩养明宗室人员，规定明"亲郡王、将军以下，一仍故封，不加改削。勋戚文武诸臣，咸在朝列，恩礼有加"③，对明嫔妃则令"户部量给养赡，并设守护"④。

再次，多尔衮进京第二天就宣布，明官吏一概照旧录用，京师内阁、六部、都察院及各衙门"以原官同满洲官一体办理"⑤，使政权机器很快运转起来。

又次，进京伊始清廷便大赦天下、减免赋税，宣布"官吏军民罪犯，非叛逆十恶死在不赦者，罪无大小，咸赦除之"，"凡加派辽饷、新饷、练饷、召买等项，俱行蠲免。大军经过地方，仍免正粮一半，归顺州县非经过者，

---

① 《清世祖实录》卷四十。

② 《清史稿·多尔衮传》。

③ 同上注。

④ 《清世祖实录》卷六。

⑤ 《清史稿·世祖本纪一》。以下本节凡引自此卷者不另注。

免本年三分之一"，废除了明王朝的苛政和杂税。

更次，顺治五年（1648年）传谕全国"令满、汉官民得相嫁娶"。

以上举措很快收服了汉族中上层的人心，为建立清朝和汉族上层社会的政治联盟奠定了基础。

对进京伊始采取的这些措施，清廷大多能奉行不悖，持之以恒。单就对已故明皇的优礼而言，顺治元年（1644年）正式颁布了保护明陵的法令，规定"明国诸陵，春秋致祭，仍用守陵员户。帝王陵寝及名臣贤士坟墓毁者修之，仍禁樵牧"。顺治八年（1651年）又特谕辅国公叶布舒、镇国公高塞、都统柏达里、散秩大臣完颜洪阿等会同明代遗臣及太监，用黄舆把明代神主移往历代帝王庙。道光十六年（1836年），进而"定明陵春秋致祭，由袭侯往行，余以其族官品峻者摄之，或遣散秩大臣，为永制"，使明陵岁祀不断。尤有甚者，康熙帝还躬行"往古所未有之事"，以易代之君的身份数次亲祭明太祖之陵。

对中华民族的历代帝王，清廷更是奉祀不怠。顺治、雍正、乾隆、嘉庆帝等都曾亲诣京师的历代帝王庙拜祭，此外清廷还岁岁派员祭祀各地的帝王陵庙。《清史稿·礼志三》云："伏羲，神农，黄帝，少昊，颛顼，帝喾，唐尧，虞舜，夏禹，商汤，周武王，汉高祖、光武，唐太宗，宋、辽、金太祖、世宗，元太祖、世祖，明太祖，凡廿一帝，祀以太牢。"通过这些祭祀典仪，爱新觉罗氏冠冕堂皇地成了泱泱中华的继统者，甚至俨然成了中华民族的正宗继承人。

最不能不提的是，由于宫城是一个王朝的象征，每逢改朝换代，新主子往往会毁掉前王朝的宫殿，以此镇肃前朝的王气。蒙古国灭金后就把金中都的皇宫付之一炬，明王朝灭元后也把大都城的元皇宫拆毁殆尽，凡此皆为实例。但一反常态的是，清廷却把明京师和明皇城全盘接收下来，并且一成不变地加以修缮、保护和利用。这种做法表面看来十分平常，但这不但给历史留下了一座完整的明京师，而且它是一个标志，表明清政权全面继承了明政权，变换的只是城头的旗帜和坐在龙椅上的人物，不变的则是它的政体和实体。

此外在满、汉官吏一体办事方面，顺治五年（1648年）"初设六部汉尚书、都察院左都御史"，明文规定清廷六部各设满、汉尚书一名，都察院亦设汉人御史，由此将满、汉的政治联盟全面制度化。

清圣祖玄烨于康熙六年（1667年）亲政后，在接连铲除鳌拜、削平三藩、收复台湾、亲征准噶尔、稳定西藏、修治黄河以及反击沙俄入侵的同时，还不忘采取种种怀柔之举，进一步化解汉人的反清情绪并笼络汉族名士。这些举措是：

宣布停止跑马圈地，放宽垦荒地的免税年限，开放海禁；

推行"满汉一体"，规定满汉大小官员凡职务相同者皆品级划一，并通过创建南书房等制度弱化满族议政王大臣的权力，削弱满洲贵族的势力；

"颁发恩诏，访隐逸"[①]，多次举办博学鸿儒科，不拘一格地从汉族儒士中擢拔人才；

打破清帝无一人南逾黄河的成例，前后六次下江南，亲近抚慰南方士人，还亲自巡视黄河河道，督察河工；

登临泰山极顶，亲诣岱庙躬祀泰山，拜谒岱宗。按照传统，长白山是满洲的"神山"，而泰山是汉人心中的神山，相传伏羲、炎帝、黄帝、尧、舜、禹、汤、周成王、秦始皇、汉武帝等皆在泰山"受命然后得封禅"[②]。康熙二十三年（1684年）冬康熙帝亲祀泰山，表明了清朝皇廷对汉族神山的认同与膜拜，具有很强的象征意义。

以上种种怀柔之举，使绝大多数汉族知识分子转变了立场，纷纷入仕清朝，开创了史所称颂的"康熙盛世"。

---

① 《清史稿·圣祖本纪一》。

② 《史记·封禅书》。

在清京师内，除了满族和汉族外，第三大民族则是蒙古族。当年努尔哈赤起兵时曾经得到蒙古人的帮助，于是从那时起就建立了后金和蒙古族的联盟。皇太极天聪十年（1636年），漠南蒙古十六部全部归顺后金，皇太极因此改国号为大清，改元崇德，以资纪念。清朝后宫有大量蒙古嫔妃，八旗中特设蒙古八旗，都表明了蒙古是清朝的第一盟友。入关后，清顺治帝"定鼎燕京，分置满、蒙、汉八旗于京城"[1]，一时间涌入京城的不但有几十万满族军民，还有数量庞大的蒙古八旗军。到了康熙年间，清政府一面用武力征服噶尔丹漠西蒙古，一面用怀柔之策收服喀尔喀漠北蒙古，京城内的蒙古贵族又有显著增加。

大批蒙古王公贵族的到来，使藏蒙地区崇信的喇嘛教也在京城盛行起来。为了安抚蒙、藏民族，清廷在京城兴建了不少喇嘛庙，其中汇集了不少蒙、藏喇嘛，仅雍和宫一处就有五百余名。与此同时，一些回族、朝鲜族、越族、藏族旗丁相继编入"京旗"行列，也成为京城的正式居民。康熙二十四年（1685年）中俄雅克萨战役后，一些投诚、被俘的哥萨克官兵被递解进京，编在满洲镶黄旗帐下[2]，同样成了京旗的一部分。此外再加上庞大的汉八旗军，清京师真正成了多民族的集聚地。

正阳门外的京师南城，是清朝汉、回各族的聚居区，集中了大批汉族京官和士子，也集中了大批汉、回手工业者和商人，成为清京师重要的文化区和商业区。商业区集中在正阳门外两侧，这里沿街排列着各种店铺，广货、绣货、绸布、珠花、食品、鞋帽、日杂等一应俱全，还夹杂了不少饭庄。乾隆时编修《四库全书》，诏令广罗天下珍籍，荐书者和编书者一时云集京师外城，形成了以琉璃厂、厂甸为中心的图书古玩市场，成为京城独特一景。

清廷规定内城不得开设旅店，因此无论是等待召见和任命的地方官员，

---

[1] 《清史稿·兵志一》。

[2] 俞正燮:《癸巳类稿》卷九。

抑或进京赶考的举人士子，以及文坛名流、旅京商人和各色旅客，凡来京者一概只能留宿外城，于是整个外城馆所林立，总计不下数百所①。为了提供社交场所，许多同乡会和行业协会都在这里创办了会馆，规模较大的会馆还搭建了戏台，保留至今的有位于虎坊桥的湖广会馆大戏楼。在那个年月，外城的楼堂舘舍里不知寄居着多少天下名士，他们或在此诗酒觞咏、酬酢往还，或在此秉烛笔耕、著书立说，留下了许多脍炙人口的鸿篇巨制，也留下了许多名园佳话。

总之，当时清京师的内城仅具政治、军事功能，而外城则担负着一代都市不可缺少的经济、文化重任，是清北京的核心组成部分。而这个舞台的主角，则是汉、回等各族人民。

辛亥革命爆发后，孙中山在就任中华民国临时大总统的宣言中，提出了著名的"五族共和"纲领。他说："国家之本在于人民，合汉、满、蒙、回、藏诸地为一国，则合汉、满、蒙、回、藏诸族为一人，是曰民族之统一。"②这里列举的汉、满、蒙、回、藏五大民族，就是当时清京师的主要民族构成。清王朝覆灭后，"京旗"的独立政体迅速瓦解，北京旗人纷纷自称汉人并改换汉姓，在语言、文字、衣着、风俗等各方面迅速融化到汉民族中。久而久之，京城的满族与汉族不再有任何区别，只保留下某些遥远的记忆。而与这个潮流相应的是，清京师的蒙古八旗始而"满化"，终而"汉化"，也成为现代北京"土著居民"的一部分。

---

① 清吴长元:《宸垣识略》卷十；李华:《明清以来北京工商会馆碑刻选编》，文物出版社，1980年，第20页。

② 《孙大总统就职宣言书》。

五　汉文明的大一统

尽管元明清三朝统治集团的族属不同，各自的治国方略和民族政策也不同，但全然相同的是，这三朝都是多民族国家。而在它们度过的六个半世纪中，这个多民族国家之所以得以维系，这个泱泱大国之所以在世事多变中恒久以常，一个最重要的原因是，这三大王朝殊途同归，都毫无例外地融入了汉文明。而理所当然地，在这六百余年中，北京就成了这个多民族国家的汉文明中心，成了多元民族一统文化的中心。

元朝统治者是从漠北远道而来的半开化民族，在元明清三朝的统治集团中，以他们与汉文明的距离最为遥远，面对的挑战也最为严峻。承辽、金之后进入中原的他们，对农耕地区的人民不可能不有所防范，甚至从骨子里心怀芥蒂，因此如前所述，元朝统治者采取了一系列极为严苛的民族等级制度。对富有民族气节的汉族知识分子元朝统治者尤其敌视，在元廷划分的官、吏、僧、道、医、工、匠、娼、儒、丐十大职业等级中，居然把儒生贬到连娼妓都不如的地步。然而，"天朝上国"的丰富物产和瑰丽文明，中原大地的亭台楼榭和丝竹管乐，对这些半开化的游牧人的诱惑力实在是太大了，睡梦中他们都会痴迷不已，而为了统治的需要，蒙古集团对汉制和汉文化便不得不有所继承。此外，同样为了统治的需要，元廷也不得不吸纳了部分汉人参与机枢，而这些士大夫在为蒙古人效忠的同时，也尽可能引导他们推行汉法，由此促成了汉文明在元朝的延续。

根据明朝人的评述，元世祖忽必烈"信用儒术，用能以夏变夷"[①]，是个以儒治国的君王。他即位后不久就根据汉儒刘秉忠的奏请，于公元

[①] 《元史·世祖本纪十四》。

1271 年 11 月 "盖取《易经》'乾元'之义"①，建国号为大元。在历朝历代的国号中，以华夏经典文义为名者这是最早的一例，也是最突出的一例。事如清人赵翼《廿二史札记·元建国号始用文义》所云："三代以后，建国号者多以国邑旧名。……世祖至元八年，因刘秉忠奏，始建国号曰大元，取'大哉乾元'之义，国号取文义自此始。其诏有曰：'诞膺景命，必有美名。……称秦称汉者从初起之地名，曰隋曰唐者即因所封之爵邑，是皆徇百姓见闻之狃习，要一时经制之权宜。今特建国号曰大元，取《易经》乾元之义云'。"案元朝本无国号，直接以族名称蒙古，"元"是它有史以来的第一个国号。忽必烈以中华元典《周易》的文义为国号，无疑传递了一个信息，即蒙古统治者已经接纳了汉文化，决定"以夏变夷"。在此之前，忽必烈按《易经》的"至哉乾元"之语创建年号"至元"，也说明了同样的道理。

元朝对汉文明的继承与弘扬，最突出也最具象的表现，体现在元大都的建设上。忽必烈决定迁都燕京后，受命担纲新都建设的就是汉儒刘秉忠。刘秉忠字仲晦，河北邢台人，出生于汉族官宦世家，曾祖是金朝邢州节度副使。他自幼饱读儒释道经书，"尤邃于《易》及邵氏《经世书》，至于天文、地理、律历、三式六壬遁甲之属，无不精通"②。青年刘秉忠曾因郁郁不得志而遁入空门，后为忽必烈所赏识，奉命还俗，成为元朝的股肱重臣。在接受了元大都的兴建任务后，他在赵秉温等人的协助下，按照"王者则天建国，辨方正位"③的要求，仔细踏勘了燕京周边的地形，结合先人的五行、五帝、四方、四象形胜之说，根据具体的水源条件，在金中都东北郊不远处选定了新的城址。此后刘秉忠秉承儒家的都城理念，恪守《周礼·考工记》的规范模式，按照"匠人营国，方九里，旁三门，国中九经

---

① 《元史·世祖本纪四》。

② 《元史·刘秉忠传》。

③ 《晋书·载记第十一》。

九纬，经涂九轨，左祖右社，面朝后市"的格局，设计了元大都的总体蓝图。

《周礼·考工记》记述的，正是从周朝传承下来的帝王之都的理想模式，它以方正有序、主从有别、"建中立极"的原则，无所不至地彰显着都城建设的皇权至上理念。其基本内涵是：

1，旁三门：帝都的轮廓呈方形，四面各设三门；

2，九经九纬：城门内并行三道，在城内纵横交错为"九经九纬"。在华夏文化中，"九"是最大的阳数和天数，"九九"为阳数之极，唯有"天子"才能采用，故此整座都城的主干道为"九经九纬"；

3，经涂九轨：每条大街的宽度可以并行九辆马车；

4，面朝后市：帝王宫禁位于都城的中央，居中而偏南，其后为商贸市场；

5，左祖右社：宫廷之左（东）为帝王祭祀祖先的太庙，右（西）为朝廷祭祀土地和五谷神的社稷坛；

6，面南而王：《考工记》未曾明言但意在不言中的是，中国古代的传统是《周易》所说的"圣人南面而听天下，向明而治"[①]，整座都城的方位应为坐北朝南，以示帝王居天下之正位。

经忽必烈审核批准后兴建的元大都城，就是这样一座坐北朝南、如棋盘般中规中矩的城市。这是一座先有规划而后展开建设的城市，兴建之初首先选定了全城的中心点，在该处矗立起一个醒目的石刻测量标志，名为"中心之台"，然后再按规划次第铺开。这种做法在中国历代城市建造史上实属首创，确保了元大都建设的有条不紊，也确保了城市容貌的整体之美。

元大都城址就在今北京市区，南墙位在今长安街南侧，北墙在今牡丹园、健德桥至北土城一线。现在元大都北城墙还保存着断续相连的城垣，被称为土城子，已辟为城市公园。经实地勘测，整座元大都城垣周长 57

---

① 《周易·说卦》。

华里许，呈规则长方形，东城墙长 7590 米，西城墙长 7600 米，相差仅 10 米；北城墙长 6730 米，南城墙长 6680 米，相差也只有 50 米[①]。除了元大都城的规模远远超出了先秦都城"方九里"的范围而达到"城方六十里"[②]外，其他方面都几乎遵循了《周礼·考工记》的模式。

元大都城垣共有 11 座城门：南面三门，正中为丽正门（今正阳门），东为文明门，西为顺承门；东面自南而北是齐化门、崇仁门、光熙门；西边自南而北是平则门、和义门、肃清门；北面有两座城门，东为安贞门，西为健德门。全城东西南北各有九条大街，恰合"九经九纬"之制。全部街道按宽窄分为三种，主街宽 24 步，小街宽 12 步，胡同宽六步，整齐划一，等秩井然。

大都城从里至外分别是宫城、皇城和大城。宫城位居全城的中心偏南，是依金万宁宫湖泊的水势建设的，分三大组宫殿群，皆坐北朝南，体现了皇帝的居天下之中且面南而王的格局。宫城外是皇城，太庙位于齐化门内，社稷坛位于平则门内，正好在皇城的一东一西。主市场集中在皇城后面的积水潭北岸，称日中坊，与"面朝后市"的规制完全相符，称谓也与"日中而市"的华夏传统全然相合。

最为难得的是，元大都还基于儒家的伦理秩序及"正"和"中"的皇权思想，规划了一条城市中轴线。这条中轴线起于都城正南的丽正门（今北京正阳门北），直通正北大天寿万宁寺中心阁（今鼓楼北），从南到北依次贯串着皇城的正南门灵星门、宫城的正南门崇天门、前朝的第一座门大明门、皇宫的正殿大明殿、皇宫的后殿延春阁及清宁宫、宫城的正北门厚载门等。中轴之上贯以大道，宽 28 米，一座座大殿分列大道两旁。

综合以观，元大都城宫廷居中的皇权至上、"面南而王"的华夏传统、

---

① 中国社会科学院考古研究所、北京市文物管理处元大都考古队：《元大都的勘察和发掘》，《考古》1972 年 1 期。

② 《元史·地理志一》。

"左祖右社"的对称原则、"面朝后市"的轻重对置、中心轴线的南北贯穿、水地两宜的宫殿建设，以及整座城市类似几何形图案的严正匀称，都逼真再现了华夏都城建设的理想模式。在全国各大古都中，按此规划建设起来的绝无仅有，事如侯仁之教授所言："无论是秦的咸阳，还是汉唐的长安与洛阳，在其平面布局上，也都不见《考工记》理想设计的踪影。只是到了元朝营建大都城的时候，这才第一次把这一理想设计，付诸实现。但也并不是机械地照搬，而是结合这里的地理特点又加以创造性的发展，终于形成了一幅崭新的设计图案。"①当年意大利人马可·波罗来到元大都后，对这座城市的堂皇大气和中规中矩赞不绝口，称其"全城地面规划有如棋盘，美善之极，未可宣言"②。

元亡以后，大都城的核心结构和基本布局为明清王朝所承袭，相沿数百年而不改。尤其是全城的中心轴线及左右对称格局，直到清朝末年亦始终不变，至今已保持了七个半世纪。明朝唯一变化了的，是明代初年将紫禁城的位置稍稍向南做了一些推移，说已详第三章第八节。此外明世宗时修建北京外城，把城市的南缘扩展到永定门，中轴线也因此而顺延，成了南起永定门，北贯正阳门、中华门、天安门、端门、午门、太和门、太和殿、中和殿、保和殿、乾清门、乾清宫、交泰殿、坤宁宫、御花园、神武门、景山、地安门，直抵钟楼、鼓楼的全长达7.8公里的中心轴线。全城最宏大的建筑大都安排在这条中轴线上，其他各种建筑物也都按这条中轴线对称展开。最突出的是从南端永定门起，相继有天坛和先农坛、太庙和社稷坛、东华门和西华门、安定门和德胜门沿中轴线两两相对，颇为壮观。在世界古代城市史上，这是现存里程最长、沿用时间最久、整体布局最宏大的城市中轴线，它以独有的磅礴气势穿越全城，堪称古代北京的灵魂线。

学者在评述元明清北京城时说："明清两代主要是改建宫城、皇城，对

---

① 侯仁之:《北京旧城平面设计的改造》。

② 冯承钧译、沙海昂注:《马可·波罗行记》第2卷第7章，商务印书馆，1936年。

全城的街道规划未作改变。一个现代化的城市中尚保留着 700 年前城市规划的街道布局，这在世界上也是很少见的，何况完成于公元 13 世纪中叶的元大都城市规划是中国古代都城规划最后的经典之作。"①诚如此言，经过由元初到清末六个半世纪的充实与完善，在大都城基础上发展起来的古代北京城，无可争议地成为我国古都建设史上的"经典之作"，成为华夏文明矗立在神州大地上的一座丰碑。1964 年～1974 年，考古工作者对元大都的城墙、街道、水系进行了全面勘探，重点解剖了十余处遗址，初步复原了元大都的平面布局②。时至今日，除元大都北城垣部分残垣被辟为遗址公园外，在北京的街头巷尾和胡同深处，仍时或可见元大都留下的历史踪迹③，见证着这座昔日世界级大都市的鼎盛与辉煌。

为了巩固对汉地的统治，为了笼络汉族士大夫，元朝对孔子也备承敬仪，眷顾之隆甚至比诸前朝都有过之无不及。当年元太祖初入燕京便降旨在故金中都城内建造祭祀孔子的宣圣庙。元太宗窝阔台汗也"诏以孔子五十一世孙元措袭封衍圣公"④，并多次重修孔子庙。忽必烈中统二年（1261 年），诏令"宣圣庙（孔庙）及管内书院，有司岁时致祭，月朔释奠，禁诸官员使臣军马，毋得侵扰亵渎，违者加罪"⑤，把孔庙及所属书院列作了神圣不可侵犯的重地。忽必烈至元四年（1267 年）"敕上都重建孔子庙"⑥，又将上都开平府的孔庙翻建一新。元大都修竣后也新建了孔子庙，建成于元成宗"大德十年（1306 年）秋"⑦。这是北京成为全国性都城后建造的第一座皇家孔庙，至今保存完好，位在安定门内成贤街。元武宗至

---

① 徐苹芳：《图说北京·序言》，北京燕山出版社，1999 年。

② 中国社会科学院考古研究所、北京市文物管理处元大都考古队：《元大都的勘察和发掘》。

③ 徐苹芳：《古代北京的城市规划》，《环境变迁》第一辑，海洋出版社，1984 年。

④ 《元史·太宗本纪》。

⑤ 《元史·世祖本纪一》。

⑥ 《元史·世祖本纪三》。

⑦ 《元史·祭祀志五》。

大元年（1308年）加封孔子为"大成至圣文宣王"①，这比唐朝封谥的"文宣王"、宋朝封谥的"至圣文宣王"更有擢升，是有史以来封建帝王给予孔子的最高谥号。元文宗还对孔子的先人、后人累加封赏，"加封孔子父齐国公叔梁纥为启圣王，母鲁国太夫人颜氏为启圣王夫人"②。

在元朝划分的十大职业等级中，儒生的卑微无以复加，但在具体的政策执行中，元廷对读书人却不乏保护，并且为此特别划定了一个"儒户"阶层。元世祖时天下初定，民生维艰，尤以不事稼穑的读书人最为困厄。为此世祖颁旨天下："敕诸路儒户通文学者三千八百九十，并免其徭役"③，免除了全部儒户的徭役。单是免除徭役仍然不够，世祖又诏令"凡在籍儒人，皆复其家"④。此处所说的"皆复其家"，显然不仅包含了不让这些儒人流离失所的意思，还包含了保障他们基本生活条件的意思，让他们能够安心读书。又《元史·食货志一》载：元世祖中统五年（1264年）"诏僧、道、也里可温、答失蛮、儒人凡种田者，白地每亩输税三升，水地每亩五升。"《元史·兵志一》载：元世祖年间大征兵，"除军、站、僧、道、也里可温、答失蛮、儒人等户外"其他各户概不得免。以上僧、道、也里可温、答失蛮等，分别指元的佛教、道教、景教（基督教）和伊斯兰教，这都是当时颇有影响的宗教。在上述规定中，儒人和各大宗教的教徒并列，一概享受减免租税和豁免兵役的优渥，足见儒户的实际身份并不低贱。世祖晚年再次下诏"免儒户杂徭"⑤，元后期的惠宗也"诏免儒人役"⑥，可见元朝对儒户的这种政策是一以贯之的，一直延续到元朝末年。尤有甚者，《元史·刑法志一》记载："诸僧、道、儒人有争，有司勿问，止令三家所掌会问。"按此规定，

---

① 《元史·武宗本纪一》。

② 《元史·文宗本纪三》。

③ 《元史·世祖本纪六》。

④ 《元史·崔彧列传》。

⑤ 《元史·世祖本纪十二》。

⑥ 《元史·顺帝本纪一》。

凡儒生争讼犯科，可先交主管儒生的职司处理。虽然这并不等于法外施恩，但至少让只会说理的儒生多了一个讲理的地方。

最具实际意义的是，早自成吉思汗开始，就为了开邦建国的需要起用了大批儒臣，耶律楚材就是其中的代表。耶律楚材字晋卿，出身契丹皇族，是"辽东丹王突欲八世孙"[①]。他自幼生长在燕京，博览汉文经典且擅长诗文，被尊为一代名儒。"太祖定燕，闻其名，召见之"，此后成为铁木真、窝阔台两朝的股肱重臣，主理朝政达三十年。他力主以儒治国，提出"制器者必用良工，守成者必用儒臣。儒臣之事业，非积数十年，殆未易成也"。当蒙古大军在中原大开杀戒时，他吁请文治，"命收太常礼乐生，及召名儒梁陟、王万庆、赵著等，使直释九经，进讲东宫。又率大臣子孙，执经解义，俾知圣人之道。置编修所于燕京、经籍所于平阳，由是文治兴焉"。于兵燹战火中，他尽一己之力挽救了大批儒生，"得士凡四千三十人，免为奴者四之一"，并一律量才录用。成吉思汗攻占中原后，有的蒙古大臣提出尽杀汉人，把中原变成蒙古人的牧场，耶律楚材以汉人可以向元廷提供税收为由强烈反对，才使这个残忍的计划没有付诸实施。在主理朝政时，耶律楚材依照汉法"信赏罚，正名分，给俸禄，官功臣，考殿最，均科差，选工匠，务农桑，定土贡，制漕运"，在汉制的基础上逐一创立了蒙古的治国之策。

忽必烈受命总领漠南汉地后，就采纳刘秉忠等人"以马上取天下，不可以马上治之"的经国安民之道，以周公、唐太宗、金世宗为榜样，广征天下贤才和四方饱学之士。早在1236年，年轻的忽必烈得到过一处万余户人口的封地，位在河北邢州。最初他放任自流，任凭官员巧取豪夺，导致农民大量逃离领地。后来他改弦更张，招募汉人经营管理，这块封地才很快稳定下来，且成了他的根据地。有此经验，忽必烈甫一登基便起用了

---

① 《元史·耶律楚材传》。本节文献皆引自此传，不另注。

不少汉族的硕学鸿儒，突出之例即前述的刘秉忠。作为一介汉儒，刘秉忠奉命主持了元朝的立国号、建新都、筑宫室、颁礼乐、定官制、配俸禄等一系列大事，无异于元朝的总工程师，在元的开国创制中被尊为"一代成宪"[①]。

元世祖忽必烈登基未久，汉儒许衡就进言："考之前代，北方之有中夏者，必行汉法，乃可长久。故后魏、辽、金历年最多，他不能者，皆乱亡相继，史册具载，昭然可考。……国家之当行汉法无疑也"[②]，奉劝忽必烈采用汉法。此言之中最能打动忽必烈的，莫过于许衡列举北魏、辽、金之所以国祚长久，皆是行用汉制之故。事实昭昭，宁容见疑？因此忽必烈顶住了"西北藩王"的强烈抵制，不顾他们以"本朝旧俗与汉法异，今留汉地，建都邑城郭，仪文制度，遵用汉法，其故何如"[③]的诘难，全面推行了汉法。他不仅建立起一套以中原王朝三省六部为蓝本的政治体制，而且举凡仪文制度一概"遵用汉法"。

铁木真、窝阔台、忽必烈皆一代雄主，经由他们的奠定，元朝很快步入了以儒家政治学说为核心的汉学、汉法、汉制轨道，并在经籍的推广、国史的修撰、科举的恢复、"经筵"的举办、教育的复兴等方面承辽金之绪而有所发展。

早在太宗窝阔台之世，就因耶律楚材的奏请"立编修所于燕京，经籍所于平阳，编集经史，召儒士梁陟充长官，以王万庆、赵著副之"[④]，开始对华夏经典的编纂整理工作。特别值得指出的是，自忽必烈成立翰林国史院，诏令编修辽、金、宋三史，修史就成了元廷的要务。因为元朝上承的是南北分治的北宋、南宋、辽、金四朝，以谁为"正朔"极为敏感，治史

---

① 《元史·刘秉忠传》。

② 《元史·许衡传》。

③ 《元史·高智耀传》。

④ 《元史·太宗本纪》。

者为此一直争讼不已，以至国史的编撰历经数代元帝的推动迄无结果。元顺帝即位后，于至正三年（1343 年）再度"诏修辽、金、宋三史"①，并令中书右丞相脱脱为都总裁官。这位总裁官敢作敢当，一言九鼎地确定了宋、辽、金三朝皆为正统，各用本朝年号，不相统属，这才毕其功于一役。从元朝对修史的重视程度及结果看，这一来维系了官修正史的华夏传统，未使这一传统因统治民族的改变而中辍；二来以一朝之力而成三朝正史，唯有唐朝修《南史》、《北史》、《隋书》的盛事可比；三来其最终承认了宋朝的正统地位，维了中华一统和中华一脉的大局，意义非同一般。元朝修成的《宋史》记载了从北宋到南宋 319 年的史实，总计 496 卷，是历代官修史书中内容最为详尽的一部，也是卷帙最为浩繁的一部。

蒙古建国初年，太宗窝阔台始得中原，辄用耶律楚材之言"以科举选士"②，但此后中辍。及至皇庆三年（1314 年）八月，元仁宗诏令恢复科举，并将儒家学说中的程朱理学定为科考的主要内容。更有趣的是，身为漠北而来的蛮夷化外之族，元廷居然也实行了给皇帝御前讲解汉学经传的"经筵"制度。这个制度源起于汉宣帝诏诸儒讲五经于石渠阁之例，此后唐玄宗仿效之，并设置侍读学士，到宋代始称"经筵"。宋的经筵于每年春二月至端午日、八月至冬至日举行，每逢单日入讲，由大学士、翰林侍读学士、翰林侍讲学士轮流给皇帝御前讲读。《元史·泰定帝本纪一》云："开经筵及择师傅，令太子及诸王大臣子孙受学，遂命平章政事张珪、翰林学士承旨忽都鲁都儿迷失、学士吴澄、集贤直学士邓文原，以《帝范》《资治通鉴》、《大学衍义》、《贞观政要》等书进讲，复敕右丞相也先铁木儿领之。"据此可知，元廷的"经筵"是从泰定帝开始的，此后渐成制度，到顺帝时甚至"命经筵官月进讲者三"③。

---

① 《元史·顺帝本纪四》。

② 《元史·选举志一》。

③ 《元史·顺帝本纪四》。

在北方民族建立的各王朝中，元朝是汉化程度最低的一个，因此它的多元文化成分也最为显著。仅就国子学而言，"其出身于学校者，有国子监学，有蒙古字学、回回国学"[①]，分别设有国子监学、蒙古字学、回回国学三大分支。国子监学专供蒙、汉贵族子弟学习汉文化，"凡读书必先《孝经》、《小学》、《论语》、《孟子》、《大学》、《中庸》，次及《诗》、《书》、《礼记》、《周礼》、《春秋》、《易》"。蒙古字学则专门教习蒙古文字与文化，兼收蒙古、色目及汉官子弟。回回国学负责传授"亦思替非"文字（阿拉伯文字），"凡公卿大夫与夫富民之子，皆依汉人入学之制，日肄习之"。以上三学皆为元廷所立，地位相当，影响也相当。它们的同时并存，既丰富了民族文化，也增进了民族间的相互了解与融合。

元朝的民族政策虽然严苛，但在文化上却相当宽松，对各民族的文化与宗教一概予以接纳。自成吉思汗起就倡导宗教自由，他的家族成员和家臣有信仰萨满教、佛教、道教的，也有信仰基督教、伊斯兰教或其他宗教的，一概不加禁止。君临中国后，成吉思汗的宗教自由政策得以延续，据《元史·世祖本纪第十三》记载，至元二十八年（1291年）时全国有寺庙"四万二千三百一十八区"，有"僧、尼二十一万三千一百四十八人"，宗教和宗庙的兴盛足见一斑。至于在大都城内，各种宗教更是应时而兴，佛寺、道观、教堂、清真寺比邻而建，互不相扰，成为十三、十四世纪世界上宗教色彩最为多元化的都市。

民族的荟萃也给大都城的多元文化增色不少。首先蒙古皇室及贵族在日常生活中依然保持了过去的传统，在服装、发式、饮食、宗教信仰及婚丧嫁娶等方面都沿用了蒙古旧俗。元的宫廷生活也是蒙、汉相混，既在居住环境上承袭了汉式传统，也在内部陈设、饮食起居及生活习俗上表现出蒙式风格。为了让子孙永世不忘草原文化，忽必烈还特意将大草原的莎草

[①] 《元史·选举志一》。

移植于皇宫，给元大都宫廷增添了一道独特的草原风景。元朝多元文化的另一大来源出自色目人，他们从葱岭以西远道而来，不仅带来了西方的风俗文化，还带来了阿拉伯世界的古典天文学、数学、医学、文学、音乐、舞蹈、书法以及建筑、冶炼等。元朝对各类域外人士的态度是"英雄不问出处"，一概准许他们在中国做官、通婚，对他们带来的文化也不排斥，这就使元大都的文化舞台更加异彩纷呈。总之，除了汉文明的主导因素外，元大都处处不乏其他文化的踪影，而正是这种多元文化的碰撞与融合，生成了既有深厚生活底蕴又广受各族人民欢迎的杂剧艺术，把源自"蕃曲"和"胡乐"的元曲送进了文学艺术的最高殿堂。

如果说辽、金、元的统治者只是自觉不自觉、情愿不情愿地接受了汉学、汉法和汉文化的话，那么明王朝的建立，显然会带来一次空前的汉文化回潮。早在明初建都南京之际，朱元璋就多次下诏禁绝胡服胡语胡姓，"诏衣冠如唐制"①，同时又下诏禁绝北平地区的"胡俗"，如奢习密宗、近亲结婚、婚嫁紊乱等，以肃清北方少数民族的影响。然而，对于汉民族源远流长的尊孔崇儒传统，朱明王朝开始时居然也倍加抵制，甚至还不自量地发起了一场帝统对儒家道统的挑战。

朱元璋"先世家沛，徙句容，再徙泗州"②，出身安徽凤阳农家。从小浪迹社会底层的他深谙汉民众的心理，故而在称帝前后对尊孔崇儒一度表现得十分积极。《明史·礼制四》载，明朝开国前，朱元璋便于戎马倥偬中"首谒孔子庙"，登基后更于洪武元年（1368 年）二月诏以太牢祀孔子于国学。不仅如此，朱元璋还在上台伊始就派遣专使前往曲阜致祭，并言之谆谆地晓谕使臣道："仲尼之道，广大悠久，与天地并。有天下者莫不虔修祀事。朕为天下主，期大明教化，以行先圣之道。"要看这些煞有介事的言行，似乎表明了朱元璋的崇儒立场，但实际上刚愎自用的朱元璋对"至圣文宣

---

① 《明史·太祖本纪二》。

② 《明史·太祖本纪一》。

王"孔子享有的崇高地位极为不满，尤其对知识分子尊孔子为独一无二的精神领袖愤愤不平。他真正在意的，无非是要建立一个"唯我独尊"的极权制度，既要集一切权力于君王，也要集一切尊荣于君王，绝不容他人来分享。于是，致祭孔子故里的使者刚刚出发，就发生了如下故事：

"洪武元年三月，徐达下济宁，克坚称疾，遣希学来见，达送之京师。希学奏父病不能行，太祖敕谕克坚，末言'称疾则不可'。会克坚亦来朝，遇使者淮安，惶恐兼程进，见于谨身殿问以年，对曰：'臣年五十有三。'曰：'尔年未迈，而病婴之。今不烦尔以官。尔家，先圣后，子孙不可不学。尔子温厚，俾进学。'克坚顿首谢。即日赐宅一区，马一匹，米二十石。明日复召见，命以训厉族人。因顾侍臣曰：'先圣后，特优礼之，养以禄而不任以事也。'"

上事见《明史·儒林三》，是说洪武元年三月徐达攻占了山东济宁，而这恰是孔老夫子故乡曲阜的所在，于是孔子第五十五代裔孙袭封衍圣公孔克坚即派儿子孔希学前往拜会大将军徐达。徐达不敢怠慢，马上送孔希学谒见朱元璋。朝堂上孔希学奏明父亲孔克坚因病不能前来朝贺新主，特替父前来，谁知朱元璋闻之色变，当即给衍圣公下了一道"手谕"，明令"称疾则不可"。孔克坚深知"不可"两字的分量，遂"惶恐兼程进"。及至这位代表"道统"的衍圣公拜见了朱元璋，代表"帝统"的新皇帝却不冷不热地说，你衍圣公既然有病就不必做官了，好好在家管教族人，随后便以"宅一区，马一匹，米二十石"将孔克坚打发了事。事后朱元璋还鄙夷不屑地说，这些先圣后裔养着就是了，不必重用。其实明眼人谁都看得出，这是现实体制的主宰者与传统文化的代表者的一场较量，是新主朱元璋对儒家道统的刻意贬斥。

在首番较量中尝到了甜头后，朱元璋意犹未尽，紧接着又打出了第二张牌。洪武二年（1369年），朱元璋敕令孔子的释奠今后仅限曲阜一地进行，

"天下不必通祀"①。孰料此令一出，朝野上下一片大哗，群臣皆言"孔子垂教万世，天下共尊其教，故天下得通祀孔子，报本之礼不可废"，坚持此事断不可废。迫不得已之下，朱元璋很无趣地收回了成命。于心不甘的朱元璋紧跟着又打出了第三张牌，称《孟子》有诸多"非臣子所宜言"的民贵君轻大不敬言论，特命将孟子逐出文庙殿，并下了有劝谏者皆以死论罪的严令。但令明太祖朱元璋万万想不到的是，愿意为亚圣孟轲赴死者居然大有人在，时任刑部尚书的钱唐就是其中一个。当初在朱元璋下达"孔庙春秋释奠止行于曲阜"的旨意时，钱唐就曾公开反对，如今更是置生死于不顾，竟然抬着棺材直上朝堂，大义凛然地说："臣为孟轲死，死有余荣"②。群情激愤之下，刚刚尝到万乘之尊滋味的朱元璋又讨了个没趣，不得已给自己找台阶说："孟子辨异端，辟邪说，发明孔子之道，配享如故"③，极不情愿地把孟子重新请回了文庙殿。

一场贬儒和尊儒的风波尘埃落定后，大明王朝的最高统治者似乎明白了许多，也聪明了许多，此后不再有贬儒之举，反倒将儒学的大旗举得更高。洪武三年（1370年）朱元璋诏令革除诸神封号，却特别声明唯有孔子的封爵一仍其旧。洪武十八年（1385年）朱元璋诏曰："孟子传道，有功名教。历年既久，子孙甚微。近有以罪输作者，岂礼先贤之意哉。其加意询访，凡圣贤后裔输作者，皆免之。"④进一步提高了孟子的身阶。此后到明成祖朱棣朝，在坐稳了龙椅后，成祖便于永乐十二年（1414年）"命胡广等纂修《经书大全》，又以周、程、张、硃诸儒性理之书类聚成编。成祖制序"⑤，编成《五经四书大全》、《圣学心法》和《性理大全》等儒家经典予以颁行。

---

① 《明史·钱唐列传》。

② 同上注。

③ 《明史·吉礼四》。

④ 《明史·太祖本纪三》。

⑤ 《明史·艺文志三》。

这些著作不仅在官员、科举士子中广为散发，还特意派专人送到藩属之国日本、朝鲜，促进了儒家思想的传播。

继朱元璋、朱棣之后，明朝君主"释奠于先师孔子"的记载不绝如缕。明孝宗弘治九年（1496年）诏令祭孔"增乐舞为七十二人，如天子之制"①，将祭孔礼仪提高到和天子一个档次。明神宗万历十年（1582年）又诏"免先师孔子及宋儒硃熹、李侗、罗从彦、蔡沈、胡安国、游酢、真德秀、刘子翚，故大学士杨荣后裔赋役有差"②，蠲免了孔子及儒学宗师后裔的赋税劳役。于此之外，在国子监的扩充、府学的开办、科举制度的完善、文思院及贡院的设置、翰林院作用的发挥等方面，朱明王朝皆开一世之风，程朱理学也在明成祖朱棣的倡导下盛行起来。

明廷的经筵活动是从明成祖永乐年间开始举办的，但初时既无定日，亦无定所，未成制度。到明英宗正统初年，"始著为常仪，以月之二日御文华殿进讲，月三次，寒暑暂免"③。制度化后的明经筵仍于春秋两季举行，一月三次，地点固定在文华殿。讲授的内容仅限儒家学说中的治国安邦之道，皆以儒家正统经典为教材。据《明史·礼制九·经筵》记载，开讲前"司礼监先陈所讲《四书》、经、史各一册置御案，一册置讲案"，侍讲时"尚书、都御史、通政使、大理卿及学士等侍班"，即包括尚书在内的朝廷重臣一概参与旁听。经筵的重点在于发挥经传的精义，指出历史的鉴戒，以期古为今用。只有在这种场合下，讲官才可以用委婉的言辞对皇帝作些必要的规劝，皇帝则不能流露出任何不快或不恭，反而要毕恭毕敬的正襟危坐，以示郑重和虔诚。听完御前讲授，皇帝还要赐讲官、展书官一干人等酒筵，故整个活动称为"经筵"。除正规的经筵活动外，还有为皇帝侍讲的日讲、午讲等，名目繁多，但中心内容基本不出"先书，次经，

① 《明史·吉礼四》。

② 《明史·神宗本纪一》。

③ 《明史·礼志九·经筵》。

次史"的范围,此外还常常有针对性地研习《通鉴节要》《贞观政要》和《大学衍义》等典籍。

为了炫耀文治之功,明成祖永乐年间集全国两千多饱学之士,将"书契以来经史子集百家之书,至于天文、地志、阴阳、医卜、僧道、技艺之言,备集为一书"[①],编纂成洋洋二万二千九百三十七卷、一万一千零九十五册、目录九百本、总计约三亿七千万余字的《永乐大典》。此书广采明以前各类古籍七八千种,是当时世界上最大、最完整的百科全书,也是明朝留给中华民族的珍贵遗产。可惜历经战火的焚毁及清朝末年八国联军的劫掠,现今存世者仅余八百零八卷。

朱元璋创建的,是历史上最后一个由汉族统治的封建王朝,也是一个专制制度达到极致的王朝。当时不仅君权之重登峰造极,而且皇帝总揽一切,"虽小事必闻"[②],为此而罢丞相设内阁,以"秉笔太监"代皇帝朱批文件。为了维护这种乾纲独断的极权制度,明朝广设特务组织,主要有锦衣卫、东厂、西厂等。锦衣卫是皇帝的亲军,由皇帝亲自掌管,初设于明太祖洪武年间,一直保留到明朝灭亡。这个组织除了保护皇帝,还负责掌管诏狱,替皇帝侦缉官员和百姓的言行,权力之大远远超出了法律的约束,可以直接缉捕任何人。东厂成立于明成祖永乐年间,由宦官主持,权力在锦衣卫之上,可以监视、牵制锦衣卫。西厂也由宦官提督,只存在于明宪宗、明武宗两朝,权力又在锦衣卫和东厂之上。这些特务组织恣意妄为,草菅人命,"举朝野命,一听之武夫、宦竖之手,良可叹也"[③]!尤有甚者,这些重复设立的特务组织彼此争功邀宠,争权夺势,互相倾轧,更加重了政治的黑暗。

极端的个人独裁必然带来极端的文化专制,故此朱元璋、朱棣父子都

---

① 《明太宗实录》卷二十。

② 《明成祖实录》卷四五。

③ 《明史·刑法志三》。

曾大兴文字狱。朱元璋年间，浙江府学教授林元亮、北平府学教授赵伯彦、桂林府学教授蒋质代地方官员撰写奏章，仅因奏章中有个"则"字便一概处斩，原因就是江南方言"则"与"贼"同音，心胸狭窄的朱元璋认为这是暗讽其由"贼人"起家的意思。最大的文化专制还在于八股文的推广，它始创于明成祖朱棣，规定科举考试一律采用八股文，禁锢了文人的独立思考。

若论经济的发展，朱明王朝在当时世界上是首屈一指的，无论冶铁、造船、建筑等重工业，还是丝绸、纺织、瓷器、印刷等轻工业，个个成就斐然。然而在文化上，由于明皇廷的专制独裁，众口噤声的明代却乏善可陈。除了《永乐大典》的编撰外，明王朝事关文化的大事倒也有两件，一件是由三宝太监郑和下西洋所体现的中学西渐，另一件是由意大利人利玛窦来华传教所代表的西学东来。

对郑和下西洋的较详细记载，见于《明史·宦官列传一》：

"郑和，云南人，世所谓三保太监者也。初事燕王于藩邸，从起兵有功，累擢太监。成祖疑惠帝亡海外，欲踪迹之，且欲耀兵异域，示中国富强。永乐三年六月，命及其侪王景弘等通使西洋。将士卒二万七千八百余人，多赍金币。造大舶，修四十四丈、广十八丈者六十二。自苏州刘家河泛海至福建，复自福建五虎门扬帆，首达占城，以次遍历诸番国，宣天子诏，因给赐其君长，不服则以武慑之。五年九月，和等还，诸国使者随和朝见。和献所俘旧港酋长。帝大悦，爵赏有差。"

综合此类记载可知，郑和是回教徒，本姓马，先祖来自中亚，是色目贵族。12岁时郑和净身入宫，后从燕王朱棣起兵，因功被擢升为内官监太监，赐姓郑，时称三保太监。永乐三年（1405年）朱棣命郑和西通诸蕃，官拜通西洋诸番国使节，统率副使王景弘以下各级随员、官校、军卒、水手总计27,800余众，乘坐62艘宝船和各种船只，开始了远航西洋的壮举。此后在总计28年的时间中，郑和七次奉旨出海，陆续到达了近四十个国家和地区，计有"占城、爪哇、真腊、旧港、暹罗、古里、满刺加、渤泥、苏门答刺、阿鲁、柯枝、大葛兰、小葛兰、西洋琐里、琐里、加异勒、阿拨把丹、南巫里、甘把里、锡兰山、喃渤利、彭亨、急兰丹、忽鲁谟斯、比刺、溜山、孙刺、木骨都束、麻林、刺撒、祖法儿、沙里湾泥、竹步、榜葛刺、天方、黎伐、那孤儿"[1]等，最远到达了红海海口和非洲东岸。

郑和的七下西洋，比哥伦布 1492 年的远征早了将近一个世纪，是世界远航史上前所未有的创举。其"将士卒二万七千八百余人"、"造大舶……六十二"的庞大阵容，更称得上是第一次世界大战前的世界最大舰队，远非哥伦布船队的寥寥数十人可比。他的"宝船"长 44 丈，有 9 根桅杆，张红色丝帆，有多层甲板，豪华的船舱上还有阳台。他的船队有专运兵马的船，有战船、巡逻船和 20 艘运水船。他的近三万名随员包括各种语言的翻译、预测天气的占星家、观测星象的天文学家、搜集草药的药学家、修船的专家等，还有两名专门安排官方会见的礼宾官。遥想当年，这样一支船队浩浩荡荡地漂洋过海，真可谓威加四海，气吞山河，无怪乎史称"三保太监下西洋，为明初盛事云"[2]。

以成祖的初衷，郑和的远行或者是为了"耀兵异域，示中国富强"，或者是为了搜寻据说潜逃到域外的明惠帝朱允炆。但事实上，这样一支兵员巨万、船只上百、武器精良的舰队，在当时可以说是无敌天下的，所到之处皆可烧杀掠抢、为所欲为，更可以像西方殖民者一样，每到一处插上个旗子宣称这是自己的领土。可事实恰恰相反，郑和的船队每到一处都是先了解、尊重别国的宗教和文化，然后以中华物宝及金银"给赐其君长"，藉以建立国与国的友好关系。每逢遇到国家间的纷争，郑和一不回避，二不添乱，而是尽可能地予以调解，以此扶弱抑强、主持公道、重建和平。饱受强国欺凌的满刺加国（在今马来西亚一带），就是在郑和的帮

---

① 《明史·宦官列传一》。

② 同上注。

助下获得独立的，感恩戴德的满剌加国王后来"率妻子陪臣五百四十余人来朝"①，成为中国古代外交史上的一大盛事。

郑和下西洋的最大意义，不仅仅在于开创了一个人类外交史上不折不扣的和平之旅、文明之旅，也不仅仅在于将华夏的物产、艺术品、生产技术、科学知识、文化等进行了一次史无前例的大传播，更在于建立了一条自中国南海经孟加拉湾直至阿拉伯海和红海的海上通道。《明史·宦官列传一》记载，自郑和开辟了中国和亚非各国经济、文化交流的渠道后，"自宣德以还，远方时有至者"，中外间的往来络绎不绝。时至今日，南洋各地仍保留着不少郑和下西洋的历史遗迹和传说，其随行人员撰写的《西洋番国志》、《瀛涯胜览》、《星槎胜览》及绘制的《郑和航海图》等，更把这波澜壮阔的旅程存留于世，大大增进了中外间的了解和交流。

《明史·天文志一》云："明神宗时，西洋人利玛窦等入中国，精于天文、历算之学，发微阐奥，运算制器，前此未尝有也。"利玛窦，意大利人，天主教耶稣会传教士，于明神宗万历十年（1582年）奉派来华传教，初在广东，后入北京。来华后，为了克服传教中的困难，利玛窦另辟蹊径，先以西方的科学技术引起士大夫的注意和敬重，然后再开辟一条由学术入宗教的道路。同时他着力寻求天主教教义与中国孔孟之道和敬天法祖思想的融合，为此苦学汉语并攻读四书五经，深入钻研中国文化。明末张尔岐所撰《蒿庵闲话》云："玛窦初至广州……言我儒也。遂就馆延师读儒书，未一二年，四子、五经皆通大意。"这就是时人对他的评价。万历二十九年（1601年），利玛窦获得神宗召见，进呈了自鸣钟和《坤舆万国全图》等贡品，"帝嘉其远来，假馆授粲，给赐优厚"②。从此利玛窦留居北京，影响邃增，公卿雅士莫不以与他交往为荣。

在利玛窦之前来华的西洋传教士不乏其人，在明朝近三百年中远渡重

---

① 《明史·外国六·满剌加传》。

② 《明史·意大里亚传》。

洋来到中国的欧洲人更不知凡几。但像利玛窦这样，既深入研习中国文化，又精通天文学、数学、地理学及音乐、美术知识，有能力向中国传授欧洲近代科学知识的，"前此未尝有也"。当时西方刚从文艺复兴时代走来，物理、数学、天文学、医学及机械制造、武器制造、远洋航行等方面都取得了空前成就。明朝那时虽然在整体国力上领先世界，但有些领域已被西方赶超，而适逢此时利玛窦来到中国，对寻求强国之路的华夏有识之士来说不啻为一股世外春风。

在华期间利玛窦自制浑天仪、地球仪、日晷等天文仪器，还自绘地图《山海舆地图》，从南到北广示于人，观者无不啧啧称奇。他还开办图书馆，教授弟子学习西方科学，从学之人中不乏缙绅名儒，东阁大学士徐光启便是其中之一。《明史·徐光启传》云："徐光启，字子先，上海人。万历二十五年举乡试第一，又七年成进士，由庶吉士历赞善。从西洋人利玛窦学天文、历算、火器，尽其术。遂遍习兵机、屯田、盐策、水利诸书。"进士出身的徐光启后来官至礼部尚书，入阁参与机枢。他师从利玛窦学习天文、历算、火器，从政后多方加以推广利用。明朝曾引进"红夷大炮"，建立起一支"号善西洋大炮"的军队，而这便是"得之徐光启"[1]。

为了将西学介绍到中国，利玛窦还用中文著书立说，仅《明史·艺文志》载录的他的中文著作和译著就有《几何原本》六卷、《勾股义》一卷、《表度说》一卷、《圜容较义》一卷、《测量法义》一卷、《天问略》一卷及《泰西水法》六卷。殊为难得的是，在文化专制的明朝，除少数顽固派外，居然有不少人接受了利玛窦传播的西方文明，为"西学东渐"打开了一扇天窗。这位意大利神父还翻译了《四书》，把中华元典介绍给西方，使西方从此知道了儒学。法国启蒙思想家伏尔泰接触了儒学后十分倾倒，竟将耶稣画像改为孔子像，晨夕礼拜。

---

① 《明史·孙元化列传》。

万历三十八年（1610 年）四月，利玛窦卒于北京，享年 59 岁。按照明朝成例，外国人死后要一律移葬澳门，但明神宗格外开恩，破例准许利玛窦"赐葬西郭外"[①]，还赐他葬地和安葬费用。作为首位获准下葬京师的西方传教士，利玛窦墓成了中外文化交流史上醒目的标志。该墓位于西城区车公庄大街路南，至今犹存，此后的一些外国传教士也相继葬在这个墓地中。

经过长达近三十年的苦心钻研和切身体验，利玛窦深得汉文明之精要，融会贯通了儒学的"仁"与"中庸之道"，找到了东方孔子与西方耶稣以"仁"、"爱"为主旨的共性。他指出："儒家这一教派的最终目的和总的意图，是国内的太平和秩序，他们也期待家庭的经济安全和个人的道德修养。他们所阐述的箴言确实都是指导人们达到这些目的，完全符合良心的光明和基督教的真理。"[②]这种见解无异于在中国孔孟之道和天主教之间架设了一道桥梁，使东西方的文化得以对接。当然，这种沟通无疑有他的历史局限性和宗教局限性，但四百余年过去后，相对眼下种种夸大东西方文明差异的说法，相对"文明冲突论"所持的偏执立场，利玛窦的胸襟及见地仍然非比寻常。他通过主动沟通东西方文明来加深两大世界相互理解的做法，不仅在当时是极富创造性的，在今天也是极富建设性的。

满族人起源于黑龙江一带，生活在 400 毫米等降雨线东南，处于农牧生产方式的混合带。因此，早期的满人亦农、亦牧、亦猎、亦渔，经济形态与文化形态都是多元混合体。就文化而言，早期满人既包含了先人女真族的渔猎文化，也包含了蒙古族的游牧文化和比邻而居的朝鲜族文化，还包含了久已进入东北地区的汉族农耕文化。到了明朝中期，金人创建的女真文字不再通行，金人后裔的努尔哈赤部"凡属书翰，用蒙古字以代言者，

---

① 《明史·意大里亚传》。

② 利玛窦、金尼阁著，何高济等译：《利玛窦中国札记》，中华书局，1983 年，第 104 页。

十之六七，用汉字以代言者，十之三四"[①]，这便是满族入关前多元文化的显明标志。

努尔哈赤称汗后，力图打造一种本民族的文化，首先想到的就是文字。早自秦代以来，"书同文"便成了凝聚民心的不二法宝，故而努尔哈赤下令尽快创制民族文字。此后皇太极改族名为满洲，以强化和其他民族的区别，多尔衮又一力推行"薙发易服"，这都是从不同侧面打造民族特性的努力。

虽然一力打造本民族的特性，清政府仍不免对强大的汉文明心存芥蒂。早在入关前皇太极就忧心忡忡地说："朕读史，知金世宗真贤君也。当熙宗及完颜亮时，尽废太祖、太宗旧制，盘乐无度。世宗即位，恐子孙效法汉人，谕以无忘祖法，练习骑射。后世一不遵守，以讫于亡。"于是他把"无忘祖法"当作头等大事，训诫族人说："我国娴骑射，以战则克，以攻则取。往者巴克什达海等屡劝朕易满洲衣服以从汉制。朕惟宽衣博鲔，必废骑射，当朕之身，岂有变更。恐后世子孙忘之，废骑射而效汉人，滋足虑焉，尔等谨识之。"[②]

皇太极的立场代表了满洲上层贵族集团的利益，因此在君临中原后，清廷对"易满洲衣服以从汉制"之类建议一概摈除，至死不"废骑射而效汉人"，还野蛮地推行了"剃发易服"之策。但历史的辩证法是，自打入关后，满族虽然始终不改自己的语言和文字，虽然始终固守自己的服饰和发式，甚至始终保持"以旗统军，以旗统民"的八旗制度，但为了实现以异族身份统御中华的目的，却不能不接受以儒家为代表的中华正统文化，甚至对汉文化的传承超过了以往任何一个少数民族政权。而且，早在入主北京之前，这种倾向已日趋明显。

皇太极在位于公元 1627 年至 1644 年，他虽然再三告诫族人"无忘祖

---

① 福格:《听雨丛谈》卷十一，中华书局，1984 年版。

② 《清史稿·太宗本纪二》。

法"，自己却发乎内心的崇信汉学，认为"儒书一节，深明道理"，并将下属的过失归咎于"不读书，不晓义理之故"①。为此他特命贝勒大臣"凡子弟十五岁以下、八岁以上者，具令读书"，"使之习于学问"②。天聪三年（1629年）四月，他诏令"设文馆，命巴克什达海及刚林等翻译汉字书籍"③，成立了专门翻译汉文经典的机构，以此来推进汉文化在满族的传播。同年八月他又诏谕说："自古及今，文武并用，以文治世，以武克敌。今欲振兴文教，试录生员。诸贝勒府及满、汉、蒙古所有生员，俱令赴试。中式者以他丁偿之"，表明了以文治世和重开科举的意向。此后不久，清廷便在盛京初试生员，擢拔二百余人。戎马倥偬中，天聪八年（1634年）四月皇太极又举行了首届科举考试，"初命礼部考试满洲、汉人通满、汉、蒙古书义者，取刚林等十六人为举人，赐衣一袭，免四丁"。崇德元年（1636年）皇太极更命建孔子庙于盛京，"遣大学士范文程致祭。奉颜子、曾子、子思、孟子配。定春秋二仲上丁行释奠礼"④。

　　除了对汉文化的推崇与普及，对汉制、汉法的效仿也始于皇太极。建国之初，努尔哈赤实行的是军民合一的八旗制度，政治权力集于王公贵族，重大决策由满洲议政王大臣会议共同讨论决定。天聪五年（公元1631年），皇太极仿照汉地的中央集权制，设立了吏、户、礼、兵、刑、工六部，削弱了满洲贵族的权力。他还将文馆扩大为内国史、内秘书、内弘文三院，各设大学士参与机要，又设置了都察院和理藩院，几乎全盘照搬了明的政权制度。

　　皇太极还一改努尔哈赤歧视汉人的做法，重用汉族知识分子，为建立满、汉政治、文化联盟打下了基础。在清朝安邦立国中起过举足轻重作用

---

① 《满洲老档秘录》下编，转引自《清史论文选集》第一辑，第237页。

② 《清太宗实录》卷十。

③ 《清史稿·太宗本纪一》。本节以下引文未注明出处者皆见此卷。

④ 《清史稿·礼志三》。

的三朝元老范文程，就是一介汉儒，在皇太极时被擢升为"内秘书院大学士，进世职二等甲喇章京"。每逢朝堂议政，皇太极必询"范章京知否"[①]，唯范文程之言是听。

及至入主北京城后，先是摄政王多尔衮派朝臣拜祭孔子，次年又亲至孔庙拜谒，赐给国子监师生银两[②]。顺治帝福临极为崇尚儒学，认为"尧、舜、禹、汤、文、武之道，赖孔子以不坠。鲁论一书，尤切日用，能使万世伦纪明，名分辨，人心正，风俗端，此所以为生民未有也"[③]，甫一进京他就谕令"以孔子六十五代孙允植袭封衍圣公，其五经博士等官袭封如故"，之后才颁布建都燕京的诏书。顺治二年（1645 年），福临"更国子监孔子神位为大成至圣文宣先师孔子"[④]，十四年（1657 年）又加尊孔子为"至圣先师"[⑤]。顺治八年（1651 年）夏，清廷"遣官祭岳镇海渎、帝王陵寝、先师孔子阙里"[⑥]，把祭孔子与祭山川和祭历代帝王相提并论。顺治九年九月，福临亲政一年余便亲至孔子庙释奠，行礼前先致斋一日，出发时百官跪送于金水桥，至孔子神位时顺治行两跪六叩大礼，敬献帛、爵，礼仪之隆旷古未闻。礼毕后顺治听满汉鸿儒讲经，谕曰"圣人之道，如日中天，上之赖以致治，下之资以事君。学官诸生当共勉之"[⑦]，亮明了以儒治国的执政纲领。

公元 1667 年，清圣祖康熙亲政，当年他就采纳汉官建议，率领百官在太学举行了隆重的祭孔大典。公元 1684 年，康熙首次南巡便到了山东曲阜，在孔庙行三跪九叩大礼，并亲书"万世师表"四字悬于殿中。公元

---

① 《清史稿·范文程传》。

② 《清世祖实录》卷五。

③ 《清史稿·礼志三》。

④ 《清史稿·世祖本纪一》。

⑤ 《清史稿·礼志三》。

⑥ 《清史稿·世祖本纪二》。

⑦ 同上注。

1689 年，康熙又"制孔子赞序及颜、曾、思、孟四赞，颁于学宫"[①]。在御制《日讲四书解义序》中，康熙更明确宣布清廷要以儒家学说为治国之策，这为清朝内部持续了数十年之久的治国方略之争画上了一个句号，使儒学在清朝社会特别是在国家政治生活中获得了主导地位。

为普及汉学，翻译汉文经典从皇太极起就成了一件大事，到康熙三十年（1691 年）时"缮译通鉴纲目成，上制序文"[②]，一部接一部翻成满文并由清帝作序的汉文经典陆续问世。此外从顺治二年（1645 年）起，清廷即"命内三院大学士冯铨、洪承畴、李建泰、范文程、刚林、祁充格等纂修明史"[③]，把修明史提到了重要议事日程，康熙为此还专门成立了明史馆。

由名儒为皇帝侍讲经史的经筵制度也为清廷所继承。清的经筵始于顺治十四年（1657 年），开讲前皇帝先拜孔子，开讲时"尚书、左都御史、通政使、大理卿、学士侍班，翰林二人进讲"，场面的隆重丝毫不亚于明廷。此后圣祖康熙大大增加了经筵活动的次数，"以春、秋两讲为期阔疏，遂谕日进讲弘德殿。（康熙）二十四年定制，以大学士、左都御史、侍郎、詹事充经筵讲官"[④]。经筵制度的实行，既为清帝提供了研习经纶的机会，又表明了清廷秉承汉学、以儒治国的政治姿态，起到了一石二鸟的作用。

本着"兴文教，崇经术，以开太平"[⑤]的治国方略，清廷于顺治三年（1646年）起在北京恢复了开科取士，并且刚一施行就打破了每三年举行一次的惯例，于第二年便单独加试了一场。康熙年间，除例行的科考外，还另外设立了"博学鸿词"科，从民间破格擢用人才。

清廷兴办的学校种类繁多，《清史稿·选举志一》云："有清学校，向

① 《清史稿·圣祖本纪二》。

② 《清史稿·圣祖本纪二》。

③ 《清史稿·世祖本纪一》。

④ 《清史稿·礼志八》。

⑤ 《清圣祖实录》卷九十。

沿明制。京师曰国学，并设八旗、宗室等官学。直省曰府、州、县学。"
以上"国学"即国家太学国子监；"官学"即宗学，是顺治十年由八旗及清
宗室创办的，归宗人府和内务府管理；府、州、县学即地方性学校，招收
普通市民子弟；此外"他如世职官学，八旗及礼部义学，健锐营、外火器营、
圆明园、护军营等学，皆清代特设，习满、蒙语言文字"，都是清廷开办
的官学，由此形成了高低不同层次的办学体系。清廷对贫困生员也有资助
政策，如"世祖勘定天下，命赈助贫生，优免在学生员，官给廪饩"①。

随着汉学的兴盛，中华典籍的整理及编撰也蔚然成风，成为清京师的
一大盛举。仅就清前期而言，整理编纂的各类大型图书就有《古今图书集
成》《四库全书》、武英殿本《十三经》《廿一史》《子史精华》《古文渊鉴》、
《佩文韵府》《康熙字典》《骈字类编》《大清一统志》《康熙皇舆全览图》、
《钦定日下旧闻考》《全唐诗》《全唐文》《康熙永年历法》《历象考成》
及《数理精蕴》等，总计不下数十万卷。仅以《四库全书》言之，它是由
乾隆皇帝组织编纂的，于乾隆三十八年（1773 年）开馆撰修，经 10 年完
成，分经、史、子、集四部，故名四库全书。这是一部有史以来最大的丛书，
著录书籍 3461 种、79309 卷，存目书籍 6793 种、93551 卷，合计 10254 种、
172860 卷②，几乎囊括了清乾隆以前中国历史上的主要典籍，堪称传统文
化的总汇。

上述典籍的编纂及整理，对中华传统文化是一次前所未有的系统发掘，
为总结中国历史文化做出了重大贡献，同时这也在学术上催生出一个以训
诂考据学见长的"乾嘉学派"。以上还是仅就清廷内府编纂的图书而言，至
于在京师坊间，以外城琉璃厂书肆为中心，编撰整理的图书不知凡几，赢
得了"京师书业甲天下"的美誉。

康熙年间还组织修纂了《明史》，由张廷玉、徐元文、万斯同等著名

---

① 《清史稿·选举志一》。

② 《四库全书总目·出版说明》，中华书局，1965 年。

汉儒担纲编纂。这是二十四史中参与修撰人数最多、撰写时间最长的一部书，篇幅仅次于《宋史》，号称良史第一。

作为文士荟萃之地，清京师的名流鸿儒更是璨如群星。国学大师顾炎武，经学大师阎若璩与胡渭，汉学家钱大昕与戴震，史学家谈迁，考据学家雷学淇，版本学家缪荃孙，地理学家徐松，数学家徐有壬，以及诗人钱谦益、吴伟业、王士禛、朱彝尊，国画大师王翚、王原祁、蒋延锡等，无不在京城留下了辉煌的一页。

在北京的满洲贵族和八旗子弟中，也产生了像纳兰性德和曹雪芹这样的文学巨匠。纳兰性德是康熙朝大学士明珠之子，满洲正黄旗人。他才华横溢，清雅脱俗，是一代词坛巨擘，有《饮水集》和《侧帽集》等作品存世。"人生若只如初见，何事秋风悲画扇"就是他的名句，至今脍炙人口。曹雪芹的祖上为汉人，后金时编入满洲正白旗成为旗人，是摄政王多尔衮的包衣家奴，后因军功得到重用。其祖父甚得康熙帝宠信，任职江宁织造，相当皇帝派驻江南的特使，权势炙手可热。雍正初年，曹氏家族因卷入皇室斗争株连获罪，财产被抄，家道衰落。在经历了家族兴衰荣辱的巨大变迁后，穷困潦倒的曹雪芹栖身北京西山，历时十载完成了揭露封建社会世态炎凉的《红楼梦》。小说规模宏大，结构谨严，文采斐然，刻画的人物个个栩栩如生，达到了中国古代现实主义小说的高峰。此书一出，"京朝士大夫尤喜读之，自相矜为红学云"[①]。

清京师文化园地里还盛开着其他种种艺术奇葩，如京剧艺术、曲艺艺术、话本与唱本艺术等，都是弥足珍贵的民族文化瑰宝，至今誉满京城。

具有讽刺意味的是，当西方列强的战舰大炮冲垮了大清帝国的壁垒，晚清的道光、咸丰、同治皇帝及慈禧太后却仍然沉湎在京味文化中，尤其是沉浸在京剧艺术中。特别是慈禧太后，这个统治中国长达 48 年的女人，

---

① 李放：《八旗画录·绘境轩读画记》注。

嗜戏成癖，乐此不疲，既在京城大建戏楼，又在各地广延戏班。最令人不齿的是，在厌倦了紫禁城的森严壁垒后，独掌国柄的慈禧太后竟置国家安危于不顾，挪用海军军费修建颐和园，继续扩充皇家御苑。流弊所及，满朝王公耽于安乐，纸醉金迷，八旗子弟更是个个好逸恶劳，游惰成性。当年金戈铁马的神武八旗，至此已成败絮朽木。当时在京城上下弥漫着的"旗人文化"，无非是喝茶、遛鸟、养花、下棋、侃大山，享乐之风日甚一日，就连抽鸦片、逛妓院也成时尚。这些当年于1644年来到北京的旗人，在被京城文化熏染了260余年后，或许会唱二簧单弦，或许会舞文弄墨，或许还会吟诗作画，但他们早已丧失了保家卫国的能力。于是，清朝灭亡了。

六　结语

上章所论史前至夏商时期燕山南北各部族的血脉相连，以及他们在经济形态、文化形态上的关联互动，是当时多元民族和多元文化水乳交融的反映，体现了中华文明初始阶段的多元一体性征。而自西周以降，恰如本章所论，幽燕地区纳入了中华主流文化圈，汉文明的传承从此历久弥昌，屡经朝代的更迭和民族的交替而连绵不断，彰显的又是中华文明成熟阶段的多元一统特性。一个民族的文化，关乎这个民族的政治制度、礼制制度和法律制度，也关乎这个民族的宗教信仰、价值观念、伦理道德，是这个民族的精神家园。而当这个文化形成了传统后，便足以统摄古今，化成一切。

很早以来，中华民族就形成了以政教风化立国的传统。《周易·贲卦·象》传文云："观乎天文以察时变，观乎人文以化成天下。"《诗经·周南·关雎》序云："先王以是经夫妇，成孝敬，厚人伦，美教化，移风俗。"《礼记·经解》云："孔子曰：入其国，其教可知也。其为人也，温柔敦厚，《诗》教也；疏通知远，《书》教也；广博易良，《乐》教也；絜静精微，《易》教也；恭俭庄敬，《礼》教也；属辞比事，《春秋》教也。……故礼之教化也徵，其止邪也于未形。"《汉书·董仲舒列传》云："凡以教化不立而万民不正也。夫万民之从利也，如水之走下，不以教化堤防之，不能止也。是故教化立而奸邪皆止者，其堤防完也；教化废而奸邪并出，刑罚不能胜者，其堤防坏也。古之王者明于此，是故南面而治天下，莫不以教化为大务。立太学以教于国，设庠序以化于邑，渐民以仁，摩民以谊，节民以礼，故其刑罚甚轻而禁不犯者，教化行而习俗美也。"以上就是以一国风尚和民族素质皆由文化化成的经典论述。幽燕地区汉文化的一脉相承，无异于在一个特殊的地域造就了一个特殊的熔炉，使融汇其中的各民族通过文化的桥梁不断加深了民族心理的沟通，最后百川归海，皆成中华民族的家庭成员。

自公元938年燕京成为辽的陪都，到1911年清朝灭亡，前后共计973年。在这近千年中，除了明朝的276年外，少数民族的统治占了七成以上，将近700年。700年岁月何其漫漫，而经过相沿一统的汉文明桥梁作用，不知有多少民族和文化源源不断地融入了博大的汉民族和汉文化。正因此，汉民族才得以永葆"天行健，君子以自强不息"[1]的勃勃生机，汉文明才得以永葆文化的创新活力，并由此汇聚出世界第一大民族、东方第一大文化。

综观幽燕地区相沿一统的汉文化，可以得出如下认识：

1. 自汉武帝"罢黜百家，独尊儒术"，儒学渐渐融入了汉民族的政治、思想、文化，成了汉文明乃至汉民族心理的重要组成部分，也成了幽燕文化的主干。在契丹入主燕地前，儒学在燕京早已长成参天大树，不是任何一个少数民族的欠发达文化所能撼动的，于是它一如既往地在辽、金、元、清保留下来，继续发挥着主导作用。

2. 由于对汉文明的仰慕，也由于归宗华夏的民族认同感，各少数民族政权基本上都主动接受了汉文明，主动采纳了儒家学说。从纯功利的

---

① 《易经·乾卦》。

角度说，儒家倡导的是"内圣外王之道"，强调理想人格的培养和理想社会的构建，极有益于维系一个地域辽阔的多民族大国，也极有益于"助人君顺阴阳明教化者也"①，故而乐得为少数民族政权所接受。更何况于史可鉴，北魏及辽代就是因为采用了"以经术为先"的圣人之道，才得以天下承平、国祚长远的。故而《元史·耶律楚材传》记载出身契丹皇族的元朝重臣耶律楚材说："圣人之名教，有国家者莫不由之，如天之有日月也。"这便是少数民族上层人士以史为鉴得出的认识。

3. 大国文化自有大国气派，汉文明在成长过程中也不断汲取了其他民族的文化精髓，融汇成包纳百川的浩瀚大海。单就本章所论，无论先秦燕国抑或盛唐幽州，都不乏汉文化融合其他少数民族文化的实例。至于辽金以降，汉文明虽然始终不失其主导地位，但也一直和契丹、女真、蒙古、满洲文化处在零距离的接触中，各种文化的碰撞、浸润、交融势所难免。因此事情的一方面是，相处愈久少数民族集团的汉化愈深，另一方面则是，相处愈久汉文化中的多元因素也愈加丰富。一个最简单的实例就是，广为妇女喜爱的旗袍在今天早被视作汉文化、汉民族的典型标识，而这就是满族服饰文化的遗留。

---

① 《汉书·艺文志》。

第七章　东方神韵

——古都北京展现的多元一统风貌

元明清三代的北京，是古代北京城的最后发展阶段，也是古代北京的最高发展成果。经过元初以来整整六个多世纪的营造，北京城的魁伟壮丽登峰造极，成为世界首屈一指的文明古都。

对古都北京"之瑰丽与雄伟"，康熙朝来到这里的俄国公使尼·斯·米列斯库有过一段很具体的描述。他说："（皇宫）里有豪华的宫殿、宽阔的御花园、参天的树木、小溪、假山。……皇宫里有许多汉白玉石狮，做工精巧细致，还有许多亭台楼阁、精妙的小桥，以及其他工艺品，令人赏心悦目，赞叹不已。宫中所有的建筑均用黄色——皇帝的标志——琉璃瓦盖成。木制品都是镏金的，或髹以别的色彩，表面再涂一层中国漆。宫殿的建筑结构与欧洲不同：一般为砖墙，木制天花板支撑在高大的圆柱上，柱上有精巧的浮雕，并以镏金粉饰，大梁上有五彩缤纷的绘画。……总之，中华帝国一切稀世珍宝，皇城里无不应有尽有。另外，国外进贡的所有珍宝也都收藏在这里。所以，整个皇城犹如一座宝山，拥有的珍宝璀璨夺目，举世无双。"[1]其实，清京师城市建设的顶峰期，还不是米列斯库看到的康熙时期，而是此后的乾隆、嘉庆时期。乾嘉之时，北京城巍峨壮美的城门、金碧辉煌的宫殿、风月无边的御苑、灵秀典雅的角楼、雕阑玉砌的坛

---

① 尼·斯·米列斯库：《中国漫记》，中华书局，1989 年，第 70 页。

庙、宽敞平坦的街道、曲径通幽的胡同、星罗棋布的四合院，无不美轮美奂，登峰造极，已不再只是招致个别来华洋人的惊叹了，而是令全世界为之瞠目，尤其令野心勃勃的西方世界垂涎不已。

　　然而从历史的角度看，最值得关注的还不是北京城表面的富丽堂皇，而是经过元明清三朝的营建，在京华帝都红墙绿瓦的深处，蕴积了极为丰富也极其深刻的内涵。这就是说，经过终古不息的持续发展，北京成了华夏文明积淀最深的城市，成了正统汉文明最集中、最典型也最卓越的代表。但与此同时，它仍然是多元文化的集聚地，各种文化依旧济济一堂地共生在这片土地上。按说这二者是相互排斥的，因为观诸人类文明史，最常见的无非是两种情况：一种是具有文化的一统性，但随之而来的是主流文化的一统天下，其他文化一概受到排斥和打击；另一种是具有文化的多元性，但却在五花八门的文化中迷失了主流文化的存在。现在，当这相反相成的两大方面都统一在同一座城市中时，便造就了古都北京独一无二的特殊神韵。

　　那么，这些内涵究竟是怎样在城市建设中表现出来的呢？就汉文明的一统性而言，上章所论元明清三朝在上层建筑领域对汉文明的继承与发展已经一目了然，但如果说它还体现在城市建设和城市建筑上，似乎莫知所以。同样，如果说城市的多元化已经充分表现在城市居民的民族多样性及民族语言、文字、服饰、习俗、文化的多样性上，也是显而易见的，但如果说它还反映在城市建设的风貌上，也让人不知所指。当然，若单就古都北京的建筑形式、建筑风格而言，汉文明的一统性和民族的多样性已不乏体现，但这只是事物的表面现象，不足以展现汉文明在本质上的多元一统。而从深层次的历史底蕴来说，从事物的本质和主流来说，古都北京城市建设的一统性风貌，主要反映在代表中华民族核心信仰的标志性建筑上，而其多元性征的最突出表现，则主要是由各大宗教建筑和宗教文化的共生共荣体现出来的。

一　中华民族的传统信仰及古都北京的标志性建筑

1　中华民族的传统信仰

要谈中华民族的核心信仰及其标志性建筑，当然首先要涉及到中华民族到底有没有信仰和什么才是中华民族传统信仰的大问题。

信仰是一个民族的灵魂，是民族意志的体现，集中代表了这个民族的价值取向。没有信仰的民族，无从建立整个社会的伦理道德，无法形成统一的意志和行动，甚至连正常的社会秩序也难以维持，民族的凝聚力就更是无从谈起。关于中华民族的传统信仰，长期以来形成的观点无非有二：一是说中国古代既无"上帝"亦无"信仰"，从未形成过整体意义的国家宗教；二是说儒学就是古代中国的唯一信仰。国学大师梁漱溟先生说："宗教在中国卒于被替代下来之故，大约由于二者：一、安排伦理名分以组织社会；二、设为礼乐揖让以涵养理性。二者合起来，遂无事乎宗教。……在中国代替宗教者，实是周孔之'礼'。不过其归趣，则在使人走上道德之路，恰有别于宗教，因此我们说：中国以道德代宗教。"[1]此论一则说中国"无事乎宗教"，二则以周孔之"礼"和"伦理名分"替代了宗教，恰恰涵盖了上述两义。

综观人类文明史，世界各大文明古国都有自己的代表性宗教，例如两河流域的古巴比伦宗教、古埃及的太阳神教、古印度的婆罗门教和后来的印度教、古巴勒斯坦的犹太教、古伊朗的琐罗雅思德教等等，不一而足。中国也是举世公认的文明古国，怎么唯独没有自己的信仰或宗教呢？其实稍加辨析便不难看出，这种说法是根本站不住脚的，因为它与基本的历史

---

[1]　梁漱溟：《中国文化要义》，上海学林出版社，1987 年版，第 108 ~ 109 页。

常识相背离。

一是从纵向的发展看，中华文明不仅是世界上五大最古老的原生态文明之一，而且是人类历史上唯一一个从未间断的文明，有着西方学者所说的"举世无双的连续性"[①]。倘若说这样的民族竟然连可依可持的精神支柱都没有，岂非咄咄怪事！反过来说，如果一个维系了数千年文明而不衰的民族没有基本信仰，那不等于说民族信仰或民族宗教本来就是可有可无的吗？

二是从横向的联系看，今天中国的 56 个民族都是由古代延续下来的，发展至今已相生相济出一个称之为"中华民族"的大家庭。如果没有统一的信仰，试问这几十个民族怎么可能在长达数千年的岁月中始终凝聚在一起、融合在一起？纵观整个人类社会，一个民族分裂成若干国家的现象并不鲜见，不可思议的倒是中国由 56 个民族汇集成了一个国家，而且世世代代聚合不散，堪称世界一大奇迹。在数量上，这个大家庭聚集了人类的四分之一人口，这在世界上更是绝无仅有，其凝聚力之大可谓无以复加。事既如此，这个民族怎么可能会从古至今没有自己的信仰和价值体系呢？

三是从历史的发展看，众所周知的是，"曾有许多游牧民族侵入中国，甚至还取某些王朝而代之；但是，不是中国人被迫接受入侵者的语言、习俗或畜牧经济，相反，是入侵者自己总是被迅速、完全地中国化"[②]。既然所有入主中原的少数民族皆无一例外地融入了汉文明，那么这个汉文明难道仅仅是由方块字、婚丧习俗、四大发明构成的吗？难道除了这些形式上的东西之外，汉文明就没有更深层的精髓吗？一个没有精髓的文明，就如同一个没有骨架的动物，是不可能有这么强大的体量和博大的胸襟的，所以答案无疑是否定的。

---

① ［美］斯塔夫里阿诺斯著，吴象婴、梁赤民译：《全球通史— 1500 年以前的世界》，上海社会科学院出版社，1999 年，第 137 页。

② ［美］斯塔夫里阿诺斯：《全球通史—1500 年以前的世界》，第 278 页。

　　至于说儒学就是古代中国的唯一信仰，同样碍难成说。其道理很简单，一是儒学最早肇始于孔子（公元前 551 年 ~ 前 479 年），时代不早于春秋末期，而此前中华文明已经生生不息地传承了两三千年，华夏民族也早已在四方部族的基础上凝结而成，怎么可能只待孔子来创造精神依托？二是孔子之学与佛教、伊斯兰教、基督教截然不同，它不是由域外传来的，而是在中国土生土长的，势必有它自身的渊源。孔子自称"述而不作，信而好古"[①]，说他只是整理和阐明前人学说，没有个人的独创，已经再清楚不过地表明了儒学的根基在先古。此外，孔子以"克己复礼"为己任，复的是先圣王的道统和礼仪，这也说明了他的承继性。总之，结论只有一个，这就是早在孔子以前，中华民族早已有了传承有自、根深蒂固的精神信仰。国学大师钱穆说："我们与其说孔子与儒家思想规定了此下的中国文化，却更不如说：中国古代文化的传统里，自然要产生孔子与儒家思想。"[②]斯言诚是。

　　说中华民族没有传统信仰，其实无非是说古代中国没有举国一致的宗教。但事情的本质是，一个民族的信仰并不意味着一定要崇信佛教、伊斯兰教或基督教、天主教，换言之，并非只有崇信这几大宗教的民族才有信仰。

　　那么，中华民族根深蒂固的传统信仰到底是什么呢？考诸史实，无论是从华夏的正统观念出发，还是从民间的伦理道德考察，这就是"天、地、君、亲、师"崇拜体系。

　　《荀子·礼论》云："礼有三本：天地者，生之本也；先祖者，类之本也；君师者，治之本也。无天地恶生？无先祖恶出？无君师恶治？三者偏亡，焉无安人。故礼，上事天，下事地，尊先祖而隆君师，是礼之三本也。"荀子是先秦百家的集大成者，这段言论就是对中华民族"天、地、君、亲、师"

------

① 《论语·述而》。
② 钱穆：《中国文化史导论》，台湾中正书局，1993 年。

信仰的经典概述。它告诉人们，天地乃人之所生，先祖乃人之所出，君师乃人之所治，倘若没有天、地、君、亲、师，就没有人类的一切。此文还特别强调，"三者偏亡，焉无安人"，即"天、地、君、亲、师"中少了哪一项都是不行的，少了谁都不得安宁。是故，敬畏与崇拜上天、大地、君王、先祖、贤师，就是一切礼制的根本，就是华夏文明的根本。此即中华民族的传统信仰，数千年来在神州大地世代相传，深入人心。一个最普通不过的事例是，直到20世纪前半叶，乃至直到"文革"大破四旧前，不少地方的家族祠堂乃至堂屋里还供奉着"天、地、君、亲、师"牌位或匾额，默默诉说着这个信仰体系在中华大地的源远流长和影响至深。

　　诸多事实说明，这个信仰是东方文明的核心内涵，华夏文明大厦就是以它为骨干支撑起来的。

　　首先，正是出于"天、地、君、亲、师"信仰，东方民族才形成了极具自身特点的伦理道德和行为规范，如敬天厚地、父慈子孝、君仁臣忠、师道尊严等，进而建立起"上下有义，贵贱有分，长幼有等，贫富有度"①的社会秩序。

　　其次，这种信仰还渗透到政治生活中，成为治国之宏谟、为政之纲领。儒家经典《礼记·礼运》论证为君之道时说："天生时而地生财，人其父生而师教之，四者君以正用之。"东汉章帝钦定的《白虎通·礼乐》也说："夫礼者，阴阳之际也，百事之会也，所以尊天地，傧鬼神，序上下，正人道也。"以上文献阐述了君与天、地、亲、师的关系，强调为君之道就是要敬天地尊亲师，此数者举则天人相济、政通人和，为人君者即可"立于无过之地也"②。

　　再次，正是由于这种信仰，还孕育出以"敬天法祖"为核心的中华礼制文明。前引《荀子》之文强调说，礼制之本就是"上事天，下事地，尊

---

① 《管子·五辅》。

② 《礼记·礼运》。

先祖而隆君师"，其义已不言自明。又《汉书·郊祀志》云："祀者，所以昭孝事祖，通神明也。"昭孝事祖再加上通神明，其内涵也是敬天神、地祇和先祖、先君。此外《明史·吉礼二》载："敬天法祖，无二道也。《周礼》一书，诸子以为周公辅导成王，垂法后世，用意最深切。"这里也明确指出，周礼的核心就是"敬天法祖"。而"敬天"也罢，"法祖"也罢，其全面含义无非是"天、地、君、亲、师"信仰。

考古资料证实，早在相当五帝阶段的龙山时代，中国特有的礼制文明已初见雏形[1]，到夏商时期更略具格局[2]。周灭殷后，周公旦在"因于殷礼"的基础上，结合西周初年的实际情况制礼作乐，建立起一套政教合一的礼仪制度，中国古代的礼制文化由此定型。西周以后，"王者必因前王之礼，顺时施宜，有所损益，即民之心，稍稍制作，至太平而大备"[3]，周公之礼世代相传，不断光大，成为中华文明的核心，也成为中华文明有别于世界其他文明的一大特质。

礼制制度在古代中国的举足轻重，于先秦典籍不乏载述，仅由《左传》的部分记载便可一窥究竟：

《文公十八年》云："先君周公制《周礼》曰：则以观德，德以处事，事以度功，功以食民。"

《昭公十五年》云："礼，王之大经也。"

《昭公二十五年》云："夫礼，天之经也，地之义也，民之行也。天地之经，而民实则之。……礼，上下之纪，天地之经纬也，民之所以生也。"

《昭公二十六年》云："在礼，家施不及国，民不迁，农不移，工贾不变，士不滥，官不滔，大夫不收公利。……礼之可以为国也久矣，与天地

---

① 高炜：《龙山时代的礼制》，刊《庆祝苏秉琦考古五十五年论文集》，文物出版社，1989 年；《中原龙山文化葬制研究》，刊《中国考古学论丛》，科学出版社，1993 年。

② 邹衡：《夏商周考古学论文集》，文物出版社，1980 年，第 163 ~ 166 页。

③ 《汉书·礼乐志》。

并。君令臣共，父慈子孝，兄爱弟敬，夫和妻柔，姑慈妇听，礼也。君令而不违，臣共而不贰；父慈而教，子孝而箴；兄爱而友，弟敬而顺；夫和而义，妻柔而正；姑慈而从，妇听而婉，礼之善物也。"

《隐公十一年》云："礼，经国家，定社稷，序民人，利后嗣者也。"

综合上述《左传》的有关记载，可知礼制制度是用来维护东方社会的宗法等级的，是用来巩固君君、臣臣、父父、子子封建秩序的，是用来调适各不同人群和各不同利益集团的矛盾的，是用来规范人们的日常思想、言行的，甚至是用来约束天子操行的，兼有法律约束和道德规范的双重作用。

总之，伴随文明的演进，"天、地、君、亲、师"信仰逐步融汇到中华民族的思想意识、道德规范、社会秩序、政治制度、礼制文明中，构建出一个完整的中华古文明体系。

寻根溯源，"天、地、君、亲、师"信仰不仅是儒家的历史渊源，还是中华民族的本底文化。

《汉书·艺文志》将先秦时期的人文思想归结为九大流派，居首的是儒、道两家。儒家"祖述尧、舜，宪章（效法）文、武，宗师仲尼（孔子）"，是师法人道的学说；道家源于老庄的自然天道观，主张世事顺应天道，是取法天道的学说。而"天、地、君、亲、师"信仰，正好涵盖了天道与人道两大范畴，囊括了儒、道两家的核心思想。《艺文志》九流之三是阴阳家，其学"盖出于羲和之官，敬顺昊天，历象日月星辰，敬授民时"，也与"天、地、君、亲、师"信仰有不可断分的联系。倡导兼爱、尚贤、贵俭的墨家，力主"上利乎天，中利乎鬼，下利乎人"[①]，更是兼容了天道与人道。总之，源远流长的"天、地、君、亲、师"信仰是诸子百家共同的精神家园，培育了先秦时期的各种人文思想。总体来说，先秦诸子的区别仅仅在于它们

---

① 《墨子闲诂·天志中》。

对社会的视角各有侧重，如儒家以人为中心，道家以自然为中心，墨家以兼爱为中心，阴阳家以合和阴阳为中心等。尽管它们所见不同、所论不同，但毫无例外都是从"天、地、君、亲、师"这片精神沃土上分蘖出来的，都从这一民族本底文化中汲取了丰富的营养。

那么，自亘古以来，这个信仰体系是怎样一步步形成起来的呢？

人类社会是由低级到高级、由简单到复杂发展起来的，人类的认识水平同样如此。在原始时代，极度低下的生产力水平制约了古人类的认识能力，懵懵懂懂中人们认为一切都是由不可思议的超自然魔力决定的，而这超自然的魔力就来自于"神"。《周易·系辞上》云："阴阳不测之谓神。"三国魏人王弼注："神也者，变化之极，妙万物而为言，不可形诘者也。"这就是古人心目中的"神"，既捉摸不定又主宰一切，是"阴阳不测"的"不可形诘者"。正是出于对神灵的这种畏惧与崇拜，早在数万年前的中石器时代，就有了原始宗教的萌芽。

原始宗教的突出特点是，认为林林总总的神灵无所不在，其中既有来自自然力和自然物的神祇，如天神、日神、月神、风神、雷神、雨神、地神、山神等，也有来自人类的鬼神和灵魂，如祖宗神、君主神等，还有其他形形色色凭空想象出来的精灵鬼怪。这种"万物有灵"的思维，决定了原始宗教的第一大特点，这就是崇拜对象的多样性。原始宗教的第二大特点即其个别性，也就是以各种神灵只在各自的范围内起作用，彼此既无主次之分，也无系统联系。中国的早期宗教就是在这种自然宗教的氛围中产生的，属于未经整合、未成系统的多神教。

然而，当走出原始时代的混沌蒙昧之后，从社会结构不断重组的五帝时代开始，华夏民族就脱离了神灵崇拜的多样性和个别性，开始形成合天道、地道、人道于一体的"天、地、人"崇拜核心。

《尚书大传》云："天、地、人之道备，而三（皇）五（帝）之运兴矣。"这里说，"天、地、人"崇拜核心在三皇五帝时便初现端倪。《史记·孝武本纪》云："闻昔大帝兴神鼎一，一者一统，天地万物所系终也。黄帝作宝鼎三，象天地人也。"这里说，黄帝时代已有"天、地、人"之祭。《尚书·舜典》云："咨四岳，有能典朕三礼。"孔氏传："三礼，天、地、人之礼。"这里也说，唐尧、虞舜时便有了"天、地、人"崇拜的"三礼"。《隋书·礼仪一》云："唐、虞之时，祭天之属为天礼，祭地之属为地礼，祭宗庙之属为人礼。"此段记述亦与上述记载相合，说唐尧、虞舜时已形成天、地、人之礼。

在考古学上，距今 5000 年前后的黄帝时代出现了玉琮，张光直先生便以此为天地之祭的确凿物证，认为它"是天地贯通的象征，也便是贯通天地的一种手段或者法器"[①]。至于对先祖灵魂的崇拜，是伴随原始宗教的萌发而萌发的，早在旧石器时代晚期的山顶洞人墓地中已有体现[②]，到五帝时代更成礼制之重。以上由玉琮代表的天地之祭再加上祖先的灵魂崇拜，就合成了考古学上的天地人之祭，不迟于黄帝时代已经萌生。

如果说五帝时代的"天、地、人"崇拜核心还刚刚开始滥觞的话，那么到了夏商周三代，这已成为相当显著的事实。

在河南偃师二里头的夏代都城遗址中，发现了一处祭祀基址，这便和"天、地、人"的祭祀场地有关。该遗址是一处独立的宫殿，位于二里头遗址的中部，编号为 2 号宫殿基址。它坐北朝南，建在东西宽 58 米、南北长 72 米的夯土台基上，由围墙、门厅、庑廊、庭院和一座庙堂式主体建筑组成。在这个基址北面不远处有一座大墓，墓的时代与宫殿基址相同，并且和宫殿排列在同一条中轴线上。由这座大墓所在的位置，灼然可见这显然是高祖之类先皇先君的陵寝，而根据中心殿堂与这座大墓的时间、空间关系，又灼然可见该中心殿堂就是祭祀这座大墓埋葬的先祖的宗庙[③]。

---

① 张光直：《中国青铜时代（二）》，北京三联书店，1990 年，第 71 页。

② 说详第四章第一节。

③ 中国科学院考古研究所二里头工作队：《河南偃师二里头二号宫殿遗址》，《考古》1983 年 3 期。

二里头宫城遗址还有一个很特别的现象，即在宫城的北侧，分布着东西排列成行的建筑基址，有的呈圆形，有的为长方形。平面呈圆形的基址群高出地表，上面布列一圈或二圈圆形"土墩"，四周平整干净，上下都发现有路土。平面呈长方形的基址群为半地穴式，分大、小两型，皆在浅穴内铺垫净土，并有路土面和烧土面。《礼记·祭法》云："王立七庙，一坛一墠。"郑玄注："封土曰坛，除地曰墠。"对照这些记载，可知以上圆形建筑很可能就是祭天的坛，而半地穴式的长方形建筑很可能就是祭地的墠。于是，这坛，这墠，再加上那座大墓和中心殿堂，合在一起便组成了夏代都城祭祀"天、地、人"的基址。

第五章已述，在辽宁西部的晚期红山文化中，发现了距今五千年前的大型祭坛、神庙和积石冢群址。这是中华文明最早的源头，特点就是坛、庙、冢的三位一体。偃师二里头夏代宫城遗址也是坛、庙、冢三位一体的，恰与红山文化的传统一脉相承。由此反映出，坛、庙、冢的三位一体，很可能就是中华早期文明的一大特征。当然，红山文化和二里头文化相隔了不啻千年，期间的变化是相当大的，至少红山文化神庙里供奉的是女神，而二里头夏代都城崇祀的无疑是父性先君。

甲骨卜辞是商代的占卜记录，其中不乏对商人各种祭祀活动的记载。而由这些记载可知，殷商社会的祭祀活动有三大重心：一是对祖先神的崇拜，二是对"帝"或"上帝"的崇拜，三是对"土"和"社"的崇拜。由于处在早期文明的承前启后阶段，商人的祭祀对象仍然十分广泛，遍及日、月、星、风、雨、山、川等自然神祇。然而，以商王室的祭祀活动为主导，已越来越显现出上述三大重心，表明了"天、地、人"之祭的正在形成。

《周易》是传世的周代文献，是华夏群经之首，其中更不乏对天、地、人崇拜的综合阐述。

《周易·系辞下》云："《易》之为书也，广大悉备，有天道焉，有人道焉，有地道焉。"此文是说，《周易》所论虽然"广大悉备"无所不包，但就总而言，谈的无非是天道、人道、地道。

《周易·系辞上》云："六爻之动，三极之道也。"此文以天、地、人为世间之"三极"，即以其是构成整个世界的三大基本要素。

《周易·说卦》云："是以立天之道，曰阴与阳；立地之道，曰柔与刚；立人之道，曰仁与义。"这里说天道造就了阴与阳，地道造就了柔与刚，人道造就了仁与义，而有了阴阳、柔刚、仁义，就有了丰富多彩的世界。

除"三极"外，《周易》还将天、地、人合称为"三才"，屡见于《周易·系辞下》和《周易·说卦》等。其实"三极"也罢，"三才"也罢，作为《周易》的内核，天道、地道与人道几乎蕴含在《易经》的每一卦中。

以"天、地、人"为古之三大核心，在其他文献中也不乏其例。

《国语》是重要的先秦典籍，其《鲁语上》云："社稷山川之神，皆有功烈于民者也。及前哲令德之人，所以为明质也；及天之三辰，民所以瞻仰也；及地之五行，所以生殖也；及九州名山川泽，所以出财用也。非是，不在祀典。"以上所列皆为"有功烈于民者"的"社稷山川之神"，位列第一的是"前哲令德之人"，即人神，以下依次是天神和地神。此文还特别强调，除"天、地、人"这三大神祇外，其他一概"不在祀典"。

《周礼·春官·大宗伯》云："大宗伯之职，掌建邦之天神、人鬼、地示之礼，以佐王建邦保国。"这里把天神、人鬼、地示之礼和安邦保国联系起来，和经邦济世联系起来，其之重要性不言而喻。

西汉前期董仲舒《春秋繁露·立元神》云："天地人，万物之本也。天生之，地养之，人成之。……三者相为手足，合以成体，不可一无也。"此言不仅说天、地、人是万物之本，而且强调它们的关系如同手足，是连在一起的整体。

以上所论，即"天、地、人"崇拜核心的源起与形成。至于这三大核心的内涵，则是随时代的变迁而不断丰富和完善的，直至发展为集大成的"天、地、君、亲、师"信仰体系。

先说"天帝"内涵的演变。商人心目中的"帝"和"上帝"，是世间万物的主宰，具有至高无上的超自然权威。在殷墟卜辞中，关于"帝"的记载不胜枚举，譬如"帝令雨弗其足年"、"帝其降福"、"王作邑，帝若（诺）"等，无不表现出"帝"的巨大威力。然而正如古文字学家陈梦家所说："殷代的帝是上帝，和上下之'上'不同。卜辞的'天'没有作'上天'之义的，'天'之观念是周人提出来的。"[1]即殷人的"上帝"并不等同于后世的"天帝"。虽则如此，但详加考辨亦不难看出，殷人崇拜的"帝"仍和"天"有着某种与生俱来的联系。

表现之一是，殷人的"帝"不仅决定着人间祸福，还是大自然的主宰，更是风雨雷电等天神的主人，也即殷人的"帝"中兼有"天帝"的成分；

表现之二是，殷人认为其先王先君死后的灵魂归处，恰恰就是这个称作"帝"的地方，而证之以"魂气归于天，形魄归于地"[2]的古义，这个"帝"和魂气所归的"天"显然有不解之缘；

表现之三是，商代统治者多以"天命自居"，认为自己的地位是上天赐予的。《诗经·商颂·玄鸟》载："天命玄鸟，降而生商。"《尚书·盘庚》曰："先王有服，恪谨天命。"《尚书·泰誓中》说：商纣王"谓己有天命。"凡此都说明商王认为自己受命于天，而这个天就是主宰寰宇的"上帝"。

降至西周，周人观念中的"帝"已特指"天"，而这个"天"就是大自然的天宇。《宋史·礼志·南郊》云："人之所尊，莫过于帝，托之于天，故称上帝。"这里说的就是西周以来的天帝观，认为"帝"是"托之于天"的。这个"天"就是大自然的天，《周易·乾卦》说："飞龙在天，利见大人。"《易经·系辞上》说："天尊地卑，乾坤定矣。"凡此所言的"天"都指天宇、天穹。

周人的"天帝"不仅具有上天的自然属性，更具有神圣的超自然权威，是统御一切的"天神"。此等例证在周代文献中不胜枚举，仅就我国现存

---

① 陈梦家：《殷墟卜辞综述》，科学出版社，1956年，第581页。

② 《礼记·郊特牲》。

最古老的政治文集《尚书》言之，就不乏相关的记载：

《尚书·皋陶谟》载皋陶之言谓："天命有德，五服五章哉！天讨有罪，五刑五用哉。"将这段文字翻译成白话就是，上天任用有德的人，将他们区分为天子、诸侯、卿、大夫、士五大等，并用五种礼服来彰显他们；上天也惩罚有罪的人，用墨、劓、刖、宫、大辟五种刑罚来处治他们。此言旨在说明，人世间的一切社会秩序，包括尊卑等秩和严刑峻法等统统是由上天安排的，这就是古代的所谓"天命观"。

《尚书·甘誓》载夏启之言谓："有扈氏威侮五行，怠弃三正。天用剿绝其命，今予惟恭行天之罚。"这里把灭绝有扈氏说成是上天的旨意，而夏启自称是奉上天之命来讨伐有扈氏的。

《尚书·汤誓》载商汤之言谓："有夏多罪，天命殛之。……予畏上帝，不敢不正。"这里也说天帝要征伐罪恶多端的夏桀，而商汤不敢违逆天命，故此讨伐之。

《尚书·泰誓上》载武王之言云："今商王受弗敬上天，降灾下民……皇天震怒，命我文考肃将天威。"这里说商纣王不尊敬上天，降祸灾给下民，皇天动了怒，命令文王执行上天对商纣的惩罚。

《尚书·召诰》云："呜呼！皇天上帝，改厥元子，兹大国殷之命。"其意是说商纣王虽贵为天之元子，但因多行不义，天道犹改之，所以大国殷灭亡。

总之，仅见《尚书》一书，"天命"、"天降威"、"惟天降命"、"我受天命"、"行天之罚"之类文字不乏其见，表明周人的"天帝"和殷人的"上帝"一样，都具有不可抗拒的超自然威力。所不同的是，周人的这个超自然神祇明确指"天"，称"帝"、"上帝"、"上天"、"皇天"、"昊天上帝"或直接称"天"，而殷人则未将"帝"与"天"直接连缀起来。西周以后，周人的"天帝"观一直延续下来，贯穿了整个古代社会。东汉许慎《说文解字》卷一云："天，颠也，至高无上，从一大。"这里以大自然的"天"为至高无上的尊神，就代表了周以后的天帝观。

既然以"天"为至高无上的天帝，对天神的崇拜便成了中国古代信仰体系的一大核心。《诗经·大雅·生民之什》云："敬天之怒，无敢戏豫。敬天之渝，无敢驰驱。昊天曰明，及尔出王。昊天曰旦，及尔游衍。"《尚书·仲虺之诰》云："钦崇天道，永保天命。"《春秋繁露·郊语》云："天者，百神之大君也。"以上记载便把古人对天帝的崇拜与敬畏表达得淋漓尽致。

有"天"就有"地"，否则"天"便无以承载，因此除"天"之外，"地"成了另一个神圣的超自然权威。《周易·乾卦》云："天行健，君子以自强不息。"《周易·坤卦》云："地势坤，君子以厚德载物。"这两句话说明，在古人心目中，天、地两大尊神是各司其职又相辅相成的。要言之，天道的特点是永远在运行，日夜不息，周而复始，刚劲强健；地道的特点则是坚实厚重，胸怀宽广，容载万物，滋养众生。这二者相生相济便构成了一大法则——生命不息奋斗不止，厚德载物兼济天下，这才是完美的生命状态，也才能造就出顶天立地的君子。

对大地的崇拜是世界各民族的普遍现象，但尤以从事耕耘稼穑的农业民族为甚。其崇拜的对象，无非一是笼统的大地，二是具象的山河。具象的山、河自然因地域而异，在中国则主要指五岳、五镇、四海和四渎。五岳即中岳嵩山、东岳泰山、西岳华山、南岳衡山、北岳恒山；五镇即东镇沂山、西镇吴山、中镇霍山、南镇会稽山、北镇医巫闾山；四海即东海、西海、南海、北海；四渎即长江、黄河、淮河、济水。

开始时地神只是一个自然神，人们崇拜的是它的自然属性。后来随着社会的发展，"大地"崇拜逐渐延伸为具有社会意义的"社"崇拜。

"社"的本义即土地神。《礼记·郊特牲》云："社，所以神地之道也。"《说文·释社》云："社，地主也，从示土。"《论衡·顺鼓》云："社，土也。"《白虎通·社稷》云："社者，土地之神也。"以上都明谓"社"的初义即土地。上古时期神人杂糅，传说共工氏之子句龙亦为土神。《左传·昭公二十九年》

云："共工氏有子曰句龙，为后土。"《国语·鲁语上》云："共工氏……其子曰后土，能平九土，故祀以为社。"综合此类记载可知，句龙因平九州而被尊为后土，死后托祀为土神，祀以为社。既然因为是土神而被祀为社，也表明了"社"的来历与土神有关。

由"土神"的初义开始，"社"的蕴义便不断扩展，先是引申为祭土神的活动，后又引申为祭土神的场所，再后则由一方土地神引申为"方六里名之曰社"①的地缘符号，进而由地缘符号引申为"王者封五色土为社，建诸侯"②的国之疆土。其变化虽然层出不穷，但趋势却是一个，即"社"逐渐由自然神演变为国家和地方神的象征，进而演变为国家和地方的保护神。

当"社"的初义刚刚形成时，祭社也是祭地，二者不分轩轾，是故古人说："古者或曰地祇，或曰后土，或曰社，皆祭地"③。但后来，当"地"仅指大地山川，而"社"却成了国家和地方的保护神后，祭社与祭地的分立便不言而喻。

《史记·殷本纪》云："汤既胜夏，欲迁其社。"商汤灭夏是改朝换代，而商汤之所以要迁走夏的"社"，就是要通过此举来表示朝代的更迭，可见这里的"社"即夏王朝的保护神。此例说明，夏商时期的"社"已具有国家疆土乃至王朝政权的象征意义，祭社与祭地的区分已成事实。殷墟卜辞分别记载了商人对"土"和"社"的祭祀，也说明了祭地与祭社的分离。

如果说，在古代的"天、地"崇拜中已经包蕴了很丰富的内涵的话，那么，由于人类社会的复杂性，中国古代的"人"崇拜就更是歧义纷呈了。

首先需要强调的是，与古希腊、罗马神话中有一个"天神"统治时代不同的是，中国古代是从"人神"崇拜开始的，即从对人的崇拜开始。《尚

---

① 《管子·乘马·士农工商》。
② 《尚书·禹贡》汉孔安国传。
③ 《明史·礼志二》。

书·泰誓上》载周武王之言谓："惟人，万物之灵。"《汉书·董仲舒传》载孔子说："天地之性人为贵。"《史记·秦始皇本纪》云："古有天皇，有地皇，有泰皇，泰皇最贵。"《荀子·王制》载荀子说："人有气有生有知且有义"，"故最为天下贵"。《礼记·礼运》云："人者，天地之心也，五行之端也。"以上都强调了人的本位性和高贵性，阐明了人在天地间的尊严和独立。而寻本溯源，在中国早期的人本思想中，一个重要的内容即"重民"。

《尚书·皋陶谟》："天聪明，自我民聪明。天明畏，自我民明威。达于上下，敬哉有土。"

《尚书·五子之歌》："皇祖有训，民可近，不可下。民惟邦本，本固邦宁。"

《尚书·泰誓上》："天佑下民，作之君，作之师，惟其克相上帝，宠绥四方。""天矜于民，民之所欲，天必从之。"

《尚书·泰誓中》："天视自我民视，天听自我民听。"

《左传·桓公六年》："所谓道，忠于民而信于神也。……夫民，神之主也，是以圣王先成民，而后致力于神。"

《左传·襄公三十一年》："民之所欲，天必从之。"

《国语·楚语下》：王政以"天、地、民及四时之务为七事。""天事武，地事文，民事忠信。"

《荀子·正论》："天下归之之谓王，天下去之之谓亡。""汤、武者，民之父母也；桀、纣者，民之怨贼也。"

《管子·形势解》："人主，天下之有威者也。得民则威立，失民则威废。""人主之所以令则行、禁则止者，必令于民之所好，而禁于民之所恶也。""人主之所以使下尽力而亲上者，必为天下致利除害也，故德泽加于天下，惠施厚于万物，父子得以安，群生得以育。"

《吕氏春秋·贵公》："天下非一人之天下也，天下之天下也。"

《大学》："《诗》云：'乐只君子，民之父母。'民之所好好之，民之所恶恶之，此之谓民之父母。""得众，则得国；失众，则失国。是故君子先慎乎德。"

以上皆为先秦时期的论述，揭示了当时民贵君轻的"民本思想"。

在古代思想家中，以孟子的民本思想最为突出，他的一句"民为贵，社稷次之，君为轻"[①]，道出了重民思想的旨趣，传为千古明言。在孟子看来，"保民而王，莫之能御也"[②]，即谁能保护人民，谁就能担当"王"的重任。反之，如果谁残害百姓，就是为人不齿的独夫民贼，不仅不配享有天下，即使得到天下也应该被打倒。《孟子·离娄上》说："（夏）桀、（商）纣之失天下也，失其民也。失其民者，失其心也。得天下有道，得其民斯得天下矣；得其民有道，得其心斯得民矣；得其心有道，所欲与之聚之，所恶勿施尔也。"这里孟子便以桀、纣之例说明，凡是"失其民"的君主都会被推翻，而推翻他们不仅不是犯上作乱的弑君行为，还是为民除害。孟子更进而强调："得乎丘民而为天子，得乎天子为诸侯，得乎诸侯为大夫。"[③]意思是说丘民（人民）比天子还重要，只有得到丘民才能成为天子。

当然，在孟子的时代，所重之民只能是邦国之民，即"族人"或"国人"，不包括战俘和奴隶。可是到了后来，随着阶级社会的发展，邦畿之民也急剧分化，国人的地位一落千丈。

《战国策·齐策四》记载了一个很有趣的故事，恰好说明了国人地位在该时期发生的变化。战国年间，齐王派专使拜会赵太后，可没容齐使打开国书，赵太后就忙不迭地问：你们的收成好吗？百姓好吗？君王好吗？齐使听了很不高兴，说：臣奉国君之命前来，您不先问国君好，反倒先问收成和百姓好，岂不是颠倒了尊卑次序吗？不料赵太后正色道："不然。苟无岁（收成），何以有民？苟无民，何以有君？故有舍本而问末者耶？"这里展示了两种根本对立的立场，一种是齐国的贵君贱民立场，一种是赵

---

① 《孟子·尽心下》。

② 《孟子·梁惠王上》。

③ 《孟子·尽心下》。

国的民本君末立场。这两大立场的冲突，表明当时的社会正在急剧分化，开始由传统的重民观念向重君观念转化。而当这种转变成为普遍事实后，作为崇拜对象的"人"已不再泛指国民，而集中到先祖和国君这两大重心上。

崇祖是东方民族根深蒂固的传统，源远流长又无与伦比。姑不论旧石器时代晚期的山顶洞人已初现祖先崇拜的端倪，单说殷商时期"率民以事神，先鬼而后礼"[1]，尊崇的鬼神虽多，但最重要的就是祖先崇拜。见于安阳殷墟出土的甲骨卜辞，商人对上甲以来的先公先王先妣反复祭奠，仅祭祀的形式就有四种，分别为单祭、合祭、特祭和周祭，就说明此时的祖先崇拜已是多么的隆重，多么的深入人心。

崇祖传统在中国之所以根深蒂固，是因为它建立在牢固的历史基础上，主要体现在四个方面：

1. 早自父权制形成以来，东方民族就确立了以父系先祖为族之本、人之本的观念，认为没有先祖就没有一切。《礼记·郊特牲》云："万物本于天，人本于祖。"《荀子·礼论》云："先祖者，类之本也。"《大戴礼记·礼三本》云："无先祖焉出。"凡此都强调了先祖地位的至高无上。

2. 对祖先功德的敬仰和怀念，是东方民族尊祖、敬祖的另一思想基础。《礼记·祭法》孔颖达疏云："祖，始也，言为道德之初始，故云祖也；宗，尊也，以有德可尊，故云宗。"以上解释就融注了对祖先的崇德报功观念。

3. 相信灵魂不灭，认为先祖不仅生为族之本，死亦为族之魂，仍在支配整个亲族的命运，甚至无时无刻不在监视部族成员的行动，是华夏先民崇祖观的又一思想基础，而这就直接表现为对先祖灵魂的敬畏和膜拜。

4. 古代东方是以血缘为纽带的宗法制社会，而祖先崇拜是维系宗法体系的核心因素，也是实行宗族统治的必要前提，于是尤为东方民族所倚重。

察古代中国的"祖先"含义十分丰富，有广狭之分。

---

[1] 《礼记·表记》。

义之狭者即一家一户的父祖。《汉书·郊祀志下》引孔子曰："人之行莫大于孝，孝莫大于严父，严父莫大于配天。"这里的"严父"指的就是一家一人的父尊，此乃一家之亲。

含义稍广的为一族之祖，这是"祖宗"的通常含义。前述殷商卜辞中对祖先神的崇拜与祭祀即指一族之祖，此乃一族之亲。

一族之上还有一国之祖。《周礼·春官·大宗伯》云："大宗伯之职，掌建邦之天神、人鬼、地示之礼，以佐王建邦保国。"《隋书·礼仪一》云："唐、虞之时，祭天之属为天礼，祭地之属为地礼，祭宗庙之属为人礼。"以上"人鬼之礼"或"人礼"，指的就是对一国之祖的祭奠。自汉代以来，历朝历代莫不尊"始取天下者为祖"[①]，或称"高祖"（汉高祖刘邦、唐高祖李渊），或称"太祖"（宋太祖赵匡胤、辽太祖耶律阿保机、金太祖阿骨打、元太祖成吉思汗、明太祖朱元璋、清太祖努尔哈赤）。他们既是皇家的一族之祖，也是一国之祖，除了皇室要举行家祀和族祀外，还要定期举行国祀。

华夏礼制的一大特点就是，除了当朝的开国君主外，前朝的先圣王也被尊为国之神祇，同在国祀之列。此俗起于对古昔圣王的崇祀，后来其队伍不断扩大，先是扩大到历朝历代的开国君主，后又扩大到各朝的有为君主。久而久之，此俗相沿成习，当朝君王若不奉祀此前的历代帝王，包括刚被他们推翻的前朝帝王，甚至都难以跻身华夏正朔。

除了上述各含义之外，中国还有一个更具深刻意义的"祖宗"，这就是全民族的共祖。

文献记载的华夏历史一直可以追溯到传说中的"三皇"时代，而这"三皇"就是中华民族最早的共祖。《周礼·春官》载："外史……掌三皇五帝之书。"《庄子·天运》载："三皇五帝之礼义法度"，"三皇五帝之治天下"。综合此类记载可知，早在先秦时期已经形成了"三皇"之说。何谓"三皇"？

---

① 《史记·孝文本纪》集解引应劭云。

古人对此有两种不同解释：一种认为这不是现实人物，而是莫须有的神祇，是泛泛而论的"天皇、地皇、泰皇"或"天皇、地皇、人皇"；另一种说法则认为这是特定的人物，是真实的人，并给出了具体的人名。然而这真实的"三皇"究属何人呢？对此也歧见纷披。东汉王符在《潜夫论·五德志》中对此做了个总结，其云："世传三皇五帝，多以为伏羲、神农为二皇，其一者或曰燧人，或曰祝融，或曰女娲，其是与非，未可知也。"这里说得很清楚，在有关"三皇"的各种说法中，只有伏羲和神农是共有的，其他则众说不一，或曰燧人，或曰祝融，或曰女娲。

伏羲之所以是"三皇"各种说法中共有的，盖因他是有信史可考的中华远祖中时代最早的一个。《周易》论史，就是从伏羲开始的，事见《周易·系辞下》："古者包羲氏之王天下也，仰则观象于天，俯则观法于地，观鸟兽之文，与地之宜，近取诸身，远取诸物，于是始作八卦，以通神明之德，以类万物之情。"伏羲在古文献中一人多名，又称包羲、庖羲、宓羲、虑羲、伏戏、太昊，以上包羲氏即伏羲。《周易》是中华元典，内容多出自上古，号称华夏群经之首。伏羲其人其事既见载于《周易》，一则说明他载入华夏典籍的年代远较其他传说人物为早，二则说明他的可信度远较盘古、燧人、女娲为高，故此当之无愧地成了华夏民族史上可以确认的第一位始祖。"三皇"诸说中的另一个共有人物是神农，而据《周易·系辞下》等文献的记载，神农氏是在伏羲之后兴起的，年代较伏羲为晚，所以仍当以伏羲为首。

作为中华第一祖，伏羲很早以来就被尊为"泰帝"，这便体现了中华民族的远祖崇拜。《史记·封禅书》云："闻昔泰帝兴神鼎一，一者壹统，天地万物所系终也。"索隐引孔文祥云："泰帝，太昊也。"这里便将"天皇、地皇、泰皇"中的泰皇与伏羲（太昊）结合起来，确指泰帝（人皇）就是伏羲。《史记·秦始皇本纪》云："古有天皇，有地皇，有泰皇，泰皇最贵。"依此言，人皇（泰皇）之尊甚至超过了天与地，于是太昊也就成了古人心目中无所不能的神，是"天地万物所系终"者。

《国语·鲁语上》云："黄帝能成命百物，以明民共财，颛顼能修之。帝喾能序三辰以固民，尧能单均刑法以仪民，舜勤民事而野死，鲧鄣洪水而殛死，禹能以德修鲧之功，契为司徒而民辑，冥勤其官而水死，汤以宽治民而除其邪，稷勤百谷而山死，文王以文昭，武王去民之秽。故有虞氏禘黄帝而祖颛顼，郊尧而宗舜；夏后氏禘黄帝而祖颛顼，郊鲧而宗禹；商人禘舜而祖契，郊冥而宗汤；周人禘喾而郊稷，祖文王而宗武王。……凡禘、郊、祖、宗、报，此五者国之典祀也。"以上所述即早在先秦时期便纳入"国之典祀"的人，他们皆是著有功德的先皇先君。此文首先列举的是黄帝、颛顼、帝喾、唐尧、虞舜，这是继三皇而起的五帝，而后述及的还有夏商周三代的先王先公。他们也是中华民族的"共祖"，和"三皇"一道共同组成了中华民族的祖神系列。

开启了五帝时代的是黄帝，培育了华夏文明和华夏民族的也是黄帝，说已详第二章第三节。因此，对黄帝的民族共祖感情，可以说是华夏各民族能够凝结成一个大家庭的关键因素。姑不论大一统帝国时期人们是怎样尊奉象征国家统一的黄帝的，单就北宋和契丹的分治时期而言，不仅雄踞中原的赵宋王朝自比天朝大国，视自己是"继黄帝之后，三世变道，应天之统"的华夏正统，理所当然地以"黄帝之嫡绪"[①]自居，就连契丹也自称"国家系轩辕黄帝之后"[②]。这说明，中华各族对黄帝的亲祖感情已经大大超越了国界和族界，形成了不同族群和不同国家共奉一祖的奇观。

以三皇五帝为民族共祖，不迟于上古时期已经成为传统。《国语·鲁语上》云："有虞氏禘黄帝而祖颛顼，郊尧而宗舜。"有虞氏是帝舜的部族，主要活跃在五帝时代和夏代，这说明早在那时华夏先民已奉黄帝、颛顼、唐尧、虞舜等人为始祖。《周礼·春官·小宗伯》云："兆五帝于四郊。"郑

① 《宋史·应天、乾元、仪天历》。

② 袁海波、李宇峰：《辽代汉文〈永清公主墓志〉考释》，《中国历史文物》2004 年 5 期。

玄注："五帝，苍曰灵威仰，太昊食焉；赤曰赤熛怒，炎帝食焉；黄曰含枢纽，黄帝食焉；白曰白招拒，少昊食焉；黑曰汁光纪，颛顼食焉。黄帝亦于南郊。"这里说的是西周祭礼，亦以太昊、炎帝、黄帝、少昊、颛顼为高祖。又《史记·封禅书》云："秦灵公作吴阳上畤，祭黄帝；作下畤，祭炎帝。"秦灵公在位于公元前 424 年～前 415 年，属战国早期，这又是东周秦人以黄帝、炎帝为始祖的一例。

在论及《国语·鲁语上》载述的各部族所禘之祖时，清人崔述有一段颇为精妙的论述。他说："喾之禘，非以为始祖所自出之帝而禘之也。且虞郊尧而商禘舜，皆非其祖所自出也。若必其祖所出之帝而后禘之，则不幸而所自出之帝无功而反有过，若宋之祖帝乙，郑之祖厉王者，则将禘之乎？将不禘之乎？"[1]这里明确指出，有无亲缘关系并非古人禘祀的标准，真正的标准只有一个，那就是看他是否有功于民族和国家。若有功于民族、国家，虽非同族亦应祭奠，反之则即便是同族亦不予禘祀。就拿前引秦灵公的祭黄帝、炎帝来说，一则秦之先"在西戎，保西垂"[2]，他们并非中原嫡裔，而是西戎的一部分；二则秦人"自以为主少昊之神"[3]，自认是少昊之后，亦与黄帝、炎帝无涉。然而秦人却设畤遥祭和他们毫无亲缘关系的黄帝、炎帝，由此亦足见黄帝、炎帝是全体中国人的祖宗神，故为各民族所共奉。

共祖的存在，是中华文明的一大特性，为世界其他民族所不见。这个奇异的特性是由华夏各民族非同寻常的民族趋同性、文化认同性造成的，在中华民族的形成发展史上具有极特殊的意义。其中最大的意义是，正是由于共祖的存在，神州大地上的各民族才组成了一个统一的大家庭，凝聚成一个称为"中华民族"的整体。同时，也正是由于全体成员对共同祖先

---

① 崔述:《崔东壁遗书·王政三大典考·禘祀》。

② 《史记·秦本纪》。

③ 《史记·封禅书》。

的景仰和怀念，中华民族才具有了无与伦比的凝聚力，以至数千年来无论遭遇怎样的艰难险阻，无论陷入怎样的对立和冲突，国家和民族的统一始终是不可逆转的潮流。总之，中国地域辽阔、民族众多、历史悠久，若非特有的"共祖"现象，是很难凝聚成一个整体的。

从家庭的父祖、氏族的宗祖，到一国之祖乃至全民族的共祖，这便是中国古代由狭及广的"祖宗"涵义。与此相应，中国古代家有祖龛，宗有宗祠，国有太庙，民族共祖有历代帝王庙，各类"祖宗"皆有所祀。《礼记·大传》中有一段话，专门阐述了"祖宗人亲之大义"，其云："亲亲故尊祖，尊祖故敬宗，敬宗故收族，收族故宗庙严，宗庙严故重社稷，重社稷故爱百姓。"①此文说人们由亲己而至尊祖，由尊祖而至敬宗，由敬宗而至广收族人，由广收族人而至亲族不败，由亲族不败而至宗庙庄严，由宗庙庄严而至倚重社稷，由倚重社稷而至普爱天下苍生，由此便构建出一个由近及远的"人亲大义"。这"人亲大义"恰和由狭及广的祖先崇拜相应，铸就了炎黄子孙由爱家而致爱国的传统。

除了祖先崇拜，古代中国"人之礼"的又一核心范畴即君主崇拜。君主崇拜的出现是社会发展的产物，从正面意义上说，它体现了人们对社会秩序化的向往和追求。前述"三皇五帝"个个是中国古史系统的先皇先君，对他们的远祖崇拜其实已经包含了君主崇拜的含义。寻根溯源，中国古代君主崇拜的形成与发展大致经历了三大阶段：

一是滥觞期，这可以追溯到原始社会末季的"英雄时代"。在恩格斯的《家庭、私有制和国家的起源》中，时常提到"英雄时代"，所对应的就是原始社会末期。当此之时，氏族制度已出现明显裂口，社会进入到军事民主制阶段，氏族首领和军事首长的威权相继萌生。这是个富于英雄传说的时代，故被称为"英雄时代"，而其中种种可歌可泣的英雄传说，都

---

① 《礼记·大传》疏云："案郑《目录》云：'名曰《大传》者，以其记祖宗人亲之大义。'"

是围绕军事统帅或部落首领的传奇故事展开的。当时的部落首领往往兼任巫师和祭司，负责主持部落的巫术和祭祀性典仪，由此披上了神秘色彩，这也对"首领崇拜"的产生起到了推波助澜的作用。

二是形成期，始于国家文明的肇起。不管怎么说，原始社会末期的军事民主是以氏族社会为基础的，部族酋长或军事首领的威权再高也无法取代部族内部的原始民主制。而国家政权的形成，意味着"权制独尊于君"的开始，这才给君主崇拜的形成奠定了牢固的基础。第二章第三节已述，华夏文明发端于黄帝，中国的王权制度也发端于黄帝，这就标志了君主崇拜在古代中国的正式形成。然而黄帝之时文明初奠，此后一直到东周列国时期，中国一直处于部族式的诸侯分治状况，君主威权受到了极大限制。因此，自黄帝以迄东周，还只能算是君主崇拜形成的初始期。

三是成熟期，始于秦王朝的建立。秦始皇嬴政创建的，是个大一统的中央集权国家，君主总揽一切行政、军事、经济大权。而与此相应，君主崇拜也迅速膨胀起来，很快走向极致。其中的一个标志性事件，即君主称谓的改变。

姬周以前，君主的称谓并无定制，大多数情况下称君、称王，也有称"后"、称"帝"的。"后"的本义是君长，《尚书·大禹谟》载"后克艰厥后，臣克艰厥臣"，这里的"后"即君长之意。"帝"很早也成了王者的专称，事如许慎《说文解字》云："帝，谛也，王天下之号也。"先秦时称帝者不多，大致可分两种情况：一种是对逝去的先皇先君的尊称，典型之例即"三皇五帝"中的"帝"；另一种是生而僭称帝号者，如夏朝的帝启、帝相、帝不降，商朝的帝外丙、帝仲壬、帝太甲、帝沃丁、帝小庚、帝小甲、帝雍巳、帝太戊及帝辛等，皆自称为帝。

周文武创建周朝后，规范了君主称谓，统一改称王，亦称"天子"。《史记·殷本纪》云："周武王为天子，其后世贬帝号，号为王。"《索隐》按："夏、殷天子亦皆称帝，代以德薄不及五帝，始贬帝号，号之为王，故本纪皆帝，而后总曰'三王'也。"以上是说，周朝君主不敢僭用"五帝"的帝号，乃自贬为王，并且为了表示对"天"的顺从而自称"天之子"。这种称谓伴随周朝的历史维持了七八百年，直到公元前 221 年秦王政混一寰宇，事情才发生了变化。

《史记·秦始皇本纪》云："秦初并天下，令丞相、御史曰：'……寡人以眇眇之身，兴兵诛暴乱，赖宗庙之灵，六王咸伏其辜，天下大定。今名号不更，无以称成功，传后世。其议帝号。'丞相（王）绾、御史大夫（冯）劫、廷尉（李）斯等皆曰：'昔者五帝地方千里，其外侯服、夷服，诸侯或朝或否，天子不能制。今陛下兴义兵，诛残贼，平定天下，海内为郡县，法令由一统，自上古以来未尝有，五帝所不及。'"故此"臣等谨与博士议曰：'古有天皇，有地皇，有泰皇，泰皇最贵。'臣等昧死上尊号，王为'泰皇'。命为'制'，令为'诏'，天子自称曰'朕'。"秦王曰："去'泰'，著'皇'，采上古'帝'位号，号曰'皇帝'。他如议。"

以上这段文献讲的是，秦嬴政在剪灭东方六国后，自认为"功过五帝，地广三王，而羞与之侔"[1]，不愿再袭用"王"的旧称，遂令群臣重议君主的名号。经过丞相王绾等人的商议，当时先上尊号"泰皇"，嬴政不满意，之后取"皇天上帝"之义，合"三皇五帝"之谓，改称"皇帝"，这才得以通过。表面上看，这只不过是君主称谓的一个简单改变，无关宏旨。但实际上这是一个极其重要的标志性事件，表明中国古代在"海内为郡县，法令由一统"后，君主专制制度的最终确立。无独有偶，恰好也是在纪元前，在相距遥远的西方，古罗马凯撒大帝的甥孙屋大维于公元前 27 年继位后，特意把自己的职位由原来的"执政官"改称"元首"，这也是古罗马由共和国体制向帝国体制转变的标志。

嬴政不仅自谓为"始皇帝"，还规定天子自称"朕"，命曰"制"，令为"诏"，

---

① 《史记·秦始皇本纪》太史公赞。

印称"玺"，制定了一整套皇权至上、皇帝独裁、皇位世袭的制度。同时，他废除了此前由周朝制定的天子、诸侯死后要根据其生前表现拟定一个谥号的做法，以杜绝百官评议皇帝的是非。尤有甚者，嬴政还在严刑峻法中专门加了一个"诽谤罪"，对皇帝不满便是"大不敬"，可罪及九族。凡此种种，都奠定了"天子至尊"[①]的法统地位，把君主专制及君主威权提高到前所未有的程度。

当进入君主极权时代后，君主成了国家的主宰，也成了国家的象征。于是，崇君观念发生的一个歧变是，忠君几乎等同于爱国。

《诗经·小雅·谷风之什·北山》："溥天之下，莫非王土；率土之滨，莫非王臣。"《左传·襄公十四年》："夫君，神之主而民之望也。"《荀子·致仕》："君者，国之隆也。"以上皆为"君即国"的经典表述。这些都是先秦时期的论述，当时君主崇拜还刚刚确立，至于到秦始皇以后，"君即国"的含义早在一部"家国一体"、"家国同构"的古代政治史中得以体现。法国波旁王朝的君主路易十四曾经大言不惭地说"朕即国家"，中国的帝王们虽然没有说过完全相同的话，但"天下是帝王的天下"的意思也是不言自明的，这已在"国不可一日无君"之类话语中得以体现。正是在这种封建集权制下，君王和国家的概念混淆起来。

《礼记·大学》云："孝者，所以事君也。"《孝经·士章》云："以孝事君则忠。"《孝经·开宗明义章》云："夫孝，始于事亲，中于事君，终于立身。"《论语·学而》云："为人也孝弟（悌），而好犯上者鲜矣。"以上古训都把事君和爱国紧紧连在了一起。正因此，"忠君报国"成了封建时代的最高伦理，最大的悖逆便是"乱臣贼子"，人人得而诛之。而当"君"与"国"在无形中画上了等号后，忧君便和忧国、忧民统一起来。历朝历代的爱国

---

① 《仪礼·丧服》传文。

将领为了保家卫国浴血沙场，"壮志饥餐胡虏肉，笑谈渴饮匈奴血"，到头来为的却是"待重头收拾旧山河，朝天阙"①！"天阙"者，皇帝宫廷也，可见在这些爱国将领的眼里，忠于高踞"天阙"之上的君主，便是最大的爱国。

然而，除了"国"被"君"所取代而造成的愚忠外，它的逆定理也是存在的，即"君"也可以被"国"所取代。于是，"天、地、君、亲、师"信仰亦可置换为"天、地、国、亲、师"信仰，"愚忠"亦可置换为与其相对的爱国爱民立场。前文曾述，直到"文革"前，不少地方的家族祠堂和堂屋里还供奉着"天、地、君、亲、师"牌位或匾额，而其中相当部分写的就是"天、地、国、亲、师"，其中的"忠君"观已为爱国观所取代。

除了借助极权制度树立的君威外，对于曾为民族做出过巨大贡献的先皇先君，东方民族还有一种发自内心的虔诚膜拜。

早在文明初兴之时，中华民族就形成了许多传说，颂扬那些曾经带领民族奋勇崛起和追求真理的领袖人物。在中华民族的心中，他们也是至尊至圣的神，而且是永生不灭的神。在古希腊、罗马的神话世界中，有很多人格化的神，如主宰万物的宙斯、播撒火种的普洛米修斯、太阳神阿波罗、月亮女神狄安娜、智慧女神雅典娜、爱神阿芙洛提等。这些西方古神都有人的外形、人的性格、人的七情六欲，但他们却无一例外都是天神。而与此截然不同的是，中华民族崇尚的则是神格化的历史人物，是确有其人的"人神"。《大戴礼记·盛德》说："民善其德，必称其人，故今之人称五帝三王者，依然若犹存者，其法诚德，其德诚厚。"此文明确指出，正是由于五帝三王"其法诚德，其德诚厚"，故而"民善其德，必称其人"，以至他们"依然若犹存"，永远活在民族的记忆中。中华民族是个懂得感恩的民族，正是这种崇德报功情怀，铸就了华夏子民对先圣王的追思和崇敬，

---

① 岳飞词：《满江红》。

造就了世所罕见的民族共祖现象。

在这些民族神祇中，最具代表性的莫过于黄帝。黄帝是华夏共祖中最突出的一个，这已见前述。因此顺理成章地，他成了古昔圣王中最具代表性的民族神祇。悠悠几千年来，华夏后人对黄帝世代颂其事、扬其名，使其英名永在，功德长存。汉高祖起事时，举行的仪式便是"祠黄帝，祭蚩尤于沛庭"①。汉武帝即位后，亲率十余万大军北巡朔方，旗开得胜后也专程拜祭黄帝冢。唐朝在坊州今陕西桥山西麓兴建了黄帝庙，供岁岁四时祭享。明太祖朱元璋亲笔撰写了祭祀黄帝的"御制祝文"，派使臣到黄帝陵前祭奠。清康熙帝亲自用满文写了祭黄帝祷文，同汉文一起刻在石碑上。1912 孙中山自撰并书写了祭陵辞，委派十五人代表团专祭黄帝陵。1937年国共两党同祭黄帝陵，毛泽东、朱德在《祭黄帝文》中说："赫赫始祖，吾华肇造；渭衍社绵，岳峨河浩。聪明睿智，光被遐荒；建此伟业，雄立东方。"②凡此都是后人对中华第一帝的称颂与祭奠。

中国古代"人之礼"的又一核心范畴，即对"师"的崇拜。这是中华民族的独特传统，在历史上产生过相当大的影响，影响之大几可与祖先崇拜、君主崇拜鼎足而三。这种崇拜理应出于社会有了独立的知识阶层之后，也就是有了"师"之后，显然是文明时代的产物。

见于《荀子·儒效》，古之先哲很早就指出："欲贱而贵，愚而智，贫而富，可乎？曰：其唯学乎。"这里强调，学习是人一生中最重要的事情，只有学习才能改变人的命运，使人由贱而贵、由愚而智、由贫而富。但从学之道首先是要有老师，"师者，所以传道、受业、解惑也。人非生而知之者，孰能无惑，惑而不从师，其为惑也终不解矣"③。反之，一个人若无师承，不懂道理，"知则必为盗，勇则必为贼，云能则必为乱，察则必为怪，

---

① 《史记·高祖本纪》。

② 毛泽东、朱德:《祭黄帝文》,《新中华报》1937 年 4 月 5 日。

③ 《韩昌黎集·师说》。

辨则必为诞"①，即聪明人会堕落成盗，勇敢者会沦落成贼，有能力的人会犯上作乱，善于察言观色者会兴风作浪，巧言令色者会造谣生事。总之，以人的道统所传、术业所授、人格所成乃至命运所系等一概关乎师，便是东方民族"师道尊严"万古不泯的理论依据。

　　按照儒家思想，学习的目的首先不在于"受业"，而在于"传道"，即传授做人的道理。

　　关于人的天性，早在两千多年前就形成了截然不同的两种看法。战国中期的孟子首先提出了"性善论"，认为人性"犹水之就下也，人无有不善，水无有不下"②。在他看来，人性中的"善"是生而有之的，主要包括了"恻隐之心，仁之端也；羞恶之心，义之端也；辞让之心，礼之端也；是非之心，智之端也"③。但过了半个世纪后，中国出了个荀子，持完全相反的"性恶论"，认为人皆生而"好利"、"有疾恶"、"好声色"，如果"从人之性，顺人之情，必出乎争夺，合于犯分乱理而归于暴"④。然而性善也罢，性恶也罢，这针锋相对的两大观点都殊途同归地落脚到教育。孟子认为，人性虽然原本是善的，但如果不接受教育就会染上社会的不良思想和恶习，所以必须从师学道。明朝传世的启蒙读本《三字经》开宗明义说"人之初，性本善；……苟不教，性乃迁"，讲的就是这个道理。而主张"性恶"的荀子则认为，仁义礼智等道德善行是通过后天的学习得到的，因此更须坚守师法之化和礼义之道，非如此则无法把"恶"的人性改变为"善"。所以，先秦诸子们虽然对人性的看法大相径庭，对重教重学却毫无二致。

　　古人认为，"务学不如务求师，师者，人之模范也"⑤，即从学之道最

---

① 《荀子·儒效》。

② 《孟子·告子上》。

③ 《孟子·公孙丑上》。

④ 《荀子·性恶篇》。

⑤ 扬雄：《法言·学行》。

重要的莫过于择良师。所谓"养不教，父之过；教不严，师之惰"，所谓"良师出高徒"、"名师出高徒"，这些成语便从古至今传承着求学者必当先求师、善学者不如善求师的道理。

择良师对凡夫俗子来说固然重要，对帝王来说就更为重要了。《孟子·公孙丑下》云："故将大有为之君，必有所不召之臣。欲有谋焉则就之，其尊德乐道，不如是不足以有为也。故汤之于伊尹，学焉而后臣之，故不劳而王；桓公之于管仲，学焉而后臣之，故不劳而霸。"这里说，正是因为商汤王和齐桓公思贤若渴，求得了良师伊尹、管仲，才成就了一代霸业。《吕氏春秋·尊师》云："神农师悉诸，黄帝师大挠，帝颛顼师伯夷父，帝喾师伯招，帝尧师子州支父，帝舜师许由，禹师大成贽，汤师小臣，文王、武王师吕望、周公旦，齐桓公师管夷吾，晋文公师咎犯、随会，秦穆公师百里奚、公孙枝，楚庄王师孙叔敖、沈尹巫，吴王阖闾师伍子胥、文之仪，越王勾践师范蠡、大夫种，此十圣人六贤者，未有不尊师者也。"这里列举的皆为古帝王之师，而且强调古之圣王"未有不尊师者也"。

以上所言的"帝师"，还只是一般意义的老师，并非严格意义的帝师制度。自西周王朝起，为了规避对皇位的血腥争夺，天子之位的传承实行了严格的嫡长子继承制。这种制度虽然保证了皇位的正常传递，却无法保证继位者是贤德有能的君王。于是，让王位继承人从小受教育就成了事关祖宗社稷的大事，而见于史乘，最晚不迟于汉代便有了真正意义的"帝师"。

《汉书·张良列传》称张良"为帝者师，封万户，位列侯"，这是史乘中直言"帝师"的较早一例，事在西汉初年。此后，仅就一部《汉书》而言，称某某"以帝师位特进，甚尊重"的记载不知凡几，可见"帝师"已成为一个特定的职位，表明了帝师制度的形成。《汉书·朱云传》记载了这样一段故事："成帝时，丞相故安昌侯张禹以帝师位特进，甚尊重"，朱云上书弹劾其"尸位素餐"，成帝竟至"大怒，曰：'小臣居下讪上，廷辱师傅，罪死不赦。'"这段故事告诉我们：一是担任帝师者多为丞相，地位之高无人能比;二是下臣一旦弹劾帝师,便是居下讪上的"廷辱师傅",罪可至死。

这种帝师制度从汉代一直延续到了封建社会后期,几与封建时代相始终。仅就明清两朝而言,明建文帝的帝师为方孝孺,万历帝的帝师为张居正,天启帝的帝师为孙承宗,崇祯帝的帝师为文震孟,清顺治帝的帝师为通琇和汤若望,康熙帝的帝师为汤若望、陈廷敬、伍次友、彭而述、南怀仁,此外雍正、乾隆、嘉庆、道光、咸丰、同治、光绪、宣统诸帝亦各有帝师。

按照儒家哲学,天子的权力虽然拜上天所赐,但只有当天子的行为符合天道时,他的统治才具有合法性。而天道即圣人之道,圣人之道即儒家的人伦道德。这就是说,天子只有用圣人之道来规范自己,才能维持上天对自己的信任,才能江山永固。《左传·僖公五年》引《周书》说:"皇天无亲,唯德是辅。"这里明确说皇天只眷顾"有德之君",倘若反其道而行之,像夏桀那样"弗克若天,流毒下国",或像商纣那样"剥丧元良,贼虐谏辅"①,不仅不会得到上天的庇护,反而会受到上天的惩罚。于是,在中国古代,就有了儒家"从道不从君"的立场。《论语·先进》曰:"所谓大臣者,以道事君,不可则止。"这是孔子的话,说大臣要按道统的要求来侍奉君主,否则宁可弃官不做。而师的职责就是向人们传授儒家道统,是道统的化身。因此,按照道统高于君统的原则,帝师制度的存在不但在一定程度上体现了道统对君统的约束,还把"师"的地位提高到无以复加的地步。

那么,师的地位在中国古代究竟有多高呢? 前面曾说"师"崇拜的影响几可与祖先崇拜、君主崇拜鼎足而三,就是说"师"的地位已经高到了可以和君、父相提并论的地步。《吕氏春秋·劝学》引《曾子》曰:"君子行于道路,其有父者可知也,其有师者可知也。夫无父而无师者,余若夫何哉! "这里父、师并称,就蕴含了"事师之犹事父"的道理,此即所谓"一

---

① 《尚书·泰誓中》。

日为师，终身为父"。《荀子·礼论》及《大戴礼记·礼三本》强调"无君、师焉治"，这里又树立了君、师并重的理念。《孟子·梁惠王下》引《尚书》云："天降下民，作之君，作之师。"这里同样以君、师并称。

按古之礼制，天子尤其要率先垂范，带头尊师。《吕氏春秋·劝学》云："古之圣王未有不尊师者也，尊师则不论其贵贱贫富矣。"这里强调帝王尊师的前提是"英雄不问出处"，不以其出身的高低贵贱而轻视之。前引《吕氏春秋·尊师》之文已经不厌其详地列举了古昔圣王"未有不尊师者"的事例，而且把帝王的尊师和他们的建功立业联系起来。降至明朝，太祖朱元璋的皇后马氏也深知"民家为子弟延师，尚以礼全终始，况天子乎"[1]的道理，劝诫草莽出身的朱元璋要懂得尊师。

至于尊师之道，《吕氏春秋·尊师》提出一要"生则谨养"，二要"死则敬祭"。对帝王而言还多了一条，即对师不仅要恩养有加，更重要的是"尝为师者弗臣"，即不得单以君臣之礼待之。晚至清季，礼法规定王公大臣见皇子须双膝下跪，而皇子的上书房师傅却可以免跪，唯以捧手代之，皇子尚须答礼，这就是由上古的尊师之礼传承下来的。此外又如《礼记·文王世子》所云："凡学，春官释奠于其先师，秋冬亦如之。凡始立学者，必释奠于先圣先师。"天子入太学也要先拜先师，在清朝甚至要行"二跪六拜"[2]大礼。

汉扬雄《法言·学行》云："师者，人之模范也。"这里强调，尊师是以师的品性高洁为前提的，只有当得起"模范"二字者，才有资格为人师表。受传统道德的约束，古之师者"居庙堂之高则忧其民，处江湖之远则忧其君"，大多能清苦自知、洁身自好，做众人心目中的正人君子。因为他们深知，斯文是为师者的身家性命，一旦斯文扫地，就会永世被人所不齿。

"师"的崇拜之所以成为中华民族的独特传统，既与中华民族格外重

---

① 《明史·后妃一》。

② 《清史稿·吉礼三》。

视道统的传承不无关系，也与中国出了个孔子不无关系。

孔子名丘，字仲尼，春秋末期鲁国人，生于公元前 551 年或前 550 年，卒于公元前 479 年。他是中国十大思想家之一，也是世界十大思想家之一，创建了流传千古的儒家学说。自三十岁设馆授徒起，孔子终其一生"诲人不倦"，以至"弟子三千"，成为"师"的最高典范，被历代奉为"万世师表"。从汉武帝"罢黜百家，独尊儒术"起，儒家倡导的社会伦理及治国方略成了封建王朝的政治信条，孔子也被累世加封，倍享哀荣，甚至被冠以"素王"名号。然而，孔子生前虽然自命为圣贤政治的不二传人，但他一生颠沛流离，周游列国十数载却基本与权力无缘，且屡屡厄于野人，空余"循道弥久，温温无所试，莫能己用"①的无奈。因此，终其郁郁不得志的一生，孔子也只能算是个成功的思想家和教育家。

孔子的突出贡献之一是开设了私人学堂，由此打破了官学的一统天下，使王官之学下移民间，把学术与政治剥离开来。此举对后世影响至远，其中一个影响是，正如司马迁所说，"自孔子卒后，七十子之徒散游诸侯，大者为师傅卿相，小者友教士大夫"②，孔子弟子在受教后得以跻身官场。这不但从政治上打破了世卿世禄的贵族垄断制，也为君主自由任免卿相创造了条件。另一个重要影响是，孔子始终坚持"有教无类"，招收的学生大多出自社会下层，从而为民间培养了一批杰出的思想家。再一个影响是，他倡导以"仁"为核心的学说，重在伦理教育和修身养性，由此造就出垂范后世的"七十二贤人"。以上数项，皆是孔子作为"师"的不朽贡献。

总之，孔子虽然身后成为政治儒学的代表，但从本质上说，他更是华夏民族"师"的典范，是古代知识分子的精神导师。而孔子的得为封建统治者顶礼膜拜，不仅提高了儒生的地位，对"师"的崇拜也起了相当的促进作用。每逢 9 月 28 日孔子诞辰日，台湾除了祭奠孔子外还要举办教师节，

① 《史记·孔子世家》。

② 《史记·儒林列传序》。

就体现了孔子是"师"的代表，体现了尊孔亦即尊师。

汉武帝"独尊儒术"的国策一经确定，就在京师设立太学，定五经博士，招博士子弟员，把儒学教育纳入了国家体制。随着以儒学为本的官学的兴办，师道尊严进一步推陈开来，师者的尊荣节节攀升。自从隋朝创建科举制度后，儒学的师承关系成了学子进身的阶梯，"古之贤者必有良师"成为定则，对师的崇拜更加蔚然成风。

综上所论，可知中国古代的"天、地、君、亲、师"信仰虽然各有发展脉络，但它们都是自亘古以来就孕育生成的。相比之下，对天神、地祇、祖先的崇拜形成的最早，肇起于远古时代，君主崇拜稍次之，但不迟于文明初兴之时已经形成。对师的崇拜是成熟时间相对较晚的一个，但作为儒学倡导的理念之一，其兴起的时间再晚也晚不过孔子。前引《曾子》、《荀子》、《吕氏春秋》、《礼记》等文献对师道的推崇，便是孔子卒后师道大盛的明证。《尚书·泰誓上》云："天佑下民，作之君，作之师，惟其克相上帝，宠绥四方。"这是商周之际周武王的话，意思是说上天帮助下民，为下民安排了君主和师长，以辅佐上帝安定天下。如果此说不误，则知中国古代对师的崇拜甚至一直可以追溯到商末周初之时。总之，完整体系的"天、地、君、亲、师"信仰，最迟应不晚于西周时期便已形成。

到了思想空前活跃的春秋战国时期，"天、地、君、亲、师"信仰不但没有湮灭，反而如前所述，进而成了诸子百家的共同土壤，为新兴的先秦思想家所广泛汲取。在先秦百家中，这个信仰的最正统继承者仍当属儒家。孔子著《论语》，主题就是敬天、奉祖、孝亲、忠信、仁义、崇礼、性善、弘毅、见贤、思齐，其中一半是对个人修养的倡导，另一半便是对"天、地、君、亲、师"信仰的诠释。再下至"罢黜百家，独尊儒术"的汉代，这些信仰不但没有退出历史舞台，还进一步被儒家所提炼，成了更加全面而缜密的信仰体系。"独尊儒术"之策出自汉儒董仲舒，他主张的儒学"上揆之天道，下质诸人情，参之于古，考之于今"①，就是融天道与人道为一体的，也融"天、地、君、亲、师"信仰为一体。此外董仲舒还特别重视祭祀制度的建设，尤其重视对天、地、祖的祭祀，认为完备而复杂的祭祀礼仪有助于人们养成遵纪守法的习惯。《大戴礼记》是汉代对儒家思想的系统阐释与总结，其《礼三本》云："天地者，性之本也；先祖者，类之本也；君师者，治之本也。无天地焉生，无先祖焉出，无君师焉治，三者偏亡，无安之人。"这里几乎通盘照搬了荀子总结的"天、地、君、亲、师"信仰系统，表明了汉儒对这一信仰的全面继承。

综合上面的全部论述，结论只有一个——"天、地、君、亲、师"系统显然是中华民族的传统信仰，而且是起自上古、流传千古的信仰。那些说中国自古以来没有信仰或唯以晚出的儒学为信仰的观点，从此可以休矣。

随之而来的问题是，这个信仰与通常意义的宗教究竟有什么相同或不同呢？

首先要判明的是，宗教是信仰，"天、地、君、亲、师"崇拜系统也是信仰，二者在性质上不无共通之处。对于"信仰"一词，《现代汉语词典》的解释是："对某人或某种主张、主义、宗教极度相信和尊敬，拿来作为自己行动的榜样或指南。"②仅就这个定义而言，宗教与"天、地、君、亲、师"信仰可谓殊途同归。其道理很简单，因为华夏先民对"天、地、君、亲、师"信仰也是极度崇信的，崇信的程度丝毫不亚于宗教徒对宗教的信仰。至于华夏先民对"天、地、君、亲、师"崇拜偶像的顶礼膜拜，则同样丝毫不亚于宗教徒对宗教神祇的膜拜，对此我们将在下面一一阐述。然而，透过现象看本质，"天、地、君、亲、师"信仰和宗教仍在很多方面存在本质的差异。

其一是，正如《大戴礼记·礼三本》所言，"天、地、君、亲、师"

---

① 《汉书·董仲舒传》。

② 《现代汉语词典》，商务印书馆，2005年第5版，第1520页。

信仰关乎人之"焉生"、"焉出"、"焉治"，一旦"偏亡"便"无安之人"，即它所倡导的是一种以安身立命为本的入世哲学。《国语·鲁语上》云："社稷山川之神，皆有功烈于民者也；及前哲令德之人，所以为明质也；及天之三辰，民所以瞻仰也；及地之五行，所以生殖也；及九州名山川泽，所以出财用也。非是，不在祀典。"此言说得很明白，古人之所以崇拜"社稷山川之神"及"前哲令德之人"，是因为这些对象对人类大有好处，是人们所必须依赖的，否则便一概"不在祀典"。《礼记·郊特牲》云："地载万物，天垂象，取财于地，取法于天，是以尊天而亲地也，故教民美报焉。"这里也明言古人之所以"尊天亲地"、"教民美报"，是因为要取财于地、取法于天的缘故，重在它们的社会实用价值。

众所周知，宗教遵循的却是消极的"出世"哲学，奉行的是"彼岸世界观"，旨在追求现实生活之外的"天国"或来生，与"天地君亲师"信仰倡导的积极入世观不啻有天壤之别。古云："孔老治世为本，释氏出世为宗。发轸既殊，其归亦异。"[1]这句话很精辟地概括出，佛教以出世为宗，孔子、老子以治世为本，各有不同的目标和追求，因此只可能"发轸既殊，其归亦异"。

司马迁在《史记·太史公自序》中明确指出："夫阴阳、儒、墨、名、法、道德，此务于为治者也，直所以言之异路，有省有不省耳。"这就是说，阴阳家、儒家、墨家、名家、法家和道家也一概是以治世为宏旨的，致力于达到天下太平，只是有的说得明显有的说得隐晦罢了。"天、地、君、亲、师"信仰的入世观，恰和诸子百家倡导的"治世为本"如出一辙，表明此即中国古代哲学的本质属性。以前学者多将这种属性归结为孔子、老子的提倡，未免有本末倒置之嫌。因为客观事实是，正是由于"天、地、君、亲、师"信仰早就奠定了入世的哲学观，后来才有了孔子、老子和诸子百家莫不尊奉的入世理念。

---

① 《南齐书·顾欢传》。

其二是，宗教崇拜的是超自然神灵，而"天、地、君、亲、师"信仰的崇拜偶像既有来自大自然的天与地，也有源于现实生活的君、亲、师，是一种融自然与社会两大范畴的复合式信仰。尤为不同的是，其"君、亲、师"崇拜偶像无一不是现实生活中真实的人，这更与超自然的神灵迥然有别。

其三是，成熟形态的各大宗教都是一个或一组最高主神统辖众神的体系，本质上属于一神教。而"天、地、君、亲、师"各崇拜偶像在各自领域内都是至高无上的，彼此间没有直接的上下隶属关系，属于宗教学意义上的"多神教"。宗教的一神教本性使它们本能地排斥异教神灵，对异教有一种"不共戴天"的立场，而"天、地、君、亲、师"信仰的多元崇拜特点，不仅使其具有了其他宗教所没有的包容性，还使长期受其教化的中国人有了较多的宽容精神。

"天、地、君、亲、师"各崇拜偶像的平行对等，还由它们祭祀典仪的平行对等表现出来。《汉书·郊祀志上》云："古者天子三年一用太牢祠三一：天一、地一、泰一。"这是最早的国家重祀，皆用太牢，对象只限天、地和先皇先君。这就是说，"天、地、先皇"三者不仅各有各的祀典，而且规格完全统一。案"牢"的初义是指关养牲畜的圈栏，后来引申为祭祀用的牺牲，又引申为盛牺牲的食器。《吕氏春秋·仲春纪》高诱注云："三牲具曰太牢。"这里说的"三牲"，特指牛、羊、豕（猪），祭祀时这三者齐备且用大号食器盛之便即"太牢"，是祭礼的最高等秩，以下依次还有特牛、少牢、特牲、鱼炙、食菜等不同等级。降至隋唐，国家祭典开始划分为大祀、中祀、群祀三大等。《旧唐书·礼仪一》云："昊天上帝、五方帝、皇地祇、神州及宗庙为大祀，社稷、日月星辰、先代帝王、岳镇海渎、帝社、先蚕、释奠为中祀，司中、司命、风伯、雨师、诸星、山林川泽之属为小祀。"据此可知，隋唐以后的大祀包括了祭天地、上帝、太庙、社稷，它们都是分开祭祀的，且皆为最高规格的典仪。中祀也是分开祭祀的，包括祭日月、先农、先师、太岁、历代帝王，其他则为群祀。降至清朝，对

"先师"的祭奠也升格为大祀。至此，"天、地、君、亲、师"信仰体系不仅各有各的祭典，而且全部晋升为国家典仪的重中之重，全面体现了"天、地、君、亲、师"各崇拜偶像的平行对等。

其四是，各大宗教皆有自己独立的组织，它们既游离于政治体制之外，又和国家政权各有各的法典、法权、体制，由此形成了截然不同的两张皮。见诸世界各国，不乏古代宗教自外于社会或凌驾于社会之上的现象，就是两张皮带来的结果。但中国古代的"天、地、君、亲、师"信仰则大不然，它既没有单独的组织，更没有独立的权力中枢，从里到外都是和国家政权融在一起的。此外，这个信仰从产生的那天起就是为社会政治的合法化、权威化服务的，和社会政治的关系水乳交融。下面将要谈到"天、地、君、亲、师"主祭权与君权的二位一体，就确切不过地表明了此信仰和国家政体的密不可分。

综合上述几大方面，可知在各自的理想与纲领上，在各自的崇拜偶像上，在多神并列还是一神独大上，在与现实社会及政治体制的关系上，"天、地、君、亲、师"信仰皆不同于纯粹的宗教。这些区别表明，"天、地、君、亲、师"崇拜系统是一种独特的精神产物，它是中华文明培育出的迥然有别于传统宗教的特殊信仰体系。

那么，为什么如本章开头所说，中华民族不像世界上其他大多数民族一样，出现过全民族的统一宗教呢？为什么"天、地、君、亲、师"信仰能够取代传统宗教成为整个民族的核心信仰呢？究其原委，这无疑有着极为深刻的历史原因。

《论语·述而》云："子不语怪、力、乱、神。"此文说孔子从不谈论怪异、勇力、悖乱、鬼神之事。其中的一句"子不语"，把孔子对"怪力乱神"的不屑乃至否定表达得淋漓尽致。《伦语·八佾》云："祭如在，祭神如神在。"这里的一个"如"字更是妙不可言，轻而易举就将"神"的真实性悬置起来。综观《论语》全书，"未知生，焉知死"，"未能事人，焉能事鬼"①，"务民之义，敬鬼神而远之"②之类言辞比比皆是，体现了儒家反对鬼神崇拜的一贯立场。鲁迅在《中国小说史略》中说：儒家"以修身齐家治国平天下等实用为教，不欲言鬼神。"可谓一语中的。

事实上不唯儒家如此，道家亦如是。老子《道德经》第六十章云："治大国，若烹小鲜。以道莅天下，其鬼不神。"对于其中"其鬼不神"一语，明末清初史学家顾炎武解释说："王政行乎上，而人自不复有求于神，故曰：'有道之世，其鬼不神'"③，这也说明了道家只信王政，不信鬼神。

总之，中国古人对宗教和鬼神是敬而远之的，甚至在本质上是反宗教的。是故数千年来，虽然有些皇帝或官僚集团崇信佛教或道教，但说到底那不过是个人行为，或是某个集团的行为，既无法代表国家，也不能代表整个民族。至于就整个民族而言，其情状则如顾炎武《日知录》所言："国乱无政，小民有情不得申，有冤不得理，于是不得不诉之于神，而诅盟之事起矣。"即民间只有在"国乱无政"时，也就是在小民求告无门时，才不得不求诸神，事实上对宗教采取的是实用主义，和精神信仰毫不相干。中国有"无事不登三宝殿"、"临时抱佛脚"之类民谚，说的就是这个道理。

宗教观念的淡泊，自然和中国古代社会的形态息息相关。新儒学大师唐君毅对此辨之甚详，他说④：

1，这首先是由于古代中国土地肥沃，农业发达，因而偏重利用厚生之事，对生活上的苦难总是寻求一种当下的实际解决办法，而不会冥想死后的幸福与快乐；

2，中国社会对于个人的安排一向注重"使富贵为有德者所居，贫贱

---

① 《论语·先进》。

② 《论语·雍也》。

③ 《日知录》卷二。

④ 唐君毅：《中国文化之精神价值》，台北正中书局，1969 年版，第 439~445 页。

为无德者所居"，因而社会阶级的对峙并不特别明显，人们对于死后寻求正义伸张的观念也较为淡薄；

3，按照中国的伦理思想，以个人幸福为目的的人生观是不足取的，所以纯然出于死后的安乐而求神佞佛祇保佑者，远不如求子孙福祉者为多；

4，中国人重视对父母与祖宗的"孝"，所以常觉得自己生命的意义在于承继父母祖宗的生命精神，而当人以父母祖宗之心为心时，就会感到一种精神的充实；

5，把对父母祖先的孝心所联系的历史文化意识加以扩展，便会让人得到"尚友千古"的直接价值，就像古人仍旧在我心中一样，也可以使"吾人自己之精神，若涌身于千载上"；

6，人之所以求自己死后灵魂不朽，还由于人们没有当下最切近的责任可负。如果人们当前应尽的责任很多，人伦的关系很繁复，人文的活动很丰富，则求自己不朽的念头也必然愈轻；

7，在中国思想中，除墨家信天鬼以求福以外，依据道家、儒家的说法，人都可以凭自己的智慧与德行，安顿自己的精神于人间。

综合上述分析，唐君毅于是得出结论——中国的人文环境必然不会产生像西洋、印度及东南亚那样的宗教信仰。这些分析凿凿有据，切中肯綮，令人信服。然而这还只是事情的一个方面，事情的另一面是，封建统治者无不需要借助神学的力量来加强统治，封建时代的民众也无不需要借助宗教来慰藉自己的灵魂，东西方概莫能外。而中国封建社会的源远流长举世公认，这又是靠什么来维持的呢？结论无它，显然靠的是"天、地、君、亲、师"信仰。正是由于这个信仰体系的存在，中国古代才有了一种足以取代宗教的精神支柱。

从时间上看，"天、地、君、亲、师"信仰早自亘古以来就在华夏沃土上扎下根来，远较世界三大宗教的形成为早。姑不论"天、地、人"三大信仰核心在五帝时代便已孕育成形，单就整个"天、地、君、亲、师"

信仰体系的全面成熟而言，也不会晚于公元前 11 世纪开始的西周时期。而佛教是公元前 6 世纪~前 5 世纪由古印度迦毗罗卫国（今尼泊尔境内）王子释迦牟尼创建的，比中国这套信仰体系的源起晚了不下两千年，比它的全面成熟也晚了好几个世纪。至于基督教和伊斯兰教，分别源起于公元 1 世纪和公元 7 世纪，更比中国古代信仰体系的创建为晚。众所周知，中国土生土长的道教源起于张道陵创建的五斗米道，时在东汉中叶顺帝年间（公元126年~144年），这同样无法与中国传统信仰的形成相比。综此可见，至少在时间上，"天、地、君、亲、师"信仰体系比其他宗教占尽了先机，加之在空间上它发育于一个相对独立的大陆，由此获得了一个充分自由生长的空间，于是终于成长为中华民族的独特信仰。

　　然而，相比之下，"天、地、君、亲、师"信仰在时间上的占尽先机和空间上的得天独厚都不是主要的，真正重要的是，这个信仰体系的"治世为本"的社会实用性、君亲师崇拜偶像的现实亲近性、多神崇拜的博大包容性、与社会体制的水乳交融性，都是其他宗教望尘莫及的，这才赋予了它无可比拟的强大生命力。

　　"天、地、君、亲、师"信仰体系虽然与宗教的来源不同、性质不同、宗旨也不同，但全然相同的是，它的崇拜偶像都幻化成了华夏民族心中的神，同样是一个不折不扣的神学体系。

　　这种幻化，首先是从自然崇拜偶像的人格化嬗变开始的，从天宇、大地幻化为具有主观意志的天神、地祇开始。

　　浩渺无际的天宇每天都给人类带来温暖、光明和希望，同时又带来黑暗和灾难，一切都显得那么神秘莫测，就像人的喜怒哀乐一样。因此，早自远古以来，华夏先民就认为天是有灵魂的，是具有主观意志和超人能力的生命体。《礼记·郊特牲》云："万物本乎天，人本乎祖。"《汉书·董仲舒传》云："天者，群物之祖也。"在这里古人不仅把"天"看作有意志的宇宙主宰，而且当作了人类和天下万物之祖，这就是对"天帝"的人格化认知。到了宋代，理学家程颐对昊天上帝做出进一步解释，认为自然之天乃一团元气，是上帝的躯体，而存在于元气之中并且主宰着元气的就是上帝。如此一来，天帝既有了身躯，又有了灵魂，后来经过大儒朱熹的认同，这样的天帝观便成为封建社会后半期的正统解说。

至于大地，作为人类生命的依托，在古人心目中更是相依为命的亲人。对这个生命体而言，山脉是它的脊梁，河流是它的血液，土壤是它的肌肉。其大地支撑着人类家园，沃土奉献了粮食牲畜，江河滋润了世间万物，生活在其中的人类就如同生活在母亲的襁褓中一样，故而尊其为"地母"。《周易·说卦》云："乾，天也，故称乎父。坤，地也，故称乎母。"这里就以天为"父"、地为"母"。同此记载尚多，不胜枚举，如《尚书·泰誓上》说"惟天地，万物父母"，《庄子·达生》说"天地者，万物之父母也"，等等皆如是。

前文曾述，共工氏之子句龙因能平九州而被尊为后土，死后托祀为土神，这里就直接把地神人格化了具体的人物。随着土地崇拜在民间的传播，每个乡社也都有了自己的"土地爷"，他们衣冠各异，容貌各异，或状如农夫，或状如小吏，或状如乡叟，或状如耆绅，无不源自现实生活。此外，常有某人死后受天帝委派出任某地土地神的传说，凡此都是把地神人格化的实例。

总之，古人相信天和地都是有主观意志的，顺应它们的意志就可以风调雨顺、五谷丰登、疆土永固，反之便会招致灭顶之灾。

由自然崇拜偶像的人格化，还衍生出相关的神话传说来。《史记·秦始皇本纪》云："古有天皇，有地皇，有泰皇。"唐司马贞《索隐》云："泰皇，当人皇也。"晋王嘉《拾遗记》卷九云："树东有大石室，可容万人坐。壁上刻有三皇之像：天皇十三头，地皇十一头，人皇九头，皆龙身。"以天、地、人皆为"皇"，且一概多头而龙身，便是对拟人化的天神、地祇的一种形象化定格。

与自然崇拜偶像的人格化演变相辅而行的，是社会崇拜偶像的神格化。这个过程最早是从远古先民的祖先崇拜开始的。当时人们认为逝去的祖先灵魂犹在，这灵魂便成了冥冥之中的神祇，祖先也由此而得以神格化。此后，随着君主专制制度的建立及不断强化，在"君权神授"的大旗下，天子也成了神在凡间的代表。

早在先秦时期，君王就给自己戴上了"真龙天子"的桂冠，自称是从天堂下凡的神的后代。《尚书·泰誓上》云："天佑下民，作之君。"《左传·宣公四年》云："君，天也。"《礼记·曲礼下》云："君天下曰天子。"董仲舒《春秋繁露·三代改制》曰："德侔天地者，称皇帝，天佑而子之，号称天子，故圣王生则称天子。"凡此论述都以君王为天或天之子。单就一部《春秋》经传而言，"天子"之谓从头贯穿到尾，指的就是周王。西汉初年，儒学代表人物董仲舒采用阴阳五行学说诠释天道与人道，推出天人合一、天人感应的"君权神授"观，强调"唯天子受命于天，天下受命于天子"[①]，更为帝王是天神提供了理论依据。

根据天人感应说，天和人是相通的，天能干预人事，人也能感应上天。是故天子如果违背天意，为政不仁，天就会出现灾异进行谴责和警告。反之，如果世逢明君，政通人和，天就会降下祥瑞以资嘉勉。《尚书·汤诰》云："天道福善祸淫，降灾于夏，以彰厥罪。"此文说政善则天福之，淫过则天祸之，夏桀无道，故而上天下灾异以彰其罪。此例说明，"天人感应"的观念早在上古时代已经形成，并非晚到董仲舒才有的新义。到了春秋时代，孔子修订《春秋经》时言灾异述天道，把这种"天命感应观"更加发扬光大。及至西汉初年，董仲舒根据《公羊传》等典籍系统阐释天道灾异说，此论终于蔚为大观。

"天人感应"论的一个关键之义是，能够感应上天者必非天子而莫属。

---

① 董仲舒:《春秋繁露·为人者天》。

也就是说，唯有"天佑而子之"的天子才能接受天象的启示，因此唯有他才能"格于上下"①，成为天人间的全能沟通者。许慎《说文解字》云："王，天下所归往也。董仲舒曰：古之造文者，三画而连其中谓之王。三者，天、地、人也，而参通之者王也。孔子曰：一贯三为王。"这里由"王"字的写法发微，突出了王是贯通天、地、人三极者。根据近人吴其昌的考证，金甲文"王"的本义是"斧"②，许慎的解释未必尽然。但上文概括了由孔子到董仲舒的说法，无疑表达了古人认为唯有天子才能上达天听的意思。此外董仲舒说："尽人之变，合之天，唯圣人者能之，所以立王事也。"③也表示了同样的意思。

自从君权披上了神秘而神圣的外衣后，皇帝的仪容称"天颜"，皇帝的法令称"天宪"，皇帝的恩典称"天泽"，皇帝的住所称"天庭"，皇帝的宫殿称"天阙"，无不以帝为天。

君权神授观不仅神化了帝王的威权，更有甚者，还把朝代的更迭和帝王的兴废也一概归结为天意。商朝开国君主商汤讨伐夏朝时，汤的臣民不愿作战，商汤告诫他们说："非台小子敢行称乱，有夏多罪，天命殛之！……夏氏有罪，予畏上帝，不敢不正。"④这里便把对夏的征伐归结为天意。而在假以天命后，不仅商汤的灭夏战争得以顺利展开，朝代的鼎新革故也水到渠成。此外，古云"受命之君，天意之所予也"⑤、"天之所大奉使之王者，必有非人力所能致而自至者，此受命之符也"⑥、"帝王之兴，必俟天命；苟有代谢，非人事也"⑦，都把帝王的兴废归结为天意。《汉旧仪》载，秦

---

① 《尚书·尧典》。

② 吴其昌：《金文名家疏证》一，《武大文史哲季刊》五卷三期，1936年。

③ 《春秋繁露·官制象天》。

④ 《尚书·商书·汤誓》。

⑤ 董仲舒：《春秋繁露·深察名号》。

⑥ 《汉书·董仲舒传》。

⑦ 干宝：《晋武革命论》，《全晋文》第127卷。

始皇始制的传国玉玺上镌刻着"受命于天，既寿永昌"①八个大字，也直言不讳地载明君权是来自上天的授予。于是乎，凡登上皇帝宝座者便是"奉天承运"，便是口含天宪的"九五之尊"，神圣而不可侵犯。

伴随君权的神化，"师"的形象也迅速神化。《孟子·梁惠王下》引《尚书》云："天降下民，作之君，作之师。"这里说，君也罢，师也罢，都是上帝派给人类的，是让他们来教化、治理上帝的子民的。这样一来，"师"和"君"都披上了神圣的色彩。

随着自然崇拜对象的人格化和社会崇拜对象的神格化，更随着人间帝王在理论上具有了贯通天、地、人三极的名分，整个"天、地、君、亲、师"信仰便融会贯通起来，合成了一个相辅而行的系统。《周易·序卦传》云："有天地然后有万物，有万物然后有男女，有男女然后有夫妇，有夫妇然后有父子，有父子然后有君臣，有君臣然后有上下，有上下然后礼义有所错。"这就是古人的世界观，认为人类社会与天、地是共生共荣、相生相济、彼此依存的。这种关系构建出了一个融人类社会与天地万物为一体的大系统，更妙不可言的是，在这个系统内，各崇拜偶像之间还出现了某种对应关系。

在湖北荆门出土的楚墓中，发现了"易，所以会天道人道者"的竹简文，汤一介先生认为这就是最早说明天人间存在内在沟通及融汇的例证，并对此作了专门论述②。此外古文献中的相关记载亦多，要之如：

《周易·象传·贲》云："观乎天文，以察时变；观乎人文，以化成天下。"

《礼记·中庸》云："唯天下至诚，为能尽其性；能尽其性，则能尽人之性；能尽人之性，则能尽物之性；能尽物之性，则可以赞天地之化育；可以赞天地之化育，则可以与天地参矣。"

《孟子·尽心上》云："尽其心者知其性也，知其性则知天矣。存其心，

---

① 《史记·秦始皇本纪》正义引。

② 汤一介：《释"易，所以会天道人道者也"》，载《周易研究》2002 年第 6 期。

养其性，所以事天也。"

《荀子·天论》云："天有常道矣，地有常数矣，君子有常体矣"，而"明于天人之分，则可谓至人"。

《新语·道基》云："天生万物，以地养之，圣人成之，功德参合而道术生焉……于是先圣乃仰观天文，俯察地理，图画乾坤以定人道。"

以上说的都是"推天道以明人事"之理，将天道与世事贯通起来。司马迁说"究天人之际，通古今之变"[1]，汉儒董仲舒称"视前世已行之事，以观天人相与之际"[2]，都表述了同样的道理。

其实，人与自然的相互依存和相辅而行，早在《周易》各文的"天、地、人"系统中已不乏体现。《周易》是中华元典，凝结着上古时代的理论思维和辩证思维，人与自然相互依存关系在其中的体现，表明这是东方人文哲学的一个核心理念。而当较晚的阴阳学说兴盛起来后，这种关系更在理论上得以深化。

阴阳学说源起于春秋战国的阴阳学家，是中国古代哲学的一个重要范畴。其之初义很简单，起于日光的向背，向日者为阳，背日者为阴，后来引申为世间一切事物对立统一的两个方面。它的理论源头之一即《周易》所说的"一阴一阳之谓道"[3]，由此生发，阴阳学家认为天地、日月、昼夜、男女、脏腑、气血乃至世事盛衰等，莫不由一阴一阳所化生。而阴阳学家据此推导出的核心理论是，阴、阳两界既是相互依存的，也是相互制约的，在一定条件下还可以相互转化，甚至交替循环。

出发于阴阳学派的观点，"天、地、君、亲、师"信仰中的天、地等自然崇拜物统属阳，而社会崇拜偶像系故去的先祖、帝王、先师，统属阴，这样就构成了阴阳两大界。见于各主祭场所，祭祀自然崇拜偶像的地方通

---

[1] 《汉书·司马迁传》。

[2] 《汉书·董仲舒传》。

[3] 《周易·系辞传》。

常称坛，作露天状，为的就是直通阳气；祭祀君、亲、师的场所一般称庙，作覆顶状，为的是直通地气，这就是阴、阳两界的具体表现[①]。于是乎，在"阴阳和而万物得"[②]的境界中，"天、地、君、亲、师"信仰合成了一个阴阳相济的大系统。

在这个大系统中，还进而合成了阳性崇拜偶像和阴性崇拜偶像的某种对应关系，在祭祀中以先皇、先考配享天神，就是其中的最突出表现。

《礼记·郊特牲》云："万物本乎天，人本乎祖，此所以配上帝也。郊之祭也，大报本反始也。"《汉书·郊祀志下》云："王者父事天，故爵称天子。孔子曰：'人之行莫大于孝，孝莫大于严父，严父莫大于配天。'……是以周公郊祀后稷以配天，宗祀文王于明堂以配上帝。"以上所说，就是王者以先祖配天的制度。此俗的形成背景大致有三：

一是天帝在神界中是最高的，而先皇先君在人世间是最高的，故此二者可以相配。

二是古人认为人死后魂魄犹存，而"魂气归于天，形魄归于地"[③]，即先皇的魂魄与天神共居一处，故此二者可以相会。

三是古人认为他们"与天、帝的关系，都是通过自己的祖宗作中介人"[④]，即古人以先皇先君为沟通天神的媒介，故此二者可以相应。

祭祀天神时以祖宗和先代帝王配祀的做法，大约不迟于夏商周三代便已形成。《礼记·祭法》云："有虞氏禘黄帝而郊喾，祖颛顼而宗尧。夏后氏禘黄帝而郊鲧，祖颛顼而宗禹。殷人禘喾而郊冥，祖契而宗汤。周人禘喾而郊稷，祖文王而宗武王。"唐孔颖达疏："有虞氏禘黄帝者，谓虞氏冬至祭昊天上帝于圜丘，大禘之时以黄帝配祭。而郊喾者，谓夏正建寅之月

---

① 祭泰山的岱庙是将自然神供奉在了庙里，这是较为罕见的特例。

② 《礼记·郊特牲》。

③ 同上注。

④ 徐复观：《中国人性史论》，上海三联书店，2001年，第15页。

祭感生之帝于南郊，以喾配也。祖颛顼而宗尧者，谓祭五天帝、五人帝及五人神于明堂，以颛顼及尧配之。……其夏后氏以下禘、郊、祖、宗，其义亦然。但其所配之人，当代各别。"以上所说即夏商周三代祭天神时以祖宗相配的制度，具体之例即如有虞氏在冬至祭上天时以黄帝配祭，在夏正祭上帝时以帝喾配祭，如此等等。

以祖宗与天地配祀，是生者的最高尊荣，也是配祀者所能享受的最高礼遇。东汉建武十二年（公元36年），光武帝刘秀平定陇、蜀，汉室寰宇混一，于是"乃增广郊祀，高帝配食，位在中坛上，西面北上。天、地、高帝、黄帝各用犊一头，青帝、赤帝共用犊一头，白帝、黑帝共用犊一头，凡用犊六头。"[①]光武帝自认为承祀的是汉祚，而以汉高祖刘邦配食天地，就是光武帝给予汉高祖的最高恩荣。又《明史·礼志二·郊祀配位》云："洪武元年，始有事于南郊。有司议配祀。太祖谦让不许，亲为文告太庙曰：'历代有天下者，皆以祖配天。臣独不敢者，以臣功业有未就，政治有阙失……'明年夏至，将祀方丘，群臣复请。乃奉皇考仁祖淳皇帝配天于圜丘。"以上记述的是明太祖朱元璋以先考与天配祀的一例。这段史实一则说明"历代有天下者，皆以祖配天"，即这是中国古代的成例，二则通过开始时朱元璋的"谦让不许"，说明以祖宗神主配天也是生者的最高尊荣，其意义远胜于一般的祖庙之祭。

在大自然中，天与地是相互依存的，在宗法社会中，嫡长子继统的君主和先祖是一脉相承的，而在儒学理念中，代表君统的"帝"和代表道统的"师"是相辅而行的。是故当先皇、先考得以配享天神后，整个"天、地、君、亲、师"信仰系统便有机地组合起来。

综合本节所论，一则全面梳理了"天、地、君、亲、师"信仰系统的源起、发展及各自的内涵，二则着重比较了此信仰与宗教的异同，三则阐释了此

---

① 《后汉书·祭祀上》。

信仰系统的内在联系。叙论至此，俾可对"天、地、君、亲、师"信仰系统与宗教的关系做一个更加深入、全面的归纳。

关于宗教，时下通行的解释是以其为"一种社会意识形态和文化历史现象，是对客观世界的一种虚幻的反映，相信在现实世界之外存在着超自然、超人间的力量，要求人们信仰上帝、神道、精灵、因果报应等，把希望寄托于所谓天国或来世"①。按照这种解释，"天、地、君、亲、师"信仰无疑也是"一种社会意识形态和文化历史现象"，而且它也"相信在现实世界之外存在着超自然、超人间的力量"，这都和典型意义的宗教别无二致。所不同的是，正如本节所论，"天、地、君、亲、师"信仰是入世和治世的，是和现实政治及现实生活水乳交融的，是和"把希望寄托于所谓天国或来世"的宗教迥然有别的。此外，宗教都有独立的组织，和政体是两大体系，而作为国家信仰，"天、地、君、亲、师"崇拜体系既没有游离于国家政权之外的组织，也没有游离于国家政体之外的信众。再者，"天、地、君、亲、师"信仰体系崇拜的"神灵"或本于大自然，或源自现实生活中真实的人，和虚拟的崇拜偶像也迥然有别。更重要的是，"天、地、君、亲、师"信仰是一个有机联系的系统，各崇拜偶像既平行对等，又相互对应、相互依存，这显然不同于宗教的主神崇拜。但和宗教殊途同归的是，"天、地、君、亲、师"崇拜偶像虽然来自现实生活，可最终也都幻化为神灵。总之可以说，"天、地、君、亲、师"信仰一方面在性质上迥然有别于宗教，一方面又在不少地方与宗教如出一辙，是一种近似宗教又超乎宗教的信仰体系。概括起来说，这是一种源于朴素的崇德报功观念和经邦济世理念的信仰，是以规范人们思想意识、伦理道德和行为规范为主旨的有神论体系。

---

① 《现代汉语词典》，商务印书馆，2005 年第 5 版，第 1812 页。

2 祭祀典仪

在成为神的体系后，"天、地、君、亲、师"信仰就派生出完全无异于宗教的祭祀活动来。

关于祭祀活动的源起，《礼记·郊特牲》云："地载万物，天垂象，取财于地，取法于天，是以尊天而亲地也。故教民美报焉。"这就是说，为了"美报"，为了赂神，人们自愿把各种珍品奉献给神灵享用，以求降福免灾，这就是各种不同祭祀活动的来源。《说文》释祭："祭，祭祀也。从示，以手持肉。"这也形象说明了祭祀就是向神灵供奉祭品。此外，为了"至诚感神"，还要尽可能通过各种仪式与祷辞，把对神的崇拜、畏惧、感激、祈求表达出来，极尽歌功颂德之能事，于是就有了隆重而繁缛的祭祀礼仪。

在中国古代，祭祀典仪是礼制文明一个极其重要的组成部分，几乎是礼制制度的核心。作为礼仪之邦，中国古代的礼制十分完备，也十分繁复。《礼记·曲礼上》云："道德仁义，非礼不成；教训正俗，非礼不备；分争辨讼，非礼不决；君臣上下父子兄弟，非礼不定；宦学事师，非礼不亲；班朝治军，莅官行法，非礼威严不行；祷祠祭祀，供给鬼神，非礼不诚不庄。是以君子恭敬撙节退让以明礼。"仅就此文所述，中国古代的礼制就有"道德仁义"之礼、"教训正俗"之礼、"分争辨讼"之礼、"君臣上下"之礼、"父子兄弟"之礼、"宦学事师"之礼、"班朝治军"之礼、"莅官行法"之礼以及"祷祠祭祀"之礼等，大到政治、军事、法理，小到衣冠、陈设和举止言行，生活的方方面面几乎无礼不成。《礼记·中庸》称："礼仪三百，威仪三千。"《礼记·曲礼》云："经礼三百，曲礼三百。"动辄以数百数千计，足见中国礼制之繁。

《周礼·春官·小宗伯》云："掌五礼之禁令与其用等。"这里的"礼"主要指仪礼，仅此一项也有五类之多。对于这五礼，《晋书·礼志上》解释说：

"《周官》五礼，吉、凶、军、宾、嘉，而吉礼之大莫过祭祀。"即它们分别是敬鬼神的吉礼、哀邦国的凶礼、诛不虔的军礼、亲宾客的宾礼、合姻好的嘉礼。五礼之中以"吉"为首，"而吉礼之大莫过祭祀"，这就是说，祭祀活动虽然不是古代礼仪的全部，更不是礼制文明的全部，但却是它的核心，位居各礼仪之首。

以祭祀活动为核心，中国古代还进而构建出以祭祀为立国之本的祭政一体制度来。对此文献不乏明载，如：

《尚书·洪范》云："八政：一曰食，二曰货，三曰祀，四曰司空，五曰司徒，六曰司寇，七曰宾，八曰师。"以上所列八大国政，一为稼穑，二为货用，三为祭祀，四为土地，五为礼数，六为刑法，七为礼宾，八为修武，祭祀位列第三，仅次于吃饭穿衣，系政之要者。

《左传·成公十三年》云："敬在养神，笃在守业。国之大事，在祀与戎。"唐孔颖达疏："敬之所施，在于养神，朝廷百官，事神必敬。"在这里，祭祀与安邦定国的战争被并列为立国之本，"事神必敬"不仅成了国家制度，还成了朝廷的日常政务。

《国语·鲁语上》云："夫祀，国之大节也；而节，政之所成也，故慎制祀以为国典。"此文进而强调，祭祀是国之大节，祀礼乃国之重典。

《礼记·表记》云："殷人尊神，率民以事神，先鬼而后礼。"以尊神为万事之首，率天下苍生服事于神，先敬鬼神而后礼，这就是历史记载中的商代。从那时起，祭祀活动就成了压倒一切的大事。

《国语·周语上》云："夫先王之制，邦内甸服，邦外侯服，侯、卫宾服，蛮、夷要服，戎、狄荒服。甸服者祭，侯服者祀，宾服者享，要服者贡，荒服者王。日祭、月祀、时享、岁贡、终王，先王之训也。有不祭则修意，有不祀则修言，有不享则修文，有不贡则修名，有不王则修德，序成而有不至则修刑。于是乎有刑不祭，伐不祀，征不享，让不贡，告不王。于是乎有刑罚之辟，有攻伐之兵，有征讨之备，有威让之令，有文告之辞。"以上所说的"先王之制"，即夏商时期的五服制度，说已详第一章。而据此文所载，当时各藩属的中心义务就是要按时参加中原王朝的祭祀典礼，并以贡物助祭于庙，否则便要受到惩处。

东汉许慎《说文解字》释"礼"云："所以事神致福也，从示，从豐。"注文云："禮有五經，莫重于祭，故禮字从示，豐者行禮之器。"这里直接以"事神致福"的祭祀释"礼"，亦可见祭祀活动即礼制的核心。

《汉书·郊祀志上》云："《洪范》八政，三曰祀。祀者，所以昭孝事祖，通神明也。旁及四夷，莫不修之。"这里指出，重祭祀的传统不仅见于中原华夏，还广泛见于神州四域。

凡此记述尚多，不一而足，都表明古代中国实行的是以祭为政的祭政一体制度。

至于祭礼所祀的对象，周秦时就形成了"有天下者祭百神"[①]之说，此后更随着时代的演进而累有增祀。到了封建社会后期，据《清史稿·礼志一》的记载，各种祭礼已达 12 大类之多，涉及对象有 16 个组群，共分三大等。然而在历史长河中，总有一些祭礼是占主导地位并且贯穿始终的，这就是"天、地、君、亲、师"之祭。

《荀子·礼论》云："上事天，下事地，尊先祖而隆君、师。"此言说明，在林林总总的祭礼中，"天、地、君、亲、师"的祭祀乃重中之重。

《周礼·大宗伯》云："大宗伯之职，掌建邦之天神、人鬼、地祇之礼，以佐王建保邦国。"这里说各类祭礼中占主导地位的是天神、地祇、人鬼三大项，而"人鬼"中鼎足而三的是君、亲、师，是故以"昭孝事祖，通于神明"为主旨的吉礼，其核心就是对"天、地、君、亲、师"的祭祀。

《管子·牧民》云："顺民之经，在明鬼神、只山川、敬宗庙、恭祖旧。……不明鬼神，则陋民不悟；不只山川，则威令不闻；不敬宗庙，则民乃上校；

---

① 《礼记·祭法》。

不恭祖旧，则孝悌不备。四维不张，国乃灭亡。"这里列举的"明鬼神、只山川、敬宗庙、恭祖旧"等，同样是对天、地、君、亲等崇拜偶像的祭祀。

前文已述，"天、地、人之礼"很早就成了华夏祭典的核心，足见此类祭祀的源远流长。而作为祭政一体的文明古国，中国古代的祭祀典仪不仅形成得早，而且倍极隆重。先秦典籍对此早有记载，《国语·楚语下》记述了一段楚大夫观射父回答楚昭王询问先古祭祀活动的话，就是其中很典型也很详尽的一例。其文云：

昭王问于观射父，曰："《周书》所谓重、黎寔使天地不通者，何也？若无然，民将能登天乎？"

对曰："非此之谓也。古者民神不杂。民之精爽不携贰者，而又能齐肃衷正，其智能上下比义，其圣能光远宣朗，其明能光照之，其聪能听彻之，如是则明神降之，在男曰觋，在女曰巫。是使制神之处位次主，而为之牲器时服，而后使先圣之后之有光烈，而能知山川之号、高祖之主、宗庙之事、昭穆之世、齐敬之勤、礼节之宜、威仪之则、容貌之崇、忠信之质、禋洁之服，而敬恭明神者，以为之祝。使名姓之后，能知四时之生、牺牲之物、玉帛之类、采服之仪、彝器之量、次主之度、屏摄之位、坛场之所、上下之神、氏姓之出，而心率旧典者为之宗。于是乎有天地神民类物之官，是谓五官，各司其序，不相乱也。民是以能有忠信，神是以能有明德，民神异业，敬而不渎，故神降之嘉生，民以物享，祸灾不至，求用不匮。

"及少昊之衰也，九黎乱德，民神杂糅，不可方物。夫人作享，家为巫史，无有要质。民匮于祀，而不知其福。烝享无度，民神同位。民渎齐盟，无有严威。神狎民则，不蠲其为。嘉生不降，无物以享。祸灾荐臻，莫尽其气。颛顼受之，乃命南正重司天以属神，命火正黎司地以属民，使复旧常，无相侵渎，是谓绝地天通。"

……

子期祀平王，祭以牛俎于王，王问于观射父，曰："祀牲何及？"对曰：

"祀加于举。天子举以大牢，祀以会；诸侯举以特牛，祀以太牢；卿举以少牢，祀以特牛；大夫举以特牲，祀以少牢；士食鱼炙，祀以特牲；庶人食菜，祀以鱼。上下有序，则民不慢。"

王曰："其小大何如？"对曰："郊禘不过茧栗，烝尝不过把握。"王曰："何其小也？"对曰："夫神以精明临民者也，故求备物，不求丰大。是以先王之祀也，以一纯、二精、三牲、四时、五色、六律、七事、八种、九祭、十日、十二辰以致之，百姓、千品、万官、亿丑，兆民经入畡数以奉之，明德以昭之，和声以听之，以告遍至，则无不受休。毛以示物，血以告杀，接诚拔取以献具，为齐敬也。敬不可久，民力不堪，故齐肃以承之。"

王曰："刍豢几何？"对曰："远不过三月，近不过浃日。"王曰："祀不可以已乎？"对曰："祀所以昭孝息民、抚国家、定百姓也，不可以已。夫民气纵则底，底则滞，滞久而不振，生乃不殖。其用不从，其生不殖，不可以封。是以古者先王日祭、月享、时类、岁祀。诸侯舍日，卿、大夫舍月，士、庶人舍时。天子遍祀群神品物，诸侯祀天地、三辰及其土之山川，卿大夫祀其礼，士、庶人不过其祖。日月会于龙，土气含收，天明昌作，百嘉备舍，群神频行。国于是乎蒸尝，家于是乎尝祀，百姓夫妇择其令辰，奉其牺牲，敬其粢盛，洁其粪除，慎其采服，禋其酒醴，帅其子姓，从其时享，虔其宗祝，道其顺辞，以昭祀其先祖，肃肃济济，如或临之。于是乎合其州乡朋友婚姻，比尔兄弟亲戚。于是乎弭其百苛，殄其谗慝，合其嘉好，结其亲昵，亿其上下，以申固其姓。上所以教民虔也，下所以昭事上也。天子禘郊之事，必自射其牲，王后必自舂其粢；诸侯宗庙之事，必自射牛、刲羊、击豕，夫人必自舂其盛。况其下之人，其谁敢不战战兢兢，以事百神！天子亲舂禘郊之盛，王后亲缫其服，自公以下至于庶人，其谁敢不齐肃恭敬致力于神！民所以摄固者也，若之何其舍之也！"

王曰："所谓一纯、二精、七事者，何也？"对曰："圣王正端冕，以其不违心，帅其群臣精物以临监享祀，无有苛慝于神者，谓之一纯。玉、帛为二精。天、地、民及四时之务为七事。"

以上最关键的内容出自第三段，即颛顼的"乃命南正重司天以属神，命火正黎司地以属民，使复旧常，无相侵渎，是谓绝地天通"。颛顼是五帝时代的第二位大帝，紧承黄帝之后。而据《国语》此文所载，颛顼的一大作为即任命了一个叫作"重"的人负责与神打交道，专门传达神的旨意；此外又任命了一个叫作"黎"的人联系民众，负责把民众的想法和愿望上呈天听。此文强调，颛顼帝之所以这样做，是为了扭转"民神杂糅"、"民神同位"的局面，即为了严格区分开神与人，根除"夫人作享，家为巫史"的民、神随意沟通的氏族宗教体系。文中所谓的"绝地天通"，就是要把上通天庭、下达天听的路径垄断起来，实现世俗权力对宗教权力的控制，完成君权与神权的统一。由此而始，君主垄断了人与神的交往，君王的意志便成了神的意志。

"绝地天通"是中国上古时代一场极其重要的宗教革命，意义十分深远。《尚书·吕刑》云："皇帝哀矜庶戮之不辜，报虐以威，遏绝苗民，无世在下。乃命重、黎，绝地天通，罔有降格。"《山海经·大荒西经》云："颛顼生老童，老童生重及黎。帝令重献上天，令黎邛下地；下地是生噎，处于西极，以行日月星辰之行次。"以上都是先秦典籍对"绝地天通"一事的记载。

要实现君权对神权的垄断，一个最紧要的措施莫过于确保政治统治权与祭祀主导权的统一了，以此杜绝在政治体制之外出现别的教宗。于是即如《国语》上文所言，一国的最高统治者也就是祭祀活动的最高主持者。为此凡有重大祭祀活动君王都要躬亲其事，不仅要亲自过问和部署，还要在祭祀前斋戒沐浴，纯正专一之心，并在规定的日期内不理刑名、不近女色、不食荤腥、不饮酒作乐，隐于净室潜心致意，以示虔敬。典礼举行时，作为主祭人，帝王要郑重其事地穿戴好朝服大冠，亦步亦趋地躬行规定的祭仪，不能有丝毫的懈怠和差池。作为必要的程式，在举行最高级别的祭典时，天子还要象征性地宰牲，皇后要亲自春捣祭祀用的粮谷，甚至天子也要一起春谷，皇后更要亲手抽丝做祭服。在诸侯国举行宗庙祭典时，则由诸侯王亲自杀牛宰羊，由诸侯夫人自春米谷。凡此种种虽然都是表面文章，但正是通过这些表面文章，才表明这些祭祀是地地道道的政府行为，表明沟通神人的职责是帝王的专属。

《左传·襄公二十六年》载卫献公之言谓："苟反，政由宁氏，祭则寡人。"这里说的是春秋年间的事，是说卫献公在不得已时宁可把政务大权交给宁氏，也要保留自己祭祀典礼主持人的身份，由此足见祭祀权对君主是多么的重要。公元 220 年，魏王曹丕逼迫汉献帝刘协禅让帝位，以魏代汉。刘协被废后，侥幸保留下来的待遇之一是"以天子车服郊祀天地"[1]，这也说明了祭祀权对天子的象征意义。

最高统治权与最高祭祀权的统一，不仅是中国古代"祭政一体"体制的突出表现，还是"祭政一体"的最佳保障，确保了君权对神权的控制。降至清朝，这个做法仍为封建统治者所恪守。《清史稿·吉礼一》载："清初定制，凡祭三等……天子祭天地、宗庙、社稷。有故，遣官告祭。中祀，或亲祭，或遣官。群祀，则皆遣官。"这里明述，凡属祭天、祭地、祈谷、太庙、社稷等大祀，到了清朝仍要由帝王亲自主持，甚至部分中祀也需清帝亲临。

除了国君的主持和主导，中国古代还有不少专门的神职人员，在开始的时候男称觋、女称巫。《说文·释巫》："巫，祝也。女能事无形以降神者也，象人两袖舞形。"手舞足蹈以降神，便即"巫"的古意。前引《国语》之文特别强调，这些担任巫觋的人个个非同一般，都是"民之精爽不携贰者"，"又能齐肃衷正，其智能上下比义，其圣能光远宣朗，其明能光照之，其聪能听彻之"。意思是说，担任巫觋的人皆精明过人，专一而且虔诚，其才智能使天地和宜，其圣明能够光照四方，甚至其听力也超乎常人，

---

① 《后汉书·孝献帝本纪》。

以便捕捉来自神灵的信息。在当时的人们看来，只有这样的人担任巫和觋，神明才能降临人间。

据《国语》上文所载，除了早期的巫和觋外，后来又有了专门的祭司"祝"。担任这些神职的人员出身高贵，是"先圣之后之有光烈"者，且"能知山川之号、高祖之主、宗庙之事、昭穆之世、齐敬之勤、礼节之宜、威仪之则、容貌之崇、忠信之质、禋洁之服"，故能在祭祀活动中明等秩、辨高下、掌礼仪。此外还有身为"名姓之后"的宗伯，他们"能知四时之生、牺牲之物、玉帛之类、采服之仪、彝器之量、次主之度、屏摄之位、坛场之所、上下之神、氏姓之出，而心率旧典者"，也是祭祀活动的组织者。久而久之，又有了主掌祭祀天地神民类物的"五官"，他们在各类祭祀活动中"各司其序，不相乱也"。再往后，当出现了大一统帝国后，"凡国家诸祀，皆属于太常、光禄、鸿胪三寺，而综于礼部"①，更有了专门负责祭祀典仪的官署。于是，由祭礼的隆重、繁缛及日常化，逐渐派生出一个数量庞大、组织严格、分工细密的"祭司"阶层来。但在中国古代，这些"祭司"不过是供皇帝驱使的官吏，从未形成过单独的势力，更未像其他一些文明古国的祭司一样，发展成独立于朝廷之外的权力集团或宗教集团。

所谓"制神之处位次主"，说明神也是分尊卑等次的。前文已述，原始宗教的特点之一是多神崇拜，特点之二是各神灵间没有主次之分。此后随着社会等级的出现，众神间出现了层级关系，各神灵的神通和威力也有了高下之别。《尚书·舜典》云："肆类于上帝，禋于六宗，望于山川，遍于群神。"这里列举的群神以上帝居首，六宗（四时、寒暑、日、月、星、水旱）次之，山川殿后，群神最低，已被一级一级层级化。以上说的是虞舜时期的事，下至殷商时期，殷人的神话世界出现了三大主神，一为祖先神，二为"上帝"，三为"土"和"社"。即以"帝"言之，原来的自然神如日

---

① 《宋史·职官志·太常寺》。

神、月神、山神、水神等此时都成了"帝"的臣工，成了它的下属。这表明，滥觞于五帝时代的神灵等级化，到殷商时已趋成熟，形成了神灵的"天阶体系"。到了周代，"天、地、君、亲、师"信仰全面系统化，在每个主神的系统内都出现了更为缜密也更为严格的等级划分。

姑以"社神"言之，《礼记·祭法》云："王为群姓立社，曰大社。王自为立社，曰王社。诸侯为百姓立社，曰国社。诸侯自为立社，曰侯社。"以上说的是政府级别的"社"，已有大社、王社、国社、侯社之分。除此之外，还有从州、县直至乡邑的不同等级的地方性社址。如《礼记·祭法》疏文云："大夫以下，谓包士、庶，成群聚而居，其群众满百家以上，得立社，为众特置，故曰'置社'。"这里说的是乡社，满百家即可立之。而其社址，无非是村头那座简陋的小土地庙而已。

再以"师"崇拜言之，《旧唐书·礼仪四》云：唐玄宗年间"两京国子监，夫子皆南面而坐，十哲等东西列侍，天下诸州亦准此"，"又赠曾参、颛孙师等六十七人皆为伯"。凡此记载说明，从唐朝开始，各地孔庙的祭祀对象就形成了主次分明的三大等，孔子居首，颜回等十哲人配享，六十七子从祀。到了宋代，为了进一步强化儒学道统的等级关系和传承关系，又将孔庙的祭祀对象从尊卑三等变为五等。居首的当然还是孔子，孔子之下称"四配"，分别是复圣颜子（颜回）、宗圣曾子（曾参）、述圣子思（孔汲）、亚圣孟子（孟轲）；其次是"十哲"，即孔子的十个优秀弟子，分别是闵子损、冉子雍、端木子赐、仲子由、卜子商、冉子耕、宰子予、冉子求、言子偃和颛孙子师；再次是"先贤"，这是亲自接受孔子教导的贤徒；最后是"先儒"，即孔子之后的历代大儒。到了清朝，据《清史稿·吉礼三》的记载，仍按宋代之例分五大等，"正中祀先师孔子，南乡"，这是主祭对象，高居一等；四配与十哲是第二等和第三等，分居东西两厢；至于东西两庑从祀的近百位先贤，则分列第四等和第五等。

以上是关于"社"和"师"崇拜系统内各个等级差异的实例，实际在"天、地、君、亲、师"信仰体系中，这种差异存在于各个主神系统中。另外如前所述，从隋唐时期起众神祇就被统统划分成了上中下三大类，国家祭典也随之区分为大祀、中祀、群祀三大等，神与神的差异越拉越大。

神的尊卑等次，实际上就是现实社会中人的尊卑等次的反映，以上大小社神的区分已经相当清楚地说明了这一点。在中国古代，"礼制"的核心就是等级制，种种繁文缛节皆出自对等级与尊卑的秩序规定。《荀子·富国》云："礼者，贵贱有等，长幼有差，贫富轻重皆有称者也。"《礼记·曲礼上》云："夫礼者，所以定亲疏、决嫌疑、别同异、明是非也。"凡此记载都说明，礼制就是用来界定人伦关系的，是为维护封建皇权、族权、父权、夫权服务的。而神的尊卑等次，一则再现了人世间的高低贵贱，二则通过各类祭祀活动的等级色彩，又反过来巩固、强化了社会的等级。

既然神的世界存在如此明显的高下之分，在祭位和祭礼上就不可能没有区别。因此，认真界定"山川之号、高祖之主、宗庙之事、昭穆之世、齐敬之勤、礼节之宜、威仪之则、容貌之崇、忠信之质、禋洁之服"，按照各祭礼的尊卑等次制定出严格的典章制度，就成了祭典执行人的重要职责。

祭礼的基本等级大致如《国语》所言："天子举以大牢（太牢），祀以会；诸侯举以特牛，祀以太牢；卿举以少牢，祀以特牛；大夫举以特牲，祀以少牢；士食鱼炙，祀以特牲；庶人食菜，祀以鱼。上下有序，则民不慢。"这是一套繁缛的制度，用今天的话来说，天子初一、十五的常规之祭供太牢，大祭用三太牢；诸侯初一、十五之祭供一头牛，大祭用太牢；卿初一、十五之祭供少牢，大祭用一头牛；大夫初一、十五之祭供一头猪，大祭用少牢；士初一、十五之祭供煎鱼，大祭用一头猪；一般百姓初一、十五之祭供菜，大祭用煎鱼。以上按天子、诸侯、卿、大夫、士、庶民六大等，把祭仪规格区分出了从上到下的六大类。而且无论哪种等阶的人，既有平时初一、十五的小祭，又有逢正式祭日的大祭，后者皆秩高一等。以上还是依时而行的常祭，此外还有非常规之祭，是按特殊事由临时增加的，也会因祭祀者的身份和所祭神祇的高下而各有等差。

"牢"的古义已如前述，祭祀时以牛、羊、豕（猪）为牺牲且用大号食器盛之即为"太牢"。于此之外，单以牛为牺牲即为特牛，单以羊为牺牲即为少牢，单以豕为牺牲即为特牲。后来也有单以牛牲为太牢的，如《大戴礼记·曾子天圆》云："诸侯之祭，牛，曰太牢。大夫之祭，牲羊，曰少牢。士之祭特牲，豕，曰馈食。"

以上祭祀规格看似古怪，其实完全源于现实生活，是先秦时期社会实情的直观反映。上述引文有"士食鱼炙"、"庶人食菜"之谓，说的就是按当时的规定，平日里只有大夫以上的贵族才能吃肉，士只能吃鱼，庶人则只配吃菜。大夫以上的贵族又有界分，天子和诸侯国君是想吃什么就吃什么，牛、羊、猪等百无禁忌，而卿一般只能吃羊肉和猪肉，大夫则只能享用猪肉。当然，按当时的消费能力，士只能靠吃鱼来打打牙祭，庶人有口菜吃也就不错了，这很合乎实际。但是，一旦当这种状况变身为礼制法度，性质就截然不同了。因为这样一来，吃什么东西就成了一道不可逾越的政治界限和法理依据，成了区分社会等级的严格标准。

《左传·庄公十年》记载了一个"曹刿论战"故事，说春秋时期的曹刿想向鲁国国君进言，劝阻他的人说："肉食者谋之，又何间焉？"此言说，替国君出谋划策是吃肉者的事情，与你曹刿有何相干？曹刿是士人，属于吃鱼的一类，但他回答道："肉食者鄙，未能远谋。"即在曹刿看来，吃肉者个个鄙陋不堪，不能深谋远虑，于是为国君出点子还得靠他曹刿。在这一问一答中，提到的"肉食者"皆指大夫以上的权贵。

《战国策·齐策四》又记载了一个"冯谖弹铗"故事，说战国时期"贫乏不能自存"的冯谖寄食于孟尝君门下，孟尝君的下人"贱之也，食以草具"。冯谖因此大为不满，弹铗而歌曰："长铗归来兮，食无鱼。"冯谖之所以因为吃不到鱼而大发牢骚，并不是因为他被鱼腥味吊足了胃口，而是想借此表达他要求把食菜（草）的庶人待遇提高到食鱼的士人待遇的愿望。孟尝君听说后满足了他的要求，冯谖因此知恩图报，为孟尝君立了大功。

其实，祭祀典仪的区分远非大牢、特牛、少牢、特牲、鱼炙、食菜这几大类所能涵盖的。正如史乘所言："祭祀有大祠，有小祠，其牺牲、币玉、酒醴、荐献、器服各辨其等。"[1]即除了大牢、特牛等牺牲上的区别外，各类祭祀还有币玉、酒醴、荐献、器物、服饰等诸方面的区别。尤有甚者，祭祀等级的区分甚至要落实到祭牲毛色、祭器大小及祭服质色等细枝末节上，这就无怪乎要有那么多专职人员来为此操劳了。

除了以上种种区别，祭祀等级的不同还表现在另一个重要方面，即祭祀对象的区别。质言之，天下的神祇不是什么人都可以随意祭祀的，事如《国语》所云："天子遍祀群神品物，诸侯祀天地、三辰及其土之山川，卿大夫祀其礼，士、庶人不过其祖。"即天子可以遍祀群神万物，诸侯可以祭祀天地、日月星三辰和封土内的山川，卿、大夫只能祭祀礼法规定的神祇，士和普通人则只能祭祀自己的家祖。值得注意的是，在"诸侯祀天地"文下，三国人韦昭注云："祀天地，谓二王之后，非二王之后，祭分野星、山川而已。"这里强调，天和地不是所有诸侯都能祭祀的，只有文王、武王的直系后人才可享此殊荣。这是西周时期的事，而在这之后，当历史进入到海内归一的郡县制以后，为了体现江山一统，祭祀天地更成了天子一人的专利，其他任何人不得染指。

《礼记·曲礼下》云："天子祭天地，祭四方，祭山川，祭五祀，岁遍。诸侯方祀，祭山川，祭五祀，岁遍。大夫祭五祀，岁遍。士祭其先。"《礼记·王制》云："天子祭天地，诸侯祭社稷，大夫祭五祀，天子祭天下名山大川。五岳视三公，四渎视诸侯，诸侯祭名山大川之在其地者。"上述记载便一概删除了"诸侯祀天地"的内容，强调祭天地只是天子一人的特权，诸侯则只能祭祀封地内的山川、星辰。

---

[1]　《宋史·职官志·太常寺》。

　　为了突出唯有天子才能祭天地，《礼记》甚至不惜搬出老祖宗孔子的话说："孔子曰：於呼哀哉，我观周道，幽、厉伤之，吾舍鲁，何适矣！鲁之郊禘，非礼也，周公其衰矣！杞之郊也，禹也；宋之郊也，契也。是天子之事守也。故天子祭天地，诸侯祭社稷。"[1]孔子在这里广征博引的慨叹了半天，无非是想强调只有天子才能祭天地。其实更生动的例证已见于前引汉献帝被废事，当时献帝被废后保留的待遇之一就是"以天子车服郊祀天地"，这说明郊祀天地不仅是天子的特权，还是天子身份的象征。

　　祭祀对象的因人而异在历朝历代都极为严格，稍有僭越便是大不敬，属于犯上作乱之举。诚然，所说的天子遍祀群神万物，只是说天子有权祭祀各类神祇，藉以表明所有神灵都是为天子服务的，而事实上除了必须由天子亲自主持和参加的国之重典外，其他祭祀活动大多只是以天子的名义遣官致祭。

　　除了祭祀对象的多寡，祭祀的次数也因祭祀者的身份而大相径庭。前引《国语》之文称"古者先王日祭、月享、时类、岁祀。诸侯舍日，卿、大夫舍月，士、庶人舍时"，就是说帝王有日祀（日祭）、月祀（月享）、季祀（时类）和一年一度的大祀（岁祀），诸侯则要舍掉日祀，卿大夫更要舍掉日祀和月祀，士和普通百姓则连季祀也没有，只能一年到头拜一回祖宗。

　　祭祀的次数不仅因祭祀者的身份而有别，也因祭祀的神灵而有别。仅就国家祀典而言，祭天帝一年有四次，分别是春天祈年、夏初祈雨、秋季大享明堂、冬至郊祭。相比之下，祭祖、祭孔的次数略少，一般是春秋两季各祭一次。以上是隆重的国家祭典，除此之外，各种各样的小祭则不计其数，以至古人有"早晚一炷香"的说法。比如学宫祭孔，在春秋两次大祭之外，每月朔望还有两次较小的祭祀，学生每日上学也先要向孔圣磕头

---

　　[1] 《礼记·礼运》。

行礼。更重要的是，还有因事而行的"告祭"，即每临大事都要将自己想做的事向上帝、祖宗或先师报告，以求神灵的庇佑。这种祭祀随时可以举行，而且因为它具有明显的功利目的性，故更为帝王所重。

综合以观，古代祭祀活动的等秩划分，是由神的尊卑、主祭者的贵贱、祭奠时节的轻重、祭祀对象的广狭、祭祀次数的多寡以及所祭事由的大小等因素决定的。这种差异经由祭祀的场所、时日、规模、程序、仪仗、礼节、祭品、主祭人、助祭人以及参与者的数量、品级、服饰、举止等形式表现出来，这就是古代的"礼数"。这种"礼数"，一方面突出了神的差异，另一方面也突出了人的差异，使君臣、父子、夫妇等人际关系具有了不可逾越的性质，从而维护了封建社会的政治秩序和伦理秩序。

关于国家祭典的程序，则大致如观射父所言："以一纯、二精、三牲、四时、五色、六律、七事、八种、九祭、十日、十二辰以致之。百姓、千品、万官、亿丑，兆民经入畡数以奉之，明德以昭之，和声以听之，以告遍至，则无不受休。毛以示物，血以告杀，接诚拔取以献具，为齐敬也。"这段话的大意是，每逢国家举行祭祀大典，帝王首先要向神灵奉献一颗纯正的心，继而供奉玉帛二精品、牛羊猪三牲及四季谷物等。祭祀仪式中要呈现五种色彩、六种音律，用七件大事、八音、九州助祭，选择十大吉日和十二良辰举行。届时在愉悦神祇的乐声中，百姓、千品、万官、亿类、兆民都要向神灵奉献祭品，昭显神灵光明的德行。更要紧的是，"血以告杀"是祭祀活动的一道重要程序，就是要以刚宰杀的牲畜的鲜血来祭奠神灵。

一般百姓的祭祀活动则较为简单，但基本程序却一个也不能少。正如观射父所言："百姓夫妇择其令辰，奉其牺牲，敬其粢盛，洁其粪除，慎其采服，裎其酒醴，帅其子姓，从其时享，虔其宗祝，道其顺辞，以昭祀其先祖，肃肃济济，如或临之。"即百姓夫妇祭祀先祖时也要选择恰当的时辰，洒扫庭除，奉上牺牲，敬献黍稷米谷，慎着祭服，滤清醴酒，率领同姓子弟按时祭拜，还要虔诚地跟随宗祝口念祭词，以追念、彰显先祖之德。祭祀时四周的人要整齐肃立，在感受祭祀活动的同时也监视祭祀活动的进行。

如前所述，古代的祭祀活动都是带有明显的功利目的性的。正如前引《国语》之文所言，国家举行祭典的目的是"民是以能有忠信，神是以能有明德，民神异业，敬而不渎，故神降之嘉生，民以物享，祸灾不至，求用不匮"，即要通过此类活动使百姓忠信、神灵明德，让民神各尽其职。唯其如此，福祉才能普降大地，谷物才能繁盛生长，庶民才能把丰富的果实奉献给神祇，灾祸才能避免，财用也才能充足。

又或言："祀所以昭孝息民、抚国家、定百姓也，不可以已。夫民气纵则底，底则滞，滞久而不振，生乃不殖。其用不从，其生不殖，不可以封。"这里强调，除了祈福禳灾的目的外，这些祭祀活动还带有突出的伦理色彩和理性成分，即可以借此倡导孝德、安抚国家、稳定百姓。此文还特别从反面指出，若不定时举行祭祀，百姓就会放纵，一放纵就会淤积浊气，浊气蔓延就无法振作，农田就会荒芜，封地就会丧失。以上是对统治者而言，至于对芸芸众生来说，通过祭祀则可以"合其州乡朋友婚姻，比尔兄弟亲戚。于是乎弭其百苛，殄其谗慝，合其嘉好，结其亲昵，亿其上下，以申固其姓"。也就是通过此类活动，乡亲、朋友、姻亲、族亲团聚了，兄弟亲戚亲近了，纠纷和邪恶消除了，大家和谐相处，团结亲近，巩固发展了同族的血脉亲情。总之一句话，上层统治者用祭祀教民虔敬，下层百姓靠祭祀尊老事上，此正所谓"上所以教民虔也，下所以昭事上也"。

儒家虽然在本质上是主张"敬鬼神而远之"的，但孔子却对《周易》所说的"圣人以神道设教，而天下服矣"[1]十分赞同，主张通过祭祀活动设立教化。《礼记·祭义》云："明命鬼神，以为黔首，则百众以畏，万民以服。"此文说给鬼神加尊礼和尊号便可使民畏服，让百姓恭恭敬敬地服从管理，

---

[1] 《周易·观·彖》。

这就是所谓的"神道设教"。

儒家这种既不信鬼神又赞成祭鬼神活动的立场是十分独特的。《礼记·中庸》载："子曰：鬼神之为德，其盛矣乎！视之而弗见，听之而弗闻，体物而不可遗。使天下之人，齐明盛服，以承祭祀。洋洋乎！如在其上，如在其左右。"《礼记·檀弓》载："惟祭祀之礼，主人自尽焉耳，岂知神之所飨。"综合此类记载可知，在儒家看来，祭祀活动追求的与其说是神灵的庇佑，更毋宁说是祭祀者自身的心理满足而已。说得再直白些，祭拜的鬼神虽然看不到也听不见，但只要让祭祀者们相信神灵存在也就可以了。对此尤为直截了当的阐释出自汉儒刘向的《说苑·辨物》："子贡问孔子曰：'死人有知无知也？'孔子曰：'我欲言死者有知也，恐孝子顺孙妨生以送死也；欲言无知，恐不孝子孙弃不葬也。'"此文借孔子之口道破天机，即先人亡灵究竟"有知无知"其实并不重要，重要的是通过祭祀活动来唤醒后人对祖先的追思和敬慕，使活着的人慎终追远，笃厚传家。总之，中国古代的祭祀看似是为了取悦渺渺神灵，然而更主要的是为了唤起芸芸众生心中的神性，为了通过一种仪式、一种过程和一种体验来实现生者超越自我的追寻。

《管子·牧民》云："顺民之经，在明鬼神、只山川、敬宗庙、恭祖旧。……不明鬼神，则陋民不悟；不只山川，则威令不闻；不敬宗庙，则民乃上校；不恭祖旧，则孝悌不备。四维不张，国乃灭亡。"相传《管子》一书为春秋初期齐国人管仲所作，后经汉代刘向编撰整理，掺入了一些战国和汉代人的言论。此书的成分相当庞杂，举凡儒家、道家、法家、兵家、农家思想无不兼容。而上文也强调，教育人民的根本方法就在于敬鬼神、祭山川、尊祖宗和亲宗亲。此文还特别申明，不尊鬼神则小民无以感悟，不祭山川则威令不能远播，不敬祖宗则百姓就会犯上，不尊重宗亲则故旧孝悌就不完备，四维（礼、义、廉、耻）不发扬则国家就会灭亡。由此可见，祭祀活动的教化作用并非只得到了孔学一家的重视，而是普遍得到了诸子百家的重视，于是中国古代的祭祀活动也就得到了各大思想流派的共同维护。

上面分门别类地从《国语·楚语下》的记载出发，对上古时期的祭祀活动作了条分缕析。之所以要如此的不厌其详，是因为这段记述相当完整、系统地总结了上古祭祀典仪的各个方面，弥足珍贵。除此之外，在《尚书》、《周易》、《诗经》及《春秋三传》等先秦典籍中，特别是在《周礼》、《礼记》和《仪礼》中，都有关于早期祭祀活动和祭祀理论的阐述，内容大同小异。此后，《史记·封禅书》、《汉书·郊祀志》、《后汉书·祭祀志》等对先秦至汉代的祭祀活动作了全面概述，不断丰富了上古祭祀制度的内容。汉以后，历代官修史书都有专门的《礼志》、《礼乐志》、《礼仪志》，一五一十地将当时的国家祭礼载述其中。到了隋唐时期，祭祀制度的建设达到了高峰，一部唐中期的《开元礼》成了后代祭祀制度的范本，其中对如何祭天、祭祖、祭孔等都做了十分详细的规定。

由于中华文明历经数千年而未中断，源自上古的这套祭祀制度便得以一脉相传，而且越来越模式化。在这漫漫历史长河中，始终不变的是各类祭祀都有严格规定的主持者和组织者，祭祀的规模、格式及颂词、祭乐、祭器等都有定规，牺牲和祭品更是一样也不能少。祭祀的对象不同，祭祀的名称也就大不相同，事如《周礼·大宗伯》贾公彦疏所言："对天言祀，地言祭，宗庙言享。"但它们一概相同的是，祭奠礼仪皆隆重而繁复，而且时代愈久，规格愈隆，仪式也愈繁。

遥想当年，每当举行国家级祭祀活动，祭祀现场必旌旗蔽日，万人肃立，秩序井然。信炮一响，舞乐奏起，香烟缭绕间，主祀者三跪九叩，逐一完成"迎神"、"初献"、"亚献"、"终献"、"撤馔"、"送神"等一系列仪式，煞是隆重。正是通过这些祭祀活动，"天、地、君、亲、师"信仰得以世代相传，不断固化为一种根深蒂固的传统。

综合《国语·楚语下》及其他相关记载，还可以进而得出如下认识：

1. 早在楚昭王（公元前 515 ~ 前 489）以前，至少在《国语》成文的战国初期以前，中国已形成隆重、系统、规范的祭祀制度。而当此之时，佛教还刚刚诞生，尚未形成对佛祖的偶像崇拜，规范化的祭祀制度更是无从谈起。至于基督教和伊斯兰教，尤与中国古代这套祭祀制度的产生相距遥远。因此可以断言，中国的"天、地、君、亲、师"祭祀制度，是人类历史上最早的规范化祭祀制度，也是世界各大宗教祭祀制度的祖型。

2．以其"国之大事，在祀与戎"的法权地位，以其君主的躬行其事，以其各项制度的等级森严，以其执事机构的庞大冗杂，处处说明这是一种法定的国家信仰，超越了民族和区域的界限。既然是法定的国家信仰，它就无异于"国教"，国君就是教主，"信徒"则是全体国民。

3．总览中外历史，评判宗教国家的核心标准是看教权与政权的关系，两者合一或教权高于政权的就是宗教国家，反之就是非宗教国家。从这个意义上说，中国古代也算是"政教合一"国家，"天、地、君、亲、师"信仰就是中国的宗教。虽然从来没有人说这个信仰是古代中国的国教，虽然前面已经谈到这种信仰确实有别于通常意义的宗教，但作为一种国家信仰，它在意识形态上的作用丝毫不亚于宗教。至于其祭祀制度的繁复、隆重、严格，更超乎一般宗教。长期以来，说中国没有宗教也没有信仰的观点流传很广，几乎成为人们的"共识"，但在这些事实面前，这种观点显然是站不住脚的。

4．在古代西方，神权是超乎一切的，往往对世俗的君权起着制约作用。而与此截然不同的是，古代中国虽然也算是"政教合一"国家，但其神权却完全受政权的控制，重要标志即最高统治者就是国家祭祀活动的权威主宰者，君权与神权高度一致。

5．前文已述，其他早期文明古国也各有自己的宗教信仰。但当这些文明古国进入中世纪后，传统信仰都发生了很大变化，处处旧桃换新符，文明传统也因此而中断。但与此迥然有别的是，中国的"天、地、君、亲、师"信仰不仅从未中断，进入封建时代中晚期后反而更加完善、更加成熟。不论时势如何变迁，不论儒教、道教如何兴起，也不论佛教、伊斯兰教、基督教如何传入，它的国家正统信仰地位都没有一丝动摇。

3 京华建筑传承的中华信仰

综观世界上一切"政教合一"的国家，其城市建设无不染上鲜明的宗教色彩。而由于"天、地、君、亲、师"信仰的存在，古代中国的城市建设也打上了鲜明的烙印，尤以都城最为显著。它的具体表现就是，随着"天、地、君、亲、师"信仰的兴盛，随着"国之大事，在祀与戎"传统的形成，历朝历代都在都邑兴建国家级的"天、地、君、亲、师"祭祀场所。

《礼记·祭法》云："天下有王，分地建国，置都立邑，设庙祧坛墠而祭之。"《周礼·春官》云："小宗伯之职，掌建国之神位，右社稷，左宗庙。"《墨子·明鬼》云："昔者虞夏商周，三代之圣王，其始建国营都，曰必择国之正坛，置以为宗庙。"以上所言即都邑的坛庙建设，说不迟于夏商周三代就已在都城内"择国之正坛，置以为宗庙"。正如中国传统信仰是从天、地、人崇拜核心兴起的一样，开始时皇家在都城兴建的多为祭天、地、人（祖）的坛庙，前举偃师二里头宫殿遗址便是其中最早的一例。此后，随着"天、地、君、亲、师"信仰体系的不断完备，都城内的国家祭祀场地逐步规范化，建造此类标志性建筑便成了封建时代都城建设的重大政治、文化工程。

作为封建社会后半期的都城，元明清北京城的殿宇楼台甚多，坛庙亦多，可谓举不胜举。但在鳞次栉比的皇家建筑中，体现"天、地、君、亲、师"崇拜与信仰的建筑却个个秀出班行，是其中的最卓尔不群者。它们既是京城皇家建筑的精华，也是全国同类建筑的翘楚，主要包括：祭祀上天诸神的天坛、日坛、月坛；祭祀地祇和江山社稷的地坛、社稷坛；祭祀天地诸神的山川坛；祭祀当朝君主列祖列宗的太庙、奉先殿、御容殿；祭祀历朝有道明君和功臣名将的帝王庙；祭祀孔子的孔庙、文华殿等。这些建筑无一不是举行国家祭祀大典的地方，属于纯礼制活动场所，不具有任何实用功能。但唯其如此，它们才有了极大的象征意义，成为东方民族传统信仰、伦理道德、行为规范、礼制文明的标志。唯一的例外是今日的故宫，作为封建王朝的大内皇宫，它所具有的"君"崇拜及国家崇拜的象征意义是毋庸置疑的，但同时它又具有明显的实用性。

上述建筑全面涵盖了"天、地、君、亲、师"信仰的方方面面。正是由于它们的存在，古代北京才呈现出完整的都城风貌，成了名副其实的封建王朝政治中心和文化中心，也成了极具特殊内涵的东方文明中心。

● 祭天：天坛、日坛、月坛

古云："唯天为大，合其德者弗违。"[①]天神是古人心目中世间万物的主宰，是至高无上的主格神，对天神的敬畏与崇拜也无与伦比。这种敬畏主要表现在两个方面：一是"法天"，即规规矩矩地奉行天道，不违背它的规律和意志；二是"事天"，即以最虔诚的心境和最丰厚的祭品来侍奉天神。

《诗经·大雅·大明》云："维此文王，小心翼翼。昭事上帝，聿怀多福。厥德不回，以受方国。"这首诗说周文王、武王在灭商时得到了上天的帮助，故而以最虔敬的态度服事上帝，以示知恩图报。《孟子·尽心上》云："存其心，养其性，所以事天也。"《荀子·礼论》云："上事天，下事地，尊先祖而隆君、师。"这里说的也都是对天神的侍奉。

古人事天的最直接途径，莫过于对天神的祭奠。在古代各类祭祀活动中，祭天仪式是规格最高的，堪称国家第一重典。要言之，其特点大致有七：

一是"天秉阳"[②]，城南为阳位，故祭天仪式皆在城邑南郊举行，称为"郊祀"。《礼记·郊特牲》云："郊之祭也，迎长日之至也。大报天而主日也，

---

① 《旧唐书·北狄传》引唐太宗诏书。
② 《礼记·礼运》。

兆于南郊，就阳位也。"以上说的就是"就阳位也"的祭天场地。

二是商末周初时形成了"天圆地方"的概念，以天为圆，地为方，故此祭天的坛台皆呈圆形台丘状，称圜丘坛，以此象天。

三是《礼记·郊特牲》云："天子大社，必受霜露风雨，以达天地之气也。是故丧国之社屋之，不受天阳也。"据此可知，祭天的圜丘坛一定要做成"以达天地之气"的露天状，否则的话后果很严重，甚至会因圜丘坛的"不受天阳"而致"丧国"。

四是祭天的主要程式为积柴于坛台上，置牲体、玉帛以火燔之，称为燔祭或燎祭。根据古人的想象，天神在上，因此当坛台的袅袅青烟扶摇直上时，贡品与祝辞便可直达苍穹，通于天神。《周礼·大宗伯》云："以禋祀祀昊天上帝，以实柴祀日月星辰。"《礼记·祭法》云："燔柴于泰坛，祭天也。"以上说的就是祭天的燔祭或燎祭。

五是根据周礼，天子于孟春、夏至、秋分、冬至日以最高礼节郊祀上帝。其中最隆重的是冬至日的郊祭，因为古人认为"阴阳之别于日冬、夏至"，冬至祭天"则天神皆降"[1]，于是便如《周礼·春官·大司乐》所云："冬日至，（祭天）于地上之圜丘。"

在规定的节令之外，每逢大事都要随时祭祷天神，其中尤其不能免的是帝王登基时的祭天大典。因为只有通过这个隆重的仪式，才能表明皇帝正式加冕为"天子"。

六是祭祀天帝既是天子的特权，也是天子的责任。《汉书·郊祀志下》云："帝王之事莫大乎承天之序，承天之序莫重于郊祀，故圣王尽心极虑以建其制。"《新唐书·张九龄列传》亦云："天，百神之君，王者所由受命也。自古继统之主，必有郊配，尽敬天命，报所受也。"以上都说承天之佑的帝王必须对天神感恩图报，亲自躬行祭天大典。而通过这些仪式，一则可

---

① 《汉书·郊祀志下》。

以表达君王对天帝的敬畏和顺从，二则可以向万民展示帝王"上帝之子"的法统地位。

七是祭天的规模很大，礼仪备极隆重。《汉书·礼乐志》对汉武帝祭天时的场景做过一番描述，其云："乃立乐府，采诗夜诵，有赵、代、秦、楚之讴。以李延年为协律都尉，多举司马相如等数十人造为诗赋，略论律吕，以合八音之调，作十九章之歌。以正月上辛用事甘泉圜丘，使童男女七十人俱歌，昏祠至明。夜常有神光如流星止集于祠坛，天子自竹宫而望拜，百官侍祠者数百人皆肃然动心焉。"以上说的是祭天时的歌乐，仅此一项就如此宏丽多彩，祭天场面之壮观可想而知。

据史乘所载，每逢祭天大典，天子都要身穿大裘，内着衮服，头戴旒冕，亲率百官至郊外圜丘，西向立于圜丘东南侧。仪式开始，急管繁弦，鼓乐齐鸣，"合八音之调，作十九章之歌……使童男女七十人俱歌，昏祠至明"[1]，以此报知天帝降临享祭。而后天子牵着献给昊天上帝的牺牲至祭案前亲自宰杀，再把牺牲、玉圭、玉璧、缯帛等祭品放在柴堆上，由天子点燃，烟火升腾于天。再后的一个重要仪式就是迎"尸"就座。"尸"是天帝的代表，由活人扮演，替天帝接受祭享。"尸"就座后，天子次第献牲血、玄酒、全牲、肉汁、菜汤、黍稷等。献祭后天子遥拜上天，"百官侍祠者数百人皆肃然动心焉"。以上是周代古制，此后成为祭天的基本模式，只是用神主牌位代替了活人扮演的"尸"，天子的宰牲也成了纯粹的表演。

金朝在燕京正式建都后，就在金中都建造了首座皇家郊坛。女真族金人早有拜天之俗，但形式相当古朴。《金史·太祖本纪》云："五月五日、七月十五日、九月九日拜天射柳，岁以为常。"这里说的"拜天射柳"，就是金人入关前的拜天习俗。但在建都燕京后，金人很快抛弃了旧制，按照中原汉制建立起更加完备也更加繁缛的祭天制度。

---

[1] 《汉书·礼乐志》。

《金史·礼志一》载金世宗对宰臣说："本国拜天之礼甚重。今汝等言依古制筑坛，亦宜。我国家绌辽、宋主，据天下之正，郊祀之礼岂可不行？"此言明谓郊祀祭天在金朝的重要，并确立了按中原古制祭天的原则。于是，在金中都正南丰宜门外，很快筑起了一座祭天的南郊坛，故址就在今丰台区。金的南郊坛颇具规模，"圆坛三成，成十二陛，各按辰位……坛、渍皆以赤土圬之"[①]，主体建筑就是祭天的坛台。

金中都的南郊坛早已被黄土掩埋，但它既是仿中原而建的，形制自当与中原帝都的圜丘相仿。事有凑巧，在陕西西安唐长安城的南郊，至今仍保存着唐皇祭天的圜丘坛，已由考古发掘出土[②]。此圜丘为四层圆坛，高8米，全部是素土夯筑，没有一砖一石。台壁和台面均用黄泥抹平，所有外露部分皆抹上了一层白灰面。圆坛最下层的直径约54米，第二层直径约40米，第三层直径约29米，顶层直径约20米，各层层高1.5米~2.3米不等。每层圆坛都设有十二级上台的阶道，均匀分布在圆坛四周，分别朝向12个方向，体现了古人心目中的天上十二辰。午陛（即南阶）比其余十一陛宽，是皇帝登坛的阶道。两相比照，金中都南郊坛"坛、渍皆以赤土圬之"，"成十二陛，各按辰位"，确实与隋唐帝都的圜丘如出一辙。

元朝君临中国后，初时仍因袭过往旧俗，由皇帝祭天神于漠北日月山，供牺牲并洒马奶子酒。此后，成宗大德九年（1305年）参酌汉制，在元大都城"丽正、文明门之南丙位"[③]修筑了一座天地合祀的郊坛。丽正门是元大都南垣的中门，文明门是元大都南垣的东门，丙位即其东南位，故知元的郊坛在大都城南郊偏东处。

今京城南部的天坛，是明清两朝举行祭天大典的地方，位于明外城永定门内东北侧。它始建于明成祖朱棣决定迁都北京的永乐四年（1406年），

---

① 《金史·礼志一》。

② 安家瑶：《西安隋唐圜丘的考古发现》，《文物天地》2001年1期。

③ 《元史·成宗本纪四》。

竣工于永乐十八年（1420 年），历时一十四载。开始时明廷在此合祭天地，称天地坛。明世宗嘉靖九年（1530 年）仿照宋神宗"诏罢南郊合祭天地，自今亲祀北郊，如南郊仪"[①]之例，决定分祀天地，此处遂改为专事祭天的场所，称天坛。清朝祭天仍在此处，乾隆年间曾全面翻修，提高了主体建筑的规格，还根据《周易》《礼经》的记述把它改造得更加符合儒家思想，营造出更为浓郁的天人合一氛围。由明初直到清末，共有 22 位皇帝在此举行过 654 次祭天大典，前后沿用了近五百年。

这座天坛地处今永定门内大街路东，占地总面积 273 公顷。这是中国历史上最大的坛庙，也是世界上最大的祭天建筑群，面积甚至超过了紫禁城。坛址分内外两重，有两层围墙，均作南部方、北部圆的形制，寓意天圆地方。坛内建筑布局严谨、结构奇特、装饰瑰丽，充分体现了帝王对祭天场所的"尽心极虑以建其制"。其主体建筑有圜丘坛、皇穹宇、祈年殿等，均位于内坛，从南到北依次排列在内坛的南北轴线上。

圜丘坛位在天坛南部居中，坐北朝南，是皇帝祭天的地方，亦称祭天台。此台是明嘉靖九年在确定天地分祀后重建的，扩建于清乾隆年间，周长 534 米，高 5.2 米，分上、中、下三层。《周易·系辞下》云："阳卦奇，阴卦偶。"古人以奇数为阳、偶数为阴，而天属阳，九为阳数之极，故此圜丘坛的坛面直径、各层台阶、四周汉白玉栏板望柱以及每圈石块的数目等等，都是九或九的倍数，以示上天的至阳至尊。

尤为玄妙的是，为了体现"天人感应"的效果，古人殚思竭虑，利用声波反射传播原理，把圜丘坛建成了享誉中外的回声建筑。每当举行祭天大典，皇帝伫立于圜丘坛正中心的天心石，抬头仰问上苍，就会有回声从四面八方传来，如同从地心、天宇同时发出了天、地、人交相感应的回响，足以摄人魂魄。此中缘故是，圜丘的坛面相当光滑，声波得以快速向四面

---

① 《宋史·神宗本纪三》。

八方传播，碰到周围的石栏又反射回来，与原声汇合，遂使音量顿时加倍，由此便有了"天闻若雷"的奇效。

皇穹宇院落位于圜丘坛外壝北侧，主要建筑有皇穹宇和东西配殿，是供奉祭祀神位的场所。皇穹宇大殿直径 15.6 米，高 19.02 米，由八根金柱和八根檐柱共同支撑，三层天花藻井层层收进，构造精巧。巨大的殿顶为鎏金宝顶单檐攒尖顶式，用蓝色琉璃瓦铺设，象征朗朗苍穹。殿正中有汉白玉雕花的圆形石座，供奉着"皇天上帝"牌位，左右配享皇帝祖先的神牌。正殿东西各有配殿，分别供奉日月星辰和云雨雷电等诸神牌位。

皇穹宇也建造了不止一处回音设施，一处是皇穹宇大殿外长长的回音壁，一处是大殿前的三音石。回音壁是一道环绕在皇穹宇正殿和配殿前的圆形围墙，墙高 3.72 米，厚 0.9 米，直径 61.5 米，通长 193.2 米。因围墙的墙体坚硬光滑，是声波的良好反射体，又因圆周曲率精确，声波可沿墙内面连续反射，故此只要有人站在墙体的一端发出私语，声波就会沿着墙壁连续折射前进，传到近二百米外的另一端，而且声音清晰悠长，令人惊叹。回音石位于皇穹宇台阶下，系三块石板，站在不同石板上击掌就会听到不同的回声效果。

祈年殿位于天坛南北纵轴线的北段，原称大祀殿，始建于明永乐十八年（1420 年），明嘉靖帝重建后改称大享殿，清朝改为祈年殿。这是祈谷坛的主要建筑，每逢年初皇帝都要在此坛上祷祝上苍风调雨顺，赐予丰年，因而坛称祈谷坛，殿称祈年殿。

祈年殿一直到清朝前期都保持着明的样式，"坛圆，南乡。内外柱各十有二，中龙井柱四。金顶，檐三重，覆青、黄、绿三色琉璃。基三成，南北陛三出，东西陛一出，上二成各九级，三成十级。东西庑二重，前各九楹，后各七楹"[1]。这是一座雄伟壮丽的圆形大殿，高 38.2 米，直径

---

① 《清史稿·吉礼一》。

32.72 米，伫立在汉白玉石叠砌的平台上。整个平台分三层，逐层收缩，每层都有雕花的白玉栏杆，远看就像镶嵌在台基上的美丽花环。大殿的屋顶做镏金宝顶三层檐攒尖式，明的三层檐从上到下分别采用蓝、黄、绿琉璃瓦，以蓝色代表昊天、以黄色代表帝王、以绿色代表黎民。清乾隆帝重修时将三层檐一律改覆蓝琉璃瓦，以象征碧蓝天宇。整座殿全是砖木结构，没有大梁长檩，全靠 28 根木柱和 36 根枋桷支撑。大殿内层有四根擎天大柱，中层有 12 根大柱，分别代表一年四季和 12 个月。大殿外层也有 12 根大柱，代表一天的 12 个时辰，24 根檐柱则代表一年中的 24 个节气。

　　总之，无论是圜丘坛、皇穹宇还是祈年殿，天坛的各建筑模式及建筑环节都无所不至的表现着与自然节律的契合，表现着"象天法地"和"天人合一"的蕴意。恰如世界遗产委员会评价天坛时所言："无论在整体布局还是单一建筑上，（天坛）都反映出天地之间的关系，而这一关系在中国古代宇宙观中占据着核心位置。"

　　天坛中部西侧有一处斋宫，是皇帝躬行祭礼前斋戒、沐浴、住寝的地方。这是天坛的附属建筑，但规模却相当宏大，各种设施应有尽有，素有小皇宫之称。它占地 4 公顷，被两重高大的宫墙围护，还有两道宽宽的御河环绕，防卫极为严密。内有殿宇 60 多间，分正殿、寝宫两大部分。正殿立于台阶上，面阔 5 间，内无梁枋木柱，格外豁亮宽敞。大殿后是寝宫，寝宫周围有宿卫房，还有御膳房、衣包房、茶果局、什物房等。按照规定，皇帝在举行祭天或祈年大典前须在此居住，"致斋"三日。

　　《国语·周语上》云："古者，先王既有天下，又崇立上帝、明神而敬事之，于是乎有朝日、夕月以教民事君。"韦昭注："立，立其祀也。上帝，天也。明神，日月也。"以上记述告诉我们，古代的天体崇拜除了笼而统之的"天"之外，还有特指的日与月，尤以被视为万神之主的日神为尊。于是，京城内除了天坛，还有专门祭日、祭月的日坛和月坛。

　　日坛原称朝日坛，又称大明坛，是春分时节旭日东升时皇帝恭祭大明神（太阳）的地方。其主体建筑为祭台，又称拜神台，坐东朝西，祭祀时皇帝迎旭日而入，登台向东方行礼。月坛原称夕月坛，又名夜明坛，是秋分时节刚刚入夜时皇帝恭祭夜明神（月亮）及众星宿的地方。其主体建筑亦为祭台，坐西朝东，祭祀时皇帝迎皓月而入，登台向西方行礼。

北京的日坛、月坛始建于金朝，当时各按阴阳之位建在中都城的东西两侧。居东的是朝日坛，地处中都城东部的施仁门外东南，"门殪之制皆同方丘"。居西的是夕月坛，地处中都城西部的彰义门外西北，"掘地污之，为坛其中"[①]。

元大都城未建日坛、月坛，到明嘉靖九年（1530年）始重新起建，各称朝日坛和夕月坛。这两坛至清朝沿用不废，保留至今，此即今天的日坛和月坛。日坛(朝日坛)在北京朝阳门外东北部,祭台呈正方形,周长64米,用汉白玉石砌成。为表示大明神的至阳至尊，祭台四面采用了阳数之极的九级台阶。明朝以红琉璃砖铺砌祭坛坛面，清朝前期改为青色方砖墁地，光绪中期为表示灿灿红日又重新恢复了红琉璃坛面。月坛（夕月坛）在北京阜成门外月坛北街，祭台亦作正方形，用白石砌成，大小规格均较朝日坛略逊一筹，周长仅56米。为表示月夜之阴，祭台四周各以偶数作六级台阶，坛面用白琉璃瓦铺砌，以象皎皎明月。

● 祭地：地坛、社稷坛

对地祇的祭祀也是国家典仪中十分重要的一项，其特点大致有六：

一是"地秉阴，穷于山川"[②]，而城北为阴位，故祭地仪式都在城邑北郊举行，又称祀北郊。《汉书·郊祀志下》云："祭天于南郊，就阳之义也；瘗地于北郊，即阴之象也。"这里已经很清楚地说明，祭天应就阳位，祭地应就阴位。

---

① 《金史·礼志一》。

② 《礼记·礼运》。

二是出于天圆地方的想象，祭地的方式是在城北郊的地面上修筑一座方形坛台，称方丘或方泽坛。其坛墠也要和祭天的圜丘坛一样，做成"以达天地之气"①的露天状。

三是祭地的程式主要有两种，一种是《礼记·祭法》所说的"瘗埋于泰折，祭地也"，一种是《周礼·大宗伯》所说的"以血祭祭社稷、五祀五岳"。所谓"瘗埋"，就是将祭品埋于地下，以示对地神的报答，而"血祭"，则是将血滴于地下，以血祭地。古人认为"气为阳，血为阴，故以烟气上升而祀天，以牲血下降而祭地，阴阳各从其类也"②。即在古人看来，鲜血下渗可将所祭之物和祈愿一并传递于深居地下的地神，故祭地时特以"血祭"为重。

四是祭地的时节同样也有规定，"夏（代）以五月，商（代）以六月，周（代）以夏至"③。西周以后，历朝历代皆因周制，固定在夏至日祭地。

五是地祇的主祭权实际意味着江山的主宰权，所以更是天子当仁不让的特权，这由前述"天子祭天地，诸侯祭社稷"④已足见一斑。

六是皇帝祭地时旌旗蔽日，载歌载舞，祭以太牢，场面之壮观丝毫不亚于祭天。

金中都于海陵王天德以后"始有南北郊之制"，开始祭地于北郊。据《金史·礼志一》载："北郊方丘，在通玄门外……方坛三成。"通玄门是金中都的正北门，其外的方丘正合北郊之制。金人因袭周代古制，于每岁"夏至日祭皇地祇于方丘"，礼仪颇为隆重，其情状已详载于《金史·礼志二·方丘仪》。

元朝祭天地不分南北，皆合祀于元大都南郊坛一处。《元史·祭祀志一》载："至元十二年（1275年）十二月……下太常检讨唐、宋、金旧仪，

---

① 《礼记·郊特牲》。

② ［清］金鹗：《求古录·燔柴瘗埋考》。

③ 《元史·祭祀志一》。

④ 《礼记·礼运》。

于国阳丽正门东南七里建祭台，设昊天上帝、皇地祇位二，行一献礼。自后国有大典礼，皆即南郊告谢焉。"可见元廷虽然同在南郊坛合祀天、地，但在其内分设了昊天上帝、皇地祇两座坛壝，以使天、地各得其祀。

明朝洪武初年曾分祀天与地，至洪武中期改为合祭。明成祖朱棣迁都北京时尊奉太祖之制，仍行合祭之法，合祭天神、地祇于北京城南郊的天地坛。此后为了合乎古制，明世宗嘉靖九年（1530 年）订立四郊分祀制度，始"建圜丘坛于正阳门外五里许，大祀殿之南，方泽坛于安定门外之东"[1]。于是除了城南的天坛之外，城北的今安定门外东侧又有了一座新的地坛。

明的地坛初称方泽坛，嘉靖十三年（1534 年）改称地坛。坛址面积37.3 公顷，为天坛面积的七分之一。全坛设有两重墙垣，将整个坛址分为内外两部分。外垣周遭环绕水渠一道，称"方泽"，水泽环绕方丘，象征四海环绕大地。地坛的中心建筑即方泽坛，是皇帝祭拜皇地祇的地方，俗称拜台。方泽坛周围建有皇祇室、斋宫、神库、神厨、宰牲亭及钟鼓楼等。

方泽坛为汉白玉石砌成的正方形露天坛台，坐南朝北，方向恰与圜丘相反。坛台做上下两层，坛面均用黄琉璃砖铺砌，青白石包砌。古人认为地属阴，而偶数为阴，故方泽坛举凡层数、台阶数、每层的石板数乃至台阶尺寸、石板尺寸、水渠的长宽深等等，均为二的倍数。

在地坛坛台的下层，东、西两方各有两个雕刻精美的石座，称东一坛、东二坛及西一坛、西二坛。这是分别祭祀五岳、五镇、四海、四渎的地方，中华大地的名山大川都在这里得到了祭祀。

清朝也在明的地坛祭祀皇地祇，雍正、乾隆年间曾全面翻修，把皇祇室和地坛祇墙覆盖的绿琉璃瓦全部改为黄琉璃瓦，把坛面的黄琉璃瓦改为墁石，还增设了望灯、牌坊等附属建筑。从公元 1531 年到公元 1911 年的

---

[1] 《明史·礼志一》。

近 400 年间，明清两代共有 15 位皇帝在此祭祀地神。

前文已述，祭社也是由祭地发展而来的，此后更发展成社稷之祭。

稷的本义是谷物，是黍的一种，特指适合在北方干旱地带生长的小米。《诗经·王风·黍离》："彼黍离离，彼稷之苗。"此即古文献中的稷黍。因为稷是中国最古老的谷类作物之一，且是黄河流域的主要粮食物种，故被古人奉为"五谷之长"，后引申为五谷神。《国语·鲁语上》云："昔烈山氏之有天下也，其子曰柱，能殖百谷百蔬；夏之兴也，周弃继之，故祀以为稷。"这里的烈山子及周弃（后稷）就被祀为"稷神"，与人格化的"社神"句龙相辅而行。

古代中国是农业大国，农业乃立国之本。因此，当具有领土蕴义的"社"与代表五谷神的"稷"相连时，就成了"国家"的代名词。《汉书·郊祀志》云："帝王建立社稷，百王不易。社者，土也。宗庙，王者所居。稷者，百谷之主，所以奉宗庙，共粢盛，人所食以生活也。王者莫不尊重亲祭，自为之主，礼如宗庙。"这里说得明明白白，就是因为"社"有领土之义，是祖宗宗庙及家国的所在，而"稷"为百谷之主，是大地奉献给人类的生命食粮，事关国计民生，于是祭社、祭谷就等于祭"国家"。《孟子·尽心下》云："民为贵，社稷次之，君为轻。"《礼记·曲礼下》云："国君死社稷。"《礼记·檀弓下》云："能执干戈以卫社稷。"凡此"社稷"皆指国家。

因寓意国家，所以社稷之祭在古代的重要性就丝毫不亚于祭天地。《周礼·大祝》云："大祝掌六祝之辞……掌国事，国有大故、天灾，弥祀社稷祷祠。大师，宜于社，造于祖。设军社，类上帝。国将有事于四望，及军归，献于社，则前祝。大会同，造于庙，宜于社。遇大山川，则用事焉，反行舍奠。建邦国，先告后土，用牲币。"以上所言的祀社稷、宜于社、献于社、告后土等，都指的是社稷之祭。据此可知，举凡国有大事，如建邦立国、分封诸侯、重要盟会、军归献俘、帝王御驾亲征或巡游四海等，莫不要祭告于社。《尔雅·释天》云："起大事，动大众，必先有事乎社而后出，谓之宜。"这里也说国有大事必先祭告于社，否则便诸事不利。

尤有甚者，帝王率六军出征时还要车载"社主"随行，称为"军社"。《左传·定公四年》云："君以军行，祓社衅鼓。"杜预注："师出，先事祓祷于社，谓之宜社。于是杀牲，以血涂鼓罅，为衅鼓。"社主随军出征，意在表明家国与将士同在，可以振奋士气。它的另一层意义则是以军社威军规，因为按古之军法，凡有背叛或畏葸不前者，皆会以有负于社稷论罪，一并斩首于社主前。

《白虎通·社稷》云："王者所以有社稷何？为天下求福报功。人非土不立，非谷不食。……故封土立社示有土尊。稷，五谷之长，故立稷而祭之也。"虽然社稷代指国家，但如上所言，其所祭者无非一是土，二是谷，配享者也是土神和稷神。祭社稷的程式也与祭地大致相同，尤其重在"血祭"。事如《管子·揆度》所云："不能治田土者杀其身以衅其社。"可见祭社稷时不单用牲血，甚至要用人血，而被当作牺牲的则是貌似"不能治田土"的奴隶。

如同圜丘坛、方泽坛的形制一样，天子的社坛也一定要做露天状。此外的一大特点是，天子社坛要用五色土填充，以代表全国的疆土。中国自古就有用不同颜色的土壤来代表各方的传统，"谓青、赤、黄、白、黑，据五方也"[1]。《白虎通·社稷之坛》引《春秋传》云："天子有大社焉，东方青色，南方赤色，西方白色，北方黑色，上冒以黄土。"天子乃天下之主，因此天子的大社便如上文所言，必须按东青、南赤、西白、北黑的方位填充四色土，中间覆以黄土，以示"普天之下莫非王土"。天子分封诸侯时则以该方色之土授之，使其自立"侯社"。

社坛还有一个特征，就是要在土中栽一树，树种不拘，可采用当地宜植之木。《说文解字》云："社，地主也，……各树其土所宜木。"此文说

---

① 《礼记·礼运》孔颖达疏。

的就是在社坛中植一当地所宜之木。此树木后来多以石代之。《宋史·礼志五》云："先是，州县社主不以石。礼部以谓社稷不屋而坛，当受霜露风雨，以达天地之气，故用石主，取其坚久。又《礼》：诸侯之坛半天子之制。请令州县社主用石，尺寸广长亦半太社之制。"宋以后，以石代木遂成定制，例如金朝在中都的社坛即"其主用白石，下广二尺，剡其上，形如钟，埋其半"[1]。

社坛即祭土之处，而祭谷的稷坛，其形制则较为简单，一般仅用黄土覆盖在露天的祭坛上，以示滋养谷神，以祈五谷丰登。

自从有了社稷之祭，每逢新的王朝诞生，必先创设象征本朝国土的社稷坛，以示江山有主。第一节所述商汤灭夏后"欲迁其社"的故事，就说明夏商之时已各有代表本朝国土的大社。不仅中原王朝如此，接受了汉文明的少数民族亦莫不如此。例如金朝，早在迁都燕京前就在上京会宁府建造了社稷坛，地在今黑龙江省阿城市南。迁都燕京后金廷又建造了一座新的社稷坛，事如《金史·礼志七·社稷》所云："贞元元年（1153年）闰十二月，有司奏建社稷坛于上京。大定七年（1167年）七月，又奏建坛于中都。"大定七年是金世宗年号，这是建在今北京的首座皇家社稷坛。世宗适逢金朝盛世，"群臣守职，上下相安，家给人足，仓廪有余"[2]，金廷在此时建造新的社稷坛可谓正逢其时。金的社稷坛又称太社、太稷。《金史·宣宗本纪中》云：兴定二年（1218年）秋七月"祭太社、太稷，祭九宫贵神于东郊，以祷雨。"此即金中都的社稷坛，位在金中都城东郊。

在社稷坛内，一般是并设两坛，一为社坛，一为稷坛，且社坛在东，稷坛在西。金中都的社稷坛也不例外，并立着东西两坛。其太社建有内外两重垣，外垣南向开一神门，门三间，内垣东西南北各开一神门，门三间，各列二十四戟。太社坛在内垣中部偏南，"令三方广阔，一级四陛。以五

---

① 《金史·礼志七·社稷》。

② 《金史·世宗本纪下》赞语。

色土各饰其方，中央覆以黄土，其广五丈，高五尺。其主用白石，下广二尺，剡其上，……坛南，栽栗以表之”①。其太稷坛在太社之西，形制如社坛，唯一的区别是“无石主”。

元大都也有社稷坛，建于元世祖迁都燕京后。《元史·世祖本纪十四》载，元世祖至元二十九年（1292 年）七月“建社稷和义门内，坛各方五丈，高五尺，白石为主，饰以五方色土，坛南植松一株，北墉瘗坎壝垣，悉仿古制，别为斋庐，门庑三十三楹。”和义门是元大都的西城门，元的社稷坛建在此门内稍南，具体位置大致在今西直门一带，恰合“左祖右社”之制。祭坛四周有两重砖垣，内置社、稷各一坛，社坛在东，稷坛在西。其坛壝“方五丈，高五尺，白石为主，饰以五方色土，坛南植松一株”，凡此都遵循了中原古制。

明清两朝的社稷坛迁到了承天门（今天安门）西侧的今中山公园内，占地约 24 公顷。坛址原为辽、金兴国寺和元万寿兴国寺的所在，明永乐十八年（1420 年）改成社稷坛。清乾隆二十一年（1756 年）增补重修，但模式仍与元大都社稷坛相仿，不同之处唯在于并社稷两坛为一坛。

明清社稷坛也有内外两道围墙，主要建筑集中在内墙内，中心建筑即祭坛。此祭坛位于内墙中心偏北，四周壝墙分别铺以青、赤、白、黑四色琉璃瓦，各按东青、南赤、西白、北黑的方位排列，每墙正中皆有一座汉白玉石门。坛台呈方形，有汉白玉石砌的二层台基。坛上按不同方位铺垫了五色土，中央立有一两尺见方的土龛，内埋象征土地神和五谷神的石柱。皇帝主持的祀典于每年春、秋两季举行，仲春致祭旨在祈求五谷丰登，仲秋致祭则意在报答社稷神的庇佑。每次祭祀前都要重新更换坛台上的五色土，新土由各地专程奉送，以示江山归一。社稷坛内的附属建筑有祭殿、神库、神厨、宰牲亭及戟门等。祭殿即皇帝行祭礼的地方，是一座位于祭

---

① 《金史·礼志七·社稷》。

台北部的大殿堂，此即今之中山堂。内外墙间古柏参天，建有荷池、水榭、假山等，景致宜人而又不失典雅肃穆。

● 合祭天地：山川坛（先农坛）

浩渺天宇上除了日月星辰还有风云雷电，莽莽大地上除了旷野平畴还有河流山川，这都是古人心目中的神祇。特别是高耸入云的山峰，传说是神仙居住的地方，还是通往天国的阶梯，更令古人"高山仰止"。于是，在古代北京，就有了一座合祀山峦河流及风云雷电的皇家坛墠，此即山川坛。

山川坛始建于明永乐十八年（1420年），当时明王朝尚合祭天地于南郊，没有单独的地坛，山川坛正好在一定程度上弥补了这个缺环。该坛位于城南郊，在今永定门内大街路西，与东面的天坛隔街相望。坛中主祭的神祇包括五岳、四镇、四海、四渎、京畿山川、都城隍、钟山之神、天寿山之神以及风云雷雨、太岁、四季月将等，可谓众神的会所。但其主要祭享的仍是天神、地祇，故而明嘉靖十一年（1532年）将山川坛分为天神、地祇两大部分，更名为"天神地祇坛"。山川坛的围墙亦作北圆南方，寓意天圆地方。为使诸神各安其位，其中坛址、神龛甚多，仅正殿就有七坛，两庑又有六坛。

农业大国对天地祷祝的最直接目的，莫过于祈求丰年，而和农作物的丰歉最息息相关的，则莫过于山川坛内奉祀的风云雨雪和河流山川。因此，在山川坛内祭奠的还有一个神祇，这就是农神。中国自古把传说中最先教民耕作的人奉为农神，后稷即其代表。《左传·襄公七年》云："郊祀后稷，以祈农事也。"后稷乃周王室的始祖，名弃，曾经被尧举为"农师"，被舜命为后稷。综合此类记载可知，祭祀先农的习俗很早便已流行，至少不迟于夏商即已有之。

对封建帝王来说，风调雨顺、五谷丰登才能国祚永昌，因此祭农也是皇家的一个重典。饶有兴味的是，皇家祭祀先农时还要做一个表面文章，即天子要亲执农具躬耕于田。《礼记·月令》载："天子乃以元日祈谷于上帝。乃择元辰，天子亲载耒耜……帅三公九卿诸侯大夫，躬耕帝藉。"按此记载，皇帝亲耕的传统或起于先秦，但事实上，真正开创了这个制度的却是汉文帝。《史记·孝文本纪》载，西汉文帝前元二年（前178年）诏曰："农，天下之本，其开籍田，朕亲率耕，以给宗庙粢盛。"集解引韦昭云："藉，借也。借民力以治之，以奉宗庙，且以劝率天下，使务农也。"以上说的就是汉文帝的亲耕。其所言的"籍田"，即帝王所耕之田，也称"帝藉"，它的收成专供皇家宗庙献祭之用。

天子亲耕虽然只是一个仪式，但在表明"劝率天下，使务农"上也不无垂范意义。自汉文帝正式下诏"开籍田"起，汉景帝诏令"朕亲耕，后亲桑，以奉宗庙粢盛、祭服，为天下先"[1]，汉武帝亦"亲耕籍田以为农先"[2]，西汉诸帝纷纷效仿。自此而后，"至汉以耤田之日祀先农，而其礼始著。由晋至唐、宋相沿不废"[3]，这成了一种固定的典仪，历唐宋而直迄明清。

北京的先农坛即皇家为祭祀先农而建，始建于元朝。《元史·世祖本纪四》载：世祖至元九年（1272年）"始祭先农如祭社之仪。"《元史·世祖本纪六》载："祀先农东郊。"这里说的就是元大都的先农坛，位于大都城的东郊。当时元大都城另有社稷坛，位在大都城西部和义门内，而先农坛则单辟于城的东郊，二者并不混同。

明成祖兴建新北京时也建造了先农坛。《明史·礼制三》载："永乐中，建（先农）坛京师，如南京制，在太岁坛西南。"这段记载说明，明北京的先农坛建造于永乐中期，位置在太岁坛西南。太岁坛是明成祖兴建的山川坛的一部分，位于京城南郊，而据上述文献记载可知，当时为了"如南京制"，特将先农坛与山川坛合在了一处。

明先农坛的台基呈方形，四面各八级台阶，坛北有正殿，面阔五间，

---

① 《汉书·景帝纪》。

② 《汉书·董仲舒传》。

③ 《明史·礼志三》。

内供"先农神"牌位。明嘉靖帝修建了地坛后，万历皇帝将山川坛更名为先农坛，特以祭祀先农为主。对于"帝藉"一事，明朝的皇帝大不如汉朝皇帝那样勤政，只在登基时才躬耕籍田装装样子，其他年份则由顺天府尹致祭。事如《明史·礼制三》所云："每岁仲春上戊，顺天府尹致祭。后凡遇登极之初，行耕耤礼，则亲祭。"可是到了清朝，来自塞外半农半牧区的爱新觉罗氏却格外重视先农的祭祀，每逢仲春皇帝都要亲率百官至此，脱下朝服换上亲耕服，在为皇家准备的一亩二分自留地上亲耕。据统计，在清朝入关后的267年中，清帝至先农坛行祭农耕耤礼的记录多达248次①，几乎每年平均一次。其典礼是如此隆重，其影响又是如此深远，以至远在西方的法王路易十五听说后，也在1756年（乾隆二十一年）仿照中国皇帝举行了一次耕田典礼。

● 崇君：紫禁城

在君主专制的封建时代，都城建设的主旨就是要无所不及的表现君权至上和帝王的唯我独尊，而这恰好就是元明清北京城的主题。它的表现是多角度、多层面的，一则反映在古都北京的外城拱卫内城、内城拱卫皇城、皇城拱卫宫城的帝居核心上；二则反映在元大都城从一开始就确定的"左祖右社，面朝后市"的整体布局上；三则反映在宫廷及皇室主要建筑皆纵贯于南北中轴线的正统定位上；四则反映在城内外皇家坛庙的星罗棋布上；五则反映在城中心及四郊胜景无限的皇家御苑上；六则反映在气势恢弘的帝陵上。而除了上述各项外，更加突出也更为核心的反映，尤当属全城居中而建的金碧辉煌的皇宫了。正如《史记·高祖本纪》所言："天子四海为家，（宫城）非壮丽无以重威。"也如唐代诗人骆宾王诗句所咏："未睹皇居壮，安知天子尊。"帝都的宫城，代表着帝王的神威，是古代重君崇君观念的最

---

① 凌琳：《先农神坛与祭先农》，刊《燕都说故》，北京燕山出版社，1996年，第129页。

突出体现。

辽南京城和金中都城的皇宫已蔚为大观，元大都城的皇宫更是享誉中外。但为了消除前朝的"王气"，明太祖朱元璋在占领燕京后下令将此前的宫城全部拆毁，因此有幸保留到今天的，唯有始建于明成祖永乐年间的皇宫。从明成祖朱棣起，到清末帝溥仪止，先后有 24 个皇帝在这里临朝主政，辗转至今已有近 600 年历史。

按照古代星相学说，位于中天的紫薇星垣（即北极星）是代表天帝的星座，乃天帝所居，其宫廷称"紫微宫"或"紫宫"[①]。皇帝是天帝之子，天人相应，皇帝所居之宫亦当为紫宫，加之这里是百姓不可接近的禁城，于是明清宫城又称紫禁城。

这是一座城中城，坐落在皇城之中，位居北京南北中轴线的中心。它北倚景山（万岁山），西临太液池，南对正阳门，东西宽 753 米，南北长 961 米，占地总面积 72.36 公顷。其内分布着殿、宫、房、楼、廊、亭、阁等近 9000 间，建筑总面积约达 15 万多平方米。其所有建筑全是木结构，黄琉璃瓦顶、青白石底座，饰有金碧辉煌的彩画。经过明清两朝的营建，紫禁城巍峨壮美，富丽堂皇，气势恢宏，是当今世界上历史最悠久、规模最宏大、保存最完整的皇家宫殿之一，和英国白金汉宫、法国凡尔赛宫、美国白宫、俄罗斯克里姆林宫并列为"世界五大宫"。事实上它还不仅是"世界五大宫"之一，而且堪称五大宫之首。例如单就建造的年代来说，北京故宫建成于 1420 年，法国凡尔赛宫建成于 1689 年，英国白金汉宫建成于 1705 年，美国白宫建成于 1800 年，俄罗斯克里姆林宫的三大主体教堂分别建成于 1479 年（天主教圣母大教堂）、1489 年（天使报喜大教堂）和 1509 年（大天使教堂），沙皇所居的大克里姆林宫更是晚到 1849 年才建成的，因此独占鳌头的显然是北京故宫。

---

① 《广雅·释天》："天宫谓之紫宫。"

紫禁城的外围有一条宽52米，深6米、长3800米的护城河，城四周有一道8米高的宫墙,周长3428米。宫墙四隅耸立着4座风格不同的角楼,各有3层屋檐、72个屋脊、玲珑剔透,造型别致。宫墙四面各设一门,南为午门、北为神武门（明称玄武门）、东为东华门、西为西华门。南面的午门为正门,是四门中最高大宏丽者,由正楼、二朵殿、四角亭、两雁翅楼及三门洞、两掖门组成。午门外还建有端门和天安门,中间隔以朝房和狭长广场。这个狭长广场是朝廷举行出征、凯旋、献俘、颁历等仪式的地方,也是皇帝当众"廷杖"大臣的地方。

紫禁城的全部建筑按中轴线对称布局,层次分明,主体突出,错落有致。依照"前堂后室"、"前朝后寝"的宫室制度,以乾清门广场为界,紫禁城又划分为外朝与内廷两大部分。外朝位于紫禁城南半部,分东、中、西三路,主体建筑是建在中路的三大殿。这三大殿都建在汉白玉砌成的8米高的台基上,远望如神话中的琼宫仙阙。明初三大殿分别称奉天殿、华盖殿、谨身殿,嘉靖时三大殿一度被雷电所毁,复建后改称皇极殿、中极殿、建极殿,清朝又改称太和殿、中和殿、保和殿。

清太和殿即明的奉天殿,是三大殿中的主殿,俗称金銮宝殿。它是紫禁城中最富丽堂皇的建筑,也是中国古代最壮美的木构建筑,东西长63米,南北宽35米,高35.05米。在六根蟠龙金柱的拱卫下,太和殿正中设有金龙宝座,是至高无上的皇权的象征。宝座设在高2米的台上,前有造型美观的仙鹤、炉、鼎,后有精雕细刻的围屏。在明清两朝的五百年中,举凡皇帝登基、大婚、册封、朝会、命将出征等,一切重大政务活动皆在此殿举行。太和殿后面的中和殿是皇帝出席重大典礼前休息和接受朝拜的地方。最北面的保和殿则是每年除夕和元宵节皇帝赐宴王公贵族和文武大臣的地方,乾隆年间还把三年一次的殿试由太和殿移到了这里。

三大殿的两翼按"文东武西"排列着文华殿、武英殿,相当三大殿的左辅右弼。文华殿在东,是文臣为帝王讲解儒家治国安邦之道的地方,也就是举行经筵活动的地方。每逢重大灾难降临，这里也是帝王反躬自省的幽闭之所。武英殿在西，初为皇帝与将帅商讨军国大事的地方，清顺治年间曾是"皇父摄政王"多尔衮的专用宫殿。康熙帝时一改武英殿的性质，将其作为皇家修书处，专事编撰与刊印钦定、御制的图书及经、史典籍，世所珍稀的"武英殿刻本"就是从这里问世的。

在三大殿之后，穿过乾清门向北，就进入到紫禁城北半部的内廷。内廷是皇帝及其他皇室成员的寝宫，也分东中西三路，以位在中路的乾清宫、交泰殿、坤宁宫为主体，称为"内廷三大宫"。这三大宫排列在紫禁城的中轴线上，是皇帝与皇后的主寝宫，象征皇天后土居中。古以"乾"为天、"坤"为地，皇帝为天、皇后为地，故乾清宫是皇帝的正寝，坤宁宫是皇后的正寝。乾清宫既是明清两代皇帝的寝宫，也是他们平时处理政事的地方，其中设有宝座，上悬"正大光明"匾额。交泰殿位处乾清宫和坤宁宫中间，是皇帝、皇后共同的寝宫，殿名取自《周易》"天地交泰"之文，寓意天地交融便可国泰民安。

坤宁宫东西两侧是众嫔妃的住所，每侧各六宫，分别称东六宫、西六宫。西六宫南面的养心殿是清朝皇帝事实上的居所，清帝日常起居、进膳、读书、批阅奏章、召对引见等大多在此。养心殿内有一个开间不大的小侧室，是乾隆帝专门用来收藏王羲之的《快雪时晴帖》、王献之的《中秋帖》及王珣的《伯远帖》的，故名"三希堂"。内廷也有不少政务活动场所，大名鼎鼎的军机处就设在内廷西路的养心殿附近，侍臣值班的南书房和皇子读书的上书房也在乾清宫旁边。

紫禁城的其他宫殿尚多，如太上皇居住的宁寿宫区；太皇太后、皇太后居住的慈宁宫、寿康宫、寿安宫区；皇太子居住的毓庆宫区；皇幼子居住的乾东五所、乾西五所等。著名的殿宇则有奉先殿、皇极殿、养性殿、重华宫、雨花阁等，举不胜举。内廷中轴线的最北端有一处御花园，里面有苍松翠柏和玲珑假山，营造出一种别样的幽美恬静。

整座紫禁城布局疏朗，规模宏大，庄严凝重。置身这个完全与世隔绝的独立天地，无论是仰观那一座座巍峨高大的殿宇，还是环视那一道道深不可测的宫门，抑或攀缘那一层层绵延不绝的玉阶，无不令人悚然心动。遥想当年，一旦跨入午门，就如同掉进一个巨大幽闭的空间，渺小恐惧的感觉会扑面而来，直至把人压得喘不过气来。当臣子们蹋行于宏大空旷的宫城，俯首于虎视眈眈的御林将士，匍匐于轩朗幽深的大殿，皇权的高大和个人的渺小不知会产生多大的反差，不啻有天壤之别！它的建筑极尽人间之奢靡，它的物品汇聚了天下之奇珍，处处令人叹为观止。明清两朝的这座皇宫，作为中国古代重君崇君观念的最高体现，实在是景态万状地展示了封建帝王至隆至尊的无上威仪。

● 祭君：历代帝王庙

如果说，当朝帝王的威严是建立在强权政治的高压基础上的话，那么，对古昔圣王的尊崇与奉祀，当更能反映东方民族君主崇拜的古老传统，也更能反映黄炎子孙爱国爱民族的优秀品质。前文已述，对先圣王和民族共祖的感恩报德是黄炎子孙的一大心理特质，因此对古昔圣王的崇祀可谓古代社会的一大"民心工程"，深得亿兆民心。而对封建帝王来说，这当然也是一件不可稍有懈怠的大事，因为按照中华民族的传统，唯有奉祀先圣王为祖，他们才可能成为这个国家的正统继嗣者，其统治才具有法统地位。加之他们自己也无不深怀百年后被人奉祀的奢望，故而对先皇先君的崇祀更是倍加重视。

对先古帝王追功报德的崇祀由来已久，前面谈到的对三皇、五帝的奉祀便是明显一例，而这早在上古时期已形成传统。开始时这些祭祀在时间、地点、方式上并无定规，常见的有如下几种形式：

一是如《国语·鲁语上》所言："有虞氏禘黄帝而祖颛顼，郊尧而宗舜；夏后氏禘黄帝而祖颛顼，郊鲧而宗禹；商人禘舜而祖契，郊冥而宗汤；周人禘喾而郊稷，祖文王而宗武王。"以上对先古帝王的崇祀，分别散见于各部族的宗庙之祭。

二是如《周礼·春官·小宗伯》所言："兆五帝于四郊。"郑玄注："五帝，苍曰灵威仰，太昊食焉；赤曰赤熛怒，炎帝食焉；黄曰含枢纽，黄帝食焉；白曰白招拒，少昊食焉；黑曰汁光纪，颛顼食焉。黄帝亦于南郊。"以上是在祭天帝时以太昊、炎帝、黄帝、少昊、颛顼等先皇先君配祭。

三是如《史记·秦始皇本纪》所载，始皇三十七年出游，"行至云梦，望祀虞舜于九疑山"，后又浮江东下"上会稽，祭大禹"，即帝王在巡幸途中对遇到的古昔圣王茔冢或庙宇进行祭祀。此类祭祀虽属偶发，但其例甚多，如《魏书·太祖本纪》载，北魏天兴三年（400年）五月道武皇帝东巡，"遂幸涿鹿，遣使者以太牢祠帝尧、帝舜庙"；又如《魏书·太宗本纪》载，北魏神瑞三年（415年）六月明元帝东巡，"幸涿鹿，登桥山，观温泉，使使者以太牢祠黄帝庙。至广宁，登历山，祭舜庙"，凡此都是帝王巡幸途中对先古帝王的庙祭或陵祭。

西汉时期，出现了一种全新的祭祀方式——将历代帝王集于一处的庙祭。《史记·封禅书》载：汉文帝时"作渭阳五帝庙，同宇，帝一殿，面各五门，各如其帝色。祠所用及仪亦如雍五畤。"这"同宇"的五帝庙，无疑是把五帝集中到了一个庙宇之下。对此古人剖解甚详，如《史记集解》引韦昭曰："宇谓上同下异，礼所谓'複庙重屋'也。"又引臣瓒曰："一营宇之中立五庙。"《史记正义》也引《括地志》云："渭阳五帝庙在雍州咸阳县东三十里。宫殿疏云'五帝庙一宇五殿也'。"以上解释说得明明白白，这是集于一处的五帝庙，把五帝的祭祀集中到了一起。但察这五帝庙的兴建是因"天瑞下，宜立祠上帝，以合符应"之故，供奉的主要是五天帝，五人帝只是配享其中而已，并非主祀的对象。

汉以后，最早对古昔帝王的祭祀做出了制度化建设的是北魏，最后的定型则在隋唐。

北魏太和十六年（492 年）孝文帝诏曰："法施于民，祀有明典，立功垂惠，祭有恒式。……凡在祀令，其数有五。帝尧树则天之功，兴巍巍之治，可祀于平阳。虞舜播太平之风，致无为之化，可祀于广宁。夏禹御洪水之灾，建天下之利，可祀于安邑。周文公制礼作乐，垂范万叶，可祀于洛阳。其宣尼之庙，已于中省，当别敕有司。飨荐之礼，自文公已上，可令当界牧守，各随所近，摄行祀事，皆用清酌尹祭也。"①此规定正式将先古帝王的祭祀纳入了国家祀典，使他们从此既不再仅仅是配享天神，也不再只是帝王巡幸途中临时起意的祭祀对象。这个制度虽然把先古帝王堂而皇之地变成了国家祀典的主体，但在各方面还带有初创时的原始性，主要表现在：

1，当时被纳入国家常规祀典的"其数有五"，一是帝尧，二是虞舜，三是夏禹，四是"制礼作乐"的周公，五是被汉平帝追封为"褒成宣尼公"的孔子。其中既包括了先古帝王尧、舜、禹，又包括了先公周公和先师孔子，成员的身份并不一致。

2，祭祀的地点仍然分散在他们的功业大成之地，即各在"历代帝王肇迹之处"②。

3，虽然成了"祭有恒式"的国家祀典，但奉命主祭的却是"各随所近"的地方州郡主官。

4，祭祀的形式很简单，仅是"清酌尹祭"而已。《礼记·曲礼下》："凡祭宗庙之礼，……酒用清酌。"疏文云："酌，斟酌也。言此酒甚清澈，可斟酌。"又《礼记·曲礼下》："凡祭宗庙之礼，……脯曰尹祭。"疏文云："尹，正也。裁截方正而用之祭。"综此可知，所谓"清酌尹祭"，只不过是用清酒和肉块聊表奉祀而已。

北魏是鲜卑拓跋氏创建的王朝，然而孝文帝元宏却是汉文明的大力推

---

① 《魏书·礼制一》。

② 《旧唐书·礼仪四》。

行者,说已详上章。将帝尧、虞舜、夏禹、周文王和孔子定为国家常祀的对象,无疑是孝文帝弘扬汉文明的一大贡献, 但从上述情况又不难看出, 这套制度显然还不够完善。

及至隋代, 隋文帝杨坚大大改进了先古帝王的祭祀制度, 由此建立起第一套规范化的古昔帝王祭祀礼仪。

《隋书·礼仪志二》云:"并以其日, 使祀先代王公:帝尧于平阳, 以契配; 帝舜于河东, 咎繇配; 夏禹于安邑, 伯益配; 殷汤于汾阴, 伊尹配; 文王、武王于沣、渭之郊, 周公、召公配; 汉高帝于长陵, 萧何配。各以一太牢而无乐, 配者飨于庙庭。"以上即隋文帝创建的古昔帝王祭礼, 其特点是:

1, 把对唐尧、虞舜、夏禹、商汤、周文王、周武王以及汉高祖的祭祀正式纳入了国家祀典。这些人是清一色的古昔帝王, 从朝代来说则包括了除秦以外的汉以前各主要王朝。

2, 创建了以功臣配祀的制度, 即以契配尧、以咎繇配舜、以伯益配禹、以伊尹配汤、以周公和召公配文王和武王、以萧何配汉高帝。

3, 规定了祭祀地点,分别祭帝尧于平阳,祭帝舜于河东,祭夏禹于安邑,祭商汤于汾阴, 祭周文王、武王于沣、渭之郊, 祭汉高帝于长陵。

4, 对纳入常祀的历代先皇先君皆以规格最高的"太牢"祭之。

上述制度确定了历代帝王祭祀的对象、地点、规格及配享的功臣, 是个全面的创新。但它一仍旧贯的是, 尚未脱离分别祭奠各帝王于其肇兴之地或仙逝之地的传统模式。下至唐代中期天宝年间, 这种情况终于发生了变化, 实现了对先古帝王从分散祭祀到集中祭祀、从个体祭祀到群体祭祀的转变。其最显明的标志, 就是在都城之地建起了合祭历代帝王的先古帝王庙。

《唐会要》卷二十二载, 唐玄宗天宝六年（747 年）敕曰:"三皇五帝, 创物垂范, 永言龟镜, 宜有钦崇。三皇:伏羲, 以勾芒配;神农, 以祝融配; 轩辕（黄帝）, 以风后、力牧配。五帝:少昊, 以蓐收配; 颛顼, 以元（玄）

冥配；高辛，以稷、契配；唐尧，以羲仲、和叔配；虞舜，以夔、龙配。其择日及置庙地，量事营立。其乐器请用宫悬，祭请用少牢（羊、豕），仍以春秋二时致享。共置令、丞，令太常寺检校。"次年五月又诏曰："上古之君，存诸氏号，虽事先书契，而道著皇王，缅怀厥功，宁忘咸秩。其三皇以前帝王，宜于京城内共置一庙，仍与三皇五帝庙相近，以时致祭天皇氏、人皇氏、有巢氏、燧人氏。"于此之外，还曾于"天宝三载（744年），初置周文王庙署。"[①]此后又于天宝九载（750年）敕"置周武王、汉高祖庙署"[②]。

综合上述记载，可知唐玄宗建立的先古帝王祭祀制度是：

1，所谓"择日及置庙地，量事营立"，"于京城内共置一庙"，"与三皇五帝庙相近"，"置周武王、汉高祖庙"等等，无不表明唐京城建起了集于一地的先古帝王庙。按文献所载，当时应该是三皇和五帝每人各有一庙，但集中在一起，而三皇以前的先君则如文中所强调，是共置于一庙，且紧傍三皇五帝庙宇。

2，唐承隋制，也实行了以功臣配祀帝王的制度。

3，其主祀者和隋代一样也截止到汉高祖，但范围却大大前溯，一直延伸到传说中华夏民族的最早祖先，计有天皇氏、人皇氏、有巢氏、燧人氏、伏羲、神农、轩辕、少昊、颛顼、高辛、唐尧、虞舜、周文王、周武王、汉高祖。

尽管唐廷在京城建起了历代帝王庙，但对各地的陵祭、庙祭仍相沿不替。及至宋朝，恢复了以往在各地分散祭祀历代帝王的做法，唯宋真宗因为天尊托梦告之黄帝乃"赵之始祖"[③]，特在京都开封府建庙祭黄帝。到了元朝，"（元成宗）元贞元年（1295年）初命郡县通祀三皇，如宣圣释奠礼。太皥伏羲氏以勾芒氏之神配，炎帝神农氏以祝融氏之神配，轩辕黄帝

---

① 《新唐书·百官志三》。

② 同上注。

③ 《宋史·志第五十七·太清宫》。

氏以风后氏、力牧氏之神配。"①元在大都城内建造了一座三皇庙，专奉伏羲、炎帝、黄帝，并在全国各地遍建三皇庙。元朝对其他古昔帝王的祭祀仍以陵祭、庙祭为主，主要是每年春秋仲月命侍臣到各地的尧帝庙、舜帝庙、禹帝庙祭祀，祭祀时"持香致敬，有祝文"。元代还另外增建了一批古帝王庙，如元世祖至元十二年（1275年）"立伏羲、女娲、舜、汤等庙于河中解州、洪桐、赵城，十五年（1278年）四月，修会川县盘古王祠，祀之"②。

元朝还在大都城内修建了一座武成王庙，位在"枢密院公堂之西"③，主祀姜太公，从祀者有孙武子、张良、管仲、乐毅、诸葛亮等十人。枢密院是元朝执掌军机要务的官署，在东华门外偏南，地近皇宫。武成王庙既然建造于枢密院公堂之西，自然位在大都城的中心区。

姜太公即周文王之师吕尚，亦称齐太公，善用兵，有《太公兵法》传世④。此人在历史上影响很大，事如《史记·齐太公世家》所言："后世之言兵及周之阴权皆宗太公为本谋。"唐中宗年间，为褒扬姜太公的足智多谋和忠君事国，于神龙二年（706年）敕令"两京置齐太公庙署"⑤，唐玄宗也于开元十九年（731年）诏建齐太公庙。唐肃宗上元元年（760年），更"追封周太公望为武成王，依文宣王例置庙"⑥，姜太公由此追谥为武成王，与文宣王孔子并列为两圣人。由上述唐京城建太公庙的事例可知，元大都城内武成王庙的设立，实则是沿袭唐朝而来。但无论是沿袭谁而来，这终归使元大都内有了一处通祀姜太公、孙武、张良、管仲、乐毅、诸葛亮等汉族圣贤的庙宇，意义非同一般。这些受祀者虽然个个以兵法见长，但多为世所称誉的文武通才，在汉族百姓中享有极高的声誉。

---

① 《元史·祭祀志五》。

② 同上注。

③ 同上注。

④ 《史记·留侯世家》。

⑤ 《新唐书·百官志三》。

⑥ 《旧唐书·肃宗本纪》。

明朝创建之初，朱元璋大力革除淫祀，"凡天皇、太乙、六天、五帝之类，皆为革除，而诸神封号，悉改从本称，一洗矫诬陋习"①。但与此同时，明廷对历代帝王和名臣的崇祀却极为重视，数量不减反增。史载洪武三年（1370 年），明太祖朱元璋"遣使访先代陵寝，仍命各行省具图以进，凡七十有九。礼官考其功德昭著者，曰伏羲，神农，黄帝，少昊，颛顼，唐尧，虞舜，夏禹，商汤、中宗、高宗，周文王、武王、成王、康王，汉高祖、文帝、景帝、武帝、宣帝、光武、明帝、章帝，后魏文帝，隋高祖，唐高祖、太宗、宪宗、宣宗，周世宗，宋太祖、太宗、真宗、仁宗、孝宗、理宗，凡三十有六"②。以上祭祀的历代帝王一下子增至 36 人，可谓前所未有的壮举。不仅如此，洪武帝还亲制祝文，遣官往祭，每陵拨给白银二十五两置备祭物，对陵寝被盗发或庙堂颓圮者则逐个加以修葺，更令当地官府严禁采伐陵木，且每年按时祭以太牢。

此外明朝的一大创举，就是继唐玄宗于国都长安创建先古帝王庙后，又一次在京城内正式建起了历代帝王庙。

《明史·吉礼四·历代帝王陵庙》云：明初洪武六年（1373 年）朱元璋"以五帝、三王及汉、唐、宋创业之君，俱宜于京师立庙致祭，遂建历代帝王庙于钦天山之阳。"这就是明代初年建于京城的历代帝王庙，位于南京钦天山之阳。这座历代帝王庙仿自皇家太庙，为同堂异室之制，有正殿五室，中一室祀三皇，东一室祀五帝，西一室祀夏禹、商汤、周文王，又东一室祀周武王、汉光武、唐太宗，又西一室祀汉高祖、唐太祖、宋太祖、元世祖。继而朱元璋"以周文王终守臣服，唐高祖由太宗得天下，遂寝其祀，增祀隋高祖。（洪武）七年，令帝王庙皆塑衮冕坐像，惟伏羲、神农未有衣裳之制，不必加冕服。八月，帝躬祀于新庙，已而罢隋高祖之祀"，又对所祀神主反复做了调整。

---

① 《明史·吉礼一》。
② 《明史·吉礼四·历代帝王陵庙》。

　　洪武二十一年（1388年），朱元璋"诏以历代名臣从祀"，礼官李原名奉旨进呈了36人名单。朱元璋认为名单中的宋朝开国名臣赵普有负宋太祖，特予删除，同时增加了"善始终"的汉臣陈平、冯异及宋臣潘美，还对元朝的木华黎等四杰进行了调整。经过一番增删修订，"于是定风后、力牧、皋陶、夔、龙、伯夷、伯益、伊尹、傅说、周公旦、召公奭、太公望、召虎、方叔、张良、萧何、曹参、陈平、周勃、邓禹、冯异、诸葛亮、房玄龄、杜如晦、李靖、郭子仪、李晟、曹彬、潘美、韩世忠、岳飞、张浚、木华黎、博尔忽、博尔术、赤老温、伯颜，凡三十七人，从祀于东西庑，为坛四。初，太公望有武成王庙，尝遣官致祭如释奠仪。至是，罢庙祭，去王号"①。

　　以上所述，即明代初年建于南京的历代帝王庙，也是历史上最终定型的历代帝王庙。它的特点是：

　　一则进一步确立了合祭先古帝王于一庙的规制，其结构则"仿太庙同堂异室之制"；

　　二则涵盖了从伏羲以迄元朝的历代开国之君，贯通了由早到晚的中华史；

　　三则承袭了"以历代名臣从祀"的制度，使贤臣良将在帝王庙中拥有了一席之地；

　　四则明确了"创业之君"、"善始终之臣"的甄选标准；

　　五则恢复了姜太公的贤臣地位，免去了其武成王的王号及庙宇；

　　六则规定了每岁春秋仲月上旬甲日举行国家祀典。

　　凡此种种，皆为后来的历代帝王庙奠定了模式。

　　此后的京师帝王庙，即明王朝迁都北京后的帝王庙。明成祖朱棣迁都北京后，开始时并没有在北京建造帝王庙，仅在南郊郊祀时一并从祀历代帝王，同时保留了南京的帝王庙，每逢祭日即遣官致祭。明世宗时厘正祀

---

　　① 《明史·吉礼四·历代帝王陵庙》。

典，于嘉靖九年（1530 年）废除了郊祀时附祭历代帝王的做法，"令建历代帝王庙于都城西，岁以仲春秋致祭"。初时拟就灵济宫（在今西城区灵境胡同）改建，后因地方狭小而建在了阜成门内路北的保安寺故址上。"（嘉靖）十一年（1532 年）夏，庙成"，正殿取名景德崇圣殿，寓意"景仰德政，崇尚圣贤"之义。建成后的北京历代帝王庙坐北朝南，占地 18000 平方米，"殿五室，东西两庑，殿后祭器库，前为景德门。门外神库、神厨、宰牲亭、钟楼。街东西二坊，曰景德街"。

北京的历代帝王庙建成后，在"罢历代帝王南郊从祀"的同时，还"并罢南京庙祭"，这里成为皇家合祭炎黄祖先及历代帝王的唯一场所。同时，这座新建的庙宇还跻身太庙、孔庙之列，成为明朝京师的三大皇家庙宇之一。降至清朝，这里仍然是国家合祭三皇五帝和历代帝王的唯一场所，也仍然是皇家三大庙宇之一。

清雍正七年（1729 年），清廷对历代帝王庙做了整体翻修，历四年而竣工。乾隆二十七年（1762 年）又对建筑进行了全面升级改造，其规模更胜从前。改建后的历代帝王庙为黄琉璃瓦覆顶的重檐庑殿式，正殿仍称"景德崇圣殿"，通高 21 米，面阔九间，进深五间，以此象征帝王的"九五之尊"。殿内金砖墁地，立柱皆为金丝楠木，一切都达到了皇家建筑的最高等级，三皇五帝和历代帝王的神位便供奉其中。景德崇圣殿东西两侧有宽七间的配殿，皆为黑琉璃瓦重檐歇山顶建筑，规格较正殿为低。这是奉祀历代功臣名将神位的地方，东配殿专祀文臣，西配殿专祀武将。每逢春秋两季，这里都要举行盛大的国家祭典，顺治、雍正、乾隆、嘉庆帝等都曾亲自到此祭拜。

如何评判前朝，是中国历代君主面对的大问题，也是设置历代帝王庙神主灵位时面对的大问题。就以明太祖朱元璋为例，他在北伐檄文中打出了"驱除胡虏，恢复中华"的旗号，俨然以华夏正统自居，可是在登极大宝后，经过反复斟酌，仍在修建南京帝王庙时为元世祖保留了一席之地。

与此同时，明太祖反而撤除了周文王和唐高祖的灵位，理由一是周文王的实际身份是商朝的诸侯，不当跻身帝王之列；二是唐高祖是因唐太宗的鼎力相助而取得天下的，即朱元璋认为唐的天下得之于唐太宗而非唐高祖，于是唐高祖李渊也被请出了历代帝王庙。此后朱元璋一度增祀隋高祖，旋即又作罢。这样改来改去，最后确定下来入祀历代帝王庙的共有十六位帝王及三十六位名臣，皆为开国君主和创业功勋。

嘉靖建造的北京历代帝王庙起初奉祀的帝王和名臣与南京帝王庙相同，不同的只是殿庑内仅设帝王和名臣的神主牌位，没有塑像。嘉靖二十四年（1545 年）明世宗采纳礼科给事中陈棐的建议，"罢元世祖陵庙之祀，及从祀木华黎等，复迁唐太宗与宋太祖同室"，撤除了元世祖忽必烈和木华黎等 5 位元代君臣的牌位。至此，明代帝王庙中享祀的只剩下了十五位帝王和三十二位名臣。

及至清朝，顺治、康熙、乾隆诸帝对帝王庙更是重视有加，屡屡调整其中奉祀的历代帝王和贤臣，事见《清史稿·礼制三》：

顺治初年议定，"明祀历代帝王，元世祖入庙，辽、金诸帝不与焉。至是用礼臣言，以辽、金分统宋时天下，其太祖应庙祀。元启疆宇，功始太祖，礼合追崇。从祀诸臣，若辽耶律赫噜，金尼玛哈、斡里雅布，元穆呼哩、巴延，明徐达、刘基并入之"。故"殿祀伏羲，神农，黄帝，少昊，颛顼，帝喾，唐尧，虞舜，夏禹，商汤，周武王，汉高祖、光武，唐太宗，宋、辽、金太祖、世宗，元太祖、世祖，明太祖，凡廿一帝，祀以太牢。分献官四人祭两庑，庑祀风后、力牧、皋陶、夔、龙、伯益、伯夷、伊尹、傅说、周公旦、召公奭、太公望、召虎、方叔、张良、萧何、曹参、陈平、周勃、邓禹、冯异、诸葛亮、房玄龄、杜如晦、李靖、郭子仪、李晟、张巡、许远、耶律赫噜、曹彬、潘美、张浚、韩世忠、岳飞、尼玛哈、斡里雅布、穆呼哩、巴延、徐达、刘基，凡功臣四十一，祀以少牢"。

康熙十七年（1678 年），"礼臣议言庙祀帝王，止及开创，应增守成令辟，并罢宋臣潘美、张浚祀，从之。于是增祀商中宗、高宗，周成王、康王，汉文帝，宋仁宗，明孝宗。而辽、金、元太祖皆罢祀。圣祖嗣服，以开创功复之"。康熙六十一年（1722 年）又谕令"帝王崇祀，代止一二君，或庙飨其臣子而不及其君父，是偏也。凡为天下主，除亡国暨无道被弑，悉当庙祀"，于是廷议增祀历代帝王一百四十三位，总计达一百六十七帝；增加陪祀贤臣四十位，合计七十九人。

乾隆元年（1736 年），"谥明建文帝曰恭闵惠皇帝，庙祀之，位次太祖"。乾隆十四年（1749 年），"以唐、虞五臣唯契未祀，乃建殿成汤庙后"。乾隆四十九年（1784 年）谕曰："朕因览《四库全书》内《大清通礼》一书所列庙祀历代帝王位号，乃依旧《会典》所定，有所弗惬于心。敬忆皇祖《实录》，有敕议增祀之谕。令查取礼部原议红本，则系康熙六十一年十一月内具题。尔时诸臣不能仰体圣怀，详细讨论，未免历陋就简。我皇祖谕旨，以凡帝王曾在位者，除无道、被弑亡国之主，此外尽应入庙，即一二年者亦应崇祀。煌煌圣训，至大至公。上自羲轩，下至胜国，其间圣作明述之君，守文继体之主，无不馨香妥侑。不特书生臆论无能仰喻高深，即历代以来升禋议礼，未有正大光明若此者也。乃会议疏内声明偏安亡弑不入祀典，而仍入辽、金二朝，不入东西晋、元魏、前后五代，未免意有偏向。视若仰承圣意，而实显与圣谕相背。朕意若谓南北朝偏安不入祀典，则辽、金得国亦未奄有中原，何以一登一黜？适足启后人之訾议。即因东西晋、前后五代有因篡得国，摈而不列，如（曹）操，丕不得为正统之例。殊不知三国时正统在昭烈，故虽以陈寿《三国志》之尊魏抑蜀，而卒不能夺万世之公评。至司马氏篡窃以还，南朝神器数易，如宋武帝崛起丹徒，手移晋祚，自不能掩其篡夺之罪。其他虽祖宗得国不正，而子孙能继绪承体，即为守文中主，亦不可概从阙略。况自汉昭烈以至唐高祖统一区夏，时之相去三百余年，其间英毅之辞，节俭之主，史不绝书，又安可置不论？至于后五代，如朱温以及郭威，或起自寇窃，或身为叛臣，五十余年，更易数姓，中华统绪，不绝如线。然周世宗承藉郭氏余业，凭有疆域，尚不失为令主。此而概不列入，则东西晋、前后五代数百年间创业之主，祀典缺如，何以协千秋仅论？他若元魏雄踞河北，地广势强，太武、道武，勤思政理，讲学兴农，亦可为偏安英主。并当量入祀典，以示表章。"①于是增祀两晋、元魏、前后五代各帝王，并以唐宪宗平乱、金哀宗殉国亦予列祀。

综观上述帝王庙中奉祀成员的增删兴废，有颇多耐人寻味之处。

首先不难发现，上自唐朝下迄清，在历朝历代的开国君主中，帝王庙中一概不予奉祀的独有一个秦始皇。康熙年间追祀的历代帝王已增至167人，一朝之中有幸入选的甚至多达十几人，可是秦始皇仍然不在其祀。案秦始皇一非谋逆篡位之君，二非被废被弑之君，三非亡国丧土之君，四非短命夭亡之君，五非坐享其成之君，反倒是中国历史上第一位大一统王朝的皇帝，是两千多年中央集权制度的缔造者和中华帝制的开创者，何以各王朝竟一概不予奉祀？史称"自秦始皇得蓝田玉以为玺，汉以后传用之，自是巧争力取，谓得此乃足以受命"②。即从汉代以来，秦始皇的玉玺成了华夏王朝的传国玺印，成了帝权和国统的象征，历代政治家、野心家莫不为之"巧争力取"，得之者便以"天命所归"自居。事既如此，后人又怎么会独重其物而独轻其人呢？这里唯一可以做出的解释是，秦始皇的专制独裁、严刑峻法、徭役如山、焚书坑儒使"天下苦秦久矣"③，故而深为世人所不齿。

史上专制帝王的暴政在在皆是，罄竹难书，但自古至今妇孺皆知，秦始皇的暴政可谓登峰造极，以至他的王朝在中国古代无可胜数的历朝历代中获得了一个独一无二的专名——暴秦。在荡平东方六国后，秦朝本该轻徭薄赋，给人民休养生息的机会，但秦始皇却反其道而行之，内则大兴土木，外则劳师远征，令广大人民苦不堪言。据正史记载，仅在公元前215年～前

① 《日下旧闻考》卷51《御制重修历代帝王庙碑文》。

② 《明史·舆服志四》。

③ 《史记·高祖本纪》。

213 年的短短三年中，秦始皇就发兵 30 万北击匈奴，征兵 50 万扼守五岭，征发 20～50 万人修筑长城，总数在百万以上。此外再加上修筑阿房宫、建造骊山墓役使的 70 万"刑徒"，以及多次巡游、修驰道征用的民力，总数多达三四百万。当时全国总人口才不过 2000 万，青壮劳力充其量不足四分之一，几乎全被秦始皇征发殆尽。《汉书·严安传》载，秦始皇时"丁男被甲，丁女转输，苦不聊生，自经于道树，死者相望"，此即当时举国上下深为秦暴政所苦的真情实录。

在《红楼梦》第二回中，曹雪芹假借贾雨村之口说："天地生人，除大仁大恶，余者皆无大异。若大仁者，则应运而生，大恶者，则应劫而生。运生世治，劫生世危。尧，舜，禹，汤，文，武，周，召，孔，孟……，皆应运而生者。蚩尤，共工，桀，纣，始皇……，皆应劫而生者。大仁者，修治天下；大恶者，扰乱天下。清明灵秀，天地之正气，仁者之所秉也；残忍乖僻，天地之邪气，恶者之所秉也。"《红楼梦》上距秦始皇已近两千年，但仍念念不忘他是和夏桀、商纣并列的史上臭名昭著的"大恶者"，足见秦始皇的暴虐已永远镌刻在中华民族的灵魂中，成为口口相传的"心碑"。

民心所向，遂使历朝统治者不得不把秦始皇永远开除了"帝籍"。唐玄宗天宝年间建造的历代帝王庙是集中在京都的最早帝王庙，在廷议入选的前代帝王时，礼部尚书奏曰："汉高祖祭法无文，但以前代迄今，多行秦、汉故事。始皇无道，所以弃之。汉祖典章，法垂于后。"[①]这里说得明明白白，历朝历代虽然多承秦汉制度，但"始皇无道"，故唯能以"汉祖典章"昭彰于世。于是，汉高祖堂而皇之地成了帝王庙中奉祀的先圣王，而秦始皇则被弃之不顾。这并非唐朝的一孔之见，下迄明朝，明太祖朱元璋为了以史为鉴，要求臣下将历代无道昏君的虐行汇集起来，首先被选中的也是夏桀、商纣、秦始皇和隋炀帝。《明史·滕毅列传》云：朱元璋"命（滕毅）

---

① 《旧唐书·礼仪志四》。

与杨训文集古无道之君若桀、纣、秦始皇、隋炀帝行事以进。曰：'吾欲观丧乱之由，以为炯戒耳。'"以上夏桀、商纣王、隋炀帝皆为亡国之君，按说秦始皇并非此辈，但他之所以名列其中，无非是因为专制如朱元璋也不得不承认，他是和夏桀、商纣、隋炀一样的暴君。

不仅中原王朝作如是观，少数民族统治者也作如是观。《金史·张浩列传》记载，金朝初年，谄媚之徒揣摩女真统治者的心理，一再进言废除汉人的科举制度。金世宗完颜雍召群臣问曰："自古帝王有不用文学者乎？"尚书令张浩答："有。"问："谁欤？"答："秦始皇。"金世宗乃怒视左右曰："岂可使我为始皇乎！"由此"事遂寝"，并从此大开擢用文人之风。据此可见，即便在女真等"蛮夷"之族看来，秦始皇也是钉在耻辱柱上的无道君王，只配做历史的反面教员。

秦始皇之外，历代亡国之君概不在祀也是前后一致的。对于丢失祖宗江山的君主来说，这无疑是莫大的惩戒，而对当朝帝王来说，这也无疑是莫大的警示。唯一的特例是，清康熙帝曾为明的亡国之君朱由检开脱说："有明国事，坏自万历、泰昌、天启三朝，神宗、光宗、熹宗不应崇祀，咎不在愍帝也。"[1]因此特谕"愍帝不应与亡国之君同论"，从而将明末帝朱由检请进了帝王庙。

康熙帝为何一定要把明末帝请进历代帝王庙呢？此中当然另有缘故。首先于史可稽，明熹宗以降的明朝早已千疮百孔、病入膏肓，崇祯帝即位时"臣僚之党局已成，草野之物力已耗，国家之法令已坏，边疆之抢攘已甚"[2]，他纵有三头六臂也已无力回天，因此康熙将明的衰亡归咎于明神宗、光宗、熹宗的怠惰、奢靡、昏愦并非无故。但康熙为明末帝开脱的更深层原因是，在将明的溃灭归咎于明神宗、光宗、熹宗和李自成等"流贼"后，就无异于说明朝并非亡于清，而是亡于自身，亡于内乱。这样一来，明为

---

① 《清史稿·礼志三》。

② 《明史·流贼传》。

清所灭的事实便被淡化，清王朝承嗣明政权的合法性便得以彰显。但事情的另一面是，尽管明末帝被请进帝王庙的事件深深浸润着清皇廷的政治意图，但它也说明，即便封建帝王也不得不承认，相对于亡国之君而言，无道昏君更为人所不齿。

此外帝王庙中先皇神位的增删兴废，多出自当朝皇帝的一己之愿，反映了当时统治集团的历史观，难免带上这样或那样的政治偏见和民族偏见。明嘉靖皇帝罢元世祖及木华黎之祀，试图把元朝从历史上抹去，可谓愚蠢之极。其愚蠢之处在于，一则元朝尚且尊南北宋为正统王朝并代为修史，二则中国历史上少有将前朝以敌国视之而不惜割裂历史的，嘉靖帝这样做只能表明他的政治短见。

清皇室出自先秦肃慎族，也出自女真金人，他们对历史的态度反倒较为客观。顺治帝不仅崇祀由三皇五帝以迄宋、明的中华诸君，而且"以辽、金分统宋时天下，其太祖应庙祀。元启疆宇，功始太祖，礼合追崇"，将辽、金、元也一并纳入了中华正史。这固然可以说是少数民族政权的惺惺相惜，但更重要的是，它显示了不以长城为界的大中国观，而且完成了历代帝王庙从奉祀华夏帝王到奉祀中华各民族帝王的转变。

清朝诸帝中，康熙帝最善于拉拢一大片。他在临终前广施天恩，诏令"除亡国暨无道被弑"的君主外其他帝王皆可入祀，这就大大扩充了历代帝王庙崇祀的对象，也为自己身后留下了一席之地。在大大"扩编"的同时，康熙帝又把败坏了明朝纲纪的明神宗、光宗、熹宗清出了帝王庙，以示奖惩分明。乾隆帝则是个拾遗补阙的高手，他在朝代上"增祀两晋、元魏、前后五代各帝王"，使中华民族的历史更趋完整，也使历代帝王庙真正成为我国多民族统一国家的历史见证。此外，他在帝王名位上追封被明成祖废黜的明建文帝谥号，将历史上平乱的唐宪宗、殉国的金哀宗以及被推翻的明建文帝等一概请入了帝王庙。至于在贤臣牌位上，乾隆帝似已无可发挥，但又不甘心无所作为，故特意找了个虞舜之臣契来"建殿成汤庙后"。

中华民族是一个历史的民族，对历史的重视举世无双。她不仅拥有人类文明史上最悠久、持续的历史，也拥有人类宝库中最丰富的历史典藏，还拥有世界上最敢于秉笔直书的史官。她的子民从来不相信有公正的上帝，却相信有公正的历史，相信历史的审判，相信人死后既可以流芳百世也可以遗臭万年。由此便不难理解，何以历代统治者要对帝王庙的祭祀对象作如此煞有介事的甄选了。进而更不难理解，历代帝王庙在历史上究竟起着怎样不可替代的特殊功用了。质言之，兴建历代帝王庙的初衷或许只是为了寄托亿兆黎民对有道先君的景仰，或许也只是为了维护封建皇权的至高无上，但它实际上起到的作用却远远超出了人们的想象。其客观效果是，它一来维系了中华一统的大体，维系了民族历史的完整，成为一部矗立在民族灵魂中的活的中华史，二来它还在无意中确立了一个标准，在一定程度上维系了古代中国的"王道"和伦理道德。

前引《国语·鲁语上》说："夫圣王之制祀也，法施于民则祀之，以死勤事则祀之，以劳定国则祀之，能御大灾则祀之，能扞大患则祀之。"这就是由上古传承下来的为先王制祀的标准，亦即由上古传承下来的"王道"。按此标准，所祀之君必须"皆有功烈于民"，或法施于民，或以死勤事，或以劳定国，或能御大灾，或能扞大患。换言之，只有功勋卓著的"前哲令德"才佩纳入奉祀，以供"民所以瞻仰也"，并成为"所以为明质"的榜样。

《国语》此文和《礼记·祭法》还列举了许多有道圣君以为"王道"之楷模。如《礼记·祭法》云："是故历山氏之有天下也，其子曰农，能殖百谷；夏之衰也，周弃继之，故祀以为稷。共工氏之霸九州也，其子曰后土，能平九州，故祀以为社。帝喾能序星辰以著众，尧能赏均刑法以义终，舜勤众事而野死，鲧郭洪水而殛死，禹能修鲧之功，黄帝正名百物以明民共财，颛顼能修之，契为司徒而民成，冥勤其官而水死，汤以宽治民而除其虐，文王以文治，武王以武功，去民之菑。此皆有功烈于民者也。……非此族也，不在祀典。"以上所列，皆是有功烈于民的先圣王，非如此则"不在祀典"。

由此可见，中国古代虽然流行"君权神授"观，虽然认为一切都是冥冥之中由上天决定的，但仍然以道德的力量高于天命。也就是说，只有德行良好的天子才能得到上天的庇佑，反之则必遭天谴。当然，历史上的有道明君寥若晨星，若严格按此"王道"的标准甄选，可以入祀历代帝王庙的少之又少，当朝统治者也不可能真的按此标准办理。但无论如何，甄选时总不能天差地别、谬之千里，起码要有个基本的底线。之所以像秦始皇这样臭名昭著的暴君，以及形形色色法纪坠失的亡国之君，还有那许许多多道德败坏的奸雄，无论当朝统治者对他们如何心怀怜悯也只能斥之历代帝王庙外，其故盖源于此。

《孟子·滕文公下》云："孔子成《春秋》，而乱臣贼子惧。"一部《春秋》就足以使乱臣贼子惧，可见历史的力量多么伟大！这就是历史审判的力量，是人心的力量，是帝王们不能不有所顾忌的。从这个意义上说，历代帝王庙无异于一个道德审判所，见证着历史裁判的底线。这底线为中华民族的"忠君"、"崇君"传统界定了一个标准，一旦昏君无道、倒行逆施，视君如天的炎黄子孙同样会揭竿而起，发出"王侯将相宁有种乎"的冲天怒吼！

● 祭祖：太庙、奉先殿、御容殿

对祖先的崇祀由来已久，其场所在民间称祠堂，在帝王则为太庙。《礼记·中庸》云："宗庙之祭，所以祀乎其先也。"《释名·释宫室》云："宗，尊也；庙，貌也，先祖形貌所在也。"按上述解释，宗庙的初义本泛指各类人的祭祖场所，凡"先祖形貌所在"之处即可当之，此后则唯以帝王和诸侯的祖庙为宗庙，大夫以下只能称家庙。《易·震》云："出，可以守宗庙社稷。"孔颖达疏："君出则长子留守宗庙社稷。"《史记·魏公子列传》云："今秦攻魏，魏急而公子不恤，使秦破大梁而夷先王之宗庙。"以上所说的宗庙都特指君王和诸侯的祖庙。帝王的宗庙又称太庙或太室，《尚书·洛诰》

载周成王"入太室"祭周文王、武王，此"太室"即周天子的宗庙。

古人在追述早期太庙时说："《商书》曰：'七世之庙，可以观德'，则知天子七庙自古有之。"①可见商代已有太庙之制。考古工作者发现的太庙比文献记载的要早，甚至可以早到夏代。前述河南偃师二里头夏代都城遗址 2 号宫殿和一座同期大墓紧相毗邻，年代相同，显然是为祭奠这座大墓埋葬的先君而建的庙宇，其性质便与太庙无异。

皇家太庙的特点之一，即其必需建在都城之内。

《左传·庄公二十八年》云："凡邑，有宗庙先君之主曰都，无曰邑。"许慎《说文解字》亦云："都，有先君之旧宗庙曰都。"综合此类记载可知，帝王的太庙理应建在都城之内，而且不是因为有了都城故而有太庙，而是因为有了太庙这座城市才成了都城。否则的话，所谓"有宗庙先君之主曰都，无曰邑"，没有太庙的城邑再大也只能称邑。至于其在都城内的位置，按照"左祖右社"的古制，理应建在皇宫的左前方。

太庙的特点之二，即其开始时是分庙制，后来逐渐改为同堂异室制。

太庙内供奉的是当朝皇帝列祖列宗的神位，亦即先祖的灵牌和御容。早期太庙实行的是分庙制，一个庙内只陈放一个祖宗的神位。祭祀的祖宗亦有定数，据文献记载，夏代五庙、商代七庙、周亦七庙，即夏人祭祀五代父祖，商周各祀七代父祖。中国古代宗法制度的原则是"亲尽而迁"，即除了"太祖百世不迁"之外，其他先祖一旦世次相隔过久就要迁出太庙，移入专奉远祖的祧庙，这就是五庙或七庙的由来。也有不循此例的，如西汉时别创一格，"每帝辄立一庙"，有多少个皇帝就立多少座庙，且遍立于皇都及诸侯王国之都，是太庙数量最多的朝代。

从东汉明帝开始，皇家太庙从分庙制改为同堂异室制，即在同一座太庙内分设不同正室以共祀列祖列宗。这种形制后来成为定规，"由是同堂

---

① 《明史·礼志五》。

异室之制，至于元莫之改"。唐玄宗大崇礼法，祭享祖宗的典制超过了前代，特改商周以来传统的七庙制为九庙制，"立九室，祀八世"，此后亦为历代所沿袭。以上文献皆引自《明史·吉礼五·宗庙之制》，是明太祖"命中书省集儒臣议祀典"得出的结论，故而其言"至于元莫之改"。实际上，太庙的同堂异室和"立九世"的制度不仅延续到了元末，而且一直延续到了清朝末年。

太庙的特点之三，即其中不仅供奉着当朝皇室的先帝，还附祭的有先帝功臣。

把已故功臣的神主供奉在太庙正中大殿两侧的庑廊，称之为配享。配享的功臣一方面表明他仍在侍奉先帝，一方面可继续享受当朝皇帝的香火，是做臣子的最高荣誉。此制系仿照隋文帝以功臣配祀古昔帝王的制度而来，到唐玄宗时发展成以功臣配祀当朝先帝，具体做法就是按时代先后把功臣分别配祀在各先帝的庙室中。据《旧唐书·礼仪志六》的记载，唐玄宗当年决定，唐高祖之室配裴寂、刘文静，唐太宗之室配长孙无忌、李靖、杜如晦，唐高宗之室配褚遂良、高季辅、刘仁轨，唐中宗之室配狄仁杰、魏元忠、王同皎，入祀皇家太庙的当朝功臣共有11人。

太庙的特点之四，即供奉的肉食须是熟品而非生品。

《周礼·大宗伯》云："以四献祼享先王。"贾公彦疏："对天言祀，地言祭，宗庙言享。"据此可知，古人祭天言祀，祭地言祭，祭祖曰享。此类记载于史多见，如《周礼·大司乐》分别称"以祀天神"、"以祭地祇"、"以享先祖"，也说明了祭、祀与享的不同。其实这些祭祀并无大异，关键就是供奉的肉食有生与熟的不同。《说文》释"享"："享，献也，……象进熟物形。"可见凡奉献给宗庙的皆为熟食。《礼记·祭法》郑玄注："凡鬼者，荐而不祭。"其"荐"也是只进熟食。这里的"凡鬼者"，概指故去的先祖、帝王、先师，可见敬奉熟食的不限于太庙，而包括了所有"人鬼"的祭祀。这种生、熟之分的缘故很简单，无非是按古人的理解，自然神都是吃生食的，而宗庙之主是人神，他们应和生前一样吃熟食。

以上即源起于中原王朝的华夏太庙制度。这个制度不仅源远流长，而且影响极大，凡入主中原的少数民族莫不遵行。正是受此影响，从女真人创建的金朝起，今北京有了第一座皇家太庙。

《金史·礼志三》云："金初无宗庙。……皇统三年（1143年）初立太庙，八年太庙成，则上京之庙也。贞元初，海陵迁燕，乃增广旧庙，奉迁祖宗神主于新都，三年（1155年）十一月丁卯，奉安于太庙。"以上记载明确说金人开始时没有宗庙，是在接触了汉文明后才在上京创建了太庙的，迁都燕京后又创建了新的中都太庙。由此灼然可见，某些少数民族先前祭祀祖先的方法十分原始，可一旦接触到汉族的太庙制度后便会立刻照单全收，依制而行。

今北京的第一座皇家太庙并非如文献所说是晚到"贞元初，海陵迁燕"后才有的，而在此前的熙宗朝便已有之。据《金史·熙宗本纪》记载，天眷三年（1140年）九月金熙宗幸燕京，"己酉，亲飨太祖庙"。此即金人在燕京建的第一座太庙，是专门用来祭祀金太祖完颜阿骨打的，故称"太祖庙"。及至海陵王迁都，"乃增广旧庙"，把太祖庙大大扩建，改为奉祀列祖列宗的太庙。当时海陵王不仅奉迁祖宗神主于新太庙，还在一旁新建了一座太祖原庙，事见《金史·礼志六》："燕京兴建太庙，复立原庙。三代以前无原庙制，至汉惠帝始置庙于长安渭北，荐以时果，其后又置于丰、沛，不闻享荐之礼。"新太庙和太祖原庙都建于海陵王迁都燕京之前，地点在金中都皇城南部的东侧。自此而始，"两都告享宜止于燕京所建原庙行事"[1]，金廷祭祀太祖庙和太庙的典仪只在燕京举行。

蒙古人世居漠北，原本也没有宗庙。每逢祖宗祭享之礼，其族人便"割牲、奠马湩，以蒙古巫祝致辞"，仪式十分朴拙。中统四年（1263年）三月，

---

[1] 《金史·礼志六》。

元世祖忽必烈"诏建太庙于燕京",翌年"初定太庙七室之制"[①],创建了元的首座太庙。是时元大都新城尚未兴建,忽必烈之所以在故金中都城内先建了一座太庙,就是因为按照中华典籍《礼记·曲礼》的说法,都城营造应"宗庙为先,厩库为次,居室为后",即建宫室前需先建宗庙。当大都城全面投入建设后,忽必烈又按"左祖右社"之制于宫城东部齐化门内建造了一座新的太庙,故址在今朝阳门内。至元十七年(1280年)底,"大都重建太庙成,自旧庙奉迁神主于祐室,遂行大享之礼"[②],元的太庙遂由燕京故址迁入新城。又间隔了数年,至元二十一年(1284年)三月"太庙正殿成,奉安神主。九月,庙室挂铁纲钉錾笼门告成"[③],元大都的太庙工程始告结束,各神主得以归位。

　　明清两朝的太庙建于皇城之内、宫城之东,此即今天安门左侧的劳动人民文化宫。庙为明成祖永乐十八年(1420年)仿南京太庙而建,"前正殿,后寝殿。殿翼皆有两庑。寝殿九间,间一室,奉藏神主,为同堂异室之制"[④]。起初明先帝的神主皆合祀其中,但试图改革坛庙制度的嘉靖帝以为不妥,称"宗庙之制,父子兄弟同处一堂,于礼非宜,太宗以下宜皆立专庙",遂于嘉靖十四年(1535年)颁旨在原址建九座庙宇以分祀历代祖先。次年底新庙落成,"庙各有殿有寝",乃移先帝神主于新庙。可惜天公不作美,嘉靖二十年(1541年)四月电闪雷鸣,瞬间击毁了成祖、仁宗二庙,其他各庙也大有损伤。这令君臣上下不胜惶恐,在他们看来,这显然是新庙不合古制冲撞了祖先,招致上天示警,于是嘉靖忙不迭地"乃命复同堂异室之旧"[⑤]。清朝爱新觉罗氏入关后,竟然毫不忌讳这是明皇室的祖庙,

---

① 《元史·祭祀志三》。

② 《元史·世祖本纪八》。

③ 《元史·祭祀志三》。

④ 《明史·礼志五》。

⑤ 同上注。

刚进北京就把明朝历代帝王的神位从这里搬出，另将清太祖武皇帝努尔哈赤、孝慈武皇后、大行皇帝皇太极的神主奉安其中，于是这里转眼成了清朝的太庙，并且一用就用了267年，直至清朝灭亡。

封建帝王自诩"帝王孝治天下，礼莫大乎事亲"[①]，一个突出之处就表现在太庙的精心建造上。明清太庙占地近14公顷，坐北朝南，平面呈长方形。经清朝多次修葺扩建，其整体建筑被三道黄琉璃瓦覆顶的红围墙分隔成前后三进院落，主体建筑皆集中在第二进院落。太庙的中心建筑即太庙前殿，又称大殿，是皇帝举行祭祖大典的地方，它就位于第二进院落内。这是我国古代规格最高的建筑之一，坐落在三层汉白玉石须弥座台阶上，周围有汉白玉石护栏。主殿面阔十一间，进深四间，屋顶为庑殿二重檐，上覆黄琉璃瓦，廊柱皆用沉香木包镶，殿顶、天花、四柱均粘贴赤金花。其地面铺设的是专门由苏州"御窑"为皇家定制的地砖，俗称"金砖"。这种砖选用的是苏州特有的富含胶状体、可塑性强、颗粒细腻的土质，制坯、烧制、出窑、加工都有严格的工序，铺设前还要经过桐油浸泡。因其质地坚细，敲之若金属般铿然有声，故名金砖。也有说是因为一块金砖价值一两黄金，故此得名。经过打磨等工艺处理后，这些砖色泽鲜亮，踩上去不滑不涩，个个坚硬如金、光润如玉。太庙大殿内设有祭场，立着历代帝、后的神位。左右两侧各有庑殿十五间，东庑奉祀皇族杰出成员，西庑奉祀异姓功臣。前殿之后为中殿，又称寝宫，供奉历代帝、后神龛。中殿之后为后殿，又称"祧庙"，供奉努尔哈赤前的四世祖宗神位。

按照古制，帝王每临大事都要祭告祖庙，事后亦需祭告于庙，以示对先祖的"事死如事生"。《左传·桓公二年》云："凡公行，告于宗庙，反行饮至。"班固《白虎通·巡狩》云："王者出，必告庙何？孝子出辞反面，事死如事生。"以上说的就是起于先秦的这个传统。此外诸如册命诸侯、

---

① 《清史稿·世祖本纪二》。

朝见、祭祀、献俘、授禄、施政等国之大事，也常常在宗庙中举行，以示君权、族权、神权的三位一体。发展到明清两朝，太庙更成为不亚于大内皇宫的重要政治场所，每逢皇帝登基、亲政、大婚、郊配、册立、册封、葬陵、上谥、出巡及凯旋、献俘等，都要择吉日祭告于太庙。到了一年四时的"时享"之日和岁末，以及先皇的生日、忌辰等，更要在这里举行隆重的祭奠仪式。

紫禁城内还有一处皇帝家庙，相当于内太庙，此即奉先殿。这是一组独立的建筑群，按"左祖右社"之制设在内廷的东路，专奉当朝皇帝列祖列宗的神位。该殿始建于明成祖永乐年间，清顺治十三年（1656年）重建，形制为"前后各九楹，如太庙寝制。中为堂，左神库，右神厨"[①]。至康熙年间再次重建，乾隆年间亦不断整修，遂成如今的样式。现奉先殿坐落在白色须弥座上，四周围以白石栏板，为"前正殿，后寝殿"的一殿一寝形式。两座殿均面阔九间，是古代宫殿建筑开间的最大极数，总建筑面积近2000平方米。前殿为规格最高的重檐庑殿式屋顶，后殿为单檐歇山式屋顶，都覆以黄琉璃瓦。

宋、辽以来，都城内还建有供奉当朝先皇织锦画像的御容殿，它们也是皇家的祭祖重地。

《辽史·太宗本纪上》云：天显五年（930年）六月辽太宗"拜太祖御容于明殿。"《辽史·圣宗本纪一》云：统和元年（983年）二月"皇太后诣陵置奠，命绘近臣于御容殿，……乙巳，以御容殿为玉殿。"《辽史·地理志四》云：南京"皇城内有景宗、圣宗御容殿二，东曰宣和，南曰大内。"又《辽史·道宗本纪一》云：道宗"冬十月壬子朔，幸南京，祭兴宗于嘉宁殿。"以上即关于辽廷御容殿的部分记述。所谓御容，就是皇帝的画像，按说这种画像历朝历代都不鲜见，但像辽廷这样，以专门宫殿奉安当朝列祖列宗

---

① 《清史稿·礼志四》。

的画像，并以其为太庙之外的又一皇家祭祖重地，倒是并不多见。而且由上述记载可知，同一先帝的御容殿不只一处，既可设在正都，亦可设在陪都。例如设在南京城内的御容殿就至少有景宗、圣宗、兴宗三处，且殿址各不相同。

辽代御容殿的兴起，应是受北宋的影响而来。《宋史·吉礼十二》云："神御殿，古原庙也，以奉安先朝之御容。……太祖神御之殿七：太平兴国寺开元殿、景灵宫、应天禅院西院、南京鸿庆宫、永安县会圣宫、扬州建隆寺章武殿、滁州大庆寺端命殿。太宗神御之殿七：启圣禅院、寿宁堂、景福殿、凤翔上清太平宫、并州崇圣寺统平殿及西院、鸿庆宫、会圣宫。真宗神御之殿十有四：景灵宫奉真殿、玉清昭应宫安圣殿、洪福院、寿宁堂、福圣殿、崇先观永崇殿、万寿观延圣殿、澶州信武殿、西京崇福宫保祥殿、华州云台观集真殿及西院、鸿庆宫、会圣宫、凤翔太平宫。仁宗、英宗、神宗、哲宗四朝神御于景灵宫、应天院。"由上可知，宋的御容殿远较辽廷为多，仅真宗一人的御容殿就多达十四处，而且也分建于各地。

金廷也有御容殿，但各帝的御容相对集中，主要集中在金中都的衍庆宫内。《金史·世宗本纪下》云：大定二十一年（1181年）四月"奉安昭祖以下三福三宗御容于衍庆宫，行亲祀礼。"此衍庆宫是海陵王营造新中都城时所建，原为金太祖的原庙，藏有太祖御容多幅。世宗即位后，先于大定二年（1162年）奉迁睿宗（世宗之父）御容于衍庆宫，此后更奉迁列祖列宗御容于此，使衍庆宫成为金廷的又一处皇家祭祖重地。

及至元朝，元大都城内的御容殿既不像金中都的衍庆宫那样集中，也不像宋廷、辽廷那样分散，而主要分布在大都城的各著名寺院中。这些御容殿又称神御殿或"影堂"，如元世祖及皇后、裕宗（成宗之父）及皇后的神御殿坐落在大圣寿万安寺，顺宗（武宗之父）帝后、仁宗帝后的神御殿坐落在大承华普庆寺，成宗帝后的神御殿坐落在大天寿万宁寺，武宗及二后的神御殿坐落在大崇恩福元寺，英宗帝后的神御殿坐落在大永福寺，明宗帝后的神御殿坐落在大天源延圣寺，如此等等。以上神御殿虽然建在清静脱俗之地，但分别藏有玉册、宝玺，还有金银、玛瑙、水晶、玉器制作的祭器等，极尽奢华之能事。

● 祭师：孔庙、文华殿

《吕氏春秋·尊师》云："死则敬祭……此所以尊师也。"尊师的最高典仪，便是所谓的"死则敬祭"。如前所述，师的最高典范是孔子，是故封建王朝对师的"死则敬祭"，就突出反映在对孔子的祭祀上。

孔子年七十三而卒，葬于鲁城北泗上，由鲁哀公亲制悼文。《史记·孔子世家》云："弟子皆服三年。三年心丧毕，相诀而去，则哭，各复尽哀；或复留。唯子赣庐于冢上，凡六年，然后去。弟子及鲁人往从冢而家者百有余室，因命曰孔里。鲁世世相传以岁时奉祠孔子冢，而诸儒亦讲礼乡饮大射于孔子冢。"这是关于祭孔的最早记载，祭奠场所就在曲阜阙里的孔子冢前。

以上是民间自发的祭孔活动，祭祀者主要是孔子的后人、学生和鲁国乡党。《汉书·高帝纪下》载：汉高祖十二年（公元前195年）高祖"行自淮南还，过鲁，以大牢祠孔子。"这是有关皇帝祭孔的最早记载，事在西汉初年。西汉后期，汉儒梅福向汉成帝提出："今仲尼之庙不出阙里，孔氏子孙不免编户，以圣人而歆匹夫之祀，非皇天之意也。今陛下诚能据仲尼之素功，以封其子孙，则国家必获其福，又陛下之名与天亡极。"成帝采纳了他的建议，遂于绥和元年（公元前8年）"下诏封孔子世为殷绍嘉公"[①]，孔子由此得到了历史上的第一个封号。所谓"殷绍嘉公"，是封孔子为商汤嫡嗣，以此身份来承续商祀。这虽然十分不伦不类，但此后总不至于让孔子再"以圣人而歆匹夫之祀"了，也算聊胜于无。

---

① 《汉书·梅福传》。

汉成帝之后，历朝历代纷纷给孔子加封尊号，且一代胜过一代。对此史不乏书，突出之例有：

西汉元始元年（公元元年），汉平帝加封孔子为"褒成宣尼公"。这是孔子得到的和他本人直接相关的第一个封号，其"褒成"是国名，"宣尼"是谥号，"公"是爵位。

北魏太和十六年（公元492年），孝文帝元宏尊孔子为"文圣尼父"，其"文圣"是谥号，"父"是美称。

北周大象二年（公元580年），静帝宇文衍追封孔子为"邹国公"，其"邹"是国名，"公"是爵位。

隋开皇元年（公元581年），文帝杨坚尊孔子为"先师尼父"，其"先师"是谥号，"父"是美称。

唐贞观二年（公元628年），太宗李世民尊孔子为"先圣"；贞观十一年（公元637年），太宗改称孔子为"宣父"；唐乾封元年（公元666年），高宗李治又加赠孔子以"太师"官位；武周天授元年（公元690年），武则天封孔子为"隆道公"。

唐开元二十七年（公元739年），玄宗李隆基封孔子为"文宣王"，其"文宣"是谥号，"王"是爵位，孔子从此加谥为王。

宋大中祥符元年（公元1008年），真宗赵恒加封孔子为"玄圣文宣王"，祥符五年（公元1012年）改称"至圣文宣王"，以上"玄圣"、"至圣"都是赞辞。

元朝大德十一年（公元1307年），元武宗加封孔子为"大成至圣文宣王"，在"至圣"前面又加了"大成"。

明洪武三年（1370年），太祖朱元璋"诏革诸神封号"，革除了历朝给各路神仙、名人加封的各种尊号，但对孔子却法外开恩，"惟孔子封爵仍旧，且命曲阜庙庭，岁官给牲帛，俾衍圣公供祀事"①。明嘉靖九年（公元1530年），世宗朱厚熜厘定祀典，尊孔子为"至圣先师"，取消了其他谥号与封号。

清顺治二年（公元1645年），世祖福临加尊孔子为"大成至圣文宣先师"，十四年（公元1657年）改称"至圣先师"，这个称谓从此相沿不改。

历史上最早的孔庙则如前引梅福所说，"今仲尼之庙不出阙里"，亦始见于孔子故里。孔子卒后第二年（公元前478年），鲁哀公便将阙里巷内孔子的三间故宅立为庙，"因庙藏孔子衣冠琴车书"②。当时孔子后裔及弟子常在这里演奏乐舞，追思和颂扬孔子功德。《三国志·魏书·崔林传》云："汉旧立孔子庙，褒成侯岁时奉祠，辟雍行礼，必祭先师。"这里所说的"汉旧孔子庙"，也是曲阜阙里的孔庙，但却是由汉廷建造的孔庙，是首座皇家孔庙。三国时天下纷扰，"百祀堕坏，（孔子）旧居之庙，毁而不修，褒成之后，绝而莫继，阙里不闻讲颂之声，四时不睹蒸尝之位"，孔子故里的旧庙惨遭损毁。曹魏黄初二年（221年），魏文帝曹丕下诏，"以议郎孔羡为宗圣侯，邑百户，奉孔子祀"，并且"令鲁郡修起旧庙，置百户吏卒以守卫之，又于其外广为室屋以居学者"③，曲阜的皇家孔庙得以复建。从此以后，曲阜孔庙成了天下儒学传人的圣地，往来瞻仰拜谒者络绎不绝。

东汉光和元年（178年），汉灵帝纳蔡邕所谏，"遂置鸿都门学，画孔子及七十二弟子像"④，王朝之都从此有了第一个祭孔中心。当初这只是附设于太学的祭孔场所，以传授孔学为主，祭祀孔子为辅。据《魏书·世祖本纪上》记载，北魏始光三年（426年）太武皇帝"起太学于城东，祀孔子，以颜渊配"，可见北魏初年的祭孔典礼仍在太学举行。

---

① 《明史·礼志四》。

② 《史记·孔子世家》。

③ 《三国志·魏书·文帝纪》。

④ 《后汉书·蔡邕列传》。

降至北魏中后期，孝文帝元宏崇尚汉学和汉制，他一改从祀孔子于太学或以"先师"身份陪祀于"先圣"周公的成例，首创专祀孔子之制。《魏书·高祖本纪下》云：太和十三年（489年）北魏孝文皇帝"立孔子庙于京师。"这便是孝文帝建起的首座孔子故里之外的皇家孔庙，地在北魏都城平城（今山西大同）。稍后不久，民间也有了建在孔子故里之外的独立孔庙，事见《魏书·刘道斌列传》："道斌在恒农，修立学馆，建孔子庙堂，图画形像。去郡之后，民故追思之，乃复画道斌形于孔子像之西而拜谒焉。"刘道斌曾任北魏恒农郡守，卒于孝明帝正光四年（523年）。恒农郡系北魏孝武帝永熙三年（534年）所置，地在原弘农郡址（函谷关）。由是可知，公元6世纪初叶在陕州一带已出现了独立的地方性孔庙。

及至唐朝，《旧唐书·高祖本纪》载，唐高祖李渊于武德二年（619年）"令国子学立周公、孔子庙，四时致祭"。这座庙宇虽然建在国都长安内，但仍在国子学中，且以周公居首，孔子位次，仍然不是独立的孔庙。这之后，到了唐高宗、唐玄宗年间，孔子庙的沿革终于迎来了鼎新革故的关键时期。

《旧唐书·礼仪志四》载，唐高宗显庆二年（657年）礼部尚书许敬宗等人奏曰："依令，周公为先圣，孔子为先师。又《礼记》云：'始立学，释奠于先圣。'郑玄注云：'若周公、孔子也。'且周公践极，功比帝王，请配武王。以孔子为先圣。"在得到唐高宗的恩准后，孔子不仅取得了"先圣"头衔，并在享祀时不再以"先师"之位屈居周公之下，周公也回归到周武王庙中，不再独立享祀。开元二十八年（740年），唐玄宗升谥孔子为文宣王，其后裔封为文宣公，自此"两京国子监，夫子皆南面而坐，十哲等东西列侍。天下诸州亦准此"。到了开元末年，唐玄宗又升文宣王庙"为中祠，设从祀，礼令摄三公行事"[1]。于是，通过唐高宗和唐玄宗的相继为孔子正位，孔子从此成为国家公神，得以独立成祀，皇都之内也有了专建的"孔庙"。

---

[1] 《宋史·吉礼八·文宣王庙》。

综合有关记载，可知唐高宗、玄宗规定的祭孔典仪是：

1，孔庙的神位分主次三大类：居首为孔子，颜回等十哲人配享，七十二子（一说六十七子）从祀。孔子及十哲立塑像，其余为画像；

2，祭孔活动纳入了国家祀典，"礼令摄三公行事"；

3，祭孔的国家典仪为中祠。据《旧唐书·礼仪志四》记载，"太社、太稷，开元之制，列在中祠"，即唐玄宗开元年间的社稷之祭尚属中祠。祭孔从一开始就定为中祠，等秩之高非同一般；

4，国都的孔庙既为皇家所建，理所当然成了各地孔庙中的规格最高者，就连曲阜孔庙的建制、礼仪、祭器也只能与之相埒，不得僭越；

5，"天下诸州亦准此"，即全国各州府都循例建起了孔子庙。

唐代以后，上述典仪成为定制，国家的祀孔大典也同时在国都和曲阜两地举行。宋代对孔庙的从祀制度做了一番调整，主要变革即如第二节所述，是将祭祀对象从唐以来的三等变成了五等。其添加的最末一等是"先儒"，即历代最优秀的儒者。这就给芸芸儒生提供了一个梦想的天国，即只要成为济世安邦的大儒，便有可能在死后进入孔庙，成为世代奉祀的圣贤。

辽南京城当时是否建有皇家孔庙，史载阙如。但以理度之，此事当无可疑，理由如次：

一是《辽史·宗室列传》载，辽太祖立国之初即决定"建孔子庙，诏皇太子春秋释奠"，此后辽圣宗再度诏令各州建孔子庙。燕京是辽的陪都，又是辽的汉文化中心，辽帝诏建孔子庙，南京必是重中之重，而且必由辽皇所敕建；

二是辽南京设有皇家太学，辽圣宗年间还因"南京太学生员浸多，特赐水碨庄一区"[1]，以扩充太学生活动和居住的场地。史称"凡始立学者，

---

[1] 《辽史·圣宗本纪四》。

必释奠于先圣先师"，即有皇家太学必有皇家孔庙，崇尚汉学汉制的辽朝当不违此例；

三是《辽史·大公鼎列传》载，渤海人大公鼎任良乡县令期间，"省徭役，务农桑，建孔子庙学，部民服化"，后擢升为兴国军节度副使。良乡是南京辖下的一个县，其县治尚且建有孔子庙，南京城自然不在话下。

金人称孔庙为宣圣庙，又称文宣王庙，早在迁都燕京前就在上都设址建庙。《金史·礼志八》载："皇统元年（1141 年）二月戊子，熙宗诣文宣王庙奠祭，北面再拜。"这里说的就是金上都的孔庙，不迟于熙宗年间便已建成。迁都燕京后金人又修建了新的孔庙。金世宗大定十四年（1174 年）国子监谏曰："岁春秋仲月上丁日，释奠于文宣王……伏睹国家承平日久，典章文物当粲然备具，以光万世。况京师为首善之地，四方之所观仰，拟释奠器物、行礼次序，合行下详定。"这里说的便是要在金中都建一座新孔庙。金世宗不仅在中都城建了新孔庙，而且采纳国子监之言，命"礼官参酌唐《开元礼》"，重新审定了中都宣圣庙的释奠礼数。承安二年（1197年），"章宗亲祀（孔子），以亲王摄亚、终献，皇族陪祀，文武群臣助奠，上亲为赞文"，这里拜祭的就是金中都的新孔庙。泰和四年（1204 年），金章宗诏令各州刺史"州郡无宣圣庙学者并增修之"[1]，更在全国掀起了修建孔庙的热潮。

元朝的宣圣庙最早建于太祖铁木真年间，庙址在故金中都城内。元大都建成后，成宗又命建宣圣庙于大都城，至"大德十年（1306 年）秋庙成"[2]。此庙位于大都城北部，除主祭孔子外还配祀的有颜回、曾参、子思和孟轲，从祀者则有许衡、董仲舒、周敦颐、程颢、程颐、张载、邵雍、司马光、朱熹、张栻、吕祖谦等十余人，颇具规模[3]。新的宣圣庙落成后，成宗"命

---

① 《金史·章宗本纪四》。

② 《元史·祭祀志五》。

③ 同上注。

江浙行省制造宣圣庙乐器，以宋旧乐工施德仲审较应律，运至京师。秋八月，用于庙祀宣圣"①，祭孔的礼乐愈加隆重。

明清两朝的皇家孔庙就是在元大都宣圣庙的基础上发展起来的。先是明成祖永乐九年（1411 年）在元的旧址上重新建造了孔庙，之后宣德、嘉靖朝不断修葺、扩建，使孔庙的规模屡有扩大。明嘉靖朝改孔子塑像为木主，去元帝追谥的"大成至圣文宣王"号而改称至圣先师，仍以颜子、曾子、子思、孟子配享，以下从祀的有先贤一等、先儒一等。明万历二十八年（1600 年）将殿顶换成青琉璃瓦，清乾隆二年（1737 年）又诏令除祭祀孔子父母的崇圣祠用绿琉璃瓦外，其他正殿全部改为象征最高尊荣的黄琉璃瓦，使孔庙的规格跻身于皇家顶级建筑。清王朝末世，在内忧外患的四面楚歌中，光绪三十二年（1906 年）敕令升祭孔为大祀，并令全面扩建大成殿。倏忽间清朝灭亡，这个国家工程尚未完工，断断续续一直拖到民国五年（1916 年）始告结束。

今坐落在安定门内成贤街路北的孔庙，就是由元至明清留下的。它与西侧的国子监东西毗邻，形成了"左庙右学"的格局。整座孔庙坐北朝南，前后分三进院落，先师门与大成门之间为第一进，大成门与大成殿之间为第二进，奉祀孔子祖先的崇圣祠为第三进。中心建筑即大成殿，位于第二进院落内，是祭孔的正殿。该殿坐落在围以汉白玉石雕云头石柱栏杆的月台上，顶部是中国宫殿建筑中规格最高的重檐庑殿顶，上覆黄琉璃瓦。正中神龛内供奉着"至圣先师孔子神位"，两侧配祀复圣颜渊、宗圣曾参、述圣孔伋、亚圣孟轲的牌位，另有从祀的历代先儒。

清代从康熙朝起形成了一个规矩，即每个皇帝即位后都要为孔庙题写一方大匾，以颂扬孔子的至圣至伟。康熙写的是"万世师表"，雍正写的是"生民未有"，乾隆写的是"与天地参"，嘉庆写的是"圣集大成"，道光写的是"圣

---

① 《元史·礼乐志二》。

协时中"，咸丰写的是"德齐帱载"，同治写的是"圣神天纵"，光绪写的是"斯文在兹"，宣统写的是"中和位育"。虽然有清帝的九块金字大匾在，然而最后高悬在大殿正上方的，却是民国总统黎元洪题写的"道洽大同"匾。这种变故，生生映衬出孔庙经历的世事沧桑和历史变换。

孔庙内现存许多重要文物，尤以明、清两朝的进士题名碑最负盛名。这些大型石碑排列在先师门内东西两侧，共198方，镌刻着从明永乐十四年起（1416年）到清光绪三十年止（1904年）的近5万名进士的姓名、籍贯及名次，每年平均约百名。其中耳熟能详的人物有史可法、刘墉、林则徐、李鸿章，以及前北京大学校长蔡元培、原全国人大常委会副委员长沈钧儒等。在孔庙与国子监之间的夹道内，还存有189方十三经刻石，上镌《周易》《尚书》《诗经》《周礼》《仪礼》《礼记》《春秋左传》《春秋公羊传》《春秋谷梁传》《论语》《孟子》《尔雅》《孝经》十三部儒家经典，共计63万余字。这是刻在石头上的经典，它们一笔一画镌刻下的不仅是儒家的正统思想，还是中华文明自亘古走来的足迹。

皇家祭师还有一个重要场所，此即紫禁城内的文华殿。文华殿是明清两朝皇帝举行经筵典礼的地方，亦即大臣为皇帝讲解经史的地方。为了体现"敬学与尊师"，侍讲前天子先要跪拜皇师、帝师及孔子，因此这里成了皇帝祭师及祭孔的又一中心。《明史·礼志四》云："圣师之祭，始于（明）世宗。奉皇师伏羲氏、神农氏、轩辕氏，帝师陶唐氏、有虞氏，王师夏禹王、商汤王、周文王、武王，九圣南向。左先圣周公，右先师孔子，东西向。每岁春秋开讲前一日，皇帝服皮弁，拜跪，行释奠礼。用羹酒果脯帛祭于文华殿东室。"以上明世宗奉祀的皇师甚多，杂糅了三皇五帝等帝王庙的祭祀对象，仅以位居东西两侧的周公和孔子为配祀。但鉴于祭祀场地是举行经筵典礼的文华殿，祭祀日期为"每岁春秋开讲前一日"，可见仍与祭师有关，无非是把先古帝王也一概奉为堪称楷模的良师罢了。

明皇的宫内祭师之例亦为清朝所承续，还把祭祀场所从文华殿扩大到了弘德殿和传心殿。《清史稿·礼志三》载："顺治十四年（1657 年），沿明制举经筵，祭先师孔子弘德殿。康熙十年续举，遣官告祭。"这是在弘德殿祭孔子之例，其殿在内廷乾清宫的西侧。康熙二十四年（1685 年）在文华殿东侧建造了一座传心殿，"正中祀皇师伏羲、神农、轩辕，帝师尧、舜，王师禹、汤、文、武，南乡。东周公，西孔子，祭器视帝王庙。岁御经筵，前期遣大学士祗告。祭传心殿自此始"，这又是在传心殿祭奠历代皇师、帝师、王师及先圣周公、先师孔子之例。虽然这是宫廷内的祭先师活动，起不到在众人面前作秀的作用，但祭祀时"帝御衮服，行二跪六拜礼"，礼仪仍然相当隆重。

中华民族心中的先师不只孔子一人，还有其他许多品性高洁或功勋卓著的古之贤达。这些人死后也被尊为人格神，都以鲜活的形象诠释并传承着中华民族的伦理道德和传统理念，感染教化了一代又一代民众。北京街头星罗棋布的名人祠堂，就是祭祀这些先师的场所。它们大多出自民间，祠主或者是古之先贤，或者是忠义之士，黎民百姓出于对这些人的景仰和膜拜，自发为他们立庙塑身，四时祭享。京城中当然也不乏官府建造的名人祠庙，祠主大多是有功于皇室者。而在古代北京的诸多名人祠庙中，数量最多且影响最大的，首推"武圣人"关羽的庙宇。

关羽，汉末三国时期"威震华夏"[1]的大将军，字云长，忠义过人，是中国古代集"忠、孝、节、义"于一身的象征。开始时关羽的声名并不显赫，仅在蜀后主景耀三年（260 年）被追谥为壮缪侯。"壮"是褒义词，盖雄壮、壮烈之意，但"缪"却是贬义词，含乖错、悖缪之意，可见时人对关羽的评价毁誉参半。但事隔八百余年后，关羽的忠义过人和武功盖世不断被神话，宋哲宗时被追封为"显烈王"，宋徽宗时又被加封为"义勇武安王"，元文宗时更被封谥为"显灵义勇武安英济王"[2]。元末明初罗贯中

---

① 《三国志·关羽列传》。

② 《元史·文宗本纪一》。

《三国志演义》的问世，使关羽声名大振，在民间产生了极为深刻的影响，以至朝野上下及儒、释、道三家争相奉祀。明万历年间，神宗敕封关公为"协天护国忠义帝"、"三界伏魔大帝神威远震天尊关圣帝君"，封号由王晋升为帝，其庙宇的等级也随之升格。

清朝爱新觉罗氏对关羽格外推崇，入关前就在盛京地载门外建有关圣帝庙，庙上高悬"义高千古"匾额。定鼎北京后，清廷于地安门外又兴建了一座新的关帝庙，"岁以五月十三日致祭"[①]。顺治九年（1652年）清廷敕封关羽为"忠义神武关圣大帝"，将其由帝升谥为大帝，使其名号之尊甚至超出了只能称"帝"的人间帝王。雍正三年（1725年）遍封关帝的先祖与苗裔，"追封（其父祖）三代公爵，曾祖曰光昭，祖曰裕昌，父曰成忠，……洛阳、解州后裔并授五经博士，世袭承祀"。乾隆帝深感关公的"力扶炎汉，志节懔然"，遂于乾隆三十三年（1768年）诏关帝庙"殿及大门，易绿瓦为黄"，将关帝庙升格为黄琉璃瓦覆盖的皇家级建筑。此后嘉庆、道光、咸丰、同治、光绪诸帝对关公累有加谥，最后关公的谥号竟成"忠义神武灵佑仁勇威显护国保民精诚绥靖翊赞宣德关圣大帝"，长达26字，祭礼也升格为太牢。

清廷对关羽的旌表褒扬，恰和关帝庙上高悬的御书匾额一样，达到了"万世人极"的地步，使之成为丝毫不让"文圣人"孔子的"武圣人"。这大大推动了京城内关帝庙的建设，据乾隆十五年（1750年）《京师乾隆地图》的标注，当时北京城内主祀关帝的庙宇竟多达116座[②]，位居京城庙宇之冠。这百余座关帝庙中既有皇家敕建的，也有政府衙门和百姓建的，还有儒家、道家、佛家建的，社会各界无所不包。

如果说，开始时封建统治者对关羽的崇祀还是重在彰显其武功的话，关羽庙只不过是和孔子"文庙"相对的"武庙"。而到后来，关羽庙之所

---

① 《清史稿·礼志三·关圣帝君》。

② 马书田：《中国道教诸神》，团结出版社，1996年，第307页。

以遍及民间，更多反映的则是中华民族对忠义刚烈之士的景仰，对"烈节在将，忠勇在民"民族气节的推重。有意思的是，本为道德先师的关羽，还被民间奉为财神，其故在于关羽生前不贪财、重诚信，于是成了生意人心目中的守护神。当年游走天下的商人为了彼此有个照应，往往仿照刘、关、张"桃园三结义"结成异姓兄弟，而关公的忠信仁义堪称楷模，这也是生意人奉关公为保护神的原因之一。正因为有此需要，这位视金钱如粪土的道德先师便无怨无悔地华丽转身，心甘情愿地做了民间尊奉的财神爷。

其他散落在京都街巷深处的名人祠堂举不胜举，如东城区府学胡同的文天祥祠、东单裱褙胡同的于谦祠等，凡此都是公祭"留取丹心照汗青"的民族英雄和中华先师的场所。而其中最值得一提的，莫过于隐匿在崇文门东花市南里东区居民院内的袁公祠墓。

袁公崇焕（1584 年~1630 年），字元素，广东东莞人，明朝杰出的军事家、政治家和文学家，《明史》有传。他于万历四十七年（1619 年）中进士，初授福建邵武知县，"为人慷慨负胆略，好谈兵"①。此时大明王朝败象毕露，佞人当道，纲纪废弛，而后金国（即后来的清朝）在努尔哈赤的带领下迅速崛起，兵锋所向直指京师。天启二年（1622 年），后金国起兵攻明，明军大败，13 万大军全军覆没，40 多座城池相继失守，明朝江山岌岌可危。就在满朝文武噤若寒蝉之时，袁崇焕挺身而出，投笔从戎，以书生之躯担当起武将之职，自荐戍守宁远孤城。

天启六年（1626 年），努尔哈赤率兵十三万攻打孤立无援的宁远，被袁崇焕一万守军打得大败而归，努尔哈赤也在战斗中负伤，不久便郁郁而终。为替父皇报仇，皇太极第二年亲率两黄旗两白旗精兵围攻宁远、锦州，结果久攻不下，损兵折将，只好连夜溃逃。袁崇焕从此威震辽东，于崇祯元年（1628 年）出任兵部尚书兼右副都御史，督师蓟辽。崇祯二年（1629 年），

---

① 《明史·袁崇焕传》。

皇太极绕开袁崇焕在辽西的防线直取北京，袁崇焕闻讯后率部星夜驰援京师，两昼夜急行三百余里，以九千疲累之兵与皇太极十多万大军对阵于广渠门外。两军阵前，袁崇焕亲披甲胄，临阵督战，战士无不以一当十，奋力杀敌，终于击退了清兵，保住了京师。

然而，就在广渠门大捷后十余天，嫉贤妒能、刚愎自用的崇祯帝听信谗言，以莫须有的奸细之名将袁崇焕逮捕下狱，并以最惨无人道的刑法将46岁的袁崇焕"磔弃西市"。所谓"磔弃"，就是凌迟，要在活人身上剐三千刀，是极刑中的极刑。一个大忠大勇之士，竟遭如此下场，真是民族的奇耻大辱！明末清初史学家计六奇在《明季北略》中记述当时的情景说："（袁崇焕）皮肉已尽，而心肺之间，叫声不绝，半日方止。"

袁崇焕被"磔弃西市"后，部下余义士冒着满门抄斩的危险，把准备"传视九边"的袁公首级从高高的旗杆上偷下来，葬于自家后院，日夜守护。临终前余义士留下遗训，要后人将自己埋在袁将军墓旁，长伴将军，并命后代不许做官，不许回广东老家，世代为袁公守墓。为了掩人耳目，余家只能打着广东义园的旗号，将袁公作为无名广东同乡祭拜。直到清乾隆年间，清朝编写《明史》时核对清廷档案，才根据《清太宗实录》的记载把历史真相披露出来——袁崇焕不是通敌的汉奸，而是真正的抗清英雄！清乾隆四十年（1775年），乾隆帝批阅《明史》，深为袁崇焕的忠烈所震撼，遂下诏为这位宿敌修建祠墓，树起"有明袁大将军墓"墓碑，并抚恤袁氏后人。民国初年，康有为携各界人士出面，在袁墓旁建立起一座袁祠。新中国成立后，1952年要将广东义园迁到北京郊区，袁墓也在其中。后经爱国人士叶公绰、柳亚子、李济深、章士钊等联名上书，袁墓及祠堂得以在原址保留。"文革"浩劫中此墓遭到无情毁坏，四人帮覆灭后得以重建[1]。

---

[1] 李玉潇：《372年守墓史曲终人散》，《南方周末》2002年5月23日第一版。

在星罗棋布的北京名人祠堂中，之所以袁公祠墓是最不能不提的，其故不单在于袁大将军的义薄云天和惨烈下场，也不单在于崇祯帝的心地阴暗和残忍无情，还在于佘氏家族世代守护忠魂的这个壮举，在于乾隆帝敢为宿敌平反的这份胸怀，更在于袁公祠墓保留至今所饱含的拳拳民心。一座城市是不能没有灵魂的，而永铸人心的公道与正义，便是古都北京千古不泯的灵魂！

4　沿革与发展

以上反映"天、地、君、亲、师"信仰的建筑物，就是东方文明给古都北京留下的特殊印记。除了各类标志性建筑，古都北京体现"天、地、君、亲、师"信仰的其他建筑也在在皆是，且一概出自皇廷。紫禁城内廷东六宫东侧有一座天穹宝殿，始建于明朝，清顺治朝改建，这里也是明帝和清帝祭祀昊天上帝的地方。此外单就景山（万岁山）而言，在它不多的楼阁中，既有供奉孔子神位的奇望楼伫立于南，又有供奉皇帝先祖御容的寿皇殿坐落于北，同样是皇家祭祖、祭师的重地。嘉靖二十一年（1542年）宫女谋弑，明世宗朱厚熜迁往西苑长住，在西苑建造了帝社坛、帝稷坛和皇后祭享的先蚕坛，并把举行祭师典礼之一的经筵场所搬到了西苑无逸殿。乾隆年间在圆明园西北隅建造了一座安佑宫，"大殿九室，硃扉黄甍，如寝庙制。中龛悬圣祖御容，左世宗，右高宗"[1]，这里也是清帝祭祖的场所。据《清史稿·仁宗本纪》记载，嘉庆时"上侍高宗遍礼于堂子、奉先殿、寿皇殿"，可见堂子、奉先殿、寿皇殿等都是清帝祭祀先皇的地方。同此之例尚多，不一而足，甚至可以说，"天、地、君、亲、师"信仰既然积淀已久，故而早已渗透到都城的四面八方，随处都不难看到它们的身影。但毋庸置疑的是，在举不胜举的同类建筑群中，前述各项才是最具代表性和标志性的，

---

① 《清史稿·吉礼四》。

因为它们个个是京师乃至全国同类建筑中的翘楚。

在仅是辽朝陪都的时候，"天、地、君、亲、师"的标志性建筑在燕京还远没有形成格局，当时在南京城内能和这套信仰系统挂得上钩的无非是一座皇宫和一座皇家孔庙，此外还有若干供奉当朝先皇织锦画像的御容殿。

金中都是北京历史上的第一个正都，也是少数民族创建的都城。其统治集团本是流徙在白山黑水间的"蛮族"，然而追根寻源，这些女真人终归是先秦肃慎族的后裔，历史的底蕴尚在，与其他"蛮族"自会有所不同。据《金史·世宗本纪中》记载，金世宗与亲王、宰臣纵论古今兴废之事时说："女直旧风最为纯直，虽不知书，然其祭天地，敬亲戚，尊耆老，接宾客，信朋友，礼意款曲，皆出自然，其善与古书所载无异。"可见金人虽然长期僻处于白山黑水间，但仍然传承着"天、地、君、亲、师"的古老信仰。于是，在君临燕京后，金人对华夏族的坛庙制度接受得较为迅速也较为彻底。

在统驭金中都的短短几十年中，金人陆续建造了祭天的南郊坛和郊天台，修筑了祭地的北郊方丘坛，还建造了朝日坛、夕月坛、社稷坛、太庙、宣圣庙。这就是说，除了历代帝王庙外，其他代表"天、地、君、亲、师"信仰的建筑在中都城内已一应俱全。当时金帝"常以冬至日合祀昊天上帝、皇地祇于圜丘，夏至日祭皇地祇于方丘，春分朝日于东郊，秋分夕月于西郊"[1]，健全了系统的祭祀大典。其祭祀的场面也十分壮观，大定十一年（1171 年）金世宗亲祀南郊，诏令仪仗减半用之，"于是，遂增损黄麾仗为大驾卤簿，凡用七千人摄官在内，分八节"[2]。减半之后尚有分列成八大方阵的 7000 人组成的仪仗队，场面之大可想而知。此外，金初无祭祖之制，但在建立太庙后，凡国有大事如"皇帝即位、加元服、受尊号、纳后、册命、巡狩、征伐、封祀、请谥、营修庙寝"等，一并

---

① 《金史·礼志一》。

② 《金史·仪卫志》。

告祭于太庙[①]。于此之外，金廷"岁春秋仲月上丁日释奠于文宣王"[②]，把祭孔仪式也正式纳入了国家祀典。

忽必烈重新统一中国后，在新大都的建设上虽然刻意效仿汉制，但久居漠北的蒙古人终究汉学根基尚浅，坛庙建设在某些方面甚至不如金人。从时间上说，忽必烈首先建造的是太庙，并且先后在故金中都城及元大都城各建造了一座。此后忽必烈建造的是社稷坛，建成于至元二十九年（1292年），与元大都太庙的建成暌隔了12年。忽必烈在位共34年（1260年～1294年），此期间甚至没有建造一座正式的郊坛，仅在城南丽正门外搭建了一座祭台。直到元成宗大德九年（1305年），元朝始建造郊坛于大都城南七里。至于祭孔的宣圣庙，忽必烈年间便有规划，但晚到元成宗大德十年（1306年）方才建成。

比较之下，元大都的坛庙制度在四大方面不及金中都：

一是金中都的坛庙在金世宗再度定都燕京后基本修建完毕，而元大都的坛庙从忽必烈修建首座太庙起，到元成宗基本告成止，前后拖了近半个世纪。

二是元大都的天坛、地坛不像金中都那样分设在城市南北郊，而是并在南郊一处，不如金的规范。

三是元大都不仅没有专设的地坛，也无朝日坛和夕月坛，坛庙系统显然不如金的完备。

四是"自世祖以来，每难于亲其事。英宗始有意亲郊，而志弗克遂。久之，其礼乃成于文宗。至大间，大臣议立北郊而中辍，遂废不讲。然武宗亲享于庙者三，英宗亲享五。晋王在帝位四年矣，未尝一庙见。文宗以后，乃复亲享"[③]，即元朝帝王躬亲祭祀大典者甚少，与金帝的"常以冬至日合祀

---

① 《金史·礼志四》。

② 《金史·礼志八》。

③ 《元史·祭祀志一》。

昊天上帝、皇地祇于圜丘，夏至日祭皇地祇于方丘，春分朝日于东郊，秋分夕月于西郊"的景况判若云泥。

有此四条，足见元的坛庙制度远不及金廷。

及至朱明王朝，虽然如第六章第五节所述，太祖朱元璋极不情愿接受孔孟之道的"至圣"地位，但对"天、地、君、亲、师"信仰却从一开始就尊崇有加。例如甫一登上皇帝宝座，朱元璋便于洪武元年（1368 年）"命中书省暨翰林院、太常司，定拟祀典"[①]，对"天、地、君、亲、师"典仪正本清源，逐一实施。又如当明成祖朱棣决定迁都北京后，随即颁诏"修治北京祀典神祇坛宇及祭器、乐器"[②]，在北京遍建太庙、内太庙（奉先殿）、天地坛、社稷坛、山川坛及先农坛，还翻建了元的孔庙。北京的这些坛庙建筑"规划悉如南京，而高敞壮丽过之"[③]，即格局一概仿自南京，但规模更加宏大。

南京曾是东晋和南朝的国都，此后成为南宋王朝的行都和明王朝的都城，是正统汉文化的重要营地。明北京的太庙既然是仿照南京而来，当然更多倾注了汉文化的传统。例如仅就"左祖右社"的体制而言，元大都城虽然也是太庙在东、社稷坛在西，但它们与宫城相距甚远，各在外城的内侧，且不在同一条轴线上，明显不合《周礼·考工记》所说的"匠人营国，……左祖右社，面朝后市"的规制。而明北京的太庙、社稷坛则按照儒家经典作了修正，使之东、西对称在皇宫正前方的两侧，布局紧凑而规整，突出了国家政权的威仪和皇权的中心地位。

对于接连经历了辽、金、元三个少数民族政权的北京来说，明朝初年汉文化的回潮无疑是十分重要的，意义非同一般。然而，明前期的北京仍然沿袭元朝合祀天地的旧俗，并且没有建造起新的历代帝王庙，离开坛庙

---

① 《明史·吉礼一》。
② 《明太宗实录》卷五十。
③ 《明太宗实录》卷二三二。

建设的全面成熟还有一定距离。又经过一百余年后，明世宗"令群臣博考《诗》、《书》、《礼经》所载郊祀之文，及汉、宋诸儒匡衡、刘安世、朱熹等之定论"①，于嘉靖九年（1530年）重新厘定了祭祀制度，分设天、地、日、月四坛于京城四郊，并且"罢二祖并配，以及祈谷大雩，享先蚕，祭圣师，易至圣先师号，皆能折衷于古"②。之后不久，又经过两年建设，新的帝王庙也于嘉靖十一年（1532年）在京师落成。至此，北京城的"天、地、君、亲、师"建筑格局及祭祀制度终于定型，中国古代的坛庙制度由此进入到它的成熟期。

清朝是打着"国家抚定燕都，得之于闯贼，非取之于明朝"③的旗号进入北京的，因此通盘承袭了明的祀典制度，采取了凡"祀典之可稽者，初循明旧，稍稍褒益之"④的做法。老北京人对清京师的皇家坛庙向有"九坛八庙"之说，"九坛"是指天坛、地坛、祈谷坛、朝日坛、夕月坛、太岁坛、先农坛、先蚕坛和社稷坛，八庙是指太庙、奉先殿、传心殿、寿皇殿、雍和宫、堂子、文庙和历代帝王庙。其中除传心殿、寿皇殿、雍和宫、堂子为清代新建外，其他都是在明朝坛庙的基础上沿袭下来的。哪怕明的坛庙建筑有所颓圮，清廷也是在故址上重建和翻修，既不做位置的移动，也不做用途的更改。在这"九坛八庙"中，代表"天、地、君、亲、师"信仰的建筑已全部涵盖其中，而经过清朝的屡次修缮和不断扩建，它们更加秀出班行，宏伟壮丽。

从祭祀的等秩上看，清廷也承续了以往的古制并有所发展。自隋唐以来，国家祭典分为大祀、中祀、群祀三等，一般以祭天地、上帝、太庙、社稷为大祀，以祭日月、先农、先师、太岁、历代帝王为中祀，其他则为

---

① 《明史·礼志二·郊祀之制》。

② 《明史·吉礼一》。

③ 《清史稿·多尔衮列传》。

④ 《清史稿·吉礼一》。

等而下之的群祀。及至清朝，秉承这一传统，也将各类祭祀区分为高中低三大等。《清史稿·吉礼一》载："清初定制，凡祭三等：圜丘、方泽、祈谷、太庙、社稷为大祀。天神、地祇、太岁、朝日、夕月、历代帝王、先师、先农为中祀。先医等庙，贤良、昭忠等祠为群祀。乾隆时，改常雩为大祀，先蚕为中祀。……光绪末，改先师孔子为大祀。"据此可知，清的大祀包括圜丘祭天、方泽祭地、太庙祭祖、社稷祭国等。祈谷与雩祀（求雨）后来也升为大祀，而这同样祭拜的是昊天上帝，祭仪也都在天坛举行。祭先师孔子初为中祀，后也改为大祀。清朝列为中祀的是天神、地祇、太岁、朝日、夕月之祭，而紧承其后的就是历代帝王的祭祀。由此可见，经过不断发展，到了封建社会末期，"天、地、君、亲、师"祭礼已全部成为国家祭典的重中之重。

按照历代礼法，"天子祭天地、宗庙、社稷"，但如若皇帝"有故"，这些大祀亦可派朝臣代祭。至于其他祭祀，"中祀，或（天子）亲祭，或遣官。群祀，则皆遣官"[①]，皆可由朝臣代劳。事实上，帝王们除了主持朝政外，还要纵情山水声色，于是即便是国家祭奠这样的大事，也往往"每难于亲其事"[②]。但清帝却大不然，他们对这些祭祀活动极为重视，不但每逢祭日"躬亲行礼"，还亲自过问坛庙的建设、祭祀的礼仪乃至祭器、祭乐的使用等。据《清朝文献通考》对祭天郊祀的记载，在顺治到乾隆朝的 152 年中，福临、玄烨、胤禛、弘历四帝亲自主持的郊祀就多达 178 次[③]，超过每年平均一次。康熙五十八年（1719 年）冬至日，68 岁的玄烨疾病缠身，足痛难忍，但仍然"力疾升坛省俎豆，量力拜跪"[④]，坚持亲赴天坛祭天。又如前文所述，即便是列为中祀的祭先农，清朝统治的 267 年中由清帝"躬身亲祭"的记

---

① 《清史稿·吉礼一》。
② 《元史·祭祀志一》。
③ 《清朝文献通考》卷 92、93，《清朝续文献通考》卷 148。
④ 《清史稿·吉礼二》。

录也多达 248 次。乾隆三十七年（1772 年）"群臣虑帝春秋高"，奏罢祭先农时天子亲耕，乾隆"不许，命仍依古制三推"[①]。

　　清廷此外的一大作为，就是在不断提升各类祭祀规格的同时，竭力修缮各个坛庙建筑，订正各种祭祀典仪，把这套制度推向了历史的顶峰。其中一个明显举措是，乾隆朝通过把地坛、历代帝王庙、孔庙的主殿一律升格为黄琉璃瓦覆顶的最高级别建筑，使"天、地、君、亲、师"建筑全部高居京城建筑之冠，全面完成了此类建筑的升级。

　　以上"天、地、君、亲、师"建筑格局的逐步健全与发展，从一个特定角度映证出古都北京由辽至清的汉文明一体化进程。辽的南京终归是少数民族王朝的陪都，加之契丹人始终坚守本族的传统不变，故而辽南京城内此类建筑的系统化营造尚无从谈起。金、元同样是少数民族政权，也同样保留了不少少数民族习俗，但在主流方面却相继融入了汉文化，金中都及元大都"天、地、君、亲、师"建筑的基本成形就是显明标志。见于史乘的记载，当年金、元皇廷为分辨汉民族的这些坛庙制度可谓煞费苦心，甚至导致朝野上下长期争执不休，最终依然莫衷一是。但无论如何，正是通过这种反复辨析，汉文明的传统才得以继承，汉民族的信仰才得以弘扬。明代北京城"天、地、君、亲、师"建筑体系及祭祀制度的全面规范化，可以说是汉文明的一次历史性回潮，把东方坛庙制度带进了它的成熟期，尤以嘉靖时期为著。而最不得不说的还是清朝，这个少数民族政权在定鼎北京后照单全收了明中期的坛庙制度，并且通过祭祀典仪、建筑规格的全面升级，完成了坛庙发展史上的最后一跃，把它推向了历史的最高峰。

　　作为东方古都的物化标志，"天、地、君、亲、师"建筑体系的逐步完善，同时也体现了古代北京城的成长过程。辽南京仅有的皇家御容殿和皇家孔庙虽然离系统的坛庙制度相去甚远，但也并不是可有可无的，它至少

---

　　① 《清史稿·吉礼二·先农》。

表明这座城市正在向中华帝都的方向转化。金中都、元大都"天、地、君、亲、师"建筑的初具规模，揭开了北京都城发展史上崭新的一页，标志北京已基本具有了代表都城地位的建筑，成了名副其实的中华文明古都。在马可·波罗等外部人看来，元大都的宏伟壮丽可谓举世无匹。但若就古都北京自身的发展历程来说，此时的城市建设尚未进入它的成熟期，更未进入它的鼎盛期。而以"天、地、君、亲、师"建筑格局的全面完善为标志，北京的古都建设是在明中期嘉靖时期臻于成熟的，在清中期乾隆时期达于鼎盛。因此不妨说，明嘉靖以后的北京城才真正彰显出了它的中国气派和东方风格。

到了清代晚期，北京城由盛转衰，皇家的祭祀大典亦随之式微。到了"呼喇喇大厦将倾"的光绪末年，清廷虽有扩建大成殿的最后一搏，但这些坛庙维护封建王朝的作用已一去不再，这一举动已丝毫无补于气息奄奄的封建帝国。下至民国时期，昔日皇家坛庙的辉煌皆成过眼烟云，大部分坛址沦为杂草丛生的废墟，昔日皇家祭祀先农的地方甚至成了枪决犯人的刑场。

但历史终归是历史，既不会从民族的记忆中消失，也未曾从北京的城市建设中抹去。在历尽了世事沧桑之后，这些"天、地、君、亲、师"标志性建筑个个得以保留，实属侥幸。时至今日，它们带给人们的绝不只是几处可以发思古之幽情的名胜古迹，更重要的是，它们是东方民族传统信仰、伦理道德、行为规范、礼制文明乃至政治制度等一系列上层建筑的产物，是古都北京物质文化与精神文化的双重结晶。在它们的一砖一石中，烙印着大中华格局逐步形成的足迹，辉耀着中华古都逐步成长的神韵，值得人们永久的珍惜！

二 多元宗教及其建筑

当元明清三朝的主导文化相继融入了以儒学为核心的正统汉文化，当城市的标志性建筑围绕"天、地、君、亲、师"信仰形成了固定的格局，当世俗的衣食住行文化随着民族的融合及同化渐趋一致，北京的多元文化风貌，就越来越集中到宗教文化上。

宗教是人类历史的普遍现象，由旧石器时代晚期以来一直绵延至今。它们以超自然的神灵崇拜为宗旨，由共同的信仰、道德规范、礼仪法术、教团组织等要素构成。宗教文化是宗教的极重要组成部分，和世俗文化并列为人类文化的两大主干。宗教文化的覆盖面极广，不仅反映在教徒的精神信仰、思想意识和生活习俗上，而且反映在哲学、文学、历史、艺术、医学、建筑、化学、天文、地理等各个领域。仅就人们熟悉的文学艺术门类而言，宗教赞美诗、宗教音乐、宗教舞蹈、宗教绘画和宗教雕刻等，无一不是人类艺术宝库中绚丽的奇葩。至于宗教建筑，不仅是供养神灵的殿堂，而且是宗教活动的中心，更是宗教文化最外在、最典型也最醒目的标志。古希腊、罗马的建筑艺术杰作，就有很大一部分是由宗教的神殿和纪念堂组成的。

元明清三朝的北京，是全国的政治、文化中心，也是全国各大宗教的中心。这个宗教中心展示给世人的，不是佛教的一花独秀，不是道教的只手遮天，不是伊斯兰教的独步天下，也不是基督教的唯我独尊，而恰恰是各大宗教的共生共荣。在世界宗教史上，一教独尊、一教独霸的现象不乏其例，司空见惯的不仅有主流教派对异教和"异端"的排斥打击，而且这种排斥往往表现出极大的残酷性，甚至动不动诉诸全民族的战争。最突出的一例即西欧封建领主和天主教会发起的十字军东征，从 1095 年罗马教皇乌尔班二世号召从"异教徒"手中夺回圣城耶路撒冷起，直到1291年十字军侵占的最后一个据点被伊斯兰教徒攻陷止，前后历时二百年之久。此期间天主教会以维护基督教为名，对地中海东部发动了八次侵略性远征，给欧亚大陆带来了深重的灾难。而与此截然相反的是，古都北京却是不同宗教争奇斗艳的园地，促成了各大宗教的共同繁荣。这一结果不仅使北京成了世界古代史上一座罕见的宗教自由之都，也给这座城市带来了极为丰富的宗教文化景观。

世界性的三大宗教即佛教、伊斯兰教和基督教，再加上中国本土的道教，就是中国古代最具影响力的四大宗教。自从佛陀东来、道化三清，安拉示训、基督入华，这几大宗教相继进入北京，留下了各自的标志性建筑。这些鳞次栉比的寺院和道观，这些隔街相望的教堂和清真寺，既见证了各大宗教的成长与兴盛，又融会了汉、回、蒙、藏、维吾尔族乃至西方的建筑艺术，绚丽多姿地展示着古代北京的多元文化风貌。

四大宗教之外，还有一个不得不说的萨满教。萨满教是原居塞外的契丹、女真、蒙古、满洲人崇信的宗教，在他们相继入主北京后，这种独特的宗教也一波接一波地涌入了这座东方之都。按照通常的逻辑，统治集团的文化就是统治的文化，统治民族的宗教便是统治的宗教，这几乎是人类历史的通则。但与此大不相同的是，当萨满教随历史大潮进入北京后，却无一例外地萎缩下来，一轮接一轮地滑向了衰退的轨道。

1 佛教及其禅寺

佛教尽管是外来宗教，却很早就传入了中国，也很早就传入了北京。历史上有"先有潭柘寺，后有幽州城"之说，就是说佛寺在北京的出现甚至早于唐幽州城的肇兴。潭柘寺位于西山深处宝珠峰南麓，据清人《潭柘山岫云寺志》的记载，其前身是西晋的嘉福寺，因寺后有龙潭、山上有柘树而俗称潭柘寺，辗转至今已有 1700 余年历史。

到了北朝，北京地区的佛寺已不乏其见，著名的有奉福寺、光林寺等。相传今广安门外的天宁寺就建造于北魏孝文帝之时，是燕京城内最古老的禅寺。该寺初名"光林寺"，隋称"宏业寺"，唐开元年间改称"天王寺"。辽代在寺的后院增建了一座高大雄伟的舍利塔，这就是保留至今的天宁寺塔。金世宗大定二十一年（1181 年），"天王寺"改称大万安禅寺，后于元代毁于兵火，殿堂庙宇荡然无存，唯有舍利塔得以保全。明代初年成祖朱棣下旨重建此寺，规模在原有基础上大有增益，明英宗正统年间再度重修，改称"天宁寺"，以迄于今。

及至唐朝，幽州城内外的佛寺更是星罗棋布了，举不胜举。辗转延续下来的有建于隋末唐初的房山智泉寺（今云居寺），还有建于唐高祖武德五年（622 年）的门头沟慧聚寺（今戒台寺）、建于唐贞观年间的悯忠寺（今法源寺）、建于唐贞观年间的香山兜率寺（今卧佛寺）、建于唐乾元元年（758 年）的西山香界寺（今八大处主寺）、建于唐大历元年（766 年）的西山龙泉寺（今八大处灵光寺）等。

法源寺系"唐太宗为征辽阵亡将士所造"[①]，始建于唐贞观十九年（645 年）。贞观年间，高丽国屡屡犯境，唐太宗数次发动征辽之役。为了祭奠阵亡的唐军将士，唐太宗下令在幽州城建造了一座佛寺，这就是寺址在今宣武门外教子胡同南口的法源寺。该寺开工于贞观十九年，修竣于武则天万岁通天元年（696 年），得名"悯忠寺"。安史之乱时，该寺一度改名"顺天寺"，平乱后恢复旧名。唐末景福年间（892 年 ~ 893 年），幽州卢龙军节度使李匡威对此寺重加修整，并增建"悯忠阁"。其阁甚雄伟，当年有"悯忠高阁，去天一握"[②]之说。金灭北宋时，俘虏宋徽宗、钦宗父子及后宫嫔妃押往上京，途经燕京时便将钦宗及其后妃拘禁在悯忠寺内。此寺于唐宋

---

① 《日下旧闻考》卷六。

② ［明］刘侗、于奕正：《帝京景物略》，北京古籍出版社，1983 年，第 119 页。

时毁于地震，现存的寺庙格局主要是辽道宗清宁三年（1057年）重修时奠定的，时称"大悯忠寺"。明英宗正统年间重修后改称"崇福禅寺"，清雍正帝发帑重修后赐名"法源寺"。今大雄宝殿内悬挂的"法海真源"牌匾，就是乾隆帝的御笔。

房山云居寺石经的镌刻也是隋唐佛教史上的一件盛事。云居寺石经开始刻写于隋大业年间，现收藏石经14278石，含佛经1122部，计3572卷。其刊刻之精细、工程之浩大、年代之久远、经卷之丰富，皆堪称世界佛教铭刻之最，而其中有相当部分是在唐代完成的。

到了辽南京时期，北京地区的佛教更加兴盛。契丹人初信萨满教，后笃信佛教，而辽南京佛事之盛在五京中位居榜首。据《析津志辑佚》等文献的记载，当时南京城内浮图遍布，著名的有悯忠寺、天王寺（今天宁寺）、昊天寺、竹林寺、归义寺、仙露寺、善果寺、宝应寺、延寿寺等，因之史称南京城"僧居佛寺，冠于北方"[①]。天宁寺内的舍利塔就是辽天祚帝天庆九年（1119年）建造的，呈八角十三层密檐式，至今仍是北京市最高的密檐式砖塔。辽南京佛寺中有相当部分是皇家出资建造的，辽帝和后妃常来这里焚香礼佛，尤以辽圣宗以后为盛。

辽南京寺院内当时汇聚了不少名重一时的佛门高僧，他们埋首经卷，整理印刷了大量佛教经典，俗称"契丹藏"。这是现存最早的大藏经刻本，当年便流传到高丽、日本等国，在佛教文化的传播上起到了重要作用。为了刻印佛经，当时悯忠寺、昊天寺等大型寺庙的周围集中了不少刻印作坊，每个作坊都有大量刻工，成了南京城的独特一景。

金朝统治者不像辽皇那样佞佛，但也尊奉佛教，同样在金中都增修了不少禅寺。南宋洪皓《松漠纪闻》云："（金）燕京蓝若相望，大者三十有六。"其中著名的有大圣安寺、大永安寺、大万安寺、大庆寿寺、龙泉寺、

---

① 《契丹国志》。

圣恩寺等。大万安寺即今天宁寺的前身，当时恰好位于金中都皇城宣华门内，是金皇城内的唯一大寺。大圣安寺故址在原宣武区南横街，始建于金世宗大定年间，其佛殿"崇五仞，广十筵，轮奂之美为都城之冠"[1]，是名噪京城的重寺。大永安寺即今之香山寺，位于香山东坡，也是由金世宗敕建的。史载大定二十六年（1186年）"香山寺成"，世宗幸其寺，赐名大永安，还特别赏赐该寺"田二千亩，栗七千株，钱二万贯"[2]。金章宗也在北京西山一带敕建了"西山八院"，使风景秀美的西北郊成为金中都的另一禅林重地，延续至今的旸台山麓大觉寺便是其中之一。

元朝统治者崇尚佛教，无论汉传佛教还是藏传佛教都取得了长足的发展。元代僧人有免税免役的特权，故此出家为僧者络绎不绝，史载元世祖至元二十八年（1291年）时"天下寺宇四万二千三百一十八区，僧、尼二十一万三千一百四十八人"[3]，佛寺及僧侣的数量都达到了前所未有的程度。

禅宗的兴起是汉传佛教在元朝取得的最大发展。禅宗是中国化的佛教宗派，发端于南北朝时期，到元朝已广泛传播开来，基本取代了律宗的主流地位。传统律宗强调的是修行的戒律及修行的时间，以修行时间的长短来判定修行的深浅，而禅宗强调僧侣自身的悟性，提倡以静坐入禅的方式达到大彻大悟。相比之下，禅宗的教义更加灵活变通，因此甫一问世便受到中国信徒的普遍欢迎。金末元初有一位名僧法号海云，元宪宗蒙哥赐其银印，命他统管中原地区的佛教，他就是禅宗宗师。忽必烈时深受重用的刘秉忠是海云的嫡传弟子，他秉承海云佛学、儒学并重的禅宗思想，在元朝的开国建制中起到了举足轻重的作用。

藏传佛教的喇嘛教很早就传入了蒙古各部，成为藏、蒙两大民族共有

① 《元一统志》卷一。
② 《金史·世宗本纪下》。
③ 《元史·世祖本纪第十三》。

的宗教。忽必烈年间，藏传佛教法师八思巴被奉为国师，后升为帝师，授玉印，任中原法王，受命统御天下佛教。自此而后，历代元帝皆拜藏传佛教首领为帝师，"百年之间，朝廷所以敬礼而尊信之者，无所不用其至。虽帝后妃主，皆因受戒而为之膜拜"①，藏传佛教由此大盛。

《元史·释老传》云："元兴，崇尚释氏，而帝师之盛，尤不可与古昔同语。"正如这段文献所说，元朝佛教的兴盛以帝国中心的大都城最为突出，风气之盛"不可与古昔同语"。当时的大都城内，佛寺遍地、伽蓝林立，其中有不少是蒙古帝王建造的，至今留有遗迹的也不在少数。

元至元八年（1271 年），元世祖忽必烈修建了一座大圣寿万安寺，此即今阜成门内妙应寺，俗称"白塔寺"。这是一座大型白色藏式佛塔，也是我国现存元代最大的喇嘛塔，历时八年建成。当时参与工程设计与施工的有来自四面八方的艺人和工匠，还包括了入仕元朝的尼泊尔工艺家阿尼哥，由此建造出一座融印度、尼泊尔、西藏佛教建筑艺术于一体的覆钵式佛塔。至元十六年（1279 年），忽必烈又在喇嘛塔前修建了华丽程度不亚于皇宫的寺院，赐名"大圣寿万安寺"。

元英宗扩建的大昭孝寺也有幸保留下来，此即今西山卧佛寺。该寺为唐代遗刹，时称兜率寺，元英宗即位后于"至治元年（1321 年）春诏起大刹于京西寿安山"②，大规模扩建此寺，改称昭孝寺。据《元史·英宗本纪》记载，昭孝寺修建之初"役卒三千人"，后"增寿安山寺役卒七千人"，仅征用的役卒就在万人以上。庙宇历十年完工，工程之精细可想而知。至治元年底，英宗"冶铜五十万斤作寿安山寺佛像"③，又在昭孝寺铸造了一座铜卧佛，实测重约 54 吨④。这是中国现存最大的铜卧佛，也是世界佛教

---

① 《元史·释老传》。

② 《元史·塔本传》。

③ 《元史·英宗本纪一》。

④ 王彬：《北京卧佛寺》，载《北京史苑》（第二辑），北京出版社，1985 年。

史上不可多得的珍品。

此外元大都修建的梵宫琳宇尚多，如大护国仁王寺、大天寿万宁寺、大崇恩福元寺、大承华普庆寺、新华普庆寺、大承天护国寺及圆恩寺、柏林寺、宝禅寺、香山碧云庵（碧云寺）等，不一而足。其中既有藏传佛寺，也有汉传佛寺。

明朝开国皇帝朱元璋幼失父母，孤苦无依，"乃入皇觉寺为僧"[①]，是个僧人出身的皇帝。他深谙佛教的社会功能，自云"佛教肇兴西土，流传遍被华夷，善世凶顽，佐王纲而理道，今古崇瞻，由慈心而顾重，是故出三界而脱沉沦，永彰不灭"[②]。因此称帝之后，朱元璋对佛教采取了扶植利用的政策，甚至还突发奇想，创建了由佛教高僧监理藩国的制度。

当年朱元璋为了建立家天下，重拾诸侯分封的旧制，遍封其二十余子为王。但他又担心藩王强大后"虑它日太孙难制之"，于是"召选高僧，一国一人，令出守藩府导善，岁以报政"[③]，这就是高僧监国制度的由来。这一制度的推行，使不少佛教人士一步登天，直接进入了明的权力中枢，而其中表现最为突出的，莫过于明成祖朱棣朝的第一重臣姚广孝。

姚广孝名道衍，少小出家，是个地道僧人。他在朱元璋派高僧监理藩国时"以高僧荐选侍燕王（朱棣）于藩邸"[④]，成了燕的监国高僧。本来他的职责是为皇廷充当耳目，监视燕王朱棣的一言一行，以便"岁以报政"。然而事实上恰恰相反，他竟一再撺掇朱棣反叛朝廷，发起了"靖难之役"，最后助朱棣夺取了帝位。《明史·姚广孝列传》云："帝在藩邸，所接皆武人，独道衍定策起兵。及帝转战山东、河北，在军三年，或旋或否，战守机事皆决于道衍。道衍未尝临战阵，然帝用兵有天下，道衍力为多，论功以为

---

① 《明史·太祖本纪》。

② 朱元璋:《招善世禅师诏》，见《释氏稽古略续集》卷二。

③ 邓士龙:《国朝典故》卷十九。

④ 同上注。

第一。"这就是历史对姚广孝的盖棺论定，确认他是明成祖获得皇位的首要功臣。明成祖登基后，拜姚广孝为资善大夫、太子少师，位极人臣。每逢成祖往来两都或出塞北征，"广孝皆留辅太子于南京"，成为身负重托的辅政大臣。姚广孝卒后，明成祖追赠他为"推诚辅国协谋宣力文臣、特进荣禄大夫、上柱国、荣国公，谥恭靖"，赐葬房山县东北，还亲制神道碑以志其功。

明成祖不但重用僧人姚广孝，还创建了庞大的宦官机构，使有明一朝的宦官"多至数万人"①。这些帝王家奴恃崇专权，不仅干预朝政，而且掌管了"出使、专征、监军、分镇、刺臣民隐事诸大权"②，在朝野上下横行无忌，成为恣肆京师的一股特殊势力。他们家赀巨万，却苦于后继无人，于是纷纷修建寺庙，以求来生儿孙满堂。与此同时，有那试图霸占庙产和田产的，有那意欲光耀门楣及欺世盗名的，有那想借此安置病老的宦官及宫人的，抱持各种目的的明太监纷纷乘势而上，在京城内外掀起了一股广建庙宇的热潮。

据《日下旧闻考》卷六十记载，仅明宪宗成化中"京城内外敕赐寺观已至六百三十九所"，而其中相当部分便是宦官所建。明王廷相《西山行》诗云："西山三百七十寺，正德年中内臣作。"正德为明武宗年号，武宗笃信佛教，会梵文，"自号大庆法王"③，仅他在位的十几年间，内臣（宦官）在西山修建的寺庙就多达三百七十座。

位于今东城区禄米仓胡同东口的智化寺，就是明宦官兴建寺庙的代表作。该寺是明宦官王振于明正统八年（1443 年）修建的。王振是明英宗朝的司礼太监，甚得英宗的宠信，负责掌管皇帝的玉玺和代皇帝批红。他是历史上一个有名的佞臣，专门弄权窃柄，肆奸纳贿，"忠谏者死，鲠直者戍；

---

① 《清史稿·职官志五·内务府》。

② 《明史·宦官传一》。

③ 《明史·武宗本纪》。

君子见斥，小人骤迁。章奏多决中旨，黑白混淆，邪正倒置"①，可谓无恶不作。为了讨好英宗，王振以"感恩"之名修建了这座"报恩智化禅寺"，并邀得了"敕建"的名号。

为了安抚乌思藏（今西藏）及四川松潘等地的上层人士，明王朝对藏蒙民族信奉的喇嘛教也予以优抚，并为其在京城保留了一席之地。《明史·刘春列传》云："西番俗信佛教，故祖宗承前代旧，设立乌思藏诸司，及陕西洮、岷，四川松潘诸寺，令化导番人，许之朝贡。"这段话说明，明廷对喇嘛教及其上层采取的优抚之举中，有一项就是允许其政教领袖定期遣使朝贡，并为此在京城修建了一些专供他们居住的喇嘛庙。明武宗朱厚照笃信佛教，尊奉的实际是藏传佛教。史称其"崇信西僧，常袭其衣服，演法内厂。有绰吉我些儿者，出入豹房，封大德法王"②，常常在宫廷中身着僧服亲习密宗，这也使藏传佛教在京城盛行一时。

早在入关前，原称后金国的清朝已与西藏修好，定鼎北京后更与藏族宗教上层人士频繁往来。此后，为了安抚喇嘛教盛行的西藏、青海、蒙古等地区，在统治北京的210余年中，清廷也重修、新修了不少喇嘛庙，进一步促进了藏传佛教在京师的发展。

位于今西城区新街口大街的护国寺，即清朝重修喇嘛庙的代表。此庙始建于元代，初称崇国寺，明英宗正统四年（1439年）改称崇恩寺，明宪宗成化八年（1472年）改称隆善护国寺。明武宗崇信藏传佛教，此寺当时声名鹊起，成为名闻遐迩的皇家巨刹。清康熙六十年（1721年），玄烨应蒙古王公之请重修此寺，这里再度成为喇嘛教的香火圣地。

位于今西城区鼓楼外大街的黄寺，即清朝新建喇嘛庙的代表。此庙分为同垣异构的东、西两部分，是喇嘛教领袖莅临北京的驻锡之地。喇嘛教主要教派为格鲁派，俗称黄教，故此这两寺统称"黄寺"，又称双黄寺。

---

① 《明史·聊让传》。

② 《明史·刘春列传》。

顺治九年（1652年），五世达赖喇嘛阿旺·罗桑嘉措不远万里来到北京朝觐清帝，顺治敕令为其仿照布达拉宫建造一座规模宏大的寺庙，这就是黄寺。"十二月，达赖至，谒于南苑，宾之于太和殿，建黄寺居之"[1]，五世达赖在黄寺住了数月之久，多次在这里讲经布道。达赖返藏后，该寺成为来京朝觐的西藏专使的驻地，善男信女往来不息。乾隆四十五年（1780年），六世班禅来京朝贺乾隆帝七十寿诞，乾隆将黄寺重新修缮一新并加建牌坊，供六世班禅居住。不幸的是六世班禅在京期间突染天花，未久圆寂，乾隆帝甚为悲痛，特颁旨在西黄寺建造了一座"清净化城塔"以葬其衣冠。

作为喇嘛教最高领袖的驻锡之地，双黄寺规模宏大，金碧辉煌，壮丽之极。惜晚清咸丰年间此寺遭到英法联军的劫掠破坏，日本侵华期间再度遭受摧残，以至破败不堪，后来终被全部拆除。幸而象征满、汉、藏、蒙友谊的"清净化城塔"如今还在，总算给历史留下了些许纪念。

雍和宫也是喇嘛教在京城的一处重寺，但其来历却较为特殊。此宫位于东城区安定门内，原为康熙四子胤禛的亲王府。胤禛即位后改年号为雍正，其府邸成为他的行宫，赐名雍和宫。雍正驾崩后，乾隆帝为了纪念笃信佛教的雍正爷，于乾隆九年（公元1744年）颁旨把雍和宫改建成喇嘛庙，仍叫雍和宫。此宫占地4.5公顷，分东、中、西三路，是北京城现存规模最大的喇嘛庙。原来其主殿覆盖的是绿琉璃瓦，雍正死后因停放其灵柩于此，全部改覆黄琉璃。在成为喇嘛庙后，雍和宫红墙黄瓦依旧，地位之尊在北京同类庙宇中首屈一指。

清代北京修建的佛寺尚多，不胜枚举。据乾隆十五年（1750年）《京师乾隆地图》的标注，当时京城内外的寺庙可以落到实处的竟有1320座[2]，可谓洋洋大观。这固然是对各类宗庙的综合统计，但佛寺无疑是其中的主项。在星罗棋布的梵宇中，若论规格之高、规模之大，自以皇家兴建的喇

---

[1] 《清史稿·西藏传》。

[2] 侯仁之主编、唐晓峰副主编：《北京城市历史地理》，北京燕山出版社，2000年，第201页。

嘛庙为著,但若以数目之多、分布之广,则显然以民间修建的汉传佛寺为著。据统计,在上述 1320 座宗庙中,仅民间的观音庵就占了 108 座,这便是一个极好的说明。

2 道教及其庙宇

道教是四大宗教中唯一一个中国本土的宗教,源起于先秦黄老之学和方士仙道。黄老之学是道家的本宗,以黄帝和春秋时代的老子为创始人,主张清净养生、无为而治。西汉初期,汉王朝推行黄老的"无为而治"学说,促进了社会的稳定和发展,黄、老之学盛极一时。方仙道是由方士倡导的神仙灵怪之说,兴起于战国时代。它综合了中国古代的鬼神思想、巫祝之术和阴阳五行的谶纬学说,宣扬世人可以修炼成仙,长生不老。

黄老之学所宗的老子虽然生长在楚国,其所祖的黄帝却勃兴于燕地,说已见第二章第三节。至于方仙道,其借助的一大自然现象即茫茫大海中的海市蜃楼奇观,藉此鼓吹渤海中有蓬莱、方丈、瀛洲三仙山,山上有仙人,植有长生不老之药,食之可以长寿。而当时东临浩瀚渤海的,恰是燕、齐两国,故此方士以燕、齐两地为多,尤以燕地为盛。《史记·封禅书》云:"宋毋忌、正伯侨、充尚、羡门高最后皆燕人,为方仙道,形解销化,依于鬼神之事。"以上说的著名方士个个都是燕人。因此,无论就道家的渊源而言,抑或就方士的基础而论,燕地都是道教文化的重要发源地。

一般认为,道教肇起于张道陵创建的五斗米道,时在东汉中叶顺帝朝(公元 126 年 ~ 145 年)。此后不久,张角创立了道教中的太平道,于汉灵帝中平元年(公元 184 年)率部众三十六方"皆著黄巾,同日反叛"[1],发动了著名的黄巾起义。张角是河北巨鹿人,幽州是义军的主要基地,幽州刺史郭勋及广阳郡太守刘卫就是被黄巾军处决的。南北朝时期,幽州上

---

① 《后汉书·孝灵帝本纪》。

谷郡人寇谦之重振太平道，提出以封建"礼度"和儒家"佐国扶命"思想为主旨的新教义，得到了北魏太武帝拓跋焘的大力扶持。太武帝尊寇谦之为国师，在魏都平城建立了天师道场，还按道教之义于公元440年改年号为"太平真君"，使道教在北中国迅速传播开来。

下迄唐朝，李氏皇室"自以李氏老子之后也"①，奉老子为先祖。老子姓李名耳字聃，著有《道德经》五千余言，是道家和道教的始祖。李唐既以李耳为先祖，故而奉道教为李氏宗教，对老子和道教都给予了极特殊的优渥。在唐朝统治的近三百年间，"推崇老子道，好神仙事，广修祠祭，靡神不祈"②，道教的发展一度臻于极盛，其中的典型事例有：

高祖李渊肇基不久，便于武德七年（624年）"幸终南山，谒老子庙"③，又于翌年规定了道先、儒次、佛后的尊卑次序，确立了道教的主导地位；

太宗李世民贞观十一年（637年）特赐"给亳州老子庙、兖州孔子庙户各二十以奉享"④；

高宗李治乾封元年（666年）封老子为"太上玄元皇帝"⑤，又于仪凤三年（678年）五月颁诏"自今已后，《道德经》并为上经，贡举人皆须兼通"⑥；

武则天主政后褒扬老子之母，于光宅元年（684年）"追尊老子母为先天太后"⑦；

中宗即位后复李唐国号，一切恢复到武则天以前的状况，并特别强调

① 《新唐书·礼乐志十一》。

② 《新唐书·王玙传》。

③ 《旧唐书·高祖本纪》。

④ 《新唐书·太宗本纪》。

⑤ 《新唐书·高宗本纪》。

⑥ 《旧唐书·礼仪志四》。

⑦ 《新唐书·则天皇后本纪》。

"老君依旧为玄元皇帝"①；

　　玄宗李隆基于开元二十九年（741 年）"诏两京及诸州各置玄元皇帝（老子）庙一所，并置崇玄学。其生徒令习《道德经》及《庄子》、《列子》、《文子》等"②，后取道教之义改元"天宝"，并于天宝十三年（754 年）加老子尊号为"大圣祖高上大广道金阙玄元天皇大帝"③，还亲自为老子的《道德经》作注。

　　由此唐朝在全国展开了广修道观的热潮，其中便包括了北京地区。唐玄宗开元二十七年（739 年），今西便门外白云观西建造了一座道观，称天长观，这就是名冠中华的白云观的前身。现白云观内有一座汉白玉石雕的老子坐像，是白云观的镇山之宝，相传就是唐天长观的遗物。

　　辽、金统治集团原居塞外，浩瀚荒漠上时或可见海市蜃楼奇观，这正好应和了道教鼓吹的神仙之说。再加上道教蕴含的鬼神思想、巫祝之术相当接近北方民族崇信的萨满教，道家的清静无为思想更有益于缓解各种社会矛盾，是故在辽金统治的数百年中，幽燕地区的道教也十分活跃。

　　辽朝开国伊始，太祖耶律阿保机便于神册三年（918 年）五月"诏建孔子庙、佛寺、道观"④，制定了儒、释、道三教并举的方针。此后，辽朝的许多皇帝既崇信佛教，又崇信道教，以至南京城内道观与佛寺皆得以昌盛。《辽史·地理志四·南京道》云：南京城内"坊市、廨舍、寺观，盖不胜书。"以上"盖不胜书"的，就既有佛寺，又有道观。《顺天府志》卷八载：天长观"肇基于唐之开元，复于咸通七年，辽摧圮，（金）大定初增修。"据此文，可知天长观一度曾摧圮于辽，但这同时也证明它一直沿用到了辽，曾是辽南京的重要道观之一。

---

　　① 《旧唐书·中宗本纪》。

　　② 《旧唐书·礼仪志四》。

　　③ 《旧唐书·玄宗本纪下》。

　　④ 《辽史·太祖本纪上》。

　　《大金国志·道教》云："金国崇重道教，与释教同。自奄有中州之后，燕南、燕北皆有之。"可见道教在金朝也十分兴盛。继海陵王之后，金世宗再次定鼎中都，而为了缓和社会矛盾，他提倡节欲和清静无为，故此抑佛扬道，更加推进了道教的发展。《金史·石琚传》载：金世宗大定七年（1167年）"天长观灾，诏有司营缮，有司辟民居以广大之，费钱三十万贯。"金世宗令有司复建被大火焚烧的天长观，并在原址上拆除民房以扩充之，就是金廷扶持道教的一例。此工程历时八年完成，所费不赀，奠定了天长观作为金朝最大道场的地位。此后，金章宗在天长观西的高台上再次重建此观，并"赐天长观额为太极宫"[1]，天长观遂改名为太极宫。除了太极宫这一中心道观外，金中都还建有其他许多著名道观，如崇福观、修真观、玉虚观等。金承安二年（1197年），全真教首领之一的王处一应诏来中都，金章宗"赐崇福、修真二观任便住"[2]，这里便提到了崇福观和修真观。金泰和二年（1202年）十一月，金章宗"幸玉虚观"[3]，这里又提到了玉虚观。

　　在道教北宗的基础上，金朝兴起了一个新的道教门派，此即南派的全真道。其开山祖师是山东宁海（今山东牟平）人王喆，别名王重阳，自称"重阳子"。他的居庵名全真堂，凡入道者皆称全真道士，故此得名。此门派的最大特点是提倡儒、释、道三教合一，主张以老子的《道德经》、儒家的《孝经》、佛家的《般若波罗蜜多心经》为经典，从中汲取不同养分，以达"全真"之效。此外它摒弃虚妄，不求道教梦想的长生不老，不尚符箓及黄白之术，着重个人的内心潜修和修身养性，对于养身的气功也颇有建树。作为中国土生土长的宗教，能够主动接纳外来的佛教并包容儒教，兼收三种不同教义，是全真教的推陈出新之处，也是它的高明之处。特别是"三教合一"的宗旨融合了社会各阶层的精神需求，为后世倡导的"以

---

① 《金史·章宗本纪三》。

② 《日下旧闻考》卷九十四引《元光集》。

③ 《金史·章宗本纪三》。

儒治国，以道治身，以佛治心"提供了理论依据，成了当时条件下最先进的宗教思想潮流。

因此，全真道甫一问世便香火鼎盛，受到了各方面的欢迎，并深得金廷的青睐。王重阳羽化后，其弟子王处一、丘处机先后被金廷召至中都传道，丘处机还奉旨主持了中都城的吉庆盛典，使全真道在北中国声名大振。金朝末年，社会动荡不安，天灾人祸铺天盖地，很多人为了寻求心灵的寄托加入了全真道。潮流所至，新兴的蒙古帝国也接纳了全真道，把它当作了一大精神武器。

早在西征花剌子模国时，元太祖成吉思汗就听说丘处机精通"长生不老之术"和"治天下之术"，于是写了一封言辞恳切的诏书，派大臣前往内地邀请丘处机。丘处机当时已接任全真教第五代掌门人，此前金朝、宋朝"俱遣使来召"，丘处机皆不赴命，但此番奉召，72 岁的丘处机竟欣然允诺，于 1219 年腊月率领十八位弟子从山东启程西行。这一行人先于次年抵达蒙古治下的燕京，而后从这里踏上万里征程，逾葱岭来到中亚的撒马尔罕，最后于 1222 年夏天跋涉到大雪山（今阿富汗兴都库什山），在昆都斯大营朝见了成吉思汗。丘处机师徒此行历经数载，"经数十国，为地万有余里，盖蹀血战场，避寇叛域，绝粮沙漠，自昆仑历四载而始达雪山"，一路备尝艰辛。他们的足迹遍及今蒙古、吉尔吉斯斯坦、哈萨克斯坦、乌兹别克斯坦、阿富汗等国，路途之遥甚至在唐玄奘西行取经之上。

仙风道骨、童颜鹤发的古稀老人丘处机的到来，令成吉思汗大为慑服，曰"天锡仙翁，以瘳朕志"，从此尊他为神仙，向他虔心讨教治国与长生之道。丘处机趁机劝诫成吉思汗说："欲一天下者，必在乎不嗜杀人。及问为治之方，则对以敬天爱民为本。问长生久视之道，则告以清心寡欲为要"，反复宣传了不嗜杀和清静无为的思想。成吉思汗年间，蒙古大军东征西讨，灭国无数，所到之处莫不大开杀戒，不少地方的居民被斩尽杀绝。丘处机之言打动了成吉思汗，从此下令止杀，对遏制蒙古大军的残暴行为起到了一定作用。清乾隆帝在造访白云观丘祖殿时，情不自禁地赞叹说："一言止杀，始知济世有奇功。"

在蒙古大汗身边陪侍了一年多后，不顾成吉思汗的百般挽留，丘处机决意东归本土。行前成吉思汗封他为国师，赐号长春真人，总领道教，颁给虎符玺书，还把原来金中都的太极宫改为长春宫，供其居住使用。成吉思汗十八年（1223 年），丘处机返回燕京，"时国兵践蹂中原，河南、北尤甚，民罹俘戮，无所逃命"。丘处机凭借虎符玺书，解救了大批劫后余生之人，使"为人奴者得复为良，与滨死而得更生者"，总数不下两三万人。明朝编撰的《元史·释老传》称，丘处机的善行"中州人至今称道之"。全真道因此大得人心，成为驰名天下的第一道派，长春观也成为全国道教的中心。丘处机仙逝后，其弟子在长春宫东侧新建了一处"处顺堂"以葬其灵柩，并以此堂为中心修建了白云观。

元代与全真教并存的另一大道派即天师道，又称正一道。此道派也兴起于南方，以江西龙虎山的"上清宫"为本山，掌门人为张道陵的后裔，自称天师。至元十三年（1276 年），元世祖召见张道陵第三十六代孙张宗演，敕封他为第三十六代天师，算是正式承认了张道陵子孙的"天师"称号，并命其"领江南诸路道教"[1]。至元十八年（1281 年）、二十五年（1288 年），张宗演多次奉召入觐，后"宗演还江南，以其弟子张留孙留京师"[2]，天师道从此驻足元大都。"是时天下大定，世祖思与民休息，留孙……因论黄老治道贵清净、圣人在宥天下之旨，深契主衷"[3]，为此元廷特为天师道在上都和大都各建了一座崇真宫，由张留孙主持。元成宗大德八年（1304 年），授张宗演次子张与材"正一教主，主领三山符箓"，天师道从此又称正一道。元成宗大德年间加封张留孙为"玄教大宗师，同知集贤院道教事，

---

① 《元史·世祖本纪六》。

② 同上注。

③ 《元史·释老传》。

且追封其三代皆魏国公，官阶品俱第一"，正一道在京城的地位更加显赫。

立足既稳后，张留孙着手在大都城筹建主祀东岳大帝的庙宇，后由其弟子吴全节接替完成。在道教教义中，东岳泰山乃群山之祖、五岳之宗，又是所谓天帝之子、神灵之府，总领七十二司，主掌人们身前的世俗尊卑和死后的地狱次第，故被尊为"东岳大帝"。此庙建成于元至治三年（1323年），朝廷赐名为东岳仁圣宫。自此而始，今朝阳门外大街路北又多了一座闻名遐迩的道教重观。

除了全真教的长春宫及白云观、正一教的崇真宫和东岳庙，元大都城内的重要道观还有真大教的天宝宫和玉虚观。真大教始兴于金季，由道士刘德仁所创。"其教以苦节危行为要，而不妄取于人、不苟侈于己者也。五传而至郦希成，居燕城天宝宫"①。元宪宗蒙哥汗时，"授希成太玄真人，领教事，内出冠服以赐；仍给紫衣三十袭，赐其从者"，真大教由此得到政府的正式接纳。世祖年间"命其徒孙德福统辖诸路真大道，……赐银印二"，此后三传至张清志，"其教益盛"。真大教的活动中心是天宝宫、玉虚观，它们亦随之香火鼎盛。

在元的基础上，明京师的道教也取得了相应发展。朱明王朝兴起于南方，江南正一道因此捷足先登，在朱元璋称帝前就与其结缘。《明史·方伎列传》云："张正常，字仲纪，汉张道陵四十二世孙也。世居贵豀龙虎山。元时赐号天师。太祖克南昌，正常遣使上谒，已而两入朝。"此后朱元璋登极大宝，天师张正常入朝拜贺，太祖敕曰："'天有师乎？'乃改授正一嗣教真人，赐银印，秩视二品。"当时全国尚未统一，正一道就取得了明廷的承认并得到了相当正二品的"真人"封号，地位之高已远超北方全真道。

与朱元璋发迹于南方不同的是，明成祖朱棣是由封在燕地起家的，之后战胜南方的建文帝取得了帝位。他自认为这是得到了道教中代表北方七

---

① 《元史·释老传》。

宿的玄天真武大帝的庇佑，因此在迁都北京后，特意在紫禁城北端建造了一座钦安殿，专祀道教的真武大帝，由此道教堂而皇之地走进了明宫廷。

成祖之后，英宗、世宗等人也笃信道教，正一道则凭借和皇室的渊源关系，频繁往来宫禁并干预朝政。特别是明世宗嘉靖皇帝，力求羽化成仙，痴迷道教到了无以复加的程度，竟然为了打坐修仙二十几年不上朝，把个紫禁城当成了天下最大的道场。一时间，"方士如陶仲文、邵元节、蓝道行之辈，纷然并进，玉杯牛帛，诈妄滋兴。凡此诸人，口衔天宪，威福在手，天下士大夫靡然从风"[1]，至此道教在京师既盛行一时，也为害一时。

《明史·礼志四》云："今朝阳门外有元东岳旧庙，国朝因而不废。"正一道在明京师的得势，促进了东岳庙的发展，使其不但沿用不废，规模也更胜从前。东岳庙一次大的扩建发生在正统十二年（1447年），明英宗命在庙的两庑增设了七十二司和帝妃行宫，将大殿命名为岱宗宝殿。又一次大的修缮发生在万历三年（1575年），明神宗奉太后之命发宫帑对东岳庙做了全面修葺。

全真道的长春宫在元朝末年毁于兵火，明成祖永乐年间以处顺堂为基础重新修建，正式更名为白云观。至此，从唐玄宗开元年间起，历经五代、辽、金、元、明数朝，在相继称为天长观、太极宫、长春宫之后，北京地区的这座道观最终得以定名，并且至今相沿不改。此观是全真道的本山，又是丘处机的葬处，堪称全真道的祖庭，素有"全真第一丛林"之誉。

此外，痴迷道教的嘉靖帝还在皇城内建造了不少道教殿宇，如元都殿、太极殿、紫皇殿、真庆殿、寿清宫、乾光殿、大高元殿等，但在他死后大多拆除，唯独"大高元殿以有三清像设，至今崇奉尊严。……且往岁世宗修玄御容在焉，故亦不废"[2]。此殿即大高玄殿，位于皇城之内的北海以东、景山以西，始建于明嘉靖二十一年（1542年），因大殿的临街大门是并排

---

① 《明史·佞幸传》。

② ［明］沈德符：《万历野获编》卷二《斋宫》。

的三座门，故俗称"三座门"。其整个殿宇占地约 1.3 万平方米，总建筑面积约 5300 平方米，最近已划归故宫，有望于不久后对外开放。

清人入关后，顺治帝先后三次赐白云观主王常月紫衣，康熙帝也对王常月予以褒封，表明了清廷对道教的认同。对于全真道、正一道的两大标志性建筑，清廷也是呵护有加。康熙三十七年（1698 年）东岳庙毁于火，康熙帝随即出资重修，乾隆、道光年间也多次加以修葺。乾隆二十一年（1756 年）、五十二年（1787 年），清廷两次敕修白云观，康熙、乾隆还向这座道观颁赐了"御书联额并御制碑"①，以示恩泽广被。

但在对道教予以接纳的同时，鉴于明世的教训，清廷却对道教紧紧关闭了宫门，杜绝道士进入皇室。据《清史稿·职官志一》记载，清廷"先是依明制，凡乐官祀丞概用道流"，但到乾隆七年（1742 年），特颁旨"诏禁太常乐员习道教，不愿改业者削籍"，禁绝宫廷乐员和道教有染。事情既然做到了这一步，清廷对道教的防范可想而知。

然而，正是由于皇家宫廷的禁绝，反倒促使土生土长的道教更加深入民间，成了京师坊间的一大热门教派。表现之一是，道教在清朝更加世俗化，诸如保佑子孙繁衍的天仙圣母碧霞元君、执掌读书人科名禄位的文昌梓潼帝君、主管当年出生的人的寿限荣禄的本命星神等，在民间都得到了广泛崇祀，所在之处无不香烟缭绕。表现之二是，面向普通市民的道观庙会也于清朝蓬勃兴起。

每逢新春佳节和重要节庆，清京师的道观便会集四方百货、各色小吃、诸般艺人于一处，举行融进香、购物、娱乐、饮食为一体的庙会。庙会举办之日，京城上下倾巢出动，车驾如梭，游人如织，热闹非凡。老北京人有一句顺口溜说："财神庙里借元宝，觉生寺里砍大钟；东岳庙里拴娃娃，白云观里去顺星；城隍庙里看火判，崇元观里看花灯；火神庙里晾宝会，

---

① 吴长元：《宸垣识略》卷十三《郊坰二》。

庙会最盛是帝京。"以上所述就是清京师的著名庙会，其中只有"觉生寺里砍大钟"是佛寺举办的庙会，其他都是道观举办的庙会。

正月中旬举办的白云观庙会，是道教庙会中的荦荦大者，也是清京师最著名的庙会之一。正月十九是长春真人丘处机的生辰，传说届时他将幻化成凡人降临此观，故正月十九是白云观庙会的高峰。此时不但道众齐聚于此，市民亦彻夜守望，祈盼神仙降福。时辰一到，翘首以待的人们东寻西找，忽以某"趺坐蒲团不动唇"的道士为下凡的丘处机，忽以某藏身桥洞的乞儿为幻化的真人，别有一番热闹景象。康熙年间，《桃花扇》作者孔尚任曾与八位诗人同游白云观庙会，留下了《燕九雅集》诗集，对白云观庙会做了种种妙趣横生的描述。

道教是多神教，崇奉的"神"和"仙"很多。"仙"是散淡游侠，宛若人间雅士，不主俗务；"神"则各有职司，有如人间帝王将相，执掌凡尘俗事。如同凡间的官吏无处不在一样，道教的执事神亦多，有火神、门神、灶神、财神、药王神、蚕神、城隍神、土地神等等，不胜枚举。这些神祇在古代北京大多皆有崇祀，尤以城隍神、火神及碧霞元君的庙祀最具代表性。

古代称无水的护城壕为"隍"，"城"与"隍"相连便成为地方守护神的代名词。城隍执掌的事务甚多，比人间的地方官更为忙碌。如城池守卫、地方治安、调和风雨、除暴安良、管理亡魂及安邦护国等，无不在城隍管辖的范围内。古代各级地方官吏赴任后，首先要到城隍庙宣誓就职，以求当地城隍神的庇佑，足见城隍影响之大。

北京的城隍因是都城的守护神，地位非同一般，故称"都城隍"。《明史·吉礼三》载：明朝"以五月十一日为神诞辰，故是日及节令皆遣官祀。"这就是明廷对都城隍的崇祀，可见对这个地方神的祭祀已经纳入了国家祀典。清朝时"顺治八年仲秋，遣太常卿致祭（都城隍），岁以为常。用太牢，礼献如祀先医。万寿节遣祭，加果品。雍正中，改遣大臣，嗣复命亲王行礼"①。据此可知，清廷对都城隍的祭祀更胜一筹，已升格为亲王致祭，祀以太牢。史载"京师都城隍之神者，旧在顺天府西南"②，北京的这座皇家都城隍庙位于西城区复兴门内成方街，建于元世祖忽必烈至元四年（1267 年），迄今已有七百余年历史。庙内现存明、清两朝皇帝的御笔碑铭，其中康熙皇帝的亲笔题联是："保障功隆，俎豆千秋修祀典；邦畿地重，灵威万国仰神明。"

对火的崇拜是世界各古老民族的普遍习俗，道教也从一开始就将它纳入了自身的崇祀范围。道教尊火神为火德真君，其庙宇称火德真君庙，俗称火神庙。古代北京的火神庙甚多，到清朝时已多达数十座，其中历史最悠久也最具代表性的即地安门外什刹海东岸的火神庙。此庙始建于唐贞观年间，于明万历三十三年（1605 年）整体重修，此后又经过多次翻修。《清史稿·吉礼三》载："康熙初，定岁六月二十三日遣太常卿祭，后改遣大臣。用少牢。雍正中，改太牢。帛初用白，乾隆中改用赤。余如祀北极仪。"可见清朝还把对火神的崇祀纳入了官方祀典的范围。随着崇祀规格的提高，什刹海火神庙的山门及部分后殿改覆黄琉璃瓦，标志了它的非同一般。

正如清人励宗万《京城古迹考》所云："都人最重元君庙"③，北京民间最重的，还是天仙圣母碧霞元君庙。天仙圣母碧霞元君简称元君，传说是东岳大帝之女，俗称"泰山娘娘"。供奉她的庙称"娘娘庙"，分布在北京各不同角落。著名道观白云观的西路有一座单独的殿宇，殿中塑有天仙圣母碧霞元君像，就是一处元君殿。于此之外，北京地区最名闻遐迩的元君庙，则当数京西妙峰山上的碧霞元君庙。妙峰山是北京小西山的一部分，四周群峰巍峙，古松漫野，风光旖旎。元君庙高踞于妙峰山之巅，始建于明朝，主要建筑有四处殿院，颇为壮观。道教认为，圣母碧霞元君是孳生

---

① 《清史稿·吉礼三》。

② 《明史·吉礼三》。

③ 励宗万：《京城古迹考》，北京古籍出版社，1981 年，第 6 页。

万物的女神，可御灾防患、庇佑群婴，因此每逢妙峰山开庙，"男女奔趋，香会络绎，素称最胜"[①]。

道观中还包括了相当数量的关帝庙，说已见前。明朝之前关羽已被加谥为王，成了儒、释、道三家争相尊奉的神祇。明万历年间，道士张通元请晋关公为帝，明神宗从其请，敕封关公为"协天护国忠义帝"、"三界伏魔大帝神威远震天尊关圣帝君"。从此道教捷足先登，堂而皇之地将关公纳入了自身的崇祀范围，京城四隅也处处建起了道教的关帝祠。

道教尊奉的还有财神、福禄寿三仙等，不一而足。正是这些神人、仙人的庙宇和白云观、东岳庙等一道，共同组成了古代北京丰富多彩的道教文化景观。

3 伊斯兰教及其清真寺

伊斯兰教兴起于七世纪初叶的阿拉伯半岛，此后不久，阿拉伯使者和商人就把它带到了向世界敞开胸怀的大唐帝国。《旧唐书·大食列传》载："大食国，本在波斯之西。……永徽二年，始遣使朝贡。"这是有史可稽的阿拉伯帝国与中国官方正式交往之始，其大食国便泛指阿拉伯帝国及与之相邻的伊斯兰民族。唐高宗永徽二年即公元651年，从这时起直到唐德宗贞元十四年（798年）止，在近一个半世纪中，有文献记载的大食国遣唐使就多达39批[②]，开创了中国与西方世界交往的新纪元。安史之乱时，唐肃宗至德二年（757年）"率朔方、安西、回纥、南蛮、大食等兵二十万以进讨，……败贼将安守忠，斩首六万级"[③]，大食国还派兵参加了平叛战争。

随着唐与大食国的频繁往来，东西方关禁大开，陆路与海路的"丝绸之路"空前繁荣。《新唐书·大食列传》载："开元盛时，税西域商胡以供四镇，

---

① 潘荣陛：《帝京岁时记胜》，北京古籍出版社，1981年，第19页。

② 佟洵等编著：《北京宗教文物古迹》，光明日报出版社，2004年，第127页。

③ 《新唐书·肃宗本纪》。

出北道者纳赋轮台。"唐玄宗开元元年为公元713年，上距唐高宗永徽二年仅半个多世纪。此时"西域商胡"的税收竟然已能够支撑唐朝四大军事方镇的巨额开支，足以想见往来的商旅已达到了何等程度。

伴随胡商滚滚东来的，就是他们崇信的伊斯兰教。伊斯兰教在中国旧称回教、清真教或天方教，寺庙称清真寺或礼拜寺。北京地区清真寺的面世，最早或可追溯到辽圣宗统和中期，说已见第六章第四节。此后伊斯兰教的大规模传入北京，是在蒙古初年的成吉思汗时期。当年成吉思汗崛起后，率领蒙古铁骑横扫欧亚大陆，打通了中国与中亚、波斯、阿拉伯等地的联系，大批葱岭以西各族穆斯林涌入中国。这些人在元帝国享有仅次于蒙古人的特权地位，这使他们一改往日的侨民身份，堂而皇之地成了元朝及元大都的新的主人。据元世祖年间的统计，当时中都路一地登记在册的回回人已达2953户[①]，总人口当以万计。政治地位的优越促进了宗教的发展，伊斯兰教随之在大都城蓬勃兴起。据文献的记载，元大都的清真寺当时一下子冒出了35座[②]，恰如雨后春笋。影响所及，甚至一些蒙古帝王也开始崇信伊斯兰教，元太宗窝阔台即其中之一，忽必烈之孙安西王阿难答也是虔诚的伊斯兰教徒，这都加速了伊斯兰教的传播。

元朝末年，许多回回族加入了朱元璋的起义大军，有的还因战功卓著成为开国元勋，一代名将常遇春就是其中之一。史称此人"沉鸷果敢，善抚士卒，摧锋陷阵，未尝败北"，死后被"追封开平王，谥忠武，配享太庙，肖像功臣庙，位皆第二"[③]。回回人的协助，使朱元璋在明朝开国后很快认同了色目人的国民身份，诏曰"色目人既居我土，即我赤子"[④]，使他们正式成为中华大家庭的一员。伊斯兰教在明朝也取得了较大发展，不仅成为

---

①　王恽:《秋涧先生大全文集》卷八八《乌台笔补》。

②　刘致平:《中国伊斯兰教建筑》，新疆人民出版社，1985年，第4页。

③　《明史·常遇春传》。

④　《明太祖实录》卷三十。

回族的宗教，还在西北各地乃至云南等地广为流传，成为维吾尔、哈萨克、乌孜别克、柯尔克孜、塔吉克、塔塔尔、东乡、撒拉、保安等民族共同的宗教。京师北京的清真寺也愈见兴隆，规模和影响不断扩大，还出现了皇家敕建的四大官寺。

清朝定鼎北京后，对回族依然采取了怀柔之策，保障了他们的合法权益及宗教信仰。牛街礼拜寺东大厅现保存着一方"康熙圣旨牌"，上云："通晓各省：如官民因小不忿，借端虚报回教谋反者，职司官先斩后奏。天下回民各守清真，不可违命，勿负朕恩有爱道之意也。钦此钦尊。"由此可见，康熙帝曾严令打击对回民造谣中伤者，准许一经发现即可"先斩后奏"，并借此诏告天下回民各安本分，"各守清真"。此外，康熙帝还赐给牛街清真寺优质合金铜铸造的大铜锅、御制黄绿釉陶香炉，以及"敕赐礼拜寺"和"达天俊路"的御书匾额等，以示"朕恩有爱道之意"。在清廷保护下，伊斯兰教步入了新的发展期，各地清真寺的兴建也掀起了一个新高潮。

清京师的清真寺难以胜数，可以说何处有穆斯林社区，何处就有清真寺。其中绝大多数是穆斯林集资建造的，规模大小也随穆斯林社区居民的多寡而定。在这些星罗棋布的清真寺中，执牛耳者无疑是明代流传下来的四大官寺，此即牛街清真寺、东四清真寺、锦什坊街普寿寺和德胜门外法明寺。其中历史最悠久、影响最深远的，则首推牛街清真寺及东四清真寺。

牛街清真寺位于广安门内牛街，地处原辽南京城内，而且就位在城市的中心。据现存文献记载及学者考证，它始建于辽统和年间[1]，为辽代入仕的阿拉伯学者纳苏鲁丁所建，距今已有一千余年历史。开始时该寺较为狭小，后经元朝和明朝的扩建翻修，特别是经过明宣德二年（1427年）、正统七年（1442年）的两次增修，规模不断扩大。明成化十年（1474年），"都指挥詹升为牛街礼拜寺题请名号，奉敕赐名'礼拜寺'"[2]，牛街清真寺由

---

① 曹子西主编：《北京通史》第三卷，中国书店，1994年，第4页。
② 彭年编著：《北京的回民和伊斯兰教史料汇编》，内部刊物，1996年，第329页。

此成为皇室敕建的官寺。明万历四十一年（1613 年），牛街清真寺的大殿再度扩建，并于两侧接建了围廊，还新建了两座碑亭，面貌焕然一新。及至清朝，牛街清真寺的大规模扩建与修缮分别发生在康熙十五年（1676 年）和康熙三十四年（1695 年），后一次增修还把大殿接出了面阔三间的报厦①。至此，牛街清真寺成为京城最大的清真寺，仅大殿就阔达 600 平方米，可供千人礼拜。

东四清真寺坐落在东四南大街，相传始建于元代，寺内至今仍保存着写成于元延祐五年（1318 年，伊斯兰教历 718 年）的手抄本古兰经。该寺一次大的重修是在明英宗正统十二年（1447 年），由后军都督同知陈友捐资重建。此后它也和牛街礼拜寺一道，于明成化年间经都指挥詹升的奏请成为敕建官寺。该寺又名法明寺，坐西朝东，三进院落。其主体建筑为礼拜大殿，属中国庑殿式建筑，高 15 米，面积 480 平方米，可同时容纳 500 人礼拜。礼拜大殿后有一座窑殿，是阿訇主持重大仪式及讲经宣教的地方。此殿呈穹窿形，顶部无木梁，素称无梁殿。其六个穹门是典型的阿拉伯式建筑，穹顶中心则为中国传统的"藻井"式装饰。两种建筑风格有机地融合在一起，天衣无缝地造就了一座"中西合璧"的完美建筑②。

古代北京的清真寺还有很多，远近闻名的也不少。仅就明代而言，除了敕建的四大官寺外，还有花市清真寺、教子胡同礼拜寺、前门外笤帚胡同清真寺、阜成门外三里河永寿寺、二里庄清真寺、蓝靛厂清真寺、长营清真寺等③，清代新建的更是不一而足。如同牛街清真寺和东四清真寺一样，这些清真寺大多是中国古典建筑和伊斯兰建筑相结合的产物，是中国文化和阿拉伯文化的共同结晶。

---

① 《北京宗教文物古迹》，第 168 ~ 169 页。

② 《北京宗教文物古迹》第 179 ~ 183 页。

③ 《北京宗教文物古迹》第 132 页。

4 基督教及其教堂

基督教为犹太人耶稣基督所创，源起于公元 1 世纪。公元 5 世纪初叶，君士坦丁堡主教聂斯托利创立了一个新的基督教派，不断东扩，最后经叙利亚和波斯等地传入中国，时称景教。据陕西省碑林博物馆所藏《大秦景教流行中国碑》的记载，唐太宗贞观九年（635 年），西方大秦国主教阿罗本"占青云而载真经，望风律以驰艰险"，不远万里来到长安。唐太宗对这个来自远方的不速之客优礼有加，请他在皇家藏书楼翻译《圣经》，准他建寺传教，还拨专款在长安为他建造了首座景教教堂[①]。

唐太宗对景教的大度包容，表现了唐朝在文化上的开放与自信，而这一气度也为此后诸帝所继承。

高宗时下诏任命阿罗本为景教大总管，准其在诸州建寺院，由此使景教从长安流向各地；

玄宗时常常诏景教僧人入兴庆宫做礼拜，还令众亲王在景教寺内建坛场；

肃宗时特意降旨在灵武等五郡重建景教寺院，扩大了景教的营地；

代宗时"颁御馔以光景众"，在寿辰时用颁赐御馔的方式表示了对景教僧人的格外恩宠；

德宗时对景教僧人伊斯委以重任，官拜朔方节度副使，令其辅佐郭子仪处理军政要务[②]。

总之，在太宗、高宗、玄宗、肃宗、代宗、德宗等唐帝的相继扶持下，从异域凌空而降的景教甫一入华便得以立足，很快在汉地流传开来。据《大秦景教流行中国碑》记载，高宗李治时"于诸州各置景寺……法流十道，

---

① 向觉明：《西亚新宗教之传入长安》，《燕京学报》专号之二，1933 年 10 月版；贺忠辉：《"大秦景教流行中国碑"的历史价值》，《文史杂志》1987 年 6 期。

② ［英］阿·克·穆尔著，郝镇华译：《1550 年前的基督教史》，中华书局，1984 年，第 43 页。

寺满百城"。以上"诸州各置景寺"云云，说明景教当时已遍及全国的十道、百城，其中当然也包括了唐朝重镇幽州城。

在景教辗转流传了二百余年后，唐代出现了一个排斥外来宗教的皇帝，此即唐武宗。在他看来，"我高祖、太宗，以武定祸乱，以文理华夏，执此二柄，足以经邦，岂可以区区西方之教，与我抗衡哉"[①]，于是在会昌五年（845年）下诏禁教，除道教之外一概禁绝了佛教、景教、摩尼教、祆教和回教。此后景教转向长城以北的草原民族传播，成了一些蒙古部落崇信的宗教。元睿宗拖雷的庄圣皇后怯烈氏"生子宪宗、世祖，相继为帝"[②]，她就是一个虔诚的景教徒。定宗孛儿只斤贵由也崇信基督教，任用了不少基督徒做朝廷重臣。在蒙古大军远征欧洲时，不少西方的基督徒和俄罗斯的东正教徒裹挟进来，更增强了基督教在蒙古人中的传播。当元朝统治者迁都元大都时，景教和其他基督教派一起涌入了这座世界级大都市，由此掀起了基督教在内地传播的第二波浪潮。

元王朝的景教徒、东正教徒和来自欧洲的基督教徒统称"也里可温"，蒙古语的含义是指有福缘的人。从忽必烈定都大都起，元廷便降旨减免也里可温的徭役、赋税，还免除了他们的兵役，给予了他们不少优厚待遇。《元史·百官志五》记载，元世祖至元二十六年（1289年），朝廷设立了秩二品的崇福司，专掌"也里可温十字寺祭享等事"，由此将也里可温的宗教活动纳入了官方保护和扶持的范围。在崇福司下，全国各地遍建也里可温掌教司，一度多达72所，足见其信徒之广。在各大区中，"也里可温"最集中的区域一是元大都，二是泉州，这些地方"拥有三万名信徒，且很富有。……有漂亮而且虔诚地安排的教堂，有十字架和圣像以尊奉上帝和圣灵"[③]。元世祖至元三十一年（1294年），罗马教皇尼古拉四世不甘人后，

---

①　《旧唐书·武宗本纪》。

②　《元史·后妃列传二》。

③　顾卫民：《基督教与近代中国社会》，上海人民出版社，1996年，第11页。

也派专使来华传教。罗马教皇代表的是基督教的最大教派，又称罗马公教，开始时受到了先期来华的景教的排挤，后来得到了元廷的认同和接纳，教务活动得以展开。

元成宗大德十年（1306 年），天主教在北京建造了第一座"十字寺"。这座教堂位于大都城万宁桥东北，故址在今鼓楼方砖厂胡同[①]，如今已不复存在。当时由于景教与基督教的竞相传播，各在元大都城留下了一些教堂，但由于这些外来宗教始终依附元朝贵族集团存在，未能深入社会，故在元朝灭亡后烟消云散，以至踪迹杳无。而与城内的情况有所不同的是，某些位在郊区的教堂反而在元朝瓦解后保留下来，典型之例见于京西门头沟区斋堂镇。

门头沟区斋堂镇军响乡桑峪村如今有一座教堂，占地面积约 7500 平方米，分天主教堂、尚智书院和露德圣母山三部分，是京郊规模最大的天主教堂。据《门头沟区志》记载，元代就有法国传教士来到这里，边行医边传播天主教。到了元惠宗元统二年（1334 年），后桑峪村的 50 多户农民全都成为教友，这里便有了一座由两间民房改建的小教堂。此后，历经明嘉靖朝、清康熙朝的几次扩建和 1988 年的重建，遂有今天的规模。此外，房山区周口店车厂村有一座元代修建的景教堂，据说在民国初年尚保存完好[②]，也是因为它地处郊区的缘故。

基督教传华的第三波浪潮，始于明万历年间。万历十年（1582 年），意大利人"利玛窦始泛海九万里"来到中国，他是耶稣会传教士，奉天主教的派遣来华传教。开始时利玛窦活动在澳门和广东肇庆一带，最远到了南京，后经过多方斡旋，特别是经过太监马堂的疏通引荐，他于万历二十九年（1601 年）获准进京，得到了神宗的召见。"已而帝嘉其远来，假馆授粲，给赐优厚。公卿以下重其人，咸与晋接。玛窦安之，遂留居不

---

① 《北京城市历史地理》，第 199 页。
② 《北京宗教文物古迹》，第 98 页。

去。"①神宗的赏识，使利玛窦得以安居京师，并得以广交京城名士。

利玛窦的具体事迹已见第六章第五节所述。这里特别值得一提的是，在传教过程中，他为了适应中国的国情，对基督教规做了一些必要的变通。其中最大的变通是，允许加入基督教的中国人保持祭孔、祭祖传统，允许中国神父在主持宗教仪式时使用本国语言，同时不要求中国信众在举行弥撒时脱帽致敬。这些因地制宜的措施取得了明显成效，使利玛窦的布教活动得以顺利展开。清人编撰的《明史》在记述以利玛窦为代表的西洋传教士的布道活动时亦不乏赞誉之辞，说："其国人东来者，大都聪明特达之士，意专行教，不求禄利。其所著书多华人所未道，故一时好异者咸尚之。而士大夫如徐光启、李之藻辈，首好其说，且为润色其文词，故其教骤兴。"②当时明京师内接受洗礼皈依天主教的，不仅有礼部尚书徐光启、太仆寺少卿李之藻等公卿显宦，更有"群众不下万人，朔望朝拜动以千计"。而经过利玛窦的奔波筹措，一座新的天主教堂——宣武门教堂也建立起来。

利玛窦初于万历三十三年（1605 年）在宣武门内购买了一处寓所，还用重金将寓所旁的原"首善书院"买下，改建成一座仅供私人祈祷的小经堂。后来随着信教人数的增加，万历三十八年（1610 年）利玛窦在宣武门内东隅建造了一座新教堂，这就是如今坐落在前门西大街 141 号的宣武门教堂的前身。该堂以无玷始胎圣母为主保，称"无玷始胎圣母堂"，因位于京城南部又称南堂。据明代文献《帝京景物略》的记载，当初南堂的东半部为天主堂，供奉耶稣像，西半部为圣母堂，供奉圣母像。圣母像"貌少女，手一儿，耶稣也"③。

崇祯十七年（1644 年）清军进入北京时，担任南堂主教的是天主教耶稣会士汤若望。汤若望 1592 年生于德国科隆，来华前受过良好教育，对

---

① 《明史·意大里亚列传》。

② 同上注。

③ 刘侗、于奕正：《帝京景物略》，北京古籍出版社，1983 年，第 154 页。

天文学和数学颇有研究。明万历四十七年（1619年）汤若望奉派来华传教，崇祯三年（1630）经徐光启引荐来到京城，在南堂研究历法。清兵入京时他坚守南堂，并以奉明崇祯帝之命编修历法为由，拒绝接受清廷关于各色人等一概搬迁外城的敕令。孰料这个吃了豹子胆的洋人在冒死上书吁请"仍居原寓，照旧虔修"后，清廷第二天便法外施恩，准其留住原地，并谕令"恩准西土汤若望等安居天主堂，各旗兵弁等人，毋许阑入滋扰"[1]，对南堂给予了特殊保护。顺治元年（1644年）八月，天将日食，睿亲王多尔衮令"大学士冯铨与汤若望率钦天监官赴观象台测验"，结果"惟（汤若望）新法吻合，大统、回回二法时刻俱不协"[2]。此番日食校验的结果使汤若望声名大噪，清廷当即决定废止明的大统历和旧的回回历，根据汤若望所著的《西洋新法历书》制定新历法并颁行全国，称为时宪历。

此后汤若望以其渊博的学识、出众的才能、纯正的人品和耿耿忠心，赢得了清室的格外礼遇，成为紫禁城的座上宾。时逢孝庄皇太后的侄女、顺治帝未婚皇后身染重疾，汤若望用自己的医学知识治好了她的病，皇太后因此对汤若望更是信任有加，认他为"义父"。年轻的顺治帝甚至尊汤若望为"玛法"（满语"爷爷"的意思），不仅特许他随时进宫谒见，还不顾上下尊卑之礼，多次亲临南堂与他叙谈，向他请教天文、历法、宗教等知识以及治国之策。

汤若望的地位因此扶摇直上。先是顺治帝"以汤若望掌钦天监事"[3]，使他成了中国历史上第一位担任钦天监的西方传教士，此后又于顺治八年（1651年）九月加封汤若望通议大夫、太仆寺卿、太常寺卿三个头衔，使他从原来的正四品晋升为三品。于此之后，顺治十一年（1654年）封其为"通玄教师"，顺治十四年（1657年）赐其"通政使司通政使"，顺治十五年（1658

---

[1] 转引自《北京宗教文物古迹》，第31页。

[2] 《清史稿·汤若望南怀仁列传》。

[3] 同上注。

年）赐其"光禄大夫"，汤若望终于晋升为正一品显宦。当官阶已经无以复加时，顺治帝仍意犹未尽，遂于顺治十八年（1661 年）加封其父祖三代为正一品。在短短十来年中，由一个普通西方传教士擢升为清朝的正一品大员，汤若望和清王朝共同缔造了一个中西关系史上的奇迹。

教因人贵，顺治七年（1650 年）顺治帝赐地赐银，恩准汤若望在原南堂旁修建一座新的教堂。教堂落成后，顺治帝亲题"通玄佳境"匾额，并先后 24 次驾临南堂与汤若望彻夜长谈，甚至连定康熙为继承人这等社稷大事也要征询汤若望的意见，南堂因此名满天下。

可惜好景不长，顺治帝驾崩后，汤若望因小人的诬告被顾命大臣鳌拜打入死牢，直到康熙亲政后除掉了鳌拜，汤若望才得以昭雪。平反时汤若望人已过世，康熙帝遂赐地赐银重葬汤若望于利玛窦墓旁，并御赐祭文一篇，用"鞠躬尽瘁，臣子之芳踪；恤死报勤，国家之盛典"等赞语对这位来自万里之遥的德国传教士做了高度评价。嗣后康熙秉承以西方传教士为钦天监的做法，任命比利时耶稣会士南怀仁主持钦天监事，并且发还了南堂教堂。

汤若望虽然未得善终，但他对清王朝的影响是至深至远的，主要表现在以下几个方面：

一是"自是钦天监用西洋人"，即从汤若望起，以西洋人为钦天监成为常规，且"累进为监正、监副，相继不绝"。在崇尚天命的古代中国，制定和颁布历法是天子的特权，属朝廷要务。历代王朝都设有专门司天的天文机构，从事天象的研究和历书编算，称太史局、司天监、司天局、钦天监等。清的钦天监就是观测天文、推定历数、编制时宪的政府机构，不仅要通过观测日、月食和各种异常天象来为朝廷沟通天意、趋吉避凶，还要编制历法来为农业生产和社会生活授时服务，具有很权威的地位。清廷以西方人为钦天监监正、监副，在汤若望之后沿袭了不下二百年，直到道光年间因"高拱宸等或归国，或病卒。时（钦天）监官已深习西法，不必复用西洋人"，才停止了以西人为钦天监主官的做法；

二是积汤若望多年的努力，在历代中国历法的基础上修订成了一部"时宪历"，这就是沿用至今的农历；

三是汤若望与清皇室建立了良好的私人关系，为清朝了解和学习西方文化打开了一扇窗户；

四是汤若望在顺治朝受到的恩宠与隆遇，使天主教在中国的传播得以顺利展开。到顺治末年，随着西方传教士人数的增加及活动范围的扩大，全国各地的教堂已有 30 多处，信徒已达十几万人。康熙帝给汤若望平反后，"圣祖用南怀仁，许奉天主教，仍其国俗"[1]，天主教继续得以传播。

康熙帝雅好西学，对传教士带来的西方代数、几何、天文、医学等知识十分着迷，对基督教也产生了一定的好感。康熙二十七年（1688 年），法王路易十四专门派遣白晋等五名耶稣会士以修订历法的名义来到北京。他们个个是饱学之士，深得康熙帝的宠信，更加扩大了天主教的影响。康熙三十一年（1692 年），康熙帝颁发了一道容教令："各省居住西洋人，并无为恶乱行之处，又并非左道惑众，异端生事。喇嘛、僧等寺庙，尚容人烧香行走。西洋人并无违法之事，反行禁止，似属不宜。相应将各处天主堂俱照旧存留，凡进香供奉之人，仍许照常行走，不必禁止。俟命下之日，通行直隶各省可也。"从此天主教在华的传播进入了最佳期。到康熙四十年（1701 年），"全国 13 个省共有传教士 117 人，教士住屋 114 处，大小教堂 250 处，教徒达 30 万人"[2]，天主教在中国几成燎原之势。

由于"天、地、君、亲、师"信仰的根深蒂固，由于古代中国敬天、法祖、尊贤观念的源远流长，中华民族的精神传统是任何外来宗教都无法改变的。因此从利玛窦起，部分开明的耶稣会传教士在传播天主教时做出了让步，允许中国人在信教的同时继续祭天、祭祖、祭孔。但这遭到了多

---

① 《清史稿·汤若望南怀仁列传》。

② 任继愈主编：《中国的基督教》，商务印书馆，1997 年，第 99 页。

明我会及方济各会传教士的反对，促使罗马教皇克雷芒十一世于 1704 年（康熙四十三年）单方面颁布了七条禁令，禁止中国天主教徒祭天、祭祖、祭孔，更不准他们称清帝为"天"或"帝"。公元 1715 年（康熙五十四年），克雷芒十一世又颁布通谕，要求所有传教士必须宣誓服从 1704 年的禁令，否则便要逐出教会。康熙帝多次派使节向教皇阐明中方观点，要求撤除禁令，但始终没有结果。不得已之下，清廷于康熙六十年（1721 年）做出回应，下达了禁止天主教传教的谕旨[1]。

　　禁教令虽下，但清廷仍容留了大批西方传教士，对他们的信任与重用也一如既往，意大利天主教耶稣会士郎世宁便是典型一例。郎世宁擅绘画，"凡名马、珍禽、琪花、异草，辄命图之，无不奕奕如生"[2]，深得康熙帝和乾隆帝的赏识，为此特赐以三品顶戴，准其自由出入宫禁。雍正年间，朝廷重颁禁教令，但也仅以控制天主教的传播为主，西方传教士任职钦天监的做法依然一仍其旧，南堂也一直由他们使用和管理。乾隆四十年（1775 年），因传教士管理不善，南堂被大火焚烧，顺治和康熙帝的御书匾额及对联全部烧毁。乾隆帝不仅未对他们加以惩戒，反而特赐库银 1 万两，饬令照原样复建。未久新南堂大功告成，"所有匾额和对联，又都由乾隆皇帝亲笔御题，完全恢复旧观"[3]。

　　清道光二十年（1840 年），中英鸦片战争爆发，英帝国强迫清政府签订了不平等的《南京条约》。随后西方列强不断施压，迫使清廷于道光二十四年（1844 年）取消了禁教令，并且发还各地封闭的教堂。至此"海禁弛，传教入条约，新旧教堂遍内地矣"[4]，天主教卷土重来。清咸丰十年（1860 年），西方列强又逼迫清政府分别签订了丧权辱国的《中英北京

---

　　① 任继愈主编：《中国的基督教》，商务印书馆，1997 年，第 111 页。

　　② 《清史稿·郎世宁列传》。

　　③ 张泽：《清代禁教期的天主教》，台湾光启出版社，1993 年，第 63 页。

　　④ 《清史稿·汤若望南怀仁列传》。

条约》、《中法北京条约》和《中俄北京条约》，西方传教士在中国的活动更加肆无忌惮，教堂的兴建也漫卷全国。

有清一朝，京城最著名的天主教堂当属遍布全城四个不同方位的南堂、北堂、东堂和西堂。

前文已述，利玛窦创办的南堂始建于明朝末年，初时规模很小。未久清朝定鼎北京，顺治帝很快恩准汤若望在原南堂旁建造一座新的教堂，并且拨地拨巨资。京城的王公大臣闻讯后纷纷解囊相助，一时间皆以襄助此举为荣。一年后，"城里长出了一座在远处一望而知的 20 米高的巴洛克式教堂。教堂上边一座圆顶，内有三间大厅，五座圣坛"。西方人观之莫不赞叹，说："连罗马都会为这样一座教堂的建筑而骄傲的，这是伟大的建筑艺术之一。"[1]这座欧洲古典风格的教堂高大巍峨，已远非当年利玛窦建造的小教堂可比。此后，康熙、乾隆、光绪年间又对南堂进行了几次扩建翻修，其规模更胜从前。

此教堂的中心建筑即天主堂，是典型的罗马式半圆拱形建筑。大厅空间阔大，有两排高大的立柱，上为拱顶，四周饰以镶嵌五彩玻璃的大窗。主堂西侧是山石垒砌的圣母山，正中矗立着圣母玛利亚的彩塑雕像，东侧是教会创办的附属中学，后面是穹隆顶的钟楼。直到清末同治年间，南堂一直是天主教在北京地区的主座教堂，也是天主教在北京城的标志建筑。

北堂位于北城西什库大街南端，原称"救世堂"，又称西什库教堂。当年康熙帝突发疟疾，耶稣会教士张诚、白晋及时进奉西药金鸡纳霜，使康熙帝很快痊愈。为表酬谢，康熙特赐以皇城西安门内广厦一间，库银数万两，准其改建教堂，这就是原来的北堂。此堂建成于康熙四十二年（1703年），雍正重颁禁教令后渐至荒废。清朝末年，在西方列强的要挟勒索下，清政府赔地赔银，于同治五年（1866 年）重建北堂，竣工后成为新的天主

---

① 《通玄教师汤若望》，中国人民大学出版社，1989 年，第 11 页。

教北京主教公署。光绪年间，慈禧太后扩建皇宫游览区，此教堂在拆迁之列。后"经李鸿章派英人敦约翰前赴罗马商酌"，终以迁移费 35 万两白银及西什库约 20 英亩土地为代价，与法国公使签订了《迁堂协议》，此堂遂由西安门内迁至西什库今址[①]。

重新建造的西什库教堂是参考巴黎圣母院设计的，为一高耸挺拔的哥特式建筑，有 11 座尖塔，高达 31.4 米。主堂规模宏大，四周花窗上镶嵌彩色玻璃，极尽华贵和绚丽。堂前左右两侧各有一中式四角攒尖黄色琉璃瓦顶的亭子，亭子内是乾隆亲笔题写的石碑。中式碑亭和西式教堂错落有致地搭配在一起，组成了一幅别有情致的中西合璧风景画。

东堂位于北京市商业中心王府井大街八面槽，又称王府井天主堂，正名"圣若瑟堂"。这是清京城继南堂之后建造的第二座天主教堂，始建于清顺治十二年（1655 年）。此堂之缘起，盖因顺治帝重用汤若望后爱屋及乌，听说意大利传教士利类思和葡萄牙传教士安文思沦为清军的俘虏，并被强制在肃王府当差，当即下旨恢复了他们的自由身，并赐给他们一座王府井大街的宅院建堂传教。康熙、雍正颁布禁教令后，东堂未见萧条，反而在长达一个半世纪中成为天主教的重要活动场所，汤若望、南怀仁、郎世宁等人都曾在此传道布教。嘉庆十二年（1807 年），东堂因教士管理不善引起失火，此后便命运多舛，终至颓圮无存。光绪十年（1884 年）在此重建了一座罗马式大堂，但在义和团运动中又被焚毁。光绪三十年（1904 年），法国和爱尔兰天主教会用"庚子赔款"重新修建东堂，翌年落成，此即今日之王府井教堂[②]。

这是一座仿文艺复兴时期建造的罗马式建筑，因地理位置的关系，整体建筑坐东朝西。它有一个白石雕刻成的基座，类似须弥座，十分精致。矗立在基座上的是一座三层穹隆顶塔楼，楼顶有三座钟楼，中间一座钟楼

① 《北京宗教文物古迹》，第 37 ~ 43 页。
② 《北京宗教文物古迹》，第 46 ~ 48 页。

— 699 —

最为高大，两侧的钟楼和穹顶相对较小，上面各立一个十字架。堂内由 18 根圆形砖柱支撑，高大宽敞，两侧悬挂着耶稣受难等多幅油画。从外面望去，教堂正立面粗壮的壁柱雄浑壮丽，一高两低的穹隆形圆顶蔚为壮观，至今仍是王府井大街一景。

西堂位于西直门内大街南侧，又称西直门天主堂，正名"圣母圣衣堂"。在老北京的四大天主教堂中，此堂创建最晚，始建于清雍正元年（1723 年）。教堂的建造者是意大利传教士德里格，他是一位著名的音乐家，曾为意大利皇宫谱歌作曲。康熙四十九年（1710 年），德里格受教会指派来到北京，在京期间他热心传授西方音乐和乐理，留下了不少遗作。康熙晚年厘定宫廷乐礼，除了继承中华传统礼乐外，对"意大里亚国人德里格所讲声律节度"①也多所参酌。此外他还奉命教授皇子胤禛（雍正）西学与乐理，与清廷建立了良好关系。开始时西堂占地面积约四十亩，规模宏大，教徒众多，享誉京城。嘉庆十六年（1811 年），西堂教士因违反外国传教士不得外出传教的禁令，致使四名传教士被逐，教堂被毁。后经教会与清政府多次协商，咸丰十年（1860 年）始将西堂及教士住房发还。同治六年（1867 年）西堂得以重建，但规模大不如前。义和团运动中此堂遭到焚毁，片瓦无存。

如今的西堂是 1923 年建堂 200 周年时重建的，也是一座哥特式建筑②。其主体建筑坐北朝南，是座两层楼，质朴而大方。其室内精美的科林斯柱子及哥特式的尖拱券，使堂内显得高大雄伟而不失秀丽，最多时可容纳千人礼拜。

除了东南西北四大教堂外，北京城的天主教堂此外还有一些，例如从清朝末年以来一直保存完好的东交民巷天主堂等，但它们的历史都较晚，是天主教堂中的后起者。

在天主教之后，俄罗斯的东正教也开始抢滩中国与北京。东正教是基

---

① 《清史稿·乐志一》。

② 《北京宗教文物古迹》，第 51 ～ 53 页。

督教的东部派系，很早就从古罗马东部的希腊语系地区传入斯拉夫语系的俄罗斯地区。1054 年基督教东西大分裂，东正教脱离以罗马教廷为中心的天主教，独立成以君士坦丁堡为中心的教派，又称正教。蒙古大军纵横欧亚时，俄罗斯各部纷纷归顺，大批东正教徒补充到蒙古军中，后来也随蒙古人一起进入了元大都。《元史·伯颜列传》载：元惠宗年间丞相伯颜"总领蒙古、钦察、斡罗思诸卫亲军都指挥使。"此文的"斡罗思"即俄罗斯，可见直到元朝晚期，俄籍士兵仍是元廷信赖并依靠的亲军之一。此后伯颜落败，元的俄罗斯亲军并未遣散，改由御史大夫亦怜真班"兼宣忠斡罗思扈卫亲军指挥使"[①]。在华期间,这些俄籍士兵始终保持着他们的宗教信仰，遂使东正教在元大都内也有了一席之地。

　　元朝覆亡后，东正教随北遁的元朝残部一起退出了中华大地，瞬间踪迹全无。清康熙二十四年（1685 年），清军在驱逐俄国侵略军的雅克萨战役中大获全胜，一些哥萨克官兵被俘，大部分被递解到京。来京后他们获得了正常军人的待遇，统一编在满洲镶黄旗第四参领帐下，驻扎在东直门内胡家园胡同[②]。清廷对俄俘的宗教信仰十分尊重,特于康熙三十四年(1695 年）将胡家园胡同的一座关帝庙拨给他们改建东正教经堂。这是座临时性经堂，规模很小，但俄罗斯东正教总会却格外看重，立即承认了它的教堂地位，并颁发证书命名为"圣尼古拉"教堂。此后沙皇彼得一世便以有此教堂为由，再三请求派遣传教团进驻，最后终于在康熙五十三年（1714 年）获得批准。雍正五年（1727 年），中俄签订了《恰克图条约》，东正教的权益得到清政府的承认，俄国东正教开始定期向中国派遣传教士，并在崇文门内东江米巷（东交民巷）建立起一座新教堂。这座新教堂落成于雍正十年（1732 年),称"奉献节"教堂,建成后成为东正教北京教团的主座教堂。

　　按照俄罗斯教廷的指示和沙俄政府的训令，东正教驻北京传教团的主

---

①　《元史·亦怜真班列传》。

②　俞正燮：《癸巳类稿》卷九。

要职责不是传教，而是办理中俄外交事务和收集情报资料，"负有供给俄国使臣情报之秘密任务，甚至暗中参与密谋"①。出于这种不可告人的目的，"（俄罗斯）官方一再向（北京）东正教教会发出指令，要求他们在布道方面小心谨慎，并不止一次地禁止他们在民众中间传播基督教"②。这个规定使东正教在中国迄未取得大的发展，直到清朝即将灭亡的1892年，"信仰俄罗斯东正教的中国籍信徒总计有495人"，其中还有相当部分是有俄罗斯血统的人③。庚子赔款时，东正教驻北京教团获得了白银13.8万两，借此建造了许多新的教堂及附属设施。但由于没有社会根基，这种表面的繁荣全然无济于事。清亡后，因为"中国很少有人信奉东正教，后来，苏联在北京东正教教会会址（东交民巷教堂）盖了苏联大使馆，东正教北堂（东直门内教堂）被拆除"④，东正教彻底退出了北京。

公元16世纪，英国、德国、瑞士、荷兰和北欧等地发生了宗教改革运动，形成了脱离天主教会的新基督教派，统称新教。在天主教、东正教、新教这三大教派中，新教独立成派系的时间最晚，进入中国的时间也最晚。1807年英国伦敦布道会派遣传教士马礼逊来华，这是新教进入中国之始。新教进入北京更晚，最早始于鸦片战争之后的1861年，是由英国伦敦布道会传教士雒魏林带来的⑤。这支新的教派借西方列强对华侵略的"天时"而来，乘大清帝国国力孱弱的"地利"而来，靠鸦片贩子、战争狂人开道的"人和"而来，从一开始就打上了殖民主义侵略扩张的烙印。譬如最早来华的马礼逊，实际身份就是贩卖鸦片的英国东印度公司的雇员。

这些新教传教士依仗不平等条约赋予的种种特权，登陆伊始就广设教

---

① 陈复光：《有清一代之中俄关系》，云南崇文书馆，1949年，第61页。
② 顾卫民：《基督教与近代中国社会》，第118页。
③ 《北京宗教文物古迹》，第70页。
④ 姜文勋、富丽、罗志发：《边疆的宗教》，天津古籍出版社，1995年，第372页。
⑤ 《北京宗教文物古迹》，第77～78页、81页。

会，强占民宅，改建教堂。一时间，京城内外教堂林立，仅就城区而言，兴建于十九世纪六七十年代且较为著名的新教教堂就有：英国伦敦布道会创办的西四缸瓦市教堂、东单米市大街教堂、崇文门外东柳树井教堂、东直门外关厢教堂；美国基督教长老会创办的崇文门教堂外堂、鸦儿胡同教堂；英国安立甘会创办的绒线胡同教堂；美国卫理公会创办的崇文门教堂；美国公理会创办的灯市口北巷教堂等①。1900 年爆发的义和团运动，沉重打击了这些教会和教堂，但随着八国联军的到来和义和团运动的失败，特别是在获得了清廷的庚子赔款后，各大教堂又迅速恢复起来。

应当承认，在随同肮脏的鸦片贸易和血腥的侵略战争而来的西方传教士中，仍有部分良知未泯的人。他们把充当侵略者帮凶的传教士看成是"整个基督教世界的耻辱"，认为"武力增加了中国人对基督教的仇恨，使福音更难进入中国人的心灵"②。故此他们反其道而行之，面向公众开办了一些公益性的医院、学校、孤儿院，借慈善事业为"传播上帝福音"铺路。最早来到北京的新教人物雒魏林，公开身份是英国使馆的医官，他来到北京后就首先开办了一所对外应诊的医疗室，后来又创办了正式的教会医院。美国基督教长老会来到北京后则热衷于办学，通过创办教会学校来传播教义。英国安立甘会来北京后也开设了一所学校。在众多教派中，美国卫理公会后来居上，紧承他人之后开办了汇文大学、汇文神学院、汇文中学、汇文小学、汇文幼儿园、慕贞女中、妇婴医院、仁光护士学校等，大名鼎鼎的同仁医院就是他们创办的③。毋庸讳言，这些西方传教士办学和行医的目的无非意在传教，是想通过博得中国人的好感和信任来扩大基督教的影响。但同样毋庸讳言，相对于用枪炮威逼的布道而言，这种方式更易被人接受。而正是由于这个缘故，来得最晚

---

① 《北京宗教文物古迹》，第 80～83 页。

② 王立新：《美国传教士与晚清中国现代化》，天津人民出版社，1997 年，第 71 页。

③ 《北京宗教文物古迹》，第 81～83 页、108 页。

的新教的某些教派反倒在北京留存下来，历经百余年的风雨洗礼后至今犹在。

5 萨满教及其堂子

萨满教源起于自然崇拜和图腾崇拜，是一种相信宇宙间万物有灵的多神教。它把自然物和自然力的产生和变化全部归结为"神"的作用，因此信天、信神、信鬼魂。"萨满"一词源出于通古斯语，汉译为"狂舞"之意，特指萨满巫师作法时手舞足蹈的癫狂舞姿，俗称"跳大神"。萨满的跳神仪式各有不同，但基本模式大同小异，主要程序是：请神——向神灵献祭；降神——用鼓语呼唤神灵的到来；领神——神灵附体后萨满代神立言；送神——将神灵送走。

萨满教在原始社会后期便已产生，长期以来广泛流行于东北及西北地区，深得北方少数民族的崇信，《金史》甚至称萨满教是女真人的"国俗"[1]。但通过本章前面的论述已不难看出，在辽人和金人相继入主燕京和汉地后，其民族信仰很快便发生了变化，而通过元朝与清朝两个晚近之例更不难看出，萨满教开始时虽然是统治集团的宗教，但在进入北京后却急遽萎缩，堕入了自然淘汰的轨道。

蒙古开国于1206年，当时世界上的三大宗教不仅已经诞生，而且很早就相继传入了蒙古族聚居区，然而直到定鼎元大都前，蒙古各部仍普遍奉行萨满教。《元史·祭祀志六·国俗旧礼》记载蒙古人入主中原前的旧俗是：每岁太庙四祭时"蒙古博兒赤跪割牲，太仆卿以砗漆盂奉马乳酌奠，巫祝以国语告神讫，太祝奉祝币诣燎位，献官以下复版位载拜。"以上说的就是蒙古族的萨满教，主持者称巫祝和太祝，实际就是萨满巫师。此外于史可稽，即便贵为元朝皇帝、皇后和太子，根据萨满教规都要在岁末萨

----

① 《金史·始祖以下诸子列传》。

满施法时身缠线团烟熏火燎，"用白黑羊毛为线，帝后及太子，自顶至手足，皆用羊毛线缠系之，坐于寝殿。蒙古巫觋念咒语，奉银槽贮火，置米糠于其中，沃以酥油，以其烟薰帝之身，断所系毛线，纳诸槽内。又以红帛长数寸，帝手裂碎之，唾之者三，并投火中。即解所服衣帽付巫觋"①，似乎只有受此磨难才能脱灾祈福，足见蒙古统治者对萨满教的崇信。尤有甚者，萨满巫觋的影响不仅表现在宗教上，而且延伸到政治上。《元史·宪宗本纪》载：宪宗"酷信巫觋卜筮之术，凡行事必谨叩之，殆无虚日，终不自厌也。"蒙哥汗宪宗时的蒙古都城尚远在朔漠和林，那时堂堂蒙古大汗居然要对巫觋"凡行事必谨叩之"，足见萨满教对蒙古帝国影响之深。

　　然而，自忽必烈定鼎元大都后，事情很快发生了变化。

　　如上章及本章所述，自元世祖至元九年（1272年）内迁大都城，元廷一方面为了统治的需要迅速步入了汉学及汉制的轨道，另一方面则逐步接受了"天、地、君、亲、师"信仰传统。与此同时，元帝国还逐步接纳了佛教、道教、伊斯兰教和基督教，自觉不自觉地在信仰观念上进入了一个色彩斑斓的全新世界。然而与此相对的是，萨满教的地位却急转直下，几乎淡出了社会生活。紧承元世祖之后的是元成宗，他临朝后便"诏禁畏吾儿僧、阴阳、巫觋、道人、咒师，自今有大祠祷必请而行，违者罪之"②，竟快刀斩乱麻地禁绝了萨满教的巫觋之术。成宗之后，元武宗重开萨满教，"立司禋监，秩正三品，掌巫觋"③，但也用新设的司禋监加强了对萨满教的监管。到了元朝后期的文宗年间，"命明里董阿为蒙古巫觋立祠"④，大都城内这才有了一座巫觋祠堂。文宗为了振兴萨满教，还"封蒙古巫者所

---

① 《元史·祭祀志六》。

② 《元史·成宗本纪三》。

③ 《元史·武宗本纪》。

④ 《元史·文宗本纪二》。

奉神为灵感昭应护国忠顺王"①。然而文宗在位的时间只有一两年，他即使有心挽救萨满教，但也回春乏术，无法改变萨满教的奄奄一息。

清朝的萨满教称"祭堂子"，也曾主宰过满人的宗教生活。当初努尔哈赤称汗后兴兵伐明，以七大恨告天，举行的仪式便是"祭堂子而行"②。顺治元年（1644年）清室迁都北京，福临的銮驾刚一入山海关即敕令"建堂子于燕京"③，足见清皇廷和萨满教是如何的须臾不可分。

但在入主汉地后，清廷顺时应变，把华夏的"天、地、君、亲、师"信仰列为国家重典，同时又将萨满教严格控制在本族的范围内。《清史稿·吉礼一》载："凡国家诸祀，皆属于太常、光禄、鸿胪三寺，而综于礼部。惟堂子元日谒拜，立杆致祭，与内廷诸祀，并内务府司之。"这里说清廷的祭祀分为泾渭分明的两大类，"国家诸祀"是一类，此即"天、地、君、亲、师"祀典，另一类为"内廷诸祀"，此即萨满教的祭堂子。前者为国祭，统归中央六部的礼部掌管，由太常、光禄、鸿胪等机构执行，后者为族祭，仅由总管皇室内部事务的内务府操办。

清廷的萨满教祭祀分两种形式，一种是在室外"设杆祭天"，一种是在室内"总祀社稷诸神祇"。《清史稿·吉礼四》载："堂子祭天清初起自辽沈，有设杆祭天礼。……世祖既定鼎燕京，沿国俗，度地长安左门外，仍建堂子。"这里说的是室外堂子，设在"长安左门外"，具体位置在天安门外玉河桥东。其形制是"正中为飨殿，五楹，南乡，汇祀群神，上覆黄琉璃。前为拜天圜殿，北乡。中设神杆石座"。清廷在这里举行的萨满祭礼甚多，"而以元旦拜天、出征凯旋为重"，其他祭祀还包括月祭、杆祭、浴佛祭、马祭等，一般是遣官致祭。至于皇家室内的萨满教神堂，则设在紫禁城内廷的皇后正寝坤宁宫内。坤宁宫面阔九间，正殿七间，东侧两间是帝

---

① 《元史·文宗本纪四》。

② 《清史稿·太祖本纪一》。

③ 《清史稿·世祖本纪一》。

后大婚时的洞房，西侧五间就是总祀萨满诸神的神堂，是仿照盛京清宁宫的萨满教神堂改建的。

终有清一世，清皇室确实把萨满教控制在了一个相当小的范围内。如《清史稿·吉礼四》载，元旦之日在堂子拜天，"帝率亲王、藩王迄副都统行礼，寻限贝勒止，已复限郡王止"，临祀者仅限皇族和八旗贵胄，开始时最低到贝勒，后来最低升到郡王。堂子之内立有致祭者的神杆，按当时规定，除中心神杆外，"两翼分设各六行，行各六重，皇子列第一重，次亲王、郡王、贝勒、贝子、公，各按行序"，即有资格在两翼设立神杆的也只限于皇室宗亲。康熙十二年（1673年）颁旨曰："元旦拜堂子礼……罢汉官与祭。"进而规定了祭堂子时汉官概不与祭。至于坤宁宫的祀神礼，单从神堂设在皇后的寝宫看，就说明这不是皇帝以外的人所能踏足的。每逢重大祭典，坤宁宫堂子仅由"帝、后行礼"，寻常祭祀则由内廷女官或巫觋代祭，可见这实际上是皇帝和皇后的家祭。

自清朝进入北京后，萨满教祭祀的神祇也发生了不少变化。《清史稿·吉礼四》记载坤宁宫总祀的诸神为："朝祭神为佛、为关圣，夕祭神为穆哩罕诸神，祝词所称纳丹岱珲为七星之祀，喀屯诺延为蒙古神，并以先世有功而祀者。余如年锡、安春阿雅喇诸号，'纳尔珲、安哲、鄂啰罗'诸字，虽训义未详，而流传有自。"以上神祇可分为几大类：一类是传统萨满教崇祀的穆哩罕等诸神，一类是爱新觉罗氏的先世，一类是蒙古诸神，还有一类是汉人崇祀的佛教神祇及关圣帝。就范围而言，这些神祇已远远超出了萨满教的天地，相当于众神祇的大聚会。而且如上文所言，萨满教诸神虽然"流传有自"，但大多"训义未详"，也就是神祇虽在，然而灵性已失，早已丧失了实际崇拜的意义。室外的立杆大祭同样如此，当时"司俎二人赴坤宁宫请佛亭及菩萨、关帝像，舁至堂子"[①]，所祭者除天神外，主要是

---

① 《清史稿·吉礼四》。

汉族供奉的佛教神祇及关圣帝。清皇室还有专门的佛诞之祭，每逢四月八日举行，届时"赴坤宁宫请佛亭及菩萨、关圣像"，祭祀的主神也是佛陀与关帝。总之，清廷的萨满仪式虽然仍在，但早已"旧桃换新符"，融合了汉、满、蒙各族的神祇，并且日益以汉族供奉的佛陀、菩萨、关帝为重。

因为萨满教从未流向民间，因此在辛亥革命后，它很快随着清王朝的瓦解烟消云散，在今北京地区没有留下任何痕迹，就像它从来没有来过一样。

以上萨满教在元朝的改弦更张、自生自灭，在清朝的缩小范围、扩大神祇，即萨满教进入北京后的两大演变趋势。未曾想，被视为"野蛮人"的蒙古、清朝统治者，在君临中原后一未将萨满教强加于被统治民族，二未将它擢升为凌驾于其他宗教之上的"国教"，而是任其自生自灭，甚至有意抑制了它的发展。纵观古今中外，统治集团的宗教就是统治的宗教，这几乎是铁的定律，对那些"政教合一"的王朝来说更是如此。但元和清的做法却如此非同一般，着实发人深省。这或许和萨满教的原始性有关，和它缺乏成文经典及创始人有关，或许也和这些少数民族政权巩固自身统治的需要有关。但即便如此，面对人类历史上屡见不鲜的宗教"圣战"，面对欧洲中世纪残酷镇压异教徒的"宗教裁判所"，这些理由仍然是苍白的。因为对于宗教专制主义者来说，唯我独尊是最高原则，根本不在乎宗教信仰的先进与否，更不会顾及被统治者的心理承受力。那么，个中的原因究竟何在呢？

最根本的原因之一是，在汉民族的"天、地、君、亲、师"信仰中，已经涵盖了萨满教的某些原始崇拜，两者不乏共同之处。

一者萨满教是多神教，相信万物有灵、灵魂不灭，同时崇尚自然，"拜长生天为父、长生地为母，拜万物自然为神灵"。而"天、地、君、亲、师"信仰在把天与地人格化，把君、亲、师神格化后，也是信奉天地有灵和灵魂不灭的，这就使它们有了一个共同的基础。

二者萨满教的社会崇拜以部族的祖灵为主，自然崇拜则以至高无上的腾格里（天神）为重，而这恰好就是"天、地、君、亲、师"崇拜的重点。此外萨满教崇拜的日月星辰、风雨雷电等，也无不包含在"天、地、君、亲、师"崇拜体系中。

三者塞外民族多以祖先起源于某个山脉，且以捕获的猎物乃山神所赐，因此祭奠圣山是萨满教的又一重要内容。而在汉民族的祭地仪式中，对山脉的崇祀本来就占重要地位，这就使它们又多了一个共同之处。

以上三大共同性及关联性说明，"天、地、君、亲、师"信仰不仅凝聚了华夏民族的核心价值体系，也涵盖了萨满教的不少原始崇拜，故而易于并乐于为北方少数民族所接受。

但事情的另一面是，经过重新整合的"天、地、君、亲、师"崇拜体系是一种源于原始宗教又远胜于原始宗教的信仰，是一种文明程度远高于萨满教的核心价值理念，不由少数民族统治者不接纳奉行。

其一，萨满教崇尚的神祇繁多而且冗杂，不成系统也鲜有主次，极不适应等级森严的封建专制制度。而"天、地、君、亲、师"的各项崇祀既有主祭对象，也有配祀、从祀对象，彼此等秩分明，这就对应了现实社会的高低贵贱之分，是维护社会等级的有力法器。

其二，"天、地、君、亲、师"信仰既包含了自然崇拜偶像，也包含了社会崇拜偶像，是"天道"与"人道"的合一，亦即自然与社会的合一。同时，在"天人感应"封建神学观的作用下，这些偶像还形成了一定的对应关系，彼此间相互关联又相得益彰，这就赋予了它强大的社会凝聚力，而这显然是庞杂无章的萨满教所无法望其项背的。

其三，"天、地、君、亲、师"信仰倡导的是入世哲学，体现的是中国古代社会"治世为本"的哲学观，这对维护封建体制无疑具有极大的实效性。而萨满教相信万物有灵，既缺乏现实针对性，也容易陷入盲目性。尤为不同的是，"天、地、君、亲、师"信仰崇拜的君、亲、师无一不是真实的人，其现实意义不仅为萨满教所不及，也为四大宗教所不及。

其四，萨满教主持祭仪的巫师、巫觋即萨满，被视为通达神域、鬼域及人间者，具有相当的神圣性。而按照萨满教教规，每遇疑难之事或内部有争端，必须先诉诸萨满教神灵，也就是诉诸萨满，听凭萨满的裁决，这就势必造成政、教分离的二元体制。萨满们对政务的兴趣也是相当大的，弄得大蒙古国的皇帝都不得不对萨满"凡行事必谨叩之"，大大消弱了君主的专制统治。而在"天、地、君、亲、师"信仰体系中，最高教宗就是皇帝，突出的也是皇帝，这当然更乐于为辽、金、元、清的封建君主所接受。

其五，君主威权和君主崇拜的树立，是任何一个创建了大一统帝国的君王所梦寐以求的，也是封建专制国家不可或缺的，而这恰是"天、地、君、亲、师"信仰的核心内容。于是便如忽必烈倚重汉人刘秉忠制定了元的一系列国朝制度一样，各少数民族政权乐得对华夏文明中的君主崇拜采取"拿来主义"，通盘接受汉民族的"君权神授"观以及大树特树君主威权的种种举措。

其六，对师的崇拜显然是"蛮夷化外"的游牧民族最为隔膜的，然而对只有小学文化程度的新帝国统治者们来说，向汉儒讨教治国安邦之道势在必行，并且迫在眉睫，而正是汉人的尊师传统给了他们一个冠冕堂皇的躬身下问理由。因此从辽金以迄元清，八面威风的皇帝车驾甫一进京，便会忙不迭地去给孔圣人磕头，为的就是披上尊师的光彩外衣。

其七，自先秦以迄明清，"天、地、君、亲、师"祭奠仪式已经形成了相当的规模和规格，隆重而且严密。比较之下，萨满教既没有成文经典和特定的创始人，也没有统一而规范的宗教礼仪，全靠巫师口口相传，被民间戏称为"跳大神"，完全不具备必要的隆重感与庄重感。

其八，经过中原各王朝的积累，"天、地、君、亲、师"信仰已有了系统的坛庙建筑和坛庙制度，比起萨满教的露天立神杆或室内放神板的粗放形式，不啻有天壤之别。

以上八条俱在，两者高下立见。总之，萨满教虽然是宗教，但无疑是原始形态的低层次宗教，而"天、地、君、亲、师"信仰虽然不是宗教，却是宗教化了的精神信仰，既可以起到宗教的聚合作用，又可以规范人们的伦理道德，功效远在萨满教之上。由此便不难理解，何以少数民族政权会如此不惜放弃自己的固有宗教，又何以会如此热衷汉民族的"天、地、君、亲、师"信仰了。

还有一个原因更是显而易见的，即汉文明历来对塞北民族有着强大的感召力，入关前他们就悠然神往，耳濡目染间还不同程度地接受了汉民族的文化，因此一旦从草原转到汉地，就自然而然地步入了汉文明的信仰轨道。而这种转换，恰好体现了他们从蒙昧到文明的跨越，体现了他们从巫觋文化到礼乐文化的升华。

综观各不同民族的王朝，皇帝中皆不乏佞佛、崇道甚至偏好伊斯兰教和基督教者。仅就蒙古国初年而言，太祖成吉思汗崇信道教，太宗窝阔台倚重伊斯兰教，定宗贵由青睐基督教，宪宗蒙哥、世祖忽必烈推崇佛教，真可谓"盛衰每系乎时君之好恶"①。但这些宗教往往好景不长，"你方唱罢我登场"，只落了个盛极一时的风水轮流转。比较之下，"天、地、君、亲、师"信仰却一以贯之，始终为历朝历代所坚守。其关键原因就在于，这是一种高屋建瓴般支撑着泱泱华夏一统江山的信仰，是在中国这片国土上最具权威性和实效性的信仰，有着无可比拟的优越性。

当然，在肯定"天、地、君、亲、师"信仰不可取代的同时，也不能否认各少数民族政权对它的传承起到了必要的推动作用。因为正是由于辽的包容和金、元、清的主动接纳，华夏民族的"天、地、君、亲、师"信仰才得以保存、得以弘扬。也正是由于他们采取的这种立场，才使中华文明始终循着同一条轨道不断延伸发展下来。这当然首先要归功于汉文明自

---

① 《元史·释老传》。

身具有的强大生命力和感召力，但同时也应归功于这些少数民族政权在历史面前做出了理性的选择——虽然这是维护他们统治的不二选择。相对于人类历史上那些丧心病狂地消灭异族宗教和民族信仰的暴君来说，相对于那些毫无政治头脑的昏君来说，这种选择无疑是明智的。

三　结语

综上所论，"天、地、君、亲、师"信仰既是东方文明的独特产物，也是东方文明的精神主干。它融注了华夏先民自亘古以来的意识形态和道德信仰，培育了先秦儒家的忠君孝亲社会伦理，又涵盖了以"道"为最高信仰的道教思想，是中华民族的本底文化；它合"天道"、"地道"、"人道"于一体，在"天人合一"观的统摄下，确立了人对自然的尊重与慑服，促进了人与自然的和谐相处；它在数千年中打造着中华文明的大厦，维系着中华民族的统一，链接着根深蒂固的东方文明。在这个精神主干面前，不仅萨满教"小巫见大巫"，世界性的三大宗教再加上道教也是难以匹敌的，因此中华民族才从未形成全民族的宗教，更未出现西方历史上宗教权力凌驾于国家权力之上的现象。

这个信仰给古都北京留下的鲜明印记，就是体现"天、地、君、亲、师"崇拜的标志性建筑。它们都是皇家顶级建筑，个个金扉朱楹，白玉雕栏，宫阙重叠，巍峨壮观。在共性上，这些建筑无不体现着礼制文明的庄严之美，蕴含着"天人合一"的和谐之美，辉耀着中华古典建筑"中和中正"的对称之美，映衬着庭院组群的幽深之美，折射着红墙黄瓦的色彩之美。而在个性上，天地两坛突出了庄严明朗的氛围，紫禁城突出了威严壮丽的气势，历代帝王庙突出了深邃宁静的境界，太庙突出了严肃静穆的韵味，孔庙突出了高雅亲切的意境，又合成了一首音律各异的华彩乐章。它们无所不至地展示着东方建筑艺术的浑然天成和大气磅礴，是东方建筑的辉煌成就，更是人类文明的瑰丽奇葩。然而，相对这些建筑的艺术力而言，它们无疑更富含人文价值，是中华民族伦理、信仰、情感和大义的物化标志。当这些建筑以醒目的身姿伫立在北京城的东南西北时，北京城就成了汉文明的集大成代表，成了最具内涵的东方文明古都。

自古至今，城市的风貌犹如一条奔腾流淌的河，瞬息万变的是它的风物景观，永恒不变的则是它留下的故事。特别是每逢改朝换代，城市的风貌都会焕然一新，尤以都城的变化最为显著。然而与此不同的是，在古都北京城内，伴随种种显赫一时的应景建筑悠然而逝的，却是"天、地、君、亲、师"建筑的历久而弥新。这些建筑既具有长盛不衰的恒久性，更具有世不二出的代表性，它们才是北京城最无可争议的地标式建筑。

在空间方位上，天、地、日、月四坛分踞于都城四隅，恰如"前朱雀、后玄武、左青龙、右白虎"四座尊神，共同拱卫着古都北京。再加上与天坛东西相望的山川坛（先农坛），北京似被诸神环绕，筑起了一道精神的城垣。在它们的簇拥下，大内皇宫居中而立，前方两侧是太庙和社稷坛，后方两侧是历代帝王庙和孔庙，又合成了一组以皇宫为中心的核心建筑群。在这个核心圈内，各大标志性建筑交相辉映，共同撑起了华夏民族古老文明的大厦，也撑起了京师的政治、文化中心地位。

以上标志性建筑的存在，充分说明没有宗教并不等于没有信仰，就好像不信教的人未必都没有精神追求一样。关于中国既无"上帝"亦无"信仰"的说法，是上个世纪初由具有批判精神的中国传统文人率先提出的。但令人遗憾的是，事隔整整一个世纪后，这种看法仍在大面积蔓延，不仅在国际上蔓延，而且在许多不谙历史的中国人身上蔓延。这些人悲天悯人地认为，因为缺乏信仰，中国人没有精神支柱，没有社会道德体系，没有主流价值观，由此导致物欲横流，整体失德。甚至由于缺乏信仰，中国人连罪恶感和内疚感也没有，做事不受良心的约束，为达目的不择手段。于是结论只有一个——这是个冷漠的民族，麻木不仁而且没有希望。面对这种观点，我们不妨回到本章开头的部分，重温一下我们是怎样通过最基本也最简单的事实来对此谬说加以驳斥的，此外还不妨把问题的讨论再展开一些，看看中国人是否真的没有罪恶感和内疚感。

中国古代有一个极为奇特的现象，即每逢朝政失措或天灾人祸，身为圣主的皇帝往往要给自己下"罪己诏"。此事最早源起于夏商周三代，见载于《左传·庄公十一年》："禹、汤罪己，其兴也勃焉。"此文引述的是鲁大夫臧文仲的话，说夏朝开国君主禹和商朝开国君主汤有了过错后便公开"罪己"，因此政通人和、国家兴旺。三代以后，此类事实史不乏书，典型之例有：

一如雄才大略的汉武帝，一生文治武功，功勋卓著，但临终之际当着群臣的面自责说："朕即位以来，所为狂悖，使天下愁苦，不可追悔。自今事有伤害百姓、靡费天下者，悉罢之！"他不仅对自己的穷兵黩武、大造宫室深自懊悔，还反省自己屡受方士仙人欺骗的往事，说："向时愚惑，为方士所欺。天下岂有仙人，尽妖妄耳！节食服药，差可少病而已。"①随后，汉武帝驳回了大臣桑弘羊屯田轮台的奏请，决定"弃轮台之地，而下哀痛之诏"②，这就是著名的《轮台罪己诏》。

二如明末帝朱由检，当闯王李自成大军围攻京城时，他不得不以自缢殉国来结束一个朝代，也结束自己34岁的生命。临在煤山（景山）老歪脖树上吊前，这位九五之尊脱下皇袍，在衣襟上以血指书，向天下苍生下达了最后一次"罪己诏"："朕凉德藐躬，上干天咎，然皆诸臣误朕。朕死无面目见祖宗，自去冠冕，以发覆面，任贼分裂，无伤百姓一人。"③虽然他把失国的责任全部推给了群臣，但总算说了一句宁可一人粉身碎骨也要

① 《资治通鉴》卷二十二。
② 《资治通鉴》卷四十三。
③ 《明史·庄烈帝二》。

保全百姓的话，应了"人之将死，其言也善"的古训。

三如清顺治帝，临死前对自己亲政十年来的过失深感懊悔，竟一桩一桩地列举了自己十四项大罪。

同此之例尚多，不胜枚举。据学者统计，在一部《二十五史》中，记录的皇帝罪己诏共有 260 份，涉及的皇帝有 79 位，总计为汉朝 15 位、三国 3 位、晋朝 7 位、南朝 14 位、北朝 1 位、隋朝 1 位、唐朝 8 位、五代 6 位、宋代 7 位、辽代 1 位、金代 1 位、元朝 4 位、明朝 3 位、清朝 8 位[①]。

中国古代皇帝动辄"罪己"的做法，在人类历史上极其罕见，成为国之传统就更是绝无仅有。具有批判精神的中国史家们从阶级立场出发，多把这种行为视为帝王收买人心的手段。这虽然不无一定道理，但对任何一个具有正常思维能力的人来说，也不能不承认这种反省和自检总强似那些罪行累累却不容别人说半个不字的独夫民贼。更何况，从前面引证的三例罪己诏来看，桩桩出自人之将死，恐怕其中已经没有多少收买他人的意图，而更多的是为了求得自己良心的解脱与安宁。这些罪己诏字字泣血，全然不似虚与委蛇的违心之言，这也足以体现这些帝王临终前人性的回归。

在"君权神授"的古代社会，帝王是神圣天子，是天皇贵胄，非比常人。这些帝王能反躬自省已非易事，让他们公开写成文书昭告天下就更是难乎其难了。而之所以这个传统唯见于中国，就因为中国的伦理是自省的，讲究的是"吾日三省吾身"[②]，崇信的是"善恶有报"。这种内心的自我拷问，形同自我审判，很容易唤起人们的内疚感和罪恶感。《周易·震卦·象辞》云："君子以恐惧修省。"这里强调的就是君子应悟知恐惧警惕，修身省过。在芸芸众生中，"口含天宪"的帝王们自然是天底下最刚愎自用的，既然他们都知道悔过，其他人更可想而知。那些妄言中国人没有罪恶感和内疚感的人，显然是对中国的传统无知之极。

---

① 萧瀚:《"罪己诏"与古代政道》，讲座资料。

② 《论语·学而篇》。

在历代皇帝的"罪己诏"中，因日食、地震等天地异象和旱涝等自然灾害而引发的比比皆是，几近半数。西汉宣帝本始四年（公元前 70 年），河南以东 49 个郡国发生地震，不少地方山崩水出，宣帝乃下罪己诏曰："盖灾异者，天地之戒也。朕承洪业，奉宗庙，托于士民之上，未能和群生。乃者地震北海、琅琊，坏祖宗庙，朕甚惧焉。"[①]宣帝在这里要表达的是，地震是天地神灵发出的警告，谴责我没有安定民生，因此我很恐惧。在颁布了"罪己诏"后，宣帝立即派大员下去赈灾，并免收地震灾区民众的粮租钱税，很快稳定了局势。又如康熙十八年（1679 年），京郊发生了 8.0 级大地震，康熙帝也认为这是上天对自己的责罚，遂诚心自责说："朕躬不德，政治未协，致兹地震示警。"[②]随后他立即发内帑十万赈灾，还找出朝政六大弊端，责令限期革除。

由上可见，圣天子的罪恶感不仅来自对自身的内省，还来自对天地的敬畏，来自对"苍天有眼"的忌惮。就其内省的标准而言，既可以出自"师承"所代表的道统，也可以出自祖训所代表的传统，还可以出自君权所代表的正统，多与"君、亲、师"有关。而对天地的敬畏，则源于古人认为各种灾害都是"天意"的体现，是"天象示警"。而综合这内外兼有的双重罪恶感，恰好源于"天、地、君、亲、师"信仰体系。

总之，中国虽无宗教，却有信仰，而且这是兼具自然和社会双重道德标准的复合式信仰，是天地人三才和谐统一的信仰，是"天人合一"的信仰。倘若去其糟粕、取其精华，即使站在现代社会的高度，也可以说这是人类思想宝库中最具可持续发展理念的信仰。

"天、地、人"的和美交融，足以在人间凝聚出一股涤荡一切的浩然之气，不仅能使圣天子们为之慑服，更能让天下的宵小们为之胆寒。也就是说，尽管"天、地、君、亲、师"信仰不是传统意义的宗教，但是其精神力量

---

① 《汉书·宣帝本纪》。

② 《清史稿·圣祖本纪一》。

之大丝毫不亚于宗教,甚至有过之无不及。而且,恰恰由于这个信仰的存在,由于它的不可撼动和博大宽广,才营造出一个"厚德载物"的氛围,包容四大宗教在天子脚下各有了一席之地,给人类留下了一处各大宗教竞相争艳的园地。

通过各种历史线索,可知最早滥觞于唐和辽金,最终集大成于元和明清,佛教、道教、伊斯兰教和基督教已并行于北京地区。在漫长的历史长河中,这四大宗教的发展不无曲折,兴衰起伏各有变数,这是毋庸置疑的。事实上,无论是土生土长的道教,抑或最早传入汉地的佛教,无论是外来的伊斯兰教,抑或从异域凌空而降的基督教,受各种因素的影响,它们都遭遇过不止一次打击。但总的结果是,它们有惊无险地一路走来,在北京这个极具包容性和多元性的舞台上,分别找到了生存发展的空间。这个事实是无可辩驳的,它说明,相对西方和其他许多国家而言,中国古代有着最充分的宗教自由和信仰自由,是世界上信仰最多元化的国度。

放眼今日之北京,在现代化的大都市中,随处可见坐北朝南、红墙绿瓦、斗拱挑梁的中国式佛、道建筑,时或可见大殿朝东、绿色穹顶、尖拱装饰的阿拉伯式伊斯兰教建筑,蓦然可见高耸挺拔的哥特式或半圆拱形的西洋式基督教建筑。它们形状各异、风格各异、流派各异,但个个楼宇宏丽、雕梁画栋、古色古香。在现代化高楼的掩映下,这些风格独特的建筑显得格外绚丽多姿,把这座东方之都装点得宛若天城。不仅如此,它们还向人们昭示着这里的信仰自由,向世界展示着中华文明厚德载物的泱泱大度。

相对北京地区各大宗教共生共荣的这个结果来说,其过程的跌宕起伏反倒显得无足轻重了。因为过程的一波三折,本是世间万物的普遍规律,任何事物都在所难免。更何况从元初以来,这些宗教经历了上千年的翻云覆雨,此期间不仅朝代和民族不断更换,而且每个宗教都有意无意地裹挟进了"盛衰每系乎时君之好恶"的重新选择。更重要的是,这四大宗教始终处在零距离的接触与碰撞中,是不同信仰、教义、门第和信众对同一座城市的争夺。然而，遥望当年，除了反映中华民族与西方列强侵略反侵略斗争的基督教"教案"外，北京历史上迄未发生波及整个社会的宗教纷争，更未出现人类历史上那种以灭绝异教徒为目的的大规模宗教"圣战"。在这里，曾经有的，无非是宗教上层人士在权势面前的争相邀宠，以及在卷入宫廷政治斗争之后的进退两难。但与此同时，也有过开明宗教人士着力倡导的"儒释道合一"，以及将佛教、伊斯兰教、基督教尽力本土化的努力。放眼今日，在经历了上千年的风雨洗礼后，北京的四大宗教早已把昔日的喧嚣和浮躁抛到了历史的尘埃中去，各守本分，各安其所，在一片祥和的祝祷声中共同祈愿今日北京的幸福安宁，继续弘扬着这座东方文明之都的多元文化风采。

城市的建设与建筑，既是文明的物化，也是传统的固化。殊为难得的是，汉文明的一统性和文化面貌的多元性都通过古都北京的城市建筑完美地表现出来，而这就是古都北京的文明底蕴。在当今的全球化时代，世界的趋同化与多元化的矛盾，民族国家的世界化与文化风格本土化的矛盾，是全人类共同面对的难题。而古都北京汉文明的一统性和文化面貌多元性的相得益彰，不啻为此提供了一个成功的范例。

人称"大象无形"，举凡世间至高至极的境界，都是没有一定之形的。但有如天设地造一般，体现中华民族传统信仰、伦理道德、文明基干的礼制建筑，以及展示泱泱华夏厚德载物宽阔胸襟的宗教建筑，都在古都北京的城市建设中淋漓尽致地表现出来，恰恰构筑出了一座有形的精神家园。正像没有爱丽舍宫、凡尔赛宫、卢浮宫、巴黎圣母院、凯旋门和埃菲尔铁塔就不能称之为巴黎一样，如果只有竞相耸起的摩天大楼，而没有天坛、地坛、故宫、历代帝王庙、孔庙和各大宗教的标志性建筑，我们这座城市也就不能称之为北京了。正是这些建筑的存在，证明了古都北京是东方文明的集大成之所，昭示了"东方第一都"的博大精深。在人类城市发展史上，这是一座永恒的丰碑，是一座无法再生的丰碑，是任何一座复制出来的"天下第一城"都无法比拟的。

第八章　人类奇观
——戛戛独造的文明圣殿

一　引言

从解读人文北京的历史密码入手，通过纵向、横向的条分缕析和比较研究，前面各章归纳出了贯穿整个北京历史文化的五大基本特征：

一．悠久性：

人类起源、新石器时代革命、国家文明的肇兴，是迄今为止彻底改变了世界的三大创世纪发展。在这三大发展中，北京地区皆独树一帜，率先而行，表现出了无可争议的历史悠久性。北京的这三大步历史性跨越，对北半个中国的全面均衡发展乃至整个东亚文明的腾飞都起到了举足轻重的作用，也使北京当之无愧地成为东方人类、东方文化、东方文明的一大发源地。

二．持续性：

北京的历史、文化、文明不仅起自亘古，而且从一开始就持续不断地发展起来，从无大的间断，更无跨时代的割裂。这从未间断的，还不仅仅是它的历史与文化，更包括了它的城市文明，这尤其是人类城市发展史上罕见的奇迹。

三．递进性：

自亘古以来，北京地区由部落而方国，由方国而诸侯国，由诸侯国而东北首府，由东北首府而辽金陪都，由辽金陪都而金中都，由北中国的中心而致大一统王朝中心，整个历史始终呈递进式的发展，至今仍是全中国的政治、文化中心。循着这一步步由低到高的发展轨迹，北京的控制范围不断扩大，文明程度不断提高，城市规模不断延展，社会功能不断完善，各方面都呈梯度上升。

从距今五千年前文明初兴之时算起，北京地区的方国阶段大约持续了两千余年，姬周封国阶段持续了约计八百余年，东北首府阶段经历了不下一千一百余年。此后辽金陪都时期延续了二百余年，金中都时期延续了六十余年，之后便一跃而成全中国的政治、文化中心。由此可见，在五千年的嬗变中，北京的发展不仅是逐次递进的，还呈现出不断加速的趋势。这固然和人类历史发展过程的普遍加速有关，但也和北京历史发展节奏的不断提升有关。

四．多元性：

北京南承中原、西望长安、北临草原、东沐海风，地势险要，交通发达。地理结构的多元性和交通状况的自然天成，使北京自古就成了孕育、生成多元民族与多元文化的摇篮，也成了这些民族与文化交织融合的温床。它因此而活力四射，成为封闭僵化的中国古代社会中一个特有的开系统。公元十世纪初以后，由于辽金的西进、元朝的东渐、明朝的北上、清朝的南下，更不断造就了北京地区的历史多元性、民族多元性和文化多元性，终于缔造出一个底蕴丰厚的东方文明之都。

史前时代，原始形态的人类以氏族部落为单位，分散居住在各个生活点上，彼此相互隔绝。当进入农耕和畜牧时代后，随着物质生产力的发展和私有财产的形成，各地区相继出现了阶级社会，这就突破了原有的氏族部落孤立状态，逐渐凝结成有较大地域范围的国家。在国家与国家、地区与地区之间，这时有了更频繁的交往，当然这不但包括了和平方式的交往，也包括了战争形式的交往。可是，直到资本主义社会到来之前，即使在比较先进的农耕地区，基本上也还保持着自给自足的经济，闭关自守仍是各人们共同体的自然生活形态①。在这种普遍状况下，北京能够从始至终成为一个开系统，至为难得也极其特异。

尤其令人瞩目的是，古都北京的多元性不仅反映在民族和文化上，还反映在宗教文化的异彩纷呈上。纵观人类历史，维护世俗文化的差异较易，容纳不同宗教的文化甚难，而当统治集团早已有自己根深蒂固且与众不同的宗教时就更是难上加难。但遥看当年，佛教、道教、伊斯兰教、基督教的全国中心皆并存于元明清时代的北京，且每一个都取得了相应的发展。时至今日，北京城内保留的古寺院、道观、教堂、清真寺鳞次栉比，这些风姿各异的宗教建筑不仅直观再现了古都北京多元文化的共生共荣，更昭示了中华文明海纳百川的博大胸襟。

五. 一统性：

从多元民族、多元文化相对独立又相互依存的多元一体，到多元民族、多元文化通过不同渠道相继融入汉民族和汉文明的多元一统，是中华文明的总体演进过程，也是北京历史文化的实际演进过程。史前及夏商时期燕山南北各部族的血脉相连，以及他们在经济、文化上的交相互动，体现了这些部族与生俱来的联系，恰是上古时期多元一体性征的反映。及至姬周封燕，幽燕大地纳入了中华主流文化，中华主流文化从此在这里相沿不衰，又在历史的多样性中彰显了它的一统性。

在历史学家看来，中华文明的一统性应该是由中华版图的完整与否决定的，似乎只有大一统王朝才能维系中华文明的一统。但事实上，对历来重视"心性教化"作用的中华民族来说，文化纽带的联系丝毫不亚于地缘纽带的联系，甚至有过之无不及。而由此所决定，即使在天下分治时，文化与文明的因素仍在统摄一切，继续起着制约历史走向的主导作用。这就是说，对中国而言，不尽是大一统王朝维系了中华文明的一统，更重要的

---

① 吴于廑：《世界历史》，载《中国大百科全书》外国历史卷，中国大百科全书出版社，1990年。

是中华文明的一统维系了国家的统一。

如第六章、第七章所述，古代北京汉文明的一脉相传，不仅体现在儒家学说主导地位的长盛不衰上，更体现在标志"天、地、君、亲、师"信仰的皇家建筑的日臻完备上。前者是这个城市的软系统，后者是它的硬设施，二者互为表里。比较之下，"天、地、君、亲、师"信仰早在儒学诞生前就流传有自，比儒学更为古朴，因此应该说，古代中国的主流文明是由"天、地、君、亲、师"信仰和传统儒学共同组成的。而这二者在古都北京的一脉相传，无异于在一个特殊的地域造就了一个特殊的熔炉，使融注其中的各民族通过汉文明的渠道不断加深了民族心理的沟通，共同维系了泱泱中华的千年一脉。

以上悠久、持续、递进、多元、一统发展的辉煌结晶，就是成长至今的古都北京。这些特征蕴含在北京历史的深处，是人文北京最深刻的底蕴，也是它最本质的内涵。

那么，像北京这样一座具有五十万年人类史、上万年农耕经济史、五千年文明史的城市，像这样一座始终保持持续、递进发展的城市，像它这样将主流文明的一统性和多元文化的特异性完美结合在一起的城市，在世界上到底有几座呢？或者说，具有这种特性的城市在人类文明史上究竟处于何种地位呢？这应该是每个关注人类命运的人们都希望了解的。因为在这个答案的深处，既包含了对以往历史的审视，也蕴涵了对人类未来的展望。

如果单就五大特征中的某一项来说，在中国或世界并不鲜见。例如人类的起源，仅就中国而言，属于旧石器时代早期的遗存除了北京猿人遗址外，较著名的还有山西芮城西侯度、云南元谋上那蚌村、河北阳原小长梁、陕西蓝田公王岭、四川巫山大庙、山西芮城匼河、江苏南京汤山、辽宁营口金牛山、贵州黔西观音洞、安徽和县龙潭洞、山东沂源骑子鞍山、河南南召杏花山、湖北郧县龙骨洞、湖北郧西县白龙洞等[1]，几乎地不分南北，广布四方。再从世界范围看，这种普遍性就更显而易见了。案人类的起源发生在四次大冰期和三次间冰期的更新世时期，环境的急剧变化迫使当时所有生命都要努力去适应新的环境，人类远祖就是在这种情况下经过艰难漫长的自然选择后逐步形成的，因此极具普遍性。据现有资料，到距今 4 万年前后，人类祖先已大致完成了自己的进化过程，当时除了南极洲之外，地球各大陆已皆有人类生存繁衍。再往后，到了旧石器时代末叶，美国历史学家斯塔夫里阿诺斯说："到了距今 10000 年的旧石器时代末期，即农业革命前夕，人类的人口增为 532 万人"[2]。这个数字不知是怎么统计出来的，但可想而知的是，那时地球上的人数已相当可观，分布的范围也相当广袤。

再就历史文化的持续性而言，显然也不是北京一地的专利。英国著名文化人类学家埃文思·普里查德在他的《努尔人》一书中，记载了一个居住在非洲苏丹东部草原的黑人民族[3]，他们总共不过 40 余万人，却早在四五千年前的古埃及纸草书和壁画中就留下了他们的故事。几千年来，其他民族或消亡或转化，努尔人却始终如一地传承着古老的社会结构和传统，被称为"非洲人文的活化石"。这个民族至今仍在沿用古老的努尔语，仍生活在没有政权机制的原始状态中，仍保留着数千年来以养牛为主的生业。尤其令人不可思议的是，经过数千年后，努尔人的家族史几乎完整无缺地保留下来，有着令人惊叹的悠长记录。其中的奥秘究竟何在？原来事情很简单，即为了保证财产永远留在家族内部，努尔人的习惯法规定，每个家庭的血缘链条都必须世代相传，不可中断。如果一个男人没有留下后代就

---

① 白寿彝总主编、苏秉琦主编：《中国通史》第 2 卷，上海人民出版社，1994 年，第 3 ~ 26 页。

② ［美］斯塔夫里阿诺斯：《全球通史—1500 年以前的世界》第 76 页，上海社会科学院出版社，1999 年版。

③ ［英］埃文思·普里查德著，褚建芳等译：《努尔人：对尼罗河畔一个人群的生活方式和政治制度的描述》，华夏出版社，2002 年。

抛下妻子死去，他的弟弟就要娶寡嫂为妻，所生的子女也都归在死去的哥哥名下，并继承其生前的所有财产。而如果某个家庭的所有男性成员都不幸去世，只留下一名女性成员，则不论她是守寡的媳妇或是死者未婚的姐妹、女儿，都有权"娶妻"，以便继承家业。她们"娶妻"后，要指定一名合适的男性亲属与她们配对生活，直到生下儿子为止。但从婚礼举办之日起，在这个家庭中担当"丈夫"和"父亲"职责的，就是那个"娶妻"的女人。正是这个数千年来相沿不断的族内法，使努尔人的家族血脉得以延续，也使他们的古老传统得以不衰。在错综复杂的人类文明史中，这当然是相当特殊的一例，但由此一例亦不难看出，世界上持续发展的民族与文化大有人在。

总之，一种历史属性或特征绝不会只见于某一种文明，而完全可以同时见诸若干不同文明，甚至见诸一群文明。因此，对一个文明加以甄别的关键，不能只孤立的审视某一项属性，而应综合考察它的各项属性。这就是说，只有各项属性的完整组合，才能严格界定出一个特定的文明类型来。城市的鉴别也是如此，即只有综合考察一座城市的各项属性，才能在大千世界中区别出千千万万座个性不一的城市来。既然古代北京的文明是由悠久性、持续性、递进性、多元性、一统性这五大核心属性构成的，那么在比较研究中，也只有通过对这五大属性的综合审视，才能区分出北京历史文化与其他城市的本质差异。

以世界之大、历史之长、文明之多，这种横向比较无疑是个浩繁无比的工程，几乎难以穷尽。但实际上，具体实施起来并非难事，而最简单的方法莫过于采用"筛选法"，按古代北京的五大属性逐一过滤，或就其中某一项关键属性做综合比较，其结果很快就会浮出水面。

例如，单就历史文化的悠久性而言，如果不仅仅着眼于人类的起源，而是综合人类起源、新石器时代革命、文明肇兴这三大步历史跨越的话，稍加辨析便不难看出，像北京地区这样集三者于一地的不但在中国绝无仅有，在世界上也极其罕见。

即以中国言之，南北各地的古人类发源地虽多，但其中却鲜有新石器时代早期文化的摇篮。迄今为止，中国的新石器早期遗址分别发现于北京门头沟东胡林、北京怀柔转年、河北阳原泥河湾盆地于家沟、河北徐水南庄头、江西万年仙人洞与吊桶环、湖南道县玉蟾岩、广西邕宁顶蛳山、桂林甑皮岩、柳州鲤鱼嘴、广东阳春独石仔、翁源青塘、封开黄岩洞等地[①]，其中能与人类起源的重要地点同在一地的寥若晨星，目前除北京外，也还只有去北京不远的桑干河畔河北阳原等个别地点可以名列其中。再从文明的起源看，考古学上的一大线索即龙山时代古城址的出现，其中重要的有河南地区的安阳后岗、登封王城岗、淮阳平粮台、辉县孟庄、郾城郝家台，山东地区的章丘龙山镇城子崖、邹平丁公、临淄桐林、寿光边线王、五莲丹土村、阳谷景阳冈，湖北江汉平原的天门石家河、荆门马家垸、江陵阴湘城、石首走马岭、公安鸡鸣城，湖南洞庭湖西北部平原的澧县城头山和鸡叫城，四川成都平原的新津龙马古城、温江鱼凫城、郫县三道堰古城、都江堰芒城、崇州环河古城，以及内蒙古河套地区的近20座古城等，总计不下40余座[②]。它们的出土地点虽多，分布范围虽广，却无一地同时存在人类起源及新石器时代起源的重要遗存。

总之，综合上述三大发现，在同一个地域内，能像北京这样，既有旧石器时代早、中、晚三期的重要遗存，又接连在此后成为农业革命和国家文明发源地的，确乎绝无仅有。鉴于考古发现与研究已一再揭示，中国的人类起源、农业起源、文明起源是多元并进的，具有多个中心，因此不能断言今后也不会发现集三者于一身的地域。但是，其中又有哪里会同时存在持续不断的城市文明，并且因此而成长为华夏古都的呢？想必是无处可

---

① 朱乃诚：《中国早期新石器文化研究的新进展》，《光明日报》2000年7月28日。

② 严文明：《东方文明的摇篮》，刊《文化的馈赠—汉学研究国际会议论文集》（考古学卷），北京大学出版社，2000年。

寻的。

再从历史文化的持续性来说，努尔人的文化之所以恒久不衰，是因为他们始终生活在与世隔绝的"自闭"状态中，代表的是一种遗世独立的类型。这样的特例在古代中国其实也不难找到，著名的《桃花源记》中就有关于此类人群"乃不知有汉，无论魏晋"的精彩描述。至于在世界各大洲，同此之例就更是不乏其见了，以至被英国历史学家汤因比归纳为"停滞的文明"。这种文明的特点是，他们"虽然存在，但是没有生长"①，因此即使悠久，即使持续，文明的递进性和多样性却无从谈起。

其实，加以筛选的最核心要素是，在人类文明的行列中，不是所有地域都能和北京做横向比较的，真正有资格做这种比较的，只有那些历史悠久的古代城市，特别是名闻遐迩的中外古都。只要看看其他古都都是怎样一步步走来的，北京历史文化的特异性便可一目了然。

二　中国八大古都

华夏历史上的都城数不胜数，现在仍是城市的也不在少数，总计多达200余座。然而，其中绝大多数是诸侯列国或地方割据势力的都城，大一统王朝之都屈指可数。上个世纪三十年代，学术界曾提出五大古都的说法，分别指西安、洛阳、北京、南京和开封，这都是中国历史上最著名的王朝之都。此后不久，有人建议在五大古都之外再加上杭州，合为六大古都②。这六大古都包括了两类：一类是全国大一统王朝之都，如西安、洛阳、北京、南京；再一类是南北分治时期北宋与南宋的都城，此即开封和杭州。北宋

①　［英］阿诺尔德·汤因比著、（英）索麦维尔节录、曹未风译：《历史研究》上，上海人民出版社，1966年，第205页。

②　史念海：《中国古都和文化》，中华书局，1998年，第174页。

和南宋虽然只有半壁江山，但它们的都城名满天下，经济的发达、文化的昌明、生活的富足、城市的繁荣皆前所未有，理应荣登中华古都榜。1988年，中国古都学会决定在六大古都之外再加上安阳，合为七大古都。安阳是殷墟所在地，作为商王朝后期的都城长达273年之久，比北宋都城开封的168年和南宋都城杭州的139年还要长，跻身中华古都理所应当。上个世纪末，继长达半个世纪的考古发掘及探索、论证后，学术界认定郑州古商城就是商前期的重要都城"郑亳"，于是通过专家联名倡议，又将郑州增补为华夏著名古都，一共合为八大古都①。

就这八大古都而言，北京仅是其中的一个，但就其发展状况而言，北京却是相当特殊的一个。现在，当北京的历史文化特征已全部展现出来后，对其他七大古都的发展概况做一条分缕析也是必要的。因为唯其如此才能在横向的比较中鉴别出北京历史文化的特异性，并通过纵向比较一览中国古都发展的曲折复杂过程。

1 洛阳

自夏代以来，中国早期都城大多分布在黄河流域，集中在中原之地。历史上的"中原"有广狭之分，广义的泛指黄河中下游地区乃至整个黄河流域，狭义的仅指今河南地区。夏、商时期的重要都城，就集中在狭义的中原腹心地带，尤其是集中在中天下而立的河南洛阳地区。

洛阳市位于黄河中游，地处今河南省西部，因在古雒河之北而古称雒阳。它的位置虽不在今日中国的中心，甚至也不在河南省的中心，但却在早期中原王朝的中心，尤其在西周王朝的正中心。案西周的范围大致东至海，南至江，北至长城沿线，西至甘南高原。以上四至的东南北三面皆界限分明，至于西面，《魏书·宕昌羌传》云："其地东接中华，西通西域"，

---

① 朱士光主编：《中国八大古都·序言》，人民出版社，2007年。

可知是以古宕昌羌为界。古宕昌羌在今甘肃宕昌县一带，位处甘肃省南部，此即古人心目中的"东接中华"之处。而按照上述四至，洛阳恰好位处"天下之中"。

西周初年青铜重器《何尊》镌有周成王营建雒邑的铭文，其中有"余其宅兹中国，自兹乂民"一句①。这里的"中国"两字是作为词组在历史上的首次出现，表述的是字面上的"国之中"含义，铭文是说周王室要以洛阳为天下之中来统御万民。这是有史可稽的以洛阳为天下之中的最早记载，于此之后，西汉初年娄敬谓："成王即位，周公之属傅相焉，乃营成周洛邑，以此为天下之中也，诸侯四方纳贡职，道里均矣。"②东汉史官班固云："昔周公营雒邑，以为在于土中，诸侯蕃屏四方，故立京师。"③隋炀帝诏建东都洛阳时称："然洛邑自古之都，王畿之内，天地之所合，阴阳之所和。控以三河，固以四塞，水陆通，贡赋等。故汉祖曰：'吾行天下多矣，唯见洛阳。'自古皇王，何尝不留意。"④唐太宗敕令兴建洛阳宫宇时说："以洛阳土中，朝贡道均，意欲便民，故使营之。"⑤凡此都是古人对洛阳"天下之中"地理特点的确认。

洛阳东有成皋（今河南荥阳氾水镇西），西有肴（今河南崤山）、黾（今河南渑池西），是中原一带难得的形胜之地。其地位于伊洛盆地，气候温和，土地肥沃，伊水、洛水、瀍河、涧河蜿蜒其间，水源充沛，早在仰韶文化时期就有了发达的新石器文化。但迄今为止，这里尚未发现重要的旧石器时代早期和新石器时代早期遗址，在人类发展史上尚有明显缺环。然而自

---

① 唐兰：《何尊铭文解释》；张政烺：《何尊铭文解释补遗》，《文物》1976 年 1 期。

② 《史记·刘敬列传》。

③ 《汉书·地理志下》。

④ 《隋书·炀帝本纪上》。

⑤ 《资治通鉴·唐纪九》。

从进入夏代以后，史称"昔三代之（君）皆在河洛之间"[1]，这里成了中华文明的重要发祥地。

1959 年，年近七旬的古史学家徐旭生先生根据文献记载的夏人活动线索，亲赴豫西一带考古调查，在距洛阳市 18 公里处的偃师县翟镇乡二里头村发现了一处大型遗址。中国社科院考古研究所当年就在该处展开了田野发掘，而根据迄今以来长达半个世纪的工作，可知这是一处规模宏大的古城遗址，面积阔达 9 平方公里，有宫城、大中型夯土建筑基址、铸铜遗址及贵族墓葬等，还出土了精美的玉器、青铜器和陶器。根据地层学、器物类型学提供的证据及碳 14 年代测定，可知这座城址的年代介于河南龙山时代与郑州二里岗商代前期之间，恰好相当历史上的夏代。

在二里头城址的大型宫殿群中，以第三期遗存的两座大型宫殿基址最为引人瞩目。其中一号宫殿基址的总面积超过了一万平方米，坐北朝南，布局严谨，主次分明，是我国最早的大型宫殿建筑[2]。它们的存在，表明二里头遗址无疑是当时的一座都邑，而且是一座非同寻常的都邑。起初这座城址的年代被误定为早商，城址被误判为商汤的都城"西亳"。后经邹衡先生潜心研究，指出"围绕着洛阳这一地区，是夏文化的中心分布区，尤其是偃师二里头和巩县烧柴两遗址，其规模都是纵横数里，且地近嵩山，正在所谓'伊汭'之地"，证明了这是一座夏的城址，即文献载述的"有夏之居"[3]。此后经过学术界长时间的讨论乃至争论，"二里头遗址"为夏代中晚期都城之说得到了大多数学者的认同，唯其为夏代何王所都尚有待进一步探索。

夏以后，文献记载商前期有两座重要的都城，一为"郑亳"，一为"西亳"。班固在《汉书·地理志》河南郡偃师县下自注云："尸乡，殷汤所都。"

---

[1] 《史记·封禅书》。

[2] 中国社会科学院考古研究所编著：《偃师二里头》，中国大百科全书出版社，1999 年。

[3] 邹衡：《夏商周考古学论文集》，文物出版社，1980 年，第 221 页。

指明河南偃师有一座商汤的都城，所在之地叫"尸乡"。此外《元和郡县志·河南道》载："偃师西亳，汤都也。"这里也说偃师有一座商汤的都城，此即西亳。1983 年，就在紧傍偃师县城一处至今仍叫"尸乡沟"的地方，考古工作者果真发现了一座大型商代城址。此城址地处洛河北岸，与二里头遗址东西相对，平面略呈长方形，南北长约 1700 米，东西最宽处 1200 多米，最窄处 740 米，总面积近 200 万平方米。城墙的基址基本保存完整，分大城、小城、宫城三重城垣，已发现城门多座。小城位于大城的西南部，宫城位于小城中央偏南，宫殿建筑则位于宫城的中南部。宫殿建筑遗址大约占了宫城的三分之二，其中 1 号宫殿区长宽均在 200 米左右，有围墙环绕，内有数座建筑基址，包括正殿、廊庑和主门、侧门等。遗址中出土了大量遗物，主要是陶器、骨器、石器、蚌器、铜器和玉器[①]。

根据一系列碳 14 年代测定，偃师尸乡沟城址的始建年代约在公元前 1550 年左右，废弃年代约在公元前 1300 年前后，恰属商代早中期。关于此城的性质，目前学术界尚有不同看法，或以其是《汉书·地理志》所说的商汤都城，亦即西亳，或以其是早商的别都桐邑，即商王太甲的流放处[②]。太甲是商汤之孙，系商朝第四代王。他即位后一度恣意妄为，恶行累累，被宰相伊尹放逐于桐邑。此事见载于《史记·殷本纪》："帝太甲既立三年，不明，暴虐，不遵汤法，乱德，于是伊尹放之于桐宫。……帝太甲居桐宫三年，悔过自责，反善，于是伊尹乃迎帝太甲而授之政。帝太甲修德，诸侯咸归殷，百姓以宁。"索诸史乘，太甲的年代与商汤相距不远，因此无论尸乡沟古城是商汤所都的西亳，抑或太甲所居的桐宫，都不失为商代早

---

① 中国社会科学院考古研究所洛阳工作队：《偃师商城的初步勘探和发掘》，《考古》1984 年第 6 期；中国社会科学院考古研究所河南第二工作队：《1983 年秋季河南偃师商城发掘简报》，《考古》1984 年 10 期；《河南偃师尸乡沟商城第五号宫殿基址发掘简报》，《考古》1988 年 2 期；杜金鹏、王学荣：《偃师商城考古新成果与夏商年代学研究》，《光明日报》1998 年 5 月 15 日。

② 邹衡：《西亳与桐宫考辨》，刊《北京大学考古学丛书》第 1 号，文物出版社，1990 年。

期一座相当都城性质的城邑。

周武王灭殷后定都陕西西安的沣镐，远离了洛阳。但据《逸周书·度邑解》及《史记·周本纪》的记载，建都沣镐后武王常冥思苦想夜不能寐。周公叩问之"曷为不寐"？武王答曰："自雒汭延于伊汭，居易毋固，其有夏之居。我南望三涂，北望岳鄙，顾詹有河，粤詹雒伊，毋远天室。"以上大意是说，雒河、伊水间平坦无险，是宜居之地，曾为夏之旧都，向南望去有三涂山，向北望去有太行山，远可观黄河，近可审雒伊，又离天室嵩山不远，是建都的上佳之选。武王在这里明确表示了建都洛阳的意思，实际上他真正焦虑的是，周之都邑沣镐虽然地近周人世居的周原（今陕西岐山、扶风），有稳固的大后方，但远离丰饶富庶的关东，也远离殷商故地，难以实施对东方的掌控，故此寝食难安。

说完这番话后不久武王逝去，于是成王及摄政的周公"使召公复营雒邑，如武王之意"，按武王的遗志在洛阳涧水以东修建了一座西周王朝的东都，称成周，又称雒邑。这样一来，在上距商代"西亳"整整近300年后，今洛阳地区又矗立起一座新的王都。

近半个世纪以来，在洛阳邙山与洛河之间的瀍河两岸，考古工作者发现了大片西周时期的房基、墓地、祭祀坑等，还发现了一处规模不小的铸铜作坊遗址[1]。《尚书·洛诰》载周公营造成周前占卜该地的位置是："我乃卜涧水东、瀍水西，惟雒食。我又卜瀍水东，亦惟雒食。"以上西周遗址恰与这段文献记载的地点相合，显然就是成周城的所在。

西周末年，周幽王荒淫无道，"西夷犬戎攻幽王。幽王举烽火征兵，兵莫至。遂杀幽王骊山下，虏褒姒，尽取周赂而去"[2]。此事发生在公元前771年，标志了西周王朝的灭亡。第二年，周平王东迁洛阳，揭开了东周

---

[1] 洛阳博物馆：《洛阳北窑村西周遗址1974年度发掘简报》，《文物》1981年7期；洛阳市文物工作队：《1975—1979年洛阳北窑村西周铸铜遗址的发掘》，《考古》，1983年5期。

[2] 《史记·周本纪》。

时代的序幕，洛阳由此从西周王朝的东都变成了东周王朝的正都。开始时平王都于洛阳的王城，历十二王而不变，维持了不下两个半世纪。公元前516年，周敬王为避王室内乱徙居成周，前后也延续了两个多世纪，到战国晚期周赧王时（公元前314年～前256年）始还都王城。以上王城、成周均在今洛阳市的范围内，由此合成了洛阳的一组重要都邑。

20世纪50年代，考古工作者在洛阳市南临洛河的涧河两岸发现了东周王城，此后又发现了聚族而葬的东周王陵区，还在穿越王城的今洛阳市中州路一带发现了大批墓葬，时代从西周一直延续到了战国晚期[1]，凡此都是东周王朝建都洛阳的考古实证。

公元前256年，东周王室被秦所灭，洛阳作为东周都城的历史始告结束。从公元前770年算起，洛阳的这段都城史前后延续了515年，时间之长在各个朝代中可谓绝无仅有。然而自周平王以降，"周室衰微，诸侯强并弱，齐、楚、秦、晋始大，政由方伯"[2]，东周已不再是个政出一门的王朝。随着事态的不断衰变，到了战国年间，春秋时期还起过一些天下大宗和共主作用的东周王室每况愈下，"周天子"实际上已沦为托庇于诸侯大国的附庸，其都城更是凋敝到仅相当一个中小诸侯国的都邑而已。因此，说东周洛阳是全国性都城仅是就它的象征意义而言，其实已名不副实。

综合上述，仅就三代时期言之，夏代都城、商代前期都城及西周东都、东周王都都相继建于今洛阳地区。大约是出于古人所说的"居易毋固"之故，即洛阳一带太容易在平畴沃野上选择一处水源充沛的新城址了，因此三代之都虽然都见于洛阳，城的位置却不相联属，各都城在时过境迁之后大多废弃不用。如夏代二里头都城及商前期的都城不仅同在洛阳，而且同在偃师，两者仅相距6公里，但彼此却毫无关联。西周洛邑坐落在今洛阳市区西北，更与夏都、商都风马牛不相及。尤有甚者，同属姬周王室之都，

---

① 中国科学院考古研究所：《洛阳中州路（西工段）》，科学出版社，1959年。

② 《史记·周本纪》。

东周王城也不建在西周成周的原址上，而是另筑于它的西南方。

东周王室灭于秦后，秦庄襄王在今洛阳一带改置雒阳县，这是有"雒阳"称谓之始。秦王朝统一后以雒阳为三川郡的治所，入汉后又以此为河南郡的治所，皆属一郡之治。在与东周王城暌隔了整整 280 余年后，东汉刘秀据幽燕之地崛起，于公元 25 年在今河北省柏乡县千秋亭称帝，之后定都雒阳，这里才再度成为王朝之都。

无独有偶，东汉雒阳城也避开了此前历代都城的故址，重新建造于今洛阳市区以东约 15 公里处。这座新的雒阳城背靠邙山，面临洛河，呈不规则长方形。据西晋皇甫谧《帝王世纪》的记载，其城郭"东西六里十一步，南北九里一百步"。《晋太康地纪》的记载与此大同小异，称其"城内南北九里七十步，东西六里三十步"。辗转至今，东汉雒阳城东、西、北三面的城垣仍断续相望，残高 5 ~ 7 米。经实地测量，其城垣东长 3895 米，西长 4290 米，北长 3700 米，南城垣虽被北移的洛河冲毁，但可根据东西两垣的间距测算出大约为 2460 米[①]。以上城垣大致和文献记载的相符，总计约合晋里 33 里。

东汉雒阳城的宫城有南北两宫，把全城分隔为二。史称雒阳宫城"宫室光明，阙庭神丽，奢不可逾，俭不能侈。外则因原野以作苑，顺流泉而为沼，发苹藻以潜鱼，丰圃草以育兽。制同乎梁驺，义合乎灵囿"[②]，富丽堂皇且瑰丽多姿。城的南郊建有明堂、辟雍、太学、灵台等皇家建筑，城的东郊建有中国最早的僧院白马寺，城的北郊建有皇家祭祀地神的北郊坛。这些建筑与城内的皇宫内外呼应，合成了一座气势恢宏的大都会。

自光武帝刘秀定都雒阳，至初平元年（190 年）董卓挟汉献帝刘协西迁长安，东汉王朝建都雒阳共计 166 年。经过这一个半世纪的发展，"洛

---

① 中国科学院考古研究所洛阳工作队：《汉魏洛阳城初步勘查》，《考古》1973 年 4 期。

② 班固《东都赋》。

中贵戚室第相望，金帛财产，家家殷积"①，雒阳城的富庶华丽举世瞩目，成为当时亚洲第一大都市。

东汉末年，董卓擅权，骄恣妄为，放纵士兵在京师雒阳"突其庐舍，淫略妇女，剽虏资物，谓之'搜牢'。人情崩恐，不保朝夕"②。尤有甚者，初平元年（190年）董卓挟汉献帝迁都长安，一方面"驱徙京师百姓悉西入关"，一方面"焚雒阳宫庙及人家"③，同时还"使吕布发诸帝陵，及公卿已下冢墓，收其珍宝"④。在这一连串令人发指的破坏下，雒阳城顷刻化为灰烬，"二百里内无复孑遗"。建安元年（196年），汉献帝还都雒阳，是时城内"宫室烧尽，百官披荆棘，依墙壁间。州郡各拥强兵，而委输不至，群僚饥乏，尚书郎以下自出采稆，或饥死墙壁间，或为兵士所杀"，其情其景状如鬼城。面对一片废墟，就连贵为天子的汉献帝也只能暂栖身于"故中常侍赵忠宅"⑤，旋即又被曹操强制迁徙于许（今河南许昌东）。

三国黄初元年（220年），曹操之子曹丕逼汉献帝逊位，以魏代汉，史称曹魏。曹魏仍都雒阳，笃信五行之说的曹丕认为魏属土德，而"土，水之牡也，水得土而乃流，土得水而柔，故除'佳'加'水'"⑥，由此改"雒阳"为"洛阳"。当时洛阳城废弃已久，荒木成林，曹魏王朝的一大使命，便是要在废墟上重新建造起一座洛阳城来。魏文帝曹丕登基伊始便着手"初营洛阳宫"⑦，魏明帝曹睿对洛阳城的营建更是不惜工本，"愈增崇宫殿，彫饰观阁，凿太行之石英，采谷城之文石，起景阳山于芳林之园，建昭阳殿于太极之北，铸作黄龙凤皇奇伟之兽，饰金墉、陵云台、陵霄阙。百役

---

① 《后汉书·董卓传》。

② 同上注。

③ 《后汉书·孝献帝本纪》。

④ 《后汉书·董卓传》。

⑤ 《后汉书·孝献帝本纪》。

⑥ 《三国志·魏书·文帝本纪》。

⑦ 同上注。

繁兴，作者万数，公卿以下至于学生，莫不展力，帝乃躬自掘土以率之"①。在魏明帝亲自掘土以为表率并将公卿以下乃至太学生全部投入营建工程的推动下，在东汉雒阳城的废墟上，很快矗立起一座全新的都城。但可惜造化弄人，正所谓"种瓜得瓜，种豆得豆"，正当曹魏新都建设的初具规模时，咸熙二年（265 年）冬，司马昭之子司马炎逼迫魏元帝曹奂逊位，曹魏又为西晋所代。西晋建国后仍都洛阳，曹魏倾心建造的洛阳城遂为司马氏所用。三国曹魏共历 5 帝 45 年，西晋王朝共历 4 帝 52 年，二者相加刚好约一百年。在这一个世纪中，经过曹魏、西晋的营造，洛阳城终于一展芳容，重现了往日的靡丽。

西晋末年，司马氏的晋王朝外有强敌压境，内有八王之乱，京城屡遭摧残。《晋书·王弥传》云："时京邑大饥，人相食，百姓流亡，公卿奔河阴。（刘）曜、（王）弥等遂陷宫城，至太极前殿，纵兵大掠。幽帝于端门，逼辱羊皇后，杀皇太子诠，发掘陵墓，焚烧宫庙，城府荡尽，百官及男女遇害者三万余人。"此事发生在永嘉五年（311 年），遭此劫难，洛阳一带"苍生殄灭，百不遗一，河洛丘虚，函夏萧条，井堙木刊，阡陌夷灭，生理茫茫"②，千年古都再次堕入历史的深渊。

十六国时期，洛阳这座位处要冲的古都不可避免地成为各少数民族政权相互杀伐的主战场。枭雄间的你争我斗，使历代名都万户萧疏，哀鸿遍野，满目所及只是一片瓦砾。羯族后赵建都邺城后一度以洛阳为南都，但好景不长，随着后赵的迅速灭亡，洛阳重新成为狼烟滚滚的战场。十六国结束后，北魏孝文帝于太和十七年（493 年）率大军来到洛阳，在遍览洛阳城址的破败后感慨万千，不禁潸然泪下。他对近臣说："晋德不修，早倾宗祀，荒毁至此，用伤朕怀"，于是"遂咏《黍离》之诗，为之流涕"③。此语道

① 《三国志·魏书·高堂隆传》。
② 《晋书·孙楚列传》。
③ 《魏书·高祖纪下》。

出了西晋末年以来洛阳城的满目疮痍，以至令人不忍卒看。

洛阳历史的又一次生命轮回，发生在鲜卑拓跋氏的北魏孝文帝时期。公元 439 年北魏统一中国北方后，国势渐强，而为了取得进一步发展，孝文帝拓跋宏力排众议，于太和十七年（493 年）"诏天下，喻以迁都之意"，决定把都城从平城（今山西大同）南迁洛阳。经过两年多的营建，太和十九年（495 年）孝文帝亲率六宫、贵族、文武百官及兵丁 20 余万自平城迁洛阳，完成了北魏历史上的重要转折。

与汉以前频繁更换都城址的情况截然不同的是，在间隔了近 180 年后，北魏洛阳城仍然沿用了东汉及魏晋洛阳城的旧址，但在废墟上全部重建。建成后的北魏洛阳城更加宏大，整座城市东西宽 20 里，南北长 15 里。在总体布局上，魏都洛阳城主次分明，井然有序，继承了"前朝后寝"、"宫苑区划"、"市肆设置"的格局，宫殿的华美壮丽丝毫不让南朝都城建康。

北魏皇室笃信佛教，故而当时洛阳城内佛寺林立，还在城西南约 25 公里处开凿了享誉中外的龙门石窟。龙门石窟中的宾阳洞窟是宣武帝为超度孝文帝和文昭皇太后修建的，"从景明元年（500 年）至正光四年（523 年）六月已前，用工八十万二千三百六十六"[1]。一组洞窟的营造竟历时 24 载，用工 80 万，它的精雕细琢和美轮美奂自不待言。

公元 534 年，六镇起义后的连年内乱迫使北魏孝武帝逃出洛阳，投奔了踞有关陇的宇文泰。从此北魏分裂成高欢掌控的东魏和宇文泰掌控的西魏两部分，前者迁都于邺（今河南安阳市北），后者移都于长安，洛阳至潼关一线反而成了东、西魏的主战场，洛阳城再一次在战火中化为乌有。

隋朝开国后定鼎长安，偏在关中。公元 604 年隋炀帝即位，登基四个月后便专程前往洛阳，决定以洛阳为东都。是时隋朝"户口益多，府库盈溢"，国力殷实。隋炀帝遂大兴土木，"以尚书令杨素为营作大监，每月役

---

[1] 《魏书·释老志》。

丁二百万人。徙洛州郭内人及天下诸州富商大贾数万家以实之"[1]，对东都洛阳展开了大规模营建。

　　隋的洛阳新城撇开了汉魏故址，另建于今洛阳市区的西部，去汉魏故城约18里。开工时征调的役丁多达200万人，工程的浩大不言而喻。隋炀帝下诏营建东京时曾假惺惺地表示，工程要量力而行，厉行节约。他说："夫宫室之制本以便生，上栋下宇，足避风露，高台广厦，岂曰适形。……是知非天下以奉一人，乃一人以主天下也。民惟国本，本固邦宁，百姓足，孰与不足！今所营构，务从节俭，无令雕墙峻宇复起于当今，欲使卑宫菲食将贻于后世。"[2]但时任"营东都副监"的宇文恺揣摩隋炀帝的真实意图是"心在宏侈"，"于是东京制度穷极壮丽"。建成后果然"帝大悦之"，宇文恺也因此得到了觊觎已久的工部尚书职位[3]。

　　隋亡后，唐承隋制，仍以长安为都，以洛阳为东都，并称两都。唐高宗及武则天曾长期驻跸东都，武则天临朝称帝后更是"改东都为神都"[4]，正式移都于洛阳。经过武周年间的大举扩建，"神都"洛阳一跃而成纵跨洛河南北、横踞瀍水东西的大都会，周回长达70余里，宫殿的华丽更是前所未有。饶有兴味的是，在神都正殿万象神宫的圆形屋顶上，当时特意安放了一只丈余高的昂首挺立的金凤凰，脚下环绕九条云龙，以此象征武周时期的女主当政、群龙伏首。

　　武则天退后，唐中宗李显复位，"复国号，依旧为唐……神都依旧为东都"[5]，一切都恢复到武则天以前的样子。唐玄宗天宝年间，"安史之乱"爆发，叛将史思明攻陷洛阳，这里成了唐王师与安禄山、史思明强攻强守

---

① 《隋书·食货志》。
② 《隋书·炀帝本纪上》。
③ 《隋书·宇文恺传》。
④ 《旧唐书·则天皇后本纪》。
⑤ 《旧唐书·中宗本纪》。

的战场，倍遭战火荼毒。《旧唐书·郭子仪传》称：当时洛阳城"宫室焚烧，十不存一。百曹荒废，曾无尺椽，中间畿内，不满千户。"安史之乱平息后，河南都统王缙"请减诸道军资钱四十万贯修洛阳宫"[①]，得到代宗的批准，洛阳宫得以复建。但此后历代唐皇皆不复东顾，洛阳的"东都"已徒有虚名。

唐后期藩镇割据，战乱蜂起，洛阳城更是屡遭兵燹。唐僖宗光启元年（885 年），叛将秦宗权部"据京城月余，焚烧宫阙，剽剥居民"。乱军退去后，整座洛阳城几成废墟一片，"寂无鸡犬之音"[②]。唐昭宗天祐元年（904 年），梁王朱温胁迫昭宗迁都洛阳，为此"率诸道丁匠财力，同构洛阳宫，不数月而成"[③]。唐亡后，后梁初都东都开封，以洛阳为西都，后于开平三年（909 年）迁都洛阳。公元 923 年后唐灭后梁，亦都洛阳，称洛京。后唐灭国后，后晋也曾在洛阳建都，称西京。总之，五代时期的后梁、后唐、后晋皆曾以洛阳为都，但时间都十分短暂，三者相加尚不足 20 年。

北宋王朝以开封为国都，以洛阳为西京，洛阳城的宫殿、苑囿在五代的基础上渐有恢复。但此时的洛阳城早已褪去了往日大一统王朝之都的风采，更难掩历尽沧桑后的日渐萧条。北宋末年金军南下，洛阳城顿成烽火连天的战场，再度付之一炬。时人邵雍在《洛阳怀古赋》中说："宫室森列，鞠而为茂草；园囿棋布，荒而为平野。"可见洛阳城藉北宋西京保留下来的最后一点点古都风韵也被无情抹去，唯见衰草伴寒烟。

入金以后，洛阳城初归河南府，兴定元年（1217 年）八月升为中京，称金昌府。升中京时距金朝灭亡只剩下了十余年，金人大势已去，洛阳的中京徒有虚名，只不过是隶属南京路的一座弹丸小城而已，方圆仅 8 里许。元、明、清三朝置河南府，"府治即周之王城"[④]，洛阳城变成了一座范围

① 《旧唐书·代宗本纪》。

② 《旧五代史·李罕之传》。

③ 《旧五代史·梁书·太祖本纪二》。

④ 《元史·地理志二》。

仅及隋唐洛阳城东南一角的小城，下辖仅数县。

在金朝时，洛阳隶属南京路，尚属都城和路治之下的三流城市。元朝实行的是都城、行省、路、府、县五级地方行政制，当时的洛阳虽然仍为府治，但已退居为四流城市。民国时废河南府，改置洛阳县，千年古都洛阳终于在逐步的下滑中沦为县级小城。直到解放后，新生的洛阳才重现蓬勃生机，又成豫东一方重镇。

2 郑州

从可以确认的夏商周三代都城出发，八大古都中在时代序列上稍晚于洛阳的便是今之郑州，其代表性都邑即为郑州商城。

《尚书·盘庚上》云："盘庚五迁，将治亳殷。"传文云："自汤至盘庚凡五迁都。"据上述，在商王盘庚迁殷之前，商人曾屡番迁都，前后达五次之多。《史记·殷本纪》综合《世本》等先秦典籍的记载，对此做出的概括是："汤始居亳"，"帝仲丁迁于隞，河亶甲居相，祖乙迁于邢"，即商前期先后都于亳、隞（嚣）、相、邢。此外再加上《竹书纪年》等文献记载的"南庚迁于奄"，到盘庚迁殷刚好合为五迁。而商前期的第一个都城，便即商汤所居的"亳"。

商朝积年共历五个半世纪，据《竹书纪年》等文献的记载，"自盘庚迁殷至纣之灭，二百七十三年更不徙都"[1]，即盘庚迁殷后的商代历史有 273 年，此前约有近三百年。商前期的这三百年共历十八王，而从商汤都亳开始，到仲丁迁出亳为止，共历五世九王，恰好占了商前期的一半。照此估算下来，可知商汤的亳是商前期沿用时间最长也最重要的都城，前后近 150 年。

"亳"是商代都城的通称，商前期的"亳"也不止一处，《尚书·立政》就有"三亳"之说。而在商前期的都城中，除前述洛阳偃师的"西亳"外，

---

[1] 《史记·殷本纪》正义引《竹书纪年》。

最重要的就是"郑亳"。20 世纪 50 年代初，在郑州市偏东的郑县旧城及北关一带，发现了一座规模宏大的商城，经过长达近半个世纪的考古发掘，已揭示出它有内城和外廓两重。内城周长近 14 里，面积约 300 万平方米，地面还残存着高约 5 米的城垣。外廓现已发现部分南垣和西垣，长约 5000 多米，估计总面积至少在 600 万平方米以上。城址内外发现了多处奴隶主贵族墓、手工业作坊、祭祀遗址和铜器窖藏等，还出土了一大批青铜器、玉器、象牙器、原始瓷器，内涵极为丰富。内城的东北隅分布着成片宫殿建筑基址，有石砌的蓄水池和排水管道，最大的房基长 65 米，宽 13.6 米，相当壮观。据碳 14 年代测定，这座城址始建于公元前 1620 年左右，恰属商代初期。其文化堆积的丰厚及碳 14 测定的数据表明，它延续使用的时间至少在百年以上[①]。

在各地发现的商朝都城中，郑州商城可以说是迄今所见年代最早、内涵最丰的一座。开始时大多数学者认为它是商中期仲丁所筑的隞（嚣）都，但前引文献已经说明，帝仲丁迁隞后河亶甲迁"相"，中间只间隔了仲丁、外壬两王。《太平御览》八十三引《竹书纪年》云："帝仲丁在位十一年。"又《太平御览》八十三引《史记》云："帝外壬在位一十五年。"按照这些文献提供的参考数据，可知隞地作为商朝都城的时间前后相加也不过数十年。因此，郑州商城既与隞（嚣）都的始建年代和规模不符，也和它的上下积年不符。20 世纪 80 年代初，邹衡先生综合四大方面的考证指出："郑州商城就是成汤所居的亳都。"[②]由此对郑州商城作出了更为精准的结论，并得到了大多数学者的赞同。商汤之年约起于公元前 1600 年左右，可见这座郑州商亳迄今已有了 3600 余年历史。

姬周代商后，郑州地区成了诸多小国的领地，大规模的城邑不复存在。郑州地区西周封国中等秩最高的是武王胞弟叔鲜所封的管国，都管城，地

---

① 河南省文化局文物工作队编：《郑州二里冈》，科学出版社，1959 年。

② 邹衡：《夏商周考古学论文集》，第 202 页。

在今郑州市。郑州一带系殷之故垒，因此如《史记·周本纪》所说："武王为殷初定未集，乃使其弟管叔鲜、蔡叔度相禄父治殷。"武王特封胞弟叔鲜镇守于此。武王死后，"成王少，周初定天下，周公恐诸侯畔周，公乃摄行政当国"[1]，周公摄政。管叔鲜、蔡叔度怀疑周公有僭位之意，故联合殷纣王之子武庚发起叛乱。周公迅速平息了叛乱，诛杀了管叔，放逐了蔡叔，管国从此灭亡，管城亦在不久后沦为丘墟。

春秋初年，平王东迁，周室司徒郑武公也将郑国由陕西华县一带东迁至郑州以南，都于今郑州市新郑。新郑一带原属虢国、郐国，郑国在占有这片中原膏腴之地后接连东征西讨，先后灭掉了郐国及东虢，又不断出击宋、卫、许、陈，成为春秋前期炙手可热的强国。下至战国初年，"晋六卿强，侵夺郑"[2]，郑国败在新兴的中原列强手中，并于公元前375年为韩国吞并。

韩国原属晋国，韩、赵、魏三家分晋后初都阳翟，地在今河南禹县。灭郑后韩国徙都新郑，从此扎下根来，直到公元前230年为秦所灭。在建都新郑的145年间，韩国称雄一时，成为战国"七雄"之一，并于周显王四十七年（公元前322年）僭号称王。

作为两大诸侯强国的都邑，在由郑至韩的五个多世纪中，郑韩故城留下了极其丰厚的堆积，也留下了极其灿烂的文化。该城址位于双洎河与黄水河交会的高台地上，依水而建，周回约40里。殊为难得的是，在经历了两千多年的沧桑巨变后，这座古城至今仍留有10米～19米高的城墙，是东周列国都城中仅存的高大城墙。秦统一后，为防止列国旧势力死灰复燃，曾于始皇三十二年（公元前215年）下令"毁坏关东诸侯旧城郭"[3]，列国城池毁坏殆尽。经过这场空前浩劫，关东列强之一的韩国都邑竟然城郭巍峨，独存于今，实属侥幸。

---

① 《史记·周本纪》。

② 《史记·郑世家》。

③ 《史记·秦始皇本纪》正义。

郑韩故城分东西两城，西城为宫殿区，东城是手工业作坊区和宗庙祭祀区，城内外还散布着多处贵族墓区和王陵区。经过半个多世纪的发掘，该城址出土了大量青铜礼乐器，数量之多、体型之大、铸造之精在各列国遗存中都属罕见，尤以莲鹤方壶等"新郑彝器"最名闻遐迩。这些遗物以精湛的历史价值和艺术价值昭示着郑韩故城以往的辉煌，也再现了郑州地区东周时期的风采。

公元前 221 年秦灭六国后，全面废除了诸侯分封制。自此而后，占尽中原地利的郑州市风光不再，沦为郡县制中的县级行政区。隋开皇三年（583年）改荥州为郑州，治所在今郑州迤西的古成皋，从此始有"郑州"之谓。古成皋地势险要，初称虎牢，今属荥阳氾水镇，距郑州有百里之遥。隋开皇十六年（596 年）"置管州，大业初复曰郑州，统县十一"①，设州治于今郑州市区。至此今郑州市的城市文明才渐成气候，但上距西周初年的管城已有一千六七百年。到了唐代初年，州治再度移徙氾水武牢，至贞观年间才复归管城。唐的管州有时也称郑州，辖境大致包括了今郑州市、荥阳、新郑、中牟及原阳的西南部。至于郑韩故城所在的新郑，在秦以后更是大不如前，或置县，或废县，有时连县级城邑也难以保留。

宋神宗熙宁五年（1072 年）废郑州，以管城、新郑隶开封府，后又复郑州。宋徽宗崇宁四年（1105 年）以郑州为西辅，此地成了京畿四辅郡之一。北宋后期升郑州为奉宁军节度，地位在一般州府之上。金、元、明、清的情况亦大抵如此，清雍正初年和光绪末年还一度升郑州为直隶州，直属河南省。民国二年（1913 年）全国废州改县，郑州成为县级小城，称郑县。民国十七年（1928 年）由县转市，这才有了今郑州市的雏形。新中国成立后，河南省会于 1954 年由开封迁郑州，郑州市始得重振雄风，再度成为中原的政治、经济、文化中心。

---

① 《隋书·地理志中》。

3 安阳

公元前 1300 年左右，第二十任商王盘庚"自奄迁于北蒙，曰殷墟，南去邺四十里"[①]，由此揭开了安阳作为商朝都城的历史。这座商代晚期城址是由十九世纪末叶偶然发现了殷商带字甲骨而得以关注的，由 1910 年罗振玉对这些甲骨文字出自殷墟的考证得以确认[②]，更由 1928 年以来持续不断的考古发掘得以揭示。此城址的中心部位在今安阳城西北约 3 公里处的小屯村一带，总面积阔达 36 平方公里。整个遗址成片分布着殷商时期的宫殿区、宗庙区、王陵区、祭祀区和铸铜、制骨作坊遗址，也散落着一般居址和平民墓地[③]。这座宏大的都城被洹河穿越，没有城墙，但体量之大、内涵之丰、规格之高皆前所未有。诚如《诗经·商颂》所言："商邑翼翼，四方之极。赫赫厥声，濯濯厥灵。寿考且宁，以保我后生。"在晚商的 273 年中，这座"商邑"的统治区域广及"四方之极"，是当时无出其右的最大都市。

自开展田野工作以来，殷墟收获的实物资料极为丰富，仅正式发掘出土的刻字甲骨就有五万多片，青铜器后母戊大方鼎[④]等更是稀世珍宝。1976 年发现的殷墟妇好墓，是迄今经科学发掘并保存较完好的最高规格商王室墓，出土了青铜器、玉石器、骨器、象牙器、陶器、蚌器等共计 1928 件，不乏国宝级文物。其中仅青铜礼器就有 210 件，不少是世所罕见的重器，且半数以上镌有"妇好"或"好"的铭文[⑤]。妇好是商王武丁的配偶，屡见于殷墟甲骨卜辞，曾多次主持商王室的大型祭祀活动并代王出征，是

---

① 《竹书纪年》，《括地志》引。

② 罗振玉：《殷商贞卜文字考》，清宣统二年（1910）玉简斋石印，后收入《谭隐庐丛书》。

③ 胡厚宣：《殷墟发掘》，学习生活出版社，1955 年；中国科学院考古研究所安阳发掘队：《1958～1959 年殷墟发掘简报》，《考古》1961 年 2 期。

④ 原称司母戊大方鼎。

⑤ 中国社会科学院考古研究所：《殷虚妇好墓》，文物出版社，1980 年。

位上得了战场、入得了朝堂的极富传奇色彩的巾帼英雄。妇好墓的出土和墓主人的认定，使甲骨文字记载得到了考古资料的验证，也使殷商王朝都于安阳多了一个不可移易的证据。

根据长年累月的考古发掘，出土的实物资料和甲骨文字资料无不揭示，小屯殷墟实际上始建于商王武丁时期，而非盘庚时期[①]。武丁是商代第二十二世王，与盘庚间隔着小辛、小乙两世。那么，文献都说盘庚迁殷，他迁的殷又在哪里呢？自 20 世纪 80 年代以来，在距安阳市老城北约 3.5 公里的今洹北花园庄及三家庄、董王渡村一带，屡有文物出土，青铜器的造型和文饰皆介于商前期郑州商城及商后期小屯文化之间，属于商代中期[②]。这个年代刚好就是盘庚、小辛、小乙的年代，而 1999 年底，在洹河北岸果然发现了一座商代城址，位置就在殷墟遗址的东北外缘。此城占地约 4.7 平方公里，通过局部解剖及对出土物的分析，可知其主体堆积属于中商时期，最晚可到殷墟文化一期偏早[③]，恰与小屯殷墟遗址的年代相衔接。于是顺理成章地，人们认定安阳花园庄商城即盘庚所迁的殷，亦即盘庚、小辛、小乙三王的殷都。此外也有学者说这座城址是河亶甲所居的相，但证据明显不足[④]。

总之，至少从盘庚迁殷开始，一个商中期的都城、一个商后期的都城，商朝在安阳的都城史就这样承续下来。鉴于盘庚、小辛、小乙的都城与武丁以后的都城同在安阳，且二者紧相毗连，几乎可以合成一座城邑，故此文献就说商王朝在盘庚以后"更不徙都"了。《史记·殷本纪·正义》注

[①] 杨锡璋：《殷墟的年代和性质问题》，《中原文物》1991 年 1 期；谷飞：《殷墟王陵问题之再考察》，《考古》1994 年 10 期。

[②] 孟宪武：《安阳三家庄、董王度发现的商代青铜器及其年代推定》，《考古》1991 年 10 期；唐际根：《中商文化研究》，《考古学报》1999 年 4 期。

[③] 中国社会科学院考古研究所安阳工作队：《1998 ~ 1999 年安阳洹北商城花园庄东地发掘报告》，《考古学集刊》第 15 集，文物出版社，2004 年。

[④] 参考王震中：《"中商文化"概念的意义及其相关问题》，《考古与文物》2006 年 1 期。

引《竹书纪年》云："自盘庚迁殷至纣之灭，二百七十三年更不徙都。"此即以盘庚迁殷之后商人再未迁都之例。从盘庚到公元前 11 世纪中叶商朝灭亡，共历 8 世 12 王，凡 273 年。这就是商朝立都安阳的年代，由此奠定了安阳在中国古都中的特殊地位。

商亡后，殷都很快荒芜成丘墟一片，在先秦典籍中已被称作"殷墟"。《史记·宋微子世家》云："其後箕子朝周，过故殷虚，感宫室毁坏，生禾黍，箕子伤之，欲哭则不可，欲泣为其近妇人，乃作麦秀之诗以歌咏之。"这里说的是殷朝故臣箕子从朝鲜返周时途经殷都的所见所感，时在西周初年。此时去殷商尚不过十余载，但这座曾经统御过"四方之极"的都城已成禾黍遍野的荒芜之地，直令箕子悲从中来，欲哭无泪。

自西周起，安阳地区的城市文明长期中断，直到时隔四个世纪后，齐桓公二十八年（公元前 658 年）发兵援救卫国，为抵御狄人筑邺城于漳河岸，安阳一带的城市文明才始见复苏。此邺城的故址原在河南临漳县，现划归河北省，在河北临漳县西南约 40 里处，北距安阳市近 40 里。开始时它不过是一座简单的设防城堡，但当此地于战国初年纳入魏地后，魏文侯以西门豹为邺令，事情终于出现了转机。

西门豹出任邺令后励精图治，先设计弹压了借河神敛财的地方豪强及巫祝，上演了千古传诵的"河伯娶妇"故事，紧接着又"发民凿十二渠，引河水灌民田，田皆溉"[1]。史称"西门豹守邺，而河内称治"[2]，魏文侯也因任人唯贤而称誉于诸侯。对西门豹除暴安良的不拘一格做法，就连见多识广的司马迁也感慨良多，论曰："'子产治郑，民不能欺；子贱治单父，民不忍欺；西门豹治邺，民不敢欺。'三子之才能谁最贤哉？辨治者当能别之！"[3]在子产治郑、子贱治单父、西门豹治邺这三大口口相传的善政中，

---

[1] 《史记·滑稽列传》。

[2] 《史记·魏世家》。

[3] 《史记·滑稽列传》。

司马迁显然以西门豹治邺的"民不敢欺"为最上之选。西门豹出任邺令是在魏文侯二十五年（公元前421年），时属战国早期。正是从这个时候开始，安阳地区终于在殷都之后又兴起了一座新的城市，但与殷都已间隔了六个多世纪。西门豹之后，魏襄王以史起为邺令，"遂引漳水溉邺，以富魏之河内"①，进一步兴修水利，百姓大获其利。时人赞曰："邺有贤令兮为史公，决漳水兮灌邺旁，终古舄卤兮生稻粱"②。随着恶势力的蠲灭及水患的治理，邺城迅速崛起于一方，成为战国时期中原大地上一座相当重要的城邑。

秦统一后改邺城为邺县，邺城沦为县级小城。汉以后的邺城是魏郡治所，东汉末年为冀州治所，规模渐有扩大。汉献帝建安二十一年（216年），曹操封为魏王，以邺为王都。是时曹操"挟天子以令诸侯"，把十几岁的小皇帝玩弄于股掌之上，邺城成为事实上的政治中枢。此期间曹操大造宫室，著名的铜雀台及金虎台、冰井台就是在这时建造的。根据晋陆翙《邺中记》及北魏郦道元《水经注·浊漳水》等文献的记载，铜雀台高十丈，周围殿屋120间，楼顶置大铜雀，呈展翼欲飞状，颇为绮丽，也颇为壮观。这座楼台不仅给人们留下了"东风不与周郎便，铜雀春深锁二乔"③的故事，也让人们记住了这座邺城。

曹魏代汉后，魏文帝移都洛阳，以"长安、谯、许昌、邺、洛阳为五都"④，邺城成为曹魏的五都之一。西晋时邺城为魏郡治所，建兴二年（314年）更名临漳，以此避晋愍帝司马邺之讳。十六国时期，羯族石勒于公元330年称帝，史称后赵，都于襄国（今河北邢台西南）。石勒死后，其从子石虎篡位称帝，于公元335年由襄国徙都于邺。穷奢极欲的石虎徙都邺城后大造宫室，将铜雀台增高2丈，又在台上建造了高达15丈的楼阁。改

---

① 《括地志》引《沟洫志》，《史记·滑稽列传》正义引。
② 《吕氏春秋·乐成》。
③ ［唐］杜牧:《樊川文集四·赤壁》。
④ 《三国志·魏书·文帝纪》。

建后的铜雀台通高 27 丈，堪称中国高层建筑的鼻祖。这之后，十六国的冉魏和前燕皆以邺城为都，但这些小朝廷个个如白驹过隙，连同石虎的后赵在内，三者在邺城建都的时间加起来不过只有短短 30 年。

北魏初年，魏太祖道武帝于天兴元年（398 年）幸邺城，"巡登台榭，遍览宫城，将有定都之意"[①]。虽然北魏王朝最后放弃邺城而定都平城（今山西大同），但在邺城"乃置行台"，并以重兵镇守。"行台"是朝廷直隶的行政机构，驻有帝王派出的大员，代表朝廷在当地施政，地位远在一般州郡之上。天兴四年（401 年），北魏取"河亶甲居相州"之义，以邺之六郡置相州，同样以邺城为治所。北魏分裂后，东魏、北齐皆曾建都于邺，时间与这两个小朝廷相始终，总计 43 年。

北朝末年，北周宇文邕建德六年（577 年）灭北齐，邺城陷落。城破之日，宇文邕下令将邺城的宫殿苑囿拆除一光，"其东山、南园及三台可并毁撤，瓦木诸物，凡入用者，尽赐下民。山园之田，各还本主"[②]，邺城顷刻间成了空心城邑。孰料为时未久，更大的劫难接踵而至。《旧唐书·地理志二》云："周大象二年，隋文辅政，相州刺史尉迟迥举兵不顺，杨坚令韦孝宽讨迥，平之，乃焚烧邺城。"此事发生在隋朝开国前一年（公元 580 年），当时随国公杨坚辅政，因相州总管尉迟迥起兵讨伐杨坚，杨坚遂下令攻城，并在城破之日将全城付之一炬。从此以后，这座自三国曹操以来长期是华北重要都市的邺城一蹶不振，或为县治，或为集镇，最后直至被泛滥的漳水层层掩去，终至无迹可寻。

杨坚焚烧邺城时"徙其居人，南迁四十五里。以安阳城为相州理所，仍为邺县"，将邺城全体士民连同相州、魏郡、邺县治所一并迁至今安阳，从此安阳地区的城市中心才由邺城回归本土。此前今安阳市曾在战国时期出现过一座小城邑，名叫宁新中，隶属魏国。《史记·秦本纪》云：秦

---

① 《魏书·太祖本纪》。

② 《周书·武帝本纪下》。

昭襄王五十年（前257年）"拔宁新中，宁新中更名安阳。"这是有"安阳"称谓之始，乃秦昭襄王攻占此地后改定。杨坚初迁此地时仍称其为邺县，隋开皇十年（590年）复称安阳。唐朝曾在这里设置相州都督府，宋朝曾在这里设置彰德军节度，皆突出了安阳作为中原王朝最后一道军事防线的作用。元朝在这里设置彰德路，时立时废，明初设彰德府，隶属河南布政使司，至清朝相沿不改。就这样，安阳成为一个籍籍无名的中小城市，直到上个世纪初叶殷墟古城被发现，这座城市才重新震惊了世界。

4 西安

在八大古都中，按夏商周三代的都邑排序，继夏、商两朝都邑所在的洛阳、郑州、安阳之后，就轮到西周都邑所在的西安了。西安地处关中平原，西有散关，东有函谷关、潼关，南有武关，北有萧关，地势险要。四塞之内土地肥沃，河流纵横，气候温和，被司马迁誉为"金城千里，天府之国"[1]。西安市恰处在关中平原的中部，北跨渭河，南依秦岭，统领八百里秦川，是难得的形胜之地。自亘古以来，这里既有距今百万年的"蓝田直立人"，又有以西安半坡、临潼姜寨为代表的中国母系氏族公社繁荣期的典型遗存，原始文化的发达非同一般。但迄今为止，这里尚未发现新石器时代早期遗址，文明起源阶段的历史也乏善可陈。然而自西周以降，"凡周、秦、汉、晋、西魏、后周、隋至于我唐并为帝都，其间王莽、更始（刘玄）、刘曜、苻坚、姚苌亦都于此"[2]，这里相继成为西周、秦、西汉、隋、唐六大全国性王朝和不少地方性政权的中心，由此获得了"秦中自古帝王州"的美誉。而在西安的历代都城中，最具开创之功的，首推西周王朝的丰与镐。

---

① 《史记·留侯世家》。

② 《通典·州郡三·京兆府》。

《诗·大雅·文王有声》载：周文王"作邑于丰"，周武王"宅是镐京"，此即西周王朝的丰、镐两京。郑玄笺："丰邑在丰水之西，镐京在丰水之东。"又《史记·周本纪》集解引徐广曰："丰在京兆鄠县东，有灵台。镐在上林昆明北，有镐池，去丰二十五里。皆在长安南数十里。"综合此类记载可知，西周的丰都坐落在沣河西岸，镐都坐落在沣河东岸，彼此隔水相望。周文王、武王的年代属公元前 11 世纪中叶，从那时起直至周幽王末年，丰、镐两京始终是西周王朝的政治中心，前后绵延了近三个世纪。

自从上个世纪三四十年代起，考古工作者就在沣河两岸进行了考古调查，1949 年后还进行了部分发掘。现已探明，在今西安西南郊沣河中游东西两岸约 10 平方公里的范围内，密集分布着先周和西周的居址和墓地，还有铜器、陶器、骨器作坊遗址，出土的青铜器和其他遗物也不胜枚举，此即丰、镐二京的所在①。

公元前 771 年，周幽王被犬戎掠杀于骊山下，周平王为躲犬戎之难仓皇东迁雒邑，周室公卿亦随之而去，丰、镐二京很快荒芜下来。《诗经·王风·黍离》形容事过境迁的丰都、镐都时说："彼黍离离，彼稷之苗；行迈靡靡，中心摇摇。知我者谓我心忧，不知我者谓我何求。悠悠苍天，此何人哉！"《诗经》成文于春秋时期，离丰、镐二京历史的终结并不遥远，但当时这两大名都已成平芜旷野，直令诗人对世事的沧桑变幻感慨不已。此后到了秦始皇时期，世人唯闻"周文王都丰，武王都镐，丰镐之间，帝王之都也"②，丰、镐两京只留下了被黄沙掩埋的故事。再往后，到汉武帝时，史称"穿昆明池于是地（镐京），基构沦褫，今无可究"③，一代名都竟至无迹可寻。

在萧条了将近四个世纪后，秦献公二年迁都栎阳，地在今临潼迤北的

---

① 中国科学院考古研究所：《沣西发掘报告》，文物出版社，1962 年。

② 《史记·秦始皇本纪》。

③ 《水经注·渭水下》。

渭水北岸，今西安地区才有了新的城市文明。史称秦人"在西戎，保西垂"①，源起于西方，建国后屡屡迁都，栎阳便是其中一处。据《史记·秦本纪》记载，秦献公二年（公元前 383 年）城栎阳，秦孝公十二年（前 350 年）迁咸阳，秦人都栎阳前后凡 34 年。20 世纪 60 年代，考古工作者在今西安市阎良区武屯镇关庄村一带发现了一座古城，城址范围约 4.2 平方公里，有夯土城墙、城门、街道遗迹和建筑基址等，上限年代可以早到战国时期，这很可能就是当年秦栎阳城的所在②。建都栎阳期间，秦献公变法图强，废除了野蛮的人殉制度，启动了秦国的社会变革，为秦国的崛起创造了条件。秦孝公继位后更是广施仁政，"赈孤寡，招战士，明功赏"③，此后又下求贤令，起用商鞅变法，全面改革旧制，秦国由此走向富强。

　　秦孝公十二年（公元前 350 年），"作为咸阳，筑冀阙，秦徙都之"④，秦国正式移都咸阳。咸阳是秦国历史上的最后一个都城，也是秦统一后的全国性都城。这座大一统王朝之都最初建造在今咸阳市迤东约十公里的渭城区窑店镇一带，位于渭河以北，因"山水俱阳"而称"咸阳"。《史记·秦本纪》正义引《括地志》云："咸阳故城亦名渭城，在雍州咸阳县东十五里，京城北四十五里，即秦孝公徙都之者。"《括地志》成书于唐代，这里说的"京城"是唐长安，此文确指秦咸阳城北距唐长安城 45 里。唐长安城位在今西安市北郊龙首原畔，故知早期咸阳城离开今西安市还有相当一段距离。然而为时未久，秦咸阳城便跨越渭河向东南方向扩展，越来越靠近了今西安市区。

---

　　① 《史记·秦本纪》。

　　② 中国社会科学院考古研究所栎阳发掘队：《秦汉栎阳城遗址的勘探和试掘》，《考古学报》1985 年 3 期。

　　③ 《史记·秦本纪》。

　　④ 同上注。

《史记·孝文本纪》正义引《三辅旧事》云："秦于渭南有兴乐宫，渭北有咸阳宫。秦昭王欲通二宫之间，造横桥，长三百八十步。"可见不迟于秦昭王时期（公元前306年~前251年），渭水以南已有了秦的兴乐宫等建筑，并且建造了长达380步的跨渭河大桥。兴乐宫位于长安乡，在今西安市北郊龙首原北部，已相当接近西安市区。又《史记·苏秦列传》载苏秦游说楚威王曰："今乃欲西面而事秦，则诸侯莫不西面而朝于章台之下矣。"此文以章台宫为秦王权的象征，可见章台宫是秦的核心宫殿之一，而据文献的记载，章台宫也在渭水以南。《史记·秦始皇本纪》载："诸庙及章台、上林皆在渭南。"这里便说章台宫在渭河以南，秦的皇家园林上林苑及秦的宗庙也在渭河以南。总之，自秦昭王开始，秦的主体宫殿、宗庙皆逐步向渭河以南转移，咸阳城随之不断向今西安市靠拢。

从秦孝公十二年建都咸阳到秦二世三年（公元前207年）秦朝灭亡，秦定都咸阳凡143年。从秦始皇二十六年（前221年）统一六国算起，咸阳作为全国性的大一统王朝之都也有14年。总括起来，此期间秦咸阳城的建设大致经历了三大阶段：

一是秦孝公时期，受命主持咸阳新都营建的就是大力推行秦国变法的商鞅。他行事雷厉风行，甫一接任便"大筑冀阙，营如鲁卫"[①]，使新建的咸阳城起点甚高，规模和规格皆不亚于鲁、卫之都。

二是秦昭王时期，此时秦的扩张势如破竹，国势炽盛，咸阳城也不断膨胀，形成了跨越渭河南北的大格局。

三是秦始皇时期，此阶段秦始皇以大一统王朝的举国之力，在咸阳城铺开了几大重点工程。

其一是政治中枢咸阳宫的兴建。《三辅黄图·咸阳故城》载："始皇穷极奢侈，筑咸阳宫，因北陵营建，端门四达，以则紫宫，象帝居。"这座

---

① 《史记·商君列传》。

新的咸阳宫上符天象，下如帝居，魁伟富丽前所未有，成为秦统一天下的标志性建筑。

其二是"六国宫殿"的兴建。秦始皇为了炫耀武功，每灭一国就仿其宫室"作之咸阳北阪上"①，这一工程又成了秦灭东方六国的标志性建筑。

其三是秦始皇在渭南的上林苑又建造了一座新的朝宫——阿房宫。《史记·秦始皇本纪》载："乃营作朝宫渭南上林苑中。先作前殿阿房，东西五百步，南北五十丈，上可以坐万人，下可以建五丈旗。"一个前殿就可以容纳万人，阿房宫的宏伟壮阔足见一斑。

有了上述几大标志性工程后，秦始皇仍然意犹未尽，于是"兴作骊山宫室，至雍相继不绝"②，在西起雍县（今陕西凤翔南）北至泾水一带大造皇家宫室。如此这般的大兴土木，再加上秦始皇迁"天下豪富于咸阳十二万户"，咸阳城成了当时世界上规模最大、人口最多、财富最丰的超级大都市。

秦朝末年，项羽"引兵西屠咸阳，杀秦降王子婴，烧秦宫室，火三月不灭，收其货宝妇女而东"③。就这样，在三个月不灭的熊熊烈火中，巍巍咸阳顷刻化为乌有。秦亡后，刘邦于公元前202年称帝于汜水之阳（今山东定陶南），随即都于洛阳。当时西汉统治集团在建都何地上发生了分歧，娄敬、张良等主张西都关中，而刘邦群臣多为河南崤山以东人，力主建都洛阳。此后汉高祖刘邦虑及洛阳无险可依，是个"有德则易以王，无德则易以亡"④之地，而关中形势险要，利于自保，故而最终采纳了娄敬、张良的谏言，移鼎"被山带河，四塞以为固"的关中，建都于长安。

长安本是咸阳附近一个小乡聚的名称，西汉王朝以此名都，显然是取

① 《史记·秦始皇本纪》。
② 《说苑·至公》。
③ 《史记·项羽本纪》。
④ 《史记·刘敬列传》。

其"长治久安"之意。汉的长安城是一座全新的城市，建在关中平原的中央，位于今西安市西北十公里的渭河南岸。它地处西周丰、镐故都的东北，与秦咸阳的南部相连，汉的长乐宫就是在秦的兴乐宫的故址上建造的。

汉长安城的营建大致经历了四个关键时期：

一是高祖时期，先于高祖七年（公元前200年）二月建起了长乐宫，"丞相已下徙治长安"，后于次年由丞相萧何"营作未央宫，立东阙、北阙、前殿、武库、太仓。……宫阙壮甚"[①]，又建起了未央宫。长乐宫是汉高祖施政的地方，未央宫是高祖以后历代汉帝发布政令的地方，皆是西汉的权力中枢；

二是惠帝元年至五年（前194年~前190年），为长安城修筑了城墙。此城墙依地形和水势而建，呈不规则斗状，后人称为"斗城"。城垣周回为汉代的60里强，实测约计25100米，约合今50里；

三是武帝时期，此时适逢西汉盛世，汉长安城的兴建也进入了历史高峰期。诸如城内的桂宫、明光宫、北宫，城外的建章宫，以及未央宫的扩建、昆明池的开凿、秦旧上林苑的重建等，都是在这个时期完成的；

四是西汉末年，汉平帝和王莽相继在城南郊建起了一系列礼制性建筑。先是平帝在元始年间建造了"明正教"的明堂和"宣教化"的辟雍，此后王莽"坏彻城西苑中建章、承光、包阳、犬台、储元宫及平乐、当路、阳禄馆，凡十余所，取其材瓦"[②]，在城南郊建起了祭祀其先祖的"九庙"。

经过上面四大时期的兴建，汉长安城盛况空前，成为当时与古罗马城并峙的世界级大都会。

新莽末年，更始军和赤眉军相继攻入长安，城市宫室遭到毁灭性破坏。东汉立国后建都洛阳，以长安为西京，长安城的地位大不如前。自东

---

① 《史记·高祖本纪》。

② 《汉书·王莽传》。

汉光武帝刘秀"诏修复西京园陵"①起，长安城逐步得到恢复，刘秀及其他诸帝亦曾多次驾临西京拜祭先朝宗庙陵寝。东汉末年，董卓擅权，挟天子以令诸侯，山东州郡起兵讨伐董卓，董卓遂于初平元年（190年）胁迫汉献帝西迁长安。可叹这个短暂的都城史不但没有给长安城带来福祉，反而带来了更大的灾难。献帝迁都长安后不久，董卓被诛，其部将李傕、郭汜、樊稠遂寻衅起兵，"攻京师，六月戊午，陷长安城，……吏民死者万余人"②，长安城顿时生灵涂炭，惨不忍睹。短短数年后，兴平二年（195年）秋汉献帝东归，长安城几成空墟，于瑟瑟秋风中尽显凄凉。

西晋末年，晋愍帝在长安被推举为皇帝，时在永嘉六年（312年）。《晋书·孝愍帝本纪》载：是时"天下崩离，长安城中户不盈百，墙宇颓毁，蒿棘成林。朝廷无车马章服，唯桑版署号而已。众唯一旅，公私有车四乘，器械多阙，运馈不继。巨猾滔天，帝京危急，诸侯无释位之志，征镇阙勤王之举，故君臣窘迫，以至杀辱云。"③堂堂名都至此竟然只剩下了四辆牛车和百户人家，即便它当时尚有国都之名，实则已落败得连弹丸小镇都不如了，于是无怪乎在此称孤道寡的西晋末帝亦倍感困窘。

十六国及北朝时期，以长安为都的地方割据势力先后有前赵（319年～329年）、前秦（351年～383年）、后秦（384年～417年）、西魏（535年～556年）、北周（557年～581年），首尾相加共计126年，几占整个十六国及北朝历史的一半。此期间各政权对长安城皆有营建，但战火的破坏亦难以避免。公元385年，鲜卑族慕容冲"入长安，纵兵大掠，死者不可胜计"，以至"人民流散，道路断绝，千里无烟"④，此即长安城在这个阶段遭受的诸多劫难中的一例。

---

① 《后汉书·光武帝纪上》。

② 《后汉书·孝献帝纪》。

③ 《晋书·孝愍帝本纪》。

④ 《魏书·慕容庞传》。

在经历了由西汉末到北朝末五个半世纪命蹇时乖的风雨历程后，古城西安终于在隋唐时期迎来了历史上的第二个春天。公元581年，隋文帝杨坚夺取了北周政权，创建了隋朝，随即定都长安。草创伊始，隋文帝就把长安城的建设提上了日程，他于开皇二年（582年）六月下诏说：

"朕祇奉上玄，君临万国，属生人之敝，处前代之宫。常以为作之者劳，居之者逸，改创之事，心未遑也。而王公大臣陈谋献策，咸云羲、农以降，至于姬、刘，有当代而屡迁，无革命而不徙。曹、马之后，时见因循，乃末代之晏安，非往圣之宏义。此城从汉，凋残日久，屡为战场，旧经丧乱。今之宫室，事近权宜，又非谋筮从龟，瞻星揆日，不足建皇王之邑，合大众所聚，论变通之数，具幽显之情同心固请，词情深切。然则京师百官之府，四海归向，非朕一人之所独有。苟利于物，岂可违乎！且殷之五迁，恐人尽死，是则以吉凶之土，制长短之命。谋新去故，如农望秋，虽暂劬劳，其究安宅。今区宇宁一，阴阳顺序，安安以迁，勿怀胥怨。龙首山川原秀丽，卉物滋阜，卜食相土，宜建都邑，定鼎之基永固，无穷之业在斯。公私府宅，规模远近，营构资费，随事条奏。"[①]

以上诏书洋洋洒洒，实际上想表达的无非是一个意思，即寡人打天下做了皇帝，还让我住在"屡为战场"、"凋残日久"、"事近权宜"、"不足建皇王之邑"的破城滥宫里，老子不干！于是，"仍诏左仆射高颎、将作大匠刘龙、巨鹿郡公贺娄子干、太府少卿高龙叉等创造新都"，开始大举营造新都。隋的新都建在"自汉长安故城东南移二十里"[②]处，地在今西安市"川原秀丽，卉物滋阜，卜食相土，宜建都邑"的龙首原畔。因杨坚在北周时曾封大兴公，"以大兴公成帝业"[③]，故而新城名大兴城，宫城名大兴宫，正殿名大兴殿，属地名大兴县。隋炀帝即位后，兴趣转到了东京洛阳城的

① 《隋书·高祖本纪上》。

② 《旧唐书·地理志一》。

③ 《隋书·炀帝本纪上》。

建设上，但仍"发丁男十万城大兴"①，大兴城因此而更加雄伟壮阔。

隋朝末年，唐国公李渊在太原起兵，创建了唐朝。李渊是逼迫隋恭帝"禅让"而登极大宝的，因此依旧定都大兴，复名长安。建国伊始，高祖李渊修葺沿用了隋朝宫室，但因奉老子李耳为李唐先祖，崇尚以老子为本宗的道教，故"改大兴殿为太极殿"②，其他殿名也一一改过。此后，唐朝国势日隆，唐太宗李世民、高宗李治、玄宗李隆基个个倾全力打造长安城，把唐长安建造得宏伟壮丽，宛若天城。

盛唐时的长安城整体呈长方形，外郭城周长 36.7 公里，总面积阔达 84 平方公里③。其面积是汉长安城的 2.4 倍，是明清北京城的 1.4 倍，堪称中国历史上规模最宏大的都城。它也是当时世界上规模最大的都市，比同时期的拜占庭帝国都城君士坦丁堡大了 7 倍，比公元 800 年建造的巴格达城大了 6.2 倍，比古罗马城也大了 5 倍。唐长安城不仅规模大，人口也多，是人类历史上第一个达到百万人口的城市。回望当年，唐长安城内楼台耸峙，百业兴旺，车水马龙，熙来攘往，繁华程度举世无双。纷至沓来的境外人士观之无不目瞪口呆，纷纷赞其为"天可汗之都"。

整座唐长安城是由外郭城、宫城和皇城三部分组成的，最突出的宫廷建筑群莫过于兴建在龙首原上的大明宫。此工程开工于唐太宗贞观八年（634 年），竣工于唐高宗龙朔二年（662 年），历时 28 载。龙首原位处唐长安城北垣外，地势高亢，可以俯瞰整座长安城。大明宫雄踞其上，建有殿堂楼台 40 余座，占地 3.3 平方公里，规模远比"太极殿"更为宏大，此后成为唐王朝的主要政治中枢。大明宫北侧还有太液池，池中有蓬莱仙山，山上绿树葱茏，四周碧水涟漪，山光水色相映成趣，尽显皇家园林之绮丽多姿。

唐玄宗天宝十五年（755 年），安禄山、史思明的叛军攻入长安，大肆

---

① 《隋书·炀帝本纪下》。

② 《旧唐书·高祖本纪》。

③ 马得志：《唐代长安与洛阳》，《考古》1982 年 6 期。

劫掠，繁花似锦的长安城惨遭涂炭。到了唐朝末年，宦官擅权、强藩争立、义军蜂起，关中大地"民无耕织，千室之邑，不存一二，岁既凶荒，皆胔人而食,丧乱之酷,未之前闻"[1]。唐僖宗广明元年（880年),黄巢攻陷长安，自立为帝，国号大齐。数月后小股唐军乘乱攻城，不明究竟的黄巢惶惶然带少数随从逃出城外，在得知唐军人数很少后又反攻入城。唐军入城时城中百姓夹道欢迎，欢腾雀跃，黄巢返城后心怀怨怼，"乃下令洗城，丈夫丁壮，杀戮殆尽，流血成渠"[2]。经此惨绝人寰的屠城，这座当时世界上人口最多的大都会顿时人迹灭绝，成了一座冤魂遍野的恐怖之城。后来黄巢的大将朱温叛变降唐，黄巢势力锐减，加之沙陀族李克用率轻骑骁勇驰援唐军攻打长安，黄巢一战即溃，仓皇逃出长安。出城前黄巢又下令焚城，长安城焚毁殆尽，几成空墟。

然而，此时的大唐王朝气数已尽，长安城的厄运仍未到头。唐昭宗天祐元年（904年），攫取了唐朝军政大权的朱温胁迫唐昭宗迁都洛阳，为了杜绝其回迁，临走前强行拆除了长安的残余宫室，将所有木料悉数沿渭水浮入黄河，漂往洛阳，随后又将整座长安城付之一炬。在惨遭无数次兵火洗劫后，雍容华贵、浩大典雅的"天可汗之都"终于一炬成灰，香消玉殒。此后朱温"改京兆府为大安府，长安县为大安县，万年县为大年县，仍置佑国军节度使额，始命韩建为佑国军节度使"[3]，长安城终于结束了它自周秦以来倍极荣耀的华夏都城史，只留下了一座弹丸小城。这座小城是由时任佑国军节度使的韩建建造的，称为"韩建新城"，方圆仅18.4里，每边不过5里。比起"城东西十八里一百五十步，南北十五里一百七十五步"[4]的唐长安城来，这座新城大大缩水，连原来的十分之一都不到。

---

① 《旧唐书·昭宗本纪》。

② 《旧唐书·黄巢列传》。

③ 《旧五代史·梁书·太祖本纪三》。

④ 《旧唐书·地理志一》。

唐朝灭亡后，古城西安风光不再，进入了后都城时代。五代、北宋、金元时期的西安仅维持了"韩建新城"的规模，名称亦随朝代的更迭频繁变易。在风沙侵袭下，往日金碧辉煌的宫廷御苑悉数堕入尘埃，成为耕牛悠然往来的榛莽之地。

明洪武二年（1369 年）三月，徐达率明军攻克故长安城，改置西安府，从此始有"西安"之称。《明史·地理志三》载："洪武二年四月置陕西等处行中书省。治西安府。三年十二月置西安都卫。与行中书省同治。八年十月改都卫为陕西都指挥使司。九年六月改行中书省为承宣布政使司。领府八，属州二十一，县九十有五。为里三千五百九十七。"由上可知，明代的西安是陕西省的首府，从此奠定了它的省会地位。

洪武三年（1370 年），朱元璋封次子朱樉为秦王，坐镇西安，洪武四年（1371 年）下诏重筑西安城并建造秦王宫，这才揭开了西安城市发展史上新的一页。全部工程到洪武十一年（1378 年）结束，新的城垣大体呈长方形，周长 27.8 里，比唐末以来维持了 470 余年之久的"韩建新城"扩大了一倍有余。到了清代，"置巡抚，治西安，并置总督，兼辖四川，寻改辖山陕。雍正九年，专辖陕甘，治西安。十三年，复辖四川。乾隆十三年，罢兼辖。十九年，兼甘肃巡抚事。二十四年，改陕甘总督"[①]，西安城的省会地位得以保持。今日的西安仍是陕西省的省会，以其璀璨的历史文化向世人昭示着它永恒的魅力。

5 开封

以上洛阳、郑州、安阳、西安四大历史文化名城，已经涵盖了从夏、商、周三代到东周、秦、西汉、东汉、三国魏、西晋、北魏、隋、唐诸王朝的主要都城，也包括了十六国、北朝、五代时期部分地方割据政权的都邑。

---

① 《清史稿·地理志十·陕西》。

而按照朝代的顺序再往后排，就要说到与辽朝南北分治的北宋都城了，此即今之开封。

《史记·韩世家》云："（韩釐王）二十一年（公元前 275 年），使暴鸢救魏，为秦所败，鸢走开封。"这是文献有"开封"之始，时在战国晚期。当时此地实际上称启封，是郑庄公春秋早期修筑的一座小城[1]，后来为避汉景帝刘启之讳，在西汉初年改称开封。《史记》成文于汉武帝时，较景帝为晚，故特以"开封"代指启封。此启封位于今开封市西南约 50 里处，与开封市尚有一定距离。至于今开封市区的城市文明，则肇始于战国时期的"大梁"。

战国初年魏、赵、韩三家分晋后，魏国始都安邑，地在今山西夏县西北。当时魏国变法成功，迅速强大起来，成为"拥土千里，带甲三十六万，恃其强而拔邯郸，西围定阳，又从十二诸侯朝天子，以西谋秦"[2]的强国。安邑地近秦国，是强秦东向发展的主要屏障，因此两强相争，秦、魏间战事不断。《史记·魏世家》载：魏惠王三十一年（前 339 年）"秦、赵、齐共伐我，秦将商君诈我将军公子卬而袭夺其军，破之。秦用商君，东地至河，而齐、赵数破我，安邑近秦，于是徙治大梁。"在秦、赵、齐的共同围攻下，魏惠王兵败如山倒，不得已放弃安邑而东迁大梁。

魏国来到大梁前，今开封一带早有一座称为大梁的城邑，原属楚国。《史记·楚世家》云："（楚悼王）十一年，三晋伐楚，败我大梁、榆关。"楚悼王十一年为公元前 391 年，当时大梁城是楚国的城邑，此后由楚入晋。公元前 339 年魏国东迁大梁后，魏惠王重整旗鼓，第二年便开凿鸿沟，大兴水利，同时"卑礼厚币以招贤者"[3]，召来邹衍、孟子、淳于髡等天下名士。随着魏国的到来，今开封市西北很快矗立起一座全新的都城，仍称大梁。这座新大梁城十分宏伟，也十分坚固，《史记·穰侯列传》称魏国"以

---

① 丘刚：《启（开）封故城的兴废与勘探》，《史学月刊》1992 年第 2 期。
② 《战国策·齐策五》。
③ 《史记·魏世家》。

三十万之众守梁七仞之城"，虽"（商）汤、（周）武复生不易攻也"，足见其金城汤池坚不可摧。此后魏国再未迁都，一直固守到公元前225年被秦所灭，前后凡115年。

显然是大梁城过于坚固之故，战国末年秦将王贲围攻大梁时久攻不下，故而采用了比三十六计更为阴毒的一计——开凿鸿沟水灌城。结果水淹城毁，繁华的大梁城在洪水和兵火的交相荼毒中顷刻化为乌有。《史记·魏世家》太史公谓："吾适故大梁之墟，墟中人曰'秦之破梁，引河沟而灌大梁，三月城坏，王请降，遂灭魏。'说者皆曰魏以不用信陵君故，国削弱至于亡，余以为不然。天方令秦平海内，其业未成，魏虽得阿衡之佐，曷益乎？"魏国之亡究竟是出于司马迁所说的天意，还是出于众人所说的魏国不重用公子信陵君之故，在时过境迁之后已经不重要了。重要的是，司马迁之时巍巍大梁城已毁于一旦，呈现在他眼前的唯有"故大梁之墟"。

自秦始皇"遂灭魏以为郡县"，开封由战国时期的通都大邑变为普通县城。影响所及，此后八百余年的开封始终是州级或县级城邑，唯独的一次例外是汉文帝封次子刘武为梁王，都大梁，给大梁城带来了些许繁荣。刘武封梁王是在文帝前元十二年（前168年），但为时未久梁王移都睢阳（今河南商丘），都大梁的时间前后不过十余年。此后直到唐高祖武德四年（621年），开封设立了汴州总管府，"管汴、洧、杞、陈四州，……七年，改为都督府"[1]，这里才重新成为一方重镇，改称汴州。唐德宗建中二年（781年）置宣武军节度使，治汴州，"管汴、宋、亳、颍四州"[2]，开封的实力又有所增强。

唐哀宗天祐四年（907年），镇守汴州的宣武军节度使朱温（朱全忠）妄自称帝，建国后梁，"升汴州为开封府，建名东都"[3]。由此在上距魏都大梁城1132年后，开封又成为一个地方割据势力的都邑。朱温的后梁是

---

[1] 《旧唐书·地理志一》。

[2] 同上注。

[3] 《旧五代史·地理志》。

五代之始，也是开封称"东都"之始。当时后梁实行两京制，开封为东都，洛阳为西都，以东为正。但仅仅过了两年，朱温便将都城迁往洛阳，开封又成陪都。

继后梁而起的后唐亦以洛阳为都，汴州开封府"复为宣武军"[①]。此后石敬瑭于936年在洛阳称帝，以晋代唐，史称后晋。鉴于当时洛阳"俶扰之后，属舟船焚爇之余，馈运顿亏，支费殊阙"[②]，石敬瑭于天福三年（938年）移都开封府，称东京。五代的最后两个小朝廷后汉、后周也都建都东京，开封由此成为五代时期除后唐之外的其他四个王朝的都城。但这些乱世枭雄个个"其亡也忽焉"，建都开封的时间都不长，分别是后梁16年（含陪都）、后晋9年、后汉4年、后周10年，前后相加不足40年。而且此期间乱多治少，东京城的建设乏善可陈。

公元960年，后周禁军统帅赵匡胤在开封市东北的陈桥驿黄袍加身，创建了赵宋王朝，史称北宋。至此中国形成了北方辽（契丹）、南方宋、西南方大理及稍后建立的西北方大夏的四足鼎立局面。北宋沿袭后周旧制，仍然建都东京开封府，一直延续到北宋末年。北宋王朝共历9帝，前后凡167年，由此铸成了开封在中华古都史上的不可取代地位。

北宋实行的是多都制，除东京开封府外还有西京洛阳、北京大名府（今河北大名）和南京应天府（今河南商丘），合称四京。但作为北宋王朝的首都，东京是整个十世纪中叶到十二世纪初叶全中国乃至全世界最为壮观也最为繁华的都市，被西方誉为千年前"世界的中心"[③]。单就一个最简单不过的事实而言，当时东京人口已超百万，而在11世纪时，欧洲的最大城市如英国伦敦、法国巴黎、意大利威尼斯及佛罗伦萨等，城市人口都还不过数万。与它们相比，东京开封府的规模可谓超凡绝伦、无与伦比。

---

① 《旧五代史·唐书·庄宗本纪四》。

② 《旧五代史·晋书·高祖本纪二》。

③ 美国《纽约时报》2005年5月23日。

　　北宋东京是在后周东京城的基础上扩建而成的，分外城、内城、宫城三重结构。经过宋真宗、神宗、徽宗的几番大规模增修扩建，"新城周回五十里百六十五步"[①]，总面积达到了 52 平方公里。引水入城是东京建设的一大重点，也是一大特点。疏浚的蔡河、汴河、金水河、五丈河在城内蜿蜒纵横，交织如水网。水道多故而桥梁多，东京城内的桥梁鳞次栉比，形状各异，既便利了交通，也成为城内的一道独特风景。城郊景色宜人之地皆被开辟为皇家御苑，东为宜春苑，南为玉津园，北为瑞圣园，西为琼林苑及金明池。这些御苑无不阔大宏丽，极尽崇丽奢华之能事，仅玉津园一处就有"百亭千榭"之说。但穷奢极欲的宋徽宗仍然不满足，继续倾举国之力增建皇家御苑艮岳和后苑延福宫。《宋史·舆服志·宫室》云："汴宋之制，侈不可训。"此即后人对北宋宫室侈靡之极的评价。

　　北宋东京城的繁华似锦，不仅保留在宋代诗词歌赋绘声绘色的描述中，也保留在享誉世界的艺术奇珍《清明上河图》中。这是一幅通长达 528.7 厘米的绢画长卷，描摹了清明时节北宋京城及汴河两岸的繁华景象。在 5 米多长的画面上，舟船往复，飞桥如虹，车水马龙，各种店铺鳞次栉比，男女老幼摩肩接踵，小商小贩沿街叫卖，还有远道而来的西域驼队徜徉其中，鲜活再现了这座当时世界上首屈一指大都会的繁荣昌盛。

　　北宋王朝毁于艺术造诣奇高但治国能力极为不堪的宋徽宗赵佶，也毁于他为修建艮岳而无休止搜刮天下奇花异石的"花石纲"。靖康元年，公元 1126 年，金朝大军攻陷东京，昏聩无能的徽宗、钦宗双双沦为金人的阶下囚。包括太后、皇后、妃子、亲王、公主在内，宋皇室三千余人和徽、钦二帝一起沦为异族的俘虏，被押解到今黑龙江省依兰县的五国城。金人离去前，把金碧辉煌的东京皇宫劫掠一空，"凡法驾、卤簿，皇后以下车辂、卤簿，冠服、礼器、法物，大乐、教坊乐器，祭器、八宝、九鼎、圭

---

　　① 《宋史·地理志·京城》。

璧，浑天仪、铜人、刻漏，古器、景灵宫供器，太清楼秘阁三馆书、天下州府图及官吏、内人、内侍、技艺、工匠、娼优，府库畜积，为之一空"。面对如此浩劫，就连元人主持编修的《宋史》也难以噤声，特在上面开列的清单后留下了"北风大起，苦寒"①一声长叹。

金人北归时，扶持北宋的投降派头子张邦昌作了傀儡皇帝，国号大楚，留守开封，改称汴京。但儿皇帝岂是好做的？没过多久，张邦昌自己也感到黔驴技穷，难以为继，不得已撤销了自己有名无实的皇帝称号。金太宗天会八年（1130 年），金人再次立降将刘豫为帝，国号齐，亦都汴京，又让开封做了一次名不副实的都城。但刘豫很快被金人废黜，开封的都城名号也随之烟消云散。再以后，金朝贞元元年（1153 年）升开封为陪都，称南京。到金朝末年，金宣宗因不敌呼啸而来的蒙古大军，于贞祐二年（1214年）放弃金中都迁都南京，又给开封增添了近 20 年都城史，直至金朝覆亡。

蒙古窝阔台汗六年（1234 年），蒙古大军挥戈南下灭亡了金国，开封落入蒙古之手。《元史·耶律楚材传》云："旧制，凡攻城邑，敌以矢石相加者，即为拒命，既克，必杀之。汴梁将下，大将速不台遣使来言：'金人抗拒持久，师多死伤，城下之日，宜屠之。'楚材驰入奏曰：'将士暴露数十年，所欲者土地人民耳。得地无民，将焉用之！'帝犹豫未决，楚材曰：'奇巧之工，厚藏之家，皆萃于此，若尽杀之，将无所获。'帝然之，诏罪止完颜氏，余皆勿问。"由上述记载可知，蒙古大军围攻汴京时遭到了城内军民的誓死抵抗，城池久攻不克，及至破城，按照蒙古军的一贯做法，将屠城以示惩罚。幸好时任蒙古国中书令的耶律楚材以"奇巧之工，厚藏之家，皆萃于此，若尽杀之，将无所获"为由一力劝阻，才使汴梁城逃过一劫。按照事先的约定，蒙古大军攻占开封后要归还南宋，于是临走前将汴梁城劫掠一空，留给了南宋一座空城，但不久后又重新掠为己有。

---

① 《宋史·钦宗本纪》。

入元后，开封府初置南京路，后置汴梁路。元仁宗时将全国划分为十一个行省，称"行中书省"，简称"省"。这是当时地方政区的最高建制，也是中国省级政区的最早雏形。从那时起，开封成为河南省的省会，辖制黄河以南、长江以北的中原冲要之地。

明洪武元年（1368年）四月，朱元璋来到汴梁部署北伐元大都的战役，一住便是数月，产生了在此建都的想法。当年八月，朱元璋升开封府为陪都，称北京，和都城南京合成了两京制。此后朱元璋打消了在开封建都的念头，遂于洪武十一年（1378年）废止了开封的陪都名号，又复为省会。与此同时，朱元璋封皇子朱橚为周王，以开封为藩邸，建王府于北宋皇宫故址。顺治二年（1645年），清朝占领河南，仍以开封为河南省治，"领州四，县三十"[①]。

开封位于黄河冲积大平原的西部边缘，地势西高东低。挟带大量泥沙的黄河来到这一带后，地势陡降，泥沙淤积，河床日高，一到汛期便会洪水泛滥。北宋时黄河水道距开封市尚有200里之遥，没有构成直接威胁。但时乖运蹇，恰在开封告别了历史上最辉煌的一页后，自金代中叶开始，黄河水道逐步南迁，水患接踵而至。据史书记载，从金大定二十年（1180年）到1944年，黄河在这七百余年中共决溢338处，其间竟有七八次使开封惨遭灭顶之灾[②]。特别是在明朝末年，李自成在围攻开封时不惜掘开黄河水倾注开封，此后黄河便如一条被激怒了的巨龙，"屡塞屡决"[③]。在无情洪水的恣肆冲刷下，古都开封的繁华一再被泥沙掩去，直到解放后黄河水患得到彻底治理，这座古城才重展芳容。

---

① 《清史稿·地理志九》。

② 开封市黄河志编辑室：《开封市黄河志》1991年版。

③ 《清史稿·河渠志一·黄河》。

6 杭州

在著名的《满江红》词里，宋朝爱国将领岳飞无限悲愤地说："靖康耻，犹未雪，臣子恨，何时灭！"在这场令岳飞仰天长啸的"靖康耻"中，赵宋皇室几乎倾巢覆灭，唯有宋徽宗的儿子康王赵构因领兵在外逃过一劫。北宋灭亡后，赵构于南京应天府称帝，史称南宋。当时东京已是金人囊中之物，南京应天府也危如累卵，于是赵构登基后要做的第一件事，便是设法找到一片新的乐土以建新都。

建炎元年（1127年）九月，赵构以金人南侵为由，"诏择日巡幸淮甸"，并"命扬州守臣吕颐浩缮修城池"[①]，仓皇躲到扬州。此后他更置宗泽等主战派复都东京的请求于不顾，从扬州一退至镇江，再退至杭州。1129年，扈从统制（禁卫军统领）苗傅和另一个大臣刘正彦发动兵变，逼高宗退位，禅位给他年方三岁的儿子。主战派将领韩世忠率军平叛，击溃兵变后助赵构复位，赵构这才不得不装出一副抗金复国的样子，由杭州北上建康（今南京）。当建康形势危急时，赵构又忙不迭逃回杭州，并于建炎三年（1129年）升杭州为南宋的临时都城，称临安府。此后在金军的穷追不舍下，赵构君臣节节败退，先是由杭州退至越州（今绍兴），又逐次退至明州（今宁波）、定海（今浙江镇海）、台州（今浙江临海）、温州，沿海滨不断向南逃窜。在岳飞等将领的奋起抗击下，金人的南侵终于被遏制，南宋君臣这才安下心来，遂于绍兴八年（1138年）正式定都临安，此即今之杭州。

杭州位于长江三角洲的南端，地处钱塘江下游北岸。这里迄今已发现旧石器时代中晚期和距今约8000年前的新石器时代遗址，史前文化相当丰富。这里的文明也滥觞的较早，代表性遗存即考古学的良渚文化。该文化分布在以杭州为中心的广大区域内，最引人瞩目的就是它的巨型宫殿遗

---

① 《宋史·高宗本纪一》。

址，这表明它已跨入了国家文明的门槛。层出不穷的玉琮、玉钺、"族徽"等给良渚文化笼罩了一层厚厚的神秘色彩，丰富的玉礼器、墓葬和祭祀遗址更昭示了良渚文化的特异性。其年代大约在公元前3300年～前2200年，距今已有五千年左右历史，是中华大地上最早兴起的文明之一。

但在文明滥觞之后，杭州地区的城市文明却出现得很晚，不早于秦代郡县制的推行。秦统一六国后，在今杭州市设钱唐县，属会稽郡，县治在灵隐山麓，此即杭州最早的城邑。这座城邑虽小，名气却大，就连秦始皇出游时也曾专程驾临此地。《史记·秦始皇本纪》云："三十七年十月癸丑，始皇出游……过丹阳，至钱唐，临浙江，水波恶。"《史记正义》云："钱唐，今杭州县。"这里就记述了秦始皇的钱唐之游。秦的钱唐县至西汉相沿不改，仍属会稽郡，东汉初年被废，辖地并入余杭县，今杭州市复为乡鄙。又间隔了百余年后，汉顺帝重置钱唐县，县治始由灵隐山麓迁到了今杭州市区。

杭州地区城市文明在普通小县城基础上的第一次腾飞，发生在南朝时期。《陈书·后主本纪》云："祯明元年……割扬州吴郡置吴州，割钱唐县为郡。"祯明为南朝陈后主年号，祯明元年系公元587年，此为钱唐成为郡治之始。该郡当时下辖钱唐、于潜、富阳、新城4县，治于钱唐，位置就在今杭州市区。

陈后主在钱唐设郡已届南朝末年，但早在此前一个多世纪，南朝宋文帝就不胜感慨地说："天下有五绝，而皆出钱唐。"[1]这天下五绝指的是五类旷世人才，包括冠绝当代的书法家、诗人、弈者和药到病除的神医等。宋文帝刘义隆是南朝第一朝的第三帝，在位于公元424年～453年，适逢南朝之初。由宋文帝此言可知，早在南朝初年钱唐已是人杰地灵，誉满天下。十六国时期中国北方兵连祸结，大批中原士人于东晋初年随晋室南下，这应该是促成钱唐经济文化迅速繁荣的重要原因。此外钱唐先人早在这之前

---

[1] 《南史·徐文伯列传》。

已筑塘围坝，治理了海潮和钱塘江水，扭转了秦始皇时杭州湾"水波恶"的状况，这也为钱唐的崛起创造了条件。

杭州地区城市文明的第二次腾飞，发生在隋代。《隋书·地理志下》云：隋文帝开皇九年（589 年）"置杭州,仁寿中置总管府。"这是历史上有"杭州"称谓之始，也是钱唐设州治和总管府之始。隋炀帝大业三年（607 年）全国统一改州为郡，实行郡、县两级制，杭州遂改为余杭郡，仍治钱唐。隋炀帝大业六年（610 年）开凿了大运河南段，"自京口至余杭，八百余里，广十余丈，使可通龙舟"[①]，杭州成为南北大动脉的南端。自此而后，杭州与广州、扬州并列为古代三大通商口岸，正如《隋书·地理志下》所说，这里"川泽沃衍,有海陆之饶,珍异所聚,故商贾并辏"，商旅往来日夜不息，大大促进了杭州经济文化的繁荣。

唐代置杭州或余杭，州治不变，唯因避讳唐的国名而改"钱唐"为"钱塘"。《旧唐书·地理志三·江南道》云："杭州上，隋余杭郡。武德四年，平李子通，置杭州，领钱塘、富阳、余杭三县。……天宝元年，改为余杭郡。乾元元年，复为杭州。旧领县五，户三万五百七十一，口十五万三千七百二十。天宝领县九，户八万六千二百五十八，口五十八万五千九百六十三。"从这段引文可知，唐的杭州原辖三县，后辖五县，到唐玄宗天宝年间已下辖九县，属地不断扩大。其人口则由唐初的15.3 万人增加到天宝年间的58.6 万人，增殖了将近 4 倍。这虽然是就整个杭州地区而言，但从中亦不难看到州治所在地的繁荣和城市的扩大。

唐朝最著名的一任杭州刺史，即享誉中外的大诗人白居易。唐穆宗长庆二年（822 年），一纸"出中书舍人白居易为杭州刺史"[②]的敕令，把年过半百的白居易从京城长安送到了千里之遥的杭州。在他出任杭州主官期

---

① 《资治通鉴·隋纪五》。

② 《旧唐书·穆宗本纪》。

间，一心扭转"杭本近海，地泉咸苦，居民稀少"①的状况，大力整治西湖。经过一段时间的筹备，长庆四年（824年）白居易主持修筑了西湖湖堤，把原堤坝增高了数尺，大大增加了西湖的蓄水量。这一举措既有效防止了水患，又提高了西湖灌溉农田的能力，还一改西湖之旧貌，使水波清漪的西湖从此春天桃红柳绿，秋天丹桂飘香。史称"白居易又浚西湖水入漕河，自河入田，所溉至千顷，民以殷富"②，这就是历史对白居易造福杭州的称誉。该堤穿越西湖，西接孤山，东联断桥，被后人亲切地称为"白堤"，至今仍是游人必去的西湖一景。杭州的经历还让这位文坛翘楚留下了对这座江南名城字字珠玑的深情歌咏，其"江南忆，最忆是杭州"的名句就是其中之一。"西湖"这个雅称也是由白居易的诗句而广布四方的，至今仍脍炙人口。

唐朝末年军阀割据，时任"镇海军节度、浙江东西道观察处置等使、杭州越州刺史、上柱国、吴王"③的钱镠拥兵自重，独霸吴越，创建了五代十国的吴越国。其领地大致相当今浙江省的全部和江苏省的苏州、福建省的福州等地，都城即今杭州，称西府，又称西都。自唐昭宗乾宁四年（897年）钱镠晋封为王，到宋太宗太平兴国三年（978年）吴越国被宋所灭，钱氏王国前后传祀共82载。

五代十国时天下大乱，兵祸连年，民生凋敝。但在这黑暗年代，吴越国却偏安一方，坚壁自守，创造了一个富国安民的神话。早在节度使任上，钱镠就两次扩充加固杭州旧城，此后在吴越国期间，钱镠、钱元瓘父子更是大兴水利，"岁辄浚治"④，接连修筑了百里捍海大堤，又疏浚了西湖，开凿了平江石滩疏通航道，还在钱塘江沿岸修建了龙山、浙江二闸。水患

---

① 《宋史·苏轼列传》。

② 同上注。

③ 《旧唐书·昭宗本纪》。

④ 《宋史·苏轼列传》。

的治理大大促进了吴越国的经济，加上钱镠政治清明，"爱人下士，留心理道，数十年间，时甚归美"①，终使吴越国成为五代十国中国祚最为长久的一个，也是最为繁荣的一个。

北宋年间的杭州是两浙路的治所，宋徽宗大观元年（1107年）升为帅府。当时杭州的繁华已居东南之冠，风光更为天下之首，而适逢此时，这里又迎来了一位光前裕后的大诗人，此即名冠中华的苏东坡。苏东坡天生一副傲骨，"自为小官，即好僭议朝政，屡以此获罪，然受命于天，不能尽改"②。受命运的捉弄，他先后两度到杭州为官，一次是在宋神宗熙宁四年（1071年），因与首辅王安石政见不同而外放杭州通判，又一次是在宋哲宗元祐四年（1089年），因"积以论事，为当轴者所恨"③而自请谪守杭州。后次出任杭州知州时苏东坡已年过五旬，失意外放的暮年苏东坡将会如何履任呢？元人主持编修的《宋史·苏轼列传》是这样记载的：

"既至杭，大旱，饥疫并作。轼请于朝，免本路上供米三之一，复得赐度僧牒，易米以救饥者。明年春，又减价粜常平方米，多作饘粥药剂，遣使挟医分坊治病，活者甚众。轼曰：'杭，水陆之会，疫死比他处常多。'乃裒羡缗得二千，复发橐中黄金五十两，以作病坊，稍畜钱粮待之。

杭本近海，地泉咸苦，居民稀少。唐刺史李泌始引西湖水作六井，民足于水。白居易又浚西湖水入漕河，自河入田，所溉至千顷，民以殷富。湖水多葑，自唐及钱氏，岁辄浚治，宋兴，废之，葑积为田，水无几矣。漕河失利，取给江潮，舟行市中，潮又多淤，三年一淘，为民大患，六井亦几于废。轼见茅山一河专受江潮，盐桥一河专受湖水，遂浚二河以通漕。复造堰闸，以为湖水畜泄之限，江潮不复入市。以余力复完六井，又取葑田积湖中，南北径三十里，为长堤以通行者。吴人种菱，春辄芟除，不遗

---

① 《旧五代史·钱镠传》。
② 苏东坡：《辩贾易弹奏待罪劄子》。
③ 同上注。

寸草。且募人种菱湖中，蔣不复生。收其利以备修湖，取救荒余钱万缗、粮万石，及请得百僧度牒以募役者。堤成，植芙蓉、杨柳其上，望之如画图，杭人名为苏公堤。"

由上可见，屋漏偏逢连阴雨，失意外放的苏东坡刚好赶上了杭州大灾。但"窃怀忧国爱民之意"的他没有一丝消沉抵触之心，反而甫一到任便拯救灾民于先，兴修水利于后，接连完成了漕河疏浚、堰坝筑造、湖面扩充、长堤垒砌等大工程。单看此时的苏东坡，与其说是才华横溢的大诗人，更毋宁说像极了尽心尽责的实干家或水利专家。但苏东坡到底是苏东坡，大功告成后，他以诗人特有的浪漫在新筑的长堤上建造了六座弯月形石拱桥，还沿长堤遍植芙蓉、桃花和杨柳等，使之"望之如画图"。

苏东坡在杭州前后两次为官加起来总共不过五年，但因有德于民，杭州"家有画像，饮食必祝，又作生祠以报"，得为市民顶礼膜拜。苏东坡在杭州留下的不仅有事功和政德，还有"欲把西湖比西子,淡妆浓抹总相宜"等千古佳句。至于如诗如画的"苏堤春晓"，更是他留给后人的无价瑰宝，至今仍居西湖十景之首。

如此富冠海内的江南重镇，如此湖山如画的风景胜地，封建帝王岂肯放过？于是,在躲避金人的追击时,宋高宗赵构一而再、再而三地来到杭州，最终也如愿以偿地定都杭州。公元1138年，南宋绍兴八年二月，赵构正式移驾临安，"是岁, 始定都于杭"[①]。从这时起，直到德祐二年（1276年）宋主向元朝投降止，南宋都杭州共历7帝，前后凡138年。

南宋是个苟安的王朝，没有实力也没有雄心收复北方失地，于是把精力全部放在临安城的建设上。初时囿于国情和财力,临安的宫廷尚属简朴。《宋史·舆服志·宫室制度》云："中兴，服御惟务简省，宫殿尤朴。皇帝之居曰殿，总曰大内，又曰南内，本杭州治也。"这段记载说明，南宋初

---

① 《宋史·高宗本纪六》。

年曾因陋就简地以杭州府衙为皇宫。但南宋君臣实在是太留恋往日东京开封府的富丽堂皇了，兵戈稍息后便大兴土木，"始作崇政、垂拱二殿。久之，又作天章等六阁。寝殿曰福宁殿。淳熙初，孝宗始作射殿，谓之选德殿。八年秋，又改后殿拥舍为别殿，取旧名，谓之延和殿，便坐视事则御之。他如紫宸、文德、集英、大庆、讲武，惟随时所御，则易其名。紫宸殿，遇朔受朝则御焉；文德殿，降赦则御焉；集英殿，临轩策士则御焉；大庆殿，行册礼则御焉；讲武殿，阅武则御焉"。由上可知，早在南宋初年，高宗、孝宗就在临安广建宫宇，使原来临时驻跸的区区府衙很快被偌大的皇宫所取代。南宋在临安建造的宫殿除了上面记载的外，还有奉养太上皇的德寿宫、重华宫、寿康宫，奉养圣母皇太后的慈宁宫、慈福宫、寿慈宫，以及供皇太子居住的东宫等，整个临安城几乎变成了一座大宫殿。

南宋时临安城的又一重要工程，即大大扩建了城郭，使这座原来的中等城市一跃而成南跨吴山、北倚武林门、东靠钱塘江、西联西子湖的超级大都市。为了确保一方平安，宋廷还一改过去事到临头才大兴工役的做法，于"绍兴九年，以张澄奏请，命临安府招置厢军兵士二百人，委钱塘县尉兼领其事，专一浚湖"[①]，组建了疏浚河湖的常规部队。之后又在此基础上增加了专职的撩湖军兵，时时维护杭嘉湖平原的河清海晏。

经过由唐至南宋的数百年治理和营建，杭州这座襟江带湖、山拥水抱、三岛浮水、四季异色的城市，景物更加绚丽，社会更加繁荣，气韵更加高雅，成为脍炙人口的"人间天堂"。意大利人马可·波罗来到这里后赞不绝口，称其是"世界上最美丽华贵之城"，是天上有人间无的"天城"。然而，南宋王朝的苟且偷安、醉生梦死也深为时人所诟病。宋孝宗时的诗人林升就因不满南宋王朝的苟安一隅，在临安一家客舍的墙壁上挥毫题写了一首《题临安邸》诗："山外青山楼外楼，西湖歌舞几时休？暖风熏得游人醉，

---

① 《宋史·河渠志七·东南诸水下》。

直把杭州作汴州。"这首诗道出了临安城的歌舞升平，也道出了南宋王朝的纸醉金迷，其中"暖风熏得游人醉，直把杭州作汴州"一句，更成为讽刺国难当头仍醉生梦死者的绝佳警句。

南宋末年，怯懦的赵宋王朝不战而降，临安府轻而易举落入元朝之手。受降之日，元朝使者"封府库，收史馆、礼寺图书及百司符印、告敕，罢官府及侍卫军"[①]，全面收缴了宋皇廷的一切，也彻底封存了杭州的都城史。进入后都城时代的杭州辉煌不再，但仍以它富贵典雅、经济繁荣的历史优势，以它京杭大运河南端的枢纽地位，以它享誉世界的丝织手工业等，继续发挥着远胜于其他中华古都的工商业职能，因此不仅没有被历史所抛弃，反而成了江浙行省的省会。

《元史·地理志五》载：元世祖至元十三年（1276年）"立两浙都督府，又改为安抚司。十五年，改为杭州路总管府。二十一年，自扬州迁江淮行省来治于杭，改曰江浙行省。"以上就是杭州在元朝统治期间由两浙都督府、杭州路总管府转为江浙行省治所的过程。元至正二十六年（1366）改置浙江行省，仍以杭州为省会。明代的杭州为浙江布政使司治所，清代的杭州为浙江省兼杭嘉湖道治所，杭州一省之治的地位始终保留下来，一直延续至今。

7 南京

上个世纪末，南京江宁汤山葫芦洞发现了"南京人"遗址，把这里的人类历史追溯到了35万年前。半个世纪前，南京市北阴阳营出土了内涵丰富的史前村落遗址，又把这里的新石器时代文化追溯到了5000年前。此后的南京地区更发现了距今3000年左右的湖熟文化，填补了三代时期的空白。以上种种现象无不昭示了南京地区源远流长的历史文化，然而与

---

① 《宋史·瀛国公本纪（二王附）》。

南中国的其他不少地方一样，这里的城市文明同样成熟的很晚，最早发祥于春秋战国时期。

春秋战国时期的南京地区先后为吴、楚、越所辖，分别留下了一些城邑。但这些城邑的历史都不长，规模也不大，其中最值得一提的是楚国灭越后建造的"金陵城"。

《史记·越王勾践世家》载："越遂释齐而伐楚。楚威王兴兵而伐之，大败越，杀王无彊，尽取故吴地至浙江。"[1]以上楚伐越之役发生在楚威王七年（公元前333年），时属战国中期。此役楚国大获全胜，尽取吴国故地，于是在南京石头山（今清凉山）建造了一座城邑，取名金陵。秦时设县，秦始皇将金陵邑改为秣陵县，移县治于江苏江宁南的秣陵关，南京一带重新沦为乡鄙。东汉献帝建安十七年（212年），孙权"城石头，改秣陵为建业"[2]，把秣陵迁回了南京，称建业，今南京市才有了一座新的城市，但已上距楚金陵城四五个世纪。

孙权之所以"城石头"，是有其特殊原因的。《三国志·吴书·张纮列传》载："秣陵……名为金陵。地势冈阜连石头，访问故老，云昔秦始皇东巡会稽经此县，望气者云金陵地形有王者都邑之气，故掘断连冈，改名秣陵。今处所具存，地有其气，天之所命，宜为都邑。"此文道出了南京地势自然天成的都邑气派，也道出了秦始皇正是忌讳这一点才改金陵为秣陵的。刘备亲赴东吴招亲时宿于秣陵，周观附近地形后亦劝孙权建都于此，于是便有了孙权的"城石头"之举。

黄龙元年（229年）四月，孙权在武昌称帝，国号吴，当年九月便诏令迁都建业。定都之初，孙权"因故府不改馆"[3]，仍住在十余年前修筑在石头山楚金陵故址的将军府内。此后不久东吴便大兴土木，在石头城东面

---

① 《史记·越王勾践世家》。

② 《三国志·吴书·吴主传》。

③ 同上注。

的今南京市中部新筑了一座建业城。此城"朱阙双立,驰道如砥。树以青槐,亘以绿水。玄荫耽耽,清流亹亹。列寺七里,侠栋阳路。屯营栉比,廨署棋布"①,典雅而妩媚,极具南方都邑水榭楼台的特殊气韵。它的问世,使南京市从秦汉的普通乡鄙一跃而成东吴国都,瞬间完成了城市文明由平地起飞的历史升腾。

孙权之孙孙皓即位后,曾于甘露元年（265 年）迁都武昌,结果遭到朝野上下的一致反对,不得已而于次年底还都建业。东吴天纪四年（280 年）,在东吴立都建业 50 年后,西晋大军伐吴,晋军将领王浚率舟师围攻建业城。"孙皓大惧,面缚舆榇,降于军门"②,东吴在孙皓自己捆绑双手向晋军投降的丑剧中覆亡。唐朝刘禹锡《西塞山怀古》诗云:"王浚楼船下益州,金陵王气黯然收。千寻铁锁沉江底,一片降幡出石头。"诗人在这里既表达了对东吴亡国景象的哀叹,也表达了对金陵王气黯然而收的痛惜。

入晋后,建业一度复称秣陵,晋太康三年（282 年）"分秣陵北为建邺,改业为邺"③。当时这里是丹阳郡的治所,但改称建邺,以示和东吴建业的区别。西晋最后一个皇帝是司马邺,为避其名讳,建邺又改称建康。

晋愍帝司马邺建兴四年（316 年）,西晋亡于匈奴族刘聪。公元 317 年,晋宗室琅琊王司马睿"备百官,立宗庙社稷于建康"④,在建康称帝,史称东晋。当时北方已进入军阀混战的十六国时期,大批北人为避战乱南下东晋,数量以百万计,新都建康很快成为人丁兴旺且融南北文化为一炉的大都市。在整个北中国兵连祸结的腥风血雨中,东晋"虽僻陋吴、越,乃正

---

① ［西晋］左思:《三都赋》。

② 《晋书·武帝本纪》。

③ 《晋书·地理志下》。

④ 《晋书·元帝本纪》。

朝相承，亲仁善邻"①，竟然得以苟安。

十六国中势力最强的前秦苻坚雄心勃勃，意欲统一全国，遂于晋孝武帝太元八年（383 年）亲率百万大军南下伐晋。岂料淝水一战，东晋以八万兵力大胜八十余万前秦军甲，苻坚本人亦身负重伤，狼狈而逃。经过如此这般的生死较量，建康城竟毫发无损，巍如泰山，故而此后南朝的宋、齐、梁、陈除梁元帝曾有三年以江陵为都外，其他时间皆定鼎建康。这一结果，使今南京市自东晋以来连续获得了 270 年都城史，创造了史家称誉的"六朝繁华"。仅就人口而言，梁武帝萧衍（在位于公元 502 年～ 549 年）治下的建康城就有户 28 万，人口近百万，已是世界顶级大都市。

公元 589 年隋朝灭陈，南朝终结。隋文帝统一中国后，为防止旧势力利用六朝故都复辟，下令将建康城铲平。于是，在新皇"平荡耕垦"②一声令下，"及陈亡，建康为墟"③，六朝名都顷刻化为平地。隋废建康后，在这里设立了一个小小的江宁县，城市文明急剧萎缩。唐高祖武德九年（626 年）"改金陵为白下县"，并"移白下治故白下城"④，连小小的县城也搬出了今南京市区。此后在唐朝统治的近三百年中，唐廷始终坚持抑制南朝故都发展的政策，或在此设立次一级政区，或干脆废州置县，往日的六朝名都就这样衰败下去。

唐朝末年藩镇割据，把历史带进了分崩离析的五代十国。北方的五代是由朱温的后梁开始的，而在南方十国中，首开纪录者是杨行密的吴国。唐昭宗天复二年（902 年），淮南节度使杨行密晋升为"诸道行营都统、检校太师、中书令"，并加封吴王⑤。从此杨行密据吴国而立，建都扬州。作

① 《晋书·苻坚载记下》。
② 《隋书·地理志下》。
③ 《隋书·五行志下》。
④ 《旧唐书·地理志三》。
⑤ 《新五代史·吴世家》。

为地方割据势力，杨行密对南朝故都当然不会怀有中原王朝那样的偏见，于是定金陵为陪都，称西都。这样一来，在整整萧条了三个多世纪后，今南京市的城市文明又迎来了一次平步青云的历史契机。杨吴时镇守金陵的是权臣徐温，谁知他早有据金陵篡位的野心，于是加紧了城市的建设和金陵城池的筑造。徐温死后，镇守金陵的徐温养子徐知诰自诩为李唐后代，更名李昪，并于公元 937 年推翻了杨吴，建立了南唐。从此，南唐以金陵为都，改名江宁府。

自 937 年至 975 年，南唐共传祚 3 主，凡 39 个年头。南唐建国的时间虽然不长，但却是南方十国中疆域最大者，极盛之时领有江苏、安徽、福建的大部及江西的全部，还包括了河南南部和湖北东部的一部分。此期间南唐建造了一座比南朝故都建康还要大的都邑，留下了以"十里秦淮"著称的无限胜景。此外，积东晋以来华夏文化的蕴积，这里还造就出堪称一代词宗的南唐后主李煜。

李煜字重光，为人仁孝，史称其"善属文，工书画，而丰额骈齿，一目重瞳子"[①]。身为帝王的他不谙政事，不识干戈，却极擅长谱词度曲，是历代帝王中最具文采者。他的一生分为前后两大期，前期是九五之尊，后期则成了宋人的阶下囚。于是其作品也分两大期，前期道尽了宫廷生活的靡华，后期则仅余亡国之君的无限哀痛。就在沦为宋人的俘虏后，这位浮华谢幕的昔日帝王仍长歌当哭，凄凄婉婉地写下了脍炙人口的《虞美人》词：

春花秋月何时了，往事知多少？

小楼昨夜又东风，故国不堪回首月明中。

雕栏玉砌应犹在，只是朱颜改。

问君能有几多愁，恰似一江春水向东流。

斯人已逝，斯事已逝，唯有这首千古绝唱仍世代传诵，娓娓诉说着亡

---

① 《新五代史·南唐世家》。

国奴的无尽哀愁。

北宋开宝七年（974年），宋太祖赵匡胤发荆南十万大军东征南唐，第二年便攻陷了江宁府。难得的是，发兵前宋太祖一再告诫统兵大将说："城陷之日，慎无杀戮。设若困斗，则李煜一门，不可加害"①，金陵城及南唐后主李煜遂得以保全。北宋时期，江宁府成为宋朝的一方重镇，"复为升州节度。天禧二年（1018年），升为建康军节度"②。此期间宋真宗六皇子赵祯曾封藩江宁，以亲王之尊兼领江宁府尹。后来赵祯即位为仁宗皇帝，他深知江宁地位之显要，特委任亲信重臣镇守于此，大名鼎鼎的包拯即其中之一。包拯字希仁，庐州合肥人，史称其"立朝刚毅，贵戚宦官为之敛手，闻者皆惮之。人以包拯笑比黄河清，童稚妇女，亦知其名，呼曰'包待制'。京师为之语曰：'关节不到，有阎罗包老'。"③这位驰名中外的清官就是在仁宗年间派驻江宁的，后官拜枢密副使。到了宋神宗年间，数度为相的王安石也曾先后三次出任江宁知府。

南宋时期，南京成为抗金的前沿重镇，仍称建康。《宋史·地理志·江南东西路》载："江宁府……建炎元年（1127年）为帅府，三年复为建康府，统太平、宣、徽、广德。五月，高宗即府治建行宫。绍兴八年（1138年），置主管行宫留守司公事；三十一年（1161年），为行宫留守。"④以上记载说明，建康府入南宋后初为帅府，后升格为朝廷的行都，成为南宋仅次于国都临安的第二大都市。

元世祖至元十二年（1275年）春，蒙古大军围攻建康府，"都统、权兵马司事徐王荣、翁福、茅世雄等及镇军曹旺以城降"⑤，建康落入元朝之手。

① 《宋史·太祖本纪三》。
② 《宋史·地理志·江南东路》。
③ 《宋史·包拯列传》。
④ 《宋史·地理志·江南东西路》。
⑤ 《元史·世祖本纪五》。

在元朝统治的近一百年中，"至元十四年（1277 年），升建康路。……天历二年（1329 年），以文宗潜邸，改建康路为集庆路"①，南京成为行省以下的次一级政区，仅是江浙行省下辖的三十个路中的一个。元廷曾在南方设立一个重要的监察机构，称江南诸道行御史台，统领江南十道监司，简称南台。《元史·地理志五》载："初立行御史台于扬州，既而徙杭州，又徙江州，又还杭州；（至元）二十三年，自杭州徙治建康。"据此可知，该行御史台初设扬州，后辗转迁至杭州、江州，从至元二十三年（1286 年）起移治建康，此后便再未迁移。一座中小城市却设有常驻的中央机关，而且是充作元廷耳目的监察机关，足见元朝对建康城的控制丝毫不敢掉以轻心。

南京历史上最辉煌的一页，出自朱元璋创建的明朝。在元末蜂拥而起的农民起义军中，朱元璋独执牛耳，脱颖而出，取得了最终的胜利。他最初崛起于江苏、安徽交界一带，早在元惠宗至正十六年（1356 年）就攻克了建康，改称应天府，这里随即成为他统一全国的大本营。明洪武元年（1368 年）正月，朱元璋甫一称帝就"以应天为南京，开封为北京"②，定应天府为明朝的都城，称南京。历史上还有另外一个南京应天府，是宋太祖的旧藩，地在今河南商丘，而明朝的南京应天府就是今南京。洪武十一年（1378 年），朱元璋撤销了开封的京号，"改南京为京师"③，南京成了大一统王朝的唯一中心。

当年还在自称吴王的时候，朱元璋就在应天府钟山南麓的旧城之东修筑了一座新宫，称帝后更重新建造了一座新城。《明史·地理志一》云："洪武二年（1369 年）九月始建新城，六年（1373 年）八月成。"④经过四年的营建，一座新的南京城拔地而起。同样也在称帝前，朱元璋就采纳朱升

---

① 《元史·地理志五》。

② 《明史·太祖本纪二》。

③ 《明史·地理志一》。

④ 同上注。

的"高筑墙，广积粮，缓称王"①治国三策，全面修筑应天府城垣。这个新城垣始筑于元至正二十六年（1366年），竣工于明洪武十九年（1386年），历两朝共二十载，由此建成了一条世界上最长的砖石城垣。

此城垣前据秦淮，后枕玄武，东西两垣蜿蜒于钟山龙蟠、石头虎踞之侧，充分利用了自然地貌的优势。其全部为砖石结构，周回68里，将此前的六朝建业、建康及南唐江宁城全部囊括其中，巍巍然尽显帝国都城的气派。为了进一步加强城防，洪武二十三年（1390年）朱元璋又下令筑造外郭城。这道外郭城建造于南京内城外的依山带水处，或为砖砌，或以土垒，或据岗成，周长达120华里，分设18座城门。全部建成后的明南京城从外到里分外城、内城、皇城、宫城四重，占地面积相当之大。其布局也井然有序，仅以内城而言，皇城居东，市区居南，军事区居北，四周还依照传统礼制营建了一系列皇家坛庙。

自洪武元年正月朱元璋建都南京，到明成祖朱棣永乐十九年（1421年）正月迁都北京，明朝都于南京前后达53年。此期间朱元璋主政31年，惠帝朱允炆在位4年，明成祖朱棣推翻明惠帝后也在南京稳坐龙椅18年。朱元璋、朱棣皆为一代雄主，颇有作为，正是他们坐镇南京期间，明朝的江山得以奠定，朱明的皇权得以巩固，南京的全国中心地位也得以确立。明成祖迁都北京后，南京依然是明朝的留都，南京的称谓相沿不改。明成祖卒后，明仁宗一度诏令"将还都南京"②，意欲放弃北京回都南京，但因他很快病逝而作罢。

在作为明朝留都期间，南京始终保留着六部等中央机构，五军都督府等军事机构也一仍旧制，唯独在"其留南京者加'南京'字"③，以示和北

---

① 《明史·朱升传》。

② 《明史·仁宗本纪》。

③ 《明史·职官志》。

京机构的区别。同时，"至京师十庙、南京十五庙，各以岁时遣官致祭"[①]，南京的国家祀典也照行不误，且礼仪极为隆重。

明崇祯十七年（1644 年）清朝大军入关，占领了北京，明福王朱由崧在南京建立了弘光王朝，史称"南明"。次年五月，清军兵临南京城下，"故明福王朱由崧及大学士马士英遁走太平"[②]，大学士王铎、南京礼部尚书钱谦益献城投降。入清后，南京应天府改为江宁府，成了两江总督的驻地和江南省的省会，"设布政使司，置两江总督辖江南、江西，驻江宁"[③]。

清朝末年，洪秀全领导的太平军风起云涌，于咸丰三年（1853 年）二月攻陷江宁，随即定都于此，称天京。同治三年（1864 年）六月，曾国藩、曾国荃兄弟率湘军攻克天京，太平天国灭亡。从咸丰三年到同治三年，太平天国定都南京凡 11 年。此期间太平军焚毁了明故宫和清总督署，而后"复扩民居以广其址，役夫万余"[④]，在清两江总督府的原址上建起了洪秀全的"天王殿"。这座"天朝宫殿"分内外两城，内城重殿叠宇、赤金栋梁、金碧辉煌，史称其"穷极奢丽，雕镂螭龙、鸟兽、花木，多以金为之"。湘军与太平天国激战时，天京城毁于战火，"天朝宫殿"首当其冲，转眼化为灰烬。

清亡后，孙中山于 1912 年 1 月 1 日在南京就任临时大总统，宣告了中华民国的成立。1927 年国民党政府定都于此，设南京特别市，1930 年改为南京市。1949 年 4 月 23 日南京解放，南京成为江苏省的省会，以迄于今。

8 古都北京的特异性

通过对洛阳、郑州、安阳、西安、开封、杭州、南京七大古都发展脉

---

① 《明史·吉礼一》。

② 《清史稿·世祖本纪一》。

③ 《清史稿·地理志五》。

④ 《清史稿·洪秀全传》。

络的条分缕析,不难看出正如古人所说,"自古有国有家,鲜不极盛而衰"[①],它们全都经历了时断时续、时起时伏的发展过程,甚至动辄出现历史的断层。毋庸赘言,在中华五千年文明史上,这些古都都曾繁盛一时,各有其不可取代的历史地位。但同样毋庸讳言,在充满各种挑战和考验的历史征程中,它们有的以强劲的爆发力获得了一时的辉煌,有的一路上跌跌撞撞,时而显赫时而湮没无闻。总之,虽然这七大古都的发展状况不尽相同,但全然相同的是,极尽荣华的它们在历史上都曾如繁花般地凋谢了,相比之下,唯有北京的城市文明始终按既定的轨道稳定而坚定地前行,从头至尾保持了持续、递进的发展。

由东方的社会性质所决定,中国古代城市最突出的是政治、军事功能。于是,在中国古代,城池的占领往往标志着一个地域的占领,都城的沦陷也每每意味着一个政权的沦陷。又于是,历朝历代的战争无不以攻占城邑为目的,再坚固的城池也难免在攻守双方的生死相搏中毁于战火。在此形势下,具有重要战略地位的古代北京当然在所难免,但比较之下仍不难看出,在八大古都中,若从时间的前后衔接上看,城市文明最为整合的仍首推北京。

综合第三章所述,无论历史或文化,也无论是从蓟邑开始的城市文明,北京地区从未出现大的断档,更未留下阶段性的空白。单就曾给绝大多数列国都城带来过空前劫难的秦代来说,燕都蓟城也曾在秦始皇二十一年(前226年)被秦所陷,此后又遭遇秦始皇下达的毁城令,同样在劫难逃。但事情的另一面是,秦朝刚一创建郡县制,蓟城就成了广阳郡的治所,级别并不低于诸侯国的国都。而且,这个郡治还是秦皇家驰道东北端的中心,亦即大一统秦王朝东北地区的中心,地位与影响尤其不可小觑。紧承其后,在战火纷纭的秦末历史中,蓟城又相继成为燕王韩广和燕王臧荼的都城。

---

① 《晋书·慕容廆载记》。

即便当时的城市规模已大大缩水，但不争的事实是，这座城池依然挺立在秦末的腥风血雨中。

东周末年至秦朝是中国古代城市文明的一大重创期，刀兵之灾和秦始皇的毁城令使不少城市倾刻化为乌有。但如上所述，此期间蓟城被毁坏的恐怕只是城垣，城市的核心部分仍在继续发挥着它不可替代的作用。秦以后，北京城遭遇的一次最惨痛打击发生在金朝末年，当时狂飙突进的蒙古铁蹄肆意践踏了这座都城，连金的皇宫也付之一炬。但事实是，短短两年后，这里又成为蒙古帝国统治整个汉地的"都行省"，重新确立了它在北中国的中心地位。更何况，正如第三章第八节所述，金中都城在元朝依然存在，称旧南城，城内的寺庙和道观在元朝依旧香火鼎盛，可见金中都城的相当部分在这场浩劫中仍得以保存。而在这之后，无论经历任何一次历史巨变或天灾人祸，北京城都完整无缺地保留下来，始终发挥着它的都市职能。

至于其他古都，情况就大不相同了。以素有"九朝古都"美誉的洛阳来说，姑不论它在商代早期至西周早期出现的断层，单就西晋末年以后到北魏孝文帝迁都洛阳以前而言，就一下子萧条了不下 180 年。至于金以后以迄明清，这座千年古都更是一蹶不振，仅余一座方圆 8 里许的弹丸小城。

再就"秦中自古帝王州"的西安而言，在西周丰、镐二都的使命结束后，竟然整整荒芜了四个世纪之久。此后经过秦汉、隋唐的几度辉煌，到了唐以后，甚至最早从唐中叶"安史之乱"开始，长安城的繁华便一去不再，再次堕入了它的衰败期。侯仁之先生说："长安城原是歌舞升平的一派繁华景象，但是经此（按即安史之乱）一番涂炭，竟然一蹶不振，历代名都，从此走上了衰落的道路。严格来讲，是到了解放以后，古代的长安，才恢复了它的青春。"①这里就明确指出，古长安城自唐中期开始便走上了衰败之路，直到解放后才重新焕发了青春。

在中国各大古都中，洛阳与西安是最负盛名的，建都的朝代最多。它们的命运尚且如此，其他古都就更是可想而知了。事实上如前所述，郑州、安阳、南京的城市文明无不出现了整体性断裂，甚至动辄就是数百年，沦为小县城的经历更是无一幸免。较好的是开封，自形成城市文明后基本延续下来，但它一则肇起于战国时期的楚大梁城，时代较晚；二则它在被秦国大军荡平后在长达几个世纪内只是县级城镇，规模很小；三则它从秦将王贲水灌大梁起就多次被洪水吞没，屡遭灭顶之灾，命运并不比其他古都好许多。

而我们的古都北京，不仅在年代上表现出了无与伦比的完整性，在空间位置上也始终固定不移。第三章第八节已述，古代北京城的空间发展可以分为前后两大阶段：第一阶段是从黄帝后人的蓟邑开始，直到金中都城的结束，上下纵贯两三千年。此阶段的北京城完全是在今莲花池以东的同一地点上发展起来的，期间变化了的只是城市的规模，始终不变的则是城址的坐标。第二阶段是从元大都新城开始，直到今天的北京城，也经历了不下七八百年。元朝新建的大都城是北京历史上一次最大的位移，但移动的结果是，元大都新城与金中都旧城仅相隔数百米，几乎可以忽略不计。而且早在元朝年间，金中都故城仍是元大都城的一部分，是当时大量涌入元大都的新居民的集聚地。当然，元朝的这新旧两城无疑有着主次之分，原金中都旧城顶多算是元大都的一个卫星城。然而到了明朝中叶，当明世宗拓展北京南部外城时，便将金中都以前的老城大半囊括其中。这样一来，从明世宗开始，自先秦蓟城以来的不同城址终于合二为一，共同组成了一个老北京。

---

① 侯仁之：《关于古代北京的几个问题》，《文物》1959 年 9 期。

　　而与北京城相比，其他某些古都的空间变化就不啻有天壤之别了。如前所述，洛阳的夏、商都城皆偏在今洛阳市迤东数十里的偃师县，而且不在同一地点上。从西周开始，西周成周城、东周王城、隋唐洛阳城倒是都建在了今洛阳市，但也散在各处。汉魏洛阳城则两头不靠，独处在洛阳以东、偃师以西的居中地带。总之，洛阳的历代都城散落在古雒河流域方圆百余里的范围内，说它们同在洛阳，无非是就大的行政区划而言罢了。

　　郑州地区的历代城址实际上分为三大中心：一个是在今郑州市，一个是在新郑，一个是在晋以后历为司州、北豫州、成皋郡、荥州、郑州治所的荥阳汜水。此三地大致呈鼎足之状，彼此的间距少则数十里，多则上百里，新郑与汜水更是相距百里以上。

　　安阳的古代城邑存在两大重心：一个是在今安阳市，一个是在安阳以北约40里的古邺城。前者的城市文明只集中在晚商以前和隋文帝以后，至于春秋以后、隋以前的古城邑，则集中在古邺城。在今天的行政区划上，古邺城已不属安阳地区，甚至也不属河南省。之所以将它们归并在一起，无非是隋文帝时古邺城的南迁给今安阳市带来了新的城市文明，而且南迁安阳时仍因袭了邺城的故名而已。

　　西安的历朝古都甚多，但也散在各处。以今天的西安市区为基准，西周丰都、镐都在它西南方向约三四十里处，秦栎阳在它东北方向约百里处，秦咸阳城初在咸阳市，后来才跨越渭河挺进到西安市辖区，西汉长安城则在它西北方向约20里处的渭河南岸。唯一与今西安市区大体重叠的，是隋唐长安城，它建在龙首原南侧，而龙首原就在今西安市的北郊。总之，西安的历代城址彼此最近的也相距20里上下，远的如丰镐与栎阳，相距不下一二百里。

　　如果略去位在今开封市西南约50里的古启封不计，开封的历代城邑算是相对集中的了。从魏都大梁城到南北朝的汴州城，从唐代汴州城到五代都城，从北宋东京城到金代汴京城，从元代汴梁城到明清开封城，它们都环环相因地锁定在同一个地理位置上。根据近二十年来的考古勘探和发掘，在层层河泥的掩埋下，历代开封城"城摞城、城套城、门压门"[①]，形成了中国古代都城建筑史上的一大奇观。但如前所述，开封的城市文明肇始得很晚，而且其作为五代时期及北宋、金的都城总共不过二百余年，是八大古都中建都时间很短的一个。

受地理条件的拘囿，杭州的古城址也相对集中。远古时期的杭州尚无西湖，亦无平川，只有一片随江潮出没的海滩。此后随着钱塘江的沉积不断增厚，东汉时在浅海滩上筑起了第一条海塘，西湖这才与大海隔绝，成了一个内湖。因此理所当然地，杭州地区古城邑的发展，皆起步于远离浅海滩的西部和南部山麓高地。秦与西汉的钱唐县治位于灵隐山麓，隋与唐的杭州城位于凤凰山麓，就代表了古杭州城前后发展的两大阶段。此后的杭州城是在隋唐杭州城的基础上，在钱塘江入海口以东、西子湖以西、凤凰山和钱塘江以北的地域内逐渐发展起来的，从未超出这个范围。而且无论怎样发展，隋以后古杭州的重心也没有离开凤凰山麓的高亢之地。吴越王钱镠的宫城建在凤凰山，南宋临安的皇城环绕凤凰山，就是鲜明的例证。

南京的古城分布，同样受到了地理条件的局限。该地紧邻长江，四周山环水绕，这就框定了它的发展空间。当年明南京的外郭城就是比照这个城市聚落的最大发展空间规划的，以至从楚威王建造的金陵城起，历代的秣陵城、建业城、建邺城、建康城、江宁城无不涵盖其中。但与古杭州城的重心长期稳定在凤凰山麓不同的是，南京的历代城址在这个范围内却屡有移徙。例如楚金陵城及孙权所筑的石头城偏在西部，六朝建业城、建康城偏在北部，南唐江宁城偏在南部，明皇城偏在东部，东南西北各居一方。它们的这种分布状况，恰好见证了时代的兴替，也见证了各个古城在时过境迁之后都难免遭到被遗弃的命运。

---

① 丘刚:《开封宋城考古述略》,《史学月刊》1999 年 6 期。

通过以上时间、空间两大属性的综合比较，可知北京城的历史不仅是持续不断的，而且是在同一地点上发展起来的，属于在同一个地理坐标上持续不断发展演进的城市文明。这种特性在八大古都中独一无二，绝无仅有，倘若于此之外再加上北京历史文化的悠久性、递进性、多元性、一统性，古都北京在中华文明史上的地位就更是不言而喻的了。

三　人类早期文明

北京历史文化的属性既然在中国各大古都中是独一无二的，那么，在世界各大古都中呢？叙论至此，这是一个必然要引出的话题，而且是个更令人感兴趣的话题。而要对此做出准确的判断，首先要从人类文明最早的几大源头及其古城谈起。

美国历史学家斯塔夫里阿诺斯在他的被誉为"经典之中经典"的《全球通史》中指出，人类最早创造的五大文明分别为美索不达米亚、古埃及、克里特、古印度和中国的文明。这都是世界上最古老的文明，而且是独立生成的原生态文明。而若以印度的马尔瓦高原向北直到乌拉尔山脉划一条分界线的话，前四个文明都在分界线以西，分界线以东的只有一个中国的文明。那么，下面就让我们看看，这些人类最古老文明的城市都是怎样发生与发展的吧。

1　美索不达米亚文明

"美索不达米亚"是"两河之间"的意思，特指中东幼发拉底河和底格里斯河流域，包括今叙利亚的东部和伊拉克全境。它北接亚美尼亚高原，南临波斯湾，东与西伊朗山脉为界，西与叙利亚草原和阿拉伯沙漠接壤。

远在公元前 4300 年左右，这里就进入了铜器时代，出现了雏形国家和城市。当初创造这一文明的是苏美尔人，他们通过治理幼发拉底河、底格里斯河湍急的河流促进了文明的肇兴，先后创造出象形文字及楔形文字，还建造了庞大的宫殿和神庙。到了公元前 3000 年前后，苏美尔地区出现了 12 个独立城邦，每座中心城市再加周边的农村就组成了一个国家。从此苏美尔人之间展开了无休止的征战，大大削弱了彼此的力量，使他们在公元前二十四世纪中叶为来自叙利亚草原的阿卡德人所征服。此后苏美尔文明消逝得无影无踪，成了典型的中途流产的文明。

在两河流域代苏美尔文明而起的，是闪米特人创造的阿卡德文明。这是两河流域历史上首次出现的统一国家，极盛之时创建了一个由波斯湾到地中海的庞大帝国。但它的寿命十分短暂，很快就被来自伊朗的新入侵者打败。又经过若干世纪，古巴比伦王国势力渐强，在第六代国王汉穆拉比（在位于公元前 1792 年～前 1750 年）的带领下重新统一了两河流域，建立起一个以今伊拉克为中心的中央集权国家。古巴比伦的奴隶制经济相当发达，还制定了人类第一部维护私有制度和土地所有者权益的成文法典，这就是著名的《汉穆拉比法典》。可是即便强大如巴比伦，在汉穆拉比卒后也不断受到埃兰人和喀西特人的侵袭，逐渐走向衰落，终于在公元前 1595 年为来自小亚细亚的赫梯人灭亡。

此后的美索不达米亚历史，就是亚述人、迦勒底人、波斯人交相入侵的历史。伴随走马灯似的外族入侵，一个又一个帝国倾覆了，一个接一个古老民族也相继堕入历史的黑暗。公元前 539 年，一支野蛮的波斯游牧部落攻下了巴比伦，标志着美索不达米亚文明的终结。自此而后，昔日的城市沦为废墟，原有的楔形文字停止使用，再没有一个本地民族成为美索不达米亚的主人了。

以其文明创建之早，人类最古老的城市大多出现在两河流域。而以其命运多舛，这些古城基本上都坠入了历史的尘埃。

　　在底格里斯河和幼发拉底河谷上游，今叙利亚东北部一个名叫哈穆卡尔的小村附近，考古学家发现了一座人类历史上最古老的城市，时代甚至可以早到苏美尔文明之前，距今已有 6000 多年历史。但考古工作证实，这座古城不仅早已被黄沙掩埋，而且早在公元前 3500 年前就被侵略者完全摧毁①。

　　苏美尔文明的代表性城邑即乌尔城，位于伊拉克南部，大约兴建于公元前三千年代初。公元前二十四世纪中叶，该城为阿卡德王国征服，此后一度中兴。公元前二十一世纪末期，城市被埃兰人和阿摩利人破坏，此后再度重建。约从公元前四世纪起，由于战争及幼发拉底河的改道，城址彻底沦为废墟。

　　位于幼发拉底河下游西岸今伊拉克境内的乌鲁克城，也是苏美尔文明的中心城邑。约在公元前 3400 年～前 3100 年间，苏美尔人在这里创建了乌鲁克文化，制作了铜器和彩陶，发明了象形文字。前二十四世纪时该城曾是温玛王国的首都，此后并入阿卡德王国。公元三世纪萨桑王朝时此城毁于一旦，从此不复存在。

　　始建于公元前三千年代的古巴比伦城，是西亚两河流域最大的古代城市，出土的楔形文泥版赞其为"神之门"。它是古巴比伦王国（约公元前 1894 年～约前 1595 年）和新巴比伦王国（公元前 626 年～前 538 年）的首都，是当时世界上极重要的政治、商业、文化中心。但就是这样一座规模宏大、深沟高垒、华丽壮观的城市，这样一座以奇异的"空中花园"享誉世界的城市，在公元二世纪以后也难逃被废弃的厄运，直至完全被洪水和泥沙掩埋。

　　对于西亚古城的命运多舛，位于美索不达米亚和埃及两大文明交汇点与贸易中心的比布鲁斯城最具代表性。这座古城地处黎巴嫩贝鲁特以北约

---

　　① "In the Ruins:Tell Hamoukar", *New York Times Science Video*（January 16 2007）。

40公里处，由迦南人在公元前2800年左右建造，是人类最古老的城市之一。此城的城市年谱是这样镌刻在人类文明史上的：

公元前5000年，出现了人类定居点。

公元前3200年，开始垒石建房。

公元前3000年～前2800年，出现早期城市结构，筑起了防御城墙，建造了排水系统。

公元前约2150年，阿摩利人放火焚毁了比布鲁斯。

公元前约1950年，重建城市、神庙和防御城墙，恢复与埃及的联系，贸易活动扩展到远离家乡的高加索和克里特岛等地。

公元前1725年，喜克索人入侵埃及，比布鲁斯的发展再度中断。

公元前1580年，埃及赶走喜克索人，把比布鲁斯变成自己的领地，重新和外界贸易往来。

公元前1200年，埃及势力衰竭，该地受到海上民族的威胁。

公元前725年，亚述人统治。

公元前612年，巴比伦人统治。

公元前539年，波斯人统治。

公元前332年，希腊化统治。

公元前63年，罗马人统治。

公元638年，被穆斯林征服，城市逐渐萎缩。

公元1104年，十字军雷蒙·德·圣吉尔攻占城市，公元1109年，该城划为季比莱特区。

公元1187年，埃及民族英雄萨拉丁再度占领比布鲁斯，拆毁十字军城堡，夷平防御城墙。

公元1199年，法兰克人占领此城。

公元1266年，比布鲁斯城彻底废弃，成为一个宁静的渔港，以迄于今。

从以上年谱不难看出，中亚古城是如何在没完没了的异族入侵中苦苦挣扎的，又是如何动辄出现数百年的历史断层的，最后则是如何沦为废墟的。

2 古埃及文明

公元前 3500 年左右，尼罗河沿岸出现了数十个城邦，有了象形文字和炼铜术，标志了古埃及文明的正式兴起。约四个世纪后，上埃及国王美尼斯征服了上下埃及各城邦，初步形成了统一国家，古埃及由此进入到历史上的"王朝时期"。这个时期一直持续到公元前 525 年埃及被波斯帝国征服为止，共经历了 26 个王朝。此期间屡屡发生了大的间歇性骚乱，外族入侵也不绝如缕，由此造成了若干"中间时期"。

规模宏大的埃及金字塔就是从第三王朝开始建造的，前前后后一共建造了百余座。法老胡夫的陵墓是迄今所知百余座金字塔中最高的一座，修建于公元前 2700 多年的第四王朝，通高 146.5 米，相当 50 层楼高，每块石头重达 2.5 吨，堪称人类文明的奇迹。

自波斯国王冈比西斯征服埃及，埃及沦为波斯帝国的一个行省，时间长达两个世纪。公元前 332 年，从希腊北部崛起的马其顿王国在亚历山大的统帅下一举歼灭了波斯帝国，埃及又成了马其顿的一个行省。公元前 323 年，亚历山大大帝暴卒于巴比伦，他所建立的大希腊帝国四分五裂，其部将托勒密于公元前 305 年自立为新埃及王，埃及从此进入由异族统治的托勒密时代。

公元前 47 年，不可一世的罗马人从地中海彼岸来了，埃及的命运危如累卵。托勒密王朝的最后一代埃及君主克娄巴特拉女王时年 22 岁，花容月貌，倾国倾城。为了挽救自己的统治，她不惜用美色代替力不从心的埃及军团，而罗马的恺撒大帝和曾任罗马执政官的马克·安敦尼对她一见倾心，相继拜倒在她的石榴裙下。当克娄巴特拉把恺撒和安敦尼相继拉入怀抱后，这位美艳绝伦的埃及女王得以继续稳坐在她的宝座上。战功卓著的罗马英雄安敦尼还将罗马的征服地赠予克娄巴特拉及其子女，宣布恺撒与克娄巴特拉的儿子为"诸王之王"，克娄巴特拉为"诸王之女王"。可惜时运不济，没过多久恺撒便撒手人寰，而后继的罗马大帝奥古斯都（屋大维）竟然对埃及女王的美艳视若无睹，于公元前31年正式向她宣战，并一战而胜。奥古斯都毫无惜香怜玉之意，在他看来，克娄巴特拉俏丽的容貌和娇柔的身躯的最大价值，莫过于把她当作战利品在返回罗马城的凯旋仪式上游街示众了，"克娄巴特拉知悉这一计划后，便服毒自杀了"①。随着女王的陨落，埃及成了罗马的一个行省。同时付出惨痛代价的还有女王的情人安敦尼，他在克娄巴特拉的怂恿下投入了对罗马的战争，结果战败后伏剑自刎，枉掷了一世功名。

古埃及延续时间较长的重要都城分别有孟斐斯、底比斯和亚历山大里亚。

孟斐斯是古王国时代的都城，位于尼罗河三角洲南端，距今开罗市不远。相传此城为公元前3000年法老美尼斯统一上下埃及后所建，初名"白城"，后更名为孟斐斯。孟斐斯的都城史一直延续到了公元前22世纪，长达八个多世纪，后来为底比斯城所取代。迁都底比斯后，孟斐斯仍是埃及的文化、宗教名城，直到公元七世纪阿拉伯人征服埃及，伊斯兰军队为了把建筑材料运到今开罗南部建设一座军营，将孟菲斯城全部拆毁，这座名城才完全沦为废墟。

底比斯城又称努特·阿蒙，位于上埃及，是埃及中王国时代和新王国时代的首都。该城横跨尼罗河中游两岸，规模宏大，被古希腊大诗人荷马称为"百门之都"。城内建有阿蒙·赖神神庙等大型建筑，巍峨壮观，尤以栩栩如生的浮雕壁画最引人瞩目。大约在公元前663年，入侵埃及的亚

---

① ［美］亨德里克·房龙著、刘海译：《人类的故事》，陕西师范大学出版社，2004年，第24页。

述军队先是洗劫了底比斯，后又将它付之一炬。公元前一世纪八十年代，以底比斯为中心掀起了连续三年的人民起义，起义遭到残酷镇压，底比斯几乎和义军一起被毁灭。公元前27年，一场地震把底比斯城内仅存的一些纪念性建筑也完全摧垮，此后这里只留下一堆废墟，成了古墓盗掘者的乐园。

亚历山大里亚是托勒密王朝的都城，始建于公元前332年马其顿国王亚历山大征服埃及时。此城由亚历山大本人勘测选址和设计蓝图，并以其名字命名，是亚历山大帝国的一座重要城市。亚历山大殁后，托勒密于公元前305年建都于此，仍名亚历山大。

这是一座海港城市，位于地中海南岸尼罗河三角洲西北端，有人工大堤与对面的小岛法罗斯跨海相连，由此形成了两大天然良港。当时城内商旅辐辏，学者云集，是地中海东部的政治、经济、文化中心，人口也一度达到50余万，被誉为"黄金之城"。特别值得一提的是，这里建有宏丽的皇家博物馆和大型图书馆，是当时整个世界的学术中心。博物馆建造于公元前三世纪初叶，称亚历山大博学园。这是世界上最早的大型博物馆，园中有动植物园、研究所和专门收藏文化珍品的缪斯神庙，陈列着有关天文学、医学和文化艺术等各类藏品。图书馆收藏甚丰，在皇廷的直接资助下从世界各地收集了各类著作文稿逾70万卷。当时在博学园和图书馆中留下足迹的不乏硕学鸿儒，其中包括大名鼎鼎的欧几里得、阿基米德、埃拉托斯特尼、希帕尔克斯、卡利马楚斯等。

自埃及女王克娄巴特拉香消玉殒于亚历山大金碧辉煌的王宫后，亚历山大里亚并入罗马版图，但仍然继续发挥着天然良港的作用。公元335年，这座名都在一次地震和潮汐中遭遇了毁灭性打击，主要建筑几乎倾覆殆尽。公元640年阿拉伯人入侵埃及后，亚历山大里亚又遭破坏，从此一蹶不振。辗转至今，痴痴守望着这座当时西方最大都市的，唯有法罗斯灯塔、萨瓦里石柱、贵族墓地和古罗马剧场等残留的古迹。

3　克里特文明

荷马在史诗《伊利亚特》和《奥德赛》中叙述的特洛伊人的传奇故事，长期以来被学者视为子虚乌有的神话。但有一个人却对此深信不疑，这就是德国商人亨利希·谢里曼。权威史学著作对这位富有传奇色彩的商人是这样评述的："他发誓要找到并发掘希腊人和特洛伊人为了海伦而进行战争的所在地特洛伊古城。他靠私运茶叶到俄国弄到了必需的资金，于 1870 年开始探索。他获得了巨大成功，发现了小亚细亚的特洛伊和伯罗奔尼撒的美锡尼的遗址。"[①]这位外行人的意外发现，不仅证实了早于希腊古典期文明的存在，还给内行人以种种启示，使考古学家循着这一线索在 20 世纪初找到了位于克里特岛的早期文明，由此揭开了人类第五大文明的面纱。

克里特是希腊最大的岛屿，地处地中海东部，东西长约 250 公里，南北最宽处约 60 公里。它是爱琴海区域的一部分，周围海域风平浪静，宜于航行，盛产水果和海产。公元前三千纪初叶，该地就有了爱琴海地区最早的文明，它是由一些非希腊语系居民创造的，主要为卡里亚人、勒勒吉人或皮拉斯基人。考古资料证明，当时这里已进入铜石并用时代，出现了城堡和阶级分化现象。到了公元前 2000 年，克里特岛进入了青铜时代的全盛期，产生了象形文字，形成了若干独立的奴隶制古国。这些古国相继在岛屿上建造起各自的宫殿，一个王宫和附近的乡邑就合成了一个初级国家。虽说是初级国家，可它们有如明灯一样照亮了尚处在石器时代的西方世界，使古代希腊晋身于"世界五大文明发祥地"之列。又经过三个世纪，到了公元前 1700 年，克里特文明空前高涨，农业、商业、造船业全面繁荣，铜币和青铜币相继出现，还发明了古代克里特语的线形文字，岛上的古国也与日俱增。

---

① ［美］斯塔夫里阿诺斯著，吴象婴、梁赤民译：《全球通史—1500 年以前的世界》，第 131 页。

在遍布克里特岛的古国中，最强大的是岛屿北部的诺萨斯。鼎盛之时的诺萨斯独霸了全岛，还以强大的海军称雄于爱琴海，控制了海上的重要岛屿，就连隔海相望的雅典也成了它的附属国。传说诺萨斯的国王叫米诺思，在岛上修建了规模宏大的克诺塞斯王宫。这座宫殿在希腊神话中不乏记载，但由于长时间来杳无踪迹，一直被视为虚妄的神话。谁料想，在尘封了三千多年后，英国考古学家阿瑟·伊文思于 20 世纪初竟将它完整无缺地挖掘出来，就连米诺思国王的宝座也得以重现，简直令人惊诧莫名。

这是一座总面积达 22000 多平方米的巨型宫殿，坐落在凯夫拉山麓下，分东、西两大宫。东宫是一座四层楼，有大小宫室 1700 多间，甚为壮观。除了宽敞宏丽的宝殿外，宫内还有寝宫、剧场、浴室、宝库、厅堂、庭院等，皆以长廊、门厅、伏道、阶梯相连，更有精良的供水排水系统相通。整个王宫千门百户、曲巷通幽、忽分忽合、神机莫测，自发现后便以"迷宫"著称于世。

公元前 1450 年左右，克里特文明戛然而止，米诺思王宫和其他建筑物统统坍塌无存，它的非希腊语系居民也瞬间从岛上全部消失。这个伟大的岛屿当时究竟发生了什么？到底是什么导致了它的突然灭亡？至今无人知晓。

此后的克里特岛，被古希腊的迈锡尼文明所取代。公元前 12 世纪末，来自巴尔干半岛西北部伊里利亚的多利亚人侵入希腊半岛，以摧枯拉朽之势击垮了繁盛一时的迈锡尼王国。从此整个爱琴海文明如大潮般退去，古希腊地区堕入了长达四百来年的"黑暗时代"。直到公元前八世纪，希腊才又陆续出现了一些小国寡民的城邦国家，大的不过二三十万人，小的只有万人左右，而此时距希腊文明的重新繁荣还有很长的路要走。

4 古印度文明

"印度"一词在古代是个地理概念，泛指南亚次大陆。印度河发源于西藏冈底斯山脉，先向西北穿越了克什米尔，再向西南穿越了巴基斯坦，最后注入阿拉伯海，流程长达 3180 公里。古老的印度文明就诞生在印度河流域，最早可追溯到公元前 2500 年左右的哈拉巴文明。

从 20 世纪 20 年代以来，在今巴基斯坦和印度西北部的印度河流域，陆续发现了许多城市和村落遗址，统属哈拉巴文明。其中最大的城市遗址是旁遮普的哈拉巴和信德的摩亨佐·达罗。哈拉巴位于印度河上游，摩亨佐·达罗位于印度河下游，彼此相距 600 多公里，它们很可能是当时南北两个不同国家的首府。

哈拉巴文明已进入青铜时代，且以金属的热加工和冷加工技术著称于世，同时还使用了金属焊接法。它的文字主要保存在用各种材质制成的印章上，也刻画在陶器和金属器皿上，多为字符和图画。农业和畜牧业较为发达，农作物有大麦、小麦、稻、胡麻、瓜、枣、棉花等，尤以棉花的培植为一大发明。哈拉巴古城由卫城和下城两大部分组成，卫城围以高大的城垣，是统治者居住的城堡，下城为居民区。整座城市有宫殿、浴池、议事厅、塔楼、谷仓、作坊等，各种设施应有尽有。街道排列整齐，主街道宽约 10 米，还有排水系统。度量衡的发明也是古印度文明的一大特点，至今仍在使用的"阿拉伯数字"就是他们创造的，当时还采用了二进法及十进法。

一般认为古印度文明的最早开创者是达罗毗荼人，泛指操达罗毗荼语系的各不同语种的古印度土著部族。根据放射性碳 14 年代测定，哈拉巴文明终结于公元前 1750 年。从这一刻起,哈拉巴文明如同克里特文明一样，突然间走向衰亡，那两座繁盛一时的古城也一下子变得荒无人迹。哈拉巴文明突然灭亡的原因至今不明，哈拉巴文字也始终未能释读，一切皆成难解之谜。

又间隔了几个世纪后，从公元前 15 世纪初起，皮肤白皙、身材高大的印欧语系雅利安人从里海一带侵入印度河流域，这时古印度才有了一个以婆罗门教圣书命名的新的"吠陀时代"。今日印度传承下来的文化，就是由这个来自异乡的种族创造的，"以致印度人以为，他们的历史是从约公元前 1500 年雅利安人入侵印度河流域时开始的"[1]。久而久之，印度河的本体文明几近湮没，只有几处偶然揭露出来的遗址在徐徐清风中向人们低声述说着往日的故事。

5 中华文明

综合上述，从古印度文明的最早泯灭，到克里特文明、美索不达米亚文明、古埃及文明的依次终结，人类最早创造的几大原生态文明都相继消逝在历史的黑暗中。它们的陨落，无一不是由城市的毁灭表现出来的，而且毁灭的不仅仅是哈穆卡尔、乌尔、乌鲁克、巴比伦、比布鲁斯、孟斐斯、底比斯、亚历山大里亚、克诺塞斯、哈拉巴、摩亨佐·达罗等一大批象征威严、权力、荣誉的大都市，还包括了大大小小的城市群。

然而更值得关注的是，这几大文明的陨落并非特例，而是人类早期文明的普遍规律。斯塔夫里阿诺斯说："公元前二千纪，欧亚大陆正处于一个骚动时期，即游牧民入侵、古老的帝国被推翻、旧的社会制度瓦解的时期。骚动是猛烈的，整个欧亚大陆都处于一片混乱之中。因此，公元前二千纪是古代文明从历史舞台上消失，由古典文明取而代之的过渡时期。"[2]这里揭示出，从公元前 2000 年开始，出于第五章第四节所述全球性气候变化

---

[1] 《全球通史—1500 年以前的世界》，第 134 页。

[2] 《全球通史—1500 年以前的世界》，第 149 页。

的缘故，新兴游牧族在欧亚草原迅速崛起，给整个世界带来了一场前所未有的灾难。游牧民族风卷残云般的扩张，除了在中国被以燕国为代表的周人势力拼死抵挡住外，在其他地区却所向披靡，几乎摧垮了整个世界。而随着"古老的帝国被推翻、旧的社会制度瓦解"，不仅欧亚大陆的古文明从历史舞台上悠然而逝，大多数古代城市也遭受了致命打击，纷纷堕入了历史的尘埃。正如斯塔夫里阿诺斯的《全球通史》把公元前1000年作为世界古代史的终结一样，几乎一切都在这时画上了句号。

但是，以世界之大，却不难找到一个光前裕后的特例，这就是中国。在全面梳理了各种各样的早期文明后，就连西方史学家也不得不承认，在人类绝大多数早期文明相继消亡的同时，中华文明却始终不断发展下来，成为人类历史上唯一一个从未间断的文明。斯塔夫里阿诺斯在他享誉世界的《全球通史》中就一再强调说[1]：

"东亚的本土文化有它自己的特点，正是这些特点与外来文化相结合，构成了伟大、独特的中国文明。这一文明以举世无双的连续性从商朝一直持续到现代"；

"独特的中国新石器时代的文化连续地发展为独特的中国文明，这一文明从商时期一直持续到现在。这种连续性在公元前1027年由商朝到周朝的转变中表现得十分明显"；

"与印度文明的不统一和间断相比，中国文明的特点是统一和连续"；

"中国的发展情况与印度在雅利安人或穆斯林或英国人到来之后所发生的情况不同，没有明显的突然停顿。当然，曾有许多游牧民族侵入中国，甚至还取某些王朝而代之；但是，不是中国人被迫接受入侵者的语言、习俗或畜牧经济，相反，是入侵者自己总是被迅速、完全地中国化"。

持同样观点的西方学者大有人在，因为客观事实实在是太确凿无误了，

---

[1] 《全球通史—1500年以前的世界》，第137、164、278页。

以至让人完全无法生疑。更何况，中国文明的长盛不衰不仅表现在文明与历史的连贯上，还表现在许许多多非同寻常的典型事例上：

一，中华民族尊上古时代的黄帝、炎帝为祖先，至今相沿不改，前后已绵延了五千余年；

二，中国的方块字从发明伊始一直沿用至今，即使从文字形态完全成熟的殷商甲骨文算起，这也有了不下三千三百年历史；

三，"中国"一词的出现，最早始于西周初年成王时期的青铜礼器"何尊"铭文[1]，沿用至今已有三千余年；

四，自公元前841年（西周共和元年）有了编年史后，中国的历史至今一年也没间断过，每年都有详尽的历史记载可循，而这已绵延了两千八百余年；

五，自从《春秋经》问世，从鲁隐公元年（公元前722年）以降，中国的历史基本有月日可查，迄今已不下两千七百余年；

六，孔子一脉代代相传，密合无间，至今已传承到八十余代，前后长达2560余年。要说世界上最长的家族史，或许出自前述的非洲努尔人，但要说有成文族谱且从无遗漏的，时间最长的必非孔子家族莫属。

在人类文明史上，以上事例都是无可比拟的，其意义不言自明。而除了这些典型例证外，中华民族在种族、语言、信仰、文化乃至发展模式等方面的一脉相承更是早有定评。斯塔夫里阿诺斯在他的《全球通史》中说过这样一段妙趣横生的话："一个生活在公元前1世纪汉代的中国人，若在公元8世纪初复活，他一定会感到非常舒适、自在。他将发觉当时的唐朝与过去的汉朝大致相同，他会注意到两朝民族相同、语言相同、儒家学说相同、祖先崇拜相同以及帝国行政管理相同，等等。"斯言诚是。

需要说明的是，中华文明不但是人类古文明中唯一一个持续发展下来

---

[1] 唐兰：《何尊铭文解释》，《文物》1976年第1期。

的，而且它的源头也并不止于商代。由二十世纪初殷商甲骨文字的发现，以及殷商都城安阳小屯的揭露，国际社会很快认同了中国的商文明，斯塔夫里阿诺斯说中国文明的连续性是从商朝开始的，就是由此而来。但安阳殷墟出土的空前发达的青铜文化，以及规模宏大的宫殿及宗庙建筑、超大型王陵区和多达十五万片的刻辞甲骨[①]，虽然不像巍峨的金字塔那样令人仰视，也不由得不让人低头沉思——这难道只是中华文明最初的源头吗？不负责任的西方学者借此标新立异，想当然地断言商文化是外来的，而负责任的中国学者则埋下头来，开始在茫茫大地上寻找更早的文明。

如前所述，在寻找中华文明最初源头的跋涉中，七旬老人徐旭生捷足先登，于1959年发现了偃师二里头遗址，由此撩开了尘封已久的夏王朝的面纱。在那以后的半个多世纪中，有关夏文化的考古发现层出不穷，除了河南登封王城岗等新的发现外，单就一个二里头遗址来说，已陆续揭示出不止一处夏时期的宫殿遗址及铸铜、制骨作坊遗址，还出土了精美的青铜器和玉器。凡此种种无不表明，夏代已经进入了青铜时代，并且已经创建了独具特色的国家文明。

之所以不少西方学者至今仍然坚持以商代为中华文明的源头，一个重要的原因是，夏代虽然出现了城址、宫殿、青铜礼器和玉器，却尚未发现文字。然而，稍加观察便不难看出，人类历史上没有文字的文明实际上不胜枚举。一个明显的例证即古玛雅文明，它在公元前400年左右就形成了奴隶制国家，但直到公元初叶才发明了由800个符号和图形组成的文字。二如南美洲的印加文明，虽然此文明比夏代整整晚了三千多年，虽然它也无可置疑地建立起了强大的帝国，国土之大甚至一度覆盖了今秘鲁、玻利维亚、厄瓜多尔的全部及阿根廷、哥伦比亚、智利的一部，人口一度多达六百余万，但也一直没有使用文字。三如包括匈奴在内的许多北方游牧族，

---

① 胡厚宣：《八十五年甲骨文材料之再统计》，《史学月刊》1984年第5期。

虽然他们在建立政权之初并无文字，但也并不足以否定当时他们已经进入了国家形态。凡此事实无不说明，文字并非判定国家文明的唯一标准，更非"一票否决"的绝对标准。

尤其值得关注的是，不少考古学家和古文字学家很早就指出，殷商甲骨文是相当成熟的文字，在它之前必然经历了一个漫长的起源和进化过程。而通过多年的考古发掘，在距今 6000 年左右的仰韶文化和大溪文化陶器上已发现了刻画符号，在距今 5500 年～5000 年的大汶口文化中晚期陶器上已发现了原始的象形文字，而到了距今 5200 年～4000 年的良渚文化、龙山文化，有迹象表明当时中国已进入"原文字时代"[1]。因此，相信夏代文字的发现只是迟早的事。

即便以夏代为源头，中华文明迄今也只延续了四千余年，仍晚于美索不达米亚文明、古埃及文明和古印度文明的滥觞，只大致与克里特文明形成的时间相当。实际上，我们之所以强调中华文明的源头至少应从夏代算起，并非关注它的上限年代又提早了数百年，而在意于它持续的时间到底有多长。在以往对人类远古文明的讨论中，人们热衷的往往是它们开始时间早晚的排名，似乎这才与生俱来地决定了它们的尊卑位次。其实不然，因为对任何一个文明来说，相对于开始时间的早晚，更重要的是它持久与否，是它是否具有百折不回的生命力。而在这一点上，纵观古今中外，独步天下的无疑是中华文明。更何况，随着龙山时代古城址的层出叠现，如本书第二章第三节所论，很可能在不久的将来，黄帝时代的文明源头就会被揭露出来。到那时，漫漫五千年中华文明史就会全面展现在世人的面前。

综合本节所论，我们看到，在人类最早创造的五大原生态文明中，甚至在截止到公元前 1000 年的整个世界古代史中，唯有中国从头至尾保

---

[1] 李学勤主编：《中国古代文明与国家形成研究》，云南人民出版社，1998 年，第 183 页。

持了持续的发展。而由上节所论，北京又是中国各大古城中历史最连贯、序列最完整的一个，是中国古代主流文明持续发展的中流砥柱。二义相合，这究竟意味着什么已是不言而喻。

四　古典时代的文明

在世界古代史结束后，也就是在公元前 1000 年后，人类历史又是怎样发展的呢？这是甄别北京历史文化特异性时需要搞清楚的又一个问题。

以公元前 1000 年为界，世界进入了古典文明期。关于世界史的分期，目前学术界尚无完全一致的看法。传统的看法源于文艺复兴时期，当时西方学者从"欧洲中心论"的立场出发，按照欧洲历史的范式把世界历史划分为"古代"、"中世纪"和"近代"三大阶段，此后又有不少西方学者在此基础上加上了"当代"或"现代"，形成了四阶段分期法[1]。马克思主义史学家则基于社会形态的演变，把人类历史划分为原始社会、奴隶社会、封建社会、资本主义社会、共产主义社会五大阶段。近年来，西方和中国史学界出现了一种新的史学观，强调从全球的视角出发，通过对各文明类型间互动关系的研究，把人类历史当作一个整体来观察，此即"全球史观"。这种新的学术思潮摒弃了以往按地域、国别、种族分门别类地加以拼凑的世界史研究方法，也摒弃了以欧洲模式来框定人类发展史的做法，把人类一体化进程的阶段性作为世界史分期的唯一标准。其代表作首推美国学者斯塔夫里阿诺斯撰写的《全球通史》，在中国则有吴于廑、齐世荣主编的《世界史》[2]。后者虽然出版的时间较前者为晚，但更侧重世界由封闭到开放、由分散到整合的发展过程的阶段性分析，不无独特意义。

---

① 吴于廑：《世界史·古代史编》上卷《总序》，高等教育出版社，1994 年。

② 吴于廑、齐世荣主编：《世界史·古代史编》，高等教育出版社，1994 年。

正是"全球史观"的考察指出，在人类早期文明于公元前 1000 年左右基本结束后，又跨入了一个新的阶段，这就是《全球通史》所说的古典文明期。此阶段人类文明的最典型代表，主要有华夏文明、古印度文明、古希腊文明和古罗马文明四大系统。华夏文明的总体进程已如前述，而此阶段古印度文明的特点，已由前引斯塔夫里阿诺斯所说的"不统一和间断"一语所概括。那么，古希腊和罗马文明又各自走了一条怎样的路呢？

前文已述，直到公元前 8 世纪，整个西方陷入了长达四百来年的"黑暗时代"。而在这之后，正是古希腊、罗马的崛起，在一片废墟上唤醒了沉睡已久的西方文明，重新缔造了西方的辉煌。古希腊、罗马不仅缔造了西方的辉煌，而且缔造了西方的城市文明，孕育出许多新的城市。任举一例来说，地跨欧亚两大洲的拜占庭古城就是公元前七世纪由希腊人建造的，于公元 330 年成为罗马帝国的首都，改称君士坦丁堡。再一个典型实例是，始建于公元 43 年的伦敦城，也是在罗马人渡海入侵不列颠后兴建的，是当时罗马的主要军事要塞和统治不列颠的中心。凡此实例无不说明，这些城市的源起和发展皆与古希腊、罗马有关。在接连涌现的西方古典文明城市群中，最具典型性和代表性的，当然首推雅典城和罗马城。它们一个是古希腊的中心，一个是古罗马的中心，推动和影响了整个西方古典文明的发展。可是，即便辉煌如雅典和罗马，也难逃"自古有国有家，鲜不极盛而衰"的宿命，并且又连带了一大批古典文明期城市的终结。

1 雅典

雅典城位于巴尔干半岛东南部的阿蒂卡盆地，三面环山，西南临爱琴海，景色秀美，交通发达。这里最早的居民是非希腊语系的皮拉斯基人，到公元前 16 世纪初至前 12 世纪末，这里相继成为克里特和迈锡尼的属地。而在克里特文明和迈锡尼文明消失后，希腊半岛进入了长达四个世纪的所谓"黑暗时期"。此时的希腊倒退到原始社会末期的军事民主时代，王宫和王陵不见了，精美的工艺品消失了，原有的线形文字也被遗忘了。到了公元前8世纪，爱琴海地区终于熬过了漫长的黑暗时代，出现了零零星星的奴隶制城邦国家。这类国家皆由一座城市和周边的农村构成，一城一邦，独立自主，故曰城邦。爱琴海地区的这种城邦制国家最多时发展到了二百多个，小的只有百余平方公里，大的也不足一万平方公里，统属小国寡民。雅典即其中之一，国土面积算大的，有2550平方公里，此外较重要的城邦国家还有斯巴达、底比斯、科林斯、奥林匹亚等。

雅典的得名颇具神话色彩，据说这是因为它得到了智慧女神雅典娜的特别青睐和庇护，被赐予了象征和平的橄榄树，故此名之。雅典人因此也特别尊崇雅典娜女神，专门奉祀这位女神的帕特农神庙至今仍高耸在雅典卫城上。开始时雅典和其他希腊小城邦一样，主要是种植橄榄、葡萄等作物，用它们榨油酿酒后行销海外，以此来换取陆地生产的粮食。此后铁农具的推广促进了雅典农业经济的发展，各地的商贸往来又促进了它手工业的发展，雅典的经济很快繁荣起来。

早自公元前8世纪起，雅典城邦的首脑已不再是国王，而是贵族会议选举的执政官了。执政官虽然由选举产生，但只有贵族才有选举权和被选举权，实行的仍然是贵族统治。公元前594年，出身贵族且被时人誉为雅典"七贤人"之一的梭伦当选为首席执政官，他利用崇高的人望和手中的权柄，废除了世袭贵族的垄断权利，推行了"梭伦改革"。

这是一场触及政体的宪政改革，主要举措是设立四百人会议作为城邦的最高权力机关，以此来扩大公民的权力。此后，公元前508年出任执政官的克里斯梯尼又进一步改革了选举制度，巩固了民主政体。雅典从此政通人和，欣欣向荣，正如恩格斯在评价这些改革给希腊带来的变化时所说："现在已经大体上形成的国家是多么适合雅典人的新的社会状况，这可以从财富、商业和工业的迅速繁荣中得到证明。"①民主改革带来的政治稳固

---

① 恩格斯：《家庭、私有制和国家的起源》，人民出版社，1972年版，第116页。

和经济繁荣，使雅典很快在二百多个城邦国家中脱颖而出，成为希腊世界中居于领先地位的强国。

雅典全盛时代的到来，还源于一个外部敌人的威逼和挑战，这个敌人就是当时世界的头号强国波斯。波斯帝国兴起于伊朗高原，属印欧语系，祖先是一支游牧部落。到公元前512年，称雄西亚北非的波斯国王大流士一世占领了爱琴海北部的色雷斯，切断了希腊与黑海的交通，企图征服希腊半岛。公元前492年至前490年，波斯连续两次向希腊发动了大规模进攻。面对不可一世的敌人，小小雅典竟毫不畏惧，在希腊各城邦中挺身而出，奋起抵抗。公元前490年，在波斯发起的又一轮攻击中，雅典在全体公民中动员了1万军士，再加上其他城邦派来的千名援兵，便奋不顾身地投入到迎战10万波斯大军的战争中。结果是，强悍的波斯帝国居然不敌势单力薄的雅典，以至在雅典东北方马拉松一带展开的激战中丢盔弃甲，溃不成军。当雅典大军取得了奇迹般的胜利后，立即委派一名战士向正在惴惴不安地等待命运裁决的雅典市民报捷。这个战士一口气跑了四十多公里，在抵达雅典城后高喊了一句"我们胜利了"便气绝身亡。为了纪念这一事件，雅典从此开始定期举行马拉松长跑比赛，这就有了延续至今的国际马拉松赛事。

马拉松大战后，希腊31个城邦结成了反波斯同盟，雅典当仁不让地成为盟主。公元前480年，波斯集聚起数百万大军，再次对希腊半岛发起了孤注一掷的总攻，并一度占领了雅典城。雅典人对此早有防范，事先将妇女儿童转移到伯罗奔尼撒半岛，然后征召全体成年男子入伍，决定以死相拼。在诱敌深入后，雅典于家门口的萨拉米斯湾和波斯大军摆开了战场。波斯的大型战舰在狭促的海湾中难以施展，而雅典的小型战舰却个个灵活自如。经过一整天激战，波斯海军损失惨重，大败而归。

萨拉米斯湾战役后，爱琴海世界共250多个城邦组成了更大的联盟，公推雅典为首领。屡遭重创的波斯帝国于心不甘，嗣后又与希腊联军展开了几次殊死决战，结果屡战屡败。而众志成城的希腊联军却愈战愈勇，解放了全部希腊大陆，战争性质也由被动的自卫反击转入到主动攻击和对外扩张中。公元前449年，希腊联军大败波斯海军于塞浦路斯岛附近的海域，长达半个世纪的希波战争终告结束。

随着希波战争的结束，古雅典的历史进入到黄金时代。恩格斯说："到了雅典全盛时代，自由公民的总数，连妇女和儿童在内，约为九万人，而男女奴隶为三十六万五千人，被保护民——外地人和被释放的奴隶为四万五千人。"[①]公民、保护民、奴隶，就是全盛时期雅典社会的三大基本构成，加在一起总共不过50万人。公元前451年雅典通过的法律规定，只有父母都是雅典公民的男子才可以成为雅典公民。于是，自由民中除了妇女和儿童外，真正享有公民权利的雅典人甚至不足5万。但这时的雅典不仅是同盟国的主宰，还成了海上霸主，不断开辟出新的殖民地。

英雄的雅典不但创造了诸多军事奇迹，还创造了诸多文化奇迹。大哲学家苏格拉底、柏拉图和亚里士多德，大历史学家希罗多德和修昔底德，大文学家艾思奇里斯、索福克里斯和阿里斯托芬，大雕塑家菲迪亚斯等，都是从这里升起的耀眼金星。除了留给人类的精神文化遗产外，古雅典还留下了超凡入圣的《掷铁饼者》、《雅典娜神像》等雕塑艺术品，以及帕特农神庙、波塞冬神庙、伊瑞克先神庙等西方古典主义建筑的不朽之作。

但好景不长，雅典的霸权地位很快引起了治下各城邦的反对，特别是遭到了希腊半岛另一个霸主——抵制民主政治的斯巴达的公开挑战。从公元前431年开始，雅典陷入了和以斯巴达为首的伯罗奔尼撒同盟长达27年的战争。这是希腊人之间的内战，整个希腊世界深陷其中，彼此都在旷日持久的战争中耗尽了元气。不幸的是，公元前430年~前429年雅典城爆发的瘟疫有如雪上加霜，四分之一雅典居民不治身亡，就连最高统帅伯里克利也未能幸免，由此注定了雅典的败局。公元前404年，雅典被迫向

---

① 恩格斯：《家庭、私有制和国家的起源》，人民出版社，1972年版，第116页。

斯巴达投降，接受了屈辱的城下之盟。盟约规定：

1. 雅典将整个舰队交出，只保留十二艘舰艇作为护卫；

2. 拆除雅典城通往海港的安全夹道；

3. 解散"雅典海上联盟"；

4. 没收雅典的全部海外领地。

至此雅典的国势一落千丈，经济也在旷日持久的战争中一蹶不振。在随后的希腊各城邦争战中，雅典一度中兴，成立了第二次海上同盟，但不久又在同盟国内部的火并中战败，同盟亦随之瓦解。

公元前338年，腓力二世和他年仅18岁的儿子亚历山大率领希腊最北部的马其顿大军南下，一举征服了元气耗尽的希腊半岛，希腊城邦时代结束。曾经享有充分自由和民主的雅典公民，至此全部沦为马其顿帝国的奴隶。马其顿帝国后来在亚历山大的统治下以海港城市亚历山大里亚为新的中心，雅典的中心地位一去不再。此后到了罗马帝国时代，雅典发动了反罗马统治的起义，罗马独裁者苏拉于公元前86年率军团攻陷雅典，血洗了这座文明之城。从此以后，雅典长期沉寂下去，直到1700多年后，独立的希腊于公元1830年建都雅典，这座不朽的古城才重现辉煌。

古典时期的希腊半岛除了雅典和斯巴达外，还有另一个强国——底比斯。公元前371年，底比斯人于留克特拉战役打败了当时的希腊霸主斯巴达，成为希腊最强大的城邦。公元前362年，底比斯人在曼丁尼亚战役中又打败了斯巴达与雅典的联军，从此称霸希腊世界。但仍然在劫难逃的是，当公元前338年马其顿大军倾巢而来时，底比斯虽然和雅典一起组织联军进行抵抗，但终因举措失当而陷入败局。公元前336年，已落入马其顿之手的底比斯人为争取独立奋起抗争，被亚历山大大帝无情镇压，没有惨死在屠刀下的底比斯人统统被卖为奴隶，城市则全被夷为平地。底比斯城从此被粗暴地从历史上抹去，直至沦为榛莽之地。

2 罗马

不单雅典的名字来自神话，罗马的名字也来自神话。相传特洛伊城被希腊联军攻破后，特洛伊王子埃涅阿斯率众突围，乘船漂流到意大利拉丁姆地区，建立起一个叫作阿尔巴的小城邦。当王位传承到努米托尔时，其弟阿穆留斯篡夺了王位，还下令他的侄女——公主伊丽娅到神庙担任女祭司。按照规定，女祭司必须终生保持童贞，这样一来原国王就会绝嗣，新国王便可以高枕无忧了。可是伊丽娅公主违背了新国王的意志，私自与战神马尔斯结合，生下了孪生子罗慕洛和雷莫。新国王得知后勃然大怒，下令杀死侄女，又将两个婴儿装在筐里扔进了第伯河。不料这对孪生子命不该绝，承载他们的筐子被河边的树枝挂住，又被一只在河边饮水的母狼发现。母狼用自己的奶水哺育了这对孪生子，而后交给一对猎人夫妇将他们抚养长大。成年后，这对喝狼奶长大的战神之子为母亲报了仇，罗慕洛还在母狼哺乳他的地方建立了城市，并以自己的名字命名，这就是罗马。

据公元前 1 世纪罗马作家瓦罗的推算，罗马城始建于公元前 753 年。但根据考古资料的发现与研究，罗马城的兴建应在公元前 6 世纪初叶或更晚一些时候，甚至有可能晚到了公元前 575 年[1]。建城时间的早晚虽然有一定出入，但始终确定不移的是，直到今天，意大利首都罗马的城徽仍是一尊母狼的雕像。

罗马城位于意大利中部西侧，第伯河横贯其间。从新石器时代起这里就有人类居住，后来陆续有一支拉丁部落、萨宾部落以及大批伊达拉里亚人迁居于此。从传说中罗慕洛建城的年代起，罗马就进入了史称的"王政时代"，先后有七个王统治罗马。王政时代前期属于氏族社会末季的军事民主阶段，后期进入了阶级社会。第六王塞尔维乌斯（公元前 579 年～前

---

[1] 崔连仲主编:《世界通史·古代卷》，人民出版社，1997 年，第 278 页。

534 年在位）执政时推行了一系列改革，使罗马形成了"一个新的以地区划分和财产差别为基础的真正的国家制度"[1]。伴随奴隶制国家的形成，罗马开始大兴土木，筑城墙、建神庙、辟广场、铺水道，成了一座真正的都市。

公元前 509 年，罗马贵族联合平民推翻了王政时代的最后一个君主，王政时代结束。此后新势力击溃了旧势力的数次反扑，创建了每年选举两名执政官共同主政的体制，目的是通过两名执政官的相互制约来确保决策的公正。执政官由罗马元老院和公民大会从贵族中选举，任期一年，届满重新改选。罗马人由此避免了专制独裁的循环，建立起共和体制。

共和国创建伊始，罗马便和一部分拉丁城市结成同盟，共同对付虎视眈眈的外部强敌。他们先是战胜了沃尔斯奇人和埃魁人，后又通过三次大战征服了北方强敌伊达拉里亚人，控制了整个第伯河流域。随着国力的日益强盛，罗马内部贵族势力与平民阶级的矛盾不断加深。在平民的奋起抗争下，罗马贵族被迫放弃了部分特权，建立起保护平民利益的保民官制度，为此还颁布了成文法。

公元前 390 年，波河流域的高卢人大举进攻罗马，乘胜占领了罗马城。高卢人在索取巨额黄金后退去，被洗劫一空的罗马城满目疮痍。经此一役，罗马贵族不得不对支撑国家经济和军事命脉的平民阶层做出更大让步，通过了新的"李锡尼—赛克斯图"法。此法维护了平民在土地分配、债务赦免、权利共享等方面的利益，并且规定两名执政官中的一名必须由平民担任，和贵族执政官享有同等权力。此策一出，门阀的界线被打破，其他官职也纷纷向平民开放，罗马共和国的民主制度进一步得到完善。

阶级矛盾的缓解及政治体制的改善，给罗马的振兴和对外扩张提供了强大的动力，而高度职业化的罗马军团，又给罗马的对外扩张提供了锐不可当的武器。从公元前 343 年爆发的第一次萨莫奈战争开始，经过数十年

---

[1]　恩格斯：《家庭、私有制和国家的起源》，第 127 页。

征战，罗马征服了东部山区强悍善战的萨莫奈人，镇压了拉丁同盟内的分裂势力，击败了希腊本土的伊庇鲁斯国，又扫荡了周边大大小小的反罗马城邦。到了公元前275年，除去意大利北部的波河流域尚在高卢人手中外，罗马已从第伯河的一个蕞尔小邦据有了意大利全境，成为古意大利角斗场上唯一的胜者。

从公元前3世纪前半期起，罗马以意大利为基地，展开了更大规模的对外扩张。由意大利向西，罗马陆续占领了西西里岛、撒丁岛和科西嘉岛，兼并了高卢人的波河流域，还侵占了西班牙的部分区域。特别是经过三次"布匿战争"的殊死较量，罗马吞并了西地中海另一个拥有世界一流海军的强国迦太基，扫除了称霸地中海的主要障碍。由意大利向东，罗马运用各个击破的政治手段和强大的军事力量，在不到一个世纪的时间内先后将实力雄厚的希腊城邦、城邦联盟、马其顿、塞琉古、托勒密王国等几大势力逐个收入囊中。到了公元前2世纪后半叶，古罗马已扩张成东起小亚细亚、西抵大西洋岸的地中海霸主，成为地跨欧、亚、非三大洲的强国。

随着版图的急遽扩张，罗马的社会结构发生了巨大变化，新的矛盾层出不穷。其一是罗马内部平民与贵族的矛盾、破产农民与当政者的矛盾、新生贵族与元老贵族的矛盾、民主派与保守派的矛盾纠结错杂，愈演愈烈；其二是被征服民族的绝大部分沦为毫无人身自由的奴隶，导致各地的奴隶起义风起云涌；其三是被征服领土在全部设为罗马行省后，实行了由总督主宰一切的寡头政治，不断激起了当地民众的反抗；其四是罗马各同盟国实际等同于罗马的附属国，除了为罗马的对外战争源源不断提供炮灰外，正当权益丝毫得不到保障，由此结成了一股反对罗马的势力。

以上种种危机，导致各种不同利益集团的火并此起彼伏，把罗马推进了长达一个多世纪的"内战时期"。这个时期最早开始于公元前146年布匿战争的结束，此后各种战争和暴乱接连不断，社会冲突和独裁官之间的明争暗斗此起彼伏，还爆发了影响极大的西西里奴隶起义和斯巴达克起义。

虽然大多数反抗都被罗马军团无情地镇压下去，但这时的罗马统治者已如同坐在火药桶上，整日穷于应付来自四面八方的战争，更被庞大的军费开支压得喘不过气来。面对重重压力，经过民主派和专制派拉锯般的反复较量，罗马在历史交叉口上做出了一个有违共和国初衷的选择——建立专制独裁统治。

古罗马从共和国转变为专制帝国，源起于公元前 88 年出任执政官的苏拉，继之以恺撒、庞培、克拉苏的三巨头同盟，发展于恺撒独裁，强化于安敦尼、屋大维、雷比达的三巨头同盟，最后成熟于恺撒甥孙、养子屋大维的即位，标志就是屋大维于公元前 27 年创建了"元首政治"。此后直到公元 476 年，这五百多年的罗马历史就是专制帝国的独裁史，此期间又以戴克里先（在位于公元 284 年～305 年）取得政权后自称君主并进一步加强独裁统治为界，分为前期帝国和后期帝国两大阶段。

前期帝国的罗马盛极一时，达到了它的顶峰。其中尤以公元 96 年～192年历经六个皇帝的安敦尼王朝最为辉煌，素称罗马的黄金时代。此时的罗马帝国统治了将近一亿两千万人口，疆域西起不列颠、西班牙，东至波斯湾，南到撒哈拉沙漠，北及莱茵河、多瑙河，最大时控制了约 590 万平方公里土地，泱泱地中海成了帝国的"内湖"。幸好当时世界的东方还有一个汉朝，拥有大约 550 万平方公里土地和六七千万人口，否则这个地球就是罗马一家的天下了。

极盛之时的罗马帝国商旅辐辏，驿站林立，"条条大道通罗马"。从屋大维时代起，罗马城就大兴土木，建神庙、宫殿、议事厅、剧场、广场、水网、浴池，使它从原来的一座砖砌城市变成了规模宏大、富丽堂皇的大理石城市。举世闻名的万神殿、气势恢宏的竞技场、巍峨壮观的凯旋门、高耸入云的纪功柱、豪迈气派的大广场，都是这个时代的经典作品。公元325 年，君士坦丁成为第一个受洗为基督徒的罗马皇帝，基督教合法化。到公元 392 年，罗马皇帝提奥多西下令以基督教为国教，严禁异教，实现了基督教与帝国政权的结合。由此而始，罗马的专制皇权又多了一个精神支柱，罗马城内也平添了一大群金碧辉煌的宗教建筑。

自从进入后期帝国阶段，罗马统治集团内部享乐之风盛行，伴随而来的是道德失控、政治混乱，曾经的铁血性格消磨在极度的荣华富贵中。罗马出土的一块墓志铭上说："浴室、葡萄酒和性毁了我们的身体，可要是没有了它们，活着又有什么意思呢？"当时的罗马帝国，浴室、葡萄酒和性无所不在，既给上层社会带来了穷奢极欲的纵情享受，也不断腐蚀了他们的身体，更消磨了他们的斗志。随着奴隶起义的风起云涌，匈奴、日耳曼、斯拉夫和阿瓦尔等外族趁机不断入侵，而为了躲避内外双重压力，罗马皇帝不得不移驻小亚细亚的尼科米底亚，罗马城成了名义上的首都。公元 330 年，日耳曼人侵占了罗马西部诸省，君士坦丁一世把帝国首都正式迁移到东部战略要地拜占庭，取名君士坦丁堡（今土耳其伊斯坦布尔），至此罗马城连名义上的都城名号也随风而逝。

公元 395 年，罗马皇帝狄奥多西临终前把帝国的东西两部分分给了自己的两个儿子，从此罗马帝国分裂成以君士坦丁堡为首都的东罗马和以罗马为首都的西罗马。罗马的分裂加速了它的衰亡，古罗马帝国从此更加堕入了政治腐败、宗教纷争、君主昏聩、蛮族坐大、经济破败的泥潭。分裂后的西罗马名义上虽然以罗马为首都，但西罗马皇廷实际上常驻地势险要的意大利北部城市腊万纳，罗马城依然徒有虚名。但这座城市实在是太树大招风了，因此连遭厄运。自公元 4 世纪末起，罗马城屡被"蛮族"洗劫，仅公元 455 年的一次，汪达尔国王该萨里克就趁罗马内乱率军从北非浮海北上，攻陷了罗马后一连在城内烧杀抢掠了整整 14 昼夜，使百万人口的罗马几成空墟。公元 5 世纪，西罗马帝国在外族入侵和人民起义的接连打击下尽显败象，最后仅余罗马城至腊万纳的一隅之地。公元 476 年，把持了罗马军队的日耳曼雇佣军统领奥多亚克废黜了西罗马最后一个皇帝，早已有名无实的西罗马帝国终于寿终正寝。

西罗马的灭亡，不仅给古罗马的历史画上了一个句号，也给欧洲的古典文明画上了一个句号。从此西方世界堕入了某些史家所说的中世纪黑暗时代，一下子黯淡了一千多年。直到 1640 年英国发动资产阶级革命，西方世界才重现辉煌。与此同时，阅尽了罗马帝国无限荣光的罗马城在屈辱中结束了它古典时代的历史，以"永恒之城"的美誉坠入了历史的尘埃。公元 489 年，日耳曼族的东哥特人入侵意大利，数年后战胜了僭号为王的奥多亚克，建立起东哥特王国。东哥特王国建都腊万纳，千年古都罗马城在倍遭战火荼毒后，仅剩下一片蔓延着绝望的残垣颓壁。那座曾经给古罗马人带来过无限狂热和欢乐的竞技场，至此竟沦为荒无人迹的采石场。

又经过将近三个世纪，到公元 756 年，法兰克国王将罗马至腊万纳一带赠予教皇斯提芬二世，创建了教皇国。教皇国定都罗马，这座曾经辉煌无限的古城由此得以复苏。此后一直到 1870 年，罗马城基本上是教皇国的首都，直至意大利王国统一后，教皇退居罗马城西北的梵蒂冈，罗马才于 1871 年重新成为意大利的首都。

雅典和罗马无疑是两座英雄的城市，堪称西方古典文明期两颗最耀眼的明珠。然而正如上面所说，它们虽然不像古巴比伦和亚历山大古城那样永堕尘埃，但也和中国的西安、洛阳、开封、杭州、南京一样，在文明长河中几度中落，几度凋敝，甚至出现了明显的历史断层。幸好它们也和中国各大古都一样，在备尝了萧条冷寂之后重新得以复兴，直至成为现代大都市，

斯塔夫里阿诺思的《全球通史》中专门著有《古典文明的终结》一章，详细叙述了在公元 3 至 6 世纪时，"边远地区的游牧民最终践踏了这些文明，从而根本改变了世界历史的进程"。这场游牧族对古典文明的冲击，丝毫不亚于公元前二千纪游牧族对人类早期文明的冲击，都给世界带来了毁灭性的灾难。其区别仅仅在于，"游牧民的入侵所造成的影响因地而异。中国北部和印度北部虽遭蹂躏，但仍保持了各自独特的文明；中国南方和印

度南方，因与游牧民族相距遥远而幸免于难；拜占庭和波斯帝国势力强大，足以击退侵略者；而西方却长期屡遭日耳曼人、匈奴人、穆斯林、马扎尔人和维金人的侵略，因此，其旧秩序遭到破坏的程度，比欧亚大陆其他地区远为严重"[①]。这说明，雅典、罗马两座古城相继坠落的背景虽然不尽相同，它们的遭遇却并非特例，而是古典文明期的通例，千千万万个古典文明期的城市都遭遇了相同的命运。

西方的古典文明期从公元前 1000 年左右算起，到公元 500 年左右结束，前后跨越了将近 1500 年。当这个阶段刚刚开始的时候，在世界的东方，适逢初封的召公燕国正与游牧族展开殊死决战，而当这个阶段即将结束的时候，又恰处在鲜卑拓跋氏的北魏王朝称霸于中国北方之时。这一头一尾的两大事件说明，当时世界的东方也不太平，游牧族的侵扰从未中断。然而，正是由于姬周燕国及后来的西汉王朝、东汉王朝的浴血奋战，也正是由于北魏王朝恰在公元 500 年左右孝文帝时（在位于公元 471 年～ 499 年）全面推行了废除游牧旧俗、彻底归宗华夏的变革，华夏文明在武化与文化的双重作用下，才连绵不断地发展下来，一直如恒星般辉耀在世界的东方。

五 消失的古城

通过对全球一体化历史进程的阶段性分析，可知随着古代文明、古典文明两大浪潮的衰落，相当多数古代城市随之破败或消亡了。由此便不难理解，何以今天的世界大都市虽然不乏历史悠久的文化名城，但就城市的创建而言，却大多肇始于古典文明期以后。例如，威尼斯始建于公元 451 年，开罗始建于 642 年，河内始建于 621 年，奈良始建于 710 年，马德里始建

---

① 《全球通史—1500 年以前的世界》，第 299 页。

于 715 年,巴格达始建于 762 年,法兰克福始建于 794 年,京都始建于 794 年,汉堡始建于 808 年，布拉格始建于 928 年，卢森堡始建于 963 年，维也纳始建于 1137 年,莫斯科始建于 1156 年,圣彼得堡始建于 1703 年,如此等等,不一而足。

除了由古代文明、古典文明的衰落带来的古代城市的群体性衰落外，更难尽书的当然还有古代城市的个体性衰落。人类历史的发展跌宕起伏，各种各样的变化诡谲莫测，远比几次大的文明浪潮的兴衰来得更为复杂，也更为触目惊心，而其变化的焦点，莫不集中在城市上。此外再加上自然环境的千变万化，一座城市的命运就更是质如蒲柳、脆弱之极了。因此，在人类文明史上，城市的命运各有劫数，从不待文明的整体陨落而陨落。我们不妨从林林总总的事实中撷取部分典型实例，看看那些曾经盛极一时的城市是怎样黯然而逝的，又是怎样在极为偶然的情况下被世人重新发现的。

1 特洛伊

公元前 8 世纪，希腊盲诗人荷马写下了《伊利亚特》和《奥德赛》两大史诗。这些史诗是围绕一个美女和一座城市展开的，美女即海伦，城市即特洛伊。故事里说特洛伊王子帕里斯拐走了美丽绝伦的斯巴达王后海伦，由此引发了希腊联军对特洛伊长达十年的征讨。特洛伊人的顽强和城池的坚固一再遏制了希腊人的进攻，双方始终僵持不下。最后希腊联军采取英雄奥德赛献出的妙计，佯装撤退，烧毁自己的营帐后从海上扬帆而去，只在城外留下了一具巨大的木马。特洛伊人被困十年，实在是太渴望胜利了，居然觉察不到这是一个诡计，反倒兴高采烈地把木马当作战利品抬进了城内。当晚，就在特洛伊人全都沉浸在欢庆胜利的美酒与歌舞中时，20 名全副武装的希腊士兵趁着漆黑的夜色爬出木马，神不知鬼不觉地打开城门，将早已埋伏在城外的希腊联军放入城内。其结果可想而知，酒兴正酣的特洛伊人被打得一败涂地，特洛伊城也在一场浩劫后被付之一炬，成了满目疮痍的废墟。

长期以来，人们认为这段极富传奇色彩的故事是凭空虚构的，包括那座被描绘的栩栩如生的特洛伊城在内，都只活在盲诗人的吟诵中。可是如前所述，通过不懈的寻找，亨利希·谢里曼终于在十九世纪七十年代发现了这座城市，给世界带来了一个大大的惊喜。

这座古城位于土耳其西北部的希沙立克，通过谢里曼和其后德国、美国考古学家的持续发掘，可知城址的堆积分上下9层，下层的年代甚至比荷马史诗所说的特洛伊古城还早。

这9层堆积包含了从公元前3000年直到公元4世纪的不同阶段城址，主要有：

第1层为一座直径90多米的小城堡，有石筑的城墙和城门，已开始使用铜器，年代约在公元前3000年～前2600年；

第2层城堡的直径增至120多米，城内有王宫、宝库及其他建筑，年代约当公元前2600年～前2300年；

第3层～5层的时代前后衔接，文化一脉相承，城址范围又有扩大，但建筑不如第2层宏伟，年代约在公元前2300年～前1900年或前1800年；

第6层是由一个新的民族创建的，文化面貌与此前迥然有别，年代约当公元前1900年或前1800年～前1275年。这座城址经过多次扩建，总长约540余米，最后毁于地震；

震后的第7层约当公元前1275年～前1100年，恰与特洛伊战争的年代相符。此阶段的城邑确实为一场战争所摧毁，与《荷马史诗》的记述完全相符；

自公元前1100年后，此地长期无人居住，直到晚于荷马的公元前700年，才出现了希腊人留下的第8层堆积；

第9层的下限年代为公元4世纪，属希腊化时代和罗马统治时代，城市多次扩建。

到公元 4 世纪君士坦丁堡建立后，这座年久历深的古城被彻底废弃，终至湮没无闻[①]。

可以说，如果不是痴迷于《荷马史诗》的谢里曼的近乎疯狂的寻找和发掘，这座城址至今仍"锁在深闺无人识"。

2 庞贝

公元 79 年，罗马历 8 月 24 日中午 1 时许，火辣辣的骄阳高悬在罗马帝国庞贝城的上空，四周没有一丝清风。这是一座希腊人在公元前 6 世纪建造的城市，公元前 3 世纪归罗马帝国所有，到这时当地居民已经度过数百年平静安逸的生活了。在它旁边，维苏威山静静地矗立着，在那不勒斯海湾蔚蓝色的天空下鲜花遍野。这座山峦巍峨峻峭，海拔 1277 米，已经默默地矗立了很久。多少个世纪以来，它始终这样静谧安详，就像一个沉默而慈祥的老人，痴痴守望着碧波荡漾的大海和山脚下的城市。

这一天，正当庞贝城沉浸在午后小憩的静谧中时，突然一块奇异的云彩从维苏威山顶升起，逐渐向四周蔓延，天空顿时昏暗下来。紧接着，一声震耳欲聋的巨响震撼了整个天宇——维苏威火山爆发了！熔化的岩石以超音速的速度喷出山口，向毫无防备的庞贝城倾泻下来。当火红的熔岩四处流淌后，火山灰、浮石、火山砾在庞贝城的头顶整整倾泻了 8 天 8 夜，像水泥一样给湮没的城市覆盖了一层又一层硬壳，最厚处竟达 19 米！这是真正意义的"灭顶之灾"，不仅整座城市在劫难逃，就连来不及逃逸的居民也顿时被凝固成一尊尊雕像，保留着他们生前最后一瞬的绝望与挣扎。

对于灾难与恐怖，人们是很容易忘却的。经过不长一段时间后，居然再没有人记得起这座曾经被誉为"美丽花园"的城市了，就好像它从

---

① 《中国大百科全书·考古学》，中国大百科全书出版社，1986 年，第 524 页。

来不存在一样。在过去了 1600 多年后，公元 1707 年，人们在这里打井，挖出了三尊衣饰华丽的女性雕像，还只是把它当作那不勒斯古代遗址中寻常可见的文物。1748 年，这里又无意中挖出了被火山灰包裹着的人体遗骸，人们这才依稀想起，当初维苏威火山的爆发曾经掩埋了一座美丽的城市！ 1808 年，拿破仑的妹婿、妹妹成为那不勒斯的国王和王后，决定出资对古城进行清理和发掘，这才使庞贝古城在旷日持久的考古发掘中逐渐重现于世。就这一点而言，这座古城还算是幸运的，因为在同一场火山喷发中，毁灭的城镇还包括与之相邻的赫库兰尼姆、施塔比亚等，它们至今寂然无闻。

3 佩特拉

1812 年，一个化装成阿拉伯商人的西方探险家穿行在约旦北部荆棘丛生的岩石间。他满脸络腮胡须，头裹穆斯林头巾，身穿穆斯林长袍，操一口流利的阿拉伯语，与当地的阿拉伯人无异。他是瑞士人，名叫约翰·路德维格·贝克哈特，此行的目的是寻找隐匿在约旦安曼西南方向崇山峡谷间的佩特拉古城。当时这里是信奉伊斯兰教的奥斯曼帝国的领土，和信仰基督教的欧洲人水火不容，贝克哈特的一位德国前驱就在不久前的探险路上惨遭杀害。尽管要冒如此风险，贝克哈特仍然一意孤行，执意前往，因为这座古城对他的诱惑实在是太大了。

贝克哈特要寻找的这座佩特拉城，在《旧约全书》中称塞拉，大约创建于公元前 6 世纪，公元前 3 世纪成了奈伯特王国的首都。到了公元前 2 世纪，奈伯特王国步入了鼎盛期，疆域从大马士革一直扩展到红海地区，佩特拉城也因此蜚声世界。公元 106 年罗马人攻占了佩特拉，这里成为罗马帝国的一个行省。公元 4 世纪佩特拉沦为拜占庭的一部分，城市开始衰落，到 7 世纪时竟然完全废弃。几个世纪后，罗马天主教会于十一世纪初叶发起了对伊斯兰世界的十字军东征，佩特拉城成为欧洲十字军的重要据点，又回光返照地兴盛了一番，直到 12 世纪再次被遗弃。

辗转到 19 世纪初，除了当地的贝都因人还知道有座古城一直隐藏在大漠与高山深处外，几乎无人知晓这座盛极一时的古都。德国学者尤尔里奇·西特仁也是偶然从贝都因人那里听说后前往探险的，但在基督徒身份暴露后不幸命丧黄泉。这次贝克哈特虽然也做好了牺牲的准备，但殷鉴不远，故而特地做了一番乔装打扮，熟练掌握了阿拉伯口语，还深入钻研了伊斯兰教义。这些努力颇见成效，帮助贝克哈特很快赢得了当地人的信任，一路有惊无险地到达了梦幻中的神秘之地。

佩特拉古城的地貌十分独特，唯一的入口是一条深约 60 米、长约1500 米的狭窄山谷。谷内峭壁高耸，阴森恐怖，令人毛骨悚然。穿过这条曲径通幽的狭长谷道后，眼前豁然开朗，神秘的古城就坐落在悬崖绝壁的环抱中。该城四周高地环绕，高地上牧草肥沃，水源丰沛，既利于牧畜，也利于部队和商旅的驻扎。虽然深居山谷，这里却地处亚洲和阿拉伯世界前往欧洲的主干道附近，交通十分发达。长途跋涉的商旅穿越干旱地区来到这一带后，唯有这里可以给他们提供急需补充的食物、水和畜力，于是满载印度香料、埃及黄金、中国丝绸的远方来客终日络绎不绝，佩特拉人因此大发横财。

滚滚财源终于幻化出一座神奇的城市——整座佩特拉城居然是用无数人工在巨型岩石上一下一下开凿出来的！在希腊语中，"佩特拉"的本义是"岩石"，此城果真名副其实。在陡峭挺拔的峡谷两壁上，富于想象力的奈伯特人雕凿出了成组宫殿、宝库、寺院、住宅、浴室、墓葬和石碑洞窟。这些附着在赭色岩石上的建筑格外壮观，放眼望去一片红褐色，人称"玫瑰城"。其中最大的宫室阔达数百平方米，全部是在坚硬如铁的岩石中开凿出来的，没有一根柱子，堪称鬼斧神工。峡谷东北部的山岩上还凿有精美的石窟，一座气势恢宏的三层巨窟外貌酷似罗马宫殿，实际上是历代国王的墓葬。整座城市还在岩石中开凿出一套完整的供水系统，一条主干渠上下联结着高处的蓄水池和城中心的供水池，血管般细密的陶管道又把供水池的水输往家家户户。

与冷酷坚硬的岩石截然不同的是，奈伯特人的精神生活却缤纷多彩。这里除了慰藉灵魂的神殿外，还建有供世俗享乐的剧场，更有式样繁多的艺术品。露天剧场也是在岩石中开凿的，看台呈扇面形展开，有数十级台阶，宏大而开阔，可以容纳数千名观众。

据考古学家估计，这座城市繁盛之时的常住居民可达数万人。比起同阶段汉长安城的"口六十八万二千四百六十八"[1]来，这当然算不了什么，可是对比欧洲最大城市英国伦敦、法国巴黎、意大利威尼斯及佛罗伦萨直到公元 11 世纪还不过万人左右的情况，佩特拉堪称一座世纪前的世界级都市。它奇崛异常的"石城"模式成了人类城市发展史上的一大奇观，它半埃及半罗马的风格又给它披上了神奇的魔幻外衣，所有这些都足以使它永载史册。然而不幸的是，由于滥伐森林造成的环境破坏及其他种种无法臆测的原因，这座城市最终被历史抛弃，成了浩瀚荒漠上一道孤独的风景。

4 赫尔布伦

1999 年 6 月，伴随世纪之交的即将到来，一条消息在各大媒体竞相传播：一支由法国及埃及联合组成的考古队宣布，失踪了 1200 年之久的赫尔布伦古城终于被发现。原来它就躲在人们的眼皮底下，深藏于临近埃及亚历山大城的海洋底部。这座过去只流传在传说、寓言及星象学家口中的神秘城市，是曾经繁华似锦的埃及法老城市群中的一座，也是当时最重要的港口城市之一，距今已有 2500 余年历史。

这座古城几乎完整无缺地保存在大海的深处，有轮廓方正的庙宇和房

---

[1] 《汉书·地理志上》。

屋，有庞大的宫殿废墟和曾经支撑过它们的数百根花岗石石柱，还有法老的雕像与石棺。"许多房子里的家具仍摆在 1200 年前的位置上，甚至桌子上的油瓶都没有倒掉"——潜入海底的考古学家如此描述①。其城市建筑如此壮丽奢华，其雕塑作品如此精美绝伦，甚至令见多识广的考古学家也为之瞠目。但无人能解释，它何以在顷刻间沉入大海而油瓶都安放如初，这神奇的景象究竟在向人们暗示着什么？

5 科潘

很久以来，相传在美洲丛林的深处，有一座被女巫咒语迷住的城市，一直在痴痴地等待人们的拯救。1839 年，同样也是一个不为古板的传统史学所束缚的年轻人，按照这一神话传说的启示，独自踏上了前往美洲探险的路程。他是一位来自美国的青年律师，名叫斯蒂芬斯。在穿越了中美洲崎岖难行的高地后，斯蒂芬斯和他的同伴来到位于洪都拉斯西部边境的科潘谷地。功夫不负有心人，在一条河的对岸，他们蓦然发现一座面积阔达数十平方公里的巨型古城。

由于岁月的剥蚀，这座丛林覆盖的城市早已破败不堪，但中心广场、宫殿、神庙、祭坛、展堂的残垣仍历历在目，其间还夹杂着体育竞技场和天文观象台。神奇肃穆的狮首人身像、高大威严的巨人像、腾身飞跃的美洲虎像，一直静静地守卫在建筑物及竞技场的门前。它们神采依旧，争相向这些不速之客诉说着这座古城往日的辉煌与神奇。

更有甚者，转瞬间，斯蒂芬斯居然发现了巨大的金字塔，而且不止一座！一个陡峭的石梯将这一行人引向了金字塔的顶部，他们看到，不同于埃及金字塔的是，塔顶上建有神殿，神殿的雕花石柱和石碑依然伫立着，断壁残垣上饰满了各式各样精美的浮雕。站在巍峨的金字塔顶，放眼中美

---

① 高福进：《地球与人类文化编年：文明通史》，上海人民出版社，2003 年，第 263～265 页。

洲一碧如洗的蔚蓝天空，在金色丛林的环抱下，整座古城悄无声息地酣睡着，一如被女巫的咒语所慑服。面对这既惊心动魄又凄凉感人的情景，斯蒂芬斯和他的同伴无不目瞪口呆。

斯蒂芬斯发现的，是玛雅文明鼎盛期的一个重要城址——科潘古城。玛雅文明是中美洲古代印第安文明的杰出代表，得名于创造这一文明的玛雅人。随着斯蒂芬斯探险经历的披露，西方学者蜂拥而入，在科潘和整个中美洲掀起了一场搜索和挖掘玛雅古迹的热潮。四处搜寻的结果是，在中南美洲的丛林和荒原上，一共发现了不下170多处被遗弃的玛雅古城遗迹，主要分布在墨西哥的东南部以及危地马拉、伯利兹、萨尔瓦多和洪都拉斯等地。考古工作证明，早在公元前2500年时这里已有玛雅人的定居村落，到公元前400年左右形成了奴隶制国家，公元初叶发明了由800多个符号和图形组成的文字，公元3世纪～9世纪进入了鼎盛期。

接下来的发现更令人不可思议——玛雅人的精确历法和天文知识极为神奇！他们计算的太阳年与金星年的差数可以精确到小数点以后四位数；他们测算的地球年为365.2420天，仅比现代科学测定的结果差了0.0002天；公元前4世纪以前他们就掌握了"0"这个数字，比中国人和欧洲人各早了800年到1000年；他们建造的巨型建筑包含了深奥的科学原理，最浅显的一例是，金字塔形神庙有12个平台和365级台阶，分别代表了一年的12个月和365天，较复杂的实例则是，有的建筑指示了金星或月球的运行，有的还表示出地球与太阳的平均距离。

气势恢宏的建筑是玛雅人的最爱，这里既有殿面长100米、进深80米的宏大殿堂，又有由1000根石柱支撑的巍峨神庙，一座官府的墙壁上还装饰着由22500块石雕拼成的巨幅图案。在与世隔绝的莽莽丛林中，这些巨型建筑孑然独立，直插云天，尽显其造型及工艺之瑰奇。

玛雅人精美绝伦的石雕、玉雕、陶塑、绘画、青铜装饰以及词汇量极为丰富的文字体系等，更是令人叹为观止。尤其让人匪夷所思的是，在玛雅文明的遗址中，居然还栩栩如生地描绘着宇航员驾驶宇宙飞船的巨幅图像！"玛雅文明是从天而降的"——面对公元三世纪前后的这些神奇现象，无从解释的科学家们不由得如此感叹。

然而造化弄人，无论是斯蒂芬斯发现的科潘古城，还是世界各国考古人员在中美洲的丛林和荒原上找到的百余处玛雅城址，都无一例外地被遗弃，千百年来任由威力重现的大自然摧残剥蚀。科潘古城是其中最早被抛弃的一座，时间大约在公元9世纪初叶。如同事先约好了一样，到了公元9世纪末，这些玛雅古城的主人们都义无反顾地相继抛弃了自己的家园，走向不为人知的远方。没有人知道他们去了哪里，就像没有人知道他们来自何方一样。

6 大津巴布韦

《圣经》中记载了一座盛产黄金和宝石的城市，名叫俄斐。据说此城富可敌国，是所罗门国王取之不竭的财富源泉。十九世纪后半叶，一个钱袋空空却不乏勇气的德国人徒步穿行了整个南部非洲，花费数年时间终于捕捉到一个有关这座古城的重要信息。1871年，这个名叫卡尔·默赫的三十出头的探险家打点好行装，循着这条线索向津巴布韦林波波河流域的密林深处走去。在经历了同伴的背弃、土著人的敌视、野兽的突袭和热病的浸染后，备尝艰辛的默赫来到维多利亚堡东南方向27公里处。正在近似绝望间，蓦然抬头，一座偌大的古城废墟屹立在他的眼前。

这是一座完全由石头建筑的城市，安详地沉睡在三面环山的丘陵地带。清晰可辨的主体建筑有两处：一处在平地，有石砌的围墙，呈椭圆形，墙垣高10米、厚5米，周长256米，总面积达4600平方米。其内有圆锥形高塔及石碑，有地窖、水井等，当然更少不了鳞次栉比的石屋基址和颓垣残壁。又一处主体建筑高耸在附近的山顶，被称作"卫城"。它位于高约

90 米的悬崖峭壁上，居高临下地俯瞰着整个山谷。卫城的墙垣全部由花岗岩石块砌成，严丝合缝，坚不可摧，只有一处狭窄石门，仅容一人侧身出入。卫城内道路交织，房屋基址密布，纵横交错有如迷宫，还有一个举行宗教仪式的"圣坛"。"卫城"之名起于古希腊世界，特指为了防卫而建在高地上的宫廷式建筑，这座城堡的性质显然与之相当。以上两大建筑群靠一条沿峭壁缝隙开凿的石梯上下相连，中间散布着平民生活区。

欣喜若狂的默赫做了此时他最该做的事情——将有关发现一一记录下来，并立即发往德国。可当他考察完毕，打起背包穿越丛林，风尘仆仆地回到祖国后，才知道人们对他的发现将信将疑，甚至对他没有带回期待中的财宝而恶言相加。在养尊处优的上流社会看来，默赫充其量不过是个流浪汉，只是靠运气发现了一处古遗址而已。一贫如洗的默赫对同胞的冷漠不以为然，只渴望得到一份博物馆的工作，以便继续他的探索。可是他空有学识、胆识却没有学历，终未如愿以偿。1875 年，为了果腹而四处打工的默赫在一次抹外墙水泥的工作中不慎从一栋高楼上摔下，结束了他为梦想而活的一生，时年 38 岁。

默赫的早逝并不等于"俄斐梦"的幻灭，相反，暗中打这座古城废墟主意的大有人在。在他之后，寻宝者和西方探险家蜂拥而至，而当寻宝者一个个失望地空手而归后，终于有些理性的考古工作者留下来，做了一些有益的探索。

经过精确测量，该城址占地约 16.2 平方公里，建筑总面积约 40 万平方米。奇特的是，整座城市都是由雕凿平整的花岗石砌成的，石块与石块间没有任何灰浆或沾黏物，却砌合得极为精密，至今仍插不进一个刀片。再就是许多建筑物上都饰有鸟状徽记和各种雕刻，尤为显眼的是，高大的城墙顶部或城内建筑的石柱上往往昂立着一只矫健的大鸟。这些大鸟脖子高挺，翅膀紧缩，身如鹰而头如鸽，高约 50 厘米，多用微红的皂石雕成。这是一种候鸟，随季节的变换迁徙于南非和南亚之间，不知因何缘故被津巴布韦人奉为神鸟。这或许暗示出，古城的原住民虽然地处南非，但在更早的时候却和南亚有着某种天然联系。

城址内出土了不少文物，有生产工具、炼铁工具、编织工具及武器、陶器、金制品等，还发现了中国的青瓷片、阿拉伯的玻璃珠、印度的佛教念珠、东非的古币、波斯的彩色瓷器等。这些遗物无不见证着当年这里经济的繁荣和人口的密集，也无不见证着这座城市商贸的发达和生活的多彩。通过对出土的中国瓷器的断代研究和碳 14 年代测定，可知这座古城的年代大约在公元十至十八世纪间，废弃于十九世纪初期。奇怪的是，与它同时被毁的，还有此后在周围发现的大大小小近二百座规模不等的石头城。

从城市的年代看，这座古城与《圣经》中记载的俄斐城相距甚远，显然不是默赫想象中的财宝之城。但历史学家认为，这个最后被称作"大津巴布韦"的古城，确实曾向莫桑比克沿岸港口源源不断地输送过财宝，同时还是非洲内陆加工经营兽皮、羊毛、象牙、金属矿石的地方，的确是个财富宝地。有资料表明，公元 1270 年 ~ 1450 年间，它是非洲南部马绍那帝国的首都，统治的疆域从赞比亚河一直延伸到南非北方和博茨瓦纳的东部。经过长达近一个世纪的争论，固执地认为这一高度发展的城市绝非非洲自身文明产物的西方学者最后不得不低下头来，承认"它在每一个细节上都属于非洲"[1]。

大津巴布韦及周围近 200 座石城的整体陨落，至今仍是难解之谜，不管谁都无法对此提供一个较准确的说法。但这已经不重要了，重要的是，一个原称罗得西亚的国家在 1980 年独立时，自豪地以这座城址命名，它就是今天的津巴布韦共和国，这座古城由此得以永生。

---

① ［英］大卫·沃克著、大陆桥翻译社译：《消失的城市》，上海社会科学院出版社，2005 年，第 257 页。

7 吴哥

1860 年，一个痴迷于蝴蝶标本的法国博物学家独自游逛在柬埔寨西北部的丛林中。不经意间，他忽然发现自己脚下走的已不再是乱草丛，而是一条越来越宽阔的石砌大道。惊诧莫名的他极目远眺，一个比飞翔的蝴蝶更吸引他的目标突然出现在眼前——在茂密的热带森林深处，居然隐藏着一群极其宏伟的佛寺！博物学家自有他的长处，这位名叫亨利·穆奥的法国人面对数百个对他恬恬微笑的石雕佛像，强抑住内心的激动和迷茫，平静地坐下来，将眼前的景象描摹成一张又一张图画。不等他的考察日记正式出版，亨利·穆奥就因病辞世，然而值得庆幸的是，他临摹的画像在法国、英国得以发表，使他在无意中邂逅的古代奇迹再次震惊了世界。

这个奇迹就是柬埔寨的吴哥寺。柬埔寨古称扶南，公元 1 世纪左右进入了金石并用时代，9 世纪初叶吉蔑人统一了柬埔寨，建立起高棉吴哥王朝。公元 889 年 ~ 900 年，国王耶阇跋摩一世在位时，开始修建新的国都，此即吴哥城。这座都城最终竣工于高棉人信仰了大乘佛教之后的 13 世纪初，断断续续建造了几个世纪，是吴哥王朝倾注全部人力、财力完成的。它位于柬埔寨西北部，占地 15 平方公里，轮廓呈正方形，有城墙和护城河环绕。金碧辉煌的王宫和形状各异的精美寺庙群是城内的主体建筑，城中央的一个小山丘上还矗立着一座金字塔式的巴扬庙，象征着喜马拉雅山中的神圣须弥山。这座高塔和周围代表吴哥王朝 16 个省的 16 座中塔及几十座小塔一道，合成了一组完美的阶梯式塔形建筑群。

到了吴哥王朝的全盛期，苏耶跋摩二世于 1113 年 ~ 1150 年间又在吴哥城南郊修建了一个大伽蓝寺，规模比吴哥城小，但模仿了吴哥城的寺庙布局和风格，人称小吴哥。亨利·穆奥在无意中撞见的，就是这个沉寂在荒林中的小吴哥。

小吴哥又称吴哥寺，是古代石构建筑和石刻浮雕的杰出代表，也是佛教艺术和印度教艺术相融合的结晶。自发现以来，它就和埃及的金字塔、中国的长城、印度尼西亚的波罗浮屠一道，并列为"东方四大奇观"。

吴哥寺的周围有一条宽190米的壕沟，另有石砌的内、外两道墙垣，四周总长5.6公里。外围墙的西墙有一门，门楼巍峨，上峙三塔。居中的主殿有一座三阶层的截头金字塔式台基，台上筑有五座尖塔，中央塔顶离庭院地面65米，相当20层楼高。台基四周有石砌回廊，回廊上饰有浮雕，内容以史诗《摩诃婆罗多》和《罗摩衍那》中的神话故事为主，也不乏世俗生活的题材。

令人惊讶的是，吴哥寺的建筑和津巴布韦古城一样，居然也都是用岩石垒砌而成的，而且层层相叠的石块全部靠自身的重量和形状紧密相连，没有任何黏合剂，至今仍丝丝入扣。考虑到它塔形建筑的高度，其技术难度显然比津巴布韦城有过之无不及。再就是它无处不在的浮雕壁画，布局之完美、技巧之娴熟、想象之丰富，无不表现出超凡入圣的美学意境，以至人们很难相信这是凡人的作品，更宁愿说它是天神的杰作。

1431年，大吴哥城被入侵的泰人占领，在一场空前浩劫后，这座古都只剩下了颓圮的断壁残垣。小吴哥同样在劫难逃，但因为不是主要攻击目标而免遭毁灭性破坏，从而有幸在几个世纪后给了亨利·穆奥一个惊喜，也给了全世界一个惊喜。但至今让人无法理解的是，繁盛之时的大小吴哥应有不下几十万人，怎么会突然间荒芜到寂无一人呢？又怎么会在数百年中完全与世隔绝呢？

六　群星璀璨

以上我们分别从不同角度和层面，列举了哈穆卡尔、乌尔、乌鲁克、巴比伦、比布鲁斯、孟斐斯、底比斯（埃及）、亚历山大里亚、克诺塞斯、哈拉巴、摩亨佐达罗、底比斯（希腊）、特洛伊、庞贝、佩特拉、赫尔布伦、科潘、大津巴布韦、吴哥等古城的陨落。在全球不幸陨落的城市中，这串长长的名单显然只是沧海之一粟，而且无论什么人采用什么方法，也很难将这份名单续写完整。任举一例来说，两河流域的苏美尔文明有12个独立城邦，每个城邦都有一个中心城市，而今天有幸被考古工作揭露出来的只是少数，其他皆无迹可寻。再举一例来说，公元前4世纪后半期，亚历山大大帝率领希腊联军东征，十年间横扫了欧亚非三大洲，建立起一个西起希腊、东到印度河流域、北抵中亚的庞大帝国。身为希腊大哲学家亚里士多德钟爱的弟子，亚历山大发誓要把希腊文明传遍全世界，于是以极大的热情在帝国版图内仿照希腊样式建造了十几座中心城市，均以"亚历山大"命名。可是辗转至今，除了埃及的亚历山大里亚外，其他十余座城市皆杳如黄鹤，耗费巨万人力建造的希腊式神庙、宫殿、露天剧场就这样消失得无影无踪。仅由上述两例就不难看出，任何企图开具一份人类失落城市完全名录的努力都是徒劳的。

以上还是就世界范围而言，至于在古代中国，当然也不例外。第一节谈到的中国八大古都，无非是成千累万中国古代大中城市中有幸保存下来的，此外寂灭无存的不知凡几。前面提到的偃师二里头等诸多古城，就是在中原腹地陆续消亡的城市，留到今天的唯有遗迹。除中原地区外，类似情况在中国其他地区就更是屡见不鲜了，例如西域边陲的楼兰古城、高昌故城，以及塞外朔方的统万古城等，很早以来就成了废都。毋庸赘言，这些陨落的古城都记录下了一段迷人的历史残卷，留下了不朽与光荣，可是它们当中有幸被考古工作者揭露出来的终归只是少数，大多数已永诀人世。而当它们中的某些部分一旦被揭露出来后，带给世人的不仅仅是扑朔迷离的探险故事，更有对人类文明的正反两方面的宝贵启迪。

然而，人类文明终归走过了漫长而光辉的历程，保留至今的千年古城也不在少数。若将世界各地的大中小城市全部包括在内，这无疑也是一个长长的名单，难以尽书。那么，其中有没有在公元前已经形成城市并达到一定规模，而至今仍是一国之都或通都大邑的呢？也就是说，在如今的大都市中，有没有城市发展史可以一直追溯到纪元前的呢？当然是有的，否则的话，人类文明不知将会怎样的支离破碎，历史的苍穹也不知将会怎样的暗淡无光。且看下面的名录：

大马士革

叙利亚首都。公元前 15 世纪就有关于此城的记载，公元前十世纪初成了奴隶制国家的都城。公元前 732 年，亚述王攻克并摧毁了这座城市。公元 661 年阿拉伯倭马亚王朝在此建都，公元 750 年阿拔斯王朝将都城迁到巴格达，此城遂在穆斯林世界的死角里逐渐荒芜。11 世纪晚期，塞尔柱突厥人进入阿拉伯世界，大马士革再次成为首都，但很快又成为地方割据势力的据点。马穆鲁克王朝统治期间，大马士革是一座地方性城市。1401 年，来自中亚的帖木儿再次摧毁了大马士革，将城内的手工艺人全部迁移到首都撒马尔罕，这里顿成空墟。1516 年土耳其军队占领了叙利亚，大马士革沦为奥斯曼帝国的领地。1946 年叙利亚宣布独立，以大马士革为首都。

贝鲁特

黎巴嫩首都。公元前 2000 年成为腓尼基人的居住地，古希腊和古罗马时期出现了一座长 750 米、宽 370 米的小城。该城在历史上数度被毁，一次是在公元前 140 年，毁于戴奥多特斯与安条克七世的王位争夺战，一次是在公元 349 年，毁于强烈的地震和海啸，还有一次是在公元 551 年，也是毁于强烈地震和海啸。公元 635 年阿拉伯人进入贝鲁特地区，16 世纪后成为奥斯曼帝国的一部分。直到 1835 年，该城的面积只有 1/4 平方英里，十九世纪末以后逐步扩大，二次大战后逐步发展成现代城市。1943 年黎巴嫩独立，以贝鲁特为首都。

提尔

黎巴嫩城市，位于贝鲁特以南约 80 公里处。此城始建于公元前 2750

年，是古代腓尼基人的重要城邦。公元前 6 世纪初，巴比伦国王带领大军攻打提尔，将其整整围困了 13 年。公元前 332 年，因为提尔人不准亚历山大大帝进他们的神庙祭祀，又被亚历山大大帝封锁了 7 个月，并在攻克后毁灭了这座城市，城市居民或被屠杀或被变卖为奴隶。罗马帝国统治期间，提尔经历了一段较为繁荣的日子，但在十字军东征后很快衰落下去。

耶路撒冷

以色列和巴勒斯坦共同宣布的首都。始建于公元前 11 世纪，大卫王（约公元前 1000 年 ~ 前 960 年）时定为首都，所罗门王（约公元前 960 年 ~ 前 930 年）继续在此大兴宫殿和神庙。此城在历史上屡遭战火荼毒，毁而复建的记录不下 18 次之多，其中有两次甚至被彻底摧毁。1980 年以色列宣布其为"永久性首都"，1988 年巴勒斯坦也宣布其为首都。

苏萨

伊朗西南部城市，著名的《汉谟拉比法典》出土地。公元前三千年代中期埃兰人在此建立起若干小国，此后形成统一国家，建都苏萨。公元前 647 年亚述国王荡平了这座城市，苏萨的宫廷和居民住宅一起化为瓦砾。公元前 550 年此地被波斯征服，成为波斯的一个行省。公元 1218 年，入侵的蒙古军队毁坏了这座城市，这座都市从此委顿下去。

萨那

也门首都。公元前 10 世纪成为萨巴王国的一个要塞，前 6 世纪成为赫米叶尔王朝的首府，此后多次遭到外国入侵。1990 年阿拉伯也门共和国和也门民主人民共和国合并，以萨那为首都。

亚历山大

全埃及和全非洲仅次于开罗的大城市。公元前 332 年由希腊马其顿国王亚历山大大帝攻陷埃及后建造，在托勒密王朝时成为首都，罗马统治期间成为省会。公元 335 年毁于地震和潮汐，公元 640 年阿拉伯人入侵时再度遭受毁坏，十九世纪初以后才慢慢复苏。

的黎波里

利比亚首都。公元前 9 世纪开始出现小市镇，公元前 146 年被罗马人占领，此后屡废屡兴。1951 年利比亚宣布独立，以的黎波里为首都。

阿尔及尔

阿尔及利亚首都。公元前 2 世纪腓尼基人在此地建立了港口，7 世纪中叶以后逐渐发展成繁华的商业港，15 世纪成为阿尔及尔公国的首都，后来相继沦入西班牙人及法国人之手。1962 年阿尔及利亚宣布独立，以阿尔及尔为首都。

突尼斯（城）

突尼斯国首都。迦太基人于公元前 814 年在离此地不远处建造了城邑，并发展成强大的迦太基帝国。公元前 3 世纪～前 2 世纪，迦太基和罗马争夺地中海西部的统治权，经过三次布匿战争（公元前 264 年～前 146 年），迦太基帝国灭亡。罗马人占有突尼斯后，下令将此城付之一炬，并用铁犁深翻这片焦土，发誓永远不得在此重建城市。这誓言后来随着罗马时代的终结化为泡影，公元 698 年，倭马亚王朝总督在今址上建造了麦地那城，哈夫斯王朝时期（公元 1230 年～ 1574 年）又在此正式建都。1956 年突尼斯独立，以该城为首都。

德里（新德里）

印度首都。据印度史诗《摩诃婆罗多》的记载，公元前一千多年前班度族就在这里建造了城邑，公元前 1 世纪孔雀王朝的王公拉贾·迪里在此建国，构筑了都城。历史上的德里城一再被毁，又一再重建，先后留下了 7 个城址，至今尚能辨认的仍有六座。1857 年～ 1859 年英国殖民者把"英属印度"首都迁到加尔各答，1912 年又还都德里，印度独立后以其为都。

瓦拉纳西

印度恒河沿岸最大的历史名城，位于印度北方邦东南部，现为一座中等城市。据学者考证，此城始建于公元前 1000 年，早在公元前 4 至 6 世纪这里已成为印度的学术中心，公元前 5 世纪佛祖释迦牟尼还曾来这一带布道。瓦拉纳西的衰落源于宗教冲突和战争，公元 11 世纪，莫卧儿王朝开国皇帝巴贝尔从中亚进入印度，毫不留情地摧毁了恒河流域的这座印度教圣地。

安卡拉

土耳其首都。公元前 3 世纪成为加拉西亚古王国的首都，公元 1127 年归属土耳其人管辖，嗣后一度陷入蒙古人之手，1923 年成为土耳其首都。

伊斯坦布尔

土耳其最大城市，地跨欧亚两大洲，原名君士坦丁堡。该城始建于公元前 668 年，历史上曾是东罗马帝国和土耳其帝国的首都。

尼科西亚

塞浦路斯首都。相传公元前 280 年在今城的西南方建造了一座小城，名叫"丽德拉"，此即尼科西亚的前身。尼科西亚历经拜占庭人、鲁西格南诸王、威尼斯人、土耳其人和英国人的统治，自公元十世纪末以来成为岛国的首都。

拉纳卡

塞浦路斯第三大城市。古希腊移民于公元前 1200 年左右来这里垦殖落户，此后逐渐发展成一座城市。在希腊人与波斯人的战争中，这座城市遭受严重破坏，更在公元前 312 年毁于地震和大火。过了数百年后，直到中世纪才逐渐发展起来，成为著名的海港城市。

米兰

意大利仅次于罗马的第二大城市。公元前 220 年成为本地区最繁荣的城市之一，公元 3 世纪被定为行政中心和皇帝住地。从公元 5 世纪起，米兰不断遭受异族的侵略，城市数度被毁，直到 1859 年才摆脱奥地利的统治并入意大利王国。

里昂

仅次于巴黎、马赛的法国第三大城市。建于公元前 43 年，是罗马的殖民地。公元前 16 年成为罗马高卢国的行政中心，公元 457 年成为勃艮第王国的首府，公元 843 年成为阿勒斯王国的一部分。1477 年被法王路易十一兼并，现为罗纳省省会。

塞维利亚

西班牙内河港口城市。公元前 206 年出现城镇，公元前 45 年成为罗马人的行政区。自公元 5 世纪起相继为汪达尔人、西哥特人、摩尔人、西班牙人占领，16 ~ 17 世纪时是世界第一大港。

里斯本

葡萄牙首都和最大港口。公元前 3 世纪罗马人占领时已成商埠，此后历经西哥特人和摩尔人的统治。1147 年被葡萄牙第一个国王阿方索一世从摩尔人手中夺回，1245 年成为葡萄牙的首都。1580 年被西班牙占领，直到 1640 年葡萄牙独立，里斯本才重新繁荣起来。

康斯坦察

罗马尼亚最大的海港城市。公元前 6 世纪古希腊人在这里建立了一座城堡，以后逐渐发展成商贸城市，现为康斯坦察县县府。

贝尔格莱德

塞尔维亚首都。公元前 3 世纪凯尔特人在此定居，纪元前西欧克勒特部落在这里建立了一座城市。历史上有记载的战争多达 40 余次，城市一次次被摧毁。1284 年起成为塞尔维亚的首都，此后曾是南斯拉夫的首都，也曾是塞尔维亚和黑山的首都。

卢布尔雅那

斯洛文尼亚首都。公元前 34 年由罗马人始建，历史上曾长期遭受异族的入侵和地震破坏。1919 年起归属南斯拉夫，1991 年斯洛文尼亚独立，以卢布尔雅那为首都。

索非亚

保加利亚首都。公元前 100 多年初步具备了城市的轮廓，有城堡、教堂、寺庙和庭院。14 世纪开始被土耳其人侵占，城市几乎全部被毁，只留下了两座教堂。1879 年起，索非亚正式成为保加利亚的首都。

普罗夫迪夫

保加利亚第二大城市，普罗夫迪夫州首府。公元前 4 世纪马其顿王国在此建立军事要塞，公元前 1 世纪至公元 4 世纪成为罗马色雷斯省首府，此后屡遭战乱和地震灾害，城市几度兴衰。1878 年俄土战争后成为东鲁米利亚首都，1885 年归属保加利亚。

万象

老挝首都。始建于公元前 4 世纪，14 世纪以来几度成为国都。1707 年澜沧王国灭亡，万象变成一个分裂小国。1779 年暹罗（今泰国）入侵老挝，万象成了暹罗的附庸。19 世纪初万象叛乱，被暹罗平定，整个城市夷为平地。20 世纪初万象开始复苏，成为法国殖民时代的首府。二次大战后老挝宣布独立，以万象为首都。

以上即世界上始建于纪元前且目前仍是大型城市的历史名录。在这个榜单上，不能缺席的当然还有前述的雅典和罗马，再就是中国的历史文化名城。中国历史文化名城中首先要列上的无疑是前述八大古都，因为它们个个都在纪元前成了城市，而且大多数在纪元前就成了都城，如今也一个赛一个地繁华似锦。此外需要增补的还有难以胜数的纪元前就形成城邑而如今仍是通都大邑的中国古老城市，即便以现有人口在百万以上的为计，这在中国恐怕也有百座之多。

城市是人类文明的缩影，也是一个国家的代表。以上名录无异于一份人类文明史的光荣榜，既记载了人类文明的光辉历程，也镌刻着每个国家与民族的骄傲。它们座座都始建于纪元前，有着光荣的过去，同时又是不断坠落的古城中有幸保留到今天的，更有骄人的今天和未来。毋庸赘言，这些城市都经历了沧桑变幻，甚至不止一次地被废弃。但它们终归百折不回地走过来了，既锤炼了意志，也赢得了光荣。岁月的影子清晰地投射在它们的一砖一石上，人类文明就这样日复一日地凝结下来，又这样年复一年地传承下去。

在城市的王国中，高踞于宝座之上的，无疑是各个国家的首都。如果说城市是国家的代表的话，那么首都就更是国家的象征了，它的命运直接体现了国家的命运。按说一国之都是最应该稳定的，然而综观人类文明史，事实恰恰相反。由于各种各样的原因，一国之都实难稳定，尤难长久，正好应了"自古有国有家，鲜不极盛而衰"①的中国古训。单以中国的近邻日本为例，在公元 6 世纪末至 8 世纪末的 200 年间，就曾七迁其都，平均每 30 年不到搬一次家。再从世界近现代史看，从 18 世纪末到今天的 200多年中，全世界就有三分之一以上的国家迁了都。凡此之例足以说明，长期维持一座城市的都城地位何其难哉！

可是，殊为难得的是，人类文明史上总有一些都城，长盛不衰且历久弥昌。这当然要以今天仍是都城的城市为准，而且以延续到今天的连续都城史为计。那么，这样的"千年古都"又有哪些呢？

要说人类历史上寿命最长的首都，恐怕要算欧洲袖珍小国圣马力诺共和国的首都圣马力诺城了。它是由一位名叫马力诺的基督徒于公元 301 年创建的，至今已有 1700 余年历史，而且是从不间断的历史。但人所共知的是，这座首都的历史虽长，国土面积却小，只有 60 多平方公里，城市人口迄今不足一万，基本上只相当一个小镇，因此只能算是个特例。

在绵延千年的世界大都会中，法国巴黎应该是最突出的一个。巴黎最初只是一个以捕鱼为生的高卢族"巴黎西人"居住的小村落，公元前 52年被罗马人征服。公元 358 年，罗马开始在这里建造宫殿，但当时这里只

---

① 《晋书·慕容儁载记》。

是一个局促在塞纳河左岸的小定居点，被称为"鲁特西亚"，亦即"沼泽地"的意思。为了纪念最初居住在这里的"巴黎西人"，该地于公元400年左右改称巴黎。公元486年日耳曼法兰克人夺取了塞纳河流域，法兰克国王克洛维一世于508年将巴黎定为墨洛温王朝的首都，用木板搭起了教堂和宫殿，这里从此有了城市的雏形。但此时的墨洛温王朝尚不过是个部落联合体，而且克洛维一世死后其王国很快被儿子们瓜分，曾有的首都也随风而逝。此后的加洛林王朝时期，法兰克帝国的首都在亚琛等地，巴黎只是个地方性小城镇。

公元987年，格·卡佩加冕为法兰西国王，开创了卡佩王朝，正式以巴黎为都。卡佩王朝创建之初的法国还处在封建割据状态，王室的权力不大，其领地也只限于以巴黎为中心的一小块地区。自十二世纪起，王室的领地不断扩大，王权不断集中，巴黎这才名副其实地成了全法兰西王国的政治和宗教中心，相继建起了国王和主教的宫殿、巴黎圣母院、圣塞弗连大教堂等。到十五世纪末的瓦罗亚王朝时，法国基本实现了统一，巴黎也发展成30万人的大城市，被誉为"万城之冠"。

从卡佩王朝起，巴黎一直是历代王朝和历届资产阶级共和国的首都，迄今已有一千余年历史。尤为难得的是，巴黎的建都史不仅镌刻在史册里，还烙印在城市的大街小巷中。直到今天，身为法国的首都，巴黎在与纽约、伦敦、东京并列为全球四大国际大都市的同时，还一如既往地固守着中世纪以来的传统，在实现城市现代化的同时最大程度地秉承了自己的风格。徜徉在巴黎的街头巷尾，某些历史悠久的街道依然毫发不爽地保留着原来的模样，总会给游人带来一丝别样的惊喜和回味。

还有一座城市，在历史名都中的地位和分量也无人能否认，这就是英国的伦敦。公元前54年，罗马人大举入侵大不列颠岛，过了大约一个世纪后，他们于公元50年左右在泰晤士河畔建造了一个军事要塞和港口，取名"伦底纽姆"，此即伦敦建城之始。公元407年，随着最后一批罗马军队撤离英国，伦敦城被废弃，城内只剩下少数渔民和农民。公元886年，阿尔弗烈德大帝从丹麦人手中收复了伦敦，重新修整了破败的旧罗马时期城墙，周围的居民纷纷迁至城内以求保护，伦敦老城这才得以复苏。公元1066年，诺曼底公爵威廉征服了英国，设首都于温彻斯特，同时也在伦敦东部修筑了坚固的伦敦塔以防御反抗者的进攻。公元12世纪，在诺曼人的统治下，伦敦终于成为英格兰的首都。

诺曼人统治期间，英国的王权得以巩固，教会势力不断增强，伦敦城也迅速成长起来，扩大为由两个城合组为一个伦敦市的模式。14世纪以来，席卷欧洲大陆的瘟疫使伦敦人口骤减，至少有三分之一居民在致命的黑死病中丧生。1666年，伦敦又发生了历史上最严重的一场大火——伦敦大火。据说这场因人为事故造成的大火几乎毁掉了伦敦的全部建筑，使大约80万伦敦人无家可归，整座城市几成一片废墟。为了防止此类事件再次发生，英国国王命令此后在伦敦建造的房屋一律改用石头和砖瓦，不再使用木材。

在经历了种种劫难后，到了20世纪初，伦敦人口达到660万，发展成世界顶级大都市。今天的伦敦仍然是欧洲最大都市，一直稳居欧洲金融中心地位，并且是四大世界级都市之一。

以上巴黎和伦敦，即延续到今天已有千年左右接连不断都城史的世界大都市，其中巴黎的都城史截至到目前已有上千年，伦敦也有了不下800余年。它们犹如两颗明星，双双辉耀在欧洲城市文明的上空，也辉耀在世界城市文明的上空。

此外还有一个美丽岛国的首都，延续到今天的都城史也已达千年以上，这就是塞浦路斯的首都尼科西亚。如前所述，尼科西亚自十世纪末以来一直是岛国的首都，迄今已有1000多年历史。但殊为遗憾的是，这颗地中海的明珠却是座分裂的城市，自1974年土耳其出兵塞岛后，市区被人为划分为希腊族和土耳其族两部分，就连政府也是两套。这种对峙给千年古都蒙上了一层阴影，至今挥之不去。

毋庸赘言，在辉耀于人类文明上空的"千年古都"中，还有一颗耀眼的明星，这就是东方的北京。纵观北京城的历史，姑不论距今 3000 多年的燕国都城乃至更早的蓟国都城，也不论秦朝末年燕王韩广、燕王臧荼以及十六国时期慕容儁、唐中期安禄山与史思明、五代时期刘守光等地方割据势力在燕京的称孤道寡，更不论几乎终西汉一世以及此后在燕蓟屡屡兴立的诸侯王国之都，单从辽朝的南京城算起，北京的建都史也有了悠悠一千余载。

在人类文明史上，徒有虚名的都城不知凡几，隋炀帝及唐高宗晚年的长安城便是一例，帝国阶段后期的罗马城也是一例。但如第四章第四节所述，辽朝的南京城却恰恰相反，它不仅是辽朝事实上的文化中心、经济中心、外交中心、交通中心、教育中心，也是和上京临潢府相映生辉的政治中心，在很多方面都承担了首都的职能。因此，北京的建都史理应从辽南京算起，而从公元 938 年辽会同元年至今，这已经走过了 1078 个年头。正是这千余年光阴，使北京成了名副其实的千年古都，而且是整个东方唯一一个至今仍是都城的千年古都。

七 结语

凡事都是在比较中得以鉴别的，通过上面对世界各阶段、各类型古城的全方位扫描，其结论已是不言而喻——就文明的持续性而言，确如斯塔夫里阿诺斯所说，从上古时代以降，唯有中华文明历经沧桑巨变而从未中断，有着"举世无双的连续性"[①]。文明的连续与否，当然是由城市文明的连续与否表现出来的，而如人们已经看到的，伴随各大文明纷纷断裂或消

---

① ［美］斯塔夫里阿诺斯著，吴象婴、梁赤民译：《全球通史—1500 年以前的世界》，上海社会科学院出版社，1999 年，第 137 页。

失的是，人类文明史上的相当多数古城都如流星般的陨落了，有幸从纪元前保留下来的古城也时不时便遭废弃，一个个命运多舛。

在斯塔夫里阿诺斯看来，中华文明的连续性是从商代开始的，即"这一文明以举世无双的连续性从商朝一直持续到现代"。斯氏在这里所说的商朝，实际上指的是甲骨文字出现以后的殷商，也就是盘庚迁殷以后的晚商，始于公元前1300年左右。虽然中华文明的起源绝对晚不到殷商，但即便以此为限，在不晚于这个时段的世界古文明中，也只有中华文明持续发展下来。那么，这不就意味着在世界上不晚于这个时段的古城中，唯一有可能持续不断发展下来的只能是中国的城市了吗？而如第三章第八节所述，就算抛开黄帝的"涿鹿之邑"不论，北京城的源起至少可以上溯到黄帝后人的蓟邑，其下限年代刚好就在殷商。同时又如本章所论，在中国各大古城中，北京是唯一持续不断发展下来的，这就再清楚不过地表明，在迄今为止的3300多个年头中，北京是世界上唯一一座持续不断发展下来的城市——叙论至此，这显然不是望风扑影的推测，也不是纯逻辑的推定，它建立在本章列举的全部事实基础上，是一个言之有据、确凿无疑的科学结论。

相对如流星般陨落的人类古城而言，相对那些建城时间早于北京但动辄被废弃的城市而言，北京城市文明的持续性可谓弥足珍贵。正是这种特性，使北京理所当然成了中国古代主流文明的中流砥柱，从始至终维系了中华文明的持续发展。也正是这种特性，使北京成了人类文明的一盏长明灯，在黝黯的时空隧道中亘古不灭，时刻传承着生生不息的文明之光。同样还是这种特性，使北京在地理位置固定不变、城市文明持续不断、都市地位始终不降的三大前提下，当之无愧地成了世界上的"天下第一城"。

北京历史文化的其他属性同样十分难得，例如在全球星罗棋布的人类起源、文化起源、文明起源的多元多中心中，北京以三位一体的悠久性彪炳于世，这就是极其罕见的。这当然是就整个北京行政区划而言，但即便如此，这种情况在人类文明史上也不多见，在全国各大城市中更是绝无仅有，这就使北京又当仁不让地成了"中华第一摇篮"。

至于北京历史文化数千年来始终保持的上升态势，在全国乃至世界城市文明史上也非比寻常。一座城市逐次递升的结果，无疑是一国之都地位的确立，而当今之世有200多个国家，于是就有200多个首都。在它们当中，只有极少数是平地起建的，大多数都是一座城市递进式发展的成果。但与众不同的是，北京的递进式发展不仅造就了这座千年古都，而且它的历史从未出现过大起大落，是一步一个台阶扎扎实实走过来的，从始至终保持着上升态势，这在所有都城中显然也不多见。

特别要补充一笔的是，北京的都城史不仅延续了上千年，而且从元大都新城起，这座城市再未遭受整体性的重创，完好无缺地保留了7个半世纪。在这数百年中，北京城既经历了天塌地陷的自然灾害，也经历了改朝换代的兵连祸结，同样命乖运蹇。但堪称奇迹的是，这座城市始终岿然挺立，从未放弃它所承载的文明使命。

北京历史文化所具有的多元性，在世界各大城市中倒是不乏其见。例如在全球四座顶级现代大都市中，除了日本的东京外，今天的纽约、伦敦、巴黎个个以民族的多元性、文化的多元性、语言的多元性、生活习俗的多元性著称于世。最难得的当然是宗教的多元性，我们在上一章中就是以此为典型事例展开对古都北京多元性状的剖析的。然而如所周知，世界上具有多元宗教的城市也不鲜见。

突出的如耶路撒冷，它就是犹太教、基督教和伊斯兰教共同的圣地。按照犹太教的说法，耶和华开天辟地的第一道光是从耶路撒冷城外东南角的神庙山射向世界的，于是所罗门国王早在公元前10世纪就在这里建造了犹太人的神庙——所罗门圣殿。这座圣殿后来坍塌，犹太人在废墟上竖起了一道象征犹太人信仰和团结的"哭墙"，至今仍为全世界的犹太教徒所膜拜。此外，耶路撒冷是耶稣生活、布道、殉难和复活的地方，同样是基督教的圣地。相传这里有许多《圣经》上提到的圣址和圣迹，城南 17 公里的伯利恒小镇据说就是圣母玛利亚诞下耶稣的地方。在伊斯兰教中，耶路撒冷又是仅次于麦加和麦地那的第三大圣地，有著名的阿克萨清真寺和萨赫莱清真寺，这都是伊斯兰世界的顶级建筑。

因此，今天的耶路撒冷不仅在城市建筑上表现出了宗教的多元性，也不仅在居民信仰上表现出了宗教的多元性，还在居住区的划分上表现出了宗教的多元性——整座城市被一条南北大道和一条东西大道分割成四个区，东北是穆斯林居住区，西北是基督徒居住区，东南是犹太教居住区，西南是亚美尼亚教居住区，彼此泾渭分明。

再如贝鲁特，它也是犹太教、基督教、伊斯兰教的聚集地。其城内既有罗马时期的神庙，也有早在公元 4 世纪提奥多亚统治期间建造的基督教建筑，更有奥斯曼帝国时期修建的伊斯兰教建筑，彼此济济一堂。从城市居民的信仰来看，既有逊尼派穆斯林，也有什叶派穆斯林，还有亚美尼亚正教、东正教、天主教等，同样是派别林立。城内的穆斯林和基督徒约各占一半，基督徒集中在市区的东部，穆斯林集中在市区的南部。

又如大马士革，传说伊斯兰教的创始人穆罕默德曾经来到这里，从山上俯视这座城市后被它的美丽深深打动，赞叹这是"人间天堂"。于是大马士革成了穆斯林心中的天国，古往今来的清真寺鳞次栉比，最多时达到了 400 余座，著名的有公元 705 年建造的倭马亚大清真寺等。另按基督教的说法，这里是耶稣基督的使徒圣保罗回心转意的地方，同样是一个圣地。又于是，城内外的基督教堂也是星罗棋布，总计不下 70 余座，著名的有凯桑门和圣保罗大教堂等。大马士革的居民更个个是虔诚的教徒，城内时而响起基督徒的祷告声，时而响起穆斯林的诵经声，终日此起彼伏，声声不息。

同上之例尚多，不一而足。总之，虽然各自的情状不同，但在性质上并无不同的是，这些城市都和古都北京一样，曾经长期并存过不止一个宗教。然而又与北京的四大宗教长期共存共荣的情况迥然不同的是，在一些城市中，宗教的多元性酿成了严重的后果，给人们带来了众所周知的灾难。相比之下，世界上也有另外一些城市，例如西班牙的托莱多，也曾在自己的历史上兼容并蓄了伊斯兰教、基督教和犹太教，由此获得了"三文化城"的美誉，恰和北京城四大宗教的长期共荣相映成辉。

综观世界上任何一座古城，莫不经历过频繁的改朝换代，也莫不经历过难以尽书的异族入侵或统治。而在王朝、民族、文化、习俗、语言、文字、宗教信仰乃至经济形态走马灯似的更换交替下，最难做到的是什么呢？最难做到的莫过于城市传统和城市灵魂的一以贯之、一成不变了。在悠悠几千年的城市文明史上，不知道世界上还有哪座城市做到了这一点，但古都北京却的的确确做到了。

在前面论及古都北京主流意识形态的一脉相承时，在论证中华民族"天、地、君、亲、师"传统信仰在北京城的代代相传时，我们已从软件和硬件两个方面，揭示了古都北京核心文化的一以贯之，这就是它的一统性。相对北京历史文化的其他特性，北京的这个特性同样毫不逊色，因为正是由于一统性的存在，才使北京有了悠悠数千载连绵不断的文明史，才给北京带来了多元民族与多元文化一炉共治的辉煌。可以说，在北京历史文化的诸属性中，主流文化与信仰的一统性才是统摄一切的。

第七章从古代北京城市建设的角度出发，化无形为有形，具体阐释了体现中华民族传统信仰、伦理道德、文明基干的礼制建筑的发展，同时又归纳了标志泱泱华夏厚德载物宽阔胸襟的各大宗教建筑的并存，这就从多元性和一统性两大方面，揭示了东方文明给古都北京赋予的奇异色彩和鲜明内涵，再现了这座"东方第一都"的博大精深。

以上"中华第一摇篮"、"天下第一城"、"东方第一都"，就是历史赋予北京的殊荣，也是北京历史文化悠久、持续、递进、多元、一统发展的辉煌结晶。那么，正如本章前面开宗明义提到的，这样一座城市在人类文明史上究竟处于何种地位呢？也就是说，能像北京这样，在持续、递进发展的同时既包容不同民族、不同文化达上万年而不改，又承载泱泱大国的主体文化至数千年而不衰，并且在化成一个兼容并蓄的主体民族和主体文化上始终承担中心枢纽作用，这样的城市在世界上能有几座呢？显然是绝无仅有的。

自从意大利人马可·波罗不远万里来到元大都后，外部世界对这座千年古都的赞誉就一直不绝于耳。但如第一章所述，无论是海外学者所说的"北京的整个城市，乃是世界一大奇观，它的布局和谐而明朗，是一个卓越的纪念物，一个伟大文明的顶峰"，还是国内学者所讲的"这样一个城市是一个举世无匹的杰作"，无一例外都是从城市的外观上说的。而现在，当我们透过表面的宏伟壮阔，通过深层次的条分缕析，逐次揭示了北京历史文化内在的五大核心特征后，可以毫不夸张地说，从古至今的这座北京城，恰似一座无与伦比的"人类文明圣殿"，高高挺立在世界城市文明的最高峰。在历经了数千年的风霜雨雪后，这座圣殿既经受了红尘俗世的凄风苦雨，也领略了人类文明的无限风光，至今仍青春焕发地激扬着蓬勃生机。

归纳起来，说北京是"人类文明的圣殿"，是建立在如下前提上的：这里有长达五六十万年的人类生活史，早在万年前就成了新石器时代革命的发源地，同时它还拥有五千年文明史、三千多年城市史、一千余年都城史和七个半世纪的城市"保全史"；它的历史、文化、文明自诞生之日起就长盛不衰，历久而弥昌，始终保持着持续、递进的发展；在人类充满血腥残杀的民族碰撞与文化碰撞中，它奇迹般的将主流民族、主流文明和多元民族、多元文化融汇起来，化对立为统一，化腐朽为神奇，创建了一个多元民族与多元文化乃至多元宗教共生共荣的完美典范；它始终以大气磅礴的城市风貌展示着东方民族的精神信仰，是东方文明的集大成代表，也是东方文明的巅峰之作；它至今仍是拥有 960 万平方公里土地和 13 亿人口的泱泱大国的首善之区——这就是我们的北京！

后　记

对北京历史文化总体特征的观察与思考，最早开始于北京市社会科学院研究员曹子西先生。他在 1987 年发表的《北京历史演变的轨迹和特征》一文中，简要列举了北京历史发展的几大特点：

一是"北京作为文化古都和现代城市，它的地位与作用，在不同历史时期和历史阶段上，有一个由低到高、从小到大的演进过程。尽管其中也曾出现一些曲折和反复，但总起来说，这个城市的地位越来越高，作用越来越大"；

二是"北京地处我国中原、华北与东北各族人民生活的交结地带。自古以来，民族关系的错综复杂，民族矛盾的时缓时剧，民族融汇的逐步凝聚，就是北京历史演进进程中的一个显著的特征"；

三是"北京地区……精神文明与物质文明融为一体，古老文化与现代生活相得益彰。真可以说，整个北京城就是一座展示中华民族悠久历史文化宝藏的，生动、真实而有代表性的博览馆"；

四是"北京在旧社会是历代统治者进行统治的堡垒和中心，北京人民为了摆脱受奴役受压迫的地位，曾经进行过长期的、曲折的和顽强的斗争"①。

以上四项，第一二项是从历史的角度观察的，第三项谈到了文化的丰

---

① 曹子西：《北京历史演变的轨迹和特征》，《北京社会科学》1987 年第 4 期。

富性，第四项谈到了社会的阶级性。前两项确实体现了北京的特性，可以视为北京历史文化的基本特征，但后两项却是各类城市共有的属性，并非一地一城所特有。于是，经过若干年后，当曹子西先生于 1995 年再次谈到北京历史文化的特性时，便略去了后两项，只着重强调了"对北京历史发展中两个基本特点的认识"[①]，也就是对北京历史由低到高的发展和不同民族、不同文化交汇融合的认识。

1990 年，侯仁之先生在《论北京建城之始》一文中指出："应该看到，在全世界范围内，有的城市其建城之始早于北京，可是后来却逐渐衰落下去，甚至沦为废墟。就是与蓟同时建立为诸侯国的燕，其故址所在，也早已湮没无闻，以致旧说不一，莫衷一是。而蓟却一直发展下来。现在的北京以蓟为最初的起点，在建城之后，不断发展，历久不衰，一直到今天。"[②]此文第一次十分明确地将北京城市文明发展的持续性突出出来。

1995 年，宿白先生在为《北京文博》所做的发刊词上说："周口店发现北京猿人后，北京地区的人类文明绵连延续，距今约七十至二十万年左右。仅从北京地区开始建城起，即有三千多年不间断的历史，这在世界著名城市中也是罕见的。""历史上的北京是中原通往东北和内蒙古草原的重镇，是交通的中枢和战略的屏障，是文化交流、民族融合的中心。"[③]这里又对北京历史文化的持续性和多元性作了简要的概述。

1997 年，笔者在《北京地区博物馆建设的思考》一文中指出："无论从古代遗存的数量和质量上看，北京作为历史文化名城的优势都是无可置疑的。然而更重要的是，在这些表面数字的深处，包蕴着十分特异的历史内涵，而恰是这些内涵，构成了北京地区历史文化的基本特征"，并由此归纳了北京历史文化的四大本质特征：

---

① 曹子西：《<北京通史>编撰的思路和感受》，《北京文博》1995 年第 1 期。

② 侯仁之：《北京建城之始》，《北京社会科学》1990 年第 3 期。

③ 宿白：《<北京文博>发刊词》，《北京文博》1995 年第 1 期。

"1，悠久性：北京是华夏远祖'北京人'的故乡，早在五十万年前，生活在北京周口店一带的'北京人'就点燃了北京地区人类文化的火把，照亮了北京这块广袤的土地，使她成为最早进入原始农业文化的区域之一。

2，持续性：自西周初年燕国安邦建都，北京地区进入了成熟的文明形态，至今已达悠悠三千余载。在这三千余年中，历经朝代的更迭交替、历史的兴衰起伏，北京地区的文明之火却生生不息，从不间断，而且越烧越旺，历久而弥昌。这一文明发展的持续性，在世界任何著名城市中都是罕见的，它既产生于华夏文明发展的相对独立性，又来源于北京地区人文地理的特殊开放性，非其他一般地区可比。而由此遗留下的各历史时期物质文明与精神文明的积淀，就形成了北京地区始终不衰的文明史。

3，递进性：先秦之时，北京为方国、诸侯国的所在，属于区域政权，影响只限于局部范围；自西汉王朝起，燕蓟之地在成为藩国都城的同时也成为州郡治所，开始统领一方，成为具有战略地位的北方重镇，至隋唐更发展成全国的重要城邑；公元938年，辽太宗定幽州为'南京'，成为辽王朝的陪都，公元1151年金王朝正式迁都燕京，号'中都'，北京由此又成了当时神州半壁河山的政治中心；从公元1272年元朝于燕京建大都开始，历经明王朝、清王朝，北京最终发展成全国的政治、文化中心。拂去数千年的历史风尘，豁然可见北京的发展由以下主线所贯穿：方国、诸侯国之都——州郡治所——北方重镇——辽朝陪都——金中都——元明清都城，即前后不仅持续发展，而且地位日隆，呈逐次递进式。在顺序递进的过程中，燕京文化的辐射圈不断扩大，文明的程度不断提高，政治的机制不断完善，各方面的地位都在不断攀升。反观中国几千年纷繁错杂的历史风云，独有北京的地位能不断上升，绝非偶然之事，必有其根本的原因。也正是出于这根本的原因，新中国成立后才依然定都北京，继续保持了她在如此泱泱大国的中心地位。

4，多元性：早在周秦时期，北京就处于贯通中国南北交通的唯一要道，此后历朝历代，她更是南来北往、东进西出的交通枢纽。从地势上说，她南接中原，腹地广阔；西望长安，古道通达；北邻草原，任马驰骋；东达大海，百无遮拦。这种地势的险要、交通的发达，使北京自古以来就成为各民族的汇聚之地，又成为中原文化与北方少数民族文化及其他文化的融会之所。加上后期元人的东渐、明王朝的北徙、清人的南下，更不断造就了北京地区历史的多元性、民族的多元性、文化的多元性，使之成为封闭的中国封建社会中一个相对开放的系统。"

笔者在此文中还进一步强调："以上四大特性，即北京地区历史文化的最基本内涵。综观全球各大城市，真正具有'北京人'这样久远文化源头的已然不多，能在整个文明进程中始终保持如此这般持续性、递进性和多元性发展的，更能有几何！这四大特征，不仅是北京这座历史文化名城的内涵和底蕴，同时是北京历史文化的特殊优势，是北京建设文化中心的宝贵资源。这种优势和资源，不是一朝一夕形成的，而是在长久的人文地理和自然地理的相互作用和不断磨合中产生的，虽然有其必然性，但十分难得和鲜见，故而弥足珍贵。"①

综上所述，由曹子西先生始而发微，到笔者全面概括北京历史文化的几大特点，前后经历了整十年。可是，正如人们看到的，这个重要话题历十年之久却始终未能引起社会的关注，就连学术中人也应者寥寥。虽然侯仁之、宿白、曹子西都是各领域的大家，但由他们发声居然也引不起多少反响，岂非咄咄怪事！辗转至今，当北京历史文化的各个细枝末节都被各路方家穷追不舍时，其本质特征和核心属性却仍然乏人问津，着实令人不得其解。反复思考的结果，这只能说是出于如下原因：

一，任何一地的历史文化特征，都是要通过缜密的考察来论证的，都要通过从早到晚逐个环节的认真审视来甄别。唯其如此，才能言之有据地

---

① 王光镐：《北京地区博物馆建设的思考》，刊《让历史的辉煌走向未来——1996年首都文化发展战略研讨会论文集》，北京出版社，1997年。

条理出该地贯穿始终的特征，才能把对此地历史文化的一种感觉上升为缜密的科学结论。否则的话，再怎么强调也不过是随意道来的一种印象罢了，无法引起人们的重视。

二，凡事没有比较就没有鉴别，对北京历史文化特异性的研究尤其如此。试想，如果没有对其他城市凿凿有据的横向比较，怎么能知道北京到底有什么与众不同呢？又怎么能知道它在人类文明史上处于何种地位呢？然而遗憾的是，这种关键性的比较此前一直阙如，不仅没有系统全面的比较，就连简单粗略的比较也没有。在此情况下，对北京历史文化所做的任何评价都无异于无本之木，难免成为望风扑影之说。

三，清晰的概念需要用清晰的语言来表达，鲜明的特征也需要由鲜明的语言来概括。倘若只有平铺直叙的表述，而没有基于科学考证提炼出的简要、准确、系统的结论，不仅无法得出清晰的概念，也无法给人留下深刻的印象。

因此，当没有进行缜密的论证和全面的比较研究时，当没有归纳出类似"悠久、持续、递进、多元、一统"这样清晰而准确的概念时，人们看到的，只能是"北京作为文化古都和现代城市，它的地位与作用，在不同历史时期和历史阶段上，有一个由低到高、从小到大的演进过程。尽管其中也曾出现一些曲折和反复，但总起来说，这个城市的地位越来越高，作用越来越大"这样一些泛泛之论。这不仅无法让人们对北京历史文化的特异性做出准确的解读，而且禁不住会想，世界上哪座城市不是经过曲折和反复由低到高、从小到大发展起来的呢？这等司空见惯之事怎么能视为北京历史文化独有的特征呢？

于是，从上述种种缺憾出发，便有了对本书的构思。

经过一段时间的思考与准备，此书于 2006 年年中开始动笔，至今已过去了整整八年。开始时笔者远远没有估计到本书写作的难度，甚至想当然地认为即使充分展开讨论，至多 20 万字就能把全部问题说清楚，时间上也无非是投入两年。但当深入进去后，当真正着眼于北京历史文化的全貌、人类城市文明的全局后，就如同不经意间踏进了一个浩渺无际的知识海洋，其天地之广阔、视点之密集、资料之繁复、观点之歧多，无不令人愕然！同时，正如导论所言，为了打通由专业分工带来的局限性，为了充分运用古史研究的"两重证据法"，所要付出的心血更远胜于笔者以前从事的学术研究。到头来，时间上一拖拖了八年，篇幅上一写写了 70 万。此期间一连数载的离群索居、默默耕耘，尝尽了独坐冷板凳的清苦和寂寥，个中感受实在不足为外人道也，只能说是如鱼饮水，冷暖自知！

然而，即便有如此付出，即便这还算得上是一部巨著，但值此即将付梓之际，我却丝毫感受不到一丁丁点儿的如释重负。因为，正如一个刚刚浮出水面深吸了一口气的溺水者一样，笔者太清楚这个浩瀚大海的广阔无垠了！看似这只是一个地域的历史文化，但倘如通过整个大海来看这片地域，其中的内涵实在是太丰富了，丰富得令人瞠目结舌！笔者深知，虽然有这洋洋大观的 70 万言垫底，但在博大精深的北京历史文化面前，这仍不过是一部拓荒之作罢了，只能给北京的历史文化勾勒出一个大致的轮廓。回首望去，在这数载的耕耘中，不知留下了多少疑点和难点尚待破解，也不知留下了多少重点和亮点有待展开。面对这些，笔者深感力不从心，只能喟叹天地之浩瀚、一己之渺小。好在世人对垦荒者向来是不予苛求的，何况这还是个远离了职场的垦荒者。我唯有寄望于"长江后浪推前浪"，期待有志者接过这个重任，一个接一个问题、一个接一个章节地完成一部多卷本的"人文北京启示录"，以此为"北京学"树立起一座不可撼动的丰碑，也以此为待时而兴的"世界历史文化名城比较学"奠定一块牢固的基石。

窃愿如此，姑且书以存志！

2014 年初

写于北京昌平区回龙观"一得斋"

参 考 文 献

一 典 籍

[清] 阮元校刻：十三经注疏

北京：中华书局影印本，1980 年

含《周易正义》、《尚书正义》、《诗经正义》、《周礼注疏》、《仪礼注疏》、
《礼记正义》、《春秋左传正义》、《春秋公羊传注疏》、《春秋谷梁传注疏》、
《论语注疏》、《孝经注疏》、《尔雅注疏》、《孟子注疏》

二十五史（点校本）

北京：中华书局，繁体字竖排版，分别出版于 1959 ～ 1977 年

史记　1959 年

汉书　1962 年

后汉书　1965 年

三国志　1959 年

晋书　1974 年

宋书　1974 年

南齐书　1972 年

梁书　1973 年

陈书　1972 年

魏书　1974 年

北齐书　1972 年

周书　1971 年

隋书　1973 年

南史　1975 年

北史　1974 年

旧唐书　1975 年

新唐书　1975 年

旧五代史　1976 年

新五代史　1974 年

宋史　1977 年

辽史　1974 年

金史　1975 年

元史　1976 年

明史　1974 年

清史稿　1976 年

诸子集成（订正本）

北京：中华书局，1954 年

含《荀子集解》、《老子注》、《庄子集解》、《列子注》、《墨子闲诂》、
《晏子春秋校注》、《管子校正》、《商君书》、《韩非子集解》、《淮南子》、
《潜夫论》等

黄怀信：《逸周书校补注译》，西安：西北大学出版社，1996 年

杨伯峻：《春秋左传注》，北京：中华书局，1995 年

上海师范大学古籍整理研究所校点：《国语》，上海古籍出版社，1988 年

方诗铭、王修龄：《古本竹书纪年辑证》，附录：王国维《今本竹书纪

年疏证》，上海古籍出版社，1981 年

范祥雍订补：《古本竹书纪年辑校》，上海人民出版社，1957 年

[清] 秦嘉谟等：《世本八种》，北京：商务印书馆，1957 年

[西汉] 刘向集录：《战国策》，上海古籍出版社，1985 年第二版

马王堆汉墓帛书整理小组：《战国纵横家书》，北京：文物出版社，
1976 年

袁珂：《山海经校注》，上海古籍出版社，1980 年

陈奇猷校释：《吕氏春秋》，上海：学林出版社，1984 年

马王堆汉墓帛书整理小组：《老子》，北京：文物出版社，1976 年

银雀山汉墓竹简整理小组：《孙子兵法》，北京：文物出版社，1976 年

[西汉] 戴德编、[清] 王聘珍解诂：《大戴礼记》，北京：中华书局，1983 年

[西汉] 董仲舒著、[清] 赵曦明校：《春秋繁露》，上海古籍出版社，
1989 年

[东汉] 班固：《白虎通义》，上海古籍出版社，1990 年

[东汉] 许慎：《说文解字》，北京：中华书局，1963 年

[西晋] 皇甫谧：《帝王世纪辑存》，北京：中华书局，1964 年

[唐] 欧阳询：《艺文类聚》，上海古籍出版社，1982 年

[唐] 杜佑：《通典》，北京：中华书局，1984 年

[宋] 司马光：《资治通鉴》，北京：中华书局，1956 年

[明末清初] 谷应泰：《明史纪事本末》，北京：中华书局，1977 年

[明末清初] 孙承泽：《天府广记》，北京古籍出版社，1982 年

[明末清初] 顾炎武著、[清] 黄汝成集释、秦克诚点校：《日知录集释》，
长沙：岳麓书社，1994 年

[清] 顾栋高辑：《春秋大事表》，北京：中华书局，1993 年

[清] 朱彝尊：《日下旧闻考》，北京古籍出版社，1981 年

[清] 励宗万：《京城古迹考》，北京古籍出版社，1981 年

[清]潘荣陛:《帝京岁时记胜》,北京古籍出版社,1981年

[清]富察敦崇:《燕京岁时记》,北京古籍出版社,1981年

[清]崔述:《崔东壁遗书》,上海古籍出版社,1983年

[清末民初]王国维:《观堂集林》,北京:中华书局,1959年

[清末民初]黄鸿寿:《清史纪事本末》,上海书店,1986年

《明实录》台湾历史语言研究所影印本,1962年

《清实录》北京:中华书局影印本 1986年

二 考古与古文字

陈梦家:《殷墟卜辞综述》,北京:科学出版社,1956年

李孝定:《甲骨文字集释》,台北:中央研究院历史语言研究所,1965年

于省吾:《甲骨文字释林》,北京:中华书局,1979年

于省吾主编:《甲骨文字诂林》,北京:中华书局,1996年

周法高主编:《金文诂林》,香港中文大学出版社,1974年

唐兰:《西周青铜器铭文分代史徵》,北京:中华书局,1986年

中国社会科学院考古研究所编:《新中国的考古收获》,北京:文物出版社,1961年

文物编辑委员会:《文物考古工作三十年》,北京:文物出版社,1979年

中国社会科学院考古研究所编:《新中国的考古发现和研究》,北京:文物出版社,1984年

中国大百科全书编委会:《中国大百科全书·考古学》,北京:中国大百科全书出版社,1986年版

文物编辑委员会编:《文物考古工作十年（1979~1989）》,北京:文物出版社,1991年

文物出版社编:《新中国考古五十年》,北京:文物出版社,1999 年

刘庆柱主编:《中国考古发现与研究》(1949 ～ 2009),北京:人民出版社,
2010 年

李济:《中国早期文明》,上海人民出版社,2007 年版

夏鼐:《中国文明的起源》,北京:文物出版社,1985 年

苏秉琦:《华人·龙的传人·中国人——考古寻根记》,沈阳:辽宁大
学出版社,1994 年

苏秉琦:《中国文明起源新探》,北京三联书店,1999 年

邹衡:《夏商周考古学论文集》,北京:文物出版社,1980 年

张光直:《中国青铜时代（一）》,北京三联书店,1983 年

张光直:《中国青铜时代（二）》,北京三联书店,1990 年

张光直:《考古学专题六讲》,北京:文物出版社,1986 年

李学勤:《走出疑古时代》,沈阳:辽宁大学出版社,1994 年

李学勤:《东周与秦代文明》,北京:文物出版社,1984 年

俞伟超:《先秦两汉考古学论集》,北京:文物出版社,1985 年

陈文华:《农业考古》,北京:文物出版社,2002 年

文物编辑委员会:《中国长城遗迹调查报告集》,北京:文物出版社,
1981 年

竺可桢:《中国近五千年来气候变迁的初步研究》,《考古学报》1972 年
第 1 期

裴文中、张森水:《中国猿人石器研究》,北京:科学出版社,1985 年

贾兰坡:《中国猿人及其文化》,北京:中华书局,1964 年版

吴汝康:《古人类学》,北京:文物出版社,1989 年

内蒙古文物考古研究所等:《朱开沟》,北京:文物出版社,2000 年

中国社会科学院考古研究所编著：《偃师二里头》，北京：中国大百科全书出版社，1999 年

河南省文化局文物工作队编：《郑州二里冈》，北京：科学出版社，1959 年

胡厚宣：《殷墟发掘》，上海：学习生活出版社，1955 年

中国社会科学院考古研究所编著：《殷墟的发现与研究》，北京：科学出版社，1994 年

中国社会科学院考古研究所：《殷虚妇好墓》，北京：文物出版社，1980 年

中国科学院考古研究所：《沣西发掘报告》，北京：文物出版社，1962 年

中国科学院考古研究所：《洛阳中州路（西工段）》，北京：科学出版社，1959 年

中国社会科学院考古研究所：《大甸子——夏家店下层文化遗址与墓地发掘报告》，北京：科学出版社，1996 年

郭大顺：《试论魏营子类型》，载《考古学文化论集（一）》，北京：文物出版社，1987 年

郭大顺：《西辽河流域青铜文化研究的新进展》，《中国考古学会第四次年会论文集》，北京：文物出版社，1985 年

乌恩：《殷至周初的北方青铜器》，《考古学报》1985 年第 2 期

乌恩：《中国北方青铜文化与卡拉苏克文化的关系》，刊《中国考古学研究—夏鼐先生考古五十周年纪念论文集》（二），北京：科学出版社，1986 年

河北省博物馆、文物管理处编：《河北省出土文物选集》，北京：文物出版社，1980 年

天戈：《北京出土文物》，北京出版社，1980 年

北京市文物研究所编:《北京考古四十年》,北京燕山出版社,1990 年

陈光:《北京市考古五十年》,刊《新中国考古五十年》,北京:文物出版社,1999 年

北京市文物研究所:《北京文物与考古》(第一、二、三辑),北京燕山出版社,1983 年、1991 年、1992 年

杜金鹏:《幽燕秘史——京都探古记趣》,成都:四川教育出版社,1996 年

陈光汇编:《燕文化研究论文集》,北京:中国社会科学出版社,1995 年

齐心主编:《北京建城 3040 年暨燕文明国际学术研讨会会议专辑》,北京燕山出版社,1997 年

贾兰坡、黄慰文:《周口店发掘记》,天津科学技术出版社,1984 年

河北省文物研究所编:《燕下都》,北京:文物出版社,1996 年

北京市文物研究所:《琉璃河西周燕国墓地(1973 ~ 1977)》,北京:文物出版社,1995 年

北京市文物研究所:《镇江营与塔照——拒马河流域先秦考古文化的类型与谱系》,北京:中国大百科全书出版社,1999 年

三　中国史

郭沫若:《中国古代社会研究》,上海联合书店,1930 年

吴泽:《中国历史大系·古代史》,上海棠棣出版社,1949 年

周谷城:《中国通史》,上海人民出版社,1957 年版

翦伯赞主编:《中国史纲要》,北京:人民出版社,1965 年

吕思勉:《中国通史》,北京:当代世界出版社,2009 年版

郭沫若主编:《中国史稿》,北京:人民出版社,1976 年

白寿彝总主编:《中国通史》,上海人民出版社,1994 年

侯外庐：《中国古代社会史论》，石家庄：河北教育出版社，2000年版

吕思勉：《中国民族史》，北京：中国大百科全书出版社，1987年版

林耀华主编：《民族学通论》，北京：中央民族学院出版社，1990年

陈连开主编：《中国民族史纲要》，北京：中国财政经济出版社，1999年

费孝通等著：《中华民族多元一体格局》，北京：中央民族学院出版社，1989年

王和：《多民族统一体与统一多民族国家的发展历程》，《炎黄文化研究》（增刊）第6期

[美]欧文·拉铁摩尔著、赵敏求译：《中国的边疆》，南京：正中书局，1936年

王明珂：《华夏边缘——历史记忆与族群认同》，北京：社会科学文献出版社，2006年

梁漱溟：《中国文化要义》，上海：学林出版社，1987年版

钱穆：《中国文化史导论》，台湾中正书局，1993年

唐君毅：《中国文化之精神价值》，台北正中书局，1969年版

盖山林：《丝绸之路草原民族文化》，乌鲁木齐：新疆人民出版社，1996年

丁山：《中国古代宗教与神话考》，上海文艺出版社，1988年

任继愈主编：《中国的基督教》，北京：商务印书馆，1997年

刘致平：《中国伊斯兰教建筑》，乌鲁木齐：新疆人民出版社，1985年

梁思成：《梁思成文集》，北京：中国建筑工业出版社，1986年

中国古都学会编：《中国古都研究》，杭州：浙江人民出版社，1985年

史念海：《中国古都和文化》，北京：中华书局，1998年

朱士光主编：《中国八大古都》，北京：人民出版社，2007年

林耀华主编：《原始社会史》，北京：中华书局，1984年

王玉哲：《中国上古史纲》，上海人民出版社，1959 年

徐旭生：《中国古史的传说时代》（修订本），北京：文物出版社，1985 年

金景芳：《中国奴隶社会史》，上海人民出版社，1983 年

谢维扬：《中国早期国家》，杭州：浙江人民出版社，1995 年

李学勤主编：《中国古代文明与国家形成研究》，昆明：云南人民出版社，1998 年

吕思勉：《先秦史》，上海古籍出版社，1982 年

田继周：《先秦民族史》，成都：四川民族出版社，1988 年

蒙文通：《周秦少数民族研究》，上海：龙门联合书局，1958 年

童书业：《春秋左传研究》，上海人民出版社，1980 年

郑杰祥：《夏史初探》，郑州：中州古籍出版社，1988 年

岑仲勉：《隋唐史》，北京：中华书局，1982 年

[意] 马可·波罗：《马可·波罗行纪》，北京：商务印书馆，1936 年

[意] 利玛窦等著：《利玛窦中国扎记》，北京：中华书局，1983 年

[罗马利亚] 尼·斯·米列斯库：《中国漫记》，北京：中华书局，1989 年

曹子西主编：《北京通史》（十卷），北京：中国书店，1994 年

北京大学历史系：《北京史》（增订版），北京出版社，1999 年

方彪：《北京简史》，北京燕山出版社，1995 年

陈平：《燕史纪事编年会按》（上、下），北京大学出版社，1995 年

张京华：《燕赵文化》，沈阳：辽宁教育出版社，1995 年

姜立勋：《北京的宗教》，北京燕山出版社，1990 年

佟洵等编著：《北京宗教文物古迹》，北京：光明日报出版社，2004 年

侯仁之：《关于古代北京的几个问题》，《文物》1959 年第 9 期

王北辰：《黄帝史迹涿鹿、阪泉、釜山考》，《北京大学学报》（哲学社会科学版）1994 年第 1 期

王光镐：《黄帝地望诸说考》，《首都博物馆丛刊》第十七期，北京燕山出版社，2003 年

四 世界史

[英]阿诺德·汤因比著、[英]索麦维尔节录、曹未风译：《历史研究》节录本，上海人民出版社，1966 年版

[英]阿诺德·汤因比著、刘北成等译：《历史研究》（修订插图本），上海人民出版社，2000 年版

[英]赫·乔·韦尔斯著，吴文藻、谢冰心、费孝通等译：《世界史纲》，北京：人民出版社，1982 年

[美]斯塔夫里阿诺思著，吴象婴、梁赤民译：《全球通史— 1500 年以前的世界》，上海社会科学院出版社，1999 年新 1 版

《简明不列颠百科全书》，北京：中国大百科全书出版社，1985 ～ 1986 年

吴于廑、齐世荣主编：《世界史·古代史编》，北京：高等教育出版社，1994 年

崔连仲主编：《世界通史·古代卷》，北京：人民出版社，1997 年

[英]杰弗里·巴勒克拉夫著、杨豫译：《当代史学主要趋势》，上海译文出版社，1987 年

[美]摩尔根著、杨东莼等译：《古代社会》，北京三联书店，1957 年版

恩格斯：《劳动在从猿到人转变过程中的作用》，北京：人民出版社，1971 年

恩格斯：《家庭、私有制和国家的起源》，北京：人民出版社，1972 年

[美]哈斯：《史前国家的演进》，北京：求实出版社，1988 年

[英]大卫·沃克：《消失的城市》，上海社会科学院出版社，2005 年

[法]勒内·格鲁塞著、蓝琪译：《草原帝国》，北京：商务印书馆，

1999 年

[日] 江上波夫著、张承志译:《骑马民族国家》,北京:光明日报出版社, 1988 年

吴于廑:《世界历史上的游牧世界与农耕世界》,《世界历史》1983 年第 1 期

吴于廑:《世界历史》,载《中国大百科全书》外国历史卷,北京:中国大百科全书出版社, 1990 年

五　地图与地理学

[北魏] 郦道元著、王国维校:《水经注校》,上海人民出版社, 1984 年

[唐] 李泰等著、贺次君辑校:《括地志辑校》,北京:中华书局, 1980 年

[唐] 李吉甫:《元和郡县志》,北京:中华书局, 1983 年

[宋] 乐史著、王文楚等点校:《太平寰宇记》,北京:中华书局, 2007 年

[明] 李贤等:《明一统志》,上海古籍出版社影印本

[清] 顾祖禹:《读史方舆纪要》,北京:中华书局, 1955 年

童书业:《中国疆域沿革史略》,上海:开明书店, 1946 年

童书业:《中国古代地理考证论文集》,北京:中华书局, 1962 年

谭其骧主编:《中国历史地图集》(全八册),北京:中国地图出版社, 1982 年 ~ 1988 年

侯仁之主编:《北京历史地图集》,北京出版社, 1988 年

侯仁之:《历史地理学的理论与实践》,上海人民出版社, 1984 年

侯仁之主编、唐晓峰副主编:《北京城市历史地理》,北京燕山出版社, 2000 年

侯仁之:《奋蹄集》,北京燕山出版社, 1995 年

史念海:《黄土高原历史地理研究》,郑州:黄河水利出版社, 2001 年

六　年表与年代

陈梦家:《六国纪年》，上海人民出版社，1956 年

方诗铭:《中国历史纪年表》，上海辞书出版社，1980 年

张培瑜:《中国先秦史历表》，济南：齐鲁书社，1987 年

朱凤瀚等编:《西周诸王年代研究》，贵阳：贵州人民出版社，1998 年

中国社会科学院考古研究所:《中国考古学中碳 14 年代数据集》，北京：
文物出版社，1992 年

夏商周断代工程专家组:《夏商周断代工程 1996 ~ 2000 年阶段成果》，
北京：世界图书出版公司，2000 年